娄底市娄星区志

（1989—2008）

湖南省娄底市娄星区地方志编纂委员会 编

方志出版社
Publishing House of Local Records

图书在版编目（CIP）数据

娄底市娄星区志. 1989—2008/ 湖南省娄底市娄星区地方志编纂委员会编. — 北京 : 方志出版社,
2021.12
ISBN 978-7-5144-5185-6

Ⅰ. ①娄… Ⅱ. ①湖… Ⅲ. ①区(城市)－地方志－娄底－1989-2008 Ⅳ. ①K296.44

中国版本图书馆CIP数据核字(2021)第278369号

责任编辑：刘珊
责任校对：刘玉霞
责任印制：梅中英
出 版 者：方志出版社
地　　址：北京市朝阳区潘家园东里9号（国家方志馆4层）
邮　　编：100021
网　　址：http://www.zgfzcb.cn
发　　行：方志出版社图书营销中心（010-67110500）
印　　刷：娄底市娄星区学院印刷厂
开　　本：889毫米×1194毫米　1/16
印　　张：56.75
字　　数：1586千字
版　　次：2021年12月第1版
印　　次：2021年12月第1次印刷
定　　价：300.00元

《娄底市娄星区志(1989—2008)》
编纂委员会

（2020年）

《娄底市娄星区志(1989—2008)》
编纂委员会
(2021年)

《娄底市娄星区志(1989—2008)》编辑部

主　　编：肖　亮

副 主 编：邓梦雄　邹碧元　李育湘　严广亭　刘　华　谢国荣

编　　辑：胡　瑾　徐燕明　曾建龙　周东昱

总纂统稿：李雄野　张宗南　许世和　尚明全　杨家旺
　　　　　张恩琪　向绍太　向珍玉

特邀编审：胡元倜　王抗扬　罗平原　吴树叶

编　　务：刘　华　胡　瑾　曾　涛　杨　俊

图片统筹：刘　华

娄底市地方志编纂室审稿人员名单

陈劲松　江六阳　梁雪梅　谭春辉

湖南省地方志编纂院审稿验收人员名单

江　涌　邓建平　杨　帆　李章进　阳雍悦　谭文美

《娄底市娄星区志(1989—2008)》
撰稿人员名单

王　珏	王　奎	王文斌	王农敦	王迎灿	王建兵	王剑红
王晓丹	毛旺春	文志斌	文细光	尹玉焜	邓　冶	左跃辉
龙　翔	卢顺利	付乃萍	付月兵	付庆藩	匡　洋	成　峥
成光华	朱栋鹰	朱艳红	伍　琼	伍贤和	刘　艺	刘　丽
刘　洪	刘　翌	刘　琪	刘　琼	刘正才	刘冬娥	刘丽如
刘丽娟	刘忠平	刘定初	刘星星	刘洪波	刘晓华	刘晨昱
刘衡方	苏　鹏	李　平	李　乐	李　晶	李　耀	李义仁
李子贤	李克朝	李春蓉	李珊珊	李勇军	李焕烺	李新荣
杨　沙	杨军雄	杨志强	杨其霖	肖　力	肖　铮	肖　婧
肖　婷	肖玉交	肖正怀	肖民海	肖俊文	肖检桂	肖湘红
肖新华	吴立青	吴湘枝	邱志娄	邱益莉	何邵林	邹光辉
邹国栋	邹树芳	汪　露	沈　欣	张　媛	张三军	张勇珍
张跃武	张露思	陆正球	陈　平	陈　炎	陈　婧	陈　琼
陈　媚	陈　巍	陈巧云	陈志中	陈树明	欧阳建华	欧阳霞
易分安	罗文才	罗娇艳	周晓娟	庞　霜	赵　勃	赵　星
赵祝荣	赵黎葵	胡欣欣	胡冠勋	胡端清	柳雅琼	钟君文
禹玉华	贺　盛	贺石松	贺任民	贺坪丽	袁有财	聂向阳
聂映辉	莫　俊	郭　敏	唐　静	唐冬梅	黄　明	黄　备
黄肖芳	黄新年	梁　花	梁　杰	梁　荣	梁　敏	梁湘林
彭　莉	彭　琼	彭　鑫	彭亚妃	彭舒迪	彭韶明	彭毅志
粟　辉	喻长春	程　杰	曾子政	曾子祥	曾有幸	曾新梅
谢　佳	谢　津	谢　斌	谢凤军	谢华英	谢志明	谢志海
谢建桥	谢耿民	鄢　萍	雷彩花	蔡金龙	裴小玲	谭　强
谭水英	谭周恒	樊胜华	颜　轲	颜志杨	颜新舟	戴　俊
戴安宇	戴建民	戴继松				

序　一

“郡邑之有志，犹国之有史。”《娄底市娄星区志（1989—2008）》付梓问世，这是娄星区方志工作者辛勤劳作、刻苦笔耕、用心编辑的一部地方史书，是娄星社会主义精神文明建设的崭新成果，也是全区广大党员干部和人民群众政治生活中的一件大事、好事。

盛世修志，志载盛世。1989年以来，娄星区经历了从市建置到区建置的时期，政治、经济、文化、社会发展发生了翻天覆地的变化，修志记之，势在必行。因此，编纂《娄底市娄星区志（1989—2008）》既是代代相传、永不断章的历史使命，也是发挥志书见证历史、以史鉴今、启迪后人的需要。中共娄星区委、娄星区人民政府顺应时势，聘有识之士，集各方之力，续前人遗绪，补断章空白，经过三级评审，数易其稿，终于付梓。其工程之浩繁，工作之艰辛，诚非常人所及；专家指导之求精，编辑采编之严谨，部门配合之所切，社会贤达相助之踊跃，令人钦佩。我谨代表中共娄星区委、娄星区人民政府，对付出艰辛努力的全体修志工作者和关心支持修志工作的各界人士，表示崇高的敬意和衷心的感谢!

当前，娄星区正迎来大有可为的重要战略机遇期。我们要实现区第九次党代会提出的“当好排头兵、提升首位度，奋力开创‘四城四区’建设新局面”的奋斗目标，就要深刻了解这20年来娄星区委团结带领全区人民走过的艰辛历程、积累的宝贵经验，以史为鉴，面向未来，用我们的智慧和汗水，把娄星这块古老而又生机盎然的土地，建设成为创新开放、融合共享、生态宜居、平安法治、文明幸福的现代化新娄星。

回顾是为了更好地总结，总结是为了更好地前行。我们要深学笃用习近平新时代中国特色社会主义思想，把学习贯彻习近平总书记在庆祝中国共产党成立100周年大会上重要讲话精神和习近平总书记对湖南工作系列指示批示精神紧密结合起来，转化为把握新发展阶段、贯彻新发展理念、构建新发展格局的方向引领，转化为推进“四城四区”建设的具体举措，转化为加快建设社会主义现代化新娄星的行动自觉，不断增强敢于担当的魄力、善于担当的能力、真抓实干的韧劲、攻坚克难的狠劲，奋力谱写出无愧于时代、无愧于人民的绚丽篇章！

中共娄底市娄星区委书记　李彦文

2021年10月

序　　二

《娄底市娄星区志（1989—2008）》，几经寒暑，终成卷帙。区志的修成，是娄星地情研究的重要成果，也是延续娄星历史文脉、推进湖湘文化建设的一桩盛事，为开展区情教育提供了教材，为宣传推介娄星提供了载体，对于系统了解娄星的昨天、认识娄星的今天、展望娄星的明天，具有重大而深远的意义。

娄星区境内资源丰富，土地神奇。千百年来，勤劳朴实的娄星人民不断创造历史，延续和传承发展历史。1980年，设立娄底市，历史掀开了新的一页。1999年，撤市设区，原县级娄底市改名为娄星区，为经济社会发展注入了新活力。至2008年，经济发展成效显著，基础设施明显改观，特色产业形成规模，民生事业全面进步。1989—2008年的20年，是娄星区建设赶超持续发力的20年，20年的辉煌成就，为娄星区实现经济社会发展新跨越奠定了坚实基础。

“一邑之典章文物，皆系于志。”地方志是传承中华文化、弘扬历史传统的重要载体，承担着存史、资政、教化、育人的重要功能。2020年，娄星区决定重启第二轮区志编修。本轮修志紧接上部志书，上限起于1989年，下限止于2008年，以中国从计划经济转向市场经济体制这段波澜壮阔历史大变革为背景，以改革、开放、发展为主题，以区域经济社会建设为主线，客观真实记载娄星历史状况，充分反映出娄星区情和社会风貌，全面展现全区20年间改革开放的伟大成就。全书资料翔实，图文并茂，是一部时代特征强烈、内容涉及百科的娄星地情全书。

“治天下者以史为鉴，治郡国者以志为鉴。”《娄底市娄星区志（1989—2008）》为过往岁月中全区人民奋发图强、后发赶超，留下弥足珍贵的历史见证。回顾总结历史,是为了更好开创未来。当前，区委、区政府正带领全区人民深入贯彻落实习近平总书记系列重要讲话精神，大力实施省委“三高四新”战略，全面落实市委先进制造业“双引擎”部署，扎实推进高质量融合发展核心区、城乡融合发展示范区、现代服务业集聚区、文明幸福首善区“四区”建设，奋力开创娄星经济社会高质量发展新局面。

在《娄底市娄星区志（1989—2008）》付梓出版之际，希望全区上下认真读志用志，挖掘历史智慧，借鉴先辈成功经验，吸取前人失败教训，把握区情、地情，奋力谱写新时代坚持和发展中国特色社会主义的娄星新篇章。也希望广大地方志工作者主动担负起为党立言、为国存史、为民修志，传承弘扬中华优秀传统文化的历史重任，拓宽视野，守正创新，资政辅治，为推动现代化新娄星建设贡献方志力量！

是为序。

娄底市娄星区人民政府区长　刘志刚

2021年10月

娄底市中心城区图

比例尺　1:35000

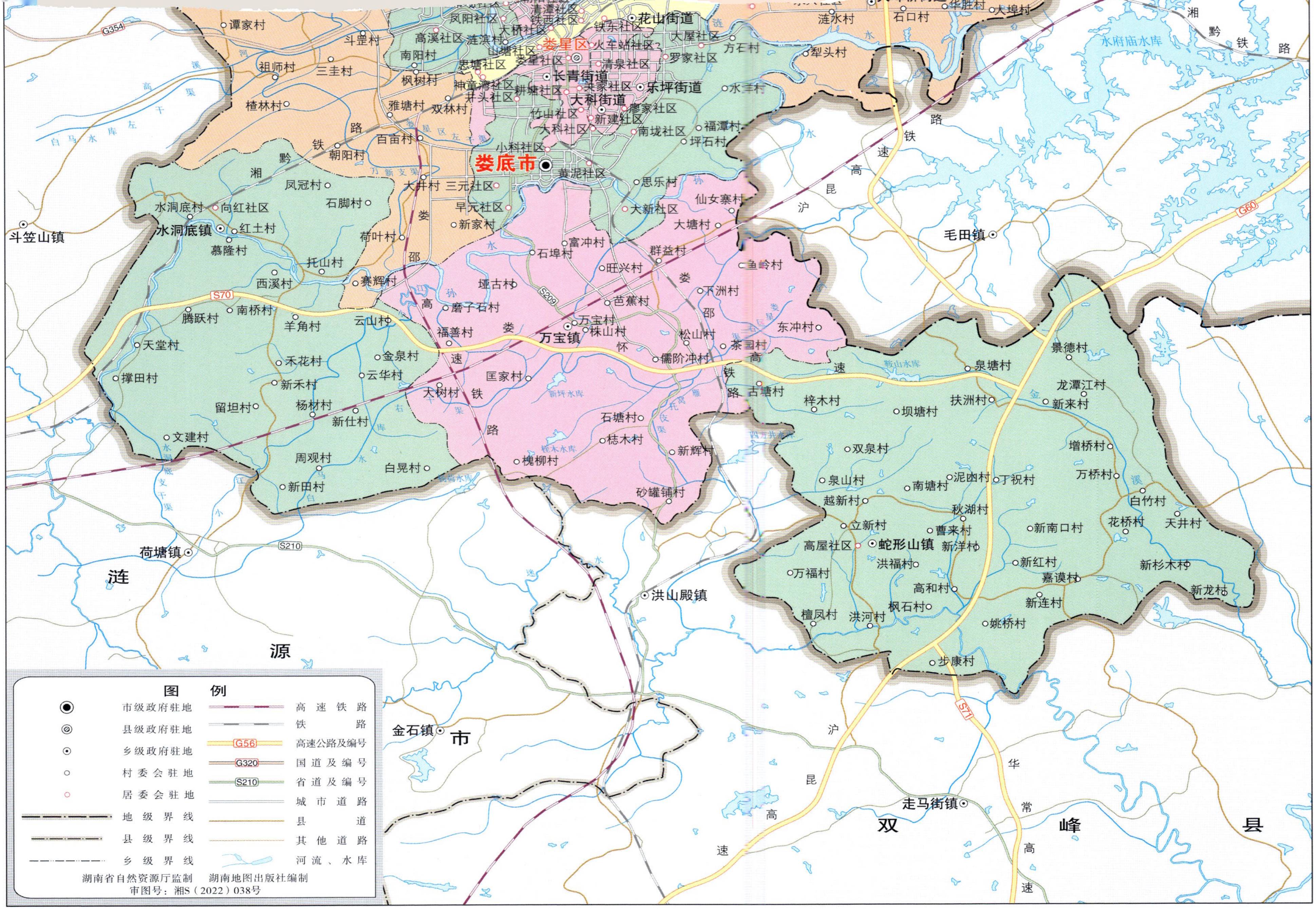
娄底市
娄星区
花山街道
长青街道
乐坪街道
大科街道
万宝镇
蛇形山镇
水洞底镇
毛田镇
洪山殿镇
荷塘镇
斗笠山镇
金石镇
走马街镇
涟
源
市
双
峰
县
湘黔铁路
沪昆高速
沪昆高铁
娄邵铁路
娄怀高速
华常高速
水府庙水库
新坪水库
桂木水库
新山水库
G60
S70
S71
S209
S210
G354
图例
市级政府驻地
县级政府驻地
乡级政府驻地
村委会驻地
居委会驻地
地级界线
县级界线
乡级界线
高速铁路
铁路
G56 高速公路及编号
G320 国道及编号
S210 省道及编号
城市道路
县道
其他道路
河流、水库
湖南省自然资源厅监制　湖南地图出版社编制
审图号：湘S（2022）038号

娄星区行政区划图

1：120 000

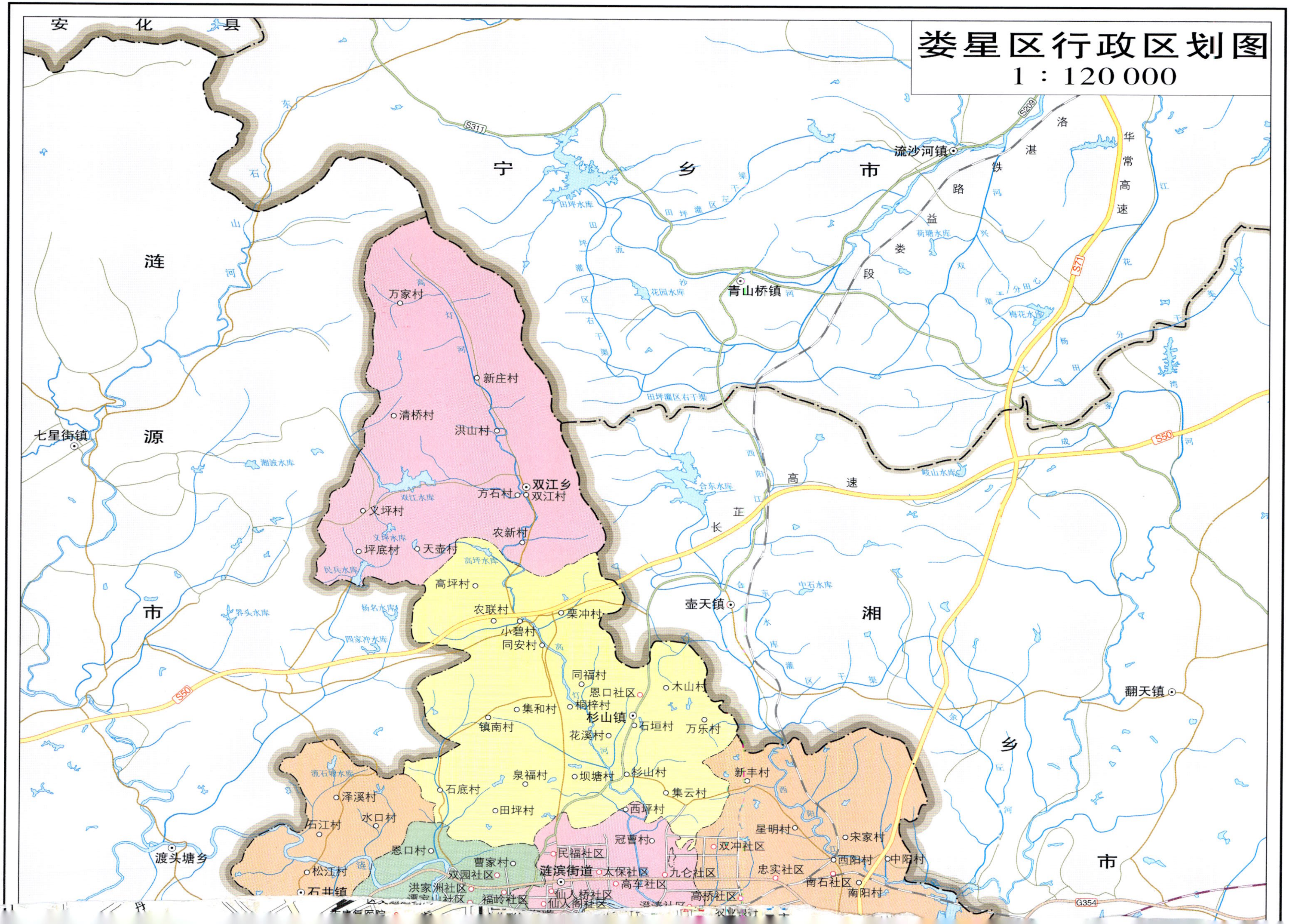

市委
市政府
市人大
市政协
长青街道
乐坪街道
大科街道
娄星工业集中区管委会
万宝新区管委会
汽车站
汽车西站
湖南人文科技学院
孙水公园
仙女寨自然生态区
南岳圣帝殿
莲花庵
市人民检察院
市人力资源和社会保障局
市妇幼保健院
市儿童医院(新址)
乐坪派出所(新址)
市水利局
风景园林管理处
农发行娄底市分行
市卫生健康委员会
市教育局
市住房公积金中心
市商务粮食局
行娄底分行
招行娄底分行
乐坪派出所
市气象局
418医院
市公安局娄星分局
交通银行娄底分行
市精神病医院
市四中
市中医医院
建行娄星支行
区人民医院(区妇幼保健院)
农行娄星支行
市市政工程公司
湖南娄底路桥检测有限公司
市市政维护管尚处
大科中心学校
娄底农商银行
华达学校
碧桂园珺悦府
区水利局
区财政局
市公安局
五江澜苑
市司法局
环卫中转站
市八中
吉星小学
市不动产登记中心
市生态环境局
市城建投
市住房和城乡建设局
区卫健局
大科派出所
区检察院
市交通运输局
市政沥青搅拌厂
星星实验学校
市应急管理局
市民政局
市市场监督管理局
市税务局
长沙银行娄底分行
建行娄星新区支行
中行城南支行
新世界建材城
湘驰园
广东家具城
汇富帝景
凯越湘中府
碧桂园正央时代
龙泉花园
孙水明珠
三元小学
孙河九龙湾
湖光山色
中甸上河郡
市公共资源交易中心
市政务服务中心
富冲大桥
市审计局
市城管执法局
平安路
市自然资源和规划局
桃子湾大桥
思乐学校
区人民法院
富怡康苑
大汉龙苑
大汉龙城
悦江山
青春里铂樾府
市烟草专卖局(公司)
中大达安康养中心
仙女峰山庄
市林业局
学仕守
市公安局娄星分局
阳光(新址)时代
嘉熙紫台
振翮学校
市一中
碧桂园豪园
德馨苑
百宏学府城
碧桂园翘楚棠
娄底烈士纪念园
市殡仪馆
金海学校
百亩派出所
乡村名园
文昌科技
京和机动车检测
湘煤机
华宁科技
大石山安置小区
鸿帆铝业
百亩安置基地
金刚玻璃科技
金鑫电子
娄底市行政学院
长青街
乐坪大道
湘中大道
长青西街
涟滨西路
娄星北路
星源路
早元街
早元西街
大科街
图例
市政府驻地
区政府驻地
管委会
街道办事处驻地
乡(镇)政府驻地
社区
行政村
企事业单位
医院、学校
景点
汽车站
铁路及车站
城市环线
一级街道
二级街道
三级街道
湖南省自然资源厅监制 湖南地图出版社编制
审图号：湘S（2022）007号

蝶变娄星

如果说历史是一面镜子，那么影像就是“镜中之像”，言有尽而意无穷……让我们穿过光影的世界，回首改革开放，感受时代印记，找寻美好回忆，体会沧桑巨变；让我们握着历史的脉络，坚定改革不停顿、开放不止步的决心信心，携手奋斗，行稳致远；让我们在习近平新时代中国特色社会主义思想指引下，百折不挠、驰而不息，大力实施“三高四新”战略，奋力谱写建设现代化新娄星的壮丽篇章！

蝶变娄星

◆ 娄星广场（1993年）

◆ 娄星广场（2014年）

邹树芳 摄

杨升根 摄

蝶变娄星

◆ 春园路入口（1995年）　　娄星区摄影家协会 提供

◆ 城南市场入口（1995年）　　邹树芳 摄

◆ 春园路改建后的九亿商业步行街（2004年） 杨升根 摄

◆ 城南市场改建后的春园商业步行街（2007年） 杨升根 摄

◆ 1995年10月，在娄底市老体育馆举行湘中商品交易会暨复市十五周年庆典开幕式　　邹树芳 摄

◆ 在娄底市老体育馆原址上建设的万豪商业广场（2008年）

◆ 娄底市老体育馆（2003年）　　杨暴默 摄

杨升根 摄

蝶变娄星

◆ 1992年11月1日，在清泉广场举办“以街为市”商品交易会
邹树芳 摄

◆ 清泉广场改建后长青中街与氐星路交会处十字路口（2018年）

◆ 清泉广场（1995年）　　邹树芳 摄

蝶变娄星

杨升根 摄

蝶变娄星

◆ 改扩建后的一大桥（2008年）

◆ 一大桥处的交通岗亭（1995年）　　邹树芳 摄

杨升根 摄

◆ 罗家山前坪雕塑（1993年）
简倜 摄

◆ 改造中的罗家山（2001年）

◆ 罗家山改造后乐坪大道与氐星路交会处十字路口（2018年）

杨暴默 摄

◆ 改造中的罗家山（2002年）

杨暴默 摄

娄底市委党史研究室 提供

蝶变 娄星

◆ 娄星区大科乡三元村（现市委、市政府办公区）（1995年） 邹树芳 摄

◆ 湘中大道一角（2018年）

◆ 建设中的湘中大道（2005年）　　杨升根 摄

杨升根 摄

蝶变娄星

蝶变娄星

◆ 大汉路一角（2018年）

◆ 建设中的大汉路（2006年）　杨升根 摄

杨升根 摄

蝶变娄星

◆ 吉星路一角（2018年）

◆ 建设中的吉星路（2008年）　　　　娄底市委宣传部 提供

娄底市委宣传部 提供

◆ 娄底火车站前坪（1988年）　　娄星区摄影家协会 提供

◆ 娄底火车站广场（2018年）

◆ 娄底火车站广场（1999年） 杨暴默 摄

杨智 摄

蝶变娄星

蝶变娄星

◆ 改扩建后的娄底火车站（2015年）

◆ 娄底火车站（1984年）

邹树芳 摄

杨升根 摄

◆ 建设中的娄底高铁南站（2014年）

◆ 建成后的娄底高铁南站（2020年）

杨升根 摄

杨升根 摄

蝶变娄星

◆ 娄底市经济技术开发区动工建设（2003年）　　邹树芳 摄

◆ 娄底市经济技术开发区（2016年）

◆ 娄底市经济技术开发区园区建设现场（2003年）　　邹树芳 摄

杨升根 摄

蝶变娄星

蝶变娄星

◆ 娄星产业开发区（原娄星经济园区）（2021年）

◆ 娄星经济园区开工建设（2006年） 娄星产业开发区 提供

娄星区文联、娄星区摄影家协会 提供

◆ 涟源钢铁集团有限公司（2005年）

◆ 涟源钢铁集团有限公司（2018年）

蝶变娄星

刘时庄 摄

刘时庄 摄

蝶变 娄星

◆ 治理后的涟水河两岸风光（2021年）

◆ 穿城而过的涟水河（2010年）　　杨升根 摄

杨升根 摄

蝶变娄星

◆ 杉山镇龙潭坝（2008年）

◆ 高登河（2008年）　　刘冬梅 摄

刘冬梅 摄

◆ 治理后的杉山镇龙潭坝（2021年） 刘冬梅 摄

◆ 治理后的高登河（2021年） 刘冬梅 摄

凡　例

一、《娄底市娄星区志（1989—2008）》以马克思列宁主义、毛泽东思想、邓小平理论、“三个代表”重要思想、科学发展观、习近平新时代中国特色社会主义思想为指导，坚持辩证唯物主义和历史唯物主义的立场、观点和方法，全面、客观、真实、系统地记述娄星区自然、政治、经济、文化、社会等方面历史与现状。

二、全志上限起于1989年，下限止于2008年，个别文字记述至事物发端，下限至2009年。记述空间范围为今娄星区境域。本书采用规范的现代语体文记述。全书采用述、记、志、传、图、表、录等体裁，以志为主体，分设21篇，各篇一般设章、节、目三个层次，目下视内容设子目。

三、大事记以编年体为主，辅以纪事本末体，按时序纵述大事、要事、新事。

四、人物传坚持“生不立传”原则，收录对社会有重大贡献和影响的已故人物，以娄星区本籍人士为主，兼收外籍在娄星区工作的人士。入志人物按卒年排序。

五、历史纪年，民国以前使用朝代纪年，括注公元纪年；民国采用民国纪年，括注公元纪年；中华人民共和国成立后用公元纪年。

六、采用第三人称记述。各历史时期的政治机构、官职等，均以当时历史名称直书其名，不加褒贬。地名以历史名称为准，并括注现行标准地名。所有名称在第一次出现时均用全称并括注简称。涉及外国名称，均使用新华通讯社发表的译名。

七、入志数据以省、市、区统计部门公布的统计数据为准。统计部门没有统计的，采用业务主管部门数据。

八、本志使用国家法定计量单位。数字用法、标点符号用法分别采用国家标准《出版物上数字用法》（GB/T 15835—2011）、《标点符号用法》（GB/T 15834—2011），计量单位采用国家技术监督局 1993年12月发布的《量和单位》系列国家标准。

九、入志资料来源于历史档案、前志、区直单位和乡镇、街道提供的资料、报刊、网络及社会调查，一般不注明出处。需注释的用脚注和篇末注。

十、娄星区属于市辖区，部分应由区里管理的工作上划到市里，为确保志书完整性，故将部分由市里管理的业务工作入志。

总　　目

目　录

第三篇 中共地方组织

第四篇 人民代表大会

第五篇 人民政府

第六篇　人民政协

第七篇　民主党派　群众团体

第八篇　政　法

第九篇　军　事

第十篇　编制　人事　劳动　民政

第十一篇　经济综合管理

第十二篇　农业与农村经济

第十三篇 工 业

第十四篇　商业贸易

第十五篇　财政　税务　金融

第十六篇　交通　邮政　通信

第十七篇　城乡建设　环境保护

第十八篇 教 育

第十九篇 文化 旅游 体育

第二十篇　医疗卫生　科技

第二十一篇　社会生活

人　　物

附　　录

索　　引

编 后 记

总 述

一

娄星区地处湘中腹地，位于娄底市中部偏北，是娄底市政治、经济、文化中心，娄底市唯一县级区。东邻湘乡市，南连双峰县，北界宁乡市，西接涟源市，地域面积429.03平方千米。

区境地处雪峰山脉向洞庭湖过渡丘陵地带，北部高山耸立，南部低山丘陵，中部低平宽阔。最高点洪家山，主峰海拔875.90米；最低点西阳镇吉祥寺，海拔85米，平均海拔185米。水资源较为丰富，有涟水、孙水等大小溪河52条，河流总长185千米，可供开发地表水、地下水资源6.90亿立方米。属中亚热带季风湿润气候区，年平均气温17.1℃，年均降水量1303毫米，气候温和，四季分明。娄星区是湖南省能源、原材料基地，矿产资源主要有煤、铁、锰、钒、磷、大理石、白云石、石灰石、硅石、陶瓷黏土、水泥黏土等。生物资源丰富，主要经济植物有茶、林、果、竹，盛产红柚、杨梅等特产水果。有野生药用植物227种，观赏花木、野菜、野生饲料、水生植物100多种。国家重点保护动物有豺、鸮类、鹰类、虎纹蛙等“三有动物”及湖南省重点保护动物猪獾、果子狸、豹猫、夜鹭、眼镜蛇、银环蛇等。鱼类资源有草、青、鳙、鳜、鳗、鲴等99种。

自然景观众多，城南仙女寨，怪石嶙峋，树木葱郁，寨腰有一天然溶洞，名天籁岩（圣岩洞）；城北有休闲胜地洪家山森林公园，山清水秀，环境优雅；更有乌石峰观音殿和双江圣仙洞，集险、深、幽、趣、美、奇为一体；城东水府庙水库有“青山倒影湖中印，天光云影共徘徊”之美景。

地理位置优越，是湖南省重要战略腹地和南北通达、东西连贯要衢。湘黔铁路、洛湛铁路在此十字交叉。潭邵高速公路、安邵高速公路、娄新高速公路、娄湘高速公路、娄涟高等级公路环绕，S312线、S209线贯穿全境，娄星至长沙、株洲、湘潭、邵阳均在1小时车程内。

文脉传承，名人辈出。宋代有理宗皇帝赐联“京阙人家惊地动，湖南童子破天荒”的神童贺德英。明代有为官清廉、屡决疑案、追为奉直大夫的曾子智。清代有陕甘总督杨昌濬、出任过陕西巡抚的“湘乡文派”名家刘蓉。民国以来有教育家罗钠重、病理学家李振翩；有红军虎将贺国中，开国少将姜齐贤；有著名油画家罗尔纯、竹雕大师李佑增等。

文化遗产丰富。域内发现古代墓葬22座。位于涟滨乡清潭村涟水河畔的天王寺建于北宋乾德二年（964）。主体建筑有伽蓝殿、关圣殿、大雄殿和大佛殿，占地面积9800平方米，建筑群以方石为基，圆石作柱，青砖砌墙，翘角重檐，雕梁画栋，掩映在苍松翠柏之中，被列为区级文物保护单位。位于万宝镇仙女寨醒石山的天籁寺建于明崇祯年间（1628—1644），与天籁岩洞相距200米，文人墨客留下诸多墨迹。清代重臣曾国藩撰楹联“有意烧香何必远朝南海，真心向善此处便是灵山”相赠，题写“天籁岩”寺名，2006年3月被列为省级重点寺院。馆藏文物有战国时期青铜短剑，西汉陶坛青砖，宋代八卦铜镜，明代铜炉，清代曾纪泽手稿、曾国藩书木刻对联等数千件。贺国中故居有多件文物藏品。不可移动文物59处，其中贺国中故居为省级文物保护单位；永新桥、贤母墓、大埠桥为市级文物保护单位。

娄星历史悠久。古为百濮、三苗杂居之地。夏、商、周时属荆州域。春秋战国时期属楚。秦始皇二十六年（前221），属长沙郡湘南县。西汉高祖五年（前202），属连道，隶长沙国。东汉建武六年（30），属长沙郡连道。东汉末，在蜀汉属长沙郡，在东吴属衡阳郡。晋朝属荆州衡阳郡。南朝宋永初三年（422），随湘乡县属衡阳郡。隋开皇九年（589），属衡山县。隋炀帝大业三年（607），属长沙郡衡山县。唐武德四年（621），析衡山县复置湘乡县，属常安乡。五代十国时期，属楚国长沙府。北宋熙宁六年（1073），地名始称楼底。清康熙三十五年（1696），常安乡析置为常安、神童2乡，属神童乡。清乾隆五年（1740），楼底改为娄底。清咸丰年间（1851—1861），湘乡分为上、中、首（下）3里，属上里，辖4都。

民国元年（1912），神童乡改为神童镇。民国3年（1914），属湘江道湘乡县。民国19年（1930），归属湘乡县第九区。民国27年（1938），随湘乡县属第六（邵阳）行政督察专员公署。民国28年（1939），改属第五（益阳）行政督察专员公署。

1949年8月13日，湘乡县城解放。9月1日，成立湘乡县人民政府，属湘乡县。1951年8月，属蓝田县。1952年7月，蓝田县更名为涟源县，属涟源县。1960年2月，从涟源县析出成立娄底市。1962年10月撤市，复归涟源县。1977年9月，邵阳地区分置涟源地区，涟源地区行政公署设娄底镇。1978年9月，娄底镇归涟源行署直管。1980年7月，恢复娄底市（县级）建制。后涟源地区更名为娄底地区，属娄底地区。1999年3月，撤销娄底地区设立娄底市（地级），娄底市（县级）改为娄星区。2003年4月，析置娄底市经济技术开发区，将娄星区西阳镇及涟滨乡、杉山镇7个村和花山街道、黄泥塘街道2个居民委员会委托市经济技术开发区管理。5月，市经济技术开发区分别设立大埠桥街道和涟滨街道。至2008年，辖12个乡镇（街道）。区治设长青中路，距娄底市人民政府驻地4.60千米，距省会长沙市134千米。

2008年，全区42.93万人。其中，汉族40.35万人，少数民族2.58万人，少数民族人口占0.6%。

二

1989—2008年，历届娄星区（娄底市）委通过党的代表大会、区（市）委全体会议、区（市）委常委会会议、办公会议、调查研究等方式，将党的路线、方针、政策与区（市）实际结合，作出符合区（市）情一系列重要决策，不断推进区域经济社会建设全面发展进步。

确定发展战略。1989年，娄底市委制定《关于加强农村党支部领导班子建设的意见》，加强村级组织建设。1991年3月，市委讨论通过《娄底市经济社会发展“八五”计划纲要草案》，制定《关于社会主义精神文明五年发展计划》。1993年，制定《娄底市第三产业发展规划（1993—2000）》，发展第三产业。1994年，市委、市人民政府制定《关于建设水果市的若干规定》，发展水果产业。1995年，制定《关于加强农村基层组织建设的意见》，部署农村建整扶贫工作。作出《关于基本普及九年义务教育、基本扫除青壮年文盲决定》，部署开展普及九年义务教育、基本扫除青壮年文盲“两基”工作。1997年，作出《关于加快实施“四五·四一”菜篮子工程的决定》，确定发展生猪50万头、家禽500万羽、山羊5万只，开发蔬菜大棚5000个，年产水产品总量10万担，发展种养加工大户1000户、专业菜地1万亩、年出栏肉牛1万头目标。1998年，市委作出《关于建立反腐败和党风廉政建设工作责任制的决定》，加强党风廉政建设和反腐败工作。1999年，娄底市改为娄星区。2000年，娄星区委制定《近期经济发展思路》，确定1999—2005年经济发展目标任务；制定《关于贯彻〈中共娄底市委关于加快国有中小企业改革和发展的决定〉的实施意见》，推进娄星区国有企业改革。2002年5月，区委、区政府作出《关于基础教育改革与发展的决定》，实施教育强区战略，发展教育事业。2005年7月，制定《娄星区县域经济产业基地建设方案》，建设产业基地，推进农业产业化。2006年3月，作出《关于开展社会主义新农村建设决定》，确定9个村作为社会主义新农村建设首批示范村。2007年2月8日，区委、区政府制定《关于加快推进社会主义新农村建设的实施意见》，提出到2010年，全区农业形成五大主导产业，农业总产值达7.07亿元，农民人均纯收入达4530元；城镇化率达90%；森林覆盖率达36.5%；所有行政村实现村村通公路，80%以上行政村实现通水泥（沥青）路；享受新型合作医疗农业人口达90%；实现农村九年制义务教育；广播电视实现村村通；提高农业综合生产能力，改善农民居住环境，农村文明程度和文化生活质量得到提高，农村经济社会和环境面貌有较大改观。这些战略决策为娄星区党的建设和经济社会发展指明方向。

加强组织建设。1989—1993年，市委每年举办1次党员集中培训活动，注重党建积极分子和后备干部培养，注重新党员发展质量，确定发展重点，实行发展党员预审制、公示制和责任追究制，加强党员发展管理。20年间发展新党员6551名。1994—2008年，开展农村党组织建设整顿和扶贫工作。先后从机关抽调1287名干部组成建整扶贫工作队615支，进驻150个村（居），选派150名机关干部担任村（居）党支部第一书记。围绕“三个代表”重要思想集中教育活动、保持共产党员先进性主题教育活动，开展学习实践“三个代表”重要思想，争创“四好”（领导班子好、干部队伍好、工作实绩好、部门形象好）竞赛活动；推行农村党员干部现代远程教育；开展“党员干部下基层，排忧解难促发展”“作表率，争先进”“亮身份，树形象，争贡献”“送温暖、献爱心”主题实践活动和以“讲奉献、干实事、优环境、促发展”为主题的解放思想大讨论活动。深化“三级联创”（区、乡镇、村三级党组织创建基层组织建设工作先进单位），加强基层组织建设，注重后备干部队伍建设，培养选拔年轻干部、妇女干部、非中共党员干部。制定《公开选拔科局级领导干部实施方案》《公开选拔科局级后备干部实施方案》，推行公开选拔科局级领导干部制度。制定《关于稳定和加强乡镇干部队伍建设的若干规定（试行）》，加强乡镇和机关党委（党支部）组织建设，对行政、企事业单位党组织进行规范化管理。围绕企业改制改革，在非公有制经济组织中建立党组织，促进非公经济发展。按照《党政领导干部选拔任用工作暂行条例》规定，推行领导干部公开选拔制、领导干部任前公示制、新提任领导干部试用制、领导干部交流任职回避制、领导班子和领导干部诫勉制、机关干部竞争上岗制和事业单位行政领导干部聘任制等制度，落实《领导干部重大事项申报制度》《领导干部的收入申报制度》。按照《党政领导干部考核暂行规定》，加强绩效考核管理。

加强党风廉政建设。1989—2008年，根据各个时期不同情况，落实党风廉政建设责任制，开展党风廉政责任制教育。严格干部管理程序，开展干部交流，严格离任审查，推行办事公开制度、廉洁自律制度。制发《关于进一步改进机关工作作风力戒形式主义的意见》《关于进一步严肃干部调配纪律的意见》《娄星区领导干部廉洁自律工作实施意见》《关于加强对科局级党政“一把手”管理监督的规定》《关于加强干部监督管理工作联系的意见》等规范性文件，推进党风廉政建设责任制和反腐败工作落实。相继开展乱收费、乱罚款、乱设卡“三乱”和农民负担等整治行动，纠正不正之风。制定《优化经济发展环境五个严禁》《关于对损害经济发展环境行为实施行政处分的暂行规定》，开展经济发展环境治理整顿活动，优化经济发展环境。推进反腐败进程，建立打击违法犯罪长效机制，查处各类腐败案件1100余件，处分违纪党员干部900余人。

加强社会治安综合治理。1989—2008年，落实社会治安综合治理（简称综治）工作责任制，推行综治工作目标管理“一票否决”制，加强基层基础工作。定期分析社会治安动态，严厉打击各类违法犯罪活动，适时组织社会治安整治行动，及时侦办重特大案件，健全治安混乱地区和治安突出问题排查整治工作机制。落实“谁主管、谁负责”责任制，加强矛盾纠纷排查调处，化解信访突出问题，维护社会稳定。坚持“司法为民”，推进“警务公开”“检务公开”“审务公开”“政务公开”，优化法律服务，服务经济社会发展。开展普法宣传教育，提高干部群众法律意识，加强流动人口和特殊人群管理教育及服务，推进“平安娄星”建设。

加强宣传思想工作。1989—2008年，根据各个时期特点开展政治理论教育。先后开展邓小平理论、“三个代表”重要思想、科学发展观学习，组织开展“三讲”“三个代表”重要思想、科学发展观学习实践活动。开展社会主义荣辱观教育。注重思想道德建设，组织开展“做文明市民”“建文明小区”“五送”（科技、政策、医疗、文化、法律）下乡服务等活动。围绕经济社会发展加强宣传报道，推介娄星区（娄底市）成功经验。

三

1989—2008年，娄星区（娄底市）坚持以经济建设为中心，深化经济体制改革，围绕基础设施建设、优势产业发展、拓宽市场领域、发展科技教育4个战略重点，经济社会发展取得巨大成就。

巩固农业基础。1989年，实行大包干责任制后，调动了农民生产积极性，实现农业总产值9703万元，农民人均纯收入616元。白马水库建成标准防洪渠56.60千米，娄底灌区3333公顷农田实现旱涝保收。1990年，针对1984年实行家庭联产承包责任制以来逐渐暴露的问题，对责任田地进行调整，完善双层经营，解决土地权属关系不清、地块碎化、分光集体积累问题。1991年，推广农业机械化，每年有500台各类新型实用农机具销售到农村。新扩建小型水库8座。消灭宜林荒山达到国家标准，获全国“造林绿化先进单位”称号。此后，转入“森林城”和“园林城”建设。1992年，完成整修山塘2000口，新建山塘100口。1992—1994年，调整农业产业结构、产品结构，实施优质、高产、高效“一优两高”战略，推行农业产业化，成为全省9个吨粮县（市、区）之一。1995年，双江中型水库破土动工。是年，耕地面积虽然减少120.40公顷，但粮食总产量达9.84万吨，同比增长3.4%，创复市15年以来最好水平。实现农业总产值1.63亿元，农民人均纯收入1760元。

1996—1999年，实施“四五·四一”菜篮子工程，注重农业大户培育，发展规模化、集约化养殖大户和龙头企业，形成以“公司+农户”“市场+农户”“协会+农户”3种产业化模式。构成以西阳、杉山、茶园、万宝为主的生猪养殖带，以石井、杉山、西阳为主的特种水产养殖带，以双江、小碧为中心的山羊养殖带，以石井、百亩、大科、涟滨为主的家禽养殖带等6个专业化生产带。农业生产技术推广旱土育秧、抛秧、统防统治等14项新技术，实施中低产田改造。加强森林保护，实施退耕还林、油茶林和水果林低改及新造。在8个乡镇34个村发展网箱养鱼591口，养殖水域面积46公顷，新建鱼种池659个，发展养鱼专业户480户，水产品总量2583吨。农业总产值由1996年的2.04亿元增加到1999年的2.37亿元，人均纯收入由1996年的2117元增加到1999年的2717元。

2000年，实施国家农业综合开发项目，改造中低产田。调整水产品养殖结构，引进杂交鲤等新特品种362万尾，推广到10个乡镇，养殖面积7333.33公顷。2001年，推广优质稻品种，种植面积达90%以上。首次建立奶牛饲养点，发展奶牛生产。2002年，调整农业产业结构。实施大户带动战略，开展“一村一户”活动，发展各类龙头企业，产业结构向名、特、优、新及科技含量高和无公害农产品认证方向发展。2004年，各类种养加工大户发展到400户。区政府成立农业招商引资领导小组，开展农业招商引资，重绿天源食品厂、“湖南黑猪”生产项目、水果恒温冷库、农产品大市场、药材生产基地等相继落地。黄泥塘街道恩口村养猪基地获湖南省“无公害农产品产地”认证，双江乡获国家“无公害绿色食品原产地”认证。建设观光休闲农业，发展乡村旅游；引导农村剩余劳动力有序输出，加强劳动技能培训，发展劳务经济。2005年，农机具购置开始实行财政补贴，水稻生产关键环节实现机械化耕作。

2006年，开展社会主义新农村示范村建设，选择9个村作为新农村示范村。推进农业产业化进程，建成黄泥塘街道恩口村、小碧乡高坪村、杉山镇坝塘村3个生猪养殖小区，年出栏生猪占全区17.2%。扶持和发展种养加工大户152户，重点专业合作组织5个。2007年，成立区农业产业化协会，培植省级龙头企业5家、省级专业合作经济组织6家。乐开口公司“粉师傅”放心米粉、金广源公司金广源和谷泰的酱板鸭、天源高科“湘惠”牌猪肉、宏远乳业“湘绿”牌营养乳5个产品在第二届中国（长沙）国际食品博览会获金奖。双江水库于12月18日实现竣工封顶。2008年，全区有种养加工各类农业大户600余家，专业合作经济组织14个，农业产业化龙头企业24家，其中省级5家；拥有观光、休闲、娱乐、垂钓等多功能规模生态农（渔）庄120余家。农村劳动力劳务输出60%向第二、三产业转移。拥有各类水利工程1.67万座（处），其中，水库34座，山塘1.53万口，河坝406处，电排站515处，大小机埠780处，农村安全饮水工程40余处。拥有干支渠道1120千米，各类水利工程蓄、引、提总水量7274万立方米，总灌溉面积5940公顷，有效灌溉面积5046.67公顷。形成以水库为骨干、塘坝为基础、蓄引提相结合的农田水利工程灌溉体系。实现农林牧渔业总产值6.21亿元，是2000年的2.15倍；农民人均纯收入增至4562元，是2000年的1.66倍。

发展工业经济。娄星区（娄底市）是新兴的工业区（市），以原材料工业（钢材、建材、煤炭等）为主。工业企业以涟源钢铁股份有限公司（简称涟钢）为支柱，区（市）内其他工业企业多数与之对接。建材以水泥生产为主。煤炭工业年生产原煤30万吨，主要以洗选加工业为主，年产30万～60万吨大中型洗煤厂5座。1990年，全市完成社会总产值16.14亿元。其中，第二产业增加值13.15亿元，占81.5%。1991年，围绕转换企业经营机制，稳定承包经营责任制，探索租赁、拍卖、股份制等两权分离机制，建立自主经营、自负盈亏、自我发展、自我约束机制，增强企业活力，推进企业改革。1992年，在城区东部以江龙滩为主体建立娄底市（县级）经济技术开发区，规划区域包括江龙滩、新火车站广场、洞新市场、涟滨东街、南阳至三圭工业区、育才路高新区，总面积44平方千米。1993年，市经济技术开发区范围缩小至江龙滩以内12平方千米。1995年，所有工业企业全部实行改革改制。1996年，新建高溪工业小区。2000年，全区工业总产值达21.67亿元，占全区生产总值52.6%，比1990年增长1.6倍。

2000年，娄底市委常委会议研究决定，将原娄底地区行署批准设立的外资工业区与原娄底市（县级）经济技术开发区合并，成立新的娄底市经济技术开发区，将原娄底市（县级）经济技术开发区人财物一并上划由地级娄底市人民政府管理。是年，全区规模以上工业总产值14.69亿元。2005年，湖南娄底薄板建设及深加工产业基地落户，娄星区成为全省首批11个省级高新技术产业特色基地之一。至12月，完成区属工业企业产权制度改革，涟钢以股份有限公司形式成为湖南华菱集团成员。2006年11月，开工建设娄星经济园区，园区规划面积8.63平方千米，产业规划以机械加工制造、特种陶瓷、新材料、仓储物流等产业为主导产业。2007年，84家区属企业实现“两个置换”，置换职工身份1.39万人。处置变现企业资产5.20亿元，盘活存量资产4.67亿元，清偿各类债务7.89亿元。移交社保部门管理离退休人员3374人，9340名职工实现再就业，再就业率67.2%。企业改制促进非公有制经济发展，出现金鼎集团、利恒公司、庆阳牧业、清泉集团、九龙集团、百雄集团等一批骨干非公有制企业，成为娄星区新的经济增长点。至2008年，娄星经济园区开工建设工程项目13个，完成土地报批190.73公顷，征用土地169公顷，出让土地28.53公顷，入园贸易企业10家，储备项目30余个。2008年，全区规模以上工业实现总产值287亿元。娄底经济技术开发区规划总面积75.58平方千米，其中工业区面积15.02平方千米，规划总开发面积35.07平方千米。

壮大建筑业。1990年，全市有建筑企业17家。其中，二级企业3家、三级企业4家、四级企

业10家，建筑业总产值2亿元。1996年，建筑业年产值6.57亿元。1998年7月，启动房地产市场开发，实施商品住宅建设。出台相关配套政策，停止福利分房，进入商品房时代。至1999年，建筑业快速发展，房地产市场形成。2000年，建筑业实现总产值7.96亿元，比1990年增长298%。2008年，建筑企业发展到45家，先后建设中欧阳光城、南苑上和等10多个10万平方米以上住宅小区，建成娄底华天大酒店、418华天大酒店、娄底通程大酒店和市政府大院等地标性建筑。建筑业总产值21.98亿元，是2000年的2.76倍。

发展商贸服务业。1990年，域内有涟钢、娄星、城南3个临街（马路）棚架式集贸市场。至1999年，市内相继建成7个商贸市场，集贸市场交易额达7.15亿元。2000—2008年，相继建成清泉、娄底华天等星级大酒店；建成中兴蔬菜水果、畜牧水产品交易等3个大型市场；建成明珠、九亿、春园（沃尔玛）3条商业步行街。引进沃尔玛、友阿集团、华天等大型连锁企业。城区形成长青中街和乐坪东街、娄星中路和氐星路“两纵两横”“井”字形商业闹市区。建成省级洪家山森林公园、仙女寨生态度假区（省级水利风景区、大湘西地区文化生态旅游精品线路乡村旅游精品景区）；建成星级乡村旅游点（农家乐）68个。2008年，金融机构本外币各项存款余额1154.61亿元，本外币各项贷款余额615.37亿元，分别是1989年的95倍和46倍。

四

1989—2008年，娄星区（娄底市）坚持以经济建设为中心，坚持改革开放，实施科技文化教育发展战略，为经济社会发展提供智力支持。

实施科技创新。1989—1999年，实施星火计划、火炬计划和巨龙计划。攻克核心关键科技项目198项。其中，国家级科技项目8项，省级科技项目90项。1999年，科技产品总产值1.87亿元，创利税2万元。2000—2008年，推进科技产学研结合。100余家企业与国内外高校、科研院所合作，签订合同42项，成交技术合同金额2.80亿元。组织申报各类科技项目220项。其中，国家级项目52项，省级项目40项。高新技术产品总产值24亿元，创利税2.64亿元。组织申报科研计划项目120项，其中，国家级12项，省级56项。科技支出882万元，高新技术总产值35.81亿元。

发展教育事业。1989—1999年，实施“科教兴娄”战略，优先发展教育事业。1989年，娄底市有高级中学1所，完全中学8所，初级中学12所，职业中学1所，特殊教育学校1所，小学130所，小学在校学生3.22万人，初中在校学生1.27万人，高中在校学生5293人。1991年，制定九年义务教育实施规划，教育工作置于优先发展战略地位。1992—1995年，投入资金1.52亿元，完成学校基建项目113个，新建校舍4.55万平方米，改扩建1.58万平方米。新征土地17.65公顷，修建标准运动场8个。购置图书52万册，添置教学仪器价值255万元。1996年，实施素质教育，被评为全国基础教育先进市。1998年，被省人民政府评为素质教育先进市。

2000年，开启教育强区建设。是年，获“湖南省巩固提高普及九年义务教育先进单位”称号，被教育部、财政部和国家计委评为“两基”工作先进区。2002年，全区小学、初中入学率均达100%，小学巩固率100%，初中年辍学率控制在1%以内，基本普及高中阶段教育。被评为全国“两基”（基本普及九年义务教育，基本扫除青壮年文盲）工作先进区，确定为湖南省义务教育新课程改革实验区。2003年，区本级预算内教育经费占财政支出25%。2005—2007年，坚持“以区为主”管理体制，区、乡两级人民政府将普及九年义务教育作为教育工作的重中之重。2008年，教育经费增加至1.25亿元，占财政支出35.7%。上级教育转移支付资金、城市教育费附加、上级下拨专款全部用于教育。全区小学在校学生2.45万人，小学正常儿童入学率和巩固率、残疾儿童入学率、小学升初中比率均为100%，初中在校学生1.25万人，年辍学率0.03%，初中毕业生升入高中阶段学生比率达88%，高中在校生8850人，高中毕业会考一次性合格率高于全市平均水平，普通高考各项指标居省市前列。

繁荣文化事业。1990—1999年，建有1个文化馆、1个图书馆、1个博物馆、1个乡镇图书馆；建有娄底电影院、星星影剧院、涟钢影剧院、西雅图演艺中心等文化场所。文艺团体有娄底市花鼓戏剧团及众多民间群众文艺团体。出版发行《娄底市志》。2000—2008年，加强文化基础设施建设，每年举办1次以上大型文化活动，“青春娄底·欢乐湘中”广场文化活动成为全省文化品牌。获全国“五个一工程”奖铜奖2个，省部级金奖16个，银奖30个。至2008年，有国家一级文化馆1个，国家三级图书馆1个，藏书14.30万册。建成博物馆1个、文化站11个，文艺团体120个，其中馆办11个。

推进卫生计划生育。1990年，域内规模以上医院有娄底地区人民医院、涟钢职工医院和娄底铁路医院。1999年，有医疗机构25个（含乡镇卫生院和个人医疗诊所）、医院病床1626张，卫生技术人员2428人。1999年，计划生育率提高到96.9%。2000—2007年，加强计划生育工作。落实各项计生奖扶政策。建立城乡医疗保险制度。加强医疗卫生基础设施建设。2008年，有省、市医疗卫生机构16家，社会民营医院13家，乡镇卫生院7所，分诊所10处，占地面积3.48万平方米，建筑面积1.85万平方米，业务用房1.27万平方米。

振兴体育事业。1990—1999年，建有中型体育馆1座（涟钢）、标准运动场5处、体育训练馆5个。1992年，2名学生运动员在意大利世界中学生田径比赛中斩获双银牌。是年，在湖南省率先设立跆拳道项目，成立湖南省最早一支跆拳道运动队。2004年8月，娄星区跆拳道代表队参加在天津举办的中韩国际跆拳道比赛获2金、2银、2铜。老年门球和钓鱼代表队参加全省老年人运动会，获女子门球赛第1名和钓鱼比赛团体第1名。2006年，娄星区代表队参加全省第十届运动会斩获6枚金牌。2007年，娄星区代表队参加全省青少年田径运动会，田径项目获3金、3银、2铜；娄星区代表队参加全省青少年跆拳道比赛，跆拳道项目获5金、2银、2铜；参加湖南省首届健美操比赛，体操项目获2金、2银、3铜。

2001—2008年，娄星区多次承办全市、全省及以上运动会或单项体育比赛10余场次。

五

1989—2008年，在加强党的领导、发展经济的同时，注重加强基础设施建设，落实社会保障，推进社会事业进步发展。

实施城镇建设。1989年，城市建设完成固定资产3147万元，新建项目236个。1990年，城区初步形成南北向娄星、氐星（育才）新星路和东西向乐坪、长青、涟滨街城市道路骨架。1991—1995年，完成固定资产投资4816万元。实施娄湘公路大埠桥、一水厂扩建、青山公园等39个建设项目。1996—1999年，完成固定资产投资54.42亿元。新建高溪工业小区重点项目等10个，实施涟钢市场建设、涟水河综合治理工程项目等33个。10个乡镇政府所在地集镇建成区总面积2.50万平方千米。1999年7月，撤地建市设区后，娄底市委、市政府实施“北扩南移”城市建设战略规划。2001—2005年，完成固定资产投资182.71亿元。新建娄星经济园区龙盘街、万宝路等12个项目。2006年，启动甘桂路建设、吉星路延长建设。至2008年，开工建设81个市政基础设施项目，包括68条道路、4座大桥、4个广场、5个环卫项目。其中，完工项目60个，完成投资19亿元。中心城区面积从撤地建市设区时的26平方千米扩展到41平方千米。城镇化人口率31%。

实施交通建设。1990年，域内有湘黔、娄邵2条铁路运输线，公路交通有县道7条50千米，乡村道34条327千米，其中简易公路占67%。1999年，实施株六铁路湘黔复线及电气化工程、娄底市境段路基工程、株洲至娄底自动闭塞信号工程、娄底市东站技术改造、娄底二大桥工程5个铁路建设项目。是年，县道发展到35条236.16千米，乡村道291条532.70千米，其中乡道55条249.10千米。2001—2008年，相继建成娄底至湘乡、湘潭至邵阳、娄底至新化、安化至邵阳、长沙至韶山至娄底5条高速公路，建成娄底至涟源高等级公路，是域内第一条高等级公路。至2008年，全区完成乡村公路沥青混凝土、水泥混凝土路面硬化183条，总里程473.50千米。

实施公用事业建设。供电。1990年，全市有35千伏变电所2个，110千伏变电所2个，35千伏及以上输电线路128千米；35千伏变电所主变容量13.60万千伏安，城区年用电总量4.60亿千瓦时。2001—2008年，城区电网新架和改造10千伏输电线路17条，完成湘中大道、乐坪西街、湘阳街、新星中路电缆入地工程23.13千米。实施农村电网改造工程，新建和改造10千伏输电线路14条，低压线路跨越铁路抗冰改造22条，村网改造97%，行政村实现新农村电气化。至2008年，域内有500千伏变电站1座、220千伏变电站4座、110千伏变电站11座、35千伏变电站5座，成为娄底市电网电能交换和信息交流中心。建有小型水力发电站7座，总装机17台，容量4035万千瓦，年发电量795万千瓦时。

供水。1990年9月，投资586.60万元，对一水厂进行扩建。1992年11月，启动市二水厂建设。1999年7月，一期工程通过验收供水。2001—2008年，投资2642万元，实施一水厂改扩建和城市配套管网工程建设。改造后日供水能力增加2万立方米，日供水能力达8万立方米，供水用户增加到15万余户。

邮政通信。1992年10月，开通移动通信业务，固定电话用户5.74万户，移动电话用户1672户。1999年，邮电业务总量425.20万元，函件271.39万件。移动电话用户1.40万户，计算机互联网用户1804户。2008年，邮务类业务在巩固传统业务的同时，开办速递、点对点直运、邮政广告、商业信函等新业务，完成各类业务营业额1017万元，储蓄存款余额15.87亿元，分别为2000年的2.40倍、2.22倍。固定电话用户1万余户，是1999年的3.41倍，移动电话用户1.40万户，家庭宽带用户7万户。

落实社会保障。1997年，娄底市被省、地民政部门列为城市最低生活保障制度试点县市，对城镇居民无依无靠、无生活来源、无劳动能力民政救济对象和居民户年人均收入低于全市最低生活保障标准家庭落实最低生活保障（简称低保）。1999年，落实失业人员最低生活保障。2002年，所有乡镇、街道办事处均实施城镇居民低保制度。2007年，对农村村民户年人均收入低于全市最低生活保障标准家庭建立农村最低生活保障制度。对其子女小学、初中义务教育期间减免50%学杂费。2008年，城镇低保对象3.11万人，农村低保对象1825户。实行城镇居民医疗保险和新型农村合作医疗保险制度，全区城镇居民参保人数12.22万人。

改善居民生活。1990年，域内农村居民人均纯收入674元，人均住房面积15平方米。城镇居民人均可支配收入1602.37元，人均住房面积7平方米。1999年，农村居民人均可支配收入2716.78元，人均住房面积23平方米。城镇居民人均可支配收入5767.90元，人均住房面积10平方米。2008年，城镇居民平均每人全年可支配收入1.24万元，人均住房面积22平方米。农村居民人均纯收入4562.87元，人均住房面积35平方米。

六

1989—2008年，中共娄星区（娄底市）委员会、娄星区（娄底市）人民政府坚持改革开放，各项事业发展，各项指标增长，经济总量攀升，群众幸福指数提升，获得感明显增强。农业总产值从1989年的1.37亿元增长到2008年的8.57亿元，地区生产总值由1990年的7.95亿元，增加到2008年的153.91亿元，农民人均纯收入从1990年的722元，增加到2008年的4563元，城镇居民人均可支配收入从1991年的1553.16元，增加到2008年的1.24万元。工业总产值从1990年的13.1亿元，增加到2008年的287亿元。建筑业总产值从1990年的2亿元，增加到2008年的4.87亿元。财政收入由1989年的4832万元，增加到2008年的3.11亿元。人口出生率由1989年的20.7‰，下降到2008年的4.7‰；人口自然增长率由1989年的15.6‰，下降到2008年的6.6‰；符合政策生育率由1989年的77.3%，提高到2008年的96.3%。基础设施建设突飞猛进，社会事业方兴未艾，社会保障应保尽保，党的建设和法治建设为经济社会发展提供保障。

20年间，娄星区政治经济文化社会事业取得前所未有的成绩，但也存在一些问题和不足：世界金融危机影响从沿海向内地扩散，经济发展压力加大；农业抗灾避灾机制不够健全，农民持续增收困难；城乡就业形势较为严峻；节能降耗任务艰巨。

大 事 记

1989年

1月15日　中共娄底市委印发《关于加强农村党支部领导班子建设的意见》。

1月22日　全市治安保卫工作会议召开，部署开展“一整两打”社会治安总体战。

1月29日　全省首家教育电视台——娄底教育电视台在地区电教馆开播。

2月13—19日　中共娄底市委、市政府召开全市农村工作会议，作出《关于加强农业，夺取今年农业丰收的决定》。

7月　中共娄底市委、市政府作出《三年消灭荒山，八年绿化娄底的决定》。

7月12日　中共娄底市委、市政府印发《关于清理党政机关干部营建私房中若干问题的处理意见》。

8月20日　娄底市政府作出《关于开发冬季农业的决定》。财政拨款10万元建立冬季农业开发基金，建立冬季农业开发奖励制度。

10月1日　娄底电视台试播。

10月12日　中共娄底市委、市政府召开贯彻落实最高人民法院、最高人民检察院《关于贪污受贿、投机倒把等犯罪分子必须在限期内自首坦白的通告》宽严大会。26名经济犯罪人员主动投案自首，受到宽大处理，2人因抗拒交代问题被依法逮捕。

11月20—22日　省体委与涟钢体委在涟钢体育馆联合举办“涟钢杯”国际武术散打擂台邀请赛。日本、美国、澳大利亚、英国、德国、法国以及中国澳门等13个国家和地区代表队参赛。

11月29日　全市范围内开展扫除“六害”（卖淫嫖娼、制作贩卖传播淫秽物品、拐卖妇女儿童、私种吸食贩运毒品、聚众赌博、利用封建迷信骗财害人）统一行动。摧毁卖淫嫖娼、制贩传淫秽物品、聚众赌博场所495处，打击处理违法犯罪人员504人，解救被拐卖妇女11人。

1990年

2月7日　全市农村工作会议召开，部署开展农村社会主义思想教育活动。

2月17—18日　娄底市政府三届四次常务扩大会议召开，决定整顿经济秩序，增强城市功能，集中力量支持骨干企业，发展配套工业。

3月25日　娄底市政府下发《关于整顿煤炭市场加强煤炭经营管理的通知》，对煤炭经营单位、产销秩序、煤炭质量及计量和价格进行清理整顿，确定煤炭产、供、销以及节煤措施归口市煤炭工业公司管理。

3月31日　中国民主同盟湖南省委娄底师专直属支部成立。

6月14—16日　域内降雨量达230毫米。淹没农田2533公顷，倒塌房屋2242间，死亡16人，伤34人。

7月1日　开展第四次全国人口普查工作。全市人口30.04万人，其中，男15.78万人，女14.26万人；城镇人口11.32万人。

7月26日　中共娄底市委、市政府制定《关于完善农村双层经营体制发展集体经济的意见》。

8月14—15日　娄底市政府召开四届一次全体会议，研究经济工作，印发《关于贯彻省政府解决当前经济困难若干措施的实施意见》。

8月25日　全市8户全民预算内企业第二轮承包动员会召开。继续坚持“包死基数、确保上交、超收多留、歉收自补”原则，实行集体承包，不对外招标，对企业领导实行“大稳定、小调整”，承包期限3年。

9月17—18日　全市工业生产工作会议召开，研究工业经济发展工作。

9月　娄底地区第一所特教学校——娄底聋哑学校在娄底四中招生开学。

11月1—4日　在清泉广场举办娄底市首届商品交易会。设置展销摊棚位数千个，参加人数30万人次，接待各界客商代表400余人；成交商品总额3.45亿元，零售总额3270万元；签订贸易合同3909份，合同金额3.12亿元。

11月16日　市政府制定《娄底市水资源管理暂行办法》，就水资源权属、开发利用、保护以及水害防治等问题作出规定。

11月30日至12月2日　全市教育工作会议召开。部署基本扫除青壮年文盲、基本实现九年义务教育“两基”工作。

1991年

1月28日　全市制止乱收费、乱罚款、乱摊派“三乱”减轻农民负担动员大会召开。成立市长任组长的制止“三乱”减轻农民负担工作领导小组，开展“三乱”整治行动。

3月14日　市政府四届二次全体会议召开。确定抓好提高企业经济效益、调整农业结构、开拓市场搞活商品流通、控制财政支出、加快城市建设、发展科教事业、加强民主法制建设、推进文明建设8项工作任务。

4月10日　中共娄底市委、市政府作出《关于加强社会治安综合治理的决定》。

4月11日　中共娄底市委、市政府出台《关于稳定和加强乡镇干部队伍建设的若干规定（试行）》和《关于对有突出贡献人才管理的试行办法》。

4月20日　中共娄底市委机关刊物《娄底通讯》创刊。

7月26日　娄底市政府在市商业局工矿贸易公司和市供销社综合贸易公司推行放开经营范围、放开价格、放开分配制度、放开用工制度“四放开”改革试点。

8月17日　娄底市人大四届八次会议审议通过《娄底市九年义务教育实施规则》。

8月26日　中共娄底地委、娄底市委从地市直机关抽调15名干部在乐坪街道办事处开展社会治安重点整顿集中统一行动。

9月22日　开通万门程控电话一期工程4000门程控电话，实现与1046个国内城市、180余个国家和地区电话直拨。

9月　娄底市获“全国扫盲工作先进市”称号。

10月17—19日　中共娄底市委召开二届十次全体（扩大）会议，部署在全市开展社会主义思想教育、村级组织建设达标、领导班子和机关干部思想作风建设以及计划生育等工作。

10月23日　经省政府批准，撤销大科乡洞新村和新联村、涟滨乡何家村及其村民小组，建立洞新、竹山、月塘、大塘4个居委会，归乐坪街道管辖。撤销涟滨乡娄底村5个村民小组，分别划归花山街道大桥、花山、观化居委会管辖。新建花山街道栗山、青山冲、神童湾3个居委会。撤销涟滨乡高溪村，建立高溪、新井2个居委会，归黄泥塘街道管辖。

11月1—4日　娄底市举办第二届商品交易会。来自德国、新加坡、印度尼西亚等国家和中国香港、台湾、北京、上海等28个省（市、区）4000多客商与会，交易会汇聚2万多个商品品种，价值6亿余元。签订购销合同3082份，成交额3.30亿元。其间，举办“娄星之光”艺术灯会和迎宾菊花展。

11月12—13日　湖南省第二届小城市经济社会发展研讨会在娄底市举行。全省18个小城市市长、副市长和论文作者以及湘潭、邵阳、常德等省辖市有关领导和部门负责人应邀出席会议。

11月15日　娄底市民商事案件集中执行活动领导小组成立，解决法院执行难问题。至12月底，集中执行判决、裁定、调解案件400余件。

11月20—22日　全市城市社会主义思想教育和市直机关领导班子思想作风整顿动员大会召开。

12月20日　中共娄底市委、市政府制定《关于坚决刹住用公款大吃大喝、铺张浪费等不正之风的规定》。贯彻执行省“六不准”和地委行署“十四条”规定。

是年，娄底市被评为全国造林绿化先进单位。

1992年

1月2日　中共娄底市委决定，在全市范围内开展人大代表评议国家机关工作活动。

1月　全市开展反盗窃自行车专项斗争。至3月，清查建档自行车10.98万辆，缴获赃车2508辆，摧毁盗车团伙15个，查获和处理违法犯罪人员138人。其中，依法逮捕6人，治安处罚132人。

2月13—16日　全市农村工作会议召开，部署1992年农村工作。对开展农村社会主义思想教育和村级组织达标活动情况进行总结表彰。全市有63个村支部达标，评出遵纪守法户5500户、五好家庭5000户、双文明户4500户、文明建设示范村10个。

3月10日　中共娄底市委、市政府在全民所有制工业企业实施生产经营自主、产品定价自主、企业内部分配自主、人事和劳动用工自主、技术改造自主“五自主”改革。

是日，湖南省体改委批准成立娄底市经济技术开发区。

4月8—9日　中共娄底市委召开常委扩大会议，传达学习贯彻中央文件精神、邓小平视察南方重要谈话精神以及省、地委工作会议精神，研究讨论全市改革开放和经济建设问题。

4月20日　中共娄底市委、市政府制定《关于农业系统开展农业社会服务，兴办经济实体的若干规定（试行）》，娄底地委、行署批转各县市参照执行。

4月　娄底市作出《关于开发“吨粮田”，实现“吨粮市”的决定》。

5月4日　中共娄底市委、市政府作出《关于科教兴市的决定》。

5月5日　娄底电视台开播。

5月17日　中共娄底市委出台《关于企业干部管理的若干规定》。

5月25日　中共娄底市委、市政府在江龙滩建立高新技术产业开发区，制定《娄底市高新技术产业开发区暂行规定》。

5月26日　娄底市政府批准市商业局、市粮食局、市供销社分别组建娄底市国营商业总公司、娄底市粮油贸易总公司、娄底市供销社贸易总公司。

5月30日　娄底市经济技术开发区管理委员会成立，市长赵伯栋兼任经开区管委会主任。

5月　娄底市中心图书馆建成开馆。投资155万元，建筑面积2668平方米，藏书5万册，能同时容纳读者400人。

7月15日　娄底市政府出台《关于加快发展乡镇企业若干规定》。

7月　经省政府批准，设立娄底市江龙滩开发区。

8月19日　娄底二中学生邵光英在岳阳举行的全国中学生田径运动会上夺得女子乙组400米跨栏金牌，是娄底地区在全国中学生体育比赛中首枚金牌。随后在意大利举行的世界中学生田径比赛中，邵光英又夺得女子跨栏银牌、铜牌各1枚。

9月7—20日　全国公安系统男子篮球联赛湖南赛区在娄底市举行，参加比赛的有广东、辽宁、陕西、上海、重庆、河南、海南、江西、湖南9个省市代表队。

10月18日　湘中最大洗煤厂——娄底洗煤厂建成投产。项目总投资400万元，年洗原煤20万吨，年产值3000万元。

10月20日　由娄底市塑料厂与香港张氏投资有限公司合资兴办的湖南吉田医药包装有限公司成立并投入生产。总投资1800万元，建筑面积2854平方米，设计生产能力为年产医药塑料瓶4700万套，年产值1100万元，利润350万元。

11月1—4日　娄底市举办第三届商品交易会。来自福建、江苏、浙江、上海、江西、贵州、湖北、广东、广西、四川等省和港澳台地区客商参会。其间，签订合同1340份，总成交额3.06亿元。其中，商品成交总额2.04亿元，引进外资项目6个，投资总额1.02亿元。

11月8日　娄底新火车站广场动工兴建。

11月21日　万宝乡投资490万元，建成娄底市白水泥厂。

11月28日　江龙滩经济技术开发区暨娄湘公路娄底段工程开工建设。

是年，通过连续3年推广水稻高产栽培技术，实现成建制亩产过吨粮目标，成为娄底地区第1个成建制亩产过吨粮的市。

是年，娄底市出台《城镇国有土地使用权合理暂行办法》。

1993年

1月14日　湘中商业大厦竣工营业。大厦高19层，建筑面积1.95万平方米，投资3800万元，是集营业、娱乐、住宿于一体的综合性商业大厦。

2月8日　中共娄底市委、市政府在全市农村实施引导农民进市场奔小康工程。

2月10—13日　全市农村工作会议召开。会议确定，以“一优两高”和“引导工程”为主线，突出产业结构调整、发展乡镇企业、实施科教兴市、培育市场体系、计划生育五大战略重点，巩固农业基础地位，完成农业和农村各项任务。

3月8日　娄底市政府批准高溪村13家村办集体企业组建湖南高溪集团公司。集团公司为独立核算、自负盈亏、具有独立法人资格的集体所有制企业。

3月15日　域内第一批台胞投资独资企业湖南堙南联实业有限公司、湖南能开五金制品有限公司建成投产，总投资200余万美元，主要生产经营运动器材、塑料文具、浴室设备等。

3月24—25日　中共娄底市委召开全市经济工作会议，就加快改革开放，加快经济发展作出部署。

3月25日　中共娄底市委、市政府批转《娄底市公安局开展“三打两整一查禁”统一行动方案》。决定用半年时间在全市范围内打一场“打击车匪路霸、抢劫犯罪，打击重大盗窃犯罪，打击拐卖妇女儿童犯罪，整顿交通秩序，整顿重点地区、重点路段治安秩序，查禁卖淫嫖娼”总体战。

4月1日　娄底市政府出台《首批拍卖城镇国有土地实施方案》。商业用地2000元/平方米，居住服务用地1200元/平方米，使用年限均为40年。

5月5日　娄底市政府制定《娄底市第三产业发展规划纲要（1993—2000）》。提出发挥“三大优势”（区位、交通通信、一二产业基础），主攻“三大市场”（商品、生产要素、产权），拉长“三条短腿”（市场建设、居民和农村综合服务事业、城市基础设施及公用事业），将娄底打造成湘中地区第三产业超常规发展的交通、流通中心。

5月　湘乡至娄底高等级公路娄底段开工，全长13.70千米，投资8630万元。

6月2日　中共娄底市委、市政府作出《关于贯彻〈中共湖南省委湖南省人民政府关于加快普及九年义务教育的决定〉的决定》。

6月28日至8月8日　全市普降3次大暴雨，总降水量493毫米，造成18.30万人受灾，死1人，伤18人，重伤3人，直接经济损失1644.60万元。

10月　娄底市被评为全国特殊教育先进市。

是月，娄底市公开拍卖乐坪西街商住综合用地，首次实行城区土地公开拍卖。

是年，娄底市被评为全省城市绿化“十佳城市”。

是年，娄底市第一所私立学校群贤学校开学。

是年，娄底二中学生肖福元在青岛举行的全国少年田径赛中获金牌1枚，谢敏获金牌2枚。

1994年

4月1日　娄底市政府出台《关于加快第三产业发展的规定》。

4月8日　凌晨，域内遭受骤风暴雨袭击。3小时内降雨74.60毫米，风力8～9级，造成8个乡镇受灾，直接经济损失4000余万元。

4月9日　中共娄底市委、市政府制定《关于加速发展个体私营经济的若干规定》。

5月8日　娄底市政府出台《关于鼓励城乡居民到民营经济发展区投资经商办厂的规定》。

6月　娄底市水果开发工程指挥部成立，计划5年内投资6000万元，开发种植果木10万亩，建立湘中最大水果基地和水果批发市场。

7月3—4日　湖南省首届大众体育运动会在涟钢举行。

7月15日　中共娄底市委、市政府召开全市企业改革工作会议，推行工业企业改革。

8月25日　中共娄底市委批转中共娄底市委组织部《关于公开推选市级后备干部实施方案》。

9月　雄宇实用技术研究所所长肖国雄发明的微型锅炉在第八届全国发明展览会上获金奖。

10月16日　娄底市博物馆建成开馆。该馆展厅（室）总面积980平方米，设立美籍华人爱国医学家李振翩、教育家罗辀重、早期红军将领贺国中3个名人纪念馆，陈列文物150余件。

11月6日　娄底市煤气第二气源储配工程开工建设，容量3万立方米。

12月3日　娄底市出台《关于加快开发建设高溪工业示范小区的若干规定》。

12月　小碧乡被评为全国“农村教育综合改革先进单位”。娄底市“两基”工作通过国家级评估验收合格。

是年，娄底市获“全国造林绿化百佳县市”称号。

是年，娄底数字数据网DDN-业务开通；移动电话实现与全省自动漫游；“127”自动无线寻呼开通并实现全市联网；“168”语音系统投入使用。

是年，娄底地区劳改支队从双峰县搬迁至娄底市三元村。2001年11月1日，更名为娄底监狱，划归省监狱管理局管理。2004年1月，龙溪监狱并入娄底监狱。

1995年

1月13日　中共娄底市委、市政府印发《关于加快发展小城镇建设的意见》，确定到2010年实现城镇化水平达70%以上。

1月　长青街道办事处成立，原属乐坪街道办事处管辖的氐星路、育才路以西区域部分划归长青街道办事处管辖。

4月4日　中共娄底市委、市政府机关报《娄底晚报》试刊。后更名为《娄底市报》。

4月22日　中共湖南省委书记王茂林等省委、省政府领导召开娄底地、市两级党政主要领导和政法部门负责人会议，部署安排娄底市社会治安整治工作。

4月24日　中共娄底市委印发《娄底市“双百人才工程”实施方案》，决定用3~5年时间，选拔培养100名经济管理专家和100名城市管理专家。

4月29日　中共娄底市委、市政府制定《娄底市社会治安集中整治方案》，决定集中3个月时间，在全市范围内开展严打整治斗争。

5月8日　娄底地区证券公司在娄底市图书馆开业，开办上海、深圳上市股票交易业务。

6月29—30日　域内普降暴雨。全市损坏房屋527间，倒塌房屋286间，农作物受灾面积2666公顷，造成粮食减产3600吨，冲垮水库1座，损坏库堤3座，冲毁塘坝582座，造成供电和公路中断，12万人受灾，直接经济损失3440万元。

6月　百亩乡万卷楼图书馆成立，是娄底市第一家乡级万册图书馆。

8月8日　双江乡建成全市第一家规模山羊养殖基地，年产肉山羊8800只。

9月　连续高温干旱，全市2066公顷水稻、2266公顷旱土作物受灾。其中，水稻绝收133公顷，旱土作物绝收1266公顷，20个村人畜饮水困难。

10月1—4日　举行复市15周年庆典暨湘中商品交易会。各界工商企业代表和有关领导3000余人参会，成交额5亿元，商品零售额1亿元。其间，发行《湘中明珠——娄底市》画册。洞新市场、火车站批发市场、关家脑集贸市场开业，推出商品2万种，价值近5亿元。

10月9日　娄底市政府发布《娄底市国民经济和社会发展“九五”计划和2010年战略规划》。

11月28日　双江水库破土动工，是娄底市唯一一座以灌溉、城市供水为主，结合防洪、旅游等综合利用的中型水利工程。建成后解决涟水以北5个乡镇2306公顷农田灌溉用水，年向城市供水量1100万立方米。

是年，大科乡农机站被评为全国先进乡镇农机站。娄底市获全国首批造林绿化“百佳县市”称号。

1996年

2月1日　副省长庞道沐率省计委、省农业厅、民政厅等10多个单位负责人到全省小康示范村——黄泥塘街道高溪村现场办公，落实贷款1400万元，援助资金195万元。

3月1日　娄底市政府决定，从即日起禁止在市区燃放烟花爆竹。

5月7日　娄底市召开“严打”斗争动员大会，部署“严打”专项斗争。至9月，全市侦破各类刑事案件476起，追回“三逃”（批捕、负案、服刑或羁押在逃）人员85名，摧毁犯罪团伙33个，瓦解成员251人，抓获违法犯罪人员2473人，依法逮捕136人，治安处罚1861人，缴获赃款赃物折款334.80万元。

5月21日　茶园乡砂干铺村振兴煤矿发生瓦斯爆炸，造成10人死亡、3人重伤，直接经济损失48万元。

5月30日　中共娄底市委、市政府制定《关于国有集体工业企业实行股份合作制改造若干问题的意见》。

7月9—18日　域内连降暴雨，降雨量302毫米，造成直接农作物受灾3560公顷，绝收206公顷，损坏房屋869间，河堤受损50余处，决口21处，死亡1人，经济损失3680余万元。

7月10日　娄底市政府印发《娄底市工业企业改革实施方案》。

7月21日　20时，杉山镇下属罗贯塘煤矿因井下作业人员违反安全规定打火抽烟，引发瓦斯爆炸。造成11人死亡、1人重伤，直接经济损失45万元。

8月24日　湖南成功企业集团与高溪集团合资兴办成功精密工业有限公司，是中南、西南地区最大精密钢管生产基地。

9月6日　娄底市公安局开通全省第一家（县市级）110报警服务台，实行24小时值班备勤。

10月1日　娄底新火车站建成投入运行。

12月25日　农业部批准万宝镇进入全国“东西部合作示范区”行列。此前，高溪集团公司跨入该行列。

1997年

1月28日　历时3年，总投资30亿元的湘黔铁路娄怀段电气化改造工程竣工运行。列车每小时速度从90千米提高到120千米，货运量提高1倍。

1月　娄底市被国家教委授予“全国‘两基’教育先进市”称号。

2月13日　中共娄底市委、市人民政府作出《关于加快实施“四五·四一”菜篮子工程的决定》。确定发展生猪50万头、家禽500万羽、山羊5万只，开发蔬菜大棚5000个，年产水产品总量10万担，发展种养加工大户1000户、专业菜地1万亩、年出栏肉牛1万头目标任务。

3月3日　中日合资华达杰克赛尔汽车空调（湖南）有限公司落户。项目投资4500万元，是全国较先进汽车空调生产线之一。

3月　娄底市被林业部确定为全国第1个县级森林城市建设试点市。

5月5日　乐坪东街被授予省级样板街称号，为全省首次授予2条省样板街街道之一。

5月26日　中共娄底市委、市政府决定对洞新市场实行封闭式综合管理，执行7个方面优惠政策。

6月18日　1992年11月动工、总投资1.17亿元、日供水能力10万立方米的市二水厂建成送水。

8月22日　一名歹徒携炸药进入市工行关家

脑储蓄所企图实施抢劫。职工李萍、张翔与其巧妙周旋，保住国家财产。歹徒未能得逞，慌乱之中无意引爆炸药，当场炸死。共青团湖南省委分别授予李萍、张翔“杰出青年卫士”和“优秀青年卫士”称号。

8月29日　娄底市政府制定《娄底市企业特困职工解困工作实施意见》《娄底市企业特困职工解困资金筹集管理办法》。

8月　娄底市开展独立核算行政事业单位通信工具清理整顿行动。全市138家独立核算行政事业单位购置移动电话508台。按规定保留152台，处理给个人356台，清理公费住宅电话415台，收缴处置移动电话和住宅电话经费42.20万元。

8月　中共湖南省委、省政府在娄底召开全省实施“青山工程”现场经验交流会。娄底市在新火车站开发建设中未靠银行贷款，不要政府投资，转变观念走市场经济之路经验在会上作介绍。

1998年

3月20日　中共娄底市委、市政府印发《娄底市企业改革总体方案》，启动国有集体企业改革。

3月底至4月初　域内连续发生多起生猪5号病，地、市两级职能部门采取措施扑灭疫情。

5月8日　娄底地市两级联合召开启动房地产市场、加快住宅建设动员大会，宣布停止福利分房。

5月21—22日　域内普降特大暴雨。14小时内降水量343毫米，加上涟源白马水库泄洪，全市特别是沿河乡镇受灾严重，死亡5人，冲走牲畜800多头，倒塌房屋1853间，农作物损毁4600余公顷。102家工矿企业受损，多处水库库堤、塘坝、公路、铁路、桥梁及通信设施被冲垮，导致湘黔、娄邵铁路运行中断，直接经济损失1.50亿元。

5月25日　洛湛铁路娄底至益阳段开工勘测。

6月3日　娄底至涟源高等级公路开工建设。该路起于西阳乡栗家塘，终至涟源城区，全长59.96千米。

7月　娄底市获评“湖南省小康市”，成为娄底地区第一个实现小康的县市。

8月4日　湖南省首例伪造居民身份证案在娄底市告破，犯罪嫌疑人落网。

8月　国家科委授予娄底市为“全国科技工作先进市”称号。

9月13日　中共娄底市委、市政府制定《娄底市森林城建设管理办法》。

9月28日　九龙小商品批发市场开业。市场占地3万余平方米，首期推出300余个门面和摊位，从业人员1000余人，其中下岗职工200余人。

10月15日　全省评出综合实力10强县市，娄底市名列第2名。

10月19日　中共娄底市委作出《关于开展依法治市的决定》。

10月29日　中共娄底市委、市政府召开全市森林城建设动员大会。

11月1日　涟钢大市场开业并举办商品交易会。市场占地面积9.34平方米，总投资1亿元，建筑面积11万平方米，设摊位1500余个，商铺1280个，住宅1000套。

12月22日　中共娄底市委、市政府作出《关于优化经济发展环境的决定》。成立优化经济环境办公室，赋予督办职能、组织协调职能，行使监督、联系新闻舆论曝光、紧急事情处理、组织协调、通报批评5项权利。

1999年

1月20日　国务院下发《关于同意湖南省撤销娄底地区设立地级娄底市的批复》，批准娄底地区撤地建市设区。撤销娄底地区和县级娄底市，设立地级娄底市，市人民政府驻新设立的娄星区；娄底市改为娄星区，以原县级娄底市的行政区域为娄星区行政区域，区人民政府驻长青中街。

2月21日　娄底市彩色水泥厂15万吨特种水泥生产线点火投产。

3月3日　涟钢生产的船用锚链钢获1998年度

全国冶金产品实物质量金杯奖。

3月18日　省政府下发《关于撤销娄底地区设立地级娄底市的通知》，明确撤地建市设区有关事宜。

4月15日　中共娄底市委、市政府决定，对11个农村合作基金会实行关门清理整顿。经过清理整顿，涟滨、万宝、双江、小碧、石井、百亩、西阳等7个基金会并入相应乡镇信用社；大科、茶园、杉山及市联会4个基金会由国家财政注入再贷款资金7420万元，所有股金、存款于当年12月份开始分三期兑付。至次年12月，所有股金、存款提前兑付完毕。

5月18日　娄底市公交公司新购22辆无人售票车，首次开通无人售票公交车。

5月20日　全市召开撤市改区动员大会，市委书记张定良作动员报告。娄底市（县级）改为娄星区。

5月　娄星区抗旱服务队被国家防汛抗旱总指挥部评为"国家级抗旱服务队"。

6月9日　娄底市政府制定《娄底市1999年企业改革实施方案》，继续深化产权制度改革，继续深化经营机制改革，全面改革企业领导体制。

7月23日　区委常委会议召开，研究农村合作基金会清理整顿工作。

8月30日　中共娄星区委召开会议，部署从9月开始在全区乡镇、街道领导班子和乡镇、街道干部中集中开展增强政治组织观念、群众观念、政策法制观念和勤政廉政观念"四个观念"教育活动。

9月6日　娄星区举行区委、区人大常委会、区人民政府、区政协、区纪委挂牌仪式。

10月17日　全国各地近100名专家学者聚集娄底，参加罗辀重110周年诞辰纪念座谈会暨《罗辀重文集》首发式。

10月25日　区政府印发《娄星区土地利用总体规划（1997—2010）》。

10月　娄星区委组织部首次在清泉集团、湘怡集团、鹏泰国际等民营企业建立党组织。

11月30日　区委常委会议召开，研究撤地建市设区"三权"调整工作。

11月　娄星区第一家村办水电站石井乡环江村水电站建成发电，设计年发电量85万千瓦时，年产值34万元。

2000年

1月17日　中共娄星区委召开四届四次全体会议。作出调整经济发展思路、实施"五三"战略的决定，通过《中共娄星区委近期经济发展思路》《关于贯彻〈中共娄底市委关于加强国有中小企业改革和发展的决定〉的实施意见》。

1月31日　中共娄星区委、区政府就加快国有中小企业改革和发展制定24条实施意见。

1月　西阳乡撤乡建镇。

2月29日　中共娄星区委部署在区级领导班子和领导干部中开展以"讲学习、讲政治、讲正气"（简称"三讲"）为主要内容的党性党风教育活动。

2月　娄星区实施被征地农民退休养老制度，男年满60周岁、女年满55周岁被征地农民从当月起领取140元/月退休金。

5月19日　娄底市、区两级联合召开娄底城区治理经济发展环境公开处理大会，宣布处理32名破坏经济发展环境违法犯罪人员。

5月29日　中共娄星区委、区政府召开动员大会，落实省委、省政府计划生育"四查四到位"部署。重点清查自1990年1月1日以来，党员、干部、国家工作人员违反和破坏计划生育情况。

6月15日　中共娄星区委、区政府下发《关于认真落实党风廉政建设责任制，严格实行责任追究制度的通知》。

7月1日　湘潭—邵阳高速公路娄底连接线开工，全长19.01千米，其中，娄星区段长10.60千米，总投资1.03亿元。

是日，娄星区第五次全国人口普查结束，全区人口39.86万人。

7月3日　区党政机关与所办经济实体脱钩工作领导小组出台《关于继续做好党政机关与所办经济实体脱钩工作的实施方案》。

8月1日　娄星区乡镇、街道建立“民情热线”办公室，开通民情热线。

8月28日　中共娄星区委发出《关于在全区机关集中开展思想作风整顿，切实改进干部作风的通知》，聘请8名离退休老领导担任特邀督查员。

9月21日　中共娄星区委、区政府出台《关于搞活专业市场的若干规定（暂行）》，确定娄底大市场、九龙市场、涟钢大市场、湘中农贸市场、湘中电脑家电通讯市场、老火车站市场六大重点市场。

9月24—26日　娄底市第二届农民运动会在娄星城区举行。

10月16日　娄星区政府发出通告，对娄底市中心城区搬运装卸市场进行重点整顿。

10月23日　中共娄星区委、区政府下发《关于切实改进工作作风，力戒形式主义的通知》。要求严格控制各类检查评比和达标升级活动，严格控制各类会议，精简文件，改进干部工作作风，帮助企业和农民解决实际问题。

11月29日　中共娄底市委常委会议决定，撤销原娄底地委、行署批准建立的外资工业区管委会，将外资工业区与原娄底市经济技术开发区合并，成立新的娄底市经济技术开发区。

12月23日　娄底市城市燃气混气工程投产。

12月29日　国家重点工程洛（阳）湛（江）铁路娄底段开工。

2001年

1月18日　中共娄星区委印发《关于在全区开展“三个代表”重要思想学习教育活动的实施方案》，部署在全区开展“三个代表”重要思想学习教育活动。

2月1日　娄星区政府下发《娄星区城镇职工基本医疗保险实施办法》《娄星区城镇职工大病医疗互助暂行办法》，推行城镇职工基本医疗保险和职工大病医疗互助制度。区直单位从2001年1月1日起实施城镇职工基本医疗保险制度。

3月2日　全区医疗保险制度改革动员大会召开。区直单位从2001年1月1日起实施城镇职工基本医疗保险制度。

3月9日　中共娄星区委四届六次全体会议召开，审议并原则通过《娄星区国民经济和社会发展第十个五年计划纲要（草案）》。

4月27日　中共娄星区委决定，用2年时间在乡镇、街道办事处开展以进百家门、知百家情、解百家难、助百家富为主题的“四百”活动。在区直机关开展创建好领导班子、好干部队伍、好工作业绩、好部门形象“四好”活动。

4月29日　撤销茶园乡设立茶园镇。

6月15日　中共娄星区委、区政府制定《关于加快建设经济强村的若干意见》。

6月　娄星区被教育部、财政部、国家计委评为“两基”工作先进地区（单位）。

7月18日　由原娄底行署公安处涟钢公安分处整体转体的娄底市公安局钢城分局挂牌成立。

8月　全区完成治爆缉枪专项行动，收缴各种枪支690支、子弹1083发、炸药1119千克、雷管3402枚、导火索1236米、管制刀具832把。治安处罚59人，刑事拘留25人。

9月13日　中共娄星区委、区政府制定《关于任命干部实行法律考试的实施办法》，推行领导干部任前法律考试制度。

10月　乐坪街道办事处被中央宣传部、国家计划生育委员会授予“全国婚育新风进万家活动先进街道”称号。

12月1日　在娄底城区从事载客营运近十年的机动三轮车（叭叭车）全部退出营运，取而代之的是红颜色的出租车。

12月3日　中共娄星区委召开培养选拔女干部发展女党员工作会议，通过《2001—2005年培养选拔女干部，发展女党员工作规划》。

12月4日　陶瓮学校举行百年校庆活动，市、区领导到会祝贺。

12月16日至2002年1月17日　涟滨乡由于5户村民从广东等地引进鸡苗引发区内首次发生禽流感疫情，死亡和扑杀家禽9680羽。

12月29日　华菱涟钢超薄板钢带工程建设

投产。

2002年

2月6日　中共娄星区委作出《关于调整近期经济发展思路的决定》。调整重点是，围绕经济结构战略性调整，推进工业化进程；围绕北扩南移城市发展主基调，推进城镇化进程；围绕所有制结构调整，推进民营化进程。

3月22日　中共娄星区委、区政府发出《关于组织干部深入农村为农民办实事的通知》。

4月17日　中共娄星区委制定《娄星区2001—2010年妇女发展规划》和《娄星区2001—2010年儿童发展规划》。

4月　娄星区推行农村税费改革。取消乡统筹、农村教育集资等向农民征收的收费和基金；取消屠宰税；逐步取消统一规定的积累工和义务工；调整农业税和农业特产税政策；改革村提留征收使用办法。全区减少农税收入1820万元，农民人均负担减少111.60元。

5月20日　中共娄星区委、区政府成立优化经济环境领导小组、整顿和规范经济秩序领导小组及其行动小组，制定《娄星区优化经济环境，整顿和规范经济秩序工作实施方案》《娄星区加快大中小企业改革的总体方案》。

6月9日　娄星区湘中农贸市场开业。总投资3480万元，设有门面365个，配套住房246套。

6月　花山街道计划生育办公室被授予“全国青年文明号”称号。

7月6日　中共娄星区委印发《娄星区机构改革方案实施意见》《娄星区乡镇街道办事处机关事业单位机构改革实施意见》《关于娄星区党政群机构设置的通知》，启动机构改革工作。

7月14—15日　中共娄星区委印发《娄星区区直机关机构改革“三定”工作实施意见》《娄星区机构改革人员定岗实施意见》《娄星区机构改革人员分流实施意见》。

8月28日　中共娄星区委、区政府印发《关于推进城市社区建设工作的实施意见》。

9月28日　市、区联合在娄底火车站广场举办“天女杯”广场文化艺术节。

10月19日　山东省公安厅组团到娄星区考察学习实施社区警务战略。娄星区实施社区警务战略经验得到公安部肯定并在全国推广。

10月　黄泥塘街道高溪村被中央文明建设委员会评为全国创建文明村镇工作先进单位。

11月25日　娄星区在市体育场召开打击“两抢”（抢劫、抢夺）犯罪公捕公判大会。

12月26日　潭邵高速公路娄底连接线建成通车，结束娄星区无高速公路历史。

2003年

1月2日　在澳大利亚举行的世界摔跤锦标赛上，娄星区涟滨乡颜智慧获女子组55公斤级冠军。

3月23日　中国女排精英对抗赛在市体育馆举行。

4月2日　中共娄底市委办印发《关于做好娄星区与娄底市经济技术开发区管理区划调整交接工作的实施方案》。西阳镇整体（后更名为大埠桥街道）、涟滨乡（后更名为涟滨街道）整体及杉山镇7个村和花山街道、黄泥塘街道2个居民委员会共34个村（居）4.30万余人划归市经济技术开发区管理。至此，娄星区实际管辖茶园、万宝、杉山、百亩、石井、小碧、双江7个乡镇和乐坪、长青、花山、黄泥塘、大科5个街道。

4月14日　省人民政府批准成立娄底潇湘职业学院，纳入普通高等教育系列，是娄底市第一所民办高等院校。2005年3月3日，娄底潇湘职业学院更名为潇湘职业学院。

4月18日　娄星区政府成立娄星区非典型肺炎防治工作协调小组和区非典型肺炎防治工作领导小组。

4月23日　娄底中兴大市场开业，取代马路市场城南市场。

5月12日　中共娄星区委发出《关于在全区广大党员干部中深入开展学习郑培民同志活动的通知》。

5月19日　中共娄星区委、区政府制定《关于认真落实“两个务必”，切实加强干部队伍作风建设的意见》。

5月27日　娄底城区首家社区服务中心——蜜蜂社区服务中心成立。

5月28日　国家级重点技工学校娄底高级技工学校挂牌。

5月29日　全区招商引资暨项目建设工作会议召开。

6月5日　撤销涟滨乡，建立涟滨街道，委托市经济技术开发区管理。原涟滨乡恩口村、东来村、涟滨村、碧溪村、曹家村5个村划归黄泥塘街道管辖；原涟滨乡对江村、清潭村以及三塘村和思塘村部分组划归花山街道管辖。

6月24日　全省中学生“天女杯”篮球赛在娄底二中举行，20支男女代表队参赛。

7月　洛湛铁路娄益段建成通车。

8月7日　中共娄星区委、区政府成立区民营经济领导小组，作出《关于加快民营经济发展的决定》。

8月8日　中共娄星区委、区政府制定《区级领导联系重大招商引资项目和重点工程项目、民营企业责任制度》。

8月12—13日　中共娄星区委、区政府召开民营经济暨优化环境工作大会。决定把民营经济作为全区经济发展突破口和主体经济，实现民营经济发展新突破。

8月26日　中共娄星区委、区政府印发《娄星区机关思想作风集中教育整顿活动实施方案》。决定从8月下旬起，在全区开展机关思想作风集中教育整顿活动。

8月27日　中共娄星区委出台《机关作风建设“六个严禁”》《关于严肃会风会纪的若干规定》《关于严格控制公款消费的有关规定》，印发《关于在全区党员干部中开展“艰苦奋斗、廉洁从政”主题教育活动的实施方案》。

10月18日　涟钢薄板配套项目铁路改造工程建成投运，年通过能力由1000万吨提高到1600万吨，存车量由600列提高到900列。

10月20—23日　第五届全国城市运动会柔道比赛在娄底体育馆举行。

10月30日　中共娄星区委、区政府召开创建金融安全区工作会议。成立娄星区金融安全区创建工作领导小组，印发《娄底市娄星区金融安全区创建工作领导小组关于清收机关事业单位社会团体及其工作人员拖欠诚信贷款的实施办法》。

11月18日　涟滨街道成立。涟滨街道由原涟滨乡仙人桥村、民福村、茅塘村，杉山镇高车村、太保村、九仑村、澄清村，花山街道仙人居委会和黄泥塘街道仙人阁居委会等组建而成。所辖区域内有市经济技术开发区金融商贸区、高科技农业示范区和工业走廊。

2004年

2月3日　娄星区政府召开全区高致病性禽流感防治工作紧急会议，印发《防治高致病性禽流感应急预案》。

2月23日　华菱涟钢200万吨热轧薄板项目竣工投产庆典和冷轧薄板项目开工典礼在涟钢举行。

2月　杉山镇集云村“三八”绿色工程被全国妇联授予“全国三八绿色优质工程”称号。

3月27日　国家高校设置评审委员会对全国2004年申报本科大学学校进行投票表决，娄底师范专科学院“专升本”全票通过。

3月28日　中共娄星区委、区政府部署2004年扩大就业和再就业、乡村公路改造工程建设、城镇社会保障和农村扶贫帮困、失地农民和城镇拆迁户补偿安置、食品药品放心工程、公共卫生服务体系建设、城乡环境、城乡居民安居工程8件为民实事。

是日，城区首条步行商业街明珠步行商业街开街营业。

3月　娄底第四小学少先队大队部被全国少工委授予“全国红旗大队”称号。

4月2日　娄星区招商引资和发展民营经济暨优化经济环境工作会议召开。

4月19日　洛湛铁路益永段开通运营，娄底成为湖南“田”字铁路网轴心。

4月23日　中共娄星区委、区政府制定《娄星区示范社区基本标准》，决定在全区开展以加强社区党建、规范社区管理、强化社区服务“三位一体”为主题的示范社区创建活动。

4月　娄底第五小学获“全国青少年科技教育先进集体”称号。

5月10日　湖南非洲艺术节“海晨之光”文艺演出在涟钢体育馆举行。

5月22日　娄星城区九亿商业步行街开街。

5月24日　娄星区政府发出《关于开展全区第一次经济普查工作通知》，部署开展经济普查工作。

6月29日　娄星区政府出台《关于全区国有工商企业产权制度改革的若干规定》。

6月30日　双江乡境内洪家山省级森林公园挂牌开园。

7月24日　全区副科级以上领导干部开展“立党为公，执政为民”专题学习教育活动。

7月　司法部、民政部授予高溪村“全国民主法治示范村”称号。

8月26日　乐坪街道办事处被国务院评为全国再就业先进工作单位。

9月3日　娄底一大桥改扩建工程开工建设。

9月6日　中共娄星区委、区政府作出《关于加快教育改革和发展的决定》。

9月　娄星区被确定为全国校本教研制度建设基地。

10月　中国科协命名娄星区为“全国科普示范城区”。区内首个畜禽养殖专业协会黄泥塘街道恩口村养猪协会成立。小碧乡农科所“湖南黑猪”原种繁殖场开工，建成6栋高标准现代化养猪栏舍。

11月　乐坪街道被评为全国企业退休人员社会化管理示范点。

2005年

2月　中共娄星区委、区政府印发《娄星区第六次村民委员会换届选举工作实施方案》，开展村民委员会换届选举工作。

3月10日　中共娄星区委、区政府决定组织区乡两级900名党员干部集中20天时间，到农村、企业、社区开展“党员干部下基层，排忧解难促发展”活动。

4月25日　中共娄星区委、区政府制定《娄星区2005年为民办8件实事实施意见》。重点做好扩大城乡就业、县乡公路改造工程建设、城镇社会保障体系、农村沼气池建设、农村中小学校危房改造、农村卫生服务体系建设、城市人居环境、农村“五保户”供养工作。

5月17日　娄星区政府印发《关于创建省级卫生城市的实施方案》，成立娄星区创建省级卫生城市领导小组，启动创建省级卫生城市活动。

6月18日　中共娄星区委、区政府作出《关于进一步加强人口与计划生育工作的决定》。

7月18日　市政府召开会议，专题研究吉星路建设工作。吉星路南起娄底湘中大道，北至群乐街（娄涟高等级公路），全长13千米，是娄底二环道重要组成部分。工程包括2座跨河大桥和2座跨铁路桥。

8月13日　中共娄星区委下发《关于在全区农村开展“双培双建双强”活动的意见》，决定在全区农村基层党组织和农民党员中开展“双培双建双强”（把党员培养成致富能手、把致富能手中的优秀分子培养成为党员，建立党组织领导下的以当地农业产业为依托的专业服务协会、建立集培训示范科技推广于一体的农业产业化基地，增强村级党组织战斗力、增强村级经济实力）活动。

8月19日　乐坪街道廖家社区被评为“全国青年文明社区”。

8月26日　第四届湖南省工人运动会在娄底举行，副省长郑茂清致开幕词并宣布运动会开幕。

9月23日　湖南零售旗舰步步高商业连锁股份有限公司投资1.20亿元的娄底银海店开业。

9月27日　中共娄星区委、区政府下发《关于建立对乡镇街道办事处教育工作进行督导评估制度的通知》，决定从2005年起，在全区建立对乡镇、街道教育工作进行督导评估制度。

9月29日　区委常委会议召开，专题研究创建省级文明城市工作。

9月　由娄星区综治办牵头，从公安、工商、司法、车站派出所、专业护路队抽调50人组成清理工作队，对铁路沿线废旧金属收购站点、出租房屋开展为期1个月的清理整顿行动。清理废旧金属收购站点129家，处罚16家，搬迁取缔18家，清理出租房屋486间，治安拘留5人，签订治安责任书111份。

10月18日　娄底市“爱绿，植绿，护绿，从我做起”万人签名活动在娄星广场举行。

10月25日　中共娄星区委、区政府印发《关于开展创建省级文明城市活动的实施方案》。

是日，区委常委会议召开，专题研究选派机关干部担任村党支部第一书记工作。区委下发《关于从区、乡镇街道办事处机关选派村党支部第一书记的意见》。

10月　高溪村被中央精神文明建设指导委员会评为“全国创建文明村镇工作先进村镇”。

11月10日　湖南娄底薄板及深加工产业基地举行授牌仪式，标志着娄底成为全省首批11个省级高新技术产业特色基地之一。

12月3日　省政府教育督导团巡视督导娄星区“两项教育督导评估”。

12月6日　中共娄星区委下发《关于在全区街道社区党建工作中实施“凝聚力工程”的意见》，决定在街道社区党建工作中建立关心群众工作机制。

12月19日　中共娄星区委五届四次全体会议召开。审议通过《中共娄星区委关于制定国民经济和社会发展第十一个五年规划的建议》。

是日，省交通基础设施重点工程、全市最大的汽车运输综合枢纽站汽车南站开工。

12月20日　乐坪街道月塘社区计生协会被评为全国计生协会工作先进单位。

12月22日　娄底市第一污水处理厂在花山街道对江村开工建设。

12月　人事部、水利部授予娄星区抗旱服务队“全国水利系统先进集体”称号。

是月，原娄底市毛巾厂、娄底市特种水泥厂、娄底市湘中造纸厂依法依规按程序破产改制，完成资产处置和职工安置工作。至此，全区国有企业全部完成改制。

是年，投资1440万元，完成通村公路水泥路面硬化48.40千米，砂石路面改造13千米。省级农机购置补贴项目在娄星区首次实施，全区完成补贴资金35.30万元，补贴机具76台，拉动社会投入购机资金1790万元，区农机局被评为“全国科普先进单位”。

2006年

1月1日　洛湛铁路湖南段开通营运，标志着湖南“三纵”（京广、洛湛、焦柳）、“三横”（石长、湘黔、湘桂）“田”字形铁路格局形成。娄底成为湖南“田”字形铁路客货运输中心。

1月26—27日　全区开展“冬夜风暴”集中清查行动。清查出租房屋843户、暂住人口1246人、娱乐场所122处、特种行业46家。抓获违法犯罪人员27人，其中，抢劫犯罪嫌疑人3人，扒窃人员8人，盗窃犯罪嫌疑人11人，吸毒人员5人，追回网上在逃人员2人，缴获赃车2辆。

3月15日　中共娄星区委制定《关于在双江乡开展公推直选党委委员、纪委委员试点工作的意见》，决定在双江乡试点公推直选（群众推荐、常委会票决正式候选人、党员直选）乡党委委员、纪委委员工作。

3月17日　中共娄星区委召开全区乡镇党委换届选举工作会议，启动换届选举工作。

3月26日　湖南五江轻化集团有限公司控股子公司娄底四正光电材料有限公司自主研发的高分辨率感光干膜，通过中国印刷行业协会产品鉴定。产品属高科技光阻材料，是制作电路板第二大耗材，应用于微电子行业和电路板制造行业。

4月9日　中共娄星区委、区政府印发《娄星区2006年为民办8件实事的实施意见》。实施扩大就业和完善社会保障、农村公路建设、加快农村沼气建设、农村卫生服务体系建设、改善城市人居环境、农村敬老院建设、农村中小学寄宿制学校建设和农村村村通电话工程8件实事。

4月29日　中共娄星区委、区政府下发《关于进一步规范行政事业单位工作人员外出参观学习考察管理的通知》，严格界定国家机关工作人员外出参观学习考察范围、审批程序以及经费报销等事项。

5月18日　娄底首届“娄底·义乌”商品博览会开幕。

5月22日　中共娄星区委、区政府制定《娄星区开展集中打击“强装强卸强运、强揽工程、敲诈勒索”等阻碍经济发展行为专项行动方案》，从5月至12月开展打击“强装强卸强运、强揽工程、敲诈勒索”等阻碍经济发展行为专项行动。

6月26日　中共娄星区委研究同意设立中共娄星区经济园区管委会工作委员会。

7月7日　娄星区纠风和治理商业贿赂工作会议召开，部署纠正行业不正之风和治理商业贿赂行动。

7月26日　娄底城市重点工程建设项目吉星路建设工程开工建设。

8月10日　娄星区政府印发《突发公共事件总体应急预案》。

9月21日晚至23日　娄星区公安分局开展治理“两抢一盗”犯罪集中统一清查行动。查扣“两无”机动车180台，清查出租房屋1387处，中小旅馆238个。抓获违法犯罪人员86人，其中上网在逃人员2人。破案7起，其中现行盗抢案件3起。

9月25日　娄星区开展第二次农业普查工作。普查时点是2006年12月31日24时，普查时期是2006年1月1日至12月31日。

9月　长青街道娄星社区被评为全国学习型家庭创建示范社区。

11月2日　万宝镇仙女街大道开工建设。

11月6日　娄星经济园区开园暨湘中大道西延线开工典礼在大科街道三元村机砖厂举行。

12月1日　从区直单位和乡镇机关选送14名年轻干部赴涟钢进行为期1个月的挂职锻炼。这是娄星区第三批次选派干部到涟钢挂职锻炼。

12月6日　万宝镇振翩学校建校100周年纪念暨振翩学校被确定为娄底市爱国主义教育基地庆典仪式在振翩学校举行。

12月23日　春园商业步行街开街营运。

12月26日　犁头嘴公路大桥建成通车。

2007年

1月18日　娄星城区防洪工程开工建设。工程新修防洪堤35.70千米，新修沿河公路3.10千米，新建绿化风光带3.40万平方米，总投资3.29亿元。

2月8日　中共娄星区委、区政府印发《关于加快推进社会主义新农村建设的实施意见》。

2月28日　中共娄星区委、区政府印发《关于构建人民调解、司法调解、行政调解相衔接的“三调联动”工作机制的实施方案》。

3月23日　区委常委办公会议召开，专题研究解决万宝小城镇开发建设。

4月4日　中共娄星区委印发《娄星区机关思想作风集中教育整顿活动实施方案》。印发《机关思想作风建设“六条禁令”》，即严禁政令不通，严禁拉帮结伙，严禁闹不团结，严禁自由散漫，严禁公款挥霍，严禁公车私驾。

5月15日　中共娄星区委、区政府印发《娄星区2007年为民办8件实事的实施意见》。8件实事是：健全覆盖全区农村公路网络，健全覆盖全区农村通信和流通网络，实施覆盖全区农村义务教育经费保障新机制，健全覆盖全省农村卫生服务体系，完善覆盖全区城乡的污染治理体系，完善覆盖全区城乡社会救助体系，健全覆盖全区城镇就业和社会保险体系，实施计划生育奖励扶助政策。

5月15日　娄星区政府印发《娄星区打击传销活动工作方案》，成立打击传销活动领导小组，开展打击传销活动专项行动。

5月20日　《新娄星报》创刊。

6月5日　经民政部、财政部审核，省人民政府批准，认定娄星区为革命老区。

6月9—10日　第四届泛珠三角区域合作与发展论坛暨经贸洽谈会在湖南国际会展中心开馆，娄星区有10个项目成功签约，引进资金6.95亿元。

6月19日　中共娄星区委、区政府出台《关于优化经济发展环境“五个严禁”的规定》。

6月27日　区委出台《关于区委常委会改进作风加强自身建设的若干规定》，印发《关于健全落实党委（党组）抓基层党建工作责任制的实施意见》。

6月　娄星区妇联获全国先进妇联组织称号。

7月17日　娄星区政府印发《娄星区开展整治非法用工打击违法犯罪专项行动实施方案》。决定集中力量，以乡村小砖窑、小煤矿、小矿山、小作坊为重点，整治非法用工打击违法犯罪专项行动。

8月3日　区委常委会议召开。研究九三学社换届选举工作和机构编制工作；听取全区科局级领导班子考察情况汇报；同意在区交通局设立区交通战备办公室，为正科级单位；区教育督导室、区维稳办升格为正科级机构；区纪委设立干部人事管理室，为副科级机构；区移民办更名为区水库移民开发管理局，升格为正科级机构；设立革命老区建设管理办公室，为区民政局下属副科级事业单位；区退伍军人安置办公室升格为副科级机构；区党员干部现代远程教育管理中心、区人才工作办公室、区法律援助中心、区档案馆升格为副科级机构；设立区人民政府应急管理办公室，为区政府办副科级内设机构。

8月6日　中共娄星区委、区政府印发《关于防范与打击地下“六合彩”等赌博违法犯罪活动整治行动方案》，开展防范与打击地下“六合彩”等赌博违法犯罪活动。

8月17日　湖南华达机械总厂将华达子弟学校整体移交给娄星区人民政府管理。至此，从2005年9月开始进行的娄星区辖区内厂矿子弟学校接管工作结束。接管恩口煤矿子弟学校、华建子弟学校、涟邵矿务局机关子弟学校、华达子弟学校，除在职教师外，接管129名离退休教师。所有接收人员纳入娄星区中小学教师管理编制，享受娄星区中小学教师待遇。

8月28日　娄底市超级稻生产现场会在双江乡双江村召开。与会人员和专家现场考察该村200亩成片超级稻试验示范基地，对超级稻新品种淦鑫688进行现场鉴定和评议，亩产达735千克，且特别适宜在缺水地区推广。

9月20日　启动娄底老街望湘门、观化门重建工程。望湘门、观化门始建于南宋淳佑十年（1250），有750余年历史，曾是娄底老街标志性建筑，是娄底中心城区历史变迁重要载体，具有深厚历史文化积淀。

9月25日　娄底市入选中国十大“宜居城市”。

9月　全区有600名贫困家庭学子享受生活补助，4600余名学生免除教材费，1.70万余名学生免除杂费，全区减免学杂费400多万元。

10月28日　娄星区企业改革改制工作总结表彰大会召开。区属工商企业改革改制工作始于1984年，至2007年，全区84家区属企业全部实现“两个置换”，处置变现企业资产5.20亿元，盘活存量资产4.67亿元；清偿各类债务7.89亿元；补偿安置职工1.39万人，移交社保部门管理离退休人员3374 人，实现再就业职工9340人。

11月7日　中共娄星区委、区政府作出《关于增强自主创新能力建设创新型娄星的决定》，制定《关于增强自主创新能力建设创新型娄星的若干配套政策》。

是日，省级森林公园娄星区洪家山突发森林大火。市、区领导和武警官兵、区直机关干部、民兵应急分队及当地村民2000余人投入扑火战斗，出动救火车辆150余辆次。经过36小时奋战，大火被彻底扑灭。

11月13日　娄星区科学技术大会召开。

11月23—27日　石井乡斗罡村派出67名村民代表自费赴江苏江阴市华西村参观学习该村致富经验和社会主义新农村建设发展思路，探索斗罡村经济发展模式和发展方向。

12月21日　安石集团湖南煤化新能源有限公

司10万吨焦炉生产线一座86米高烟囱爆破拆除，投资10亿元的节能减排新项目启动，标志着娄星区环保建设进入新阶段。

2008年

1月14日　娄星区政府召开退耕还林工作会议，研究部署全区巩固退耕还林成果工作，印发《巩固退耕还林成果专项规划编制工作方案》。

1月15日　由区人民政府和中国移动娄底分公司联合开展的“和谐共建送温暖”活动启动。中国移动娄底分公司出资40万元，向娄星区12个乡镇街道1000户经济困难家庭每户资助200元现金和价值200元物资。

1月28日　中共娄星区委召开常委扩大会议，成立由区委书记任顾问、区长任指挥长的防冻抗灾指挥部，启动应急机制，成立8个工作小组。29日下午，区委领导带领400余名机关工作人员和群众一道在街上扫积雪，除冰障。

1月　自10日起，娄星区遭受自1954年以来最严重冰雪灾害天气，全区受灾人口1.98万人，直接经济损失2.86亿元。1月30日，娄星区政府下发《关于在全区开展赈灾募捐活动的通知》，决定在全区开展赈灾募捐活动。

是月，长青街道关家社区被授予全国“平安家庭”创建活动先进示范社区称号。

2月21日　中共娄星区委、区政府下发《关于组织开展“千名干部下基层，救灾补损促发展”活动的通知》，26日举行活动启动仪式。千名机关干部分赴全区12个乡镇街道100个重点受灾村开展为期1个月的灾后重建与救灾补损工作。

3月3日　下午4时许，省级森林公园双江洪家山突发森林大火。区人民武装部出动干部职工和民兵应急1连、黄泥塘民兵应急分队120余人赶赴火灾现场，与当地干部群众一道扑火，至4日凌晨2时许将大火扑灭。

3月19日　凌晨，城区治安巡逻大队五中队队长谭静宇在执行治安巡逻任务中勇斗歹徒壮烈牺牲，年仅30岁。中共娄底市委、市政府作出向谭静宇学习的决定，中共娄底市委追授谭静宇为优秀共产党员，市总工会追授谭静宇为“五一劳动标兵”，共青团湖南省委追授谭静宇“湖南青年五四奖章标兵”称号。5月22日，谭静宇被湖南省人民政府批准为革命烈士。

3月　娄星区委决定在双江乡坪底村进行直选村官试点，实行无候选人直接选举村干部换届选举工作，是娄星区首次直选村官试点。

4月3日　全市城镇居民基本医疗保险试点工作在娄星区率先启动。《娄底市城镇居民基本医疗保险试行办法》实施，标志娄星区城镇居民基本医疗保险试点工作拉开序幕。

4月14日　台商林贤杰投资百万元的株兴机制水泥瓦厂落户杉山镇并投入生产，成为娄底市首家台湾个体工商企业。

4月24日　娄星区乡镇企业暨农业产业化工作会议召开。部署全区乡镇企业及农业产业化工作，提出2008年全区乡镇企业实现总产值112亿元目标。

4月29日　娄星区农村工作暨粮食生产工作会议召开。提出耕地不抛荒、不垮一库一堤和在山洪地质灾害中不出现群死群伤、不因责任不落实和措施不到位而发生大面积动物疫病流行、不因政策不落实和农民负担加重而发生涉农恶性案件4个“确保”目标。

4月　中共娄星区委研究决定，由区纪委、区监察局向全区派驻23个纪检监察机构（双派），定编制23名，实行统一管理。

5月16日　区委常委扩大会议召开，研究部署支援四川地震灾区等工作。至6月16日，全区各界为灾区捐款捐物折合人民币637.71万元，港币2000元。

5月20日　娄星区部署农产品质量安全行和环保世纪行活动，开展重点整治排污企业和农业污染专项行动。

6月2日　中共娄星区委、区政府印发《关于进一步稳定和完善农村土地承包经营制度的意见》。

6月20日　中共娄星区委、区政府印发《娄底市娄星区“创建人民群众满意机关”作风建设活动工作方案》，开展大讨论、大整顿、大规范、大测评活动。活动从6月下旬开始，12月底结束。

是日，中共娄星区委、区政府印发《娄底市娄星区集中整治强揽工程、强装强卸、强行阻工实施方案》，决定在全区开展为期6个月的整治“三强”集中行动。

6月25日　双江水库工程竣工。双江水利枢纽工程于1995年11月动工兴建，是一座以灌溉为主，结合供水、防洪、旅游等功能的中型水利工程。水库设计灌溉面积2307公顷，解决娄星区涟水河以北5个乡镇农田灌溉和恩口煤矿闭矿后周边地区水资源匮乏问题，年均向涟钢供水507万立方米。

7月1日　娄星区实施新型农村合作医疗制度。

7月7日　中共娄星区委、区政府作出《关于建设教育强区的决定》，落实教育优先发展战略，实施科教兴区。8日，中共娄星区委、区政府召开全区建设教育强区工作会议。

8月8日　娄星区政府作出《关于认真做好第二次全区经济普查工作的通知》，成立第二次全区经济普查领导小组，具体工作由区统计局负责落实。

8月11日　中共娄星区委、区政府下发《娄星区领导干部经济责任审计实施办法（试行）》《娄底市娄星区党政领导干部和企事业领导人员经济责任审计结果运用的实施办法（试行）》。

8月31日　娄（底）新（化）高速公路建设在茶园镇举行开工仪式。娄（底）新（化）高速公路主线全长95.86千米，全线采用四车道高速公路，设计速度100千米/小时，总投资61.44亿元，总工期3年。

9月12日　中共娄星区委印发《“坚持科学发展，加快富民强区”解放思想大讨论活动实施方案》。大讨论活动从9月开始，与学习贯彻中共十七大精神和推进“两型社会”试验区改革建设大宣讲活动相结合，与学习实践科学发展观活动和纪念改革开放30周年活动相衔接。

9月22日　中共娄星区委、区政府印发《娄星区金融安全区创建暨清收清欠工作实施方案》，组织开展干部职工贷款清收工作。

10月21日　娄星区农村基层党风廉政建设暨村级财务规范管理工作会议召开，明确实行乡级经管站代管村（居）级财务、代管村（居）级资金。

11月12日　娄星区内开展“强基础，保安全”百日专项行动。重点对煤矿、尾矿库（非煤矿山）烟花爆竹和危险化学品、道路交通、工程建设、人员密集场所等场地开展专项整治。

11月19日　召开“瘦肉精”“蛋白精”专项整治行动动员大会。从11月20日起，开展为期1个月的专项整治行动。

12月16日　中共娄星区委、区政府印发《关于加快推进小城镇建设和发展的意见》。

12月26日　吉星路（南段）竣工通车。娄底市标志性景观吉星路涟水河大桥（娄底三大桥）开工建设。

第一篇 政区 人口

第一章 区域 沿革

第一节 位置 面积

娄底市娄星区地处湘中腹地，位于娄底市中部偏北，是娄底市政治、经济、文化中心，娄底市唯一县级区。地理坐标北纬27°35′46″~27°53′31″，东经111°53′24″~112°07′42″。东邻湘乡市，南连双峰县，北接宁乡市，西接涟源市。南起茶园镇砂罐铺村，北至双江乡万家村，西起百亩乡楂泉村，东至大埠桥街道大埠村。东西横跨23.90千米，南北纵长50.20千米，地域面积429.03平方千米，占湖南省总面积0.2%。

娄星区是湖南“三纵”“三横”“田”字形铁路客货运输中心。东有娄益高速公路，西有安邵高速公路，北有长韶娄高速公路，南有沪昆高速公路、娄新高速公路、娄衡高速公路，东西南北互通。S209、S312线贯穿全境，成为区内道路交通大动脉。区政府驻地距娄底市人民政府驻地4.60千米，距省会长沙市134千米。

第二节 建置沿革

娄星区原名娄底市，娄底又分别由娄氏、楼底演变而来。娄氏，因传说天上娄、氐两个星座在此地交相辉映而得名，南宋改称神童湾，北宋改神童湾为楼底，清代定名为娄底。

境域古为百濮、三苗杂居之地。夏、商、周时属汉地九州之一荆州地域。春秋战国时期属楚国。秦始皇二十六年（前221），属长沙郡湘南县。西汉高祖五年（前202），郡改国，湘南县析涟水以西置连道，治所龙城，境域属连道，隶长沙国。东汉建武六年（30），国复改郡，仍属长沙郡连道。东汉末，域内先为蜀汉刘备占区，后为东吴孙权占区。在蜀汉属长沙郡，在东吴属衡阳郡。晋朝属荆州衡阳郡。南朝宋永初三年（422），连道并入湘乡县，改娄氏为神童湾，境域随湘乡县属衡阳郡。隋开皇九年（589），废衡阳郡置潭州总管府，湘乡县并入衡山县。隋炀帝大业三年（607），潭州总管府改为长沙郡，境域属长沙郡衡山县。唐武德四年（621），复长沙郡为潭州，析衡山县复置湘乡县，县治迁连道故城之龙城，境域属常安乡。五代十国时期，境域属楚国长沙府。北宋熙宁六年（1073），改神童湾为楼底，为湘乡县八大集镇之一。清康熙三十五年(1696)，楼底常安乡析置为常安乡、神童乡，境域属神童乡。清乾隆五年（1740），改楼底为娄底，境域仍属神童乡。清咸丰年间(1851—1861)，湘乡分为上、中、首3里，境内属上里，辖4都。

民国元年（1912），神童乡改为神童镇。民国3年（1914），属湖南省湘江道湘乡县。民国19年（1930），并乡划区，境域归为湘乡县第九区。民国27年（1938），随湘乡县属第六（邵阳）行政督察专员公署。民国28年（1939），改属第五（益阳）行政督察专员公署。民国33年（1944），湘乡县政府迁驻娄底渡头塘李氏宗祠。民国34年（1945），日本投降后迁回原址。域内设丰乐、云下、乐善、延福4乡。

1949年8月13日，湘乡县城解放。9月1日，成立湘乡县人民政府，湘乡县划为11个区、47个乡、1个镇、保甲沿用旧制。域内为第九区，辖丰乐、云下、延福、乐善4个乡和娄底镇，随湘乡县隶属益阳专署。1951年8月，境域划归新置的蓝田县。1952年7月，因陕西有蓝田县，新蓝田县更名为涟源县，域内设娄底、小碧、万宝3区，属益阳专署。11月，随涟源县改属邵阳专署。1957年1月，设立娄底办事处。1958年9月，撤销娄底办事处，成立娄底、小碧、万宝3个人民公社。1960年，从涟源县娄底、小碧、万宝、渡头塘析出66个生产大队新置县级娄底市，市治设涟源县杉山乡东风村（现娄底经济技术开发区仙人桥社区）。置冠曹、小碧、明镜、三元、恩口、茅塘、斗笠山7个人民公社。1962年10月，撤销娄底市，境域仍归涟源县管辖，增设娄底区、渡头塘区和娄底镇。1968年7月，撤销娄底区。1969年11月，恢复娄底区。1978年10月，将娄底区辖大科公社划归娄底镇。1979年，又将大科公社更名为南郊管理区，将原镇辖区域改名为北郊管理区和娄底街道办事处。1980年7月，恢复娄底市建制。市治设娄底镇花山街道大桥居委会（现娄星区花山街道大桥社区）。将娄底镇辖区域和娄底区所属西阳人民公社方石、水洋，杉山公社民福、东风，百亩公社思塘5个生产大队划归娄底市。10月，将城区分设为城南、城北、城西3个街道。11月，又将南郊管理区恢复为大科公社，北郊管理区改名为茅塘公社。1982年2月，茅塘公社更名为涟滨公社，城南、城北、城西3个街道更名为乐坪、花山、黄泥塘街道。1983年3月，娄底市划入湘潭市，改为娄底区（县级，未实施）。7月13日，又从湘潭划出，恢复原建制，隶属娄底地区管辖。1984年7月，将涟源县娄底区所属8个乡划归娄底市。1996年，娄底市委、市政府驻长青中街，属娄星居民委员会辖区。1999年1月20日，撤销娄底地区和娄底市，设立地级娄底市，市人民政府驻新设立娄星区。娄底市改为娄星区，以原县级娄底市行政区域为娄星区行政区域。区人民政府驻长青中街。2003年4月，市政府析置市经济技术开发区，将娄星区西阳镇及涟滨乡、杉山镇7个村和花山街道、黄泥塘街道2个居民委员会委托市经济技术开发区管理。

第三节　行政区划

一、乡镇（街道）设置

1989年，娄底市设石井、百亩、双江、小碧、西阳、涟滨、大科、万宝、茶园9个乡，杉山1个镇，花山、乐坪、黄泥塘3个街道，辖200个村2140个村民小组、31个居民委员会、463个居民小组。是年，黄泥塘街道由涟源钢铁厂（简称涟钢）代管。1992年5月，黄泥塘街道由娄底市接管。1994年，新设立长青街道。全市辖9乡1镇4个街道，188个村委会、49个居委会。1995年1月，乐坪街道析置长青街道，以育才路、氐星路为界，东属乐坪街道，辖竟家、乐坪、街心、蜜蜂、清泉、育才、长春7个居委会；西属长青街道，辖耕塘、小花、关家、娄星、长青5个居委会。8月，黄泥塘街道在青山生活三区增设青园居委会，下辖7个居民小组。12月，万宝乡撤乡建镇，下设23个村委会和万乐、宝坪2个居委会。

1999年9月，娄星区将长青街道5个居民委员会调整为耕塘、甘子冲、小花、关家、娄星、竹山、扶青、洞新8个居民委员会和长青1个村委会。2000年6月，茶园乡、西阳乡改建制镇。2003年3月，西阳镇成建制划入市经济技术开发区。4月，市政府将西阳镇全境及涟滨乡、杉山镇7个村和花山街道、黄泥塘街道2个居民委员会，委托给市经济技术开发区管理。5月，西阳镇改名为大埠桥街道。7月，大埠桥街道1个居民委员会、25个村民委员会调整为7个居民委员会、19个村民委员会；杉山镇24个村民委员会、4个居民委员会调整为20个村民委员会、1个居民委员会；乐坪街道11个居民委员会调整为9个居民委员会；撤销涟滨乡，将原属涟滨乡涟滨、曹家、恩口、东来、碧溪5个村划归黄泥塘街道，涟滨乡仙人桥、茅塘、民福3个村，杉山镇高车、太保、澄清、九仑4个村，花山街道青山冲居民委员会部分及黄泥塘街道仙人阁居民委员会合并为涟滨街道，设8个居民委员会；花山街道茅塘村部分划归黄泥塘街道，同时增设凤阳居民委员会，将花山街道调整为6个居民委员会和4个村民委员会；撤销大科乡改为大科街道，15个村民委员会调整为3个居民委员会和12个村民委员会。

2004年，大科街道黄泥村改为居民委员会。2005年3月，杉山镇西坪村、冠曹村划归涟滨街道，杉山镇调整为18个村民委员会。5月，长青街道调整为9个居民委员会。2007年，大科街道井头村改为居民委员会。2008年，大科街道大新、南垅、大屋3个村改为居民委员会；黄泥塘街道在234国道北设双园居民委员会。

至2008年，全区辖百亩、双江、小碧、石井4个乡，万宝、杉山、茶园3个镇，花山、乐坪、黄泥塘、长青、大科5个街道，52个社区，145个建制村。另有大埠桥、涟滨2个街道，由市政府委托市经济技术开发区管理。

二、村（居）行政区划

1989—2008年，娄星区（娄底市）乡镇、行政村、居民委员会先后于1994年、1995年、1996年、1999年、2001年、2003年、2004年进行过7次调整。

1989年娄底市乡镇（街道）、村（居）行政区划一览表

表1-1　　单位：个

乡镇、街道	村	居	辖村(居)民委员会	村(居)民小组
乐坪街道	—	12	童家、小花、关家、娄星、乐坪、街心、耕塘、长青、蜜蜂、清泉、育才、长春	142
花山街道	—	7	大桥、花山、观化、铁东、铁西、茅塘、南石	70
黄泥塘街道	—	9	花庙冲、旁山冲、索桥、桑树塘、谭家山、洪家洲、坝台、露天场、黄泥塘	208
大科乡	21	—	新建、长青、井头、三元、早元、小科、大科、黄泥、思乐、坪石、福潭、水洋、方石、大屋、罗家、王家、洞新、新联、和平、大新、南垅	176
涟滨乡	16	—	涟滨、茅塘、娄底、山塘、清潭、对江、思塘、南阳、高溪、东来、恩口、民福、曹家塘、仙人桥、碧溪、市园艺场	180
百亩乡	19	—	朝阳、梧桐、楂泉、楂林、雅塘、大河、枫树塘、蜡树、双林、荷叶、赛辉、共荣、七步、新家塘、万新、大井、百亩、大石、石坡	178
万宝乡	24	—	万宝、新坪、株山、龙庄、旺兴、芭蕉、石林、群益、东方红、傅家、高冲、浒石、江溪、富冲、石埠、垭古、新柏、磨石、清江、福善、大树、匡家、桥泉、新致	249
茶园乡	19	—	茶园、儒阶冲、春溪、松山、东冲、农群、路口、鱼岭、下洲、塘群、梽木、建农、槐柳、梨子、高乐、砂罐铺、新辉、石鼓、石塘	239
西阳乡	25	—	南塘、西阳、星明、民丰、龙虎、宋家、上元、中阳、胜昔、新石、华实、大牌、石口、和家、白鹭、石花、犁头、泉丰、江龙、永兴、石马、忠实、高桥、黑石边、双冲	241
双江乡	19	—	双江、茶杨、朱加、洪山、新庄、新联、万家、企石、佳仑、龙石、青桥、义坪、坪底、横石、小田、天壶、农新、潭溪、新加	221
小碧乡	17	—	小碧、燕岩、高坪、双联、农联、清泉、镇南、青联、建新、集和、桐梓、同安、同福、十字、对家、栗冲、炉塘	210

续表1-1

乡镇、街道	村	居	辖村(居)民委员会	村(居)民小组
石井乡	16	—	松江、环江、谭家、祖师、白云石、三圭、斗光、石井、大跃,回龙、江溪塅、水口、蛟龙、泽溪、山泉、石江	201
杉山镇	24	3	花溪、塘坪、集云、石龙、田坪、石垣、鹞子、万乐、木山、栗松、九仑、田湾、染铺、石底、澄清、高车、冠曹、太保、四季、泉福、西坪、乐善、坝塘、杉山	245
			居委会:恩口、衫山、花垣	43
合计	200	31		2603

1999年娄星区乡镇(街道)、村(居)行政区划一览表

表1-2　　单位:个

乡镇、街道	村	居	名称
石井乡	16	—	谭家、祖师、白云石、大跃、三圭、斗光、石井、回龙、松江、环江、石江、水口、蛟龙、泽溪、山泉、江溪
百亩乡	18	—	赛辉、荷叶、七步、共荣、新家、大井、大石、双林、百亩、枫树、腊树、雅塘、石坡、楂林、楂泉、梧桐、朝阳、万新
双江乡	19	—	农新、潭溪、双江、茶阳、朱加、洪山、新庄、新联、万家、新加、方石、青桥、义坪、坪底、横石、小田、企石、佳仑、天壶
小碧乡	17	—	镇南、青联、建新、集和、桐梓、同安、同福、十字、对家、栗冲、炉塘、小碧、日岩、高坪、双联、农联、青泉
涟滨乡	5	3	居委会:茅塘、仙人桥、民福,村委会:恩口、东来、曹家、涟滨、碧溪
大科乡	11	4	居委会:大科、小科、罗家、黄泥,村委会:井头、水洋、福潭、坪石、方石、思乐、早元、三元、大新、大屋、南垅
茶园乡	19	—	高乐、砂千铺、石鼓、新辉、石塘、梨子、槐柳、建农、枟木、塘群、儒阶冲、春溪、松山、茶园、东冲、农群、路口、鱼岭、下洲
杉山镇	24	1	居委会:恩口,村委会:杉山、花溪、塘坪、田湾、集云、鹞子、栗松、万乐、木山、四季、泉福、田坪、坝塘、染铺、乐善、石底、石龙、石垣、太保、高车、澄清、九仑、西坪、冠曹
万宝镇	24	—	新坪、株山、万宝、龙井、旺兴、芭蕉、群益、高冲、青山、浒石、江溪、石埠、堙古、磨石、新柏、清江、福善、大塘、匡家、新致、东方红、乔泉、石林、富冲
西阳镇	26	—	南石、忠实、高桥、双冲、石马、永兴、黑石边、江龙、泉丰、大埠、南阳、龙虎、民丰、华实、新石、星明、宋家、中阳、上元、胜昔、西阳、石门、和泉、犁头、石花、白鹭
花山街道	1	9	居委会:铁东、铁西、神童湾、大桥、花山、清潭、山塘、思塘、观化,村委会:对江
乐坪街道	—	11	居委会:街心、贤童、童家、蜜蜂、清泉、长春、廖家、月塘、大塘、金谷、火车站

续表1-2

乡镇、街道	村	居	名　　称
黄泥塘街道	1	12	居委会:仙人阁、洪家洲、谭家山、索桥、花庙冲、公园、朝阳、旁山冲、市场、高溪、新立、福岭,村委会:南阳
长青街道	1	8	居委会:竹山、关家、耕塘、娄星、小花、洞新、扶青、甘子冲,村委会:长青
合计	182	48	

2008年娄星区乡镇（街道）、村（居）行政区划一览表

表1-3　　　　单位:个

乡镇、街道	村	居	名　　称
小碧乡	17	—	镇南、青联、建新、集和、桐梓、同安、同福、十字、对家、栗冲、炉塘、小碧、日岩、高坪、双联、农联、青泉
百亩乡	18	—	赉辉、荷叶、七步、共荣、新家、大井、大石、双林、白亩、枫树、腊树、雅塘、石坡、楂林、楂泉、梧桐、朝阳、万新
双江乡	19	—	农新、潭溪、双江、茶阳、朱加、洪山、新庄、新联、万家、新加、方石、青桥、义坪、坪底、横石、小田、企石、佳仑、天壶
石井乡	16	—	谭家、祖师、白云石、大跃、三圭、斗光、石井、回龙、松江、环江、石江、水口、蛟龙、泽溪、山泉、江溪
杉山镇	18	1	杉山、花溪、塘坪、田湾、集云、鹞子、栗松、万乐、木山、四季、泉福、田坪、坝塘、染铺、乐善、石底、石龙、石垣。居委会:恩口
万宝镇	24	—	新坪、株山、万宝、龙井、旺兴、芭蕉、群益、高冲、青山、浒石、江溪、石埠、垭古、磨石、新柏、清江、福善、大塘、匡家、新致、东方红、乔泉、石林、富冲
茶园镇	19	—	高乐、砂干铺、石鼓、新辉、石塘、梨子、槐柳、建农、梽木、塘群、儒阶冲、春溪、松山、茶园、东冲、农群、路口、鱼岭、下洲
长青街道	—	9	居委会:竹山、关家、耕塘、娄星、小花、洞新、扶青、甘子冲、长青
乐坪街道	—	12	居委会:街心、贤童、童家、蜜蜂、清泉、长春、廖家、新建、月塘、大塘、金谷、火车站
花山街道	1	9	村委会:对江,社区居委会:铁东、铁西、神童湾、大桥、花山、清潭、山塘、思塘、观化
黄泥塘街道	6	13	村委会:南阳、恩口、东来、曹家、涟滨、碧溪 居委会:洪家洲、谭家山、索桥、花庙冲、公园、朝阳、旁山冲、市场、高溪、新立、福岭、凤阳、双园
大科街道	7	8	村委会:水洋、福潭、坪石、方石、思乐、早元、三元 社区居委会:大科、小科、罗家、黄泥、大新、井头、大屋、南垅
合计	145	52	

2008年娄星区乡镇（街道）、村（居）情况一览表

表1-4　　　　单位:个

乡镇、街道名称	乡数	镇数	街道数	村、居数	其中		村民小组数	居民小组数
					行政村	居委会		
小碧乡	1	0	0	17	17	0	210	0
百亩乡	1	0	0	18	18	0	178	0
双江乡	1	0	0	19	19	0	221	0
石井乡	1	0	0	16	16	0	201	0
杉山镇	0	1	0	19	18	1	230	15
万宝镇	0	1	0	24	24	0	249	0
茶园镇	0	1	0	19	19	0	239	0
长青街道	0	0	1	9	[illegible]	9	23	112
乐坪街道	0	0	1	12	0	12	0	142
花山街道	0	0	1	10	1	9	18	102
黄泥塘街道	0	0	1	19	6	13	88	120
大科街道	0	0	1	15	7	8	95	88
合计	4	3	5	197	145	52	1752	579

三、区域勘界

娄星区边界线全长199.27千米，分为4段。其中，北与宁乡县边界线长9.90千米，东与湘乡市边界线长54.60千米，南与双峰县边界线长28.31千米，西与涟源市边界线长106.46千米。

（一）娄星、宁乡两区（县）段

北自娄星区双江乡万家村、宁乡县青山桥镇竹峰村与涟源市七星街镇乡林场三县市区交会点430113001号界桩起，向南经双江乡万家、新联、新庄，沿山脊越洪家山，至娄星区双江乡朱加村与宁乡县青山桥镇上流村、湘乡市壶天镇楠岳坪村三县（市、区）交会点430113250号界桩止。边界线涉及娄星区双江乡、宁乡县青山桥镇、涟源市七星街镇、湘乡市壶天镇4个乡镇。

（二）娄星、湘乡市两区（市）段

自娄星、宁乡、湘乡三县（市、区）交会点430113250号界桩起，途经娄星区双江乡朱加、双江、潭溪，小碧乡炉塘、栗冲、十字，杉山镇栗松、木山、万乐，市经济技术开发区大埠桥街道民丰、龙虎、新石、上元、中阳、胜昔、华实、大埠、白鹭、和家、石花、犁头，大科街道水洋、福潭、坪石，万宝镇浒石、高冲、傅家，茶园镇鱼岭、路口，至娄星区茶园镇农群村、湘乡市毛田镇坪山村、双峰县蛇形山镇坝塘村三县（市、区）430325205号界桩止。边界线涉及娄星区双江乡、杉山镇、万宝镇，市经济技术开发区大埠桥街道、双峰县蛇形山镇，湘乡市壶天镇、棋梓镇、毛田镇，宁乡县青山桥镇9个乡镇（街道）。

（三）娄星、双峰两区（县）段

西起娄星、双峰、涟源三县（区、市）交会点130221820号界桩，途经茶园乡槐柳、高乐、砂罐铺、石鼓、儒阶冲、茶园、东冲，至娄星、双峰、湘乡三县（市、区）交会点430325205号界桩止。分界线涉及娄星区茶园镇，双峰县洪山殿镇

和蛇形山镇。

（四）娄星与涟源两区（市）段

从娄星、涟源、宁乡三区市县交点430113001号界桩起，向南沿山脊越育马寨、笔架山，过涟源至湘乡公路、娄底至插花庙铁路、黄旗寨、涟钢至香花台铁路、涟源至娄底公路、湘黔铁路、科家大山，到茶园镇槐柳村与涟源市金石镇腊树坳村、双峰县洪山殿镇南溪村交界的130221820号界桩止。途经双江乡万家、新加、企石、佳仑、青桥、义坪、坪底、横石，小碧乡双联、农联、青泉、小碧、青联、镇南，杉山镇石底、石龙，石井乡蛟龙、泽溪、山泉、石江、环江、大跃、谭家、祖师，百亩乡楂泉、楂林、梧桐、万新、共荣、荷叶、赛辉，万宝镇清江、磨石、福善、大树、匡家，茶园镇梨子、槐柳。

第二章 乡镇（街道）概况

第一节 小碧乡

一、区域概况

小碧乡，因域内溪流碧波荡漾而得名，乡政府以所在地小碧村而命名。位于娄星区西北部，涟水中游以北，恩口煤矿以西。东邻湘乡市壶天镇，西接涟源市增加乡，北临双江，南连杉山镇，地域面积33.47平方千米。平均海拔180~200米，域内北部多山地丘陵，南部地势较平坦。高灯河贯穿全境，流长5.70千米。地表主要有石灰石、黏土，地下储存有丰富优质烟煤。耕地面积1186.70公顷，其中水田674.30公顷，旱土512.40公顷。林地1049.72公顷，茶园32.96公顷。乡政府机关原址设小碧村麻嘴坝复合肥料厂内。1996年，迁入小碧大桥东侧小碧河边新址。有水果路直通娄底城区，距中心城区13.60千米。

2008年，辖镇南、青联、建新、集和、桐梓、同安、同福、十字、对家、小碧、栗冲、炉塘、日岩、高坪、双联、农联、青泉17个行政村，210个村民小组，4310户1.45万人，其中农业人口1.42万人。居民以汉族为主，占人口比例99.9%；回族、土家族等少数民族人口占0.1%，多为外地婚入。

二、经济发展

（一）农业

种植业 1989年，小碧乡主要种植稻谷、黄豆、红薯、小麦等，全乡农作物播种面积1560公顷。其中，粮食种植面积1203.47公顷，产量5502吨。经济作物有花生、油菜、柑橘、西瓜、茶叶，油类经济作物种植面积253.33公顷，产量1140吨；其他经济作物种植面积103.13公顷。工农业总产值2688万元，农民人均纯收入447元。1999年，全乡农作物播种面积1546公顷，其中粮食作物种植面积1167公顷，产量5602吨。经济作物种植面积379公顷，产量1111.50吨。2008年，农作物播种面积1497公顷。其中，粮食种植面积1153.33公顷，产量6574吨。经济作物中，豆类种植面积99.33公顷，产量251.8吨；其他油类经济作物种植面积244.34公顷，产量343.9吨。建成日岩村油菜基地1处90公顷，农联村发展杨梅产业26.67公顷，年产杨梅2400吨。

养殖业 域内养殖业主要有猪、牛、羊、鸡等。1989年，全乡生猪饲养2.20万头，出栏1.60万头；牛饲养600头，出栏200头；羊饲养400只，出栏200只；家禽饲养5万羽，出笼2.80万羽。实现畜牧业总产值400万元。1999年，全乡生猪饲养3万头，出栏2万头；牛饲养650头，出栏250头；羊饲养450只，出栏260只；家禽饲养5.60万羽，出笼3万羽，实现畜牧业总产值1200万元。2005年，推广湖南黑猪饲养，发展特色养殖产业。2008年，全乡饲养生猪5万头，出栏生猪4.97万头，其中饲养湖南黑猪4500头，出栏2300头。饲养牛3400头，出栏1600头，其中肉牛1210头；饲养山羊2820只，出栏1500只；饲养家禽27.2万羽，出笼9.5万羽。禽蛋产量292吨，水产品总量102吨。

林业 1989年，全乡林地面积683.20公顷。实施“三年消灭荒山，八年绿化娄底”战略，全乡荒山造林120公顷。至1993年，全乡实现消灭荒山目标。1994—1999年，加强林业管理，实行封山育林，林地面积达900公顷。2002年，实施退耕还林，发展林果业。2005—2008年，在落实退耕还林同时，发展花卉苗木、杨梅生产。全乡有花卉苗木专业村2个，专业户60户，年产花卉苗木20万株；3个村发展杨梅26.67公顷，年产2400吨。至2008年，全乡林地面积达1600公顷。

（二）工业

1989年，小碧乡乡办企业有煤矿、水泥厂、复合肥料厂等13家；村办企业40家、个体企业40家、联户企业40家。企业总产值1756万元。其中，乡办企业总产值587万元，村办企业总产值430万元，个体企业总产值319万元，联户企业总产值420万元。1999年，集体企业实行改制，改制企业8家。2000年，引进民营企业3家，招商引资1000万元。2008年，全乡生产总值1.92亿元，其中工业总产值1.44亿元。工业以机械加工制造为主，规模较大企业有4家，分别为娄底市光华机械设备制造有限公司、娄底市达尔阀门制造有限公司、娄底松萌燃气设备制造有限公司、娄底匡平标准件有限公司。

（三）商贸服务业

20世纪90年代前，域内仅有1个小型集市，商业服务业3家。1994年，小碧乡在振兴街新建农贸批发市场，建筑面积3800平方米。2000年，有大型综合商场1个，商业服务业门店6个，农副产品零售市场1个，个体工商户35户，社会商品零售总额22万元。2008年，建有农贸市场1个，各类商贸门店12个，商贸服务营业收入58万元。

三、基础设施建设

（一）交通建设

1989年，小碧乡内有小碧至娄底城区县道1条，里程12千米。村级公路6条，里程5.40千米。1992年，娄安公路、娄小公路相继建成通车。1998年，启动农村通达工程和通畅工程。2000年，全乡建设村组公路10条，里程12千米；硬化通村公路6条。里程5.40千米。2008年，17个村通村公路路面实现水泥混泥土硬化，里程30千米，并在小碧村建立汽车客运站。

（二）水利建设

1989年小碧乡有小(1)型水库1座，小(2)型水库3座，山塘1142口，电力排灌站15座，装机容量570千瓦，有效灌溉面积440公顷。1994年，建设水利设施72处，完成土石方4.53万立方米。1995年，建设李家坝电排站。实施高坪水库大坝改造，蓄水量由60万立方米提高到104万立方米。2003—2004年，投资200余万元，整修高坪水库左右干渠，实施农业综合开发项目建设，修建水渠10余千米，维修河坝3座、山塘10余口，增加灌溉面积133.33公顷。至2008年，小碧乡有高坪小(1)型水库1座，镇南、青联、栗冲、龙井小(2)型水库4座，山塘856口，引水渠20千米，有效灌溉面积533.33公顷。

四、社会事业

（一）教育文化

1989年，全乡有中学1所，村级小学8所，在岗教师85人，在校学生1100人，义务教育入学率98%。有文化站1个、电影放映队11个。2006年，落实“两免一补”助学、希望工程助学，救助贫困学生165人次。2008年，有村级小学5所、中学1所、幼儿园1所，在岗教师131人，在校学生1485人。全年助学333人，发放各类助学金10.24万元。有村级文化活动场所7处。

（二）医疗卫生

1989年，小碧乡有卫生院1所，开放床位26张；诊所2个，设有病床15张。2005年，乡卫生院新建门诊综合楼，建筑面积1100平方米，开放床位40张，配备医务人员26人。2008年，小碧乡政府所在地设有中心卫生院1所，村卫生室17个，乡村医生17人。

（三）公用事业

邮政通信 1992年，开通程控电话，电话用户210户。1999年，开通移动电话，用户54户。2008年，有邮政所、电信支局各1家，有移动、联通营业代办点5处，10个村通宽带，宽带用户120户；新建农村信息服务站1个。

供电 1989年，小碧乡有高压输电线路4千米，变压器24台，装机容量2410千伏安，农户普遍用电照明。2001年，完成农网改造。2008年，小碧乡设有城北供电所，负责小碧、双江、杉山3个乡镇供电业务。是年，域内实现城乡用电同网同价，用电可靠率98%。

供水 2001年，镇南、集和、同安、桐梓、十字、同福、对家、青联、炉塘9个村实施农村供水工程，解决3000余人用水安全问题。2008年，新建自来水厂2个。

（四）社会保障

1996年，全乡有五保户39人、孤儿26人，实行区、乡、村三级供养。1997年，投资280余万元，异地新建乡敬老院，占地面积2.30万平方米，入住五保老人42人。2007年，落实农村最低生活保障（简称低保）制度，享受低保补助167户368人。2008年，投资200万元，改造乡敬老院。集中供养五保老人50人，分散供养五保老人212人，享受低保对象231户421人，发放低保金12万元。

1989—2008年历任党委书记：李志中、聂斌全、童松间、魏志军、周德志、肖雄杰、周惠军。历任乡长：王伏求、童松间、黄仁华、魏志军、周德志、吴迪军、颜拥军、周惠军、谢望。

第二节 百亩乡

一、区域概况

百亩乡位于娄星区西郊，因凤冠山下有井，可灌稻田百亩，故名百亩井，演化成百亩。乡以百亩而命名。东邻大科街道，南与万宝镇隔河相望，北与石井镇、高溪工业园相邻，西与涟源县水洞底镇接壤。孙水河流经赛辉、荷叶、七步3个村，流长3千米。地貌以低山丘陵浅丘为主，中部凤冠山顶峰海拔275.20米，为域内最高点。南北长8.50千米，东西宽8千米，地域面积28平方千米。林地面积1206.67公顷，耕地面积732.52公顷，其中水田498.37公顷、旱土234.15公顷。乡政府驻地朝阳村，距区政府驻地8.70千米。

至2008年，全乡辖大井、大石、七步、腊树、枫树、双林、共荣、百亩、石坡、雅塘、荷叶、万新、楂林、楂泉、赛辉、朝阳、梧桐、新家18个行政村。其中大井、大石等7个村纳入娄星经济园区规划。总户数3570户，总人口1.38万人。以汉族为主，占人口总数99.9%，有少量土家族、彝族、苗族。

二、经济发展

1989年，全乡工农业总产值1048万元。其中，农业总产值474万元。农民人均纯收入603元。2000年，全乡工农业总产值2.62亿元。其中，农业总产值1750万元，乡办工业总产值2.44亿元。财政收入209.50万元，农民人均纯收入1200元。2002年，全乡完成工农业生产总值2.80亿元，实现财政收入117.57万元，农民人均纯收入2840元。2004年，全乡完成工农业总产值3亿元，实现财政收入160.22万元，农民人均纯收入3108元。2008年，全乡完成工农业总产值3.85亿元，实现财政税收192万元，农民人均纯收入3538元。

（一）农业

种植业 百亩乡以种植水稻为主，辅以玉米、小麦、红薯、花生、大豆等作物。1989年，全乡农作物播种面积1367公顷。其中，粮食作物播种面积932公顷，产量4871.50吨。在粮食作物中，水稻种植面积698公顷，产量4345吨。油菜播种面积76公顷，产量171吨;其他经济作物种植面积359公顷。

1999年，全乡农作物播种面积公顷1802.20公顷。其中，粮食作物播种面积1554.20公顷。在粮食作物中，稻谷种植面积1033.60公顷，产量8202.92吨；小麦种植面积77公顷，产量146吨；玉米种植面积25公顷，产量92吨；高粱种植面积40公顷，产量480吨；大豆种植面积173.10公顷，产量649.10吨；杂豆种植面积57.10公顷，产量121.50吨；薯类种植面积129公顷，产量1246吨，其他粮食作物19.40公顷。其他农作物播种面积248公顷，其中蔬菜种植120公顷，蔬菜产量3675吨。

2002年，全乡农作物播种面积1665公顷。其中，粮食作物播种面积840公顷，产量4955 吨。在粮食作物中，水稻种植面积658公顷，产量4250.40吨;玉米种植面积74公顷，产量312吨。油菜播种面积105公顷，产量236.25吨;其他经济作物种植面积720公顷，产量1620吨。水果产量959吨，其中柑橘236吨、桃13吨、李子9吨、梨6吨。

2008年，全乡农作物播种面积1271.67公顷，其中粮食作物播种面积767公顷，产量5100.90吨。在粮食作物中，水稻种植面积572公顷，产量4118.40吨。经济作物种植面积504.67公顷。园林水果461吨，其中柑8吨、橘365吨、橙（柚）10吨、桃35吨、李子13吨、梨28吨、其他园林水果2吨。

养殖业　百亩乡养殖业以猪、牛、山羊、鸡、鸭养殖为主。1989年，全乡生猪饲养3.10万头，出栏1.66万头；家禽饲养15万羽，出笼8万羽。1999年，生猪出栏2.96万头，出售和自宰肉用牛650头，出售和自宰肉用羊1210只，出售和自宰肉用家禽32.50万羽。蛋禽品产量177吨，水产品产量310吨。2008年，发展生猪养殖大户28户、养牛大户10户、养羊大户6户、家禽饲养大户7户、养兔大户1户、特种水产品养殖大户2户、稻田养鱼大户12户。全年生猪饲养2.42万头，出栏1.76万头；牛饲养1400头，出栏867头；羊饲养3200只，出栏2160只；家禽饲养38万羽，出笼31.50万羽。

林业　1989年，全乡有林地845.94公顷。1999年，飞机播种造林作业面积18公顷，封山育林面积892公顷，育苗面积3公顷，幼林抚育面积98公顷，成林抚育面积60公顷。2000年，林地面积达到1000公顷。2008年，林地面积1207公顷。

（二）工业

1989年，域内乡办企业有耐火材料厂、水泥厂、建筑公司等12家；有村办企业52家、合营企业75家、个体企业40家。1999年，全乡工业总产值2.69亿元。2008年，全乡工业总产值3.35亿元。

（三）商贸服务业

1989年，全乡有集贸市场1个，商业服务业门店6个，从业人员16人，实现商贸服务业收入5.76万元。1999年，辖区有集贸市场1个、商业服务业门店15个，从业人员38人，实现商贸服务业收入9万余元。2008年，建有腊树村大河坝农贸市场1个，沿街有店铺50余个，实现商贸服务业收入90万余元。

三、基础设施建设

（一）交通建设

1989年，百亩乡有村级公路6条，里程15.10千米。改建村组公路18.20千米。1998年，实施农村通达工程和通畅工程，村级公路实施路面硬化，建设通自然村公路。2005年，村级公路路面硬化5.10千米，路基改造21.50千米，砂石路通车里程98.84千米；改造乡道11.90千米，路面硬化10.20千米。2008年，完成通村公路路面硬化6.90千米。娄邵铁路、湘黔复线成“人”字形跨乡而过，铁路过境里程16.50千米。1810线、大塘公路呈“T”字形贯穿全境。娄新高速延长线、S209线途经赛辉、七步、新家、大井、共荣、腊树、雅塘、百亩8个村。是年，新建百亩农村汽车站。

（二）水利建设

1989年，百亩乡有小（2）型水库1座，山塘1123口，电动排灌机埠14座，装机容量525.50千瓦。维修、扩建山塘800口，改造支渠500米。1999年，投入资金60余万元，修复水利工程121处。新建20口，修整山塘360口，增设电力排灌设施32座。2005年，修建水泥混凝土“三面光”渠道8000余米，打井12口，扩建山塘10口，完成土石方10万立方米。2008年，整修山塘12口，整修渠道1000余米。全乡有水利设施380座，有效灌溉面积400公顷。白马水库左干渠流经全乡18个村，有效灌溉面积497公顷。有电排站24座，装机容量300千瓦。

四、社会事业

（一）教育文化

1989年，百百亩乡有中学1所、小学9所，入学率100%。有文化站1个、电影队5个。1999年，有中学1所、村级小学13所，在校学生2000余人。2008年，有百亩中学1所、村级小学3所，在校中学生700余人，在校小学生1500余人，入学率100%。有村级文化活动场所5处。

（二）医疗卫生

1989年，百亩乡有卫生院1所、诊所3个。1999年，有卫生医疗机构5所，开放病床10张，有医务人员6人。2008年，设有乡卫生院1所，开设病床20张，下设1个医疗点，18个村设有卫生室，配备乡村医生和村级保健员。推行新型农村合作医疗制度，全乡农民参合率85%。发放大病救助金1.20万元。

（三）公用事业

邮政通信电视　1992年，开通程控电话，安装电话358部。1998年，通电话村11个。2008年，乡内有邮政所、电信支局各1家，移动、联通营业代办点5处，有固定电话用户408户。有线电视覆盖各村庄，有线电视用户2000余户，家庭卫星地面接收设施1138座。

供电　1989年，百亩乡建有高压输电线路41.20千米，安装变压器23台，装机容量1500千伏安，农户全部用电照明。1998年，通电村18个。2008年，域内有城西供电所1所，实现城乡用电同网同价，用电可靠率98%。

供水　1995年，2个村实现自来水供水。1998年，新增自来水供水村1个。2001年，镇南、集和、同安、桐梓、十字、同福、对家、青联、炉塘9个村实施农村供水工程，解决3000余人用水安全问题。2008年，新建自来水厂2个。

（四）社会保障

1989年，五保老人、孤儿等特困对象全部纳入救助范围，给予生活保障。2005年，投资80万元，在大井村新建乡敬老院，占地面积5336平方米，生活设施配套齐全，有鱼塘、水果、蔬菜基地，集中供养五保老人50余人。2007年，落实农村低保制度，年人均收入低于全市最低生活保障标准的家庭享受低保补助。全乡享受农村低保394户612人，年发放低保金42.6万元。

五、特色地情

百亩乡人杰地灵，辖区内有万新村石莲山佛教旅游景点1处，石莲山总面积10.07公顷。

历史名人有曾子智，湘乡县荷叶塘（今娄底市百亩乡荷叶村）人，明洪武二十九年（1396）丙子十月十七日子时出生。曾任明英宗朝敕授承德郎、赠奉直大夫、广西平乐府推官。

近代名人有颜心力等。革命英烈有肖日阳、吕克彬、曾策、黄桂先等。

1989—2008年历任党委书记：刘伯文、聂建平、肖为谋、彭芝良、刘杰、刘建、刘建斌。历任乡长：刘至善、罗金文、肖为谋、彭芝良、刘杰、肖建辉、邓有武、刘建斌、周俊华。

第三节　双江乡

一、区域概况

双江乡位于娄星区最北端，因处在青龙河与新庄河汇合处形成双江口而得名，乡袭其名。东邻宁乡市田坪乡、湘乡市壶天镇，西连涟源市七星镇、渡头塘乡，南靠杉山镇，北与宁乡市龙田镇接壤。东西宽8.55千米，南北长12.60千米，地域面积63.10平方千米。地貌类型以山地为主，整个地势北高南低，由北向南开口梭形地貌。洪家山为全区最高点，海拔875.90米，最低点在农新村桥头，海拔148米。涟水支流碧水河发源于洪家山森林公园北端育马寨，自北向南贯穿洪家山公园，双江段流长14千米，年最大径流量64.70立方米/秒；青龙河在洪家山森林公园南端自西向东注入碧水河。双江片、新庄片土壤呈微酸性，青桥片、坪底片土壤呈微碱性。全乡耕地面积745.33公顷。林地面积4732公顷，其中洪家山森林公园总面积4461公顷。域内矿产资源丰富，已经勘探矿种10余种，主要有锰、铁矿石、钒矿石、石炭石、大理石、煤炭、磷矿石、硫矿石、铅、锰矿石。2008年，辖农新、双江、茶阳、潭溪、朱加、新加、新联、小田、青桥、天壶、横石、佳仑、义坪、坪底、洪山、万家、新庄、企石、方石19个行政村，设221个村民小组，总户数5020户，总人口1.65万人。双江乡政府设双江村，距城区25千米。

二、经济发展

1989年，全乡生产总值758万元，其中农业总产值338万元。人均纯收入387元。1999年，生产总值3575万元，其中农业总产值1787.5万元。人均纯收入1783元。2008年，生产总值5.68亿元，人均纯收入3760元。

域内主要农作物为水稻，盛产辣椒、藠头、

竹笋、柑橘、杨梅、李子、桃、西瓜等。至2008年，基本形成坪底辣椒、新加红薯、潭溪兰粉、朱加杨梅、新庄竹笋等“一村一品”和七彩山鸡、黑山羊、黑猪等特色养殖，剁椒、腐乳、兰粉特色加工产业格局。

（一）农业

种植业 1989年，双江乡粮食作物种植面积777.60公顷。其中，水稻种植面积470公顷，旱土粮食作物种植面积307.60公顷。粮食产量6139吨。1999年，粮食种植面积1204.60公顷，粮食总产量1.37万吨。其中，水稻种植736.60公顷，产量8120吨；旱土粮食作物种植面积468公顷，产量5572吨。经济作物播种面积45.60公顷。其他农作物播种面积14公顷。2008年，粮食种植面积893.33公顷，粮食总产量1.35万吨。其中，水稻种植面积553.33公顷，玉米种植面积141.33公顷，豆类种植面积38.33公顷，薯类种植面积140公顷。其他农作物种植面积20.33公顷。

养殖业 1989年，生猪饲养1.31万头，出栏1.20万头；牛饲养453头，均为役用牛；山羊饲养1830只，出栏1312只；家禽饲养8.10万羽，出笼7.20万羽；禽蛋产量71吨，水产品产量2100吨。1995年，生猪饲养4.40万头，出栏2.30万头；牛饲养1.70万头，出栏5000头；山羊饲养1.80万只，出栏8000只；家禽饲养140万羽，出笼60万羽；蛋禽品产量3800吨，水产品产量4000吨。2008年，生猪饲养2.14万头，出栏1.20万头；牛饲养3360头，出栏1000头；山羊饲养1.23万只，出栏5000只；家禽饲养75万羽，出笼30万羽；蛋禽品产量100吨，水产品产量118吨。

林业 1989年，全乡林地面积2742公顷。1996年，全乡林地面积3859.94公顷。2002年，实施退耕还林工程，林地面积4266.67公顷。2005—2008年，加强林业管理，发展经果林24公顷，主要有杨梅、红枣、柑橘、水蜜桃、柚子、板栗等。至2008年，全乡林地面积达到4732公顷。

（二）工业

1989年，有集体工业企业4家，个体企业40余家，以钒矿、锰矿资源开发为主。工业总产值420万元。2003—2005年，实行集体企业改制改革，发展民营企业8家。2008年，完成工业总产值3.10亿元，工业增加值1.80亿元，实现税收2500万元，完成固定资产投资5.9亿元。有金鼎锰矿、科源钒矿业、娄底市双江页岩建材有限公司、娄底市益祥再生资源回收公司、民爆器材有限公司等规模以上民营企业。

（三）商贸服务业

1989年，域内有农副产品零售市场1个，个体摊点100个。1995年，有大型超市1家，个体工商户120户，社会商品零售总额3500万元。2000年，双江口逐渐形成一条长800多米的商业街，销售日用商品。2008年，建有农贸市场1个，沿街有店铺100余个，个体经商户130余户，实现商贸服务业收入3000多万元。

三、基础设施建设

（一）交通建设

1989年，娄双干线直通乡政府驻地，19个村均通简易公路。1998年，实施农村通达工程和通畅工程，修建通达公路15千米。2000年，双江乡开始建设通组公路，同时硬化村级公路3千米。2008年，实现村村通公路，里程96千米。长韶娄高速公路连接线长8.80千米途经农新、潭溪、双江、茶阳、朱加、洪山、新庄7个村。娄双公路、万宁公路、新仙至安化公路穿境而过。有小双线、双万线、双坪线乡道17.80千米，村组公路30.30千米。

（二）水利建设

1989年，域内有小（2）型水库6座、山塘1020口，蓄水量340万立方米；有电力排灌站21座，装机容量228.90千瓦，有效灌溉面积172.60公顷。1996年，有大小山塘870口，水库6座，蓄水量410万立方米，灌溉农田410公顷。2005年，建成双江水库（即青龙湖水库），库容1100万立方米，域内灌溉稻田150公顷。2008年，域内有双江水库1座，天壶、潭溪、朱加、义坪、小田、企石、洪山、沙坪小（2）型水库8座，山塘883口，蓄水量421万立方米。有河坝93道，渠道258千米。

四、社会事业

（一）教育文化

1989年，全乡有中学1所，小学17所，入学率98%；有文化站1个，电影放映队12个。1995年异地新建双江中学，学校建筑总面积19800平方米，教学楼2500平方米，教师宿舍楼960平方米，学生宿舍楼1000平方米，运动场5800平方米。2000年开始，全乡学校布局调整，除乡中心学校外，设新庄、义坪、坪底、万家、农新5所村级小学。2008年，设立双江乡扶贫助学基金，基金总额126万元，每年用10余万元资助贫困学生和奖励品学兼优学生。

（二）医疗卫生

1989年，有双江卫生院1所，村医务室19个，有乡村医生23人。2005年，投入资金70万元，在原址新建乡卫生院医护楼1栋。2007年，投入资金10万元，维修乡卫生院及住院楼。2008年，实施新型农村合作医疗制度，参加新农合1.35万人，参合率82.3%。乡政府所在地设有中心卫生院1所，全乡有村卫生室19个，配备乡村医生19人。

（三）公用事业

1989年，有小水电站2座，输电线路33.70千米，变压器26台容量1840千伏安，98%农户实现用电照明。1992年，开通程控电话，电话用户560户。1995年，开通有线电视网络，用户680户。1999年，新建乡政府机关自来水厂，供应政府机关、双江集镇、信用社和中心小学，解决1500人用水安全问题。2000年，设双江供电所，全乡第一期农网改造完成19个村。2001年，建设35千伏变电站1座，结束由桥头河煤矿转供电历史。2007年，实施农村供水工程1个村，解决754人用水安全问题。2008年，程控电话普及各村组，移动、联通基站各1个，有8个卫星电视接收站，实现广播电视村村通，有线电视用户2000余户。实施第二期农网改造，基本实现城乡用电同网同价，用电可靠率98%。

（四）社会保障

1989年，全乡有农村五保户105人，月补助标准15元。2007年，落实农村最低生活保障（简称低保）制度，享受低保补助483户878人，月补助标准30元。2008年，投资建设乡敬老院，占地面积3万平方米，建筑面积2000余平方米，集中供养五保老人50人。是年，全乡有五保供养对象218人，其中分散供养168人，对分散供养五保对象每人发放供养资金1000元/年。全乡农村低保521户1023人，年发放低保金36.80万元。

五、特色地情

洪家山森林公园　洪家山系雪峰山余脉，有大小山头120余座，自然环境优美，集山、水、洞、人文景观于一体，属于省级森林公园。公园区域属中亚热带常绿阔叶林区，森林覆盖率58%，有乔、灌植物84科436种。其中，列入国家珍稀濒危保护植物3种，具有较高观赏价值森林植物190种，百年以上古树32株。野生动物100余种，其中省级以上珍稀保护动物52种。登上洪家山之巅观景台，不仅能朝观日出，晚赏夕阳，还可极眺三湘数十城，近瞰群山千重雾。

青龙湖　青龙湖（双江水库）坝高50余米，蓄水1100万立方米，是娄星区境最大水库。水库四面风景秀丽，是登山垂钓休闲养性之地。

圣仙十八洞　洞口在双江，出口在安化县雷鸣洞。洞外有3座古塔，建于唐代。洞内有观音厅、白石岩、正殿宫、水晶宫、千层塔、大象厅、瀑布岩、阴河、神龟潭、玉兰园、葫芦岩、孔雀厅、七层楼、霹雳厅，还有暗河、阴潭、木船，体现险、幽、奇、深绝境，明代正德皇帝曾在此驻足。

红色遗址　域内有红军“虎将”贺国中烈士故居和抗日战争时期湘乡县政府办公遗址。

1989—2008年历任党委书记：聂秋和、罗金文、陈志良、刘新成、刘永根、颜新和、黄国平、肖质彬。历任乡长：罗金文、彭逢作、彭雄武、蒋崇宜、刘永根、颜新和、黄国平、聂志坚、肖质彬、唐爱华。

第四节　石井乡

一、区域概况

石井乡位于娄星区西郊，东接黄泥塘街道，

南邻百亩乡，西与涟源斗笠山镇、渡头塘镇接壤，北与小碧乡、涟源增加乡相连，东西横跨8千米，南北纵长12千米，地域面积34.20平方千米。属丘陵山区地貌。矿产资源主要有煤、石灰石、铁矿石等。煤主要分布在松江、环江、石井、大跃、山泉、泽溪、石江等村。石灰石主要分布在白云石、谭家、祖师等村，铁矿石主要分布在白云石村。乡政府驻地松江村。

2008年，辖谭家、祖师、白云石、大跃、三圭、斗光、石井、回龙、松江、环江、石江、江溪、泽溪、水口、蛟龙、山泉16个行政村，201个村民小组，总人口1.91万人。其中，农业人口17733人，非农业人口1367人。

二、经济发展

1989年，全乡工农业总产值950万元。其中，农业总产值375万元，工业总产值575万元。人均纯收入613元。1999年，工农业总产值4.85亿元。其中，农业总产值2300万元。人均纯收入2138元。2008年，工农业总产值8.48亿元。其中，工业总产值7.88亿元，农业总产值6000万元。农民人均纯收入4200元。

（一）农业

种植业　域内以种植水稻为主，盛产乌杨梅、柑橘、西瓜、枇杷等水果。1989年，全乡农作物播种面积1551.50公顷，其中粮食作物播种面积1420公顷，产量8460吨。粮食作物中，水稻种植面积1044.44公顷，产量7050吨。经济作物播种面积131.50公顷，产量111.42吨。1999年，农作物播种面积2635公顷，其中，水稻种植面积1190公顷，产量9302吨；小麦种植面积230公顷，产量317吨；玉米种植面积2公顷，产量6吨；高粱种植面积2公顷，产量3吨；大豆种植面积190公顷，产量456吨；杂豆种植面积30公顷，产量48吨；薯类种植面积245公顷，产量858吨。经济作物播种面积80公顷，其他农作物播种面积666公顷。2008年，全乡农作物播种面积1271.33公顷，其中粮食作物种植面积1240公顷，产量1万余吨。粮食作物中，水稻种植面积1005.33公顷，产量8024吨；玉米种植面积145.33公顷，产量437吨；豆类种植面积58.13公顷，产量104.64吨；其他粮食作物播种面积31.21公顷。经济作物31.33公顷，产量251吨。

养殖业　1989年，全乡生猪饲养1.70万头，出栏1.21万头；牛饲养2520头，出栏1333头；羊饲养300只，出栏219只。1998年，全乡生猪饲养3.14万头，出栏2.20万头；牛饲养1220头，出栏586头；羊饲养2410只，出栏1866只；家禽饲养60万羽，出笼44万羽，禽蛋产量384吨。2002年，推广良种猪饲养。全乡肉猪饲养2.50万头，出栏2.30万头；牛饲养850头，出栏706头；羊饲养3330只，出栏2334只；家禽饲养72万羽，出笼57万羽，禽蛋产量415吨。2008年，生猪饲养4.12万头，出栏2.88万头；牛饲养1350头，出栏700头；羊饲养2100只，出栏1600只；家禽饲养52万羽，出笼39万羽，禽蛋产量290吨；水产品产量362吨。

林业　域内林业以封山育林和人工造林为主。1989—1991年，实施“三年消灭荒山，八年绿化娄底”战略，全乡荒山造林100公顷，封山育林775公顷。1995年，开发经济林4.33公顷，封山育林50公顷，零星植树8.5万株。2000—2005年，落实退耕还林政策，退耕还林467公顷。2008年，林地面积1465.44公顷。

（二）工业

域内工业主要有原煤采掘、煤炭生产加工、水利发电、耐火材料生产、鞭炮生产、化工产品生产等产业。1989年，涟斗铁路域内段有洗煤企业10余家，为娄底市最大洗煤基地。1992年，全乡有个体私营企业320家。1999年，集体企业改制，发展民营企业，全乡民营企业达187家，个体企业发展到1252家。乡镇企业总产值4.62亿元，其中乡办企业产值6100万元。2008年，新增民营企业5家，新增个体户125户，形成规模企业40多家，实现工业总产值7.88亿元。

（三）商贸服务业

1989年，有个体经商户10户，从业人员 25人。1999年，有商业服务业门店43个，从业人员92人。2008年，石井中学周边、三圭工业小区沿街和各村人口集中地区有个体门店100余个，主要经营餐饮、日杂、农资、服装、水果、肉食等，年交易额400万元。

三、基础设施建设

（一）交通建设

1989年，涟源钢铁公司专用铁路娄斗铁路过境，全乡14个村开通公共汽车，有村级公路7条，里程31.70千米。1998年，实施农村通达工程和通畅工程，通乡公路路面实施水泥混凝土硬化。2004年，三桃公路竣工通车，里程7.80千米。实施石井村通村公路路面水泥混泥土硬化，里程2千米。2005年，投入80余万元，硬化大跃、石井、白云石等村级公路3.60千米，完成路基改造20千米。2008年，硬化通村公路7.80千米，硬化大跃至涟钢公路2.20千米。是年，娄涟高等级公路过境7千米；县道娄枫线过境6千米；主要乡道有三桃公路（里程8.60千米）、水岐公路、大跃至涟钢公路、谭祖公路。16个村全部通公路，通车里程17.80千米。涟斗铁路、涟红铁路横贯全境14千米。

（二）水利建设

1989年，域内有流石塘小（1）型水库1座；有蛟龙、杉树、松江、环江小（2）型水库4座；山塘1444口。白马水库左干渠灌溉全乡6个村。建电力排灌站35座，有微型电动抽水机700台、柴油抽水机13台，装机容量608.70千瓦，有效灌溉面积606.67公顷。1999年，整修山塘、河坝和水库，完成水利工程78处，完成松江虹吸工程。2006年，整修山塘60余口，兴修渠道4500多米，维修电排站5座，维修拦河坝5道，白马渠道清淤5000米。2008年，新修渠道5000米，改造维修电排站5座，白马渠道清淤5000米，维修拦河坝5道，山塘防渗处理50余口。争取资金50余万元，除险加固流石塘水库。是年，有山塘1480口，机埠电灌站58座，河坝69道。

四、社会事业

（一）教育文化

1989年，全乡有中学1所、小学12所，在校学生1000余名，入学率100%。1996年，建有石井乡文化楼，设1000平方米的影剧院1个，200平方米的卡拉OK歌舞厅1个，有万册图书室及阅览室、游艺室等。1999年，有中学1所、小学4所，在校学生1600余名。2008年，有石井中学1所，有石井中心小学、祖师小学、斗光小学、三圭小学、山泉小学5所小学，在校学生1700余人。年内发放助学金12万余元，惠及在校小学生120余人。启动河北完全小学建设，石井中学被确认为娄底市首批义务教育合格学校。建成农家书屋2家，配合区文化部门开展“送戏下乡”服务活动，配合区文物管理所开展第三次文物普查。

（二）医疗卫生

1989年，域内有卫生医疗机构1所，开放病床2张。1999年，有卫生医疗机构3所，开放病床6张。2007年，推行新型农村合作医疗制度，全乡农民参合率87%。2008年，有医疗卫生机构1所。各村设有村级卫生室，配备乡村医生和村级保健员。

（三）公用事业

邮政通信 1992年，域内开通程控电话。1995年，通电话村有16个。1998年，开通移动电话，村民开始使用移动电话。2000年，电话用户新增1100户，建制村通话覆盖率100%。2005年，新建联通、移动信号塔2座，开通程控电话1600多部。2008年，完善乡、村两级网络建设，9个村开通互联网宽带，有网络宽带用户42户，移动电话5117部。

供电 1989年，域内有高压输电线路51.30千米、2710千伏安变压器37台，农户用电率为98%。1999年11月，石井乡环江村水电站建成发电，为娄星区第一家村办水电站，设计年发电量85万千瓦、年产值34万元。2005年，完成三板溪至民丰500千伏高压线路建设。2008年，有高石线、恩石线10千伏线路2条，线路总长度53.12千米；低压线路92.58千米，变压器106台，容量1.42万千伏安；建成城西220千伏开关站，启动第三期农网改造工作。

供水 1995年，2个村通自来水。2005年，实施人畜饮水工程3处，解决3000人饮水。2007

年，投资200余万元，修建三圭自来水厂，扩建水塔1个，开挖深水井2口，安装供水管道1.80万米，日供水能力600吨，供应企业30多家，解决4000余人日常生活用水。2008年，域内有大跃、环江、石井、山泉4个村集中供水。

（四）社会保障

1989年，域内五保老人、孤儿等特困对象全部纳入救助范围，给予生活保障。2005年，投资80万元，在大井村建敬老院，占地面积5333.36平方米，建成初期入住五保老人50余人。2007年，落实农村低保制度。2008年，在江溪村建石井乡敬老院，占地面积8671平方米，有工作人员6人，可入住五保老人50多人。全乡有低保536户756人，发放低保金14.14万元。

五、特色地情

域内有回龙山自然景观，风景秀丽，植被茂盛，地势如腾龙回首，壮丽异常。

1989—2008年历任党委书记：聂斌全、喻如祥、李文洪、付跃清、曾跃龙、邓有武。历任乡长：李联盟、刘吉光、傅祖文、严小龙、付跃清、曾跃龙、彭希勇、梁养贤、李孟桂。

第五节　杉山镇

一、区域概况

杉山镇地处娄星区北部，镇政府因所在地杉山村而命名，是娄星区第一个建制镇。东邻娄底市经济技术开发区大埠桥街道，南接娄底市经济技术开发区涟滨街道，西与石井镇、小碧乡、涟源市渡头塘镇接壤，北接湘乡市壶天镇。地处岗地平原区，南平北高，东部乌石峰海拔297米，是全镇最高点。全镇地域面积37.01平方千米，耕地面积1305.09公顷，其中水田609.53公顷，旱土695.56公顷。镇政府所在地距娄底城区10千米。

2003年4月，高车、太保、澄清、九仑4个村划归娄底市经济技术开发区涟滨街道。11月，杉山居委会、花垣居委会、栗新居委会、恩口居委会合并为恩口社区居委会。2008年3月，冠曹、西坪2个村划归娄底市经济技术开发区涟滨街道。

至2008年，辖杉山、花溪、坝塘、四季、田湾、集云、泉福、田坪、乐善、染铺、石底、石龙、石垣、鹞子、万乐、塘坪、栗松、木山18个村和恩口居委会，设230个村民小组、15个居民小组，总户数8322户，总人口2.72万人，其中非农业人口1.20万人。域内居民大多属汉族，因婚嫁关系，有少量少数民族入籍定居。

二、经济发展

1989年，全镇工农业总产值4917万元，其中农业总产值1025万元。农民人均纯收入535元。1999年，全镇工农业总产值2.66亿元。其中，工业总产值1.43亿元，农业总产值1.23亿元。农民人均纯收入1500元。2008年，全镇工农业总产值9.95亿元。其中，工业总产值5.96亿元，农业总产值3.99亿元。农民人均纯收入3500元。

（一）农业

种植业　农业以种植水稻为主，旱粮有红薯、玉米、小麦、大麦、豆类。1989年，全镇农作物播种面积1445.8公顷。其中，粮食作物播种面积1212.60公顷，产量1.26万吨；经济作物播种面积233.20公顷。1999年，全镇农作物播种面积2092.06公顷。其中，粮食作物播种面积1884.06公顷，产量1.41万吨。在粮食作物播种面积中，水稻种植面积1219.06公顷，产量9325.86吨；玉米种植面积367公顷，产量1431.3吨。经济作物播种面积208公顷。2008年，全镇粮、豆、玉米总产量3.55万吨。其中，水稻以种植优质稻为主，种植面积1200公顷，年产量1.08万吨；良种玉米266.67公顷，年产量1440吨。经济作物有茶叶、柑橘、花生、油菜、西瓜。茶叶种植以散户为主，种植面积26.67公顷，年产鲜茶叶106吨。油菜种植面积280公顷，年产菜籽588吨。有1个高产油菜示范点，种植大户12户。

养殖业　畜牧水产以养猪、牛、羊、鸡、鱼为主。1989年，全镇生猪饲养2.40万头，出栏1.80万头；牛饲养760头，出栏300头；羊饲养500只，出栏300只；家禽饲养7.60万羽，出笼4万羽。1999年，全镇生猪饲养3万头，出栏2万头；牛饲养750头，出栏350头；羊饲养550只，出栏350只；家禽饲养8.40万羽，出笼5万羽。2005年，推广良种猪饲养。2008年，全镇生猪饲养5万头，出栏2.80万头；牛饲养820头，出栏380头，其中出栏肉牛250头；羊饲养580只，出栏400只；家禽饲养19.60万羽，出笼15.60万羽。有各类养殖大户15户。发展湖南黑猪养殖示范项目，年出栏黑猪480头，年收入120万元。万乐村村民成立专业合作社年产亮光鸡10万羽，年产值1000万元；花溪“美国王鸽”养殖年产王鸽2万羽，年产值500万元。渔业资源丰富，年产鱼150吨。以订单农业、花溪“美国王鸽”、湖南黑猪、万乐亮光鸡为主导农业产业初具规模。

林业　1989年，杉山镇林地面积781.2公顷。实施“三年消灭荒山，八年绿化娄底”战略，至1993年，全镇荒山造林66公顷，封山育林780公顷。1994—1999年，加强林业管理，实行封山育林。2003年，落实退耕还林政策，实施退耕还林。2005年，发展林果业，退耕还林完成141.53公顷，林地面积达988.73公顷。2008年，实施退耕还林成果巩固工程，全镇林地面积1013.87公顷，种植杨梅树13.33公顷、油茶林20公顷。

（二）工业

1989年，域内有省属恩口煤矿，省属地质468队。镇办企业有煤矿、水泥厂、汽车零件厂、印刷厂、建筑公司等22家；村办企业51家，个体企业308家，联户企业8家。1997年，域内所有小煤窑全部倒闭。省属地质468队等大小企业相继破产或搬迁，镇域工业经济陷入困境。1999年，实行集体企业改制改革，企业改制12家，同时发展民营企业。2008年，域内有民营企业78家。在沪洽会上引进投资500万美元的娄底市株兴机制石棉瓦厂，是域内第一家台资项目。全镇初步形成以煤炭深加工、铸造、电子陶瓷、物流、建材、化工为主的工业体系，实现财政收入561.90万元。

（三）劳务输出

1996年，省属恩口煤矿倒闭后，域内劳动力外出打工，年均劳务输出2000余人次。2000年后，域内民营企业发展迅速，务工人员增多。2006年后，外出务工人员返镇创业。20年间，劳动力转移技能培训8200人次，新增城镇就业5346人。

（四）商贸服务业

1989年，有个体经商户61户，从业人员105人，实现商贸服务业收入98万元。1999年，有集贸市场1个，商业服务业门店13个，从业人员25人，实现商贸服务业收入20万元。2008年，有集贸市场11个，个体门店20余个，主要经营餐饮、日杂、农资、服装、水果、肉食等，年交易额150万元。

三、基础设施建设

（一）交通建设

1989年，域内有干线公路1条，里程10千米。村级公路7条，里程6.20千米。1998年，实施农村通达工程和通畅工程。村级公路路面水泥混凝土硬化，加强通组公路建设。2006—2008年，动工改扩建S209线杉山段、新修水泥路、杉西公路等主要公路。至2008年，新修通组公路60千米，所有行政村村级公路全部通水泥路。

（二）水利建设

1989年，杉山镇有小(2)型水库10座、山塘1586口、排灌站64座，有柴油抽水机75台，装机容量1442.10千瓦，有效灌溉面积646.47公顷。1995年，维修新塘水库，修建花溪朱家坝等水坝5道，维修渠道2.50千米。2008年，维修和清淤山塘水库34口，新修渠道32千米。

四、社会事业

（一）教育文化

1989年，有中学3所，小学14所，在校学生820人，入学率100%。1999年，域内有中学1所，小学15所，在校学生1120人，入学率100%。2008年，域内有中学1所，小学5所，在校学生1380人，入学率100%。农家书屋7个，藏书1.50万册。教育资助152人，发放贫困学生助学金5.01万元。

（二）医疗卫生

1989年，有杉山镇卫生院1所，开放病床30张，18个村设卫生室，有村医18人。1992年，有医院3所，开放病床178张，有诊所10个。2003

年“非典”疫情防控期间，杉山卫生院改造为“非典”定点救治医院，开放床位50个。因疫情及时控制，未正式启用。2005年，行政区划调整，部分医疗资源调整至市区。2008年，有卫生院1所，开放病床108张。参加新型农村合作医疗1.10万人，占农村人口总数72.3%；参加城镇居民医疗保险人数占非农人口80%。

（三）公用事业

邮政通信　1992年，建设程控电话交换机总站，有电话用户460户。1995年，开通移动电话，有用户820户。1999年，开通宽带网络，网线入户110户。2000年后，移动电话逐步普及。至2008年，每百人持有移动电话30部，有固定电话2000部。设有邮政支局，办理报刊发行和包裹快递业务。

供电　1989年，全镇变压器增至60台，容量4545千伏安，实现户户通电照明。1995年，实施农村电网改造。至2001年，第三期农村电网改造竣工，实现城乡同网同价。2008年，新建三板溪至民丰500千伏高压线杉山段、金竹山至民丰500千伏高压线杉山段2条，高压线路总长56千米。

供水　2000年，4个村实施农村供水工程，解决5600人用水安全问题。2008年，新建恩口自来水厂。实施人畜饮水解困工程，新建农村供水项目15处，铺设水管19千米，解决9000余人饮用水难问题。

（四）社会保障

1989年，杉山镇有农村五保户100余人，实行区、镇、村三级供养。2006年，投资300余万元，建杉山敬老院，占地面积3公顷，建筑面积1800平方米，入住五保老人60余人。2007年，实施农村最低生活保障制度，全镇纳入低保对象155户415人，年发放低保金3.90万元。2008年，五保户增至252人，其中集中供养42人，分散供养210人。享受农村最低生活保障1876人，发放低保金26万元。

五、特色地情

乌石峰是南岳七十二峰之一，为杉山镇域内最高峰。峰左乌石洞洞内石笋奇形异象，石马、石人栩栩如生。乌石峰南侧田湾村为宋理宗嘉熙淳祐年间神童贺德英（1238—1252）故里。

1989—2008年历任党委书记：胡锡辉、彭希亮、周世光、张春光、蒋崇宜、刘永根、邓梦雄、曾海军。历任镇长：彭希亮、刘竹岩、李清阳、毛国和、黄国生、吴新灿、邓梦雄、曾海军、黄明、戴林斌。

第六节　万宝镇

一、区域概况

万宝以镇政府驻地山峰万宝山而得名，镇袭其名。地处娄底市区南郊，孙水河下游之东。东邻湘乡县毛田乡，南邻茶园镇，西接涟源市新禾乡，北连大科街道。地处龙山山脉尾部，海拔在96～228米之间，属山地丘陵地带。水文条件较优，西部有孙水河，东边有张溪河。矿产资源比较丰富，地表主要是石灰石、黏土，地下有石煤，主要分布在清江、青山、乔泉、匡家、新坪、株山、万宝等村域内。地域面积48.28平方千米，其中耕地面积1125公顷。

1995年，万宝乡改为万宝镇。政府机关设在S209线旁，距娄星区政府所在地11千米。2008年，全镇辖万宝、株山、新坪、龙井、旺兴、芭蕉、石林、群益、东方红、大塘、高冲、浒石、江溪、富冲、石埠、垭古、新柏、磨石、清江、青山、福善、新致、乔泉、匡家24个行政村，设249个村民小组，总户数7963户，总人口2.24万人，其中农业人口2.12万人。居民以汉族为主，汉族占总人口99.5%，土家族、苗族、侗族等少数民族占0.5%。

二、经济发展

1989年，全乡工农业总产值997万元。其中，农业产值377万元，工业产值620万元。人均纯收入610元。1995年，全镇地区生产总值实现6.90亿元，其中农业生产总值9000万元、工业生产总值6亿元。人均可支配收入965元。2008年，实现生产总值8.52亿元。其中，工业总产值7.53亿元，农业总产值9900万元。

（一）农业

种植业 1989年，种植业以种稻为主，其次是红薯、小麦、大豆，年产粮1.15万3吨。盛产茶叶、柑桔，种少量甘蔗。年产茶925吨，柑桔832吨。投资13万元，建成200吨储量保鲜库。1996年，引进优质早杂稻种，推广威优1126、威优402、威优华联2号等早杂品种400公顷，晚稻品种实现杂交化。实施娄底市政府建设“水果市”战略，投资30余万元实施水果开发，新栽植水果160公顷，建成旺兴、芭蕉、石林、大塘4个村266.67公顷连片水果基地。1999年，全镇农作物播种面积1617公顷。其中，粮食作物播种面积1350公顷，产量7468.80吨；经济作物播种面积267公顷，产量600.75吨。

2008年，全镇农作物播种面积1533.33公顷。其中，粮食播种面积1200公顷，粮食总产量1.30万吨，经济作物种植面积[illegible]公顷。在抓粮食生产同时，形成以桂花树为主的花卉苗木，以柑橘、杨梅为主的水果特色产业和蔬菜及养殖业同时发展的格局。

养殖业 万宝镇养殖业主要有猪、牛、羊、家禽等。1989年，全镇饲养生猪3万头，出栏2.8万头；牛饲养6541头，出栏4215头；羊饲养1784只，出栏1689只；家禽饲养15万羽，出笼14.9万羽。渔业生产在巩固发展山塘养鱼同时，开发河坝和稻田养鱼，在清江村集资建成娄底地区第一个拦河养鱼场。全镇产鲜鱼95吨。1993年，浙江晋江县企业家在万宝投资40万元，创办年产值100万元养鸭场。1999年，全镇生猪饲养5万头，出栏 4.60万头；牛饲养1589头，出栏 1432 头；羊饲养 1391只，出栏1278 只；家禽饲养25万羽，出笼24万羽。2008年，生猪饲养5.50万头，出栏5.30万头，有小型猪场16个；牛饲养2104头，出栏1875头；山羊饲养2140只，出栏2045只；家禽饲养28万羽，出笼27万羽；禽蛋产量7.13吨；水产品产量640吨。

林业 1989年，全镇荒山造林16公顷，林地面积1400公顷。2005年，发展林果业120公顷，退耕还林141.53公顷。2008年，实施退耕还林成果巩固工程，全镇林地面积达到1558.40公顷，果业种植面积150公顷，开发油茶林20公顷。

（二）工业

20世纪90年代初，发展乡镇企业，先后建有白水泥厂、普通水泥厂、建筑公司、万宝煤矿、建新煤矿(与茶园乡合办)、胶管厂、再生胶厂、瓷板厂、瓷釉厂等。有乡办企业13家，村办企业65家，联户企业12家，个体企业335家。1999年，国有集体企业改制，发展民营企业，改制企业51家。2008年，全镇有同人电子、三星科技、高胜炉料厂、华为混凝土厂、瑞奇电器、红太阳新能源材料厂等20余家民营企业，从业人员2000人，工业产值7亿余元。

（三）商贸服务业

1989年，有个体经商户102户，从业人员351人，商贸服务业实现营业收入865万元。1999年，有集贸市场[illegible]个，商业服务业门店[illegible]个，从业人员2456人，实现商贸服务业收入6754万元。2008年，有商贸公司194家，个体门店1423个，主要经营餐饮、日杂、农资、服装、水果，肉食等，年交易额1.16亿元。

三、基础设施建设

（一）交通建设

1989年，域内有S209省道公路1条，里程8.90千米；村级公路3条，里程5千米。1992年，实施农村基础设施建设，投资62万元提质改造万宝下洲村至高冲村公路，里程5.30千米，全线铺装沥青路面。1998年，加强通村组公路建设，实施村级公路路面硬化。2008年，S209省道横穿7个村，潭邵高速公路到娄底连接线经过4个村，24个村通水泥路56千米，80%村民小组通水泥路。

（二）水利建设

1989年，域内有小（1）型、小（2）型水库各1座，山塘2202口；白马水库右干渠从青山村入境，灌溉全乡11个村；有柴油抽水机102台，电灌站82处，装机容量1042千瓦，有效灌溉面积838.67公顷。1990—2007年，新建山塘668口，维修渠道6200千米，建溪坝123道，增加灌溉面积120公顷。2008年，有富公亭、新坪、民兵小（1）

型水库3座，井冲、群益、龙田、匡家小（2）型水库4座，山塘2089口，有浒石电排站、民兵电排站2座，其他小电排站36座；白马主渠道11千米，新坪水库低涵渠道及电排渠道8560米（不含田间渠道）。

四、社会事业

（一）教育文化

1989年，有学校13所，其中初级中学1所，小学12所；教职工189人，在校学生2947人。万宝乡文化站设立图书室，藏书3000册。1993年，群益、石埠（振翩）初中教学点合并至万宝中学。1995年，青山初中教学点并入万宝中学，域内只有中学1所。1998—2007年，小学逐步合并为5所。其间，2003年，实施农村科普每个建制村建立1个科普活动站、1个科普宣传栏和1支科普志愿者队伍，设1名科普信息员“四个一”工程，被娄星区确定为科技示范乡镇，建设全区科技示范基地和生态旅游农业科技示范园。2008年，全镇有1所初级中学，1所农校，5所小学，有教职工181人，在校学生1817人。

（二）医疗卫生

1989年，域内有乡卫生院1所，村卫生室24个，卫生院达到有工作用房、有医疗设备、有常用药品、有看病登记、有预防卡册、有财务账本“六有”标准。开展各类防疫3.15万人次，门诊达22万人次，业务收入96万元。1990—2007年，实施卫生院和村卫生室建设。万宝卫生院新设多功能科室，添置X光机，部分化验仪器，无影灯。另选址在原娄双公路万宝镇政府旁边新建1栋四层综合大楼，建筑面积5000平方米。2008年，24个村设有卫生室，配备乡村医生24人。参加新农合1.92万人，参合率90.6%，发放医疗救助金345万元。

（三）公用事业

邮政通信　1997年，投资1200万元，开通娄底市第1个农村程控电话模块局，开通程控电话。2008年，有固定电话用户1400户。

供电　1989年，域内有乡建小型水力发电站2个，年发电600万千瓦时。建成35千伏变电站1个，高压输电线路总长13千米，安装变压器54台，装机容量4550千伏安，农户用电率100%。1995年，全镇发电量6800万千瓦时，新增水力发电站1座，新增配电变压器10台，新架10千伏线路5条计1.50千米。1999年，实施农网改造，投入资金92万元，安装变压器43台，整修和拉长线路880.21千米，全镇用电量1649万千瓦时。2007年，农网改造3个村。2008年，有民兵电站、富公亭电站小型发电站2处。

供水　1989年，域内居民用水主要依靠井水。2000年，万宝镇在5个村实施农村供水工程，解决6000人用水。2008年，有万宝和福善自来水厂2座，10个村8641人实现安全饮水。

广播电影电视　1989年，广播电视设备更新改造，配备无线调频接收机，新架万宝至大塘村广播杆线7杆程千米。有个体电影放映队12个。1996年，新建万宝电视差转台。2003年，开通有线电视，铺设光缆12千米，开通万宝、垭古、富冲等18个村有线电视，传送电视频道21个。至2005年，有线电视用户900户。2008年，实施广播电视“户户通”建设，全镇安装“户户通”直播卫星电视接收机1100户。是年起，湖南省实施农村公益数字电影工程，每个村每年放映12场电影。

（四）社会保障

1989年，万宝乡有农村五保户96人，孤儿19人，实行区、乡、村三级供养。1994年2月，万宝乡投资27万元，建成万宝敬老院，占地面积1.2万平方米。9月，接收首批23名五保老人集中入住，分散供养123人。2008年，区办光荣院设在万宝村，镇办敬老院设在大塘村，集中收养老人42人，分散供养126人。

五、特色地情

仙女寨位于娄底城区南郊，距娄底中心城区仅3千米。主峰仙女峰是娄底城区内最高山峰。仙女峰上草木繁盛，郁郁葱葱，有寺、有殿、有洞、有塔，还有一段残旧的古寨城墙。

历史文化名人有李振翩（1898—1984），细菌学家、病毒学家，美籍华人，原籍娄星区万宝镇石埠村。李振翩逝世后，中美两国建立李振翩基金会，长沙建立李振翩纪念馆。

1989—2008年历任党委书记：黄文瑞、毛屏甲、宁孝情、曹霞希、邓光吕、梁巨伟、梁养贤。历任镇（乡）长：曾中亮、毛屏甲、童松间、李文红、钟智科、蒋崇宜、梁巨伟、刘志升、梁养贤、谢聪。

第七节　茶园镇

一、区域概况

茶园镇因其域内郁郁葱葱、勃勃生机的万亩茶园而得名。镇袭其名。位于娄底市南大门，地处娄底、涟源、湘乡、双峰交界之地。东界湘乡市，北接万宝镇，南临双峰县洪山镇，西临涟源市常林镇。地域面积38.17平方千米，林地1467公顷，耕地面积1876.20公顷，其中水田1389.53公顷，旱土486.67公顷。地貌类型组合以冈丘为主，域内红火岩主峰海拔334米，为最高点。灰岩、红土面积广，润土层深厚，熟化良好。辖区水资源丰富，永昌河自南向东流经全境，4条小溪相向而流。矿产资源丰富，与洪山镇交界边沿内有较大优质煤层。石灰岩蕴藏线长达4千米。

2001年，撤乡改镇。政府机关设在茶园村，距娄底火车站8千米，距娄底市政府5千米。2008年，辖高乐、砂罐铺、石鼓、新辉、石塘、梨子、槐柳、梽木、建农、塘群、茶园、松山、春溪、儒阶冲、东冲、农群、路口、鱼岭、下洲19个村，设239个村民小组。总户数4856户，总人口1.94万人，其中农业人口1.82万人。汉族居民占98%，回族、苗族、土家族等少数民族系婚入，占2%。

二、经济发展

1989年，茶园乡农业总产值559万元，人均纯收入629元。1994年，茶园乡工农总产值1.22亿元，其中工业产值9537万元，农业生产总值2619万元。2005年，茶园镇工农业总产值2.40亿元，其中农业总产值8400万元，工业总产值1.56亿元。2008年，生产总值7.40亿元，其中工业总产值6.42亿元，农业总产值9800万元。农民人均纯收入4317元。

（一）农业

种植业　1989年，全乡农作物播种面积1877.53公顷。其中，粮食作物播种面积1689.53公顷，产量8110吨；经济作物播种面积188公顷，产量358吨。1999年，全乡农作物播种面积1579.20公顷。其中，粮食作物播种面积1389公顷，产量9295吨；经济作物播种面积190.20公顷，产量375吨。2008年，全镇农作物播种面积2498.20公顷。其中，粮食作物种植面积1916.20公顷，产量1.06万吨；经济作物播种面积582公顷，产量1248吨。

养殖业　域内养殖业以猪、牛、羊、家禽养殖为主。1989年，茶园乡生猪饲养2.31万头，出栏1.09万头；牛饲养724头，出栏520头；羊饲养840只，出栏630只；家禽饲养8.50万羽，出笼6.07万羽。1999年，全乡生猪饲养8.20万头，出栏7.10万头；牛饲养810头，出栏623头；羊饲养970只，出栏792只；家禽饲养11.20万羽，出笼9.30万羽。2005年，茶园镇推广良种猪饲养。2008年，发展“湖南黑猪”和黑山羊、肉牛等养殖业。全镇养牛1660头，出栏1210头；养猪1.48万头，出栏1.32万头；山羊饲养2250只，出栏1582只；家禽饲养23.56万羽，出笼23.54万羽；禽蛋产量7.86吨，水产品产量813吨。

林业　1989年，茶园乡林地面积943.50公顷。实施“三年消灭荒山，八年绿化娄底”战略。至1993年，全乡荒山造林58.06公顷，其中当年造林43.33公顷；封山育林940公顷。2005年，茶园镇发展果茶业，面积达到300公顷，退耕还林256公顷，林地面积增至1257.56公顷。2008年，林地面积1467公顷，果木面积350公顷。

（二）工业

1989年，域内有乡办企业9家，村办企业36家，个体企业92家，联户企业9家。主要为煤矿、水泥厂、铸造厂、建筑工程公司等。1998—2006年，实行集体企业改制改革，企业改制23家。在集体企业改制的同时，发展民营企业21家。2008年，有企业28家，规模以上企业有茶园一矿、茶园二矿、高乐煤矿、茶园水泥厂、鑫兴合金厂、华鑫机械厂、茶园建筑公司等22家企业，总产值3.50亿元，就业人员4500人。

（三）商贸服务业

域内商贸服务业主要经营餐饮、日杂、农资、服装、水果、肉食等。1989年，有个体经商户21户，从业人员140人，实现商贸服务业收入50万元。1999年，有集贸市场2个，商业服务业18家，从业人员400人，实现商贸服务业收入 210万元。2008年，有集贸市场3个，个体有商贸超市2处，商业街2条，门店52个，餐饮业8家，从业人员950人，年交易额890万元。

三、基础设施建设

（一）交通建设

1989年，域内有干线公路3条，里程38千米；村级公路11条，里程34千米。至1993年，新修村级公路80余千米，铺砂整修村级公路10余千米。2006年，实施村级公路路面硬化和通村组公路建设。2008年，娄新高速公路在茶园镇过境3千米，S209过境13千米，娄星大道过境3千米。全镇实现村村通水泥路，通车里程66.30千米，95%以上村实现户户通公路。

（二）水利建设

1989年，域内有小（1）型水库1座，小（2）型水库9座，山塘1583口；白马水库右干渠灌溉全乡18个村；有电力排灌站95座，柴油抽水机231台，装机容量886.20千瓦，有效灌溉面积653.33公顷。1990—2008年，维修加固水库5座、山塘370口，维修渠道2.32千米，增加灌溉面积210公顷。

四、社会事业

（一）教育文化

1989年，域内有村级小学12所，中学1所，在校学生1100人。乡文化站设立图书室1个，藏书2000册。1999—2006年，农村教育布局调整，开展希望工程助学，实施“两免一补”助学。2008年，有幼儿园3所，小学4所，中学1所。中学教师58人，在校中学生505人；小学教师73人，在校小学生947人。教育资助35人，发放助学金5万元。

（二）医疗卫生

1989年，茶园乡卫生院投入资金150万元，改造门诊楼，购置医疗设备，设病床33张。2005年，茶园镇卫生院投入300万元，实施改扩建工程，购置B超等医疗设备，配有医务人员35人。加强19个村卫生网点建设，每个卫生网点有固定的卫生室和专业设备，并配备电脑。2008年，有中心卫生院1所、村级卫生网点19个，有乡村医务人员39人。全镇参加新农合1.8万人。

（三）公用事业

邮政通信 1993—1995年，投资19万元，开通24路特高频电话和乡程控电话。至2008年，全镇有固定电话用户1000户。

供电 1989年，域内有高压输电线路48千米，安装变压器40台，容量3415千伏安，农户用电率100%。1999年，投入资金40.65万元，19个村实施农网改造。至2000年，新立电杆1274根，新架三相四线输电线路22.80千米，整修和延长输电线路388.93千米，安装变压器19台，全乡用电量728.65万千瓦时。2008年，实施农网改造，惠及11个村。

供水 1989年，除乡政府所在地开通自来水外，其余村依靠传统井水供水。2006年，实施农村供水工程，解决4500人用水安全问题。2008年，全镇实现自来水供水。

广播电影电视 1989年，改造更新乡广播站机房和设备。有个体电影放映队5个。2005年，建设有线电视台，有线电视用户500户。2008年，实施电视“户户通”工程，安装卫星地面接收设施120户。实施湖南省农村公益数字电影工程，每个村每年放映电影12场。

（四）社会保障

1989年，茶园乡有农村五保户75人、孤儿23人，实行区、乡、村三级供养。2006年9月，在松山村建成茶园敬老院，建筑面积2200余平方米，入住五保老人35人。2007年，实施农村最低生活保障制度，全镇有380户1500人纳入低保。2008年，镇内建有槐柳、下洲、砂罐铺3个村级敬老院，集中收养52人，分散供养221人。是年，全镇有380户1470人享受低保。

五、特色地情

域内山水相连、风景秀美，一级饮用水源孙水河自西向东蜿蜒14千米流入水府庙水库，东有仙女寨植物园，南有500公顷南龙山脉。

1989—2008年历任党委书记：易春阳、颜长桂、刘竹岩、彭逢作、喻海清、彭国辉、彭希勇、万振兴。历任镇（乡）长：颜长桂、苏华、彭逢作、黄昭美、肖雄杰、万振兴、谢国英。

第八节　长青街道

一、区域概况

长青，意为四季常青，希望长存，街道以此为名。1995年1月，析乐坪街道耕塘、小花、关家、娄星、长青5社区置长青街道，东以[illegible]路为界毗邻乐坪街道，南接湖南人文科技学院，西连湘黔铁路，北靠娄星桥与花山街道接壤。地域面积5.50平方千米。

2008年，辖小花、娄星、耕塘、洞新、甘子冲、扶青、关家、竹山、长青9个居委会，23个村民小组，112个居民小组。常住户1.70万余户，常住人口5.96万人，其中农业人口430人。辖区流动人口3.50万余人。有华达机械总厂、418队、涟邵矿物集团省属企业单位3家和市区行政事业单位50余家，是娄星区政府机关所在地。

二、经济发展

1995年，长青街道实现地区生产总值4004万元。其中，工业总产值995.11万元，利税400万元。2000年，实现生产总值2.90亿元，其中工业产值821.1万元。2008年，实现地区生产总值实现4.97亿元。

（一）工业

1997年3月，中日合资华达汽车空调杰克赛尔（湖南）有限公司落户，项目投资4500万元。2008年，招商引进工业企业项目2个。娄底运天机械制造有限公司总投资500万元，主要生产金属矿和冶金行业运输机械，年产值1000余万元；众昊药业总投资1.20亿元，建设生产经营大楼。

（二）商贸服务业

1998年9月，九龙小商品批发市场开业，占地3万余平方米。首期推出门店和摊位300余个，从业人员1000余人。2008年，招商引进项目2个，涉及商贸物流、房地产开发等行业。其中，星海房地产公司投资1.20亿元建设“名都国际”；恒邦物流公司投资600万元。辖区有418市场、粮运建材市场、九龙经贸市场、洞新农贸大市场、民营市场、金香摩托电动车市场、洞新小花物流市场7个大市场，建成建材、美味小吃、夜宵等5个“一条街”，各类商店1200余个，从业人员3500余人，是娄底城区建材、购物、消费中心地带。

三、基础设施建设

1998年，改造扶青北路。2000年，拉通并硬化扶青路。2005年，修建娄星广场。2008年，实施长青西街、月子街、甘桂路、娄星南路、丽春路5条道路建设。域内有乐坪中街、长青中街城市主干道2条，小街小巷30余条。

四、社会事业

（一）教育

1995年，街道有娄底第四中学、娄底市第四小学、华达子弟学校、长井小学、特殊教育学校、机关幼儿园、湘运幼儿园、涟邵子弟学校等各类学校8所，在校师生3000余人。1997年，娄底市第四小学投资200万元，新建第4栋教学楼，建筑面积2302.70平方米。2008年，有娄底第四中学、娄底市第四小学、华达子弟学校、特殊教育学校、长井小学5所，机关幼儿园、湘运幼儿园2所，在校师生（幼儿）5000余人。贫困学生助学210人，发放助学金12万元。

（二）医疗卫生

1995年，域内有娄底市中医医院、娄星区人民医院、长青卫生院等医疗机构。2004年10月，长青社区卫生服务中心成立，在扶青南路28号扶青居委会租赁业务用房200平方米，开展社区基本医疗、预防、保健、康复、健康教育等卫生服务工作。2007年7月，长青社区卫生服务中心搬迁至区人民医院一楼，由区人民医院承办。2008年，市、区两级政府决定将区卫生局办公楼整体移交给长青社区，设立长青卫生服务中心，占地面积200平方米，建筑面积2100平方米。长青社区卫生服务中心从区人民医院析出，设内科、全科、中医科、中西药房、康复理疗科、预防接种科、妇幼保健科、健康教育科、财务室、B超室、化验室等科室。有病床20张。是年，域内有娄底市中医医院、区人民医院、长青社区卫生服务中心3所医疗服务机构，有病床800余张，年门诊10万人次。

（三）社会保障

1995年，长青街道重点突出居民就业服务工作，多渠道安置下岗职工再就业。1995—2007年，每年举办1期再就业人员技能培训班。2008年，实现城镇新增就业706人，实现“零就业家庭”动态清零。举办劳动技能培训班3期，参训500余人。是年，辖区享受最低生活保障待遇家庭3123户7516人，发放低保金62.73万元。同时，启动城镇居民医疗保险，参加保险居民2.27万人。

五、特色地情

域内有娄星广场等人文景观，是人们休闲旅游最佳境地。

1995—2008年历任党（工）委书记：谢延科、罗金文、李学刚、刘　杰、肖辉明、彭希勇。历任主任：罗金文、李学刚、肖辉明、聂建新。

第九节　乐坪街道

一、区域概况

乐坪，相传域内曾种植水葫芦，方言称水葫芦为“和乐萍”，由此而得名。演化为乐坪，街道袭其名。乐坪街道地处娄星城区中心，东起涟水河、吉星路，西至娄星广场，南倚文化广场，北临娄底火车站。辖区面积10平方千米。1993年，乐坪街道办事处搬迁至氐星路28号办公。原管辖范围为以娄星桥为界，湘黔铁路城区段以南至娄底师范专科学校（现湖南人文科技学院）。1995年1月，以育才路、氐星路为界分开，以西部分划归新设立的长青街道管辖。

至2008年，辖廖家、新建、童家、贤童、街心、蜜蜂、清泉、长春、金谷、大塘、月塘、火车站12个居委会。辖区总户数2.39万户，总人口8.05万人。其中，城镇常住人口7.96万人，城镇化率98%。另有流动人口2.35万人。汉族占辖区常住人口98.4%，少数民族中人口较多的是苗族、土家族、侗族，占1.6%。

二、经济发展

1989年，乐坪街道生产总值2100万元，居民人均纯收入700元。1999年，生产总值1.20亿元，居民人均纯收入3000元。2008年，实现生产总值5.49亿元，居民人均纯收入1.10万元。

（一）农业

1989年，乐坪街道生猪饲养2300余头，出栏1100余头；牛饲养120头，出栏70头；家禽饲养4000羽，出笼2300羽。水产品产量1300千克。1999年，生猪饲养8600头，出栏4500头；牛饲养20头，出栏12头；家禽饲养3200羽，出笼1500羽。2006年，家庭分散养殖逐渐被专业规模养殖所取代，养猪大户由个人养殖变为专业养殖，年生猪饲养1.20万头，其中出栏7600头；牛饲养32头，其中出栏24头；家禽饲养4200羽，其中出笼2800羽。

（二）工业

1989年，有宏星建筑公司、宏宇汽车配件制造厂、竹制品工艺厂、土石方装卸工程队、保险柜厂街办企业5家，工业产值13万元，街道民营企业14家，企业产值140万元。1996—2007年，实施国有集体企业改革改制，发展民营企业。2008年，有街道民营企业486家。其中，规模过亿元民营企业有湘中矿业、宜化化工、清泉集团、湘怡集团、湘圆集团5家，规模上千万元18家，注册资金百万元以上187家，省级品牌1个（乐开口公司粉师傅米粉加工机），工业企业4家（新华联燃气公司、乐开口有限公司、灿星机械有限公司、同济制药厂）。

（三）商贸服务业

1989年，域内有各类商业服务门店1200余个。1997年，建成娄底市金谷大市场。2002年1

月，娄底市佳惠购物中心在清泉广场创办。2003年，娄底九亿步行街开街。2006年，娄底春园商业步行街开街。2008年，拥有步步高等大型超市商场2个，中心市场等大型农贸市场2个，春园、九亿等商业步行街3条。

三、基础设施建设

（一）交通建设

1989—2007年，建成乐坪东街、长青街、湘阳街、白塘路。2008年，辖区交通便利，城市干道纵横交错，形成“四横”（乐坪东街、长青中街、湘阳路、月塘街）、“三纵”（氐星路、新星路、吉星路）格局。

（二）街道建设

1989—2008年，辖区先后建成石马公园、春园公园、株山公园、火车站广场以及春园、九亿、明珠商业步行街、长青人防工程和沃尔玛、鹏泰阿波罗、步步高等休闲购物场所。有安心宾馆、恒丰大酒店、鸿兴大酒店、高盛顶贯国际大酒店等三星级宾馆和清泉大酒店、华泰大酒店等四星级涉外综合性服务酒店。20层以上建筑有中国人民银行、国家电网、中国银行、邮电大楼、鹏泰国际、广成大厦、吉泰邦臣等10余栋。知名度较高小区有大同芙蓉、姑苏名园、三中教师村、菊苑小区、金碧文苑、安厦鑫苑等10余处。综合性市场有金谷市场、中兴市场、文化城。2008年，投资1000余万元，乐坪街道办事处新办公楼建成投入使用，办公楼新址位于珠山公园脚下，总建筑面积8000平方米，建有家属楼5栋。

四、社会事业

（一）教育文化

1989年，域内有娄底第一中学、第三中学、第一小学、第三小学等学校，街道发放教育发展助学金2万元。1999年，教育发展助学金增加到5万元。2008年，域内有娄底第一中学、第三中学、第一小学、第三小学、第五小学、娄底市高级技工学校、娄底广播电视大学、娄底市卫生学校、娄底职业技术学院、市委党校、区委党校、娄底精英电脑学校、娄星文化补习学校、市直机关幼儿园、思雅国际幼儿园、市商业局幼儿园、银河艺术幼儿园等教育机构，在校学生1.50万人。发放助学金10万元。有《湖南日报》娄底记者站、娄底日报社、娄底教育电视台、娄底市花鼓戏剧团、市星星影剧院、市电影公司、新城电影院等新闻文化单位。

（二）医疗卫生

1989年，有乐坪卫生院，开放20张床位，有居委会卫生室6个，配备乡村医生6人。2002年11月，乐坪卫生院转型为乐坪街道社区卫生服务中心，建立乐坪社区首个预防接种门诊，配备防疫专干和妇幼专干。2008年4月，实施社区卫生服务中心机构规范建设，租赁乐坪街道办事处企业办办公楼作为社区卫生服务中心办公场地，有医务和管理人员19人。其中，高级职称1人，中级职称5人，初级职称12人。设有内科、全科、中医科、中西药房、康复理疗科、预防接种科、妇幼保健科、财务室、B超室、化验室，开设病床30张。辖区内有市中心医院、市中心血站、418医院、博雅医院、市疾控中心、丽人医院等医疗卫生机构。

（三）公用事业

邮政通信 1995年，有固定电话用户3200户，移动电话用户6000户，互联网用户1200户。1998年，有邮政机构4家，电信企业6家，电话亭18座。1999年，有固定电话用户5700家，移动电话用户9800户，互联网用户2100户。2008年，有邮政网点3家，通邮率达100%；数字移动电话基站全覆盖，有电信、移动、联通服务网点5家，固定电话用户率减少至3%，移动电话用户基本普及。

供电供水 1994年，住房改革到户，单位出资将水、电改造到户，由水电供应企业直接到户抄表收费。2000年，水电改造到户全部完成。2002年，街道供电率、可靠率均达100%，清洁饮水和自来水供水达95%。

（四）劳动就业

1996年，街道开展就业服务及就业培训，培训有就业能力劳动力210人。2000年，街道开展下岗职工再就业服务及就业培训，培训办班4期，培训680人。2008年，举办劳动技能培训1期65人。就业人员5.30万人，下岗再就业人员5200人，“4050”（指改制企业劳动年龄阶段女40岁，男50岁劳动者）人员再就业940人，企业离退休人员3200人。实现“零就业家庭”动态清零。

（五）社会保障

1998年，实施城镇居民最低生活保障，城镇居民无依无靠、无生活来源、无劳动能力的原民政救济对象和具有本市城区户口常住居民，户年人均收入低于本市最低生活保障标准的家庭实施最低生活保障。当年享受低保2723户8269人，发放低保金385万元。有五保户等“三无”人员132人，其中集中供养120人，分散供养12人。2008年，辖区内有社会福利机构2所，集中收留“三无”人员198人，其中福利院孤儿160人。有低保户2769户5964人，全年发放低保金730.50万元。

五、特色地情

辖区内有石马公园、珠山公园等景观。

1989—2008年历任党（工）委书记：李春明、邓光吕、严少如、刘至善。历任主任：张惠兰、严少如、刘至善、肖建辉、肖健忠。

第十节　花山街道

一、区域概况

花山街道因域内花山仑而得名。位于城北，东、南靠湘黔铁路，与乐坪街道、长青街道接壤；西、北临涟水，与娄底市经济开发区、黄泥塘街道相邻。涟水贯穿花山全境，旅游资源丰富，具有独特人文景观、自然景观。地域面积4.60平方千米。2003年，区划调整时原涟滨乡山塘、思塘、对江、清潭4个村划入，青山、茅塘、南石居委会划出，清潭村改为居委会。2005年，山塘村改为居委会。2006年，思塘村改为居委会。2008年，辖对江1个村，花山、大桥、观化、铁西、铁东、神童湾、山塘、清潭、思塘9个居委会，总户数2.15万户，总人口3.23万人，其中农业人口4601人。居民以汉族为主，占人口比例99%；苗族、侗族等其他少数民族人口占1%。

二、经济发展

1989年，花山街道工农业生产总值3000万元。其中，农业生产总值1961万元，工业生产总值1039万元，居民人均纯收入216元。1999年，工农业产值1.50亿元。其中，农业产值3200万元，工业产值1.18亿元，居民人均纯收入1600元。招商引资1170万元，全社会固定资产投资900万元。2005年，工农业生产总值4.60亿元。至2008年，工农业生产总值7亿元。其中，农业产值5000万元，工业产值6.50亿元，居民人均纯收入5800元。招商引资1.20亿元，全社会固定资产投资7800万元。新引进项目3个，到位资金8000万元。

（一）农业

1989年，粮食种植面积100公顷，产量600吨。2003年，粮食种植面积34公顷，产量204吨。饲养生猪7.16万头，出栏6.15万头；牛饲养4.13万头，出栏2.15万头；羊饲养3.99万只，出栏3.32万只；家禽饲养2万羽，出笼1.8万羽。2008年，街道产业调整，农业比重下降，仅对江、清潭、山塘、思塘4个社区有少量菜地。饲养生猪5.66万头，出栏5.44万头；牛饲养2.57万头，出栏1.56万头；羊饲养1.99万只，出栏1.76万只；家禽饲养2万羽，出笼1万羽。

（二）工业

1989年，域内有国有、集体(街道)企业5家，以加工业为主。1998—2006年，国有集体企业改制改革，发展民营企业。2008年，有民营企业8家，以金属冶炼和压延加工业为主。其中，规模以上民营企业4家。湖南红宇工业公司与中南大学合作，其耐磨产品远销东南亚，年产值5000万元；娄底市光华机械制造有限公司依托涟钢、湘钢及三一重工等大中型企业发展，年产值3000万元，安置200人就业。

（三）商贸服务业

1989年，街道商贸服务业以批发业、零售业为主，年销售额8.70亿元。2008年，涟滨和老街有个体户1200余户，从业人员3700余人，年营业额为45亿元，是娄星区及周边涟源市、双峰县、湘乡市等地糖酒副食集散中心。观化农贸市场、湘中果蔬批发大市场、娄底市果品批发大市场三大市场承担娄底城区蔬菜水果供应95%以上，并辐射全市。三大市场年销售额6.50亿元以上。九龙环球商业广场一、二期工程总投资4500万元，涉及服装、鞋帽、小商品、家具、酒店等行业，年营业额1.20亿元，安置2000余人就业，是全国再就业基地。

三、基础设施建设

（一）交通建设

1990年，娄底市（县级）公交公司在涟滨西街建停车场，占地面积6500平方米。1991年，整治疏通涟水，恢复航运，月塘街东头建设客货码头。1996年11月，随着娄底新火车站启用，将氐星路1号4000平方米土地建成停车场。2001年，实施“北扩南移”发展战略，重建一大桥。2002年，重建江龙滩停车场，占地1.86万平方米。2003年6月—2004年10月，建成涟滨街，全长6.12千米，为城市次干道。2005年8月—12月，建设书苑路。2006年，实施清潭路、栗山路、曹家坨路、观音冲路、花山东路建设。2007年，改造通村公路1千米。2008年12月26日，吉星路涟水河大桥（娄底三大桥）吉星路南段竣工通车。

（二）街区建设

1989年，建成秀石街、文艺路、涟滨东街、涟滨中街、涟滨西街等支干道。2000年12月，投资362.35万元，开工建设涟水河道治理第一期防洪工程，2001年7月竣工。防洪堤长450米，堤顶宽1米。2002年，投资1951万元，建设娄底一大桥至梅子湾段城北防洪堤。主要实施娄底一大桥至梅子湾段2.22千米防洪堤和3座涵闸工程，2005年竣工。2005年，在对江村实施第一污水处理厂一期工程建设。

2006年5月18日，九龙·环球商业广场一期工程建成营运，经营场地面积8万平方米，有商铺3200余个。2007年，建成花山西街。改造小街小巷5条，硬化路面1.20千米，整治涟滨东西街和娄星南路市容市貌。动工修筑涟水河南岸娄底一大桥至吉星路大桥段防洪工程。9月20日，启动娄底老街望湘门、观化门重建工程，2008年5月28日竣工。

2008年，第一污水处理厂一期工程竣工，配套管网19.80千米，当年处理污水186万吨，纳污区域为乐坪街以北、金星路（原甘桂路）以东、涟滨街以南、吉星路以西及涟水河以北、涟钢、娄底经开区范围，服务面积28.28平方千米，服务人口26.40万人。建成观音冲、书院路、文化巷、将军台等小街小巷30余条，总长40千米。域内有城市主干道4条，里程16千米。涟滨街贯穿全境，娄星路、新星路、吉星路横跨涟水河，将娄星区、娄底市经济技术开发区连为整体。湘黔、娄邵铁路穿境而过，新化、冷水江、涟源、安化等湘运车辆途经辖区。全区乡镇短途车辆以铁西社区老火车站市场作为始发（终点）站。

四、社会事业

（一）教育文化

1989年，有中学4所，小学5所，救助贫困学生24人，发放各种助学金1万元。2008年，有中学2所，小学5所，幼儿园6所。在校师生9000余人，救助贫困学生112人，发放各种助学金60万元。辖区有文化站1个，业余文化宣传队10个，开展群众性歌舞晚会8场，大型文化活动9次。对江村红旗组罗平均、吴奇冬、贺金才石雕、木雕入选娄星区非物质文化遗产项目。

（二）医疗卫生

1989年，域内有娄底市人民医院、娄底铁路医院、煤炭一处职工医院、花山卫生院。2004年7月1日，原长沙铁路总公司娄底铁路医院移交娄底市人民政府管理并更名为娄底市第二人民医院。2006年，花山卫生院转型为花山社区卫生服务中心。2008年，域内有市第二人民医院和花山社区卫生服务中心2家医疗机构，有病床800余张。享受城镇居民基本医疗保险1.87万人。

（三）公用事业

邮政通信　20世纪90年代初，街道开通移动电话。1995年，有固定电话用户1145户，移动电话用户879户，互联网用户746户。1999年，有邮政机构2家，电信企业3家，服务网点8个，电话交换机总容量5万门，固定电话用户2895户，移动电话用户3056户，互联网用户2056户。2008年，有邮政网点3家，通邮率100%，数字移动电话基站全覆盖，移动电话用户基本普及。

供电饮水供气 20世纪80—90年代，供水供电由单位统一负责。1991年，在涟滨乡民福村开办全市第一家液化气站，街道居民开始使用液化气。1994年，住房制度改革，各单位逐步将水电管线改造到用户，由供水供电企业直接到户抄表收费。2000年，水电改造到户全部完成。是年，城市燃气设施发展，混气站建在涟滨西街并设置安全防护带，居民开始使用管道燃气。

（四）劳动就业

1999年，实现城镇新增就业75人，全年举办劳动技能培训1期64人。2008年，城镇新增就业156人，实现“零就业家庭”动态清零，全年举办劳动技能培训4期269人。

（五）社会保障

1998年，花山街道实施城镇居民最低生活保障制度，当年全街纳入低保对象56人。时有五保对象23人，其中集中供养18人，分散供养5人。2003年，街道有低保户2202户，保障人口6286人，五保户8人。2007年，推行农村最低生活保障制度，当年享受低保69人。2008年，有福利机构2个，集中供养五保老人等特殊群体90人，分散供养五保户12人。

五、特色地情

文化遗迹有娄底老街、天王寺、将军庙、观化门、观化井、望湘门等景观。

娄底老街 起始于唐代，正名于宋代，发展于明清时期，繁荣于民国时期，鼎盛于中华人民共和国成立后。是古邑湘乡“上里”（今娄底、谷水、杨家滩一带）政治经济文化中心；是白鹭湾、磨子石、新边港、检江渡口、高车、杉山等农村集市网络中心。水陆交通发达，商品吞吐量大。娄底老街经历1400多年历史岁月，沉淀丰富的历史文化内涵。

天王寺 位于清潭涟水河畔，始建于北宋乾德二年(964)。天王寺主体建筑有伽蓝殿、关圣殿、大雄殿和大佛殿，占地面积9800平方米。整个建筑以方石为基，圆石作柱，青砖砌墙，翘角重檐，雕梁画栋，掩映在苍松翠柏之中。极盛时期，僧侣达百余人。其后几经战乱，天王寺建筑陆续遭到破坏。1968年，寺内佛像全部毁损，现仅存关圣殿残迹。1995年7月，天王寺被列为市级文物保护单位。

望湘门（双面牌楼） 建于清朝乾隆年间，原系老街之东门标志性建筑。望湘门高9米余，宽8米，砖石结构，山字牌楼。平地1米高石砖上砌清水墙，石拱门宽4米，高6米，石匾上“望湘门”3字古朴质拙，蚕头雁尾，突显隶书神韵。拱门两边是拼板石雕图案，匾上一字飞檐与牌顶飞檐间凸嵌四块神兽浮雕（麟、貅、狻、獬），顶檐脊上宝顶翘角，拱门左右石鼓相对。望湘门取意于东望湘乡、湘潭。望湘门毁于抗战时期。2008年重建，为娄底市中心城区历史风貌保护点。

将军庙 位于老街中点，占地2000余平方米，历为娄底旧时治所所在地，也是老街民众集会、看戏之场所。

观化门 建于清乾隆年间（1736—1796），门名寓西观新化、安化之意，是老街西边门卡和标志性建筑。原是砖石结构山字牌楼，高8米、宽7米，石拱门高4米、宽3米，穹顶石匾上行楷体“观化门”3字透柳骨颜肉之精髓。门边石狮对座，牌楼青白相间，淡雅质朴，庄重浑厚。毁于抗战时期。2008年重建，为娄底市中心城区历史风貌保护点。

观化古井 因观化门得名，建设年代无从考究。原是老街居民生活饮水主要来源，井分三级，洗衣、洗菜、饮用，有严格规定。现为娄底市中心城区历史风貌保护点。

姜齐贤故居 原中国人民解放军卫生部部长姜齐贤出生地，位于花山居委会111号，砖木结构，面积150平方米。为娄底市中心城区历史风貌保护点。

1989—2008年历任党（工）委书记：付仲尊、周世光、魏志军、童喜阳、刘建。历任主任：李秋芳、秦群英、李桂中、曾铁平、龚树国、颜拥军、黄明。

第十一节 黄泥塘街道

一、区域概况

黄泥塘街道因辖区内四拱桥附近一处池塘塘泥呈黄色而得名。位于中心城区北部，东至娄星北路，南到涟水河，西至高峰路，北至小狮子山。地域面积18平方千米。辖区有涟水、石龙湾、柳家湾、祖师殿4条河流，流长15千米；有娄星北路、钢城北路、钢城东路、碧溪路，仙桥西街、娄连公路、桑塘路、青山街、X575线、X020线主干道10条，总里程18千米，小街小巷80余条，总里程70余千米。S209线从域内穿过。

1992年5月，黄泥塘街道由涟源钢铁厂代管转为娄底市人民政府直管，办公地址在碧溪路。2000年，办事处迁至娄星北路415号。2008年，黄泥塘街道下辖南阳、碧溪、东来、恩口、曹家、涟滨6个村和高溪、福岭、新立、凤阳、市场、双园、洪家洲、谭家山、索桥、花庙冲、公园、朝阳、旁山冲13个居委会。其中，洪家洲、谭家山、索桥、花庙冲、公园、朝阳、旁山冲7个居委会由涟钢管理。总户数3.23万户，总人口7.98万人。其中，城镇人口6.24万人，农村人口1.74万人。

二、经济发展

1989年，街道工农业总产值1.55亿元。其中工业产值1.30亿元。城镇人均可支配收入2884元，农村人均纯收入1296元。2000年，实现工农业总产值2.31亿元。其中工业总产值1.84亿元。城镇人均可支配收入4670元，农村人均纯收入2061元。2008年，实现工农业总产值8.67亿元，其中工业产值8亿元。民营经济总量达到6.37亿元。

（一）农业

种植业 域内农业以种植蔬菜为主，粮食作物有水稻、薯类、玉米等；经济作物除蔬菜外，有花生、大豆、油菜等。1992年，农作物播种面积20公顷。其中，粮食作物播种面积15公顷，总产量85吨；经济作物播种面积5公顷，主要为油菜、花生等。2000年，农作物播种面积23.33公顷。其中，粮食作物播种面积13.33公顷，总产量165吨；经济作物有油菜、花生等。2003年，涟滨乡恩口村、东来村、曹家村、涟滨村、碧溪村划归黄泥塘街道，耕地面积增加。2008年，农作物播种面积330.34公顷。其中，粮食作物播种面积201公顷，粮食总产1259吨；油料播种面积6.67公顷，产量15吨；蔬菜播种面积110.67公顷，产量3155吨，瓜果类播种面积8.33公顷，产量135吨，其他农作物播种面积3.67公顷。茶园面积3.33公顷。

养殖业 养殖业以生猪、牛、羊为主。1992年，生猪养殖2500头，其中出栏1500头；牛饲养30头，主要是役用牛；羊饲养100只，出栏80只；家禽饲养2000余羽，出笼1500羽。2000年，生猪饲养6万头，其中出栏4万头；牛饲养30头，出栏20头；羊饲养280只，出栏180只；家禽饲养3万羽，出笼2万羽。2005年，黄泥塘街道养猪协会成立，是娄星区第一家生猪养殖协会，有会员72户，协会年出栏生猪3万余头。

（二）工业

1989年，街道工业总产值1.30亿元。1998—2006年，实施国有、集体企业改制，发展民营企业。至2008年，民营企业发展到119家，其中规模以上企业12家。引进资金1.06亿元，上缴税收1783万元。是年，辖区大型企业有华菱涟源钢铁集团、安石集团等。

（三）商贸服务业

1992年，域内商业、服务业基本形成体系。至2007年，有“五小”门店1520个，从业人员3500余人，年营业额26亿元。2008年，有“五小”门店1600余个，从业人员4000余人，年营业额30余亿元。有涟钢农贸市场和黄泥塘农贸市场2个，其中涟钢农贸市场占地7000余平方米，内设摊位540余个，年成交额5亿元；黄泥塘农贸市场占地2000余平方米，内设摊位100余个，年成交额8000万元。

三、基础设施建设

（一）交通建设

1997年，投资200万元，修建井大街道路

1185米。2000年，投资110万元，修建高溪路680米。2005年，投资107万元，修建恩口村村主干道4700米及020县道1200米。2006年，硬化村级公路6.20千米。2008年，开通火车站—福岭社区公交车，后延伸改道从汽车南站至福岭社区。

（二）水利建设

2000年，域内石龙湾河有闸门1处。投资1000万元，修建高溪河堤3000米。2008年，涟水河有碧溪、大桥、一号、二号、三号、四号、南阳、坝坎、茶场、恩口桔场、高上、红卫、为子、下大、柞树、大花、合水湾、回水、坎来上、陆家、满天星、钱家、山口、谭家山、友谊、涟钢二、涟钢三、涟钢一、双园二号、双园一号等30座泵站，装机总功率1644千瓦，流量3.25立方米/秒，灌溉辖区碧溪村、涟滨村、南阳村、恩口村、东来村、双园社区全部稻田。

四、社会事业

（一）教育文化

1989年，街道有职工大学1所，技工学校1所，中学1所，小学1所。2003年，有中学1所，小学7所，在校学生1100余人。2008年，辖区有娄底第五中学、娄底市第六小学、娄底市第七小学、娄底第八小学、黄泥塘中心学校、蓝圃学校、潇湘职业学院、涟钢职业高中、华建学校9所学校，在校师生1.60万余人。贫困学生助学113人，发放助学金10.8万元。有文化站1个，文化广场1个，业余文化宣传队10余个。建成高溪社区文化活动室图书馆，藏书2.57万册。

（二）医疗卫生

1989年，有医疗卫生机构1个，开放病床55张，有医务人员60人。2004年4月，黄泥塘社区卫生服务中心创办。2008年7月，涟邵矿业集团原华建职工医院并入黄泥塘社区卫生服务中心，有医务和管理人员30人，开设病床30张，开展临床医疗和公共卫生服务。

（三）公用事业

1989年，娄底地区邮电局设黄泥塘支局，营业场地面积120平方米。主营函件、包裹、汇兑、报刊发行和电信业务，有职工62人。1990年，辖区内开通移动电话。1994年，移动电话实现与全省自动漫游，有固定用户1120户，移动电话634户。2006年，黄泥塘支局改为娄底市邮政局娄星分局，邮路增加到68条，里程2855千米，自办汽车邮路320千米。2008年，域内基本普及移动电话。

（四）社会保障

1992年，街道有五保老人、孤儿等特困对象17人，全部纳入救助范围，给予生活保障。1998年，实施城镇居民最低生活保障政策，当年享受低保156人。2007年，推行农村最低社会保障制度，当年享受低保85人。2008年,农村居民参加新农合9653人。城镇居民参加医疗保险人数2.21万人。

五、特色地情

辖区内有青山公园、月琴山公园等景观。

1992—2008年历任党（工）委书记：肖缙蔚、肖立中、李明辉、龙晓涛、李建。历任主任：唐博文、肖缙蔚、肖立中、刘伯文、刘召书、贺建国、樊少芳。

第十二节　大科街道

一、区域概况

大科街道前身为大科乡，因域内有溪，原名大禾溪，后逐渐演变成大科溪，再简化为大科。2003年5月，撤销大科乡，设立大科街道。大科街道位于城南，东接市经济技术开发区，西连百亩乡，南与万宝镇毗邻，北与长青街道相连，处于涟水、孙水之间。地势南高北低，东西长8.50千米，南北宽5.20千米，地域面积26.70平方千米。孙水河和潭邵高速娄底连接线穿境而过，城郊最高峰仙女峰主峰海拔580米，为辖区最高点。

街区主要街道有新星南路、湘中大道及扶青南路。辖区有湖南人文科技学院、娄底市政府机关、市建设局、市规划局、市审计局、市城管局、市公安局、区法院、区检察院等单位，是娄底市政治经济文化中心。

2008年，辖大科、小科、罗家、黄泥、南垅、大屋、大新、井头8个居委会和福潭、坪石、思乐、方石、水洋、早元、三元7个行政村，总户数7612户，总人口3.48万人。其中，农业人口1.14万人。街道办事处办公地址在新科街和春檀路交叉处。

二、经济发展

1989年，大科乡工业产值达到1058万元,农业总产值533万元,人均纯收入697元。2003年，大科街道实现生产总值1.44亿元。其中，农业总产值931.55万元，工业总产值1.35亿元。2008年，实现生产总值5.98亿元。其中，农业总产值853.71万元，工业总产值2.82亿元，商贸服务业总产值3.08亿元。

（一）农业

种植业 主要粮食作物有水稻、红薯、玉米等，经济作物主要以油茶、油菜、黄豆、茶叶为主。1996年，大科乡粮食播种面积747.47公顷，产量6393.90吨。其中，水稻播种面积6847.70公顷,产量6000.80吨。经济作物及其他作物播种面积173.40公顷，园地171.27公顷，以茶园、果园为主。2003年，大科街道粮食作物种植面积726.33公顷，粮食总产量4902.91吨；蔬菜播种面积175.26公顷；经济作物种植面积153.27公顷。2008年，在保障粮食生产稳定同时，依托区位优势，发展蔬菜种植和高新农业产业。粮食作物种植面积552.64公顷，粮食总产量3744.57吨；蔬菜播种面积98.55公顷；经济作物种植面积73.33公顷。

养殖业 养殖业主要有生猪、牛、羊及家禽养殖。1995年，大科乡出栏生猪1.15万头，水产品产量126吨。2003年，大科街道生猪饲养1.50万头，牛饲养230头，羊饲养180只，家禽饲养10万羽。2005年，组建庆阳牧业有限公司。公司是引进德国先进技术、工艺和设备的肉类深加工高科技项目，产品主要面向国际市场。2008年，出栏生猪1.75万头，出栏牛280头，出栏羊300只，家禽出笼12万羽。

林业 1989年，大科乡林地面积1038.33公顷。是年至1993年，荒山造林67公顷。2002—2003年，大科街道（大科乡）实施退耕还林，发展林果业，退耕还林120公顷，果业面积60公顷，林地面积达到1158.33公顷。至2008年，由于城市扩容占地，林地面积减少到1000公顷。

（二）工业

2000年，开展招商引资，先后有娄底市华煤矿山机械设备有限公司、娄底市中鑫纺织有限公司、娄底市湘中汽车销售服务有限公司、娄底东港燃气加气站有限公司、湘中水利水电工程建设有限公司、湖南众昊药业有限公司、湖南省三星投资集团三兴房地产有限公司等企业进入辖区投资创业。2003年，乡镇企业有606家，形成以建材为主的经济格局，年内实现工业总产值1.50亿元。2005年，有规模以上民营企业58家，完成企业总产值3.32亿元，安排就业人员2584人。2008年，有规模以上民营企业72家，从业人员3800人，实现企业产值1.30亿元。

（三）商贸服务业

2003年，大科乡引导农民发展以养鱼、钓鱼为主的休闲农业，全乡有规模养殖鱼场10个，并提供钓鱼餐饮、娱乐等服务。在江龙滩南岸有旅游船4艘，创办餐饮店7家；在孙水河大新、黄泥地段，有旅游船3艘，创办游泳场1个。2005年，有商业企业11家，完成企业总产值1.05亿元，安排就业人员人253人；服务性企业20家，完成总产值799万元，安排就业人员283人；房地产开发企业1家，安排就业人员195人。2008年，个体私营企业发展到76家，有汽车贸易企业20家，形成产值上亿元。发展以房地产开发为主的企业10家，年产值3亿元。商贸服务业成为大科经济发展主要产业。

三、基础设施建设

（一）交通建设

1994年，大科乡修建大新村5.50千米村级公路。投资80万元，修筑柏杨港公路桥。1995年，域内通公路村17个。2001年，开始建设街道主干道。2003年起，大科街道实施通组公路硬化工程。至2008年，建成湘阳街、吉星路、乐坪东街、扶青路、长青东街、新星南路、湘中大道、甘桂路、早元路、娄星南路、育才路、S209线12条主干道。是年，域内有乡道1条，里程5千米；村道8条，里程19千米；通组公路90条，里程90千米。

（二）水利建设

1989年，大科乡有小（1）型水库1座，山塘1733口。2001年，投资40万元，整修山塘56口，治理渠道2.50千米。2005年，大科街道投入水利建设资金58.50万元，新建山塘1口，整修山塘108口，整修渠道7千米，新建电灌机埠3座，装机22.50千瓦，新建水轮泵1座，新增灌溉面积3.33公顷，改善灌溉面积37.33公顷，新增除涝保收面积5.20公顷。2008年，投入资金34.50万元，修建福潭水库，维修山塘577口，修建水洋村自来水工程1处。辖区有白马灌区1处，山塘577口，河坝6座，机埠57座，装机容量760千瓦。

四、社会事业

（一）教育文化

1989年，大科乡有中学1所、农校1所，小学9所，入学率100%。有文化站1个，电影放映队3个。1997年，全乡有中小学校11所，其中初中、中心小学、乡成校各1所，联村办的完小6所，村办初小2所。在编教职工241人，教学班84个，其中中学教学班16个，小学教学班68个，有中小学生3092人，其中中学生670人，小学生2422人。2008年，大科街道有7所学校（大科中心小学、大科小学、三元小学、长井小学、思乐小学、福坪小学、方石小学），在校学生2530人。

（二）医疗卫生

1989年，大科乡有卫生院1所，诊所2个。2008年，大科街道有卫生院1所，开放床位30张；农村卫生室11个，有乡村医生11人。

（三）公用事业

邮政通信 1989年，大科乡架通思乐片6个村广播通信干线。1995年，有邮路及农村投递线的村17个，通电话村9个。2003年，大科街道有电视网络用户400余户。

供电 1989年，大科乡有高压输电线路24.90千米，变压器37台2967千伏安，农户用电率100%。2003—2008年，大科街道投入电力建设资金1200万元。分别在大新村、思乐村、坪石村、福潭村、水洋村、早元村、大屋村7个村、居委会新增电网台区配电变压器，分别为清南843箱变、清南845箱变、清南846箱变。有思乐大方变、坪石丁家变、福潭台屋变、福潭大屋变、水洋果园、水洋朗潭变、早元张家变、檀江456#变、檀江457#公变等9台公用配变，供电用户1600余户，用户户均容量2千瓦。建设公变总容量3290千伏安，建设0.4千伏低压线路36千米，改造0.4千伏低压线路12千米。

供水 1995年，大科乡早元、小科、井头、长青、大科、南垅、王家、罗家、大屋8个村开通自来水。2008年，大科街道农业村自来水普及率83.7%，街道居民全部实现自来水供应。

（四）社会保障

1990年，大科乡三元村筹资建设200余平方米敬老院，内设老人住室、老人活动室、计划生育协会之家等。2002年，大科乡确定40户居民享受城市居民最低生活保障。2003年，确定农村低保对象65户。三元、思乐2个村修建敬老院，集中供养五保老人9人，分散供养五保老人20人。2004年，大科街道有五保户57人。其中，集中供养21人，分散供养36人。2008年，五保户增至68人。其中，集中供养25人，分散供养43人。有优抚对象55人，纳入城镇和农村最低生活保障对象2384人。

五、特色地情

仙女寨生态旅游区 景区内的旅游资源丰富，环境优美，鸟语花香。主峰仙女峰是城区内最高山峰。仙女峰山脉绵长，历有“小三峡”之美誉。唐庄宗年间修葺仙女殿，1966年被毁。2003年，重新筹备修建，更名为玄真观。2008年，设为娄底市道教协会会址。

2003—2008年历任党工委书记：刘中生、颜新和、颜继荣。历任办事处主任：禹云华、颜继荣、曾郁生。

第十三节　大埠桥街道

一、区域概况

大埠桥街道因域内古大埠桥而得名。前身为西阳乡、西阳镇，位于娄星城区东面。东接湘乡市谷水乡，南连湘乡市毛田乡，西邻大科街道、涟滨街道和杉山镇，北靠湘乡市涧山乡。南北长11.50千米，东西宽8.75千米，地域面积58.28平方千米。地处冈地丘陵区，东北、西南冈丘起伏，中部为溪谷、低冈平原。乌石峰海拔297米，是全域最高点；吉祥寺海拔85米，是全域海拔最低点。涟水、孙水从西南，西水、谷水从东北入境流经全域18个村，汇合于西阳河口入水府庙水库。街道办事处驻涟水村，距娄底城区5千米。湘黔铁路、洛湛铁路、娄湘公路、娄涟公路、杉西公路纵横全境，娄益衡高速公路设有入口。

1989年，西阳乡地域面积57.78平方千米。其中，水田1001.60公顷，旱土273.33公顷；林地1563.73公顷，果园44.13公顷，茶园292.20公顷，水域面积755公顷。辖25个行政村，241个村民组，总户数5878户，总人口2.18万人，其中非农业人口780人。2000年6月，撤乡建镇，改为西阳镇。

2003年3月，娄底市经济技术开发区（简称经开区）成立，西阳镇整体划归经开区管辖。5月19日，省民政厅下发娄星区部分行政区划调整批复，撤销西阳镇，设立大埠桥街道。行政区划调整后，大埠桥街道辖6个社区居委会、7个村委会，总人口2.38万人。街道办事处由西阳村迁驻栗家塘。6月，经区人民政府批准，撤销2003年调划18个村委6个居委会7个农业村建制，以2003年区规划调整前村（居）建制为基础，将娄星区花山街道南石居委会划归到大埠桥街道，设立南石、永兴、忠实、石马、高桥、黑石边、双冲7个居委会，恢复西阳、南阳、大埠、华实、胜昔、石口、和家、江龙、泉丰、犁头、白鹭、石花12个村，另加原龙虎、民丰、星明、宋家、上元、中阳、新石7个村，设19个行政村。

2008年，街道辖7个居委会、19个行政村，设45个居民小组、224个村民小组，总户数7386户，总人口2.84万人，其中非农人口5214人。

二、经济发展

1989年，西阳乡实现农业总产值545万元，工业总产值655万元，人均纯收入617元。1992年，农业总产值1700万元，工业总产值740万元，人均纯收入730元。1995年，工农业总产值达到1.13亿元，人均纯收入820元。1999年，全乡工农业总产值5.56亿元。其中，工业总产值5亿元，农业总产值5600万元。人均纯收入2806元。开发建设“一片两区”，“一片”即打造以中阳、宋家、上元、新石四村为核心，以西阳大垅为片，集农业产业、农业休闲于一体的农业片区；“两区”即依托水府庙水库旅游资源，开发涟水河岸风光带，打造以大埠、华实、白鹭、石花、犁头、江龙等村为片集观光休闲、房地产开发于一体的旅游区；以娄底火车东站为核心，依靠铁路公路等交通优势和娄底城郊地理优势，打造以商业物流服务业为主的物流区。2008年，大埠桥街道完成地区生产总值5.12亿元。其中，农业总产值8600万元，二、三产业产值4.26亿元，二、三产业比重占地区生产总值83%，人均纯收入4780元。

（一）农业

种植业　农业以种植水稻为主，杂粮有小麦、红薯、豆类，经济作物有油菜、花生、茶叶、柑橘、西瓜等。1989年，西阳乡粮食作物种植面积2283公顷，总产量1.37万吨。1992年，粮食作物种植面积2310公顷（含复种面积），总产量1.41万吨。1993—1995年，稳定和完善统分结合双层经营承包责任制，合理调整农业产业产品结构，开辟龙虎、石口、大埠、高桥、忠实五大水果基地，总面积141.22公顷。在调整种植业结构的同时，继续抓好粮食生产，普及早晚稻杂交品种。1997年，全乡粮食作物种植面积2210公顷（含复种面积），总产量1.40万吨。2002年，西阳镇粮食作物种植面积2110公顷（含复种面积），总产量1.31万吨。2008年，街道粮食作物种植面积1840公顷，总产量1.05万吨。

养殖业 畜牧业以禽畜和水产养殖为主，是全市渔业基地。1991年，西阳乡生猪饲养3.51万头，年末存栏1.85万头。重点发展瘦肉型生猪，全年瘦肉型生猪饲养2800头，外贸出口瘦肉型生猪2410头。塘库、稻田养鱼面积293.67公顷，其中稻田养鱼43.33公顷，年产鲜鱼430吨。家禽饲养45万羽，出笼25万羽。1995年，全乡生猪饲养3.78万头，出栏1.97万头。养鱼水面面积456.67公顷，产鲜鱼500吨。全乡养殖甲鱼、牛蛙和鱼苗孵化专业户达到150余户。家禽饲养62万羽，出笼35万羽。2003年，西阳镇生猪饲养4.20万头，出栏2.86万头。牛饲养1200头，出栏210头。养鱼面积312公顷，产鲜鱼460吨。全镇生猪饲养、水产养殖专业户128户。家禽饲养56万羽，出笼30万羽。2008年，生猪饲养5.70万头，出栏3.40万头，母猪饲养2900头。牛饲养1.02万头，存栏4600万头。家禽饲养45万羽，出笼20万羽。水产品产量1650吨。新建家庭养殖场12个，野鸭、野鸡、大雁养殖户5户。猪瘟、五号病、蓝耳病、禽流感、鸡瘟等防疫密度达100%。

林果业 1989年，西阳乡林地面积1563.73公顷。至1993年，完成荒山造林283.3公顷，改造残缺森林面积167公顷，已封3年以上森林达1000公顷。全乡林地面积2014公顷。2000—2003年，西阳镇实施退耕还林120公顷，发展果木基地12个，面积100余公顷。2003年，改为大埠桥街道后，由于娄底市经济技术开发区建设占地，林地面积逐年减少。2008年，建设涟水河风光带，种植河堤柳树苗木6000余株，完成异地造林13.33公顷。通过省退耕还林检查，补植苗木8万余株，完成退耕还林76公顷，林地面积减少到1200公顷。星明村东方葡萄基地种植面积27公顷，主要产品优质良种葡萄，年产值300万元。

（二）工业

1989年，西阳乡乡村企业有东风机械厂、造漆厂、平瓦厂、化工厂、红碎茶厂、建筑公司、电力安装公司等，乡办企业19家，村办企业30家，个体企业160家，联户企业25家，实现工业收入2000万元。省、地驻乡企事业单位有涟邵水泥厂、涟邵水泥预制构件厂、地区水产科学研究所、长沙铁路分局永耒铁路管理所等。1992年，乡村工业总产值3710万元，其中村办企业总产值1120万元。1996—1998年，引进外资企业3家，增加产值2000万元，创利税20余万元。1996年、1997年连续2年效益、产值排全市第1名。

1998—2005年，生产企业有省属企业1家、民营企业7家；停止生产的企业有省属企业1家、集体企业5家、民营企业1家。2008年，域内省属企业有娄星水泥厂（原涟邵水泥预制构件厂）、娄底振兴防滑材料厂2家，工业产值达到4400多万元，创利税450万元。集体企业有东风机械厂（原西阳公社农机厂）、湖南省湘中输变电建设有限公司、湖南省翔宇工程有限公司、娄底市经济技术开发区第一机械化公司（原娄底市西阳机械化工程公司）等4家，产值2.93亿元，创利税1990万元。民营企业主要有娄底市群力砖厂、娄底市新兴砖厂、娄星区娄建砖厂、娄底市煤矸石机砖厂、娄底市新型墙体材料空心砖厂、娄底市经济技术开发区泉丰水泥预制厂、娄底华隆砖厂等7家，年产值2650万元。

（三）商贸服务旅游业

1990年，投资兴建西阳农民街和西阳农贸市场。2000年，农民街和农贸市场有固定门面50余个，固定摊位100余个，临时摊位200余个，建成长400米商业街，年商品成交额850余万元。2008年，以娄底火车东站为核心，依靠铁路公路等交通优势和娄底城郊地理优势，形成以商业物流服务业为主物流区。以天趣茶艺、顺鑫生态农庄、胜昔梓湾农业基地、大埠桥旅游码头、犁头水果农业开发项目、水府庙湿地旅游项目为旅游开发重点，发展旅游业，形成生态旅游精品。域内综合商店和超市64个，从业人员310人，综合商店和超市主要经营日用百货、家用电器，服饰、水电器材、建筑装饰材料、粮油、蔬菜、水果等商品，年销售总值5000万元以上。

三、基础设施建设

(一) 交通建设

1989年，域内有湘黔铁路、西恩专用铁路。25个行政村通公路。1996年9月，投资120万元，实施杉西公路砂改油工程，结束西阳域内无柏油路历史。1996—1998年，新修江龙、忠实至高桥、民丰至龙虎、新石至干泥冲等村级公路。1999年，娄湘公路、娄涟公路、杉西公路及秋蒲路、迎春路纵横域内，实现公路村村通畅，组组通达。湘黔铁路复线、西恩铁路设有娄底货运东站、胜昔桥客运站，形成铁路、公路运输网络。全年公路硬化率56%，投资150多万元，在乡政府驻地修建沥青路4000米。2008年，泉丰、犁头、白鹭等村村级公路硬化15千米，所有行政村实现通畅，所有自然村形成通达。

(二) 水利建设

1989年，西阳乡有小（2）型水库10座，山塘2139口，电力排灌站87座，柴油机149台，装机容量1630.20千瓦，有效灌溉面积854.40公顷，机耕面积206.67公顷。1993年，整修山塘320口，新开渠道12千米，整修高标准混凝土渠道5千米，建设高标准山塘46口，整修水库12座，新建改造机埠16处，新增基础储水量5000立方米。2008年，投资100余万元，完善库区后扶基础设施。投资800余万元，山塘防渗18口，浆砌石山塘75口，渠道防渗19.80千米，完成土石方19.80万方。投入20余万元，维修冰灾受损机埠8座，维修工农机埠1座。投资3.50万元，维修渠道1.10千米，解决26.67公顷稻田灌溉问题。

四、社会事业

(一) 教育文化

1989年，乡政府筹集资金，改善办学条件。全乡有中学3所，小学15所，入学率100%，在校学生巩固率达98%以上。有文化站1个，电影放映队1个。1990—1992年，筹集资金84万元，相继对高桥小学、红星小学、宋家小学、犁头小学进行改造和扩建，新增校舍面积6527平方米。1996—1998年，投资180万元，维修西阳中心小学，解决西阳中学用电和用水问题，新建宋家小学教师住宿楼。

2007年，投资10万元，修建大埠桥中心校围墙，对宋家小学、红星小学和新石小学进行整修。投资800余万元，完成春元中学老实验楼、男生宿舍和校门改造及田径场建设。完成春元中学锅炉更换和自来水工程改造，解决学校饮用水问题。2008年，域内有学校17所。其中，中学2所，小学15所。校舍面积2.10万平方米。在校学生2800名，有教职工106名。小学入学率100%，在校学生巩固率、普及率、毕业率达98%。建成宋家农民书屋，组织13支腰鼓队参加“欢庆开园五周年，万支腰鼓迎奥运活动”，参加迎奥运倒计时100天万人健步跑活动。“送电影下乡”237场次。

(二) 医疗卫生

1989年，西阳乡有乡卫生院1所，村诊所6个。1990—1992年，筹集资金41万元，新建乡卫生院医疗综合大楼。2001年，西阳卫生院更名为大埠桥街道社区卫生服务中心，综合楼建筑面积2500平方米，主要为社区居民提供医疗、预防、保健、康复、健康教育、计划生育指导“六位一体”社区卫生医疗保健服务。是年，实施新型农村合作医疗，参合率75%。2008年，域内有街道社区卫生服务中心1个，有医务人员32人。村卫生室18个，有乡村医生25名。新型农村合作医疗参合率70%，城镇居民合作医疗参合率75%。

(三) 社会保障

1989年，全乡五保户实行三级供养。2000年，建成乡敬老院，入住五保老人24人，分散供养61人。2007年，落实农村最低生活保障（简称低保）制度，享受低保补助217户650人。城镇最低生活保障110户340人。2008年，冰灾期间发放救灾经费20余万元，棉被100余床。全年供养五保人员132人，免费享受农村合作医疗，经费提高到每人1000元，其中4户五保人员纳入农村安居工程，34户列入农村安居工程建设，投入建设资金28万元。确定168户享受廉租住房补贴，发放补贴经费21万余元。为42名下岗失业人员申请办理社会保障补贴金6万余元。完成农村富余劳动力转移就业1320人，失业人员就业209人。享受农村低保补助320户950人，城镇最低生活保障160户440人。

（四）公用事业

1989年，域内有高压输电线路17.60千米，安装变压器48台，装机容量3700千伏安，农户用电率90%。1993年，发展通信事业。至1995年，开通程控电话50多门。1994年，在民丰村建设民用500千伏变电站，1996年投入使用。1997年，建成BP机直放站，开通程控电话200余台。1997年，修建南阳水厂，供水管网长度6千米，日供水400吨。2007年，修建龙虎水厂，供水管网长度28千米，设计日供水能力700吨，供应龙虎、民丰、星明、新石、西阳、南石等村（居委会）及春元中学。1999年，固定电话装机500门，实现村村通电话，户户能看电视。2008年，投资70余万元，完善和扩建星明、西阳、南石居委会安全饮水工程。18个村（居委会）实现自来水和安装饮用水改造工程。投资20余万元，修复冰冻期间损坏水表200余块，管道1100余米。上元村清洁工程实施完成并通过验收。实现有线电视“村村通”6个村，解决650余人电视收视问题。域内有金融网点6家，邮电通信1家，移动、联通营业代办点12处，固定电话用户560户，移动电话用户3200户，宽带用户110户。有农贸市场2个，村级活动场所18个。建成村集中供水工程12处，街道办事处所在地有水厂2个。

五、特色地情

历史古迹 古大埠桥位于大埠和胜昔村之间西阳河上，始建于明万历四十四年（1616），原名永济桥，桥高12米、长120米、宽6米，桥上有石刻杨泗将军像。清光绪十一年（1885）重修，是大埠桥街道域内重要市级保护文物。

名人古迹 白鹭村爱国教育家罗辀重于1901年主持创办陶龛学校。陶龛学校原校址因1962年属于水府庙水库淹没区，校舍等迁并办犁头学校。1986年，在原址上游地段重建新校。

历史名人 清代名将杨昌濬（字石泉），其故居位于大埠桥街道宋家村棚台组，官至太子太保、兵部尚书、陕甘两省总督等。葬于高桥村湘黔铁路旁边50余米处，有石人石马加官神像，墓碑文在高桥村雷公桥山边。

宗教圣地文化 乌石峰地处大埠桥街道民丰村岩冲组。乌石峰圣地建筑气势雄伟，通达殿宇道路便捷，沿途风景怡人。信人、游客众多，庙宇香火旺盛，是宗教文化圣地。

1989—2003年，历任乡（镇）党委书记：毛国江、邓光吕、罗琳，历任乡（镇）长：杨光炎、贺朝生、李陶真、贺繁荣、谭周明、曾令栋。2003—2008年，街道党（工）委书记：曾令栋，历任办事处主任：曾志彦、喻小平、黄清贤。

第十四节 涟滨街道

一、区域概况

涟滨街道因跨涟水河两岸滨临河岸而得名。前身为涟滨乡。地处娄星区中部，涟水河中游，东与大埠桥街道接界，南靠大科街道、花山街道，西连百亩乡、石井乡，北接杉山镇。地形为冈地平原区，西北高、东南低，涟水河从恩口村流入，经东来、南阳、涟滨、思塘、茅塘、仙人桥、清潭、对江村入西阳乡境，流经16千米。湘黔、娄邵铁路在此交汇，属城郊接合部，辖区内有娄涟公路、新星北路、娄星北路、多条交通要道和涟钢、涟邵等70余家企业和单位，交通便利。原乡政府驻城区涟滨东街。

1989年，地域面积32.74平方千米。其中，水田278公顷，旱土228.80公顷，菜地97.13公顷，林地624.33公顷，果园122.41公顷，茶园67.66公顷，水域面积523.07公顷。辖16个村，设180个村民组，总户数5671户，总人口2.02万人，其中非农业人口4357人。1992年，高溪村并入黄泥塘街道，娄底村并入花山街道，何家村并入乐坪街道。1995年，南阳村并入黄泥塘街道。至1998年，涟滨乡下辖12个行政村，137个村名小组，总人口1.55万人，地域面积缩减到26.77平方千米。

2003年6月5日，撤销涟滨乡，设立涟滨街道，由原涟滨乡仙人桥村、茅塘村、民福村，杉山镇高车村、太保村、澄清村、九仑村，花山街道青山冲居委会部分及黄泥塘街道仙人阁居委会新组建而成。娄星区委托娄底市经济技术开发区管理。原涟滨乡恩口村、东来村、涟滨村、碧溪村、曹家村5个村划归黄泥塘街道管辖；原涟滨乡对江村、清潭村及山塘村和思塘村部分组划归花山街道。涟滨街道辖4个社区居委会，4个村委会，地域面积15平方千米，总人口1.33万人。辖区内南以涟水河为界，与花山街道隔河相望；西与涟钢相邻，以娄星北路为界；北与娄星区杉山镇为邻；东与娄底经济开发区大埠桥街道相连。2007年8月21日，区人民政府与娄底市经济技术开发区管委会协调会议决定，杉山镇西坪、冠曹2个行政村划入涟滨街道，委托娄底市经济技术开发区管理。

2008年，涟滨街道地域总面积为23平方千米，管辖仙人桥、茅塘、太保、高车、九仑、民福、澄洁、仙人阁、青山冲9个社区居委会和西坪村、冠曹村2个行政村，设131个居（村）民小组，总户数6836户，总人口2.22万人，其中农业人口1.01万人。

涟滨街道位于“南移北扩”北扩区域，紧邻娄底火车东站，娄涟公路横贯东西，新星北路、娄星北路纵穿南北，大汉路、石玉街、凤阳街、仙人街、青山街、西坪路、新坪街等街道及村级公路在域内纵横交错形成网状交通。

2003年7月，涟滨街道办事处机关租用在娄涟公路与新星北路交会处立交桥旁何福光五楼东边1个套间和一楼西边门面办公。2006年1月，搬至新办公大楼，新办公大楼位于娄涟公路与新星北路相交西南方，办公楼6层，建筑面积6000平方米。

二、经济发展

1989年，乡村经济以城郊型农业为主，为农、工、商相结合经济结构。是年，涟滨乡农业总产值1344万元，人均纯收入706元。1992 年，全乡生产总值1.11亿元。1997年，全乡完成工农业总产值6.10亿元，其中工业总产值5.60亿元。农民人均纯收入2400元。2003年，涟滨街道工农业总产值4650万元，人均纯收入3100元。2008年，街道工农业总产值1.60亿元，人均纯收入5040元。

（一）农业

种植业 1989年，涟滨乡主要粮食作物为水稻、小麦、红薯，经济作物主要有柑橘、茶叶、西瓜、蔬菜。粮食总产量4881吨，年产蔬菜9370吨。1992年，粮食播种面积494.40公顷，产量4744.45吨。茶叶产量25.20吨，柑橘产量324.30吨，油料产量28吨，蔬菜产量1650吨。1996年，调整产业结构，发展多种经营。经济作物以柑橘为主的小水果开发完成市下达任务，新造16公顷柰李、6.67公顷葡萄和杨梅等成为娄底小水果基地组成部分。按照“城郊型、开发性、提篮子、摘果子”农业发展思路，调整产业结构，突出“水果市建设”和“四五·四一”工程开发。1997年，新扩水果基地83.33公顷，新扩菜地93.33公顷，专业基地达256.47公顷。建立蔬菜大棚190个，年产菜2.30万吨。全乡有农业大户9户，农业大王10个，“一村一品”专业村1个，涌现山塘、碧溪、仙人桥等一批小康村。

2003年，乡改街道，调整产业结构，培育蔬菜主导产业，重点发展优质无公害蔬菜，推广大棚蔬菜和反季蔬菜种植，逐步引进“名、优、特、新”蔬菜品种。2004年，新建蔬菜大棚30个，花卉苗木基地2个。2008年，辖区内有稻田211.93公顷，旱土110.53公顷，菜地70.47公顷，主要粮食作物为水稻、玉米、红薯。粮食播种面积125公顷，产量4000吨，主要经济作物有西瓜、葡萄、莲藕、蔬菜，年产蔬菜3000吨。

养殖业 辖区内畜牧业主要是养猪、养鸡，次为养牛，水产以养鱼为主。1989年，饲养生猪2万余头，出栏1.20万头。1995年，生猪饲养1.85万余头，出栏1.30万头，出栏牛200头，禽肉产量180吨。1997年，生猪饲养2.40万头，出栏1.80万头；养牛1500头，出栏500头；养羊1650只，出栏850只；家禽饲养30万羽，出笼19万羽。

2004年，饲养美洲香鸭1000羽，黄牛40头。2008年，生猪饲养1.55万头，出栏1.05万头；牛饲养480头，出栏220头；羊饲养600只，出栏300只；家禽饲养8万羽，出笼4.50万羽。

林业 1989年，涟滨乡林地面积624.33公顷。是年，实施荒山植树造林60公顷。1991年，经地区验收，实现绿化达标，成为全市消灭宜林荒山第一乡。1996年，造林面积62公顷，其中用材林16.67公顷。2000年，娄底市经济技术开发区建设占地，林地面积减少。2003年，涟滨街道实施退耕还林50公顷，林地面积255.6公顷。2007年，杉山镇冠曹、西坪村划入，荒山造林17.33公顷。实施退耕还林造林8.47公顷。2008年，辖区内林地281.40公顷，果园面积40公顷，茶园7公顷。

（二）工业

1989年，涟滨乡工业企业总产值917万元。乡村企业有水泥预制厂、农机厂、肠衣厂、造纸厂、水玻璃厂、五金厂、机械厂、特种耐火材料厂、煤矿、白云石矿、陶瓷泥矿、石灰石矿、建筑工程队等。乡办厂矿企业15家、村办企业48家、联户企业15家、个体企业172家。1992年，乡镇企业产值超过亿元。1995年，工业产值达到2.70亿元。1996年，利用地邻涟钢、涟邵、华达等大中型企业有利条件，发展个体私营企业。1997年，全乡有个体私营企业1037家。其中，产值过亿元1家，过千万元3家，过500万元5家。开发碧溪、仙人桥等村级工业园区。碧溪村创办多家企业，生产规模扩大，全年企业产值达到1000余万元，有“娄底第二村”美誉。

2003年起，娄底市经开区开发建设征地拆迁533.33公顷，其中耕地160公顷。开发区成立第一、二、三工业园，其中第一、二工业园在涟滨街道辖区内，第一工业园内道路呈四纵四横（群乐街、洪冠街、新坪街、娄涟公路，铁炉冲路、西坪路、太和路、新星北路），落户在第一工业园企业有80余家，包括上市公司三一重工、百雄堂集团有限公司、五江集团、吴哥世家、大汉物流、鑫美格等企业。落户在第二工业园的有泰基公司等企业，其中规模以上工业企业48家。2008年，实现工业总产值54亿元，实现利税5亿元，安置就业人员8000余人。

（三）商贸服务业

1989—2002年，涟滨乡有农贸市场1个，商业门店45个，从事商贸服务人员1400人，实现商贸服务收入320万元。2003—2008年，涟滨街道开展招商引资，发展民营商业，逐渐形成商贸特色经济。至2008年，辖区商贸服务企业210余家，个体私营商业发展到460余户，实现产值620万元。

三、基础设施建设

（一）交通建设

1989年，涟滨乡有12个村通公路，其中路面硬化4千米。1995年，实施农村通畅通达工程，实施村组公路建设。至2002年，实现村村组组通公路，村组公路里程7千米，其中路面硬化3千米。2003—2008年，涟滨街道修建澄清村公路3千米、高车村公路4千米、九仑村公路3千米、西坪村公路2千米、冠曹村公路1千米、民福村公路320米、太保村公路2.30千米、茅塘村公路2千米，村组公路里程10千米，其中路面硬化5千米。2008年，所有村（社区）实现公路通畅，自然村实现公路通达。

（二）水利建设

1989年，涟滨乡有山塘945口，白马水库左干渠流经思塘村。有电动抽水机5台、柴油抽水机15台，装机容量1611.50千瓦，电灌面积265公顷。1996年，完成水利工程维修和建设98处，土石方34万立方米，整修渠道2.40千米。2004年，实施冬修水利工程，整修2口水库、209口山塘，维修水渠5000米，混凝土防渗渠道3000米。2008年，修建虎形塘还水工程，维修高车水塘2口，水渠300米，修复民福、澄清4处水毁工程，维修高车抗旱机埠1座。辖区内有澄清、蒋家冲、九仑3座水库，山塘189口，抽水机20台，机埠5座，水渠5000米。

四、社会事业

（一）教育文化

1989年，涟滨乡有中学1所，农校1所，小学12所，入学率100%。有文化站1个，电影放映队2个，1998年，全乡投入办学经费300万元，8所学校经市验收为合格小学。2008年，涟滨街道公办学校有娄底九小、涟滨联校、茅塘小学、澄清学校4所；民办学校有潇湘学院、楚英学校、特殊教育学校、蓝圃学校4所；培训机构有长江教育培训中心、昂立英语培训中心等5个。在校学生2300人，在职教职工109人，入学率100%，在校学生巩固率、普及率、毕业生率均达98%。每个社区有1～2支业余文艺宣传队，有村级活动场所6个。

（二）医疗卫生

1989年，涟滨乡有卫生院1所，诊所4个。1998年，投资30万元，建设恩口诊所，计划免疫工作达标。2007年，实施新型农村合作医疗，参合率65%。2008年，辖区内民办医疗机构有娄底眼科医院、东方医院、娄星区红十字医院、仙人桥社区医院、娄底口腔医院第三门诊部5家，私人诊所有高溪花园、利民、君山、国辉等10余家。街道社区设医疗服务点。民营药店有康一馨大药房、正健大药房、康能大药房等10余家。参加新农合医保8058人，缴纳金额16.12万元，参合率68%。城镇居民合作医疗参合率70%。

（三）公用事业

1989年，涟滨乡有高压线路23.50千米，变压器29台，容量2567千伏安，100%农户用电照明。电视机入户率达70%。1997年，村村开通程控电话。1996年，改造380伏输电线路3.50千米、220伏输电线路4.20千米。2003年，高桥水厂建成投产，供水管网长度16千米，日供水500吨。2008年，投入资金1200万元，修建社区办公楼。高车、太保、仙人桥3个社区率先建成，建筑面积2400平方米。建成村集中供水工程5处，街道办事处所在地有水厂1个。手机使用率达到80%，有线电视入户率100%，宽带网入户率60%。域内有金融网点6家，邮电通信1家，移动、联通营业代办点18处。有农贸市场2处。

（四）社会保障

1989年，全乡有农村五保户19人，实行三级供养。1999年，投资建设乡敬老院，入住五保老人12人，分散供养21人。2007年，街道审批城镇低保对象346人，发放低保金35.94万元，发放抚恤金3.41万元，向各类弱势群体发放救济金40余万元。2008年，辖区内五保户24人，发放金额1.47万元。享受农村低保536人，发放金额22.28万元。城镇低保319人，发放金额18.82万元。

（五）劳动就业

2008年，新增就业2000人，下岗失业人员再就业520人，培训下岗失业人员800人，为下岗职工申请社保补贴3万余元，提供免费职业介绍1200人次，职业指导1000人次，发布用工信息400条，发放“再就业优惠证”91本，组织输转城乡富余劳动力980人次。

五、特色地情

涟滨乡政府北面4千米处民福村妙笔峰下，有宋代神童贺德英墓。东面2千米处清潭村和仙人桥村，有北宋天王寺遗址和仙人桥。贺德英墓地和仙人桥为娄底八景中“豹洞晓雾”“仙桥月朗”。乡改街道后，辖区内有仙人桥和澄清塔、冠曹湾祠堂、西坪九峰山等人文自然景观。

1989—2003年，历任乡党委书记：肖立中、杨劝姣、胡国雄、肖为谋、廖卫中，历任乡长：彭美松、严少如、曾光明、粟孟德、王碧涛、李长和。2003—2008年，历任街道党（工）委书记：廖卫中、蔡斌，历任街道办事处主任：廖卫中、彭军甫。

第三章　人　口

第一节　人口数量与分布

1990年，娄底市开展第四次全国人口普查。按全国人口普查统计口径，登记常住人口28.75万人，家庭户7.88万户，集体户679户，出生人口6048人，死亡人口1538人，自然增长率14.27‰。1999年，撤销娄底市，改设娄星区。2000年，娄星区开展第五次全国人口普查。常住人口32.61万人，家庭户1.20万户，集体户4797户，出生人口4575人，死亡人口2384人，自然增长率7.43‰。比1990年普查登记人口增加3.86万人，增长13.4%，平均每年增加3859人，年平均增长率1%。2008年，全区登记常住人口42.93万人，出生人口3978人，出生率10.12‰，死亡人口1398人，死亡率3.50‰，自然增长率6.12‰。

全区地域面积430平方千米。1989年，人口密度705人/平方千米。2008年，人口密度998人/平方千米。花山街道人口密度最大，7637人/平方千米，人口密度千人以上由多到少依次是黄泥塘街道、长青街道、大科街道、双江乡。户籍人口排娄底市5县（市、区）第4位。

2008年娄星区人口密度一览表

表1-5

乡镇街道	面积(平方千米)	人口(人)	密度(人/平方千米)
小碧乡	33.47	14488	439
百亩乡	28	13837	543
双江乡	63.50	16543	258
石井乡	34.20	19174	522
杉山镇	37.01	27231	754
万宝镇	48.28	22389	464
茶园镇	38.17	19371	507
长青街道	5.50	56883	1364
乐坪街道	10	80533	812
花山街道	4.60	32292	7673
黄泥塘街道	18	79770	4500
大科街道	26.70	27285	1303

第二节　人口结构

一、年龄性别结构

1990年7月第四次全国人口普查统计，娄底市常住人口28.75万人中，男性14.72万人，占51.2%；女性14.03万人，占48.8%，男女性别比例为105。全区人口中，0～14岁5.32万人，占18.5%；15～59岁20.41万人，占71%；60岁及以上3.12万人，占10.5%。2000年7月第五次人口普查统计，娄星区人口中，男性16.79万人，占51.5%；女性15.82万人，占48.5%，男女性别比例为106。全区人口中，0～14岁6.52万人，占20%；15～59岁22.99万人，占70.5%；60岁及以上为3.10万人，占9.5%，全区有百岁以上老人4人。2008年全区常住人口中，0～14岁8.24万人，占19.2%；15～64岁30.22万人，占70.4%，65岁及以上4.47万人，占10.4%。男性21.81万人，占总人口50.8%；女性21.12万人，占总人口49.2%，男女性别比为103。

二、民族结构

域内以汉族人口为主，少数民族主要有苗族、土家族、回族、布依族等。1990年第四次全国人口普查统计，娄底市汉族人口29.95万人，少数民族904人，少数民族占总人口0.3%。2000年全区人口中，汉族39.66万人，少数民族1960人，少数民族人口占0.5%。第五次全国人口普查与第四次全国人口普查相比，娄星区汉族人口年平均增加9701人，少数民族人口年平均增加105.60人。2008年，全区42.93万人中，汉族40.35万人，少数民族2.58万人，少数民族人口占0.6%。

三、职业结构

1990年第四次全国人口普查统计，娄底市在业人口11.50万人。其中，机关企事业单位5.65万人，生产运输从业人员5.64万人，其他劳动者2130人。2000年11月1日第五次全国人口普查统计，娄星区在业人口13.04万人。其中，机关企事业单位6.51万人，生产运输从业人员6.50万人，其他劳动者349人。2008年，全区在业人口17.17万人。其中，机关企事业单位7.35万人，生产运输从业人员9.79万人，其他劳动者420人。

第三节　人口素质

一、文化素质

1990年，娄底市人口中，接受大学（大专以上）教育1.09万人；接受高中教育3.90万人，接受中专教育1.25万人；接受初中教育8.76万人；接受小学教育9.54万人（以上各种教育程度的人包括各类学校的毕业生、肄业生和在校生）。2000年，娄星区人口中，接受大学（大专以上）教育3.25万人；接受高中教育5.87万人，接受中专教育3.84万人；接受初中教育13.57万人；接受小学教育9.72万人（以上各种教育程度的人包括各类学校的毕业生、肄业生和在校生）。与1990年第四次全国人口普查相比，接受大学（大专以上）教育增加2.16万人；接受高中教育增加1.97万人；接受中专教育增加2.59万人；接受初中教育增加4.81万人；接受小学教育减少1376人。其中，接受中专教育人数增加最快，10年增长2倍，年均增长20%；接受初中教育人数增加最多，年均增长4812人。全区人口中，文盲（15岁及以上不识字者）7822人。与1990年第四次全国人口普查相比，文盲人口减少1.10万人，文盲率由6.3%下降到2.5%，下降3.83个百分点。

2008年，全区人口中，接受大学（大专以上）教育5.23万人；接受高中教育及中专教育11.21万人；接受初中教育19.05万人；接受小学教育6.83万人，文盲（15岁及以上不识字的人）为5210人，文盲率降低到1.2%。

二、身体素质

1989—2008年，随着经济发展社会进步，人民安居乐业，生活水平逐年提高，医疗卫生得到改善，城镇居民普遍参加医疗保险，农村居民参加新型合作医疗（简称新农合），疾病得到及时治疗，全民健康教育逐步推开，人们体质逐年增强。域内疟疾、百日咳、白喉、脑膜炎、伤寒、小儿麻痹症等传染性疾病发病率逐年下降，疟疾基本灭绝，麻疹等其他疾病得到控制。1991年、2004年，2次开展白内障复明活动，免费为2129名白内障患者实施复明手术。同时为碘缺乏乡村补碘1.04万人。

（一）孕（产）期监测

1989年，开展孕（产）期监测，做好高危妊娠监护管理。提倡孕妇住院分娩，普及新法接生，提倡母乳喂养。1999年，孕产妇死亡率下降为54.47/10万，5岁以下儿童死亡率19.6‰，住院分娩率83.9%。2008年，全区孕产妇住院分娩达100%。是年，早孕检95.9%，产前检查率98%，系统管理率97.5%，孕产妇死亡率下降到42.96/10万；5岁以下儿童死亡率9‰。

（二）计划免疫

1989—1991年，开展儿童保健系统管理，为儿童进行体格检查、生长发育和心理行为评估，进行心理行为发育、母乳喂养、辅食添加、伤害预防、常见疾病防治等健康指导，按照国家免疫规范进行预防接种。1991年，娄底市普及儿童计划免疫经世界卫生组织、联合国儿童基金和中国卫生部联合审评达标，确认全程计划免疫接种率99.5%。加强农村孕产期保健措施、5项适宜技术培训及对高危孕妇筛查管理，提倡住院分娩，逐步取缔家庭接生。1995年，“四苗”接种全程覆盖率为88.4%。1999—2003年，实施儿童糖丸强化免疫6次。2006年5月，对8月龄至8岁儿童进行麻疹应急免疫接种，接种麻疹疫苗1.92万支3.84万人份。至2008年，连续17年未发生小儿麻痹症，连续13年无白喉和新生儿破伤风病例发生。

（三）健康监测

体格发育状况 1989年，域内12岁少年平均身高110.40厘米，平均体重22.50千克。2008年，平均身高120.60厘米，平均体重26.70千克。与1989年相比，平均身高增高9.20厘米，平均体重增加4.20千克。

残疾人口及出生缺陷人口情况 1989年，域内出生缺陷发生率12.1‰。其中，男性12.8‰，女性11.4‰。2008年，出生缺陷发生率7.8‰。其中，男性8.4‰，女性7.2‰。与1989年相比降低3.7‰。

居民营养状况 1989年，域内居民从膳食中提取热量2485千卡，蛋白质摄入量64.50克，矿物质和维生素方面摄入钙和核黄素分别为70%和60%。2008年，域内居民从膳食中提取热量2600千卡，蛋白质摄入量72.30克，矿物质和维生素方面摄入钙和核黄素分别为94%和82%。

人口平均预期寿命 1989年，域内人口平均预期寿命70岁；2008年，提高到75岁。人口死亡率从1989年的4.41‰下降到2008年的3.5‰。

第四节 人口变动

一、自然变动

1990年7月第四次全国人口普查统计，全市人口28.75万人，出生率18.71‰，死亡率4.44‰，人口自然增长率14.27‰。随着人民群众对计划生育认识的提高，人口增长过快势头放缓。至2000年，全市人口32.61万人，出生率11.57‰，死亡率4.14‰，人口自然增长率降至7.43‰。2000—2008年，全区人口增长速度放缓，加之涟滨街道、大埠桥街道划出，至2008年，全区人口42.93万人，出生率10.12‰，死亡率3.50‰，人口自然增长率6.12‰。

二、人口流动

1989年，全市流出人口1.21万人，占总人口4.2%，流出人口主要是在广东等沿海一带务工经商。流入域内人口9000人。此后，流动人口逐年增多，流出人口增长较快。流出地除广东省外，逐步向福建、上海、浙江、江苏等其他沿海省市扩散。2005年，全区流动人口1.95万人。其中，流出6400人，流入1.31万人，流动人口占总人口5.9%。流出地主要为长沙市、广州市、深圳市、珠海市、福建省等。2008年，全区流动人口2.84万人。其中，流出5410人，流入2.30万人，流动人口占全区人口6.6%。流出地为长沙市、广州市、深圳特区、珠海特区、福建省等。

第四章　计划生育

1989—2008年，娄星区（娄底市）加强计划生育（简称计生）工作，明确1名区（市）委主管领导负责计划生育工作，确定1名副市长协助，日常工作由区（市）计划生育部门负责。根据国家、省、地区有关计划生育法规及政策，相继制定《娄底市流动人口计划生育管理实施办法》《娄底市流动人口计划生育管理若干规定》《关于落实计划生育“一票否决”的决定》等文件，指导全区工作开展。组建联合执法办公室，组织开展非医学鉴定胎儿性别行为和选择胎儿性别终止妊娠非正常生育行为“两非”违法集中整治活动，查处“两非”案件。组建区卫生计生综合监督执法局，社会抚养费征收体制实行“区收、区管、区用”。在区人民法院设立计划生育行政案件合议庭，负责计生案件审理执行工作。以独生子女家庭户为重点，落实计划生育奖扶政策，推行计生保险制度，对困难家庭尤其是独生子女困难户进行救助。成立娄底市计生技术指导站，加强计划生育技术服务，通过招聘引进、培训进修、岗位练兵等提高服务技术水平。娄底市（娄星区），在地区（市）计划生育工作考核评估中，始终保持一类单位，连续被评为（地）市计生工作先进单位、计生工作模范单位。

第一节　机构队伍

一、行政机构

1989年，娄底市明确1名市委主管领导负责计生工作，确定1名副市长协助管理。1992年3月，成立娄底市计划生育领导小组，下设办公室，办公室主任由计生主管部门主要领导担任。1999年，更名为娄星区计划生育领导小组。

历任计生领导小组组长：张经发、梁经通、肖志良、张定良、周世辉、姚兵、王雄、陈明华。

二、业务机构

1989年，娄底市计划生育委员会（简称计生委）下设办公室、计划财务股、宣传站（含药具）。1999年9月，撤市设区，娄底市计划生育委员会更名为娄星区人口和计划生育委员会。2003年1月，更名为娄星区人口和计划生育局。2005年4月25日，成立娄星区流动人口计划生育管理中心，隶属区人口和计划生育局管理。5月10日，组建娄星区计划生育社会抚养费征收管理局。至2008年，区人口和计划生育局内设机构为办公室、政策法规股、宣传教育股、财务股、流动人口管理中心、计划生育协会、政工人事股、计划统计股、科技股、药具站、工会；下设计划生育宣传技术服务站、社会抚养费征收局2个二级机构。

1989—2008年历任局长（主任）：谭运能、黄文瑞、罗金文、彭国忠、黄国平。

三、人员队伍

1989年，全市计生工作人员274人，其中专职64人。1990—1995年，8个乡镇24名计生专干转为国家干部，37名临时工转为全民合同制工人。市编制委员会核定每个乡镇、街道计划生育办公室编制3名，配备243个村（居）委会计生专干。2008年，全区计划生育专干312人。其中，区级53人，乡镇、街道118人，村、社区141人。

第二节　计划生育管理

一、计划生育政策

1992年4—5月，娄底市委、市政府先后制定《娄底市流动人口计划生育管理实施办法》《娄底市流动人口计划生育管理若干规定》，对流动人口计划生育管理规范化作出规定。1997年5月，市委、市政府下发《关于进一步加强计划生育协会工作的通知》，就计生协会地位、干部配备、活动经费，乡镇（街道）、村（居）常务副会长、会员小组长报酬作出具体规定。1999年4月8日，成立娄底市计划生育保险领导小组，推行计生户和计生工作人员人身保险制度。

2005年5月16日，区计划生育领导小组作出《关于推行农村部分计划生育家庭奖励扶助制度的决定》，对计生困难家庭落实关照和帮扶。2007年，区委、区政府下发《关于加强人口和计划生育工作统筹解决人口问题的若干规定》。同时，区委作出《关于进一步加强计划生育工作的决定》。

二、计划生育措施

（一）生育动向监管

1989年，娄底市建立育龄妇女统计台帐。各村（居）分组逐户对育龄妇女进行登记造册，各乡镇人民政府、街道办事处建有村（居）委会总台账，市计生委建有全市育龄妇女总台账。1990年起，已婚育龄妇女实行妇检制度，凡上环、使用药具及无措施的，每季开展1次检查。1994年起，B超逐渐代替手检，检查内容由单纯妇检转变成查孕、查环、查病及治病“三查一治”。

（二）打击“两非”

2005年，娄星区政府从计生、公安、工商、文化等部门抽人组成打击非医学鉴定胎儿性别行为和选择胎儿性别终止妊娠非正常生育行为“两非”联合执法办公室，进行为期3个月的集中整治。与城区个体诊所、医院、药店、书店签订152份打击“两非”责任状。联合执法办发放宣传资料2000份，张贴警示标志300条，建立打击“两非”举报信箱和举报电话。发动群众提供线索，群众举报“两非”行为，经查属实，给予奖励。对群众反映和调查发现线索核实后进行严肃处理，涉及犯罪移交公安部门立案侦查。区计生局、卫生局下发《关于防治出生人口性别比偏高有关管理制度和程序的通知》，明确各部门职责，工作步入常态化、制度化。2005—2008年，全区查处“两非”案件14起。

（三）社会抚养费征收

1989—1993年，对违反计划生育政策对象收取计划外生育费。1994年，成立娄底市计划生育稽查队，负责全市计划生育社会抚养费征收。1995—2002年，每年对违反计划生育政策对象征收计划外生育费。2003年，娄星区改为征收社会抚养费。2004年8月，区政府制定《娄星区社会抚养费征收管理实施方案》。2005年8月3日，撤销计划生育稽查队，成立社会抚养费征收局。2006年，撤销征收管理局，组建区卫生计生综合监督执法局，承担社会抚养费征收管理职能。2007—2008年，社会抚养费征收体制实行“区收、区管、区用”。区人民法院设立计划生育行政案件合议庭，负责计生案件审理执行工作。执法人员经培训考试合格，颁发《行政执法证》，持证上岗，亮证执法。严格执法程序，规范办案行为，使用统一执法文书，统一归口审批。社会抚养费由区财政局管理，专款专用，使用时由区人口计生局、财政局制定预拨方案报区人民政府审批。使用渠道为全额用于计划生育事业，足额拨付用于奖励扶助、特别扶助、优惠优待政策兑现、计生基础工程建设。其中，10%用于“两女”户、独生子女户助学奖励（大学一本奖6000元，二本4000元）。

（四）工作考评

省市考评 1992年，省、地区实行对县市区计划生育考评，考评分为优秀、合格、不合格3个等级。1992—2002年，娄星区（娄底市）在全省县市区计划生育工作考评中，连续11年被评为全省计划生育一类先进单位。2003年，因经费投入不足被评为二类先进单位。2004—2008年，连续5年被评为一类先进单位。

娄星区计生工作在地级娄底市（娄底地区）评估中，1992—1999年，连续8年被评为娄底地区计生工作先进单位。2000—2008年，连续9年被评为娄底市计生工作先进单位。2005—2008年，连续3年被评为娄底市计生工作模范单位。

区级考评 1989—1997年，娄底市对全市计生工作发表彰通报4份，表彰各乡镇、街道，省驻

娄企事业单位先进单位和先进个人。其间1993年，市委、市政府对红旗单位茶园乡、杉山镇、万宝乡，升级创新单位石井乡，先进单位乐坪街道办事处、涟源钢铁总厂计育办、娄底市建委、娄底个体劳动者协会、娄底市公安局户政科和99名先进个人进行表彰。1994年，表彰万宝乡、茶园乡、黄泥塘街道办事处3个先进单位和103名先进个人。1995年，对计生红旗单位万宝乡政府、花山街道办事处，先进单位茶园乡政府、西阳乡政府、涟源钢铁股份有限公司、煤炭一处、娄底地区人民医院和115名先进个人进行表彰。1996年，对乐坪街道、杉山镇、万宝镇3个红旗单位，长青街道、花山街道、黄泥塘街道、大科乡、涟滨乡5个先进单位和立三等功10人进行表彰。

1998年，对万宝镇、大科乡、涟滨乡、小碧乡，石井乡5个红旗单位；乐坪、花山街道，杉山镇、西阳乡、白亩乡、茶园乡6个先进单位和24个立三等功个人进行表彰。1999年起，每年对各乡镇（街道）及相关单位计生工作进行考核评估。

第三节　计划生育服务

一、计划生育宣传

1989年，编演《迎新郎》电视剧，并参加湖南省首届“动力杯”计划生育文艺调演，获二等奖。1990年，以电视广播、大型宣传车、横幅标语、宣传手册等形式宣传《湖南省计划生育条例》，印发条例5.50万册，发放宣传资料6万份，翻印各种学习资料500万份，设置固定宣传栏103个，出墙报、黑板报180期，书写宣传标语5200条，举办广播讲座60次。5月9日，举办农村人口与计划生育知识竞赛活动，各乡镇村派员参赛。1991年5月，在娄底广播电台开办计划生育基础知识讲座，连续播放3个月。1994年，娄底有线电视台、市广播电台相继开设《计生之窗》宣传栏目，每周在黄金时段定期播出2次。1995年，长青、乐坪街道办事处筹资2.50万元，在火车站至街心公园氐星路建起计生宣传一条街。1996年5月，总结万宝镇、茶园乡少生快富经验，拍成电视新闻专题片在湖南电视台播出。

2005年，娄底机务段在家属院设置150米长计生宣传墙。2007年，乐坪街道月塘居委会、花山街道铁东居委会、百亩乡新家村和双林村，各修建200米婚育新风文化墙。国家计生委将娄星区计生宣传经验向全国推广，将计生宣传长廊誉为“亚洲第一”计生宣传长廊。2007年，制定村（居）自治工作实施方案，推行计生工作村（居）民自治。

二、计划生育服务

（一）帮扶奖扶

帮（奖）扶政策　2005年，娄星区按照国家人口计生委、财政部《农村部分计划生育家庭奖励扶助制度试点方案（试行）》，落实帮（奖）扶政策，以独生子女家庭户为重点，帮扶标准600元/人·年。2009年，提高到720元/人·年。

2008年，执行国家特别扶助（简称“特扶”）政策，分独生子女死亡和伤残2种对象，特扶标准为独生子女死亡家庭扶助1200元/人·年，伤残的扶助960元/人·年。对农村独生子女户扶助措施为：独生子女父母年满60周岁，发50元/人·月扶助金。对农村失独家庭扶助措施为：夫妇年满49周岁后独生子女死亡未再生育或收养子女的发给100元/人·月扶助金，直至亡故。独生子女伤残后未再生育或收养子女夫妇，发给80元/人·月扶助金，直至死亡或独生子女康复时止。除奖励外还对独生子女优先入托、入园、入学、就医，有条件单位给予报销部分或全部费用。招工招干优先独生子女，城镇优先安排住房，农村按2个孩子分给责任田地。

计生保险　2008年，推行计生保险制度，形成“政府主导、部门互动、社会捐助、个人参与”保费筹集模式，建立计生家庭保险服务卡。区计生协与保险公司将每月10日定为保险例会日，对当月投保缴费情况进行检查核对，做到一月一清、一月一缴。保险理赔上，不超过1000元一般性理赔案，由乡级计生协会秘书长按流程负责理赔，不需要投保人本人找保险公司办理。特殊案例实行先付理赔款，后办报批手续。对困难家庭尤其是独生子女困难户赠送“爱心保险”。全年参保计划生育对象5000余人次。

（二）技术服务

1989年6月28日，成立娄底市计生技术指导站，下设办公室、妇产科、护理部、检验室、家庭与健康科教中心，乡镇、村技术服务所主要提供避孕药具发放，进行一般性生理健康咨询和诊疗，全市初步建成市、乡镇（街道）、村（居）三级计生技术服务体系。1995年起，按照国家计生委《县、乡计划生育站（所）主要器材装备标准》《手术室基本要求》《计划生育技术服务工作管理办法》《计划生育技术服务管理条例》规定和要求，加强基层计划生育服务站建设，对各级技术人员进行业务培训。2005年，执行《农村计划生育服务机构基本设施建设标准》。区委、区人民政府投入资金190万元，对区、乡镇、街道计生服务站（所）进行新建和改（扩）建，更新相关技术设备设施，区技术服务站和12个乡镇、街道技术服务所达到标准。

2006—2008年，计生技术队伍实行行业准入制度。通过招聘、调整，引进一批具有中专及以上医学学历或相应水平和资格技术人员充实到区、乡计生技术队伍中。开展计生技术“岗位培训、技术比武”活动。每年对所有计生技术人员轮训，乡镇计生技术服务所技术人员每年到区或区以上计生技术机构进修学习1～2个月，区、乡镇（街道）计生技术骨干到市级或省级医院进修学习2～3月。同时，开展计生技术服务。

1989—2008年娄星区（娄底市）人口情况一览表

表1-6

年　份	出生数（人）	出生率（‰）	死亡人数（人）	死亡率（‰）	自然增长数（人）	自然增长率（‰）
1989	5197	17.56	1299	4.41	3874	13.15
1990	5713	18.71	1340	4.44	4297	14.27
1991	4314	14.15	1380	4.53	2934	9.62
1992	3689	11.20	1479	4.49	2210	6.71
1993	3408	9.87	1586	4.60	1822	5.27
1994	3996	11.11	1534	4.26	2462	6.85
1995	4122	11.51	1635	4.57	2487	6.94
1996	3808	10.23	1652	4.44	2156	5.79
1997	4410	11.66	1699	4.49	2711	7.17
1998	4394	11.42	1746	4.54	2648	6.88
1999	4450	11.42	1743	4.47	2707	6.95
2000	4562	11.57	1633	4.14	2929	7.43
2001	4477	11.23	1491	3.74	2986	7.49
2002	4390	10.44	1789	4.26	2601	6.18
2003	4057	9.85	1663	4.04	2394	5.76
2004	4513	10.31	1775	4.05	2738	6.26
2005	4981	11.17	1821	4.08	3160	7.09

续表1-6

年　份	出生数(人)	出生率(‰)	死亡人数(人)	死亡率(‰)	自然增长数(人)	自然增长率(‰)
2006	5008	11.05	1662	3.67	3346	7.38
2007	4656	10.06	1747	3.78	2909	6.28
2008	4642	10.12	1605	3.50	3037	6.62

第二篇　自然地理

第一章　自然环境

第一节　地形地貌

一、地形

娄星区地处雪峰山脉向洞庭湖平原过渡丘陵地带，北部高山耸立，西部丘陵、高岗崛起，南部低山、丘陵起伏，中部及东部低平宽阔。涟水、孙水与碧溪（杉山河）呈树枝状水系，分别从西北、西南、正北汇合于东部，形成北、西、南三面高，向东倾斜近似马蹄形地貌。域内最高点为北部双江乡洪家山，海拔875.90米；最低点为东部西阳乡吉祥寺，海拔85米，相对高差790.90米，平均海拔185米。海拔在500米以上面积占境域总面积2.6%，301～500米占7.3%，151～300米占31.6%，150米以下占58.52%。地面坡度0°～5°占境域总面积20.2%，5°～10°占33.7%，10°～25°占35.5%，大于25°占10.6%。

二、地貌

按照地貌成因及形态特征，划分为4个类型：

堆积地貌——平原　占境域总面积20.2%。主要分布于涟水、孙水、碧溪、西阳河和一些较大溪流河谷开阔地带及岗丘间较平坦冲垅。地面坡度小于5°，土层深厚，地势开阔平坦。按其成因分溪谷平原（万亩平原有涟滨、西阳和杉山3处）与溶蚀残积平原2个亚类。

侵蚀、溶蚀地貌——岗地　占境域总面积43.2%，遍布牯牛山以南广大地区，比高10～60米，坡度5°～10°，按其基岩岩性分灰岩岗地、砂页岩岗地与红岩岗地3个亚类。

侵蚀、溶蚀地貌——丘陵　占区域总面积19.4%。比高60～200米，坡度15°～20°。按基岩岩性分灰岩丘陵、砂页岩丘陵与红岩丘陵3个亚类。

侵蚀构造地貌——山地　占境域总面积17.2%。比高300～800米，坡度大于25°，按基岩岩性分灰岩山地、砂页岩山地与变质岩山地3个亚类。

三、区域

根据地貌结构和特点，全区划分为3个地貌区。

中部岗地平原区　包括牯牛山以南至孙水以北杉山、石井、涟滨、西阳乡绝大部分以及大科、百亩乡一部分，面积2.36万公顷，占境域总面积54.5%。地貌类型组合以岗、平为主，平、岗、丘、山比例为23.3：61.6：14.5：0.6。地势西高东低，所有水系汇集于该区域东部，最高点为杉山、西阳两乡交界处之乌石峰，海拔297米，最低点为吉祥寺，海拔85米。全区大部分厂矿、机关、学校、商店集中于该区域内，人口密度大，农田集中，是发展工农业黄金地带。

南部岗地丘陵区　包括孙水以南茶园、万宝乡及百亩乡、大科街道一部分地区，面积1.11万公顷，占境域总面积26.1%。地貌类型组合以岗、丘为主，平、岗、丘、山比例为21.4：35.2：40.4：3.0。最高点为红火岩，海拔334米，最低点为犁头嘴，海拔92米，一般海拔在200米以下。灰岩红土面积广阔，土层深厚，熟化良好，宜于发展粮食和经济作物。

北部山地丘陵区　包括牯牛山以北双江乡全

部及小碧乡一部分地区，面积8266公顷，占境域总面积19.4%。地貌类型组合以中低山为主，平、冈、丘、山比例为10.10∶1.50∶5.10∶83.30。碧溪自北至南贯穿该区域中部，地势东西高，中部低，形成以洪家山、观音山为主体山地地形。最高点为洪家山主峰，最低点为小碧乡对家村碧溪河谷，海拔120米，一般海拔在300米以上。土层肥沃深厚，具有发展林牧业有利条件。

第二节 水 文

域内有大小河流52条，涟水为湘江一级支流，孙水和碧水分属湘江二级支流。孙水河是娄底城区主要饮用水源，也是娄底市一、二水厂取水水源。在万宝镇流经10余个村，流长8千米。区内各河流水质较好，pH值在正常范围内，离子总量不高，中等矿化度，适合手工农业生产和人们生活之用。年平均降水1406毫米，降水总量113.95亿立方米，直接形成地表水资源38.87亿立方米。外来水资源丰富，年径流量133.42亿立方米，地下水年均21.60亿立方米，年径流量21.35亿立方米，水能理论蕴藏量32.50万千瓦。其中可开发利用14.26万千瓦。影响河流水文主要因素是气候条件，汛期集中在5—7月，旱季主要集中在7—10月，气温在0℃以下形成结冰。

第三节 气 候

域内地处中亚热带季风湿润气候区，既具季风性，又兼具大陆性。其基本特征为气候温暖，四季分明；夏季酷热，冬季寒冷，秋季凉爽；春末夏初多雨，盛夏秋初多旱；积温较多，植物生长期长；气候类型多样，立体变化明显。年均气温16.5～17.8℃，年极端最高气温41.2℃，年极端最低气温－4.7℃。多年平均降水量1300～1400毫米，日间最大降水量147.30毫米，雨水集中在3—7月，9—12月雨量较少。年日照时数1410.4～1621.9小时，年日照率34%～37%。年蒸发量1365.6～1521.6毫米，年平均相对湿度78%～80%，年平均风速1.50～2米/秒，最大风速20.30米/秒。由于光、热、水基本同季，对农业生产极为有利。

一、气温

1989—2008年，平均气温17.8℃，最低年平均气温16.9℃（1989年和1993年），最高年平均气温18.7℃（2007年）。一年中最热时段出现在7—8月，极端最高气温为41.2℃（2003年8月2日）；一年中最冷时段出现在1—2月，极端最低气温－4.7℃（2008年2月3日）。

二、降水

1989—2008年，年均总降水量为1429.40毫米，年总降水量最小值1121.70毫米（2003年），最大值1945.10毫米（1994年）。5月和6月为降水集中期，其中6月降水量最大，为230.50毫米，12月降水量最少，为47.20毫米。

三、日照

1989—2008年，年均总日照时数1533.40小时，年总日照时数最小值1399.20小时（1999年），最大值1698.80小时（1992年），平均各月日照时数呈“双峰形”分布，低谷出现在2月，为59.60小时。3月开始日照逐渐增多，3—5月增幅较大，6月因阴雨日数增多，日照时数略有减少，7月雨季结束，日照时数比前期增多，为一年最大峰值，达到200小时以上。

四、相对湿度

1989—2008年，年均相对湿度76%。其中，最大年平均相对湿度81%（1994年），最小年平均相对湿度66%（2008年）。平均各月相对湿度最大值出现在6月，为80%，最小值出现在12月，为74%。

五、气压

1989—2008年，娄星区年平均气压为997.90百帕，平均气压年变化在986.40百帕（7月）至1008.3百帕（12月），呈“U”形变化特征。自1月以后开始下降，3—4月下降最快，至7月达到最低值，9—10月升高最快，到12月份达到最大。

第四节　土　壤

域内成土母岩、母质主要有第四纪松散堆积物、石灰岩、砂砾岩、变质岩等。土壤多样，有8个类别，13个土属，102个土种。其中以红壤土为主。土壤分布为600米以下为红壤和第四纪红壤，600米以上山地主要分布山地黄壤或黄红壤。森林土壤以红壤为主，兼有部分山地黄壤，土层深厚，肥力中等，通透性能好，适宜多种植物生长。

第二章 自然资源

第一节 土地资源

一、耕地

1989年，娄底市耕地面积9228.33公顷，农村人均耕地0.81亩，人均水田0.57亩。1990年，耕地面积9182公顷。其中，水田6717.87公顷、旱土2464.13公顷，农村人均耕地0.8亩。1991—1992年，减少耕地面积100公顷，农村人均耕地由1990年的0.8亩减少到1992年的0.78亩。

2004年，娄星区涟滨乡、西阳镇划归娄底市经济技术开发区，域内耕地面积为6690公顷。其中，水田5070公顷、旱土1620公顷。年内增加耕地面积400公顷，其中，新开荒地100公顷，园地改耕地300公顷。年内减少耕地面积230公顷，其中国家建设占地80公顷，退耕还林150公顷。2007年，耕地面积6810公顷。其中，水田5090公顷，旱土1720公顷。

2008年，耕地面积6830公顷。其中，水田5090公顷、旱土1720公顷，新开荒地70公顷，开发占地50公顷。农村人均耕地面积0.72亩，人均水田0.54亩。

二、林地

林地除苗圃地、无立木林地、宜林地外，总面积1.35万公顷，包括人工林面积9391.70公顷，天然林面积4108.30公顷。在林地面积中，乔木林7090公顷，包括人工林4972.40公顷，天然林2117.60公顷；灌木林地4703.10公顷。其中，人工林2498.10公顷，天然林2205公顷。在灌木林地中，国家特别规定灌木林面积3531公顷，包括人工林2487.40公顷，天然林1043.60公顷。未成林地1706.90公顷，主要为未成林造林地。

三、土地质量

1985年，娄底市开展全国第二次土壤普查和农业区划。全市水田耕层深度在10～15厘米面积3087公顷，占稻田面积48%，15～20厘米3220公顷，占50%，大于20厘米1287公顷，占2%。属砂壤土2700公顷，壤土2940公顷，黏壤土900公顷，分别占稻田面积38.8%、45.7%、13.9%。地下水位大于60厘米6318.21公顷，占稻田面积83.2%；亚铁反应强占19.8%，反应中占16.4%。旱土耕层深度在10～14厘米占2.8%，15～20厘米占12.9%，大于20厘米占51.3%。砂壤土占51%，壤土占44.7%，黏壤土占4.1%。菜地耕层厚度在16～20厘米占36.9%，大于20厘米占61.4%；土壤质地属砂壤土28.9%，壤土44.9%，黏壤土26.2%。

稻田pH值在5.5～6.4的1567公顷、6.5～7.4的1280公顷、7.5～8.5的3580公顷，分别占稻田面积24.3%、19.9%、55.6%；石灰反应强占34.3%，反应中占19%，反应弱占5.8%。旱土pH值在5～5.4占20.5%，5.5～6.4占62%，6.5～7.4占12.8%，7.5～8占4.7%；石灰反应强占2.5%，反应中占0.8%，反应弱占1.3%。菜地pH值在5.6～6.5占25%，6.6～7.5占15%；石灰反应强占28.8%，反应中占9%，反应弱占22.1%。域内水稻土壤有机质含量为3.07%，属二级；碱解氮60～120PPM占稻田面积27.2%，大于120PPM占72.3%；速效磷小于5PPM占57.5%，5～10PPM占38.2%，大于10PPM占4.3%；速效钾小于5PPM占72.6%，50～100PPM占24.6%，大于100PPM占2.8%；域内碱解氮水田属三级，旱土属四级，速效磷、速效钾水田、旱土均属四级。

第二节 水资源

区域内水资源较为丰富，有涟水、孙水等大

小溪河52条，河流总长185千米，可供开发地表水、地下水资源6.90亿立方米。流长5千米以上河流有16条，河流总长度226.60千米。其中，涟水为湘江一级支流，域内流长32.50千米，流域面积365平方千米。孙水、檀山湾河（毛田河）、高灯河分属湘江二级支流，域内流长分别为42.80千米、10.27千米、25.10千米。

涟水是湘江左岸一级支流，位于湘江下游，其发源于新邵县观音山南麓，由新邵县落马江进入娄底市域内，自西向东，流经涟源市、娄星区、开发区，在娄星区犁头嘴汇合孙水注入水府庙水库，经双峰县、湘乡市，于湘潭县河口汇入湘江。涟水河全长224千米，流域面积7155平方千米，多年平均流量138.40立方米/秒，河流坡降0.46‰。域内涟水河流长35千米，控制集雨面积为4349平方千米，天然落差62.25米，河流坡降0.76‰，多年平均流量100.02立方米/秒，主要支流有涓江河、孙水、测水等。

孙水河发源于邵阳市新邵县潭溪镇，流经涟源市、娄星区、娄底经开区，在犁头嘴汇入涟水，全长94千米，流域面积816平方千米。孙水河在娄星区段长42.80千米，流域面积95平方千米，流经水洞底镇、石井镇、万宝镇、大科街道21个村和4个社区。孙水河是娄底市中心城区一自来水厂、水洞底镇水厂、万宝水厂和青山水厂饮用水水源地，孙水河娄星区段划定为饮用水水源一、二级保护区。

区境内有水府庙、双江中型水库2座。

水府庙水库，又名溪口水库。水库主体位于湘乡市境内，大坝位于湘乡、娄星、双峰三地交界处双峰县杏子铺镇溪口下游500米处，库尾回水到达娄星区。其中，83%水域面积属于湘乡市，娄星区和双峰县占17%水域面积，属不完全调节水库。工程于1958年9月开工，1959年9月建成，1960年7月水库蓄水。集雨面积3160平方千米，是一座以灌溉为主，兼有防洪、发电等综合效益的水利工程。

双江水库地处湘江三级支流、涟水二级支流井勘河上，大坝位于娄星区双江乡青桥村茶亭子，距娄底市城区34千米，距双江乡政府4千米。控制集雨面积19.55平方千米，大坝以上干流长度9.40千米，干流平均坡降11‰，外引集雨面积8.30平方千米，是一座以灌溉、城市供水为主，结合防洪、旅游等综合利用的中型水利工程。灌溉面积3533.33公顷。2000年8月，动工兴建。2008年6月25日，关闸蓄水。

2007年8月，娄底市水利局编制《水资源公报》《娄星区农业区划报告》。娄星区水资源总量4.05亿立方米，可利用水资源3.65亿立方米。其中，地表水2.91亿立方米，地下水7300万立方米。可供水量2.45亿立方米，其中，地表水2.39亿立方米，地下水600万立方米。全区总用水量2.45亿立方米，其中，农业用水5100万立方米，工业用水1.62亿立方米，居民生活用水2500万立方米，生态用水700万立方米。

第三节　动植物资源

域内野生动物资源丰富，有国家二级保护动物鹰类、鸮类、虎纹蛙等9种，湖南省重点保护动物59种。常见野生动物有花面狸（俗称果子狸）、黄鼬、豹猫、野猪等，鸟类有白鹭、灰胸竹鸡等，鱼类资源主要有鲤鱼、草鱼、青鱼、鲢鱼等40余种，介类有龟、蟹等6种，昆虫类有蜂、蝉等40余种，无脊椎类有蜗牛、蜥蜴等6种，脊椎爬行类有乌梢蛇、竹叶青、银环蛇、蝮蛇、水蛇等10余种，两栖类有泥蛙、泽蛙等5种。

植物资源主要有天然马尾松林、阔叶树混交林、油茶及果木林等。乔灌木植物84科84属429种，其中，用材林树种225种，经济林树种57种，观赏树种147种；属国家一级保护树种2种，二级保护植物9种。维管束植物147科464属802种，其中，陆生植物596种，湿地植物206种，国家一、二级重点保护野生植物6种，湿地植物种类省内仅次于洞庭湖湿地。

第四节　林业资源

域内生物资源丰富。主要植被类型为天然马尾松林、阔叶树混交林和人工杉木林、国外松、油茶及果木林等。有乔灌木植物84科84属429种。其中，用材林树种225种，经济林树种57种，观赏树种147种；属国家一级保护树种2种，二级保护树种9种。

总体上，森林人工林居多，占2/3；乔木林以人工国外松、杉木、马尾松等居多，占人工林七成以上；灌木林地人工、天然比例相当，人工林稍多，主要树种除果木林以外，大部分为天然油茶林地。天然林乔木主要分布在北部山区（洪家山省级森林公园）和中部万宝镇，天然灌木林（以油茶林为主）主要分布在中南部丘陵区。

第五节　矿产资源

娄星区位于沩山——紫云山锰、金多金属成矿带和涟源凹陷煤、锑、油气、非金属成矿带地段，矿产资源主要有煤、铁、锰、钒、磷、大理石、白云石、石灰石、硅石、陶瓷黏土、水泥黏土等。煤、锰及非金属成矿地质条件良好，煤、锰、石灰岩、冶金用白云岩等矿产资源较丰富。已发现矿产15种（18个亚种），各类重要矿产地37处。列入省级储量表有6种7个亚种，分别为煤、锰、钒、冶金用白云岩、水泥用灰岩、熔剂灰岩、水泥配料用黏土。列入市级储量表有1种2个亚种，分别为建筑石料用灰岩、砖瓦用页岩。锰、石灰岩为优势矿产，石灰岩主要分布于中西部三早元石灰岩矿区、恩口矿区、三圭桥矿区。矿产资源具有矿种少、非金属矿产多、煤与金属矿产少、小型矿床多、大中型矿床少的特点。已探明锰矿230万吨，钒矿带7千米。娄星区有“百里煤海”之称，已探明煤储量11亿吨，远景储量30亿吨以上。陶瓷黏土、耐火黏土、水泥黏土、石灰岩、白云石、磷矿及硅石遍布全区。

第三章 自然灾害

第一节 水 灾

1989—2008年，域内出现暴雨日81天，其中大暴雨日11天。最多年份（1994年、2006年）均达7天，其次为1992年6天；最多月份出现在6月，为24天，占总数29.6%。共计出现洪涝13年次，占总年数65%。其中，轻度洪涝7年，中度洪涝2年，重度洪涝4年。13年18次洪涝灾害中，6月出现8年，占总年数61.5%。

1989—1993年，发生不同程度暴雨洪涝灾害5次，暴雨洪涝造成8.31万人受灾，因灾死亡18人，受伤59人，死亡牲畜630头。农作物受灾面积10267.50公顷，成灾面积2771.80公顷，绝收面积103.40公顷。损坏房屋2768间，倒塌房屋3120间。损坏变压器4处，淹没电机10台。冲毁渠道326处35千米，冲毁河堤310处12.50千米。损毁泵站32座，损毁桥梁126座，垮塌小型水库1座、山塘232口。冲走成鱼320担，受灾面积3.34万公顷。恩口煤矿一、二号井被淹停产，造成直接经济损失2528万元。其中1990年6月11—20日，过程累计降水量310.1毫米，达重度洪涝标准。6月15日降水量为114.1毫米，达到极端降水事件标准。

1994—1998年，发生不同程度暴雨洪涝灾害6次。1994年、1996年、1998年均出现重度洪涝灾害，造成43.50万人受灾，因灾死亡8人，受伤159人。因灾死亡牲畜1000头，家禽300羽。农作物受灾面积5.30万公顷，成灾面积4.03万公顷，绝收面积2863.70公顷。林业受灾面积133.33公顷，成灾面积66.67公顷。损坏房屋1.27万间，倒塌房屋4114间。倒塌砖厂2处，毁坏公路2条10.08千米，冲毁公路桥梁5座，铁路中断2条。输电线路倒杆245根，断线17处5.30千米，停电34小时。邮电线路倒杆70根，断线8千米。毁坏小水电站2座，损坏小（1）型水库5座，损坏小（2）型水库12座，冲垮山塘458口。冲毁河堤140处，冲毁渠道29.60千米，防洪堤决口110处，冲毁渡槽2座，毁坏泵站76座，毁坏涵洞隧道24处。7家工厂停产，154家半停产。淡水养鱼损失80吨，造成经济损失1.34亿元。其中，1996年7月10—19日，连续10天过程最大累计降水量304.8毫米，17日、18日降水量分别为71.0毫米、74.9毫米，达到重度洪涝灾害标准，造成12万人受灾，农业受灾面积4万公顷，成灾面积3.20万公顷，损坏房屋725间，倒塌房屋620间，淡水养鱼损失80吨，损坏小型水库5座、山塘200口，倒电杆30根，断线5.30千米，造成直接经济损失7472万元。1998年5月13—22日、6月16—25日，连续10天过程最大累计降水量分别为331.7毫米、260.3毫米，分别达到重度、中度洪涝灾害标准。5月22日，日最大降水量290.2毫米，达到极端降水事件标准，造成2.50万人受灾。农业受灾面积1550公顷，成灾面积820公顷，绝收面积210公顷。损坏房屋152间，倒塌房屋58间。死亡牲畜200头。毁坏公路1条。造成2家企业全停产，52家企业半停产。冲毁河堤渠道2.50千米，冲垮山塘186口，防洪堤决口110处，损毁小水电站2座、泵站32座。造成直接经济损失4240万元。

1999—2003年，出现不同程度暴雨洪涝灾害3次，造成12.02万人受灾。因灾死亡牲畜1390头。农作物受灾面积6685公顷，成灾面积921.50公顷，绝收面积140.60公顷。损坏房屋210间，倒塌房屋747间。毁坏公路17.80千米，冲毁河堤渠道143处、冲毁渠道201千米，冲垮山塘108口，防洪堤漫堤8处，毁泵站30座。2家工厂停产。娄双公路石埠桥6千米路段因大暴雨路面被淹，部分路段被冲毁，中断交通12小时。因大雨洗花，一季晚稻抽穗扬花期50%受损。造成直接经济损失近6亿元。其中，2002年8月12—21日，连续10天过程最大积累降雨量212.3毫米，8月19日日降水量108.2毫米，达轻度洪涝灾害标准。

2004—2008年，发生不同程度暴雨洪涝灾害4次，造成11.56万人受灾。被洪水围困1661人，造成饮水困难9349人，转移安置6112人。损坏房屋4076间，倒塌房屋4114间。农作物受灾面积6972.70公顷，成灾面积4890公顷，绝收2371公顷。百亩、万宝、大科等乡镇街道河流及小溪两岸早稻受不同程度水淹，受灾800公顷。滑坡7处，冲垮渠道10处，冲毁河堤40米，淤积196处，损坏堤防7处3.14千米，毁坏水闸4座，冲毁塘坝166座，损坏灌溉设施26处，损坏机电井19处，损坏机电泵站14座。造成直接经济损失2.72亿元。其中2005年5月23日至6月1日，连续10天过程最大积累降水量243.9毫米。6月1日，降水量113.7毫米，达轻度洪涝灾害标准。造成4.52万人受灾，转移安置2002人，被困1221人，饮水困难9349人，倒塌房屋2347间。死亡牲畜1792头。农作物受灾面积2517公顷，成灾面积2517公顷，绝收面积1018公顷。造成直接经济损失1.58亿元。

第二节 旱 灾

1989—2008年，区境内发生多次旱灾，其中，8个年份旱灾达到大旱标准。

1989—1992年，域内气象干旱出现频繁，干旱天数10～20天出现5次，20～30天出现2次。1989年，夏秋冬分别出现一次持续15～25天中旱。1990年，春季出现1次轻旱，夏季出现1次重旱。其中，1990年8月3日至9月21日，连续干旱50天，降水量仅33.4毫米，1.01万人出现饮水困难，农作物受灾面积6309.8公顷，苗木受灾面积33.35公顷，林业损失50万元，干涸小型水库10座，干涸山塘3625口，溪河断流28条，造成直接经济损失850万元。四年中100天以上出现2次，其中1991年持续天数112天（6月25日至10月14日）。1992年，自7月雨季结束，夏季受太平洋副高压控制，晚秋和初冬受强大陆高压控制，造成夏秋冬连旱，属于特旱年。8月16日至12月22日降水量仅66.8毫米，持续天数129天（8月16日至12月22日），10个乡镇1.30万人饮水困难，农作物受灾面积5402.70公顷，成灾面积2467.90公顷，小型水库干涸9座，山塘干涸1000口，溪河断流3条。

1993—1994年，域内旱情较少，程度较轻。1995—1998年，干旱天数10～20天出现5次，20～30天出现2次（1995年秋和1997年冬），最长持续天数49天（1996年10月15日至12月2日）。1996年，出现3次持续10天轻旱。1998年，出现2次持续10～15天冬旱。

1999—2003年，干旱天数10～20天出现4次，20～30天出现1次，30～40天出现3次，100天以上出现2次，最长持续天数达148天（2003年7月13日至12月7日）。1999年，冬季出现3次持续20～30天中等程度旱情，秋季出现1次轻旱。2000年，夏秋冬各出现1次持续20～40天中旱过程。2001年，夏秋连旱，持续100天，达到重旱程度；冬季出现1次持续10天轻旱。2002年1月，出现1次持续14天轻旱。2003年7月13日至12月7日，夏秋冬连旱，属于特大旱年。7月13日至9月15日连续67天大旱，降水量仅37.50毫米，受灾人口9.43万人，2.15万人饮水困难。农作物受灾面积5430.71公顷，成灾面积3107.55公顷，4座水库干涸，山塘8697处干涸。造成直接经济损失2290万元。

2004—2008年，干旱天数10～20天出现4次，20～30天出现2次，30～40天出现2次，40～50天出现1次，50～60天出现1次，60～70天出现2次，100天以上出现1次，最长持续天数达125天（2005年7月8日至11月9日）。2004年，夏季出现1次轻旱，秋季出现1次重旱。8月31日至10月29日，出现60天干旱，其间降水量仅34.70毫米。冬季作物因灾减少播种育苗30%，茶园乡2个村500人、杉山镇4个村7100人出现饮水困难。2005年，春季出现1次轻旱，7月8日起出现持续125天夏秋连旱特旱过程。2006年，秋冬各出现1次持续20~30天轻旱。2007年，春夏出现3次中等干旱，夏秋冬连旱达到特旱标准。7月27日至8月20日降水量仅9毫米，持续高温天气；10月14日至12月18日连续干旱66天，降水量29.30毫米。24个村不同程度受旱灾影响，其中，百亩乡6个村133.33公顷晚稻绝收，3000人饮水困难；杉山镇71口山塘干涸，晚稻、冬季作物（小麦、油菜）基本未种；木山村20多口井干枯无水，1100人饮水困难。2008年，春夏秋季各出现1次持续时间较长重旱过程。9月5日至10月30日，56天降水量仅26.40毫米，达重度干旱标准。干旱对秋种作物造成严重影响，部分绿肥、油菜、蔬菜等秋季作物因缺水而推迟播种；播种成苗马铃薯、秋玉米、油菜、蔬菜等生长缓慢，均为三类苗。

第三节 冰冻灾害

一、低温雨雪冰冻

冻害是域内冬季常见的一种气象灾害，包括雪灾、冰冻及严寒期几大类，常对交通、电力、农业等造成严重损害。1989—2008年，出现较大低温雨雪冰冻过程有4次，寒冷造成公路中断，导致电力、电信、林业、畜牧遭受不同程度危害。20年间，出现雨凇36天，其间（1998—2002年）出现冻雨灾害，积雪日108天。

1991年12月26—28日，域内出现轻度冰冻。1991年12月28日至1992年1月1日，积雪维持5天。28日最大雪深23厘米，26—29日日平均气温持续小于0℃，29日极端最低气温达-9.2℃，积雪深度、极端最低气温为历史同期有记录以来最低值。1998年1月22—23日，最大雪深13厘米，对林木竹子和树苗造成一定损失。2003年1月5—6日，最大雪深11厘米，影响道路交通运输，娄星大桥因积雪造成交通拥挤阻塞24小时。2004年12月23—25日，出现轻度冰冻，28—30日积雪维持3天，其中28日降雪量16.8毫米、最大雪深16厘米。受大雪堆压，城区樟树90%以上发生断枝，56条电网运行线路跳闸，大部分在建工程项目停工。各乡镇杨梅、柑橘有不同程度雪压断枝现象，其中石井乡果园部分杨梅、柑橘受损严重。加上电线杆倒塌、断电和各砖厂损失，造成直接经济损失200余万元。

2008年1月13日至2月4日，域内遭遇有气象记录以来强度最强、持续时间最长低温雨雪冰冻天气，持续时间长达近1个月。从1月18日到2月3日持续出现雨凇（长达17天）；1月13—17日、1月22—29日、1月31日至2月2日持续降雪（2月2日最大雪深11厘米）；14—18日、20—29日出现≤0℃严寒期，极端最低气温-4.7℃（2月3日）。多项指标均创历史极值。受1月下旬强冰雪低温天气维持和2月初暴雪冰冻天气共同影响，冰雪低温灾害强度大、范围广、时间长，创历史之最。给工农业生产造成严重损失，电力、道路、供水、市场、水利、通信等基础设施受损严重。11个乡镇（街道）全部受灾，所有公路中断，造成22.29万人次受灾，伤病1.08万人，紧急转移安置1.57万人，因灾死亡大牲畜8.39万头。倒塌房屋4625间，农作物受灾8750公顷，造成工商企业、种植业等各行业直接经济损失1.95亿元。

二、低温冷害

1989—2008年，3月中旬至4月下旬春寒（倒春寒）、五月低温、9月寒露风等灾害性天气时有发生，对粮食作物和经济作物影响较大。域内共发生春寒（倒春寒）12次、五月低温9次。

（一）春寒（倒春寒）、五月低温

1991年3月16日至5月13日，连续旬平均气温比历年偏低，阴雨寡照。其中，3月下旬旬均气温仅8.9℃，较历年偏低3.5℃，出现中度春寒；4月平均气温仅15.2℃，比常年低2.5℃，日照时数66小时，较历年偏少38%；5月1—12日气温持续偏低，平均气温15.7℃，较历年低5.9℃，日照为14.2小时，为历史第一低值，对早中稻播种育秧及早稻移栽不利。1996年3月9日至4月4日，域内低温阴雨。3月中旬、下旬、4月上旬分别达轻度、中度春寒标准。其中，3月下旬平均气温7.7℃，较前旬偏低0.9℃，较历年低4.7℃，为中度

倒春寒；3月23—29日轻度连阴雨天气，秧田常规稻烂种126吨、杂交稻烂种15吨，造成直接经济损失80.40万元。1998年5月10—14日，出现连续5天日平均气温小于20℃，形成轻度五月低温，过程平均气温16.3℃，10日极端最低气温11.6℃。1999年3月21—31日，出现轻度倒春寒天气。旬均气温9.2℃，比历年低3.2℃，伴随中度连阴雨天气，导致早稻播种期推迟1周。

2002年4月下旬平均气温16.1℃，较历年偏低3.3℃，出现倒春寒天气。4月23—29日、5月3—9日，伴随低温阴雨寡照天气，早稻秧苗大面积发黄，10%秧田有烂秧现象，抛秧至大田受损明显。因阴雨致秧苗发生苗疫病，影响率90%，10%稻田阴雨影响未插。2003年5月8—12日，过程平均气温17.9℃，9日极端最低气温13.5℃。影响早稻分蘖生长和果树花粉发育。2006年4月12—15日，出现2天日平均气温低于10℃低温天气，13日极端最低气温为6.1℃，为历史之最。部分秧田受损严重，80%秧苗受灾。其中，成灾20%，烂秧率60%。

（二）寒露风

1989—2008年，域内发生寒露风灾害过程4次（9月），造成部分双季晚稻减产。分别为1994年9月16—21日、1997年9月14—16日、2002年9月14—16日及2008年9月27—29日。其中，1994年9月16—21日，出现连续6天日平均气温≤20℃的重度“寒露风”天气，平均气温19.4℃，日最低气温为15.6℃，降水多、日照少、气温低，对晚稻生壮籽影响较大；2002年9月14—16日，平均气温19℃，最低气温16.6℃，雨日5天，日照时数0小时，受轻度“寒露风”天气影响，受灾稻田4000公顷，其中影响较重1867公顷。

第四节　风雹灾害

常见大风有寒潮大风和雷雨大风，每年均有发生，四季皆出现。1989—2008年，发生大风25次，4—5月居多，大风、冰雹、雷电常相伴发生，具有突发性、局地性的特点。发生风雹灾害4次，造成直接经济损失上千万元。

1994年4月8日零时10分，域内出现大风，强度9级，伴随雷电、暴雨过程，降水量74.6毫米。零时15分开始，雷雨交加，大风肆虐，市印刷厂锅炉烟窗及食堂小烟窗倒塌，打烂住房1间，轻伤1人；娄底市汽车制造股份有限公司倒塌围墙40余米，倒房6间，吹翻简易工棚20余处，乐坪街道吹倒风景树40余株，吹断树木30株，造成经济损失100万元。1998年8月20日，域内极大风速20.4米/秒，伴随雷暴。石井乡、百亩乡村民住房屋顶平瓦、石棉瓦被大风卷走，数百株大树被风拦腰折断或连根拔起。

2005年5月4日下午4时，双江乡境内突降暴雨，持续到5日上午，降水量64.7毫米。4时10分突降冰雹，持续时间20余分钟，冰雹最大颗粒直径达7厘米。大部分村民瓦屋受损，尤以伟仑、义坪、清桥、企石4个村受灾最为严重，暴雨冲毁公路20多处，冲垮河堤18处，致使20多处水渠塌方，受损水渠1000多米，20公顷水田受损，造成直接经济损失300余万元。2008年4月8日，受强对流天气影响，双江乡境内遭受大风冰雹严重袭击。娄底市区17时22分出现最大风速18.6米/秒，倒塌房屋49栋，受损房屋1000间，早稻秧田受损33.33公顷。毁坏电杆40余根，损毁输电线路3000余米，有线电视线路2000余米，造成直接经济损失2000万元。

第五节　雷电灾害

1989—2008年，年均雷暴日数为37.60天，年雷暴日数在23天（2001年）至56天（1998年）变化，年变化在1天（12月）至6.80天（4月）。发生雷电灾害23起，4人死亡，5人受伤，造成较大财产损失。其中，万宝镇清江村为雷电灾害多发区。

1994年，万宝镇镇埡古村一村民路过清江渡口时遭雷击死亡。4月8日，雷电损毁变压器1台、交换机1台、计算机20台、电话机等25台。1995年4月30日，万宝镇清江村小江组村民黄某中在放牛时，人和牛均被雷击死亡。1996年4月18日

20时，雷鸣电闪，风雨交加，茶园乡等地变压器、交换机、计算机、电话机受损。

2001年2月21日，球状雷击万宝镇，打断树木2棵。3月21日早晨，小光组村民屋后10米处1棵高25米、直径70厘米左右的水桐树被雷击粉碎，树屑飞溅到周围近百米范围内，邻近几栋民房被飞来木屑击毁。随后强大雷电流窜出20余米，穿透村民家外墙，再击穿内墙，击坏电视机、照明线路、家具、电话机、卫星电视接收设备、电表等。2003年8月30日17时，万宝镇清江村、百亩乡赛辉村遭受雷电袭击，造成1人死亡，击坏卫星电视接收设备、电视机、电话机数台。2004年8月4日，万宝镇清江村遭雷击击坏电视机多台；茶园煤矿配电房和干变箱被雷击坏；茶园乡振兴煤矿2台高压变压器被击坏。8月10日，茶园煤矿变压器和井下监控系统再次遭受雷击。2005年2月14日，娄底一中遭受雷击，击坏电动门及电视机20余台。3月17日，娄底国家粮食储备库遭受雷击，击坏电脑、传真机、电话机数台及库房监控系统。

2006年，发生雷电灾害5起。4月8日，杉山镇被雷击坏变压器，娄底自来水厂遭受雷击，损坏设备数台。6月23日，娄底二中办公楼四楼总控室广播系统被雷击损坏，击坏电脑、广播系统中心控制机、监听器等。娄底机电工程学校实验室、食堂、家属区遭受雷击，损坏交换机、餐卡窗口机、电视机、电脑、空调数台。6月24日，军分区办公楼及家属区遭受雷击，击坏作战指挥系统、办公设备、家用电器。市交警支队交警指挥大楼遭受雷击，击坏消防控制系统及部分办公设备等。8月8日晚，茶园煤矿监控系统干线放大器、电话交换机、电脑主板、断电仪、提升绞车后备保护装置、电视机被雷击坏。姑苏名园一处尚未交付使用的住宅楼屋顶老虎窗被雷击中。8月17日上午9时30分，茶园砖厂一带突下大雨，2名民工在各自居住工棚内被雷击倒在地，其中1人伤势严重。变压器被击坏。2007年，发生雷电灾害4起。4月21日晚至22日上午，长时间电闪雷鸣，在强雷击区造成较大财产损失。百亩、茶园、杉山等地数百台电视机、VCD等电器设备受到严重损坏。杉山镇政府被雷击坏电视机30余台，百亩乡政府被雷击坏电视机20余台，湖南人文科技学院图书馆图书管理系统遭雷击。7月14日凌晨，涟钢动力厂煤气罐区5万立方米焦炉煤气气柜放散塔因雷击起火。8月11日晚，大埠桥街道宋家村下湾组4人打伞回家途中同时被雷电击中，1名学生当场死亡，1人颅内出血，衣服烧焦，全身多处伤痕，2人被击倒在地，受轻微伤。8月25日上午9时40分，百亩乡楂林村新塘组住宅东头离墙壁2米处的椿树被雷击，住宅室内墙壁、楼板被雷击坏多处，照明线路、开关箱、卫星电视接收机、电视机、音响、功放机等被雷电击坏。

2008年7月19日时45分，黄泥塘街道曹家一组一栋6层坐西朝东住宅楼被雷击中。8月2日17时，城区突降大雨，伴随电闪雷鸣，前后持续1个多小时，击坏广播电视大学机房路由器和市药品检验所机房服务器、路由器、计算机等；造成杉山镇政府办公楼内办公设备及周边居民家用电器不同程度损坏。

第六节　地质灾害与病虫灾害

一、地质灾害

娄星区是地质灾害易发区和多发区，因矿业活动诱发地面塌陷、地裂缝、水患等矿山地质灾害较多。根据1∶5万地质灾害详细调查报告，截至2005年，娄星区发生地质灾害30处，灾种以崩塌和滑坡为主。2006年、2007年、2008年新发生灾害分别为1处、2处、2处，灾种均为滑坡。至2008年年底可查询地质灾害35处。

二、病虫灾害

（一）水稻病虫害

1989—2008年，域内水稻虫害以二化螟、稻飞虱、稻纵卷叶螟为主，有少量大螟和稻螟蛉为害。二化螟、稻飞虱年年发生，每年发生面积均在1.67万公顷次以上。稻纵卷叶螟中等发生，个别年份大发生。1990年，域内虫害面积5933.33公顷，成灾面积280公顷，因灾减产粮食1237吨。

1995年，百亩乡朝阳村50多亩山边田突发赤斑黑沫蝉，80%以上禾苗受害。

水稻病害有纹枯病、稻瘟病、细菌性条斑病、稻曲病、恶苗病及细菌性褐条病等。纹枯病在早、晚稻均有大发生，每年发生面积均在6667公顷次以上。稻瘟病主要以叶瘟和穗瘟为主，稻曲病仅在个别年份大发生。1998年，遭受大洪水的涟水、孙水河两岸水淹稻田发生细菌性褐条病，发生面积8公顷。

（二）蔬菜病虫害

1989—2008年，大白菜病毒病、霜霉病、软腐病三大病害在域内历年都有不同程度发生，尤其病毒病和霜霉病复合发生，危害重。黄瓜霜霉病在域内亦非常普遍，虫害主要有菜青虫、菜蚜虫等。

第三篇　中共地方组织

1989—2008年，中共娄星区（娄底市）委机关驻长青中街，由区（市）委常委会主持工作。工作机构设办公室、组织部、宣传部、统战部、政法委、编制委员会、直属机关党委、农村工作部、市委党校等。

1989年，中共娄底市委在第二届任期内。1997年10月至1999年6月，中共娄底市委在第四届任期内。1999年7月，撤销娄底地区建立娄底市，撤销娄底市设立娄星区，中共娄底市委员会改为中共娄星区委员会，中共娄星区委员会在第四届任期内。2002年，召开中共娄星区第五次全体代表大会。至2008年，先后历经4次换届。每次换届，区（市）委领导班子实现平稳交接，工作衔接紧密，顺利过渡，成为全区（市）经济社会发展和各项事业坚强领导集体。20年间，历届区（市）委通过党的代表大会、区（市）委全体会议、区（市）委常委会会议，并深入基层调研，广泛听取各方面意见，将党的路线、方针、政策与娄星区（娄底市）实际紧密结合，决策发展战略，决策事关区（市）政治经济文化和社会发展重大事项。带领全区各族人民建设全面小康社会。至2008年，累计召开区（市）委全体会议24次，召开常委会议100余次，作出重大决定决议10余项。

1989—2008年，中共娄星区（娄底市）委员会加强党的建设，组织开展农村社会主义思想教育、邓小平理论学习、"三个代表"重要思想学习教育活动、党员先进性教育活动、社会主义荣辱观教育活动。加强党员、干部职工思想教育，加强各级领导班子建设。作出《关于建立反腐败和党风廉政建设工作责任制的决定》，落实反腐败和党风廉政建设责任制，旗帜鲜明地反对腐败。加强基层组织建设，制定《关于加强农村基层组织建设的意见》，开展以"建设一个坚强的党支部、建设一支好的党员队伍、发展壮大村级集体经济"为主要内容的村级组织达标竞赛活动，巩固农村社会主义阵地，提高各级党组织凝聚力、战斗力，发挥党员模范带头作用。加强宣传思想工作，注重舆论导向，总结推介娄星区（娄底市）先进典型和经验。制定《关于社会主义精神文明五年发展计划》《娄底市创建文明卫生城市总体规划》《关于深入开展农村社会主义精神文明建设活动的若干意见》《关于推进社会主义新农村建设的意见》，加强文明建设，开展文明城市、文明社区、文明机关、文明家庭、文明公民创建活动。加强统战工作，发挥民主党派、群众团体参政议政作用，做好民族宗教工作，推进非公经济组织党的建设。加强社会治安综合治理，落实综治维稳工作责任制，开展平安创建活动，为娄星区（娄底市）经济社会发展提供良好的发展环境和组织保障。制定《关于进一步加强人大工作的意见》《关于进一步加强政协工作的意见》，加强和改善党对人大、政协工作的领导，支持人大常委会依法行使职权，发挥人民政协协商监督作用。

1989—2008年，中共娄星区（娄底市）委贯彻中央、省、市（地）委工作部署，根据各个时期经济社会发展状况，对政治经济文化和社会事业发展作出正确决策并组织实施。先后编制《娄底市1989—2000年综合发展规划》《娄底市经济社会发展"八五"计划纲要草案》《娄底市第三产业发展规划（1993—2000年）》，作出《关于建设水果市的决定》《关于加快实施"四五·四一"菜篮子工程的决定》，制定《中共娄星区委近期经济发展思路》《关于贯彻〈中共娄底市委关于加快国有中小企业改革和发展的决定〉实施意见》，确定发展改革目标任务。争取工业、交通、水利、城建、商贸等重点项目并组织实施，成立项目建设领导小组和建设指挥部，确定区（市）级领导负责，推进重点工程项目建设。支持国家重点项目建设，加强征地拆迁，整治工程及周边治安环境。围绕“吨粮田”、“水果市”、“四五·四一”菜篮子工程，提出“城郊型、开发性、提篮子、摘果子”发展思路，发展“一优两高”农业，发展“种养大王、一村一品、畜牧小区”，推进农业产业化进程。贯彻执行《关于加快国有中小企业改革和发展的决定》，实施国有集体企业改革改制，发展民营经济。确定区域经济产业基地发展思路，加强产业基地建设。积极招商引资，发展规模企业。支持涟钢争取国家重点建设项目超薄板带钢工程，壮大国有企业。实施城市扩容建设，加快步行街、集贸市场建设，发展商贸经济。结合农村社会主义思想教育活动，调整农村责任田，实行土地有偿承包；开展农民负担专项清理，减轻农民负担。实施“教育强区”方略，作出《关于基本普及九年义务教育、基本扫除青壮年文盲决定》《关于基础教育改革与发展的决定》，发展教育事业。加强卫生和计划生育工作，提倡少生优生，保障人民群众身体健康。发展文化广播电视电影事业，开展社会主义新农村建设。

区（市）委各工作部门工作有序推进。纪委持续开展党风廉政建设和反腐败斗争，严肃查处违纪案件，减少腐败存量，遏制腐败增量。办公室工作创新综合调研及服务方法，提高信息反馈质量。组织工作注重发展一线党员，坚持成熟一个发展一个；任用干部坚持德才兼备，加强各级领导班子建设。宣传工作以正面宣传为主，把握正确舆论导向，注重树立先进典型，倡导文明新风。统战工作联系党外各界人士，鼓励和支持参政议政。政法工作坚持打防结合，综合治理，确保社会稳定。工作督查、政策研究、农村工作、党校教育、机要保密、老干部、党史编研、档案等工作全面推进，并取得成效。

第一章 党的代表大会

娄星区（娄底市）党的代表大会主要由党代表选举产生、召开代表大会，选举产生新一届区（市）委领导班子2个过程。1989—2008年，党代表历经4次选举。每次选举由区（市）委确定名额，按照领导干部代表、专业技术人员代表、先进模范人物代表、军队代表、离退休人员代表、少数民族代表、妇女代表等比例结构分配到各级党组织，经过各支部推选后，以基层党委为单位召开党代表选举会议，选举产生出席区（市）党代会代表。区（市）党代会代表产生后，参加区（市）党代会。至2008年，娄星区（娄底市）历经4次换届，召开党代会4次，选举产生区（市）委领导班子。

第一节 代 表

一、代表选举

1992年10月9—12日，中共娄底市第三次全体代表大会召开。召开前，全市17个党总支、501个党支部根据市委、各基层党委分配名额，酝酿讨论，推荐党代表候选人。经18个基层党委召开党代表会议，选出出席中共娄底市第三次全体代表大会正式代表199名，代表7592名党员。

1997年10月6—8日，中共娄底市第四次全体代表大会召开。召开前，全市20个党总支，602个党支部根据市委、各基层党委分配名额，酝酿讨论，推荐党代表候选人。经23个基层党委召开党代表会议，选出出席中共娄底市第四次全体代表大会正式代表224名，代表9710名党员。

2002年10月26—28日，中共娄星区第五次全体代表大会召开。召开前，根据区委、各基层党委分配名额，酝酿讨论，全区基层党支部推荐党代表候选人。经基层党委召开党代表会议，选出出席中共娄星区第五次全体代表大会正式代表211名，代表1.11万名党员。

2006年6月21—23日，中共娄星区第六次代表大会召开。召开前，全区基层党支部根据区委、各基层党委分配名额，推荐党代表候选人。经基层党委召开党代表会议，选出出席中共娄星区第六次全体代表大会正式代表209名，代表1.09万名党员。

二、代表构成

1992年，中共娄底市第三次全体代表大会199名代表中，各级领导干部代表107名，各类专业技术人员代表36名，先进模范人物代表45名，解放军、武警代表2名，离退休人员代表9名。代表总数中，有少数民族代表2名，妇女代表41名，年龄在45岁以下111名，具有大专以上文化程度66名。

1997年，中共娄星区（娄底市）第四次全体代表大会224名代表中，各级领导干部代表129名，各类专业技术人员代表34名，先进模范人物代表28名，其他代表33名。代表总数中，有解放军、武警部队代表3名，妇女代表39名，年龄在45岁以下119名，具有大专以上文化程度106名。

2002年，中共娄星区第五次全体代表大会211名代表中，各级领导干部代表121名，各类专业技术人员代表39名，先进模范人物代表32名，其他代表19名。代表总数中，妇女代表37名，年龄在45岁以下114名，具有大专以上文化程度119名。

2006年，中共娄星区第六次代表大会209名代表中，各级领导干部代表116名，各类专业技术人员代表42名，先进模范人物代表51名。代表总数中，解放军、武警部队代表4名，妇女代表42名，年龄在45岁以下121名，具有大专以上文化程度117名。

第二节 历次党的代表大会

一、中共娄底市第三次代表大会

1992年10月9—12日，中共娄底市第三次全体代表大会召开。大会主要任务是，贯彻党的基本路线和中共中央2号文件精神，总结娄底市第二次党代表大会以来的成绩和经验，研究制定今后3年改革开放、经济建设和社会发展基本战略。出席代表大会代表199名，听取审议和通过市委书记黄懿斌代表中共娄底市第二届委员会所作的《抓住机遇，团结奋斗，努力实现娄底经济和各项事业超常规发展》工作报告。选举产生中共娄底市第三届委员会委员25名，候补委员2名。选举产生中共娄底市纪律检查委员会委员13名。

二、中共娄底市第四次代表大会

1997年10月6—8日，中共娄底市第四次全体代表大会召开。大会主要任务是，总结娄底市第三次党代会以来的成绩和经验，研究制定今后5年改革开放和经济社会发展基本战略。出席代表大会代表共224名。听取审议和通过地委委员、市委书记肖志良代表中共娄底市第三届委员会所作的《高举邓小平理论的伟大旗帜，为把文明繁荣富强的娄底市推向二十一世纪而奋斗》工作报告和市委常委、市纪委书记方翔英所作的纪检工作报告，选举产生中共娄底市第四届委员会委员27名，候补委员3名，选举产生中共娄底市纪律检查委员会委员13名。

三、中共娄星区第五次代表大会

2002年10月26—28日，中共娄星区第五次全体代表大会召开，出席代表大会代表211名。这次代表大会是在中共十六大即将召开之际举行的，也是县级娄底市撤市改区，跨入新世纪后娄星区召开的第一次党代表大会。大会主题是：高举邓小平理论伟大旗帜，以“三个代表”重要思想为指导，贯彻落实中共十五大精神，推进全区经济快速发展和社会全面进步，为建设新型城市区而奋斗。听取审议和通过区委书记姚兵代表中共娄星区第四届委员会所作的工作报告和区委常委、区纪委书记毛国和所作的纪检工作报告。选举产生中共娄星区第五届委员会委员27名，候补委员5名，选举产生中共娄星区纪律检查委员会委员15名。

四、中共娄星区第六次代表大会

2006年6月21—23日，中共娄星区第六次代表大会召开，出席代表大会代表209名。大会主题是：高举邓小平理论和“三个代表”重要思想伟大旗帜，始终坚持科学发展观，全面建成小康娄星。听取审议和通过区委书记姚兵代表中共娄星区第五届委员会所作的工作报告和区委常委、区纪委书记罗琳所作的纪检工作报告。选举产生中共娄星区第六届委员会委员35名，候补委员5名。选举产生中共娄星区纪律检查委员会委员19名。

第二章 中共娄星区委员会

中共娄星区（娄底市）委包括区（市）委领导班子、工作机构等，其决策方式除党的代表会议外，主要是通过全体会议、常委会议实施。

1989—2008年，中共娄星区委经过4次换届选举，除每届第一次全体会议选举产生常委成员和书记、副书记外，届中常委班子缺额采取任命或党代会选举方式补充。每次换届，区（市）委领导班子实现平稳交接，顺利过渡，成为决策和引领经济社会发展的领导集体。区（市）委工作机构根据工作需要设置，常设工作机构有办公室、纪委（监察局）、组织部、宣传部、政法委、统战部、编制委员会、档案局、老干部局、党校、农村工作部（与农村工作办公室合署办公，以政府管理为主）。区（市）委全体会议原则上每年召开一次，特殊情况增开，主要是总结区（市）委工作，决策部署新一年发展战略，决策事关区（市）政治经济文化和社会发展重大事项。

区（市）委常委会议每年根据工作需要，由区（市）委书记召集并主持，一般每月召开1～2次，出席常委会议人员为区（市）委常务委员会全体委员，须有半数（研究干部事项时须有三分之二）常委到会方能举行。区人大常委会党组书记、区政协党组书记固定列席区委常委会会议。主要讨论加强党的建设、重大工作部署，研究决定干部任免、调配、培训、奖惩，机构编制、人事重大问题等，对贯彻落实党的各项方针政策和上级指示精神作出决策和决定，制定全区（市）社会主义物质文明、政治文明、精神文明工作计划和经济发展目标规划，对重大改革举措和建设项目以及关系区内全局政策性问题和工作执行环节具体调度方案等作出决定。至2008年，累计召开区（市）委全体会议24次，召开常委会议100余次，作出重大决定决议10余项。

1989—2008年，娄星区（娄底市）委根据实际对娄星区（娄底市）政治经济社会发展作出正确决策，确定各个时期发展战略并组织实施。及时申报重大项目立项，争取项目资金投入，加强基础设施建设，改变基础设施落后状况。经济工作贯彻中央和省委部署，发展农业特色产业，深化企业改革，发展民营经济，整顿经济秩序。发展文化教育卫生事业，建立社会保障制度，加强社会事业建设，推进娄星区经济和社会快速发展。

第一节 领导成员

1989—1998年，中共娄底地方组织沿袭中共娄底市委员会组织形式进行活动。领导班子随换届变动，工作部门、派出机构历届中有小调整，未有大变动。1999年1月20日，国务院批准撤销娄底地区，建立地级娄底市，县级娄底市更名为娄星区。省政府随即发文，进一步明确娄底撤地建市设区有关事宜。1999年6月，中共娄底地委发出《关于县级娄底市撤市设区中领导机关更名有关事项的通知》，撤销中共娄底市（县级）委员会，设立中共娄星区委员会；撤销中共娄底市纪律检查委员会，设立中共娄星区纪律检查委员会；现任中共娄底市委、市纪委书记、副书记、常委、委员继续担任中共娄星区委、区纪委相应职务，不再办理任职手续。娄星区党代会届次在原县级娄底市党代会届次基础上顺延。1999年9月6日，中共娄星区委员会、娄星区人民代表大会及其常务委员会、娄星区人民政府、中国人民政治协商会议娄星区委员会和中国共产党娄星区纪律检查委员会举行挂牌仪式。

1989年，中共娄底市委（县级）在第二届任期内。1992—2008年，中共娄星区（娄底市）委相继召开第三、第四、第五、第六届会议，选举产生中共娄底市娄星区第二、第三、第四、第五、第六届委员会。

1989—2008年娄星区（娄底市）领导班子成员一览表

表3-1

届次	书记	副书记	常委
中共娄底市第二届委员会（1989.1—1992.10）	肖国民（1988.5—1989.3） 陈声南（1989.3—1991.9）	张经发、赵伯栋、梁经通、肖思农、尹　平	张经发、赵伯栋、梁经通、肖思农、尹　平、彭振楚、邓迪华、肖正光、李亭玉、李田中、肖国华
中共娄底市第三届委员会（1992.10—1997.10）	黄懿斌（1991.9.任） 肖志良（1993.5.任）	申庆华、袁勇前、李厚元、邓迪华、廖升阳、李金才、周若鹏、李应南、龚　彧、张定良、周世辉	邓迪华、彭振楚、唐海波、龚　彧、童名让、周若鹏、李应南、肖正光、刘甲申、刘梅开、方翔英、邓国雄、毛国和（女）、刘建中
中共娄底市第四届委员会（1997.10—1999.7）	肖志良（至1998.4） 张定良（1998.4.任）	张定良、李应南、龚　彧、周世辉、刘建中、王　雄	刘甲申、刘梅开、方翔英、邓国雄、毛国和（女）、刘建中、卢联盟、张日平
中共娄底市第四届委员会（1997.10—2002.10）	张定良（至1999.12） 周世辉（1999.12.任）	周世辉、李应南、刘建中、王　雄、李江南、方翔英、袁放安、姚　兵	刘甲申、方翔英、邓国雄、卢联盟、张日平、刘乔晚、欧阳乾庆、彭希亮、罗孝贵
中共娄星区第五届委员会（2002.10—2006.6）	姚　兵（2002.10任）	王　雄、袁放安、方翔英、毛国和（女）、刘乔晚、陈明华、周芳友	欧阳乾庆、彭希亮、罗孝贵、刘华江、胡锡辉、罗　琳、钟芝兰（女）、彭岳松、林目轩、吴小阶
中共娄星区第六届委员会（2006.6—2008.12）	姚　兵（至2006.11） 王　雄（2006.11—2008.12，未满届）	王　雄、陈明华、梁立坚	欧阳乾庆、彭希亮、罗孝贵、罗　琳、钟芝兰（女）、彭岳松、林目轩、吴小阶、向乾勇、李群欢、魏志军、杨时中、王小勇、周世光

第二节　工作机构

一、办公室

1989年，中共娄底市委办公室内设秘书组、行政组、基建维修组、综合信息组4个机构。1990年8月，增设督查室。1993年5月，撤销市委办公室督查室，设立市委督查室，归口市委办公室。1993年6月，撤销市委办公室行政组、基建维修组，设立市委、市政府机关事务管理委员会，归口市委办公室。1995年3月，调整确定市委办公室职能配置、内设机构和人员编制。原市信访办公室改为市信访工作领导小组办公室，由市委办公室和市政府办公室共同管理，以市政府办公室管理为主；原市委政策研究室、市委督查室并入市委办公室；原市机要科更名为机要室，并入市委办公室；市保密委员会办公室由市委办公室管理；市委、市政府机关事务管理委员会更名为娄底市机关事务管理委员会。1997年4月，机要室恢复为市委机要科，归口市委办公室。1999年7月，撤市设区，娄底市委办公室改为娄星区委办公室。2002年，区委办公室内设秘书组、信息综合组、督查室、政工组、政策研究室、机要科、保密局、党史资料征集办公室8个机构。2005年4

月，增设综合调研室。2008年，区委办公室内设秘书组、信息综合组、督查室、政工组、政策研究室、机要科、保密局、党史资料征集办公室、综合调研室。

1989—2008年历任区（市）委办公室主任：邓迪华、龚彧、邓国雄、聂斌全、罗琳、李群欢。

二、其他机构

1989年，中共娄底市委除设办公室外，还设有组织部、宣传部、统战部、政法委员会、编制委员会、档案局、老干部局、党校等。1991年，设市委农村工作部，与市农村工作办公室合署办公。中共娄底市委台湾工作办公室批准为正科级机构，归口统战部管理。1992年5月，成立市社会治安综合治理委员会办公室，与市委政法委合署办公。6月，市编制委员会分设为市委机构编制委员会和市委机构编制委员会办公室。1993年6月，市人民政府民族宗教事务办公室改为市人民政府民族事务办公室和市宗教事务办公室（简称民宗办），实行两块牌子、一套人马，仍归口统战部管理。1996年7月，设立市事业单位登记管理办公室，与市委机构编制委员会办公室合署办公。10月，设立市对外宣传工作办公室，归口宣传部管理。是年，侨务和民宗办由统战部划出，归口市政府序列。1997年9月，市文明单位建设领导小组办公室更名为市精神文明建设指导委员会办公室，对内为宣传部内设机构，对外承担全市精神文明建设工作。

1999年，撤市建区，市委组织部改为娄星区委组织部，联系和协调人事局、编委办、老干部局、总工会、团区委、妇联、科协和党校；市委宣传部变更为娄星区委宣传部；市委政法委员会变更为娄星区委政法委员会；市社会治安综合治理委员会办公室变更为娄星区社会治安综合治理委员会办公室；市委机构编制委员会和市委机构编制委员会办公室变更为娄星区委机构编制委员会和娄星区委机构编制委员会办公室（简称编办）；市档案局变更为娄星区档案局；市民族宗教办公室更名为娄星区民族宗教局，归口区政府序列；市委党校变更为娄星区委党校；市老干部局变更为娄星区老干部局；市委农村工作部变更为娄星区委农村工作部；其他机构冠名均由娄底市变更为娄星区。

2000年11月，娄星区事业单位登记管理办公室更名为区事业单位登记管理局。2005年，区委台湾工作办公室从统战部内设机构分离，升为正科级，仍归口区委统战部管理。2006年7月，设中共娄星区委讲师团（高配正科级），归口宣传部管理。2007年，区民族宗教事务局从区政府组成单位中分离，归口区委统战部管理。

至2008年，中共娄星区委除区委办公室外，辖区委组织部，归口管理区人事局、区委编办、区老干部局、区总工会、团区委、区妇联、区科协和区委党校；区委宣传部，归口管理精神文明建设指导委员会办公室、娄星区委讲师团；区委统战部，归口管理区委台湾工作办公室、区民族宗教事务局；区委政法委员会，与区社会治安综合治理委员会办公室合署办公；区委机构编制委员会办公室；档案局；区委农村工作部，与区农业办公室合署办公。

第三节　区(市)委全体会议

一、第二届娄底市委全体会议

中共娄底市第二届委员会期间召开10次全会，主要围绕中共十三大提出各项任务，带领全市各级党组织和党员统一思想认识，治理经济环境，整顿经济秩序，审议1990—2000年战略发展规划和讨论修改《娄底市经济发展“八五”计划纲要（草案）》。

1989年3月17—18日，召开市委二届四次全体会议（简称全会），全体市委委员、候补委员、市纪委委员参加会议。会议审议和原则通过《娄底市1988年国民经济和社会发展计划执行情况与1989年国民经济和社会发展计划（草案）的报告》，听取制定娄底市2000年战略发展规划工作进展情况汇报。7月4—6日，召开市委二届五次全体（扩大）会议，全体市委委员、候补委员、市纪委委员参加会议。会议传达学习贯彻中共十三届四中全会和省委五届八次全会精神，市委书记陈声南作报告。

1990年2月19日，市委二届六次全体会议召开，全体市委委员、候补委员参加会议。学习中共中央文件和省纪委加强党风廉政建设通知，听取市政府1989年国民经济和社会发展计划执行情况及1990年国民经济和社会发展计划汇报。5月5日，召开市委二届七次全体会议，全体市委委员、候补委员参加会议，会议传达学习中共十三届六中全会、省委五届十次全会和地委扩大会议精神，结合娄底市实际，研究贯彻加强党和政府同人民群众联系措施。1991年10月17日，召开市委二届十次全体会议。专题讨论市纪委《认真贯彻党的十四届四中全会精神，把反腐败斗争深入持久进行下去》工作报告，要求各级党组织以整风精神，搞好各级领导班子和机关干部思想作风建设。

二、第三届娄底市委全体会议

第三届委员会共举行5次全会。将反腐败工作、廉政建设作为加强党的建设长期任务。三届三次全会专题讨论在社会主义市场经济条件下党要管党、从严治党、加强党组织建设问题，作出“用3年时间对农村党支部进行全面整顿和建设”的决定。1992年10月12日，中共娄底市第三届委员会举行第一次全体会议。选举黄懿斌、申庆华、袁勇前、李厚元、邓迪华、唐海波、龚彧、童名让、彭振楚为市委常委，黄懿斌当选为市委书记，申庆华、袁勇前、李厚元为市委副书记。同时，召开中共娄底市纪律检查委员会全体委员会议，选举曾国和、刘玉秋、彭承秋、谢建国、赵桂生为新一届市纪委常委，市纪委书记暂缺。1994年1月25—26日，召开中共娄底市第三届委员会举行第二次全体（扩大）会议，传达贯彻省委、地委工作会议精神，研究部署1994年工作。市委书记肖志良作《奋力拼搏，真抓实干，努力开创1994年工作的新局面》工作报告。1995年1月3—4日，市委召开三届三次全体会议（市委工作会议），总结1994年工作，对1995年经济工作进行总体部署。会议期间，就2015年工作进行讨论，研究具体措施。市委三届五次全会重点研究加强社会主义精神文明建设8条措施，制定《加强我市精神文明建设的意见》，决定在全市实施以加强党的思想建设为目标，以领导班子创先进、领导干部作表率、共产党员当模范为主题的党建“先锋工程”，推行办事公开制度，从各方面加强党的建设。

三、第四届娄底市（娄星区）委全体会议

1997年10月8日，中共娄底市委四届一次全体会议和市纪委全体会议召开，选举肖志良、张定良、李应南、龚彧、周世辉、方翔英、刘甲申、刘梅开、邓国雄、毛国和、刘建中、卢联盟为市委常委，肖志良当选为市委书记，张定良、李应南、龚彧、周世辉为市委副书记，方翔英为市纪委书记。

1999年1月20日，中共娄底市委四届二次全会召开，总结1998年工作，讨论审议1999年市委工作及有关工作。全体市委委员、候补委员参加会议，市纪委委员列席会议，市委书记张定良作《统一思想 坚定信心 团结拼搏 努力开创我市两个文明建设新局面》主题讲话。1999年5月27日，召开中共娄底市委四届三次全会，全体市委委员、候补委员参加会议，市委副书记李应南讲话，审议出席地级娄底市第一次党代会代表候选人。2000年1月17日，中共娄星区委四届四次全会召开，全体区委委员、候补委员参加会议。学习贯彻落实党的十五届四中全会、省委七届八次全会和市委一届二次全会精神，审议通过《中共娄星区委近期经济发展思路》和《中共娄星区委关于贯彻〈中共娄底市委关于加快国有中小企业改革和发展的决定〉的实施意见》。区委书记周世辉作《调整思路 加快发展 努力开创娄星区经济社会发展新局面》主题讲话。5月29日，中共娄星区委四届五次全会召开，全体区委委员、候补委员参加会议，纪委委员列席会议。区委书记周世辉作讲话，全会学习贯彻中央、省委、市委经济会议精神，凝心聚力谋发展，推动娄星区又好又快发展。

2001年3月9日，中共娄星区委四届六次全会召开，出席全会的有全体区委委员、候补委员，全体区纪委委员、人大、政府、政协、人民武装部领导成员和乡镇街道、区直单位党委（党组）书记列席。区委书记周世辉作讲话，全会学习贯彻中共十五届五中全会、省委七届九次全会、市委一届三次全会和中央、省委、市委经济工作会议精神，讨论和审议通过《娄底市娄星区国民经济和社会发展第十个五年计划纲要（草案）》，并形成决议。2002年1月15日，中共娄星区委四届七次全会召开，出席全会的有全体区委委员、候补委员，区纪委委员列席。学习贯彻党的十五届六次全会和省委七届十二次全会精神，审议通过《中共娄底市娄星区委关于进一步加强干部队伍思想作风建设的决定》，区委副书记、代区长姚兵作《提高认识 找准差距 强化措施 努力把全区干部队伍思想作风建设提高到一个新水平》主题讲话。

四、第五届娄星区委全体会议

2002年10月28日，中共娄星区委五届一次全会和区纪委全会召开。选举王雄、毛国和、方翔英、刘乔晚、刘华江、欧阳乾庆、罗琳、罗孝贵、胡锡辉、姚兵、袁放安、聂斌全、彭希亮为区委常委，姚兵当选为区委书记，王雄、袁放安、方翔英、毛国和、刘乔晚为区委副书记。毛国和当选为纪委书记。

2003年11月14日，中共娄星区委五届二次全会召开，全体区委委员、候补委员出席，区纪委委员列席。区委书记姚兵代表区委常委会作工作报告，总结五届一次全会以来工作，安排部署2004年工作。五届一次全会以来，娄星区坚持以经济建设为中心，坚持改革开放，坚持从严治党，克服"非典"、自然灾害、城市拆违、区划调整等方面困难和影响，保持经济持续快速发展、社会政治稳定。

2004年11月5日，中共娄星区委五届三次全会召开，全体区委委员、候补委员出席，区纪委委员列席。区委书记姚兵代表区委常委会作工作报告。传达贯彻省、市委全会精神，就全区学习贯彻中共十六届四中全会精神进行部署安排。补选区委委员1名。

2005年12月19日，中共娄星区委五届四次全会召开，全体区委委员、候补委员出席，区纪委委员列席。区委书记姚兵作《落实科学发展观 加快建设新娄星》工作报告，强调坚持扭住经济建设不动摇，抓住党的建设不放松，突出难点工作不推诿，统筹各项工作不偏颇，坚持自律不降低，推进娄星经济社会和谐稳定发展。

五、第六届娄星区委全体会议

2006年6月23日，中共娄星区委六届一次全会和区纪委全会召开。选举姚兵、王雄、陈明华、欧阳乾庆、彭希亮、罗孝贵、罗琳、钟芝兰、彭岳松、吴小阶、向乾勇、李群欢、魏志军为区委常委，姚兵当选为区委书记，王雄、陈明华为区委副书记。罗琳当选为纪委书记。

2007年9月3日，中共娄星区委六届二次全会召开，全体区委委员、候补委员出席，区纪委委员列席，区委书记王雄作工作报告。全会学习和贯彻胡锦涛总书记"6·25"重要讲话精神，坚持科学发展，推进富民强区步伐。

2008年12月31日，中共娄星区委六届三次全会召开，全体区委委员、候补委员出席，区纪委委员列席。区委书记王雄代表区委常委会作工作报告，报告一年来区委常委会主要工作，研究和明确2009年发展思路。补选1名区委委员。

第四节　常务委员会会议

一、第二届常委会议

第二届市委任职期间，召开市委常委会议22次，对阶段性政治、经济、文化、社会事业进行研究讨论，作出决策。1989年6月6日，市委书记陈声南主持召开市委常委会议，研究计划生育工作。会议强调，做好计划生育工作是贯彻中央、省委决策重要体现，各级各部门加强计划生育宣传活动和少生优生、扶贫帮困等方面工作，提高计划生育水平。1990年3月5日，市委书记陈声南主持召开市委常委会议，研究春耕备耕工作。会议强调，维护粮食安全是根本、是核心，农业部门要及时为春耕生产提供早稻种子、农药、化肥、农膜、育秧盘等农用物资供应，推进早稻生产，确保今年粮食丰收。1991年12月8日，市委书记黄懿斌主持召开市委常委会议，研究党建工作。会议强调要加强党的建设、组织建设和基层建设，进一步加大发展党员力度，壮大党员队伍，为经济社会发展提供组织保障。

二、第三届常委会议

第三届市委任职期间，累计召开市委常委会议71次。对阶段性政治、经济、文化、社会事业进行研究讨论，安排部署工作任务，解决存在问题，对重大事项作出决策。1995年3月16日，市委书记肖志良主持召开第七次常委会议。会议决定创办市委、市政府机关报《娄底晚报》，筹建娄底晚报社。会议听取市委常委、纪委书记李应南关于传达贯彻全区反腐败工作会议精神情况汇报。部署反腐败工作。市委要求各级党委、政府各部门各单位要学习贯彻江泽民在中纪委五次全会上的讲话精神，贯彻落实中央、省、地反腐败工作会议部署和要求。4月24日，市委书记肖志良主持召开第十一次常委会议。听取组织工作汇报，研究机构改革、推行国家公务员制度等问题。会议要求各级各部门要加强党的建设、班子建设、干部队伍建设，推进机构改革，做好现有人员向公务员过渡问题。6月23日，市委书记肖志良主持召开第十三次常委会议，听取市财办关于庆祝娄底市复市15周年暨湘中商品展销会筹备情况汇报。同意成立大会筹备处，解决展销会工作经费。听取市计划物价局关于成立娄底市重点项目建设领导小组建议意见和成立娄底火车站开发建设公司方案汇报。同意成立娄底市重点项目建设领导小组，做好火车站开发建设。

1996年3月4日，市委书记肖志良主持召开1996年第九次常委会，研究党建工作。提出要解决经济中心意识问题，党务工作者思想上要牢固树立以经济建设为中心观念，服从于服务于经济建设，组织干部工作要按照“三个有利”标准使用干部，按市场经济要求使用干部，克服论资排辈，求全责备做法；纪检部门要主动为经济建设保驾护航；宣传思想工作要解决宣传报道“两张皮”问题。市场经济条件下转变领导方式方法，适应新形势，走向市场，参与市场。

三、第四届常委会议

第四届娄星区（娄底市）委任职期间，召开区（市）委常委会议68次。研究讨论涉及政治、经济、文化、社会事业重大事项，作出决策；研究部署相关工作，解决实际问题。1997年2月19日，市委书记肖志良主持召开娄底市创建国家级科技工作先进市活动领导小组第一次会议。讨论市委、市政府《关于在全市开展创建国家级科技工作先进市活动的通知》和《娄底市创建国家级科技工作先进市活动实施方案》。会议要求各级领导干部要贯彻落实党中央关于“科学技术就是第一生产力”精神，实施“科教兴市”战略，推进全市科学技术进步。5月20日，市委书记肖志良主持召开会议，研究娄底市工业企业改革措施。确定工业企业改革总体思路和原则是：思想上放胆，形式上放开，机制上放活，政策上放宽；只要符合“三个有利”，什么办法能把企业搞活就采取什么办法。会议要求市经委对前段工业企业改革进行检查，在此基础上，逐厂排队、逐厂明确主攻重点和方向，逐厂回答“钱从哪里来”“人往哪里走”“机制怎么搞活”“产业结构怎么调整”“管理怎么加强”，寻求企业活路，抓好小型企业改革，减轻企业负担。8月10日，市委书记肖志良主持召开市委常委会，研究关于创建小康市和减负工作。会议决定将小康市建设活动定名为“娄底市创建小康市活动”，作为市委、市政府1997年十件大事之一组织实施。11月21日，市委书记肖志良主持召开市委常委第二十五次会议。就加快小城镇建设进行研究。同意《关于进一步加快小城镇建设的决定》，同意设立娄底市村镇建设办公室，隶属市建委管理。1999年1月16日，市委书记张定良主持召开常委扩大会议。传达省委、地委经济工作会议精神，讨论市委1999年工作要点；研究城市建整工作。会议决定全市安排50个建整扶贫驻点村，从机关选派106名建整工作队员，所需经费由市财政核算后列入财政预算。

2000年2月15日，区委书记周世辉在区委常委会议室主持召开区委常委会议，听取区人大党组关于区人大常委会1999年工作情况、2000年工作思路及区六届人大四次会议筹备工作情况汇报，区政协党组关于区政协1999年工作情况、2000年工作意见及区政协五届三次会议筹备工作情况汇报。研究部署加强区人大、区政协工作，同意召开“两会”。

四、第五届常委会议

第五届区委任职期间，累计召开区委常委会议78次。对阶段性政治、经济、文化、社会事业进行研究讨论，对重大事项作出决策。2005年8月11日，区委书记姚兵主持召开区委常委扩大会议，专题研究产业基地建设问题。会议认为，经济园区管委会自成立以来，进行园区选址、规划、招商等工作，产业基地建设基本形成。会议要求，加快产业基地建设步伐，壮大娄星经济总量，增加财政收入，把产业基地建设作为事关娄星经济发展大事来抓。8月23日下午，区委书记姚兵主持召开第十八次区委常委会议，研究社区建设工作和优化经济环境工作。会议同意调整区优化办领导小组。在赋予优化办原有工作职能基础上，再授予工作交权和处理建议权。安排1名纪委常委和公安局副局长兼任优化办副主任，加大对损害经济发展环境案件的处置力度，进一步优化经济发展环境。9月29日，区委书记姚兵主持召开第二十次区委常委会议，研究创建省级文明城市等工作。会议要求，加快城市管理建设，进一步改善基础建设；加强城市管理，提高品位；加快社区管理建设，夯实城市基础工作。围绕创建文明城市，争做文明市民主题，切实抓好各项工作，确保成功创建省级文明城市。

五、第六届常委会议

第六届区委任职期间，累计召开区委常委会议80次，对阶段性政治、经济、文化、社会事业进行研究讨论，作出决策。2007年1月30日，区委书记、区长王雄主持召开常委会议，专题研究双江水库建设工作。会议强调，要加快双江水库建设进度，力争在2007年7月底前完成双江水库大坝建设。双江水库工程建设指挥部要分段安排各项工作，同时要根据省拨资金不能及时到位情况与施工单位签订好资金支付协议，加强双江水库建设资金筹措工作。大坝建设资金安排原则上按2006年12月13日在水利局召开的办公会议议定意见落实。根据实际情况，原定在园艺场土地处置收入中安排的200万元资金在财政已调度80万元基础上再调度120万元。待园艺场土地处置后，在处置收益中归还2007年通过财政预算安排的200万元用于双江水库建设。关于蓄水筑坝问题，工程建设指挥部要在不影响施工建设情况下，由专家出具意见书，并按专家确定意见开展工程建设。在加快工程建设进度中加强施工监理，各项指标必须合乎技术规定。2月13日，区委书记王雄在园区管委会会议室主持召开常委办公会议，专题研究园区开发建设有关工作。同意园区2007年工作计划和目标，所有指标上浮20%，以此作为对园区2007年度三个文明建设目标考核内容，区委、区政府将围绕目标给予支持。会议就园区开发建设中要注意和解决的问题进行研究。

2008年3月8日，区委书记王雄主持召开常委办公会议，专题研究万宝小城镇开发建设有关工作。听取万宝镇关于万宝小城镇开发建设进展情况和下一步开发建设急需解决的问题汇报。会议强调，区委、区人大、区政府、区政协及区直部门支持配合，解决万宝小城镇开发中的困难。万宝镇加大项目实施，打通小城镇建设政策障碍和工作瓶颈；加快工程进度和工业项目建设进度；注重环境保护，依法依规开展工作，按照小城镇建设整体规划，分段实施，注重效益，重视项目引进和土地储备开发，尽快产生效益。3月14日，区委书记王雄主持召开常委办公会议，专题研究湖南九龙集团在项目开发建设工作中有关问题。会议强调，各级各部门要站在发展区域经济、支持民营企业做大做强战略高度，在政策上、环境上、项目上给予九龙集团更大支持和扶植，协调解决九龙集团项目开发建设中各种困难与问题，促进九龙集团发展与壮大。

第五节　决策纪要

一、发展战略

1989年，中共娄底市委成立发展战略规划委员会，编制《娄底市1989—2000年综合发展规划》，确定到2000年把娄底市建成湖南省重要冶金工业基地、煤炭工业基地、机械工业基地和湘中地区交通中心战略目标。明确加强基础设施建设、发展优势产业、拓宽市场、发展科技教育4个战略重点。

1991年3月20日，市委二届九次全体会议讨论修改《娄底市经济发展“八五”计划纲要（草案）》，提出把娄底市建设成为湘中地区“三地一中心”，实现“崛立湘中，服务全省”战略目标。到“八五”计划期末，地区生产总值达16.50亿元，年均递增10.1%；地区收入达13.40亿元；实现财政总收入7000万元，年均递增5.9%；工业总产值达20亿元，年均递增9.7%；农业生产总值达1.65亿元。居民年均收入达1900元，农民年均收入达900元。

1993年，市委、市政府抽调市计委、政府办、农委、财委、纪委、建委、教委、财政局、统计局等14个部门主要负责人和75名业务骨干组成工作班子，研究制定《娄底市第三产业发展规划（1993—2000）》，作为“八五”计划重要补充。5月5日，市委、市政府讨论通过。1994年，市委、市政府作出关于建设水果市的决定，确定用5年时间在全市建立10万亩水果，形成湘中市著名水果基地战略目标。

1997年2月13日，市委、市政府作出《关于加快实施“四五·四一”菜篮子工程的决定》，确定发展生猪50万头、家禽500万羽、山羊5万只，开发蔬菜大棚5000个，年产水产品总量10万担，发展种养加工大户1000户、专业菜地1万亩、年出栏肉牛1万头战略目标。

1999年1月，中共娄星区委全会审议通过《中共娄星区委近期经济发展思路》，凝心聚力谋发展，推动娄星区经济社会又好又快发展。2000年，区委四届四次全会讨论通过《关于贯彻〈中共娄底市委关于加快国有中小企业改革和发展的决定〉实施意见》决定加快国有中小企业改革和发展。

2003年5月，区委常委会议专题研究设立经济园区，确定建设经济园区战略目标。决定设立娄星经济区管理委员会，负责娄底市农业科技示范园规划、开发建设和管理。决定将毗邻涟钢的高溪工业小区和三圭工业小区及其周边区城整合成南阳工业园，规划面积6平方千米。

2006年3月，区委、区政府作出《关于开展社会主义新农村建设决定》，确定万宝镇群益村和江溪村、黄泥塘街道恩口村、茶园镇松山村、杉山镇坝塘村、小碧乡小碧村、双江乡双江村、石井乡祖师村、大科街道大新村共8个乡镇、街道9个村作为社会主义新农村建设首批示范村。

二、重点项目

1989年，市委、市政府征地拆迁指挥部配合涟钢年产100万吨钢配套改造项目建设，完成征地拆迁工作。12月20日，涟钢30万吨电炉连轧工程动工建设。1992年3月，市委、市政府决定选择城区繁华地段，东有娄湘公路，南邻汽车客运站，西倚娄邵、湘黔铁路，北靠火车站，与320、307国道左通右接的洞新村建设洞新大市场。成立筹建指挥部，确定1名市级领导担任指挥长，抽调相关部门人员组织实施。大市场占地面积17.33公顷，采取民间集资办法筹资18亿元，于1995年10月竣工。建筑总面积252万平方米，建商业门面2889个，商业摊点500个，仓库面积1000平方米，住宅2370套17.80万平方米。市场规划区域内可容纳常住人口3万余人。场内水电道路、管道煤气、邮电通信，有线电视、车库、停车场、市政公用设施全部配套，有宾馆、歌舞厅、金融、幼儿园、医疗卫生、程控电话、消防治安等服务设施机构，是集吃住、娱乐、观赏、服务于一体的综合性大型批发市场。

1997年，市委、市政府申报修建娄底—涟源高等级公路建设项目。1998年9月，娄涟高等级公路动工建设。市委确定1名市领导负责，组建征地拆迁指挥部，开展征地拆迁工作，协调工程建设外部环境。2002年9月28日竣工。起于西阳泉丰与和家交界处娄湘公路K47+549米，过泉丰、忠实，跨湘黔铁路过勤丰河大桥，在鸭丝塘与S209线相交，在涟钢过洪家洲大桥，经东来湾过谭家进入涟源境内，止于三甲乡马埠桥，域内21.62千米。

2000年8月，区委、区政府成立娄星区双江水库工程建设协调领导小组，由区委副书记刘建中任组长，副区长彭希亮任副组长，区政府相关职能部门单位负责人为小组成员，动工修建双江水库枢纽工程。双江水库枢纽工程是一座以灌溉、供水为主，结合防洪等综合利用的中型水利工程。地处湘江三级支流、涟水二级支流井勘河上，大坝（1坝址）位于双江乡方石村茶亭子，距城区34千米，距双江乡政府4千米。2008年3月工程竣工，累计完成投资1.03亿元。

2002年，涟钢决定新上涟钢热轧薄板项目。区委、区政府成立涟钢项目建设协调领导小组，确定1名区级领导担任组长，抽调相关部门人员集中办公，负责项目区征地拆迁工作。6月18日，涟钢热轧薄板主体工程开工建设。

2004年2月4日投产，建设工期20个月，创造世界CSP生产线建设史上工期最短优良纪录。是年，区委、区政府支持涟钢新上薄板冷轧生产线项目建设，成立涟钢薄板冷轧生产线项目征地拆迁办公室，确定1名区级领导负责，组织开展征地拆迁工作。2006年3月，涟钢薄板冷轧生产线项目建成投产。

2007年1月30日，区委书记、区长王雄主持召开双江水库建设办公会议。研究双江水库建设工作。提出7月底前完成双江水库大坝建设任务，对资金筹集进行调度。

三、产业建设

1994年，市委、市政府制定《关于建设水果市的若干规定》。按照先荒山、后旱土、再耕地方法逐步推进，放宽搞活政策，多层次多形式多样化经营，固定所有权，明确使用权，搞活经营权，鼓励个人承包、独资、租赁、雇工开发经营果园，果园承包期延长至50年不变。提倡股份制合作开发经营果园，允许招标、拍卖，允许经营权流转，“谁开发、谁投入、谁受益”。5年内市财政每年支持60万元，农业切块资金每年拿出15%作为水果开发专项资金。国土、交通等部门每年拿出资金用于果园开发和道路建设，各乡镇拿出其财政收入10%以上用于水果市开发与建设。

1997年2月13日，市委、市政府作出《关于加快实施“四五·四一”菜篮子工程的决定》。围绕“吨粮田”“水果市”“四五·四一”菜篮子工程三大重点，提出“城郊型、开发性、提篮子、摘果子”发展思路，实施“水果市”和“四五·四一”菜篮子工程建设，发展“一优两高”农业，发展“种养大王、一村一品、畜牧小区”，推进农业产业化进程。

2000年，区委、区政府通过关于贯彻《中共娄底市委关于加快国有中小企业改革和发展的决定》，全区国有商业系统实施改革改制，实行“民进国退”，传统国有商业企业退出市场，发展以配送、代理、超市、专卖店等民营经营模式。

2002年，区委、区政府支持涟钢争取国家重点建设项目超薄板带钢工程。工程主要包括1套年产240万吨热轧超薄带钢生产线、年产150万吨冷轧板带生产线和30万吨热镀锌生产线，项目总投资55.45亿元，是中华人民共和国成立以来湖南省单项投资最大的工业技术项目，也是湖南省推进工业化进程十大标志性工程之首工程。工程于2002年开工建设，至2006年完成，项目建设创造世界最快建设纪录。

2005年7月，区委、区政府按照娄底市“十一五”工业发展规划和城市北扩难移发展战略要求，重新制定县域经济产业基地方案，在洛湛铁路以南竹林路以西选址建设产业基地，面积6.30平方千米。2006年，区委、区政府加快发展商贸经济，重点打造春园步行街，建设城区集贸市场。春园步行街于2006年开业，总建筑面积为20万余平方米，总投资6.80亿元，地处核心商业区，为中南地区规模最大商业步行街。引进沃尔玛超市，成为沃尔玛进驻湖南省第二家地市分店。2007年，引进湘潭康星百货股份公司，以5000万元收购红太阳商厦。2008年，实施标准化规模养殖、湖南黑猪产业化建设等农业生产项目和农村基础设施项目建设。全区共有种、养、加各类农业大户600余户，专业合作经济组织14个；农业产业化龙头企业24家。

四、社会事业

1990年，结合农村社会主义思想教育和村级组织建设达标活动，市委、市政府部署在全市农村进行责任田调整。在稳定1984年确定承包期基础上制定发包方案，建立积累机制，实行土地有偿承包，增加集体经济收入。1993年，市委、市政府发出切实减轻农民负担通知，调整减轻农民负担工作领导小组成员，明确市政府主要领导任组长，部署开展农民负担专项清理工作，针对突出问题开展专项治理。农民负担监督管理领导小组办公室对农村婚姻登记中搭车收费，层层加码和平均摊派农业特产税，对农民建房中乱收费，中小学乱收费，计划生育中乱收费乱罚款，畜牧、农村用电等重点涉农收费行为开展专项治理。实施村提留、乡统筹预算和农民监督卡（明白卡）制度，完善农村义务工、劳动积累工等制度。

1995年，市委、市政府作出《关于基本普及九年义务教育、基本扫除青壮年文盲决定》，部署开展基本普及九年义务教育、基本扫除青壮年文盲工作。把普及九年义务教育纳入各级各部门工作任务，加大教育投入，加强学校基础设施建设，开展扫除青壮年文盲活动。确保1996年实现基本普及九年义务教育，达到扫除青壮年文盲目标。2000年6月，区委、区政府作出《关于进一步提高计划生育协会工作的决议》。加强各级计划生育协会建设，开展计划生育宣传活动，提倡少生优生，开展计划生育贫困户扶贫帮困工作。

2002年5月，区委、区政府作出《关于基础教育改革与发展的决定》，对振兴娄星教育进行全面部署。坚持“以区为主”管理体制，区乡两级人民政府把全面普及九年义务教育作为教育工作重中之重。全区小学、初中入学率达100%，小学巩固率为100%，初中年辍学率控制在1%以内。继续改善办学条件，提高普通高中办学水平，基本普及高中阶段教育。2005年，区委、区政府作出部署，投资180万元，架设光缆188千米，对杉山镇、小碧乡、双江乡所有行政村全部开通有线电视。整顿电视行业非法小前端，先后关闭高溪村、万宝镇、双江乡11个小线前端。全区有线电视用户达6000户。是年，区委、区政府对计划生育工作作出安排部署，党政主要领导亲自抓，采取有力的工作措施和严厉的制约机制，确保2005年人口与计划生育工作及春季计划生育活动落到实处，确保在全省计划生育评估排队中保类进位。

2007年，区委、区政府制订2007—2010年农村电影放映工程计划。明确规定每个村每月放映1场电影，财政实行场次补贴。2008年，配备5套数字电影放映设备，其操作方法是政府买单，群众受益，市场运作。

五、文明创建

1990年，市委决定开展农村社会主义思想教育活动，加强农村党组织建设、发展集体经济，完善统分结合的双层经营，加强工农业生产，用社会主义思想占领农村阵地。分阶段进行：2—4月为教育学习阶段，5—7月为解决问题阶段，8—10月为民主评议党员和组织整顿及建设阶段，11—12月为整章建制、总结阶段。1991年，市委、市政府制定《关于社会主义精神文明五年发展计划》，确定规划目标和实施步骤。制定《娄底市创建文明卫生城市总体规划》，创建文明城市；成立文明建设目标管理委员会，实行双文明建设目标管理；开展“做文明市民、建文明小区”活动。制定《关于深入开展农村社会主义精神文明建设活动的若干意见》，确定“团结奋进，真抓实干，创优争先，屹立三湘”娄底精神。

2000年，区委下发《关于认真学习贯彻“三个代表”重要思想的通知》，开展“讲学习、讲政治、讲正气”教育活动，加强新时期党的建设；以“三个代表”重要思想为指导，推进改革开放和经济社会健康发展。2006年，区委印发《关于推进社会主义新农村建设的意见》和《示范村建设实施意见》。决定从5月起，按照社会主义新农村建设总体目标要求，调整农业产业结构，发展蔬菜、水果、茶叶、药材、花卉苗木等高效经济作物产业；发展“湖南黑猪”、菜牛、黑山羊等名优特新养殖品种。培植万宝食品、天源高科、庆阳牧业等农业产业化龙头企业；发展休闲观光旅游农业，推动农村经济增长，增加农民收入。

第三章　纪检　监察

1989年，县级娄底市分别设立纪律检查委员会和监察局，各自履行其职责职能。1990年，乡镇建立纪律检查委员会，乡镇党委副书记兼任纪委书记。1993年4月，市纪委机关内设办公室、党风党纪教育室、案件审理室、控告申诉室、纪检室，均为副科级单位。5月，市纪委、监察局合署办公，内设机构由原5个增设为7个，增加党风廉政建设室、执法监察室。改党风党纪教育室为教育研究室，均为副科级单位。市纪委设专职常委、委员，监察局实行局长办公制度。市纪委、监察局机关设科、股级纪检监察员。1994—1996年，在全市范围内聘请10名党员为市纪委特邀纪检监察员兼信访信息员。同时，在各乡镇、街道办事处配备1～2名专职纪检监察信访干部；市直各委、办、局配备1名兼职纪检信访信息员。至1996年，全市设立纪检监察机构53个，有专职纪检监察、信访干部129名，兼职纪检监察信访员30名。1997年，市纪委机关增设经济监察室。1999年7月，更名为中共娄星区纪律检查委员会、娄星区监察局。职能配置、内设机构和人员编制重新确定。区纪委、监察局内设9个职能室。2004年4月，设立行政效能监察室。

至2008年，全区有纪检监察机构64个。其中，乡镇、街道纪检监察机构12个。区纪委监察局内设机构为办公室、党风廉政建设室、执法监察室、案件审理室、案件检查室、信访室、宣教室、行政效能监察室、纠正部门和行业不正之风室。

1989—2008年历任纪委书记：肖正光、朱新初（代理）、李应南、方翔英、毛国和、聂斌全、罗琳。历任监察局局长：赵桂生、曾一泉、陈志良、禹丽君、林伶。

第一节　党风廉政建设

一、廉政教育

1990年，娄底市委针对党政干部中腐败现象，坚持以预防教育为主方针，采取集中教育和电化教育相结合的方法，开展党风廉政教育。1995年，开展党纪、政纪和纪检、监察法律法规教育，受教育党员干部9000余人次。结合学习孔繁森事迹，在各级领导干部中开展理想信念和廉洁从政教育。组织党员干部观看《周恩来在大连》《号角与警钟》等13部党风廉政教育片，参加党员干部占全市总数97.5%，教育覆盖城镇达100%。1996年，组织反腐治奢，反腐倡廉大讨论。在副科级以上单位党政“一把手”配偶中开展当好“廉内助”等活动，参加活动的党政领导配偶1000余人次。是年，结合讲学习、讲政治、讲正气“三讲”活动，开展勤政为民、廉洁自律教育。

1997—2006年，娄星区（娄底市）根据各个时期不同情况，开展党风廉政责任制教育；树“可亲、可信、可敬”形象为主题集中教育；筑牢拒腐拒变，普及廉政文化思想道德体系教育。推进廉政文化进机关、进社区、进厂矿、进农村，营造“以廉为荣、以贪为耻”文化风尚。

2008年，区委将廉政教育纳入党校必修教学内容，实行领导干部廉政培训。是年，开办新任领导干部培训班4期，培训新任领导120名。在党员干部中开展“廉政为民、科学发展”为主题的教育活动，在区政府网设置“创建人民群众满意机关”专栏。1989—2008年，开展各类廉政教育活动600余次，受教育党员干部10万余人次。

二、廉政建设

1993年，娄底市委成立党风廉政建设领导小组和党政领导干部廉洁自律办公室，在全市党政机关推行党风廉政责任制，推行办事公开制度。1998年4月，市委作出《中共娄底市委关于建立反腐败和党风廉政建设工作责任制的决定》。乡镇、街道、市直机关和市属厂矿、企业领导班子对本地区、本部门、本单位反腐败和党风廉政建设工作负领导责任，党政“一把手”负总责。此后，从党风廉政责任制要求出发，加强廉政制度建设。严格干部管理程序，开展干部交流，严格离任审查，推行办事公开制度、廉洁自律制度。制定《关于进一步改进机关工作作风力戒形式主义的意见》和《关于进一步严肃干部调配纪律的意见》。

2000—2005年，娄星区委党风廉政建设领导小组按照集体领导与个人分工相结合，谁主管、谁负责，一级抓一级，层层抓落实原则，分别制定《娄星区领导干部廉洁自律工作实施意见》《娄星区领导干部廉洁自律治本抓源头工作的实施意见》《关于认真学习贯彻〈建立健全教育、制度、监督并重的惩治和预防腐败体系实施纲要〉的意见》《关于加强对科局级党政“一把手”管理监督的规定》《娄星区反腐倡廉宣传教育联席会议制度》《娄星区党风廉政宣传教育联席会议制度》《关于加强干部监督管理工作联系的意见》《区直单位反腐倡廉宣传教育工作责任目标》《娄星区反腐败治本抓源头工作联席会议制度》《关于加强元旦、春节期间党风廉政建设的通知》《关于严禁党员干部大操大办酒席的通知》《娄星区乡、镇、街道办事处、区直各单位反腐治本、抓源头工作目标责任制》12项廉政建设制度。

2006年，娄星区落实区直单位“一把手”不直接分管人事和财务规定，实行特约监察员制度和巡视督导制度，聘请一批处级离退休老干部担任监察员和巡视督导员。2007—2008年，与区委组织部联合制定下发《干部人事纪律十三不准》《财经纪律九不准》《优化经济发展环境五个严禁》等文件。对党风廉政建设中存在的重点、难点以及出现的新情况、新问题开展调研、探索解决办法。

1989—2008年，全区制定党风廉政建设制度及规定140余个，12个乡镇、街道，62个区直部门，422名党政主要领导建立廉政档案。

第二节　案件查处

1989—1995年，娄底市违纪案件查处重点主要是党政机关干部以权谋私、贪赃枉法、奢侈浪费、收受贿赂等腐败行为。查处党纪、政纪重点对象是党政领导机关、行政执法机关、司法机关、经济管理部门领导干部。至1996年，查办各类违法违纪案件253件，结案241件，处分违纪党员干部212人。其中，党纪处分147人，政纪处分42人，开除党籍28人，追究刑事责任5人。其中，影响较大案件有长青税务所买卖税收案，查处买卖税款458.90万元，单位和个人收取买卖税收手续费66.50万元，贪污受贿9.50万元，其他违纪金额18.10万元，涉案违纪人员56人，立案9人，党纪处分3人，政纪处分6人；茶园镇少数党员干部非组织活动案，立案查处4人，1人行政撤职，2人警告处分，1人留党察看；市煤炭局主要领导及4名机关干部违反国家规定，私自在茶园振兴煤矿入股，致使煤矿长期非法开采，未能及时关闭，因失职对煤矿安全隐患失察，造成10人死亡事故。立案查处后，给予责任人行政撤职、留党察看二年处分。

1997—1999年，娄星区（娄底市）反腐败工作查案重点由以权谋私转移到以治奢为重点，推进领导干部廉洁自律，坚持标本根治，从源头上预防和遏制腐败现象蔓延。3年查处各类案件337件，党纪处分63人，政纪处分102人。

2000—2005年，娄星区突出查处党政干部徇私枉法，以权谋私、收取贿赂、接受红包和礼金、公款吃喝玩乐、违规出国、沉溺赌博、为子女和配偶谋取非法利益等问题。查办基层领导、国有企业侵害国家、集体和群众利益造成国有资产严重流失案件。6年查处违纪违法案555件，处分521人。2006—2007年，区纪检、监察部门加强案件查处工作，对贪腐案件查处采取高压态势，建立打击违法犯罪长效机制。2008年，查处违纪案件47件，受党纪、政纪处分45人。

第三节 依法行政

一、纠正部门行业不正之风

1995年，娄底市纠正部门行业不正之风领导小组，开始对部门、行政事业单位乱收费和预算外资金进行专项清理。清查出违规乱收费项目137个，预算外“小金库”资金140万元。取消违规收费项目133个，制止重复收费项目1个，擅自提高收费标准项目2个，擅立收费项目1个。纠正市委办、市委政法委违规使用警车号牌和交通局非法着警服问题。1996年，着重清理预算外资金，部门、行政事业单位擅立收费项目，提高收费标准，重复收费，外流资金“炒地皮”等问题。全年清查部门、行政事业单位128个，查处违纪单位95个，违纪金额194.50万元，“小金库”金额49万元。制止、取消不合理收费项目65个，查处在沿海地区参与“炒地皮”和房地产投资单位19个，涉案资金7609.90万元。

1998—2004年，娄星区（娄底市）建立部门负责制，禁止部门搭车收费，开展对金融、财税、公安、交通、建筑、水电、煤气等执法部门与公共服务单位行风评议。建立纠风工作社会监督机制，将纠风工作纳入部门、行业管理之中。严禁部门、行政事业单位凭借权力和垄断地位强行收费、变相收费，查处以行业以部门谋私，索拿卡要违纪违规问题。对69个单位进行行风评议，对17个执法部门进行行政执法效能问卷调查。清理部门单位42个，查出违纪金额693万元，“小金库”金额1135万元，清退不合理收费金额68.50万元。2006年，纠正部门和行业作风工作转移到部门和行业服务于地方经济、社会各项事业改革方面。区优化办对全区34个行政执法单位开展服务优化经营发展环境评议，参评人员220人。参评单位协调处理各类矛盾16起，纠风38起，提出整改意见112条。查出区林业局违纪金额11.55万元。

2007—2008年，娄星区委督促各行政机关建立部门优化经济发展环境责任制。加强对行政机关工作作风监督检查，指导督促行政执法部门建立完善和落实公开办事制、岗位责任制、服务承诺制、首问责任制、限时办结制等效能制度，形成优化经济发展环境长效机制。

（一）治理教育乱收费

1996年，整治中小学乱收费，规范收费行为。全年制止和取消不合理收费项目65个，清退各种乱收费金额50余万元。2002—2004年，推行义务教育“一费制”。查办乱收费案件9起，查出乱收费金额478.50万元，账外账资金80万元，追缴违纪款8万元，退还乱收费金额342万元。2006年，下发《关于进一步规范中小学招生秩序的通知》。区纠正部门行业不正之风领导小组办公室牵头，组织教育、物价、减负办公室、财政等部门，集中对教育收费、招生等情况进行检查。查办大科中心小学、娄底二小、娄底四小乱收费案件，清退违纪金额83.40万元，免收借读费41万元。

至2008年，全区制止、取消不合理收费项目78个，查出乱收费资金818.50万元，追缴违纪金额83万元。清退乱收费资金540.80万元，免收借读费278万元，免收学杂费1690.80万元，免收教科书费335.50万元。为贫困家庭寄宿生提供生活补助费60万元，减轻城市困难学生家庭经济负担163万元。对违规收费13所学校中9名负责人进行查处，违纪行为在全区进行通报批评。

（二）治理公路“三乱”行为

1990年后，公路乱设卡、乱收费、乱罚款“三乱”现象加剧，域内公路设站卡8个，存在巧立名目对过境车辆进行不合理收费、罚款现象。1996年，公路站卡增加到12个。其中，设煤炭基金收费站9个，公安警务收费站卡3个。是年，开展治理公路“三乱”，拆除收费站5个，保留7个。煤炭检查站保留牌子，取消煤炭基金收费；公安警务站卡按省市规定收取过路费，取消其他收费，主要任务是拦截违法犯罪人员。1997年后，交通部门、公安交警部门落实治理公路、水上“三乱”责任制，每月上路检查，发现“三乱”问题及时处理。2006年，石井乡白云村违法在公路上设点收费，交通部门及时进行查处，撤销收费点。2007年后，除公路收费站外，其余公路站卡全部撤除。

（三）治理医药购销和医疗服务不正之风

1996年9月，娄底市纪委联合工商局、卫生局对全市范围内从事药品生产、经营企业、个体工商户、医院、医疗服务机构、购销人员在医疗服务、药品购销过程中收受回扣等问题进行清理整顿。查出医药费回扣60余万元。1999年，对全区360家医疗执业机构进行检查，查出“两证一照”不齐100家，取缔70家，补办手续30家。

2001年，娄星区推行政府采购制，实行医药分离体制改革，完成采购预算86.30万元。2004年，清理农村医疗机构40家，取缔无证医疗机构5家，规范和限期整改医疗机构12家，没收医疗药品器械折价3万元。2005年，整顿医风医德，治理医务人员收受“红包”和开单提成。整顿和规范农村医疗机构32家，取缔无证经营、个体诊所14家，没收药品医疗器械折价2.60万元。医疗服务单位拒收红包礼金2万余元。查处假医疗广告3起，销毁违法广告3000余份。监督区属2所非营利性医疗机构实行药品集中采购，药品集中采购率达98.9%，让利病人4.90万元。

2006—2008年，继续实行非营利性医疗机构药品集中采购。开展对药品医疗价格监督检查和医风医德教育。督促医院推行院务公开，支持社区和农村医疗卫生建设。3年集中采购药品700.60万元，让利病人64.60万元，集中采购率96.6%。整顿和规范医疗机构32家，取缔非法医疗机构14家，没收非法药品2.50万元。医务人员拒收红包50人次，拒收金额1.90万元。

（四）查处涉农案件

1991年，娄底市委开展涉农纠风行动，减轻农民负担。清缴乡镇700余名村组以上党员基层干部长期拖欠、挪用、侵占集体公款27万余元。1995年，清理农村行政性收费，取消收费项目15个。1996—1998年，制定清理涉农收费文件48个，取消部分收费项目，印发农民监督卡（明白卡）5.60万张，减少农民不合理负担407万元，农民负担控制在2.8%以下，人均负担为45.09元。2001—2004年，清理和废除涉农文件14个，减轻农民负担600万元，人均负担不足20元，亩均负担36元。2005年，开展涉农收费专项检查，查出违纪金额120万元，退回违纪金额80万元。同时，对企业拖欠农民工工资案件进行查办，为农民工追回拖欠工资98.20万元、工伤保险17.60万元，退还农民工各种押金和乱收费资金140万元。减免农业税516万元，发放粮食直补118.80万元，退耕还林及生态补助资金103.60万元。

2006—2008年，查处涉农案件，监控农业补贴、涉农收费项目，防止农民负担反弹。3年查处涉农案40起，为105名农民工追回拖欠工资18.30万元，为12名农民工追回工伤保险费3.30万元。发放农民监督卡（明白卡）4万张，减轻农民负担1112万元。查获违法销售种子400千克，伪劣农药1.05吨，不合格化肥14吨，涉案物品价值千万元。

（五）惩治征兵工作不正之风

2002—2008年，娄星区纪委、监察局对征兵工作各个环节实行全程监督。2008年，制定《娄星区治理征兵工作不正之风专项行动实施方案》，召开各乡镇、街道武装部长、纪检书记、派出所所长、区直机关部门负责人及全体征兵工作人员参加的警示教育大会，将区纪委《征兵工作十不准》发送到每个接兵人员手中。严把体检关、政审关，实行“谁办理、谁把关、谁签字、谁负责”，动员全社会监督征兵工作。除1名在体检中滥用职权违纪干部受到立案查处外，其他未出现不正之风。

二、行政效能执法监察

1993年5月，娄底市监察局设立执法监察室，负责对行政监察对象效能监察工作和重大责任事故查处、指导、协调；参与执行财务纪律执法检查及重点项目财务专项治理；了解和掌握全市各级党委、政府及国家法律法规、决定、命令执行情况。1995年，市纪委、监察局开展执法监察。发现11个税务所中少数税务干部利用职权，采取弄虚作假、变更税种属性、混淆入库次级、把本属县级市财政税款“卖”到乡镇政府和街道办事处并从中收取手续费问题。查实1993—1995年4月买卖税款458.90万元，单位和个人从中收取手续费46.50万元，查处贪污受贿金额4.30万元，其他违纪金额23.20万元，涉及违纪人员56人。对情节严重的9人给予党纪处分3人、政纪处分6人。

1997—2004年，娄星区（娄底市）先后开展对粮食流通体制经营环节、教育、卫生系统、文化稽查大队、公检法、工商部门、保安公司、交警大队等部门单位效能监察。立项277个，查出违纪金额3974.40万元，挽回经济损失1928万元。作出监察决定15个，提出监察建议28条。撤销区公安局、交警大队劳动服务公司，监察决定政法机关不再从事经商营利活动。对世纪花城、区电子图书馆等7个建设工程项目2593万元标的进行全程执法监察，发现超出合同资金600万元，挽回经济损失20万元。

2005年，围绕国家《中华人民共和国行政许可法》贯彻情况开展效能监察，取消行政许可项目3个。开展商业专项治理，对国家机关工作人员及国有企业负责人投资入股煤矿、企业情况进行清理，清查出违纪金额2113万元，挽回经济损失40万元。2006年，行政效能立项8个，查出违规违纪金额620万元，挽回经济损失150万元。2007年，对教育系统收费，在编不在岗“吃空饷”，企事业养老保险、失业保险、工伤保险资金管理使用情况进行检查。对不规范行为和单位提出监察建议，限期整改。落实部门“一把手”不直接分管财务、人事和工程建设规定。清理评比达标、表彰、考核项目71项，决定保留目标管理考核6项，其余均取消。清理行政收费单位100个，收费项目700项，规范收费标准3项，取消5项。

2008年，全区行政效能监察立项76个，受理投诉18件，发出监察决定书12份，提出监察建议36条，查出违纪金额2536万元，避免、挽回经济损失1098万元，协助建章立制单位12个，党纪处分2人，行政处分1人。

三、优化经济发展环境

1997—1999年，娄底市将优化经济发展环境工作列入纠正不正之风行动之列。2000年，娄星区委组织开展优化经济发展环境教育整顿活动。处理阻工事件15起，立案处理党员干部22人，清理不合理收费项目110项，收缴违纪金额68.50万元，依法对27名行政执法人员进行查处。2001年，制定《关于对损害经济发展环境行为实施行政处分的暂行规定》。设立信访举报电话，依法处理一批敲诈、勒索和阻工闹事事件，为外来投资企业化解矛盾纠纷。2007年，建立党委、政府、政协、纪委领导联系企业制度，从公安部门抽出5名民警组建“经济110”中队。6月中旬，开展优化环境专项整治行动，处理各类矛盾纠纷186起，受理各类投诉举报186起，完成市、区督办事项26件。

2008年，纪检监察机关直接管理优化经济发展环境工作，出台《优化经济发展环境五个严禁》。各乡镇政府、街道办事处安排专门人员、经费，村居民委员会相应配置优化专干，形成区、乡镇（街道）、村、组四级网络。接到投诉举报196起，督办案件46件。在娄底电视台都市频道和新娄星报开设整治强装、强卸、强揽“三强”专栏。全年行政拘留“三强”违法人员88人，教育训诫745人，纪律处分2人，化解各类矛盾1061起。

第四章　组织工作

1989年，娄底市委组织部内设办公室、组织组、干部组、干训组、组织员办公室等三组二室。1990年，内设机构调整，设办公室、干部组、干部教育组、干审组、企业党建组、组织指导组、党员管理组等六组一室。1992年，增设青干组、党员电化教育站。1993年，增设档案室。1996年3月，机构改革，设办公室、干部一组、干部二组、干审组、干教组、干部档案室、党员电化教育站等10个组室。1996年，设纪检组。1997年，增设研究室、参照办。1999年，更名中共娄星区委组织部。2002年，重新确定组织部内设机构。设办公室、研究室、组织一组、组织二组、干部一组、干部二组、干部三组、干部监督组、干部教育组、参照办、党员电教站、干部档案室及娄星区领导干部任期审查审计领导小组办公室。2006年，内设机构为任审办、知工办、办公室、研究室、组织室、干部室、干部审查监督室、干教室、参照管理室、干部档案室、党员干部现代远程教育管理中心等组室。至2008年，内设办公室、研究室、干部室、干审室、干教室、组织室、远程教育管理中心、干部信息管理中心、公务员管理办公室9个组室。区直机关工委、区知识分子办公室、区基层工作办公室与区委组织部合署办公。联系和协调区人事局、区编委办、区老干局、区总工会、团区委、区妇联、区科协、区委党校。

1989—2008年历任部长：李亭玉、刘志伟、周若鹏、刘建中、刘乔晚、罗孝贵、王小勇。

第一节　党员队伍建设

一、党员发展

1989年，娄底市执行“六个不批”原则，注重保证党员质量。举办入党积极分子培训班2期，培训农村和城区入党积极分子60人，发展新党员50人。1990—1992年，坚持全面考察，严格把关，突出在工农业生产第一线工人、农民、妇女和党员力量薄弱单位发展党员。累计举办入党积极分子学习班8期，参训579人，发展新党员262人。1993—1995年，举办入党积极分子培训班46期，培训2725人，发展新党员1162人。其中，中学生党员7人，生产一线党员占62%。在市彩色水泥厂和4所完全中学开展推优活动，从一线工人和年满16岁以上高中学生中推荐60名优秀团员参加入党积极分子培训班，进行重点培养，并从工人中吸收4名特别优秀青年团员入党。落实党员发展“四个倾斜”政策，消灭5年以上未发展党员空白村，消灭部分企业党员空白班组和一部分党员空白中小学校。

1996—1999年，娄星区（娄底市）按照“坚持标准、保证质量、改善结构、慎重发展”方针，注重抓好没有女党员的村、没有党员的学校和企业车间党员发展工作，注重抓好在个体经营户和品学兼优高中学生中党员发展。举办入党积极分子培训班51期，其中单独举办妇女、教师、个体户和中学生入党积极分子培训班各2期，培训入党积极分子3785人，发展新党员2007人。

2000年，娄星区发展新党员400人。其中，女党员124名，占31%，生产一线党员占70%；35岁以下240人，占60%；具有高中文化以上232人，占58%。举办入党积极分子培训班10期，培训入党积极分子600余人。2001年，实行发展党员预审制、公示制和责任追究制，审批吸收新党员531人。举办入党积极分子培训班10期，培训入党积极分子600余人。2002年，落实党员发展“三制”，严把“两关”。举办入党积极分子培训班10期，培训入党积极分子700余人，发展新党员

368人。2003年，以“共产党员模范经营门店”评选活动为主要内容，加强党员发展教育和管理。举办入党积极分子培训班9期，培养入党积极分子664人，发展新党员353人。2004年，突出党员发展工作规范化建设，与公安、计生、税务等部门建立考察工作联系制度。在发展重点上向个体私营经济中优秀分子和农村产业结构调整中发家致富不忘带领群众致富的种养大户2个群体倾斜。举办4期入党积极分子培训班，培训320人，发展新党员280人。2005年，培养332名入党积极分子，发展新党员222人。2006年，举办入党积极分子培训班6期，培训积极分子426人，发展新党员299人。举办各类实用技术培训班65期，培训各类种养大户和致富能手4000余人，农村基层干部和党员1200余人。举办入党积极分子培训班8期，培养入党积极分子600余人，有300余名党员被培养成致富能手，有200余名致富能手被列为发展对象，84名致富能手被培养成党员，100余名致富能手充实到村级班子。2007年，培训农村入党积极分子132名。其中，种养大户43人，发展新党员320人，其中吸收发展致富能手优秀分子入党29人。2008年，发展新党员297人。

至2008年，累计举办入党积极分子培训班174期，培训入党积极分子1.08万人，发展新党员6551人。全区有党员1.37万人，较1989年增加6314人。其中，女党员2880人，占21%，具有高中（含中专）以上学历党员由2332人增加到9326人。

1989—2008年娄星区（娄底市）发展新党员人数一览表

表3-2 单位：人

年份	发展新党员数	年份	发展新党员数	年份	发展新党员数
1989	50	1996	597	2003	353
1990	65	1997	609	2004	280
1991	78	1998	356	2005	222
1992	119	1999	445	2006	299
1993	252	2000	400	2007	320
1994	425	2001	531	2008	297
1995	485	2002	368		

1989—2008年娄星区（娄底市）党员基本情况一览表

表3-3 单位：人

年份	党员总数	其中：女党员	年龄结构			文化结构		
			35岁以下	36～60岁	61岁以上	大专以上	高中(含中专)	初中以下
1989	7394	835	1516	2934	780	435	1897	5062
1990	7507	858	1404	5277	826	506	1900	5101
1991	7592	872	1225	5268	1099	582	1897	5113
1992	7726	912	1054	5253	1419	634	1926	5166
1993	8046	953	1157	5403	1486	699	2157	5190
1994	8531	1110	1259	5582	1690	876	2433	5222

续表3-3

年份	党员总数	其中:女党员	年龄结构			文化结构		
			35岁以下	36~60岁	61岁以上	大专以上	高中(含中专)	初中以下
1995	9076	1244	1505	5757	1814	1066	2856	5154
1996	9710	1477	1898	5957	1855	1295	3262	5153
1997	10437	1690	2304	6179	1954	1558	3659	5220
1998	10792	1762	2443	6249	2100	1693	3898	5201
1999	11295	1913	2456	6659	2180	1963	4207	5125
2000	10412	1825	2167	6223	2022	1776	3698	4938
2001	10878	1898	2254	6386	2238	2028	3567	5083
2002	11115	1945	2367	6397	2351	2181	3719	5215
2003	11456	2076	2458	6600	2398	2566	3603	5287
2004	10882	1985	2243	6364	2275	2942	3724	4216
2005	10917	2008	2203	6424	2290	3033	3907	3977
2006	11402	2336	2461	6582	2359	3537	3867	3898
2007	12207	2350	2517	6953	2737	3681	4138	4208
2008	13708	2880	2825	7671	3212	4169	5157	4382

二、党员教育

1989—2008年，娄星区（娄底市）每年开展1个月左右党员冬季培训，对全区党员进行一次轮训，结合轮训开展党员民主评议。20年来，处置不合格党员1628人，开除党籍132人，劝退除名124人，原限期改正错误无收效予以除名11人，取消预备党员资格67人，受其他党纪处分218人，限期改正错误735人。

1989年，娄底市开展思想大清理活动。举办农村社会主义思想教育骨干培训班，全市298名农村支部书记和乡镇党委副书记、组织委员参加培训。1990年，组织党员和国家机关人员观看录像片《我心目中的共产党员》。开展建党七十周年文学创作征文活动、“创先争优”活动、争做“四有”新人活动和党的基本知识答卷竞赛活动，37名市级领导干部带头参赛，1600余名党员参加。组织1000人农村社教工作队驻村，对党员和农民进行社会主义思想教育。1991年，开展庆祝建党七十周年“学党史、忆传统、争贡献、做新时期合格共产党员”系列活动。开展“创先争优”活动，表彰52个先进基层党组织、135名优秀共产党员和29名优秀党务工作者。召开庆祝建党七十周年党员代表座谈会和优秀共产党员先进事迹报告会；举办《在鲜红的党旗下》《潇湘先锋颂》征文比赛；组织党员观看《毛泽东和他的儿子》《平江起义》等重大历史题材的电影；开展“五讲”“五爱”和学习毛泽东《为人民服务》等著作，大唱《没有共产党就没有新中国》等5首革命歌曲，学习焦裕禄式干部杨孟甫等5个典型活动。1992年，结合城市社会主义思想教育活动，开展以“消除内耗，增强团结，发挥领导班子整体功能”和“坚定信念、增强党性、坚持党的宗旨”为主题的领导班子学习教育和思想作风整顿。抽调60余名干部组成13个工作组，指导各战线和重点单位领导班子思想作风整顿。在基层党组织中以“创先争优”为基本形式，开展共产党员在改革开放和经济建设中争贡献、做表率活动，评选先进基层党组织27个、优秀共产党员60名。1993年，开展以“坚持民主集中制原则，增强团结、增强党性、提高驾驭经济的工作能力”为主题的领导班子思想作风建设整顿。成立领导小组和办公室，制定《关于加强领导班子思想作风建设实施意见》《关于举办民主集中制专题学习班的通知》《乡局级以上党员领导干部过民主生活会的方案》等文件，举办4期民主集中制再教育专题学习班，培训干部402名。实施“引导工程”，组织干部群众观看《中国第一庄》《华西村》《没有硝烟的战场》等电视纪录片，教育干部群众解放思想，接受市场经济。举办“引导农民进市场、奔小康带头人”培训班，对全市193个村党支部书记进行为期5天的培训。1994年，举办学习《邓小平文选》第三卷和中共十四届四中全会决定专题学习班，对386名农村党支部书记、村主任分4期进行培训。1995年，组织开展学习孔繁森活动，成立娄底市思想作风整顿办公室。组织党员干部学习有关孔繁森先进事迹，观看介绍孔繁森生平事迹电教片，开展座谈讨论和演讲比赛。加强对流动党员管理，成立娄底市个体协会党总支和6个分会党支部，发出400余份流动党员管理证。

1996年，完善全市党员教育管理方案，督促各基层党组织健全“三会一课”制度，完善党员教育管理机构。利用农村党员冬训、民主评议党员、党校办班和党员电化教育等多种形式，对党员进行“双学”教育，开展中国特色社会主义理论和党的基本知识、党纪政纪知识竞赛活动。加强对农村党员实用技术培训，联合市科技局、市科协到乡镇举办26期小水果栽培和管理实用技术培训班，对3150名党员和入党积极分子进行培训。在万宝、杉山、西阳等乡镇建立农函大辅导站。1997年，加强机关作风建设，开展以“坚持集体领导的原则，提高科学决策水平；坚持依法行政，改进工作方法；加强作风建设，密切联系群众；坚持从稳定出发，从大局出发，切实减轻农民负担；加强思想作风建设，当好人民公仆”为主要内容的乡镇干部思想作风建设，创建“先进乡镇党委”。1998年，在14个乡镇、街道党工委开展以“强化班子功能，提高干部素质、完善工作机制、促进经济发展”为主题的集中教育整顿，从有关部门抽调10余人组成乡镇、街道党（工）委集中建设整顿指导小组，在石井乡进行为期1个月的整顿试点，并在石井乡召开乡镇党委集中建设整顿工作现场会，推介石井乡党委集中建设整顿经验。通过集中建设整顿，乡镇、街道办事处机关分流374人，建立和完善各项规章制度。

1999年，娄星区制定开展“讲学习、讲政治、讲正气”为主要内容的党性教育活动。成立以区委书记为组长的领导小组，组建办公室，围绕“思想发动、学习提高”“自我剖析、听取意见”“交流思想、开展批评”“认真整改、巩固成果”4个环节，加强领导班子思想政治建设。把“三讲”教育与农村“二会一部”清理整顿工作相结合，将“二会一部”清理整顿作为“三讲”教育活动突破口，组织科局级领导班子成员集中学习和整顿。2000年，在区级领导班子和领导干部以及区纪委等6个单位领导班子和领导干部中，以整风精神开展“三讲”集中教育活动。区委以兴“五风”、抓“五治”为重点，开展机关干部思想作风集中整顿活动，全区86个科级单位3000余名干部职工参加活动。突出抓好理论学习，抓好重点问题解决，促进机关作风转变。

2001年，区乡村基层干部分期分批开展“三个代表”重要思想集中教育活动。2—5月，第一批为乡镇、街道，参学对象1040人，开展进百家门、知百家情、解百家忧、助百家富“四百”竞赛活动。5—7月，第二批为区直部门和部门驻乡镇、街道站所191个单位，参学对象3750人。开展学习实践“三个代表”重要思想，争创“四好”（领导班子好、干部队伍好、工作实绩好、部门形象好）竞赛活动。2000—2002年，14个乡镇、242个村（居）委会、177个区直部门和站所9700余人参加“三个代表” 重要思想学教活动。发放科技资料万余份，送资金和物品折款60余万元，解决群众生产生活难题6000余个，落实发展项目280个，帮扶困难户900余户，资助特困学生68

名。2003年，对155个村基础设施进行调查，制定农村党员干部现代远程教育工作方案，在万宝镇试点，投入资金23万元，建成A级站1个，B级站4个。2004年，在抓好10个站点学用基础上，新建30个站点，远程教育站点覆盖所有乡镇。市委在万宝镇召开全市远程教育工作现场会，推介娄星区经验。2005—2007年，全区分3批开展保持共产党员先进性主题教育活动。第一批参学单位88个，参学对象3334名；第二批参学单位30个，参学对象3240名；第三批参学单位157个，包括4个区委工作部门和153个农村党支部，参学对象4112名。围绕"党员干部下基层，排忧解难促发展""作表率，争先进""亮身份，树形象，争贡献""送温暖、献爱心"等主题开展实践活动。全区到基层排忧解难党员2500余人次，结成帮扶对子1000余对，走访困难群众、党员和职工1000余户，送各种捐款扶贫慰问款80余万元，解决生产生活疑难问题800余个。乐坪街道廖家社区和万宝镇浒石村党员先进性教育活动先后接受省委巡回检查组、省委副书记戚和平带领的检查组、中央先进性教育第六巡回组的检查，经验得到肯定。

2008年，开展以"讲奉献、干实事、优环境、促发展"为主题的解放思想大讨论活动，通过举办报告会、邀请知名专家学者讲课、理论研讨征文等主题活动，营造思想大解放氛围。

第二节　基层组织建设

一、农村基层党组织建设

1989年，娄底市有基层组织553个。其中，党委（党组）42个，党总支8个，党支部503个。12个乡镇街道和5个机关设立党委会，200个行政村均设立党支部。开展整顿后进党支部工作，制定《关于搞好农村后进党支部整顿工作的意见》，提出整顿指导思想、内容、方法、步骤和验收标准。1991年，开展以党支部为核心的村级组织建设达标工作。全市200个村分别制定3年达标规划，建立达标室，95%以上村建立"党员之家"，90%以上村健全"三会一课""党员联系户""外出党员管理"等制度。在各乡镇社会主义思想教育工作队建立临时党支部。1992年，按照地委"抓达标、打基础、奔小康、上台阶"整体思路，围绕经济建设中心，抓住党支部建设关键，瞄准奔小康目标，开展村级组织建设达标工作。10个乡镇建立党校，193个村建立"党员之家"。1993年，制定《关于切实做好农村党支部委员会换届选举工作的意见》，193个村支部换届选举，充实35名年富力强村支部书记。设立高溪居委会党总支，新建黄泥塘街道新立居委会党支部和万宝乡企业党总支。1994年，对全市193个农村基层党支部基本情况进行调查摸底，掌握基层情况，制定关于加强基层党支部建设实施方案。改选20个基层党支部，新建党支部6个，新建党委3个。在高溪居委会设立党委，开全省成立村级党委先河。1995年，贯彻落实《中共中央关于加强党的建设几个重大问题的决定》和中央、省、地关于加强农村基层党组织建设工作会议精神，采取领导挂点，战线包乡镇、部门单位包村、派驻工作组和责任到人办法，加强农村基层组织建设。35名市级领导和20个战线均建立农村基层党建联系点，选派102名党员干部组成46个工作组，进驻10个小康示范村、28个后进村、8个后进居委会进行指导。1996年，制定《娄底市1996年建整工作实施岗位目标管理的意见》，从市直机关抽调117人组成37个工作队，进驻5个贫困后进村和2个居委会开展党组织建设整顿（简称建整）工作，实行市级领导挂点、战线包片、单位包村负责制。调整农村党组织书记28人，支委97人，村主任57人，村委委员182人。1997年，加强农村中小学校党员教育管理，先后4次与教育局党委共同研究全市农村中小学校党建工作问题。在大科乡召开全市中小学校党建工作现场经验交流会。1998年，建立涟滨乡信用社党支部、高溪工业小区党支部、黄泥塘街道办事处企业党支部、新阳村党支部。

1999年，娄星区建立管党责任制，明确各级党组织尤其是乡镇、街道党工委抓基层党建责任，纳入领导班子、领导干部目标管理，作为领导班子实绩和领导干部政绩重要内容。4月，召开全区党建工作例会，建立党建工作例会制度。2000年，围绕“发展农业、致富农民、稳定农村”目标，抓好“双学双带”活动，加强农村基层组织建设。注重村级后备干部队伍建设，每个村推荐2名以上村级后备干部，共推荐398人，实行乡镇统一管理备案。开展“十佳农村党支部书记”评选活动，在“七一”进行表彰。2001年，撤销茶园水电站联合党支部，分别建立茶园乡水利站、电力站、企业办、信用社党支部；撤销杉山镇企业党总支及下属部分企业党支部，成立杉山镇企业办党支部和恩口中学党支部。2002年，全区193个村党支部按照“两推一选”方法，完成换届选举任务。2003年，继续深化“三级联创”工作，开展“六好乡镇党委”和“五好村党支部”竞赛活动，在万宝镇开展村党支部星级管理达标评比活动试点。全区整顿村党支部66个，调整村党支部6个、村主任5人，建立杉山镇恩口社区党支部。2004年，建立乐坪街道大塘、贤童社区党支部。开展基层党建示范点创建活动。在巩固1个省级（万宝镇）、5个市级（长青街道、教育局、高溪、潇湘职业技术学院、双江乡）基层党建示范点基础上，确定15个区级示范点创建单位，开展“小康示范村”“星级支部竞赛”等主题创建，深化“三级联创”竞赛活动。高溪村党委被评为省级五好村党组织，大科街道大新村党支部被评为市级先进基层党组织。2005年，建立长青街道机关行政党支部和机关事业党支部、黄泥塘街道市场社区等5个党支部。2006年，以开展“双培双建双强”活动为载体，以服务“三农”为目的，开展“三级联创”竞赛活动。选派150名机关干部分3批下到12个乡镇街道150个村（社区）担任党支部第一书记。

2008年，建立长青街道耕塘社区总支部、石井乡计生党支部、大科街道机关党支部、娄星区三厂社区党委。至2008年，调整村党支部班子239个，调整支部书记125人，支委423人，解决各类难题3658个。

二、机关基层党组织建设

1989年4月，娄底市设立直属机关党委。市委在百亩乡建立党建工作联系点，12个乡镇、街道和市直各战线、部分局党组织创办党建工作点。1991年，建立市政府办公室、国土局、市林业站、市农机站、审计局、科委、中国人民银行娄底支行7个党组，成立娄底公共汽车公司党总支部。1994年，建立市物价检查所、娄底广播电台、市文化馆、市公安局4个党支部。1995年，建立市煤气公司、自来水公司、长青粮站、市国税局机关、市供销社机关退休老干部、洞新市场管理处、市直机关幼儿园7个党支部，改选市畜牧局机关等12个党支部。1996年，对行政、企事业单位党组织进行规范化管理，统一刻制党组织印章713枚。新建行政、企事业单位党总支3个，党支部20个，调整党支部班子110个。1997年，对所有行政、企事业单位党组织进行清理登记，规范名称。对机构改革后名称发生变更单位党组织重新明确，对机构发生变化的理顺关系，对党组织不健全的进行规范。经考察审定，行政事业单位撤销党支部7个，新建党支部16个，改选党支部22个，党总支1个。1998年，贯彻学习《中国共产党和国家机关基层组织工作条例》，健全组织机构，强化组织职能，新建支部17个，改选支部23个，撤销支部10个。

1999年，娄星区开展党的工作“规范化建设年”活动，制定《机关党的工作规范化建设实施意见》，对机关党建工作进行督查整改。改选党支部38个，新建党委4个，党总支1个，党支部11个，支部更名2个，撤销支部2个。2000年，开展“三讲三为”（讲学习、讲政治、讲正气；为经济建设服务、为基层服务、为群众服务）活动。调整机关党组织设置，新成立总支部8个、更名2个，改选党委1个、总支部17个、支部22个。2001年，新建农业局党总支部、区信访法制联合支部、市工商行政管理局娄星分局恩口工商所支部，改选调整15个党支部。2002年，以创“四好”为载体，加强机关党的建设。新建市地方税务局娄星分局机关党委、区房改办机关党总支部、区水利水电局机关党总支部、市交通运输总公司汽车销售服务公司党支部、区城镇职工医疗保险所党支部、区西郊供电所党支部和区交通局劳动服务公司党支部，支部换届23个。2003年，建立区人民检察院机关党总支部、市城区治安巡逻大队党支部、区法制办党支部、涟滨中学党支部、娄底市大市场服务部党支部、花山学区党支部、区抗旱服务队党支部、白马灌区中心站党支部、城北水利站党支部和财政局机关党委。2004年，建立娄底二中、三中党总支部，区安全生产监督管理局机关党支部、黄泥塘学区支部，区广播局城北广播电视站党支部、区残疾人联合会机关党支部。

2005年，建立区交通局机关第二党支部、区运管所党总支、娄底八中党支部、娄底四中党总支、区疾控中心党支部、区卫生监督所党支部、区蔬菜科研所党支部、区农业广播电视学校党支部。2006年，对区贸易办党组和纪检组、区商业集团总公司党委和纪委、区物资集团总公司党委和纪委、区蔬菜局党组和纪检组、区乡镇企业局党组和纪检组进行撤并，重新组建区商务局、区金融办党组织，成立区委老干部局纪检组，安置机构改革撤并单位人员22人。完成区工商联、区文联、区侨联换届选举。在区直机关新建党组织10个，改选党组织27个。2007年，制定《关于健全落实党委（党组）抓基层党建工作责任制的实施意见》，明确各级党组织及其主要领导抓基层党组织建设主要职责，建立完善党建工作例会制度、党建工作联络员制度、党建工作报告制度以及党员领导干部办基层党建联系点制度。2008年，建立区政府办机关党总支部。

三、企业基层党组织建设

1990年，娄底市委下发《关于加强企业党的建设有关问题的通知》，明确企业党组织地位和职责。对全市企业单位党组织机构设置、干部队伍配备、党员分布等情况进行摸底，澄清全市企业党建工作底子，举办1期企事业单位党支部书记培训班。1992年，对86家企业单位党组织机构设置、班子配备、党员分布等情况进行调查摸底。根据企业生产规模、社会、经济效益等因素，确定副科级以上企业21家，其中正科级5家，妥善解决企业干部职级待遇问题。1993年，组建娄底市兴华贸易实业总公司、汽车维修中心、美容器材厂联合党支部，娄底市汽车配件工业公司党支部，娄底铁路车站建设指挥部临时党支部，娄底交通商业批发公司党支部，改选中国人民保险公司娄底市支公司等4个党支部。1994年，建立娄底印刷厂党支部、市城建综合开发总公司党支部、华美实业有限公司党支部。1995年，在市彩色水泥厂、新世纪商业大厦、市运输公司、公共汽车公司、市自来水公司等单位建立党建工作联系点，指导企业围绕经济建设开展党建活动。调整企业领导班子6个，提拔企业干部10人。新建煤矿党支部、市个协党总支和所属党支部、市政机械化施工党支部、市政预制构件厂党支部。1996年，建立娄底制鞋总厂党支部、市城市建设综合开发总公司党总支部、市新世纪商业大厦党支部、中保财产保险有限公司湖南省娄底地区涟钢支公司党支部。1997年，贯彻落实《中共中央关于进一步加强和改进国有企业党的建设工作的通知》和中组部《关于进一步做好国有企业领导班子考核建设工作的通知》精神，制定《关于企业领导班子考核建设工作的实施意见》。成立协调领导小组，从有关单位和部门抽调28人组成4个考察组，对副科级以上企业领导班子进行考察，调整企业干部18人。1998年，下发《关于在全市国有企业和集体企业党组织中开展“四有三为”活动的通知》，加强新经济组织党的建设。在改制企业新设党支部4个，建立市石油液化气有限公司党支部，是全市第一个私营企业党支部。

1999年，娄星区出台《娄星区民主选举企业领导人员的暂行办法》，在毛巾厂进行民主选举企业负责人试点，对全区20个副科级以上国有企业领导班子进行考核，调整14个企业领导班子和38名领导班子成员，选拔61名企业后备人才，选送到大中专院校学习进修或到外地先进企业跟班学习。2000年，引入市场机制，取消企业经营者行政级别，推行公开选聘和民主选举企事业管理人员，对所有区属企业经营者全部实行聘任制。调整党组织设置并理顺党组织隶属关系，探索企业党组织发挥政治核心作用途径、方法和私营经济、新经济组织党建工作新路子。2001年，撤销万宝煤矿、万宝福利厂再生胶厂党支部，建立矿山设备厂党支部。建立湖南亚华科技发展有限公司党支部、娄底精英电脑学校党支部、湖南体育学院党委。撤销娄底华星鞋业有限公司和电子电器有限公司党支部，建立区商贸物资开发总公司党支部、娄星水泥制造有限公司党总支。2002年，围绕企业改制改革，建立与现代企业制度相适应的企业领导人员选拔、任用、管理新体制。对彩色水泥厂党委组织设置进行调整，新建区个私协党委、区个私协出租车行业分会党支部。开展新经济组织党建工作试点，凡具备条件的新经济组织均建立党组织。2003年，在个私协党员中开展“共产党员模范经营门店”评选挂牌活动，25名个私营业主被授予“共产党员模范经营门店”称号。建立区个私协党委、娄底电子技术职业学校党支部、鹏程实业有限公司党支部，撤销区娄星饲料厂党支部。2004年，开展“两新”组织党建工作调研，指导督促中鑫公司、楚才会计师事务所、世纪龙会计师事务所、畅安驾校、扬帆旅游文秘学校、茶园土石方搬运工程队等7个“两新”组织建立党组织，组建娄底市中鑫纺织有限公司党委、娄星区个私协南区分会党支部和娄底商务职业党校党支部。

2005年，建立娄底电子电器有限公司、华星鞋业公司联合党支部，娄底市安联石油实业有限公司党支部，娄底精英电脑学校党总支，万宝镇恒昌包装有限公司党支部。2006—2008年，按照“社区设总支、院落设支部、楼栋设小组”党组织设置模式，完善社区党组织设置。加强社区党务工作者队伍建设，每个社区选派党支部第一书记。按照“在职党员双管、流动党员协管、下岗党员托管、退休党员接管”要求，接管改制企业党员进社区，企业改制后党员顺利进入社区并得到有效管理，社区新接收改制企业党员587人。2008年，建立湖南红宇耐磨新材料有限公司党支部、娄底市广圆置业发展有限公司党支部。

1989—2008年娄星区（娄底市）党委、党组和基层组织一览表

表3-4　　单位：个

年份	党委				区直机关党组	党总支部	党支部
	小计	区(市)委	区直机关党委	乡镇街道党(工)委			
1989	18	1	5	12	24	8	503
1990	17	1	4	12	19	9	512
1991	18	1	5	12	31	17	501
1992	18	1	4	13	32	13	527
1993	18	1	4	13	46	13	541
1994	21	1	6	14	48	12	554
1995	23	1	6	16	49	14	559
1996	23	1	6	16	48	20	591
1997	24	1	8	15	50	21	607
1998	24	1	8	15	50	16	583
1999	20	1	5	14	26	13	553
2000	21	1	6	14	27	14	564
2001	22	1	7	14	27	14	557

续表3-4

年份	党　委				区直机关党组	党总支部	党支部
	小计	区(市)委	区直机关党委	乡镇街道党(工)委			
2002	24	1	9	14	28	15	560
2003	22	1	9	12	28	13	481
2004	23	1	10	12	27	19	485
2005	25	1	12	12	26	21	487
2006	23	1	10	12	27	24	491
2007	25	1	12	12	28	22	498
2008	29	1	16	12	29	27	475

第三节　干部队伍管理

一、干部选拔

1991年，娄底市建立健全后备干部谈话、分工培养、换岗锻炼3项制度，25名后备干部建立档案，选送5名后备干部到地委党校培训。1992年，坚持培训和使用相结合，提拔任用35岁以下副科级以上干部38名。加强对后备干部培养教育，选送4名后备干部分期分批到省、地、市党校培训学习。对6名市科级后备干部进行轮岗锻炼并跟踪考察。1993年，对45岁以下副科级以上干部进行摸底，选定25名副科级以上优秀中青年干部作为后备干部重点培养对象，举办1期青年干部培训班，培训干部70人。选拔10名青年干部到乡镇挂职锻炼，提拔38名45岁以下中青年干部到领导岗位任职，其中担任部委办局级“一把手”15人。1994年，制定《关于抓紧培养教育青年干部的意见》，举办团干、青干和妇女干部培训班，培训团干78人、青干168人、妇女干部72人，提拔青年干部34人、妇女干部17人、非党干部14人。1995年，制定《娄底市双百人才工程方案》《娄底市跨世纪领导干部培养选拔工程方案》，经考察审核确定90名优秀干部作为首批培养选拔对象，重点进行培养。全市有科级女领导干部（班子成员）52人，占班子成员总数10%，14个乡镇街道党政领导班子中配备女干部。其中，进党委班子12人，进政府班子6人，担任正职2人。1997年，根据《娄底市跨世纪领导干部培养选拔工程方案》和《娄底市双百人才工程方案》要求，加强年轻干部选拔，提拔任用年轻干部35名，占干部提拔任用总数45%。1998年，选拔34名35岁以下年轻干部进入乡镇科局领导班子，选派3名妇女干部、3名非党干部进入乡镇领导班子，全部乡镇均配备妇女领导干部，60%乡镇配备非党干部。

1999年，娄星区选派19名优秀后备干部下基层参加建整扶贫和挂职锻炼，调整交流后备干部43人次，换岗60人次，实行多岗位锻炼，提高工作适应能力。2000年，加强年轻干部、妇女干部、非党干部培养选拔。培养选拔年轻干部256人，其中35岁以下提拔重用担任科局级领导干部26人；选拔培养妇女干部115人，其中，提拔到科局级领导岗位12人，交流任职17人；培养非党干部57人，其中选拔到科局级领导岗位6人，交流3人。2001年，提拔35岁以下进入科局级领导班子44人。其中，提拔到乡镇领导班子任职21人，提拔进入区直部门领导班子23人。10个乡镇班子成员中35岁以下70人，占49.2%，担任“一把手”10人，占党政“一把手”50%。区直71个正科级单位领导班子成员中，35岁以下145名，占总数23.8%；提拔重用妇女干部29人，其中，担任乡长1人，街道办事处主任1人，部门正职2人，提拔非党干部9人。2002年，提拔使用35岁以下年轻干部21人，其中担任科局级党政“一把手”3人，全区90%领导班子平均年龄由调整前45岁降至39岁。提拔经济管理专业人才16人，技术人才7人。2003年，坚持“凡进必考”原则，做好公务员招考工作，区政协、组织部、宣传部、统战部、总工会面向全省公开招考6名机关工作人员。2005年，制定《公开选拔科局级领导干部实施方案》《公开选拔科局级后备干部实施方案》，面向全区公开选拔2名科局级领导干部、25名科级后备干部和5名公务员。2006年，面向全省公开招考10名公务员。其中，检察院工作人员2名，法院书记员4名。按照有关规定和要求，面向社会公开招考6名事业编制法警，公开选调具有审判员资格工作人员5名。2007年，做好乡镇人大、政府换届人事安排，区委推荐42名正式候选人全部以满票或高票当选。

1989—2008年娄星区（娄底市）干部基本情况表

表3-5　　单位:人

年份	干部总数	性别		年龄结构			文化结构		
		男	女	35岁以下	35~45岁	45~60岁	大专以上	高中及中专	初中以下
1989	5105	3723	1382	1368	1846	1891	952	3159	994
1990	4746	3202	1544	1334	1743	2028	1014	2985	747
1991	5074	3238	1836	1486	1795	1793	1154	3180	740
1992	5087	3359	1728	1602	1823	1662	1268	3118	701
1993	5186	3407	1779	1645	1859	1682	1398	3135	653
1994	5492	3602	1890	1856	1965	1671	1868	3018	606
1995	5817	4069	1748	2078	2085	1664	2389	2908	520
1996	5818	3876	1942	2099	2081	1638	2576	2806	436
1997	6188	3805	2383	2346	2201	1641	2990	2786	412
1998	6744	4049	2695	2789	2289	1666	3487	2903	354
1999	5178	3091	2087	2078	1765	1335	2667	2232	279
2000	5490	3367	2123	2287	1836	1367	2989	2244	257
2001	5871	3654	2217	2565	1926	1380	3258	2379	234
2002	6219	4023	2196	2776	2032	1411	3515	2482	222
2003	6665	4398	2267	3034	2175	1456	3932	2521	212
2004	7109	4709	2400	3354	2231	1524	4289	2621	190
2005	7478	5016	2462	3612	2298	1568	4745	2556	167
2006	7689	5178	2511	3789	2322	1578	4999	2531	159
2007	7875	5212	2663	3958	2318	1599	5268	2454	153
2008	8039	5321	2718	4081	2337	1621	5556	2363	120

二、干部培训

1989年，娄底市对全市后备干部进行考察，建立后备干部档案，制订后备干部3年培养计划。成立干部下乡工作办公室，从市直机关选派57名中青年干部下乡支援农业生产。1990年，选送36名中青年领导干部到省、地党校进行短期培训，市党校举办4期培训班，轮训科局级领导干部280人。举办干部培训班10期，轮训干部940人次，实现干教工作重心由以学历教育为主向岗位职务培训为主转变。1991年，召开全市干教工作表彰大会，总结干部教育工作情况，表彰8个干部教育工作先进单位和32名先进个人。建立健全干部培训档案、干部培训与使用等制度，基本实现干部教育正规化、制度化。加强中青年干部培养，选拔5名中青年干部到双峰县乡镇挂职锻炼。举办1期为期半年的中青年干部培训班，培训37名中青年骨干。落实后备干部档案、分工培养、换岗锻炼等制度，加强对女干部和非党干部培养选拔。

1992年，落实“一推双考”选拔干部措施，改进干部管理办法，逐步完善分级分类管理制度。新进企业领导班子人选逐步实行聘任制，新进机关党政领导班子人选实行选任制、委任制、考任制和聘任制相结合。1993年，突出为经济建设培养干部管理人才重点，开展干部教育和培训工作。举办各类干部培训班22期，培训干部1433人。指导和委托部门办班4期，培训干部200余人，省、地党校培训干部22人。1994年，以学习《邓小平文选》第三卷和中共十四届四中全会决定精神为主要内容，举办各类干部培训班19期，培训1718人。成立娄底市干部教育培训中心，在全市开展“党员爱党校，全党办党校”活动。1995年，举办各类培训班17期。其中主体班2期，培训干部1252人，调训处级干部12名、科级干部18名。1996年，举办4期副科级以上领导干部“三讲”学习班，全市560余名科局级以上领导干部参加学习。1997年，开展以“领导班子创先进，领导干部作表率，共产党员当模范”为主要内容的党建“先锋工程”活动。在机关开展“公开办事制度，挂牌办公，为基层群众服务”活动；在企业开展“扭亏增盈、优质服务、承诺服务”活动；在农村推介百亩乡党委组织开展“八个一”活动经验做法。1998年，建立健全干部教育台账制度，对全市6000余名干部建立培训档案，对1990年以来培训1个月以上干部造册登记，澄清干部培训底子，干部教育培训步入制度化、正规化轨道。把干部学习情况列入干部考察、考核重要内容，领导干部述职时“述学”，评议干部时“评学”，考核干部时“考学”。

1999年，娄星区推行领导干部公开选拔制，制定《公开选拔领导干部实施办法》；实行领导干部任期经济离任审计制，审计离任干部6人；推行党政机关、事业单位中层干部聘任制，聘任中层干部18人。2000年，抓教育、选任、管理、监督等关键环节，提高领导班子和干部队伍素质，优化干部队伍结构。举办各类干部培训班12期，培训干部936人。2001年，实施《娄星区“十五”期间干部教育培训规划》《2001年全区干部教育工作意见》，确定“十五”计划期间干部教育工作总体思路。推行公开选拔领导干部和公开考试录用机关干部制度，坚持群众公认和党管干部原则及公开公正公平原则、择优原则，公开选拔区煤炭局局长、科协副主席、检察长助理、法院院长助理4名领导干部，公开选调4名机关干部。2002年，举办推进工业化，建设经济强区专题研讨班，建立区外培训基地和大中型企业培训基地，选送年轻优秀科局级后备干部挂职锻炼或见习培训。建立领导干部理论水平考核制度，把考核结果作为干部奖惩、升降重要依据。建立区管干部政治理论法律知识任职资格考试制度。6月，组织首次区管干部政治理论法律知识任职资格考试，191名干部参加，186名干部通过考试获得任职资格证书。在45岁以下干部职工中开展学理论、英语、计算机、WTO知识“四学”活动。2003年，选拔5名科局级领导干部和优秀中青年分3批到上海、涟钢等干部培训基地培训。公开招考教育局、卫生局、发展计划局等10名副科级干部。2004年，选送4名中青年干部赴市委组织部上海培训基地挂职锻炼。组织全区各乡镇街道办事处11名正科级实职干部到江苏无锡进行为期15天的学习考察。

2005年，选送8名干部赴上海市静安区进行为期1个月的跟班学习。8月，派出11名中青年干部到江苏省吴江市进行为期1个月的挂职锻炼。2006年，举办学习贯彻中共十六届六中全会精神与构建和谐社会专题研讨班，乡镇、街道办事处主要领导和区直机关正科级以上单位领导班子成员600人参加学习培训。选派14名优秀年轻干部到涟钢进行为期1个半月的挂职锻炼，干部全部下放到涟钢各分厂担任厂长助理，全程参与学习，培养适应“三化四区”需要经济管理型领导人才。

三、任免调配

1989—2008年，娄星区（娄底市）按照《党政领导干部选拔任用工作暂行条例》规定，实施领导干部公开选拔制、领导干部任前公示制、新提任领导干部试用制、领导干部交流任职回避制、领导班子和领导干部诫勉制、机关干部竞争上岗制和事业单位行政领导干部聘任制7项改革，调整充实各级领导班子，调整乡科级领导班子成员6587名，提拔2145名。

1989年，娄底市调整21个市直单位和7个乡镇领导班子，完成全市科技副乡镇长和科技副市长选派工作。1990年4月起，抽调161名干部组成40个考察组，采取“三结合”“六必谈”“四全面”方式，历时3个多月，对全市103个局（科）级单位295名局（科）级领导干部和18名政工股长、73名拟提拔对象德才表现进行考察，为市委调整配备各级领导班子储备人才。1991年，按照干部“四化”方针和德才兼备原则，调整充实39个科局级和3个乡镇党政领导班子成员60人。1992年，制定乡镇党委、人大、政府领导班子调整方案和干部调配纪律，调整乡镇班子成员76人。其中，提拔22人，乡际交流27人，乡镇与机关交流20人。1993年，组织10余个考察组，采取个别谈话、开座谈会和民意测验等方法，对政府序列35个工作部门和党群系统12个单位以及13个乡镇街道领导班子进行考察。调整政府序列35个工作部门“一把手”27人，党群系统调整“一把手”10人，调整配备乡镇“一把手”6人，副职10人，10个乡镇配备1名专抓计划生育工作乡镇长助理。1994年，采取“双推双考”办法，通过考试、考察和答辩，公开选拔9名后备干部和市委接待处主任、团市委书记、市公共汽车公司经理等3名实职正科级干部。1995年，党政机构改革，制定《娄底市党政机构改革中领导班子的配备意见》，合并、更名、转体15个科局级领导班子，确定科级领导班子职数，提出市直党政机关“三定”中领导班子调整配备初步方案。1996年，制定《关于实行领导干部激励约束机制的（试行）意见》，落实《领导干部重大事项申报制度》和《领导干部的收入申报制度》。1997年，坚持政绩和群众公认原则，调整、交流、提拔科局级领导干部248人。其中，交流170人；提拔正科局级干部28人，副科局级干部50人。1998年，制定《关于对市管领导干部实行离任审查审计的规定》，对交流调整科局级单位“一把手”进行离任审计，落实领导干部个人收入申报和重大事项请求报告工作及领导干部回避谈话制度，健全落实干审工作联席会议制度。停发5名因犯罪被政法机关逮捕的干部工资，办理3名降职处分干部降低工资手续。

1999年，娄星区按照撤市设区班子配备要求，开展撤地建市设区组织人事方面有关工作。完善领导干部书面推荐人选制度，改进干部考察方法，建立谈话制度和考察干部责任制度。2000年，继续落实领导干部公开选拔制、领导干部任前公示制、新提任领导干部试用制、领导干部交流任职回避制、领导班子和领导干部诫勉制、机关干部竞争上岗制和事业单位行政领导干部聘任制等制度。2001年，建立干部监督工作联席会议制度。由组织部牵头，与区纪委、监察局、区委政法委、区计生局、审计局、信访局等部门联合制定《关于加强干部监督管理工作联系的意见》，加强与执纪执法部门经常性联系。建立特邀干部监督员制度，确定18名干部监督工作特邀监督员，规范干部离任审查审计操作规程和各项制度。2002年，实行干部考察预告制，探索差额考察制，完善考核举报、申诉、结果反馈制度，建立干部考察情况反映热线电话。2003年，贯彻执行《党政领导干部选拔任用工作条例》，制定《干部考察工作实施办法》《关于调整不胜任现职党政领导干部暂行规定》，调整配备、交流干部275人。其中，新提拔102人，调整交流158人，免职15人。2004年，对全区2900余名干部“三龄一历”进行审查清理，对有问题“三龄一历”进行认定。从离退休老同志、各条战线在职人员、人大代表、政协委员、村（居）委会主任和普通群众等各个层面熟悉组织工作、敢于直言的人员中选聘38人，组成特约监督员队伍。

2005年，制定《关于对乡镇办党政正职拟任人选实行票决制的暂行规定》和《区委常委会讨论决定干部任免实行票决制的暂行办法》，推进干部任免科学化。2006年，在严格坚持干部考察预告制、差额考察制、任前公示制、试用期制基础上，制定《关于对乡镇党政正职拟任人选实行全会票决制的暂行规定》和《区委常委会讨论决定干部任免实行票决制的暂行办法》。全年区委全会票决1批6人次，区委常委会票决6批128人次，其中因票决未通过6人次。2007年，执行《党政领导干部选拔任用条例》，加强干部选拔任用工作民主化、制度化、科学化建设。提交常委会票决80人次，提交全会票决乡镇党政正职5人次，对拟提拔人选征求纪委意见80人次，进行新任正职和新提拔任职人选廉政谈话75人次。

四、干部奖惩

1989年8月，娄底市从各战线抽调26人组成13个考察组，对全市部、委、办、局及乡镇领导班子成员在“制止动乱，平息暴乱”期间表现情况进行考察。对政府工作部门领导班子及领导成员进行年度考核试点。1991年，召开全市知识分子表彰大会，表彰75名优秀专业技术人员和有科技成果人员。1993年，组织召开“先进基层党组织和优秀共产党员”表彰大会，表彰31个先进基层党组织和63名市级优秀共产党员。1996年，举行庆祝中国共产党成立75周年庆祝活动，表彰26个基层党组织、153名优秀党员和27名优秀党务工作者，宣传推介“身边的孔繁森”典型——全国优秀党务工作者张日平、全省优秀共产党员罗小春先进事迹。1998年，开展党建“先锋工程”活动，举行“十佳领导班子”“十佳领导干部”“十佳人民公仆”评选活动。落实《党政领导干部考核暂行规定》，对科级以上领导班子及成员进行考核，表彰奖励科级以上干部178人。其中，记二等功8人，记三等功77人，嘉奖93人。

2000年，娄星区“七一”表彰先进基层党组织31个，优秀党员99人，优秀党务工作者41人。全年评出不合格党员74人，劝退3人，取消预备党员资格5人，党内除名处置7人，开除党籍3人，给予党纪处分9人，给予政纪处分2人。2001年，开展建党80周年系列庆祝活动，围绕“党在我心中”，举办党史知识竞赛活动。在娄星报开辟专版，推介优秀共产党员和先进基层组织优秀事迹。召开先进事迹报告会，表彰29个先进基层党组织、108名优秀党员和36名优秀党务工作者。2003年，评选表彰“五好”村（居）党支部1个，先进基层党组织6个，优秀共产党员111名，优秀党务工作者47名，报市委表彰4个先进基层组织，6名优秀共产党员，2名党务工作者。2005年，组织建党84周年座谈会，通报表彰113名优秀党员、48名优秀党务工作者，32个先进基层党组织。2007年，派出考察组对正科级以上单位领导班子和692名副科级以上领导干部进行考察考核。评出优秀领导班子6个，较好班子67个，有一定问题班子4个，有严重问题班子1个；领导干部中评出优秀干部20人，称职干部666人，不称职干部3人。

五、技术人才管理

1989—2008年，娄星区（娄底市）实施人才战略，制定人才发展规划和优惠政策，落实区级领导联系人才制度，健全人才工作联席会议制度和党政领导班子人才工作目标考核制度。通过公开招考、民主推荐、引进等途径，坚持公开、公平、公正、择优原则，有针对性地引进各类紧缺人才，改善人才队伍年龄和专业结构。推进知识分子继续教育，选送一批副高级职称以上知识分子到高校、党校深造，建立专业技术人才信息库。

1989年，娄底市成立知识分子工作领导小组办公室，对全市知识分子进行调查摸底，建立知识分子工作联系网络，选聘43名知识分子工作联络员。1992年，制定全市知识分子工作规范化和对有突出贡献人才管理办法，从组织、管理、教育、使用、考核等方面对知识分子工作作出规定，制定鼓励知识分子成才10条优惠政策。1993年，开展“科学技术是第一生产力”和“尊重知识分子、尊重人才”宣传教育活动。为知识分子解决家属子女就业27人，解决“农转非”75人，发展知识分子党员134人，为185名知识分子评定技术职称，为137名知识分子解决住房问题，选送28名知识分子到大专院校进修。1994年，落实《关于娄发〔1993〕18号文件有关提高知识分子政治生活待遇的解释》精神。全年获得地区市级以上科技进步奖28项，其中，获地级科技进步二等奖4项、三等奖8项，省科技进步四等奖1项。

1999年，娄星区实施省“百千万”人才工程和省“121”学术学科带头工程。恢复知识分子工作领导小组办公室，表彰有突出贡献人才，搞好跨世纪学术学科带头人选拔管理。选拔学术学科带头人25名。建立优秀人才信息库，14个乡镇、街道办事处配备科技副乡镇长、副主任。2000年，建立优秀专家、拔尖人才信息库，库存人才资料库29名。召开全区高级知识分子座谈会，开展知识分子调研工作，配备乡镇科技副职。2001年，对全区中级以上专业技术人才基本情况进行摸底调查，扩容科技人才库。配合党员电教科技扶贫下乡进村活动，从知识分子队伍中抽调农业、林业、水产、畜牧、果蔬等12名专业技术人才，组成区党员电教科技扶贫下乡进村入户小分队。2002年，健全领导干部联系高级知识分子制度，区级领导联系高级职称以上知识分子26人，帮助解决工作生活中困难60余件。2003年，成立区知识分子工作领导小组，开展“民主推荐各类人才月”活动。以组织推荐、“伯乐推荐”和个人自荐方式选出各类较为突出人才424名。其中，党政领导人才178名，企业管理人才110人，专业技术人才136人。2004年，调整充实人才工作领导小组，把人才工作纳入各级各部门工作目标责任制，定期进行督查，形成区委统一领导、组织部牵头抓总，有关部门各司其职，社会力量广泛参与人才工作格局。

2005年，人才工作办公室设立，建立人才工作联席会议制度和党政领导班子人才工作目标考核制度，完成区“十一五”人才规划编制工作。制定《关于加强党政人才培养的意见》等6个政策性文件，完善领导联系人才制度，每名区级领导对口联系1～2名优秀人才代表。建立全区专家人才信息库，并向上级呈报新世纪“252”人才工程人选43名。2006年，围绕农业产业化建设，建立210名专家人才信息库，并对58名涉及农业、经济、法律、环保等专业专家建立工作档案。在7个乡镇建立16个专家基地。全年举办各类培训班39期6800余人次。2007年，通过公务员招考、接收选调生、选拔高校毕业生到基层就业、面向社会招聘等途径，坚持公开，公平，公正，择优原则，有针对性地引进规划、林业、教育等各类紧缺人才50名。其中，选调生12名、选拔生5名、公务员4名、专业技术人员29名，缓解部分区直单位专业技术人才紧缺矛盾，改善人才队伍年龄和专业结构。

至2008年，全区有党政人才1305人，专业技术人才3692人。其中，事业单位3456人，企业单位236人；企事业单位管理人员1053人，其中，事业单位管理人员739人，企业经营管理人员314人，具有研究生学历19人，副高以上专业技术人员220人。

六、离退休干部管理

2002年，娄星区完善离退休干部管理制度，建立完善保障机制和财政支持机制，确保离退休费和医药费落实。建立老干部党支部，组织老干部开展健康有益活动，使老干部老有所养、老有所乐、老有所为。2006年7月，全国第五次收入分配制度改革，离退休人员按规定提高退休费。是年，全区增加退休费600万元。至2008年，全区有退休人员1450人。其中，离休干部27人，处级退休干部59人，国家机关退休人员460人，事业单位退休人员904人。

第五章　宣传工作

1989年5月，设立娄底市文明建设办公室（股级），归口宣传部主管。1990年2月，市委宣传部机关增设研究室。1991年4月，增设政工组。1992年，市文明办并入娄底市双文明目标管理办公室。

1996年5月，市编制委员会批准市委宣传部“三定”方案，明确市委宣传部内设办公室、党教理论组、人事政工组、新闻外宣组（加挂娄底市对外宣传工作办公室牌子）、文明单位建设指导组（加挂娄底市文明单位建设领导小组办公室牌子）。10月，设立娄底市对外宣传工作办公室，为内设副科级机构。1997年9月，市文明单位建设领导小组办公室更名为市精神文明建设指导委员会办公室，为副科级全民所有制事业单位，对内为宣传部内设机构。

1999年，娄底市委宣传部变更为娄星区委宣传部。2002年8月，区委编制委员会确定区委宣传部“三定”方案，确定区委宣传部设办公室、党教理教组、新闻外宣组（加挂区委对外宣传工作办公室和区政府新闻办公室牌子，副科级单位）、政工组、文明单位建设指导组（加挂区委精神文明建设指导委员会办公室牌子，副科级单位）。2006年7月，加挂中共娄星区委讲师团（副科级单位）和娄星区思想政治工作研究会（副科级单位）5个职能组（室）。至2008年，区委宣传部设办公室、党教理教组、新闻外宣组、政工组、文明单位建设指导组，加挂区委讲师团、区思想政治工作研究会牌子。

1989—2008年历任宣传部部长：邓迪华、李田中、童名让、毛国和、彭希亮、吴小阶。

第一节　理论教育

1989年，娄底市委宣传部组织干部职工学习江泽民总书记《在庆祝中华人民共和国成立四十周年大会上的讲话》，开展科学社会主义原理和党的基本路线教育活动。1990年年初，加强干部职工思想教育和理论学习，集中学习《关于社会主义若干问题学习纲要》，重点包括马克思主义基本理论教育、形势教育、国情教育3项内容。举办形势报告会25场，与广播电台联合制作和播出“国情教育广播讲座”17个专题。1991年，开展庆祝建党70周年系列活动，全市所有党员干部和1.05万名35岁以下职工参加理论知识考试。1992年，各机关单位、厂矿、企事业单位和学校分别组织学习中央2号文件和邓小平南方谈话精神，解放思想、建立社会主义市场经济成为宣传思想工作重点。1993年，部署开展邓小平建设有中国特色社会主义理论和中共十四大精神学习宣传活动。学习对象分别为处级以上干部、科级以下干部、农村和企业基层党员3个层次。学习内容是中央文献出版社《邓小平建设有中国特色社会主义的论述专题摘编》、省委宣传部理教处《建设有中国特色社会主义理论简明读本》和《建设有中国特色社会主义理论读本》等。1994年，市委中心组开展集中学习12次13天，组织科局级干部到市委党校集中学习13期1400余人，重点学习邓小平建设有中国特色社会主义理论和中共十四届四中全会精神，贯彻中共中央《关于爱国主义教育实施纲要》，开展多种形式爱国主义教育活动。1995年，组织干部群众学习邓小平建设有中国特色社会主义理论，市委中心组组织学习8次。1996年，市直局以上单位、乡镇街道成立二级中心组。加强市、乡镇（市直机关单位）两级中心组理论学习。市委中心组成员由60人增加到68人，确定学习内容，坚持每2个月集中学习1次，形成制度化。1997—1998年，组织学习江泽民总书记重要讲话精神和中共十五大精神。

1999年，娄星区重点组织学习邓小平理论、中共十五大和十五届三中全会精神。2000年2月25日，以“三讲”教育和机关干部思想作风集中整顿为契机，组织“三个代表”学习教育活动。处级领导进行为期半个月的封闭式理论学习，一般干部职工安排10天以上集中学习，重点学习马列原著和江泽民总书记“三个代表”重要思想及金融知识、证券知识等，组织学习讨论和交流活动。2001年，组织理论调研活动，在《娄星报》开辟“理论与实践”专栏专刊，刊发区委领导成员撰写经验文章10余篇，向上级有关部门提供理论文章10余篇。2002年，重点学习江泽民“5·31”重要讲话精神和中共十六大精神。2003年，组织开展领导干部学习贯彻中共十六大精神、“三个代表”重要思想论文竞赛活动。全区400余人撰写论文，评选出优秀作品汇编成《娄星区领导干部学习贯彻“三个代表”重要思想优秀论文集》。2004年，乡镇、街道办事处落实周一晚间政治学习制度，开展学政策理论、学法律法规、学专业技能、学电脑、学外语和推广普通话“五学一推广”活动。

2005年，以保持共产党员先进性教育活动为重点，将政治理论学习纳入目标管理考核，娄星在线网站开设“理论之窗”专栏。举办理论骨干培训班，110余名理论骨干参加培训。2006年，理论学习以落实科学发展观、构建社会主义和谐社会为核心内容。2007年，开展“创建学习型党组织，争当学习型党员”活动，区直单位、各乡镇办事处基本做到统一学习时间（周五下午或周一上午）、统一学习笔记本、统一学习基本内容、统一学习大讲堂老师专题讲课次数“四统一”。

2008年，开展解放思想大讨论活动，组织集中学习100余次，开展“解放思想大家谈”专题讨论和论文征集评选。加强政治学习制度化建设，区委中心组集中学习10次。

第二节　新闻宣传

1990年，娄底市在中央、省、地27家主要报刊、电视台发稿1338篇。其中，中央级38篇，《湖南日报》81篇，湖南电视台99条，头版头条19条。举办骨干通讯员业务培训班，66名业余通讯员参加学习。1991年6月30日，电视专题片《播种富裕的人们》在湖南电视台播出，是娄底地区第1个在省台播出的专题片。与市委办、政研室联合创办市委机关刊物《娄底通讯》。全年在中央省地27家主要报刊、电视台发稿1441篇。其中，中央级33篇，《湖南日报》126篇，头版头条20条。1992年，加强经济宣传报道，中央、省、地报刊和广播电视用稿1500余篇，其中要闻350余篇。1995年，筹办《娄底晚报》，4—6月试刊3期。组织开展社会治安综合治理宣传战役，市内主要新闻媒体发稿420篇。其中，《娄底日报》123篇，在省以上新闻单位上稿32篇，湖南电视台专题报道3期。1996年3月18日，停办《娄底晚报》，创办《娄底市报》。全年出版42期，刊稿2000余篇，发行1.20万份。全年在中央省地发稿100篇，《湖南日报》110篇，其中头版头条1篇。1997年，《娄底市报》刊出51期85万字。全年在中央省地发稿1600余篇。其中，《湖南日报》头版头条2条，《娄底日报》头版头条12条。1998年，《娄底市报》刊出52期150余万字，全年在中央省地发稿1500篇。

1999年，娄星区在中央省市报刊上稿980余篇，其中《湖南日报》110篇。2000年，《娄底市报》更名为《娄星报》。在中央省市报刊上稿500余篇，其中《湖南日报》62篇。2001年，《娄星报》出刊50期150万字。全年在中央、省主要报刊发稿176篇，其中《湖南日报》头版头条7篇，《娄底日报》314篇，头条24篇。2002年，在市以上报刊发稿418篇，其中中央报刊12篇，省报刊113篇，市报刊303篇。2003年12月，《娄星报》停刊。2003年，在市以上党报党刊发表各类稿件327条，其中，省级报刊162条，市级报刊165条。2004年，在《湖南日报》发表10篇头条文章，在市以上党报党刊发表各类稿件497条。2005年10月，中央、省、市新闻媒体组成“崛起的湘中”记者采访团在娄星区采访，宣传报道娄星区经济社会发展业绩。全年在市以上党报党刊发表各类稿件412条。

2006年，新闻发言人制度建立。全年在市以上党报党刊发表各类稿件481条。2007年，建立重大突发事件新闻快速反应机制。5月20日，创办《新娄星报》旬报；创办《娄星宣传工作》简报，刊出2期。全年市以上报刊发稿680余篇，其中《湖南日报》《娄底日报》头版头条28篇。2008年，加强新闻发言人培训，规范网络新闻发布制度。市以上报刊发稿628篇，其中头版头条42篇。

第三节　社会宣传

1990年11月1—4日，娄底市组织首届商品交易会，大会成立宣传处，由市委宣传部负责大会宣传工作。在城区交通要道设立永久性宣传标语30条，制作《敬告市民牌》200余块。1991年，组织开展14项建党70周年大庆系列宣传活动，历时半年。开展"二五"普法宣传月和国防教育活动，投资1.20万元，在氐星路设立国防教育一条街。1992年，开展纪念毛泽东《在延安文艺座谈会上的讲话》发表50周年宣传活动，制作黑板报、墙报420块，宣传标语500条。1992—1994年，利用广播、电视、报刊、墙报、橱窗、学习班等社会宣传方式，做好中共十四大精神和市场经济知识宣传普及。1995年，举办娄底复市15周年群众性庆祝宣传活动。1996年5月初，开展"严打"斗争专项行动宣传活动，连续3天组织15辆宣传车在城乡开展宣传，张贴宣传标语3700条。1997年，开展迎香港回归系列宣传活动，筹资9万元在市委、市政府机关大门两侧各建1条长40.80米的市民阅报廊，5月28日开放。投入资金80万元，制作20块大型广告标牌。

1999年，娄星区组织开展国庆50周年成就宣传、迎澳门回归宣传、迎新世纪宣传、优化经济环境宣传四大宣传活动。2000年，在乡镇农村开展集中性政策法制宣传活动，为农户印购法律政策读本10余万册。开展以"四基""三观""三义"为主要内容理想信念宣教活动和"崇尚科学、破除迷信""致富思源、富而思进"宣教活动。2001年，组织建党80周年宣传图片展览。开展"环保世纪行"宣传活动，发表稿件图片100幅。2002年，举办以宣传"三个代表"重要思想为主题系列书法展览。2003年，在防治"非典"宣传中，突出社会宣传，向人民群众传递科普知识。2005年，在花山街道铁东社区建成社区文化长廊，长240余米，设41个宣传橱窗。2008年，运用墙报、板报、宣传橱窗等社会宣传阵地，宣传中共十七大精神和党的方针政策。

第四节　文化及网信管理

一、文化活动

1989年，娄底市采取多种文艺形式宣传中华人民共和国成立40周年活动，优秀节目《农伯与女郎》在娄底地区电视台数次播放。全年接待演出团体22个，演出46场次，观众32万人次。1990年，安排群众文化活动经费100余万元，组织全市性大小活动30余次。1991年，组织全市大型群众文化活动30余项，参加活动4.40万余人次，观众40余万人次，市政府用于群众文化活动投资1.75万元。1992年，各乡镇举办自编自演文艺晚会13场，观众5万余人次，组织全市性文艺专场晚会1场。1993年，筹建娄底市博物馆。全年开展群众性文化活动50余次。组织排练小品参加省、地小品比赛，《下棋》参加省小品比赛获演出二等奖、创作一等奖、导演一等奖。1994年5月，在万宝乡举办龙舟艺术节，历时5天，10支龙舟队参加，观众1万余人。市体校获全国比赛金牌1枚，银牌1枚，铜牌1枚；获省级比赛金牌6枚，银牌7枚，铜牌4枚。1995年，联合潇湘电影制片厂拍摄《祖国新貌》娄底专集，在中央电视台《祖国新貌》栏目播出，展示娄底市复市15周年各方面建设成果。市体校学生邵广英在意大利举行的世界中学生田径运动会上获1枚银牌、1枚铜牌。抓好《心声》文学杂志出版发行，出版4期，发表30多万字文学作品。1996年，举办娄底市第二届农村文艺会演和国庆文艺晚会。

1997年6月20日，举办“庆党的生日、迎香港回归”大型文艺会演。

1999年9—12月，娄星区委宣传部联合高溪集团总公司举办“庆国庆、迎回归”文艺晚会，联合台胞、企业家组织“庆澳门回归、迎新世纪”“怡和杯”演讲比赛。组织4次“五送”下乡活动，全年开展全区性文艺活动11次。2000年，举办大型“2000年巨龙——怡和元宵灯谜会”，制作灯谜2400余条，参加活动群众3000余人次。

2001年，娄星区开展庆祝建党80周年系列文艺活动，举办建党80周年大型文艺晚会，组织全区“党在我心中”读书活动，开展庆祝建党80周年征文活动和书画、摄影作品竞赛活动。2001年，先后到茶园乡、百亩乡开展“五送”下乡活动。区体委到西阳乡开展体育下乡活动。2002年，举办娄星区“天女杯”广场文化艺术节。2003年，成立作家、美术家、书法家、音乐舞蹈家、摄影家、戏剧曲艺家6个专业协会。加强文化名人宣传，把海外娄星籍文化名人诗书画家萧一苇、竹雕艺术家李佑增推介给全国，向港台地区及境外推介本土艺术家96岁傅国钦老人、青年画家童和平。2004年，国庆前举办为期5天庆祝中华人民共和国成立55周年社区文化周活动。组织重点节目参加省、市“三湘蒲公英”少儿舞蹈比赛。《爱喝甜酒的山娃娃》节目夺得全市金奖、湖南省银奖；大型舞蹈《罂粟花》夺得省第四届“三湘群星奖”舞蹈大赛金奖。2005年9月28日，联合区纪委、区委组织部等单位举行“廉政之光”大型广场文艺演出。舞蹈《雕花情》获娄底市2005年春节联欢晚会文艺节目一等奖，少儿节目《游春曲》获全省“三湘蒲公英”音乐比赛银奖。区文化系统参加全省文化系统干部职工特长比赛，2人分别获铜奖、优胜奖。

2006年，举办娄星广场第二届社区文化活动周，上演200余个群众性文艺节目。2007年，组织多件作品参加省文联“和谐湖南”美术书法摄影展，区美协罗湘科、张云泉作品分别获全省优秀作品奖。举办“爱我娄星”征歌大赛和娄底城市形象歌曲征集活动。2008年，坚持“二为”方向和方针，组织文艺精品生产，出版《璀璨娄星》《娄星诗词》等10部作品集。组织开展征歌创作、庆“五一”和“迎奥会”文学创作、纪念改革开放30周年艺术展、抗震救灾题材文艺创作等系列活动。

二、文化事业

1990年，娄底市举办首届商品交易会，其间开展多项文化活动，成交额达3.40亿元。1991年，在第二届娄底交易会上，组织“娄星之光”艺术灯展、迎宾菊展、全国著名演员多场演出、大游行、焰火晚会、科技展览厅等活动。全国20余个省市及德国、印度、新加坡等国家和地区客商和市内城乡居民45万余人光临大会，成交额3.31亿元。1992年，第三届娄底商品交易会，湖南省文化厅与娄底市人民政府联合主办湖南省“双星杯”歌手大奖赛，590人参赛，邀请著名歌唱家彭丽媛、卢秀梅担任评委，演出3场，取得良好社会效果。全年新增文化个体户42家，大科乡三元村267户村民有205户经营文化产业，年产值2000万元。5月，市图书馆对外开放，文化局办公楼落成，电影公司“影星文化中心”破土动工，文化馆文化娱乐中心工程完成“三通一平”。

1999年，娄星区投入资金建设文化馆、图书馆、博物馆，完善市民文化活动设施。2004年，按照“阵地建设高标准，文化队伍高层次，文化活动高质量，活动效果高效益”要求，开展社区文化试点工作。投资50万元，建成社区文化活动中心、图书室等活动场所，引导社区文化活动向格调高雅、健康文明方向发展。区政府制定扶持文化事业和文化产业发展政策措施。文化部门召开全区民营经济工作大会，首次对文明经商示范户进行表彰，印发光荣册400余册。加强馆藏文物安全保卫和清理建档工作。2007年，加强6个文艺家协会管理，筹建区民间文艺家协会和区机关书画协会。发展会员30余人，向省、国家相关协会推荐优秀人才8人。开展文物普查和文化遗产调研工作，完善文物数据库建设，建成电子图书阅览楼。推进乡镇文化基础设施建设和广播电视“村村通”工程，选拔业务骨干到基层社区帮助编排节目40余次。2008年，加强乡镇、街道文化站工作调研和业务指导，推进“农家书屋”建设，全区建成“农家书屋”19个。

三、网信管理

2004年，区委下发《关于加强全区网络宣传管理工作的通知》，将网信管理纳入区委宣传部职能范畴。筹资10万元建立娄星在线网站，8月3日开通运行，担负全区对外、对上、对内宣传主要职责。2004—2006年，依法加强娄星在线网站及区内网站管理，逐步实现网络宣传和管理规范化、制度化。2008年，开展网上新闻来源和淫秽色情信息专项清理行动，推进网络文明建设。

第五节 精神文明建设

1989年，娄底市委宣传部完成《闪烁的群星（续集）》一书组稿。1990年，在10个乡镇开展创建文明单位和“三户”竞赛活动，农村精神文明建设列入乡镇工作目标管理。经过考核评比，10个乡镇评选一等奖1个，二等奖2个，评选爱国卫生先进单位4个。1991年，市委决定成立娄底市精神文明建设工作指导委员会，召开全市精神文明建设工作会议，表彰命名10个文明建设先进单位。组织开展“三学三优”“文明村”“三户竞赛”等活动。评选出遵纪守法户5500户，五好家庭户5000户，“双文明”户4500户。1992年，组织各级文明单位和各乡镇、街道办事处宣传委员80余人，分2批赴深圳实地考察学习创建文明城市及经济建设先进经验。编印《市民必读》3.20万册，举办全区第一届文明建设经验及理论研讨会。1993年，编写《闪烁的星群》（1993年版），组织“岗位学雷锋，行业树新风”十佳竞赛活动。组织人员赴北戴河考察学习“双文明”建设先进经验，继续开展争创文明城市活动。1994年，在市税务局召开全市中央、省、地级文明单位经验交流会。组织试点工作组进驻大科乡三元村开展“三评一帮”活动，联合市妇联组织开展“国际家庭日一条街”宣传活动。组织文明单位负责人赴山东考察学习。制定《娄底市文明单位管理办法》，在《湖南宣传》《当代党建》《文明建设》《娄底工作》《娄底通讯》杂志及报纸上发表论文16篇。1995年，开展“做文明市民”“建文明小区”活动，编纂《文明单位名录》。1996年，开展农村“三个主义”和“三德”教育，开展“五送”下乡服务活动，送书3500余册，送戏30场，送电影50场，为1800余人次提供政策、法律咨询。举办娄底市第二届农村文艺会演。1997年，在窗口服务行业开展“创十佳”文明服务单位竞赛活动。编写报告文学集《为了娄底的崛起》，将娄底复市16周年来各项成果进行总结和推介，开展“创文明机关、文明村镇、文明公仆”活动。1998年，开展系列“学雷锋、树新风、为人民群众办好事、办实事”活动，参与人数4万余人次。

1999年，娄星区委宣传部组织敬老助残、爱城保洁等学雷锋系列活动。开展“为人民服务，创文明机关，做人民满意公务员”评比竞赛、“五个十”推荐、优秀乡镇党委书记、勤劳致富标兵等评选活动。2000年，开展以“创建美好家园、倡导文明新风”为主题“讲文明 树新风”活动，开展城区环境集中综合整治行动，发放宣传资料和倡议书5万余份。2001年，建立民情热线，组建热心人队伍走访调查农户7000人次，开展理论研讨2400人次，解决群众思想疑问4180人次，解答政策咨询3680人次。2004年，召开加强和改进未成年人思想道德建设工作会议。2005年，编印发放《文明市民守则》2万册。举办“我最讨厌的十大陋习”评选活动和“联通杯”文明知识竞赛活动，开展创建文明城市卫生集中整治行动。

2006年，娄星区开展社会主义荣辱观教育活动，进行未成年人思想道德建设创新案例征集，收集案例29份。组织“乡风文明”调研活动，召开“乡风文明”座谈会，为建设新农村提出建议和对策。是年，娄星区建成湖南省文明城市。2007年，开展“关爱留守儿童”演讲比赛、“关爱留守儿童”巾帼爱心志愿者评选等系列活动，实施“春蕾”计划，开展“诚信兴商宣传月”活动，全年评选表彰“五好文明家庭”62户。2008年，组织开展“情系灾区，风险爱心”救灾募捐活动，建设爱国主义教育基地。组织参加“做一个有道德的人”网上签名和抗冰救灾英雄评选活动。开展“共铸诚信”主题宣传教育活动，组织开展征文比赛、演讲比赛、篮球赛、健身跑等系列“迎奥运、讲文明、树新风”活动。开展“文明创建进农家”活动，确定百亩乡新家村为试点村。持续开展“文明单位”“文明村镇”“文明户”“文明社区”创建评比活动。

第六章 统一战线

1989年，中共娄底市委统一战线工作部（简称统战部）内设办公室、党派政工组、经济联络组。归口管理和挂靠单位有市工商联、侨务和侨联（两块牌子、一套班子）、台办、民委办、九三学社娄底支社。全市统战对象2.80万人。

1993年，宗教办成立，与民委办合署办公。1996年机构“三定”，核定统战部内设办公室、党派政工组、经济联络组、市委台湾工作办公室（市人民政府台湾事务办公室）。归口管理和挂靠单位有市工商联、侨联、九三学社娄底市委。侨务和民宗办归口市政府序列。1999年7月，娄底市委统一战线工作部更名为娄星区委统一战线工作部。2002年区直机构改革，核定统战部行政编制7名，后勤服务事业编制1名，保留原有内设机构，增加民盟娄星区委、海外联谊会、归国华侨侨眷联合会3个归口管理单位。2005年，台湾工作办公室定为正科级机构，从统战部内设机构划入政府序列，归口统战部管理。2007年机构改革，内设办公室、党派政工组、经济联络组。民宗办定为副科级机构，更名为娄星区民族宗教事务局，从政府序列划出，归口统战部管理。统战部归口管理和挂靠单位有台办、民宗局、工商联、民盟娄星区委、九三学社娄星区委、侨联。

1989—2008年历任统战部部长：杨福章、黄云涵、邓明亮、罗琳、钟芝兰。

第一节 港澳台工作

1989年，娄底市委台湾工作办公室（市人民政府台湾事务办公室）编制在统战部，未设专门机构。1996年机构“三定”，台办定为市委统战部内设正科级机构。1999年，更名为娄星区委台湾工作办公室（区人民政府台湾事务办公室）。2005年，台办定编4名，从统战部内设机构划出，列入区政府序列，归口统战部管理。

中华人民共和国成立前，娄底市（娄星区）随国民党部队去台湾人员1000人，包括第二代、第三代，娄星区籍在台人员4580人，域内台属9670户4.20万人。

一、对台宣传与涉台教育

1990年10月，娄底市委统战部与市政协联谊委员会配合，组织对台部门负责人、优秀“三胞（包括港澳同胞、海外侨胞）”亲属联谊会长和优秀“三胞”亲属代表，组成娄底市“三胞”亲属报告团。用10天时间，到全市10个乡镇作巡回报告，500名干部、“三胞”家属和群众参加。1991—1993年，举办对台宣传与涉台教育报告会3场，1200人参加。1994年，市台办在中国国际广播电台灌制录音带，开展对台宣传。在《娄底日报》上稿20篇，开展涉台宣传教育。与市政府外事办开展优惠政策宣传活动，在《羊城晚报》（海外版）、《人民日报》（海外版）、《华侨日报》、《侨声报》等上稿10篇，向海外宣传娄底优越地理位置和投资环境。1995—1996年，市台办每年组织3次以上宣传活动，在各大报刊、媒体持续上稿，开展对台宣传与涉台教育。1997年，市委统战部、台办组织稿源，在《台声》杂志等对台宣传刊物和地区以上报刊发表文章20篇。向回乡探亲、考察的台胞赠送《娄底画册》20本。1997年香港回归前夕，市台办召集60名台属进行“三个一”活动动员和爱国主义教育。利用广播电台向全市干部群众进行2次涉台教育讲座。市委党校将对台工作知识列入教学课程，坚持对学员讲授对台宣传理论知识。台办与市政协祖国统一组坚持逢双月20日学习涉台知识。1998年，市委在全国性杂志《心声》创办对台工作专刊“海峡两岸情”，向台胞、台属及海外朋友赠发《心声》杂志2000册。举办和平统一祖国宣传挂图展览，向台属、学校等赠送挂图750份。

2000—2004年，娄星区委统战部、区台办利用各大媒体平台加大对台宣传和涉台教育，推进对台宣传与涉台教育进学校、进社区。2005年7—8月，区台办与区委宣传部在市博物馆联合举办“中国我们共同的家园·台湾问题图片展”，参观人数2万人。2006年，举办涉台知识学习、竞赛活动。发放涉台教育知识读本2600本，涉台知识问卷2600份，开展阅卷、评分评奖。区台办获中共中央台湾工作办公室（国务院台湾事务办公室）“对台宣传工作先进单位”称号，出席全国对台宣传工作先进表彰会。2007年，贯彻落实中共中央、省、市对台湾工作会议精神，做好台情普查宣传发动工作。在各街道、乡镇、村组及有关企事业单位开展台情普查。2008年，区台办再次获评全国“对台宣传工作先进单位”。

二、交流交往与对台经贸

1989年，娄底市接待台胞190人次。围绕经贸工作中心，以接待促引进，20位台胞表示回娄底家乡投资发展，6位台胞在娄底购买住房。1991年，市政府统一接待台胞知名人士60人。9月21日， 邀请11位台湾校友回娄参加知名老校陶龛学校建校90周年校庆大会。1991—1992年，引进台商和外资项目10个，投资金额500万元。1993年，引进湖南能开五金制品公司、湖南亚联实业有限公司2家台商独资企业。3年内为33名“三胞”亲属办理去港澳台探亲手续，安置回娄定居台胞8人，侨胞2人。两岸书信往来2万余件。协助台属兴办企业21家，投资金额350万元，创利120万元。1994年，协助台属创办企业19家，投资410万元。9月，邀请台北工业大学教授在春园中学作题为“发扬中华民族优良传统”学术报告，1000余名师生参加。1996年，接待台胞405人，其中，知名人士6人，工商界人士18人。支持“三胞”亲属办企业11家。台胞林某投资2000万元，在城区兴建湘中工业品批发市场，于1997年开市营业。1997年，接待台胞269人次，其中知名人士7人。9月，台湾著名竹雕大师李佑增回娄探亲，与市台办签订意向书。台商独资企业湖南能开五金制品公司、湖南亚联实业有限公司在兴办过程中与当地群众发生矛盾，市政府先后召开3次市长办公会议，研究解决方案。市台办协调乡、村、组及有关部门召开专门会议16次，妥善解决问题，项目正常施工建设。是年，全市有台资企业7家，合同资金7600万元，到位资金3370万元。市台办向台商发出信函26件，走访台胞台属42人（户），接待台商28人次，签订项目意向书2份，项目合同1份，兴办合资企业1家。全年为台胞购买车票42人次，提供婚姻、财产、投资、经商等方面咨询服务500人次。1998年，台胞林某投入资金3000万元，独资承建娄底城南市场改扩建工程。

1999年，娄星区接待台胞154人次。协助指导域内台属赴台探亲615人次，登记涉台婚姻4对。2000—2004年，接待台胞824人，走访台属230人次。2004年3月12日，区台办为台胞李佑增举办书法作品捐赠仪式，李佑增捐赠书法作品100余幅。台胞刘思吾向家乡公益事业捐款19.70万元。2007年9月12日，旅台湘乡同乡会一行15人到娄底参观考察，区委、人大、政府、政协四大家领导会见，主要领导和有关部门负责人陪同参观考察。至2008年，全区接待台胞2154人次。其中，接待台胞团体38个123人。

第二节　海外侨胞联谊

一、联谊工作

1989年，娄底市港澳台同胞及海外侨胞联谊工作立足国内，面向港澳台和海外，以春元、陶龛、振翩3所学校为窗口，发挥港澳台地区及海外校友优势，为娄底港澳台同胞及海外侨胞联谊铺路架桥。是年，完成振翩学校校舍改造工程。9月，“李振翩奖学金基金会”第二次颁奖，12名成绩优秀学生和3名教学工作成绩突出教师受奖。1990年，港澳台同胞及海外侨胞联谊窗口在原“三校”基础上增加罗钠重纪念馆，台谊公司、侨汇公司，“三胞”亲属联谊会，侨务基金会、陶龛校友会、李振翩奖学金基金会“一馆两公司四会”。运用参观、接待、修校志、出校刊、聘顾问、通讯联络等方式，与港澳台地区校友、亲属保持正常联系。4月，海外华人李振翩在美国的女儿李家瑞委托美国密根大学电脑心理语言学博士田文专程从美国到娄底振翩学校考察。1991年5月，组织港澳台地区“三胞”亲属代表20人游览溪口水库。7月，组织“三胞”亲属联谊会长到涟源市参观学习，听取“三胞”亲属联谊会经验介绍，游览湄江风景。帮助归侨侨眷从外地引进名优特水果香艳梨品种，购买种子、印发资料、举办栽培技术培训班，现场指导栽种。从救灾款和侨务基金中挤出资金解决农村归侨侨眷生活困难和生产自救。1992—1993年，引导各基金会与港澳台地区和海外联系，引进项目7个，引进资金810万美元。1994年，协助3个乡镇“三胞”联谊会完成换届选举。对全市注册19家“三资”企业生产经营状况和环境调查摸底，了解情况，解决困难和问题。举办爱国华人李振翩逝世十周年系列纪念活动，李振翩女儿李家瑞每年拿出3000美元注入基金会，为娄底市与美国汉莱凯市结成友好城市牵线搭桥。1995年，娄底地区举办港澳台同胞及海外侨胞联谊暨经贸洽谈会，市委统战部牵头组织统战系统和有关市直部门参与活动。动员30余户“三胞”亲属，向38位港澳同胞和海外侨胞发出邀请，20位嘉宾应邀到会。签约项目7个，合同资金3.25亿美元，其中包括兴建直升飞机场项目。

1996—1997年，接待港澳地区同胞和海外侨胞上层人士32人。制作《“三资”企业名人风采录》VCD专题片，在娄底电视台播出。1998年8月中旬，成立由市委、市政府领导挂帅的娄底市港澳台同胞及海外侨胞联谊会筹备领导小组，抽调38名干部，走访在娄“三胞”和“三胞”亲属，寄发邀请函，筹备娄底市港澳台同胞及海外侨胞联谊会。9月8日，召开娄底市第三次归侨、侨眷代表大会，对上一届代表大会以来市侨联工作进行总结和客观评价。10月26日，市委、市政府召开娄底市港澳台同胞及海外侨胞联谊会成立大会。8个国家和地区25名海外客商以及市政协、市委统战部、台办、市工商联、侨办、侨联及市直有关单位负责人及相人员参加会议。

1998—2001年，娄星区（娄底市）侨联协助市委、市政府落实各项侨务政策，发挥党和政府与归侨侨眷桥梁纽带作用，利用特定优势，开展“架金桥、引侨资”等招商引资活动，向港澳台地区同胞和海外侨胞发送招商资料2000余份，接待到来娄底考察侨商28人，召开招商引资座谈会6次，联系、引进外商来娄兴办中外合资企业19家。

2002—2005年，娄星区召开“三胞”“三属”、侨联委员、重点侨眷座谈会12次。成立青年留学生联合会，组织人员调查全区青年留学生及重点侨眷情况，走访侨眷56户。编制《通讯录》。2006年，区侨联以娄底市第二届“青春娄底·湘中之光”经贸博览会为契机，联系或发动归侨、侨眷，联系海外华侨150余人。将娄底面貌、建设发展概况、投资环境、招商政策、招商项目、商品信息等图文资料，通过电子邮件或电子邮箱发送给娄底籍港澳台地区和海外知名人士及商界人物。2007—2008年，区委统战部、侨务部门开展侨情普查，走访侨资企业28次。建立港澳台地区及海外联络工作人物库，召开归侨侨眷代表大会，成立涉侨法律援助中心。至2008年，娄星区有海外侨胞和港澳台同胞2236人，主要分布在美国、加拿大、英国、德国、新西兰、新加坡、日本等17个国家和港澳台地区，全区归侨、侨眷4600人。

二、建言献策

2003—2007年，娄星区侨界有市、区两级人大代表3人，省、市、区政协委员10人。为全区经济建设和社会发展建言献策，撰写省级政协提案20件，市、区两级提案32件，市、区人大议案14件。其中调研报告《优化内外环境加快民营企业发展步伐》被区政协列为大会发言材料。

第三节　支持非公有制经济发展

1989年，随着改革开放不断深入，娄底市非公有制经济开始发展。1990年，市委、市政府就发展全市个体工商户和私营企业召开专门会议，征求各界人士和经济部门意见，研究发展思路和措施。1991—1992年，贯彻《中共中央关于转发〈中央统战部关于工商联若干问题的请示〉的通知》精神，工商联转换工作职责，支持和协调个体工商户、私营企业，服务非公有制经济发展。1993年6月，娄底市工商业联合会第三届会员代表大会召开，成立娄底市总商会，与工商联合署办公。1994年，市委、市政府制定《娄底市非公有制经济发展规划》，对全市非公有制经济发展提出具体要求和目标。市工商联在石井乡、黄泥塘街道建立2个工商联分会。1995年，市委、市政府批准设立娄底市民营经济发展区。市委统战部、工商联动员个体工商户、私营企业主到发展区经商办企业。3家私营企业进入发展区。是年，工商联帮助娄底市有色金属提炼厂落实资金40万元扩大再生产，全年实现产值200万元。协助娄底市挂毯厂尝试股份制经营模式，实现产销两旺，产品远销美国、日本。1996年，新发展非公有制会员单位10个，个人会员62个。11月，召开娄底市首届发展私营企业座谈会，省工商联和地、市有关领导参加。做好非公有制经济人士职称评定工作，全年聘评中级职称人员25人，初级职称人员30人。非公有制经济人士中有省、地、市人大代表25人。1997年，市工商联完成换届选举。组织会员和非公有制经济代表人士学习200人次，选送12名民营企业家，参加省社会主义学院和娄底地区工商联举办的会员骨干培训班学习。走访会员企业258家（次）。为市第三耐火材料厂烧炽系统改造提供信息和技术支持，实现电改柴油燃烧，产品成本降低50%。

1998—1999年，娄底市（娄星区）新发展会员90名，新成立乡镇工商联分会2个，为非公有制企业调解矛盾纠纷12起。建立市级领导、统战系统负责人与非公有制经济代表人士挂钩扶持制度，26名市级领导与13名非公有制经济代表人士建立结对交友和挂钩扶持关系。8名统战系统负责人与8家个体工商户、私营企业结对交友，现场办公20次，协调解决矛盾纠纷30起。1家私营企业获全省“百强私营企业”称号，1名私营企业主获全省“百强百优企业家”称号。

2000年，娄星区委统战部牵头，成立非公有制经济调查领导小组，组织工作班子，分成5个调查组，调查全区个体工商户、私营企业、主要市场等非公有制经济状况，为区委、区政府制定发展非公有制经济政策提供决策依据。至11月，全区有个体工商户、私营企业2.98万家。其中，私营企业518家，从业人员7万人。在建和建成大小市场26处，建筑总面积100万平方米，门店5万个。个体私营企业上缴税收3806万元，是1993年的4倍。注册资金2.50亿元，年产值14亿元。出现娄底大市场内年产值200万元铝制品厂、年产值300万元湘中棉袜厂等一批私营企业大户。涟滨西街形成日杂产品加工销售一条街，双江乡“上乘食品”、茶园乡精制茶叶等初具产业化规模。涟滨乡一年内发展38家私营企业，种养、运输、加工、建材等家庭企业1139家，实现家家盈利，家庭式工商企业经济占全乡经济70%。是年，工商联组织非公有制企业开展上网宣传活动，走访重点企业150家，发动32家非公有制企业入网“湖南海联”。开展调查研究，在网上发表专题调研报告5篇。2001—2002年，完善挂钩扶持机制，挂钩负责人员经常到企业及时掌握民企情况。区工商联协调有关金融机构，主持召开银企合作会议，疏通借贷渠道，争取银行向个体、私营企业发放贷款1.20亿元。2003年，区委、区政府制定发展非公有制经济优惠政策，对非公有制经济实施政策倾斜，扶持帮助。7月，区工商联组织40名会员到浏阳市学习考察。8月，召开全区发展非公有制经济会议，做好非公有制经济人士代表政治安排。工商界有市、区人大代表7人，政协委员37人，6人被聘为民主监督“四员”。2004年，全区有各类工商户和民营企业1.28万家。其中，私营企业1085家，从业人员8万人，民营经济总量39亿元，创税收7271万元，占全区税收总额76%。是年，组织非公有制经济实体开展“诚信经营，照章纳税”教育活动。3月24日，区人民政府表彰永盛玻璃工艺有限公司等29家诚信企业。5—7月，组织非公有制经济代表人士学习《产品质量技术监督条例》。8月和10月，组织51名民营企业家到温州市和宁乡县学习取经。2005年，组织有关部门和民营企业代表，解决明珠商业街因开发、经营定位不准而濒临停业难题。组织民营企业负责人开展友情互动，交流经验，提高民营企业家经营管理水平。走访民营企业150余家，走访270余次，协助解决各类矛盾纠纷100余起。2007年，建立民企联村、共同发展新机制，实行产业互动。运用“公司+基地+农户”模式，延伸产业链。万宝食品饮料有限公司建立鱼腥草种植基地47公顷，花生基地67公顷，吸纳500余户农户参与。天源高科有限公司与小碧乡集合村50家农户合作黑猪养殖项目，每户年增收近万元。4月，组织非公有制经济人士代表、石井乡部分领导班子成员、蛟龙村村民代表等200多人到浏阳市考察花卉基地，论证蛟龙村精品花木基地项目。选派民营企业家20多人到浙江学习考察。成立专门班子，对春园步行街经营状况进行调查。开展非公有制经济代表人士综合评价，走访20多家民营企业，综合评价50名拟定和已作政治安排代表人士。

2008年，工商联走访民营企业30家，组织民营企业参与“品牌娄底”创建活动。组建长青、乐坪2个街道工商联分会。是年，全区民营企业发展到2000家，从业人员9万人，民营经济总量40亿元。

第四节　党外人士工作

1989—2008年，娄星区（娄底市）委、区（市）政府重视对党外人士培养任用。统战部、组织部按照“四化”（革命化、年轻化、知识化、专业化）标准，秉着德才兼备原则，发现、培养、选拔、推荐人才。为人大、政府、政协和部门提供优秀人才资源。

1989年，娄底市有党外知识分子干部2356人。其中，大专以上学历888人，高级职称32人，中级职称371人。年内推荐担任处级干部6人，科（局）级干部14人，向地区推荐后备干部6人。开展市人大、政协换届人选考察推荐工作。在做好人选调查摸底的基础上，统战部、政协抽调专人组成5个考察组，分赴全区各单位考察。通过单位党组织推荐、召开座谈会征求群众意见、查看档案资料等程序，从政治素质、参政议政能力与代表性等方面综合考察。1990年，推进党外人士推选工作。市政协180名委员中，有民主党派成员15名，无党派人士93名，占代表总数60%。市政协8名正副主席中，民主党派和无党派人士4名，占50%。30名政协常委中，民主党派和无党派人士20名，占66.7%。市政协机关各专门委员会安排6名民主党派和无党派人士任职。市人大代表226名中，有民主党派和无党派人士64名，占28.2%。市人大常委会17名委员中，有民主党派和无党派人士3名，占17.6%。市人大常委会、市人民政府分别安排1名党外人士担任副主任、副市长职务。选拔5名党外人士担任政府职能部门副局长以上领导职务，6个乡镇安排8名党外人士担任副乡镇长，206名党外人士担任村和乡镇企业领导职务。

1991—1997年，选送138名党外人士到地区级以上社会主义学院学习。考察党外人士96名，推荐任职16人。其中，科局级4名，副乡镇长10名，处级后备干部2名。党外人士向市人大、政协提交议案提案116件，提合理化建议40条。召开党外人士座谈会21次。走访党外人士580人次。1998—2000年，建立中共市级领导干部与党外人士交友制度，市委领导与23名党外人士交为净友。是年，党外人士就引资入涟（引资江水入涟水河）工程、水府庙库区建设、下岗职工安置等重大问题提合理化建议15条。

2001年，娄星区委规定，各乡镇班子换届时均应配备1名党外领导干部，符合条件乡镇长助理安排进政府班子。年内，面向社会公开招聘司法机关党外领导干部2名，选送24名党外干部到市、省社会主义学院进修学习。2003年5月10日至6月10日，区委开展“民主推荐党外优秀人才”活动。区委统战部、组织部联合考察，建立100名党外优秀人才储备库。经推荐当选区级人大党外代

表6名，省人大代表1名，区政协委员55名，省政协委员1名。2006年，区委制定印发《关于进一步做好党外人士培养、选拔、安排、使用工作的意见》。选拔党外后备干部7名，任正副科局级党外干部10名。全区党外在职副科局级以上领导干部47名。其中，副区级6名，正、副科局级41名；省人大代表1名，省政协委员1名；市人大代表7名，区政协常委7名，区人大常委1名。2008年，区委统战部建立定期走访党外干部制度，打破党外干部只任副职“框框”，安排2名党外人士分别担任市人大财经委主任和万宝镇政协联工委主任职务。

第五节 民族与宗教工作

1993年，成立娄底市宗教办，与民委办合署办公，合称民宗办，属统战部内设机构。2007年，民宗办定为副科级机构，更名为娄星区民族宗教事务局，列入政府序列，归口区委统战部管理。

一、民族工作

1989年5月，娄底市有回、苗、蒙古、壮、土家、满等11个少数民族，人口558人，占总人口2.2‰。其中，回族168人，苗族160人，侗族70人，土家族50人，瑶族19人，白族11人，壮族27人，满族33人，蒙古族12人，高山族6人，锡伯族2人；女性257人，男性301人。分布在3个街道和地、市各机关单位及各厂矿企业。少数民族人口中，有干部63人，职工248人。其中，县处级干部8人，科级干部12人。有中共党员32人。被聘为工业、财经、科研、医务、教师高级职称人员9人，中级职称14人，初级职称19人，历年有7人次当选为市人大代表，6人次被选为市政协委员，3人次当选为乡人大代表。17人担任单位主要领导，23人负责某一方面工作。1990年，全市有少数民族22个，人口904人，占总人口3‰。1991年，民委办在高考前做好少数民族考生身份认定工作。和市教委配合，解决少数民族考生加分问题。1993年，市委、市政府召开首次全市民族工作会议，贯彻民族工作会议精神，落实民族工作政策，为少数民族居民解决具体困难。为12名少数民族考生办理高考加分证明和手续。市直机关规定，在住房分配同等条件下，对少数民族干部职工作优先安排。1994年，按照中央民族工作政策，对散居在全市范围内的1000余名少数民族人员进行摸底调查，做好少数民族工作积累第一手资料。1995—1998年，市委制定民族工作7项制度，规范民族工作。1999年，娄星区为26名居民更改少数民族身份。

2000—2005年，每年对各单位开展一次执行民族政策情况检查。2006年，区民宗办调查统计，全区有散居少数民族21个，少数民族人口2186人，占全区人口5.5‰。其中，大部分居住在城区，人数较多的有土家族643人，苗族606人，侗族323人，回族240人。对在娄底务工的1200余名少数民族人口作重新登记建档。2007年，全区常住少数民族人口2625人，流动少数民族人口5000人。2008年，为10名中考生办理加分手续，为12位居民更换民族身份。3名少数民族人士担任区政协委员，1人推荐市政协委员。

二、宗教工作

（一）历史传承

佛教 域内佛教传行始于唐代。清同治《湘乡县志》载:云隐寺建于唐永徽年间（650—655）。东林寺、平溪寺建于后唐同光年间（923—926），天王寺、吉祥寺建于宋代，石狮庵、茨溪山寺、朝阳庵、观音山、菩提庵、玉龙山等建于清代。现存开放佛教活动场所有天籁寺、玉龙寺、天王寺、芙蓉寺、普法寺、白云禅寺、同安寺、回龙寺、莲花寺、香炉山观音殿、有缘寺、仙石岩观音殿、乌石峰观音殿13处。

道教 域内道教属于本土宗教。历史上有朱夏观、石山观、祖师殿、紫云观、紫霞观、春溪观、青溪观、腾云观8处道观。2008年，全区有道教活动场所1处。

天主教 清宣统元年（1909），由意大利籍何神甫从湘乡传至娄底，在老街租用民房作为教堂，发展教徒20多人。何神甫离开后，另一意大利籍神甫接任，信教人数维持在50人左右。“二战”期间，在华意大利籍传教士回国，湘潭籍传道员刘云长接任娄底天主教。1950年，天主教堂关闭，天主教停止活动。1987年，落实宗教政策，天主教房产由市委统战部代管。1999年，天主教堂卖与基督教作为城区教堂。

基督教　民国8年（1919），基督教传入域内。石井镇聂立初在水洞底教堂参加教会发动家人信教，发展教徒。民国11年（1922），陈日升在茶园山建立福音堂。民国23年（1934），基督教发展到娄底老街，由德国人主持并租房建立福音堂1处。2008年，全区基督教活动场所有城区教堂、石井教堂、高溪教堂、茶园教堂、新庄教堂、坪底聚会点、涟钢聚会点7处。

（二）管理

1989年，娄底市宗教管理部门贯彻党的宗教信仰自由政策，明确宗教专干工作职责，宗教干部定期下到各宗教活动现场，引导信教群众学习党的宗教政策，做爱国爱教信徒。1990年6月，调查了解全市佛教、道教、天主教等宗教场所情况，制定管理方案，宗教活动纳入法制轨道。1993年，市委批准成立宗教事务办公室，与市民委办合署办公。是年，成立娄底市基督教三自爱国运动委员会，确定15名委员、7名常委、2名副主席、1名秘书长。协助党和政府做好基督教方面工作。帮助高溪聚会点解决教堂兴建中困难，400平方米新教堂年底竣工启用。1994—1996年，成立市民族宗教领导小组，召开全市宗教工作会议，印发有关宗教政策及做好全市宗教工作内容资料600份。配合有关部门和万宝乡政府，对天籁岩宗教场地实施规范化升级，有计划有步骤开发天籁岩旅游资源。1997年9月，批准修复具有500余年历史的石井乡玉龙寺。12月，市人民政府办公室发文批准成立娄底市道教协会。1998年，市民宗办被国家宗教事务局评为“全国宗教活动场所登记工作先进单位”。

1999年7月，娄星区人民政府批准在南阳村人形山（又名庵堂山）重建天王寺。2004年，引进资金50万元，解决基督教城区信徒聚会点及农村部分教堂修缮改造。帮助区佛教协会筹备组在石井乡建造全市第一所“居士林”，帮助道教协会在仙女寨征地1万平方米建造全区第1所道观玄真观。是年，举办全区首次基督教义工培训班，100余人参加培训学习。

2000—2005年，娄星区加强宗教活动管理，推进规范化建设。2006年，娄星区被列入全省宗教工作重点区。全区有佛教、道教、基督教三大主要教派，信教群众4万人。宗教活动场所20处，其中，佛教13处，基督教6处，道教1处，宗教教职人员46名。区民宗办贯彻国家《宗教事务条例》，举办宗教教职人员培训班1期，培训人员26人。出动宣传车宣传《宗教事务条例》，到各宗教活动点组织宗教人员学习。2007年，娄星区民宗局被评为全国宗教工作先进集体。2008年，贯彻国务院宗教事务条例，举办2期宗教教职人员培训班，35人参加学习。5月，对全区宗教教职人员进行摸底调查。全区有宗教教职人员72人，其中，佛教34人，道教11人，基督教27人。大专以上学历人员15人，高中24人，初中以下33人，年龄60岁以上20人，40~59岁37人，39岁以下15人。建立县、乡镇（街道）、村（社区）三级宗教工作管理网络。每个乡镇、街道明确1名副职抓宗教工作，有宗教活动场所的村（居）明确1名支部委员担任宗教工作信息员。

第六节　社会资助

1989年，娄底历史名校西阳乡陶龛学校台湾校友为纪念20世纪30—40年代中国乡村教育运动倡导者和实践者、教育家罗辀重诞辰一百周年，向家乡捐款6000美元，用于发展教育事业。1994年，回乡探亲台胞为春元学校捐款5万元，设立春元学校奖学基金。1997年，九三学社娄底市委组织60余名社员开展医疗咨询、家电维修、科技信息、政策法律咨询等服务活动。受理咨询500人次，发放各种资料2000份。工商联组织民营企业家慰问万宝敬老院和娄底光荣院老人，为30位老人理发，向老人赠送雨鞋、奶粉等物品，总价值4000元。捐款17万元。1998年，市委统战部根据省委、地委关于深入开展“三个一”活动（写1篇文章或作1幅画、联系引进1个投资项目、做1件好事实事）要求，全市干部职工、“三胞”、“三属”、非公有制经济代表人士和社会各界6万余人参与活动。提交合理化建议、调研报告和论文1406件。引进港澳台和外资项目9个，引进资金1.70亿元。做好事办实事1925件。民主党派、工商联会员为抗洪救灾捐款1万元。市财政局干部职工捐款1万余元，帮助双江乡修复水毁公路。台胞颜良泉捐款100万元，建立戒修慈善基金会。1999年，民盟娄星区委向小碧乡集和村捐赠扶贫款2万元。九三学社娄星区委到西阳乡开展科技下乡和医疗义诊活动。9月，区委、区政府成立娄星区“光彩事业”推动委员会，区委统战部、工商联发动非公有制企业和代表人士投入“光彩事业”，支边扶贫。九龙商厦安排1100名下岗职工再就业。

2000年1月16日，娄星区委办公室组织召开戒修慈善基金会首次救济金发放会，50名特困人员接受救助。工商联会员企业安排下岗职工再就业2100人。非公有制经济代表人士颜坤发、刘正良等12人为双江乡捐资扶贫助学9万元。三川美容公司免费培训下岗职工80人，减免培训费3万元。非公有制经济代表人士捐赠扶贫总金额60万元。2001年，“光彩事业”继续推进，青云宾馆董事长颜坤发在新化县和公司驻地投入扶贫资金8万元。三川美容公司、环亚美发公司免费培训下岗职工580人，免培训费5万元。九三学社娄星区委组织区离退休干部京剧团慰问敬老院孤寡老人。全区非公有制企业安置国有企业下岗职工3200人，扶贫捐款56.80万元。2002年，区侨联联系振翩、陶瓮、楚英3所侨字号学校，全市率先启动侨心助学工程，并在楚英学校建立楚英侨心助学基金会，筹集第一批资金20万元。对该校来自娄底、新化、冷水江、涟源等地48名贫困学生实行免费就读，另20名学生学费减半就读，楚英学校成为全省唯一侨心助学基地。是年，九龙集团为国有下岗职工建立就业平台，为特困职工减免门面、摊位费80余万元。青云宾馆总经理颜铁文为五保老人、特困群众捐资10万元。环亚美发公司免费培训下岗职工2680人，免培训费20万元。非公有制企业安置下岗职工再就业3800人，全区扶贫捐款180万元。2003年，区委统战部协调民营企业为对口扶贫单位小碧乡小碧村捐款2万元、水泥40吨、化肥30吨、价值2000元药品医具、各类科技书籍1500册，协调区直有关单位捐资6万元。2004年，发动楚英学校、民营企业家、区农开办、区红十字会等为对口扶贫点小碧乡镇南村捐资1.70万元、水泥25吨、化肥10吨、棉被10床、硬化公路500米，修复水渠1000米、山塘2口、水库1座。九三学社娄星区委组织10名医学界社员到贫困村送医送药，为镇南村300名村民免费诊疗。民盟娄星区委争取区财政投入资金1万元，为双江乡坪底学校修建围墙。2005年，民营企业家为镇南村捐资2万元。统战部、工商联协调20名非公有制经济人士与20位贫困学生结对，扶贫助学。2006年，引导非公有制企业和代表人士在光彩行动中开展致富思源、富而思进“双思”活动。湘怡等集团企业先后为灾区捐赠物资价值30万元。非公有制经济人士在小碧乡对家村开展五保户、贫困学生“三年一帮一”扶贫助学行动。2007年，区委决定在全区开展“民企联村，共同发展”活动。统战部、工商联负责筛选21家民营企业，与14个村结对，实现企业发展、乡村振兴目标。“双思”活动中，非公有制经济人士为“见义勇为百万基金”、扶贫助学、慈善事业捐款100万元。

2008年，区委、区政府成立“民企联村”工作领导小组，制定实施方案。协调企业与村对接项目8个，建立村企合作项目基地8个，安排农村劳动力就业1600人。全年为农村基础设施建设、扶贫帮困捐款200万元。非公有制经济人士参与为白血病孤儿李翔捐款，为五保老人、残疾人、特困户、贫困学生捐资帮扶等公益事业和回报社会行动。特大冰灾和四川地震发生后，非公有制经济人士开展“情系灾区，奉献爱心”募捐活动，启动“黄丝带行动”。全区民营企业、非公有制经济人士捐款捐物合计200万元。宗教界团体向涟源市、郴州市等洪灾冰灾地区捐款6万元，衣物1000余件，大米90吨，食用油258瓶1290千克。

参与扶贫助学、救助残疾孤儿等活动。佛教、基督教团体捐资8万元，救助孤疾儿童10名，帮助贫困学生27名。“侨心工程·楚英助学基地”设立至是年，扶助贫困学生160人，发放帮扶资金50万元。

第七节　统战理论宣传教育

1989年3月，娄底市委领导在统战理论宣传报告会上主讲统战形势，800余人参加。6月，市统战系统、市政协组织干部学习座谈，组织民主党派、无党派人士学习。统战、对台、侨务部门走访回乡定居台胞，探亲台胞、台属、归侨、侨眷，开展宣传。先后召开4次“三胞”亲属联谊会长会议，组织工商界人士座谈。侨办侨联向下属侨务侨联机构发出《关于认真学习深入领会党的十三届四中全会精神的通知》。对台部门在台属中开展“一户一信”活动，向港澳台和海外亲友宣传“祖国改革开放政策不变，统一战线方针不变，‘一国两制’方针不变”政策。全年召开统战宣传理论工作会议5次，参加人数200人次。为干部订购《统战动态》《统战理论研究》《湖南统一战线》《统战工作问答》等刊物和书籍供学习。1990年5月12日，市委召开贯彻《中共中央关于坚持和完善中国共产党领导的多党合作和政治协商制度的意见》会议。会后，相继召开各乡镇、市直机关局以上单位、部分企事业单位主要负责人和宣传统战委员参加的会议2次，参加人数221人次。市委党校讲授统战理论课2次，参加学习140人次，市广播站讲座3次。市委组织政协委员、民主党派成员代表、工商联执委、无党派人士代表学习座谈会，参加人数307人次，印发资料3450份。在全国性、省、市报刊发表统战工作文章60多篇。12个乡镇、街道举办报告会16场，参加人数3036人。1991年，召开统战理论研讨会1次，70人参加。统战理论辅导报告会3次，120人听讲。撰写论文26篇。举办统战干部培训班1期，50人参加学习。在全市副局级以上干部培训班讲授统战理论课1次，67人参加。副市级以上干部中心学习组讲授统战理论课1场22人听课。省以上报刊发稿15篇，省、市广播电台发稿20篇。1992年，统战宣传工作落实中共中央统战部《九十年代统一战线工作纲要》，学习贯彻邓小平南方谈话精神。1994年，贯彻落实市委“转变观念，加强领导，统战工作为全市两个文明建设作贡献”部署。1995年，遵照“结合新情况，贯彻老精神”指示，把1995年定为统战理论政策宣传发动年，加强新形势下统战工作调查研究。1997年，围绕香港回归大事开展统战宣传工作。

1998—2003年，娄星区（娄底市）统战理论研究侧重非公有制经济领域。全区统战系统、团体、非公有制经济单位撰写各类调研文章86篇。2004—2006年，娄星区委设立信息报道奖和理论调研成果奖。全年统战系统在市以上媒体发稿85篇。开展“统战知识进社区”活动，在罗家、廖家等6个社区居委会开辟橱窗、板报等统战宣传阵地。2007年，区委理论学习中心组就做好新时期统战工作开展探讨。推进统战理论知识进党校，将统战理论作为党校学员必修课，保证课时，规范内容。2008年，统战宣传以贯彻中共十七大精神为主要内容，举办主题学习活动12次。开展“五一”口号发布60周年纪念活动，组织统战成员到韶山等革命圣地接受革命传统教育。

第七章　综合党务

第一节　政研与调研

1991年5月，娄底市委机关刊物《娄底通讯》创办，市委政研室承担编印发行工作。至1997年年底，《娄底通讯》出刊73期，设有领导论坛、工作研究、调查报告、经验交流、政策咨询、娄底人物、党风党纪、论文选登、信息、副刊等20多个栏目。市委政研室组织人员对全市党风党纪、党群干群关系、农业产业化建设、粮食生产等方面开展专题调研活动，在《娄底通讯》刊发调研文章20篇，在省、地级刊物发表调研文章10余篇。1995年，按照中央政策研究室提出关于政研室系统要实现从单纯文字服务逐步向决策参谋服务的转变，调整工作重点，根据市委安排，担负全市企业改革具体指导工作。开展企业改革调研活动5次，撰写调研文章10篇。1998年，完成重大调研课题5个，形成调研材料15篇。根据娄底市经济发展实际情况，提出“科教兴市、工业强市、农业稳市、流通活市”经济发展战略设想，被市委四届四次全会确定为全市经济发展战略。

2002年，娄星区委组织对全区经济社会发展情况、生态建设情况、国有工商企业改革改制情况、计划生育工作中问题、改善党群干群关系情况开展6次调研活动，撰写调研材料12篇，在市以上刊物发表8篇。2006年，聚焦社会主义新农村建设、农业产业结构调整，对发展蔬菜、水果、茶叶、药材、花卉苗木等高效经济作物产业开展5次调研活动，撰写调研材料10篇。

至2008年，完成重大调研课题160余个，为区（市）委领导起草讲话稿件和政策性文件500余万字，中央和省地党报党刊采用调研文章200余篇。

第二节　督查工作

1993年5月，娄底市委办设督查室，属市委办内设组室，围绕市委及上级党委重大决策和重要工作部署开展决策督查、督查调研、民情调查和督查队伍建设，发挥督促检查职能和参谋服务作用，建立督查工作各项规章制度。1995年，组织冬油冬种督查、计划生育督查、春耕备耕督查、社会治安综合治理督查。1997年4月，改为市委督查室，为正科级单位，行政编制3名。1999年，撤市设区，改为娄星区委督查室。区委督查室的主要职责是负责中央和省、地、市重大方针政策、重大工作部署贯彻落实情况督查；负责上级和市委领导重要批示以及交办事项督查；承办人大代表、政协委员需要市委答复提案、议案催办工作和上级新闻单位建议件、信函件、内参件督查。

2003年，娄星区委督查室以督促区委各项决策部署为目标，紧盯社会稳定、安全生产、两会特护期等开展专项督查，下发《督查通报》12期。2007年，围绕区委各项决策部署开展督查工作，督查落实专项整治行动工作，对上级和领导交办件办理情况进行全程跟进，第一时间将办理情况反馈给领导和信访人员，做到件件有落实、事事有回音。办理区委书记批示60余件，每件批示均得到落实。

至2008年，开展工作督查2500余次。其中，综合性督查500余次，专项督查2000余次，发出《督查通报》200余期，处理领导批示件300余件。

第三节　机要保密

一、机要通讯

1989年，成立娄底市保密局，与机要科合署办公。1992年，机要科、保密局分设，文档由市委办负责管理。1995年，机要科更名为机要室，并入市委办公室。1996年，成立市委密码工作领导小组。1997年，机要室复名为机要科，为正科级机构，归口市委办公室管理。1999年，娄底市委机要科改为娄星区机要科。机要科为区委直属正科级工作机构，归口区委办公室管理。主要职责是负责各类电报翻译、传输、办理、立卷、归档、清理、销毁、移交和电话会议承办以及乡镇传真通信网络管理和使用等工作。

至2008年，娄星区机要工作从手工作业到加密机应用，从一类传真机、三类传真机到计算机信息网络开通，通信条件得到改善，通信保障能力得到加强。为各级党政领导和机关提供及时、准确机要通信服务。20年间，机要通讯工作无差错。

二、保密工作

1989年前，娄底市保密工作由娄底市委保密委员会负责，实行机要、保密、文书三位一体管理。1990年8月，根据保密法和省委要求，成立娄底市保密局，与机要科合署办公。1992年8月，机要、保密分离，保密局挂牌办公。1994年，将保密法列入“二五”普法内容之一，组织开展宣传普及活动。1996年，机构改革，保密局明确为正局级行政单位。是年，制定“三五”普法期间保密法宣传规划，将保密法教育纳入党校干部培训课程。1999年7月，更名为娄星区保密局。每年保密法颁布纪念月，利用各种新闻媒体开展多种形式宣传教育。

1989—2008年，娄星区（娄底市）保密局加强保密设施配套建设。健全各项保密制度，加强保密执法监督。建立系列制度，规范内部报刊和文件资料销毁工作，加强对保密工作内部监督和检查。对涉及国家秘密打字复印造纸行业和各保密要害单位保密检查，实行保密注册登记，确定国家秘密资料定点复制单位，对每年高考、自考、中考期试卷保密工作进行全程保密监督。

第四节　党史编研

中共娄底市委党史资料征集办公室成立于1983年，为市委直属机构，归口市委办公室管理，明确为正科级事业单位，人员编制纳入区委办公室。工作职责是负责全区范围内中共党史资料（含党史文物）征（收）集、整理和编辑（存史）；为领导干部及相关人员查（咨）询有关党史资料提供服务和参考（资政）；开展党史宣传教育（育人）；为党史联络组人员开展党史及党史联络工作提供服务。次年，成立市委党史工作联络组，成员由从市委、人大、政府、政协等主要领导岗位和副处级以上领导岗位离退休、热心党史工作的老干部组成。联络组主要职责是支持、协助党史办开展党史资料征集、整理、审核、利用工作；协同开展党史存史、资政、育人工作；联络热心党史工作离退休老干部开展相关工作。撤市建区后，娄底市委党史资料征集办公室更名为娄星区委党史资料征集办公室（简称党史办），机构级别、人员编制及归口管理不变。2002年，机构改革，撤销党史办，作为内设股室并入区委办公室，工作职责不变，对外保留党史办牌子，党史办主任高配（正科级）。

1989—2008年历任主任：曾克家、肖雨泉、罗湘泉、毛旺春。

一、党史资料征集

1989—2008年，娄星区（娄底市）委党史资料征集办公室开展党史资料征集工作。向亲历各历史时期老干部、老党员征集口述资料。通过撰写回忆录、召开座谈会、上门采访等形式，抢救性地收集整理有价值历史资料。多次到湘乡、邵阳、井冈山、安福、涟源等地档案馆详查历史档案，收集、挖掘有关娄底（娄星）党史资料。重点征集整理红军虎将贺国中、开国少将姜齐贤及从土地革命时期至解放战争时期战斗在娄星区域地下党员资料。在征集贺国中有关资料过程中，党史工作者多次到贺国中原籍地双江乡新庄村走访调查，赴江西井冈山、安福县及岳阳市平江县贺国中生前战斗过的地方采访，既收集到有价值的史料，又为井冈山革命博物馆提供了有关贺国中个人相关资料。在征集姜齐贤有关资料过程中，党史工作者通过多次做思想工作，将征集到全国独一无二的、由毛泽东题写并用丝绸制作赠送给姜齐贤母亲刘太夫人七十大寿寿匾“国之贤母”原件送到中央军事博物馆保存。同时征集到中央军事博物馆收藏的由朱德总司令题写给姜母刘太夫人寿幛一幅，毛泽东与朱德亲笔题名照各一幅。开展对社会主义时期党史资料征集工作，重点征集整理镇反工作、土改运动、“三反”“五反”运动、社会主义改造、农业合作化运动等专题资料。至2008年，征集整理娄底（娄星）有关重要党史资料500余万字，党史文物10多件，资料卷宗26卷。

二、党史资料编印

1990年，娄底市委党史资料征集办公室编印《中国共产党湖南省娄底市组织史资料（1921年7月至1987年12月）》。1993年，编印《娄底党史大事年表（新民主主义革命时期）》。1995年，与市民政局合编《娄底市英烈》；编印《烽燧怒潮（抗日战争时期）》。1996年，编印《娄底人民革命史》。是年，由娄底地委党史办牵头，娄底市、涟源县党史办合编《涟水春雷》。1999年，娄星区委党史资料征集办公室与市档案局合编《中共娄底市党史大事年表（社会主义时期）》；编印《黎明前的娄底（解放战争时期）》。2003年，编印《洪流（第一次国内革命战争时期）》。2005年，市委党史办牵头，组织市辖5县市区党史办合编《中共娄底党史人物》《娄底民营经济》。是年起，市委党史办牵头，市辖5县市区党史办参与，每年编辑一卷《中共娄底党委工作纪事》。

三、地方党史编写

2002年11月，娄星区委常委会议听取党史工作汇报，同意启动地方党史编纂工作。党史办做好资料收（征）集，党史正本篇、章、节、目设计及写作班子组建等事务。2004年5月，区委常委会议再次听取党史工作汇报，决定成立《中共娄星区地方史》编审委员会，组织指导地方史正本编纂工作。编审委员会特邀原在娄星区（娄底市、娄底镇）担任过党委书记的离退休老领导和调离娄星区的在职领导担任特邀顾问，区委书记、区人大常委会主任、区政府区长、区政协主席任顾问，区委分管党群工作副书记任主任。成立党史正本编写组，由党史联络组组长黄云涵任编写组组长，安排编纂经费25万元。6—8月，由黄云涵带队，先后到浏阳市、衡东县考察学习党史正本编纂工作。9月，召开全区地方史正本编纂工作动员会，区委副书记袁放安作动员报告，区委党史办主任安排资料征（收）集工作。动员会后即着手党史正本编写提纲拟定，编写提纲在省、市专家指导下经过4次修订，于2005年3月拟定，之后按提纲开始资料征（收）集整理。2007年6月，区委常委会议再次听取党史正本编纂工作情况汇报，将《中共娄星区地方史》更名为《中国共产党娄底市娄星区历史》，将下限时间由2002年延长至2006年。根据人事变动情况，对正本编审委员会进行调整。至2008年年底，书稿进行4次修改补充，经省、市党史专家审阅指导，数易其稿，最后形成30万字《中国共产党娄底市娄星区历史》书稿。

四、党史宣传教育

1990年，娄底市委党史办与市民政局承办革命老区申报工作。1991—1992年，按照地委组织部、地委宣传部要求在全市党员中开展“学党史、做贡献”“为党增辉”主要内容创先争优活动。在全市发行《中国共产党的七十年》1200册。1995年，市委、市政府将贺国中故居列为市县级文物保护单位挂牌保护。

2001—2004年，娄星区每年在全区党员干部和入党积极分子中开展1次党史知识竞赛活动。2005年，按照中央关于让党史宣传教育进工厂、进农村、进企业、进学校、进军营、进社区要求，与区委宣传部合作在《新娄星报》开辟《党史上的今日》栏目。将贺国中故居申报为市（地）级爱国主义教育基地，对党员、群众、学生进行爱国主义和革命传统教育。对姜齐贤故居、国之贤母墓、《三日刊》旧址挂牌保护。邀请李楚斌、黄云涵等联络组老干部到区直机关和中小学校讲党史，参听人员千余人次。9月，撰写《娄星区抗战时期人员伤亡和财产损失调查报告》，向公众宣传。2006年，协助市委党史办编辑出版《今日长征路·娄底画卷》，展现娄底市和娄星区发展成就。12月，撰写《加强党的建设的重大举措——娄星区开展先进性教育活动综述》，宣传娄星区党建成果。2007年4月，与区民政局、区方志办联手整理资料再次申报革命老区工作。6月，娄星区获批革命老区。获批后，通过广播电视、制作宣传栏等方式向全区宣传展示娄星区革命斗争历史及在革命历程中发生重要作用的娄星籍党史人物和老区新貌。

五、党史联络工作

1990—2001年，娄星区（娄底市）党史联络组工作主要是征集和核实民主革命时期党史资料。随着民主革命时期资料征集逐步完成，工作重点逐步转移到党史宣传教育和协助编写党史正本，联络工作以撰写个人回忆录文章和协助审核有关史料为主。2002—2008年，2次调整充实联络组成员，成员从7人增加到14人。党史正本编写工作启动后，先后有13名联络组成员参与资料征集工作，有5人执笔参与文稿撰写工作，成为地方党史正本撰写主要力量，组长黄云涵为书稿撰写3章5万余字。

第五节　党校教育

1989年，娄底市委党校内设办公室、教研组、教务组、行政组、图书资料室5个部门。1993年1月设立党校工会。3月，省委批准升格中专体制，同意从1993年起开办中专班。1994年1月31日，按照市委常委会第三十七次会议精神，市委党校整体搬入氐星路原群贤学校，校园面积9338公顷，总建筑面积4460平方米。其中，教学楼1200平方米，食堂600平方米，操场6000平方米，原有房产移交市教委管理。1995年，加挂娄底市干部培训中心牌子，实行“一套人马、两块牌子”模式，内设办公室、理教组、教务组、函授站、行政组等5个部门。1997年，娄底市干部培训中心改为娄底市行政学校。1999年9月，娄底市委党校更名为娄星区委党校。2005年，内设办公室、理教室、函授站、行政室4个部门，至2008年未变。

1989—2008年历任第一校长：刘志伟、周若鹏、李应南、刘建中、袁放安、梁立坚。历任校长：肖星明、孙超、贺建农、王俊。

一、教师队伍建设

1989—2008年，娄星区（娄底市）党校按照“完善结构、优化队伍、提升水平”要求，加强教师队伍建设。通过毕业分配、从其他单位调入及公开招考等方式引进高学历人才；通过开展集体备课、说课、试课、评课、听课等活动，开展教学效果测评，提高教学能力；通过业务进修、继续教育、挂职锻炼、跟班学习、公开赛教等形式，加强教师培养。建立校外兼职教师队伍，邀请地方党政领导或专家学者为主体班学员上课；每年外派进修培训人数占教师40%；组织教师职称评定。至2008年，累计引进教师56人，有专兼职教师11人。其中，高级讲师5人、讲师6人。

二、干部培训

1989年，娄底市委党校干部培训班次主要有科（局）级领导干部进修班、中青年干部培训班、股级干部进修班、入党积极分子培训班、农村支部书记和村主任培训班、妇女干部培训班、团干培训班、理论骨干培训班等班次。举办各类培训班次均由市委组织部发文调训，学员考试合格结业后，发放由市委组织部统一印制的培训证书。1991年，市委干部教育领导小组制定《1991—1995年干部教育规划》，市委党校根据规划开展培训。2008年8月，娄星区委党校落实市委《关于切实加强全市干部教育培训统筹工作的意见》，明确统筹安排干部教育培训原则和内容。至2008年，举办各类培训班238期，培训人数1.63万人次。

三、学历教育

1989年，娄底市委党校开始为娄底地委党校函授大专行政管理与经济管理2个专业招生。1993年，落实中专体制后，自主开办中专专修班，学员参加全国成人高考，择优录取。1994年，扩大学历教育规模，在自主招生中专专修班学员的同时，作为省委党校函授学院娄底地委分院的娄底市委党校辅导站，开办中央党校函授本科和省委党校函授专科。学历教育培训招收5个班，学员188名。1995年，成立函授站。至此，娄底形成三级党校函授教育一体化模式。1999年7月，更名为娄星区函授站。2005年，由于生源不足，娄星区委党校停办函授本专科学历教育。2008年，受省委党校委托，与区委组织部合办1期公共管理专业在职研究生班。至2008年，举办各类函授班28期，招生1263人次。

四、社会科学研究

1989—2007年，根据时代变化和实践发展，加强理论总结和理论创新，聚焦区（市）委、区（市）政府重大决策部署、社会热点难点问题等进行研究。加强科研组织，制定《中共娄底市娄星区委党校科研成果奖励办法》，提高教研人员科研能力。至2008年，先后撰写各类论文500余篇。其中，公开发表论文82篇，获省级奖励及入选论文66篇，地市级84篇；撰写各类专著23本，合编、独编教材15本；为区委、区政府及有关部门撰写决策参考文章20余篇；科研成果转化教学专题50余个。

五、干部教学管理

（一）课程设置

1989—2008年，坚持“一个中心，四个结合”教学体系（以邓小平建设有中国特色社会主义理论为中心，结合学习马克思列宁主义、毛泽东思想的基本原理，结合学习党的路线、方针、政策，结合学习现代化建设必备的知识，结合学习党的基本知识），开设“三种理论，四种知识”课程（建设有中国特色社会主义理论、社会主义市场经济理论、党的建设理论以及经济、管理、科技学习、法律知识）。1991年，重点开展社会主义思想教育。1992年，重点学习邓小平视察南方重要讲话，开展“进一步解放思想”大讨论。1998年，开展邓小平理论和中共十五大精神宣讲。2000年后，根据中央党校提出的“三基本”“五当代”（马克思列宁主义基本问题、毛泽东思想基本问题、邓小平理论基本问题；当代世界经济、当代世界科技、当代世界法制、当代世界军事和中国国防、当代世界思潮）教学要求，重新调整党校教育布局，提出“培养21世纪能担当重任、具有较高理论素养的领导干部”教学目标。

（二）学员管理

1989—1994年，在办班教学中加强教学管理，班级组织和管理严密，对班主任、任课老师、学员分别制定职责和规章制度，实行班主任跟班坐班制，对学员到训情况及时通报，严格制度考勤、考查，及时登记，在学员结业时作出测评、考核，记入鉴定表放入学员档案。1995年起，实行教学效果测评，组织学员对教学态度、方法、针对性、有效性进行测评，对测评优秀的给予奖励。开展文艺晚会、演讲比赛、知识竞赛、军事训练、篮球比赛、拔河比赛、象棋比赛等系列活动，寓教于乐。

2002年起，科级干部进修班实行由组织部派员跟班制度。2003年，在主体班开展中央党校远程教学。2004年，创新教学方式，由单一讲授式逐步向专题研讨式、互动式、案例式、体验式、情景模拟式等多种教学方式结合。2005年，随着计算机应用，采用多媒体教学。

2007年，在主体班中首次引入能力拓展训练，《湖南日报》、《娄底日报》、娄底电视台等多家媒体进行报道。对学员考核方式进行改革，由单一考试成绩考核改为综合考评，由理论考试、能力拓展训练、党性分析、出勤情况4部分组成。2008年，实施干部教育培训质量提升工程。会同区委组织部制定下发《中共娄星区委党校关于对党校主体班学员管理实行学分制的规定》，对学员实施量化管理。

1993—2008年娄星区（娄底市）学历教育情况表

表3-6

年份	班 次	专 业	人数(人)	年份	班 次	专 业	人数(人)
1993	函授中专学历班	经济管理	87	2001	省委党校函授大专	经济管理	69
	乡镇中专业余班	经济管理	67		省委党校函授大专	法律	62
	中专学历班	企业管理	34		中央党校函授本科	法律	56
1994	中央党校函授本科	经济管理	32	2002	省委党校函授大专	经济管理	59
	省委党校函授大专	经济管理	39		省委党校函授大专	法律	50
1995	农村经济管理中专函授班	经济管理	53		中央党校函授本科	法律	23
	省委党校函授大专	经济管理	41	2003	省委党校函授大专	经济管理	27
	农村经济管理函授大专	经济管理	107		省委党校函授大专	法律	24
1996	省委党校函授大专	经济管理	27		中央党校函授本科	法律	17
	省委党校函授大专	企业管理	55	2004	中央党校函授本科	法律	26
1997	省委党校函授大专	经济管理	29		省委党校函授大专	经济管理	43
1998	省委党校函授大专	经济管理	26	2008	省委党校在职研究生	公共管理	34
1999	省委党校函授大专	经济管理	34				
2000	中央党校函授本科	法律	49				
	中央党校函授本科	经济管理	42				
	省委党校函授大专	经济管理	51				

1989—2008年娄星区（娄底市）委党校培训情况表

表3-7

年份	班次	人数(人)	天数(天)	年份	班次	人数(人)	天数(天)
1989	入党积极分子培训班2期	132	7	1991	中青年干部培训班	40	60
1990	第一期局级领导干部进修班	51	60		政工干部培训班	80	17
	第二期局级领导干部进修班	50	60		农村党支部书记培训班	200	10
	第三期局级领导干部进修班	52	60		妇女干部培训班	60	17
	“两下”干部文化班	35	30		专业技术人员学习班	60	17
	工人建党对象积极分子培训班	90	5		政协、宣传、统战干部学习班	80	17
	团干培训班	80	30		纪检干部学习班	80	17
	企事业单位党支部书记培训班	60	30		厂长、经理学习班	60	10
	第十五期建党培训班	120	5		文秘干部学习班	80	17
	局级干部理论骨干培训班	50	30		入党积极分子培训班	200	10
1991	大中专毕业生转正定职岗位培训班	172	15	1992	十四大轮训班5期	250	5
	局级领导干部进修班	80	20		党史教育理论骨干班2期	80	20

续表3-7

年份	班次	人数（人）	天数（天）
1992	股级干部培训班	56	30
	科级领导干部进修班	46	30
1993	农村支部书记培训班2期	90	15
	企业政工干部培训班	60	20
	建党积极分子培训班10期	880	5
	市直机关党支部书记培训班	60	5
	科级干部进修班	45	30
	团干培训班	85	30
	副科级以上干部思想作风建设专题学习班4期	192	15
1994	村支部书记、村主任学习班4期	416	5
	科级干部读书班6期	525	2
	妇女干部培训班	86	30
	统战理论知识学习班	132	5
	团干培训班	124	7
	中青年干部培训班	78	30
	建党积极分子培训班4期	312	7
1995	支部书记培训班2期	158	7
	乡（镇）、街道领导班子成员培训班	70	10
	公务员骨干培训班	50	7
	村（居）后备干部培训班	70	7
	居委会干部培训班	50	7
	纪检干部培训班	60	5
	股级干部培训班	50	5
	企业党支部书记研讨班	80	5
	组工干部研讨班	60	3
	建党培训班6期	300	7
1996	科级以上领导干部党性教育培训班4期	180	5
	村党支部书记培训班2期	120	15
	建党积极分子培训班2期	136	5
	科级以上领导干部“三讲”学习班4期	180	3
	科级干部进修班	50	30

年份	班次	人数（人）	天数（天）
1996	组工干部班	60	10
	中青年干部培训班	55	30
	团干培训班	50	30
1997	科级干部培训班	55	30
	政工人事干部培训班	50	3
	“十五大精神”骨干培训班2期	100	5
	党建班3期	180	5
	农村乡镇干部培训班15期	760	5
	团干培训班	48	30
	通讯员培训班	80	3
1998	股级干部培训班2期	138	30
	公务员电脑培训班	54	5
	参管干部入门培训班2期	61	40
	纪检干部培训班	82	8
	建党积极分子培训班4期	281	5
	乡镇干部党性教育培训班	160	2
	科级干部培训班	71	30
	统计员培训班	256	3
	档案员培训班	98	30
1999	科级干部培训班2期	115	30
	股级干部培训班	67	30
	农村党支部书记培训班2期	198	5
	建党积极分子培训班2期	175	7
	团干培训班	75	10
	村妇女主任、计育专干班2期	166	10
	秘书班	71	3
	党外后备干部班	66	15
	党务干部班	119	10
2000	科级干部培训班	55	30
	股级干部培训班	60	30
	建党积极分子培训班3期	168	5

续表3-7

年份	班次	人数(人)	天数(天)
2000	统计员培训班	80	3
	法制教育培训班5期	260	5
	政工干部培训班	120	7
	中青年干部培训班	54	30
	参管单位新干部岗前暨计算机培训班	31	50
2001	科级干部培训班	54	30
	股级干部培训班	50	30
	入党积极分子培训班3期	180	5
	统计员培训班	113	3
	统战干部培训班	65	5
	纪检监察干部培训班	56	3
	中青年干部培训班	66	30
2002	科级干部培训班	65	30
	后备干部培训班	54	30
	中青年干部培训班	52	30
	入党积极分子培训班2期	159	5
	WTO知识培训班6期	360	3
	计算机培训班4期	276	7
	十六大精神理论骨干培训班	73	5
2003	科级干部培训班	55	30
	入党积极分子培训班2期	130	5
	计算机培训班3期	158	5
	纪检干部培训班2期	102	3
	青年政治理论法律知识培训班	86	5
	科级干部法制培训班4期	216	3
2003	科级干部"三个代表"重要思想培训班4期	194	5
	新任科级领导干部党风廉政建设知识培训班	12286	33
2004	全区一把手"三个代表"重要思想培训班		
	科级干部培训班	56	30
	农村支部书记培训班2期	158	4
	入党积极分子培训班	89	4
	新任科级领导干部培训班	53	30
	党政干部理论知识任职资格考试培训班	89	2
2005	科级干部培训班2期	106	30
	全区理论宣传骨干培训班	86	5
	农村第一支书培训班2期	172	3
	中心组成员学习班	30	1
	入党积极分子培训班2期	186	3
2006	科级领导干部进修班	46	30
	中青年干部培训班	63	30
	纪检干部培训班	76	5
	入党积极分子培训班	120	4
	任职资格考试考前培训班	124	1
2007	科级干部培训班2期	100	30
	民营企业绍兴研讨班	33	15
	任职资格考试考前培训班	132	2
2008	科级干部培训班2期	96	30
	任职资格考试考前培训班	99	2
	入党积极分子培训班	34	4

第六节　老干部工作

1989年1月，设立娄底市老干部服务中心，定编7名，隶属老干部工作局。1996年3月，老干部工作局除内设机构外，辖老干部活动中心、关心下一代工作委员会办公室。1997年3月，老干部局参照实施公务员制度管理。1999年，娄底市老干部工作局变更为娄星区老干部工作局。2008年12月，增设保健安置股和活动指导股，辖老干部活动中心、关心下一代工作委员会办公室。

历任局长：曾志期、毛红永、刘玉兰、吴和辉、唐兰芳、付春阳。

一、组织建设

1989年，娄底市老干部活动中心管理离退休老干部104人。其中，离休干部55人，副处级以上干部49人，外地迁入娄底市安置离休干部5人。管理老干部遗孀22人，离休干部无固定收入配偶6人。至2008年，全区有离休干部 27人，副处级以上退休干部59名。

1997—2003年，加强离退休老干部党支部建设，局办公室专人负责离退休老干部党支部管理和指导，对离退休党支部党建经费给予支持，培训离退休党支部书记。先后下发《关于进一步加强和改进离退休干部党支部建设工作的意见的通知》《关于执行中央有关离退休党支部党费收缴和管理规定的通知》等文件，推动离退休党支部建设。2004年，娄星区委老干部局被评为全省老干部工作先进单位。至2008年，全区建立离退休干部党支部23个。

二、落实待遇

（一）政治待遇

1989年起，老干部离退休后，享受离退休前政治待遇不变。每月组织离退休干部政治学习1次；每星期二开放阅读重大文件和按政策规定的机要文件。市委、市人大、市政协、区委、区人大、区政协召开的重要会议邀请老干部代表参加；每年组织老干部参加区委、区政府情况通报会1～2次；每年组织老干部参观、视察本地重大建设项目、工农业生产活动1～2次，听取老干部建言献策。每年举办老干部新春茶话会和元宵喜乐会，每年聘请专家、教授作形势报告会及各种保健知识讲座；区财政列支老干部活动及订阅报刊专项经费。1989—2008年，组织老干部参加各种政治学习195次，各种会议125次，组织座谈会73次。

（二）生活待遇

1989年，坚持从优原则，落实离退休老干部生活待遇。离退休老干部除享受规定的退休金和生活补贴外，继续享受原单位在职工作人员非生产性福利待遇。离休干部住房享受同级在职干部住房标准，子女就业在同等条件下优先安排。1991年，市委建立健全“单位负责、社会统筹、财政保底”基本养老金、基本医疗费用保障机制，优先保障离休老干部工资福利和医疗费用。一年一次走访慰问、健康体检和探视住院、信访接待、看病就医用车、年满70岁祝寿形成制度化。区（市）委先后就离退休干部工作下发《关于给退休干部发放交通补助费的通知》《关于给离休干部和副处级以上退休干部乘车费标准上调的通知》《调整解放前参加工作的离休干部护理年龄界限补助费的通知》《特殊人群医疗费用管理暂行办法》《离休干部医疗管理实施细则》《国有企业离休干部安置管理办法》等16个文件，提高离退休干部生活待遇。

1989—2008年，为552名离退休干部落实生活和医疗待遇。组织600余人次去北京、天津、昆明、重庆、深圳等地参观考察。

三、老干部活动

1989年，娄底市老干部离退休开展活动经费按离退休人员退休费总额3‰拨给。是年，投资25万元，在长青中街地段（现区政府大院内）建混合结构3层老干部活动楼，建筑面积1284平方米。1992年，离休干部文体活动特需经费按每人每年150元标准拨付。1994年，活动经费增加到每人每年500元标准。随着经费增加，各项活动相继开展。每年开展健康体检1次；书画展览、诗词展览、乒乓球、门球、棋类、钓鱼比赛、文艺表演、元宵喜乐会、老年运动会每年举办1～2次；每年组织参观、考察、春游、健康讲座2次以上。修建门球场1000平方米。2003年12月，娄星区老年人大学成立，一年分春、秋两季招生。2004年3月招生190余名，聘请教授、讲师4人，其他专业老师3人，开班授课，开设书法、诗词、舞蹈、太极、气功、音乐、二胡、电脑等课程。2005年，成立娄星区诗词协会，出版诗词6集，收录诗词4882首、楹联314幅。2008年，区政府投资70余万元，用于老干部活动楼改扩建，增加活动室和老年大学面积650多平方米，设立保健室、乒乓球室、健身室、棋牌室、舞蹈室、音乐室、书画室、电脑室、阅览室、门球场，添置空调、火炉、桌凳、乒乓球桌、电脑等基础设施，实行360天值班开放。相继成立老年人京剧、舞蹈、门球、太极拳、书法、钓鱼、保健协会，组织各类活动400余次。老年大学招生学员由2004年一季190余名发展到2008年一季378名。每年举办1次教学成果展，组织老年大学学员参加湖南省老年人舞蹈、音乐比赛和社区文艺表演及志愿者活动。

四、关心下一代工作委员会

1989年，加强娄底市关心下一代协会组织建设，吸纳更多离退休老干部参加协会工作。1997年7月，市关心下一代协会更名为市关心下一代工作委员会。2000年，改为娄星区关心下一代工作委员会（简称区关工委）。

加强青少年思想道德教育　1990年，区关工委组建“五老”思想道德教育宣讲队，到中小学校、机关单位，以报告会、座谈会、个别谈心、文明知识抢答赛、老同志与中小学生“争做五好小公民”主题教育活动、“同栽一棵树、同造一片林”“城乡学生手拉手、同龄孩子心连心”等活动，对青少年进行思想道德教育。2003年，组建以退休干部为主体有100余人参加的义务监督队，劝阻未成年人进网吧、电游厅。协调企业和行政单位向村、社区赠送图书。

开办家长学校　1997年，区关工委与教育局关工委在二中、二小、大科中心小学和万宝中心小学开办家长学校试点。1998年4月，在大科中心小学召开全区家庭教育动员会，大科中心小学等4个试点单位介绍经验。是年下学期起，全区各中小学校均开办家长学校。至2008年，全区中小学有64所家长学校，家长参学率95%。

扶贫助学　1998年起，关工委老同志向部门开展助学劝捐活动，第一期获捐款38万元，存款利息用于资助双江、小碧、茶园贫困学生。2003—2004年，在全区行政事业单位干部职工中劝捐，每人每年捐50元，保证义务教育阶段学生不失学。2002年，区关工委联系广州云锋酒业公司和娄底世纪商贸公司在娄星区助学，2家公司连续12年资助学生400人次30余万元。2000年起，区级领导每人对口资助1名贫困学生完成义务教育。至2007年，先后有95名区级领导资助140名贫困学生。国家对义务教育阶段学生实行“两免一补”后，捐款以资助贫困大学生和优秀贫困高中生为主。至2008年，累计筹措资金500万元，资助贫困学生3.50万余人次。

五、老年科学技术工作者协会

1998年5月，成立娄底市老年科学技术工作者协会（简称老科协），制定协会章程，每5年进行换届选举。1999年7月，改为娄星区老年科学技术工作者协会。至2008年，娄星区老科协所辖分会发展到19个，会员1186人。

科技服务　1998—2000年，娄星区（娄底市）老年科学技术工作者协会建立科技示范园点，开展科技“110”服务，对特种红薯、楠竹、中药材种植、特种养殖开发进行扶贫。2001年，区老科协组织农委系统老专家召开献计献策座谈会。帮助西阳镇大埠村创办名贵苗木和花卉基地，培育出广玉兰、雪松等30多个名贵品种，年产值达50余万元。在杉山镇西坪村推广“礼品西瓜”、甜玉米、稻田养鱼新技术，农民年增收40余万元。农业分会为万宝镇童家村养殖户推广种植鹅麦草，帮助解决饲料难题，使该村养猪户户均增收3万~5万元。2004—2008年，实施2个科技示范园和基地建设、联系3个示范户、举办2期科技培训班、办好1个医疗义诊点、搞活1个自我保健活动中心的“23211”工程。

科普宣传　2001年7月，在杉山镇召开农村科普工作经验交流会。2007年7月18日，组织区人民医院和区机关医务所医务人员，参加保健知识宣传活动并到乡镇进行宣传、义诊。2007—2008年，区老科协组建农业高新科技报告团、卫生防疫知识报告团、禁毒科普知识报告团，举办科普培训班54期，培训人员1.18万人次，发放科普宣传资料5.20万份，编印科普期刊651期，科普板报283期，科技示范园30个，培训当家农民5100人。

建言献策　2000—2008年，区老科协会长、副会长受邀参加娄星区经济社会发展五年规划讨论和制定，参加每年人大代表会《政府工作报告》讨论和修改，参加保持共产党员先进性学教活动督查和调研，对中老年人自我保健和健康状况进行调查摸底。万宝、茶园等老科协分会提出兴建自来水工程的建议得到区政府重视并实施，解决3000余名群众饮水难问题。区交通局老科协分会提出对水果路、杉山线、小双线、大塘线、三桃线5条县乡公路修整和路面硬化建议，被政府采纳和实施。

保健活动 2000年5月，区老科协成立娄星区老科协自我保健科普网络中心和自我保健服务部，负责自我保健工作。区老科协19个分会均建立腰鼓队、舞蹈队、太极拳队、文艺演出队。8年间，每年邀请市老科协医学老专家讲师团，与区老干局、区卫生局、区医保局联合组织作自我保健讲座；每年组织1次门球、钓鱼、爬山比赛。2008年，区中老年自我保健协会配合省老科协提出的建设“百岁健康省”活动，19个老科协分会、43个社区居委会全部建立自我保健科普小组，开展自我保健科普活动。2005年、2008年，分别被湖南省老年科学技术工作者协会评为先进单位和集体。

第七节 档案工作

1989年，娄底市档案局、市档案馆实行局馆分设，合署办公。市档案局为行政单位，市档案馆为事业单位，下设办公室、业务股、 档案馆3个股室。1990年，增设科教股。1991年，市档案馆定为四级档案馆。1993年2月，成立娄底市档案用品服务公司，升为省三级档案馆。1996年，升为省二级档案馆。是年，市档案局改为事业单位，保留原有行政职能，机构级别为正科级，归口市委办公室管理。内设办公室、业务科教股、档案馆。1999年，娄底市档案局改名为娄星区档案局。2002年，设办公室、业务指导股、法制股3个内设机构和档案馆。区档案局、档案馆局馆合一，统一管理。2004年，经批准在区档案馆成立现行文件查阅中心。2008年，区档案局设办公室、业务股、法制股、娄星区档案馆、现行文件查阅中心；有12个乡镇、街道档案室和72个区直机关单位档案室；有城建、房产、涟钢、涟邵4个专业档案馆。有市档案馆、418队档案室、铁路部门档案室、气象部门档案室等。

1989—2008年历任局长：彭月娥、朱加成、刘玉秋、付愿初。

一、档案资源建设

1989年，娄底市档案馆馆藏档案31全宗7146卷，资料2020种8515册。市直机关单位、乡镇和省、地驻娄单位档案馆（室），均建立档案收藏制度。按时收集档案资料，实行定期归档，集中管理。1993年，市档案局规定，凡是机关单位在各项工作活动中形成具有保存价值和参考价值、需要永久和长期保存档案材料，均属接收范围。1998年年底，市档案馆有全宗65个，档案2.18万卷。2004年，娄星区档案馆有全宗70个，档案9.65万卷，底图35张，图片档案300张，录音、录像、影片档案30盘。2006年，陆续建立党政领导个人、企业改制、现行文件、名人、民营企业、历史照片、党政机关、乡镇街道、税务专项资料室库等10个档案专库。2008年，馆藏档案门类由原来的4种增加到12种，馆藏178个全宗，档案资料14类，内有文书档案、科技档案、声像、专门档案、实物档案和个人档案，内容反映立档单位工作活动和历史面貌，也反映娄星区地理、历史、文化、物产等地方特色。

（一）馆藏档案

文书档案 1989—2000年，一般按上级来文、本级机关文件、同级机关文件和下级机关文件等分类归档。2001—2005年，对传统文书立卷方法进行改革，取消原案卷级整理、装订和拟写案卷标题做法，取而代之的是一套以“件”为单位全新文件级整理方法。2006年12月，国家档案局8号令《机关文件材料归档范围和文书档案保管期限规定》颁布后，将原有“永久”“长期”“短期”三级保管期限划分方法修改为“永久”“定期”二级保管期限，“定期”中再实行标时制，一般分为30年、10年。至2008年，区档案馆收藏文书档案

7万多卷，加乡镇（街道）、区直机关单位二级机构库存档案，全区文书档案收藏卷宗达7.50万个。

科技档案　1989—2007年，部分行政机关、企事业单位有少量科技档案和设备档案，与本单位文书档案一并归档。改制企业单位科技档案分别随着实体进行转移，转到相关部门和单位。至2008年，区档案馆接收交通系统娄湘公路指挥部科技档案155卷（册），潭邵高速连接线科技档案30卷（册）。全市47家资产上500万元民营企业，如大汉集团、九龙集团、百雄堂、安石集团等企业建立档案，部分村（居）委会企业也建立科技档案室。

人事档案　1989—2008年，加强人事档案收集整理，实行分类管理。人事档案包括组织档案、干部档案、工人档案、党员档案、专业技术人员档案。区档案馆重点收集当代名人档案，部分死亡干部档案保存在馆，其他则由组织、人事劳动部门、卫生部门、教育部门按选拔、调配任免，考核奖惩，教育培训、离职退休等项立档。改制企业人事档案（退休人员）保存在企业保障局，未达到退休年龄档案保存在就业局。

企业改制档案　1998—2007年，收集乡镇企业局、粮食局、商业局、物资局、经济工作局等下属单位104余家改制企业档案4.04万卷（盒）进馆。其中，凭证3.03万卷，账本6905卷，文书1399卷，死亡人事824卷，报表821卷，基建99卷，目录51卷。至2008年，全区改制企业档案基本收集入库。

“三重”档案　1989—2008年，全馆接收特色档案和“三重”档案67卷。其中，有2008年双江水库建设抗冰救灾系列报道、谭静宇英雄事迹、娄星区仙女寨旅游区开发调研、迎奥运万人长跑等档案。

革命历史档案　1989—2008年，存有中华人民共和国成立前各种珍贵历史档案5000余卷（册），实物80余件，其中有明代及晚清、民国时期珍贵历史档案。

重点档案　1989—2006年，收藏重点馆藏档案11.64万余卷（册），其中包含有明清、民国及中华人民共和国成立以来各类国家重点档案5000余卷（册）。2007年，指导双江水库、九龙集团、环宇公司、世纪花城等区属重点建设工程清理档案500余盒。2008年，对中华人民共和国成立以来一些重点档案，如土改时期房屋表册、森林界线、土地表册、历史名人档案等进行修复，抢救历史档案千余卷（册），专人负责，专柜保管。

（二）其他专业档案馆馆藏

城建档案馆　1989—1999年，娄星区（娄底市）城建档案馆保存有城市基本建设规划、历史原貌、现代主要建筑等资料、照片和录像带。2000年1月1日，因撤地设市，市城建档案馆整体上收归属娄底市建设委员会管理。至2008年，收藏城市勘测、规划、城市建设管理、市政工程、公用设施等档案计19大类106属类，馆藏档案2.27万卷，资料8797期，底图167张，城建照片7144张，录像带86盒，光盘41张，形成能反映娄底城市建设发展历史面貌，门类齐全的馆藏专业档案。

房地产档案馆　1996年，批准成立娄底市房地产档案馆。2001年，撤地设市，市房地产档案馆升格为副科级事业单位，直属市房地产管理局管理。主要负责管理全市房屋产权产籍档案资料、局直管公房工程资料、局机关文书档案、财务档案、声像档案、实物档案、危房鉴定档案和设备档案等。至2008年，收藏有房地产普查档案、房改档案、私房档案、抵押档案、评估档案等专业档案及各类文书档案、白蚁防治档案、房屋安全鉴定档案、声像档案等文书资料。形成馆藏齐全反映娄底市房地产情况的专业档案。

涟钢档案馆　1998年，涟源钢铁厂建成档案馆。2001年，晋升为国家一级档案馆。定期跟踪收集建设公司、炼铁厂、冷轧板厂、物流管理中心、涟钢中学、双菱实业等涟钢20家二级单位各类专业档案及各处室科技、文书、会计、人事等23类档案资料。至2008年，馆藏档案8700余卷，资料1500余卷（册），底图18.85万张。

涟邵档案馆　1999年，建成涟邵矿务局档案馆。至2008年，由原来单一文书档案管理发展成为集文书、科技、会计、经营、生产、声像档案为一体综合性档案馆。现有档案库房及办公用房28间866平方米，馆藏档案8.35万卷（册）、各类底图4万余张。

（三）暂未入馆档案

2008年，指导建立区政协原副主席黄云涵、区茶园中学刘贱平教师等8个家庭档案，将黄云涵、刘贱平家庭档案纳入娄底市家庭档案示范点，娄底电视台、市档案局联合拍摄成专题片。指导区属79个民营企业、18个民营集团建立档案室，全区79个民营企业全部建档。全区246个行政村和居委会基本建档，其中82个村（居）委会建立比较规范档案室，配有兼职档案员，有档案库房118间962平方米，收集整理档案4.79万卷，内容为文书、财会、国土、林业、农科教、婚姻、计育、经管、教学、民事纠纷等。指导区民政局建立低保档案、区医保局建立医保档案、区教育局辖区内各学校建立学生成长档案。在政法部门、户籍部门、金融部门、财政部门、军事部门、民政部门等均建存各类专业档案。

二、档案保管与保护

1989年，娄底市档案馆藏无场地，档案收集入库受到制约。1992年，建成档案馆，馆库面积1641平方米，库房面积716平方米，有4层12间库房，可容纳25～30年档案收藏。馆内设有查档室、阅览室、整理室、检索室、冲印室等工作用房，主要保存有上级长期卷，本级永久卷、声像、档案3大类。建立值班制度，坚持天天值班和节假日24小时值班制度。档案库房实现防尘、防火、防盗、防潮、防高温、防光、防鼠、防虫、防污染“九防”。主要库房配有密集架（档案装置柜），拥有计算机、静电复印机、空调、去湿机、防磁柜、吸尘器、温湿度测量仪等现代设备。购买微机，输入核心档案目录，1.33万卷馆藏档案全部理顺档号。至2004年年底，娄星区建立377个档案室。其中，省特级档案室1个、省一级档案室14个、省二级档案室27个、省三级档案室70个。

2005年，娄星区建立并开通娄星档案信息网，对外开放。2006年，加强档案馆综合管理，落实档案管理“九防”制度，完善安全保护措施。实行24小时值班制，每天对库房进行温湿度测计，采用空调和去湿机等设备进行温湿度调控，档案馆库房更换新防盗门，对库房电路进行全面检查，对电线老化安全隐患及时排查整治。对消防设施定期进行检测，发现隐患，及时整改。2006年12月13日，区委书记、区长王雄到区档案局现场办公，现场解决区档案馆设备购置费16万元，要求区财政局在预算下年度区档案局经费时在2006年度基础上有所增加。是年，娄星档案信息网站点击1.20万次/年。2007年，区综合档案馆安装165平方米150组密集。档案信息化建设起步，开展馆藏档案数字化工作，购置服务器1台、电脑3台、金通档案网络版软件1套、复印机1台。开展对区委办、区政府办及各单位馆室档案目录输入工作，当年输入目录8000余条。2008 年，输入目录3万多条，初步建成2个基础数据库。

三、档案资源开发利用

1989年，娄底市档案馆全年接待查阅利用档案503人次，复印4404页。1990年，接待查阅利用档案874人次，查阅1451卷（册）。1991年，接待查阅利用档案295人次，查阅462卷4000份资料。与市委组织部共同查阅档案180卷（册）、翻拍活动照片466张，撰写《档案工作文评汇集》《娄底市组织史》。1992年，接待查阅利用档案260人次，查阅339卷。其中，编史修志38卷，工作查考220卷，经济建设81卷。查阅资料330册，复印386页。1993年，接待查阅利用档案460人次，查阅461卷（册），复印4125页。1996年，接待查阅利用档案4280人次，调卷320卷（册）。1997年，接待查阅利用档案1800卷次，工作查考207卷，编史1543卷，资料52人次、127册次，复印156页。1998年，接待查阅利用档案161人次，1260卷。其中，用于编史修志506卷，工作查考378卷，其他371卷。查阅资料35人次，160册，复制资料683页。完成《档案利用资料汇编》30例，与市党史办联合编纂《党史大事记》。

1999年，娄星区档案馆接待查阅利用档案225人次，查阅资料862卷。为娄底电视台为迎接娄底市第一次党代会召开拍摄的专题照片《改革开放的娄底城市建设》提供30多张照片及文字说明。撰写《档案利用典型》30例，参与《娄底市1988—1998年组织史》编写，完成本局组织史编写。2000年，接待查阅利用档案856人次，复制档案923份，开具证明132份，调卷1800卷（册），解决各种矛盾纠纷及退休、招工、招干等问题128个，撰写《利用效果汇编》35例。2001年，接待查阅利用档案476人次，复印档案67份，开具证明42份，通过利用档案调解纠纷矛盾28起。其中，经济纠纷8起，土地纠纷5起，落实政策等15起。2002年，接待查阅利用档案720人次，复印档案1120份，开具证明565份，通过利用档案调解纠纷91起。2003年，接待查阅利用档案760人次，调卷复印档案78份，开具证明68份，通过利用档案调解各类纠纷25起。2005年，接待查阅利用档案2200人次，查阅档案2400卷（册）。2006年，接待查阅利用档案1769人次，开具证明50余份，解决各类纠纷20余起。编印《档案利用实例》50例。接收80余个单位现行文件500余份，上门、上网查阅现行文件3200人次。2007年，接待查阅利用档案400人次，查阅1000余卷（册），出具证明90份。维护娄星档案信息网，对可公开现行文件输入娄星档案信息网，方便群众查询。

至2008年年底，娄星区综合档案馆累计接待利用档案3.29万人次，调卷4.93万卷，提供复制件5.87万页，出具证明3.10万余份，为领导决策和编纂党史、区志提供可靠史料，为利用者解决房屋、山林、田土纠纷，落实政策，落实工龄提供依据，为司法部门审理案件提供可靠原始依据，为行政村、部门单位挽回经济损失3800余万元，利用档案节约工程造价1200余万元。

四、档案管理执法

1989—1996年，在组织干部职工学习《中华人民共和国档案法》的同时，联合市司法局将档案法列入“一五”至“三五”法制宣传教育规划，每年利用“农村法制宣传月”等活动，组织开展档案法宣传。1997年，开展档案法颁布十周年宣传纪念活动。市委常委、市委办主任邓国雄在市有线电视台作纪念档案法颁布十周年电视讲话并在《娄底市报》发表纪念文章。档案局悬挂宣传横幅，张贴宣传标语，散发宣传资料进行宣传。1998年起，每年组织开展《中华人民共和国档案法》宣传教育活动。

2000年，档案工作列入娄星区“十五”经济社会发展规划和“四五”普法规划。档案管理和档案馆建设列入发展计划。2001年，编制《全区“十五”档案工作规划》。召开档案工作大会，总结部署工作，区委、区政府对10名档案员予以记功、25名档案员给予嘉奖表彰。2002年，将档案“两法一条例”宣传列入全区“四五”普法内容。组织档案系统工作人员参加湖南省档案法律法规与标准知识竞赛活动，全区有13人获省司法厅、省档案局举办知识竞赛奖励。其中，一等奖3名，二等奖5名，三等奖5名。2003年6月26日，区档案局组织全局干部职工在区政府办公大楼前设立档案法宣传咨询点，印发宣传资料1000余份，接受100余人现场咨询。2004年，开展档案学术论文研讨活动，向国家、省、市局投稿16篇，被省、市评为优秀论文5篇。2005年，结合“五五”普法实施依法治档工作。区司法局、普法办将档案法宣传列入全区普法内容，县档案局开展档案执法检查。2006—2007年，对全区副科级以上单位档案丢失情况进行摸底检查。2007年11月29—30日，开展档案法执法检查。抽检区检察院、区水电水利局、黄泥塘街道，经济园区，区供销社、区法院、区劳动局、乐坪街道8个单位。2008年，全区开展2次专题执法检查。对存在档案保管条件差、有档案丢失、档案未及时接受进馆、整理档案不及时等单位提出整改要求，督促落实整改。全局举办档案业务学习班20次，参加学习人数1600余人次。

第四篇　人民代表大会

1989年，娄底市人民代表大会常务委员会（简称人大常委会）在第三届任期内。1990年至1998年11月，娄底市人大常委会在娄底市第三届至第五届任期内。第三届、第四届人民代表大会每届任期3年，第五届人民代表大会起，每届任期5年。1998年12月，召开娄底市第六届人民代表大会。1999年7月，撤市设区，原娄底市更名为娄星区。娄底市人民代表大会、娄底市人民代表大会常务委员会也相应更名为娄底市娄星区人民代表大会、娄底市娄星区人民代表大会常务委员会，会议届次继续沿用原届次。2003年1月至2007年12月，分别召开娄星区第七届、第八届人民代表大会。娄星区第八届人民代表大会和常务委员会未满届。

娄星区（娄底市）人民代表大会代表、乡镇人民代表大会代表（简称人大代表）均由选民直接投票，差额选举产生。出席娄底市（娄底地区）人大代表则通过区（市）人民代表大会选举产生；出席省人民代表大会代表由娄底市人民代表大会选举产生。人民代表大会主要任务是审查和批准娄星区国民经济和社会发展计划、预算以及执行情况的报告；讨论、决定娄星区的政治、经济、教育、科学、文化、卫生、环境和资源保护、民政、民族等工作的重大事项；选举区人大常委会组成人员，区人民政府区长、副区长，区人民法院院长、区人民检察院检察长，选举本区出席市人民代表大会代表；听取和审查区人民代表大会常务委员会、区人民政府、区人民法院和区人民检察院的工作报告等。第一次代表大会后，每年召开一次代表大会，称为例会。

1989—2008年，娄星区（娄底市）人大常委会根据宪法法律赋予职权履行职责，讨论涉及全区（市）经济社会发展重大事项，作出相应决定决议。先后作出《关于娄底市九年义务教育实施规划的决议》《关于禁止地方国家机关在公务活动中用公款大吃大喝铺张浪费等不正之风的决定》《关于〈娄底市1993—2010年土地利用总体规划〉的决议》《关于实行依法治市的决定》《关于进一步加强清理整顿农村合作基金会工作的决议》《关于强化审计监督贯彻落实〈湖南省审计监督条例〉的决定》等十余项决定决议。加强监督工作，听取和审议专项工作报告组织代表视察和执法检查，开展专项评议，推行述职评议制度。根据区（市）委、区（市）政府提名，依法任免国家机关工作人员。做好代表工作，督查代表建议办理情况，办结代表议案23件，意见建议2278条。按照便于联系选民、开展活动原则，划分代表小组，自第四届人民代表大会起，逐步完善代表和选民联系制度，依法组织代表走访选民、征求意见、开展代表视察和专题调查调研活动，实行代表述职评议工作。

1990—2008年，乡镇人民代表大会贯彻执行《中华人民共和国地方各级人民代表大会和地方各级人民政府组织法》《中华人民共和国全国人民代表大会和地方各级人民代表大会选举法》，确定乡镇人大代表名额，由选区选民直接选举产生。1990年1月，设乡镇人大主席团，设专职常务主席，配备副主席、专兼职秘书，负责交办督办本级人大代表提出建议、批评、意见，开展代表活动；组织开展视察评议本级政府及区有关部门乡镇工作机构工作。乡镇人民代表大会每届任期3年，其间，进行过5次换届选举，选举产生乡镇人大主席团主席，选举产生乡镇长、副乡镇长。乡镇人民代表大会每年召开1～3次，讨论决定本乡镇重大事项，监督乡镇人民政府工作，选举正副乡镇长。至2008年，乡镇人民代表大会作出涉及财政经济、农林水电、公路交通、教科文卫等方面实质性决议决定105项。

第一章 区人民代表及代表大会

娄星区人民代表大会的代表是由娄星区各乡镇（街道）选区采取直接选举的办法产生，每届任期五年。娄星区人民代表大会每年至少举行一次全体会议，会议由区人民代表大会常务委员会召集。如果常务委员会认为有必要，或者经过五分之一以上的代表提议，可以临时召集区人民代表大会会议。区人民代表大会会议必须有三分之二以上的代表出席时，方能举行。

第一节 人大代表产生与构成

1989—2008年，娄星区（娄底市）人民代表大会（简称人大）换届5次。区（市）、乡镇人民代表大会代表（简称人大代表）均由选民直接投票，差额选举产生。每次选举分为筹备、宣传发动和选民登记、推荐提名候选人、投票选举4个阶段进行。其间，历经娄星区（娄底市）第四届至第八届人民代表大会代表选举，开展人大代表换届选举5次，乡镇（街道）、区（市）人大代表从选民中直接选举，出席市（地区）人大代表通过区（市）人民代表大会选举产生。

1989—2008年娄星区（娄底市）第四至第八届人大代表选举情况表

表4-1

届别	选举时间	选民参加选举情况(人)			选举区人大代表	
		登记人数	参选投票人数	选民参选比(%)	选区数(个)	选出代表(名)
第四届	1989.11.6—1990.1.10	201976	200932	99.48%	139	226
第五届	1992.9.16—12.5	222441	217417	97.8%	157	229
第六届	1997.9.20—12.5	253916	238291	93.4%	134	192
第七届	2002.9.20—12.20	270055	259382	96.05%	124	186
第八届	2007.7.18—12.10	314648	297016	95%	131	215

1989—2008年娄星区（娄底市）历届区人大代表结构情况表

表4-2　　单位：人

届别	代表总数	其中		年龄结构			学历结构				职业结构				
		妇女代表	党外人士	35岁以下	36～55岁	56岁以上	大专及以上	中专	中学	小学	工人农民	知识分子	干部	军人	其他
第四届	226	54	64	21	169	36	135	35	23	33	61	14	141	3	7
第五届	229	46	62	23	166	40	146	41	21	21	48	14	147	3	17
第六届	192	40	46	15	146	31	126	33	16	15	55	16	108	3	10

续表4-2

届 别	代表总数	其中		年龄结构			学历结构				职业结构				
		妇女代表	党外人士	35岁以下	36~55岁	56岁以上	大专及以上	中专	中学	小学	工人农民	知识分子	干部	军人	其他
第七届	186	27	26	9	160	17	123	48	15	0	40	15	115	3	13
第八届	215	25	27	10	184	22	136	69	10	0	66	22	109	3	15

1989—2008年驻娄星区（娄底市）全国、省、市人大代表一览表

表4-3

届 别	名 单
全国第九届人大代表	张日平
省第七届人大代表	刘如意、李冠其、李毓阶、肖国华、罗艾芬（女）、谢新颖
省第八届人大代表	肖国华、宋焕威、张日平、张铭娥（女）、颜跃明
省第九届人大代表	周若鹏、胡锡辉、黄聚文、张铭娥（女）、詹先礼
省第十届人大代表	陈吉林、李照华、李冠其、刘如意、唐文立、张国兴、吕振光
省第十一届人大代表	肖国华、宋焕威、张日平、张铭娥（女）、颜跃明
娄底市第一届人大代表	彭光禹、曾巨龙、谢娥英、詹先礼、颜跃明、李金才、陈继业、李江南、易佑德、周世辉、周若鹏、胡锡辉、禹丽君、姚玉珍、袁承谟、聂考中、黄文瑞、黄聚文、梁经庆、李清香、肖火飞、肖国良、张日平、张定良、张春光、陈长清、陈美华、罗 琳、罗金文、刘美球、刘新成、阳正良、杨仲刚、杨春华、杨晓英、李文洪、李冰岩、李红旗、李学刚、邓国雄、石荣发、叶 超、卢联盟、刘凡隆、刘本祥、刘华江、刘乔晚、刘坚固、刘昌其、陈征南、陈梅池、唐晓明、覃章荣、谢建国、马 莉、王展文、王爱光、王桂芳、邓寿庄、申冬求、朱爱光、朱慈清、杨如心、杨寿頤、李厚元、李淑南、何向阳、余建平、张建功
娄底市第二届人大代表	肖 扬、肖振原、吴政明、邹明玉、张定良、邵 瑛、周若鹏、赵龙云、曹育明、释圆通、蔡力峰、颜向军、颜跃明、魏华政、王 雄、王齐胜、毛群英、邓寿庄、石荣发、平湘连、龙春舒、龙晓涛、成罗华、朱寿谷、刘本祥、刘志升、刘坚固、刘足英、刘伯文、刘建中、刘祥轩、阳正良、阳武英、苏新山、杜清辉、刘日平、李学刚、李明辉、肖正滔、肖晓龙、肖雄杰、肖辉明、吴小军、陈肇中、周世光、周国雄、周群义、胡锡辉、柳新红、禹云华、禹丽君、姚 兵、姚玉珍、姚蓓蕾、贺正秋、黄 雄、黄文瑞、黄雄志、龚存中、梁胜初、彭可生、彭希勇、彭建良、彭荣华、彭祝才、焦国华、曾海军、曾碧良、谭校祥、谭宽新、樊年春、颜 文、颜拥军、颜铁文、颜继荣
娄底市第三届人大代表	王 雄、王小勇、王元甫、王齐胜、毛群英、龙春舒、龙晓涛、朱锦屏、刘 建、刘志强、刘伯文、刘和生、杜清辉、杨金含、李 建、李 闻、李长和、李光中、李治虞、李赛斌、肖 明、肖正滔、肖志宏、肖质彬、张树芳、陈明华、陈险峰、陈屏璋、陈理华、林 武、罗孝贵、周若鹏、周明伟、周国雄、周惠军、周群义、郑满光、禹丽君、姚 兵、贺正秋、聂剑仙、聂海清、聂绩春、黄 雄、黄巨洋、曹德民、梁石安、梁立坚、梁健松、彭 敏、彭希亮、彭希勇、彭建平、彭建良、曾永忠、曾亚平、曾海军、曾碧良、曾德智、谢 聪、谢志良、谭校祥、谭宽新、樊光亮、樊年春、颜 文、颜 炜、颜向军、颜继荣

第二节 代表大会

一、第四届人民代表大会

第一次会议 1990年3月3—9日，召开娄底市第四届人民代表大会第一次会议。到会代表226人，各部门负责人和政协委员等161人列席。会议审议通过“一府两院”（政府、法院、检察院）和人大常委会工作报告、财政预算报告和计划工作报告。选举产生娄底市第四届人大常委会主任1人、副主任5人、委员11人，市人民政府市长1人、副市长6人，法院院长1人、检察院检察长1人。

第二次会议 1991年3月28日至4月2日，召开娄底市第四届人民代表大会第二次会议。到会代表226人，各部门负责人和政协委员等180人列席。会议审议通过“一府两院”（政府、法院、检察院）和人大常委会工作报告、财政预算报告和计划工作报告。通过《关于切实减轻农民负担的决定》《在全市公民进行第二个五年普法教育的决定》《加强社会治安综合治理的决定》。

第三次会议 1992年3月29日至4月2日，召开娄底市第四届人民代表大会第三次会议。与会代表226人，各部门负责人和政协委员等191人列席。会议审议通过“一府两院”（政府、法院、检察院）和人大常委会工作报告、财政预算报告和计划工作报告。

二、第五届人民代表大会

第一次会议 1992年12月28日至1993年1月3日，召开娄底市第五届人民代表大会第一次会议。与会代表229人，各部门负责人和政协委员等326人列席。会议审议通过“一府两院”（政府、法院、检察院）和人大常委会工作报告、财政预算报告和计划工作报告，通过有关决议决定。选举产生娄底市第五届人民代表大会常务委员会主任，副主任、委员，肖国华当选为人大常委会主任，刘昌其、陈声海、胡湘基、彭连春，黎彬当选为副主任；选举产生市人民政府市长、副市长，廖升阳当选为市长，肖正光、杨沛林、池锦堂、杜安安、易春阳、曾令奇当选为副市长；选举贺咏成为市人民法院院长，选举颜维和为市人民检察院检察长。选举肖国华、宋焕威、张日平、张铭娥、颜跃明为出席湖南省第八届人民代表大会代表。

第二次会议 1994年3月38日至4月1日，召开娄底市第五届人民代表大会第二次会议。与会代表227人，各部门负责人和政协委员等156人列席。会议审议通过“一府两院”（政府、法院、检察院）和人大常委会工作报告、财政预算报告和计划工作报告；批准1人辞去人大常委会委员职务。

第三次会议 1995年4月10—14日，召开娄底市第五届人民代表大会第三次会议。与会代表225人，各部门负责人143人和省代表、离退休干部20人，163人列席。会议审议通过“一府两院”（政府、法院、检察院）和人大常委会工作报告、财政预算报告和计划工作报告；撤销市人民政府市长职务1名，选举市长1人。

第四次会议 1996年3月21—25日，召开娄底市第五届人民代表大会第四次会议。与会代表222人，各部门负责人和政协委员等353人列席。会议审议通过“一府两院”（政府、法院、检察院）和人大常委会工作报告、财政预算报告和计划工作报告；通过《娄底市国民经济和社会发展“九五”计划及2010年远景规划报告的决议》；批准1人辞去市人民检察院检察长职务，选举产生娄底市人民法院院长1人、娄底市人民检察院检察长1人。

第五次会议 1997年3月25—28日，召开娄底市第五届人民代表大会第五次会议。与会代表221人，各部门负责人、政协委员341人和21名省人大代表、离退休老干部列席。会议审议通过“一府两院”（政府、法院、检察院）和人大常委会工作报告、财政预算报告和计划工作报告；通过《关于加强市人民政府及其职能部门行政收费管理工作的议案》办理情况报告。

三、第六届人民代表大会

第一次会议 1997年12月29日至1998年1月2日，召开娄底市第六届人民代表大会第一次会议。与会代表192人，各部门负责人和政协委员等208人列席。会议审议通过“一府两院”(政府、法院、检察院)和人大常委会工作报告、财政预算报告和计划工作报告，通过《关于建设娄底“森林城”的决定》。大会选举产生市六届人大常委会委员和主任、副主任，周若鹏当选为人大常委会主任，刘昌其、彭连春、邹明玉(女)、石荣发、梁国胜当选为人大副主任；选举产生新一届市政府市长、副市长，张定良当选为市长，卢联盟、曾令奇、池锦堂、毛海文、彭希亮当选为副市长；选举刘华江为市人民检察院检察长；选举成勿文为市人民法院院长。

第二次会议 1999年3月17—20日，召开娄底市第六届人民代表大会第二次会议。与会代表186人，各部门负责人和政协委员等292人列席。会议审议通过“一府两院”(政府、法院、检察院)和人大常委会工作报告、财政预算报告和计划工作报告；增选市六届人大常委会副主任1人，补选市人民政府市长1人。

第三次会议 1999年10月10—12日，召开娄星区第六届人民代表大会第三次会议。与会代表185人，各部门负责人和政协委员等49人列席。会议选举产生出席娄底市第一届人民代表大会代表69名。

第四次会议 2000年3月5—8日，召开娄星区第六届人民代表大会第四次会议。与会代表188人，各部门负责人和政协委员等346人列席。会议审议通过“一府两院”(政府、法院、检察院)和人大常委会工作报告、财政预算报告和计划工作报告；增选市一届人大代表1人，批准1人辞去人大常委会主任职务，1人辞去区人民政府区长职务；补选六届人大常委会主任1人、区人民政府区长1人。

第五次会议 2001年3月8—21日，召开娄星区第六届人民代表大会第五次会议。与会代表188人，各部门负责人和政协委员等172人列席。会议审议通过“一府两院”(政府、法院、检察院)和人大常委会工作报告、财政预算报告和计划工作报告。

第六次会议 2002年3月11—14日，召开娄星区第六届人民代表大会第六次会议。与会代表188人，各部门负责人和政协委员等184人列席。会议审议通过“一府两院”(政府、法院、检察院)和人大常委会工作报告、财政预算报告和计划工作报告；批准1人辞去区人民法院院长职务，补选人民政府区长1人，补选区人民法院院长1人。

四、第七届人民代表大会

第一次会议 2003年1月6—9日，召开娄星区第七届人民代表大会第一次会议。与会代表204人，各部门负责人和政协委员等133人列席。会议审议通过“一府两院”(政府、法院、检察院)和人大常委会工作报告、财政预算报告和计划工作报告。选举刘建中为第七届区人大常委会主任，石荣发、梁胜初、毛屏甲、李群欢、秦群英(女)、姚玉珍为副主任；选举王雄为第七届区人民政府区长，胡锡辉、袁若宁(女)、黄聚文、彭建平、谢雪英(女)、魏志军为副区长；周世光当选为区人民检察院检察长，刘一荣当选为区人民法院院长。

第二次会议 2003年12月23—24日，召开娄星区第七届人民代表大会第二次会议。与会代表184人，各部门负责人和政协委员等45人列席。会议审议通过“一府两院”(政府、法院、检察院)和人大常委会工作报告、财政预算报告和计划工作报告。会议选举产生娄底市第二届人民代表大会代表67名。

第三次会议 2004年3月12—15日，召开娄星区第七届人民代表大会第三次会议。与会代表187人，各部门负责人和政协委员等98人列席。会议审议通过“一府两院”(政府、法院、检察院)和人大常委会工作报告、财政预算报告和计划工作报告。增选产生区第七届人大常委会委员4名。

第四次会议 2005年3月16—19日，召开娄星区第七届人民代表大会第四次会议。与会代表187人，各部门负责人和政协委员等111人列席。会议审议通过“一府两院”（政府、法院、检察院）和人大常委会工作报告、财政预算报告和计划工作报告。选举产生区第七届人大常委会副主任1人。

第五次会议　2006年3月7—9日，召开娄星区第七届人民代表大会第六次会议。与会代表187人，各部门负责人和政协委员等118人列席。会议审议通过“一府两院”（政府、法院、检察院）和人大常委会工作报告、财政预算报告和计划工作报告。通过《娄星区国民经济和社会发展第十一个五年规划纲要》。

第六次会议　2007年3月27—29日，召开娄星区第七届人民代表大会第六次会议。与会代表186人，各部门负责人和政协委员等125人列席。会议审议通过“一府两院”（政府、法院、检察院）和人大常委会工作报告、财政预算报告和计划工作报告。补选区人民法院院长1人。

五、第八届人民代表大会

第一次会议　2007年12月15—18日，召开娄星区第八届人民代表大会第一次会议。与会代表215人，各部门负责人和政协委员等128人列席。会议审议通过“一府两院”（政府、法院、检察院）和人大常委会工作报告、财政预算报告和计划工作报告。选举产生娄星区第八届人民代表大会常务委员会，彭希亮当选为区八届人大常委会主任，彭建平、秦群英、黄聚文、戴建民、阳正良当选为区八届人大常委会副主任；选举产生娄星区人民政府区长、副区长，陈明华当选为区长，罗孝贵、向乾勇、谢雪英、余建中、梁巨伟、肖雄杰当选为副区长；选举曾新存为娄星区人民法院院长，选举邹图华为娄星区人民检察院检察长。

第二次会议　2008年12月18—19日，召开娄星区第八届人民代表大会第二次会议。与会代表217人，各部门负责人和政协委员等36人列席。会议审议通过“一府两院”（政府、法院、检察院）和人大常委会工作报告、财政预算报告和计划工作报告。会议选举产生出席娄底市第三届人民代表大会代表69名。

第二章 人大常委会

1989—2008年，娄星区（娄底市）人大常委会由主任、副主任、委员组成，每届领导人选均由人民代表大会选举产生，根据各个时期社会发展形势和工作需要，按照“三定”方案，增（减）设人大常委会工作机构。根据每届所处时期和区（市）委工作决策，适时召开主任会议、常委会议等，贯彻落实区（市）委工作部署，加强政府工作监督，部署人大常委会工作，对重大经济社会发展问题作出决定或决议，推进经济社会发展。

第一节 人员组成

1989—2008年，娄星区（娄底市）人大常委会由主任、副主任、委员组成。娄底市第四届人民代表大会常务委员会由17人组成，其中，主任1名、副主任5名、委员11名。娄底市第五届人民代表大会常务委员会由17人组成，其中，主任1名、副主任5名、委员11名。娄星区（娄底市）第六届人民代表大会常务委员会由18人组成，其中，主任1名、副主任7名、委员10名。娄星区第七届人民代表大会常务委员会由19人组成，其中，主任1名、副主任7名、委员11名。娄星区第八届人民代表大会常务委员会由26人组成，其中，主任1名、副主任5名、委员20名。

1989—2008年娄星区（娄底市）人大常委会主任、副主任、委员一览表

表4-4

届别	姓名	职务	籍贯	任职时间
第四届	肖国华	主任	湖南涟源	1990.3.8
	刘积葵	副主任	湖南娄底	1990.3.8
	陈声海	副主任	湖南娄底	1990.3 8
	胡湘基	副主任	湖南双峰	1990.3.8
	谭斌华	副主任	湖南邵东	1990.3.8
	黎彬（女）	副主任	湖南新化	1990.3.8
常务委员会委员11人：方定韬、邝良清、朱云鹤、朱丽芳（女）、刘庆龙、刘启宇、刘 郁、李迎秋、何忠友、童耀文、戴耕陶				
第五届	肖国华	主任	湖南涟源	1993.1.3
	刘昌其	副主任	湖南娄底	1993.1.3
	陈声海	副主任	湖南娄底	1993.1.3
	胡湘基	副主任	湖南双峰	1993.1.3
	彭连春	副主任	湖南娄底	1993.1.3
	黎彬（女）	副主任	湖南新化	1993.1.3
常务委员会委员11人：方定韬、刘 郁、李迎秋、李芳安（女）、李济民、杨春华、吴果卿、谢永跟、彭高怀、朱丽芳（女）、李景涛				

续表4-4

届别	姓名	职务	籍贯	任职时间
第六届	周若鹏	主任	湖南涟源	1998.1.2
	李金才	主任	湖南娄底	2000.3.5
	石荣发	副主任	湖南涟源	1998.1.2
	刘昌其	副主任	湖南娄底	1998.1.2
	邹明玉(女)	副主任	湖南湘乡	1998.1.2
	彭连春	副主任	湖南娄底	1998.1.2
	梁国胜	副主任	湖南涟源	1998.1.2
	梁胜初	副主任	湖南涟源	1999.3.30
常务委员会委员10人:彭国辉、邓寿庄、梁精坚、邝良清、杨晓英、张万清、李济民、谢娥英、谭顺银、李迎秋				
第七届	刘建中	主任	湖南娄星	2003.1.9
	石荣发	副主任	湖南涟源	2003.1.9
	毛屏甲	副主任	湖南涟源	2003.1.9
	李群欢	副主任	湖南涟源	2003.1.9
	姚玉珍	副主任	湖南涟源	2003.1.9
	秦群英(女)	副主任	湖南双峰	2003.1.9
	梁胜初	副主任	湖南涟源	2003.1.9
	肖晓龙	副主任	湖南娄星	2005.3.19
常务委员会委员11人:李日平、李星慧、肖正滔、张卫平、孟跃红、李 建、彭建军、谭宽新、彭雄武、杨晓英、周国雄				
第八届	彭希亮	主任	湖南娄星	2007.12.18
	彭建平	副主任	湖南娄星	2007.12.18
	秦群英(女)	副主任	湖南双峰	2007.12.18
	黄聚文	副主任	湖南涟源	2007.12.18
	戴建民	副主任	湖南新化	2007.12.18
	阳正良	副主任	湖南涟源	2007.12.18
常务委员会委员20人:王齐胜、刘本祥、刘特仕、李日平、李星慧、肖正滔、肖永红、肖建威、周国雄、孟跃红、聂永洪、唐国建、彭春华、彭葭阳、彭雄武、曾联明、曾碧良、谢爱平、谭宽新、颜建军				

第二节 工作机构

1989年4月，娄底市人大常委会增设城市建设工作委员会。2001年1月，代表联络工作委员会更名为选举任免联络工作委员会。2001年3月，城市建设工作委员会更名为农村、城市建设工作委员会。

2003年2月，根据区委、区政府《娄星区机构改革方案实施意见》，区人大常委会机关设办公室、内务司法工作委员会、财政经济委员会、教科文卫工作委员会、选举任免联络工作委员会、农村城建工作委员会6个职能委室，各委室设主任、副主任各1名。

2003年8月，增设区人大常委会研究室，设主任、副主任各1名。至2008年，区人大常委会设办公室、内务司法工作委员会、财政经济委员会、教科文卫工作委员会、选举任免联络工作委员会、农村城建工作委员会7个职能委室。各委室设主任、副主任各1名。

第三节　主任会议与常委会议

一、主任会议

1990年3月至1992年11月，市第四届人大常委会召开主任会议23次，听取和审议专项工作报告、执法检查报告、调查研究报告28项。

1992年12月至1997年11月，市第五届人大常委会召开主任会议38次，听取和审议专项工作报告、执法检查报告、调查研究报告56项。

1998年12月至2002年3月，区（市）第六届人大常委会召开主任会议41次，听取和审议专项工作报告、执法检查报告、调查研究报告136项。

2002年4月至2007年3月，区第七届人大常委会召开主任会议49次，听取和审议专项工作报告、执法检查报告、调查研究报告82项。

2007年4月至2008年10月，区第八届人大常委会召开主任会议7次，听取和审议专项工作报告、执法检查报告、调查研究报告13项。

二、常委会议

1989年9月，娄底市第三届人民代表大会常务委员会第十六次会议，作出《娄底市人大常委会关于加强娄底市国家机关廉政建设的决定》。

1990年3月至1992年11月，娄底市第四届人大常委会举行会议18次，听取和审议专项工作报告、执法检查报告、调查研究报告18项，作出决议决定3项。1991年8月，市第四届人大常委会第八次会议作出《关于娄底市九年义务教育实施规划的决议》。11月，市第四届人大常委会第九次会议作出《娄底市人大常务委员会关于禁止地方国家机关在公务活动中用公款大吃大喝铺张浪费等不正之风的决定》。

1992年12月至1997年11月，娄底市第五届人大常委会举行会议33次，听取和审议专项工作报告、执法检查报告、调查研究报告48项。1994年6月，市第五届人大常委会第九次会议批准《娄底市1993—2000年第三产业发展规划》并作出相应决议。1995年4月，市第五届人大常委会第十六次会议作出《关于〈娄底市1993—2010年土地利用总体规划〉的决议》。

1998年12月至2002年3月，娄星区（娄底市）第六届人大常委会举行会议32次，听取和审议专项工作报告、执法检查报告、调查研究报告115项。1998年11月，娄底市第六届人大常委会第七次会议作出《关于实行依法治市的决定》。1999年7月，娄星区第六届人大常委会第十二次会议作出《关于进一步加强清理整顿农村合作基金会工作的决议》。

2002年4月至2007年3月，娄星区第七届人大常委会举行会议43次，听取和审议专项工作报告、执法检查报告、调查研究报告74项。2003年11月10日，娄星区第七届人大常委会第五次会议审议通过《娄星区人大常委会讨论决定重大事项的规定》，明确本行政区域内重大事项议案提出、讨论和作出相应决定、决议程序，规定有关机关根据规定期限报告执行情况。《娄星区人大常委会讨论决定重大事项的规定》在全省范围内首开先河。2003年12月，区第七届人大常委会第八次会议作出《关于强化审计监督贯彻落实〈湖南省审计监督条例〉的决定》。

2007年4月至2008年10月，区第八届人大常委会举行会议7次，听取和审议专项工作报告、执法检查报告、调查研究报告12项，作出决议决定3项。2008年8月12日，区第八届人大常委会召开第六次会议，作出《关于娄星区建设教育强区的决议》。

第三章　职责履行

1989—2008年，娄星区（娄底市）人大常委会根据宪法法律赋予职权履行职责。讨论涉及全区（市）经济社会发展重大事项，作出相应决定决议。加强监督工作，听取和审议专项工作报告组织代表视察和执法检查，开展专项评议，推行述职评议制度。根据区（市）委、区（市）政府提名，依法任免国家机关工作人员。做好代表工作，督查代表建议办理情况，办结代表议案23件，意见建议2278条。按照便于联系选民、开展活动原则，划分代表小组。自第四届人民代表大会起，逐步完善代表和选民联系制度，依法组织代表走访选民、征求意见、开展代表视察和专题调查调研活动，实行代表述职评议。

第一节　监督工作

一、听取和审议专项工作报告

1989年1月至2008年12月，娄星区（娄底市）人民代表大会常务委员会召开常务委员会（简称常委）会议140次，听取和审议“一府两院”专项工作报告267项，开展执法检查177次，开展政府组成单位工作评议6次，对政府组成单位主要领导述职进行评议6次，对娄星区（娄底市）政治、经济和社会发展重大事项依法做出决议、决定110项。其中，单行决议、决定24项，依法任免国家机关工作人员893人次，制定完善区人大常委会议事规则等制度19项。

二、代表视察和执法检查

娄底市第四届人大常委会（1990.3—1992.12）组织代表视察9次。娄底市第五届人大常委会（1992.12—1998.12）开展执法检查61次、组织代表视察15次、专项调查和检查15次。娄星区（娄底市）第六届人大常委会（1998.12—2003.1）组织开展视察、专题调查和检查178次。娄星区第七届人大常委会（2003.1—2007.12）开展执法检查37次。娄星区第八届人大常委会（2007.12—2008.12，未满届），组织视察7次，开展专题调查和检查20次。

三、专项评议

1992年1月14日，娄底市第四届人民代表大会常务委员会第十次会议通过《关于人大代表评议国家机关工作的决定》。2—3月，娄底市第四届人大常委会组织部分市人大代表对乐坪派出所、城南粮站、城南市管所进行工作评议。1993年，娄底市第五届人大常委会组织部分市人大代表对公安局、检察院、法院、司法局进行工作评议。1995年，娄底市第五届人大常委会组织部分省、市、乡镇人大代表对市工商行政管理局进行工作评议。

1996年，娄底市第五届人大常委会第二十四次会议作出《关于开展评选首届“群众满意、最不满意的政府部门”活动的决定》，对市人民政府38个组成单位和职能部门进行评选，评出6个群众满意的政府部门和1个群众最不满意的政府工作部门。

1999年，娄星区第六届人大常委会第九次会议和第十四次会议听取区人民政府5名副区长工作汇报。区人大常委会第八次、第十一次、第十二次会议听取民政局、经委、教委、建委、农办、水利局等11个部门主要负责人工作汇报。2001年，区第六届人大常委会组织部分区人大代表对区政府23个组成单位进行评议，评出3个人民满意单位。2002年，区第六届人大常委会组织部分区人大代表对区公安分局进行评议。2003—2008年，各届人大常委会组织区直机关单位评议活动16个，提出整改意见建议102件次。

四、述职评议

1989—2008年，娄星区（娄底市）人大常委会组织开展述职评议6次，评议对象为政府组成人员、法院、检察院负责人；开展代表评议6次，评议对象为区（市）人大代表。

2003年，娄星区第七届人大常委会通过本届述职评议工作规划，组织全区人大代表和人民群众对区人民政府区长和2名副区长述职评议。2004年，娄星区第七届人大常委会组织对6位副区长进行述职评议。2005年，娄星区第七届人大常委会组织对区人民政府13个工作部门行政负责人进行述职评议。2006—2008年，娄星区第七届、第八届人大常委会对区人民政府工作部门行政负责人每年组织1次述职评议，述职评议工作部门行政负责人15人。

第二节　人事任免

1989—2008年，娄星区（娄底市）人大常委会任命国家机关工作人员784人次。其中，娄底市第四届人大常委会依法任免国家机关工作人员88人次，接受辞去市长职务1人，决定代理市长1人。娄底市第五届人大常委会依法任免国家机关工作人员228人次，任免市长1人，撤销市人民政府市长职务1名。娄星区（娄底市）六届人大常委会依法任免国家机关工作人员182人次，决定代理区长4人，接受市长辞职3人，任免副市长15人次。娄星区第七届人大常委会依法任免国家机关工作人员232人次。娄星区第八届人大常委会（未满届）依法任免国家机关工作人员54人次，任命副区长2人。

第三节　代表工作

一、代表建议办理

第四届人民代表大会期间，收到代表10人以上联名提出的议案9件、收到代表建议意见680条，均办理完结。第五届人民代表大会期间，收到代表10人以上联名提出的议案8件、代表建议意见528条，均办理完结。第六届人民代表大会期间，收到代表10人以上联名提出的议案2件、代表建议意见638条，均办理完结。第七届人民代表大会期间，收到代表10人以上联名提出议案3件、代表建议意见355条，均办理完结。第八届人民代表大会期间（未满届），收到代表10人以上联名提出的议案1件、代表建议意见77条，均办理完结。

二、代表小组活动

1989—2008年，娄星区（娄底市）人民代表大会代表按照便于联系选民、开展活动原则，划分代表小组。其中，第四届人大代表划分为28个小组，第五届人大代表划分为29个代表小组，第六届人大代表划分为25个代表小组，第七届人大代表划分为20个代表小组，第八届人大代表（未满届）划分为25个代表小组。自第四届人民代表大会起，逐步完善代表和选民联系制度，依法组织代表走访选民、征求意见、开展代表视察和专题调查调研活动。2002年5月，探索实行代表述职评议工作，全区各级人大述职评议活动中，被评议人大代表向选民进行述职。人大代表向选民述职形成常态化机制。

第四章 乡镇人民代表大会

1990—2008年，娄星区（娄底市）贯彻执行《中华人民共和国地方各级人民代表大会和地方各级人民政府组织法》《中华人民共和国全国人民代表大会和地方各级人民代表大会选举法》，确定乡镇人大代表名额，由选区选民直接选举产生，工人、农民、知识分子、机关干部、党外人士、妇女均占有一定比例。1990年1月，乡镇设人大主席团，设专职常务主席，配备副主席、专兼职秘书各1人。负责交办督办本级人大代表提出建议、批评、意见，开展代表活动；组织开展视察，评议本级政府及区有关部门乡镇工作机构工作。乡镇人民代表大会每届任期3年，其间，进行过5次换届选举，选举产生乡镇人大主席团主席，选举产生乡镇长、副乡镇长。乡镇人民代表大会每年召开1～3次，讨论决定本乡镇重大事项，监督乡镇人民政府工作，选举正副乡镇长。乡镇人民代表大会作出实质性决议决定105个，内容涉及财政经济、农林水电、公路交通、教科文卫等方面。

第一节 乡镇人大代表及常设机构

一、乡镇人大代表产生

1990年，娄底市乡镇人民代表大会代表由选民直接选举产生。1995年，《中华人民共和国地方各级人民代表大会和地方各级人民政府组织法》修改实施后，全市10个乡镇按照修改后《中华人民共和国全国人民代表大会和地方各级人民代表大会选举法》关于确定乡镇人大代表名额规定，分配代表名额1059名，划分134个选区，实际选举产生1054名。至2006年，娄星区（娄底市）先后进行5次换届选举，实际选举产生乡镇人大代表1683名。

二、乡镇人民代表大会常设机构

1990年1月，10个乡镇选举产生专职常务主席37名，并担任同级党委副书记，同时配备副主席、专兼职秘书各1人。1992年12月，乡镇人大换届后，各乡镇均选举产生乡镇人大主席团，设主席1名。负责交办督办本级人大代表提出建议、批评、意见，在代表中开展创先进代表小组和争当优秀人大代表活动；组织开展视察，评议本级政府及有关部门乡镇工作机构工作。此后，乡镇人大主席团与乡镇党委、人民政府同时设立。街道设人民代表大会联络工作委员会（简称联工委）。至2008年，设乡镇人大主席团7个，街道联工委5个。

第二节 乡镇人民代表大会会议

1989—2008年，乡镇人民代表大会每届任期3年，其代表由选民直接选举产生。乡镇人民代表大会每年召开1～3次，讨论决定本乡镇重大事项，监督乡镇人民政府工作，选举正副乡镇长。

1990年4月，乡镇人大换届选举，代表名额为1689名，实际选举产生乡镇人大代表1683名。乡镇人大代表中工人、农民、知识分子、机关干部、党外人士、妇女均占一定比例。各乡镇召开人民代表大会，选举产生乡镇长10名，副乡镇长23名。

1992年12月、1995年12月、1998年3月、2001年9月、2006年3月，乡镇历经5次换届选举，选举产生乡镇人民政府领导班子成员215名，选举产生乡镇长38名，副乡镇长177名。其中，代表联名提出候选人中有1人当选，1名非正式候选人当选。

1990年1月至2005年12月，乡镇人民代表大会作出实质性决议决定105个，其内容涉及财政经济、农林水电、公路交通、教科文卫等方面。

第五篇　人民政府

1989年，娄底市人民政府设工作部门32个，直属行政事业机构8个，局级企事业单位10个。1995年机构改革，设政府工作机构31个。1999年1月，撤销娄底地区，设立地级娄底市，原娄底市改为娄星区，原娄底市部分机关、企事业单位调整上划归新设立地级娄底市管理。年底，上划各类单位87个。其中，行政单位6个，事业单位75个，企业6家。2002年，机构改革，区人民政府设工作部门22个，议事协调机构办事机构2个，承担行政管理职能事业机构7个。2008年，区政府设置工作部门22个，所属正科级单位12个，双重领导机构7个。区政府办公室内设人事教育组、督查室、秘书组、综合信息组、调查研究办公室、区民族宗教事务办公室、区地方志编纂委员会办公室、财务组、社会发展组、工交组、城乡建设组、财经组12个组（室）。

1989—2008年，娄星区（娄底市）政府贯彻落实上级党委政府关于经济社会发展战略方针政策，从实际出发，立足改革开放，确定各个阶段经济社会发展任务目标，制定施政方针和发展方略，准确施政，依法行政。以经济建设为中心，发展第一、二、三产业，形成各具特色支柱产业；以打造“魅力湘中”样板区为目标，实施城镇建设、生态环境建设，基础设施建设；以建设“科教强区”为目的，注重科技、教育、卫生计划生育事业发展进步；以民生保障为要务，发展社会福利事业，落实社会保障，提高全民幸福指数，全区经济社会发展取得进步。

经济发展　注重在传统农业中发展特色农业，推进工业企业改革改制，实施“工业强区（市）”战略，加强城市商业基础设施建设，发展商贸服务业。国内生产总值由1990年的6.84亿元增加到2008年的148亿元，农业总产值从1989年的1.37亿元增长到2008年的8.57亿元，农民人均纯收入从1990年的722元增加到2008年的4563元，城镇居民可支配收入从1991年的1553.16元增加到2008年的1.24万元。工业总产值从1990年的5.18亿元增加到2008年的86.40亿元，建筑业总产值从1990年的2亿元增加到2008年的47.54亿元，财政收入由1989年的4832万元增加到2008年的3.11亿元。

城镇建设　1990年，实施城市扩容工程。1995年，实施农村集镇建设。1998年，万宝、杉山、石井、小碧、双江、百亩小城镇建设初具规模。至2008年，开工建设81个市政基础设施项目，包括68条道路、4座大桥、4个广场、5个环卫项目，完成投资19亿元。中心城区面积从撤市设区时的26平方千米扩展到41平方千米，城镇化人口率31%。

生态建设　环境保护，1993—2008年，实施工业废水、废气治理，控制固体废弃物排放量，建成工业废水治理项目214个，新建工业废水处理设备201套，废水处理能力增加到564.70万吨/年。1994年，娄底市被评为全国首批造林绿化“百佳县市”。林业保护，1989年，提出“三年消灭荒山，八年绿化娄底”任务目标，实施荒山造林。1998年，启动“森林城”建设。2008年，实施退耕还林、生态公益林保护、水府庙湿地保护等项目。

基础设施建设　交通建设，1990—2008年，将交通建设列入各个时期经济社会发展规划，实施公路、铁路建设。至2008年，域内有省道2段40.12千米，县道10条76.21千米，乡道55条249.10千米，村道236条283.61千米，实现100%乡镇通公路，54%乡镇通水泥（沥青）路，92%行政村通公路，12%行政村通水泥（沥青）路。洛湛铁路建成通车，沪昆高铁客运专线在娄星设站。域内有5条高速公路与5条铁路交会，娄星区作为区域性综合交通枢纽地位初步形成。水利建设，1990—2008年，围绕提升农业灌溉效益、保证城市供水开展水利设施建设。至2008年，域内所有病险塘库全部整修完成，有各类水利工程1.67万座（处），干支渠道1120千米，总灌溉面积5940公顷，有效灌溉面积5046.67公顷。农村安全饮水工程40余处。电力建设，1990—2008年，采取引电、发电等措施，保证工农业和居民用电，完成农村电力体制改革和农村电网改造任务，实现城乡用电同价。

社会事业建设 教育，1989年，实施“科教兴娄”战略。1991年，制定九年义务教育实施规划。2008年，区委、区政府作出《关于建设教育强区的决定》。全区小学正常儿童入学率和巩固率、残疾儿童入学率、小学升初中比率均为100%；初中毕业生升入高中阶段学生比率达88%；高中毕业会考一次性合格率高于全市平均水平；普通高考各项指标居省、市前列。医疗卫生，1989年，推行计划生育，加强卫生医疗机构建设，实施城镇农村医疗保险制度，提高人口素质。2008年，计划生育率由1989年的77%提高到96%；城镇居民参加居民医疗保险85%，农业人口参合率90%。社会保障，1989年，五保供养实行“以乡统筹，三级供养”。2008年，除属于民政部门直属敬老院、光荣院外，7个乡镇均建有敬老院，入住老人291人，分散供养1396人。其他事业，2000—2008年，培训城乡劳动力6500人，开展职业指导1.20万人次，创办社区就业劳动组织50余个，开发社区就业岗位6500个。实施恩口煤矿沉陷区综合治理工程、乡村清洁工程、农村饮水安全等项目建设。2008年，城镇居民人均住房面积22平方米，农村居民人均住房面积35平方米。

1989—2008年，调研督查、信访、方志编修、政务服务、法制、机关事务服务、接待服务等部门围绕政府中心工作履行各自工作职责，加强政务服务，严格依法行政，推进政务工作。

第一章 机构设置

1989—2008年，娄星区（娄底市）经历5届人民政府，第三届至第四届人民政府任期为3年，第五届至第八届人民政府任期为5年。其间，根据经济社会发展和工作需要，区（市）人民政府于1995年、1999年（撤市设区）、2002年进行3次大的机构改革。2008年，政府系统设置工作机构22个，区政府所属正科级单位12个。

第一节 领导成员

第三届娄底市人民政府（1989年1月至1990年3月）。市长陈声南，副市长王仁辉、吕以丰、李毓阶、廖升阳、毛长庚、赵伯栋、岳玉平。1989年5月至1990年3月，代市长赵伯栋，副市长王仁辉、吕以丰、李毓阶、廖升阳、毛长庚、罗树芝。

第四届娄底市人民政府（1990年3月至1992年12月）。1990年3月8日，市第四届人民代表大会第一次会议选举赵伯栋为市人民政府市长，选举梁仗伦、吕以丰、李毓阶、廖升阳、罗树芝、曾令奇、黄熙雍为副市长。1992年9月25日，市第四届人大常委会第十四次会议任命申庆华为市人民政府代市长，增补唐海波任副市长。

第五届娄底市人民政府（1992年12月至1997年12月）。1992年12月29日至1993年1月3日，市第五届人民代表大会第一次会议选举廖升阳为市人民政府市长，池锦堂、肖正光、杨沛林、易春阳、杜安安（女）、曾令奇、左天汉为副市长。1994年11月，廖升阳免职，由市委书记肖志良代理市长。1995年4月21日，市第五届人民代表大会第三次会议选举肖志良为市长。1995年4月至1997年7月，副市长池锦堂、肖正光、杨沛林、易春阳、杜安安（女）、曾令奇、邓迪华、毛海文、卢联盟、聂特安。1997年7月，张定良任市人民政府代市长。1997年7月至1997年12月，副市长池锦堂、曾令奇、毛海文、卢联盟、聂特安。

第六届娄星区（娄底市）人民政府（1998年1月至2003年1月）。1998年1月2日，娄底市第六届人民代表大会第一次会议选举张定良为市人民政府市长，副市长卢联盟、毛海文、池锦堂、曾令奇、彭希亮。1998年6月，周世辉任市人民政府代市长。1999年3月20日，娄底市第六届人民代表大会第二次会议选举周世辉为市人民政府市长。1999年8月，撤市设区，娄星区召开设区后第一次人民代表大会，选举周世辉任区人民政府区长，副区长卢联盟、池锦堂、曾令奇、龚炳胜、胡锡辉。1999年12月，李江南任娄星区人民政府代区长，副区长王雄、曾令奇、龚炳胜、聂斌全、李叙赵、胡锡辉。2000年3月8日，娄星区第六届人民代表大会第四次会议选举李江南为区人民政府区长。2001年7月，姚兵任娄星区人民政府代区长。2002年3月至2002年11月，姚兵任区人民政府区长，增补陈恩杰为副区长。2002年11月，王雄任区人民政府代区长。

第七届娄星区人民政府（2003年1月至2007年12 月）。2003年1月，娄星区第七届人民代表大会第一次会议选举王雄为娄星区第七届人民政府区长，副区长胡锡辉、袁若宁、彭建平、黄聚文、魏志军、谢雪英、陈恩杰、向乾勇、周芳友、李建华。2007年2月，陈明华任娄星区人民政府代区长。

第八届娄星区人民政府（2007年12月至2008年12月，未满届）。2007年12月18日，娄星区第八届人民代表大会第一次会议选举陈明华为区人民政府区长，副区长邓孝贞、向乾勇、谢雪英、余建中、张喜群、林目轩、梁巨伟、肖雄杰。

1989—2008年娄星区（娄底市）政府领导成员一览表

表5-1

姓　名	性别	民族	政治面貌	籍贯	职务	任职时间
陈声南	男	汉	中共党员	娄星	市长	1987.4—1989.5
赵伯栋	男	汉	中共党员	邵东	市长	副市长 1988.3—1989.5 代市长 1989.5—1990.3 市　长 1990.3—1992.9
申庆华	男	汉	中共党员	冷水江	市长	代市长 1992.9—1992.12
廖升阳	男	汉	中共党员	涟源	市长	副市长 1988.1—1992.12 市　长 1992.12—1994.11
肖志良	男	汉	中共党员	娄星	市长	代市长 1994.11—1995.4 市　长 1995.4—1997.7
张定良	男	汉	中共党员	邵阳	市长	代市长 1997.7—1998.1 市　长 1998.1—1998.6
周世辉	男	汉	中共党员	涟源	市长 区长	代市长 1998.6—1999.3 市　长 1999.3—1999.8 区　长 1999.8—1999.12
李江南	男	汉	中共党员	湘潭	区长	代区长 1999.12—2000.3 区　长 2000.3—2001.7
姚　兵	男	汉	中共党员	陕西	区长	代区长 2001.7—2002.3 区　长 2002.3—2002.11
王　雄	男	汉	中共党员	双峰	区长	副区长 1999.11—2002.11 区　长 2002.11—2007.2

续表5-1

姓　名	性别	民族	政治面貌	籍贯	职务	任职时间
陈明华	男	汉	中共党员	新化	区长	代区长 2007.2—2008.12
王仁辉	男	汉	中共党员	长沙	副市长	1988.1—1990.3
吕以丰	男	汉	中共党员	广东	副市长	1988.1—1992.12
李毓阶	男	汉	九三学社	涟源	副市长	1988.1—1992.12
毛长庚	男	汉	中共党员	涟源	副市长	1988.1—1990.3
岳玉平	男	汉	中共党员	邵东	副市长	1988.9—1989.3
罗树芝	男	汉	中共党员	湘潭	副市长	1989.7—1992.12
梁仗伦	男	汉	中共党员	涟源	副市长	1990.3—1992.12
曾令奇	男	汉	中共党员	娄星	副市长	1990.3—2000.2
黄熙雍	男	汉	中共党员	娄星	副市长	1991.4—1992.7
唐海波	男	汉	中共党员	邵东	副市长	1992.9—1992.12
池锦堂	男	汉		广东	副市长	1992.12—1999.12
肖正光	男	汉	中共党员	涟源	副市长	1992.12—1995.9
杨沛林	男	汉	中共党员	娄星	副市长	1992.12—1995.9
易春阳	男	汉	中共党员	娄星	副市长	1992.12—1997.7
杜安安	女	汉	中共党员	长沙	副市长	1992.12—1996.1
左天汉	男	汉	中共党员	邵东	副市长	1993.5—1994.10
邓迪华	男	汉	中共党员	涟源	副市长	1995.9—1997.7
毛海文	男	汉	中共党员	涟源	副市长	1995.9—1997.12
卢联盟	男	汉	中共党员	涟源	副市长	1995.9—1997.12
聂特安	男	汉	中共党员	涟源	副市长	1996.1—1997.12
彭希亮	男	汉	中共党员	娄星	副市长	1998.1—1999.8
聂斌全	男	汉	中共党员	涟源	副市长 副区长	1999.5—1999.8 1999.8—2002.10
李叙赵	男	汉	中共党员	新邵	副区长	2000.5—2001.12
龚炳胜	男	汉	中共党员	怀化	副区长	1999.8—2003.1
胡锡辉	男	汉	中共党员	娄星	副区长	2000.5—2006.6
陈恩杰	男	汉	中共党员	涟源	副区长	2002.2—2006.1
袁若宁	女	汉	中共党员	新化	副区长	2003.1—2004.6
向乾勇	男	汉	中共党员	洞口	副区长	2002.5—2008.12
彭建平	男	汉	中共党员	娄星	副区长	2003.1—2007.12

续表5-1

姓　名	性别	民族	政治面貌	籍贯	职务	任职时间
黄聚文	男	汉	中共党员	涟源	副区长	2003.1—2007.12
魏志军	男	汉	中共党员	隆回	副区长	2003.1—2006.6
谢雪英	女	汉	中共党员	湘乡	副区长	2003.1—2008.12
周芳友	男	汉	中共党员	邵阳	副区长	2003.1—2007.12
李建华	男	汉	中共党员	长沙	副区长	2003.9—2007.12
余建中	男	汉	民盟盟员	永州	副区长	2004.4—2008.12
张喜群	男	汉	中共党员	涟源	副区长	2006.4—2008.12
林目轩	男	汉	中共党员	邵阳	副区长	2007.12—2008.12
梁巨伟	男	汉	中共党员	涟源	副区长	2006.8—2008.12
罗孝贵	男	汉	中共党员	隆回	副区长	2007.12—2008.12
肖雄杰	男	汉	中共党员	涟源	副区长	2007.12—2008.12

第二节　政府机构

一、工作部门

1989年12月，娄底市人民政府设工作部门32个，直属行政事业机构8个，科级企事业单位10个。中国工商银行娄底市支行、中国农业银行娄底市支行、中国建设银行娄底市支行、中国保险公司娄底市支公司、娄底市烟草专卖局5个单位属于娄底地区行署有关部门和娄底市双重领导机构。

1995年机构改革，娄底市委、市政府下发《关于市直党政机构设置的通知》，设政府办公室、经济委员会、计划物价局、建设局、科学技术局、教育局、公安局、司法局、民政局、财政局、人事局、劳动局、交通局、农业局、林业局、水利水电局、文化局、卫生局、计划生育委员会、监察局、审计局、财贸工作办公室 、乡镇企业局、统计局、工商行政管理局、国土管理局 、地方税局、粮食局、农村工作办公室、环境保护局、技术监察局政府工作机构31个。

财贸委员会更名为财贸工作办公室、农业委员会更名为农村工作办公室（简称农办）、科学技术委员会更名为科学技术局、城乡基本建设委员会更名为建设局、教育委员会更名为教育局、乡镇企业委员会更名为乡镇企业局、矿产资源管理局更名为地质矿产局，与市国土管理局合署办公。

作为事业局保留单位有：房地产管理局、城市规划建设办公室、市政工程局由市建设局管理；农机管理局（农机站更名为局）、畜牧水产局（畜牧水产总站更名为局）由市农办管理；公路管理局（公路管理处更名为局）由市交通局管理；市煤炭局由市经委管理。

议事协调办事机构予以保留并列为行政序列单位有：市调处纠纷领导小组办公室（工农关系办公室）由市政府办公室管理；信访领导小组办公室由市委办和市政府办管理，以政府办管理为主；街道企业领导小组办公室由市乡镇企业局管理；水果开发领导小组办公室由市农办管理。

转为经济实体机构有：市商业局成建制转为市商业集团总公司；市物资局转为市物资总公司；市粮食局粮油贸易经营职能分离，组建市粮油贸易总公司；供销合作联社转为集体经济合作组织。

撤并单位：法制办公室并入市政府办公室，保留牌子；计划委员会与物价局合并，组建市计划物价局；撤销市经济技术协作办公室，其职能由市计划物价局承担；市蔬菜办公室并入财贸办公室，保留牌子；市固有资产管理改名为国有资产管理办公室，并入市财政局；市爱国卫生运动委员会办公室并入市卫生局，保留牌子；市侨务办公室与市外事办公室合署办公，并入市政府办公室；市经济研究室（体改委）并入市政府办公室，经济体制改革任务由市政府办公室承担，对外保留市经济体制改革办公室牌子（内为政府办公室内设机构），经济研究与经济体制改革工作由同一机构承担，对外加挂经济研究室牌子。市成人教育办公室并入市教育局；市老龄工作委员会办公室并入市劳动局；市农村能源办公室并入市农业局。撤销市对外经济委员会，对外经济贸易职能由市计划物价局承担，加挂对外经济贸易办公室牌子；撤销市二轻工业局，其职能由市经委承担；撤销市私营企业管理办公室，其职能由市工商局承担；撤销市战略规划办公室，其职能由计划物价局承担；撤销市饲料工业办公室，其职能由计划物价局承担。

保留和调整级别单位有：市农村合作经济经营管理站调整为市农办二级机构；市经济信息中心调整为市计划物价局二级机构；市机关事业单位社会保险所由市人事局管理；市绿化委员会办公室调整为市政府办公室二级机构；市民族宗教事务办公室从市委统战部划归市政府办公室管理，并入政府办；市地名办公室从市建设局划归市民政局管理，股级事业单位；市重点项目办公室仍作为计划物价局内设机构，对外保留牌子；市第三产业办公室仍作为计划物价局内设机构，对外保留牌子；市房改办公室由市政府办公室管理；市劳动服务公司由市劳动局管理；市城市建设管理监察大队、市园林管理处、市环境卫生管理处由市建设局管理。

1999年1月20日，国务院批复同意撤销娄底地区，设立地级娄底市，原娄底市改为娄星区。将原娄底市（现娄星区）部分机关、企事业单位调整上划归新设立地级娄底市管理。至年底，市区各类职能事权调整和各类交接工作基本完成，共上划各类单位87个。其中，行政单位6个，事业单位75个，企业6 家。调整上划行政编制78名，专项编制259名，上划各类人员4564人。其中，在职人员4288人，离退休人员276人。

市、区部分单位调整上划实施内容有：（一）原娄底市公安局调整上划到市公安局管理，调整为娄底市公安局娄星区公安分局，为市公安局派出机构。人、财、物由市局实行垂直管理，领导干部实行双重管理（干部管理另行行文），党组织关系留在区里。（二）原娄底市国土局调整上划到市国土局管理，调整为娄底市国土管理局娄星区国土管理分局，为市国土管理局派出机构。分局机关及其二级机构（含企业和乡镇国土所）人、财、物、事全部上收，由市国土管理局实施垂直管理。（三）原娄底市（现娄星区）广播电视局管理的娄底市广播电台、娄底市有线电视分台按地委行署文件要求实施管理。（四）娄星区林业系统有关职能机构调整，原娄底市林业派出所调整为市林业公安科娄星区直属大队，人、财、物、事由市林业局实施垂直管理。娄星区林业局负责的森林城建设管理职能上收到市林业局，其办公室人员随职能上收到市林业局，由市林业局实施管理。（五）原娄底市地质矿产局整体并入市地质矿产局，娄星区不再保留地质矿产管理机构。（六）原娄底市物价局机关整体并入市物价局，娄星区不再保留物价管理机构。原娄底市物价检查所也一并上收，人、财、物、事由市物价局实施垂直管理，原娄底市价格事务所并入市物价局价格事务所。（七）原娄底市环保局调整上划为娄底市环保局娄星区环保分局，为市环保局延伸机构，人、财、物暂维持现状。（八）原娄底市建设系统所属各单位（不含施工、招投标部分）上划到市建委管理。其上划单位名称为：1.行政编制部分。原娄底市建委机关与职能调整有关部分单位人员上收，另一部分留娄星区组建娄星区建设局。2.事业单位及事业编制部分。原娄底市人防办、原娄底市城管监察大队（属财政拨款事业编制）、原娄底市城建档案馆（属财政拨款事业编制）、原娄底市规划局（属差额事业编制）、原娄底市规划设计院（属自收自支事业编制）、原娄底市建筑勘察设计室

（并入市院，属自收自支事业编制）、原娄底市燃气管理办（属自收自支事业编制）、原娄底市园林管理处 （属差额事业编制）、原娄底市环卫处（属差额事业编制）、原娄底市市政工程局（属自收自支事业编制）、原娄底市市政工程局下属单位（属企业管理自收自支事业编制）、原娄底市房地产管理局（属自收自支事业编制）、原娄底市房地产管理局下属单位（属企业管理自收自支事业编制）、原娄底市建设工程质量监督站（属收取规费事业编制）、原由娄底市政府办管理的娄底市移民拆迁安置管理办公室（含金谷物业管理公司）全部调整上划到市建委管理。3.区建委所属企业单位。原娄底市煤气公司，原娄底市自来水公司，原娄底市公共汽车公司，原娄底市第一建筑工程公司，原娄底市城市建设综合开发总公司。（九）教育系统调整上划娄底工贸职业中专学校、娄底聋哑学校2所学校归市教委管理。（十）市区民政局管理的原娄底市军供站（属财政预算单位）、原娄底市离退休干部休养所（属财政预算单位）、原娄底市殡仪馆（原财政拨款事业编制）、原娄底市殡仪馆服务部（属自收自支事业编制）、原娄底市福利院（属财政预算单位）、原娄底市福利院服务部（属自收自支事业编制）6个单位划归市民政局管理。（十一）由娄星区财贸办公室管理的原娄底市商业网点建设办公室（属收取规费事业编制）、原娄底市生猪定点屠宰办公室（属收取规费事业编制）、原娄底市商业网点建设公司（属企业单位）、原娄底市民营经济开发市场（属实行企业化管理的自收自支事业编制）4个单位划归娄底市财贸办公室管理。民营经济开发市场内个体、私营经济税收由区里征收。（十二）由市红十字会和区卫生局双重管理的娄底市骨伤科医院划归市卫生局管理（属自收自支单位），娄底市中医院划归市卫生局管理（属经费差补单位，景屏街公费医疗点留区卫生局）。（十三）由娄星区政府办管理的宗教事务办公室并入市民族宗教事务办（属行政编制），原娄底市出租车客运管理办公室 （属自收自支事业编制）、原娄底火车站广场开发建设管理办公室（属自收自支事业编制）、原娄底市火车站广场管理服务部（属自收自支事业编制）划归市政府办系统管理。

2002年，区委、区政府下发《关于〈娄星区机构改革方案实施意见〉的通知》，实施机构改革。此次机构改革，区人民政府设工作部门22个（监察局与纪律检查委员会机关合署办公，不计政府机构个数）。议事协调机构办事机构2个、承担行政管理职能事业机构7个。区人民政府工作机构有办公室、发展计划局、经济工作局、教育局、科学技术局、监察局（与纪委机关合署办公）、民政局、司法局、财政局、人事局、劳动和社会保障局、交通局、水利局、农业局、林业局、文化局（新闻出版局）、卫生局、计划生育局、审计局、贸易工作办公室、娄底市环保局娄星分局、统计局、粮食局。议事协调机构办事机构有信访局、乡镇企业局。承担行政管理职能事业机构有体育局、住房管理委员会办公室，农机管理局、畜牧水产局、农村合作经济管理局、蔬菜管理局、招商旅游局。

2008年12月，区政府设工作部门22个：政府办公室、发展和改革局、经济工作局、教育局、科学技术局、监察局（不计入个数）、民政局、司法局、财政局、人事局、劳动和社会保障局、交通局、水利局、农业局、林业局、文化局、卫生局、人口和计划生育局、审计局、商务局、安全生产监督管理局、统计局、粮食局。区政府所属正科级单位12个：体育局、住房管理局、农村经营管理局、农业广播电视学校、政府督查室、政府调查研究室、政务服务中心、财税金融办、教师进修学校、信访局。双重领导机构7个：国税分局、国土分局、市环保局娄星分局、市物价局娄星分局、公路分局、娄星有线电视台、市住房公积金管理中心娄星管理部。

二、区（市）政府办公室

1989年1月，娄底市人民政府办公室设秘书组、文卫组、城建组、调研组、法制组、信息组。1990年10月，设立市政府法制办。1992年4月，设立政工组。1996年6月，市政府办公室设人事教育组（纪检监察组）、督查室（对外为市人民政府督查室)、秘书组、综合信息组、城镇组、文卫组、经济组、财务组、市经济研究室(市经济体制改革办公室)、民族宗教办公室。1999年7月,娄底市政府办公室改为娄星区政府办公室,内设机构不变。2002年11月,区政府办公室内设人事教育组、督查室、秘书组、综合信息组、调查研究办公室、区民族宗教事务办公室、区地方志编纂委员会办公室、财务组、社会发展组、工交组、城乡建设组、财经组12个组(室)。

1989—2008年历任主任:袁承谟、梁胜初、黄聚文、阳正良、肖明。

第三节 基层行政机构

乡镇、街道分别于1996年和2003年进行2次机构改革。1996年,市委下发《中共娄底市委娄底市人民政府关于印发〈娄底市乡镇职能配置机构设置和人员编制方案〉的通知》,实行乡镇机构改革。明确乡镇内设党政办公室(加挂民政室牌子)、社会治安综合治理办公室。党政办公室设主任、秘书、民政干事、档案统计员、信访员;综治办设主任、干事。乡镇二级机构有财政所、村镇建设办公室、经营管理站、企业管理办公室、农业技术推广站、水利水电站、农机管理站、畜牧水产站、文化站、广播电视站、计划生育办公室、劳动管理站、养老保险所。市直派驻乡镇二级机构有派出所、工商管理所、地税所、法庭、司法所、国土所、教育办公室、林业站。经济独立为农服务二级机构有农业银行营业所、信用社、供销社等。是年,市委、市政府制定《关于印发〈娄底市乡镇机构改革中简政放权的实施意见〉的通知》,本着"凡属可以下放的机构和职权要下放给乡镇,少数须由市集中统一领导机构仍统一领导"原则,实行简政放权,强化乡镇政权建设。分3种情况组织实施:财政、民政、村镇建设、农业技术推广、经营管理、水利水电、农机管理、畜牧水产、文化、广播电视、计划生育、企业管理、劳动管理、卫生基层机构人财物事4权全部下放给乡镇,市直业务主管部门进行业务指导监督。公安派出所、司法所、人民法庭、地税(国税)所、国土管理所、工商管理所、教育办公室(保留乡镇学区牌子)、林业站等单位人财物事以市直业务主管部门管理为主,乡镇参与工作安排和干部管理。供销社、粮站、信用社等作企业对待,政策法律上接受乡镇监督和领导。

2002年,区委办、区政府办下发《关于印发〈娄星区乡镇街道办事处机关事业单位机构改革方案和人员分流实施意见〉的通知》,实行乡镇、街道机关事业单位机构改革。乡镇、街道设立党政办公室(加挂民政室牌子和社会治安综合治理办公室牌子)和计划生育办公室2个内设机构。以乡镇、街道为单位,设立公安派出所,实行市区乡镇共管,以市管为主管理体制;以乡镇、街道或经济区域为单位设立地税所、工商所,实行垂直管理;以乡镇、街道为单位设立财政所,实行区乡共管,以区管为主管理体制。以乡镇为单位设立林业站,实行区、乡共管,以区管为主管理体制。以乡镇、街道为单位设立国土所,实行市区乡镇共管,以市管为主管理体制。乡镇撤销广播站、文化站,组建宣传文化站;设立计划生育技术服务所,隶属各乡镇计划生育办管理;由农业技术推广站、农机管理站、水利水电站组建农业综合开发服务中心,保留畜牧水产站、农村经营管理站、村镇建设管理办公室、农保办、企业办;劳动管理站更名为劳动保障服务站;保留茶园镇煤矿安全监察站;街道文化站更名为宣传文化站;设立计划生育服务所,隶属街道办事处计划生育办管理;设立劳动保障服务站;花山、黄泥塘、长青街道办事处设立农业综合服务中心,保留企业办;设立社区建设管理办公室。大科街道设社区建设管理办公室,其余单位参照乡镇设置。

第二章 重要会议

1989—2008年，娄星区（娄底市）政府对经济社会发展重大事项决策和执行决策以及解决决策执行过程中遇到的困难和问题主要通过政府全体会议、政府常务会议、区（市）长办公会议实现。政府全体会议每年至少召开1次，遇到急需决策部署的重大事项临时组织召开，主要是总结工作、部署下一年经济社会发展工作。政府常务会议每年根据阶段性工作、重大事项及重大问题不定期召开，主要部署阶段性工作，解决执行决策过程中存在的问题。区（市）长办公会议根据工作需要不定期召开，主要是解决决策执行过程中出现的困难和问题。至2008年，召开政府全体会议22次，政府常务会议近300次，区（市）长办公会议902次。

第一节 政府全体会议

一、第四届市人民政府全体会议

第四届市人民政府召开政府全体会议3次，对政府阶段性工作进行总结，研究部署下一阶段政府工作，对重大政务作出决策决定。1990年8月14—15日，娄底市第四届人民政府召开第一次全体会议，分析总结上半年工作情况，安排部署下半年工作任务。制定《关于贯彻省政府解决当前经济困难若干措施的实施办法》，重点研究坚持治理整顿、深化改革方针，集中精力抓好经济工作，采取措施扭转市场销售疲软、经济低速增长和效益下降局面，完成全年各项工作任务。1991年3月14日，市第四届人民政府召开第二次全体会议。总结上年政府工作，对1991年政府工作进行部署。会议强调，集中力量把经济建设搞上去，抓好工业，提高企业经济效益，适度扩大生产能力，落实企业法，创造宽松的外部环境；调整农业结构，加快城郊型农业开发步伐；拓开市场，搞活商品流通；控制财政支出，盘活资金；加快城市建设，提高管理水平；发展科技、教育等社会事业，加强民主与法制建设，实行“两个文明”一起抓。1992年4月，市第四届人民政府召开第三次全体会议。总结1991年政府工作，对1992年政府工作进行部署，会议专题研究“吨粮田”开发工作，实现“吨粮市”目标。

二、第五届市人民政府全体会议

第五届市人民政府召开政府全体会议4次，总结上年度政府工作，研究部署本年度经济社会发展工作，决策重大政务事项并作出决定。1994年8月24日，市第五届人民政府召开第一次全体（扩大）会议。回顾总结上半年工作情况，部署下半年工作重点；严格组织纪律，加强政权建设，以完成全年和本届政府各项任务。1995年5月10日，市第五届人民政府召开第二次政府全体会议。分析1—4月经济形势，部署当前工作重点，研究集中治“散”工作，推进全年工作措施落实。1996年3月20日，市第五届人民政府召开第三次政府全体会议。总结1995年政府工作，分析经济形势，部署1996年工作，明确工作重点，确定任务目标。研究落实市委、市政府《关于建设“水果市”的若干规定》，要求乡镇加快水果开发进程。1997年2月25日，市第五届人民政府召开第四次政府全体会议。总结1996年政府工作，分析经济形势，部署1997年工作，明确工作重点，确定任务目标。就贯彻落实市委、市人民政府《关于加快实施“四五·四一”菜篮子工程的决定》作出部署，围绕“吨粮田”“水果市”“四五·四一”菜篮子工程建设，推进农业产业化进程。按照“抓大扶强，放小搞活”原则和“一厂一策、一厂多策”方针，研究部署国有企业改革和发展。

三、第六届市（区）人民政府全体会议

第六届市（区）人民政府召开政府全体会议5次。1998年7月27日，娄底市第六届人民政府召开第一次全体会议。贯彻娄底地委经济工作会议精神，总结分析上半年经济形势，安排部署下半年政府工作，动员市政府各单位认清形势，统一思想，明确任务，坚定信心，振奋精神，真抓实干，确保全年各项计划目标完成。会议专题研究“森林城”建设工作，市政府制定《娄底市森林城建设管理办法》《娄底市森林城建设实施方案》，启动“森林城”建设。1999年2月20日，娄底市第六届人民政府召开第二次全体会议。会议贯彻娄底地委和市委经济工作会议精神，总结1998年经济工作，研究部署1999年政府工作。就撤市设区机构设置、搞好土地延包工作、工业商业改制改革、发展教育事业等事项进行研究。

2000年5月10日，娄星区第六届人民政府召开第三次全体会议。会议总结1999年和2000年前4个月经济工作，研究部署2000年政府工作。就万宝镇国家农业综合开发项目万亩低产田改造、工业体制改革、民营经济发展、城市建设、教育医疗卫生等工作进行研究部署。2001年6月28日，娄星区第六届人民政府召开第四次全体会议。总结上半年经济工作，分析当前经济形势，安排部署下半年政府工作。就加快建设经济强村、发展农业特色产业、发展民营经济、推进企业改革、城市扩容建设、娄底市经济技术开发区交接、娄星经济园区建设、社会稳定等事项进行研究部署。

四、第七届区人民政府全体会议

第七届区人民政府召开政府全体会议5次。2003年1月24日，娄星区第七届人民政府召开第一次全体会议。总结2002年度政府各项工作，部署2003年工作。2004年6月20日，娄星区第七届人民政府召开第二次全体会议。总结2003年度和2004年上半年政府各项工作，分析经济形势，部署2004年农业招商引资发展特色产业、工业商业发展、实施城镇建设“三化四区”战略、财政收入、“科教兴娄”、卫生计划生育、社会事业发展、综治维稳等工作。2005年2月20日，娄星区第七届人民政府召开第三次全体会议，总结2004年政府工作，分析经济形势，部署2005年农业特色产业发展、工业商业发展、城镇建设、教育卫生计划生育、社会事业发展、综治维稳等工作。2006年8月22日，娄星区第七届人民政府召开第四次全体会议。总结上半年政府工作，对下半年政府工作进行部署。会议强调，要加快推进社会主义新农村建设，帮助农民增收；加快推进新型工业化进程，实现提速增效；加快推进第三产业发展，培育新的消费热点；加快推进园区建设，打造经济发展平台；加快推进项目建设，增强经济发展后劲；加快推进招商引资步伐，提高资金和项目到位率；加快推进民营经济发展，壮大民营经济总量；加快推进财税收入增长，确保正常运转。2007年7月20日，娄星区第七届人民政府召开第五次全体会议。总结上半年政府工作，对下半年政府工作进行部署。会议强调，要明确目标，突出重点，搞好下半年各项工作；高度关注“三农”问题，加快新农村建设步伐；加快工业发展，推进新型工业化进程；深化改革，扩大招商引资成果；发展民营经济，壮大经济总量；加快第三产业发展，培育新的经济增长点；统筹兼顾，促进各项社会事业协调发展；加强民主法制建设，维护社会稳定。

五、第八届区人民政府全体会议

2008年8月27日，区人民政府召开第一次全体会议。总结上半年政府工作，对下半年政府工作进行部署。会议强调，要增强加快发展紧迫感和责任感；要突出重点，全力以赴做好下半年政府工作；要抓好农业和农村工作，千方百计增加农民收入；要抓好工业生产，保持工业经济强劲增势；要突出开拓市场，加快第三产业发展；要突出抓项目建设，拉动区域经济快速增长；要突出抓招商引资，增强区域经济发展后劲；要突出增收节支，加强财税工作；要突出以人为本，促进经济社会协调发展。

第二节　政府常务会议

1992年，娄底市政府召开市政府常务会议49次，研究经济技术开发区有关问题，审议兴建台资小区报告，研究卫生局有关工作，审议民政有关工作，部署建立人民教育基金和学生参加保险、工交生产、二水厂筹备等工作。1993年，召开市政府常务会议17次。主要围绕洞新市场建设有关问题、华星鞋业公司有关问题、三冬生产问题、教育方面有关问题、减轻农民负担问题等进行研究部署。审议关家脑曹家坨居民点作商品房出售方案及征收房产契税问题，听取和审议成立市交通运输管理纠察队汇报，审议娄底市城镇房屋产权产籍管理暂行办法等。1994年，召开市政府常务会议29次。研究部署华星鞋业公司与布鞋厂问题、洗煤厂进出厂道路问题、市车管所有关问题，听取地区财税工作会议精神，审议编制“九五”计划和2010年规划编制草案，听取长青桥建设情况，研究煤炭工业公司兼并煤炭公司等问题。1995年，召开市政府常务会议18次。内容涉及打好工农业生产总体战、开展社会治安集中整治、计划生育目标管理奖兑现、物价宏观调控、商交会和第三次工业普查、财税工作等事项。审议双江水库筹建工作有关问题、征收市区人员基础设施增容费暂行办法、筹集希望工程“光彩基金”实施意见等。

1996年，召开市政府常务会议21次。内容涉及招商局招商、彩色水泥厂集资招工、金谷路综合移民开发小区建设、工业企业体制改革、江龙滩开发区移交及遗留问题、火车站新客站及广场建设资金筹措等事项。审议市人民政府驻北京办事处筹建方案，研究安居工程、经济适用房和生活小区建设工作，审议新星北路、丹阳路及迎春路建设方案，审议《洞新市场实行封闭式综合管理的决定》《关于调整娄底市科技进步奖励标准的方案》《娄底市专项发展基金管理法》和成立娄底市职工“扶贫互济会”有关事宜等，研究茶亭子收费站免征部门机动车辆通行费问题等事项。1997年，召开市政府常务会议18次。内容涉及政府法制工作、农村户口城市化管理、创建国家级科技先进市、民营经济开发区建设、城市新建道路、安全生产工作、安居工程、“森林城”建设、民营经济区发展建设、火车站广场社会停车场建设、市煤气供应价格、城区电网改造资金、小城镇自理户口等有关事项。审议通过《进一步加快小城镇建设的决定》《娄底市物业管理暂行办法》《娄底市行政执法责任制度实施办法》。1998年，召开市政府常务会议10次。研究部署新星北路有关问题、出售直管公房有关问题、国土工作有关问题、落实关于优化经济环境议案和提案等事项。审议《关于乡村集体企业深化改革意见》《市城市规划区私人住宅建设规划》《娄底市出租车管理》《解决机关干部住房紧张、拟在机关集资建房的请示》《娄底市森林城建设实施方案》《关于城镇退伍人员安置工作的有关规定》《关于优化经济发展环境的决定》等。

1999年，召开娄星区（娄底市）政府常务会议10次。审议《娄底火车开发建设管理方案》《娄底市公物拍卖管理暂行办法》《关于实行集中婚姻登记暂行规定》，讨论修改政府工作报告，研究审计、城市管理、爱国卫生、退伍军人安置、国土管理、乡镇电信建设等工作事项。2000年，召开娄星区政府常务会议19次。研究劳动力市场管理、信访工作、审计工作、碧溪村建设、依法行政、文化事业、城镇职工基本医疗保险、城郊型农业与乡镇企业、深圳办事处设立、人民医院建设、市场建设、发展个体私营经济等事项。

2001年，召开娄星区政府常务会议11次。讨论修改政府工作报告，研究小型水利设施产权制度改革、农业结构调整、安全生产、工资调整、政务公开、经济强村、有关煤矿复产、统计法执行检查等事项。研究解决森林、企业破产、煤炭、财政、房改、旅游、水果办撤并、经济运行、发展计划及重点工程项目建设、财政预算、工企改革、信访工作等问题。2002年，召开区政府常务会议4次。围绕一季度工作安排、成立政务服务中心、第二代居民身份证换发与社区警务建设、娄底大市场补贴、审计工作、做好省“九运会”参赛、法制工作、社区就业、物价工作等有关问题进行研究部署。2003年，召开区政府常务会议10次。研究部署财政预算执行情况和财政预算草案及预算资金管理、优化经济发展环境、招商引资暨项目建设、县乡公路改造、建材矿产品公司改制、经济园区规划、计划生育、教育、审计、统计、防治“非典”等工作。2004年，召开区政府常务会议11次。内容涉及驻深圳联络组实行承包经营管理、消防安全、优化经济发展环境、企业改制、区农村信用社改革改制、残疾人就业、第一次经济普查、审计、计划生育、招商引资、劳动和社会保障等事项。

2005年，召开区政府常务会议8次。围绕经济和社会发展第十一个五年规划编制工作、为民办8件实事、专项资金预算安排、区志续修、生育保险、规范烟花爆竹经营管理、审计、计划生育、综治维稳、科技、林业等工作进行研究部署。2006年，召开区政府常务会议8次。内容涉及区检察院资产处置、区博物馆搬迁、企业改制优惠体系建设、农民工培训、社区环境卫生、退伍兵安置改革、审计、法制、安全生产、民族宗教、科技等事项。

2007年，召开区政府常务会议12次。围绕工资统发、体育工作、教育工作、劳动和社会保障、文化馆建设、政府法制、统计、司法行政、农业现代流通服务网络建设、审计、知识产权保护、煤矿整顿关闭、招商引资、应急管理、科普等事项进行研究部署。2008年，召开区政府常务会议11次。围绕抗冰救灾、第一次全区农业污染源普查、启动新型农村合作医疗、投融资建设项目审计监督、第二次全区经济普查、社会保险补贴、规范性文件清理、区志编纂、教师适当补贴发放有关问题、清理行政事业性收费问题等事项进行研究部署。

第三节　区（市）长办公会议

1989年，娄底市政府召开市长办公会议24次。围绕娄底火车站施工现场工作、418队市公安局征地搬迁工作、沿河街水管安装、涟钢厂内有关搬迁装卸业务座谈会、建设万门数字程控电话工作、设立交通检查站和撤销娄星路北段交通隔离栏杆工作、市进修学校建设、市二中进出口道路改道、华达机械厂建设速度、城南市场改造扩建、孙水河同仁拦河坝等有关事项进行研究解决。1990年，召开市长办公会议25次。研究解决涟邵水泥厂西阳乡工农关系、仙人桥村蔬菜基地建设、娄湘公路西阳段征地搬迁、清理整顿涟钢白云石矿区小采石场、涟钢30万吨电炉建设工程、杉山镇规划、娄底师范专科学校煤气供应、将军庙建设、湘大煤机娄底分厂移线搬迁等事项。1991年，召开市长办公会议26次。研究解决整顿娄底火车站治安秩序、处理洞新村搬迁户历史遗留问题、涟钢为公路总投公司新建卸油站建设、华达机械厂还路公午竣工验收移交、处理地区汽车检测中心基建施工矛盾、计划生育服务中心建设、罗家村移民搬迁、第二医院与电工厂建设等有关事项。1992年，召开市长办公会议34次。研究解决市公安局交警大队基建用地、茶园乡基督教会有关问题、华达机械总产整体迁建工作征地、娄底市蔬菜公司移交、景坪商业街和南货西街办理产权证有关收费、恢复金属塑料制品厂生产、市蔬菜办转变职能兴办经济实体、珠山公园建设、洞新市场和万富街建设、市国营商业系统集资投劳兴建商业网点等事项。1993年，召开市长办公会议51次。研究解决市建材公司与乐坪街道洞新居委会合征土地转产、市五交公司全民兼并集体、高溪“亿元村”建设和经济开发小区建设、新建茶园35千伏变电站、社会客运车辆进站归点、整顿娄底火车站治安秩序、关家垴十字路口拓宽工程建设、资产抵押货款、制止乱收费和减轻农民负担、处理检察院与消防大队权属争议纠纷、新世纪商业大厦有关政策协调等事项。1994年，召开市长办公会议40次。研究解决将军庙市场三四层划拨给市文物管理所有关房屋移交、关家垴广场等工程建设、台商投资、建新煤矿拍卖、市职业中学建设评估、骡子坳降坡工程、市公共交通运输亏损、涟邵矿务局瓷厂建设、消防工作等事项。1995年，召开市长办公会议58次。研究解决娄涟高等级公路建设、涟钢在大科和百亩取水还水、育才路民营经济发展因临街地段临时建筑物影响、花山街道经济建设、华达厂建设征地移民搬迁、娄底大桥至涟钢岔路公路修建、高溪工业小区建设、涟滨乡对江村搬迁、华星鞋业有限公司建设启动、市公安局财务管理、涟滨乡园艺场土地使用、双江水库工程建设、石井乡三圭工业小区遗留问题、环卫处征用土地、观化市场建设等有关事项。1996年，召开市长办公会议112次。研究解决涟水污水治理、娄湘公路建设对西阳乡影响、高溪工业小区地方税返还、集贸市场和个体工商户税收、城南市场垃圾清运、地名办移交、防治牲畜“五号病”、市商业总公司将机关院内老11栋西头半单元改建公司综合楼、消防安全、涟钢沿河路国土使用权出让、市洗煤厂破产后职工安置帮扶、菊苑小区道路建设及征地费用、企业破产工作、市水产品批发市场建设、市公交总公司油料供应、百花路建设中移民安置、企业职工社会保险所基建工地阻工、娄底火车东站建设、地区粮食局直属仓库短途运输业务、城市电话附加费使用管理等事项。1997年，召开市长办公会议71次。研究解决黄泥塘街道办事处综合楼建设、市民营经济发展区建设、火车站综合管理、观化农贸市场工商费、税收征缴、整顿市华星鞋业公司、钢城东街建设、大汉物资有限公司钢材市场装卸、农资管理、春园北路建设、打击毒品犯罪专项斗争、花山和涟滨税收争议、涟钢市场开发建设、大科中心小学危房改造、城建资金、娄涟公路“三杆”移位、晚稻收购、金福来公司等事项。1998年，召开市长办公会议69次。研究解决涟钢白云石矿、中巴车集体停运、牲畜定点屠宰、无名流浪人员死亡尸体处置、陈粮处理、老火车站开发小区用电、清潭开发区有关用电矛盾协调、出租车规费收取、黄泥塘辖区公共卫生监督执法、市直机关水果基地管理工作、市文化馆土地转让、市工贸职业中专发展规划、房地产交易征收价格调节基金、企业统计工作、民乐安居小区建设、九龙小商品批发市场建设、直管公房出售、引进外资兴建湘中日杂批发市场、新星北路工程征地等有关事项。

1999年，娄星区（娄底市）政府召开区（市）长办公会议41次。研究解决塑料厂改制、市骨伤医院法医鉴定和伤残评议、个体运输车辆税收征收、涟钢仙人阁安居小区建设、百花路移交、石马公园建设、涟钢大市场用电、长城机械厂用水、九龙小商品批发市场、娄底老街城建、计划生育宣传教育基础设施建设、民营经济发展区“三证”发放、市总工会老街职工俱乐部补偿等有关事项。2000年，娄星区政府召开区长办公会议57次。研究解决潭邵公路连接线征地拆迁、石小线狮子山地段公路整修、优质稻开发、公路客运线路招标、娄涟高等级公路谭家互通征地拆迁、涟钢大市场管理范围、双江水库工程建设、娄涟高等级公路杉山地段有关建设、栯子湾渠道补偿及还水问题、区园艺场改制、社会保险扩面清欠、洞新派出所建设、区计委与省计委建公司地界划分、希望大厦建筑群消防安全等有关事项。2001年，召开区长办公会议43次。研究解决乡镇通信建设发展、城镇职工医疗保险制度改革、“5·4”事故善后处理、娄星至双峰220千伏送电线路工程建设、毛巾厂生产生活用电整改、洛湛铁路建设征地拆迁、娄星区人民医院医保、原涟邵水泥厂和涟邵焦化厂社会职能移交、区建材矿产品公司改制、乡镇街道卫生院转制、清泉名店广场开业等有关事项。2002年，召开区长办公会议60次。研究解决烟花爆竹清理整治、毛巾厂生产生活用水整改、印刷厂破产清算过程中资产处置、乡镇供电所人员养老保险、协调处理涟滨乡仙人村生活饮用水污染、原乡镇水电站财务专项审计调查、娄星汽运有限公司整顿和规范、二中集资办学、规范中小学校学生平安保险等事项。审查《娄星区土地开发整理规划（2000—2010）》，协调处理区迎宾馆职工养老保险等有关问题。2003年，召开区长办公会议57次。研究解决杉山有机化工厂恢复生产、粮食系统企业改制、恩西线施工受阻、娄星区农机服务中心站改制、美饰家建材有限公司搬运装卸、高考、娄星区住房管理工作改革与发展、区教育局印刷厂改制、九龙商业广场项目建设、农村贫困户生活救助及农业农村工作、设立娄星区人民法院计划生育行政审判合议庭、退耕还林工程钱粮兑现、特种行业及文化娱乐场所治安管理、原涟滨乡资产处置等有关事项。2004年，召开区长办公会议34次。研究解决区运管所部分职工劳动仲裁、涟双线狮子山段公路安全“黑点”、教育发展、石井三圭段旅客运输纠纷、安石集团货物装卸、安装九龙市场附栋消防铁楼梯建设、娄底糖酒副食批发城建设用地、娄星区村镇建设办管理、区司法工作有关问题、卫生行业改革与发展、劳动和社会保障有关问题、区食品总公司与大科信用社借款债务、小碧桥侧线小碧街路改造建设工作等有关事项。2005年，召开区长办公会议45次。研究解决重新启动火车站批发市场、九龙市场消防安全整改、复员军人医疗减免有关遗留问题、大科中学升格娄底八中有关问题、双江水库移民安置工作有关问题、粮食局企业改制遗留问题和发展、职业病防治、农办沼气池建设、杉山和双江司法所基础设施建设、娄底大市场消防安全、煤矿专项整治、娄底果品批发大市场有关问题、九龙环球广场开业前有关问题、基层供销社花果仓库资产处置、娄底四中发展等有关事项。

2006年，召开区长办公会议25次。研究解决城南粮站资产、协调处理田坪村涟钢工业渣料堆放场、区机关幼儿园移交区教育局管理、三中创办省级示范性高级中学、劳动保障、消防、农业农村、统计、教育、档案等事项。2007年，召开区长办公会议13次。研究解决区政府办公楼装修工程款清欠、双江水库建设、企业改制职工养老保险、协调九龙集团公司履约、采矿行业水土保持规费征收、涟钢“十一五”建设项目环评项目等有关事项。2008年，召开区长办公会议17次。研究解决交通、南阳学校资产处置收益分配、审计、民政、卫生监督所建设、畜牧水产、消防安全、医疗保险、财政、孙水河综合整治、劳动保障工作等事项。

第三章　施政纪略

1989—2008年，区（市）政府建立研究决策和部署工作会议制度。主要通过政府全体会议、政府常务会议、区（市）长办公会议、区政府大会和乡镇长、街道办事处主任会议等形式进行。建立调查研究和现场办公制度，对每项重大政务组织力量调查研究，制订计划，试点铺开，对急需解决的问题采取现场办公方式就地处理。制发文件、通告，推进中心工作，加强情况反映和信息交流，推进政务工作。

娄星区（娄底市）政府贯彻落实上级党委政府关于经济社会发展战略方针政策，从娄星区（娄底市）实际出发，立足于改革开放，确定各个阶段经济社会发展任务目标，制定施政方针和发展方略，准确施政，依法行政，以经济建设为中心，发展第一、二、三产业，形成各具特色的支柱产业，振兴娄星区经济；以打造“魅力湘中”样板区为目标，实施城镇建设、生态环境建设、基础设施建设；以建设“科教强区”为目的，注重科技、教育、卫生计划生育事业发展进步；以民生保障为要务，发展社会福利事业，落实社会保障，提高全民幸福指数，全区经济社会发展取得进步。

第一节　施政方式

一、决策部署

1989—2008年，娄星区（娄底市）区长、副区长（市长、副市长）由区（市）人民代表大会选举或罢免，政府工作部门负责人由人大常务委员会任免，区政府向区人大负责并报告工作。区政府实行集体领导与个人分工负责相结合制度。区（市）长负责全面工作，副区（市）长各分管一个方面工作。日常政务由常务副区（市）长处理，涉及其他副区（市）长分管工作商量处理，需要区（市）长或集体决定政务，召开区（市）长办公会或政府常务会讨论决定。重大政务须提交区（市）委召开常委会议或区（市）委、人大、政府、政协联席会议讨论决策，经区（市）人民代表大会或人大常委会讨论通过，由区（市）人民政府组织实施。建立研究决策和部署工作会议制度，主要通过政府全体会议、政府常务会议、区（市）长办公会议、区（市）长专题会议、政府大会（各类专项工作会议、表彰会议和经验交流会议等）和乡镇长、街道办事处主任会议6种形式进行。

二、调查研究与现场办公

（一）调查研究

1989—2008年，娄星区（娄底市）政府建立调查研究制度。正副区（市）长与政府各部门主要负责人坚持下基层调查，掌握第一手材料，为政务决策提供依据。坚持领导挂点，以点带面推动工作。区政府开展每项重大政务前，先组织力量调查情况，分析研究，制订计划，进行试点取得经验后，再全面铺开。

（二）现场办公

1989—2008年，娄星区（娄底市）政府采取区（市）长现场办公方式就地处理问题，形成现场办公制度。现场办公会通过区（市）长或分管副区（市）长与有关部门、单位负责人和群众代表现场察看，直接对话，民主协商，解决疑难问题。其间，召开区（市）长办公会议902次。

三、制发文件和信息交流

1989—2008年，娄星区（娄底市）政府为推进中心工作或贯彻某项政策法规，以区（市）政府名义或授权区（市）政府办公室制发文件，或颁发通告。其种类有决定、规定、意见、指示、通知、布告、通告等。一般以公文信函形式，通过邮递送达受文单位，或以电话、传真、邮件等形式告知受文单位。涉及全区性、需要社会公众周知的通告、通知等则张贴公布。在制发通知方面，根据各个时期工作需要，将重大事项以通知形式下发至各乡镇政府、街道办事处和机关单位。

1989—2008年，加强情况反映和信息交流。区（市）政府定期召开各委、办、局负责人碰头会，听取工作情况汇报，掌握工作进度，听取意见和建议。政府办公室指定专人汇集区内外各种信息，定期编印信息简报。区（市）政府办编发上报信息3600余条，《娄底快讯》刊登信息820条，举办经济研讨、分析会40余次。

其他施政方式每周一为区（市）长、副区（市）长信访来访日；区（市）长、副区（市）长应邀参加区（市）人大常委会和区（市）政协常委会，报告或通报情况，征求意见；办理和答复人大代表议案和政协委员提案等。

第二节　施政纪要

一、经济发展

（一）农业农村

1989年，娄底市委、市政府作出《三年消灭荒山，八年绿化娄底的决定》，制定《娄底市1989—2000年林业发展总体规划》，实施造林绿化，发展林业生产。1990年8月，市政府作出调整农业产业结构决定，坚持以市场为导向，以基地为依托，以科技为手段，以“菜篮子”工程为重点，实施优质、高产、高效“一优两高”战略，推行农业产业化。制定《关于完善农村双层经营体制发展集体经济的意见》，调整责任田，完善农村双层经营。1992年4月，市委、市政府作出《关于开发“吨粮田”，实现“吨粮市”的决定》，确定1992年实现双季稻田亩产过1吨，到1995年实现全部稻田亩产过1吨，到2000年实现全部粮食耕地亩产过1吨。1994年，市委、市政府作出《关于建设水果市的若干规定》，决定用5年时间抓好10万亩水果市建设。市级领导下到各自联系点，督促指导乡镇加快水果开发进程。1997年2月13日，市委、市人民政府作出《关于加快实施“四五·四一”菜篮子工程的决定》，即发展生猪50万头、家禽500万羽、山羊5万只，开发蔬菜大棚5000个，年产水产品总量10万担，发展种养加工大户1000户、专业菜地1万亩，年出栏肉牛1万头。是年起，围绕“吨粮田”、“水果市”、“四五·四一”菜篮子工程建设，推进农业产业化进程。至1998年，农业产业完成总投资5080万元，建成水果基地6420公顷，开发万亩水果示范片1个，66.67公顷（1000亩）以上乡镇示范片13个，6.67公顷（100亩）以上村级示范点43个。1999年1月，娄底市委、市政府下发《关于认真搞好土地延包工作的通知》，农村土地承包期延长30年，村组农户签订土地延包协议书。是年，“四五·四一”菜篮子工程形成“一村一品”村17个和以西阳、杉山、茶园、万宝为主的生猪养殖带，以石井、杉山、西阳为主的特种水产养殖带，以双江、小碧为中心的山羊养殖带，以石井、百亩、大科、涟滨为主的家禽养殖带等4个专业化生产带。

2000年，娄星区万宝镇万亩低产田列入国家农业综合开发项目，实施中低产田改造。调整水产品养殖结构，引进新特品种，养殖面积733.33公顷，在西阳乡中阳村建立鲈鱼孵化基地。实施“种苗工程”，引进新优品种40个，推广优质稻品种8个，在茶园乡石塘村、石鼓村、新辉村，万宝镇万宝村、江溪村，西阳镇宋家村建立高标准优质稻示范基地。2001年6月15日，区委、区政府制定《关于加快建设经济强村的若干意见》，培育经济强村。2002年，区政府成立农村产业结构调整领导小组，实施大户带动战略，开展“一村一户”活动，扩大“一村一户”规模，建立“公司+农户”“市场+农户”“协会+农户”模式，发展各类龙头企业和农业大户，产业结构向名、特、优、新及科技含量高和无公害农产品认证方向发展。推行农村税费改革，减轻农民负担。是年，改造中低产田666.67公顷，娄星区成为国家级农业综合开发项目县（市、区）。2004年，区政府成立农业招商引资领导小组，开展农业招商引资，重绿天源食品厂、“湖南黑猪”生产项目、水果恒温冷库、农产品大市场、药材生产基地等落户。2005年，省级农机购置补贴项目落地，完成补贴资金35.30万元，补贴机具76台，拉动社会投入购机资金1790万元，结束水稻无收割机历史。

2006年3月，娄星区开展社会主义新农村示范村建设，确定新农村示范村9个。10月14日，区政府制定《关于加快湖南黑猪产业发展的意见》，发展黑猪产业，建成黄泥塘街道恩口村、小碧乡高坪村、杉山镇坝塘村3个生猪养殖小区。扶持和发展种养加工大户152户，重点专业合作组织5个。2007年2月8日，区委、区政府制定《关于加快推进社会主义新农村建设的实施意见》。7月10日，成立区农业产业化协会，催生省、市、区级龙头企业和各类专业合作经济组织，培植重点龙头企业5个、专业合作经济组织6个。建成茶园、万宝、大科、双江等地集生态、休闲、度假、餐饮、娱乐为一体的“生态农庄”“农家乐”“休闲农（渔）庄”等农业休闲观光项目。

2008年，实施农村沼气池建设、标准化规模养殖、湖南黑猪产业化建设、新型农机推广等农业生产项目和农村基础设施项目建设。全区有种、养、加各类农业大户600余家，专业合作经济组织14个；农业产业化龙头企业24家，其中，省级5家，市级19家；拥有具有观光、休闲、娱乐、垂钓等多功能的规模生态农（渔）庄120余家。农村劳务输出劳动力60%向第二、三产业转移。水稻种植面积8453.33公顷，优质稻品率达90.1%。年出栏生猪3000头以上标准化规模养殖小区7个，年出栏生猪200头以上养殖大户466户，发展生猪33.20万头、牛2.46万头、羊3.56万只、家禽541万羽；年产水产品总量达4400吨。

（二）工业经济

1989—2008年，娄星区（娄底市）坚持“工业立市”“工业强区”发展战略，推进工业经济发展。

1990年，娄底市注重品牌战略，建设优质产品。市塑料厂蝴蝶牌墙纸获省优质产品奖，跨入省级预备企业行列；湘峰机械厂二〇一车间焊管QC小组、娄底市毛巾厂织造分厂QC小组获省优秀质量管理小组奖；湘中机械厂660毫米QE80-1501自行车脚蹬、SH10-07710毫米自行车脚蹬获有效期内省优质产品奖；市白水泥厂生产425#白水泥获有效期内优质产品地方名牌奖。10月，市布鞋厂与新加坡冯克隆先生合资引进2条旅游鞋、运动鞋生产线，每条生产线年单班生产能力为125万双。1991年3月7日，成立湖南省资源研究所娄底实验工厂，直属省资源研究所管辖。10月15日，娄底彩色水泥厂设立湖南省娄底彩色水泥厂驻广州经销处。1992年2月，创办娄底市有色金属冶炼厂，业务归市经委管理。8月6日，成立湖南吉田医药包装有限公司，是市塑料厂与香港张氏投资有限公司合资经营公司，主要生产经营高质量药用塑料包装及美容、美发、塑料容器包装系列产品。12月24日，成立市煤炭工业贸易总公司，隶属煤炭工业公司管理。全年市直属工业企业完成技术改造投资1493万元。1993年10月，娄底彩色水泥厂15万吨特种水泥技改工程列入国家“八五”规划，成为湖南省当年唯一一家进入国家“笼子”项目。生产高强早强硫铝酸水泥、道路水泥、高标号水泥、油井水泥、大坝水泥等多种水泥，是全能型适应市场变化水泥企业。年产值7500万元，创利税1940万元，为市属工业企业利税大户。11月，湖南吉田医药包装有限公司药用塑料瓶生产线竣工投产，生产线引进美国先进设备，年产能力为4700万套高质量药用塑料瓶，应用于制药企业，填补省内空白。1994年2月20日，成立娄底市工交废弃物资回收利用公司。7月4日，组建娄底电子材料企业集团公司。9月26日，组建娄底市矿产品开发公司，主营石料生产、加工、销售，兼营其他矿产品。1995年1月1日，市委、市政府召开联席会议，决定市特种水泥厂改为经委管理。10月18日，市经济委员会接管市第四机械化施工公司为直属企业。12月2日，成立娄底市煤焦公司，属市煤炭局主管单位。1996年，市委、市政府秉着“抓大扶强，放小搞活”原则和“一厂一策、一厂多策”方针，推进国有企业改革和发展。乡镇街道企业采取“市外引、社会筹、部门凑、财政补、银行贷”筹资方式，全年投资1.94亿元，新扩改项目187个。其中，新建项目68个，扩建项目26个，竣工投产136个。乡镇企业成为经济发展重点，总产值达32.60亿元。建成高溪、万宝、杉山、石井4个工业小区。其中，高溪工业小区企业产值过亿元，成为全省12个省级工业开发小区之一。至1997年，市直26家骨干工业企业有18家完成改制。1998年，娄底彩色水泥厂年产15万吨硫酸水泥生产线技改工程竣工投产。全市粮食企业按照国务院“定价收购，顺价销售”粮食体制改革方针，实施改革。

1999年，娄星区调整工业结构，投入技改资金34.10亿元。2000—2001年，区委、区政府提出“市场带动、民营推动”发展思路，个体私营经济发展作为重构区级经济新框架重点，明确6家重点市场，对区内市场逐步实行“划行归市”，个体私营经济上缴税金4224万元，增长11%，成为区级财源主体。2002年1月8日，娄底市经济技术开发区挂牌成立。2003年4月，市委、市政府就娄星区与市经济技术开发区区划交接召开会议，部署交接工作。区划调整将娄星区西阳乡、涟滨乡、杉山镇7个村、花山街道和黄泥塘街道各1个居委会划归市经济技术开发区管辖。5月，娄星区筹建位于城区西南娄星经济园区。是年，完成涟钢冷轧薄板及配套工程征地拆迁安置工作。2004年，区属企业有35家进入改制程序。乡镇工业实现乡镇总产值12.33亿元，同比增长12%。引进项目80个，其中，投资总额超1000万元项目13个，500万元以上项目32个。新增个体工商户1790户，钢铁业、商贸流通业成为支柱产业。现代物流等新兴产业初步形成。形成安石、清泉、九龙等一批规模大、产品突出、技术创新能力强的企业集团，成为全区民营企业“领头雁”。

2006年11月，开工建设娄星经济园区，是娄星区贯彻落实娄底市城区“南移北扩”战略，推进新型工业化和城镇化，发展民营经济和对外招商重要平台。园区规划面积8.63平方千米，产业规划以机械加工制造、特种陶瓷、新材料、仓储物流等产业为主导产业。以扶持孵化中小企业为重心，提供中小企业孵化服务平台，通过中小企业产业化、集群化，推动区域经济发展。2007年，经过3年努力，通过整体转让、拍卖、出售和摘帽换牌等方式，84家区属企业全部实现“两个置换”，企业产权得以明晰，职工得到妥善安置，银行债务及历史遗留问题得到妥善解决。置换职工身份1.39万人，其中，工业系统完成企业改制15家，安置职工4742人；商务系统完成企业改制18家，安置职工2490人；供销系统完成企业改制8家，安置职工1730人；粮食系统完成企业改制14家，安置职工840人；交通系统完成企业改制6家，安置职工1400人；农口系统完成企业改制17家，安置职工1620人；劳动就业局、发改局、招商旅游局以及教育局、工商联等单位下属企业改制任务全部完成。全区处置变现企业资产5.20亿元，盘活存量资产4.67亿元，清偿各类债务7.89亿元。其中清偿银信部门债务5.28亿元。移交社保部门管理离退休人员3374人，9340名职工实现再就业，再就业率67.2%。企业改制促进非公有制经济发展，金鼎集团、利恒公司、庆阳牧业、清泉集团、九龙集团、百雄集团等一批骨干非公有制企业的创办，成为娄星区新的经济增长点。是年，实施双江钒矿、红太阳电源新材料公司等重点项目建设。至2008年，娄星经济园区开工建设工程项目13个，完成挖运土石方152万立方米，填方180万立方米，完成工程投资8546万元。其中，湘中大道路基工程、大石山路一标路基工程、斗牛路盖板涵一标、大井路盖板涵一标竣工；完成工业用地、三元安置基地、枫林住宅小区土地平整。投资2200万元，实施高压线路改造工程和湘中大道路面硬化工程，同步实施水、电、气、下水道、宽带网络等基础设施建设。湘中大道西延线和大石山路形成园区“十字”构架，主干道完成硬化、亮化和绿化。完成土地报批190.73公顷，征用土地169公顷，出让土地28.53公顷，完成投资4.10亿元。文昌机械、湘丰机电、湘中钢结构、三都煤机、大雄冷湾型钢、红太阳新材料等9家工业企业相继入园，入园贸易企业10家，总投资4.35亿元，储备项目30余个。经济园区推进基础设施建设，完善管理机制，优化发展环境，成为全区招商引资和项目建设优势平台。

（三）商贸经济

1990年，娄底市建成将军庙市场和景屏路商业街。11月，市政府举办首届商品交易会，27个省（市、区）3500余名商家代表与会，签订购进合同额2715万元，销售合同额3.42亿元，零售额3270万元，商品成交额达4.02亿元。1994年，娄底商业大厦、百花商业大厦、百货大楼、食为天商厦、娄星市场、桥东菜食市场陆续建成开业，动工兴建关家脑集贸市场、金都商业大厦。1995年，以“市庆搭台、经济唱戏、扩大开放、提高声誉”方式，举办“湘中商品交易会暨复市15周年庆典”活动。来自5个国家和地区商家代表1355人参会，接待各类客商60余万人次，组织价值2亿元各类商品2万余种，现货成交1.40亿元，期货成交1.50亿元，成交总额2.90亿元，签订引进外资意向协议项目6个。1996年6月1日起，娄底大市场实行统一组织办理证照、统一规划开发、统一收取税费、统一行业管理、统一综合管理“五统一”封闭式综合管理。1997年，发挥湘中交通、通信中心区位优势，把发展大流通、建立大型商品批发市场作为全市发展第三产业突破口，新建商品市场69万平方米，新增商品市场网点4410余个。其中，湘中商业大厦、新世纪大厦两大商场和娄星、洞新、城南、火车站、关家垴、将军庙等11个大集贸市场相继建成，投资10亿余元，初步形成“十”字形网络格局。1998年，娄底大市场初步形成铝塑、家电、家具 、副食批发城，涟钢大市场提前竣工开业。1999年1月，湘中供销大厦竣工并投入使用。

2004年5月，娄星区九亿步行街开街。2007年，娄底大市场温州精品城开业。由农业部批准建设的湘中果品蔬菜批发大市场落户娄底老街二大桥。2008年，推行“政府引导，市场运作，部门联动，社会参与”旅游发展模式，旅游产业起步。

二、城镇建设

1990—1992年，娄底市城市建设投资2295万元，建成乐坪东街、长青中街、氐星路、南贸西街和娄星南路部分地段道路；打通新星南路，拉通月塘路，完成涟滨西街道路改造；修建江龙滩大桥和大埠桥；青山公园建成并对外开放。1993年，建成长青中街三中至地区卫校道路，长青西街洞新花坛至汽车站、娄星南路地区粮食局至418队道路实现连接。完成第一自来水厂改造工程，开工建设第二自来水厂。1997年6月，市第二自来水厂试送水成功，供水人口达20.30万人，供水普及率98%。建成二气源厂、湘阳街、娄星路、新星北路、珠山公园、青山公园等城镇设施。1998年，万宝、杉山、石井、小碧、双江、百亩小城镇建设初具规模。1999年2月，城区路灯改造一期工程验收合格。5月，市公共交通总公司投入200余万元，开通无人售票车。

2000年，娄星区石马山公园建成开园，城区燃气混气工程建成投产。2001年6月，开工兴建新星南路。8月18日，长青东街、扶青北路、育才路、乐坪西街等8条道路配套建设工程全部开工建设。12月1日，城区从事载客营运近10年的机动三轮车退出城区营运，270台出租车投入营运。2002年9月，投资2200万元，动工兴建娄星广场和南贸东街。至10月，工程总造价达亿元的娄底中心城区乐坪西街、白塘路、扶青北路、湘阳街、新星中路、长青中街、娄星北路、育才路8条道路扩宽、美化等配套工程竣工，总长11.30千米。其中5条街道路宽均为60米。新星路全线贯通，完成湘中大道路基建设，城区城市品位提升。2003年，完成投资5.38亿元。新建、续建或改造、配套建设乐坪东街、长青中街、娄星南路、育才路、桃圃街、扶青南路、新星中路、长青西街、仙桥西街、吉星路、旁冲路、九艺商街等20条中心城区道路，总长30余千米。配合城市道路建设、广场建设，改造和安装各类路灯1752基5.40万盏，实现一路一品、一街一景。安装供水配套管网3.10万米、燃气管网1.80万米。建成火车站、文化、娄星、吉星等4个城市广场，中心城区面积由20平方千米扩大到41平方千米。实施“三化四区”战略，加速发展城镇化，1个乡改为镇、3个乡改为街道。10月18日，娄星广场竣工，总投资2700万元，总面积11万平方米。2004年，九龙环球商业广场主体工程竣工，启动世纪花城一期工程建设。2006年3月，娄底大市场温州精品一条街第一期工程温州商务礼品城建设奠基。2007年，春园商业步行街、九龙环球商业广场、世纪花城一期工程、温州精品一条街等项目陆续竣工并投入使用。完成12条6.20千米小街小巷道路配套改造任务。2008年，改造小街小巷 2800米，新增社区功能用房2480平方米。

三、生态建设

（一）环境质量建设

1991年，娄底市废水年均排放总量252.98万吨，废气排放总量647.96万标准立方米，工业固体废弃物产生量年均310万吨。地区工业废水、废气、固体废弃物排放量在全省均居前3位。至1995年，全市投入资金3579.12万元，建成工业废水治理项目151个，增加废水处理能力504万吨/年。1996—2000年，娄星区（娄底市）投资1.18亿元，实施技术升级改造工业废水污染治理项目20个，增加废水处理能力72万吨/年。2001—2005年，娄星区建成工业废水治理项目63个，增加废水处理能力100万吨/年。2006—2008年，娄星区新建工业废水处理设备201套，废水处理能力增加到564.7万吨/年。

（二）“森林城”建设

1994年，经国家绿委检查验收，娄底市被评为全国首批造林绿化“百佳县市”。1997年8月，娄底市被确定为全国首家县市级“森林城”建设试点市。1998年，市政府制定《娄底市森林城建设管理办法》和《娄底市森林城建设实施方案》，启动“森林城”建设。2002年11月，娄星区城区氐星路与育才路交会处罗家山推平，重新规范交通与绿化建设。2008年，实施退耕还林、生态公益林保护、水府庙湿地保护等项目。

四、基础设施建设

（一）交通建设

1990—2008年，娄星区（娄底市）将交通建设列入各个时期经济社会发展规划，实施公路、铁路建设，打通影响发展的交通瓶颈。

1990年，娄底市新建和改建市乡公路11千米。1993年，实施娄底至湘乡公路（简称娄湘公路）、火车站及铁路等重点工程建设。1995年，娄底至湘乡公路娄底段13.70千米砂石路面建成通车。1996年，湘黔铁路复线扩建工程重要项目之一娄底火车新客建成投运，完成工程投资9950万元，其中地方投资7000余万元，火车站广场面积6.40万平方米。投资3000万元，实施10大基础设施工程，乡村道路建设完成投资360万元，改扩建乡村公路31.50千米。其中，三圭至桃园公路、杉山至西阳公路实施砂改油工程，小碧至双江公路实施改建工程，新建高溪至百亩、杉山至小碧、万宝至新禾公路，续建小江至赛辉公路等项目建设全部竣工通车。1996—1998年，开展“公路交通建设年”活动，3年新修娄涟高等级公路36.80千米，新修沥青混凝土路面公路13千米，完成沥青混凝土路面改造8.20千米，完成沥青混凝土路面大修27.50千米。东大门娄湘高等级公路竣工通车，里程13.70千米；北大门省道1810线完成路面改造；南大门省道1847线全部完成大中修；西大门娄涟高等级公路路基工程竣工通车。建成上海至瑞丽高速公路娄星段，开工建设国家重点工程洛湛铁路娄星段。完成进出口公路和重点路段改造，实现乡乡通油路，村村通公路，基本形成公路主骨路网。其中1997年安湘公路建成通车，工程总投资8350万元。火车新客站、娄湘公路、娄涟（娄底至涟源）高等级公路等一批基础设施相继建成。

1999年，娄星区抓住国家增加投入、扩大内需机遇，加快基础设施建设。1810线7.20千米实施水泥混凝土路面建设，对省道1847线油路进行大修，小碧至双江公路路基工程竣工，拉通娄涟高等级公路娄星路段和新星北路，娄星北路主干道完成沥青混凝土路面改造，扶青北路、春园北路完成主体工程。2000年1月，启动潭邵高速公路娄星区连接线征地拆迁安置工作。3月，娄湘公路配套工程完成，娄涟高等级公路砂石路面工程全线竣工。4月，潭邵高速公路开工建设。12月，洛湛铁路娄底段在西阳镇开工建设。新星北路、娄星北路、育才路、月塘街、仙桥东街完成主体工程，娄底二大桥完成大部分工程量。2002年9月，总投资4.86亿元，娄底市第一条高等级公路娄涟公路建成通车，域内里程60千米。12月，潭邵高速公路、株六铁路复线、潭邵高速公路娄底连接线、安涟公路相继建成通车，洛湛铁路娄底段全线铺轨。2003年，洛湛铁路娄底段竣工。实施区至乡镇公路改造项目，年底完成路基改造任务。2005年，完成48千米通村公路水泥混凝土路面硬化及8000米小街小巷硬化、亮化、美化配套改造。2006年1月，洛湛铁路湖南段通车，标志着娄星区成为湖南“田”字铁路客、货运中心。2008年，湘中大道西延线完成路面硬化，吉星路建成通车，省道娄枫线（娄星段）水泥混凝土路面改造竣工，S209线改造、娄新高速公路、二广高速公路娄星段开工。硬化通乡公路8.20千米、通村公路89.60千米。8月，娄新高速公路开工。娄新高速公路主线全长95.86千米，全线采用四车道高速公路，设计速度100千米/时，路基宽度26米，设10个互通，总投资61.44亿元，总工期为3年。9月，安邵高速公路开工。12月，城市标志性景观涟水河大桥开工。

至2008年，域内有省道2段40.12千米，县道10条76.21千米，乡道55条249.10千米，村道236条283.61千米，实现100%乡镇通公路，54%乡镇通水泥（沥青）路，92%行政村通公路，12%行政村通水泥（沥青）路。洛湛铁路建成通车，沪昆高铁客运专线在娄星设站，娄星高速公路、娄益衡高速公路、娄长高速公路、二广高速公路、S209线和潭邵高速公路连接线扩能改建有序推进。域内有5条高速公路与5条铁路交会，娄星区作为区域性综合交通枢纽地位初步形成。拥有营运货车4572台3.66万吨位，年货运量2335万吨，货运周转量28.02亿吨千米，货运企业18家，货运配载站18个。营运客车346台1.04万个座位，年客运量942万人次，客运周转量7.54亿人千米。道路旅客运输企业6家，其中，二级企业1家，三级企业1家，五级企业4家；一级客运站场1个，五级客运站场3个；机动车驾驶员培训学校10所，年培训驾驶人员1万余人；一、二类维修企业48家，三类维修企业260余家；搬运装卸企业14家，机械装卸占搬运装卸业务60%。

（二）水利建设

1990—2008年，娄星区（娄底市）在农业建设中制定水利设施建设规划，围绕提升农业灌溉效益、保证城市供水开展水利设施建设。

1990年，娄底市投资240万元，实施水利建设。完成土石方150万立方米，修建和维修改造水利设施4361处，被评为湖南省“水利建设先进县市”。1993—1997年，投入资金1.40亿元，劳动工日1160 万个，移动土石方932.50万立方米，完成各类水利工程8000余处。1999年，娄星区完成水利投资1200万元。2000年8月，动工建设双江水库枢纽工程。2007年12月18日，双江水库大坝封顶。2008年3月，大坝主体工程完工。6月25日，双江水库大坝关闸蓄水，蓄水至221米高程，蓄水量100万立方米。至2008年年底，所有病险塘库全部整修完成。有各类水利工程1.67万座（处），农村安全饮水工程40余处，干支渠道1120千米，总灌溉面积5940公顷，有效灌溉面积5046.67公顷。形成以水库为骨干、塘坝为基础、蓄引提相结合的农田水利工程灌溉体系。

（三）电力建设

1990—2008年，娄星区（娄底市）加强电力建设，采取引电、发电等措施，保证工农业和居民用电。1993年，娄底市实施110千伏变电站工程建设。1995年，投资2.50亿元，西阳500千伏变电站主控制楼等主要工程竣工并投入运行。1999年，娄星区电网改造一期工程、民丰至早元220千伏输电线路工程建设相继竣工。2000年，铺开农电“两改一同价”工作。至2002年，完成农村电力体制改革和农村电网改造任务，基本实现城乡用电同价。

五、社会事业建设

（一）教育事业

1989—1998年，娄底市实施“科教兴娄”战略，优先发展教育事业。

1991年，制定九年义务教育实施规划，教育工作置于优先发展战略地位。1995年3月20日，市委、市政府作出基本普及九年义务教育、基本扫除青壮年文盲（简称“两基”）决定，兴办教育。1992—1995年，全市教育投入资金1.52亿元，完成学校基建项目113个，新建校舍4.55万平方米，改建扩建1.58万平方米，新征土地17.65公顷，修建标准运动场8个，购置图书52万册，添置教学仪器价值255万元。全市10个乡镇138所中小学建设高标准校舍，砖混结构学校达75.6%；城区市直11所中小学有10所是市级以上花园（园林）式学校。是年，娄底市通过省“两基”督导评估验收。1996年，娄底市被评为全国基础教育先进市，基础教育步入全国领先行列。12月，娄底市被确定为全省22个素质教育示范县（市、区）之一。1997年5月10日，召开全市教育科技大会，市委、市政府决定在中小学全面推行素质教育。1998年，娄底市被省人民政府评为素质教育先进市。

1999年，娄星区开启“教育强区”建设，加速发展教育事业。2000年1月，娄星区被湖南省人民政府评为“湖南省巩固提高普及九年义务教育先进单位”。6月，被教育部、财政部和国家计委评为“两基”工作先进区。2002年5月，区委、区政府召开全区基础教育工作会议，作出《关于基础教育改革与发展的决定》。坚持“以区为主”管理体制，区、乡两级人民政府把全面普及九年义务教育作为教育工作的重中之重。全区小学、初中入学率均达100%，小学巩固率为100%，初中年辍学率控制在1%以内。继续改善办学条件，提高普通高中办学水平，基本普及高中阶段教育。娄星区被评为全国“两基”工作先进区，确定为湖南省义务教育新课程改革实验区。是年起，调整中小学校布局，改善办学条件，撤并一批布局不合理、教育资源利用率低的农村小学，改善乡镇中学和中心小学办学条件，装备电脑室、多媒体教室、现代化实验室和电子图书室，现代教育技术开始在农村学校应用。城区学校挖潜扩容，增加学位，为农村学生进入城区就学创造条件。娄底二中、娄底三中、娄底四中相继新建教学楼、综合楼、学生食堂和学生公寓，改善办学条件，扩大办学规模；娄底二中、娄底三中在校学生由2000余名增加到5000余名，娄底四中由初级中学升格为完全中学，开始高中招生；城区小学娄底二小、娄底三小、娄底四小、娄底五小在校学生总数达到1.20万人。2003年，湖南省基础教育课程改革现场研讨会在娄星区召开，推介娄星区改革实践经验。2004年，娄星区被教育部确定为全国首批“创建以校为本教研制度建设基地”。厂矿企业子弟学校和企业剥离向地方移交，至2006年，全区所有企业中小学校全部移交给区教育局。2008年7月，区委、区政府作出《关于建设教育强区的决定》，以实现教育强区为目标，以教育持续和谐发展为主题，以区域整体推进素质教育为重点，巩固普及九年制义务教育成果，建设教育强区。至年底，全区小学在校学生2.45万人，小学正常儿童入学率和巩固率、残疾儿童入学率、小学升初中比率均为100%；初中在校学生1.25万人，年辍学率为0.03%；初中毕业生升入高中阶段学生比率达88%；高中在校学生8850人，高中毕业会考一次性合格率高于娄底市平均水平；普通高考创历史最好，各项指标居省、市前列。2003—2008年，有19人考入清华大学和北京大学，高考成绩连续6年名列省、市前茅。

2006—2008年，筹资8000余万元用于城区学校扩容提质，新增就学学位4000余个，进城务工人员子女在公办学校就读率达91.4%。实施农村义务教育合格学校建设和危房改造，创建合格学校18所，改造危房面积2.30万平方米，全部消除D级危房，各校基础设施齐全，校园环境优美。娄星区先后获全国基础教育、特殊教育、素质教育、扫盲工作、成人教育先进县市区称号。

（二）卫生计划生育事业

1990年，娄底市宣传基本国策和相关计划生育政策，落实计划生育措施，控制人口过快增长和计划外非法生育。2000—2008年，娄星区对违反计划生育对象征收社会抚养费，落实各项计划生育奖扶政策，引导群众改变生育观念。人口出生率由1989年的20.7‰下降到2008年的4.7‰；人口自然增长率由1989年的15.6‰降到2008年的3.2‰；符合政策生育率由1989年的77%提高到2008年的96%。娄星区计划生育宣传经验向全国推广，一些做法和经验得到国家计划生育部门推介推广。

1990—1992年，新建娄底市中医院。1995年，省爱国卫生运动委员会授予娄底市“灭鼠先进市”。1996年，城区卫生在15个县级市中排列第3名，被评为“甲级卫生城市”，乐坪东街被省人民政府授予“省样板街”。1998年，全国城市环境综合治理检查评比中，娄底市获全国“优秀城市”称号。1998年，全市有90个单位建成省级“文明卫生单位”。2000年10月，娄星区人民医院挂牌营业。2002年，启动医疗保险工作。2008年，启动城镇居民医保、国家公务员医疗补助政策、新型农村合作医疗。建成5个社区医疗服务中心，完成双江、小碧、茶园、石井等乡镇卫生院改扩建工程。争取项目资金1950万元，用于区人民医院综合大楼新建。推行新型农村合作医疗，农业人口参合率达到90%，大部分农民进入大病统筹保障网。

（三）社会保障

1989年，娄底市五保供养实行“以乡统筹，三级供养”。全市敬老院、光荣院达14所，83位五保老人入院居住。1997年，娄底市被省、地民政部门列为城镇最低生活保障制度试点县市。1998年1月1日起，对城镇居民无依无靠、无生活来源、无劳动能力的原民政救济对象和具有本市城区户口常住居民，户年人均收入低于本市最低生活保障标准的家庭实施最低生活保障。2002年，娄星区所有乡镇、街道均实施城镇低保制度，低保资金发放实行网络化管理。2007年，实施农村最低生活保障制度，对农村村民户年人均收入低于本区最低生活保障标准家庭实施农村最低生活保障。2008年，除属于民政部门直属敬老院、光荣院外，7个乡镇均建有敬老院，入住老人291人，分散供养1396人。有福利企业19家，安置残疾职工886人。

（四）其他事业

1994年，娄底市博物馆建成开馆。2000年，全区提前实现村村通程控电话目标。2000年，启动就业与再就业工作民心工程，3年培训城乡劳动力6500人，开展职业指导1.20万人次，职业介绍9000人次，创办社区就业劳动组织50余个，开发社区就业岗位6500个。2002年，实施恩口煤矿影响区人畜饮水项目建设。基本实现村村、组组通电话。2004年，恩口煤矿沉陷区综合治理项目获国家发改委立项。娄星区被中国科协命名为“全国科普示范城区”。2005年，推进社区建设。经过调研和规划，将原来193个行政村53个居委会整合为146个行政村52个社区。投入资金1800余万元，抓好小街小巷硬化、亮化、绿化、美化工作，实现路面硬化、空地绿化、街巷亮化。2007年，新建和改造乡镇卫生院、敬老院各1所，建设经济适用住房3326平方米。城区38个社区居委会有24个居委会解决办公服务用房，平均用房面积达到590平方米。2008年，实施乡村清洁工程、农村饮水安全等项目建设。恩口煤矿沉陷区综合治理工程动工建设，受损民房补损、移民小区建设进展顺利。

第四章　综合政务

1989—2008年，娄星区（娄底市）在加强政务决策及执行决策推进经济社会发展的同时，加强综合政务工作。加强政务综合调研，做好通联工作，畅通信息交流渠道，为区（市）政府决策提供科学依据。加强政务督查，重大事项作出决策后，区（市）督查室适时跟进，对决策执行情况开展督查，推进工作平衡发展，提高决策执行力。加强信访工作，推行信访责任制、领导轮流接访制、重大信访问题交办制、信访积案集中化解制，建立健全信访工作机制，及时化解信访矛盾纠纷，维护稳定。开展地方志编修，完成《娄底市志》编修和出版发行。加强法制宣传，依法行政，推进政府法制工作，做好行政审批服务。规范机关服务管理，做好接待服务，提高机关后勤管理服务水平。

第一节　调研督查

一、经济调研

1989—2008年，娄星区（娄底市）政府研究室负责区（市）人民政府工作计划、年度经济分析、年度工作总结起草、修改和拟定；参与重要汇报材料和区（市）人民政府有关经济与社会发展全局性、政策性文件起草和修改；负责区（市）长、常务副区（市）长综合性讲话、文章和报告等文稿起草和修改；负责有关部门以区（市）人民政府主要领导名义起草的部门性工作会议讲话稿、汇报材料审改；对（地）市人民政府和区（市）委、区（市）人民政府交办的重大课题组织调研；围绕区（市）工作大局、工作重点和区（市）人民政府主要领导指示开展专题调查研究，为区（市）人民政府决策提供科学依据；负责《政府工作报告》撰写及审议通过的有关决定决议衔接工作。

1989—2008年，区（市）政府研究室对财源建设、招商引资、城镇建设、国有企业改制、农业产业化、民营经济发展等方面开展调研活动60余次，撰写专题调研文章125篇，其中多篇被省、市级刊物登载和选用。

二、政务督查

1989—2008年，娄星区（娄底市）政府督查室负责开展区（市）政府政务督查工作，隶属区政府办。主要负责区（市）政府重大决策部署、重点建设项目、重要交办事项、重要文件和工作落实情况督促检查，负责每年政府工作报告、区长批示件、政府常务会议和区长办公会议议定事项落实情况督促检查，负责区政府工作范围内人大代表议案、建议和政协提案办理工作督促检查，负责政务督查事项立项、交办、督查和考核。主要对农业生产、企业改制、煤矿关闭整顿、安全生产、计划生育、抢险救灾、征地拆迁、控违拆违等区（市）政府中心工作和重点工作落实情况开展督查，平均每年发出督查通报30余期。

第二节　信访工作

1989年，娄底市信访工作由市委1名副书记和市政府1名副市长共同管理，信访办公室负责办理具体信访事务。1999年，娄底市信访办公室更名为娄星区信访办公室。2002年7月，根据《娄星区机构改革方案实施意见》，信访办与工农办合并组建娄星区信访局。信访工作由区委1名副书记和区政府1名副区长共同管理。信访局长（或党组书记）任政府办副主任职务，归口政府办管理。至2008年，区信访局内设接访室、办公室、办案股3个职能股室。

1989—2008年历任局长（主任）：贺玉章、曾盛良、杨伯成、陈正根、李建军、刘洪昭。

一、体制机制

（一）信访工作责任制

1999年7月，娄星区实行各级党政“一把手”对信访工作负总责，1名副职分管责任制。恢复和完善领导接待群众、领导包案制度，建立定期研究信访工作、信访工作考评等制度。2006年，区委、区政府制定《娄星区信访工作目标管理考评办法》《娄星区区直机关信访工作目标管理考评办法》，分别对各乡镇街道、区直部门等单位进行信访工作年度考核。考核内容涉及完成年度信访工作、解决信访问题、信访业务等方面，按百分制细化分值，每年由区信访局提供信访工作目标管理考评考核结果，奖优罚劣，建立信访工作责任制。

（二）领导接访机制

2003年，确定每月15日、30日由区级领导轮流到信访接待室接待上访群众。2008年，区委、区政府下发《娄星区区委书记暨区级领导大接访活动工作纪律》《关于明确区级领导接访工作有关责任的通知》等文件，开展“区委书记暨区级领导大接访”活动，26位区级领导参与大接访，接访群众267批811人次，解决问题262件。2003—2008年，区级领导接待来访群众89次，接待上访群众2000余人次，处理或批示处理937件信访事项。

（三）信访积案集中化解机制

20世纪90年代，域内信访反映突出的有特困企业职工、下岗职工生活困难、农民负担过重、山林田土争议、矿山开采损害农民利益等问题。1999年开始，区信访局连续3年组织开展解决信访老户问题攻坚行动。根据不同性质和类型，采取对应办法，使老户合理诉求基本得以解决，形成信访积案集中化解机制。此后，根据信访积案积压问题，区信访局运用信访积案集中化解机制，开展信访积案处置化解活动。2000年后，国有企业改制、破产企业职工养老保险、工伤保险、企业军转干部待遇、农村村级财务、选举等引发信访热点。围绕这些信访突出问题不定期组织开展集中化解工作，一批信访突出问题得到解决。

二、处信接访

1989—2008年，接待群众区（市）级以上党政机关信访5.81万件次。其中，来信1.19万件，来访4.61万人次。

三、案件办理

（一）信访交办

1989—2004年，收到交办信访案件1.30万余件次。2005年，区信访局对国家信访局、省信访局、市信访局交办件，省、市、区领导交办件，赴省集访问题，对群众来信来访中疑难、复杂信访事项呈报领导批示后立案，直接或报请区领导向有关责任主体交办。对涉及多个部门或跨地域“三跨三分离”信访事项，区信访局牵头或指定单位牵头办理。对特别重大信访问题，区信访局向区委、区政府提出处理建议。2005—2008年，娄星区交办信访3200余件次。

（二）领导包案责任制

领导包案责任制度始于20世纪90年代。2005年，区委、区政府制定和推行领导处理疑难信访案件包案制，实行定包案领导、定任务、定具体承办人、定办结时限和包调查、包处理、包做思想疏导教育工作等“四定四包”责任制。规定每位区级领导成员每年至少直接查办疑难信访案件1～2件。2006—2008年，区级领导39人次包案处理156件信访难案。

（三）排查调处

2002年，信访工作坚持“属地管理”和“谁主管、谁负责”原则，完善和落实信访工作首问责任制和公开承诺制，实行责任追究制度。各级各部门落实信访工作责任制，对重要信访问题实行定期排查，集中处理。区信访局成立信访矛盾纠纷调处办公室，负责组织涉及具有多个部门之间重大行政管理纠纷调处，参与调处本区与外县市之间行政管理纠纷，负责组织县属以上大中型厂矿企业重大工农纠纷调处等问题。2002—2008年，排查调处信访矛盾纠纷500余起。其中，区属以上大中型企业重大工农纠纷200余起，参与调处本区与外县、市之间行政管理纠纷、工农矛盾50余起，排查处理征地拆迁、农村邻里建房争地、社会治安等矛盾纠纷100余起。

第三节 方志编修

1986年7月，娄底市市志办公室成立，定事业编制4名，归口市委办公室领导。1999年，撤市设区，改为娄星区地方志办公室。2002年，机构改革。娄星区地方志办公室归口区政府办管理，为区政府办公室内设机构，属副科级单位，主任高配正科级，事业编制3名。

1989—2008年历任主任：任连元、李国雄、李立华、聂哲林、谢国荣。

1986年，娄底市委、市政府决定编修娄底市第一部方志《娄底市志》。成立市志编纂委员会，确定委员会成员。市第二届人民代表大会常务委员会第十五次会议通过《关于开展地方志编纂工作的决议》，配备人员、拨付经费、安排场地，开始编纂。至1988年4月，举办修志培训班7期。通过查阅档案、下乡调研、召开座谈会等形式，收集各类文字资料2940万字。1989年，制定出总纂方案。1990年3月，承编单位完成初稿，记述下限为1987年。1991年4月，《娄底市志》初稿送地区审稿小组初审，组织涟源、湘乡等县市地方志办负责人参加阅稿座谈会，重新调整篇目、厘定框架、确定重点篇章。根据地委、行署决定将市志编修下限延伸到1989年。1993年12月，由娄底地区地方志编纂委员会主持召开志稿评审会。1994年3月修改定稿。1994年12月，修改完成。1995年3月，交由市审稿小组审查。9月，通过地区地方志编委会审定并再次修改，1996年8月交由湖南省地方志编委会验收。1997年5月，中国社会出版社出版。《娄底市志》编纂历时9年，分26编126章407节，前冠概述、大事记、后贴重要文献辑存、后记，全书124万字，图片110余帧，印刷4000册。1998—2008年，方志工作主要是收集和撰写大事记及相关资料，为第二轮续修区志收集资料。

第四节 政务 服务

2003年7月1日，娄星区政务服务中心设立，归口政府办管理。内设综合管理办公室、政务全程代理办公室、行政效能监察办公室3个职能股室。办公地点在洞新市场南门洞新宾馆旁，政务大厅面积500平方米，进驻大厅办事服务窗口单位18家，窗口工作人员24人。2006年，区政务服务中心迁至长青中街59号，面积200平方米，进驻大厅办事服务窗口单位8家，窗口工作人员8人。

2003—2008年历任主任：邹林华、李世平。

一、服务受理及办事流程

2003—2008年，政务服务中心到区直各部门、乡镇（街道）调研，了解辖管工作职能、政务服务受理情况和事项办事指南。2008年，出版《娄星区政务公开服务指南》。重点梳理区直职能部门办理事项、服务承诺、法律法规介绍等。办理事项主要涉及负责办理股室、办理流程、办理时限、申报材料等要素。

二、服务管理

2003—2008年，建立大厅巡查制度、服务对象回访制度，专人每天对大厅巡查，督查各窗口工作人员工作作风、办件情况，掌握各窗口运行工作动态，对服务对象进行抽查式电话回访，了解各窗口事项办理情况及服务质量。

第五节 法制工作

1990年4月18日，娄底市政府办公室法制组改为法制办公室。10月15日，设市人民政府法制办公室，为副科级机构，归市政府办公室管理。1996年10月起，撤销市政府办公室法制办公室，市政府法制办公室与市政府行政复议办公室、市政府赔偿委员会办公室合署办公。1999年，更名为娄星区政府法制办公室。2002年机构改革，由副科级机构升为正科级机构。

1990—2008年历任主任：何正兴、李金城。

一、行政执法监督

（一）执法主体整顿

1990年，娄底市法制办对24个行政执法单位具体行政行为进行调查摸底。1991年，由纪检、检察、审计、财政、法制5个单位对28个执法单位着装情况进行清理整顿。1998年，除暂不发证的市直执法主体外，发证涉及主体58个，发放执法证1270个。1999年，娄星区法制办为74个行政执法主体1328名执法人员发放执法证。2000年，除上收市执法单位外，对28个执法主体换发执法证720个。

2002年，修改《娄星区政府行政执法责任制度》，行政执法由原一年一考评改为坚持日常监督和2年一次考评相结合的办法。2002—2003年，换发行政执法证1170个。2004年，发放40个行政主体行政执法证700个。2006年，制定《娄星区落实依法行政二项制度实施方案》，区政府和各单位领导带头学习法律，各单位采取自觉学习与集中培训相结合方式学习法律知识。区政府每半年向市政府和区人大常委会报告依法行政情况，乡镇和街道及区直各单位每半年向区政府报告推进情况，各单位建立和完善依法行政评议考核制度，依法行政作为考核工作人员的重要内容。至2008年，累计换发行政执法证5888个。

（二）行政执法人员培训

1990年，娄底市法制办举办行政诉讼法培训班8期（包括执法部门），1100人参加培训。1991年，举办《行政复议条例》培训班1期，参训人员100人。1992年，举办1期行政复议应诉研讨班，参训人员105人。1998年，举办2期乡镇行政执法人员持证培训班。1999年，娄星区法制办举办1期乡镇执法人员培训班。2000年，举办4次法制培训班。其中，3次持证培训，1次行政复议法研讨班。

2001—2003年，举办换发行政执法证人员培训班2次，培训各执法单位负责人及法规股长或兼职法制工作人员1次。2003年，举办换发行政执法证人员培训班2次。2004年，举办行政执法人员持证培训2次，邀请专家对区政府领导和各单位班子成员行政许可法培训1次。2005年，举办行政执法人员持证培训1次。2006年，举办交通、安监等单位行政执法人员培训班，集中学习仲裁法、行政处罚法、行政许可法、行政复议法、国家赔偿法、计划生育条例等法律法规知识。2007年，培训全区专项执法单位执法人员1次。2008年，组织全区各单位行政管理人员培训1次，集中学习《湖南省行政程序规定》。至2008年，先后举办乡镇执法人员集中培训29期（次）。

（三）重点领域行政执法监督

1990年，娄底市法制办参加市人大常委会组织执法监督检查4次，分别检查工商局、教育局、林业局、国土局、计划生育局等相关部门，执行义务教育法、食品安全法、森林法、国土法、计划生育条例等8个法律法规执行情况。1991年，开展执法监督检查6次，分别检查土地管理法、义务教育法、城市规划法、行政诉讼法、老年人保护条例、计划生育条例等8个法律法规执行情况。1992年，开展行政执法监督检查4次，分别检查食品卫生法、统计法、义务教育法、土地管理法等6个法律法规执行情况。1993年，组织和参加行政执法监督检查5次，分别检查11个法律法规执行情况。1994年，参加市人大常委会和各有关执法部门执法检查活动，组织执法检查4次，分别检查8个法律法规执行情况。1995—1997年，开展行政执法监督检查4次。1998年，开展行政执法监督检查3次。1999年，娄星区法制办组织开展行政执法监督检查1次。2000年，组织开展行政执法监督检查1次。

2001年，组织开展行政执法监督检查1次。2002年，行政执法监督检查1次。2003年，参加市人大常委会对行政复议法开展情况督察1次。2004年，行政执法监督检查1次。2005年，执法情况监督检查1次。2006年，联合区监察局对全区贯彻行政许可法情况开展专项检查1次。12月，对全区主要执法单位进行执法监督情况检查考评。2007年，联合区监察局对全区贯彻行政许可法情况进行专项检查。2008年，联合区监察局对全区乡镇执法情况进行检查考评。至2008年，开展执法监督检查41次。

二、提案建议督办

1991年，人大代表、政协委员意见建议和提案工作由娄底市法制办负责督办。是年，督办和办理人大代表、政协委员建议提案288件，全部按时办结。1992年，督办和办理人大代表、政协委员建议提案303件，全部办结。1993年，督办和办结人大代表、政协委员建议提案264件。1994年，督办和办理人大代表、政协委员建议提案252件，按时办结。1995年，督办和办理人大代表、政协委员建议提案199件，按时办结。1996年，督办和办理人大代表、政协委员建议提案202件，直接承办42件，按时办结。1997年，督办和办理人大代表、政协委员建议提案252件，按时办结。

2002年，娄星区法制办督办和办理人大代表、政协委员建议提案186件，直接承办40件，办结率100%。2003年，督办和办理人大代表、政协委员建议提案206件，直接承办42件，办结率100%。2004年，督办和办理市人大代表、政协委员建议提案186件，直接承办65件，办结率100%。2005年，督办和办理区人大代表建议60件，政协委员提案121件。其中，直接承办10件，均按时办结。2006年，督办和办理区人大代表建议88件，政协委员提案98件，直接承办18件，均按时办结。1991—2007年，累计督办和办理建议提案2774件。其中，直接承办217件，均按时办结。2008年，督办和办理区人大代表建议74件，政协委员提案146件，直接承办24件，均在7月底前办理完毕。

三、行政复议

1991年6月，设立娄底市政府行政复议办公室，与法制办合署办公，运作行政复议事宜。至1998年，受理行政复议案件45件，维持6件，撤诉3件，不予受理1件。1999年，娄星区政府行政复议办公室受理行政复议案件13件，结案8件。其中，撤销3件，维持3件，撤回申请2件。2000年，受理行政复议案件7件。其中，撤销1件，撤回申请1件，申请人自动放弃2件，不予受理3件。

2001年，受理行政复议案件14件。其中，不予受理5件，撤销2件，撤回申请1件，终止审理1件，2件未审结。2002年，受理行政复议案件8件。其中，维持3件，撤回申请2件，不予受理2件，1件未审结。2003年，受理行政复议案件6件。其中，维持4件，撤销1件，申请人撤回1件。2004年，受理行政复议案件11件。其中，维持1件，撤销4件，申请人撤回2件，终止审理1件，不予受理2件。2005年，受理行政复议案件1件，申请人撤回申请。2006年，受理行政复议申请5件，全部办结。其中，维持1件，撤销2件，撤回申请1件，移送市政府审理1件。2007年，受理行政复议案件2件，全部办结。2008年，受理行政复议案件1件，及时办结。至2008年，累计受理行政复议案件103件。其中，撤销16件，撤回申请11件，申请人自动放弃2件，不予受理13件。

四、行政案件应诉

1991年起，案件当事人不服行政复议后，可通过法院诉讼方式进行救济。行政复议办公室代表市政府（区政府）法人代表出庭应诉。是年，代表市政府法人代表出庭应诉行政案件1件。1992年，代表市政府法人代表出庭应诉行政案件2件。法院判决维持1件，撤销1件。1993年，代表市政府法人代表出庭应诉行政案件2件，均胜诉。1994年，代理出庭应诉行政复议案件4件，胜诉2件，撤诉1件。1995年，代理应诉行政案件5件，全部胜诉。1996年，出庭应诉行政复议案件2件，胜诉1件，撤诉1件。1997年，办理出庭应诉行政复议案件3件。其中，维持1件，撤诉1件，未结1件。1998年，办理出庭应诉行政复议案件5件，均胜诉。1999年，办理应诉案件6件。其中，驳回1件，维持2件，撤诉1件，2件未审结。

2001年，代理区政府出庭应诉案件12件，全部胜诉。2002年，办理行政应诉案件14件，均胜诉。2003年，办理行政应诉案件7件，胜诉4件，3件未结。2004年，办理行政应诉案件10件，胜诉5件，1件法院判决撤销。2005年，办理行政应诉案件7件，均胜诉。2006年，办理行政应诉案件6件，全部胜诉。2007年，办理行政应诉案件11件，全部胜诉。2008年，办理行政应诉案件7件，均胜诉。

五、规范性文件审查

（一）备案制度

2008年10月前，全区没有实施规范性文件报备制度。2008年10月10日，实行规范性文件统一登记、统一编号、统一公布“三统一”管理制度，备案工作做到以区政府或区政府办名义发布规范性文件及时向区人大常委会和市政府备案，报备的规范性文件没有发生因违法被撤销情况。

（二）合法性审查

1990—1998年，为政府草拟、审核通过规范性文件351件。1991年，市政府制定《娄底市人民政府规范性文件制定办法》。此后，政府制定重大决策性文件涉及法律法规方面事项由法制办负责规范性审查。是年，拟制和审核通过规范性文件35件。1999年，审核通过规范性文件50件。

2000—2002年，审核通过规范性文件63件。2003年，审核通过规范性文件35件。2004年，制定《娄星区规范性文件备案审查办法》。审核通过规范性文件70件。2005年，审核通过政府规范性文件50件。2006年，审核通过规范性文件52件。2007年，审核通过政府规范性文件50件。2008年，审核通过政府规范性文件30件。

（三）文件清理

2008年，对2001—2008年9月30日时间段的规范性文件进行全面清理。清理规范性文件225件。其中，废止、失效97件，继续有效103件，重新公布25件。

第六节　机关事务服务

1993年6月，机构改革，撤销娄底市委办行政组，成立市委、市政府机关事务管理委员会，归口市委办系统。1995年6月，更名为娄底市机关事务管理委员会。1999年，撤市设区，更名为娄星区机关事务管理委员会，内设机构、职能、人员编制不变。2002年11月，更名为娄星区机关事务管理局。主要负责区委、区人大、区政府、区政协机关大院安全保卫、环境卫生、园林绿化、基建房产、水电管理、计划生育管理等工作。内设办公室、政工股、计财股、基建规划房管股、保卫股、物业管理服务部6个职能股（室）。

1996—2001年历任主任：吴启前、刘玉秋。2002—2008年历任党组书记、主任（局长）：刘召书（党组书记、主任）、刘东阳（局长）、刘玉秋（党组书记）、唐兰芳（党组书记）、金明星（党组书记）。

一、机关财务与档案管理

1989—1994年，机关财务、车辆、接待、会务均由市委、市政府机关事务管理委员会统一负责，办公用品实行统一政府集中采购。1995年5月，市委、市政府机关内各单位按战线划分为市委办、人大、政府、政协、纪委、宣传、组织、计划、经济、农委、统战、审计、政法、财委、事务委15个财务管理单位，机关财务分家。1998年，整理1979年以来机关干部职工工资审批表、各类财务报表170万余份，工程技术资料立卷归案65卷。档案室升级为省2级档案室。

二、机关后勤管理

负责区机关大院国有资产管理，负责区机关大院行政事业单位用房及其他公用基建项目计划、投资、预算和工程设计、质量监督、施工管理、资料管理等工作；负责建设和管理机关大院职工住宅；负责区机关大院土地使用权管理；会同有关单位办理房屋产权手续。2007年，建立机关大院公房及私房台账，明晰产权。

（一）居住条件

1989—2008年，机关新建机关干部职工住宅9栋，面积3.33万平方米。1993年12月，启动娄底市城镇住房制度改革，推行住房公积金制度，实行售、租、建、管并举，以售房为重点，理顺住房秩序，加速住房建设，逐步实现住房商品化、社会化，机关干部职工居住条件得到改善。

（二）基础设施

1998年，投资4万元对机关用电进行整改。投资15万元，安装、改造机关院内煤气管道。在机关车库上新建260平方米办公用房，作为市委组织部档案室。1999年，修建高标准篮球场、羽毛球场。2000年，修建水塔山环形便道。2001年，填平机关内水塘，投资16.50万元拆除院内违章建筑10余处，栽植树木484棵，修建面积1900平方米中心花园，在篮球场旁边修建健身场，添置大理石桌凳。是年，新增1台200千伏安变压器，修建水塔山萃云阁。2003年，新增1000千伏安变压器，机关内总供电容量达1500千瓦。投资30万元，改造机关供水系统，修建健身休闲场所。2007年，扩建区委老干部局办公楼，增加老干部活动场所，对机关院内7栋房屋屋面进行翻修。2008年，对受冰雪灾害损毁屋面进行翻修，翻修面积3320平方米。

（三）环境整治

1996年起，整修办公楼前梯形花带，修建区间花坛17个，开展机关植树活动，加强对绿化管理养护。1997年，市委、市政府机关被评为“全省城市卫生文明先进单位”。2000年，建设集装箱式垃圾站，增置垃圾桶、手推车等卫生工具，加强卫生管理。2001年，对机关院内路灯、景观灯进行维修改造。机关被评为娄底市“首批园林城建设先进单位”。2003年，对机关第9栋住宅楼因占用道路红线进行整体拆除重建，投资80万元对机关办公楼进行整体装修改造。机关被评为“省级园林式单位”。2004年，投资20万元，将机关前大坪由破烂水泥坪改造成沥青地面，取缔影响机关环境卫生蔬菜摊担，封堵机关通往第四小学后门，消除安全隐患。

2006年，拆除办公楼后面和篮球场西头临时工棚及违章建筑。在统战部机关地段建成建筑面积1000平方米机关生活服务中心及单车摩托车车库，新增固定资产100余万元。

（四）安全保卫

1998年，组建娄底市机关经济民警队，与保卫股实行“两块牌子、一套人马”。2002年11月机构改革，内设保卫股负责机关大院消防、安全保卫工作。2004年起，机关内安全保卫人员由机关事务管理局正式职工（退伍军人）担任，实行24小时值班制度，站岗轮岗巡岗执勤。2008年，投资10万元，在大门及办公大楼安装电子监控系统。投资2万元，改善消防设施。规范院内车辆进出、停放管理。机关院内20年未发生重大刑事治安案件和消防责任事故。

（五）优质服务

1990年起，制定完善关于加强机关后勤管理各项规章制度，开展优质服务竞赛活动。2002年，开展“机关十满意”服务竞赛活动。2004年，建立24小时安保水电维修3条值班热线服务，对机关干部要求和机关大院维修做到有报必修。2006—2007年，参加全市组织开展党委办系统优质服务竞赛活动，获全市机关事务工作优质服务竞赛活动一等奖。

（六）物业管理

1994年，成立市委、市政府机关劳动服务中心，与机关劳动服务公司实行“两块牌子、一套人马”，兴办酒店、印刷厂、打字复印店等经济实体。1996年4月，机关劳动服务中心与市机关事务管理委员会在人财物及经营上脱钩。2002年，拍卖机关劳动服务公司资产，妥善安置人员。11月，设置物业管理服务部（加挂机关后勤服务中心牌子），负责机关后勤管理与服务工作，下设维修组、物业管理组、卫生园林绿化组、膳食组、医务所。2003年，改革机关食堂和机关医务室运作模式，以承包经营形式创办生活馆。

2006年，成立娄星区中泰物业管理有限公司，为机关事务管理局下属独立法人单位，选送10人参加物业管理培训，取得物业执业资格证，机关后勤实现管理物业化、市场化。2007年，规范收费制度，配备专职收费员，推进机关物业管理市场化。

第七节　接待服务

娄星区接待服务中心前身是原邵阳地区涟源县娄底镇招待所，成立于20世纪70年代初期，位于老街将军庙。1977年，涟源地区行政公署成立，娄底镇招待所更名为娄底市委招待所。1984年，市委招待所由老街将军庙整体搬迁至长青中街12号，属独立核算、自负盈亏全民所有制单位，隶属市委办公室。1991年，市委招待所更名为市委接待处，归口市委办公室管理。1999年，更名为娄星区委接待处。2005年，更名为区委、区人民政府接待处，为正科级参照公务员管理事业单位。2006年，注册成立娄底迎宾馆，与娄星区委、区人民政府接待处实行“两块牌子、一套人马”。

1989—1990年，市委招待所所长刘梓生。1991—2008年历任区（市）接待处主任：刘东阳、李玉良、龙新放（区委办副主任兼）。

一、设施建设

1990年，娄底市委接待处按三星级宾馆标准新建客房1栋、餐厅1栋、办公楼1栋，进行锅炉升级改造，安装中央空调系统。1991年，娄底迎宾馆申报为三星级涉外旅游宾馆，为全市第一家政府性三星级宾馆。1993年，新建家属住宅楼2栋。2008年，建员工宿舍1栋。至2008年，娄底迎宾馆（娄星区委接待处）占地面积1.60万平方米，设客房110间（套）。其中，豪华套房3间，商务套房3间。大小会议室9个，其中最大会议室可容纳500余人。设大型宴会厅1个，餐饮包厢14个，具有大规模会务接待能力，能同时接待1000余人用餐。桑拿、美发、茶艺、娱乐设施一应俱全。

二、接待管理

1989—2008年，市委接待处迎宾馆按国家旅游三星级宾馆管理，探索完善迎宾馆生存发展方式，按事业单位企业化管理模式，提高接待服务水平。累计接待省级以上重要贵宾50余批次380人。年均接待省市重大会议20场次，与会人数3000人次；承办区（市）党委、政府、人大、政协以及部办委局会务接待工作年均150场次。1989年，市委接待处营业收入45万元。2001年，获省级文明卫生单位称号。2002年，营业收入突破300万元。2003年，实现营业收入800万元。2004年，营业收入突破1000万元大关，连续多次被省、市、区授予目标管理先进单位、文明单位、纳税大户等，获得各项荣誉80余项（次）。

第六篇 人民政协

1989年，中国人民政治协商会议娄底市委员会（简称政协）在第二届任期内。1999年7月，政协娄底市委员会更名为政协娄星区委员会。届次沿袭不变，第一届至第三届每届任期3年，第四届至第七届每届任期5年。至2008年，经历第二届（1987—1989）、第三届（1990—1992）、第四届（1993—1997）、第五届（1998—2002）、第六届（2003—2007）、第七届（2008—2012）政协娄星区（娄底市）委员会。

1989—1991年，政协娄底市委员会通过会议、提案、视察、调研等方式，履行政治协商民主监督职能，就国民经济和社会发展计划、战略规划设想方案、经济建设、城市建设、行风建设、环境污染问题提出批评建议，引起市委、市政府高度重视。

1992—2000年，政协娄底市委员会（政协娄星区委员会）为制定区（市）“八五计划”和十年规划、经济结构调整、经济形势和对策、发展民营经济、开发农业资源发展支柱产业、发展商贸业、综合治理开发涟水、重点项目立项及建设、城市基础设施建设、惩治腐败等问题建言献策，为区委、区政府科学决策提供依据。对社会治安问题、文化市场管理问题、有关部门乱收费乱罚款乱摊派等不正之风、学校建设工程设计质量进度和经费管理等问题，建言献策，提出批评、意见，均被区委、区政府及相关部门采纳。

2001—2008年，政协娄星区委员会为制定全区“九五”规划、“十五”规划、“十一五”规划建言献策，围绕发展民营经济、推进新型工业化、发展农业特色产业和农村劳务经济、退耕还林、城市扩容建设、生态建设、新农村建设、交通水利基础设施建设、落实党风廉政建设责任制等提出对策建议，为娄星区经济社会发展献计出力。

第一章 政协委员

1989—2008年，娄星区（娄底市）政协委员按照政协章程规定，由各界别（单位）推荐和组织考察后，经政协常务委员会协商产生。换届时留任一定比例委员，新进委员分别由组织部门和统战部门推荐和考察，提请上届政协常委会协商确定。每届政协根据委员结构情况设置界别，一般设中共、九三学社、民盟、共青团、工会、妇联、农林、工商联、经济、侨联、文艺、科学技术、教育体育、医卫、宗教、新闻、少数民族、特邀人士等界别，按界别组织开展各类活动。

第一节 委员产生

1989—2008年，娄星区（娄底市）政协委员经民主协商产生，凡赞成全国政协章程的党派、团体及个人，按照政治性、先进性和广泛性原则，由各界别（单位）推荐和组织考察后，经政协常务委员会协商产生。

政协换届时，留任委员由区政协党组提名。推荐新进委员，中共党员由区（市）委组织部提名，党外人士由区（市）委统战部协调民主党派、工商联提名，然后由区（市）政协、区（市）委组织部、区（市）委统战部组成考察组与各乡镇

(街道)党(工)委、区(市)直各单位党委(党组)对推荐人选进行考察,经区(市)政协党组审定,提请上届区(市)政协常务委员会议协商确定。区(市)政协常委人选由区(市)委常委会议审定,提请区(市)政协全体会议选举产生。年龄大不能任满一届、已经离退休、与区人大代表交叉、身体健康状况不佳人员一般不作委员提名。各乡镇(街道)和区(市)直各单位政协委员人数,按界别并适当参考人口多少分配名额。各届委员会委员,由于工作变动和政协工作需要,届中可辞免、增补、撤销。

第二节　委员构成

娄底市第二届政协设中共、工会、共青团、妇联、农林、工商联、侨联、文艺、科学技术、教育、体育、医卫、新闻、少数民族、宗教、特邀人士等界别16个,届初有委员160名,届末有委员163名。委员中,具有大专以上学历的63名,占39.4%;中共委员62名,占38.8%;民主党派人士和党外人士98名,占61.2%;妇女26名,占16.2%;委员中有少数民族委员3名,宗教界人士1名。

娄底市第三届政协设中共、工会、共青团、妇联、农林、工商联、侨联、文艺、科学技术、教育、体育、医卫、新闻、少数民族、宗教、特邀人士等界别16个,届初有委员179名,届末有委员181名。委员中,具有大专以上学历的76名,占42.5%;中专学历的36名,占20.1%;高中学历的31名,占17.3%;初中及以下学历的36名,占20.1%。中共委员72名,占40.2%;民主党派人士和党外人士107人,占59.8%。妇女24名,占13.4%。委员中有少数民族委员3名,宗教界人士1名。

娄底市第四届政协设中共、九三学社、民盟、共青团、工会、妇联、农林、工商联、侨联、文艺、科学技术、教育、体育、医卫、宗教、新闻、少数民族、特邀人士等界别18个,届初有委员196名,届末有委员210名。委员中,具有大专以上学历的98名,占50%;中专学历的43名,占21.9%;高中学历的33名,占16.8%;初中及以下学历的22名,占11.3%。中共委员76名,占38.8%;民主党派人士和党外人士120名,占61.2%(其中,九三学社11名,民盟4人)。妇女28名,占14.3%。委员中有少数民族委员2名,宗教界人士2名。

娄星区(娄底市)第五届政协设中共、九三学社、民盟、共青团、工会、妇联、农林、工商联、经济、侨联、文艺、科学技术、教育、体育、医卫、宗教、新闻、少数民族、特邀人士等界别19个,届初有委员196名,届末有委员219名。委员中,具有大专以上学历的117名,占59.7%;中专和高中学历的63名,占32.1%;初中及以下学历的16名,占8.2%。中共委员78名,占39.8%;民主党派人士和党外人士118名,占60.2%(其中九三学社14名,民盟12人,工商联成员10名)。妇女30名,占15.3%。委员中有少数民族委员3名,宗教界人士5名。

娄星区第六届政协设中共、九三学社、民盟、共青团、工会、妇联、农林、工商联、经济、侨联、新闻文艺、科学技术、教育体育、医卫、宗教、少数民族、特邀人士等界别17个,届初有委员196名,届末有委员214名。委员中,具有大专以上学历的132名,占67.3%,其中硕士研究生学历7名。中共委员78名,占39.8%;党外人士117人,占60.2%,其中,民主党派人士19名,占委员总数9.7%,无党派人士98名,占委员总数50%。妇女34名,占17.3%。委员中有少数民族委员2名,宗教界人士3名。

娄星区第七届政协设中共、九三学社、民盟、共青团、工会、妇联、农林、工商联、经济、侨联、文艺、科学技术、教育体育、医卫、宗教、新闻、少数民族、特邀人士等界别18个,委员211名。委员中,具有大专以上学历的149名,占70.6%,其中研究生学历5名。中共委员72名,占34.1%;党外人士139名,占65.9%,其中,民主党派人士19名,占委员总数9%,无党派人士120名,占委员总数56.9%。妇女52名,占24.6%。委员中有少数民族委员3名,宗教界人士3名。

第二章　组织机构

1989—2008，政协娄星区（娄底市）委员会组织机构主要有常务委员会、工作机构、基层组织。常务委员会为常设机构，委员通过选举或协商产生；工作机构根据各个时期工作需要设置，在乡镇、街道设政协工联委；乡镇、街道设政协工联委负责人由常委会提出人选，与组织部门联合考察决定任命。

第一节　政协常务委员会

政协娄星区（娄底市）常务委员会是区（市）政协常设机构，主持休会期间工作，主席会议负责处理常委会日常工作。

一、政协娄底市第二届委员会（1987.3—1990.2）

届初委员160名，常委31名；届末委员163名，常委增补至32名。

主　席：李楚斌。

副主席：黄云涵、周达生、张绍尧、龙云彬、池锦堂、胡湘基。

秘书长：李汉尧。

党组成员：书记李楚斌，副书记黄云涵，成员周达生、李汉尧。

常务委员：邓香魁、卢德炎、刘绍东、刘建秋、杨沛林、邱亮增、张岭楠、何淑明（女）、陈齐家、陈建元（女）、周均悌、祖玉华（女）、段思木、赵国贤、赵维寅、梁广波、夏功堂、唐永龄、曹锷、曹美林（女）、温可湘、谭剑青、蔡寒年、谭善平。

二、政协娄底市第三届委员会（1990.2—1992.12）

届初委员179名，常委30名；届末委员增补至181名，常委增补至31名。

主　席：李楚斌。

副主席：黄云涵、周达生、龙云彬、池锦堂、邓明亮、邹明玉（女）、唐永龄。

秘书长：李汉尧。

党组成员：书记李楚斌，副书记黄云涵，成员周达生、李汉尧。

常务委员：邓香魁、卢德炎、刘本章、刘建秋、杨沛林、邱亮增、张岭楠、陈石清、陈齐家、苏连波、周鹑轩、祖玉华（女）、段思木、赵维寅、梁广波、夏功堂、黄盛发、喻卫华、喻庚贵、温可湘、彭邦彦、蔡寒年。

三、政协娄底市第四届委员会（1992.12—1997.12）

届初委员196名，常委33名；届末委员增补至210名，常委增补至35名。

主　席：刘积葵。

副主席：邓明亮、李毓阶、邹明玉（女）、龙云彬、许群尧、孙思友、袁承谟、石荣发。

秘书长：彭仲辉。

党组成员：书记刘积葵，副书记邓明亮，成员袁承谟、石荣发、彭仲辉。

常务委员：邓香魁、卢德炎、刘建秋、刘玉秋、李勇、李新民、李怡顺（女）、肖星明、陈石清、陈齐家、陈连生、余建中、邱亮增、苏连波、严真英（女）、杨君诺、邬宏亮、邹树芳、周友元、贺志元、梁广波、黄盛发、黄异生、谢建国、温可湘、喻庚贵、彭邦彦、蔡寒年。

四、政协娄星区（娄底市）第五届委员会（1997.12—2002.12）

届初委员196名，常委32名；届末委员增补至219名，常委32名。

主　席：李金才（女，2000.3免），曾令奇（2000.3任）

副主席：邓明亮、李毓阶、许群尧、袁承谟、刘刚毅、段小云（女）。

秘书长：肖星明。

党组成员：李金才（女）、曾令奇（2000.2任），副书记邓明亮，成员袁承谟、肖星明。

常务委员：马莎（女）、王若良、郭宏亮、杨小中、杨君诺、李汉城、肖小龙、余建中、金建雄、周斌、周友元、胡辉、胡福清、唐文胜、黄盛发、彭仁根、彭兰华（女）、彭邦彦、彭淑媛（女）、傅凌琼、谢建国、颜义芳、颜长升、戴建民。

五、政协娄星区第六届委员会（2003.1—2007.12）

届初委员196名，常委34名；届末委员增补至214名，常委增补至36名。

主　席：邓国雄。

副主席：赵自得、段小云（女）、肖星明、戴建民、彭湘南（女）、李和友。

秘书长：肖星明、李振兴（2005.3任）。

党组成员：书记邓国雄，副书记罗琳（兼）、钟芝兰（兼，2004.7任）、赵自得，成员肖星明、李振兴（2005.1任）。

常务委员：马莎（女）、毛志人、仇虹（女）、朱定华、刘子贤、刘长明、刘正才、刘正良、刘志新、刘凯林、李亚军、李志鸿、李朝辉、肖雪文、周礼汉、周光远、赵焕、黄星星、黄盛发、彭晓春（女）、童和平、曾永娥（女）、谢玉琪、谢建中、谢跃中、颜义芳。

六、娄星区政协第七届委员会（2007.12—2008.12，未满届）

届初委员211名，常委35名；届末委员增补至240名，常委增补至38名。

主　席：邓国雄。

副主席：陈肇中、彭湘南（女）、彭国忠、李志鸿、赵焕。

秘书长：李长和。

党组成员：书记邓国雄，副书记陈肇中，成员彭国忠、李长和。

常务委员：马莎（女）、王文成（女）、王定求、仇虹（女）、成原莲（女）、刘正良、刘志新、刘凯林、刘新桥、李亚军、李迎春（女）、杨春华、陈向前、周小雄、周礼汉、禹大革、高振华、郭勘亚（女）、梁连兵、彭正清、彭勇进、彭晓春（女）、曾且成、曾永娥（女）、谢注新、谢保平、谢跃中、颜义芳。

第二节　工作机构与基层组织

一、工作机构

1990年6月，娄底市政协机关调整为办公室、提案工作委员会、文史资料研究委员会、学习宣传委员会、经济科技委员会、文教卫体委员会、法制群团委员会和祖国统一联谊委员会“一办七委”。1997年12月，根据中共娄底市委《关于娄底市政协机构改革方案的实施意见》，改为办公室、提案工作委员会、学习文史委员会、经济科技委员会、社会工作委员会“一办四委”，办公室设综合信息组、秘书组。2005年8月，根据市委政协工作会议精神，与上级政协机关设置配套，增设环境资源委员会。至2008年，娄星区政协内设机构为办公室、研究室、提案工作委员会、学习文史委员会、经济科技委员会、社会工作委员会、环境资源委员会“五委两室”。

1989—2008年娄星区（娄底市）政协各委室历任负责人一览表

表6-1

办委名称	历任主任姓名
办公室	李汉尧、彭仲辉、刘玉秋、肖星明、谢建中、李振兴、李长和
提案工作委员会	尹涤伯、金建雄、彭兰华、刘献益

续表6-1

办委名称	历任主任姓名
学习委员会	孙　超
学习宣传委员会	孙　超、张孟然
文史资料研究委员会	曾初斌、李汉城、金建雄
学习文史委员会	金建雄、谢建中、刘正才、彭正清
工作委员会	谢迪祥
经济科技委员会	谢迪祥、李汉城、周礼汉、谢跃中
社会工作委员会	谭剑青、马　莎
环境资源委员会	马　莎、郭勘亚
文教卫体委员会	曾初斌、马　莎
祖国统一联谊委员会	彭兰华

二、基层组织

1996年12月，根据《中共娄底市委关于进一步加强政协工作的决定》，娄底市政协在14个乡镇街道设立正科级政协联络员。2001年1月，娄星区政协根据《关于加强乡镇基层政协工作的几点意见》，在14个乡镇街道建立政协工作联络委员会。2004年，根据区委《关于进一步加强和改进政协工作的决定》精神，在全区设置12个正科级乡镇、街道政协工联委，明确乡镇街道政协工联委为区政协派出机构，正科级规格，由主任、副主任、秘书组成。

第三章　主要会议

政协娄星区（娄底市）委员会主要会议有全体会议、常委会会议、主席会议3种形式。1989—2008年，经历六届政协委员会，召开25次全体会议（简称全会），每次全会听取和审议常务委员会工作报告和提案工作报告；通过政治决议、常委会工作报告决议、提案工作情况报告决议；列席区（市）人民代表大会，听取和讨论政府工作报告。召开常委会议111次，通过决定、决议、规则、建议等事项16项。召开主席会议142次，对经济形势和对策、城市基础设施建设、市（区）财政收支情况、惩治腐败等事项进行专题协商讨论。

第一节　全体委员会议

一、第二届委员会

第三次会议　1989年3月26—31日，举行政协娄底市第二届委员会第三次全体会议。李楚斌代表市政协二届常委会向大会作《强化协商监督，参与治理整顿，为两个文明建设作出新贡献》工作报告，黄云涵向大会作提案工作报告。全体委员列席市三届三次人民代表大会，听取和讨论政府工作报告。14名委员在大会上协商发言。通过政治决议、常委会工作报告决议、提案工作情况报告决议，表彰4个政协先进集体和45名先进委员。

二、第三届委员会

第一次会议　1990年2月23—28日，举行政协娄底市第三届委员会第一次全体会议。与会政协委员179人。黄云涵代表上届政协常委会作工作报告，周达生作政协二届一次会议以来提案工作情况报告，大会进行委员协商发言。全体委员列席市人大四届一次会议，听取和讨论政府工作报告，会议选举李楚斌为第三届政协主席，黄云涵、周达生、龙云彬、池锦堂、邓明亮、邹明玉、唐永龄为副主席，李汉尧为秘书长，选举常务委员21人。通过政治决议、常委会工作报告决议、提案工作情况报告决议。

第二次会议　1991年3月21—28日，举行政协娄底市第三届委员会第二次全体会议。与会政协委员180人。黄云涵代表市政协三届常委会向大会作常委会工作报告，周达生向大会作关于三届一次会议以来提案工作情况报告，10位委员在大会上协商发言。全体委员列席市人大四届二次会议，听取市政府关于“八五”计划（草案）、政府工作报告和其他有关报告。通过政治决议、常委会工作报告决议、提案工作情况报告决议。表彰1990年度政协工作先进集体和先进个人。增选民盟师专支部负责人为政协常委。

第三次会议　1992年3月25—28日，举行政协娄底市第三届委员会第三次全体会议。与会政协委员180人。邓明亮代表三届政协常委会作工作报告，周达生作关于三届二次会议以来提案工作情况报告，11位委员在大会上协商发言。全体委员列席市人大四届三次会议，听取和讨论政府工作报告。通过政治决议、常委会工作报告决议、提案工作情况报告决议。表彰1991年度政协工作先进集体和先进个人。

三、第四届委员会

第一次会议　1992年12月28日至1993年1月3日，举行政协娄底市第四届委员会第一次全体会议。与会政协委员196人，其中新委员102人，上届留任94人。邓明亮代表上届政协常委会作《解放思想，振奋精神，为全市改革开放和现代化建设再立新功》工作报告。邹明玉作关于三届一次会议以来提案工作情况报告。全体委员列席市人大五届一次会议，听取和讨论政府工作报告。会议以投票选举方式选举刘积葵为第四届政协主席，邓明亮、李毓阶、邹明玉、龙云彬、许群尧为副主席，彭仲辉为秘书长，并选举常务委员25人。通过政治决议、常委会工作报告决议、提案工作情况报告决议。

第二次会议　1994年3月24—28日，举行政协娄底市第四届委员会第二次全体会议。与会政协委员194人。邓明亮代表四届政协常委会作《适应新形势，确立新思路，努力开创全市政协工作新局面》工作报告，邹明玉作政协四届一次会议以来提案工作情况报告。全体委员列席市人大五届二次会议，听取和讨论政府工作报告。经过全体委员协商，以举手表决方式选举孙思友、袁承谟为市政协副主席、李新民为市政协常委。通过政治决议、常委会工作报告决议、提案工作情况报告决议。

第三次会议　1995年4月4—8日，举行政协娄底市第四届委员会第三次全体会议。本次会议委员因犯错误除名2名，批准辞职1名，增补7名，有委员198名。邓明亮代表四届政协常委会作《认真履行协商监督、参政议政职能，为全市改革、发展、稳定作出新贡献》工作报告，孙思友作关于四届二次会议以来提案工作情况报告。全体委员列席市人大五届三次会议，听取和讨论政府工作报告。10名委员大会协商发言。采取举手表决方式，选举常委1人。通过政治决议、常委会工作报告决议、提案工作情况报告决议。表彰政协工作先进集体、先进个人、优秀提案和承办提案先进单位。

第四次会议　1996年3月20—24日，举行政协娄底市第四届委员会第四次全体会议。本次会议委员因工作需要调出1人，病故2人，增补4人，有委员200人。邓明亮代表四届政协常委会作《履行基本职能，发挥政协优势，讲求工作实效，为全市“九五”发展献计出力》工作报告。邹明玉作政协四届三次会议以来提案工作情况报告。全体委员列席市人大五届四次会议，听取和讨论政府工作报告。9位委员大会协商发言。大会采用举手表决办法选举石荣发为四届政协副主席、肖星明为四届政协常委。通过政治决议、常委会工作报告决议、提案工作情况报告决议。表彰政协工作先进集体、先进个人、优秀提案和承办提案先进单位。

第五次会议　1997年3月24—28日，召开政协娄底市第四届委员会第五次会议，与会政协委员199人。邓明亮代表四届政协常委会作工作报告，石荣发作关于政协四届四次会议以来提案工作情况报告。全体委员列席市人大五届五次会议，并协商讨论政府工作报告。12位委员在会上协商发言。会议期间，政府领导现场答复部分委员提案。通过政治决议、常委会工作报告决议、提案工作情况报告决议，表彰1996年度政协工作先进单位和个人。

四、第五届委员会

第一次会议　1997年12月28日至1998年1月1日，召开政协娄底市第五届委员会第一次全体会议。参加本届政协会议委员196人，其中第四届留任58人，新委员138人。袁承谟代表四届政协常委会作《高举邓小平理论的伟大旗帜，切实履行人民政协基本职能，为实现全市跨世纪宏伟目标而奋斗》工作报告，李毓阶作关于四届一次会议以来提案工作情况报告。全体委员列席市人大六届一次会议，协商政府工作报告。经过委员们酝酿协商，投票选举李金才为五届政协主席，邓明亮、李毓阶、许群尧、袁承谟、刘刚毅、段小云为副主席，肖星明为秘书长，选举产生24名政协常委。通过大会有关决议，表彰上年度政协工作先进单位和个人。

第二次会议　1999年3月16—19日，召开政协娄底市第五届委员会第二次全体会议。这次会议是在娄底面临着撤地设市新形势下召开的。本次会议，因工作需要增补委员23名，因工作变动，辞免委员5名，有委员214名。李金才代表五届政协常委会作《同心同德，求真务实，不断开拓政协工作新局面》的工作报告。李毓阶作关于政协五届一次会议以来提案工作情况报告。18名委员在大会上协商发言。全体委员列席市人大六届二次会议，协商讨论政府工作报告。会议期间，政府代市长周世辉，副市长曾令奇、池锦堂、毛海文、龚炳胜，助理调研员聂克生以及有关部门负责人召开现场办公会答复委员提案。会议通过有关决议，表彰1998年度政协工作先进集体和个人。

第三次会议 2000年3月4—7日，召开政协娄星区第五届委员会第三次全体会议。与会政协委员219人。听取和审议常务委员会工作报告和提案工作报告，全体委员列席区人大六届三次会议，听取和讨论政府工作报告。大会期间，选举曾令奇为中国人民政治协商会议娄星区第五届委员会主席。18位政协委员在大会上发言。通过政治决议、常委会工作报告决议、提案工作情况报告决议。表彰1999年度政协工作先进单位和个人。

第四次会议 2001年3月12—15日，召开政协娄星区第五届委员会第四次全体会议。与会政协委员223人。听取和审议常务委员会工作报告和提案工作报告，12位政协委员在大会上发言。全体委员列席区人大六届四次会议，协商政府工作报告及“十五”计划（草案），提出11项建议性意见和建议。通过政治决议、常委会工作报告决议、提案工作情况报告决议，表彰2000年度政协工作先进单位和个人。

第五次会议 2002年3月5—8日，召开政协娄星区第五届委员会第五次全体会议。与会政协委员222人。听取和审议常务委员会工作报告，全体委员列席区人大六届五次会议，听取和讨论政府工作报告。常务副区长王雄代表区人民政府向大会报告本次会议期间办理委员提案有关情况；12位委员在大会上协商发言。通过政治决议、常委会工作报告决议、提案工作情况报告决议，表彰2001年度政协工作先进单位和个人。

五、第六届委员会

第一次会议 2003年1月5—8日，召开政协娄星区第六届委员会第一次全体会议。与会政协委员196名，其中由上一届留任71名，占委员总数36.2%。听取和审议邓明亮代表区政协五届常务委员会所作工作报告和李毓阶代表区政协五届提案委员会所作提案工作情况报告。全体委员列席区人大七届一次会议，讨论协商政府工作等5个报告。选举邓国雄为区政协第六届委员会主席，赵自得、段小云、肖星明、戴建民、彭湘南、李和友为副主席，选举秘书长1人、常务委员34人。通过政治决议、常委会工作报告决议、提案工作情况报告决议，表彰2002年度政协工作先进单位和优秀政协委员。

第二次会议 2004年3月11—14日，召开政协娄星区第六届委员会第二次全体会议。与会政协委员204人。听取和审议常务委员会工作报告和提案工作报告，全体委员列席区人大七届二次会议，讨论协商政府工作等5个报告。11位委员在大会上协商发言。增选政协常委1人。通过政治决议、常委会工作报告决议、提案工作情况报告决议。大会表彰2003年度政协工作先进单位和优秀政协委员，授予刘双雄等8人“政协委员示范岗”称号。

第三次会议 2005年3月15—18日，召开政协娄星区第六届委员会第三次全体会议。与会政协委员205人。听取和审议常务委员会工作报告和提案工作报告，全体委员列席区人大七届三次会议，讨论协商政府工作等5个报告。大会增选李振兴为政协娄底市娄星区第六届委员会常委、秘书长。9位委员在大会上协商发言。大会通过政治决议、常委会工作报告决议、提案工作情况报告决议。表彰2004年度政协工作先进单位和优秀政协委员。

第四次会议 2006年3月6—8日，召开政协娄星区第六届委员会第四次全体会议。与会政协委员210人。听取和审议常务委员会工作报告和提案工作报告，全体委员列席区人大七届四次会议，讨论协商政府工作等报告。12位委员在大会上协商发言。大会通过政治决议、常委会工作报告决议、提案工作情况报告决议。表彰2005年度政协工作先进单位和优秀政协委员。

第五次会议 2007年3月26—28日，召开政协娄星区第六届委员会第五次全体会议。与会政协委员214人。听取和审议常务委员会工作报告和提案工作报告，全体委员列席区人大七届五次会议，讨论协商政府工作等报告。12位委员在大会上协商发言。大会通过政治决议、常委会工作报告决议、提案工作情况报告决议。表彰2006年度政协工作先进单位和优秀政协委员。

六、第七届委员会

第一次会议　2007年12月14—17日，召开政协娄星区第七届委员会第一次全体会议。与会政协委员211名，其中上一届留任95名，占委员总数45%。听取和审议常务委员会工作报告和提案工作报告，全体委员列席区人大八届一次会议，讨论协商政府工作等报告。选举邓国雄为区政协第七届委员会主席，陈肇中、彭湘南、彭国忠、李志鸿、赵焕为副主席，选举秘书长1人、常务委员35名。10位委员代表各界别在大会协商发言。大会通过政治决议、常委会工作报告决议、提案工作情况报告决议。表彰2007年度政协工作先进单位和优秀政协委员。

第二节　常务委员会会议

1987—1989年，政协娄底市第二届委员会召开14次常委会会议。会议主要议程是：传达学习中央和上级有关文件和会议精神；邀请市委、市政府领导通报工作情况，就重大问题开展专题协商；报告前段政协工作情况，安排下段政协工作。二届四次常委会议作出《关于认真学习和坚决贯彻执行中央第十三次全国代表大会精神的决议》。二届八次常委扩大会议通过《政协娄底市委员会常务委员会工作规则》。二届十一次常委会协商通过《政协娄底市委员会关于政治协商、民主监督的试行规定》。

1990—1992年，市政协第三届委员会累计召开12次常委会会议，会议主要议程是：传达学习中央、省、地和市级有关文件精神；协商研究人事安排；研究部署政协工作；市政府领导通报工作情况；协商安排下次全会或下届换届筹备工作。三届七次常委会议就振兴娄底经济进行研讨；三届十二次常委会议对两个文明建设重大问题进行专题协商，对经济、教育方面工作进行协商讨论。

1993—1997年，市政协第四届委员会累计召开25次常务委员会会议。会议主要议程是：传达学习中央、省、地和市级有关文件精神；协商研究人事安排；市政府领导通报工作情况；审议全会各项议程和报告；研究部署政协工作。四届四次会议补选2名委员，协商2名副主席、1名常委；四届七次常委会议作出《学习中共十四届四中全会决定和市委三届三次全会决定》《贯彻传达市委肖志良同志在娄底市严打动员大会上的讲话》，取消1名常委和2名委员资格；四届十次常委会议协商补选1名政协常委；四届十二次常委会议学习李瑞环在八届政协常委会十三次会议上的讲话；四届十三次常委会议协商讨论娄底市“九五”计划；四届十四次常委会议协商增补1名政协常委；四届十五次常委会议增选1名政协委员；四届二十三次常委会议举办迎香港回归座谈会；四届二十五次常委会议对政协机关机构设置进行调整，由7委1室改为4委1室。部署税费、学校现状、农村卫生和减轻农民负担方面进行调查和研究。

1998—2002年，娄星区（娄底市）政协第五届委员会累计召开30次常务委员会会议。会议主要议程是：传达学习中央、省、地和市级有关文件精神；协商研究人事安排；市政府领导通报工作情况；协商安排下次全会或下届换届筹备工作。五届二次常委会议审议通过《关于加快发展我市个体和私营经济向中共娄底市委、市政府的建议案》、审定《市政协委员活动中心筹建实施的初步方案》；五届三次常委会议审议通过《中共娄底市关于进一步加强政协工作的决定》《政协娄底市委员会常务委员会工作规则》；五届八次常委会议通过《中共娄底地委关于县级娄底市撤市设区中领导机关更名有关事项的决定》、协商讨论《关于加强区级财源建设的建议案》；五届九次常委会议举行庆祝人民政协成立五十周年座谈会；五届十次常委会议对区属工业企业调查后形成企改建议案；五届十一次常委会议部署市重点工程项目进行调查研究工作；五届十三次常委会议协商曾令奇为区政协主席候选人和李金才辞呈；五届十六次常委会议形成建议案，建议区政府集中精力抓经济工作，加强市场与财税建设，优化环境治理，维护社会稳定；五届二十一次常委会议协商讨论《关于对区属行政机构、事业单位实行会计委派制的建议案》；五届二十二次常委会议协商讨论全区娄涟、洛湛、上瑞三大高速公路工程建设相关事宜；五届二十三次常委会议听取区政府《实行会计委派制的建议案》答复，审议《关于春元中学迁入四中的论证意见》，审议乡镇工委主任任职决定；五届二十七次常委会议审议通过《关于加强社区建设的建议案》。

2003—2007年，娄星区政协第六届委员会召开24次常务委员会会议。会议主要议程是：传达学习中央、省和市级有关文件精神；协商研究人事安排；区政府领导通报工作情况；协商安排下次全会或下届换届筹备工作；协商通过各项决定；审议通过对区政府3个报告协商意见。六届二次常委会议审议政协委员视察（考察）工作规定，政协各委室与区党群有关部门对口协商和联系若干规定、各乡镇（街道）政协工作目标考核办法、委员组工作目标考核办法、先进政协委员评选办法、常务委员会工作规则、政协委员管理规定、优秀提案和提案承办先进单位评选办法；审议通过贯彻《中共娄星区委关于进一步加强政协工作的意见》实施细则。六届四次常委会议协商审议《关于把洪家山森林公园作为十五计划重点开发项目的建议案》；六届五次常委会议协商新增选陈肇中为政协常委；六届八次常委会议研究讨论以区委、人大、政协联合进行民主评议，重点评议执法情况；六届十一次常委会议协商产生秘书长；六届十二次常委会议通过区政协主席、副主席述职评议方案和通过区政协常务委员述职评议方案；六届十三次常委会议对区政协主席、副主席进行述职测评；六届十四次常委会议对区政协常委述职测评；六届十六次常委会议学习传达《中共中央关于加强人民政协工作的意见》；六届十八次常委会议通过民主评议区交通局方案；六届二十次常委会议通报民主评议区交通局情况和协商通过向区政府建议案。

2008年，区政协第七届委员会召开6次常务委员会会议。会议主要议程是：传达学习中央、省和市级有关文件精神；协商研究有关人事安排；区政府领导通报工作情况；协商通过各项决定；审议通过区政府5个报告协商意见。七届一次常委会议审议通过《关于加强政协委员管理的规定》，协商通过《区政协委员视察（考察）工作规定》；七届二次常委会议协商向区委、区政府建议案。七届三次常委会议召开“情系灾区、奉献爱心”抗震救灾募捐动员会；七届四次常委会议协商通过《关于开展民主评议工作的实施方案》，传达区委书记现场办公会议精神。

第四章　职能履行

1989—2008年，政协娄星区（娄底市）委员会职能履职主要通过政治协商、民主监督、参政议政、学习研讨、联谊交流、办理提案、编辑文史资料实现。围绕区（市）委、区（市）政府中心工作，从推进民主政治建设、实现领导决策民主化科学化，加速文明建设出发，开展多层次多渠道协商监督。每年政协全会安排大会发言；每季一次政协常委会除学习传达有关精神、协商政协内部工作外，安排1~2个专题与区（市）有关领导协商。累计提出建议案40余件。制定《娄底市政协政治协商、民主监督的试行规定》，对政治协商、民主监督目的、范围、主要形式、层次、程序等作出规定。就国民经济和社会发展计划、战略规划、经济建设、社会事业建设、城市建设、基础设施建设等工作，与党政领导和有关部门进行协商监督。每年选择带全局性、倾向性问题，组织委员视察调研，适时组织开展对部门单位进行民主评议。围绕各个时期党委政府中心工作，坚持抓重点、议大事，抓准问题开展考察调研，发挥议政作用。同时，主动接受经济建设任务，积极参政，推动经济社会发展。把组织委员学习、搞好宣传教育列入政协工作议事日程，建立委员组学习日制度，做好对外宣传。与统战部门联合，协助乡镇建立“三胞”亲属联谊会，加强与海外侨胞联谊活动。加强横向交流，学习外地经验，推介本地成功典型经验。对全体会议政协委员提案进行梳理，及时交办并组织督办，累计交办提案2981件，全部办结。加强文史工作，收集整理域内历史人物、革命烈士、发展成就等资料，编纂出版文史资料5辑。

第一节　政治协商

1987年3月至1990年2月，娄底市第二届政协围绕中心工作，从推进民主政治建设、实现领导决策民主化科学化，加速两个文明建设宏观目标出发，开展多层次多渠道协商监督。每年政协全会，安排大会发言；每季一次政协常委会，除学习传达有关精神、协商政协内部工作外，安排一个专题与市有关领导协商。1988年9月28日，通过《市政协常委会工作规则》。召开9次政协常委会，16次专题协商会，撰写考察调研材料100余份，就全市国民经济和社会发展计划、2000年战略规划设想方案、市委换届选举人事安排等重大事项及经济建设，科教文卫事业、城市建设等群众普遍关心的10多个热点问题，与党政领导和有关部门进行协商。1989年，二届八次常委扩大会关于加强农业发展后劲、做好农村工作协商意见，披露农村水、肥、资金、干部作风等六大问题，提出8点措施。教育组就职称改革存在问题与市教委进行专题协商，市长办公会议专门研究，适当调整评审机构，增加职称指标，处理个别违反职改负责人，重视薄弱学科职称评定。

1990年2月至1993年12月，娄底市第三届政协本着“立足本地、着眼全局、主攻热点”选题方向，抓准问题开展调研，发挥职能作用，为全市大政方针制定和实施参政议政。1990年12月，政协工商经济组委员对市毛巾厂、无线电器材厂等11家市属工业企业进行为期15天的调查。向市委、市政府及主管部门提出“调整结构、狠抓质量、完善管理、以销促产”对策。注重围绕党委需要决策部署和决策实施重要问题，超前调查研究，为党政科学决策提供借鉴依据。1991年9月，牵头主持召开振兴娄底经济研讨会，撰写和发表论文13篇。其中，副主席池锦堂撰写的《依托区域骨干企业配套协调发展地方工业的实践与思考》和兼职副主席、涟钢计划处处长龙云彬撰写的《涟钢发展对策浅议》等论文，对娄底骨干企业发展进行分析，提出“依靠涟钢，发展乡镇企业”新思路，为经济发展找出一条新途径。在实际工作中，抓住党委抓的、政府干的、群众盼的“热点”“难点”又需要迫切解决的问题，提出解决问题措施和办法。1992年，科技组针对群众反映强烈的饮用水质问题，由副主席邓明亮带队多次会同地、市环保部门、市卫生防疫站和自来水厂等单位，对生活用水水源孙水河进行考察，并向有关部门汇报水源污染情况和解决办法，为地、市领导决策提供重要参考意见。

1993年12月至1997年12月，娄底市第四届政协坚持抓重点、议大事、办实事、求实效工作方针，按照市委、市政府工作思路，围绕各个时期中心工作，协商进言献策。每年一次全会上，委员们对政府工作报告、国民经济与社会发展计划及财政预决算报告等重大事项，进行政治协商，提出建议和意见。1994年，政协教育组针对春元中学管理和教学混乱问题，2次组织委员了解实情，提出调整领导班子，起用能人建议。市委采纳意见，采取措施解决春元中学发展难题，学校重现生机。1995年四届三次会议起，每次全会组织委员进行大会发言，就全市大政方针出谋献计。主席会议和常委会议分别就经济形势和对策、城市基础设施建设及财政收支情况和惩治腐败等问题进行协商讨论，提出解决问题建议和意见。每次例会前，选择1～2个重要问题进行考察，深入基层民众，了解社情民意，提出具体协商意见。1996年5月，组织省市政协委员对涟水河城区段进行实地考察和座谈讨论。召开综合治理开发涟水河研讨会，向市委、市政府递交建议案。

1998年上半年，娄底市第五届政协组织经济界和科技界委员对全市个体私营经济发展现状进行调查研究。先后走访9个单位和100余名个体私营业主，采取现场会和研讨座谈会等形式，了解个体私营企业经营情况。委员在调查掌握第一手材料基础上，就加速发展全市个体私营经济发展撰写调查报告。经市政协常委会议审议通过，形成《关于加快全市个体私营经济发展的建议案》，递交市委、市政府，建议和意见为全市制定和实施一系列关于加快发展个体私营经济优惠政策提供重要参考依据。下半年，组织对全市实施再就业工程情况调查研究，向市委、市政府提出“关于全市实施再就业工程的10点建议”。12月，政协常委会组成人员、政协联络员和委员组长、政协机关人员70余人视察重点工程项目建设，提出意见和建议。1999年上半年，政协常委会向市委、市政府递交《关于加强区级财源建设的建议案》，为市改区后娄星区财经建设想办法、出主意，得到区委、区政府肯定。2000—2002年，娄星区五届政协各委员组抓住重点，紧贴实际开展活动。涟钢委员组开展对下岗职工安置和企业改革调研；教育委员组对娄底经贸学校实施素质教育视察；科技委员组对娄底大市场和娄底电业局科技工作考察；群团委员组对民政、工会工作开展调查；农村委员组对乡镇企业体制改革和农业基础地位调研；城市委员组对发展区街工业调研，促成一些问题解决。

娄星区第六届政协坚持全体会议突出大会发言求亮点，常委会议突出专题协商求实效，主席会议突出阶段议政求质量，专委会会议突出对口联络求特色，工作经验分别在省政协九届五次会议上以《湖南政协》大会专辑予以推介。2007年6月，在全省市州政协主席座谈会上作为先进典型推介。5年组织和参与调研269次，形成调研报告277篇，编印《调研与信息》173期、《娄星政协》12期，每年有2～3件建议案进入党委政府决策程序。市委书记蔡力峰就《是“筑巢引凤”还是“关门打狗”》等建议案作出专门批示。2003年6月，组织省、市、区三级政协委员及相关职能部门和专业人士对双江乡洪家山森林公园、双江水库建设进展情况进行视察，形成《双江水库视察报告》和《关于把洪家山森林公园作为“十五”规划重点开发项目建设的建议案》，供党政领导决策参考。2005年，围绕涟钢薄板工程、城市建设、道路改造、民营经济发展等重大工作建言献策，组织各类考察调研活动50余次，形成调研报告50余篇。《城市建设必须重视搬迁安置工作的建议案》和《关于科学编制“十一五”规划的建议案》，引起市委、市政府和区委、区政府重视。围绕“在乡镇街道换届中保留和加强政协组织建设”议题，六届四次会议前组织到乡村走访座谈形成专题调研报告，在全会上进行讨论，在第16次常委会议上持续建言，形成向区委提交专题建议案，区委决定继续保留和加强乡镇街道政协工委机构和建设。

娄星区第七届政协期间，以多出精品为前提，在选题准、调研深、成果精、转化快上下功夫，开展调查研究，为促进经济发展、构建和谐娄星建言献策，形成《发展区域高效农业，提高农业产业化水平》《打造村域品牌，加速新农村建设》等系列建议案和调研报告。配合省、市政协开展社会主义新农村建设、基层政协队伍建设、加快发展装备制造业等专题调研活动，产生较大社会影响。围绕“富民强区”宏伟战略，以促进民营经济发展为着力点开展调研，形成《关于加快我区民营经济发展向中共娄星区委、区人民政府的建议案》。区委、区政府下发关于加快民营经济发展文件，出台区级领导挂点联系民营企业措施，开展“重点企业百日大帮扶”活动。

第二节 民主监督

1989年6月，政协二届十一次常委会通过《娄底市政协政治协商、民主监督的试行规定》，对政治协商、民主监督目的、范围、形式、层次、程序等做出具体规定。就国民经济和社会发展计划、2000年战略规划设想方案、市委换届选举人事安排等重大事项及经济建设、科教文卫事业建设、城市建设等问题，与党政领导和有关部门进行协商监督。

1990年2月至1993年12月，第三届政协拓宽民主监督渠道，发挥政协委员和民主党派成员、无党派人士参与大政方针决策中作用，选派15位政协委员和非中共人士分别担任特约监察员、特约审计员和特约教育督导员。1993年12月至1997年12月，四届政协围绕全市各阶段中心工作和群众关心的热点问题进行视察，督促各部门工作。1995年7月，经济科技委员会针对私营工商企业萎缩、个体经济滑坡问题，组织委员到杉山镇、恩口煤矿、花山街道办事处等地集贸市场进行考察，了解分析个体工商户撤摊外流原因，提出加强执法队伍建设和挂牌收费、规范收费行为等建议。医卫组对城乡卫生工作进行考察监督，对卫生事业“三配套工程”与经济发展和人民生活需要不相适应、医疗设备简陋、医疗队伍素质不高及农村初级保健工作落后等问题，提出改进意见。考察活动中，委员们通过与双江乡党政领导和市卫生局主要负责人协商和现场办公，解决双江卫生院交通问题。1995年9月、1996年6月，政协常委会2次组织部分委员分别对第二自来水厂、娄湘公路和新火车站、50万伏变电站等重点工程项目进行视察，对工程立项有利条件及困难等进行研究论证，提出可行性意见，得到采纳。

1997年12月，第五届政协推介40位委员担任执法部门特约监督员，开展对执法单位监督评议。1998年，组织对12个行政执法部门进行公开评议，促进依法行政、文明执法、优化经济环境。1999年，组织对区法院、水利局、房改办、民政局等10个单位进行行风评议。2001—2002年，组织对23个政府组成单位进行民主评议。

2003年1月至2007年12月，第六届政协坚持“三个结合”（坚持民主监督与党内监督相结合，深化监督内涵；坚持依法监督与依章监督相结合，增强监督效果；坚持条条监督与块块监督相结合，拓展监督领域），创新民主监督。2003年起，联合区纪委对政府职能部门进行评议，民主监督和党内监督有机结合。2006年，与区委组织部、审计局等部门联合，对交通局进行联合评议。在全区第一次把对评议单位班子民主测评作为组织部门考核依据，第一次把对职能部门专项经费审计纳入民主评议内容，第一次把企业改制监督纳入民主评议内容。2005—2007年，政协委员和各级政协组织参与区乡两级人大、政府、政协领导班子测评。乡镇、街道政协工委坚持与同级人大、纪委联合开展监督评议。部分乡镇政协工委与乡镇人大、纪委联合对政府行政副职进行述职评议，民主评议乡镇、街道派出所，直接参与区法院审理监督工作。参与上级政协开展民主评议市城市管理行政执法局、农业化产业化调研等30多项重大活动。利用市政协娄星委员组平台，把委员提案中反映的因区政府和相关部门职能不全而无法解决的问题，通过市区政协委员联名提案、市政协督办方式，使问题得到解决。2008年，七届政协起，改民主监督员聘任制为委派制，委派一批政协委员到全区党政部门和司法机关担任民主监督员。

第三节　参政议政

一、参政

1999年1月，娄底市政协领导和机关干部按照市委分工，参加农村社会主义思想教育，挂乡挂厂"支、帮、促"。政协主席、副主席挂钩部分乡镇村，协调引进项目、筹措资金，改善村级基础设施建设。派出专人在小碧乡镇南村蹲点，帮助农村基层党组织整顿班子，调整农村产业结构。支持涟钢30万吨电炉、娄湘公路、新火车站、二水厂、11万伏变电站、珠六复线、石马公园开发建设，向市委、市政府提出意见建议，派人直接参与工程建设，参与谋划娄底经济技术开发区建设。副主席邓明亮负责商品交易会日常工作，完成交易会筹备和举办任务。

1999年7月撤市设区后，按照区委分工安排，娄星区政协参与区委、区政府重点工程建设、对口帮扶乡镇驻点村扶贫等中心工作。五届政协组织委员开展"我为娄星经济和社会发展献良策，办实事，做好事，争做贡献"主题活动，开展咨询活动118次，为基层群众做好事实事220次，发动社会力量为贫困乡村群众捐款捐物价值100余万元。政协领导直接进入经济建设主战场，参与区委、区政府中心工作。六届政协为涟滨乡行政体制变更有关人财物安排和处置悉心尽力，为涟钢薄板项目和安石集团征迁工作全力以赴。建立正副主席挂点帮扶社区建设工作责任制，多方筹措建设资金；组织政法、公安、法院等协调处理信访案件80余件。

二、议政

1995年9月，娄底市政协部署开展国有企业发展调研工作，组织13名政协委员到市属工业、省地驻娄厂矿调查研究。撰写论文13篇，在地区行署、地政协工委召开的搞好搞活国有企业研讨会得到采纳。是年，城建委员组发挥专长，对开发和利用新星北路地段大胆设想，通过考察论证，提出综合开发新星北路建议和实施方案，被市委、市政府及城建部门采纳，并列入1996年城市建设重点工程项目。

1996年5月，接受市委、市政府综合治理开发涟水研讨课题。组织专业技术人员对涟水河城区段进行实地考察。7月，召开研讨会，形成建议案，向市委、市政府递交建议案，提出综合治理开发涟水必须治标与治本相结合；清淤疏通与筑堤护堤相结合；综合治理与综合开发相结合，总体规划与分步实施相结合。10月31日，市委、市政府根据建议，召开联席会议进行专题研究，形成决定，综合治理开发涟水被列入1997年"十件大事"。是年，组织政协机关人员及20余名委员视察实施"四五·五一"菜篮子工程和"水果市"建设工程情况。向市委提交视察情况报告，提出坚持开发与培育管理并重、加强基础设施配套和服务体系建设等建议。1998年，调查研究实施再就业工程，提出实施再就业工程建议。对个体私营经济发展现状进行调查研究，形成加快个体私营经济发展建议案。

1999年，娄星区政协组成财源建设调研组对区财源建设进行调研，形成调查报告。2000年，开展关于加强区级财源建设调研，形成《关于启动搞活专业市场的建议案》，提出"商业城、工业镇、专业村"的经济发展构想，为区委、区政府科学决策提供参考。2001年，就全区行政机关、事业单位实行会计委派制度重大改革问题，组织调研视察，形成《关于对区属行政机关、事业单位实行会计委派制的建议案》，得到区委、区政府采纳，在8个试点单位推行。2003年，组织部分政协委员就涟滨街道清潭村78个门店拖至10年之久未安置落实和娄底美饰家建材市场启动经营困境情况进行专题调研，形成2份专题调查报告，呈报市、区党委政府。2006年，围绕经济运行情况和娄星区经济园区建设开展协商。2008年，就“加快我区民营经济发展”议题，在全会前组织有关委员到相关企业、社会各界走访座谈，形成专题调研报告。在全会上引导工商、经济、科技、市经济技术开发区等委员组进行讨论，召开2次常委会议进行协商，跟踪建言，形成向区委、区政府专题建议案。

第四节　学习研讨

1989—2008年，娄星区（娄底市）政协把组织委员学习、搞好宣传教育列入政协工作议事日程。

娄底市政协第二届和第三届委员会建立委员组学习日制度，规定每月20日为委员活动学习日。设立学习委员会，专门负责政协委员组学习，制订年度学习计划，举办各种形式学习班、座谈会，编印下发各种学习资料。在广播电台开辟《政协章程问答》栏目，宣传政协性质、地位和作用。开辟《人民政协报》读报栏，编发《净友》快讯，编印《娄底政协》简报；每次全会表彰一批在政协工作中做出成绩的先进个人。1990年2月，市第三届委员会做出《关于开展向龙云彬同志学习活动的决定》，为全市政协委员树立学习楷模。

娄底市政协第四届委员会编印《参政议政》内部刊物，每期刊出委员撰写的调研报告，呈送市委、市政府领导参阅。创办《娄底政协》杂志，扩大政协在社会各界影响，与全国各地300多个省、地（州、市）、县（市）政协进行交流。为每个委员订阅1份《湖南政协报》《湘声报》，组织各单位订阅《湘声报》，通过发行《湘声报》，宣传人民政协基本理论，扩大政协影响。通过市区各新闻媒体报道政协全会、常委会和委员组各项活动及调查研究、各种形式协商会、座谈会、报告会，在电视台、广播电台开辟《委员风采》专栏。

娄星区（娄底市）政协第五届委员会采用举办专题学习会、报告会、辅导讲座、委员组活动和印发学习资料等方式开展学习活动，组织委员和机关工作人员重点学习邓小平理论，学习“三个代表”重要思想，学习党和国家的方针政策，学习统战理论和人民政协知识。从1997年开始，发行《湘声报》连续3年超千份，在该报主办娄底专版。

娄星区政协第六届委员会组织政协工委、委员组及政协机关工作人员举办“天女杯”中共十六大精神、政协知识竞赛。举办政协委员培训班，新任政协常委、政协委员、政协工委主任、委员组长和乡镇街道政协工委秘书130余人参加培训。

第五章　其他活动

1989—2008年，娄星区（娄底市）历届政协委员会注重发挥政协综合“人才库”“智囊团”优势，在政治协商、参政议政、民主监督的同时加强联谊交流、审查提案和督促办理、收集和编写文史资料。开展社会服务活动，投身经济建设和社会事业。各界别政协委员利用专长通过调研考察、咨询服务、科技卫生文化下乡、社区共建等方式开展社会服务。

第一节　联谊交流

市政协第二届委员会与市委统战部联合，协助10个乡镇建立“三胞”亲属联谊会。每逢中秋、春节，与统战、对台等部门联合举行中秋赏月、怀思亲茶话会，鼓励委员加强与海外亲人联谊活动。

市政协第三届委员会增设祖国统一联谊委员会，配合统战部对台、侨务部门开展工作。向“三胞”及其亲属宣传“一国两制”、和平统一祖国方针，3年与海外通信来往1000余封。尽力为“三胞”亲属排忧解难，解决子女升学、招工、家属“农转非”等问题。运用“窗口”广泛联谊，组织陶龛学校建校90周年校庆和接待美国李振翩基金会参观团等活动，接待“三胞”人员822人，海外团体5个。开拓经济联谊领域，召开“三胞亲属联谊会”会长会议，参与娄底市海外联谊会暨经贸洽谈会，签订投资合同12个，合同金额2亿元。

市政协第四届委员会利用各种渠道和形式，加强与“三胞”及其亲属交友联谊，接待回乡探亲访友“三胞”人士1593人次，通过“五会”“三校”“一馆”窗口，与“三胞”人士书信来往3000余封。通过每年春节、中秋节举办茶话会和走访慰问委员等机会，向“三胞”人士及其亲友宣传党的“一国两制”科学构想和祖国和平统一方针政策，引导动员“三胞”人士回乡投资创办企业，签订投资合同7个，合同金额4200万美元，到位资金679.60万美元。1997年香港回归之际，与“三胞”人士座谈联欢，参加全市举办的迎庆香港回归系列活动。是年，市政协被评为全省祖国统一联谊先进单位。

区（市）政协第五届委员会按照“放宽视野，广交朋友，争取人心”方法，通过传统节日举行茶话会、学习座谈会、走访慰问等形式，加强与政协委员的联系。开展各种形式“三胞”及其眷属联谊活动，接待回乡探亲、旅游、祭祖“三胞”1026人次，登门走访“三胞”亲属2640人次，帮助解决困难和问题106个。

区政协第六届委员会组织走访慰问“三胞”“三属”活动，接待“三胞”，与“三胞”人士书信往来。编印《政协委员通讯录》，加强与政协组成单位特别是全区各民主党派、工商联、人民团体和各族各界联系。编印《娄星政协》12期，以《娄星政协》为联系载体，互相赠阅，与全国部分县、市、区政协保持友好往来。

第二节　提案工作

市政协第二届委员会提出提案530件，办复523件，占98.7%。关于发展生猪生产保障供给的提案，市政府拨款16万元，除管好原有蔬菜基地外，再扩大一批蔬菜基地，建立食用笋和生姜基地，筹建一批猪场、渔场。关于严禁利用桌球进行赌博活动的提案，市委、市政府领导作出批示，召集公安、工商、文化等部门专门研究并发出联合通告，组织整顿桌球行业。

市政协第三届委员会提出提案477件，办复471件，办复率98.8%。第三届政协提案，围绕实施“八五”计划提出，涉及经济建设、政治生活、教育文化工作、城市建设和人民群众普遍关心的其他重要问题，受到市委、市政府和有关单位好评。一些提案实施后，产生较好经济效益和社会效益。关于抓住机遇突出重点，加快娄底经济建设的提案，市计划委员会等部门认为提案所提建议很有见地，及时办理办复。

市政协第四届委员会提出各类提案659件，立案637件，所有提案全部办复。所提提案已解决或基本解决231件，占提案总数35%。这类提案主要涉及经济发展、城市建设、社会治安、教育文化及人民群众关心的重大问题。所提提案正在解决或列入规划逐步解决343件，占提案总数52%。这类提案主要涉及基建计划、财政资金、落实政策等方面问题。所提提案因条件还不够具备，留作参考而对委员作出解释说明85件，占提案总数13%。

区（市）政协第五届委员会提出提案696件，立案682件，14件转作来信处理，所有提案均已办复完毕。提案所提建议已经落实或基本落实215件，占总数32%；提案所提建议正在落实或逐步落实349件，占总数52%。这些提案涉及面广，需长期坚持才能逐步落实。提案所提建议因条件还不够具备留作参考或需要以后解决105件，占总数16%。

区政协第六届委员会提出提案663件，立案645件，占提案总数97%，18件转作委员来信处理，所有提案均已办复完毕。提案所提建议已经落实或基本落实226件，占总数35%。《招聘优秀师范类毕业生充实农村小学教师队伍》提案，引起区委、区政府重视，增加编制专门用于补充农村小学师资力量。建立教师录用补充长效机制，促进城乡教育资源互补。提案所提建议正在落实或逐步落实342件，占总数53%。民盟娄星区委提出《加大特色农业的科学规划和政策引导，促进社会主义新农村建设》提案，区政府把建设新农村列入议事日程，纳入“八件实事”之列。在区财力十分紧张的情况下，支农预算资金逐年有所增加。提案所提建议因条件还不够具备留作参考或需要以后解决77件，占总数12%。

第三节 文史工作

1991年9月，市政协文史资料研究委员会与陶龛校友总会合作，共同整理编辑《娄底文史——〈罗辀重遗著选编〉》第二辑。庆祝陶龛建校90周年，读者和校友了解研究罗辀重先生进步教育思想，弘扬陶龛办学精神。

1992年10月，编纂《娄底文史》第三辑。该辑文史是为纪念毛主席一百周年诞辰而编纂。在新民主主义时期，娄底有2个人物与毛泽东关系密切，一是军委前卫生部长姜齐贤少将，二是国际闻名医学家李振翩。本辑文史特推出他们的史实和文章。文史还记录娄底书画名家肖一苇、世界名人黄宇忠、忠心可敬成希颐、红军指挥员贺国中、风范长存吴光鉴等现代名人事迹，是一本娄底爱国主义教育实用乡土教材。

1996年10月，为纪念毛泽东青年时代朋友李振翩先生诞辰98周年和逝世12周年及他为人类医学和促进中美两国关系、两国人民友好交往做出的积极贡献，市政协文史资料研究委员会编辑出版《娄底文史》第四辑，系统地介绍李振翩博士生平及在医学领域的成就。

1999年7月，为纪念娄星政协成立15周年，区政协征集资料编写出《娄底文史》第五辑——《光辉的历程》。回顾区政协成立15年来的工作情况及成绩，总结政协工作经验，翔实记载历届政协委员在各战线上为改革发展献计出力光辉业绩。

2006年10月，政协组织编写《娄星文史》第六辑——《海峡情怀》。该书以娄星籍在台人士回忆录形式记载一些有史料价值的文史内容，反映他们发自内心的同胞情感及和平统一祈愿，是一本具有史料价值和政治意义文史资料。

第四节 社会服务

娄底市政协第二届委员会开展社会咨询服务

活动，组织专家组到乡镇企业考察，开展咨询服务。各工作机构应企事业单位之请，组织有关专业委员帮助解决难题。3年开展咨询服务活动40项，取得明显效益22项，创经济效益500万元。

娄底市政协第三届委员会注意为社会做好事、办实事，以实际行动宣传人民政协性质、地位和作用。医卫委员组2次组织地、市各医疗单位医生赴西阳、小碧乡巡回医疗，接诊640余人次。社群委员组为解决老龄化问题寻求解决办法；文教卫体委员会和市文化局共同举办画展活动；政协群贤学校克服生源不足、资金紧张困难，提升教学质量，3年为高一级学校输送学生和培养社会人才410余名。支持和配合市委、市政府中心工作，主要领导负责包干重点工程项目建设，参加经济技术开发区建设、农村社会主义思想教育和计划生育、粮食入库、抗灾救灾、社会治安整顿、税收征管、协办娄星交易会和市属企业"支、帮、促"等活动。

娄底市政协第四届委员会发挥专长，为社会办好事、做实事。医卫委员组多次对市福利院孤儿、光荣院及敬老院老人进行义诊和健康检查，组织到缺医少药乡村开展会诊就医，治疗病人100余人次，支援药物折合人民币3200元，对疑难病症进行及时处理，为病人建立健康档案。社会群团组委员坚持为杉山镇西坪村和小碧乡同安村老年人办好事、做实事，配合市民政局、老龄委为敬老院筹建水果基地，建立生产生活基地，并筹资金、引品种、传技术、发展多种经营，探索农村"老有所养""老有所为"新路子。

娄星区（娄底市）政协第五届委员会坚持"发挥优势，突出重点，量力而行，注重实效"原则，投身全区经济建设和社会发展事业。每年在委员中开展"我为娄星区经济和社会发展献良策，办实事，做好事，争做贡献"活动。组织委员组开展各种咨询活动118次，为基层群众做好事实事220次。组织部分政协委员为贫困乡村群众捐款捐物价值100余万元。开展"三下乡"活动。政协领导直接进入经济建设主战场，参与区委、区政府中心工作，按照区委分工，尽职尽责地完成各项任务。

娄星区政协第六届委员会协调处理涟滨乡行政体制变更，有关人、财、物安排和处置工作。协助涟钢薄板项目和安石集团征地拆迁工作。明确订副干联社点帮扶社区建设工作责任制，深入社区70余人次，走访群众400余人次，协调筹措社区建设资金50余万元，所联系社区被评为"示范社区"。组织政法、公安、法院等相关单位和部门负责人专题协调处理信访上访案件80余件。建立建设扶贫工作责任制，开展建设扶贫工作。组织委员开展"八个一"活动，资助贫困户166户，资助贫困学生284人次，各类捐款捐物（折价）72.54万元，捐建敬老院资金8.65万元，化解各类矛盾纠纷1089件。

第七篇 民主党派 群众团体

1989年，娄底市有九三学社湖南省委直属娄底市支社1个，社员30名；1992年5月29日，成立九三学社娄底市委员会，1999年撤市设区，更名为九三学社娄星区委员会。社员主要分布于科技界、医药卫生界。

1990年3月，成立民盟湖南省委直属娄底师范专科学校支部。相继成立民盟涟源钢铁厂支部、民盟湖南省委直属娄底市支部。1998年9月29日，成立中国民主同盟娄底市委员会，由娄底师范专科学校支部、涟源钢铁厂支部、民盟湖南省委直属娄底市支部组成。1999年，撤市设区，更名为中国民主同盟娄星区委员会。盟员主要分布于教育、党政机关各单位。

民盟娄星区委员会、九三学社娄星区委员会成立后，围绕中共娄星区（娄底市）委、区（市）政府中心任务和工作大局，开展调查研究，反映社情民意，撰写调研报告，建言献策，发挥界别特色，为中共娄星区委、区政府科学化、民主化决策做好服务。动员成员参加社会服务活动，开展帮扶贫困户脱贫、送医送药下乡、扶贫助学等活动，为娄星区经济社会发展做出贡献。

至2008年，娄星境内有工会、共青团、妇女联合会、科学技术协会、归国华侨侨眷联合会、工商联、文学艺术界联合会、残疾人联合会、红十字会、计划生育协会10个群众团体。各群众团体在娄星区（娄底市）经济社会发展中，围绕党委、政府中心工作履行各自职责，运用各自职能优势，加强社会服务，维护服务对象合法权益，促进创新创业，推进经济社会发展进步。

第一章 民主党派

1989年，娄底市委统战部按照注意重点范围和对象、注意政治质量和代表性、注意听取所在单位党组织意见、注意发展前后教育和严格审批手续“四个注意”原则，坚持以政治素质、参政议政能力和代表性为条件，严把“入口”关，协助民主党派稳妥做好组织发展工作。1990年3月，中国民主同盟（简称民盟）在域内建立首个地方基层组织娄底师范专科学校支部，彭邦彦任主委，直属民盟湖南省委领导。4月10日，民盟省委批准成立民盟涟源钢铁厂（简称涟钢）小组，委托民盟师专支部代管。是年，民盟、九三学社各发展新成员1名。1991年，协助九三学社娄底支社做好成立九三学社娄底市委筹备工作。1992年5月29日，成立首个县级民主党派地方组织九三学社娄底市委员会，张岭楠当选主任委员。1998年9月29日，成立民盟娄底市委员会，邹明玉（女）当选主任委员。至2008年，全区民主党派县级地方组织发展到2个，基层组织（支部、支社）8个，民主党派成员101人。

加强学习教育 1989年，民盟娄底师专支部组织全体盟员学习中央领导重要讲话，旗帜鲜明拥护中共中央决策，配合校党委做好全校师生稳定工作。1992—2007年，九三学社区（市）委建立学习制度，组织社员学习中共历次党的代表大会、人大会议、政协会议精神、改革开放方针政策、九三学社发展历史。为每个社员订阅九三学社中央综合性学习刊物《民主与科学》，订购《扎根中国大地上的科学社会主义》《九三学社历史资料选辑》《九三学社手册》《九三学社章程》等资料供社员学习。在社员中开展“九三人”形象大讨论，要求社员在学习、工作和生活中树立“九三人”良好形象。至2008年，民主党派举办各种学习班、学习会1000余次；民主党派成员参加（地）市、省、中央社会主义学院脱产学习培训100余人次。

加强班子建设 1990年，市委统战部配合九三学社湖南省委、地委统战部，帮助指导九三学社娄底支社领导班子建设。1992年，九三学社娄底市委成立时当选的5名委员是专业技术人员，对行政事务比较生疏，市委统战部及时进行指导协助。班子成员分期参加地区、省和中央社会主义学院、中央党校（函授）等培训学习，整体素质得到提高。同时，协调有关部门，增配1名有行政工作经验的常务副主委。1994年，配合民盟省委、地委统战部，帮助民盟师专支部加强领导班子建设，协助该支部进行换届，选出新的支部班子成员。1995—2008年，区（市）委统战部不定期帮助指导各民主党派加强领导班子建设，提高班子凝聚力和战斗力。

优化工作环境 1989—2008年，民盟、九三学社区（市）委每次换届时，区（市）委统战部全程协助工作、进行方法指导、政策把关、推荐人选。支持民主党派独立自主处理内部事务，帮助改善工作条件，解决人员编制、经费、办公场地等问题，支持、帮助改进民主党派机关作风，提高机关工作人员政治素质和业务水平。

发挥参政议政作用 1989—2008年，加强推选民主党派人士代表参加历届区级以上人民代表大会和政治协商会议工作，按规定比例确定代表名额，做好民主党派人士政治安排。注重做好民主党派人士实职安排，把培养、选拔民主党派人士代表担任实职作为重要工作列入区（市）委工作议程。区（市）委统战部配合组织部在民主党派成员中选拔培养重点人才，按照德才兼备原则和干部“四化”标准，依照考察→选拔→培养→推荐→任用程序，把民主党派中优秀人才选拔到领导岗位。1997年，九三学社娄底市委换届时，全市71名社员中有处级干部6名，科级干部14名。2005年，民主党派成员中有省政协委员1名；市政协常委2名，委员7名；区政协副主席2名，常委4名，委员14名；市人大代表1名；区人大常委1名，区人大代表4名。2006—2008年，政协娄星区第六届、第七届委员会组成人员和娄星区第六届、第七届人民代表大会常务委员会组成人员，民主党派都占一定名额。区（市）委将听取民主党派意见建议作为民主党派发挥参政议政作用重要工作。坚持每年召开3次以上民主党派人士座谈会，事关全区（市）经济社会发展大政方针政策出台前，听取民主党派人士意见。支持民主党派开展调查研究，并对多党合作、参政议政制度化、规范化进行理论探讨。重视采纳民主党派组织及成员议案提案。至2008年，民主党派就事关民生和经济社会发展等重大问题向区（市）委、政府提出合理化建议和意见145条，在省、市、区政协会上提交提案266件，在市、区人大会上提交议案97件；撰写各类调研报告、可行性分析报告、论文等100余篇。

聘请“四员”监督 1991年11月，市委、市政府在全市选拔民主监督特约审计员、监察员、检察员、教育督导员等“四员”人员15名，安排到检察、教育、监察等部门履行民主监督职责。其中，民主党派人士8名。市委、市政府、地委统战部领导参加聘请大会，并为“四员”人员颁发聘书。2003年，增加特约“四员”人员6名。2007年，区委制定《关于做好聘请民主党派成员无党派人士担任特约人员工作的意见》，民主监督工作走上制度化、规范化。2008年，增聘特约“四员”人员25名。

引导创新创业 1989—1997年，区（市）委统战部配合各民主党派组织引导民主党派成员投身娄底建设与发展。开展岗位成才、创新创业、科学研究。师专盟员陈丽群在完成教学任务的同时，进行应用物理学研究，撰写的物理科学论文在美国《应用物理》杂志发表。被评为省级青年骨干教师，1997年晋升为副教授，成为娄底师专最年轻高级职称人才。民盟盟员袁铁军在市委统战部和娄底市民盟组织协助下，创办湘中武术学校，至1998年，在校学生发展到1000余人。学校在参加全省、全国举办的武术比赛中多次获团体总分第1名，1996—1997年，连续2次被国家体委评为“全国先进武术院”，1997年10月，作为全国武术院校唯一代表出席在上海举办的“八运会”。会议期间，与全国群众体育代表一起，受到江泽民总书记接见。

1999—2008年，区委统战部帮助各民主党派引导和发挥成员特长，开展创新创业活动。各民主党派派出专家指导和帮助城乡各类产业户创新创业发展生产。

第一节 中国民主同盟娄底市娄星区委员会

1990年3月，中国民主同盟（简称民盟）湖南省委直属娄底师范专科学校支部成立，支部主任委员彭邦彦，有盟员6人。1993年5月，民盟湖南省委直属涟源钢铁厂支部成立，支部主任委员刘自源，有盟员7人。1997年5月，民盟湖南省委直属娄底市支部成立，邹明玉（女）当选主任委员，有盟员11人。1998年9月29日，成立民盟娄底市委员会，由民盟娄底师范专科学校支部、涟源钢铁厂支部、直属娄底市支部3个支部组成，邹明玉（女）当选主任委员（兼职），有盟员65人。1998年12月，成立民盟娄底二中支部。1999年撤市设区，民盟娄底市委员会更名为民盟娄星区委员会，娄底师范专科学校支部、涟源钢铁厂支部归属民盟娄底市委员会，直属娄底市支部更名为民盟娄星区直支部。2001年6月10日，成立民盟春元中学支部。2002年5月19日，成立民盟娄底三中支部。2002年8月17日，中共娄星区委办批准民盟娄星区委员会“三定”方案，明确行政编制1名。2003年8月20日，召开民盟娄星区第二届盟员大会，彭湘南（女）当选为主任委员（兼职）。2003年9月，民盟春元中学支部移交民盟娄底市委员会。2004年6月13日，民盟娄底四中支部成立。8月，王文成（女）从娄底二中调入民盟娄星区委机关，9月，增选民盟区委委员，任命为秘书长。2005年8月，增选王文成（女）为专职副主任委员。

至2008年，民盟娄星区委员会下辖4个支部：民盟娄星区直支部、民盟娄底二中支部、民盟娄底三中支部、民盟娄底四中支部。

一、盟员大会

（一）民盟娄底市第一次盟员大会

1998年9月29日，召开民盟娄底市盟员大会，成立民盟娄底市第一届委员会。选举邹明玉（女）为主任委员（兼职），彭邦彦、胡福清、王洪元、黄盛发为副主任委员（均为兼职），辖娄底市支部、师专支部、涟钢支部3个支部，有盟员65人。1999年，撤市设区，民盟娄底市委更名为民盟娄星区委。7月，黄盛发任民盟娄星区委主任委员（兼职）。10月，增选彭湘南（女）、袁铁军为副主任委员（均为兼职），民盟区委辖娄星区直支部、娄底二中支部。

（二）民盟娄星区第二次盟员大会

2003年8月20日，民盟娄星区委员会召开第二届盟员大会，参加会议盟员代表30名。选举产生民盟娄星区第二届委员会，选举彭湘南（女）为主任委员（兼职），肖建威、杨春华为副主任委员（均为兼职）。民盟娄星区委辖娄星区直支部、娄底二中支部、娄底三中支部、春元中学支部4个支部，有盟员37人。其中，省政协委员1人，市政协委员4人，市人大代表1人，区人大代表2人，区政协委员7名。

二、盟员活动

（一）参政议政

1998—2004年，民盟区委就娄星区（娄底市）经济社会发展和人民群众普遍关心的问题开展调查研究，利用政协大会发言、党派提案、盟员代表建议、委员提案契机，围绕社会热点焦点反映社情民意，建言献策。民盟区委在区政协六届三次至七届二次全会上所作的《整合培训资源，打造“劳务品牌”》《立足区情，构建五大特色产业链》《创造和谐社区，营造温馨环境》《合理配置教育资源，统筹城乡教育发展》《把握时代发展机遇，做强娄星文化产业》等大会发言得到区委、区政府主要领导批示，其中关于农村劳动力转移培训课题形成《整合培训资源，打造“劳务品牌”》调研报告，引起劳动部门重视，许多建议被劳动部门采纳。

2005年，关于特色农业产业链调研报告《“十一五”期间构建娄星区五大特色产业链的对策研究》，受到重视，多项内容编入区“十一五”规划。2006年，关于社区建设调研报告《创造和谐社区，营造温馨环境》，被区社区办采用。2007—2008年，应邀参加民盟市委“社区建设与和谐娄底”课题调研，提交《创和美社区，建和谐娄底》调研报告，受到中共娄底市委重视。民盟区委还承担市政协“提升市民素质”调研课题，提交《关于提升娄底市民素质的调研与思考》调研报告。响应市委、市政府“献策娄底，共谋发展”号召，组织盟员开展调查研究，撰写建议上报市委。其中，2位盟员分别撰写《整合城区教育资源，创造教育品牌》《尽快建立娄底市青少年宫》建议编入《献策娄底》一书。每年民盟区委集体提案被区政协定为政协主席重点督办提案，其中《加大我区农村劳动力转移培训力度，全力打造娄星劳务品牌》《加大特色农业的科学规划和政策引导，促进我区社会主义新农村建设》《合理配置教育资源，统筹城乡教育发展》等党派集体提案，被区政协评为优秀提案。

（二）社会服务

1998—2004年，民盟娄星区委将双江乡坪底学校确定为扶贫助学联系点。先后组织盟内优秀教师6次前往该校送课助教，捐款3000余元为该校添置桌椅、办公用品等。2005年，区政协副主席、民盟娄星区委主任委员彭湘南争取财政危房改造资金4万元，用于双江乡坪底学校校舍雨棚翻新、校门围墙修砌、修建篮球场等。6月，域内遭受洪水灾害，民盟区委组织盟员捐款2300元支援灾区。参加全区社会主义新农村建设，累计为统战系统建整扶贫村捐资4000元，为助残基金、红十字会累计捐款1000元。2008年，民盟区委发动全区盟员为四川省汶川特大地震灾区捐款、缴纳特殊盟费1.53万元。同时，关爱弱势群体，盟员慷慨解囊救助贫困学生和贫困户。

第二节　九三学社娄星区委员会

九三学社娄星区委员会系娄星区民主党派县级组织之一，成立于1992年5月29日，社员主要分布于科技界和医药卫生界。

1989年12月8日，九三学社娄底市委员会筹备委员会成立。1992年5月29日，九三学社娄底市第一次社员大会召开，选举产生九三学社娄底市委员会。1993年5月27日，增补李毓阶为常务副主任委员，主持全面日常工作。1997年3月18日，召开九三学社娄底市第二次社员大会。1999年，撤地建市设区，更名为九三学社娄星区委员会。2002年6月20日，召开九三学社娄星区第三次社员大会。2007年9月15日，召开九三学社娄星区第四次社员大会。2008年7月，肖海舟从娄星区经管局调入九三学社娄星区委机关，任专职秘书长。至2008年，九三学社娄星区委员会下辖区直机关支社、康复医院支社、涟邵支社、财政支社4个支社。

一、社员（代表）大会

（一）第一次社员大会

1992年5月29日，召开九三学社娄底市第一次社员大会，成立九三学社娄底市委员会。主任委员张岭楠，副主任委员梁广波，秘书长陈齐家，委员周有元、傅建平，有社员38人，设涟钢支社、地市机关支社、恩口煤矿小组3个基层组织。

1993年5月27日，增补李毓阶为常务副主任委员，代表主任委员主持全面日常工作。11月，李毓阶在九三学社湖南省委第三届二次全会上被增补为九三学社湖南省委委员。

（二）第二次社员代表大会

1997年3月18日，召开九三学社娄底市第二次社员代表大会，选举产生主任委员李毓阶，副主任委员陈齐家（组织委员）、周有元（宣传委员）、戴建民（专职），秘书长戴建民（兼任）、委员胡辉（科技咨询）、彭淑媛（联络）。张岭楠为名誉主任委员，梁广波任顾问。有社员71人，设涟钢、乐坪、长青、新星、涟邵5个支社。

（三）第三次社员代表大会

2002年6月20日，召开九三学社娄星区第三次社员代表大会。选举产生主任委员戴建民，副主任委员李亚军，秘书长肖海舟，组织委员刘美球（女）、宣传委员杨伟，顾问李毓阶。有社员32人，设区直机关支社、长青支社、涟邵支社3个支社。

（四）第四次社员代表大会

2007年9月15日，召开九三学社娄星区第四次社员代表大会。选举产生主任委员戴建民，副主任委员李亚军、王剑红，秘书长肖海舟，委员刘美球（女，组织、老龄）、杨伟（科教、参政议政）、刘敏（女，宣传、妇女）。有社员52人，设区直支社、康复医院支社、涟邵支社、财政支社4个支社。

二、社员活动

（一）参政议政

1992—2008年，九三学社娄星区（娄底市）委围绕中共娄星区（娄底市）委、区（市）政府中心任务和工作大局，开展调查研究，反映社情民意，撰写调研报告，建言献策，发挥界别特色，为中共娄星区（娄底市）委、区（市）政府科学化、民主化决策做好服务。

1992年12月至2008年12月，九三学社娄底市委在市政协四届一次会议至区政协七届一次全会上先后提交的《减轻负担，为乡镇企业创造宽松的外部环境》《关于加强道路交通管理的建议》《关于生态发展都市农业的建议》《关于进一步加强涟水河综合治理的建议》《搞好旅游开发，促进我市经济发展和城市繁荣》《保护基本农田要落到实处》《在市区严禁焚烧垃圾废弃物，保持空气新鲜》《关于发展生态农业旅游，建立新的支柱产业的建议》《开发净菜前景好，便民活市效益高》《建立城乡医疗互动网络，提高农村医疗服务水平》《中小学实行“一费制”的建议》《关于将贺国中故居申报为省级文物保护单位的建议》《整合旅游资源，将我区旅游业融入全省旅游大格局》《实施沼气生态工程，建设乡村美好家园》《大力发展城郊休闲农业，推进社会主义新农村建设》《尽快启动我区村级债务化解工作》等大会发言和优秀提案，得到中共娄星区（娄底市）委、区（市）政府主要领导批示，引起有关部门重视，大部分建议得到落实。

（二）社会活动

1992年10月，九三学社娄底市委员会成立科技咨询服务部，带领社员开展科技咨询服务活动。1993—1996年，开展科技咨询服务10余次。1997年6月29日，组织开展“迎回归，庆七一”义务医疗咨询和义诊活动。1999年12月，九三学社娄星区委员会组织社员上街开展“迎澳门回归”义务咨询服务活动。2000—2004年，多次组织社员到娄星区光荣院、双江乡方石村、小碧乡小碧村、农联村等地开展送医送药送温暖下乡活动，为当地村民听诊把脉，开处方，发放药品、保温杯及“非典”防治和保健资料等。并把方石村确定为科技扶贫联系点，帮助村里整修山塘和水渠。2005年9月，九三学社娄星区委员会被九三学社湖南省委评为全省社会服务工作先进集体，主任委员戴建民被评为全国优秀社员。2005—2008年，每年组织开展2次以上社会服务活动，4次参加区里“五下乡”活动。

第二章　群众团体

1989—2008年，工会、共青团、妇女联合会、科学技术协会、归国华侨侨眷联合会（简称侨联）、工商联、文学艺术界联合会、残疾人联合会、红十字会、计划生育协会等群众团体和各社会团体在娄星区（娄底市）经济社会发展中，围绕区（市）委、区（市）政府中心工作履行各自职责，运用各自职能优势，加强社会服务，维护服务对象合法权益，促进创新创业，发挥党联系群众的桥梁和纽带作用，扩大党的群众基础，巩固党的执政地位，推进经济社会发展进步。

第一节　工　会

一、工会机构

（一）机关

1990年3月，娄底市总工会增设女职工部。1991年3月，设女职工工作委员会（对外保留女职工部牌子）。1999年，撤市设区，更名为娄星区总工会，机关设办公室、组织宣教部、生产生活部、经费审查委员会、女职工工作委员会、职工技协办公室，职能、机构、人员不变。

2002年，机构改革，调整和完善区总工会职能和机构设置。娄星区总工会机关设办公室、组织宣教部、生产生活部、女工部、财务部、事业工作部、审计室7个内设部室，其中事业工作部加挂区技协办公室牌子，实行“两块牌子、一套人马”合署办公。根据有关规定设置纪检监察室，依照《中国工会章程》设置直属机关工会、经费审查委员会、女职工委员会。工人文化宫为总工会下属二级机构，下设物业管理中心、对外交流协作中心、事业发展中心、培训中心4个部门。2006年，设立困难职工帮扶中心（双联帮扶办），优化文化宫下属4个中心职能，撤销事业发展中心，培训中心并入双联帮扶办。

（二）基层组织

1989年，娄底市有基层工会组织128个，全部为国家机关、国有企事业单位，入会职工1.30万人。1990年，市委下发《关于贯彻落实〈中共中央关于加强和改善党对工会、共青团、妇联工作领导的通知〉的意见》，各级组织建立工会组织，配备工会干部，落实工会干部待遇。1994年，对基层工会组织进行规范和完善，依据新工会法相关规定，对符合条件基层工会进行社团法人资格核准登记。全市有经委、教委、二轻局、粮食局、商业局、供销联社、建委、交通局8个产业工会，133家基层工会。市彩色水泥厂、毛巾厂、皮革厂、塑料厂、运输公司、特种水泥厂等单位工会组织首批获社团法人资格。1996年，市委下发《关于认真做好我市新经济组织组建工会工作的通知》，成立娄底市新经济组织组建工会领导小组，全市成立第一家私营企业工会。是年，卫生系统成立工会组织。1997年，市委召开娄底市新经济组织组建工会工作会议，规范基层工会组织建设。年底，3个乡镇2个街道成立联合工会，乡镇（街道）党群副书记兼任联合工会主席。1998年，14个乡镇、街道全部成立联合工会。

1999年撤地建市后，娄星区城市建设直属娄底市领导，建设系统工会直属娄底市管理。辖区内规模以上民营企业工会归属娄底市领导，娄星区系统工会由9个变为8个，基层工会189个，会员1.99万人。2000年，区委成立新建企业工会组建工作协调领导小组，指导新建企业工会组建。2006年，商业企业和部分工业企业完成改制，新组建单位成立工会组织。全区有乡镇（街道）联合工会12个，系统工会7个，社区（村）联合工会32个，会员总数2.36万人。至2008年，84家区属国有企业改制工作基本完成，1.95万名国有企业职工完成身份置换，工会组织结构发生较大变化。345家基层工会中，有机关事业单位工会108家，企业工会237家，国有企业工会仅剩电业局1家。

1989—2008年历任工会主席：朱云鹤、姚玉珍、朱梅香、彭逢作。

二、工会代表大会

1993年7月，娄底市召开第三次工会会员代表大会，158名代表参加会议。听取和审议通过第二届工会委员会《拓展工作领域、充实工作内容、调整工作格局、提高工作效率、在社会主义市场经济建设中积极发挥工会的作用》工作报告、财务工作报告、经费审查报告。通过《娄底市工会第三次代表大会关于市工会第二届委员会工作报告的决议》《娄底市工会第三次代表大会关于市工会第二届委员会财务工作报告的决议》《娄底市工会第三次代表大会关于市工会第二届经费审查委员会工作报告的决议》。选举产生娄底市工会第三届委员会委员和经费审查委员会委员。市工会第三届委员会委员由姚玉珍、廖国政、谢树昆、杨君诺、赵再云、李焕窗、朱丽芳（女）、王文成、陈永康、李沧海、胡韶萍、刘宋黎、刘良智、刘朝优、刘维和、李金兰（女）、肖中雄、黄友福、喻甫莲（女）组成。娄底市工会第三届经费审查委员会委员由李沧海、晏付蓉、刘维翰、胡韶萍、赵乔秀组成。

此后十余年中，娄星区没有召开工会代表大会，工会领导干部均以增补和替补形式进行调整。1994年7月，补选杨德成、赵再云为总工会副主席，胡韶萍为女职工委员会主任。1998年3月，第三届工会委员会第六次全体扩大会议补选刘信梅任第三届委员会委员、常委，补选李新更为第三届经审委员会委员，免去陈永康第三届委员会委员、常委职务，免去赵乔秀第三届经审委员会委员职务。9月，区委任命朱梅香为总工会党组书记，免去姚玉珍总工会党组书记职务。1999年1月，补选胡平和任总工会副主席，免去陈菊英、赵再云副主席职务。2003年，娄星区工会第三届十三次全委扩大会议补选罗孝贵任第三届工会委员会委员、常委、工会主席，彭逢作任第三届工会委员会委员、常委、副主席。

三、工会活动

（一）参与经济建设

1989年，娄底市总工会开展创优质产品、争当质量标兵，创先进技术、争当革新能手，创新产品、争当节约模范，创最佳效益、争当服务明星“四争四创”为主题社会主义劳动竞赛活动，104个基层工会参加竞赛。1990年，成立职工物价监督工作站，开展物价检查，市场调研，查处哄抬物价、短斤少两等行为。1991年，围绕“质量、品种、效益”开展“双增双节”为主要内容的劳动竞赛。组织开展第一届女职工“芙蓉杯”竞赛活动。1992年，围绕国有企业实行经营机制“五自主”“四放开”改革开展劳动竞赛。1994年，各级工会围绕帮助企业挖潜脱困组织劳动竞赛，开展增产增收、节支降耗、扭亏增盈、技术攻关、岗位练兵等活动。

1999年，娄星区总工会在职工群众中开展我为经济建设献计出力争贡献“贡献杯”、在工会干部中开展我为工会组织尽职尽责添光彩“光彩杯”、在党政领导干部中开展我为工会组织和职工群众排忧解难当楷模“楷模杯”“三杯”竞赛活动。2006年，区总工会在全区企事业单位中开展“当好主力军、建功‘十一五’、和谐奔小康”竞赛活动，组织工会会员参加节能减排、技术创新、劳动竞赛。2007—2008年，开展“工人先锋号”创建活动，推进“当好主力军、建功‘十一五’、和谐奔小康”竞赛活动，以创一流工作、一流服务、一流业绩、一流团队为内容，发挥榜样激励作用、争创先进团队，“工人先锋号”成为职工认可、影响广泛的劳动竞赛活动品牌。

（二）民主管理

1989年，娄底市有78家企事业单位建立职工代表大会（简称职代会）制度。其中，76家企业单位围绕经济发展和企业内部深化改革开展民主管理，建立厂、车间、班组三级民主管理网络和民主评议制度。全区国有企业职工大会或职工代表大会建制率均在90%以上。1992年，加强以建章建制为主要内容的职代会建设，落实职代会5项职权，形成职代会民主管理工作制度化、程序化、规范化。在国有企业改革改制期间，职代会在企业改制方案、企业资产处置、职工安置等重大问题上发挥重要决策作用。20世纪90年代中后期，非公企业逐渐兴起，多数企业建立职工代表大会制度并发挥作用。

（三）权益维护

1990—1993年，娄底市企业所有制形式单一，职工绝大多数是全民和集体工，劳资关系比较简单，劳资矛盾依据企业内部管理制度通过协商化解。1994年，商业系统率先进行改革改制。在利益关系调整中，市总工会提出将“保职工队伍稳定、保安定团结、抓民主管理、维护合法权益”作为维权工作主要内容。在市劳动仲裁委员会审理5起职工上诉企业案件中，总工会为职工提供法律援助，并取得胜诉。1996年，推行集体合同签订制度，指导56家企业工会代表职工与企业签订集体合同，对破产改制企业提出职工工资不欠、养老保险不欠、安置费不欠、伤病职工政策规定医疗费不欠“四个不欠”要求，保障职工权益。1997年，企业集体合同签订率95%。

2000年，娄星区实施公有制企业“两个置换”改革，企业职工维权维稳压力逐年增加。总工会派员全程参与改革改制工作，把厂务公开作为维护职工权益重要内容，在总工会成立劳动监督委员会，设立劳动争议仲裁庭，处理企业劳资矛盾。2002年，全区企业所有制结构呈现多元化趋势发展，劳动关系日益复杂。推行工资集体协商制度，各级工会代表职工与企业就劳动报酬、工作时间、休息休假、劳动安全卫生、保险福利等事项进行平等协商和签订集体合同，落实工资集体协商制度，109家企业通过平等协商签订集体合同。至2008年，118家企业通过平等协商签订集体合同，覆盖职工2万余人。

（四）困难帮扶和再就业

1994年，成立娄底市职工互济扶贫基金会，制定《娄底市职工互济扶贫基金会章程》。1999年，娄星区实施机关联系困难企业、机关干部联系困难职工“双联”活动。55个机关、38名区级领导、630名机关干部联系困难企业35家，联系困难职工876人。区总工会将送温暖活动与职工互济会相结合，成立职工扶贫互济会，发展团体会员100多个，职工会员1.90万人，筹集帮扶资金22万余元。

2006年，区委成立困难职工帮扶中心，帮扶中心办公室设区总工会，负责困难职工帮扶管理工作。政府每年拨付一定专项资金，用于困难职工生活救济和下岗失业培训。2007—2008年，“送温暖”“金秋助学”“双联”活动成为工会系统帮扶三大品牌。节假日走访慰问与平时帮扶关心、生活帮扶和技能帮扶有机结合，帮扶工作步入规范化、经常化轨道。

（五）劳模管理服务

1989—2008年，娄星区（娄底市）开展4次模范单位、模范集体、劳动模范和先进工作者评选活动。劳模评选推荐委员会对推荐单位和人选进行调查核实，根据上级分配劳模名额和实际情况，听取各方意见进行民主测评，经过考核审查后予以公示。1989年，授予“模范单位”5个、车间工区“模范集体”5个、特等劳动模范29人、劳动模范37人。1995年，授予24人省、地、市劳动模范。2000年，授予16人区级劳动模范。2005年，授予19人区级劳动模范。此后，每5年开展1次劳模推选和评定工作。每年5月为劳动者宣传活动月，对生产、工作一线劳模和先进工作者进行宣传报道。定期召开劳模座谈会，关怀和帮助劳模工作生活；上级工会和本级工会拨付一定资金对困难劳模给予困难帮扶，开展节日慰问，组织劳模疗养。

第二节　共青团

1989年，中国共产主义青年团娄底市委员会内设办公室、基层部、社会活动部、事业发展部、地直团工委。1995年3月，撤销基层部和社会活动部，增设组织部、宣传部和学校部，事业发展部更名为实业部，地直团工委改为二级机构。下辖基层团委19个，团总支22个，团支部392个，有团员1万余人，占青年总数25.6%，专职团干18人。1997年3月，中共娄底地委下发《关于进一步加强和改进对共青团工作领导的意见》。在农村，人口3万人以内乡镇至少配备1名团干；3万~5万人乡镇至少配备2名团干；5万人以上乡镇酌情增加。有35岁以下青年500名的厂矿企业配备1名专职团干；500~1000人配备2名专职团干；1000人以上酌情增加。在学校，专职团干按1000名学生配备1名专职团干比例配备。团员青年分布广的党政机关建立团工委，配专职团干。

1999年撤地设市，更名为中国共产主义青年团娄星区委员会（简称团区委）。2002年，内设办公室、组织部、学少部、娄星区希望工程领导小组办公室。2008年，辖基层团组织456个。其中，团工委4个，团委23个，团总支20个，团支部409个。

1999—2008年历任团委书记：廖卫中、罗琳、刘建、李旭峰、肖春。

一、共青团代表大会

1997年5月3日，召开共青团娄底市第四次代表大会。应到代表218名，实到代表206名。选举产生第四届委员会委员31名。第四届委员会第一次全体会议选举产生常务委员8人，罗琳当选书记。

2001年6月14—15日，召开共青团娄星区第五次代表大会。选举产生第五届委员会委员31名。第五届委员会第一次全体会议选举产生常务委员9人，刘建当选书记。大会表彰2000年度娄星区基层团队工作先进单位和先进个人，命名表彰2000年区级“青年文明号”“青年岗位能手”。

2007年7月30日，召开共青团娄星区委第六次代表大会。应到代表228人，实到151人，选举产生第六届委员会委员31人。第六届委员会第一次全体会议选举产生常务委员9人，肖春当选书记。大会表彰了十大杰出青年、十大青年经济领军人物、十大杰出创业青年、十大青年岗位能手、十佳青年文明号和十佳青年志愿者。

二、少先队工作

1989年，娄底市有少年先锋队大队134个，中队621个，少先队员8045人，辅导员258人。2000年，有少先队大队257个，中队723个，少先队员9183人，辅导员326人。

2002年4月17日，制定《娄星区2001—2010年儿童发展规划》，从儿童与健康、儿童与教育、儿童与法律保护、儿童与环境等领域提出发展目标和策略措施。12月5日，召开少先队娄星区委第二次代表大会，与会代表283人，选举产生少先队娄星区第二届工作委员会，选举产生委员34名，选举李旭峰为主任。2004年3月，娄底四小少先队大队部被全国少工委授予“全国红旗大队”称号。娄底五中刘璞书法作品《岳阳楼记》在教育部和共青团中央共同主办的第一届全国中小学艺术展演活动中获一等奖。4月，娄底五小获“全国青少年科技教育先进集体”称号。9月20日，召开全区加强和改进未成年人思想道德建设工作会议。区委书记姚兵在会上作“加强和改进未成年人思想道德建设工作，为社会主义事业培养合格的建设者和接班人”讲话。

2008年，组织少先队员开展“少年先锋岗”“诗歌吟诵大赛”“红领巾心向党”“民族精神代代传”等活动，贯彻“科研兴队”理念，邀请专家进行科研工作专题讲座，到各课题小组进行辅导。强化社区与学校联合互动，整合各类青少年工作资源。是年，全区有少先队大队264个，中队833个，少先队员1.57万人，辅导员427人。

三、青年工作

（一）主题教育

1990—1995年，组织团员青年学习和贯彻各级各次党代会和团代会精神。组织团员青年特别是团的各级干部系统学习党和团的基本理论、基本知识成为常态化工作。1996年11月，首次举办成人宣誓仪式，1500名青年代表参加。1999年4月，调整娄底市青少年教育领导小组，主题教育活动成为常态工作。抓住庆祝建党80周年、建团80周年、国庆纪念日、五四运动纪念日、中共十六大和团的十五大召开及申奥成功等契机，开展

“党在我心中”“永远跟党走”等主题教育活动，唱响爱党、爱国、爱社会主义主旋律。2003年5月，通过开展校园拒绝毒品、青少年反邪教签名、青少年书画展等活动。7—8月，以改变思想政治观念、增加市场经济能力、提高工作效能效绩、完善自身觉悟修养为目标，开展“思想整训、作风整肃、环境整治、力量整合”的思想作风整顿活动。2006年12月19日，区委制定《关于加强共青团员经常性教育的意见》。

（二）学雷锋与青年志愿者行动

1990年，团地委组织开展“学雷锋、学赖宁”活动，全市20万青少年投入“双学”活动，评出11名“学雷锋标兵”“雷锋式青年”和11个“学雷锋先进集体”，并在“五四”表彰会上进行表彰。1993年，以受教育、长才干、做贡献为目标，组织大中专学生开展社会实践活动，12支队伍坚持暑期分赴贫困山区乡村“三下乡”（文化、科技、卫生）活动。1993—1998年，娄底师范专科学校（现湖南人文科技学院）团委连续6年获湖南省“三下乡”活动先进单位。1994年，启动青年志愿者行动。3月6日和3月13日，组织全市青年志愿者学雷锋送温暖统一行动日活动，4万余名青少年走上街头开展便民利民义务服务。5月3日，团地委召开青年志愿者活动动员大会，娄底市成立青年志愿者大队和中队50个。1995年，娄底师范高等专科学校团委获团中央“三下乡”活动先进单位。1996年7月，域内发生百年不遇特大洪灾。团地委下发《关于迅速组织全区团员青年积极投入抗洪救灾工作的紧急通知》，开展“娄底青年救灾奉献大行动”活动。娄底市青年志愿者在抗洪抢险中，转移抢救受灾群众600余名，抢救物资折合人民币200余万元，为灾区人民缴纳特殊团费12万元。2008年，汶川地震和抗击冰灾中，青年志愿者迅速行动，清扫道路冰雪和维修公共设施。组织捐资活动，为全区青少年送去价值2万元学习物品和助学金，为汶川灾区募集21万元。

（三）创建活动

1994年8月，围绕企业改革发展，以青年岗位建功成才为主线，开展“青年文明号”、创新创效、导师带徒、青工技术比武、青年岗位能手等活动。11月，成立娄底市“青年文明号”协调领导小组。1996年，“青年文明号”活动扩展到学校、财贸、商业、卫生、税务、工交、个体私营等12个行业。在企业开展“青年突击队”“青年班组”竞赛活动；在农村培养青年致富能手；在科技战线培养和扶持青年科技标兵；在政法战线推出“青年警察标兵”；在教育战线推出“青年教师标兵”。1998年10—12月，对“青年文明号”进行复查，15家不符合条件“青年文明号”予以摘牌。

2002年5月4日，全区200余名团员青年参加纪念中国共产主义青年团成立80周年暨第三届娄底市“五四”青年群英表彰会。表彰“十大杰出青年”和各行各业100名先进团员青年。6月，花山街道办事处计划生育办被团中央授予“全国青年文明号”。2003年7月17日，举行首届全区“五四”青年群英表彰大会，授予颜智慧“青年‘五四’奖章”特别奖，授予樊年春等10人“青年‘五四’奖章”，通报表彰“十佳共青团工作指导员”“十佳青年企业家”“十佳青年创业能手”“十佳青年岗位能手”“十佳青年农业大户”“十佳少儿工作者”“十佳青年志愿者”“十佳团干”“十佳团员”。2004年12月，杉山派出所获“全国优秀青少年维权岗”称号。2006年7月27日，全区300余名团员青年参加娄底市第四届“五四”青年群英表彰会暨首届青年创业发展高峰论坛。

（四）希望工程

1992年10月，域内开始实施希望工程。15万名团员缴纳一次特殊团费，募集资金13.50万元，救助失学儿童1万名。1995年，开展“情系山乡失学儿童”“光彩基金会”等活动，为希望工程筹资50万元。1996年11月，开展贫困失学儿童“万名救助大行动”活动。全年筹资79.50万元，新增救助失学儿童4312名，新建援建希望小学5所。1998年起，先后建立娄底理工专修学院和娄底楚英学校全封闭式“希望之星”培训基地。

（五）文艺活动

1991年7月，团地委组织全区首届卡拉OK青年歌手赛和农村青年社教文艺会演，其中《农伯与女郎》获全省会演二等奖。1992年5月，为纪念建团70周年，举办“伟大的党，光荣的共青团”大型文艺晚会。1994年，举办“127”杯艺术童心赛、“农资杯”五心教育演讲赛、“哈慈杯”第二届青年歌手卡拉OK赛。1996年10月，首次组织18岁成人宣誓仪式。1997年5月4日，举办“迎香港回归”大型文艺晚会和“科龙杯”全市少儿“迎回归”故事演讲大赛。2002年4月，联合团市委举办“青春之光”文艺调演晚会。5月，参加团市委组织召开的社会各界庆祝中国共青团成立80周年纪念大会“欢乐湘中”文艺活动。

第三节　妇女联合会

1989年，娄底市妇联内设办公室、权益部、儿少工作部，在市直机关单位成立妇女工作委员会。1993年，主任改称为主席，妇联设主席1名，副主席2名。1995年，开始在党政群机关、教科文卫等事业单位发展妇委会，并成立娄底市妇女儿童工作委员会，办公室设妇联，妇儿工委主任由副市长兼任，副主任由市妇联主席兼任。1999年，娄底市妇女联合会（简称妇联）改为娄星区妇女联合会。2001年5月，成立区妇联党组。至2003年4月，全区有基层妇代会273个。其中，农村200个，城镇28个，机关学校45个。是年，西阳镇及涟滨乡、杉山镇7个村和花山街道、黄泥塘街道2个居委会委托市经济技术开发区管理，基层妇代会减至221个。

1989—2008年历任妇联主席：黎彬、童名让、毛国和、朱梅香、秦群英、李学刚、吴和辉、唐兰芳。

一、妇女代表大会

（一）娄底市妇女第三次代表大会

娄底市妇女第三次代表大会于1993年12月4—5日召开，出席会议正式代表149名。毛国和作《团结进取，奋发自强，在改革开放和现代化建设中贡献力量》工作报告，市委副书记李厚元代表市委在开幕式上讲话。选举产生执委31名、执委常委11名，选举产生第三届执行委员会主席毛国和。

（二）娄星区妇女第四次代表大会

娄星区妇女第四次代表大会于2004年3月7—8日召开。出席会议正式代表126名，列席代表13名，特邀代表82名。会议总结过去五年娄星区妇女工作经验，选举产生区妇联执委23名、常委9名，第四届执行委员会主席为李学刚。区委副书记、区长王雄代表区委出席开幕式并讲话。

二、妇女工作

（一）“双学双比”活动

1989年，娄底市成立农村妇女“双学双比”（学文化、学技术，比成绩、比贡献）竞赛活动协调小组，组长均由分管农业副市长兼任，成员单位20个，参加活动16～45岁年龄段妇女3.89万人。举办快速养猪学习班、家电维修班、栽培、果木、茶叶、育秧等学习班992期，培训妇女2.49万人次。1991年7月，在农村妇女中开展“三赛”（庭院经济女能手赛、妇女活动阵地赛、妇女经济阵地赛）活动，建立以妇女为主体的“三八”场队、“三八”绿色基地，13个“三八”绿色基地命名为“三八”场队。至2008年，全区建有“三八”绿色基地157个。2006年，小碧乡李雨良获全国“双学双比”女能手，涟滨乡柳清华、万宝镇付美清、杉山镇胡金文、双江乡聂金志分别获省农村妇女“双学双比”竞赛活动先进女能手、省级科技示范户、省养殖女状元、省农村“巾帼科技带头人”等称号。

（二）“巾帼建功”活动

1989年，发动全市妇女爱国储蓄活动，购买储蓄券42万元。1990年，组织城区妇女“为贫困山区办实事”捐1元钱、1斤粮活动，100余个单位3000余人参加活动。组织全市妇女在迎亚运活动中购买亚运奖券15余万元。1991年起，在城镇妇女中开展“做‘四有’、‘四自’女性，为‘八五’计划建功”（简称“巾帼建功”）活动。以“巾帼建功”为主题，围绕“产品、质量、效益年”开展赛新风、赛质量、赛效益、赛技术“四赛”活动。各级妇联组织帮助下岗职工就业，实施“巾帼社区服务工程”，创办家政服务中心，举办各类下岗女工再就业技能培训班，培训下岗女工1.20万人次，帮助下岗女工再就业2.70万人次。1992年，为“庆龄女子学院”建设开展募集经费活动。1994年，开展“中行杯”爱国储蓄活动，完成储蓄100.50万元。1996年，组织妇女开展抗洪救灾活动，妇联主席朱梅香被评为全省抗洪救灾先进个人。2003年，组织妇女参加抗击“非典”活动。2008年，发动全区妇女为汶川大地震捐款捐物，组织妇女抗冰救灾。

至2008年，城镇就业女性2.70万人中有6634人次参与爱岗敬业，岗位建设功、岗位成才“巾帼文明岗”创建活动，出现“巾帼文明岗”108个，“巾帼明星”549人。其中，高溪综合福利厂、环亚美容美发学校、区地税局第一征收分局先后被评为全国“巾帼文明岗”；区国税局计征科、区信用社营业厅被评为全省“巾帼文明岗”；洞新工商所所长万姝辉被评为全省“巾帼建功标兵”；区国税局办税服务厅晏淑丽被评为全省“优秀女税务工作者”。

（三）文明家庭创建

1990年，组织开展“五好文明家庭”（爱国守法，热心公益好；学习进取，爱岗敬业好；男女平等，尊老爱幼好；移风易俗，少生优育好；勤俭持家，保护环境好）创建活动。至2008年，先后举办全市（区）城镇老中青健身操比赛、“1994国际家庭年”活动、“祝福母亲”万人签字仪式活动、评选表彰“最佳妻子”“廉内助”“十佳好媳妇”“模范丈夫”“五好文明家庭”等活动。先后有150户家庭被评为省、市、区“五好文明家庭”。

（四）其他活动

1990年，与娄底市教委联合举办扫盲班124个，有3883名文盲半文盲妇女参加学习。实行文化扫盲与实用技术、普及法律知识、社会主义思想教育相结合，娄底市被评为全省扫盲先进县市。组织妇女参加“科普知识进万家”电视抢答赛、“放心食品进我家”等竞赛活动。是年，先后成立青少年教育领导小组、儿童少年工作委员会、未成年人保护委员会、家长广播学校分站，制定《娄底市九十年代儿童发展规划纲要》《娄星区家庭教育工作“十五”计划》。举办科学育儿讲座、幼儿健美操比赛，举办“学雷锋、学赖宁，树立起人生路标”演讲会、幼儿轻器械操赛、“我做合格小公民”演讲赛等竞赛活动。免费为少年儿童放映电影152场，慰问失学儿童、贫困儿童、留守儿童2122名，送去慰问金200余万元。对单亲家庭儿童、矿井业非法使用童工、留守儿童等青少年现象进行调研，在未成年人中开展“知荣辱、树新风，争当合格小公民”主题系列活动。1993年，实施帮助因生活贫困而辍学或濒临辍学女童重返校园接受学校教育爱心工程“春蕾计划”。发动城区5所小学与农村5所小学长期“结对子”，开展“一帮一”活动。每年定期或不定期地开展衣服、图书、文具等物赠送和捐款，在学习、生活上互帮互助。至2008年，有198名领导干部结对帮扶198名特困女童，为特困女童解决学习经费，妇联扶助贫困女童资金43万元。1名女企业家坚持长期资助10名特困女童直到大学毕业。

三、维护妇女儿童权益

1989年，娄底市法律顾问室常年为妇女提供法律咨询。1995年5月，与法院联合设立妇女维权合议庭。2002年，建立娄星区反家庭暴力领导小组，成立娄星区维护妇女儿童合法权益工作协调小组，办公室设区妇联。2004年，建立区、乡镇（街道）、村（居）三级反家庭暴力网络，全区组建反家庭暴力站158个。2004年，在区民政局婚姻登记管理处设立娄星区反家庭暴力联合会。2005年8月起，引进律师到妇联维权部坐堂咨询，律师每月定期为妇女免费进行法律咨询。

至2008年，组织妇女参加17次法律知识竞赛。针对社会遗弃女婴、家庭暴力、妇女土地权益、留守儿童、妇女创业就业等现象，撰写调研报告230篇。45名妇联干部先后被聘为人民法院陪审员。坚持主席接访制度，20年接待来信来访3450件，其中调处3174起，办结率92%。

第四节 科 协

1999年，娄底市科学技术协会更名为娄星区科学技术协会（简称科协），内设科普、学会、办公室等3个部室，定编4名。归口市委组织部管理。

2001年，娄星区科学技术协会归口区委宣传部管理。7月，区委下发《关于认真做好科协基层组织建设的通知》，乡镇街道建立科协组织，在村（社区）建立科普小组。同时，有关单位建立和恢复学会、协会等学术团体。至2008年，区科协内设科普、学会、办公室等3个部室，有工作人员12人，其中在职人员10人。全区有乡镇街道办事处科协12个，机关单位学会、协会等学术团体15个，科普志愿者500余人。获得的荣誉有：娄星区被中国科协授予“全国科普示范城区”；区科协被中国科协、中央文明办授予“2005年全国科技进社区活动先进集体”称号；在全国全省科普日、湖南开放日活动中，区科协被评为优秀组织单位；2008年，区科协被湖南省科协授予“科普工作先进集体”称号。

1989—2008年历任主席：刘国醒、李桔煌、林伟权、陈菊英、阳付根。

一、科普队伍

1989年，娄底市自然科学专门学会得到恢复、巩固和发展，乡镇、街道科协在恢复组建基础上得到提高，厂矿建立科协组织，教育等部门学术团体建立或恢复科协组织，城区科普志愿者队伍逐步形成。至2008年，娄星区有科普人员7424人。其中，研究生46人，大学本科2331人，大学专科1220人；按职称统计，高级职称434人，中级职称1909人，初级职称1013人（未包括乡镇、街道科普人员及财会学会科普人员学历职称）。

2008年娄星区社会团体基本情况一览表

表7-1

名称	总人数	学历(人)				职称(人)			
		硕士	本科	专科	其他	高级	中级	初级	其他
情报学会	15	1	5	7	2	2	11	1	1
煤炭学会	48	3	8	27	10	2	25	19	2
水利学会	156	1	10	82	63	1	28	15	—
供销学会	31	—	6	16	9	—	31	—	—
农学会	148	1	25	29	93	1	10	16	—
林学会	42	—	11	3	28	1	20	5	—
农机学会	39	1	13	25	—	1	5	20	—
粮食学会	31	2	13	7	9	—	7	1	2
教育学会	2980	35	2021	773	151	406	1603	713	—
青辅学会	42	2	35	5	—	9	25	—	—
财会学会	146	—	—	—	—	—	—	—	—
畜牧水产学会	120	—	22	33	65	1	30	—	—
老科协	2781	—	—	—	—	—	69	223	—
合计	5679	46	2169	1007	430	424	1864	1013	5

2008年娄星区科普人员情况表

表7-2

类　别	总人数	学　历			职　称			备　考
		硕士	本科	专科	高级	中级	初级	
乡镇街道办事处	310	—	—	310	—	—	—	专科在科普志愿者备考中包括72名中专
学术团体	6607	46	2174	1027	424	1864	1013	
科普志愿者	507	—	157	193	10	45	150	
合　计	7424	46	2331	1530	434	1909	1163	

二、科技普及

（一）城区科普

科普设施　2001年11月29日，娄星区委成立以区委副书记为组长的娄星区创建全国科普城区工作领导小组，以区委常委现场办公会议纪要协调处理并解决科协办公场地问题。2002年起，区科协围绕全国科普城区创建活动，在城区普及科学文化知识，推广科学技术，加强社区科普基础设施建设。至2008年，全区新建和改造科普宣传橱窗17处160米，科普宣传栏31处220米，科普活动室8个。通过开展社区科普活动，推动“全国园林城市”“全国卫生城市”创建工作。

专题科普　1989—2008年，每年组织开展“全国科技活动周”“6.29全国科普日”活动。活动期间，区（市）科协组织各协会上街摆摊设点，设立咨询台，摆放科普宣传展板，举办现场讲座，向社会公众发放科普资料。平均每年发放各种科普资料1000余份，发送科普图片500份。

社区科普　1989—2008年，组织街道科协和区辖学会、协会开展巡回科普图片展和科普知识讲座活动，组织科普志愿者上街、入院、入户宣传科普知识。先后9次组织副科级以上领导干部600余人次听取中国工程院院士、省科协主席何继善和湖南大学教授王林等专家科技讲座及科普学术报告。向区（市）委、区（市）政府和机关单位领导赠送《中华人民共和国科学普及法》《家庭科普知识》等科普读物1000余份，开展《三湘院士》风采录和图片巡回展出等活动。

青少年科普　1989—2008年，联系区教育学会和青少年科普协会，科普教育纳入学校教学议程，在娄底二中、娄底三小和娄底五小开展青少年科技特色教育。至2008年，娄底二中被评为“娄底市科技示范学校”“娄星区科技教育特色学校”，被命名为“娄底市科普教育基地”。娄底二中制作科技作品300余件，其中，获省级奖励21件，有11件作品获国家专利。娄底三小被中国科协评为“全国青少年科技活动先进单位”。娄底五小连续9年先后被授予“全国青少年科技活动先进集体”“湖南省红领巾示范学校”“湖南省青少年科技活动先进单位”“娄底市素质教育示范学校”、区级“示范性完全小学”“娄星区文明单位”和“娄星区青少年科技教育示范学校”称号，并获“娄底市科技进步三等奖”“娄星区教育科研成果一等奖”。组织学校教师和学生参加国内举办科技作品（论文）和科技创新大赛等活动。有100余件青少年科技作品（论文）获奖，其中，获国家一等奖2个、国家二等奖4个，国家鼓励奖4个；获省级一等奖7个、省级二等奖26个、省级三等奖26个；获市级一等奖9个、市级二等奖8个，市级三等奖6个。

（二）农村科普

组织建设　1989年起，每个乡镇确定1名副职领导负责乡镇科协工作，为科协安排办公室，有专人或兼职负责，解决科普活动经费。完善农村科普服务体系，乡镇（街道）科协有领导、有场地、有班子、有经费，在村或社区设立科普小组，建立10个农业技术协会，8个科普培训示范基地，发展43户科技示范户（其中省科技示范户

15户）、形成以区科协为枢纽、乡镇（街道）科协为纽带、以农业技术协会为依托、以科普示范培训基地为基础、以农村科技示范户为联系点的农村科普网络。2006年3月，娄底市神龙现代农业有限公司牵头在茶园镇成立水果协会，由从事水果栽培、流通、加工等农业科技大户组成，协会负责会员水果栽培管理技术培训、实用技术普及；负责新品种研发、引进、推广；为会员提供科技信息，搭建交流平台，维护会员合法权益。

至2008年，协会拥有科普示范基地28个，农业开发有限公司1家，科技示范户120户，协会有会员230户，会员遍布7个乡镇152个自然村。有员工40人，其中，大学本科毕业生8人，大中专毕业生17人，具有高中级专业技术职称人员20人，与中南林业科技大学建立长期合作关系，聘请常年专家顾问6人。形成大五星枇杷、杨梅、黄金梨、杂柑、神龙橙子、麒麟西瓜6个优质水果推广品牌，推广普及有机水果和绿色无公害水果生产新技术，会员农户人均纯收入5886元，比全区农民人均纯收入高出29%。

科技下乡 2001—2008年，区科协每年组织农业实用技术讲师团和科技小分队开展“送科技下乡”活动。到乡镇、村组和田间地头，向群众传授农业技术，或帮助农民释疑解难，开展农业技术讲座，向农民发送农业技术书籍。至2008年，发送科普书籍14万余份，送科普光碟20余张，送科普挂图1万余份。

编印科普读物 1990年，总结11位种养能手科学种养成功经验，编写《农村科普集锦》，发送给乡村领导和科技示范户。3名省级科技示范户颜初春、刘裕中和谢育文科学种养经验编入全国《科技示范户百例》，其中《来自涟水河畔的福音——访涟滨乡养殖能手谢育文》被评为全国三等奖。组织4位专家编写《葡萄栽培与加工实用技术》，由国家气象出版社向全国发行，免费送给乡镇、村领导和葡萄栽培专业户。

农村科技培训 1989—2008年，区（市）科协组织农、林、牧、渔、机等学会每年举办技术培训班3～5次，传授科学种田和科学养殖技术。2003年起，农机学会培训指导机械耕作、机械插田、机械播种，推广机械耕作、机械插田、机械播种。至2008年，举办各种技术培训班160余期，培训农村党员、基层干部和种养专业户8万余人次，举办各种农业技术讲座110人次。

农村科普宣传 1990年，把科技报发行当作重要科普活动，发动群众订阅《湖南科技报》和各种报刊，《湖南科技报》订阅8000余份，《湖南农业》《农业技术》《农业科技》及《科技参考》等刊物发行5000余份。1992年起，与娄底市广播站联系，在节目中开辟《农业科技讲座》栏目。根据不同农事季节，开启车载广播，向群众宣传科学种田技术和科学知识，宣传医疗保健知识。

2001年，与湖南科技报报社商定，减少邮局转运环节，由报社派专车将《湖南科技报》直接送区科协。科协分包后即用科普车送到乡镇或订户，便于订户直接看到《湖南科技报》。利用科普专车组织科技示范户相互参观和交流，组织科技示范户到外地参观取经。2002年，牵头组织科技局、农办等12个部门20余名专业技术人员，组成农业实用技术服务小分队和人口与卫生服务小分队，到3个乡镇开展科技服务活动，举办科普讲座，发放科普资料3.60万份，接受咨询8000余人次。2003年，组织区农学会专家编印《简明农业实用技术》1万份，春耕前发放到广大农户手中。杉山、小碧科协组织科技人员开展送科技下乡文艺演出活动。在防疫“非典”期间，提供“非典”防治资料1万份，科普彩图1000张，发放到每个村、居委会、厂矿企业、学校。2004年3月，组织专家编写《优质高效无公害农业实用技术》科普小册1万份，发放到各农户。6月，组织老科协农业专家赴茶园等乡镇开展农业技术讲座和现场答疑。2005年，组织农业方面专业技术人员30余人到乡村现场答疑，发放宣传资料2万余份，悬挂标语横幅50余条。

2006年，开展送科技下乡活动，走访慰问特困户，为农户发放科普资料8000余份。组织乡镇、街道科协主席开展农业科普工作经验交流，对农业科普示范户进行摸底，建立农村科普示范户数据库。2007—2008年，发放《务工指南》《农药鉴别知识》《山羊养殖技术》、科普知识挂图等科普宣传资料34万份；为农村居民义诊2000人次，开展农村文艺宣传25场次，为7000余人提供科技咨询。

三、学术活动

1989—2008年，区（市）直各学会、协会举办或参加学术交流活动76次，交流学术论文800余篇。组织各学会参加全市性优秀论文评选活动5次，向上级推荐优秀学术论文67篇，优秀科普作品7件，其中14篇论文获奖。组织科技人员参加全市青年科技评奖2次，2人获奖。组织企业参加全市科技人员“讲、比”竞赛活动2次，2家企业和8名企业科技人员获奖。各学会、协会还组织专题学术报告和学术讲座37次。先后9次组织各单位“一把手”及科协全体干部，听取北京大学教授、专家王林作国际国内经济形势分析专题学术报告，中国工程院院士、省科协主席何继善科普学术报告以及中南大学欧阳友权，湖南商学院黄河，湖南大学廖进中、单泪源，湖南师大朱翔，深圳市副秘书长陈湘如和娄底市科协主席等9位专家作学术报告。

2002年7月，邀请中南大学教授欧阳友权为社区群众进行“WTO与科技”科普讲座，2000余名干部职工和群众听课。2003年，区科协和大科农技站共同邀请著名土肥专家、湖南农业大学教授李元元一行对大科乡土壤进行取样分析，根据土壤性能提出农作物种养和肥料使用建议。百亩乡、万宝镇组织干部和种养殖户赴外地学习。2004年，开展学术交流活动2次，组织学术论文评选活动2次，向市科协推荐优秀学术论文13篇，优秀科普作品2件。组织科技人员对全区农业科普状况进行调研，撰写农业科普调查报告，收集和采纳科技人员建议12条，向区委、区政府提出意见建议2条。邀请市中心医院胡卫民主任为社区居民开展心脑血管防治知识讲座。2005年，联系科技、农业、林业、畜牧、水产等部门到乡村开展学术交流和现场解答，解决农民在生产过程中遇到的疑难问题。开通农村“科普”咨询热线，答复45位农户种养殖难题。在百亩乡、双江乡分别举办2期农村实用技术培训班，122人参训，邀请高级畜牧师、农艺师以及相关科技工作人员授课。并依照有关审核程序和学业情况，择优选择50名优秀学员参加湖南省农村致富技术函授大学学习并顺利结业。

2006—2007年，组织农学会、林学会、水利学会、农机学会、供销学会、医师协会进行学术交流活动，各专业学会科技工作者在期刊发表论文近百篇，参加国家、省、市论文评选活动论文10余篇。开展大型科普讲座5次，邀请中科院遥感专家潘习哲到娄星区城区中学讲学。2008年，邀请省科协党组书记、副主席邹志强给全区副科级以上干部作提高公务员科学素质专题报告。

第五节　归国华侨侨眷联合会

1985年，娄底市成立归国华侨侨眷联合会（简称侨联）。1999年，撤市设区，更名为娄星区归国华侨侨眷联合会，至2006年，共召开四次归侨侨眷代表大会，选举产生侨联领导班子。

一、组织机构和代表大会

1985年10月8日，娄底市召开第一次归侨侨眷代表大会，成立归国华侨侨眷联合会。选举杨麟（马来西亚归侨）为归国华侨侨眷联合会主席，欧阳海啸、邱亮增为副主席，邱亮增兼任秘书长。1988年12月7日，娄底市召开第二次归侨侨眷代表大会，选举邱亮增（美国归侨）为主席，欧阳海啸为副主席。1998年9月8日，召开娄底市第三次归侨侨眷代表大会，选举杨同文为主席（兼职），肖晓龙（加拿大侨眷）为副主席，谢小红任秘书长（兼职）。2000年11月，杨同文辞职，由肖晓龙接任娄星区侨联主席。2006年8月11日，召开娄星区第四次归侨侨眷代表大会。选举李迎春（美国侨眷）为主席，蒋和星、肖鹏为副主席（兼职），蒋和星兼任秘书长。

二、侨联活动

1996年，侨联引进加拿大华侨肖才元女士投资人民币120万元，创办娄底首家民办普教学校——楚英中学。2003年6月，区侨联主席肖晓龙联系和指导娄底侨字号民办学校娄底楚英实验学校成立侨心工程楚英助学基地，免费扶助全区贫困学生。2003—2008年，基地每年新接纳贫困学生30人，接受扶助贫困学生160余人，用于扶助贫困学生费用50万元。

2006年12月6日，在振翩学校（侨号学校）举行世界著名华人李振翩先生108周年诞辰暨振翩学校百年校庆典活动，市区领导、李振翩亲属代表及数百名群众参加活动。2007年3月，建立和完善维护侨属权益工作机制。在政法系统率先建立涉侨案件向侨联通报制度，在司法局成立涉侨法律援助中心，为涉及侨属侨眷的案件提供法律帮助和服务。

第六节　工商联

1988年2月，娄底地区工商联办事处设立，配备联络员2名。1993年6月，成立娄底地区工商业联合会（简称地区工商联），负责人称主委、副主委，同时设立党组。1997年8月，成立娄底市工商联，负责人改称会长、副会长。2000年5月，因撤市设区，更名为娄星区工商业联合会（简称区工商联）。2002年8月，内设办公室、会员部、经济部。2007年5月，负责人改称主席、副主席（加挂总商会牌子，负责人称会长、副会长）。

1996—2008年历任党组书记：喻卫华（兼主任委员）、李世平（区委统战部副部长兼）、刘苏华（区委统战部副部长兼）。历任会长：李新民（主任委员）、彭雄武、余建中、仇虹、李志鸿。

一、工商联代表大会

1993年6月，召开娄底地区工商联第三次会员代表大会。应到代表120名，实到104名，选举产生执委33名，常委17名，秘书长1名，副主任委员7名，主任委员1名。1997年8月29—30日，召开娄底市工商联第四次会员代表大会（会议届次对接地区工商联）。应到代表120名，实到108名，选举产生执委47名，常委23名，选举彭雄武为工商联会长，李世平为副会长。

2002年8月，召开娄星区工商联第五次会员代表大会。应到代表120名，实到109名，选举产生执委65名，常委28名，选举余建中为工商联会长，李世平、邬菊华为副会长，李世平兼任秘书长。2005年8月，召开娄星区工商联第五届四次执委会。应到代表106名，实到105名，选举产生执委65名，常委28名，秘书长1名，副会长7名，会长1名。选举仇虹为工商联会长，刘苏华、邬菊华为副会长。2006年12月，召开工商联（总商会）第六次会员代表大会。应到代表120名，实到116名，选举产生执委70名，常委49名。选举李志鸿为工商联会长，吴长华、邬菊华为副会长。

二、会员活动

1990年，地区工商联办事处组织协调428家民营企业参与娄底首届商品交易会和广州交易会。1991年4—6月，地区工商联办事处组织对非公有制经济人士结构、经营、思想状况进行调查。围绕学习贯彻中央文件精神，组织座谈会6次，研讨会2次，报告会1次。1992年6—9月，协助地委、行署制定发展个体私营经济鼓励性政策，走访有代表性个体工商户232户，私营企业45家，形成调查报告26篇，其中《工商联与个体私营经济》被中国新华丛书总编室选为优稿。1993年，为会员开展专场咨询活动32场，组织职业经理人培训21次。1995年，为会员和非公有制经济人士提供劳动用工、技术培训、信息咨询等方面服务。走访个体工商户2000余家，私营企业870家，排忧解难432起，提供法律等服务318件，发展直属会办企业8家。1998年，与娄底电视台、娄底广播电台、《娄底日报》合作开展《私营企业之光》宣传月活动，重点报道35家私营企业典型。

2000年，在全区非公有制经济人士中开展“致富思源、富而思进”教育活动。2005年，在“双优”创建活动中，肖正滔、颜文、易泽群被评为娄底市优秀中国特色社会主义建设者；刘志新、刘正良、颜坤发、吴小军获优秀光彩事业促进者称号。是年，娄底遭遇历史罕见洪涝灾害，组织开展非公有制经济人士赈灾献爱心募捐活动，捐资100余万元，支持灾区重建。2007年，启动

“民企联村、共同发展”活动，组织23家非公有制企业与23个自然村对接合作，投入项目资金1.89亿元，解决3000余人就业问题。

2008年，汶川地震发生后，区工商联向民营企业家发出倡议书，开展“情系灾区、奉献爱心”抗震救灾募捐活动，启动“黄丝带行动”，组织全区非公有制企业捐款捐物价值260万余元。

第七节　文　联

1989年，娄底市文学艺术界联合会（简称文联）内设办公室、《心声》杂志编辑部。1999年7月，更名为娄星区文联。内设办公室、《心声》（《涟水河》）文学杂志编辑部。2006年11月，增设组联部，设组联专干1名。12月，设立党组。2008年，娄星区文联下辖区作家协会、区书法家协会、区美术家协会、区摄影家协会、区音乐舞蹈家协会、区戏剧曲艺家协会。

1989—2008年历任文联主席：邹树芳、高德华、俞凯（党组书记兼）。

一、代表大会和协会组织

（一）代表大会

1999年12月22日，召开娄星区文学艺术界联合会第二次代表大会。高德华代表区文联作《树立雄心，努力进取，促进文学艺术事业繁荣发展》工作报告。大会通过修改后的文联章程。与会代表50名，选举产生文联委员25名。高德华当选为区文联主席，蔡金龙当选为区文联专职副主席，李育凡、王喜胜当选为区文联兼职副主席，李秋萍当选为区文联秘书长。

2006年11月3日，召开娄星区文学艺术界联合会第三次代表大会。俞凯代表区文联作《与时俱进，锐意开拓，共创娄星文艺事业新局面》工作报告。区委、区人民政府制发《关于繁荣和发展全区文学艺术事业的意见》。对6年来在各级报刊发表、在各级艺术展览中获奖作品进行表彰奖励。制定“德艺双馨”文艺工作者和优秀文艺作品评奖细则，修改通过新的区文学艺术界联合会章程。与会代表和特邀代表150名，选举产生第三届娄星区文联委员34名，俞凯当选为区文联主席，蔡金龙、李秋萍当选为区文联副主席，吴文桂当选为区文联秘书长。

（二）协会组织

2003年6月27日，召开作家协会、美术家协会、书法家协会、摄影家协会、音乐舞蹈家协会和戏剧曲艺家协会成立大会。选举蔡金龙任作家协会主席、罗湘科任美术家协会主席、徐剑雄任书法家协会主席、简倜任摄影家协会主席、彭建生任音乐舞蹈家协会主席、曹莉任戏剧曲艺家协会主席。至此，娄星区文艺界结束没有协会组织历史。

作家协会　1989—2003年，文学创作与活动由区（市）文联统一组织与管理。2003年6月27日，娄星区作家协会（简称区作协）成立。2003—2008年，先后与涟源湄江风景区、新化紫鹊界风景区、新化县奉家镇政府、新化油溪河风景区、新化县温塘镇政府、娄星区双江乡政府、涟源钢铁厂等单位联合举办笔会和采风活动；与娄星区教育局、诺贝尔书店等单位联合开展青少年散文诗歌朗诵大赛。至2008年年底，有在籍在世中国作家协会会员3名，湖南省作家协会会员59名。

美术家协会　2003年12月，区美协举办国画、油画、版画展。2004—2006年，组织精选优秀作品参加省展国展。2007年1月，组织重点美术家赴皖南采风。8月，组织协会会员到仙女寨风景区开展美术写生活动。2008年5月，组织美术家去新化县写生并开展主题交流活动。至2008年，有在籍在世中国美术家协会会员5人，湖南省美术家协会会员32人。

书法家协会　2003年12月，协助傅国钦赴广州举办《傅国钦书法艺术展》。2004年，出版《娄底青少年书法集》。2004年12月，组织书法家送书法下乡，赠送迎春对联活动。2005—2006年，多次组织书法艺术家开展创作，推荐重点作品参加省文联和省书协组织的作品展览。2007年5月，在娄底市博物馆举办李哲、李西前、罗华斌、周军4人书法艺术展。2008年1月26日，组织12位书法家在娄星广场为群众撰写春联，送出春联

1860副。12月6日，在湖南师大美术学院举办“傅国钦书法艺术精品展”。至2008年年底，有在籍在世中国书法家协会会员15人，湖南省书法家协会会员60人。

摄影家协会　2003—2008年，摄影家协会多次组织会员外出采风。先后组织抗冰救灾摄影创作、“五江风采”摄影大赛、“尚品形象”摄影艺术展、《璀璨娄星》摄影创作、“新农村建设”摄影作品比赛等活动。至2008年，有在籍在世中国摄影家协会会员5人，湖南省摄影家协会会员60人。

音乐舞蹈家协会　2003年10月，音乐舞蹈家协会组织举办国际标准舞大赛。2004—2006年，组织排练精选节目，参加娄底市春节文艺晚会。2007年6月，与区委宣传部，区文联、娄底电视台都市频道联合举办“爱我娄底，爱我娄星，爱我家乡”征歌活动，并组织音乐创作作者采风。是年，组织“娄星之光”广场文艺会演，演出《爱我娄星》《家乡有条孙水河》等创作节目。2008年，组织创作节目，参加全省少儿舞蹈大赛和全省音乐创作展演大赛。同时，组织优秀节目参加娄底市纪念改革开放三十周年广场文艺演出。至2008年年底，有在籍在世中国音乐舞蹈家协会会员12人，湖南省音乐舞蹈家协会会员38人。

戏剧曲艺家协会　2003年8月，戏剧曲艺家协会组织重点戏剧曲艺家到湘西采风。2004年，组织排演节目参加娄底市春节联欢晚会。2005年，组织挑选优秀节目参加省会演。2006年，组织优秀节目送戏下乡。2007年，举办戏剧辅导班，培养戏剧表演艺术人才。2008年，组织广场戏曲演出活动，组织重点艺术家到海南采风。至2008年年底，有在籍在世中国戏剧曲艺家协会会员8人，湖南省戏剧曲艺家协会会员22人。

二、文联活动

（一）创作与展览

1989年5月3日至8月30日，娄底市文联举办“庆祝中华人民共和国成立40周年”文学创作征文活动。1990年2月19日至10月31日，举办“庆祝娄底市复市10周年”文学创作征文活动。1990年12月10日至1991年6月30日，与市委宣传部、组织部联合举办“庆祝建党70周年”文学创作征文活动。1991年4月1日至12月30日，与地区司法局、地区普法办联合举办“二五”普法法制题材文学创作征文活动。1992年1月1日至4月15日，与团市委联合开展“纪念毛泽东《在延安文艺座谈会上的讲话》发表50周年青年文学创作活动”。5月12日至8月10日，与市建委联合举办“迎接建国四十三周年城建题材文学创作征文”活动。1993年4月15日至5月30日，与市公安局联合开展“金盾文学创作征文”活动。8月16日至11月20日，开展“纪念毛泽东同志诞辰100周年”文学创作征文活动。11月20日至12月10日，与市人大常委会办公室联合举办“民主法制杯”全国书法大赛评选活动。1994年10月，举办“纪念李振翩先生逝世十周年”大型图片展，展出157个版面600余幅图片，地市领导和李振翩先生后人及各地群众3万多人参观展览。1995年3月5日至9月30日，与市武装部联合举办“庆祝抗日战争胜利50周年”文学创作征文活动，编辑出版《心声》纪念抗战胜利征文专号。1996年6月15日至10月15日，举办“纪念中国工农红军长征胜利60周年”文学创作征文活动。1997年年底，廖志理诗歌作品《曙光的微尘》（组诗）入选由中国诗歌研究所编辑出版的《中国新诗年鉴》。1997年3月28日至5月30日，开展“庆香港回归”文学创作征文活动。6月30日至7月6日，组织征集美术、书法、摄影作品358件（幅），参加娄底地区“庆香港回归”美术、书法、摄影作品展。10月15—20日，联合市文化局在省展览馆举办童和平画展。1998年2月28日至7月30日，与市台湾事务办公室联合举办“海峡情”文学创作征文活动。8月3日至10月30日，与市政法委联合举办法制文学创作征文活动。

1999年4月8日至7月30日，举办“庆祝中华人民共和国成立50周年”文学创作征文活动。是年，罗湘科在北京中央美院举办个人画展，并与美国合璧艺术公司签约。1999年12月1日至2000年1月20日，娄星区文联与区妇联联合举办“庆祝国际妇女节90周年”《巾帼专刊号》创作征文活动。2003年，龙建国应邀赴法国巴黎参加中国书画艺术邀请展，2幅作品被法国收藏。6月27日，在娄星区迎宾馆举办“缤纷六月，美术、书法、摄影展”庆祝6个文艺家协会成立活动，展出作品118幅。2004年6月28日，举办庆祝建党83周年卡拉OK大赛，评出12名优胜选手进行奖励。2005年2月，康移风在北京参加“当代优秀国画作品展——湖南10人晋京展”，受到全国政协主席贾庆林接见。5月，由谢惠林、曾国盛、黄胜泉、刘合庄创作的歌曲《啄木鸟》获全省反腐倡廉歌曲征集评选特等奖，被选送北京，参加中纪委全国反腐倡廉歌曲征集评选，获全国银奖第1名。7月18日，与区乡镇企业局联合举办《群星灿烂》乡镇企业题材文学、摄影创作活动。是年，大型花鼓戏《村官是个堂客们》获文化部“映山红艺术节”金奖，实现娄底戏剧史上在全国获奖“零”的突破。

2006年11月，由周固坚编舞、刘合庄作曲的歌舞《和谐节奏》获中央精神文明建设指导委员会、文化部组织的第五届全国“四进社区”文艺展播比赛铜奖。2007年6月14日至9月30日，和区人口与计划生育局、区计划生育协会共同举办“人口与计划生育主题文学创作”活动。6月，与区委宣传部、娄底电视台都市频道联合举办“爱我娄底，爱我娄星，爱我家乡”征歌活动。收到歌词31首，歌曲27首。2008年3月18日至7月30日，与娄星区总工会、娄星区作协联合开展“庆五一，迎奥运”职工文学创作活动。6月，组织“娄星之光”原创节目广场文艺会演，演出《爱我娄星》《家乡有条孙水河》等原创节目。8月，组织举办“尚品形象”摄影艺术展。9月，与区总工会联合组织“迎奥运征文竞赛”。360名作者投稿，收到文学、美术、书法和摄影作品580余篇（件），9月28日，在区总工会举行“征文竞赛”颁奖大会。9月30日至10月5日，在娄底市博物馆举办娄星区改革开放30周年美术、书法、摄影艺术展，展出作品138幅。市区领导与各界群众参观展览，省市区8家媒体进行报道。11月，童和平被《中国书画报》评为“中国画十大人物”。

（二）刊物与文集

1989年，娄底市文联文学杂志《心声》经省新闻出版局批准在省内发行。1992年，报刊整顿停刊。1993年，报省、市新闻出版局批准作为内刊继续出版。1992年1月20日至6月30日，与市统计局联合开展“统计题材文学创作征文活动”，出版统计题材报告文学专辑《数海春秋》。5月8日至9月30日，编辑出版作家、艺术家年谱《新城群星谱》。1994年，组织编辑出版庆祝中华人民共和国成立45周年报告文学集《在这片热土上》。

2001年5月，经区委宣传部、市新闻出版局批准，《心声》杂志更名为《涟水河》。2004年6月，娄星区文联与区教育局联合开展青少年书画集作品征集活动。入选作品300幅，编辑出版《娄星区青少年书法美术优秀作品集》。是年，组织举办青少年诗歌朗诵大赛，编辑出版优秀作品集《金色年华》。2008年10月，组织编辑“纪念改革开放30周年”丛书，各县（市、区）各负责编撰1本。娄星区文联承担《璀璨娄星》文字与图片采写工作。区文联与区作协联合组织16名作者采写23篇报告文学和散文，按时完成采写任务，《璀璨娄星》出版。

（三）服务基层

1992年1月3日，娄底市文联批准成立娄底市硬笔书法协会，召开娄底市硬笔书法协会第一次代表大会，邓云峰当选为主席。1996年12月18日，成立少儿书法协会。2001年7月3日至10月30日，娄星区文联与区委宣传部、区委组织部、区教育局联合开展全区中小学生书法竞赛活动。2002年1月，组织戏剧曲艺家协会与音乐舞蹈家协会艺术家到杉山、双江、小碧、万宝、茶园、百亩等乡镇进行春节慰问演出。5月，协助老摄影家李子林在市博物馆举办“李子林祖国风光摄影艺术作品展”。2003年9月，在西阳和家村傅国钦家乡建立“傅国钦书法艺术馆”。协助龙建国赴法国巴黎，参加中国书画艺术邀请展，2幅作品被法国收藏。12月，协助老书法家傅国钦赴广州举办《傅国钦书法艺术展》。12月24日，举办娄星区籍台胞李佑增竹雕作品赠捐仪式，李佑增先生为区博物馆、区图书馆、区台办、区档案馆等单位赠捐竹雕作品72件（幅）。2005年12月，协助康移风在北京中国美术馆举办《我的兄弟》矿工系列国画作品展。

2006年6月，在长沙举办“罗湘科版画展”，展出版画作品60幅。2007年12月24—27日，与湖南人文科技学院、市文化局、区美术家协会，在市博物馆共同举办“黄定初国画邀请展”。2008年1月1—3日，与湖南人文科技学院、娄星区美术家协会在市博物馆举办美术家“皖、赣南写生作品展”。5月，组织摄影艺术家开展“五江风采”活动。7月8日，与区红十字会共同举办以“帮助四川灾区同胞重建家园”为主题的艺术作品爱心义卖活动。10月26日，协助罗湘科赴法国举办版画展。12月6—12日，与市文联、市经开区、市书协在长沙湖南师大美术学院共同举办“百年傅国钦书法展”。举办“傅国钦书法艺术精品展”。与娄底艺术学校合作，建立娄星区文联文艺人才培训基地，举办美术、音乐、书法创作班和舞蹈、戏剧辅导班，培训学员61人。

（四）文艺理论研讨

1991年7月22—27日，举办文学创作讲习班，邀请省文联、省作协著名编辑、作家谢璞，王以平，潘吉光，王亨念，于沙等老师讲学。1995年3月，举办廖志理、肖玲玲诗歌创作研讨会，邀请省文联名作家谢璞、贺振杨等人现场评点作品。2002年5月19日，在北京中国画研究院举办“童和平山水画艺术探索观摩交流展暨学术研讨会”。中国文联党组副书记覃志刚、中国画研究院院长刘勃舒等领导和十余名书画名流参观画展，并在研讨会上讲话。2004年，协助童和平赴日本，参加庆祝中华人民共和国成立55周年中国画名作展和中日学术交流活动。2008年1月16日，在市博物馆举办“黄定初国画邀请展”，组织美术讲座。同时，区文联与区美术家协会联合举办“区美协会员赴皖南写生作品展”。

第八节 残疾人联合会

1991年1月16日，娄底市盲人聋哑人协会更名为娄底市残疾人联合会，明确为事业团体、副科级单位。1993年3月，成立市残疾人事业领导小组。1995年3月，更名为娄底市政府残疾人工作协调委员会。9月8日，按照《中共娄底市委机构编制委员会〈关于明确娄底市残疾人联合会领导成员职级待遇的通知〉的通知》精神，残疾人联合会定性为具有代表、服务、管理职能残疾人事业团体，升为正科级机构，归口政府管理系列，由民政局代管。1997年5月19日，经市编委批准，组建市残疾人劳动服务所。1998年9月23日，成立市残疾人服务总社，登记为企业法人，承担贫困残疾人扶贫日常工作职能。1999年9月30日，撤市设区，更名为娄星区残疾人联合会。2003年6月24日，区残联从区民政局分离，单独设置，归口政府办综合协调。2005年1月18日，区残疾人联合会加挂区人民政府残疾人工作协调委员会秘书处牌子（简称区残联）。机关内设办公室、宣传教育就业部、康复部3个职能部室。下属二级机构娄星区残疾人劳动服务所。2007年8月1日，区政府残疾人工作协调委员会更名为区政府残疾人工作委员会，机构职责、工作制度不变。

1991—2008年历任理事长：刘新全、刘交文、李冰岩、蒋仁和（2005.7兼任党组书记）。

一、代表大会与基层组织

（一）残联代表大会

1991年1月16日，召开娄底市残疾人联合会第一次代表大会，应到代表122人，实到代表104人，其中残疾人代表58人。选举产生市残联主席团，设正副主席8人，名誉主席3人，接收社会捐助4.26万元。

2007年6月21—22日，召开娄星区残疾人联合会第二届代表大会。应到正式代表83人，实到正式代表80人，其中残疾人及残疾人家属代表52人。选举产生区残联主席团，设正副主席9人，名誉主席1人。下设肢残协会，主席谢小军，副主席颜炳林；盲人协会，主席聂华，副主席颜建均。

（二）基层组织

1991年10月26日，花山街道办事处成立残疾人协会。1992年，13个乡镇、街道均设立残联组织，45个村（居）委会成立残疾人工作小组。1998年8月8日，经市人民政府残疾人工作协调委员会研究，在大科乡、涟滨乡、西阳乡、百亩乡、石井乡、小碧乡、茶园乡、双江乡、杉山镇、万宝镇、乐坪街道、长青街道、花山街道、黄泥塘街道分别成立残疾人联合会和残疾人服务分社。2006年12月25日，乡镇、街道设立残疾人联合会，理事长由乡镇干部兼任。2007年5月，全区14个乡镇、街道相继成立基层残联，与民政办合署办公。通过乡镇、街道残疾人代表大会选举产生基层残联主席团主席、副主席、委员。

二、残疾人帮扶

（一）康复

1989—2003年，开展白内障复明活动，免费为1773名残疾人实施复明手术。为594名小儿麻痹后遗症患者实施矫正手术，肢体残疾康复训练128名；聋哑儿语言训练89名，聋哑儿家长培训78名；智残儿童训练72名，智残儿童家庭训练46名；适配助视器55名。为碘缺乏区补碘1.04万名，其中双江乡补碘人员达4416人。2004—2008年，开展“立珊光明行动”。为356名白内障患者实施复明手术，适配助视器45人、助听器10人，安装假肢27人，参加各类康复训练119人，发放轮椅等各类辅助器具692件。

（二）教育

1989—2003年，以娄底市聋哑学校为龙头，集中招收聋哑学生入学。在乡镇小学设立特教班，采取随班就读方法教学，对家庭贫困残疾学生免收学杂费。2004—2008年，全区7～15周岁残疾儿童少年入学率95%，享受专项彩票公益金助学项目27人，资助18名聋哑儿童进入市特殊校就读，资助4名残疾大学生上学。

（三）就业

1989—2003年，兴办福利企业16家，安排残疾人就业653人。乡镇、街道企业安排残疾人就业414人。残疾人自谋职业和参加农村生产劳动1807人；从事三轮车营运66人。2004—2008年，全区21家福利企业集中安置残疾人就业724人，残疾人自主择业45人，区属机关事业单位安排残疾人就业36人。

三、助残活动

（一）助残日活动

1991年，娄底市残疾人联合会组织开展全国“助残日”活动。依据当年残疾人事业发展重点工作确立助残日活动主题。1991—2008年，18个助残日内区（市）残联累计募集专款17余万元。通过围绕“宣传残疾人保障法”“一助一送温暖”“走进每一个残疾人家庭”“志愿者助残”“红领巾助残”等主题开展活动，培育全社会扶残助残风尚和全民助残意识。

（二）助残帮扶

1989年，筹建娄底市聋哑学校。次年招生教学，学校占地1.39万平方米，建筑面积5934平方米。通过1989年8—9月、1991年7—8月和1992年5—10月三次普查，全市有三类三项康复对象6990人。其中，白内障患者3675人、小儿麻痹后遗症患者2707人、聋哑儿608人。实施残疾人三项康复，至1992年，完成白内障复明术2329人，完成小儿麻痹后遗症矫形术869人，对103名聋哑儿童进行语言训练，19人达到三级康复水平。1992年4月，按照国家残疾标准，逐人审定残疾等级，给符合残疾标准的9250名各类残疾人颁发残疾证，占总人口3%。5月，市政府召开扶残助残表彰大会，表彰338个扶残助残先进单位和11个残联工作先进单位、36名助残爱残先进个人、13名残联工作先进个人和63名自强模范。10月16日，市政府制定《关于对残疾人实行优惠照顾的暂行办法》，确定21条优惠政策。1997年1月24日，举行全国通用残疾证首发式，全市所有持证残疾人换发全国通用残疾证。2000年，开展特奥运动员统计调查工作。对全区7～15岁残疾儿童少年进行为期3个月的普查。通过筛选，入库各类残疾儿童少年210名。

2003年6月26日，市政府下发《娄底市扶助残疾人暂行规定》。区残联依照暂行规定开展工作，协调相关职能部门落实相关福利政策。落实盲人及重度残疾人辅助器具、免费乘公交车和低保户残疾人优价享受有线电视费、水电煤气费等优惠政策。2004年5月4日，娄星区第四次政府常务会决定，从2004年6月1日起征收残疾人就业保障金。2005年，区属机关团体事业单位应缴残疾人就业保障金减半征收，由财政代扣；企业单位残疾人就业保障金征缴由税务部门代收。5月14日，区政府召开残疾人就业工作会议，制定《娄星区按比例安排残疾人就业规定》，推行残疾人按比例就业制度。11月，启动由香港著名企业家、慈善家彭立珊投资，以扶贫济困送光明为宗旨，免费为贫困山区白内障患者实施复明手术"立珊光明行动"。

2007年7月，区残联综合服务大楼建设立项。9月，娄底市孝崇铁合金有限公司成立残疾人协会。2008年，启动全国统一换发新版残疾人证工作（俗称"第二代残疾人证"）和按照《第二次全国残疾人抽样调查残疾标准》进行残疾评定。启动城镇贫困残疾人个体户基本养老保险补贴试点，根据《娄星区贫困残疾人个体户基本养老保险补贴试点办法》，对符合条件残疾人个体户按每人每年1500元标准给予补贴。

第九节 红十字会

1989年，娄底市红十字会下设办公室，核定事业编制2人。1999年9月，撤市设区，更名为娄星区红十字会。

1989—2008年历任会长：李毓阶、池锦棠、谢雪英。

一、无偿义务献血

2000年起，娄星区（娄底市）每年献血任务400人次。执行《中华人民共和国红十字会法》《中华人民共和国献血法》，招募无偿献血志愿者320人，保证全区临床用血安全和供应，预防和控制经血液途径传播疾病。2004年6月14日，为第一个世界献血者日。是年起，区红十字会每年组织开展一次集体无偿献血活动。

2007年，娄星区无偿献血领导小组成立，办公室设区卫生局。通过开展无偿献血活动，实现由计划献血向自愿无偿献血转移；由随机自愿献血向固定、预约自愿献血转移；由一次偶然自愿献血向多次、重复自愿献血转移，无偿献血实现"三个转移"。每年编办简报4期，通报无偿献血任务完成情况，宣传无偿献血知识。2008年7月3日，区红十字会和市中心血站组织开展"世界献血者日"无偿献血知识宣传、血液采集、无偿献血志愿者招募和文艺演出活动。区委、区政府领导带头无偿献血，当日参加无偿献血65人，招募无偿献血志愿者120人，发放宣传资料2000份。

二、救灾救助

（一）防灾救灾

1989—2008年，区红十字会经多方筹集物资，开展博爱送万家活动。每年元旦、春节期间，筹集价值100万余元的棉被、大米、衣服等物资，发放到乡镇近2万户需要帮助贫困家庭。2003年，红十字国际联合会日本分会马利一行到双江乡督查救灾物资发放情况。

（二）疾病救助

2005—2008年，区红十字会争取中国红十字基金会支持，先后对娄星区24名患有先天性心脏病、白血病儿童进行医疗救助。其中，救助资金3万元救助3人，其他21人救助资金在0.5万～1万元，享受医疗补助资金26万元。

（三）救护培训

1997年10月，成立娄底市红十字会志愿工作者协会。在大科、涟滨、万宝、杉山、小碧设立5个救护站并开展志愿服务活动。2007年8月，娄星区红十字会在长青街道甘子冲社区举办首期初级救护员培训班，培训初级救护员50人。

（四）项目建设

2003—2005年，欧盟红十字会投入资金85万元，支持万宝镇万宝村、石塘村、砂干铺村、高乐村，双江乡新联村改水改厕项目建设。

第十节　计划生育协会

一、协会机构

1989年，域内各级计划生育协会（简称计生协）发展到230个，会员1.22万人。1992年，从市到各乡镇街道计生协组织241个，会员1.63万人，建立会员之家241个。1993年，组织增至246个，会员发展到3.73万人。1999年，娄底市计生协会除会长外，设荣誉会长，副会长称为专职副会长，计生协组织发展到256个，会员3.40万人，占全区人口8.9%。同时，清退1.21万名不合格会员。是年，撤市设区，娄底市计划生育协会更名为娄星区计划生育协会，组织机构及人员不变。2003年，娄星区计生协专职副会长改称常务副会长。2008年，有区计生协会1个，乡镇街道计生协会12个，会员3.57万人。

1989—2008年历任荣誉会长：黄云涵、李楚斌、谭运能、陈明华；历任会长：李毓阶、池锦堂、毛屏甲、谢雪英，专职副会长：赵仲维。

二、计生协会活动

1992年，加强各级计划生育协会建设。大科乡三元村、杉山镇杉山村被评为全省基层计划生育协会先进单位，杉山镇计生协会会长李江东、万宝乡计生协常务副会长肖如南被评为全省计生协先进个人。

1997年5月，市委、市政府下发《关于进一步加强计划生育协会工作的通知》，明确计划生育协会的地位、人员配备、活动经费以及乡（镇）、街道、村（居）常务副会长，会员小组长报酬等具体规定，促进计划生育“村为主”工作落实。1998年2月，市委、市政府授予万宝镇等2个计生协“红旗单位”，授予乐坪街道等17个协会“先进集体”称号，授予李楚斌等69名会员“先进个人”称号。12月，市计生协组织开展计生协工作研讨论文撰写和人口知识竞赛活动，对获奖者和优秀组织单位进行通报表扬。

1999年1月，召开市计划生育协会第三次代表大会暨“双先”表彰会。市委、市政府授予乐坪办事处计生协等2个协会“红旗单位”称号，授予花山街道办事处计生协等16个协会“先进集体”称号，授予李楚斌等55人“先进个人”称号。选举毛屏甲为会长，黄云涵为名誉会长，黄文瑞为常务会长，谭运能、谢孟清为副会长。4月8日，成立娄底市计划生育保险领导小组，刘建中任组长，石荣发、毛屏甲、梁胜初、黄文瑞、吴建平任副组长。下设办公室，谢孟清兼任主任，聘请李楚斌、黄云涵为顾问。9月，对区辖246个计划生育基层协会进行整顿和建设，调整乡镇、街道计生协会会长7名，常务副会长10名，秘书长4名；村级会长83名，常务副会长123名，秘书长79名，发展新会员4828名，清退部分不合格会员，对协会会员重新进行登记，健全例会制度、学习制度、会员联系户制度、帮扶制度和评比表彰制度等。12月，全区各个村（居）均建立村计划生育协会，“村为主”计划生育工作全面启动。

2001年，娄星区开展流动人口意外险、国寿计划生育手术安康险、母婴安康险、国寿团体女性安康险、国寿养老年金险、少儿两全险、国寿计划生育工作人员意外险等计生系列保险代理工作。4月27日，区计划生育领导小组对区计生协领导班子进行调整，增聘李楚斌、谭运能为区计生协会名誉会长。8月24日，落实省计生委、省计生协关于《在全省广泛开展“我为国策做贡献，我为协会添光彩，争创先进协会，争当优秀会员”活动的通知（简称“两为两争”）》精神，成立区“两为两争”活动领导小组，区委副书记刘建中任组长，区长助理毛屏甲、区计生委主任黄文瑞任副组长，在全区开展“两为两争”活动。2004年6月，区委、区政府研究决定在全区进一步推行计划生育村（居）民自治工作。9月起，落实计划生育特困户救助制度。

2006年5月8日，区计划生育领导小组制定关爱女孩行动、综合治理出生人口性别比偏高问题行动方案。2007年，开展计生宣传教育阵地外移工作，乐坪街道月塘居委会，花山街道铁东居委会建设计生宣传长廊，百亩乡新家村、双林村建立婚育文化大院，国家计生委专门组织专家进行专题调研。月塘居委会和铁东居委会婚育文化墙长200余米，被国家计生委称为亚洲计生宣传第一长廊。6月，制定娄星区独生子女死亡伤残家庭扶助方案，对失独及独生子女伤残家庭实施救助。

第八篇　政　法

1989—2008年，娄星区（娄底市）和涟钢辖区法治部门围绕政治经济文化社会发展中心履行维护社会稳定职能，发挥保一方平安作用。

推行社会治安综合治理，落实维护社会稳定措施，加强矛盾纠纷排查调处，开展社会治理，推进“平安娄星”建设，排查调处各类矛盾纠纷3.51万件，调处成功3.32万件，调处成功率94.3%。定期分析各个时期社会治安形势，开展打击刑事犯罪、经济犯罪（职务犯罪）、涉毒涉林涉铁路违法犯罪常规性工作，适时组织开展严打整治、打击“两抢一盗”、打黑除恶、打击车匪路霸、追缉逃犯等专项行动。立刑事案件4.50万余起，违法犯罪人员受到法律追究。检察院、法院配合严打整治行动，履行批捕审查起诉、审判职能，对重特大刑事案件犯罪嫌疑人“快捕快诉、快审快判”。加强治安管理、人口管理，突出枪械、危爆物品、出租房屋及暂住人口管理，开展扫黄禁赌，查处治安案件近6万起。完成一代居民身份证发证，二代居民身份证换发90%。加强治安防控体系建设，组建巡警队伍，开通“110”“122”报警服务台，落实社区警务战略，提高街面见警率。在加强人防的同时落实技防措施建设。交通安全管理围绕人车管理，加强道路交通设施建设，规范城区交通秩序，协助相关部门开通城市公交和出租车。定期开展交通安全整治行动，查处交通违法行为。处理交通事故2万余起，无群死群伤重大事故。监所管理实现无脱逃、无非正常死亡。法律服务围绕民事行政检察、民商事行政及企业破产审判、代理诉讼和非代理诉讼开展，办理民事行政检察监督案件66件，审结民商事及企业破产案件2.63万件，代理刑事辩护1086件，代理民商事诉讼2673件，接受法律咨询2.49万人。法制宣传历经“一五”至“五五”普法，根据各个时期普法工作需要，结合上级关于普法工作指示和部署开展法制宣传教育，完成普法任务。政法队伍建设根据各个时期法治工作需要，落实上级党委政府部署，不定期开展各类教育活动，总结队伍建设成功经验，推介先进典型。开展队伍教育整顿活动，清除“害群之马”，保证队伍建设正确方向，建设政治坚定、作风优良、业绩突出的政法队伍。

第一章　政法委及综治

1989年，中共娄底市委政法委机关内设人事组、秘书组。1991年4月22日，成立娄底市社会治安综合治理委员会办公室，与市委政法委员会合署办公，实行“两块牌子、一套人马”。1996年12月，市委政法委增加组织领导和协调社会治安综合治理工作职能，内设办公室、调研室、督查室、政工室等4个职能室，定编11人。1999年7月，撤市设区，娄底市委政法委改为娄星区委政法委，娄底市社会治安综合治理委员会办公室改为娄星区社会治安综合治理委员会办公室。区委政法委员会内设办公室、执法监督室、政工室，辖社会治安综合治理委员会办公室和区维护稳定工作办公室，定编13名。2002年11月，成立共青团娄星区委政法委员会工作委员会。2008年3月，成立区政法系统工会。11月，增设区委防范和处理邪教问题领导小组办公室。

1989—2008年历任书记：肖乾韬、刘文明、刘甲申、刘华江、彭岳松、周世光；历任副书记：张和生、朱新初、颜维和、谢祥兴、邹治岑、王清风、谢毓连、曾让根、喻海清、禹军云、刘雄辉、肖明、李忠勇、张运根、付朝辉、潘汉平。

第一节　队伍建设

1990年2月，娄底市委政法委印发《关于政法干警必须清正廉洁遵纪守法的决定》，在政法系统开展清正廉洁遵纪守法教育活动。1991年11月，开展政法战线社会主义思想教育、整顿政法队伍、整顿领导班子思想和作风活动。1993年，在政法系统开展“反特权、拒腐蚀、讲团结、争贡献、树形象”教育活动，教育政法干警正确对待群众，正确对待生活待遇，正确对待手中权力。1994年9—12月，在政法系统开展教育整顿活动，集中整治“缺乏全局观念，搞地方保护主义”“凭感情办事，办人情案，关系案”“受利益驱动，办金钱案”“法律意识淡薄，执法犯法”“素质不高，纪律作风松弛，工作消极，作风懒散，明警暗商”等5个方面问题。1995年11月中旬至12月中旬，开展以贯彻落实中央“三条禁令”“八个不准”为重点的教育整顿活动。同时，表彰一批先进科、股、队、庭、室和先进个人。

1996年11月至1997年1月，查处8名政法干警，对违法违纪人员给予相应党纪政纪处分，2人被追究刑事责任。结合反面典型，开展政法系统集中教育整顿活动，进行警示教育，各部门制定和完善队伍管理教育相关规章制度和规定。1997年，开展政法队伍纪律教育活动，查处违法违纪案件20起，对涉及违纪违法民警进行清理整顿和纪律处分。其中，2人因构成犯罪被追究刑事责任，11名不适合从事政法工作人员予以清退。1999年，查处违纪案件7件9人，处理5件7人。其中，行政记过3人，行政警告4人。

2001年，娄星区政法系统开展“三个代表”重要思想学习实践活动。全年查处违法违纪3案9人，其中，5人被追究法律责任，4人受到党纪政纪处分。2002年9月，设立“政法110”，建立政法干警违法违纪投诉举报机制。受理群众对区委政法委、区法院、区检察院、区公安分局、区司法局工作人员违法行使职权、不遵守各项工作纪律及规定违法违纪行为投诉和举报，聘请一批特邀执法监督员。2003年8月下旬至10月下旬，开展“公正执法树形象”主题教育活动、“政法标兵”和“办案能手”评选活动、“三强班子”竞赛活动，推行“一岗双责”风险抵押责任制。2005年，开展保持共产党员先进性教育活动和“规范执法行为，促进执法公正”活动。在全省政法业务部门执法质量考核中，法院名列全省法院系统第21名，检察院名列全省检察系统第2名，被评为全省先进基层检察院，检察长被评为全省优秀检察长。

2006年6—12月，开展社会主义法治理念教育，引导政法干警准确理解和把握社会主义法治理论本质要求和深刻内涵，做到执法为民。10月下旬，在全区政法系统开展为期1个半月的“清理执法思想、整顿队伍作风”专项活动。查处政法干警违法违纪案件9起9人，其中，辞退1人，逮捕1人，行政记大过以下处分7人。2007年，开展“大走访结对子、大宣传树形象、大防范解民忧”活动，推行警民联系卡制度。政法委机关干部每人联系5户群众，政法各部门干警每人联系10户群众，全区政法系统参与大走访活动496人，联系城区居民3925户，发放民警联系群众工作卡1.96万张。2008年7月，区委政法委制定《关于进一步严肃政法机关工作纪律的若干规定》和《关于方便群众办事提高政法机关效能的若干规定》。6月下旬至12月中旬，在全区开展“创建人民满意政法机关”作风建设活动。娄星公安分局大科派出所、法制室和区法院行政审判庭被评为全区人民满意政法单位，蒋国强、谢君红、童文泉被评为全区满意政法干警。

第二节　社会治安综合治理

一、责任落实

1991年，娄底市开展社会治安综合治理。

1994年，娄底市社会治安综合治理委员会（简称综治委）执行社会治安综合治理“一票否决”机制。对屡次发生重大案件或重大治安问题的市水泥厂、双江乡、市委机关事务委员会、市委接待处4个市属单位实行“一票否决”。1995年2月，市委批转市综治委《娄底市社会治安综合治理领导责任制实施细则》和《娄底市执行社会治安综合治理一票否决权制实施办法》，明确各级社会治安综合治理工作任务、职责以及奖惩办法，落实“谁主管、谁负责”工作责任。年初，市委、市政府与乡镇、街道签订综治目标管理责任书，形成市、乡镇（街道）两级“一把手”负总责、保一方平安责任体制。3月，市委制发《娄底市创建治安模范城总体方案》和《娄底市创建治安模范城1995年具体实施意见》，开展创建治安模范城活动。1999年5月，市综治委印发《娄底市社会治安综合治理委员会成员单位参与综合治理的职责任务》，明确全市综治委成员单位工作职责和任务。11月，娄星区社会治安综合治理委员会印发《娄星区综治委工作制度》，明确综治委各成员单位工作例会、“五部委（局）”联席会议、联络员工作、年度目标管理、年度工作述职、限期整改、重大治安责任追究等工作制度。2000年，区委、区政府将社会治安综合治理工作纳入全区文明建设总体目标管理，区、乡、村、组、户和企事业单位车间、班、科、股、室层层签订综治目标管理责任状。是年，由区综治委、区纪委、区委组织部、区人事局、区监察局联合制发《关于建立娄星区社会治安综合治理责任人政绩卡的意见》，按照“谁主管、谁负责”原则，在乡镇、街道和副科级以上机关、企事业单位建立社会治安综合治理责任人政绩卡，强化综合治理领导责任制。

2001年，继续落实社会治安综合治理第一、二、三责任人建立政绩卡制度。对问题较多的区供销社和区委机关事务委员会实行“一票否决”，取消2个单位及第一、二、三责任人年终评优评先资格。全区安全创建工作覆盖面和安全创建达标单位巩固率均达100%。2002年，社会治安综合治理和维护稳定工作名列全市第1名。2005年，完善落实社会治安综合治理领导责任制和目标管理责任制，执行考核评估制度。花山街道、茶园镇、娄底二小等7个单位被市综治委授予社会治安综合治理先进单位称号，乐坪街道、双江乡、区教育局、区民政局等29个单位被评为全区社会治安综合治理先进单位称号，评选全区社会治安综合治理先进个人29人。对治安问题较多的2个市属单位、2个区直单位、5个村（居），实行“一票否决”，给予1个乡镇黄牌警告，责令5个区直局级单位限期整改，取消5名责任领导评先评优、立功受奖、晋级晋职资格。对发生可防性案件的内保单位和责任人，按可防性案件责任制度实行追究。全区综治工作在全省县（市、区）评估排名中同比上升38个名次，排第69位。

二、专项打击

1993年11月至1994年6月，全市开展重点整治社会治安总体战。市委确定3名市委常委具体负责协调调度，批转行动方案，实行全党动员，全民参与，打防并举，标本兼治。破获各类刑事案件386起，其中重特大案件136起，摧毁犯罪团伙72个，逮捕140人，判刑85人，其中被判无期徒刑以上14人。1994年10月20日，发生社会不法分子打砸娄底宾馆案。市委、市政府调整部署严打斗争方案，从兄弟县市公安局抽调警力，异地用警，组织侦破队伍。11—12月，开展以打击流氓犯罪团伙为重点，破大案、抓现行、追逃犯的冬季侦破会战。抓获各类违法犯罪人员194人，破案106起。参与打砸娄底宾馆案涉黑犯罪团伙有8人于1995年9月21日被执行死刑。

1995年3月，组织开展严厉打击刑事犯罪活动春季“严打”行动。5—7月，开展以“严打”为突破口的集中整治社会治安专项斗争、强化城市治安管理百日安全竞赛活动。侦破各类刑事案件256起，抓获犯罪嫌疑人234人，摧毁犯罪团伙28个，逮捕犯罪嫌疑人145人，判刑88人。查处治安案件1270起，其中，黄赌毒案件1270起，查封违法旅店、娱乐场所36处。是年11月至1996年3月，组织开展第二次农村社会治安集中整治行动。破刑事案件111起，其中，大案71起（包括破积案数），大案中特大案件11起。摧毁犯罪团伙17个，抓获各类违法犯罪人员227人，追捕逃犯74人，其中捕获负案潜逃6年之久的重大持枪杀人逃犯肖某加等一批重大逃犯。整治期间，全市刑事案件发生率较整治前5个月下降41.1%，同比下降39.9%。1997年4—6月，开展春夏“严打”整治行动，成立“严打”整治行动领导小组，市委书记、市长为组长，市委常委、政法委书记兼任办公室主任。以“破大案、打团伙、追逃犯、禁毒品、治乱源、强基础”为工作方针，侦破刑事案件131起，其中大案89起。摧毁犯罪团伙16个，瓦解团伙成员104人，破获毒品犯罪案件5起，打掉毒品犯罪团伙3个，摧毁地下毒品窝点3个。

2001年，区委办、区政府办联合印发《娄星区“严打”整治方案》，从2001年4月持续到2002年12月，坚持依法从重从快方针，以“打黑除恶”为龙头，抓住重点地区和突出治安问题开展集中整治，摧毁恶势力团伙和现行犯罪团伙30个。

三、专项治理

1997年12月至1998年1月，开展以打击车匪路霸、反盗窃为重点的专项整治斗争。1999年6—8月，开展大中专学校和城区中小学治安集中整治行动，对校园周边治安环境进行整治，侦破和查处涉校刑事治安案件55起，责令关闭或迁移影响学校秩序的“三室二厅”娱乐场所42家，拆除违章临时棚点185处。完善各学校内部治安管理制度与措施，加强学生法制教育，开展争创安全文明校园活动。

2002年，涟钢周边治安整治工作经验被省公安厅确定为“涟钢模式”在全省推广。2003年7—8月，开展铁路治安集中整治行动，突出整治铁路周边治安秩序及危及行车安全治安隐患，打击哄抢、盗窃、破坏、非法收购铁路物资等违法犯罪行为。2004年7月，开展打击“两抢”专项行动，2次集中清查“两无”摩托车专项行动，查扣“两无”摩托车327辆，抓获“两抢”犯罪嫌疑人65人，侦破“两抢”案件40起。发动群众与“两抢”犯罪做斗争并给予奖励，群众当场抓获“两抢”犯罪嫌疑人15人，协助破案60余起。是年，开展为期4个月的娄底火车站周边治安环境集中整治行动。从乐坪街道、乐坪派出所、火车站综管办等有关部门抽调32名干部开展工作，解决娄底火车站自建站以来周边出租房屋、个体旅社、行业场所管理混乱问题，对所有房屋全部编排门牌楼栋号，个体旅社悬挂招牌，规范行业场所管理。抓获各类违法犯罪人员114人，其中抓获负案在逃犯3人；查处各类案件127起，治安拘留19人；调处纠纷176起；纠正交通违章39台次；清查出租房屋、门店614套，个体旅社216家；登记暂住人口1.2万人，发放暂住证316个。2008年，开展治安混乱地区、治安突出问题排查整治专项行动，健全治安混乱地区和治安突出问题排查整治工作机制。乡镇、街道定期开展排查，上报排查出的混乱地区和突出问题。区综治办根据治安混乱地区和治安突出问题影响，确定挂牌整治区域和乡镇。区综治委对偷盗现象比较突出的石井乡斗罡村，黄泥塘街道恩口村、东来村，实行挂牌整治，明确整治时限；对可防性案件发案多内部秩序混乱的金谷市场和华达机械厂，下发督办函，督促其落实整改措施。全区排查出治安重点地区和治安突出问题36个，整治达标20个。

四、专项工作

（一）见义勇为

1996年6月，娄底市综治委筹集建立见义勇为基金，印发《娄底市见义勇为奖励基金管理规则》《娄底市见义勇为奖励办法》。年末，市综治委、市委政法委表彰市委宣传部干部吴益雄、花山街道财政所干部曾建光为1996年度见义勇为先进个人。1997年，市综治委、市委政法委表彰大科乡大新村村民周德元、小碧乡小碧村村民黄军和、市委宣传部干部吴益雄、市糖果糕点厂职工周午清为1997年度见义勇为先进个人。娄底地区政法委表彰工商银行娄底市支行关家脑储蓄所主任李萍、代办员张翔为1997年度见义勇为先进个人。2001年，区综治委印发《娄星区见义勇为奖励基金管理实施细则》《娄星区见义勇为奖励办法》。2002年8月5日，区综治委、区委宣传部印发《关于在全区范围内再次筹集娄星区见义勇为基金的通知》，在全区范围内再次筹集见义勇为基金。

（二）流动人口管理服务

1989—2007年，出租房屋、流动人口管理工作主要由娄星区（娄底市）公安局负责，区（市）综治办负责协调调度。根据治安形势适时部署出租房屋、流动人口清查登记行动，将流动人口管理服务工作纳入社会治安综合治理目标管理。2008年，加强出租房屋、流动人口管理工作。成立由区长任组长的流动人口出租房屋服务管理领导小组，制定《娄星区流动人口出租房屋管理服务工作暂行规定（试行）》，建立《娄星区出租房屋和流动人口服务管理工作长效机制》，12个乡镇、街道成立流动人口出租房屋管理服务中心，51个社区成立流动人口出租房屋管理服务站，明确社区管理专干51人，派出所专（兼）职管理民警67人，从机关单位和街道抽调86名干部职工到各个服务中心站担任协警员，建立区、乡、社区三级流动人口管理体制。

五、基层基础

1996年，健全基层政法综治组织、群防群治网络。14个乡镇、街道均建立综治办并配备综治专干，配齐专管政法综治工作党委副书记；乡镇街道综治办列入乡镇街道正式机构，明确职责，确定编制，配备人员，实行规范化管理。43个村居委会增配专管综治工作党支部副书记；243个村居委会建立健全村级治保会、调委会、红白喜事理事会、义务巡逻队、禁赌队等“三会两队”组织。1997年，开展“三创”（安全文明村镇、安全文明小区、治安模范单位）、“四无”（无群体性械斗、无民转刑案件、无非正常死亡、无集体上访）活动，30%的街道小区和25%的行政村基本达到安全文明小区和安全文明村镇标准，有70%的村（居）实现“四无”目标。2000年，落实乡镇、街道村（居）治保调解主任报酬。2003年，加强社会治安综合治理“一中心五网格”建设。2008年，推进社区警务和农村警务建设，落实“一区一警、一区多警”制度。设立城区警务室42个、农村警务室16个，配备社区民警67人、农村警务室民警16人。在全国首创“按月交叉考核、按量计分、按分计酬”社区民警考核机制，经验做法被公安部推介。区委常委会议专题研究农村警务室建设，区委办、区政府办批转《娄星区农村警务室建设规划》，明确农村警务室建设要求和时限，区财政按每建好1个农村警务室奖励1万元标准进行奖补，全区建有农村警务室16个。

六、治安防控

1994年，火车站建立治安执勤室，负责火车站广场及其周围治安和交通、市场、工商秩序管理。城区治安巡逻队有30人，在城区主要街道和公共场所实行昼夜巡逻。组建30人涟钢铁路专线护路队，负责对娄星大桥至洪家洲车站地段巡逻和往返载货列车押运。乡镇、街道组建12个治安联防队，队员56人，村级义务巡逻队2个，队员25人；建立健全治保、调解组织313个973人；整顿恢复内保单位保卫机构112个342人，有经济民警队21个275人。1995年，在城区建设治安岗亭，街道设置警务站，市场建立治安执勤室，实现对讲机联网和落实看门守栋措施。4个街道分别在城区月塘、地区人民医院、星星影剧院对面、煤气公司、师专、关家脑、科技大楼附近、涟源磷肥厂、青山区三角坪和涟钢露天电影场、体育馆等重点部位和复杂地段建立11个治安岗亭，由巡警带领联防队员每天24小时分3班轮流上岗执勤。在万宝、杉山、石井等乡镇3处交通要道分别建立治安哨卡，由派出所民警带治安联防队员上岗日夜值班，检查可疑人员及车辆，堵截违法犯罪分子。区工商局在城南、娄星、涟钢、洞新、将军庙市场5个集贸市场分别建立治安执勤室，各配备4名工作人员上岗执勤，负责维护市场经商和治安秩序。1996年，在全省率先开通“110”报警服务台，并建立公安局指挥中心，建立联合出警覆盖全市、快速反应、灵活机动处警机制，巩固和完善看好门口、守住街口、把住路口三道防线。

2001年，乡镇、街道在机关干部中组建一支10～20人的处置突发事件应急小分队暨义务巡逻队。全年开展巡逻1100余次，参加扑救火灾10余场次；协助公安机关抓获犯罪嫌疑人115人；调处民间纠纷197起，制止群体性事件13起。2005年，启动“平安娄星”创建工作，实施巡逻守护工程、单位帮扶社区工程、矛盾纠纷排查调处工程和看门守栋工程。2008年，区公安分局治安大队对城区“四纵六横”主街主道实行24小时巡逻守护，建立“5分钟”控制圈。乡镇、街道成立专职巡逻队14支147人，12家集贸市场成立巡逻队10支，83个重点单位全部组建和调整内部保卫组织，配备专职或兼职治安保卫人员885名。全区形成“主干主道由专业巡逻队巡防，小街小巷由街道专职巡逻队联防，单位、市场内部由治安巡逻队内防，社区由义务巡逻队协防”立体动态防控网络。

第三节 维护社会稳定

1997年2月19日，娄底市维护社会政治持续稳定工作小组（简称维稳组）成立，市委副书记周若鹏任组长，下设办公室（简称维稳办），市委常委、政法委书记刘甲申兼任办公室主任，办公地点设在市委政法委。全年开展热点难点问题排查与调处专项行动8次，排查热点难点问题151个，调处化解123个。1998年，对热点难点问题进行排查，对16项工作明确分工，落实相关领导和部门责任。全年排查热点难点问题93个，调处化解65个。对潜在不稳定因素实行早排查早调处，全年妥善处置10余起群体性闹事苗头和事件。1999年，处置化解各类群体性闹事或闹事苗头49起。2000年，全年6次排查热点难点问题165个。

2001年，坚持“宜散不宜聚、宜解不宜结、宜缓不宜激”“区分性质、讲求策略、把握时机、严格依法、冷静稳妥”等原则处置突发事件。多起非正常死亡事件和群体性事件或事件苗头，均得到及时稳妥处置。排查出影响社会稳定问题300余个，对其中88个较大问题分次交办处理。2002年，各级各部门加强维护稳定工作，有效化解不稳定因素，全年没有发生大的群体性事件，没有发生重大恶性刑事案件。2003年，处置非正常死亡事件68起，处置各类群体性事件和苗头120余起。全年排查“两类积案”115起，办结95起。排查出各类矛盾纠纷410余起，调处化解395起，依法处理群体性事件10余起。

2005年，排查出不稳定问题202个，化解率90%。2006年，坚持一月一次常规排查，两月一次集中排查，特别防护期重点排查工作机制。全年排查出矛盾纠纷425起，交办5次142个突出问题。发挥基层人民调解组织化解矛盾“第一道防线”作用，调处各类纠纷2471起，调处成功2439起，防止民转刑案件9起，防止群体性械斗13起。2008年，处置各类群体性事件180起。其中，非正常死亡事件60起。

第四节 执法监督

1999年，区委政法委开始履行执法检查监督职能。全年抽查各类案件2566件，其中合格2467件，合格率为96.1%。2000年6—10月，在政法系统部署开展预防司法腐败，确保司法公正专项教育检查活动，检查各类案件1400余件，重点抽查381件。2002年，制定《关于执法监督工作规范化管理的规定》《关于加强执法监督和案件协调全面促进严肃执法、公正司法的意见（试行）》。2008年，在全区政法系统开展建立“执法档案”工作，政法干警全部建立执法档案，明确专人管理，实行“一人一档、档随人走、分级管理”方法，执法档案和执法质量情况纳入政法干警晋升、提拔、重用和年度考核重要内容和依据。

第二章 公 安

娄星区（娄底市）公安机关有娄星和钢城2个公安分局，隶属娄底市公安局管理。娄星公安分局前身为娄底市（县级）公安局，2000年机构上划，更名为娄底市公安局娄星公安分局。钢城公安分局前身为娄底行署公安处涟钢公安分处，1998年6月，更名为娄底市公安局钢城分局，列为地方公安管理序列。2001年7月18日，正式成立娄底市公安局钢城分局，系娄底市公安局直属分局。

1989—2008年，娄星公安分局（娄底市公安局）、钢城公安分局（涟源钢铁厂公安分处）围绕经济建设中心，履行公安保卫职能，开展侦查破案打击违法犯罪、整治突出治安问题维护治安秩序、应急处理突发事件维护社会稳定、严格管控确保管理有序、改进服务方式提高服务质量、加强队伍建设规范执法行为，为娄星区和湖南华菱涟源钢铁集团有限公司辖区政治经济文化社会发展提供法治保障。

第一节 机 构

一、娄星公安分局

1989年，娄底市公安局内设机构有办公室、政工科、政保科、经文保科、治安科、预审科、刑侦队、消防股、看守所、拘留所、交警队，下辖乐坪、花山、大科、涟滨、双江、小碧、西阳、杉山、石井、百亩、万宝、茶园12个派出所。1990年4月，设立收审所和法医鉴定室。1991年3月，设立法制办、财务装备科。7月，户口管理从治安分离，设立户政管理科。1992年9月，全局民警授予警衔。1993年5月，交警队更名为交警大队，为正科级单位；6月，设立林业派出所。1994年3月，刑侦队更名为刑侦大队，治安科更名为治安大队，均为副科级机构；4月，建立长青派出所。1995年7月，增设巡警大队并开通“110”报警服务台。1996年2月，撤销消防股成立消防大队，隶属武警娄底地区消防支队管理。1998年3月，撤销经文保科成立经济文化保卫大队。1999年1月，设涉税案件侦查大队；7月，组建城区刑侦中队。7月，更名为娄星公安局。2000年4月，娄底市公安局更名为娄底市公安局娄星公安分局，原局属交警大队上划娄底市公安局交警支队。2002年3月，撤销预审科，实行侦审合一；4月，设禁毒侦查大队、警务督察队。2003年4月，建立城区巡逻大队。2007年，机构改革后设政工监督室、指挥中心（办公室）、法制室、警务保障室、国保大队、治安大队、刑侦大队、经侦大队、禁毒大队、人口和出入境管理大队，下辖13个城乡派出所。

1989—2008年历任局长：李柏林、邬秋恒、罗增保、吴寄长、李叙赵、陈恩杰、张喜群；历任政委：张和生、彭济平、陈恩杰、王阳军、刘伟。

二、钢城公安分局

1985年10月1日，娄底行署公安处涟钢公安分处（娄底市公安局钢城公安分局前身）成立。涟钢公安分处是企业（即涟钢）内部公安保卫力量，业务上接受娄底市公安局指导。1998年6月，实施公安体制改革，更名为娄底行署公安处钢城分局。2001年7月18日，更名为娄底市公安局钢城分局，系娄底市公安局直属分局。管辖涟钢生产区和生活区，其中生活区含洪家洲、谭家山、索桥、花庙冲、旁山冲、朝阳、公园、仙人阁8个居委会的公安保卫工作，履行城市公安分局职责。内设机构有办公室、政工科、法制科、刑侦大队、治安巡警大队、经侦大队、市公安局交警支队第三大队（即涟钢直属大队，业务上接受市公安局交警支队直接领导），下辖黄泥塘派出所、青山派出所、洪家洲派出所（兼管涟钢专用铁路沿线）、田湖派出所。2002年4月，设办公室、政工科、法制科、经济文化保卫大队、刑事警察大队、治安巡逻警察大队、经济犯罪侦查大队、国内安全保卫大队、禁毒大队、交通警察大队、黄泥塘派出所、青山派出所、洪家洲派出所（兼管涟钢专用铁路沿线）、田湖派出所14个职能科所队室。2003年4月，管辖范围扩大至涟钢周边南阳村、高溪村、东来村、恩口村、碧溪村、涟滨村、曹家村7个行政村和市场社区、凤阳社区、福岭社区、双园社区、新立社区5个社区。

2007年7月，机构改革后，内设指挥中心（加挂办公室、警务保障室牌子）、刑事侦查大队（由刑侦大队、经侦大队、禁毒大队合并）、交通管理大队、治安管理大队（由治安巡警大队、国内安全保卫大队、经济文化保卫大队合并，加挂爆炸危险物品监管大队牌子）、政工监督室（加挂纪委、监察室、督察大队牌子）、法制室（法制科更名）6个机构；辖黄泥塘、洪家洲、青山、田湖4个派出所。

1985—2001年，历任娄底行署公安处涟钢分处处长：吴开甲、周怀岳、王兴华、卢开基；历任政委：周怀岳、刘爱民、谢四英。2001—2008年，历任涟钢公安分局局长：卢开基、王升平；历任政委：谢四英、李建中。

第二节 案件侦查

一、刑事案件侦查

1989年，娄底市公安局以开展打击团伙犯罪和清查流窜犯罪活动为重点，打掉犯罪团伙47个，破获重大刑事案件107起，抓获犯罪团伙成员205个，清查流窜犯罪窝点28个，抓获犯罪嫌疑人30人，侦破盗窃案88起。1990年，开展反扒窃、反内盗、反破坏通信设施、打击流氓团伙的“三反一打”专项行动。抓获扒窃人员517人，打掉盗窃、破坏通信设施犯罪团伙2个，为国家挽回经济损失116.82万元。打击流氓团伙15个，依法逮捕224人，治安处罚417人。1991年，开展打击流氓、盗窃、抢劫犯罪侦破行动及打击卖淫嫖娼、传播淫秽物品专项斗争。摧毁各类犯罪团伙121个，抓获团伙成员683人，收缴传播淫秽物品工具113件，依法逮捕210人，治安处罚445人。1992年，开展反盗窃自行车专项斗争，摧毁盗车团伙13个，抓获人员138人，缴获被盗自行车2508辆。1994年，开展追逃、打团伙春季攻势和冬侦会战行动。打掉“助你发”“龙虎帮”等犯罪团伙54个，抓获成员643人，破获各类案件451起，依法逮捕222人，依法判处极刑23人。1995年，在开展春季严打和集中整治农村社会治安与扫除黄赌毒百日治安管理竞赛行动中，创造日破案56起，周破案124起纪录。抓获违法犯罪人员709人，收缴非法淫秽出版物1098本，缴获海洛因毒品310克。1997年，协助深圳市罗湖公安分局破获福建私营企业主被抢劫400余万元特大案件，12小时内将潜逃至华达机械厂5名案犯抓获。全年9起命案全部侦破。6月17日，长青街道关家脑居民点吴某琦被枪杀，其家中珍藏价值20余万元邮票被劫。办案民警采用多种侦查手段，仅用10余个小时破获娄底有史以来第1起特大持枪抢劫杀人案。1998年4月，破获“3·6”湘中大厦金银首饰被盗案，涉案价值164万余元；破获“3·27”钴60放射源被盗案。6月20日，将在广东省惠阳市抢劫杀人碎尸后潜逃回娄底的柳某华抓获，缴获六四式手枪1支，子弹12发。1999年3月，侦破以彭某、易某彩为首的跨县市特大持枪抢劫货车司机案。2002年，娄星区重点开展打击“两抢”犯罪专项斗争，侦破案件188起，抓获犯罪嫌疑人575人，刑事拘留330人，提请逮捕161人，劳动教养84人。2007年11月24日，快速破获1起勒索20万元恶性绑架案，成功解救1名被绑架少年，2名涉嫌绑架勒索犯罪嫌疑人被抓捕归案。12月中旬，历时1年多，行程数万千米、排查近万人，破获引起公安部和省公安厅高度重视的2005年11月8日、2006年8月18日分别发生在娄底市客运管理处和娄星广场发生的爆炸案，抓获犯罪嫌疑人陈某。

1989—2008年，娄星区（娄底市）公安分局

（公安局）立刑事案件3.67万起，破1.85万起，破案率51%。

1989—1990年，钢城公安分局组织开展“两打两查四治”、除“六害”等4次打击和整治行动。1995年，破获陈某秀故意杀人案中，深挖查出死者胡某生前非法侵占涟钢资产100余万元犯罪事实，查处一批违法违纪人员。1999年，相继侦破“3·14”福建民工翁某抢劫杀人案、“3·15”廖某绑架强奸案、“7·21”贵州农民何某杀人案、“7·29”劳改释放人员罗某手持炸药包威胁涟钢领导等大要案件。2001年起，组织开展“严打”整治专项斗争、优化涟钢治安环境专项整治、“打击偷盗违法犯罪”专项行动、扫黑除恶、打击“两抢一盗”、追逃等15次打击和整治行动。2001年，侦破各类刑事案件149起、摧毁团伙27个、瓦解成员135人。其中，刑事拘留136人、提请逮捕59人。抓获“三逃”人员24名。9月9日，侦破兰某全、唐某文2人恶性抢劫案。9月19日，侦破谢某等人绑架、抢劫案，安全解救娄底电气工程技术学校3名学生人质。10月2日，侦破涟邵矿务局子弟刘某等3人在涟钢实施的麻醉抢劫案。2002年，立各类刑事案件267起，破128起，刑事拘留158人、取保候审92人、提请逮捕90人、移送起诉101人，抓获“三逃”人员15人。5月，摧毁以谢某为主涉案成员达50余人诈骗团伙，该团伙内外勾结作案，用重复过磅手段诈骗涟钢废钢公司废钢327车，涉案价值300余万元。11月8日，打掉李某秋、张某军、聂某福3人抢夺团伙，该团伙在涟钢、娄底飞车抢夺作案41起，抢夺现金10万余元，其中破获10月25日肖某被抢5万元抢夺案。2003年，立刑事案件481起，破187起，打掉犯罪团伙29个，刑事拘留143人，移送起诉122人，提请逮捕80人。5月，侦破“2002·4·2”持枪抢劫杀人案，从广东深圳宝安区将2名犯罪嫌疑人抓获归案。并带破刘某建、曾某红等人非法持有枪支案，陈某国、杨某军非法私藏枪支弹药案等多起重大恶性案件；带破1998年5月9日刘某持枪在长沙市开福区入室持枪抢劫杀人积案。2004年，立刑事案件433起，破218起，刑事拘留121人，提请逮捕92人，移送起诉113人，打掉犯罪团伙25个。1月7日，仅用21小时侦破贺某飞绑架案，成功解救人质。2005年，立刑事案件521起，破222起，刑事拘留109人，提请逮捕88人，抓获逃犯49人。6月30日，仅用20小时侦破易某青绑架案，将14岁人质成功解救。11月16日，破获雷某镇故意纵火案。12月21日，摧毁在娄底、涟钢各公园持刀抢劫20余次抢劫犯罪团伙，抓获涉案人员9名。2006年，立刑事案件549起，破216起，其中，命案2起，刑事拘留151人，提请逮捕122人，移送起诉158人，抓获上网逃犯21人。5月17日，侦破2005年王某娥雇凶杀人案。8月1日，2小时内快速侦破李某星故意杀人案，实现“命案全破”。2007年，立刑事案件634起，破177起。其中，命案积案1起，刑事拘留155人，提请逮捕98人，移送起诉136人，抓获上网在逃人员35人。3月21日，侦破1起11年前命案积案，犯罪嫌疑人周某雄从广东惠州抓获归案。5月25日，破获高某、李某、肖某等人特大诈骗案，高某、李某等人虚构民族资金解冻事实，骗取受害人与其合伙投资，骗走涟钢李某20余万元。高某等人还在株洲、云南、江西等地多次诈骗，诈骗金额高达60余万元。2008年，立刑事案件791起，破216起。其中，命案5起，刑事拘留196人，提请逮捕138人，抓获上网在逃人员21人，摧毁犯罪团伙29个，5起现行命案全部告破，连续3年实现“命案全破”。

二、经济案件侦查

1989年，娄底市公安局破获经济犯罪案件14起。1990—1992年，侦破经济犯罪案件51起。1996年，破获诈骗犯罪案件22起，追回经济损失300余万元。破获李某富一次诈骗新疆人59万元大案。1999年，经济犯罪活动突出，全年破经济犯罪案件31起，挽回经济损失448.50万元。2002年，娄星公安分局组建经济犯罪侦查（简称经侦）大队，经济犯罪案件侦破从刑事侦查大队分离。全年破案28起，挽回经济损失460余万元。2004年9月，李某强、肖某明、廖某雄等人在娄星区成立中国房地产开发集团娄底市鑫源房地产开发有限公司，在无注册资本情况下，伪造银行进账单及询证函等虚假证明文件，虚报注册资金2000万元。该公司于2005年11月与万宝镇签订《关于合作推进万宝小城镇开发合同书》，以此工程项目骗取多方受害人工程保证金和押金200余万元。2006年5月立案侦查，2007年1月上旬破获此案，抓获犯罪嫌疑人3人。2008年6月8日，群众电话举报有人开地下印刷厂，怀疑印刷非法物品。接报后，办案民警赶到现场开展调查，发现该窝点租用4个门面及1套住房专门从事发票、票据非法印刷。当场抓获非法印刷发票犯罪嫌疑人2人，缴获印刷机、切纸机、晒版机、开封打洞机、晒纸架、电脑、打印机、扫描仪等设备及印刷好的发票3本、三联单发票2697份，正在印刷中票据9658张。6月中旬，区工商分局配合侦破1起非法组织领导传销活动案，从本地及武汉、重庆、南昌等地抓获犯罪嫌疑人10名。娄星公安分局经济犯罪侦查大队成立至2008年，侦破经济犯罪案件65起，查获犯罪嫌疑人118人，为国家挽回经济损失700余万元。

钢城公安分局2001年侦破各类经济犯罪案件8起。其中，公司企业人员受贿案2起，职务侵占案3起，诈骗案1起，徇私舞弊、低价出售国有资产案1起，合同诈骗案1起，挽回经济损失80余万元。2002年，成立经济犯罪侦查大队，收到经济犯罪案件线索11条，立案9起，侦破6起，刑事拘留9人，挽回经济损失120余万元。2003年，立案10起，破9起，刑事拘留7人，提请逮捕2人，移送起诉6人，挽回直接经济损失110余万元。2004年，立案4起，破4起，刑事拘留6人，移送起诉3人，追缴赃款30余万元，挽回直接经济损失300余万元。2005年，立案9起，破7起，挽回经济损失400余万元。2006年，立案8起，破6起，挽回经济损失200余万元。2007年，立案2起，破2起，挽回经济损失200余万元。2008年，立案4起，破4起，挽回经济损失150余万元。摧毁传销窝点23个，刑事打击处理27人，行政拘留69人，驱散和教育遣送传销人员1600余人次，解救被骗参加传销人员52人。

三、涉毒案件侦查

1995年，娄底市吸毒人员张某运染上毒瘾后因毒品来源紧张，3次到娄底地区医院药房盗出哌替啶56支。娄底市公安局破案后，对其实施强制戒毒。这是娄底市改革开放后第1起涉毒犯罪案件。1997年6月，破获1起贩卖海洛因毒品案件，抓获涉毒犯罪嫌疑人4名，缴获42.18克海洛因。1998年5月，破获1起贩毒案件，抓获犯罪嫌疑人1人。犯罪嫌疑人王某持在娄底沁苑公园、星马大酒店门口、煤炭局门口、一中门口等地先后贩卖给6名吸毒人员海洛因16.78克，非法获利4700余元。1999年7月，娄星公安分局侦破晏某中、王某雄贩毒犯罪案。2000年4月，侦结1起2人涉嫌贩毒犯罪案，缴获海洛因24.95克。2001年7月，侦破周某武涉嫌贩毒犯罪案。2002年4月，分局成立禁毒大队。全年查破各类涉毒案件209起，摧毁涉毒团伙12个，抓获涉毒人员177人，提请逮捕53人，强制戒毒105人，缴获海洛因49.10克。10月14日，侦破1起团伙贩毒犯罪案件，抓获犯罪嫌疑人20余人。2005年6月，开展“6·26”禁毒日禁毒宣传教育活动。2006年12月3日，跨省侦破1起特大贩毒案，抓获5名毒贩，收缴海洛因1491克、毒资20余万元及制毒工具1套。2008年4月9日，摧毁特大新型毒品犯罪团伙1个，抓获犯罪嫌疑人7名，缴获麻古2006粒、冰毒14包、大麻2包及毒资1万余元。从禁毒大队成立到2008年，娄星公安分局侦破涉毒案962起，打掉涉毒犯罪团伙22个，抓获犯罪嫌疑人1279人。

钢城公安分局于2001年组建禁毒大队，专事禁毒宣传和侦查打击涉毒违法犯罪工作。2002年，涟钢中学创建娄底市第一个禁毒教育基地，开展禁毒宣传教育。2003年，开展“无毒社区”创建活动，创建仙人阁、桑树塘2个“无毒社区”。2005年 8月10日，打掉1个贩毒网络，抓获贩毒犯罪人员4名，破贩毒案件21起。2005—2007年，在涟钢中学禁毒教育基地开展大型宣传教育活动8次，受教育人员6万余人次。2008年，破获贩毒案件7起，查处吸毒行政案件5起，抓获吸、贩毒人员12人。其中，涉嫌贩毒人员5人，强制戒毒5

人。2002—2008年，累计侦破涉毒案件59起，刑事打击涉毒犯罪嫌疑人32人；查处吸毒行政案件87起，行政处罚148人。

四、林业案件侦查

1989年，娄底市公安局查处涉林违法犯罪案件26起。其中，刑事案件2起，治安案件7起，林业行政案件17起，抓获涉案人员62人，提请逮捕1人，收审4人，治安拘留9人，挽回经济损失4.06万元，收缴木材3.02万立方米。1991年1月17日，万宝镇群益林场被盗砍大批木材，以旺兴村村民刘某华、刘某芳为首的13人盗伐团伙作案49起，破案后收缴木材11.50立方米，对刘某华等13人予以打击处理。1992年2月25日，小碧乡青泉村王某连等人非法砍伐松木5150株共计50立方米。林业派出所将此案侦结后依法对王某连进行打击处理。1997年，查获1起村干部涉嫌滥伐林木犯罪案件，超指标采伐松木208立方米，超面积采伐5.07公顷。2008年2月，娄星公安分局侦破1起非法采伐国家重点保护植物犯罪案件，抓获犯罪嫌疑人2人，均被判处有期徒刑。至2008年年底，娄星公安分局林业派出所侦破林业刑事案件96起，处理林业行政案件331起，打击破坏林业犯罪团伙3个，抓获违法犯罪人员120余人，挽回经济损失200余万元。

第三节　治安管理

一、枪械管理

1989年起，娄底市公安局对内保单位公用枪支每年清理登记1次。1994年3月，成立治安大队，加强对民用枪支管理。在缉枪行动中收缴各类枪支182支，子弹635发。1995年，收缴民用枪支191支，子弹142发。1998—1999年，对政法各部门及内保单位枪支弹药开展检查3次。1999年下半年，娄星区公安系统实行内部枪支集中保管，健全枪支借用和归还管理制度。2000—2008年，娄星公安分局印发涉枪宣传资料近2万份，收缴或销毁气枪、鸟枪、火枪、猎枪、钢珠枪、仿真枪等各类枪支1200余支。

涟源钢铁总厂辖区枪械管理由钢城公安分局治安科（治安大队）负责，辖区配枪单位没有发生丢失枪支事件，没有发生涉枪违法犯罪案件。2001年，组织开展为期2个月的“治爆缉枪”专项行动。收缴各类枪支163支、子弹210发。刑事拘留1人，治安拘留1人。2002年，加强公务用枪管理工作，制定《娄底市公安局钢城公安分局公务用枪管理办法》。全年收缴各类非法持有枪支21支、子弹16发。侦破娄星区林业局保卫科手枪被盗案，抓获犯罪嫌疑人1人。2003年6月18日，刑侦大队破获1起非法持有枪支案件。2003—2008年，收缴各类非法枪支137支。

二、危爆物品管理

1990年，娄底市公安局组织安全大检查4次、部门单项检查37次。发现各种安全隐患873处次，重大隐患78处次，下达整改通知书374份次，整改隐患677处。1994年，制定清理整顿枪支弹药爆炸物品和警械、警具行动方案。全年3次检查爆炸物品储存点12个、爆炸物品使用单位32个，查处非法经营炸药黑点1个，治安拘留2人，没收炸药2.20吨。加强对烟花爆竹生产单位、销售单位管理，取缔整改2家地下加工厂和47个无证销售点，收缴炸药2268千克、雷管998发、导火线145米。1996年，组织90余人次到煤矿、采石场及有关施工单位进行调查。召开派出所所长、企业办主任和仓库负责人会议2次，明确管理责任。1998—1999年，查实不安全隐患162处，限期整改，收缴炸药835千克、雷管3.06万发、导火线230米、各种鞭炮2000余万响、黑硝300余千克。2002年，娄星公安分局对火车站、汽车站多次突击检查，特别是春节、国庆节等重大节日节前检查。建危爆物品档案资料200余份，对危爆从业人员、爆破员进行业务培训，检查烟花爆竹生产点385家，下达整改通知书91份。2006—2008年，出动警力1400余人次，党政干部800余人次，车辆376台次，印发涉爆宣传资料2.80万余份，收缴雷管1121发、炸药310千克，查处涉爆案件27起、处理违法人员46人，刑事拘留6人。

钢城公安分局加强危爆管理。2001年，取缔存在安全隐患危爆物品临时存放点，强制拆除取缔涟钢建安公司违规设立的民用炸药、雷管、导火索临时存放点，将1389枚雷管、72千克炸药、100余米导火索安全转移到田湖公司专用炸药库。2002年，涟钢技改项目和爆破施工作业增多，治安大队组织召开辖区储存、使用危爆物品单位负责人会议，对储存、运输和使用做出规定，并派民警上门服务，监督民用爆炸物品“入库—发放—运输—现场使用—清退”流程操作，防止危爆物品丢失、被盗。2003年4月，查处湖南楚湘公司涟钢项目部未办理爆破物品使用审批手续违规运输、储存爆炸物品案，处理涉案人员8人。2005年，召开各施工单位负责人和安全员会议8次，每月不定期对使用民爆物品单位检查2~3次。全年办理民用爆炸物品购买运输审批92起，民用爆炸物品许可证11起，爆破工程审批27起。对十三冶冷轧工地、磷肥厂烟窗拆除、沿河路危房拆除、280平方米烧结机平整工程爆破工程等施工现场监爆52次，审批购买雷管10万余发，炸药9吨。破获二十三冶一公司职工曾某、颜某及聘请爆破人员肖某等人非法买卖爆破物品案，刑事拘留3人，治安拘留3人。2007年，召开各施工单位负责人和安全员安全会议9次，每月不定期对使用民爆物品单位检查，督促各单位建立民爆物品使用台账。审批危爆物品61次，审批危爆物品单位2家，勘察爆破现场39次，现场爆破监督检查23次，审批购买雷管6.85万发，炸药4万千克。2008年1月1日，破获1起非法爆破案，治安拘留5人，收缴雷管17枚、炸药9筒，查获从施工现场流散炸药398千克、雷管1956枚。2002—2008年，钢城公安分局办理民用爆炸物品购买、运输许可726起，审批（许可）购买雷管98.13万发、炸药38.70万千克。查破涉爆涉危案件4件，刑事拘留12人，治安拘留8人。

三、扫黄禁赌

（一）扫黄

1989年，娄底市公安局开展打击卖淫嫖娼专项行动，抓获违法人员242人，查封以卖淫嫖娼为业黑店13家，摧毁传播淫秽物品团伙1个，收缴淫秽物品3485件。1991年，查处涉黄案件98起，抓获涉案人员200余人，罚款及没收财物折款计30余万元。1993—1994年，查处涉黄案件300余起，罚款70余万元，查获涉案人员410余人。1996—1999年，抓获涉黄违法犯罪人员810余人，罚款436万余元。2000年，娄星公安分局查处卖淫嫖娼案26起，抓获违法人员46人，查处淫秽表演案1起，处罚6人。2001年11月7日，治安大队对红玉宾馆桑拿部进行突击清查，抓获违法人员11人，对组织、容留妇女卖淫的宾馆管理人员依法打击处理。2005—2008年，查获案件73起，抓获涉案人员210余人次，罚款110余万元。

1989—2003年，钢城公安分局查处卖淫嫖娼、传播淫秽录像等涉黄治安案件359起，治安处罚违法人员467人，收缴淫秽录像、光盘等淫秽物品1732件。2004—2008年，查处卖淫嫖娼案件53起，治安处罚289人。

（二）禁赌

1989年，娄底市公安局查获赌博团伙32个，抓获参与赌博人员464人。其中，依法逮捕1人，收审7人，送劳动教养20人，治安处罚436人。1990—1995年，查获各类赌博260余场次，抓获违法人员463人，罚款49万余元。1998年，开展秋冬季禁赌行动，查获聚众赌博31场次，处罚180余人。1999—2002年，娄星公安分局查获赌博210余场次，处罚500余人。2003年3月2日，省公安厅直接指挥，娄星公安分局出动警力40余人展开“雷霆扫荡”行动，捣毁与娄底市接邻的湘乡市壶天镇一大型赌博据点，抓获赌徒31人，收缴赌金50余万元、汽车6辆，缴获军用手榴弹1枚、子弹4发及一批管制刀具。2007年，查获赌博21场次，处罚参赌人员76人。2008年，抓获赌博人员200余人，罚款60余万元。

1989—2003年，钢城公安分局查处赌博治安案件1269起，治安处罚参赌人员3728人。2004—2008年，查处赌博案件269起，治安处罚1082人，收缴老虎机等赌博游戏机852台。2005年9月13日，破获1起因追赌债引发的非法拘禁案件，接警后4个小时将被害人解救，抓获3名犯罪嫌疑人。

2006年3月14日，摧毁“地下六合彩”窝点1处。犯罪嫌疑人陈某云从2005年下半年开始，在涟钢洪家洲利用自己的综合批发部做掩护，私设“地下六合彩”赌博窝点，招揽熟人、朋友或购物熟客“买码”，涉案赌资20余万元。2007年6月13日，捣毁赌博窝点1处，刑事拘留2人。

四、治安案件查处

1989年，娄底市公安局受理治安案件1476起，查处1366起，查处率92.5%，治安拘留216人，罚款2086人。1990年，《中华人民共和国行政诉讼法》颁布实施，治安处罚案件应诉工作由市公安局法制办负责。市公安局全年受理治安案件1065起，查处1037起，治安拘留315人，罚款541人。1991—1995年，突出偷盗、扒窃、卖淫嫖娼、聚众赌博等违法犯罪重点，对治安案件进行查处，对卖淫嫖娼和聚众赌博场所开展集中整治。累计查处治安案件1.08万件，治安拘留2680人，罚款1.03万人。1995—1999年，突出聚众斗殴、聚众强行阻工扰乱生产秩序等违法犯罪重点，查处治安案件1.09万件，治安拘留2421人，罚款1.42万人。2000—2005年，娄星公安分局开展打击聚众赌博、卖淫嫖娼、聚众斗殴等突出问题治安整治，重点查处替人“了难”等方面治安案件，查处治安案件9133件，治安拘留3130人，罚款8303人。2006年，组织开展治安整治行动，全年受理治安案件1572起，查处1382起，治安拘留721人，罚款1833人。2007年，受理治安案件1467起，查处1332起，治安拘留691人，罚款1617人。2008年，受理治安案件3023起，查处2912起。

1989—2000年，钢城公安分局受理治安案件1872起，治安处罚2596人，其中治安拘留1063人。2001—2008年，受理治安案件2596起，治安处罚3278人，其中治安拘留2867人。2001年，涟钢型钢厂异地改造工地开工后，遭受附近5个村村民哄抢施工现场废钢，分局成立型钢施工现场公安执勤室，实行24小时值班。11月10—11日，开展集中统一整治行动，对哄抢、围攻殴打经济民警及阻碍执法的违法人员采取强制措施，治安拘留23人。2006年，开展治安管理处罚法、娱乐场所管理条例等法律法规宣传活动，下社区、到工厂开展现场咨询活动，在《涟钢报》开辟法制学习专栏，对职工群众进行普法教育。3月2日，查处1起恶意投诉案。9月25日至11月3日，涟钢部分离退休（内退）职工聚集涟钢集团公司办公楼集体上访，连续上访40天。市公安局指导和直接参与，对6名煽动闹事首要分子依法行政拘留。

五、治安防控体系建设

1989年，娄底市公安局落实治安承包责任制，对136个单位治安承包情况进行检查和考核。成立保安公司，加强治保工作，建立看门守栋制度。1994年，建立铁路护路队，负责娄底火车站至涟钢专用运输线安全畅通；建立城区治安巡逻队，负责娄底城区各主要街道巡逻任务，实行24小时巡逻制。至11月，铁路护路队抓获违法人员213人，追究刑事责任4人，治安处罚142人。城区治安巡逻队抓获违法犯罪人员496人，协助查处治安案件216件，刑事案件47件。1995年，组建乡镇、街道治安联防队13个，建立12个巡警岗亭和3个警务站。开通“110”报警服务台，形成以“110”报警服务台为中心，巡警为主体，派出所、治安岗亭、警务站、报警点为依托的城区社会治安立体防范体系。2002年，娄星区实施社区警务战略，建立城区社区警务室27个。按每1000户3000人标准配备1~2名社区民警，实行一区一警或一区多警，此项工作经验在全省推广。2003年，成立城区治安巡逻大队，开展城区街面巡逻，组织便摩巡逻，提高见警率。2006年，“110”“119”“122”三台合一报警系统投入运行，提升“110”接处警快速反应能力和综合处警能力。是年，娄底市公安局巡警防暴支队挂牌成立，娄星公安分局巡警大队并入。2007年4月，巡警防暴支队更名为巡特警支队。全年抓获各类现行违法犯罪人员118人，其中，刑拘37人，治安拘留68人，协助破案122起。2008年，巡特警支队装备有汽车8辆，巡逻摩托车6辆，专用巡逻车在娄星城区全天候巡逻，加强城区防控。

1993年7月，涟钢公安分处成立专职治安巡逻队，实行24小时值班，巡逻执勤，涟钢公安分处经济民警大队机动巡逻队及各单位义务巡逻队不定时巡逻。涟钢组建待业青年巡逻总岗，下设12个分岗。1994年，涟钢武装部组织各单位民兵昼夜巡逻。涟钢家属委员会组建退休人员义务巡逻队。1995年，制定《管区民警联系小区工作制度》《管区民警联系小区工作职责》，在全市率先实行“一区一警”管区民警制度，各居委会建立管区办公室，管区民警1周3天下管区巡防。黄泥塘街道筹资15万元，修建露天场、体育馆、洪家洲3个治安岗亭，组建1支治安巡逻队。涟钢15个社区有10个通过省评估验收，被市综治委评为“安全文明小区”。1996年，涟钢公安分处治安巡逻队更名为治安巡警队，开通“110”报警服务台，24小时负责涟钢辖区接报警及处置工作。涟钢辖区每个社区由2位退休人员佩戴红袖章开展义务看守、巡防。1997年，涟钢厂区实行封闭式管理，人员、车辆凭出入证出入。对进入涟钢厂区生产范围的临时工一律办理涟钢临时出入证，所有外来人员佩证出入现场。涟钢制定《易发案部位确定范围与达标标准》，通过建设，所有易发案部位均达标。1998年6月，分局对涟钢要害部位进行调查，写出《涟钢要害部位的情况调查和建议》，涟钢领导采纳，制定《涟钢要害部位安全保卫工作管理办法》，对进入涟钢要害部位人员须佩带“要害部位出入证”，对一级要害部位实行经警站岗。2001年，在奶牛山社区、仙人阁社区开展“安全文明小区”创建活动。涟钢物业公司加强物业管理，从市保安公司聘请专职保安员看门护院和巡逻守护。2002年，指导各村、社区成立义务巡逻队。涟钢所辖二级单位成立护厂防盗队，组建78支居民义务巡逻队，构建群防群治网络。9月17日，建立仙人阁警务室、谭家山警务室。在桑树塘、旁山冲、朝阳居委会开展创建“安全文明小区”和“无毒小区”活动。2004年，设立朝阳、大市场、涟滨、碧溪、东来等8个社区警务室，从办公室、刑警大队、治安大队等单位抽调警力充实到派出所和社区警务室。2005年，成立涟钢社区治安巡逻队，由民警带队进行专业治安巡逻，服务辖区群众、防范街头路面违法犯罪，抢夺、抢劫、盗窃等侵财案件发案率减少。2007年，建设高溪警务室、大市场警务室和凤阳警务室。2008年，各村（居）成立义务巡逻队，涟钢各二级单位成立护厂防盗队。

第四节 人口管理

一、常住人口管理

1989年，娄底市城区居民户口分别由乐坪派出所、花山派出所管辖；涟钢片区由黄泥塘派出所（企业派出所）管理；乡镇村民户口、居民户口由辖区派出所管辖。城镇人口实行常住人口、暂住人口、出生、死亡、迁出、迁入、变更7项户口登记制度；农村人口实行出生、死亡、迁出、迁入4项异动登记制度。投资4万余元建成储存信息微机室，管理居民身份证及相关资料。1990年，市公安局设立户政管理科，开展户口整顿，第一次查清全市常住人口、暂住人口、无户人口、自流人口底数，清理出生未登记4905人，迁出未销2933人，参军及出国未销259人、逮捕未销152人、重登记331人、其他未登记1748人，发现并纠错2898项。1991年，对全市常住人口、暂住人口、重点人口“三口”进行清理整顿，换发户口簿11万余本，建立常住人口登记卡和6项异动登记册2746本。1993年，试行蓝印户口（自己出资购买城镇户口）。至1994年，办理蓝印户口4500人。1994年，建立长青派出所，承接乐坪派出所辖区划出地域人口管理。1995—1997年，推行地方城镇居民户口制度，对农村户口逐步实行城市化管理。1998年，实行人口微机化管理。2000年，娄星区对户口管理存在问题进行清理整顿，纠正重证号5770人、重记录4925人，更正户口项目235人，变更户口项目6846人，补填居民身份证号码1.78万人。2001年起，常住人口管理转入常态化。

1989年，涟源钢铁总厂职工及家属户籍由娄底市公安局黄泥塘派出所管理，负责涟钢辖区户口管理。1990年，在涟钢范围内开展户口整顿，查清钢城辖区常住人口、暂住人口、无户人口、自流人口底数，清理出生未登记586人，重登12人，其他未登记8人，迁出未注销53人，参军及出国未注销26人，发现并纠错539项。1991年，黄泥塘派出所户籍实行微机管理。对户口资料尤其对辖区常住人口、暂住人口进行清理整顿。换发户口簿4.36万本，建立常住人口登记卡和6项异动登记册1536本。1993年，试行蓝印户口（自己出资购买城镇户口）。1994年，办理蓝印户口3105人，换发全省统一户口本1.40万余个。1995年，建立户政资料室，保存1957年以来涟钢所有户籍资料。1996年，实行人口微机化管理，对户口项目进行清理核对，上门核对1.70万余人次，换发全国统一户口本1.60万余本。至1997年，先后办理“农转非”2851人，迁入黄泥塘派出所辖区2.95万人。1998年6月，娄底市公安局黄泥塘派出所更名为娄底市公安局钢城公安分局黄泥塘派出所。2000年，清理整顿户口，纠正重证号58人，重登记23人，更正户口项目 3519人，变更户口项目2638人，补填居民身份证号码1.67万人。2001年，涟钢常住人口登记为1.77万户5.39万人。2003年4月，钢城公安分局管辖区划扩大至涟钢周边南阳村、高溪村、东来村、恩口村、碧溪村、涟滨村、曹家村7个行政村及市场社区、凤阳社区、福岭社区、双园社区、新立社区5个社区。新增加村民、居民户口全部划归黄泥塘派出所管辖，办理户口变更，换发户口3.17万人。2008年，黄泥塘派出所办理户口迁入1037人，迁出423人，死亡销户186人，出生入户681人，户籍人数8万人。

二、暂住人口管理

1989—1991年，娄底市公安局加强暂住人口管理，全市登记暂住人口1.44万人，有1万人纳入建卡发证管理。1992年，城区3个街道各居委会设立专职户籍协管员，办理暂住证1.23万人。通过暂住人口管理，发现违法犯罪线索23条，破案16起。1995年，成立娄底市暂住人口出租房屋管理办公室。2001年，娄星公安分局对出租房屋重点地区进行多次清理，登记查验出租房屋1898户4818间，登记暂住人口1.76万人，办理暂住证1.09万人，收集身份证号码1.05万个，收集照片9949人，发放出租房屋许可证1627个。2004年，实行出租房屋和暂住人口网络化管理。以乡镇、街道为主体，13个派出所配合，落实“以房管人”工作措施，登记暂住人口2.10万人。2006年，登记暂住人口2.43万人。2008年，全区暂住人口3万人以上。

1991年，黄泥塘派出所对暂住人口进行建卡发证管理，全年清查登记办理暂住证3168人。1992年，在各居委会设立专职户籍协管员，办理暂住证5273人。1993—2001年，黄泥塘派出所清查登记暂住人口3.93万人。2002年，清查出租房屋946户1135间，清查登记暂住人口4371人，遣送“三无”人员287人。2003年，清查暂住人口6198人次，办理暂住证3175人。2004年，落实“以房管人”措施，管理暂住人口。2004—2007年，清查登记出租房屋1.35万间，暂住人口1.82万人。2008年，清理出租房屋2639间，签订治安责任状2338份，清查登记暂住人口7215人。

三、流动人口管理

1992年，娄底市城区各派出所建立暂住、流动人口管理办公室，市公安局户政科指导各派出所注重对流动人口的管理。1999年，查验证8294人，登记证号7894人，发放出租房屋治安许可证1627份。2000年，娄星区办理边境管理区通行证6151本。2004年，开展出租房屋和流动人口集中清理整顿，乡镇、街道成立流动人口管理服务中心。2005年，全区登记流动人口1.01万人。2006年，查验流动人口证件1.68万人。至2008年，全区流动人口2万余人。

四、居民身份证颁发

1989年，娄底市公安局建立微机室，对居民身份证实行微机管理。实行查验身份证制度，以公安机关为主，民政、司法、人民武装部门配合，对旅店住宿和办理有关特殊事项公民查验居民身份证。1991年，发放居民身份证8064人，临时身份证2174人，完成人口信息录入和编码2.95万人，全市发放居民身份证22.76万人。2000年，娄星公安分局制发居民身份证2.87万人，临时身份证2800人，完成居民身份证由15位数升至18位数号码升位工作。2002年，全区发放居民身份证1.54万人，临时身份证632人。2005年下半年，开展第二代身份证换发工作。至2008年年底，换发二代居民身份证26.48万人。

1991年，黄泥塘派出所户政室购置电脑2台、打字机1台，对涟钢辖区居民身份证实行微机管理。2000年，开展上门办证服务，到涟钢20余个单位办理居民身份证9000余个。2005年9月，钢城公安分局黄泥塘派出所设立居民身份证工作点，开展居民身份证办证业务，换发第二代身份证。2006年，钢城公安分局黄泥塘派出所换发第二代居民身份证2.84万人，图像采集率93.4%，通过换发居民身份证抓获网上在逃人员1人。2007年，换发第二代居民身份证2.75万人。2008年，换发第二代居民身份证1.61万人，图像采集率96.2%。至2008年，换发第二代居民身份证 6.19万人。

五、出入境管理

1989—2000年，出入境管理工作由娄星区（娄底市）政保科负责。1989年，接待出入境人员215人。其中，出境人员22人，入境人员193人。1994年，接待入境人员254人，批准办理出境人员56人。7月1日，娄底地区公安处设立出入境管理科。查处地区烟草局职工戴某兴以帮助台胞杨某办理定居手续为名诈骗6000元现款案。1995年，接待外国入境人员225人，批准出国30人。1996年，接待外国入境人员126人，批准出国25人，并将出入境管理工作延伸到派出所。1999年，受理出入境申请158人次。其中，出国75人次，赴台33人次，赴港澳50人次，接待入境人员158人次。其中，台胞70人次，港澳同胞47人次，外国人41人次。2000年，入境人员20人，18人履行按时申报手续，对未及时申报临时住宿的2名台胞分别处以罚款。

2000年8月1日起，娄星公安分局出入境管理业务上收娄底市公安局。2002年，娄底市被确定为全国50个按需申领护照改革试点城市之一。2007年，分局成立人口与出入境管理大队，负责对来娄星区港澳台人员及外国入境人员临时住宿申报。2008年3—10月，受理59名入境人员临时住宿申报登记。2000—2008年，全区出境人数总计1.27万人。

六、外籍人员管理

1989年，黄泥塘派出所协助娄底市公安局出入境管理部门办理涟钢辖区居民边境证及出入境手续，对入境外国人、外籍华人、华侨和港、澳、台胞进行户籍登记管理。2002年，涟钢热轧薄板厂开工建设，外籍人员是薄板设备安装技术中坚力量。钢城公安分局加强外籍人员管理，建立治安大队、经文保大队、国保大队、黄泥塘派出所、青山派出所分工协作的外籍人员管理工作机制，确定外籍人员管理专干，建立在涟钢工作的274名外籍人员档案，为外籍人员办理签证等有关手续。同时，定期召开宾馆、薄板指挥部等涉外单位外事管理工作协调会。2004年，有168名外籍人员在涟钢工作。2005年，常住涟钢外籍人员有77人，办理签证延期76人次。2006年，常住涟钢外籍人员19人，办理签证延期9人次，查验有关证件19人次。2007年，常住涟钢外籍人员16人，办理签证延期9人次，查验有关证件30余人次，办理签证10人次。

第五节　交通管理

一、公路运输管理

（一）交通秩序管理

1989年，娄底市公安局交警队分别在娄底老街大桥岗亭、市政府交叉路口、农资大厦和清泉十字路口设立交通指挥执勤点。全年发生交通事故71起，造成直接经济损失8.94万元，实现交通事故4项控制指数下降。1990年2月，市公安局交警队在全省道路交通管理工作会议上介绍经验。1991—1993年，交警队确定直属中队负责对城区道路交通秩序管理，其他各股室分别负责对娄双公路、娄涟公路、娄宁公路交通秩序管理。1993年5月，市交警队更名为交警大队。1994年，实施“畅安工程”行动，在城区、郊区开展扫路障行动。1995—1996年，出动警力800余人次，对客运市场实行整治。拆除公路上所有非法站卡，清理马路6处，清除摊担670余个，清除公路路障200余处，1999年，娄星公安分局交警大队开展创建“平安大道”活动，对娄双、娄涟、娄湘公路等重点路段交通秩序进行治理整顿，加强城区交通秩序管理。2000年，娄星公安分局交警大队归属娄底市公安局交警支队，娄星区范围内道路交通秩序由直属大队管理。2001年5月10日，成立娄底市道路交通违法处罚中心。7月，执行市政府决定，取缔经营多年的城区“叭叭车”（三轮摩托车）载客。2002年，建设乐坪大道交通管理示范街，漆划交通标线6000余米，设置交通标志16块，改建岗亭1座，新增街心交通信号灯1套。2003年，执行市政府规范城区交通秩序通告，对人力车、畜力车实行分时段、路段禁行管理。在乐坪东街和娄星南路开辟2条公交车行驶专用线，在军分区、娄星广场、公路总段等7处设置4相位配有行人过街设施交通信号灯。11月26日，市公安交通指挥中心对路面实行24小时监控，对违章车辆进行自动抄牌，实现交通管理智能化信息化。2004年，开展夏季百日交通秩序整治行动。10月18日，组建市公安局交叉路口第1个女子岗亭。2005—2006年，全区以创建省级文明城市为目标，开展改善城区交通秩序专项整治行动。2007年，在娄底一中、一小、市幼儿园所处贤童街及春园路施行单向交通行驶，在娄底三中、市中心医院地段设置隔离护栏。2008年，开展“迎奥运，保平安”整顿道路交通秩序百日会战，实现交通事故零死亡目标，直属大队被省交警总队评为抗冰救灾先进集体。

至2008年，娄星区（娄底市）境内发生交通事故近2万起，死亡3896人，受伤1.92万人。无特大恶性交通事故。2004—2008年，道路交通事故起数、死亡人数、万车死亡率连续5年实现“三下降”。

1989年，涟源钢铁总厂生产及生活区交通管理由涟钢公安分处交通管理科负责。1993年，交通管理科对无牌、无证、车况不良、违章驾车违规人员进行交通法规教育培训。对炮拖车、三轮柴油车、三轮摩托车进行重点整治。1994年，通过开展“畅安工程”等活动，交通事故发生率下降23.8%。1995年，开展“春季战役”行动，清除路障，整顿违章摊点，扣押无牌、无证车辆，对主要路段实行定位划线管理，对钢城路、青山路、大桥广场、涟钢公司办公室门前实行车道分流制，对涟钢216辆三轮摩托车进行编号，实行单、双日行驶制度。1996年4月26日，涟钢公安分处与市交通局联合印发《关于对涟钢区域内实行客运车辆限量管理的联合公示》，5月1日起施行凭证行驶营运。对客运中巴车、三轮出租车（俗称“叭叭车”）实行编号、建档、发放准营证、线路牌、签订安全行车合同书，中巴车实行单双日营运，三轮出租车实行限量管理，整顿取缔无牌营运三轮出租车83辆。1997年，在涟钢各路段设立禁超、禁高、限速、禁停标志标牌，修缮红绿灯设施。1998年，客运中巴车由每天55辆进厂区营运减少50%，三轮出租车由原来的216辆减少到57辆。在涟钢凤阳街实行单向行驶，砌水泥墩限制货车通行，制作单向行驶标示牌，缓解车流量。1999年，在涟钢体育馆十字路口增设全自动控制红绿灯岗亭，在涟钢宾馆广场设置停车场。2000年8月，率先在全市取缔三轮出租车，开通无人售票公交车。至2000年，交通管理科配合涟钢各项重点工程和技改建设，保证涟钢130平方米烧结机、仙人阁煤气管道安装、污水处理池建设、90吨转炉建设、涟钢厂区小河改道等工程交通安全有序畅通。处理各类交通事故2316起，刑事拘留9人，治安拘留38人，纠正违章2万余人次，处罚违章车辆1万余辆次。

2001年，钢城公安分局成立后，交通管理科更名为交警大队，下设事故处理中队、秩序中队、办公室，主要负责涟钢辖区范围内交通事故勘查处理，依法行使交通违章处罚权以及厂内车辆牌照、机动车驾驶员管理和组织驾驶员年审工作。是年，钢城公安分局与涟钢电视台联合制作一档交通安全宣传栏目，宣传交通安全。开展清理整顿“两无两假”车辆及客运车辆整治行动，重点打击严重超载、超速行驶、改装拼装车辆和不符合安全运行客运车辆违法行为，查扣各种违章车辆800余辆。其中，无牌、无证车辆400多辆，报废、拼装、改装车辆200余辆，超载客运、货运车辆100余辆。2002年，开展城市“畅通工程”“平安大道”创建活动。2003年，开展整治摩托车出租专项行动，联合城管队、市出租车管理办公室整治摩托车非法出租载客营运，查扣违章出租摩托车180余辆。完善交通基础设施建设，设置对12个向外联系业务单位指示牌15块，在进出涟钢7个道口设置警示牌7块，注意行人牌2块，在各主要道路划分交通标线2400平方米。涟钢体育馆十字路口红绿灯改为数码控制，涟钢大桥广场、奶牛山交叉口增设数码灯控制。2004年，按照涟钢集团公司落实车辆分流措施，规定8吨位以上车辆经振兴大道进出涟钢生产区，车辆停入生产区。禁止货车驶入沿河路（现钢城北路）、涟钢大桥段、钢城路（现钢城东路），缓解交通紧张局势。是年，涟钢职工上下班通勤车开通后，加强对通勤车停靠点路段机动巡逻，清理乱停车辆。2005年，开展道路交通安全进农村、进社区、进单位、进学校、进家庭“五进”活动，以“珍爱生命，安全出行”为主题开展宣传活动，在涟钢中学（现娄底市第五中学）、涟钢一校（现娄底市第六小学）、涟钢四校（现娄底市第八小学）、涟钢三幼儿园周边路段设置醒目警示、慢行等交通标志，在学校及幼儿园门前马路上施划人行横道，在学校门口道路两端设置减速板等交通安全设施。2008年，开展“迎奥运，保平安”整顿道路交通秩序百日会战，保障钢城辖区交通安全。

2001—2008年，涟钢公安分局受理查处交通事故2451起，立案调查交通事故526起，刑事拘留6人，行政拘留178人，查处各类交通违章人员1.19万人次，查处各种违章车辆8796辆次。

（二）车辆和驾驶员管理

1989年，娄底市有机动车辆3000余台，机动车驾驶员近3000人，年检机动车辆2470台。1990年，纠正违章车辆3.85万台次。1991年，娄底市交警队对客运车辆进行检验，对客运驾驶员进行统一考试。举办摩托车驾驶员培训班4期，培训学员200余人。1993年，成立汽车驾驶员培训中心，建立机动车安全技术检测站，年检测能力10万台。1995年，纠正交通违章2.40万人次，检查机动车辆12万余台次，举办违章人员学习班6期320人，举办驾驶员年审学习班15期6920人。1996年，娄底市公安局交警队检查车辆8500台次。全年处罚违章人员2.40万人次，吊销驾驶证16本，吊扣驾驶证25本。办理机动车落户手续2011台，换发“九二式”机动车牌证2500台，“警”牌和“湘O”牌80余台，整理机动车档案1.58万个，开办驾驶员培训班11期2503人。送检汽车5100余台，自检摩托车5230台。至2000年，全区机动车辆1.70万余台。2002年5月，娄底市交警支队增设驾驶员管理科。2004年6月，撤销培训学校及分校，驾驶员培训推向社会。2008年，全区有机动车近6万台，机动车驾驶员7万余人。办理驾驶证1.20万个，培训驾驶员2000余人。

1989—2000年，钢城公安分局交警大队（涟钢公安分处交通管理科）处理各类交通事故2136起。其中，重大交通事故68起，事故结案率100%。1995年11月27日、30日，涟钢厂内连续发生2起重大交通肇事逃逸案件，经过侦查破案，肇事逃逸司机被及时抓获归案。1996年，涟源钢铁厂公安分处经娄底地区公安处交警车辆管理部门同意，对限在厂区内行使涟钢车辆实行涟钢厂内牌证管理。开展“道路安全宣传周”活动，和涟钢安环处举办交通安全与消防知识竞赛。1997年，制发《涟钢交通文明行为规定》，列入涟钢职工必读丛书。1999年，制定《涟钢厂内牌照、厂区通行证管理办法》，车辆凭“涟钢厂区通行证”进出厂区，并换发涟钢1999年版厂内牌照。2001年，针对涟钢厂内牌照、厂区通行证被挪用、转借现象，钢城公安分局交警大队组织警力上路进行清查整顿，查扣违章车辆200余辆次。联合涟钢生产部、机动部、保安部等单位对厂内牌照进行第二次换发，对所有办理厂内部牌照车辆车容、车貌、车况进行检测，符合办理规定统一核发厂内牌照和行驶证，核发290幅涟钢厂内牌照。2000

年，发生重大事故6起，刑事立案5起，4名交通肇事司机被刑事拘留。2001年3月28日、29日，连续发生2起重大交通事故，死亡3人。2002年4月，组织涟钢集团有限公司驾驶员举办驾驶员年审学习班，全年检验厂内车辆300辆，报废5辆。2003年，发生重大交通事故1起，死亡1人。2004年，发生交通肇事逃逸事故2起，均被及时侦破。2005年，发生交通肇事刑事案件1起，刑事拘留1人。是年，清理整顿非法定机动车号牌，在厂内车辆未受任何损失的情况下依法取缔涟钢厂内牌照，将厂内车辆管理职能移交涟钢生产部重新编号管理。2006年，查扣各类违法车辆227台次。其中，无牌、无证车辆162台次，查处各类交通违法人员198人次，行政拘留27人。2007年，查扣各类违法车辆357台次。其中无牌、无证车辆185台次，查处各类交通违法人员176人次，行政拘留24人。2008年，钢城公安分局交警大队排查消除车辆安全隐患240台次，查获各类交通违法车辆686台次，查处1598人次，行政拘留29人。

二、铁路运输管理

（一）机构

1989—1997年，涟钢铁路专用线经过娄星区、涟源市7个乡镇41个村，里程130千米。除货运火车外，为方便涟钢与涟钢田湖铁矿职工家属相互来往及出行，涟钢往返涟源田湖铁矿1501次、1502次旅混列车每天发车，娄底市公安局冷水坑派出所派2名民警跟车执勤。1998年，钢城公安分局成立，娄底市公安局冷水坑派出所更名为钢城公安分局洪家洲派出所。2003年，1501次、1502次旅混列车停开。2005年，恢复运行。钢城公安分局成立铁路运输安全管理小组，组织涟钢运输部、沿线乡镇开展联防工作。

1989—2000年，钢城公安分局处理铁路路外事故120余起、机动车撞道口栏木事故20余起。2001—2008年，处理铁路路外事故136起、机动车撞道口栏木事故248起，每年在铁路沿线41个村庄和12所学校进行铁路安全宣传教育活动。

（二）铁路案件侦查

1999年1月6日凌晨1时许，从河南安阳钢铁公司运来一车球墨特种生铁在冷水坑车站被抢劫。洪家洲派出所当日下午4时从娄底缴获赃物4.08吨生铁，价值7000元，打掉南阳村曾某等7人“飞虎队”盗窃团伙。

2001年，破获盗拆铁路器材案件8起，刑事拘留2人；查处治安案件25起，治安拘留11人，追回被盗铁路设备及物资价值7万余元。对涟香线、娄插线等专用铁路10个非法道口进行整治，依法取缔。2002年5月13日，侦破娄插线18千米铁路金属板被盗拆案。2004年11月27日，查处涉嫌破坏公共电信设施1起，刑事拘留1人。1989—2008年，侦破各类盗窃铁路运输物资、盗窃破坏铁路器材、设备等刑事案件437起，刑事打击263人。

第六节　监所管理

一、看守所管理

1990—1993年，娄底市看守所改扩建监室5间，筹建监区审讯室。1996年，娄底市政府拨经费30万元，省公安厅补贴基建费1万元，娄底市看守所增建带放风场监房10套间，面积650平方米，实行监区、办公区、生活区、生产区分开，设有审讯室7间，会见室1间。1999年7月，娄底市看守所更名为娄星区看守所。

监所管理　1989年，娄底市看守所开展打击“牢头狱霸”专项行动和创“文明监室”活动，坚持科学管理、文明管理，实现无自杀、无逃跑、无越狱、无骚乱“四无”目标。1996年，贯彻实施公安部《看守所等级评定办法》，加强监所管理。1999年，上报“三级达标看守所”，经省公安厅验收合格。2000年，娄星区看守所归属娄底市公安局监管支队管理。2001年5月，娄底市公安局在涟钢仙人阁建立第二看守所。

监内侦查　1989年，3名在押人员提供犯罪线索3条，其中1条线索为公安机关侦破刑事犯罪案件2起。1996年，通过监内深挖犯罪，协助刑侦部门破案37起，移诉24起，打击处理37人。1997年，9名在押犯罪嫌疑人提供案件线索9条，协助刑侦部门破案8起。1999年，管教民警对在押人员张某进行数次谈心和思想开导，并驱车百里让其母到所与之会面。张某深受感动，不但交代自己犯罪事实，还检举1996年9月发生在冷水江市1起劫车杀人案。

2000—2008年，看守所通过监内侦查深挖各类犯罪线索410余条，破刑事案件200余起。其中，杀人案2起，涉毒案17起，特大抢劫案1起，抓捕命案逃犯5名。

二、拘留所管理

1989年，娄底市公安局拘留所由治安股管理。1996年，拘留所筹措资金10多万元拆除旧围墙，重新修建围墙，加固监房，重新规划菜地、鱼塘等劳动场所。全年监管各类人员1094人。1999年7月，更名为娄星公安分局拘留所。2000年，归属娄底市公安局监管支队管理，娄星公安分局不再管理拘留所。至2000年，娄星公安分局拘留所监管各类违法人员近万人次。

第七节 消防管理

1989年，娄底市公安局消防股（武警建制）担负全市消防监督工作。1995 年，娄底市公安消防大队成立，隶属武警部队序列。消防大队统一管理娄底市消防监督和灭火救援工作，大队下设1个中队，实行军事化管理，人员由现役军人担任。1999年，娄底市公安消防大队更名为娄星区公安消防大队，中队更名为娄星区公安消防中队。

1989年，涟钢公安分处消防队更名为涟钢公安分处消防大队，负责涟钢辖区消防管理。1998年6月，公安体制改革，更名为娄底行署公安处钢城公安分局消防大队。2001年7月18日，更名为娄底市公安局钢城公安分局消防大队。

一、灭火救援

1989—2008年，娄底市公安消防大队接警出警4000余起，出动车辆8400台次、警力5.88万人次。1994年7月12日，娄底发生废弹爆炸重大事故并引发火灾，市消防中队参加救援，立集体三等功。1996 年抗洪抢险中，市消防大队参加全市防洪抢险，与其他抗洪抢险队伍奋战数小时成功封堵资江大堤决口。1997年，参加娄底老街鞭炮作坊爆炸重大事故，处理险情。2000年5月14日，娄底天伦宾馆发生火灾。娄星区消防大队在灭火中营救被困群众74人，无人员伤亡。2007年8月9日凌晨1时5分，娄星区佳和预流化轮胎翻新厂轮胎堆场发生火灾，区消防大队出动4台消防车、1台指挥车24名官兵，在其他消防队协助下，于4时30分将大火完全扑灭，火灾未造成人员伤亡，挽回经济损失200余万元。2008年，参加全区抗旱、抗冰和赴四川灾区抗震救灾等重大行动，参与亚运会、奥运会等重要时期消防安全保卫任务。9月5日19时15分，娄涟高等级公路东来湾收费站往涟源方向1千米处发生车祸事故，消防大队出动2台消防车17名官兵赶到现场，与公安民警及武警战士抢救出大客车内22名被困乘客。

涟源钢铁厂公安分处消防大队，在1993年1月9日机修厂乙炔气库爆炸起火事故中，全警投入灭火战斗，被涟钢记功一次。7月12日，涟钢辖区发生废炮弹爆炸事故，消防大队投入扑火和救援，处理事故，被娄底地委、行署记集体三等功，2位民警记功。1994年11月11日，消防大队参与扑救泳滨园火灾。1997年1月30日下午，涟钢炼铁厂三号高炉三号热风炉内发生煤气中毒事故。抢险中，消防大队三班班长夏卫国不顾个人危险，第一个冒着生命危险冲进热风炉，抢救晕死在炉内的工人，关键时刻将赖以维持生命的空气呼吸器摘下让给他人，将中毒职工往外推，自己中毒牺牲。在这次事故抢险中，消防大队另有12名队员因煤气中毒住院，夏卫国被省人民政府追认为革命烈士。3月12日，参加娄底老街爆炸伤亡事故灭火救援。1998年1月15日，电缆沟发生火灾，消防大队参加灭火战斗，及时扑灭火灾。1月31日，参加涟钢洪家洲废钢坪临时家属楼灭火救援。2000年5月14日，娄底天伦宾馆发生重大火灾，消防大队指战员参加扑救。7月29日，涟源市蓝田大市场发生特大火灾，钢城公安消防大队参加火灾扑救工作。

二、设施装备

1990—1999年，娄星区（娄底市）城区主干道安装消火栓339个，基本满足灭火用水需要。2000年12月，完善和规范市消防支队与区消防大队三级联网。2004年，市消防支队无线通信三级网和支队、大队级金盾网开通。其间，举高消防车列装部队，救生气垫、脉冲水枪、无齿锯、切割机、强光灯等特种器材陆续装备到区消防大队，对讲机和车载台配备到班，城区新安装消火栓153个。2006—2008年，落实公安部“抓基层、打基础、苦练基本功，一抓3年”战略部署，加强消防车辆和装备建设。区消防大队更新和新购车辆装备，执勤消防车辆全部安装GPS定位系统和车载台，新配备PDA手机和防爆对讲机。娄星区公安消防大队拥有消防车辆20余台。

1989年，涟源钢铁厂公安分处消防大队制定《涟源钢铁总厂消防工作管理规定》《建设工程消防管理规定》《消防行为规范》等规章制度。在新建、扩建、改建工程项目中严把消防设施建设关，所有工程项目在设计、施工和验收中都符合消防规范要求。1990—1992年，每年消防大队对公共娱乐场所、易燃易爆场所、重点生产要害部位进行专项不定期检查，涟钢各二级单位开展自检自查。对各类隐患进行整改。1993年，涟钢实行消防安全责任承包制，层层签订消防责任承包书直到班组，健全完善消防组织。1994年，涟钢党委书记张友陵被授予“全国百名热心消防工作优秀企业家”称号。1995年1月，涟钢制定《关于在涟钢范围内禁止燃放烟花爆竹的规定》，在全省率先实行大企业区域禁止燃放烟花爆竹制度。2000年，投入资金2000余万元，对消防隐患较多的轻油库、原燃料部加油站、体育馆、影剧院、职工医院住院部等进行整改。2001—2008年，消防大队有消防车辆7辆，专职消防队员56人；涟钢有义务消防队员5643人，全厂配置灭火器4735台。

三、监督执法

防火监督检查　1989—1999年，坚持“预防为主，防消结合”方针，市公安消防大队每年对企事业单位组织3～5次防火检查，元旦、春节、“五一”、国庆等节假日开展消防安全自查和监督检查，对火灾隐患及时印发整改通知书并限期整改。对辖区消防安全重点单位执行日常监督、季度检查、年度验收制度，每年按照“十项标准”进行检查验收，合格单位发放消防安全十项标准合格证，不合格责令限期整改。

2000年，乡镇、街道和村（居）委会建立基层消防组织。2003年，区公安消防大队开展消防监督规范化建设和消防安全专项治理，建立健全法制审核制度、集体议案制度、消防行政执法第一责任人制度，安排专职法制审核人员，成立集体议案委员会，逐步规范警务接待窗口制度和消防执法行为。消防大队聘请党风廉政建设监督员，定期召开座谈会征求意见，向社会公开承诺，设立举报箱和廉政监督电话。2005年，区政府建立消防重点、难点、专项问题协调解决制度，细化量化各部门、各单位消防工作职责，纳入各部门单位绩效考评。2006—2008年，强化派出所消防监管职能，形成支队、大队和公安派出所三级消防监督管理模式。

消防专项治理　2000年起，娄星区公安消防大队每年在冬春季节开展冬春火灾防控工作，按照季节特点分行业和部门开展火灾隐患排查整治。2002年，开展加油站消防安全专项治理，人员密集场所火灾隐患排查、重大火灾隐患排查纳入每年消防安全专项治理重要内容。2005年起，每年开展“3·15”消防产品专项治理行动。

2007—2008年，党和国家重大活动期间开展消防专项整治和消防安全宣传活动，先后开展中共十七大消防安保“铁拳整治”集中行动、奥运安保“百日会战”专项行动等专项整治行动。

第八节　专项行动

一、“严打”整治行动

1989年11月至1990年6月，娄底市开展扫除卖淫嫖娼、制作贩卖传播淫秽物品、拐卖妇女儿童、私种吸食贩运毒品、聚众赌博、利用封建迷信骗财害人“六害”统一行动，抓获“六害”对象3497人，摧毁“六害”团伙37个。6月9日和23日，依法逮捕各类犯罪嫌疑人130人，劳教35人。9月，抓住“打现行，破大案，挖团伙”中心，开展“严打”斗争侦破战役，破获各类刑事案件424起，打掉犯罪团伙46个。1996年，以打恶追逃为重点，开展严打斗争。抓获各类刑事犯罪分子437人，提请逮捕239人，判刑83人。破获各类刑事案件417起，重特大案件236起，摧毁犯罪团伙19个，瓦解团伙成员174人，挽回经济损失666.90万元。

2000年12月至2001年12月，全区以“打黑除恶”为核心，打击涉爆涉枪犯罪，整治社会治安。摧毁各类犯罪团伙34个，瓦解团伙成员226人，抓获各类犯罪人员1039人，追回在逃人员219人，提请逮捕521人，起诉629人。收缴各类枪支804支，子弹1116发，炸药1300千克。对省公安厅备案的社会治安重点村石井乡石井村、茶园乡砂干铺村和市备案的长青街道甘子冲村等治安失控村进行整治，采取定领导、定专门力量、定行动方案、定专门经费、定整治时限，包整治好的“五定一包”措施，明确责任，进行重点治乱。2004年，开展“以打压发”提升严打高压态势，把杀人、抢劫、强奸、绑架等恶性案件作为重点主攻方向的专项行动。至12月20日，破获各类刑事案件945起。抓获各类违法犯罪人员1815人，刑事拘留591人，提请逮捕424人，为国家、集体和人民群众挽回经济损失300余万元。2006年，全区专项斗争与强化日常打击有机结合，部署开展以反抢劫、反抢夺、反盗窃、反扒窃、反涉枪犯罪为主的“五反”专项行动。破各类刑事案件579起，刑事拘留234人，行政拘留108人。2007—2008年，在全区开展打黑恶、两抢、盗窃、扒窃，清黄赌毒，整治特种行业、爆炸物品的“四打三清两整”专项行动。破获各类案件1685起，行政拘留1104人，强制戒毒169人，提请逮捕583人，直诉118人。

1989—1999年，涟源钢铁厂公安分处开展各种严打整治行动，维护涟钢治安秩序。2001年，钢城公安分局开展“优化涟钢及其周边环境集中整治”等专项行动，维护钢城辖区治安大局持续稳定。是年，组织开展“严打”整治专项斗争，成立扫黑除恶组、治爆缉枪组、反扒组、缉毒组、追逃小分队。破获各类刑事案件87起，刑事拘留106人，提请逮捕69人，抓获“三逃”人员24人；查处治安案件160起，治安处罚138人，其中治安拘留67人。2002年，继续开展“二年为期”严打整治专项斗争。从娄星区政府、娄星公安分局抽调力量与钢城公安分局一起分成刑事案件侦破组、治安案件查处组、暂住人口清查组、特种行业整治组等多个行动小组，按4条战线展开为期3个月的集中整治。破获各类刑事案件61起，刑事拘留92人，提请逮捕51人；查处治安案件146起，治安拘留46人；拆除阻碍薄板工程进展违章民房3户32间，取缔废品收购站38家，取缔地条钢厂4家；收缴铁路器材3.50吨、钢渣22吨；清查流动人口2960人、出租房屋941户1775间，遣返“三无”人员245人；整改各类安全隐患26处，建立群防群治组织78个。根据200万吨超薄板工程建设及其配套工程建设项目工作需要，派出专门力量进驻拆迁指挥部，配合拆迁工作。2003年3月28日，开展为期1个月的优化涟钢治安环境专项整治行动。由市公安局组织，以钢城公安分局为主，娄星公安分局配合，抽调精干力量对涟钢薄板施工现场及周边治安秩序进行专项整治，打掉2个盗窃团伙。2003年12月至2004年1月，钢城公安分局组织开展代号“歼鼠”冬季反偷防盗专项行动，打击处理一批偷盗违法犯罪人员。2004年3月1日，开展“打击偷盗违法犯罪”专项行动。4月，按照市委、市政府统一部署，以钢城公安分局为主，娄星区政府、市公安局、娄星公安分局派人协同作战，开展优化涟钢经济发展环境专项整治行动。6月2日，在涟钢文体广场召开公捕大会，对破坏涟钢经济发展环境22名犯罪嫌疑人公开逮捕。12月1日，开展为期50天的“整治涟钢周边治安秩序”“打抢打恶”专项行动。

2005—2007年，每年均组织开展集中整治涟钢周边治安环境专项行动，重点打击偷盗涟钢生产物资、阻工闹事、强揽工程等违法犯罪活动。

其中，2006年1—3月，开展以反抢劫、反抢夺、反盗窃、反扒窃、反涉枪犯罪为主“五反”专项行动。6—12月，开展以打击抢劫、抢夺、盗窃、涉毒违法犯罪，清理出租房屋、无牌无证机动车辆、特种行业，整治学校企业周边治安秩序和整治爆炸物品、枪支弹药、管制刀具为主要内容的“四打三清两整”专项行动。2007年8月，开展打击盗窃、破坏电力、电信、广播电视与铁路设施违法犯罪专项斗争。2008年，根据市、区两级党委、政府部署，4月16日始，钢城公安分局联合娄星公安分局、涟钢保卫部等单位在钢城辖区组织开展为期3个月的“优化涟钢经济发展环境集中整治专项行动”。4月26日至8月5日，开展以“反恐怖、破大案、追逃犯、治乱源、强防范”为重点的“迎奥运保平安严打整治百日会战”专项行动。破获刑事案件153起，刑事打击处理167人，抓获上网在逃人员25人，查处治安案件249起，治安处罚327人，其中治安拘留285人；查处强行阻工、强装强卸、强揽工程“三强”治安案件31起，治安拘留37人；清理废品收购站32家，取缔无证经营5家；清查出租房屋2067间、流动人口3129人次、重点部位场所337处。5月21日，快速处置1起封堵公路、影响涟钢生产事件，5名堵路人员依法行政拘留。

二、打黑除恶

1994—2008年，娄星区（娄底市）公安分局（公安局）根据各个时期社会治安状况，在开展严打整治的同时，将涉恶涉黑犯罪作为打击重点，对重大涉恶涉黑团伙犯罪组织力量开展侦破，及时打击。组织打黑除恶专项行动6次，摧毁涉恶涉黑犯罪50余个，抓获涉恶涉黑犯罪人员200余人。

“10·20”专案 1994年10月20日，娄底宾馆发生1起伤害客人和宾馆工作人员、砸毁宾馆财物恶性聚众闹事案件。地区公安处和娄底市公安局即刻派人赶赴现场，当场抓获为首闹事3名犯罪嫌疑人，其他犯罪分子逃离。是晚，成立以地公安处刑侦支队长李叙赵为组长、市公安局刑侦大队长刘建宽为副组长的“10·20”专案组。为彻底查清黑恶犯罪团伙犯罪事实，配合娄底市冬侦会战，专案组从新化县、冷水江市、双峰县公安局抽调刑警协助，组成一支由地公安处、涟钢公安分处、涟邵公安分处、市局所有骨干警力组成的119人的侦破队伍，开展以打击黑恶犯罪团伙、追击“10·20”案逃犯和其他严重刑事犯罪分子会战。至11月8日，专案组查清黑恶流氓犯罪团伙犯罪事实，抓获涉案成员20人。查明该团伙以开办“楚天实业总公司”名义，在景屏街、地商业局、湘中针织厂门面开按摩店为名，组织、引诱、强迫妇女卖淫犯罪事实。25名涉案人员中依法判处死刑3人，判处有期徒刑17人。

“10·23”专案 2000年10月23日21时，娄星区钓鱼台宾馆前发生1起涉枪杀人案，造成1死1重伤。分局接警后立时赶赴现场处置。是晚，成立以公安分局局长吴寄长为组长，由市公安刑侦支队、技侦支队、分局刑侦大队50人组成的“10·23”专案组。先后在贵湘公路和市中心医院抓获犯罪嫌疑人9人，3名主犯携枪潜逃。10月，专案组组成6人追逃小组四下广东，查明以胡某、魏某为首带黑社会性质犯罪团伙与周某文、付某文纠合而成的恶势力团伙相互勾结，寻衅滋事、放收高利贷、武力逼债，绑架勒索各类刑事案件20起的犯罪事实。2002年6月17日，从株洲抓捕归案“10·23”案最后2名逃犯魏某波、魏某琪，宣告娄星黑社会性质组织“湘中敢死队”彻底覆灭。专案组随即又摧毁刘某文、邵某文为首的以武力霸占，抢劫煤炭资源、称霸一方黑社会团伙和自称“城南牛肉有限公司”专门生产销售注水牛肉的周某清等人组成的恶势力团伙25个，抓获涉黑涉恶人员135人，刑事拘留123人。

2001年，钢城公安分局开展打黑除恶专项行动，摧毁以龙某亚为首的聚众斗殴、寻衅滋事、敲诈勒索涉恶犯罪团伙，抓获犯罪嫌疑人9人。2002年，端掉以邬某辉为首的故意伤害、聚众斗殴、寻衅滋事涉恶犯罪团伙，抓获团伙成员12人。打掉以肖某林、郭某明、彭某为首的涉恶团伙。全年打掉涉恶团伙4个，侦破刑事案件86起，抓获涉案成员47人。2006年，打掉以向某为首的恶势力犯罪团伙。向某自2004年以来，纠集“两劳”

释放人员、吸毒人员和街头“混混”，在涟钢强揽工程，对涟钢一些单位领导和在涟钢经商的老板进行敲诈勒索。购买枪支弹药，实施寻衅滋事、聚众斗殴、故意伤害违法犯罪活动。团伙成员26人涉嫌绑架、非法买卖枪支、非法持有枪支、寻衅滋事、故意伤害、聚众斗殴、敲诈勒索等多起刑事犯罪案件。带破3月发生的2起恶性暴力案件。2007年，打掉以周某为首的恶势力犯罪团伙，抓获团伙成员13人，破获寻衅滋事、聚众斗殴、故意伤害、抢劫、抢夺等各类刑事案件37起。2008年，打掉恶势力团伙4个，抓获团伙成员41人，破获各类刑事案件116起。侦破陈某恶势力团伙案时抓获主要犯罪嫌疑人16人，查明该犯罪团伙涉嫌抢劫、强奸、故意伤害、敲诈勒索等系列恶性案件。通过审讯深挖，打掉另外3个恶势力团伙，抓获犯罪嫌疑人25人。

三、打击“两抢一盗”

1989—2001年，娄星公安分局（市公安局）将抢劫、抢夺、盗窃（简称两抢一盗）犯罪作为打击重点，适时开展专项打击行动。2002年7月，娄星公安分局率先在全国开展打击“两抢”犯罪专项斗争，破获抢劫案件174起，抢夺案件14起，抓获“两抢”犯罪嫌疑人575人。2005年，成立“打击两抢一盗”办公室，开展为期半年以重点打击“两抢一盗”为中心的系列团伙犯罪、流窜犯罪和盗抢汽车犯罪专项行动。破“两抢”案件302起，盗窃案件831起。摧毁以陈某、黄某志为首的“盗、抢、销”一条龙犯罪团伙和以刘某为首的特大盗车团伙，破杀人命案2起、恶性抢劫案4起；破获盗窃案件60起和专盗汽车案26起，追回被盗汽车10辆。1月28日上午，3名歹徒在大街上持刀抢劫现金13万元，杀伤追赶人员5人。案件发生后，分局组织侦查行动。2月4日上午11时，专案民警分别从涟源县石马山和斗笠山镇将3名犯罪嫌疑人抓获，缴获作案工具面包车、摩托车各1辆，砍刀2把。3名犯罪嫌疑人对1月28日上午持刀抢劫13万元、杀伤5人犯罪事实供认不讳，还交代2003年11月以来在娄底城区及涟钢抢劫作案12起的犯罪事实。

钢城公安分局从1998年起适时组织开展打击“两抢一盗”犯罪专项行动。1998年5月8日，破获陈某、彭某等5人特大盗窃机动车案。该盗窃团伙先后在涟钢、娄底等地盗窃小汽车5辆，在涟钢等处盗窃摩托车6辆，涉案价值100余万元。1999年，打掉南阳村曾某等7人爬车盗窃铁路运输物资“飞虎队”盗窃团伙。2001年，侦破抢劫、抢夺案32起，涉案价值15万余元。8月6日，破获刘某福、颜某刚、周某华等人系列抢劫抢夺案20余起，涉案价值15万余元。10月，侦破周某华等人盗窃60余辆摩托车系列盗窃案。2002年，开展打击“两抢”战役，破获抢劫案46起、抢夺案41起，刑事打击“两抢”犯罪嫌疑人34人，摧毁抢劫团伙2个、飞车抢夺团伙1个；打掉盗窃团伙5个、诈骗团伙2个，侦破盗窃案56起、抓获盗窃犯罪嫌疑人32人、诈骗犯罪嫌疑人12人。3月9日，打掉肖某义等13人抢劫团伙。该团伙先后在涟钢青山公园、月琴山公园、娄底石马山公园等处持刀抢劫作案16起。9月，侦破邬某财、樊某文等6人内外勾结盗窃案。该盗窃团伙采用吊车挂吊、汽车拖运销赃手段，在涟钢轻油库、半成品库等仓库多次盗窃油料、钢坯，价值2万余元。11月2日，打掉李某、李某军等11人盗窃团伙。该团伙流窜涟源、娄底、涟钢等地盗窃摩托车23辆。2003年，摧毁以张某华为首的盗窃、销赃“一条龙”摩托车盗窃团伙，抓获盗窃人员5人，销赃人员7人，该团伙盗窃摩托车82辆。12月14日，摧毁谢某、肖某辉等人专盗仓库盗窃团伙。该团伙盗窃仓库13个，盗窃轴承、铜套、电缆等生产物资价值20余万元。2004年2月3日，破获涟钢热轧薄板工地电缆被盗案，卿某松等11名监守自盗保安全部被抓获归案。3月22日，打掉付某武等7人盗窃摩托车团伙，该团伙盗销“一条龙”作案，盗窃摩托车13辆。6月9日，破获双菱实业公司5吨无缝钢管被盗案，抓获盗窃犯罪嫌疑人7人。10月8日，打掉谢某戌、胡某等7人抢劫团伙，破获抢劫案9起。2005年1月18日，侦破朱某和、易某来等6人团伙盗窃案。该团伙盗窃涟钢焦粉500余吨，非法获利23万元。3月16日，侦破涟钢烧结厂振动筛被盗案件，6小时将重10余吨设备追回，谢某秋等3名犯罪嫌疑人先后被抓获归案。8月16日，打掉以刘某、颜某为首盗窃团伙，抓获团伙成员8人，该团伙多次在振兴焊管厂盗窃物资价值7万余元。

2006年，打掉盗抢团伙8个，抓获犯罪嫌疑人33人，破获刑事案件97起，挽回经济损失100万余元。2月16日，打掉姚某雄等6人盗窃团伙。该团伙专门盗窃火车螺纹钢、废钢等物资，作案12起，涉案价值10余万元。3月8日，打掉童某松等8人盗窃团伙。该团伙用铲车装车、汽车运输方式，疯狂盗窃涟钢矿石42车，涉案价值高达100万元。9月8日，破获系列“摩的”司机被抢劫案23起，犯罪嫌疑人谭某、刘某被抓获归案。12月，打掉李某等13人抢劫团伙，通过深挖又摧毁1个7人抢劫团伙和5人盗窃摩托车团伙。2007年，打掉盗抢团伙11个，抓获犯罪嫌疑人32人，破获刑事案件56起，挽回经济损失100万余元。1月11日，破获邱某湖、陈某等12人系列持刀抢劫案8起。2月11日，破获吴某等3人恶性入室抢劫案。吴某等3人到涟钢华天宾馆以开房为名将老板娘刘某骗至房内，用铁管猛打刘某头部，抢走刘某身上价值1万余元首饰。3月17日，打掉王某庚、刘某英、毛某鹏专盗企业仓库电缆团伙。该团伙多次盗窃仓库电缆，涉案价值多达10余万元。4月17日，破获毛某璋系列入室盗窃案14起。6月15日，摧毁一专盗通信电缆线6人盗窃团伙，破获盗窃通信电缆线案27起、抢劫案2起。8月22日，破获颜某兵、刘某贤等人盗铜芯电缆线案涉案价值10余万元。2008年2月26日，破获彭某春、彭某清与涟钢4名保安内外勾结盗窃涟钢环保科技有限公司钢渣案件。3月12日，破获罗某、曾某萍、苏某新3人蒙面持刀入室抢劫案涉案价值2万余元。4月3日，破获曾某抢劫11万元特大抢劫案，将犯罪嫌疑人曾某从北京抓捕归案。6月17日，破获罗某、许某等6名网络姐妹抢劫学生系列案。9月21日，破获朱某明、曾某雄、陈某元等11人内外勾结盗窃、诈骗涟钢物流配送中心钢材案，涉案价值100余万元。11月5日，破获李某平等3人盗窃20余吨带钢案，涉案价值8万余元。11月11日，破获梁某理、颜某高等4人里应外合盗窃返矿粉10余车案，涉案价值数十万元。

四、打击车匪与地痞

打击车匪路霸 1994年10月27日凌晨4时，一辆娄底至涟源中巴车在经过涟滨乡南阳村地段时，车上4名持刀歹徒使用武力威胁和胁迫手段将车上24名乘客钱物洗劫一空。娄底市公安局于11月26日晚破案，摧毁以石井乡松江村3名犯罪嫌疑人为首抢劫、盗窃团伙。1999年3月16日，娄底市公安局刑侦大队摧毁以曾某利、黄某凡等为首10人重大车匪路霸抢劫团伙。该团伙驾驶一辆蓝色面的车先后在207线三圭地段、娄双、娄湘、娄涟公路采取麻醉和暴力抢劫手段，麻醉抢劫11起，持枪持刀抢劫10起，致伤10人，抢劫小车5辆、摩托车3辆，抢劫现金等物价值30余万元。2002年8月1—4日，娄星公安分局出动警力120人，在全区14个乡镇、街道开展清查，在4条主要公路设立卡点8个，开展以清查无牌无证车辆为内容，以遏制街头飞车抢夺和盗抢机动车辆案件为目的的打击车匪路霸专项整治行动。查获无牌无证机动摩托车412辆，抓获违法犯罪人员148人。

打击地痞地霸 1995年11月26日，中铁十五局修建湘黔复线在百亩乡双林村施工中，尚姓村民以征地为由强行揽工，收取“通行费”，煽动其家族和部分村民多次阻工。经公安机关侦查，打击处理12人。1999年7月16日，福建省福清市曾姓老板投资近200万元到石井乡泽溪村办砖厂，该村聂某和以自家有自卸东风车为由，不准外来车运输红砖，纠集部分村民将涟钢1台车辆打烂，打伤砖厂工人8名。经查处，刑事拘留2人，治安拘留4人。2002年，以优化经济发展环境为目标，开展2次集中整治重大企业和重点工程周边环境，打击地痞地霸。抓获各类违法犯罪人员320人，刑事拘留190人。5月、10月，摧毁以黄泥塘街道新立居委会2名居委会干部为首在涟钢薄板工程中强揽工程、阻工扰民敲诈和涟滨街道仙人桥村黄某、谢某、尚某为首强行装卸、强收管理费及大科街道王家村白泥组组长李某为首组织12人到中兴大市场哄抢财物3个犯罪团伙。2007年12月，开展强装强卸、强揽工程、强行阻工“三强”集中整治行动，制止各类“三强”事件86起，查处案件42起，行政拘留39人，训诫62人。

五、打击拐卖妇女儿童犯罪

1991年12月5日，破获首起拐卖妇女案，抓获人贩子2名，解救被拐卖农村妇女3名。2002年4月13日，查处洞新大市场“倩男娱乐城”容留妇女卖淫案，解救来自缅甸的1名少女和来自云南澜沧县雪林乡南盼村的2名少女，店主曾某军、李某英被依法逮捕。2002年6—8月，开展“打拐”专项行动，破获绑架、拐卖妇女儿童案件13起，抓获犯罪嫌疑人34名，解救妇女儿童128人。

六、追缉逃犯

1994年11月1日，娄底市开展冬季追逃侦破会战，市政府发布《关于对逃犯在限期内投案自首从宽处理的通告》。全市出动警力119人，抓获各类违法犯罪人员345人，追回在册在逃人员126人。1999年7—9月，娄星公安分局开展追逃专项行动，发挥网上追逃优势，抓获各类在逃人员104人。8月7日晚，涉嫌绑架、抢劫杀人、敲诈的广东省黑帮组织团伙首犯曾某海在星马大酒店707房被擒获归案。2002年，组织追逃行动，追回1990年以来各类在逃人员272人，其中网上在逃人员235人。2006年，运用追逃新机制，采取架网布控、政策感召等措施，追回在逃人员102人。

钢城公安分局开展追逃集中统一行动。2001年，派出追逃小分队赴广东、福建、重庆等省市追捕，追回在逃人员24人，其中网上在逃人员2人。2002年，组织追逃小分队多次外出追逃，抓捕在逃人员15人，其中网上在逃人员8人。2003年，组织开展“网上追逃”“光盘追逃”行动，追回在逃人员22人。2004年，将命案追逃作为重点，科技追逃与传统方法追逃相结合，追回在逃人员26人，其中网上在逃人员15人。2005年，抓获在逃人员49人，其中网上在逃人员41人。2006年，网上追逃44人，抓获网上在逃人员21人。2007年，网上追逃29人，抓获网上在逃人员35人。2008年，网上追逃37人，抓获网上在逃人员21人。

第三章 检 察

1989年，娄底市人民检察院（简称检察院）内设办公室、刑事检察股、经济检察股、法纪检察股、监所检察股、控告申诉检察股、民事行政检察股7个股室。1990年，内设股室改称科室，其中，刑事检察股改为刑事检察一科和刑事检察二科，增设政工科。1991年，增设检察技术科。1993年4月，撤销经济检察股，成立反贪污贿赂局。1994年，设立纪检组。1995年，设立监察室，与纪检组实行“两块牌子、一套人马”合署办公。1998年，撤销法纪检察股，成立反渎职犯罪侦查局。1999年，娄底市人民检察院更名为娄星区人民检察院。

2000年，刑事检察一科更名为侦查监督科，刑事检察二科更名为公诉科。2002年设立法警大队，2003年增设职务犯罪预防科，2004年增设法律政策研究室，2005年设立财务装备科。2006年，反渎职犯罪侦查局更名为反渎职侵权局，时有内设机构15个。2007年2月，办公地址迁至娄星区大科街道小科社区勤政街167号，新建办案用房、专业技术用房及后勤楼。

1989—2008年历任检察长：陈里凡、颜维和、刘华江、周世光、邹图华。

第一节 刑事检察

1989年起，娄底市检察院与公安、法院等部门配合，坚持“严打” 方针，实行社会治安综合治理，依法从重从快打击严重刑事犯罪活动，依法处理一批影响较大突发事件。坚持把杀人、抢劫、强奸、爆炸、持枪作案、重大盗窃和流氓团伙特别是带黑社会性质犯罪团伙作为打击重点，采取提前介入、优先办理等方法，快审快结，及时批捕起诉重特大刑事案犯。在审结的批捕起诉案件中，属于杀人、强奸、抢劫、重大盗窃和犯罪团伙重特大案件，批捕审结最短办案时间仅1天，起诉审结最短办案时间仅2天。颜某等4人强奸案、袁某等2人流氓杀人案、张某等8人特大盗窃案在公安报捕当天就审结并做出批捕决定。在杨某故意杀人案中，批捕、起诉部门提前介入，在公安提请批捕当天作出批捕决定，仅2天时间就将该案移送起诉。1989年，提前介入公安侦查预审重特大案件26件90人，起诉时间每件平均20.10天。1994年，根据市委统一部署，参与整顿农村社会治安专项斗争和整治城市社会治安“夏季攻势”。加强统一行动中审查批捕和审查起诉工作，对公安机关成批移送案件，组织力量突击审查处理。坚持专人阅卷，集体讨论，检察长决定办案制度、请示报告制度和证据复核制度。在审查批捕、审查起诉环节中复核补充证据356份，案件复核率为100%。在审查批捕、起诉案件中坚持不办关系案、不办金钱案、不办糊涂案“三个不办”，加强案件自查和出庭支持公诉工作。审查批捕案件实行交叉阅卷，互相“挑刺”做法和经验在全省检察系统推广。

1989—1996年，合计办结审查批捕案件897件1748人。其中，批准逮捕1595人，不捕165人。办结审查起诉案件1001件1812人。其中，提起公诉1450人，不诉15人。立案监督3件，追捕追诉漏犯36人。提起刑事抗诉13件，办理刑事申诉和赔偿案件14件。1997—2002年，办结审查批捕案件1264件2187人，审查起诉案件1391件2487人。办理刑事申诉和赔偿案件30件，立案监督12件，追捕追诉漏犯36人，提起刑事抗诉11件。

2003—2008年，开展“严打整治”“打黑除恶”“打击两抢一盗”“禁毒禁赌”等专项行动。履行法律监督职责，与公安、法院密切配合，依法严厉打击严重暴力犯罪、“两抢一盗”侵财性犯罪、涉毒涉赌犯罪等严重刑事犯罪，参与社会治安综合治理和社会治安防控体系建设。办结审查逮捕案2527件4136人，其中，批准逮捕3502人，不捕564人。办结审查起诉案件2723件4644人，其中，提起公诉2528件4150人，不诉72件106人。所办案件实现法定期内审结率、捕诉准确率和有罪判决率均达100%。2006年，提前介入案件侦查，及时批捕以龙某为首的涉黑恶团伙犯76人，涉嫌罪名19个；移送娄底市检察院审查起诉94人。立案监督26件，追捕追诉漏犯84人，提起刑事抗诉5件，办理刑事申诉和赔偿案件19件。依法抗诉的双峰县原财政局局长王某受贿案，经二审改判后加刑7年，被省检察院评为“全省检察机关抗诉效果最佳优案”。监督立案的肖某等人涉嫌故意杀人案追捕漏犯3人。其中，1人被判死缓，2人被判有期徒刑10年，该案被评为“全省侦查监督十大优案”。

1989—2008年娄星区（娄底市）刑事检察情况表

表8-1

年份	案件受理(件)		打击处理(人)				监督检察(件/人)		
	受理报捕	受理移送起诉	批捕	不捕	提起公诉	不诉	抗诉	追捕	追诉
1989	127	122	211	31	112	1	—	—	—
1990	118	146	207	32	130	7	—	7	—
1991	119	135	187	24	209	1	—	3	12
1992	75	116	172	8	119	1	—	—	—
1993	100	89	208	21	222	2	3	—	1
1994	107	120	191	5	184	—	1	—	6
1995	129	149	211	23	252	2	6	—	1
1996	139	186	208	21	222	1	3	3	3
1997	114	131	151	29	185	1	—	—	1
1998	143	166	227	42	250	6	—	4	3
1999	190	234	291	86	374	17	2	6	2
2000	213	236	173	91	310	17	—	—	5
2001	338	325	450	67	439	9	5	3	6
2002	266	332	413	22	477	27	4	5	1
2003	288	371	382	31	500	14	2	5	8
2004	373	367	479	66	519	14	1	6	6
2005	442	475	652	107	757	9	1	4	7
2006	479	520	704	118	795	23	1	8	9
2007	493	548	667	116	805	14	—	7	10
2008	455	533	618	126	774	32	1	6	8

第二节　职务犯罪侦查及预防

1989年，娄底市检察院受理经济犯罪案件线索147件，其中属于检察机关管辖的贪污、受贿、渎职等犯罪线索46件。立案查处贪污、受贿案35件，大案要案18件。娄底地区财政局劳动服务公司杨某挪用公款案、娄底市某公司业务员李某挪用公款案、市粮食局黄某利用职务之便受贿案等一批大要案件，均通过群众举报而侦破。在立案侦查贪污、受贿犯罪案件中，有党政干部、执法人员和经济管理人员40人。其中，处级干部2人，科级干部3人。33人向检察机关和各级机关投案自首，主动坦白交代18人。其中，处级干部1人，科级干部1人。

1990—1995年，办理经济犯罪和法纪案件233件244人，挽回经济损失600余万元。1991年，在收集经济犯罪案件线索中，发现从浙江省汇入湖南省益阳市的1.50万元资金与娄底工程公司劳服公司有牵连。办案单位采取先扫外围寻求突破口侦查方法，派出5位侦查人员直赴益阳开展调查，破获了彭某贪污公款案。查办城市信用社职工涉嫌贪污、挪用公款案，追回赃款或有问题贷款90余万元。注重查处经济效益较差、群众反映强烈的亏损企业中腐败问题。恩口煤矿是全省特困企业之一，职工生活困苦，群众举报该矿水泥厂厂长彭某和机电科副科长李某有经济问题。接到举报后，及时查办，发现彭某、李某利用职务之便受贿的犯罪事实。娄底市电工厂长期经济混乱，生产停滞。检察院在派出工作组进驻该厂办理案件的同时，建议上级部门整顿该厂领导班子，帮助该厂整章建制，追回各类欠款80余万元，濒临倒闭工厂获得新生，生产出现转机。

1996—2002年，查办各类职务犯罪104件148人，挽回经济损失890万元。其间，重点办理农村基层干部经济犯罪，查处大科乡早元村村支书、村主任、秘书和石井乡斗罡村部分村组干部经济犯罪问题。开展追逃和规劝犯罪分子投案自首工作。1996年，在宁乡公安部门协助下，将多次追捕未获、潜逃达3年之久的重大贪污犯张某捉拿归案。经济犯罪嫌疑人廖某负案潜逃，办案人员反复做其妻子思想工作，使其劝夫投案自首。廖某投案自首后，不仅如实交代所有犯罪事实，还揭露其他犯罪嫌疑人犯罪事实。

2003—2008年，立案侦查各类职务犯罪案79件130人。其中，大案21件，处级干部要案9件，所办案件法院全部做出有罪判决。其间，围绕人民群众反响强烈的权力腐败问题，相继开展整治改制腐败、治理商业贿赂、查办渎职侵权犯罪等专项行动，集中力量查办涟钢工程部部长阳某、涟钢燃料品质部唐某、娄底市贮木场场长胡某、市征稽处处长吴某等一批大要案、串窝案。挽回直接经济损失2200余万元。加强对征地拆迁、工程建设、土地出让等领域职务犯罪查处，立案侦查处级干部2人，大案9件12人。针对职务犯罪嫌疑人潜逃多现状，依法采取各种强有力追逃措施，追捕在逃职务犯罪嫌疑人11人。2003年，成立职务犯罪预防科，坚持打防并举，注重源头防腐，开展职务犯罪预防工作。针对职务犯罪特点，运用检察建议帮助有关发案单位整章建制，堵塞漏洞，建立行贿犯罪档案查询系统。在巩固国税、地税、工商、电力等系统预防联系点的同时，在涟钢新建2个预防联系点，开展个案预防，在主要街道、城区电力局、涟钢医院等区域开展法治宣传和警示教育，举办以案说法讲座、警示教育5次，受教育干部群众5000余人次。上街开展预防宣传9次、预防调研活动2次，完善职务犯罪信息库和行贿犯罪档案，提供查询服务40余次，对双江水库移民资金使用进行专项监督。

第三节　民事行政诉讼监督检察

1989—1995年，娄底市检察院办理民事行政抗诉案件6件。1991年4月配备人员编制后，受理来信来访近200人（件）次，均作出答复处理。立案调查涟钢职工医院护士曾某对被判决维持行政拘留不服申诉一案，3次到涟源市、6次到涟钢调查询问有关当事人和证人，询问申诉人对此案申诉事实和理由，获取当事人陈述和有关证据材料。向娄底地区中级人民法院提出对原审法院判决此案在认定事实、适用法律方面有欠妥之处的意见，地区中级人民法院采纳意见后，对此案撤销原判决。1994年，在石井乡建立法制联系点，开辟专项宣传栏2个，向群众宣传“四四三”案件和娄底市首例“四四三”案件办理成功经验。针对群众对民事行政检察工作了解不多现象，采取张贴举报公告、公布举报电话、发表举报动员电视讲话、设立流动举报箱巡回接受举报等方式开展宣传活动，拓宽案件线索来源。1995—1998年，通过采取提前介入、诉前服务、案中调解和依法抗诉等监督服务方式开展工作。依照法律和事实对需要抗诉的案件做到敢抗、会抗、抗准，对法院在审判过程中存在问题及时提出口头和书面检察建议5次，均被采纳。受理民事行政申诉案40件，立案26件，向地区检察分院提请抗诉16件，建议提请抗诉8件。经提请抗诉和建议提请抗诉后法院改判2件，发回重审3件。涟源株木乡严某诉肖某交通事故赔偿一案，一审法院以“同一事实”为由驳回严某诉讼请求，本院立案后经过审查，提起抗诉并抗诉成功。

2002—2008年，娄星区检察院立民事审判和行政诉讼案14件，向市检察院提请抗诉6件，建议抗诉9件，抗诉3件，做好5件民事行政申诉案息访工作，查处国有资产流失案件6件。

第四节　控告申诉检察

1989—1995年，娄底市检察院受理群众来信来访730人（件）次，接到群众举报200余件，检察长接待来访群众210余人次。办理40件申诉多年申诉案件，对489件经济、法纪控告检举案进行调查和处理，为打击经济犯罪和刑事犯罪提供线索。

1996—2002年，娄星区（娄底市）检察院受理群众来信来访680人（件）次，接受举报线索300余件，检察长接待来访群众160余人次。在石井、百亩等地巡回接受举报，仅4天时间就受理举报线索15条，现场初查12条，挽回经济损失7万余元。坚持每月5日、15日检察长接待日制度，实行挂牌上岗，告急信访随时接待处理。

2003—2008年，娄星区检察院采取措施拓宽案源，在街道、厂矿开展举报等宣传20余次，发放各类宣传资料3万余份。理顺控告申诉机制，坚持检察长接待日制和首办责任制。受理群众来信来访500余件次，接受举报线索350余件。检察长接待150余人次，办结初查、申诉、赔偿、交办案110余件。信访接待室被评为“湖南省检察机关文明接待室”，连续两届、连续六年被评为“全国检察机关文明接待室”。

第五节　监所检察

1989—1995年，娄底市检察院以清理在押犯、整顿监所秩序、执法检察等工作为重点，配合公安、司法等部门开展监所检察工作。排查看守所、劳教所、收审所安全隐患80余起，堵塞漏洞40余处，提出口头或书面纠正意见。在检查中对表现突出确有悔改的罪犯提出提前缩减刑期或缓刑期建议。在加强监管单位检查的同时，通过采取谈话教育、上法治教育课等方式，加强对被监管人员的思想教育。向看守所提出整顿监所秩序建议，配合看守所对3名违法人员进行打击。

1996—2002年，娄星区（娄底市）检察院参与清监安全检查100余次，思想动态分析联席会93次，对发现的不安全因素和管教干警违规情况，及时提出口头检察建议，均被采纳。对收到的揭发、举报犯罪线索均移交有关部门查处。1996年，针对监管场所脱逃案连续发生情况，协助监管场所分析查找原因，整顿监管改造秩序。和法院配合到娄底监狱等场所公开审理脱逃后又重新犯罪的案件，对监管场所执法活动逐个逐项进行检查，及时制止违法行为。对监外执行罪犯采取发函和“走出去”办法，与派出所联系，检查监外执行罪犯对象，对保外就医罪犯健康复查后对保外就医条件消失和重新犯罪的罪犯及时建议收监并收监执行。

2003—2008年，娄星区检察院查办劳教人员申诉案3件，纠正轻微监管违法15次，考察教育监外执行5种对象63人，监督收监3人，起诉再犯罪案12件。通过专项检察督促监管部门将不符合监外执行的罪犯实行收监。纠正久押不决案4件，组织开展专项执法检察活动10余次，所有案件在检察环节无超期办理问题。对2002年以来监管场所减刑、假释、保外就医、监外执行等情况进行清查，对所发现违法情况及时提出检察建议并督促整改，对不符合减刑条件的向市中级人民法院提出不予裁定的检察意见。

第六节　检察技术

1992年，娄底市检察院检察技术工作突出法医鉴定重点，针对非案件性（事故性）伤情和比较轻微伤害较多情况，到乡镇、街道、派出所、法庭、司法所等单位寻找案源。1993年，检察技术科挂牌办公，秉承检察技术为各项检察业务工作服务原则，向上级业务部门送检技术案件2件。1996年起，检察技术工作随着办案需要，以法医鉴定为主，文字检验和司法会计及视听技术同步进行，检验鉴定逐年增加。

1994—1998年，娄底市检察院办理各类技术案件507件，其中法医鉴定479件。1996年春节期间，高溪村某妇女服毒自杀，其娘家人以为是其丈夫谋杀致死，召集200余人准备闹事。由于法医鉴定及时、准确，一场即将发生的械斗很快平息。

1999—2008年，娄星区检察技术工作注重鉴定质量，坚持严格执法、依法办案、公正客观、及时速效工作方针，办理各类技术案件1000余件。渎侦局办理黄某、曾某意外伤亡案，高某意外伤亡案，宴某意外死亡案，协助娄星公安分局办理李某死亡引起的亲属上访案、交警直属大队办理黄某交通事故申诉案等，为案件办理提供技术证据，发挥检察技术职能。

第四章　法　院

1989年，娄底市人民法院（简称法院）下设办公室，刑事审判第一庭，刑事审判第二庭，行政审判庭，告诉申诉庭，民事审判庭，经济审判庭，法医室及涟滨、大科、花山、万宝、杉山、小碧、三圭、涟钢8个法庭，涟钢法庭为企业法庭。1991—1998年，增设监察室、执行庭、法警队，撤销告诉申诉庭，设立审判监督庭、立案庭。在刑事审判庭内设立少年犯罪刑事审判合议庭，专门审理未成年犯罪案件。1999年7月，撤市设区，更名为娄星区人民法院。设立交通法庭、政治工作室。2000—2008年，增设审判委员会办公室，交通法庭更名为民事审判第三庭，经济审判庭更名为民事审判第二庭，执行庭更名为执行局，撤销法医室，设立司法技术室，8个基层法庭合并为涟滨、大科、万宝、杉山4个中心法庭。2002年，设审判管理办公室、书记员管理办公室。2007年，增设信访工作室。2008年，法院设刑事审判庭，民事审判一、二、三、四庭，行政审判庭，审判监督庭，司法警察大队，执行局，立案庭，办公室，政治工作室，司法技术室，审判管理办公室，下设涟滨、大科、杉山、万宝4个法庭。在编人员99人，其中，正副院长6人，审判员58人，其他工作人员35人。

1989—2008年历任院长：吴志南、贺咏成、成勿文、刘一荣、曾新存。

第一节　刑事审判

1989—1992年，娄底市法院刑事审判主要是审理盗窃、抢劫、故意伤害、流氓、投毒、强奸等严重危害社会治安案件。按照最高人民法院统一部署，依法贯彻“从重从快”方针，组织开展“严打”斗争，突出打击故意杀人、重伤、抢劫、流氓、重大盗窃中重点对象，开展为期3年反盗窃专项斗争，并选择典型案件到案发地进行公开审理和宣判。1990—1992年，审结各类刑事案件352件636人。其中，杀人、投毒、抢劫、强奸、重大盗窃等大要刑事案件156件360人，判处10年以上有期徒刑42人，5~9年115人。贯彻宽严相济刑事政策，对从犯、偶犯、少年犯从轻或减轻处罚。对判处缓刑、管制少年犯逐一进行回访，以教育、感化、挽救未成年人，减少重新犯罪。1993年，审结各类刑事案件79件113人。打击重点是抢劫、流氓恶势力犯罪、车匪路霸和重大盗窃犯罪。1994年，配合公安机关开展“三打两整一查禁”统一行动。1995年3月，开展春季严打攻势。全年审结案件134件203人。1996—1997年，娄底市法院每年适时开展阶段性打击犯罪活动。审结案件339件506人。1998年，审结案件164件506人。审结贪污、受贿等职务犯罪案件40件53人，判处10年以上有期徒刑18人，5年以上10年以下21人。其中，处级干部6人，科级干部17人。集中审理一批国家公职人员经济犯罪案件。1999—2001年，审结案件40件56人。

2002—2003年，根据城区飞车抢劫财物犯罪突出，与公安、检察、司法配合，联合开展打击“两抢”专项行动。审结抢劫、抢夺案件91件157人，判处10年以上有期徒刑25人，5~10年58人。被告人曾某福、周某贤驾驶摩托车在娄底城区飞车抢包14次，抢得现金3万余元及手机等财物。2人分别被判处有期徒刑15年和6年，并处罚金。审结黑恶势力犯罪案件41件67人，审理娄星区西阳乡村民李某标黑恶团伙犯罪案，判处主犯李某标有期徒刑10年，判处其他被告人有期徒刑10年以下不等。审理造成社会影响的“10·23”钓鱼台宾馆持枪械斗案。审理娄底市财政局原党组副书记、副局长张某东，原党组成员、总会计师朱某求，娄星区水利水电局原局长张某光职务犯罪案件。2年审结各类刑事案件613件961人。2004年，审结269件417人。审理市农业银行涟钢支行周某文、娄底市中心医院龙某军等人贪污受贿案。

2005—2008年，全区刑事案件继续上升，盗窃、抢劫、抢夺、贩毒案件居高不下。其间，区法院审结盗窃案件533件1052人，抢劫案件341件497人，抢夺案件42件123人，贩毒案件194件227人。审理被告人吴某彪等15人团伙抢劫、聚众斗殴案，判处主犯吴某彪有期徒刑12年6个月，剥夺政治权利2年并处罚金，其他11名被告人分别被判处10年以下有期徒刑不等。依法打击贪污、受贿、挪用公款等职务犯罪，受理贪污、受贿、挪用案件42件74人。审理娄底市公积金营业部原王仕黄某君受贿案，判处有期徒刑12年6个月，剥夺政治权利3年。审理娄底市政府拆迁办原财务科长、娄底市城南新区建设开发有限公司原副董事长罗某贪污、收受贿赂案，判处有期徒刑10年，并处没收个人财产15万元。4年累计审结各类刑事案件1593件2040人。

至2008年，娄星区（娄底市）法院累计审理各类刑事案件7502件。其中，公诉案件4491件，自诉案件558件，判处10年以上有期徒刑426人，5年以上10年以下有期徒刑1052人，5年以下有期徒刑4156人。对社会危害不大，主观恶意不深，具有自首立功及法定从宽情节被告人及情节较轻初犯、偶犯，依法给予从宽处罚1332人，占判处刑罚被告人总数16.6%，审理刑事附带民事案件2116件，附带民事部分调解结案1424件，调解率为67.2%。

第二节 民商事审判

一、人身关系案件审理

1989—1998年，娄底市法院所审结民事案件中，婚姻家庭纠纷案件突出，占民事案件40%。民事审判工作注重调解，注重巡回办案。集中力量在双江、小碧、杉山、西阳等乡镇开展巡回办案10余次，就地处理和化解民间纠纷，防止矛盾激化。

2000年，设立交通事故合议庭，后更名为民事审判第三庭。年均审理交通事故案件200余件。先后有10余个外地县市法院和交警部门到娄星区法院学习交通事故损害赔偿案件审判经验。

1998—2008年，审结调整人身关系案件8589件，占民事案件31.8%。

二、财产关系案件审理

娄底市经济技术开发区和娄星区经济园区、万宝新区成立，农村土地征用和拆迁，出现财产纠纷，有的村组土政策规定，凡婚出妇女及所生子女不得享受村组权益分配，但要承担与其他村民同等义务。在财产关系案件审理中，严格依法办案，纠正不合法相关村规民约，贯彻执行男女平等原则，依法审理涉及财产关系案件。

1989—2008年，审结财产纠纷案件8438件，占所结民商案件31.3%。

三、经济纠纷案件审理

1989—1998年，经济审判围绕治理整顿、深化改革、扩宽服务领域，加强专项服务理念，审理乡镇企业、村级集体经济组织、金融机构债务纠纷。1998年5月起，开展农村基金会清理整顿。院党组召开会议研究部署，院长挂帅，党组成员分片包干，由45名审判人员组成11个巡回法庭开展专项审判。至11月，立农村基金案件547件，审结500件，审判率91.4%，收回债权3000余万元。2000年，建立大民事审判格局，原经济审判庭改为民事审判第二庭。

2002年，经济审判案件全部统计在民事案件中，不再单列经济审判。针对一些特困企业经济纠纷案件，区法院采取主动上门服务，为企业排忧解难。娄底市日杂公司300余万元债权在个体经营者手中无法收回，公司经济状况举步维艰。区法院主动上门调查，采取减免诉讼费办法，一次性为该公司办理10件债权纠纷案，敦促其他40余户债权人清理债务。受理各类经济纠纷案件9210件，审结9104件，审结率为98.9%。2003—2008

年，经济纠纷审判划入民商事审判。

四、企业破产案件审理

1998—2006年，相继审理娄底市汽车配件公司、娄星区水泥厂、钓鱼台宾馆、娄星区印刷厂、娄底市毛巾厂等国有企业破产案。累计受理各类企业破产案件21件，清理破产债权8100余万元，安置破产企业职工7800余人。

第三节 行政审判

1988—1989年，市法院审理行政案件16件。1990年10月1日，《中华人民共和国行政诉讼法》施行。在农村、学校和工矿企业宣传行政诉讼法，开展法律咨询活动，派员向行政执法机关宣讲行政诉讼法。1994年，撤销国土、林业等部门行政法规执行室，设行政审判联络室。2006—2008年，城区实施北扩南移战略，为支持重点工程建设，区法院依法组织行政强制拆迁。对涟钢城北路26家商铺和娄底市第一建筑工程公司10余个临街商铺。经济技术开发区梅子湾30余户民宅。石马公园棚户区。吉星路、春园路、娄星经济园区、万宝开发区、安石集团等征收拆迁范围内房屋依法实施强制拆除。对行政诉讼案件依法立案，进行审查，符合条件依法立案受理，慎重审理每件案件。

1997年，受理非诉讼行政执行类案件68件，执结46件，执结率67.7%。1998年，受理78件，旧存22件，执结76件，执结率76%。1999年，受理27件，旧存24件，执结41件，执结率80.4%。至2008年，受理行政诉讼案件631件，审结625件，审结率99%。

第四节 审判方式改革

1989年，娄底市法院民商案件创新审判方式，开展巡回办案活动。至1990年，审理民事案件332件，经济案件453件，为国家集体和个人挽回经济损失1200万元，救活濒临倒闭企业12家，防止群众性械斗18起，指导基层调处民间纠纷324件。1991年，刑事审判由先定后审改为先审后定，扩大合议庭权限，规定副科级以上人员犯罪且社会影响大需判处3年以上有期徒刑或需判处缓刑拘役案件，须经审判委员会讨论决定，3年以下有期徒刑案件由合议庭评议决定。庭审模式从“纠问式”向“控辩式”转变，突出法官在庭审过程中中立地位，推行“谁主张，谁举证”原则，当事人如举证不能，将承担不利法律的后果。是年，依照省高院统一部署，在刑一庭内设立少年犯罪审判合议庭，专门审理未成年犯罪案件。合议庭由刑事庭1名副庭长和1名女性审判员及1名书记组成。在团市委、教委、妇联等有关部门聘请特邀人民陪审员4名。在开庭审判前、审判中和审判后，将“寓教于审，惩教结合，治病救人”方针贯彻始终。1991—1993年，审理少年犯罪案件67件79人。

1996年，执行“立审分离、审执分离、审监分离”，推行公开审判制度。当事人举证在法庭，质证、认证在法庭，查清事实在法庭，经合议庭评议后，尽可能当庭审判，从程序上杜绝暗箱操作，节约诉讼资源和成本。改革裁判文书，突出裁判文书中程序印证和法条印证功能，摒弃“千案一文”现象。除简单案件外，实行合议制度，由院长、庭长、审判长、审判员或人民陪审员组成合议庭，由合议庭评议案件，坚持少数服从多数，公正判决。是年，法院分批对裁判文书进行评比，评出优秀裁判文书14份，对优秀文书进行传阅、讲评，对文书制作者进行表彰奖励。

2000年，娄星区法院实施审判长和独任审判员选任制，赋予审判长和独任审判员指挥、主持合议，签发文书等职权。审判工作继续坚持坐堂审判和巡回审判相结合，以巡回就地审判方式为主；坚持由当事人举证与法庭调查相结合，以当事人举证为主；坚持审判案件与审判效果相结合，以审判效果为主“三结合三为主”方式。2002年，对全院书记员进行业务培训，提高书记员速记能力。是年起，法院书记员记录由手工记录改为电脑记录。2003年，对刑事案件中判处缓刑有关案件需经主管副院长和院长批准，对判处缓刑、管制的少年犯实行定期跟踪回访和定期汇报制度。

2006—2008年，全区根据刑事附带民事诉讼案件具体情况，审理中坚持调解为主原则，以平息双方当事人矛盾，年均调解率96.2%。

第五节 审判监督与案件执行

一、审判监督

1989年，娄底市法院告诉申诉庭成立，受理各类案件申诉，负责再审案件审理，刑二庭承担审判监督任务移交给告诉申诉庭。1991年，《中华人民共和国民事诉讼法》颁布施行后，民事申诉案件、检察机关抗诉再审案件增加。1997年，成立审判监督庭，申诉再审工作逐步程序化、规范化。1998年后，受理申诉和申请再审案件主要是民事再审案件，刑事再审案件减少，行政申请再审案件仅1件。是年，审判监督庭承担全院案件质量检查。1997年，检查案件2297件。1998年，检查案件2760件。1999年，检查案件2211件。2008年，民事诉讼法修订，民事案件当事人申请再审须向上级法院提出，基层法院民事再审案件减少。至2008年，受理申诉、申请再审案件619件，审结616件，审结率99.5%。

二、案件执行

1991年前，娄底市法院未设立专门执行机构，案件执行由审判庭室自行负责。执行案件主要是民事案件、刑事附带民事案件，行政案件和非诉行政申请执行类案件较少。1992年10—12月，市法院开展集中执行活动。院长带队，分3个组到乡镇和城区开展集中执行行动，抽调68名乡镇干部参加，清理执行积案356件，执行标的500余万元。1992年，设立执行庭，负责法院机关庭室和法庭部分疑难案件执行。1995年，执行庭长陈维军带领执行庭干警到岳阳市茶盘洲农场执行，扣押被执行人1台小车，被执行人组织人员将小车抢走，经多方交涉放还。1996—1998年，机关庭室案件全部交执行庭负责执行。非诉行政申请执行类案件由行政审判庭负责审查、受理并执行。各法庭审理案件由法庭负责执行，少数疑难案件移送执行庭执行。是年，成立执法大队。此后法警大队承担部分案件执行任务。1999年，区法院成立执行工作领导小组，形成执行庭为龙头，各基层法庭为基本力量，法警队为安全保障“四位一体”执行格局。2003年，撤销执行庭，设执行工作局。年底组织集中执行行动，对历年积存“老大难”执行案件进行调查摸底，查清原因后统一组织，周密部署，指定执行方案，报送区委并批转有关部门取得当地领导支持配合。坚持教育引导和强制执行相结合，对个别有执行能力而拒不履行法律义务的则采取强制措施。至2008年，区（市）法院执行案件1.81万件，执结1.79万件，执结率99.4%。

第六节 立案与涉法涉诉信访处理

一、立案

1989年前，各业务庭自行立案。至1995年，立案1.88万件。其中，刑事案件1723件，民事案件5352件，经济案件4458件，行政案件152件，执行案件6993件，其他案件163件。1996年，初步实施立审分离，法庭内设业务庭立案工作由告诉申诉庭负责，基层法庭立案工作仍由各庭自行负责。1997年，法院增设立案庭，实行诉讼引导、诉讼风险提示、立案收费（退费）、司法流程管理“一站式”服务。是年，立案庭受理案件2367件。其中，刑事案件139件，民事案件910件，经济案件1104件，行政案件64件，申诉再审48件。受理行政机关申请执行案件102件。1999年，推行符合条件“即诉即立”制度。是年，立案庭受理案件3211件。其中，刑事案件220件，民事案件857件，经济案件1014件，行政案件37件，再审案37件，其他1046件。

2000年，实行案件流程管理，各基层法庭受理案件由立案庭统一编号。全年立案庭受理案件2633件。2006年，开展“文明窗口”创建活动，全年立案2537件。2007年，受理案件2869件。至

2008年，立案审查各类案件3.24万件。

二、信访处理

1989年前，法院各业务庭（含基层法庭）自行处理本庭来信来访事宜。1989年，告诉申诉庭负责处理群众来信来访工作。全年接待群众来访1211人次，处理群众来信121件次。1997年，由立案庭负责接待群众来信来访工作。全年接待群众来访1878人次，处理群众来信137件次。

2002年，信访工作办公室成立，与立案庭合署办公。2003年，市、区政府和市中级人民法院统一部署，落实城市规划发展有序，促进经济社会发展精神，配合规划、国土资源、公安、城管等单位，对娄底城区非法占地、违法建筑实施强制拆除。收回·违法占地100余亩，拆除非法建筑211处。是年，立案庭接待群众来访1661人次，处理群众来信212件次。2004年，成立处理上访案件领导小组，设立专职处理上访办案小组，设立专职信访工作人员，成立4个涉法办案小组，对涉法上访工作实行专门机构、专人负责、专门管理“三专”模式，案件落实到组到人。全年接待群众来访2133人次，处理群众来信212件次，办理上访案件52件，上访结案率96.7%。至2008年，累计接待群众来访2.37万人次，处理群众来信1021件次，完成上诉，申诉调卷6457件次，完成区委、区政府和上级法院交办各类案件693件。

第五章　司法行政

1989年，娄底市司法局内设机构有办公室、宣教股、基层工作股。直属机构有市公证处、市律师事务所（国资所），茶园、万宝、大科、涟滨、百亩、石井、小碧、双江、杉山、西阳、乐坪、花山、黄泥塘13个司法办公室。另有以乡镇、街道为单位的法律服务所，与司法办公室实行“两块牌子、一套人马”。1992年，增设纪检组（监察室）、政工室。1993年2月，成立娄底市第二律师事务所（合伙制）。1994年4月，娄底市律师事务所更名为娄底市第一律师事务所。1995年，内设办公室、基层工作股、法制宣传股（加挂法学教育股的牌子）、财务装备股、政工室、纪检组（与监察室合署办公，加挂行政执法监督室的牌子）、局工会7个机构。直属机构有娄底市公证处，娄底市第一律师事务所，娄底市第二律师事务所，茶园、万宝、大科、涟滨、百亩、石井、小碧、双江、杉山、西阳、乐坪、花山、黄泥塘、长青14个司法办公室，茶园、万宝、大科、涟滨、百亩、石井、小碧、双江、杉山、西阳、乐坪、花山、黄泥塘、长青以及中心15个法律服务所。1996年，撤销原以乡镇、街道为单位设置的法律服务所，建立乐坪法律服务所（涵盖乐坪、长青、大科3个街道）、万宝法律服务所（涵盖万宝、茶园、百亩、石井4个乡镇）、黄泥塘法律服务所（涵盖花山、涟滨、黄泥塘街道）、恩口法律服务所（涵盖双江、小碧、杉山、西阳4个乡镇）4个直管连片所，其余设立法律服务站。娄底市第一律师事务所更名为娄星律师事务所（国资所），娄底市第二律师事务所更名为双马律师事务所（合伙制）。1997年，14个乡镇、街道均设立司法所，为司法局派出机构，每个所配备司法员2名。法律服务所与司法所两套人马，两块牌子，服务所属于挂靠在司法局的事业单位，工作人员实行聘用制，财务独立核算。娄星律师事务所和双马律师事务所合并为湖南娄星律师事务所（国资所）。1998年，成立娄底市普法依法治理办公室。1999年，撤市建区后，更名为娄星区司法局。2000年，设立涟钢大市场法律服务所。

2002年，设立娄星区法律援助中心，为娄星区司法局二级机构。湖南娄星律师事务所改制为合伙制律师事务所。9月，机构改革，区司法局内设办公室、政工室、财务装备股、娄星区普法依法治区领导小组办公室（法制宣传教育股）、政策法规股（司法鉴定工作管理）、基层工作股（娄星区两劳回归人员安置帮教领导小组办公室和“148”法律服务指挥中心）、公证律师工作管理股7个机构，辖14个司法所。下设二级机构为娄星区公证处和娄星区法律援助中心。2004年，司法所变更为茶园、万宝、大科、百亩、石井、小碧、双江、杉山、乐坪、长青、花山、黄泥塘12个法律服务所。

2008年，基层工作股（娄星区两劳回归人员安置帮教领导小组办公室和“148”法律服务指挥中心）变更为基层工作股（娄星区刑释解教人员安置帮教领导小组办公室和“148”法律服务指挥中心），其他不变。

1989—2008年历任党组书记、局长：邬秋恒、彭运生、童耀文、颜幸年，党组书记：彭运生。

第一节　法制宣传

一、“一五”普法

1986—1990年，娄底市实施第一个五年普法规划。“一五”普法基本内容是：宪法、刑法、刑事诉讼法、民法通则、民事诉讼法（试行）、婚姻法、继承法、经济合同法、兵役法、民族区域自治法、治安管理处罚条例（简称“十法一条例”）。普法对象是工人、农民、知识分子、干部、学生、军人、其他劳动者、城镇居民中一切有接受教育能力的公民。重点对象是乡村干部、党团员、乡镇企业职工、个体工商户、专业户及各类学校青少年学生。

1989年，全市乡镇干部以包买书、包辅导、包答案、包合格“四包”方式，辅导村（居）民学习“十法一条例”等法律知识，考核合格率农村75%，街道90%。市普法领导小组加强干部专业法学习，县处级干部参学率100%，一般干部参学率为95%。组织干部群众参加“全国普及法律知识竞赛”。1990年，做好“一五”普法总结，组织干部群众参加“三湘普法杯”法律知识竞赛。在娄底地区举办个体工商户税法知识竞赛中，娄底市代表队获团体第1名。“一五”普法期间全市有18万人接受普法教育。

二、“二五”普法

1991—1995年，实施第二个五年普法规划。“二五”普法基本内容是：以宪法为核心、专业法为重点，继续宣传有关基本法律知识。组织各级干部学习《社会主义法制建设若干问题讲话》《宪法讲话》。

1991年，“二五”普法动员大会召开，成立领导小组，制定“二五”普法规划，开展“一条街”法律宣传咨询活动。在全市95%乡镇、街道，98%厂矿举办普法辅导员学习班。1993年，重点抓厂矿企业依法治理工作，普及税收法规教育。1994年，选定依法治理试点单位，组织试点单位干部职工学习专业法和基本法。面向机动车驾驶员举办6期法制学习班。举办全市法律知识竞赛活动，自编“二五”普法村（居民）读本1万册。

三、“三五”普法

1996—2000年，实施第三个五年普法规划。“三五”普法基本内容是：学习邓小平关于社会主义民主与法制建设理论；学习宪法、预防未成年犯罪嫌疑人罪法、计划生育条例、行政处罚法、行政复议法以及全国人大关于禁毒、禁止淫秽物品有关决定，省禁止赌博条例；学习企业法、公司法、产品质量法、消费者权益保护法；学习仲裁法、农业法、科技法、审计法、劳动法、中外合资经营企业法、对外贸易法和世贸组织规则等。将修改后刑法和防洪法列入“三五”普法内容。普法对象是工人、农民、知识分子、国家公务员、党务工作者、企业经营管理人员、学生、军人和个体劳动者以及其他一切有接受教育能力的公民。重点对象是县（处）级和乡镇科级以上干部，司法人员，行政执法人员、企业经营管理人员和青少年。

1996年，普法总结暨“三五”普法启动大会召开。市普法领导小组更名为市普法依法治理领导小组。在青少年中开展“青少年法制宣传月”活动，举办娄底市第三期社会主义市场经济法律知识培训班，做好全市依法治村考核验收。1997年，举办各类法制学习班8期，组织全市46个专业法部门单位人员参加“三五”普法一条街活动，组织参加省普法办统一组织的年度学法用法考试考核。1998年，实行“普法合格证”考试考核制。全市1000名专业技术人员统一进行考试，并与职称评聘挂钩。2000年，结合“三五”普法总结验收年，将《农村普法简明读本》发送到每个农户，组织辅导人员到乡镇党委中心组进行法制讲座，在城区中小学校设立法制教育辅导员。

四、“四五”普法

2001—2005年，实施第四个五年普法规划。“四五”普法基本内容是：宪法修正案、刑法有关惩治黑恶势力犯罪条文、选举法、组织法、环境保护法、个人独资企业法、专利法、商标法、税收征收管理法、预防未成年犯罪嫌疑人罪法、未成年人保护法、人口与计划生育法、城市居民委员会组织法、人民防空法、煤矿安全监察条例、城市房屋拆迁管理条例、失业保险条例和湖南省发布的关于老年人权益保障法、招标投标法、土地管理法实施办法以及计划生育条例、林业条例等。普法对象是各级各行业领导干部，尤其是县处级以上领导干部、司法和行政执法人员、青少年、企事业经营管理人员。

2001年，集中整治铁路治安和法制教育领导小组成立，对违反铁路治安管理秩序违法人员采取集中办班形式进行法律教育。指导督促乡镇街道开展反邪教宣传工作，发放书籍1000册。2002年，青少年法制宣传教育工作纳入年度“双文明”建设、社会治安综合治理目标管理和法制宣传教育工作考核内容。各级学校均聘请法制副校长，发挥学校主渠道作用，做到“课时、师资、教材、制度”四落实。2003年，组织9次学法讲座和法律知识培训班，组织处级干部参加省依法治省办对娄星区年度普法抽考。给学生上法制课200多场次，配合公安、消防部门加强对公民安全防范意识宣传教育。2004年，各级成立普法依法治理领导小组机构120余个，组织6次各种法制讲座，开展干部职工年度学法用法考试考核。高溪村被评为全国民主法治示范村，铁东居委会被评为全省依法治社区示范单位。2005年，免费发放《农村村民简明读本》，组织6次法制讲座，组织1万人参加“涟钢杯”法律知识竞赛，科级领导班子成员任前法制培训考试制度化。

五、“五五”普法

2006—2010年，实施第五个五年普法规划。“五五”普法基本内容是：宪法，党和国家关于民主法制建设的理论、方针、政策和国家基本法律制度；与经济社会发展相关的法律法规；社会主义市场经济法律法规；与群众生产生活密切相关的法律法规；安全生产、劳动和社会保障、社会救助等方面的法律法规；与拆迁、农村土地征用、承包地流转、国企改制等相关的法律法规；整顿和规范市场经济秩序法律法规；维护社会和谐稳定、促进社会公平正义相关法律法规。普法对象是一切有接受教育能力的公民，重点对象是领导干部、公务员、专业技术人员、青少年、企业经营管理人员、农民和社区居民。

2006年，开展第五届农村法制宣传月活动，组织相关单位人员参加大唐华银“金电杯”村官（社区）法律知识竞赛活动，娄星区获一等奖1名、二等奖2名、三等奖6名。启动娄星区第三批“民主法制示范村（社区）”创建工作，廖家社区被确定为湖南省“民主法制示范社区”。2007—2008年，开展“五五”普法进社区活动和农村法制宣传月活动以及民主法治村（社区）创建工作，组织全区副科级以上领导班子成员法制培训班和全区副处级以上领导干部普法考试及全区100余个单位参加的干部职工年度普法考试，全区参考6000余人。

第二节　法律服务

一、基层法律服务

1989年，设立茶园、万宝、大科、涟滨、百亩、石井、双江、杉山、西阳、乐坪、花山基层法律服务所11个。1991年，设立黄泥塘街道法律服务所和小碧乡法律服务所，全市13个乡镇街道全部建立法律服务所。1991年，开展“质量效益年”活动，各法律服务所担任常年法律顾问68家，代理法律案件79件，代写法律文书101份，协办公证30件。1992年，成立娄底市中心法律服务所。茶园、万宝、大科、涟滨、乐坪、小碧、黄泥塘7个法律服务所符合省厅合格法律服务所标准。1993年，全市13家法律服务所达到省级合格所标准。全年担任法律顾问75家，代理各类案件256件，协办公证350件，代写法律文书295份。1994年，各法律服务所担任法律顾问84家，代理诉讼、非诉讼案件72起，协办公证42件。1998年，各法律服务所调处纠纷209件，担任民事诉讼代理39件，非诉讼代理152件，担任常年法律顾问39家，代写法律文书627份，解答法律咨询2050人次。

2000年，整合各法律服务所，只设立星城法律服务所，在14个乡镇街道设立法律服务分所，有19名法律服务工作者。各所开展“法律服务进万家，义务服务万件事”活动，建好“148”法律服务指挥中心，解答法律咨询1289人次，办理各类案件317件，担任法律顾问32家。2001年，全区法律服务工作者担任法律顾问35家，代理各类案件142件，避免和挽回经济损失135.40万元。“148”法律服务指挥中心解答法律咨询454人次。2002年，办理非诉讼案件137起，诉讼代理28起，担任法律顾问20家。2003年，开展以“诚信服务”为主题的基层法律服务职业道德和执业纪律教育整顿活动。各法律服务所代理诉讼和非诉讼案件118件，调解纠纷367件，办理法律援助案件17件，代写法律文书144份。2004年，各法律服务所诉讼代理、非诉讼代理137件，担任法律顾问26家，调解纠纷374件，代写法律文书561份，办理法律援助案件11件，解答法律咨询1302人次。2005年，担任常年法律顾问17家，诉讼代理、非诉讼代理134件，调解纠纷291起，代写法律文书479份，解答法律咨询1521人次。2006年，各法律服务所担任常年法律顾问10家，担任诉讼代理52件，非诉讼代理60件，调解纠纷446起，为当事人避免和挽回经济损失520万元。2007年，核准登记11名法律工作者，对17名法律工作者年检注册。2008年，对18名法律工作者年检注册。

至2008年，区（市）基层法律服务工作者，解答基层政府及主管部门、法人和公民提出的有关民事、刑事、经济、行政等涉及实体法和程序法的各类询问2.49万人次；接受公民和法人委托，代写法律文书5859份，协办公证1000余件，担任各类法律顾问460家。

二、法律援助

1996年10月，根据湖南省司法厅《关于迅速建立法律援助机构积极开展法律援助工作的通知》精神，娄底市司法局要求各律师事务所承办法律援助案件。

2001年，律师事务所加挂法律援助点牌子。全年办理法律援助案件14件，为当事人减免费用2万余元。2002年，设立娄星区法律援助中心。承办法律援助案件20件，为当事人减免各种诉讼代理费用2万余元。2003年3月，区法律援助中心挂牌办公。全年办理法律援助案件19件，义务咨询500余人次。2004年，办理各类法律援助案件80余件，义务咨询800余人次，为当事人挽回经济损失100余万元。2005年，与区团委、区妇联、区工会等各部门协调，在各司法所设立法律援助工作站。全年各司法所受理法律援助案件26起，接待当事人咨询1000余人次。2006年，法律援助中心受理各类法律援助案件115起，义务咨询1000余人次，受援对象为农民工、社会低保人员、残疾人、老年人及未成年人，民事案件胜诉率达99%。2007年，法律援助中心办理各类法律援助案件102件。其中，民事案件35件，刑事案件67件，提供法律咨询200余人次，发放资料1000余册。2008年，法律援助中心办理各类法律援助案件132件。其中，民事案件54件，刑事案件78件，提供法律咨询626人次，发放法律资料1500余册，受援158人次。

三、律师事务

1989年，娄底市法律顾问处更名为娄底市律师事务所，属于国资律师事务所。1993年2月，成立娄底市第二律师事务所（合伙制）。1994年4月，娄底市律师事务所更名为娄底市第一律师事务所。1996年，娄底市第一律师事务所更名为娄星律师事务所（国资所），娄底市第二律师事务所更名为双马律师事务所（合伙制）。1997年，娄星律师事务所和双马律师事务所合并为湖南娄星律师事务所（国资所）。2002年，湖南娄星律师事务所改制为合伙制律师事务所。

1989—2008年娄星区（娄底市）律师执业一览表

表8-2

年份	担任法律顾问（家）	刑事辩护及代理（件）	民事诉讼代理（件）	经济诉讼代理（件）	非诉讼法律事务（件）	解答法律咨询（人次）	代写法律文书和接待信访（件）
1989	20	30	55	8	—	280	259
1990	10	51	63	23	32	350	240
1991	12	45	58	—	—	420	260
1992	12	47	62	—	—	480	280

续表8-2

年份	担任法律顾问（家）	刑事辩护及代理（件）	民事诉讼代理（件）	经济诉讼代理（件）	非诉讼法律事务（件）	解答法律咨询（人次）	代写法律文书和接待信访（件）
1993	15	45	98	5	—	500	320
1994	38	46	86	—	—	1000	280
1995	18	42	92	—	—	1200	260
1996	25	46	191	—	—	1260	260
1997	20	62	138	—	—	1600	280
1998	22	72	196	4	68	1800	320
1999	20	68	146	—	—	1900	360
2000	16	65	171	—	—	2000	380
2001	16	64	165	—	—	1800	280
2002	10	58	165	—	—	1600	320
2003	10	62	179	—	—	1200	380
2004	12	65	160	[illegible]	[illegible]	[illegible]	200
2005	12	68	161	—	—	600	240
2006	2	52	118	—	—	400	260
2007	4	48	112	—	—	400	320
2008	5	50	114	—	—	880	280
总计	299	1086	2538	35	100	24870	5859

四、公证事务

1989年2月，娄底市公证处为本市3家银行、地市15家商店、5家厂矿或公司办理摸奖保值储蓄公证和实物有奖销售公证。围绕农村中心工作，为“农业升温”提供法律服务。全年办理公证1789件，其中，经济合同公证1676件，涉外公证15件，民事权益公证98件。1990—1991年，办理公证业务3197件。1993年，办理各类公证4610件，办证合格率为100%，合同履约率为99.5%，避免和挽回经济损失32万元。1994年，公证办理合格率为100%，合同履约率为98%，避免和挽回经济损失140余万元。1996—1998年，办理各类公证5731件，挽回经济损失810余万元。印发《公证与你同行》等宣传资料2000余份，解答法律咨询2000人次。担任常年公证法律顾问5家。2000年，为农村新一轮土地承包进行公证法律服务，参与区房改办住房公积金贷款公证，为企业出售、租赁、转让、合并等事项进行公证。全年办理各类公证1565件，担任常年公证法律顾问5家，拒办不合法或不真实公证4件，避免和挽回经济损失200余万元。

2001—2003年，拓展对金融、保险、企业租赁、承包等方面新业务，与银行、房地产开发商建立合作关系，办理各类公证2051件，担任常年公证法律顾问5家，办证合格率为100%，避免和挽回经济损失450余万元。2004年，公证处办理各类公证1028件。其中，国内民事权益公证365件，国内经济事项公证612件，涉外及港澳台公证61件，办证合格率100%，经济合同履约率98%。2005年，规范公证行为，拓展公证服务领域。全年办理各类公证802件，办证合格率100%，经济合同履约率98%。

2006年，开展公证岗位训练活动。办理各类公证事项844件，其中，国内民事公证450件，国内经济公证282件，涉外及涉台公证112件，担任常年公证5家。10月，省、市文件要求，娄底市城区只设立一个市级公证处，撤销娄星区公证处，区公证处在岗工作人员编制和相应财政关系一并划转至娄底市湘中公证处。2008年6月，娄星区公证处上划娄底市湘中公证处。

第三节　法律保障

一、安置帮教

1997年起，开展刑满释放安置帮教工作，在村（居）建立起群众性帮教组织，制定安置帮教措施。1998年2月，成立娄底市刑满释放帮教和过渡性安置工作领导小组办公室（简称安帮办）。

2000年，建立石井乡、百亩乡2个刑释解教回归人员安置基地，安置无家可归、无业可就、无亲可投“三无”刑释解教人员14人。2001年，依托各司法所设立刑释解教人员安置帮教站，在各村、居委会成立安置帮教小组。全区有刑释解教人员89人，其中无家可归、无业可就、无亲可投人员14人，重新犯罪率控制在2%以内。2002年，对全区刑释解教人员重新进行摸底调查、归档。1998年以来，有659名刑释解教人员。开展以包教育、包管理、包转化为内容的帮教活动。高溪村委会对刑释解教人员重点抓安置帮教，全村7名刑释解教人员无一人重新犯罪，其中4人成为企业骨干。2003年，与民政、劳动等部门联系，为刑释解教人员落实最低生活保障。

2005年，健全刑释解教人员台账，落实帮教责任制度，定期谈话制度，签订帮教责任状。加强安帮办建设，添置电脑、打印机，规范文书档案，制作制度标牌上墙公示。完善接茬帮教制度，针对监、所寄送释放证明不完善缺点，主动与娄底监狱等单位联系，准确了解掌握刑释解教人员情况，防止刑释解教人员脱管失控。加强安帮基地建设，年内安置52名刑释解教人员就业。2006年，鼓励刑释解教人员自谋职业，扶持有条件对象从事个体经营，对农村对象协调落实责任田地，对城市对象协调落实低保，对“三无” 人员在过渡性经济实体予以过渡性安置。8月，对全区2002—2006年600余名刑释解教人员进行调查，结果显示，大多数人员得到妥善安置。

2007年，健全安置帮教网络体系，调整刑释解教安置帮教领导小组，每个乡镇（街道）成立刑释解教人员安置帮教工作领导小组，每个村（居）成立刑释解教人员工作小组，对每个回归刑释解教人员落实具体帮教。创建鹏程刑释解教人员安置帮教基地，8月份挂牌运作，安置刑释解教人员50名。2008年，乡镇、街道全部建立安置帮教对象文字资料库。2003年，全区有刑释解教人员605人，列入重点管理对象28人。刑释解教人员通过安排田地、个体经营、家庭种养、原单位接收等途径，逐步提高安置就业率。协调有关部门，将年老体弱刑释解教人员纳入最低生活保障体系。此外，还通过建立安帮工作基地，解决部分人员就业问题。

二、人民调解

1989年，《人民调解委员会组织条例》颁布，全市厂矿、企业人民调解委员会（简称调委会）发展到42个172人，采用以会代训形式对调解主任进行业务培训。全市无因纠纷引起的自杀、“民转刑”、群众性械斗“三无”乡镇（街道）9个，“三无”村（居）228个。1990—1991年，娄底市有调委会280个，调解人员7990人。组织参加司法部与中央电视台、法制日报社联合举办的“人民调解有奖知识竞赛”活动，获娄底地区第2名。1993年，全市有调委会376个，调解小组3001个，调解员7990人，形成调解网格体系。举办调解员学习班204期，培训调解员2248人次。1994年，对全市232个调委会进行整顿，重新配备调解主任69人。参与社会治安重点整治，突出抓好依法治村和季节性纠纷预防调处工作。1995年，全市有调委会448个，配备调解主任448名，调解小组3905个，配备调解员5446人，对448名调解主任集中进行业务培训。1996年，全市有调委会451个，一类调委会由1995年的61.5%上升到73.8%，基本消灭三类调委会，由以往单一调委会发展为调解领导小组—调解委员会—调解小组三级调解网络。1997年，开展宗族坟山纠纷排治工作，排查治理坟山纠纷苗头14起。开展人民调解“千乡万村创‘四无’，百万大军抓排治”活动，10个乡镇、街道191个村（居）实现“四无”（无因民事纠纷引发的刑事案件、死亡案件、群体性械斗和集体上访案件）。1998年，创“四无”活动纳入社会治安综合治理总体目标。全市有10个乡镇街道197个村（居）实现“四无”。2000年，全区14个乡镇街道252个村（居）中有13个乡镇、街道，223个村（居）实现“四无”。

2001年，对246个调委会进行整顿和调整，形成“大调解”格局。区司法局被省司法厅评为人民调解工作先进指导单位。2002年，举办调解员培训班15期，受训600余人。抓好清明期间宗族坟山纠纷排查调处，万宝镇付姓坟山纠纷、百亩乡楂泉村易肖两姓坟山纠纷苗头通过及时排查，化解在萌芽状态。市政府搬迁至大科乡新址，涉及1000余座坟山搬迁。通过各级调委会工作，全部顺利搬迁。2004年，因行政区划变动，对12个乡镇街道调解组织进行整顿，落实调解主任报酬待遇。统一印制《民间纠纷调解受理登记表》《调解申请书》《调解笔录》等8种标准文书下发至各调委会，规范调解文书、卷宗。举办司法助理员培训班2期和调解员培训班16期。2006年，全区推行人民调解、行政调解、司法调解“三调联动”机制，突出基层司法所对人民调解工作指导管理作用。成立“三调联动”工作领导小组，健全和完善乡、村、组三级人民调解网络，建立拥有1272名人民调解员、2000余名纠纷信息员队伍。

2007—2008年，开展“司法行政大动员、化解矛盾促和谐”专项维稳活动，加大多发性、易激化矛盾纠纷调解力度。对坟山纠纷进行地毯式排查，做到早发现、早介入、早解决，坚持“灵、清、快、硬”（信息灵、底子清、反应快、措施硬）四字方针，调解坟山纠纷近500起。

1989—2008年娄星区（娄底市）人民调解组织调解纠纷一览表

表8-3

年份	调解纠纷总数（件）	婚姻家庭纠纷（件）					邻里纠纷（件）	房屋宅基地纠纷（件）	债务纠纷（件）	生产经营纠纷（件）	赔偿纠纷（件）	其他（件）	联防联调（件）	防止自杀（人）	防止民转刑（件）
		婚姻	家庭	继承	赡养扶养	其他									
1989	1160	117	135	23	38	16	280	95	110	120	210	13	3	2	4
1990	1158	120	170	20	35	70	300	60	120	110	130	21	2	3	3
1991	1178	95	140	13	24	90	180	78	201	85	90	179	3	8	4
1992	1342	110	150	30	17	120	190	90	183	140	70	238	4	5	4
1993	1473	112	132	27	27	130	183	120	175	95	140	330	2	7	5
1994	1561	75	121	32	35	190	145	135	179	121	163	361	4	10	4
1995	1592	118	141	37	32	180	153	131	201	170	183	243	3	6	7
1996	2673	140	145	41	43	175	172	117	183	270	350	1030	7	2	2
1997	1066	91	107	37	31	90	141	62	75	93	107	228	4	12	4
1998	2134	105	137	41	21	70	121	47	68	127	191	1200	6	9	3
1999	2073	92	121	38	17	92	142	58	71	116	173	1149	4	25	5

续表8-3

年份	调解纠纷总数（件）	婚姻家庭纠纷（件）					邻里纠纷（件）	房屋宅基地纠纷（件）	债务纠纷（件）	生产经营纠纷（件）	赔偿纠纷（件）	其他（件）	联防联调（件）	防止自杀（人）	防止民转刑（件）
		婚姻	家庭	继承	赡养扶养	其他									
2000	2165	101	122	27	32	93	109	93	180	78	235	1088	7	31	28
2001	2218	73	140	19	27	175	121	78	189	121	217	1055	3	11	3
2002	2032	82	93	27	31	160	171	68	182	113	205	896	4	6	2
2003	1190	78	98	17	34	90	207	47	151	84	141	241	2	4	2
2004	1708	62	105	27	29	93	186	59	168	77	203	695	4	9	3
2005	1860	92	103	23	34	78	143	38	189	75	212	868	5	4	9
2006	2432	123	146	35	31	95	127	63	213	68	317	1207	7	4	9
2007	2057	73	121	41	21	121	119	73	186	75	292	928	7	7	15
2008	2031	62	95	32	17	118	107	48	207	92	253	996	4	6	16

第九篇　军　事

1989—2008年，娄星区（娄底市）人民武装部坚持“党管武装”原则，做好兵役、民兵、国防教育等工作，加强部队建设。

兵役工作做好一年一度兵役登记、兵员征集，把好应征对象政治、身体素质关口，为部队输送优质兵员。民兵工作贯彻“控制数量，提高质量，抓好重点，打牢基础”原则，城市按照“合理布局、均衡负担”原则，加强民兵组织建制，做好民兵组织调整。调集基干民兵组建治安巡逻队，参加维护娄星区（娄底市）社会稳定活动；参加应急抢险，保证国家集体利益不受损失，保障人民群众生命财产安全。坚持党管武装，加强部队政治建设，做好军事训练、国防教育等工作，服务娄星区（娄底市）政治经济文化社会发展。

1996年4月，娄底市（县级）组建人民防空办公室（简称人防办），归口娄底市建设委员会管理，负责全市人民防空工作。1999年3月，娄底市人防办整体上划归娄底地区人民防空办公室。9月，娄底地区人民防空委员会办公室更名为娄底市人民防空委员会办公室，负责娄星城区人民防空工作。

第一章　人民武装

1989年，在石井乡、百亩乡、双江乡、小碧乡、西阳乡、涟滨乡、大科乡、万宝乡、茶园乡、杉山镇、花山街道、乐坪街道、黄泥塘街道建立乡镇、街道人民武装部13个，编配武装部长13名。1996年，增设长青街道人民武装部。娄底市人民武装部设在长青街道。1999年，撤市设区，娄底市人民武装部更名为娄星区人民武装部。

2000年，行政区划调整。设石井乡、百亩乡、双江乡、小碧乡、万宝镇、茶园镇、杉山镇、花山街道、乐坪街道、黄泥塘街道、长青街道、大科街道、涟滨街道人民武装部；在涟钢钢铁集团有限公司、华达机械总厂、华建公司、娄底师专、中鑫公司、恩口煤矿设人民武装部。2008年，设立大埠桥街道人民武装部。至此，全区乡镇、街道、企业和相关学校均建立人民武装部。区人民武装部每年按照军区部署，组织乡镇、街道和学校武装部专武干部人员集训，贯彻落实做好军事斗争准备，提高专武干部队伍整体素质，提升全区武装工作水平。

1989年，中国人民武装警察部队娄底市中队隶属武警娄底地区支队。1999年9月，撤市设区，更名为中国人民武装警察部队娄星区中队，隶属武警娄底市支队。武警娄星中队自组建以来，担负娄底市看守所外围武装警戒任务。同时，肩负维护驻地安全稳定、重要活动警卫勤务，担负娄底火车站、娄星广场武装巡逻勤务以及处置各类突发事件等任务。2000年9月17—30日，中队参与娄底市特大涉黑犯罪团伙52人公开审判现场警卫任务。2003年10月，参与“湖南五城会”娄底赛区现场警卫勤务。2008年，参与娄底城区抗冰救灾行动。在历次武装押解罪犯到监狱服刑、死刑犯执行枪决现场警戒无差错。中队自组建以来，先后22次被武警湖南总队评为基层建设先进中队，3次被总队评为标兵中队。

第一节 兵 役

一、兵役机构

1989—2008年，娄星区（娄底市）兵役机构为临时机构，在征兵期间行使职权。每年征兵期间，成立征兵领导小组，从有关部门抽调人员组成领导机构和工作班子，区人民武装部是主要组成部门。征兵领导小组成员由区政府办公室、计委、经委、财委、民政局、卫生局、财政局、公安局、妇联以及武装部各科室相关人员组成，区人民政府主要领导任征兵领导小组组长，区人民武装部部长、政治委员任副组长，下设征兵办公室，设在区人民武装部，内设秘书、宣传、政审、体检、纪检、后勤等组，具体组织实施征兵工作。

二、预备役登记

（一）登记

1993年6月，娄星区人民武装部组织地方与军事专业对口技术人员预备役登记工作试点，登记对象为持有本市常住户口、1993年满18～35岁、从事与军事专业对口男性工人，包括个体劳动者、乡镇企业工人、农民和待业青年。

2001年，区人民武装部成立预备役军官登记调查小组，对全区范围内预备役军官进行调查核对。根据《中华人民共和国兵役法》，修改预备役登记工作，规定18～35岁退伍军人、经过军事训练的18～28岁基干民兵、35岁以下地方与军事专业对口技术人员，为一类预备役；编入民兵组织的18～35岁普通民兵为二类预备役。2003年后，每年按照上级规定，按人员进行预备役登记。

（二）核对

1989—2008年，娄星区（娄底市）人民武装部对经过登记确定服预备役退伍军人变动情况，每年进行一次核对。主要核对退伍军人预备役人员工作单位变动情况、身体变化情况（伤、病、残等）、政治上变化情况（如被捕、判刑等）、超龄和死亡及其他情况。在核对中对已登记服预备役退伍军人调出本区或被捕、判刑、剥夺政治权利的，注销登记；超过服预备役年龄的、因身体条件变化不适合服预备役的以及死亡的，消除登记。在全区范围内调动的，调出单位在其“退伍军人预备役登记卡片”上注明调往单位，并将登记卡片转给调往单位。同时，结合预备役核对，进一步建立专业人才登记卡片，掌握地方需要人才信息，向地方推荐退伍军人中专业技术人才。

三、兵员征集

1989—2008年，娄星区（娄底市）每年开始征兵工作时，在辖区范围内，以区（市）人民政府名义发布关于开展兵役登记公告。兵役机关设立兵役登记站，适龄公民到站报名登记。实行报名应征者“五看六查”：看适龄公民身体状况、居民身份证、户口本、毕业证（学历证明）、档案材料；查清适龄公民年龄、文化、病史状况、现实表现、家庭状况和户（校）籍。依法确定应服兵役、免服兵役和不得服兵役人员，并报征兵办公室批准，适龄公民情况填入《兵役登记表》，经兵役登记和初审合格为应征公民。辖区内基层单位对应征公民，通过进行身体目测、病史调查和政治、文化初审，选定政治思想好、身体好、文化程度高的应征公民为当年预征对象，报区人民武装部征兵办批准后，张榜公布，并发放《预征对象通知书》。

1989—2008年，娄星区（娄底市）每年启动征兵工作前进行宣传教育、思想发动，历年适龄青年报名应征率在80%左右。政治考核坚持逐级考核与联合考核、交叉考核相结合制度。考核前，公安、司法、工商等部门及有关学校、机关、企事业单位，将近3年来受到处罚适龄青年通报到青年户口所在地征兵政治考核部门，作为新兵征集对象政治考核依据，负责政治考核的工作人员到学校、村（居）进行复查复核。体格检查经基层武装部初检与区人民武装部场地检查2个环节。区（市）征兵办对体检站实行全封闭式管理，体检医生及工作人员配证上岗，体检青年持证参加体检，保证兵员体检质量。

第二节　民　兵

一、民兵组织建制

1990年，娄底市应急分队队员从基干民兵中抽调，由市、乡镇武装部直接掌握。1991—1998年，民兵组织工作贯彻“控制数量，提高质量，抓好重点，打牢基础”原则，城市按照“合理布局、均衡负担”原则进行调整。“三资”企业、第三产业和承包制、股份制及集团制企业建立民兵组织。国有企业根据企业内部组织结构变化情况，按照民兵编组原则，区别不同生产组织形式，根据人员多少进行民兵编组。把好基干民兵出入转队，提高民兵质量，对民兵应急分队队员进行审查，对政治上有问题不合格者予以清除，保证民兵队伍政治纯洁可靠。1999年4月，调整民兵组织，扩大基干民兵组建范围，改进民兵编组方法，从根本上解决有民兵组织无兵员、有兵员无民兵组织和民兵队伍科技含量低等问题，建成规模适当、布局合理、编组科学、重点突出、结构优化、管理有序的民兵组织。按照“五个有利于”原则，对原有民兵组织进行调整和改编、新建、扩建和改建。重点抓好民兵应急分队、抗洪抢险分队、专业技术分队、民兵骨干队伍建设。

2003—2008年，娄星区民兵工作按照“根据担负任务定规模、根据兵员流向定布局、根据平战需要定结构，根据生产组织形式定编组”原则，构建以民兵对口专业技术分队为骨干，各种专业保障分队相配套、编组规范的基干民兵组织体系。调整组训规模，根据民兵战时担负主要任务，综合考虑兵员潜力、经济、科技发展和组训能力，对民兵组训规模进行调整。各单位行政主管任连长，党委（组）书记任指导员。在巩固现有民兵组织基础上，向全区范围内省市属单位、高等院校、科研院所拓展。凡生产经营稳定、管理组织健全、适龄人员较多企业均建立民兵组织，行业、科研机构和高等院校及其附属企业等科技含量较高单位，根据所对应技术专业建立民兵组织。在优化组织结构上，扩大专业技术分队、对口专业分队比例，控制民兵应急分队规模，减少步兵分队数量。

二、民兵履行职责使命

（一）维护社会稳定

1995年元旦、春节期间，组织民兵配合公安部门组成武装、公安摩托化联防队，在城区实行昼夜巡逻，历时51天。抓获各类违法犯罪人员132人。其中，负案在逃人员1人，收缴非法气枪17支，查获播放淫秽录像厅1处，处理各类交通事故及维护交通秩序135次，调解各类民事纠纷12起，为群众排忧解难42次。至1998年，10个乡镇先后组建民兵治安联防队，抓获不法分子1200余人，收缴赃款赃物价值120余万元，处理调解民事纠纷500余次。是年，组织民兵应急分队，在市区昼夜巡逻执勤。1999年元宵节期间，为防止2个存有多年积怨寨子为舞狮子舞龙灯引起群众斗殴事件发生，组织民兵应急分队提前介入，防止事件重演。7月，组织民兵应急分队，配合公安部门处理三轮出租摩托车司机聚集在市政府办公大楼前集体上访闹事事件，参与整顿农村合作基金组织维稳工作。全年出动民兵，配合公安部门完成3次集中搜捕行动，抓捕在逃人员和犯罪嫌疑人11名。

2000—2002年，全区出动民兵配合公安部门抓捕在逃人员和犯罪嫌疑人16人。2004年，出动民兵，协助公安部门维护社会治安，完成所承担任务。

（二）抢险救灾

1995年6月下旬，域内普降暴雨，形成洪涝灾害。市人民武装部组织民兵1000余人参加抗洪抢险，完成市委、市政府赋予的抗洪救灾任务。1998年5月下旬，域内发生特大水灾，造成全市14个乡镇、街道全部受灾，死亡5人，倒塌房屋1853间，受灾农作物4600公顷，受灾群众10万余人，直接经济损失1.50亿元。市人民武装部按照市委、市政府指示，经军分区批准，组织人民武装部干部职工、基层专武干部和民兵应急分队人员370余人，出动各类车辆47台次投入抢险救灾，先后挽救被困群众51人，排除险情6处，装运土石方300多立方米，抢修水库1座。

2001—2007年，区人民武装部先后26次组织民兵扑灭森林火灾。2008年，区人民武装部动员组织民兵预备役人员投身抗冰救灾行动，3次组织民兵2400余人次分别在娄涟公路娄底段、潭邵高速公路娄底引线路段、娄底城区街道等重要路段破冰除雪，疏通道路35千米。组织60人应急值班分队和60人机动值班分队，参加抢修电网等灾后重建工作。

第三节　部队建设

一、党管武装

1989—2005年，娄星区（娄底市）委坚持党管武装原则，从严落实区委常委议军、领导干部过军事日、军地领导双向兼职等党管武装制度，每年召开1次议军会议，每季度听取人民武装部工作汇报1次，党管武装工作始终走在全市（地区）前列。2006年4月10日，区委书记姚兵主持召开常委议军会议，要求以共产党员先进性教育活动为契机，加强区人民武装部党委班子和干部队伍建设，开展军队后勤保障社会化改革，继续做好征兵工作，实现“零退兵”目标。9月6日，区委书记姚兵主持召开常委办公会议，专题研究解决人民武装部“部库合一”建设、兵役登记和国防动员资源信息数据采集等有关工作。2007年5月28日，区委书记王雄，区委副书记、区长陈明华主持召开党管武装工作现场办公会议，提出加强党委班子建设，加强思想政治建设，规范机关建设，做好军事斗争准备。2008年10月15日，区委书记王雄主持召开常委议军会议，强调抓好征兵工作，召开征兵工作动员会议安排部署，继续坚持“三公开四公示”征兵工作制度，严格把关，杜绝征集人情兵、关系兵。会议决定，同意启动武装部营房搬迁计划，确定有关部门开展营房搬迁规划选址、测算、报批和资产处置等工作，争取市政府和市直有关部门支持，经市、区两级政府审批后实施资产处置和建设工作。

二、政治建设

1989年起，娄星区（娄底市）人民武装部每年根据党中央、中央军委安排部署的教育内容开展主题教育活动。

2004年，娄星区民兵预备役政治工作围绕全面建设小康社会和做好军事斗争准备，突出抓好学习贯彻“三个代表”重要思想为主要内容的政治教育，保证党对民兵绝对领导，保证民兵建设正确方向，保证民兵战斗力提高和各项任务完成。2006年，娄星区人民武装部围绕“打得赢”“不变质”两个历史性课题，坚持“四个不放松”，牢固树立窗口意识、标杆意识，按照“抓班子带队伍，抓学习强素质，抓管理促正规，抓基层固基础，抓安全保稳定，抓重点出成果”要求，加强理论学习和思想政治教育，抓好思想发动、理论学习、对照检查、整改提高每个环节的落实。

2007年，娄星区人民武装部坚持把提高干部职工队伍素质和思想政治觉悟作为政治工作重要内容，加强理论学习和思想政治教育。根据上级部署，组织开展各类学习教育活动，结合教育活动所总结的《围绕增强使命教育效果，坚持做到“三个下功夫”》经验做法被省军区推介。2008年，开展“赞颂新成就、履行新使命、迎接十七大”主题教育。所总结的《抓住“三个环节”，扎实搞好主题教育》经验做法被省军区肯定和推介。全年党委中心组（扩大）共完成4个专题理论学习。注重思想政治工作，部领导经常找干部职工谈心，了解思想状况，解决实际问题。部务公开领导小组对部里大项经费开支、党委重大决议、重大活动参与监督，推进部务公开。

三、军事训练

1989—1999年，每年组织开展1～2次军事训练，重点集训民兵应急分队和各乡镇基干民兵。每年“八一”建军节，组织开展军事日活动，市领导及预备役指战员参加军事日活动，进行队列、射击训练。每年汛期，结合防汛工作组织民兵应急抢险分队开展防洪抢险应急演练。

2000—2003年，围绕符合实战要求、适应实际需要，采取集训与自训相结合、集中与分散相结合的方式，实行入队分训、专业轮训、特殊带训相结合方法，发挥民兵训练基地功能和行业系统资源优势，完成年度训练任务。坚持依法按纲施训，落实基础、专业和任务行动等内容训练。健全学生军训工作组织领导和工作机构，抓好军训讲评和督导检查。根据学校数量分级培训“四会”教练员，正面引导、科学规范各类承训力量，保证学生军训正规秩序。每年8—9月，联合教育局对学生军训工作进行督导检查，9月底前完成学生军训任务。2004年，民兵训练按照《民兵军事训练大纲》所规定时间、内容和上级下达民兵军事训练任务，搞好规范化训练。

2005—2007年，组织相关应急分队训练，举办民兵营长集训1期。2008年，开展民兵点验活动，将以往单一集中到会议室进行呼点方式改为组织人员集中到操场，先进行队列会操，再进行呼点和讲评方式。对重点乡镇民兵点验采取不按计划时间进行点验，在不通知情况下进行突击点验，创新点验方式，提高应急分队应对突发事件能力。

四、后勤保障

1989年起，农村民兵训练经费纳入“三提五统”统筹。1996年，城市民兵训练经费保障采取由各街道按照城市人口分片包干、财政统一扣缴办法实施统筹。2004年起，区乡将民兵工作预算经费纳入本级财政、财务预算，统筹安排。

2006年，加强区人民武装部机关基础设施建设，对营区实施硬化、绿化、亮化，竖立2块大型宣传牌。投资8万余元，对民兵武器仓库道路进行硬化，对库房屋面进行翻修。投资18万元，完善民兵训练基地，维修水电等设施。投资12万元，在营区内建立监控系统，对营区实行全方位监控，为每名干部配备电脑。2007年，整治营区面貌，完善民兵训练基地设施。对值班室进行改造，建立监控系统。2008年，对财务、接待、车辆、公用物资及营房水电费管理等8项制度规定进行完善。投入经费25万余元，对办公楼、门卫室、食堂进行装修改造。维修基地楼，对民兵仓库进行改造，营院环境、办公设施得到改善。

第四节　拥政爱民　国防教育

一、拥政爱民

（一）参与地方建设

1989—2003年，娄星区（娄底市）人民武装部主动参加地方经济社会建设。组织民兵参加乡村交通建设，动员和组织民兵队伍投入工农业生产，组织科技队伍送技术下乡进厂，指导发展工农业生产。2004年，根据娄星区经济发展总体规划，组织民兵预备役人员参加“两个文明”建设。在行业和企业，组织发动民兵在企业转换经营机制、提高经济效益中发挥作用，为深化改革、发展生产、振兴企业做贡献。在农村，组织民兵在脱贫致富奔小康中发挥带头作用，开展“一兵带一家，一连带一村”科技致富活动。在重点工程建设和抢险救灾中，成建制动用民兵队伍，及时为地方党委、政府和人民群众排忧解难。

2005—2006年，区政府、区人民武装部联合下发《关于动员组织民兵预备役人员积极投身社会主义新农村建设活动实施意见》。发动民兵预备役人员做“政策富民、实干创业”带头人，有计划、有组织地在民兵中开展劳务输出，发展劳务经济。开展结对帮扶，鼓励支持就地创业，通过经济互助，技术互补，带动共同致富，做实干创业带头人。协调区农业局、科技局等有关部门开展送科技下乡活动3次。民兵预备役人员在乡村公路改造中投入大量人力，捐献资金近300万元。2007年11月7日，双江乡发生森林火灾，人武部领导带队并及时组织人民武装部干部职工和民兵应急分队参加扑火战斗，经过两昼一夜奋战将大火扑灭。夏旱期间，出动民兵帮助农民抗旱救灾。在建整扶贫和新农村建设中，区人民武装部为建整扶贫村自筹钱物折合人民币近3万元，协调解决资金15万余元。

2008年，组织民兵参加地方“四个文明”建设，增强民兵执行任务能力。年初，面对冰冻灾害，动员组织民兵预备役人员投身抗冰救灾行动。先后3次组织民兵在娄涟公路娄底段破冰除雪，疏通道路35千米。调集民兵参加抢修电网任务。同时，区人民武装部直接负责指导小碧乡小碧村新农村建设示范点建设，投入建设资金2万元，多次组织协调村支两委和相关部门人员现场办公，协调解决建设资金15万余元，修建水渠1200米，硬化公路1500米。

（二）致力扶贫解难

1989—2003年，娄星区（娄底市）人民武装部主要通过参加扶贫建校、扶贫建房、节日慰问军烈属、组织军民共建文明城市、参加建整扶贫等方式，开展拥政爱民活动。2004年，参加建整扶贫工作，确定双江乡为扶贫点，投入资金3万余元，个人集资3000元，筹集棉衣被200余件(套)，架设倒虹吸管300余米，解决村民饮水、灌溉、道路等实际困难。走访慰问军烈属、困难户，帮助他们脱贫致富。在主动参与和完成急难险重任务中，动员和组织民兵出动车辆50多台（次）参加防汛救灾工作。春节前后，组织应急分队800余人次扑灭黄泥塘、石井、小碧等地森林火灾。组织民兵预备役人员协助公安机关维护社会治安，打击各种违法犯罪活动。

2006年“双抢”期间，组织民兵为“五保户”、军烈属进行义务劳动。7月8日，因连日暴雨，娄底城区几条河流河水猛涨，2名民工在涟水河东来湾红卫电站下游500米处回水湾河段冒雨作业，因采砂船被洪水围困无法上岸。区人民武装部组织舟桥分队实施救援，使遇险民工成功脱险。8月11日8时许，湖南师范大学人民武装学院毕业学员蔡苗和民兵训练擒拿术教员张欢2人上街购买训练器材，途经市邮政局路段时恰逢有人实施抢劫犯罪，2人迅速进行追赶，经英勇搏斗，最终制服歹徒。

2007年2月2日下午14时26分，接到区政府关于迅速组织民兵应急分队扑救双江乡新家村育马寨森林火灾命令后，区人民武装部立即向军分区值班室电话报告，并迅速启动应急预案，政工科科长带领干部职工和民兵应急分队迅速赶往火灾现场，经过3个小时奋战，大火被扑灭。2008年，区人民武装部干部职工为灾区捐款2900元，筹集棉被12床、棉鞋60双，对部分受灾群众和军烈属进行慰问，被评为全市抗冰救灾先进单位。

二、国防教育

（一）机构

1989—2008年，娄星区（娄底市）国防教育委员会主任由区（市）委副书记担任，副主任由区（市）人民武装部政治委员、区（市）委宣传部部长、分管文教卫副区（市）长担任，国防教育委员会办公室主任由区（市）人民武装部政治工作科科长担任。

（二）国防教育活动

1989—2000年，娄星区（娄底市）国防教育委员会每年年初制订国防教育相关活动计划，并根据计划在各级各类学校、社区、乡镇采取开设国防教育讲座、举办红色故事展览、编办板报等方式，开展国防知识宣传，组织国防教育知识竞赛、演讲、唱红歌等。其间，邀请革命老前辈作报告26场次、观看国防教育片64场次、举行国防知识竞赛13场。2001年8月31日，九届全国人大常委会第二十三次会议决定每年9月第3个星期六为全民国防教育日。2002—2004年，娄星区国防教育委员会每年制订国防教育日活动计划，组织开展知识竞赛、演讲比赛，邀请革命老前辈为在校学生、机关单位干部职工讲述红色故事等。其间，邀请革命老前辈作报告11场次、观看国防教育片24场次、出国防教育墙报65多块、举行国防知识竞赛3场。

2005—2008年，将国防教育纳入学校教学计划，结合新生军训，组织国防法规和时事政策教育，累计受训学生3万余人。同时，各学校邀请老红军、老八路作报告30余场次，观看国防教育片100多场次，出国防教育墙报、板报400多块，举办国防知识竞赛20余场。加强基层“青年民兵之家”建设，采取个人捐一点、集体购一点、上级拨一点办法，充实“青年民兵之家”内容，以青年民兵之家作为国防知识宣传教育阵地。协调区委宣传部开展送电影下乡活动，每个乡镇放映2场电影，利用电影开映前时机，开展国防知识宣传教育。

第二章　人民防空

1996年4月，娄底市（县级）组建人民防空办公室（简称人防办），为副科级行政机构，归口市建设委员会管理，建委副主任夏树华兼任人防办主任，副主任周益星主持日常工作。1999年3月，娄底市人防办整体上划至娄底地区人民防空办公室。9月，娄底地区人民防空委员会办公室更名为娄底市人民防空委员会办公室，娄星区不再单独设置人民防空机构，至2008年不变。

第一节　人防工程

20世纪70年代，贯彻毛泽东主席“备战、备荒、为人民”和“深挖洞、广积粮、不称霸”战略方针，域内开始建设简易坑道式人防工事。1980—2001年，域内没有建设新的人防工程。2003年，对早期人防工程进行普查、建档，明确人防工事维护管理责任主体。采取“公共人防工程由人防部门负责，单位人防工程由所在单位负责，单建式和结建式人防工程由投资主体负责”管理模式。对破产倒闭企业所属单位人防工程由所在地街道或乡镇负责维护管理。人防部门和相关责任主体指派专人定期检查指导，发现并处置隐患，全市人防工程“结构安全、灯明、路洁、水畅”。开工建设中心城区“结建式”人防工程。2005年10月，“1513工程”第一期工程暨娄底市人民防空地面应急指挥中心开工建设。2007年10月，查处擅自拆毁1处早期坑道式人防工事案件，对违法单位依法给予处罚。2008年5月，中心城区“结建式”人防工程投入使用。

第二节　警报　通信

20世纪70年代初，区内人口集中区和大中型厂矿均安装手动（电动）防空警报器，音响覆盖率达到国家标准80%以上。2002年始，按照“强统、保通、共享”方针，加强人防指挥通信建设。娄底中心城区安装新型电声防空警报器，依城市建成区面积逐年增加警报器数量。9月，设置防空观察哨数处。12月27日，市政府、军分区组织娄底城区第一次防空警报试鸣演练。此后，每年11月1日参加全省联动防空警报试鸣演练。2004年，娄底城区防空警报鸣响率、覆盖率、统控率均实现100%，被评为全省防空警报建设先进城市。至2008年年底，娄底中心城区电声警报器增加到20余台。

第三节　宣传教育与演习演练

一、组织指挥

2002年3—9月，娄底城市防空袭预案编制完成。9月6日，通过省人防办会同市政府、娄底军分区、市直有关部门评审。随后，娄底市防空指挥部成立。娄星区成立防空指挥部和疏散领导小组，各街道和社区成立工作小组，中心城区组建防空专业队伍。2003年，重要经济防护目标所在单位编制防护预案，制订宣传保障、通信警报保障、“三防”保障、交通运输保障、消防保障、工程保障、物资保障、医疗救护保障、供水供气保障、道路桥梁抢修保障、政治工作保障及供电与灯火管制、治安与交通管制等保障计划，充实和完善防护预案。2004—2008年，根据上级要求结合实际，对专业队伍进行调整充实，对预案进行修改完善。

二、宣传教育

2000年10月，娄底市被确定为国家三类人防重点城市。2003年，初、高中新生《人防知识与技能》纳入学生素质教育。3月，市依法治市办公室将《中华人民共和国人民防空法》纳入全民普法教育范畴，编入《四五普法读本》。7月，市委党校将人民防空政策法规和知识技能纳入主体班教学内容。9月，市人防办组织中学生代表队参加全省中学生《永远的蓝天》征文、演讲比赛，夺得团体第2名。2004年3月5日至4月29日，市人大常委会开展《中华人民共和国人民防空法》执法检查，视察城区人防工作，召开人大常委会审议就有关事项向市政府交办。4月7日，全市人防工作会议召开，市委书记蔡力峰作《坚持科学发展观，在全面建设小康娄底的进程中促进人防事业全面发展》讲话。2005年，人防法律法规知识教育纳入各级党委中心组理论学习计划。6月21日，全市人防工作座谈会召开，市政府作出《关于进一步加强人防工作的决定》。9月，举办全市人防知识竞赛，《娄底日报》、娄底电视台等媒体同时开设“人防在线”专栏专题。2006年1月，市人防办被评为“全省人民防空先进单位”。2007—2008年，宣传教育工作常态化。

三、演习演练

2002年12月25日，区内举行第一次防空警报试鸣演练。2003年起，每年11月1日参与全省统一防空警报试鸣演练。2008年11月1日，结合全省防空警报试鸣，组织娄底八中2000名师生开展应急疏散演练。

第十篇　编制　人事　劳动　民政

1989—2008年，娄星区（娄底市）编办强化编制管理。实行机构编制一家承办、有关机构编制重大问题经编委集体研究后由主管领导一支笔审批、由机构编制部门一家承办行文批复“三个一”机构编制审批制度，严格机构编制审批程序。根据各个时期机构改革需要，科学设置行政事业单位以及基层单位机构，确定人员编制和领导职数，对机构发展变化及时作出调整，推进全区机构编制规范化、制度化、法制化管理。

1989—2008年，娄星区（娄底市）人事局人事人才工作坚持党管干部原则，按照干部队伍“革命化、知识化、年轻化、专业化”原则，建立健全适应社会主义市场经济发展用人机制和管理体系，推进人事制度改革。20世纪90年代初，机关事业单位进人逐步实行凡进必考，择优录用制度。在企业中推行聘任制，允许事业单位工作人员停薪留职到农村、厂矿办经济实体，从事第二职业；在干部调配、军转干部安置、大专院校毕业生分配上，注重专业知识和业务能力，鼓励人员流向企事业单位，选拔高校毕业生到基层锻炼。坚持以人为本，落实工资福利政策。至2008年，干部职工从1989年的4577人增加到7689人。其中，党政群机关公务员（含参照管理人员）1246人，事业单位工作人员由3024人增加到6047人。

1989—2008年，娄星区（娄底市）劳动和社会保障局推进用工制度、工资制度和社会保障制度改革。用人单位用工和劳动者求职实行“双向选择”劳动合同制；实行集体协商工资制度，职工工资主要由劳动者与企业协商决定；形成城镇职工养老、失业、医疗、生育和工伤保险“五险并举”格局。加强劳动就业和技能培训，做好下岗职工再就业工作，建立劳动中介组织和劳动力市场。通过技能培训有序引导劳务输出。完善职工工资制度和福利制度。开展安全生产和劳动监察，做好劳动仲裁工作。完善企业职工、机关事业单位职工、失业和城乡医疗保险制度，建立健全社会保险机制。

1989—2008年，娄星区（娄底市）民政局履行社会事业管理职责，加强基层自治组织建设，完成5次村民委员会、居民委员会换届选举，建立健全民主选举、民主决策、民主管理、村（居）务公开制度。做好退役军人安置，落实优抚和抚恤工作。动员全社会投入抗灾救灾救援行动中，调查和上报灾情，发放救灾款；组织为灾区募捐活动，帮助灾区灾民生活，抗灾自救，恢复生产。落实城镇居民和农村居民最低生活保障、社会养老保险政策，对困难人员及时予以临时救助。加强婚姻登记、殡葬改革、收容收养、民间组织、老龄、勘界、慈善等社会事务管理，推进革命老区建设。落实五保老人等特困群体供养政策，加强福利机构建设，做好福利彩票发行工作，建立健全社会福利机制。

第一章　编　制

1989年，娄底市编制委员会（简称编委）实行委员制，主任由市委副书记兼任，副主任由常务副市长、市委组织部长兼任，委员由相关单位主要领导组成。1992年6月，机构定位。娄底市编制委员会更名为中共娄底市委机构编制委员会，下设娄底市委机构编制委员会办公室（简称编办）。1996年10月，市编办内设综合组（加挂事业单位法人登记管理办公室牌子）、机构编制组。1999年10月，撤市设区，更名为娄星区委机构编制委员会办公室。2000年12月，娄星区事业单位法人登记管理办公室更名为区事业单位登记管理局，与区编办实行“两块牌子、一套人马”，合署办公。

1989—2008年历任主任：谢礼光（兼），张经发（兼）、朱加成、姚玉珍、付跃清。

第一节　机构编制管理

一、机构审批

1989年，娄底市编制委员会主任由市委副书记兼任；副主任由市委常委、常务副市长和市委常委、市委组织部长兼任，委员由政府办、经委、财委、宣传、人事、劳动、计委、财政、银行等单位主要领导组成。1994年7月1日，区委、区政府制发《关于进一步加强机构编制管理工作的意见》，党委、政府机关机构实行限额管理和直接审批相结合的办法；人大、政协、检察、法院、民主党派、人民团体机关机构按照有关法律、章程和规定审批；党政群机关编制实行总额控制和指数测算分配相结合的办法；事业单位机构编制实行分类管理、计划管理、结构管理和分级审批相结合的办法。严格审批程序，坚持集体领导和“三个一”审批制度，即有关机构编制报告由机构编制部门一家承办，有关机构编制重大问题经编委会集体研究后由主管领导一支笔审批，并由机构编制部门一家承办行文批复。与组织、人事、财政、劳动等有关部门相互协调配合，建立控制人员膨胀工作机制。完善机构编制管理与财政预算管理互相配套约束机制，坚持只有在机构编制部门审核同意设置机构和核批编制数额与使用范围内，人事部门才能核定人员和工资，财政部门才能列入预算范围并核拨经费。1998年5月，根据省地关于“严格规划编制管理秩序，机关进入原则上冻结，事业单位进入严格控制”要求，市委、市政府下发《关于冻结全市（区）机关事业单位机构编制及停止调入（录用）人员的通知》，规定全市各级党政群机关增设机构（含内设机构）、提高机构规格、增加人员编制等事宜一律冻结；凡需要财政拨款事业单位新增机构编制事项停止审批；对新增以收取规费为主实行收支两条线事业单位，严格审批；对不需要财政拨款、从事经营服务性工作事业单位，其机构编制事项适度控制审批。组织、编制、人事、劳动等职能部门把好机关事业单位人员进口关。市直党政群机关除选配副科级以上干部按管理权限审批调动外，其他干部调入、录用按《国家公务员暂行条例》和省地有关规定执行，军转干部安置按中央规定办理。

至2008年，娄星区（娄底市）在历次机构改革中强化编制管理，在坚持有关机构编制报告由机构编制部门一家承办、有关机构编制重大问题经编委集体研究后由主管领导一支笔审批、由机构编制部门一家承办行文批复“三个一”机构编制审批制度基础上，完善编制管理规章制度，严格机构编制审批程序。

二、党政机关机构编制管理

1989—1991年，娄底市直党政机关正科级单位66个。其中，市委系统机关10个，人大常委会机关6个，政府系统机构36个，政协机关8个，群团组织机构6个，公检法司机构4个。乡镇、街道13个，其中9个乡、1个镇和3个街道。党政群人员编制509名，实有835人；乡镇、街道人员编制225名，实有259人；公检法司专项编制342名，实有364人。事业单位323个，事业编制5015名，实有5193人。1999年，撤市设区，由于部分机构上收娄底地级市管辖，娄底市编制委员会与娄星区编制委员会重新划分编制。娄星区设党政群机构59个，行政编制595名。经过几次机构改革，至2008年，全区党政机关机构减至33个，行政编制616名（不包括市经开区）。

三、事业单位机构编制管理

1997年，娄底市首次进行事业单位登记，275个事业单位核准发证。其中，取得事业单位法人资格190个，85个事业单位作为非法人进行登记。1998年起，每年3月1日前对所有登记事业单位进行年检。完善管理制度，依法执业，并随时办理登记内容变更登记、注销登记或设立登记。2002年，娄星区开展事业单位非法人向法人过渡工作。非法人事业单位在组织形式、人员、经费等方面与党政机关脱钩，完善非法人事业单位负责人、注册资金、独立核算条件，逐个进行法人事业单位登记。2003年年底，完成过渡工作，全区有法人事业单位202家。2008年，全区登记法人事业单位202家。其中，区直单位136家，乡镇（街道）76家。

第二节 机构改革

一、区（市）直机关机构改革

1994年8月，娄底市直机关机构改革启动，重点“转变政府职能、实行政企分开；合理界定职能、理顺各种关系；精兵简政，提高工作效率”。按照地委行署批准的娄底市党政机构改革方案改革，市直党政群机关设副科级以上机构84个。其中，市委系统14个，人大常委会机关6个，市政府系统49个，政协机关8个，群团组织机构7个，市人民武装部和改为事业单位及经济实体机构12个。1995年，根据市委、市政府《关于市直党政机构设置的通知》精神，启动新一轮机构改革。机构改革后市委系统7个机构（含纪委机关），政府29个，比改革前减少24个，精简40.7%。党政群机关行政编制680名，实有957人，超编277人，需精简28.9%。至1995年年底，娄底市市直党政机关设置37个，增加议事协调机构8个，1个事业机构（房改办）转为行政单位，新增水果办、人防办2个议事协调机构，群团机构减少1个，侨联归并统战部。乡镇、街道14个。市直党政群机关人员编制682名，实有人员787人，改变统计口径减少13人，按实有787人计算，超编37人。乡镇街道人员编制225名，实有290人，超编65人，公检法司专项编制396名，实有490人，超编94人。1996年，党政群机关改革前全部编制937人，改革后全部编制787人，减少150人，行政编制499名增至680名。1999年，撤市设区前原县级娄底市有党政群机构67个，行政编制687名，实有886人；公检法司机构4个，政法专项编制448名，实有551人；乡镇、街道14个，乡镇行政编制350名，实有356人。事业机构521个，事业编制6847名，实有8016人。

1999年，撤市设区，娄星区有党政群机构59个，行政编制595名，实有766人；检法司机构3个，政法专项编制189名，实有233人；乡镇街道14个，乡镇行政编制350名，实有355人。事业机构457个，事业编制5517名，实有6305人。

2002年，区直机关机构改革。调整保留机构33个，其中，区委系统设7个工作部门，区政府系统设工作机构22个，区委、区政府设部门管理机构2个，议事协调机构常设办事机构2个。区直机关行政编制由582名（不含省上收单位上划55名和地改市上划50名）精简为447名，精简率为23%。区直政法专项编制精简为174名。纳入改革范畴承担行政职能事业机构编制精简20%。

二、乡镇（街道）机构改革

1994年，娄底市乡镇、街道事业站所有“七站、八所、八办、二社、一院、一庭”，分别是农技站、林业站、农机站、水电站、经管站、文化站、广播站、财政所、国土所、工商所、税务所、粮管所、保险所、邮电所、派出所、计生办、文教办、司法办、乡镇规划办、企业办、老龄办、联防办、蔬菜办、信用社、供销社、卫生院、法庭。1997年，乡镇、街道机构改革，完成各乡镇、街道“三定”方案。精简调整乡镇、街道内设机构，只设党政办和社会治安综合治理办2个内设机构，确定各乡镇、街道行政编制350名。统一乡镇街道事业站所名称，乡镇街道设立计划生育办公室、企业办公室、劳动管理站、农村养老保险办、建设办、国土管理所、文化站、广播站、农技站、农机站、经管站、畜牧站、水利水电站；市直业务主管部门派驻乡镇、街道二级机构有公安派出所、人民法庭、国税所（地税所）、工商管理所、司法所、财政所、卫生院。1999年，娄星区乡镇机构改革机关行政编制以1996年“三定”方案核定行政编制为基数，按照三类乡镇核定行政编制。统一乡镇街道事业站所名称，乡镇政府、街道办事处设立农村工作办公室、计划生育办公室、企业管理办公室、文化广播电视站、规划国土所、劳动管理站；市直业务主管部门派驻乡镇、街道二级机构有公安派出所、人民法庭、国税所（地税所）、工商管理所、司法所、财政所、卫生院。2002年，全区乡镇机构改革。精简内设机构，只设1个综合机构即党政办，加挂民政室和社会治安综合治理办牌子。领导职数配备不超过9名，配备党委正副书记、人大主席、政协工联委主任、正副乡镇长和街道办事处正副主任及纪委书记、武装部长等职位，提倡在法律和有关政策规定允许范围内兼职。精简乡镇事业机构，合理设置乡镇事业站所，设立计生办（附设计生服务所）、农业综合开发服务中心、宣传文化站，保留畜牧水产站、农村合作经济经营管理站、建设办、企业办。街道办事处设计生办（附设计生服务所）、企业办、文化站，350名行政编制精简为280名，精简率20%。

第三节　机构设置及调整

一、机构设置

1990年1月18日，娄底市机构编制委员会批准设置娄底市战略规划办公室，归口计划委员会管理。3月30日，批准娄底市房产管理处与市房改办合并，改为娄底市房地产管理局（正科级）。8月21日，批准设置娄底市人民政府法制办公室，为正科级机构，归口市政府办。批准设置娄底市人民政府驻深圳联络处（归口市政府办管理）。9月4日，同意市农村经管站升格为正科级事业单位，归口市农委。1991年5月7日，批准设置娄星公园管理处。1992年2月10日，批准设置娄底市人民政府驻海南省三亚市联络处，为全民所有制事业单位，归口市政府办。5月31日，批准设置娄底市经济技术开发区管理委员会，下设办公室、公共开发部、科学技术开发部、市场开发部、房地产开发部。12月22日，批准设置娄底市人民政府驻北京联络处，归口市政府办管理。1993年2月3日，批准设置娄底市人民政府驻黑河市联络处，为正科级单位；批准设置市政府驻海口市联络处，为正科级单位；批准设置市政府驻北海市联络处，为正科级单位。均归口市政府办管理。4月17日，批准设置市反贪污贿赂局，撤销市人民检察院内设经济检察股。5月10日，设立市委督查室，撤销市委办公室督查室。6月1日，批准设置市委、市政府机关事务管理委员会，为正科级单位，归口市政府办。12月12日，批准设置娄底市蔬菜工作办公室，为正科级单位，归口市财贸工作办公室管理。1994年1月7日，批准设置长青派出所。

1995年1月，市委制定《关于加强劳动工资计划和人员调整管理的几项规定》，提出人员服从计划、计划服从编制原则，随文印发《娄底市行政、事业单位人员编制、人事计划使用审批表》。编办对一些重复增设机构单位提出整改意见，控制机构和人员编制增长。1996年3月1日，批准设置娄底市报社，为正科级全民事业单位，归口市委宣传部。1998年11月11日，撤销娄底市人民政府驻北京联络处。2002年7月6日，娄星区机构编制委员会对娄星区党政机关（包括乡镇机关、街道办事处）进行机构改革。2003年3月，批准设置娄星经济园区管委会，为正科级机构。2004—2008年，娄星区党政机关（包括乡镇机关、街道办事处）未再增设机构。

二、机构调整

1999年，撤地设市、撤市设区。娄星区公安局、国土局、娄底市广播电台、娄底市有线电视台、娄星区林业派出所、娄星区地质矿产局、娄星区物价局、娄星区环保局、娄星区建设系统所属各单位上划娄底市市直单位管理。娄星区建委机关与职能调整有关部分单位人员上划，另一部分留娄星区组建建设分局。娄底工贸职业中专学校和娄底聋哑学校2所学校调整上划市教委管理。区民政局军供站、离退休干部休养所、殡仪馆、殡仪服务部、福利院和福利院服务部上划市民政局管理。区财贸办商业网点建设办、生猪定点屠宰办、商业网点建设公司和民营经济开发市场划归市财贸办管理。娄星公园、石马公园划归市风景园林管理处管理。骨伤科医院和中医院划归市卫生局管理。出租车客运管理办、火车站广场开发建设管理办和广场管理服务部划归市政府办系统管理。机构调整上划后，娄星区设机构17个。其中，区委系统设区委办公室、区委组织部、区委宣传部、区委统战工作部、区委政法委员会、区机构编制委员会办公室、区科学技术协会。直属工作机构有区委政策研究室、区委党史资料征集办公室、区委机要科、区委保密委员会办公室、区委档案局、区志编纂委员会、区委机关行政事务管理办公室、区委直属机关委员会、区委老干部工作局、区委党校。区人大常委会机构设 5个。2000年1月，选举产生区人大常委会后，设立办公室、法制工作委员会、教科文卫工作委员会、财政工作委员会、城乡建设环境保护工作委员会。区人民政府系统设40个，政府办公室、计划委员会、经济委员会、农业委员会、财贸委员会、建设委员会、教育委员会、科学技术委员会、计划生育委员会、体育运动委员会、民政局、公安局、司法局、人事局、劳动局、统计局、物价局、审计局、乡镇企业局、交通局、煤炭局、商业局、物资局、科技局、供销合作社联合社、对外贸易公司（局）、工商行政管理局、粮食局、财政局、税务局、农业局、林业局、水利水电局、文化局、卫生局、爱国卫生运动委员会办公室、广播电视局、工农关系办公室、侨务办公室、老龄工作委员会办公室。区政协机关机构设5个，办公室、提案工作委员会、经济科技委员会、社团民族宗教委员会、学习文史委员会、社会工作委员会。区政法系统设公安局、检察院、法院、司法局。群团组织设中国民主同盟、区工会、团区委、区妇联、工商业联合会、文学艺术界联合会6个。事业单位4个，其他3个。2003年，设置娄底经济技术开发区，从娄星区划出2个乡镇和部分学校，划转乡镇行政编制49名和事业编制107名，划转人员353人。2000年4月，娄底市公安局更名为娄底市公安局娄星公安分局，原局属交警大队上划娄底市公安局交警支队。此后至2008年，机构未再调整。

第二章 人 事

1989年，市人事局内设办公室、干部调配股、工资福利股、科技人员管理股。1992年，增设市人才流动服务中心。1994年4月，成立市属机关事业单位社会保险局，归属市人事局管辖。1997年2月，增设综合计划股。1999年，撤市设区，改为娄星区人事局。2002年8月，区机关事业社会保险局划归区劳动和社会保障局。是年，内设机构调整，下设办公室、公务员管理股（加挂区职称改革领导小组办公室牌子）、流动调配与军队转业干部安置股、工资福利股等6个股室，辖人才流动服务中心副科级局属事业单位。2005年5月，设区专家服务中心和区人事信息中心2个副科级局属事业单位。2006年7月，设区人事考试培训中心，为副科级局属事业单位。

1989—2008年历任党组书记、局长：孙思友、刘璇金、陈肇中、谢玉琪、童松阊。历任党组书记：严少如、谢玉琪、龙新放。

第一节 人事制度改革

1992年，娄底市人事局按照省人事厅、娄底地区人事局统一部署，推行干部人事制度改革。将市毛巾厂、微型电机厂等3家企业作为改革联系试点，指导企业人事制度改革。全市企业压缩54名管理人员到生产一线，精简42名富余人员在厂内待岗，中层干部实行聘任制。1993年10月1日起，根据《国家公务员暂行条例》规定，国家行政机关录用担任主任科员以下非领导职位国家公务员，采用公开考试、考核办法，按照德才兼备标准择优录用。全市首批过渡国家公务员单位53个，其中，乡镇14个，市直单位39个，过渡人数973人，其中，乡镇133人，市直单位840人。1995年，允许机关、事业单位干部以辞职、停薪留职等形式到农村、厂矿承包租赁工商企业和兴办各种经济实体，利用工作之余和节假日从事第二职业，从事有偿服务、经商等活动；允许男满55岁、女满50岁干部离职离岗从事个人有偿服务、经商或其他职业。1998年，在教育、卫生、农业战线事业单位进行人事制度改革试点。凡进公务员队伍一律要参加公务员考试，面试，体检，考核，择优录用。12月起，国家取消大中专毕业生分配，由各用人单位择优选用，对新进机关事业单位工作人员采取凡进必考和公开招聘办法。

2002年，娄星区人事局按照“三定”方案岗位职数、人员编制数及任职人员资格条件，将区财政局机关作为机构改革示范点，对局机关中层干部（股级）实行竞争上岗。通过业务考试、面试、公开演讲、群众民主测评、领导集体研究等程序实行综合考核，确定人选。区委组织部、司法局、检察院、交通局等区直机关也实行竞争上岗。组织实施各乡镇、街道机关工作人员公务员定岗资格考试，对乡镇计生工作人员实行资格考试。全区有498人报名，按10%比例淘汰，29人为不合格人员，对不合格人员取消定岗资格。2003年7—8月，在中小学推行以聘任制为主要内容的人事制度改革，以绩效工资为主要内容的内部分配制度改革。中小学校教职员工实行全员聘用制，校长实行定期选聘制，中小学教职员工岗位推行竞争上岗。全区3132名教师参加聘任，首批聘任人数2970人，内退102人，进修30人，停薪留职20人，待岗6人，代课教师全部清退。2006年1月1日起，根据《事业单位公开招聘人员暂行规定》，事业单位新进人员除国家政策性安置、按干部人事管理权限由上级任命和涉密岗位等确需使用其他方法选拔任用人员外，全部实行公开招聘。

2008年，通过机构改革和人事制度改革，撤并8个事业单位，分流富余人员760人，清退临时人员80人，每年为财政节省经费1200万元。年底，机关、事业单位有工作人员7869人。其中，管理人员2746人，专业技术人员3890人，工勤人员16人。平均年龄由1989年的39.20岁下降至38.30岁，文化素质和业务水平明显提高。

第二节　干部队伍管理

一、干部来源

大专院校毕业生分配　1989年，娄底市大中专院校毕业分配按照统筹兼顾、保证重点、面向基层、专业对口原则，大部分分配在生产、教学、医疗卫生第一线。工作满1年、能胜任本职工作转为国家干部。1989—1999年，分配大中专院校毕业生1126人。2000年起，娄星区大中专院校毕业生实行双向选择，择优录用。2006年起，新进事业单位机关工作人员实行公开招聘。

军队转业干部安置　1989—2000年，娄底市军队转业干部安置工作按照中共中央、国务院、中央军委关于“热情欢迎、妥善安置、认真培训、合理使用”原则接收安置。转业干部分配走向主要充实到有增干指标的政法、工商、税务、银行、审计等部门和新建扩建单位以及其他行业基层单位。2001年，娄星区按照中央《军队转业干部安置暂行办法》精神，接收部队排以上转业军官根据转业干部在部队职务对应地方职务安排，能安排实职则安排实职。

干部招聘　1989年，娄底市大中专院校毕业生较少，乡镇干部严重缺编。市委、市政府决定从社会和农村优秀青年、村干部、复退军人、“五大”毕业生、计划生育专干中招聘乡镇干部，充实乡镇编制。至1992年，累计招聘乡镇干部113人。1993年，停止从社会招聘乡镇干部。

以工代干　1989—2001年，娄星区（娄底市）363名在机关干部岗位上工作的工人转为国家干部。2002年后，停止工人转干。

二、干部调配

1989年，娄底市实行干部调配制度改革，逐步重视企事业单位干部调配和专业技术人员调整任用，注重其专业知识和业务能力。1992—1999年，办理各种人员调配手续869人次。1999年，娄星区干部调配向基层倾斜，鼓励机关单位人员流向企事业单位，选拔高校毕业生到基层锻炼。2000—2001年，全区选拔10名高校毕业生到农村基层工作。2002年，全区干部调配以乡镇机构改革为重点，经过公开招考、竞争上岗等方式有计划开展。2003—2008年，全区调配干部487人次。

三、干部培训

1989年起，娄底市经批准录用的国家干部进行为期1个月的培训，学习政治理论、市场经济、法律知识、行为规范等。结业时实行闭卷考试，不合格者不办理转正定级手续。是年，举办培训班3期，培训121人。1990—2001年，娄星区（娄底市）举办新干部入门培训班21期，培训2122人。2002年起，娄星区每年对专业技术人员进行继续教育培训，培训时间不少于12天90个课时，培训时次作为晋升职称和年度考核依据。2002—2008年，全区培训5678人。其中，培训新参加工作人员285人，专业技术人员继续教育培训3246人，培训公务员1125人。

四、干部考核与奖惩

（一）考核

1989年，娄底市对乡镇干部职工实行目标管理考核。设一等奖、二等奖、三等奖三个等次。市直机关单位干部职工纳入目标管理考核。1992年，成立市目标管理考核办公室，对行政机关和事业工作人员实行岗位责任制目标管理考核。1993年，对公务员“德、能、勤、绩、廉”实行考核，并将考核结果同奖惩、工资、职务升降、辞退等挂钩，考核分为优秀、称职、基本称职、不称职、不定等次等，优秀等次控制在考核人数10%左右。对评为不合格等次的，按规定降低一级工资。全年评出优秀等次211人，称职等次1.28万人，基本称职等次25人，不称职等次11人。1994—2007年，娄星区（娄底市）继续坚持干部年终考核制度，每年12月进行一次考核。2008年，全区考核1.03万名机关事业单位工作人员，评出优秀等次1485人，称职（合格）8733人，基本称职（基本合格）6人，不称职（不合格）9人，另有66人未评定考核等次。

（二）奖惩

1989年，娄底市表彰奖励先进个人680人。其中，先进工作者575人，记功84人，记大功16人，浮动晋级5人。1993年，实行国家公务员制度后，指标分配和授奖人员等次确定由市委、市政府领导集体研究确定。受表彰对象须从年度考核为优秀者中产生。奖励分嘉奖、记三等功、二等功、一等功、授予荣誉称号5个等次。行政单位人员处分分警告、记过、记大过、降级、撤职、开除6种。事业单位惩处分警告、记过、记大过、撤职、开除留用察看、开除6种。1994—2007年，娄星区（娄底市）继续坚持干部考核奖惩制度。按比例评选先进个人，确定记功等次。对年终考核不合格人员进行处理。2008年，娄星区表彰奖励先进个人1485人次。其中，嘉奖1371人次，三等功114人次，受到各种处分10人。

第三节　离退休人员管理

一、手续办理

1990年起，娄星区（娄底市）行政、事业单位工作人员办理离退休手续，科级干部由娄底市人事局工资福利股和离退休工作股办理，报市委组织部审批；市处级干部由工资福利股和离退休工作股办理，送市委组织部报娄底地委组织部审批；科级以下行政、事业单位所有工作人员由工资福利股和离退休工作股办理，报人事局党组集体审批。正科级以下干部及工作人员由工资福利股具体负责离退休人员综合服务和管理工作。2006年7月，全国第五次收入分配制度改革，离退休人员按规定提高退休费。全区增加退休费600万元。2008年，全区有离退休人员1364人。其中，国家机关工作人员460人，事业单位工作人员904人。

二、待遇落实

1989年至1997年12月，娄底市离退休人员养老金由市财政拨付到所在单位，再由单位拨付到每个离退休人员账户。1998年1月起，所有离退休人员离退休费由市机关社会保障局直接拨付到离退休人员个人账户，离退休人员均能按月及时领到生活费。1989—2008年，娄星区（娄底市）落实离退休人员政治待遇和生活待遇，不定期举办离退休干部各类活动。处级干部每年列席人大、政协会议，参政议政。所在单位组织离退休干部参加各种活动，召开党组织生活会，民主生活会，征求意见，解决问题。在重阳节和春节走访慰问，每年开支专项经费，给予发放。每年财政拨出经费，组织离退休人员开展各种文化体育活动。

第四节　公务员制度

一、公务员管理

1993年起，娄底市公务员通过过渡方式进入公务员序列后纳入管理。2002年11月14日，娄星区人事局内设公务员综合管理部门，重点做好规范公务员录用、公务员过渡培训、参照公务员管理事业单位申报审批、公务员或参照公务员法管理工作人员登记、职务与级别确定套改工资等工作。2001年3月和2003年5月，娄星区组织2次公务员过渡前培训，将全区党政机关、乡镇机关、街道办事处及公检法司符合条件干部集中学习。2次培训565人参加，完成公务员过渡。2003年起，公务员录用坚持“凡进必考”，录用经过职位公布、选择职位、提交报名申请、招考单位审核、审核通过后考生上传照片并交费确认、打印准考证、笔试、专业考试、面试、体检、政审、公示、录取等程序。2003—2008年，娄星区进行5次公务员录用考试，招录25名公务员。

二、参公管理事业单位申报审批登记

2001年，娄星区开展国家行政编制人民团体和群众团体机关参照公务员法管理工作，与公务员法实施同步进行。对于公务员法实施以前列入参照管理的事业单位，依照《国家公务员暂行条

例》管理范围重新申报审批。全区申报列入参照公务员法管理工作单位117个。其中，区直申报91个，乡镇机关、街道办事处26个。经省人事厅审批，32家单位公共管理职能和资料符合要求列入参照公务员法管理范围。2002年起，按照《公务员登记实施办法》规定对象、条件、程序和管理权限进行登记。登记工作采取各机关统一组织形式，实行逐级负责制。按照规定程序确定登记对象，填写《公务员登记表》《参照公务员法管理工作人员登记表》，报审核审批及备案机关。《公务员登记表》和《参照公务员法管理工作人员登记表》作为确认公务员或参公身份依据装入档案。根据公务员法规定，将行政编制班子成员、军队转业干部、公开招考录用人员（包括选调生）、参加公务员过渡考试合格人员作为登记依据，通过逐一确认后作为登记对象。2002—2008年，娄星区在规定编制和职数限额内合理设置职位，根据《公务员职务与级别管理规定》《综合管理类公务员非领导职务设置管理办法》，确定公务员职务和级别。实行新的职务级别化管理。公务员登记和职务与级别确定完成后，按照公务员工资制度改革实施办法进行工资套改，公务员按照确定职务执行相应职务工资标准，按照确定级别和级别工资档次，执行相应级别工资标准。至2008年年底，全区登记1246人。其中，公务员924人，参照公务员法管理人员322人。

第五节　专业技术人员和职称管理

一、职称评聘

1989年起，娄底市企事业单位推行职称改革，相继成立23个专业技术初级评审委员会。对职称指标分配和参评人员申报学历、资历状况、职称外语、奖励证书等各种材料在申报前进行公示，公示无异议后上报，高级职称报领导小组审批。申报职称报地区有关申报职务系列评审委员会评审，地区职称改革工作领导小组审批。初级职称由本市有关系列初级评审委员会评审，地区职称改革工作领导小组审批。专业技术人员获得专业技术职务任职资格后，单位按设置岗位聘任和按职称调整工资。是年，全民事业单位1950名专业技术人员全部核发资格证书和任聘聘书，全民企业、集体企业、事业单位有603名专业技术人员通过评审确定初级专业技术职务任聘资格。之后，其他不同行业单位专业技术职称评审工作陆续展开。同时，在乡镇企业专业技术人员中评定职称。1998，在农村生产第一线从事农业技术工作农民技术人员中评定职称。1999—2007年，娄星区每年对在职各类专业技术人员进行一次专业技术职称评审工作。2008年，全区事业单位在职各类专业技术人员有3450人。其中，高级职称312人，中级职称1893人，初级职称1225人，未评定职称20人。

二、年度考核

1989年，娄底市建立专业技术人员考核制度，考核结果分优秀、合格、不合格3个等次。是年，全市有4537人参与考核，评出优秀等次923人，合格等次3582人，不合格等次32人。1995年起，专业技术人员考核与国家公务员考核同步进行。每年按系列、分专业级别进行综合考核，考核结果分为优秀、合格、基本合格、不合格4个等次，优秀比例控制在考核人数10%左右，考核结果由职改办统一审核验印。是年，参加考核4595人。其中，评为优秀等次934人，合格等次3622人，基本合格等次21人，不合格等次18人。2002年，事业单位实施人事制度改革，教育、卫生等部门专业技术人员年度考核结果与绩效工资挂钩，具体方案由用人单位制定。2003—2007年，娄星区继续坚持专业技术人员考核制度，每年开展一次年终考核。2008年，全区事业单位专业技术人员考核3388人，评出优秀等次528人，合格等次3821人。

三、继续教育

1989—2008年，娄星区（娄底市）对专业技术人员进行继续教育。继续教育分为专业知识更新（即专业培训）和国家政策、法规、科技应用能力等公共需要科目培训，专业技术培训由单位和主管部门共同组织实施，公需科目培训由人事局组织实施。举办各类培训班37期，培训专业技术人员8000人次。

四、落实待遇

2003—2008年，娄星区（娄底市）对有突出贡献专业技术人员给予奖励。依据上级政府有关政策落实好专业技术人员待遇，解决部分专家家属子女农转非和子女就业问题，组织专家定期休养，对有困难专家进行困难补助，对有突出贡献的专家和拔尖人才晋职晋级。

五、人才交流

1992年，娄底市人才流动服务中心成立，开展人才信息收集、整理和存储，建立人才信息库，开展人才培训、人才交流和人事代理工作。1993年，开始向沿海地区输出人才，有18人到广东地区工作。1994—1997年，人才流动服务中心为156人办理调动手续。1998年，人才交流中心与深圳等地建立人才信息网络，向沿海地区输出人才100人。1999—2008年，娄星区企事业单位调入人员5211人。其中，从大专院校分配、招聘4163人，引进急需专业人才822人，专业技术人员205人，其他人员21人，办理人事代理业务528人，办理档案托管手续827人。

第六节　工资福利

一、工资

1989年，娄底市有干部职工1.23万人，人平均工资为83.24元，由基础工资、职务工资、工龄津贴、奖励工资组成。1993年，工资制度改革，机关单位实行职级工资制，将工资分为职务工资、级别工资、基础工资和工龄工资4个部分。事业单位实行不同类型工资制度，将工资构成分为固定和活动两个部分。机关、事业单位工人实行技术等级（职务）工资制，由技术等级（职务）工资和岗位津贴构成。同时，建立正常增资机制，工作人员正常晋升职务（技术等级）相应增加职务工资和级别工资；凡连续2年考核为称职（合格）以上，可在本职务工资标准内晋升一级工资档次；机关公务员连续5年考核为称职以上人员，从次年1月1日起晋升一级级别工资。是年，全市参加工资改革机关事业单位工作人员7433人，月增资额78.05万元，平均每人月增资105元，另增加地方性补贴和奖金每人每月75元。1997年7月1日起，国家机关行政人员基础工资标准由每人每月90元提高到110元，事业单位工作人员相应调整。同时，根据其职务职称，每人每月补贴145～185元。1999年7月1日起，娄星区机关行政人员基础工资标准由每人每月110元提高到180元，级别工资标准由15级至1级每人每月55～470元提高到85～720元。

2001年1月1日起，机关行政人员基础工资标准由每人每月180元提高到230元。事业单位工作人员按国家规定的工资构成比例相应提高。10月1日起，公务员职务工资起点标准由50～480元提高到100～850元，事业单位工作人员工资按国家规定工资构成比例相应提高。2006年7月1日，公务员和事业单位工作人员工资制度进行改革，公务员工资由原4项工资调整为职务工资和级别工资2项，公务员级别由15个调整为27个。事业单位工作人员工资按国家规定工资相应提高。全区调整1.18万人次，人均月增资226元。机关、事业单位工作人员提高工资标准后，离退休人员按政策规定相应增加生活费和养老金。2008年，全区有机关、事业单位工作人员1.03万人，人均月工资1189.60元，比1989年人均月工资83.24元增长近15倍。

二、福利

（一）福利补助

1989年，娄底市各机关单位对部分家庭生活困难国家工作人员实行福利补助。经费按编内在职人员工资总额2.5%列入财政预算。经人事局审核后，对机关工作人员因病住院进行慰问，对因自然灾害受到严重损失的干部职工家庭进行救济。1990年后，福利补助财政预算实行单位包干，由各单位进行困难补助。1993年，按国家规定享受粮食补贴、副食补贴、书报费、洗理费、节约奖和山区工作补助等进入个人基本工资。1997年，机关事业单位因工伤残人员，进行医疗技术鉴定和评定伤残等级工作，对被评定伤残等级的人员发给伤残保健金。特等每年570元，一等460元，二等甲级360元，二等乙级280元，三等甲级200元，三等乙级160元。

2003年，娄星区提高伤残保健金标准，特等每年2110元；一等1680元，二等甲级790元，二等乙级660元，三等甲级490元，三等乙级420元。由区人事局办理审批手续，经费由区财政开支渠道解决。2008年，全区有伤残人员62名，发放伤残保健金3.84万元。

（二）死亡抚恤

1989年，娄底市公职人员死亡丧葬费为每人400元，因病死亡抚恤金为10个月本人基本工资，因公死亡抚恤金为本人20个月基本工资。1990年，丧葬费增至600元（因病）和700元（因公）。遗属生活困难补助费调整为：非农业人口遗属1人每月发给45元，2人或2人以上每人每月40元；农业户口遗属1人每月40元，2人或2人以上每人每月35元。1997年，丧葬费增至900元（因病）和1360元（因公）。遗属补助，非农业户口遗属1人每月110元，2人或2人以上每人每月90元；农业户口遗属1人每月70元，2人或2人以上每人每月50元。

2001年，娄星区调整死亡抚恤金标准。丧葬费增至1500元（因病）和2000元（因公）。遗属补助，非农业人口遗属1人每月180元，2人或2人以上每人每月160元；农业人口遗属1人每月140元，2人或2人以上每月120元。2005年7月1日，再次提高丧葬补贴和遗属生活补贴标准。病故工作人员丧葬费由1500元调整为4000元，因公死亡工作人员丧葬费由2000元增至5000元。遗属系农业人口的，1人每月补助费由140元调整至170元，2人或2人以上每人每月补助标准由120元调整为150元。遗属系非农业人口的，1人每月补助费由180元调整为210元；2人或2人以上每人每月补助标准由160元调整到190元。至2008年，全区累计发放丧葬费补贴270万元，遗属生活补助672人，共计120.96万元。

三、假期

1989—1994年，娄底市干部职工实行每周48小时工作制，星期日休假。另有法定节假日、婚丧假、产假、病假、探亲假等。女职工按规定享受产假：单胎顺产90天，单胎难产105天，符合计划生育晚婚条件另增加产假15天。妊娠3个月以内自然流产，产假30天，妊娠3个月以上7个月以内自然流产，产假45天。假期内工资照发，无故超假者扣发工资。法定节假日，需继续上班的干部职工给予一定加班补助。1994年4月，实行每周44小时工作制。1995年，改为40小时工作制，星期六、星期日作为双休日。

1999年起，娄星区“五一”“国庆”假均增至3天。2008年起，休假制度根据国家规定，做新的调整：元旦放假1天不变；春节放假3天不变，但放假起始时间由农历年正月初一调整为除夕，春节假期从除夕开始；“五一”国际劳动节由3天调整为1天，减少2天；“十一”国庆节放假3天不变；清明、端午、中秋增设为法定节假日，各放假1天（农历节日如遇闰月，以第一个月为休假日）。

第三章 劳动和社会保障

1989年，娄底市劳动局内设办公室、就业股、计划调配股、工资福利股、劳动保护股（加挂市安全生产委员会办公室牌子）、劳动争议仲裁股（加挂市劳动争议仲裁委员会办公室牌子），下辖市劳动服务公司（副科级）和市社会劳动保险公司2个二级机构。8月，增设矿山安全监察股。1993年5月，设全市职工交流服务中心，与计划调配股合署办公。1994年6月，成立劳动监察大队，为副科级行政机构。1995年12月，市社会劳动保险公司更名为市企业职工社会保险所，升格为副科级单位。1996年3月，市安全办升格为正科级单位，业务接受劳动部门指导。1996年11月，内设机构调整为办公室、工资福利与综合计划股、就业股（加挂职业技能开发股牌子），劳动关系与劳动争议仲裁股、职业安全卫生监察股、矿山安全卫生检查股、市劳动监察大队，归口管理市安全生产委员会办公室。

1999年7月，撤市设区，娄底市劳动局更名为娄星区劳动局。2001年2月，锅炉压力容器安全监察职能划归区质量技术监督局。2002年8月，娄星区劳动局更名为娄星区劳动和社会保障局。区机关事业单位社会保险局划归区劳动和社会保障局归口管理。是年，劳动安全、职业卫生检查职能分别移交安全生产监督管理局和区卫生局。2003年3月，区劳动服务公司更名为娄星区劳动就业服务局，区企业职工社会保险所更名为娄星区企业职工社会保险管理局。2003年10月，区劳动和社会保障局内设办公室、就业股、职业技能开发股（加挂职业技能开发股牌子）、劳动争议仲裁股（加挂区劳动争议仲裁委员会牌子）、劳动工资股、社会保险股、劳动保障监察大队（加挂政策法规监察股、行政复议办公室牌子）。

2005年4月，增设行政复议办公室和政策法规股。8月，成立工伤保险管理局。2006年12月，增设政工人事股。2008年12月，撤销仲裁股，成立劳动争议仲裁院，增设基金监督股。至2008年，劳动和社会保障局机关设10个股室和劳动保障监察大队1个副科级行政机构。下辖劳动就业服务局、企业职工社会保险管理局、机关事业单位社会保险管理局、医疗保险管理局、工伤保险管理局5个副科级事业单位。

1989—2008年历任党组书记、局长：贺少清、陈连生、曾巨龙、刘少生、龙晓涛。历任党组书记：蒋崇宜。

第一节 劳动和社会保障制度改革

一、用工制度改革

1989年，娄底市进行用工制度配套改革，废除招工子女顶替和内招职工子女制度，实行“面向社会、公开招收、全面考核、择优录用”招工办法。新招工人一律实行劳动合同制（城镇退伍兵和技校毕业生等政策性安置除外），改国家用工为企业用工，实现用工机制转换。是年，招收全民合同制工人1580人。1990年，清理计划外用工，检查116个单位，53个单位使用计划外临时用工3061人。至1991年，清退计划外临时工2274人。1992年，市内企业用工采用定岗申报制度，由企业根据生产需要向市劳动局申报用工计划。经批准后，通过劳动力市场，从经过就业培训取得合格证城镇待业人员中公开招聘，择优录用，由市劳动局办理录用和劳动合同鉴证手续。1994年，取消对企业用工招工指标限制，不再下达招工计划，招工人数、条件等由企业自主决定。劳动部门只对其进行分类指导，审查招工简章，办理录用登记备案手续。

1995年，市内企业推行全员劳动合同制度，新老职工一律实行劳动合同制，市属30户国有企业和6家集体企业5000名职工均按需求签订劳动合同。之后，技校毕业生和志愿兵、城镇退伍兵等政策性安置均实行劳动合同制。市人民政府开始实施再就业工程，通过分流、自谋职业等方式有2286名下岗职工得到安置。1996年，劳动部门由侧重管理国有企业劳动工作转向综合管理全社会劳动事业，建立统一、开放、有序劳动力市场，担负统筹城乡劳动管理，对劳动力资源进行合理配置任务。1998年，市内企业用工纳入劳动力市场管理，实行“劳动者自主择业、市场调节就业、政府促进就业”新时期就业方针。

2002年5月，成立娄星区企业改革领导小组，铺开企业改制工作。至2008年年底，实行“两个置换”改制区属国有、集体企业46家，资产出让收入1.34亿元，安置职工8631人。其中，实行身份置换、解除劳动合同8893人，移交区企业职工社会保险管理局管理退休人员2738人，补缴社会保险基金1.65亿元，支付职工一次性经济补偿金2亿元，企业改制工作完成，全区用人单位用工和劳动者求职陆续实行“双向选择”劳动合同制。

二、工资制度改革

1989年，娄底市市属国有企业实行工资总额与上缴税利挂钩，职工工资和资金随企业经济效益及职工劳动成果浮动（简称工效挂钩）工资制度改革，建立从岗位效益工资为主要形式的企业内部分配制度。贯彻按劳分配原则，将企业原实行相对固定八级工资制改革为实行工效挂钩工资、岗位技能工资以及企业内部实行计件工资、计时工资等各种不同形式分配办法。功效挂钩推广到市属集体企业，全市有27家市属国有企业6622人、25家市属集体企业4511人实行工效挂钩，工效挂钩成为全市企业工资制度改革推行主要方法。每年年初由劳动部门会同有关主管部门对企业下达本年度工效挂钩指标，确定浮动比例和年度工资总额基数，对照上年度工效挂钩指标，确定浮动比例和年度工资总额基数，对上年度工效挂钩指标进行结算，核实效益省级指数，建立正常效益升级制度。是年，48家企业用新增效益工资为5790名职工实行效益工资浮动升级，人均月增资6元。

1990年，清理整顿市属40余家国有集体企业8000余名职工工资标准，核定标准工资总额为36.40万元，并在企业实行《工资基金管理手册》制度。核定33家国有企业6412人年工资基金1343.16万元，32家集体企业3100人年工资基金650余万元，由劳动部门按季审批，银行监督支付，企业控制使用。改革工资管理体制，实行分级分类管理，工资分配自主权下放到企业，劳动部门只控制年度工资总额，企业内部职工工资和奖金分配及效益工资升级对象和时间由企业自主决定。1993年，113家企业实行动态调控的弹性工资计划。1996年，全市实行最低工资保障制度，最低工资标准为160元/月。企业实行工效挂钩和工资指导线双执行办法，33家挂钩企业5800人，核定年指导线工资基数3051.50万元。

1998—2001年，娄星区（娄底市）推行工资指导线制度，区（市）人民政府解除对企业工资分配控制，企业工资分配完全自主。企业通过完善工资挂钩方式，逐步建立坚持按劳分配原则，以岗位效益工资为主要内容的工资制度。职工工资也采取计时工资、计件工资、结构工资、承包联销联利计酬、年薪制等多种内部分配形式，合理拉开工资差距，并向生产一线工种倾斜。

2002—2008年，娄星区区属国有、集体企业全面改制，用人单位工资实行集体协商制度，职工工资主要由劳动者与企业协商决定。劳动保障部门重点放在劳动力市场工资指导价位和最低工资标准发布工作，开展专项检查和监察，监督用人单位执行最低工资保障制度和工资支付情况，督促用人单位坚持与完善工资集体协商制度。

三、社会保障制度改革

1989年，娄底市市内全民所有制企业劳动合同制工人统一建立养老保险关系，实施失业保险制度，原有劳保医疗、公费医疗制度进行相应改革。企业按规定统一提取医疗费用，职工生病住院享受劳保医疗，住院治疗费用由单位负担。并将部分医疗费按职工工龄长短，按月定额发给职工作为门诊就医费用。市公费医疗办公室继续负责全市财政拨款机关事业单位干部职工医疗费用管理，干部职工生病治疗按工龄长短确定报销比例，门诊费用实行定额包干，住院费用由财政、单位、个人三方按比例分担。1993年，企业职工养老保险由市级统筹纳入省级统筹。养老保险扩面，市属集体企业职工纳入养老保险范围。1994年，机关事业单位实施新的养老保险制度。首先将机关事业单位劳动合同制工人纳入参保范围，然后扩大到自收自支和差额拨款事业单位职工。

1997年，企业职工养老保险范围扩大到城镇私营企业和个体工商户，机关事业单位养老保险参保范围覆盖到全市所有机关事业单位在职干部职工。1998年，实施国有企业下岗职工基本生活保障制度，国有企业2850名下岗职工进入再就业服务管理。社会保险基金纳入财政专户，实行收支两条线管理，专款专用。

2000年，娄星区离退休人员基本养老金实行社会化发放，社会保险对象实行社区管理。10月，全区实施城镇职工基本医疗保险制度，实现由公费医疗、劳保医疗制度向城镇职工基本医疗保险制度转变。2005年，建立城镇职工生育保险和新的工伤保险制度。至2008年，形成全区城镇职工养老、失业、医疗、生育和工伤保险“五险并举”格局。

第二节 劳动就业和技能培训

1989年，娄底市劳动服务公司负责全市劳动就业工作。1998年3月，娄底市劳动服务公司更名为娄底市劳动就业服务管理局。1999年9月，更名为娄星区劳动就业服务管理局。至2008年，劳动就业服务管理局推荐就业人员1.50万人，职业培训2.60万人，筹建失业保险金513万元，发放失业救济金136万元，劳服企业累计创产值21亿元，上缴国家税金1.80亿元，安置9758人。修建集办公、教学与经营为一体就业培训综合大楼。

一、招工安置

1989年，娄底市劳动就业服务公司办理全民合同制工人招工录用手续1580人，企业用工除固定工外，还采用合同工、农民轮换工、临时工等多种形式。1990年，对城镇特困居民户和长期在乡镇工作老干部及知识分子子女，照顾解决部分招工指标，3年安排326名子女就业。1991年，企业职工调动实行计划调配，调动人数严格按年计划或编制定员人数指标控制，秉着“平衡协调、合理调配”原则，从重点引进技术人才和解决夫妻两地分居为主。3年间办理职工调动手续627人次。1992年起，职工调动权下放到企业。市内各企业之间工人流动，无须劳动部门审批，只到劳动部门办理劳动合同鉴证和养老保险转移手续。1994—1996年，按照省、地有关规定重点解决乡镇“七站八所”工作人员招工录用问题。全市职业介绍网络基本建立，逐步形成培训、职介、就业“一条龙”服务的市场就业机制。1998年，企业下岗职工增多，市内国有集体企业招工基本停止。城镇退伍兵等政策性安置转向行政事业单位接收。

至2008年，娄星区办理招工安置手续（包括在娄中央、省、地单位和外地单位来娄招工）4243人，办理各类职工调动手续3796人。其中，照顾夫妻两地分居1052人次，生产工作需要和引进专业技术人才流动744人次。

二、下岗失业人员再就业

1995年起，娄底市市内部分企业出现停产半停产状况。市人民政府采用租赁承包经营等多种形式，促使大部分企业恢复生产。1996年，市湘中造纸厂政策性关闭，163名职工失业。1997年，市属国有、集体企业有破产企业9家，停产半停产企业20家，下岗失业人员6022人。市政府成立娄底市国有企业解困工作领导小组，建立解困工作责任制，动员全市机关事业单位干部职工和社会各界捐款为企业解困。1998年7月，市政府成立国有企业下岗职工基本生活保障和再就业工作领导小组，市委、市政府下发《关于切实做好国有企业下岗职工基本生活保障和再就业工作的实施意见》，明确规定下岗失业人员再就业各项优惠政策和措施。46家市属国有企业建立再就业服务中心。各企业层层建立目标管理责任制，筹建下岗职工基本生活保障资金，落实税费减免、提供经营场地等优惠政策。劳动力市场实行求职登记、职业指导、职业介绍、职业培训和社会保险关系接续"一条龙"服务。

2002年，娄星区劳动就业服务管理局核发"湖南省再就业优惠证"7058个，作为下岗失业人员再就业享受税费减免等十大优惠待遇凭证。2004年，省人民政府提出"为民办8件实事"，把安排下岗失业人员再就业作为一项重要实事内容。是年，全区有3020名下岗职工实现再就业。其中，帮助安置"4050"（女年满40周岁，男年满50周岁）人员再就业1019人。至2008年，全区核发再就业优惠证9767个。对下岗失业人员自谋职业从事个体经营的，工商部门免收1480人次证照费8.10万元，减免税费345万元。城管、卫生、交通、环卫等部门减免各类收费165余万元。区劳动就业服务管理局为下岗职工提供免费职业介绍1262人次，免收职业介绍费10.50万元，免费培训下岗失业人员1672人次，免费发放职业资格证1120个。为229名从事个体经营自筹资金不足下岗失业人员提供小额担保贷款450万元，政府贷款贴息39万元。为1224名实现灵活就业下岗失业人员发放社会保险补贴137.50万元，开发社区公益性岗位1100余个，拨付公益性岗位补贴资金330万余元，安置"4050"人员1019人。

三、农村劳动力转移

（一）劳务输出

1989年，农村实行土地承包责任制后，出现剩余劳动力。娄底市每年有3万名农村剩余劳动力需寻找新的就业门路。市政府发展劳务输出，有序组织引导农村劳动力转移就业，帮助农民脱贫致富。市劳动服务公司成立劳务输出专门机构，为农村劳动力转移就业提供服务。是年起，全市每年外出务工人数增多。农村外出务工人员主要特征是：外出务工者以中青年为主，40岁以下占92%，且男性多于女性，男性占59%，女性占41%；初中文化占63.9%，高中及高中以上占30%。外出务工者分布区域较广，沿海地区是转移重点。务工人员主要分布在制造业、建筑业以及批零、贸易、餐饮等劳动密集型行业。外出务工人员主要依靠血缘、人缘、地缘关系，依靠家庭成员带领、亲朋好友介绍，本地外出人员示范以及自己外出闯世界寻找就业岗位。全市有组织外出务工比重占20%， 2006年，娄星区农村劳动力资源3.50万人，除去从事农业、种养业人数，还有富余劳动力近3万人。是年，外出务工农村劳动力2.50万人。其中，男性1.50万人，女性1万人，主要集中在珠江三角洲地区广东、深圳、珠海和东部地区上海、江浙及省内长株潭等地。2008年，外出务工人员增加到4.50万人。

（二）职业介绍和劳动力市场

1989年9月，娄底市劳动服务公司组织30名农村劳动力到珠海1家企业务工。劳务输出由政府职介机构组织。1990年1月，成立市职业介绍所，组织400余人到深圳、广州等用工单位务工。是年，全市外出务工人员3万余人。此后，市劳动服务部门和其他单位设立专门机构，组织农民工有序输出流动。1994年4月，全市10个乡镇（街道）建立劳动管理站，各村聘请兼职劳动管理信息员。

2003年3月，娄星区劳动局在深圳、广州设立劳务办事处。4月，经区劳动和社会保障局批准，成立一批民办机构，形成区、乡镇、村三级劳务信息网络。劳动服务部门实行"职业介绍、培训、管理和维护权益"一条龙服务。至2008年，调处在外务工劳动合同纠纷、工伤事故赔偿、追讨拖欠农民工工资等维权案件1130余起。

四、职业技能培训

1989—1998年，娄底市职业教育除劳动、教育部门主办职业培训学校外，各行业主管部门、企业单位也相继创办各类职业培训学校（中心），先后建成商业、卫生、交通、农业、涟邵技工学校、涟钢技工学校等职业学校。形成以劳动部门就业培训中心为龙头，以公办职业学校为主体，整合各种社会培训资源，按照用人单位需求，开展多形式、多层次、多专业、多渠道，中短期相结合职业教育培训体系。1998年1月，涟源县劳动就业培训学校更名为娄底市劳动就业训练中心。1999年，建立娄星区劳动职业学校，实行劳动预备制培训。随着企业改革，大多数行业主管部门和企业办职业（技工）学校先后停办。社会力量办学发展，民办职业培训补位，承担下岗失业人员再就业培训和农村劳动力转移大部分任务。2001年8月，经市劳动局认定，娄星区劳动职业学校、市工贸职业中专学校、市艺术中专等专业学校成为市第一批劳动预备制培训定点学校。2002—2004年，区新世纪电脑学校、新贵族美容美发学校、区科技电脑培训中心、区交通驾校等10多所社会力量职业学校，先后经劳动保障部门审核批准，承担下岗失业人员再就业培训和农村劳动力转移就业培训任务。2005—2008年，全区各类培训机构先后培训下岗失业人员4207人次，其中免费培训670人次。

至2008年，娄星区形成较为完善的培训体系和培训制度。劳动局内设就业培训股，市劳动服务就业局成立就业训练中心和劳动职业学校，拥有专门培训场地和师资力量，负责职业培训工作。

第三节 劳动工资与福利

一、职工工资

1989—2000年，娄星区（娄底市）国有、集体企业职工工资进行过6次调整和套改。工资制度进行改革后，企业实行工资总额与经济效益挂钩（简称“工效挂钩”）。大部分企业进行过一次或多次效益工资升级，职工工资水平提高。全民所有制企业职工年人均工资由1989年的1472元提高到5028元。市属集体所有制企业职工年人均工资由1989年的1212元提高到3280元。2008年，全区全民所有制企业单位职工年人均工资1.42万元，集体所有制企业单位职工年人均工资1.33万元，城镇私营企业职工年人均工资1.37万元。

1989—2008年娄星区（娄底市）企业职工工资水平一览表

表10-1 单位：人、万元、元

年份	全民所有制企业			集体所有制企业		
	职工人数	工资总额	人均工资	职工人数	工资总额	人均工资
1989	29282	5732.70	1958	12943	1939	1498
1990	30160	6474.10	2146	13401	2135.40	1593
1991	32734	7425.20	2268	11989	2055.10	1714
1992	32960	8167.10	2478	12738	2399.10	1883
1993	28407	7758	2731	13053	3001.20	2299
1994	29067	9387.40	3230	13232	3309.70	2501
1995	29084	11791.40	4054	11426	3459.70	3208
1996	27727	11811	4260	10584	3418.40	3230
1997	27156	9750	3590	10837	3134	2892
1998	16644	8201.60	4928	5161	1461.40	2832
1999	15508	8209.06	5293	4361	1536.40	3532
2000	13216	6882.90	5028	4535	1487.40	3280
2001	11868	8071.60	6801	5221	2330.20	4463
2002	11207	8802.50	7854	5491	2447.70	4458

续表10-1

年份	全民所有制企业			集体所有制企业		
	职工人数	工资总额	人均工资	职工人数	工资总额	人均工资
2003	11495	8907.30	7749	4930	2344.90	4756
2004	10580	8198.40	7749	6281	4156.80	6685
2005	9189	9296.30	10117	4236	4259.80	10056
2006	6062	8202.20	13531	4292	4352.40	10141
2007	6098	8312.30	13650	4312	4520.50	10640
2008	6101	8652.80	14183	4748	6302.30	13274

1989—2008年娄星区（娄底市）机关职工工资水平一览表

表10-2　　单位:人、万元、元

年份	市属国有单位			市属集体单位		
	职工人数	工资总额	人均工资	职工人数	工资总额	人均工资
1989	19416	[illegible]	[illegible]	14771	[illegible]	[illegible]
1990	20146	3800.90	1887	15165	2446	1613
1991	20501	3978.40	1941	13112	2290.80	1747
1992	22057	5437.50	2465	13679	2641.50	1931
1993	24212	7790.30	3217	14328	3401.70	2374
1994	25055	10324.4	4121	14689	3814.9	2597
1995	25907	11222.6	4332	12852	3979.1	3096
1996	27201	12366.1	4546	11340	3627.4	3199
1997	27610	12854.8	4656	11566	3411.7	2952
1998	21759	13248.3	6089	5717	1705.6	2983
1999	24027	16907.9	7037	4892	1697.6	3470
2000	25626	19341.6	7548	5003	1729.2	3546
2001	26592	22222.7	8357	5221	2330.2	4463
2002	25716	25488.3	9911	5537	2479.7	4478
2003	27990	29759.5	10632	4930	2344.9	4756
2004	27104	30568.7	11278	5523	3845.3	6962
2005	26099	33237.9	12735	3930	4259.8	10839
2006	25143	34925.9	13891	3567	4181.0	11721
2007	23560	37200.4	14860	3804	5320.2	12750
2008	23039	41136.4	17855	4004	5892.7	14717

二、职工福利

（一）集体福利

1989年，娄底市市属国有集体企业按企业职工工资总额扣除副食品价格补贴和各种奖金后按11%提取福利基金。其中8.5%用于支付集体福利事业补助、集体福利设施费、文体宣传费、医疗卫生费等集体福利费用。2.5%用于支付职工生活困难补助、洗理费、上下班交通补贴等个人福利待遇费用。是年，市属国有企业单位支付职工福利费203.90万元，集体企业单位支付180.80万元。1992年，福利基金改按职工工资总额扣除各种奖金后14%从成本中提取，其中3%用于支付职工社会保险费。1995年，市属国有单位支付职工福利费368.20万元。其中，用于集体福利事业开支265.33万元，占总费用72.1%。集体单位支付福利费168.80万元。其中，用于集体福利费用116.98万元，占69.3%。1996年起，企业经济效益滑坡，大多数企业职工福利基金除社保基金外不再按规定提取。至2008年，国家实施企业改制，集体福利同时取消。

（二）个人福利

生活困难补助　1989年，娄底市企业在提取福利基金中抽取适当比例继续对困难职工实行困难补助。是年，市属国有集体企业发放职工生活困难补助11.95万元。1995年，发放职工生活困难补助33.10万元，1996年起，企业不再按规定提取福利基金，职工生活困难补助制度逐步取消。1997年起，市人民政府筹建解困资金对企业特困职工实施3年帮困计划。

津补贴　1989年，娄底市企业发给职工津补贴有粮价补贴、副食品差价补贴、物价补贴、上下班交通补贴、书报费、洗理费、防寒防暑费及保健用品等，人均每年83.50元。至1994年，部分津贴被取消，部分被并入工资中。大部分企业不再单设津补贴项目，防寒防暑及保健品由企业自主决定。

医疗待遇　1989年，娄底市市内由财政拨款行政事业单位职工生病治疗由市公费医疗办负责管理，实行按工龄长短确定报批比例，门诊费用定额包干，住院费由财政、单位、个人三方按比例分担。企业单位在原有劳保医疗基础上适当改革。90%以上单位根据职工工龄长短，确定门诊药费数额（每月5~10元），按月发给职工。职工患病规定在本单位医务室治疗，危重病人需到上级医院住院治疗经单位领导批准，医药费由单位报销。职工供养直系亲属住院治疗，其手术费、药费由企业报销50%。是年，市属国有集体单位支付医疗卫生费120万元，人均控制在每月10元以内。1995年，支付医疗卫生费251.30万元。1996年起，企业转变经营机制，经济效益出现滑坡，职工普遍不能按规定享受医疗保险待遇。2000年8月，娄星区实施城镇职工医疗保险制度，市内行政事业单位和企业单位职工纳入城镇职工医疗保险范围。2008年，城镇居民纳入医疗保险。

因工伤残疾职业病待遇　1989年，娄底市市内企业职工因公负伤或患职业病，其诊疗费、药费、住院费、就医往返路费及就医期间伙食补助费等由单位负担，治疗期间发给全额工资。职工因工受伤脱产休养期间工资，1年之内者，发给全额工资；超过1年者，按职工本人标准工资90%发放，直至恢复劳动时止。患硅肺病回乡长期休养的，一期硅肺病患者按职工本人标准工资60%发放，二、三期硅肺病患者按职工本人标准工资90%发放，直至死亡时止。职工因工致残，部分丧失劳动能力尚能从事其他轻便工作，由单位安排适当工作，工资照发。完全丧失劳动能力享受工残退休待遇。其中，饮食起居需要人扶助按月发给护理费，标准为每月51元。1993年，护理费标准调整为：完全护理依赖者110元，大部分护理依赖者90元，部分护理依赖者70元。2003年，伤残人员护理标准费再次调整为260元、210元和160元三个等级。上述因工伤残及职业病待遇，执行到2008年企业改制。企业改制时，均按有关政策进行一次性处理。

因工死亡待遇　1989年起，娄底市企业职工因工死亡或因工致残退休后死亡，发给4个月企业平均工资作为丧葬补助费。在企业福利基金内，根据死者供养直系亲属人数多少，按月支付死者本人标准工资25%～50%作为抚恤费；按家庭困难程度，按月给予适当困难补助费和计发副食品价格补贴、物价补贴等政策性补贴；照顾招收1名符合招工条件供养直系亲属参加工作。

2004年1月，《工伤保险条例》实施，娄星区启动新的工伤保险制度。职工因公伤亡待遇按《工伤保险条例》和《湖南省实施〈工伤保险条例〉办法》执行。调整因工死亡抚恤金和困难补助费标准，因工死亡抚恤金，其供养亲属配偶及孤寡老人和孤儿每人每月为160元，其他供养亲属每人每月120元，供养多名亲属抚恤金之和最高为400元，困难补助费相应得到提高。上述应计发抚恤金和困难补助费在企业改制时按有关政策进行一次性补偿。

因病或非因工死亡待遇 1989年，娄底市企业职工因病或非因工死亡，由企业发给本企业3个月平均工资作为丧葬补助费。根据其供养直系亲属多少，一次性支付死者本人工资8～16个月救济费。1992年，根据死者生前标准和供养人口多少一次性计发粮价补贴等部分政策性补贴14～22个月。2008年7月，娄星区调整丧葬费补助标准。补助标准为4个月当地上年度职工社会平均工资。凡参加社会统筹退休人员因病或非因工死亡，丧葬补助费由社保机构在统筹基金中列支。供养直系亲属救济费调整为根据供养直系亲属人数多少，由企业一次性付给当地上年度职工社会平均工资24～32个月。4种主要副食品等各项政策性补贴，按死者生前补贴标准和供养直系亲属人数多少，一次性付给14～22个月工资。

退休退职待遇 1989年，娄底市凡正常退休、特殊工种退休和因病退休人员根据工龄长短按本人工资60%～75%发给退休费。因病完全丧失劳动能力又不具备退休条件只能退职，退职按本人标准工资40%发给退职费。工残退休者饮食起居需人扶助按本人标准工资90%发给，不需人扶助按80%发给。另外，再加上生活补贴和其他各项政策性补贴，退休退职费低于最低生活保障数按最低生活保障数发给。1991年，对退休人员加发生活补助费，其基本退休费在原有基础上，以连续工龄满15年为起点，每增加1年工龄，加发本人原标准工资1%，加发后总额最高不超过本人原标准工资20%。1994年，出台新的等级工资和岗位技能工资标准。将各项政策性补贴83.50元纳入职工工资。凡参加1994年工资套改以后退休职工不再享有补贴。1995年，建立养老保险个人账户，凡职工达到规定退休年龄，按规定缴纳养老保险累计满10年及以上按月发给基本养老金。基本养老金由3个部分组成：一是以职工退休时上年度本省职工月平均工资为基数按比例计发，用人单位和职工个人按当地政府规定比例缴费，满25年及其以上按25%发给，缴费不足25年者，每少1年计发比例相应减少0.5%。二是以职工退休前3年本人平均缴费工资为基数，用人单位和职工按规定缴费每满1年，按本人平均缴费工资一定比例计发。三是以职工基本养老保险个人账户储存额除以个人账户实际应计费月数发给，实际计费月数超过420个月只除以420。职工退休时按上述办法计发基本养老金低于原规定计发数额的（以1994年12月31日档案记载基本工资或标准工资为基数，按国家和省规定计发比例计发），补足差额部分。高于原规定计发数额，当年最高增幅不得超过5%。全市当年办理退休手续人员基本退休金每月300元。1997年7月，对企业职工养老保险缴费比例，退休和享受养老金标准做出新的规定。职工达到退休年龄，个人缴纳社会保险费或视同缴费年限须满15年才能按月享受基本养老金。

1998—2005年，全省统一养老保险制度后推行新的养老金计发办法，基本养老金由基础养老金、个人账户养老金、过渡性养老金和过渡性调节金4部分组成。2006年起，娄星区退休费改按新办法计算，即退休费由基本养老金、个人账户养老金和过渡性养老金（无视同缴费年限的不计）3个部分组成，并与原4项计发办法对比限额计发。2008年，办理退休职工基本养老金每月700元以上。至2008年，先后给企业离退休人员进行过14次基本养老金调整，养老金逐年提高。

下岗职工基本生活保障 1998年6月，娄底市按照企业自筹、社会筹集、政府解决“三三制”

原则，筹集下岗职工基本生活费。1999年，娄星区发放下岗职工基本生活费和解困资金118万元，为5000名下岗职工解决基本生活问题。2004年，各企业在就业服务中心发放下岗职工基本生活费375万元。是年，成立娄星区解决企业军转干部生活困难工作领导小组，对全区改制企业479名军转干部企业“四拖欠”（拖欠工资、拖欠基本生活费、欠缴基本养老金和欠发医药费）情况进行调查统计和核实，补发资金154万元。至2005年，全区筹集国有企业下岗职工基本生活费1.26亿元，解决5400余名进入企业再就业下岗职工基本生活费。2006年，国有企业下岗职工基本生活保障制度向失业保险制度并轨，未实现再就业下岗失业人员按规定享受失业保险待遇或城区居民最低生活保障待遇。2008年，全区享受失业保险待遇人数为310人。

第四节　安全生产和劳动监察

一、安全生产

（一）机构人员

1989年年初，娄底市劳动局内设劳动保护股，对外加挂市安全生产委员会办公室（简称市安全办）牌子。5月，增设矿山安全监察股。市劳动局对安全生产行使国家安全监察职权，有省劳动厅任命的国家劳动保护、矿山安全、锅炉压力容器安全监察员6名。1990年，市安全生产委员会下设交通安全、矿山安全、消防安全、锅炉压力容器安全、建筑施工安全、爆炸物品管理6个安全生产领导小组。1996年4月，10个乡镇建立矿山安全监察站。1997年，市安全办升格为正科级机构。2001年1月，锅炉压力容器安全监察职能划归市质量技术监督局，工矿企业职业卫生监察移交卫生部门。至2002年，行业主管部门和企业建立安全生产领导小组280余个，有专（兼）职安全员1200余人。10月，成立娄星区安全生产监督管理局，工矿企业安全监察职能全部划归市安全生产监督管理局。

（二）安全管理

1990—1995年，娄底市建立健全各级安全生产管理机构，明确各级主要领导是安全生产第一责任者。组织“安全生产周”“安全生产月”活动，定期或不定期开展安全生产大检查。其间全市组织“安全生产周”和“安全生产月”活动18次，组织春节前后安全大检查15次。1996年，市人民政府下达全市安全生产目标管理考核办法。年终由市安全办进行考核，安全生产目标管理纳入一票否决范围。是年起，开展安全知识宣传教育和对厂（矿）长、经理及特种作业人员安全技术知识培训。组织《湖南省劳动保护条例》《中华人民共和国矿山安全法》《中华人民共和国劳动法》知识竞赛，全市有1000余名企业干部职工参加。至2001年，娄星区（娄底市）举办电工、司炉工等特种作业人员、安全专干，厂（矿）长、经理安全技术知识培训班30余期，参加培训800余人。同时，按照“三不放过”原则，严肃查处安全生产事故。

二、劳动监察

1989—1993年，娄底市劳动监察工作由劳动保护股（市安全生产委员会办公室）行使监察职能。1994年6月，市劳动局设立劳动监察大队，采取日常监督，定期检查，专项检查，受理投诉、举报等方式，对用人单位和劳动者执行劳动保障法律法规情况进行监督检查。受理对违反劳动保障法律法规举报和投诉，对违反劳动法律法规行为依法进行查处和纠正。是年，以企业职工招聘、劳动合同管理、社会保险基金缴纳和职工合法权益等为重点，开展劳动监察。1996年，开展《中华人民共和国劳动法》执行情况大检查行动。检查108家用工单位，下达劳动监察指令书85份，鉴证劳动合同书2600份，处理各类问题85个。1999年，市劳动局劳动监察大队改为娄星区劳动监察大队。2003年，娄星区劳动监察大队更名为娄星区劳动保障监察大队。至2008年，全区开展劳动用工年检、劳动执法大检查，禁止使用童工、女职工和未成年人权益保护、劳动力市场清查、打击违法用工、清理拖欠员工工资、社会保险基金追缴等专项检查监督活动61次，检查各类用工单位1070家，下发劳动监察指令书、询问通知和协办函1079份，行政（处罚）处理决定书64份。其中，清理拖欠员工工资专项监察立案219件，涉案2496人，追讨拖欠员工工资1140万元。清退劳动者风险抵押金210万元，查处拖欠社会保险金案30起，追缴养老保险金、失业保险金191.60万元，查处使用童工案件4起，责令遣返童工4名。

三、劳动争议仲裁

1989—1993年，娄底市劳动局内设劳动争议仲裁维权机构，发生劳动纠纷由局内派人处理。恢复劳动仲裁制度后，全市劳动争议仲裁工作发挥部门职能作用，化解矛盾，解决劳动争议，推进劳动争议仲裁机构实体化建设。加强仲裁队伍建设，提高办案质量，维护劳动者和用人单位合法权益。至2008年年底，娄星区（娄底市）累计处理劳动争议案件1500起，结案率97%。其中，调解结案率53%，裁决结案率33%，其他方式结案14%。

第五节　社会保险

一、企业职工养老保险

1989年，娄底市社会劳动保险公司建立全民所有制企业劳动合同制工人养老保险关系，负责养老保险基金征缴和支付管理。养老保险基金按职工工资总额21%缴纳，即单位按18%，职工个人按3%缴纳，每月缴纳14元。下半年，劳动合同制工人养老保险基金缴纳标准调整为每人每月19元，即单位缴纳17元，个人缴纳2元。全市46户国有企业842名全民合同制工人参加养老保险，收缴养老保险金11.50万元。28户全民所有制企业（含中央、省、地属企业）6000名职工参加退休费用社会统筹。是年，收缴养老保险金154.90万元。1990年，建立娄底市退休职工服务中心，各单位建立离退休职工管理服务中心30个。全年给1971名离退休人员调整离退休待遇，人均月增20元。1993年，养老保险覆盖范围扩大到市属集体企业，市属集体企业新招552名职工参加养老保险。10月，养老保险由市级统筹过渡到省级统筹。1996年，建立社会保险个人账户，实行社会统筹与个人账户相结合新的养老保险费征缴和养老金计发办法。企业按上年本单位职工月平均工资总额25%缴纳，职工本人按上年度月平均工资总额3%缴纳。全市参加退休费用统筹全民和市属集体企业121家，职工1.61万人，离退休人员5314人。其中，全民所有制企业60家，在职职工1.05万人，离退休人员2510人；集体企业61家，在职职工5388人，离退休人员2800人，其他参保人员221人，退休人员4人。是年，下拨调剂金和困难救济金232.50万元。社保机构为企业先行垫付离退休费213.70万元，保证国有企业离退休人员基本养老金按时足额发放，做好改制企业职工养老保险关系衔接和续保管理工作。

1999年，撤市设区，娄底市劳动保险公司改为娄星区劳动保险所。2000年，娄星区对46家企业4200名离退休人员基本养老金实行社会发放，改变过去离退休人员基本养老金由企业与社保机构进行差额计算，企业单位代发方式。2002年，建立离退休人员生存验证制度。2003年3月，区企业职工社会保险所更名为区企业职工社会保险管理局。养老保险业务实现信息化管理，全省统一养老保险业务系统办理日常业务。对5012名离退休人员进行生存验证，查处虚报冒领养老金15人，追回冒领金额22万元。2004年，对原未参保集体企业1600人办理参保手续。2005年12月，娄星区劳动保险所更名为娄星区企业职工社会保险局。2006年，为110名返城后未参加工作原下乡知识青年办理养老保险关系，为区内农、林场、茶厂、畜牧等单位未参保人员办理参保手续。是年，全区各类企业参保人数为8900人，征缴基金720万元。离退休人员3400人，支付养老保险金2000万元。2008年，全区企业离退休人员人均月养老金736元。是年，调整企业离退休人员基本养老金14次，累计人均月增525元。累计征缴养老保险金3.74亿元，支付离退休费用人员基本养老金2.10亿元。

二、机关事业单位养老保险

1994年4月，娄底市机关事业单位社会保险所成立，归口市人事局管理，负责全市机关事业单位工作人员养老保险基金征集管理和离退休人员离退休费拨付。1996年，对机关事业单位新招收的劳动合同制工人建立养老保险关系，基金征缴标准是单位为上年度本单位在职工作人员月平均工资总额24%，个人为本人上年度月平均工资3%。1995年5月，全市机关事业单位由企业职工社会保险所管理劳动合同制工人养老保险关系移交机关事业单位社会保险所管理。11月，将差额拨款和自收自支单位纳入参保范围。至年底，全市参保单位55个，参保人数2187人，征缴基金161.90万元。1997年，基金征缴标准调整为单位上年度在职工作人员月平均工资总额的22%，个人为本人上年度月平均工资总额的3%。参保单位169个，参保人数1.59万人，离退休人员2877人，征缴基金1594.12万元。12月，市机关事业单位社会保险所更名为市机关事业单位社会保险管理局。

1999年，撤市设区，更名为娄星区机关事业单位社会保险管理局。2002年，调整养老保险基金征缴标准，单位按本单位上年度在职人员工资总额和离退休人员养老金之和24%缴纳，个人缴纳标准为本人上年度月平均工资总额的3%。8月，区机关事业单位社会保险管理局划归区劳动和社会保障局管理。2004年，对3500名全额拨款机关事业单位离退休人员养老保险金实行社会化发放。1997—2006年，调整机关事业单位离退休人员基本养老金标准11次，累计人均月增养老金755元，人均养老金1180元/月。2006年，做实个人账户，给67家单位3762人发放个人账户手册。2007年，机关事业单位养老保险基金缴纳标准再次进行调整，单位按单位在职职工参保人员基本工资22%缴纳，个人缴纳标准为本人上年度月平均工资总额的3%，行政参公单位个人部分无须再缴纳。2008年，全区机关事业单位有参保单位378个，参保人员8034人，征缴基金2532.93万元，离退休人数2281人；支付离退休费3151.24万元。是年，机关事业单位累计征缴养老保险基金1.89亿元，支付离退休人员养老金1.51亿元，基金累计结余370.68万元。

三、失业保险

1989年，娄底市劳动服务公司设立职工待业保险股。是年，娄底市实施失业保险制度，市劳动服务公司失业保险股负责全市失业保险工作开展和待业人员登记管理，负责待业保险基金征集管理和使用。待业保险基金主要用于待业人员救济金、专业培训费和生产扶持金支付，参保对象是市内国有企业以及国家机关、事业单位、人民团体劳动合同制工人。享受待业保险待遇范围是依法宣告破产企业职工，濒临破产企业依法整顿期间被精简职工，企业终止、解除劳动合同职工和企业辞退职工4种人员。对市内36家国有企业按全部职工标准工资1%收取待业保险金，收缴8.66万元。1990年，全市参保单位91个，参保职工3.30万人，收缴基金32万元。1991年，待业救济金标准由不低于40元/月调整至最低50元/月。1992年，待业保险基金实行企业负担与个人缴费相结合的方式，征缴标准由原按职工标准工资1%改为按职工年工资总额1%收取。职工个人每月缴纳1元，待业保险范围扩大到市属集体企业。是年，参保单位157个，参保职工3.50万人，收缴基金45万元，扶持帮助企业建立专业训练基地3个。1993年，经市委机构编制委员会审批改为娄底市职工待业保险所。1994年，待业保险改称失业保险，全市参保单位172个，参保人数3.65万人，收缴失业保险金103万元。是年，失业保险金待遇提高到每人每月80元，享受失业保险金待遇197人，支付失业保险金24.86万元。1998年，失业保险基金再次调整，单位按职工工资总额2%，职工个人按本人工资总额1%收取。全年收缴基金40.65万元，拨付困难企业救济金9.02万元，支付75人失业保险金6.35万元。

1999年，撤市设区，更名为娄星区职工失业保险所，属娄星区劳动就业服务管理局内设股室。是年，娄星区失业保险范围扩大到事业单位、外商投资企业和城镇私营企业及其职工，城镇企事业单位按本单位工资总额2%，职工按本人工资

1%缴纳失业保险费。并规定失业人员领取失业保险金，按照失业前所在单位和本人按规定累计缴费时间计算，最长不超过24个月。失业保险金待遇由过去每人每月100元提高到每人每月130元，全年收缴基金73.03万元。支付困难企业救济金20.49万元，支付下岗职工专业训练基金35万元，发放失业保险金6.64万元。

2003年，区政府下发《关于切实做好事业单位工作人员失业保险工作的通知》，事业单位参加失业保险扩面征缴。2005年，区职工失业保险所为全额拨款事业单位，为区劳动就业服务管理局归口管理机构。2006年，参保单位110户，参保人数3.43万人。其中，民营企业3家，参保人员183人。全年征缴基金474.10万元，失业保险金实行社会化发放。2008年，参保单位42户，参保人数7800人，收缴基金228.63万元。享受失业保险待遇人数增至910人，发放失业保险金和医疗补助费424.06万元，为158名在企业工作过的原军队退役人员落实失业保险待遇，按每人每月失业保险金304元，医疗补助金15元，发放24个月，发放金额121万元。至2008年年底，累计征缴失业保险金700万元，支付企业2115名失业人员失业保险金571.89万元，支付失业保险调剂金423.08万元，划拨转业训练和下岗职工再就业培训费200万元。

四、医疗保险

2000年10月，娄星区医疗保险管理局成立，内设6股2室，承担城镇职工、居民基本医疗保险和城镇职工生育保险管理及服务，同时负责离休干部及1~6级伤残军人医疗保险管理服务工作。城镇职工基本医疗保险、城镇职工生育保险、城镇居民医疗保险分别于2001年4月1日、2005年1月1日、2008年4月1日启动。至2008年年底，全区城镇职工医疗保险参保 316家，参保人员1.56万人，城镇居民参保人数12.22万人，覆盖率98%。

（一）基本医疗保险

2001年4月1日，实施城镇基本医疗保险，参保单位按上年度本单位职工工资6%缴纳（2006年起调整至7%,），参保人（在职职工）按本人上年度平均工资2%缴纳，退休人员个人不缴纳基本医疗保险费。统筹基金最高支付限额为2.40万元。门诊医疗费从个人账户中支付，超支自理。至2008年，全区参加基本医疗保险1.55万人，累计缴纳基本医疗保险费6753万元，支付医疗费4248万元，结余2505万元。

（二）大病医疗互助

2000年，实施大病医疗互助。参加基本医疗保险人员（包括退休人员）须参加大病医疗互助，由参保单位在每年3月底按每人（包括退休人员）每年80元（从2006年4月起调整为110元）标准一次性足额缴纳。2001—2008年，累计收缴大病医疗互助金768万元，支出332万元。至2008年年底，大病医疗保险结余447万元。

（三）生育保险

2005年1月，推行生育保险制度，职工生育保险收缴11万元。2006年，职工生育保险收缴43万元，支出15万元。2007年，职工生育保险收缴33万元，支出22万元。2008年，职工生育保险收缴46万元，支出24万元。至2008年年底，全区生育保险累计结余71万元。

（四）离休干部、1~6级伤残军人医疗保障

1989—2007年，娄星区（娄底市）离休干部、1~6级伤残军人医疗保障由劳动局特殊人群管理股管理。2008年1月，划归娄星区医保局统一管理。医疗保险、生育保险及离休干部、1~6级伤残军人医疗保障实行定点医疗制度，参保人员须到定点医疗机构就医。

（五）城镇居民医疗保险

2008年4月，根据《湖南省城镇居民基本医疗保险试点实施办法（试行）》和《娄底市城镇居民基本医疗保险试行办法》，娄星区在全市率先启动城镇居民医疗保险。参保对象为不属于城镇职工基本医疗保险制度覆盖范围的中小学阶段学生（包括职高、中专、技校学生）、少年儿童和其他非从业城镇居民（含未纳入新型农村合作医疗制度的市辖区农村居民）。筹资标准为：18周岁以下学生、儿童每人40元，18周岁以上城镇居民每

人160元。至12月，全区城镇居民参保人数达12.22万人，城乡居民医保基金收缴1183万元，支出296万元。城乡居民医保累计结余887万元。

（六）新型农村合作医疗保险

2008年7月1日，娄星区启动新型农村合作医疗制度。凡户籍在娄星区境内农业人口均以户为单位在户籍所在地乡镇参加，以每年1月1日至12月31日为运行周期，一年一周期。筹资规模为80元/人，其中，参合农民每人出资10元，中央及地方财政对参合农民每人补助70元。进入新农合后，村民因病住院均由区新型农村合作医疗管理办公室按规定报销。

五、工伤保险

2004年1月起，娄星区执行工伤保险制度。区内用人单位职工发生因工伤亡事故，工伤待遇按照《工伤保险条例》执行。2005年8月，建立统一工伤保险制度，成立娄星区工伤保险管理局。具体承办工伤保险事务，负责全区工伤保险登记和工商保险基金征缴管理及使用，核查用人单位工资总额和职工个人信息，进行工伤保险调查、统计和核发工伤保险待遇。工伤保险范围主要是区内各类企业和有雇工工商户。工伤保险遵循无责任补偿，个人不缴费，一次性赔偿与长期赔偿相结合等原则，体现互助互济特点。根据“以支定收，收支平衡”原则确定缴费率，按照不同风险程度实行行业差别费率，一类工伤保险风险行业费率为职工工资总额0.5%；二类工伤保险行业费率为1.2%；三类工伤保险行业费率为2.4%。工伤保险实行区级统筹，分级管理。是年，全区参保户19户，参保职工1334人，征缴基金19.88万元。市中心医院，市中医院等5家医院定为工伤保险协议医疗机构。2007年1月，工伤保险基金实行区级统筹，并对煤矿企业按每吨煤4元缴纳工伤保险费。是年，煤炭等高危风险行业参保单位新增116户。2008年，全区参保单位203户，累计征缴工伤保险基金207万元，发生各类工伤事故190起，因公致伤190人，住院1463人次，支付工伤保险费180.36万元。

第四章　民　政

1989年，娄底市民政局内设办公室、社救股、优抚股、基政股、退伍办、财务室、募委办7个股室。1991年，全市9乡1镇3个街道全部建立民政办公室、民政委员会、民政福利会、优抚服务站，在原有13名民政助理员基础上，从乡镇在职干部中调整7名，大中专毕业生中安排4名，增配11名民政专干。各民政办公室设主任1名，民政助理员1名，民政委员会、民政福利会、优抚服务站各设主任或副主任1名，委员若干名。1992年，局机关撤销财务股，改设计财股，新增农村社会养老保险办、基层政权建设股、社团登记股、收养登记股。1994年，设立市婚姻登记管理处。1995年，机构改革，内设办公室、人事教育保卫股、优待抚恤股、安置办公室（保留退伍办牌子）、救灾救济社会福利股、社会事务股、基层政权建设股、计划财务股8个股室。下辖军队离退休干部休养所、军供站、社会福利院、光荣院、殡仪馆、民政建安公司6个独立核算企事业单位。挂靠单位有市残联等。1996年10月，地名办由建委移交民政局管理，设地名区划办公室，与基层政权建设股合署办公。

1999年7月，娄底市民政局更名为娄星区民政局。2002年，机构改革，内设办公室、优抚股、安置办（保留区退伍办的牌子）、救灾救济股、基层政权和社区建设股、社会福利和社会事务股（加挂区殡葬管理办牌子）、区划地名办、计划财务股、人事股9个股室，设纪检（监察）机构。下辖二级机构老龄办、农村养老保险办、民间组织管理局、城市居民最低生活保障局、婚姻登记管理处。挂靠单位有区残联。2003年，农保办、婚姻登记处、募委办、残联4个股室实行独立核算。2004年，区收容遣送站更名为区救助管理站。2005年8月，区婚姻登记管理处单位类别由法人单位变更为非法人单位，为财政全额拨款单位。2007年1月，设立区殡葬管理办公室（简称殡管办），为区民政局下属全额拨款事业单位；区低保局更名为区社会救助管理局。6月，增设娄星区革命老区建设办公室。

1989—2008年历任局长：颜子雄、刘伯文、杨国元。

第一节　基层自治组织建设

一、村民委员会建设

（一）村民委员会选举

1990年4月，娄底市成立实施《中华人民共和国村民委员会组织法》领导小组，组织第一次村委会换届选举。至12月底，10个乡镇全部完成换届选举任务。1994年，进行第二次村委会换届选举。其间一些村出现串联、贿选等违法现象，引发多起群众集体上访事件。市民政局会同市人大常委会等部门及时调查处理，完成换届选举工作。

1996年1月18日至2月10日，开展第三次村民委员会换届选举。1月15日，成立娄底市村委会换届选举工作领导小组。1月18日至20日，各乡镇召开党政联席会议，成立换届选举领导小组和工作机构，培训选举骨干。全市194个村召开会议4600余场次，张贴标语2500余条。25日至31日，各村进入选民登记、候选人酝酿阶段。第一轮采取联名推荐方式，推出候选人3400余人。经过酝酿协商，采取预选等方式确定正式候选人1250人，选举日前全部张榜公布。2月1日至7日，各村陆续进入投票选举阶段。至8日止，全市10个乡镇除西阳乡、百亩乡外，185个村完成换届选举工作，选举产生村委会主任177名、副主任260

名、村委委员550名。西阳乡4个村到3月31日前完成，百亩乡5个村涉及行政区划调整等因素至全省规定时间未能完成。1999年1—4月，进行第四次村民委员会换届选举，参选率85%。选举设置中心会场，组织竞选演说，设置秘密划票间，实行“海选”制度。5月，当选村干部组织培训，颁发“村委会成员当选证书”。建立村务监督小组，制定村委会任期目标和三年发展规划，完善各项村级工作制度和村务公开制度，修订完善《村民自治章程》和村规民约。

2002年，娄星区进行全区第五次村民委员会换届选举，191个村委会全部依法实行“海选”，参与选举村民24万人，实行到投票站集中投票和在秘密划票间划票无记名投票方式。2006年，开展第六次村民委员会换届选举，按时完成换届选举工作任务。

（二）村务公开

1998年，推行村务公开制度。各村对村级事务、财务、计划生育、生产资料、宅基地分配、集体经济使用、村民负担、救灾款物发放、村干部误工补贴9个方面进行公开。2006年，创办村务公开示范点，村务公开扩大到15个方面，内容为计划生育政策、救灾救济款物发放、宅基地使用、村集体征用补偿及分配、村干部报酬、土地征用补偿及分配、农村机动地和“四荒地”发包、村集体债权债务及重大合同、税费改革政策、村内“一事一议”筹资筹劳、新型农村合作医疗、种粮直接补贴、退耕还林还草款兑现、国家其他补贴农民及资助村集体的政策落实情况、村民“点题”公开事项等，以立体式活动铝钢框制作公开栏形式竖立在村委会办公场地。自治章程、村约民规、村务公开制度、村务监督制度、民主理财制度、财务管理制度、财务审计制度、民主评议村干部制度等以镜框整版悬挂在村民委员会办公室内。2007年，以财务公开为重点，以民主管理为核心，开展村务公开、民主示范单位创建活动，85%以上村实行村级财务清理，张榜公布。

（三）村民自治

1991年，开展村委会自治示范创建活动，全市193个村每个村建立健全村级议事会、风俗理事会、救灾扶贫互助储金会、社会福利基金会和优抚服务组“四会一组”，制定相关章程。建立农村救灾扶贫互助储金会，参加储金会农户4.70万户，入会率占95.8%，总储金172.40万元。投放资金172万元，其中，用于救灾30万元，扶贫40万元，发展生产51万元，应急解难42万元，其他9万元。福利基金会为优抚对象、五保户、残疾人、贫困户服务3.51万人次；风俗理事会为婚丧服务292场次，节约资金65万元，建立公益性公墓2个。1994年，在万宝乡试点建立村民自治示范村。坚持抓好民主选举、民主管理、民主决策、民主监督，重点完善村民会议或村民代表会议制度，对村干部工作进行评议和监督。1999年，撤销各村农村救灾扶贫互助储金会。2006年3月，开展社会主义新农村建设。至2008年，全区各村均相继建立村级组织固定活动场所。

二、居民委员会建设

1991年，娄底市实施《中华人民共和国居民委员会组织法》，进行第一次居民委员会（简称居委会）选举。1992年，为全体当选居委会干部颁发当选证书，评选出黄泥塘街道旁山冲居委会、乐坪街道小花和月塘居委会、花山街道铁东和大桥居委会等6个先进居委会、高溪居委会1个模范居委会报地区评比奖励。开展城市社会主义思想教育，整顿居委会组织，加强城市基层政权建设。1995年6月，进行第二次居委会换届选举。1997年9月30日至10月31日，进行第三次居委会换届选举。9月22日至10月15日，成立娄底市居委会换届选举工作领导小组，制定选举工作实施方案和办法；各街道办事处成立换届选举指导小组。各居委会推选新一届居民代表，确定本届居委会职数，审定选民资格，培训选举骨干。10月16—23日，宣传发动，张榜公布选民登记。10月24—31日，提名推荐，完成第一轮选举，确定正式候选人。10月24—31日完成选举任务。1999年1—4月，组织第四次居民委员会换届，实行“海选”制度，设置中心选举会场，组织竞选演说，设置秘密划票间，对选举过程进行公告。建立完善居务监督小组，制定居委会任期目标和三年发展规划，完善各项工作制度和居务公开制度并上墙，修订完善《居民自治章程》。2002年，娄星区坚持“标准化、规范化”管理，实施社区建设。5月，对城区涟滨乡、大科乡、西阳镇2乡1镇实施撤改工作，设立涟滨、大科、大埠桥3个街道。2003年8—11月，开展第五次居委会换届选举，除新组建的黄泥塘涟钢大市场居委会、建制村整体改制的大科街道黄泥社区及尚未理顺管理体制涟钢8个社区居委会外，其余社区居委会均实现平稳换届。区委、区政府采取分类分批办法解决社区居委会办公用房，实施“安居工程”；安排专项经费，在工伤、医疗、失业、养老等方面解决社区居委会专职成员生活水平待遇，实施“安心工程”。构建以社区服务站为依托，形成门类齐全、服务队伍稳定的社区服务体系。是年，全区投入资金400余万元，建社区服务示范点10个，以点带面，建成社区服务网点100余个，社区服务从业人员5000余人。2006年，进行全区第六次居委会（首届社区居委会）换届选举。2008年，推进和谐社区居委会建设，引导卫生、科技、劳动、教育、法律服务进社区。

第二节　优抚安置

一、优待与抚恤

1989年，娄底市重点优抚对象678人。其中，革命伤残军人270人，“双定”补助人员383人，定期抚恤人员25人，发放优抚金49.17万元。1990年，全市有重点优抚对象699人。其中，革命伤残军人275人，“双定”补助人员393人，定期抚恤人员31人，发放优抚金50.63万元。1991年，有重点优抚对象710人。其中，革命伤残军人280人，“双定”补助人员395人，定期抚恤人员35人，发放优抚金51.36万元。1992年，有重点优抚对象715人。其中，革命伤残军人280人，“双定”补助人员395人，定期抚恤人员40人，发放优抚金51.72万元。1993年，有重点优抚对象725人。其中，革命伤残军人285人，“双定”补助人员400人，定期抚恤人员40人，发放优抚金52.45万元。1994年，有重点优抚对象735人。其中，革命伤残军人290人，“双定”补助人员403人，定期抚恤人员42人，发放优抚金53.18万元。1995年，有重点优抚对象740人。其中，革命伤残军人295人，“双定”补助人员403人，定期抚恤人员42人，发放优抚金53.54万元。1996年，全市有重点优抚对象750人。其中，革命伤残军人300人，“双定”补助人员408人，定期抚恤人员42人，发放优抚金54.27万元。1997年，有重点优抚对象759人。其中，革命伤残军人304人，“双定”补助人员413人，定期抚恤人员42人，发放优抚金55万元。1998年，有重点优抚对象779人。其中，革命伤残军人312人，“双定”补助人员423人，定期抚恤人员44人，发放优抚金56.46万元。

1999年，娄星区有重点优抚对象789人。其中，革命伤残军人317人，“双定”补助人员428人，定期抚恤人员44人，全年发放优抚金57.19万元。2000年，有重点优抚对象799人。其中，革命伤残军人322人，“双定”补助人员433人，定期抚恤人员44人，发放优抚金57.92万元。2001年，有重点优抚对象808人。其中，革命伤残军人327人，“双定”补助人员437人，定期抚恤人员44人，发放优抚金58.65万元。2002年，有重点优抚对象813人。其中，革命伤残军人332人，“双定”补助人员442人，定期抚恤人员44人，发放优抚金58.65万元。2003年，有重点优抚对象823人。其中，革命伤残军人337人，“双定”补助人员442人，定期抚恤人员44人，发放优抚金60.96万元。2004年，有重点优抚对象833人。其中，革命伤残军人342人，“双定”补助人员447人，定期抚恤人员44人，发放优抚金63.95万元。2005年，有重点优抚对象810人。其中，残疾军人334人，“三属”42人，老复员军人168人，享受“双定”补助退伍军人810人，发放优抚金172.21万元。

2006年，全区有重点优抚对象874人。其中，革命伤残军人361人，“三属”对象44人，老复员军人185人，享受“双定”补助退伍军人284人，发放优抚金214.45万元。2007年，落实国家“带病回乡”和“两参”身份认定政策。全区有重点优抚对象1303人，其中，残疾军人368人，“三属”45人，老复员军人178人，“双定”补助退伍军人234人，病退军人93人，参战军人379人，参核军人6人，全年发放优抚金264.43万元。2008年，有重点优抚对象1412人。其中，残疾军人391人，“三属”43人，老复员军人170人，“双定”补助退伍军人232人，病退军人140人，参战军人428人，参核军人8人，发放优抚金380.77万元。

二、退役军人安置

1990年，娄底市城镇退役士兵执行“按系统分配任务包干安置”政策。随着国有企业改革改制和企业扩大用工自主权以及非农户口青年征集数量增加，出现安置难度逐年增加状况。1991年3月，民政部在北京专门听取娄底市组织退役士兵开发庭院经济情况汇报。娄底市在民政部开发使用军地两用人才座谈上作经验介绍。1995年，贯彻娄底地委、行署“妥善安置，各得其所”安置方针，对拒不接收政府指令性安置任务单位采取冻结单位招工和人员调入，冻结行政事业单位收费资格，冻结单位工资、审批和职称评定，冻结并扣减单位行政事业经费开支“四冻结”措施，做法获得省民政厅认可和推介。

1999年，对城镇入伍青年发放安置卡，对无安置卡退役士兵政府不安排工作，回农村安置退役士兵继续执行“从哪里来到哪里去”安置政策，多渠道开发使用军地两用人才。实行一系列特殊政策，对从事个体经营的给予税收减免优惠，从事种养的给予微利项目财政贴息，入伍前承包土地的承包期内不得收回或强制流转承包土地，劳务输出时优先照顾农村回乡退役士兵，乡镇企业招工优先招录回乡退役士兵，在村组干部选拔中择优录用退役士兵。

2008年，实施退役士兵安置办法改革，实行考试和考核相结合的办法进行安置。安置考试由区人社局考试中心具体组织实施，安置考核由市区纪委、军分区、教育局、人社局专门组织相关人员进行审核认定，考核结果经退伍士兵本人认可签字。在娄星在线公示15天后按总成绩从高分到低分择优安置，全程由纪委、编办、人社、民政、组织等部门配合实施，做到每个环节公开、公平、公正。

第三节 赈灾救济

一、赈灾与救济

1989年5月，娄底市10个乡镇均建立社会福利基金会，200个村建立救灾扶贫互助储金会，入会农户4.40万户，入会率94.3%，筹集资金103万余元，资金正常投放使用。6月，地区在娄底市召开经验交流会，省、地奖励下拨民政经费12.50万元。6月27日至7月3日，全市遭遇连续7天雨涝灾害，受灾人口11.89万人，占农村人口72%。损坏房屋1330间，其中，民房1312间，93户农户房屋全部倒塌；冲垮山塘河堤235处，淹没水田1426.67公顷。时值早稻中、迟熟品种抽穗扬花季节，造成基本绝收633.33公顷。淹没西瓜、花生、黄豆、蔬菜等作物880公顷，造成严重减产206.67公顷，完全失收166.67公顷，全市因灾造成直接经济损失1250万元。灾情发生后，市财政拨付7万元，解决严重水毁工程恢复和村民生产生活困难。安排救灾水泥120吨，木材40立方米，钢材15吨，粮食200吨及其他救灾物资，用于抗灾恢复农业生产。

1992年，灾情频繁严重。1月大雪，冰冻严重。4—6月遭遇风暴、冰雹、水患袭击。4月20日晚11点50分至21日凌晨1时，遭到冰雹和狂风暴雨袭击，8级风暴持续30分钟，最大冰雹直径达4厘米。97个村受灾，其中，灾情严重村25个，受灾农户2.58万户，占农户总数48%。其中，特重灾836户2945人，重灾1086户3865人。倒塌房屋367间，全倒户8户，造成危房823间。农作物受灾面积945.53公顷，粮食损失40万千克。其中，小麦、大麦受灾面积448.67公顷。蚕豆、豌豆、大豆、蔬菜受灾面积496.67公顷，造成直接经济损失187.35万元。下半年，遭遇持续3个多月大旱，致使秋收、冬收作物大幅度减产，冬播生产不能正常进行。民政部门深入灾区访贫问苦，上报灾情。全年发放救灾款12万元，衣物等救灾物资950件。1993年，采取村民自我保险与政府救济相结合举措。全年有370户村民参加房屋灾害保险，投保金额7680元。上半年，水灾倒塌正房516间，损坏住房826间，90多人无家可归，因灾死亡1人，受伤10人，直接经济损失1120.60万元。民政局分成5个工作组，分赴各乡村实地察看，实施灾后救济。全年发放救灾款10.50万元，衣物950件。1994年8月上旬，域内发生大水灾。造成房屋倒塌1050间，受灾户1.80万户，直接经济损失8000万元。民政局下拨救灾款52.84万元，救灾衣被物品3000余件。动用助储金救灾扶贫300余万元，应急解难150余万元，扶持50余万元用于救灾和恢复生产。1995年6月30日晚至7月1日，域内连遭暴雨袭击，最高降雨量达118毫米。双江乡、石井乡、万宝镇受灾严重，造成房屋倒塌517间。其中，正房421间，杂房96间，住房全倒户25户，215人无家可归。造成直接经济损失2149万元。灾情发生后，市委办、市政府办连续2次发出做好救灾募捐通知，收到捐款21.59万元。其中，交市民政局募委办4.17万元，各单位直接送到乡村户17.42万元。是年，地区民政拨款22万元，市财政拨款15万元，加上募捐款，救灾款58.59万元，由民政局统一发放。市政府分4次安排灾销粮1290吨，地区红十字会救灾粮4吨，用于赈救灾民重建房屋和恢复生产。1996年7月25日，湘中地区发生特大洪灾，域内有40户房屋全倒，倒塌165间，受灾人口1.10万人，直接经济损失4000万元。7月26日，市委、市政府成立市救灾募捐办公室，带领全市人民抗灾救灾。灾后审定救济支援方案，对建房户发放救灾建房款和慰问信。全市人民捐款捐物总额118.63万元。其中，捐款98.90万元，捐物折价19.74万元，除帮助本市灾民解决部分困难外，还支援新化、冷水江等灾区。市政府与乡镇签订房屋重建责任状，在春节前帮助灾民建好新房。是年，落实民政部《关于进一步加强救灾款管理使用工作的通知》，地方自然灾害救济费预算和救灾粮差价补贴款落实救灾工作分级管理、救灾资金分级负担救灾体制，接收上级下拨各种救灾救济款50万元，发放到灾民手中。1997年4月3日和4月29日，接连2次发生龙卷风过境和冰雹袭击，致伤18人。其中，重伤6人，死亡1人，倒塌民房40余栋，房屋185间，全倒户8户，100余人无家可归。造成直接经济损失2685万元。6月下旬至7月中旬，遭阴雨连绵，导致山体滑坡和低洼地段土砖房屋基础被水浸湿，22户村民房屋倒塌。民政部门筹集救灾资金80万元，帮助全倒户解决建房实际困难。

1999年，娄星区境内受强降雨和持续大风影响，引发山体滑坡、田土被淹，受灾人口1.80万人，死亡3人，伤10余人，因狂风暴雨倒塌房屋468间。其中，全倒户15户72间，造成危房379间，需搬迁11户45间。全区造成直接经济损失164.60万元。民政部门直拨特大自然灾害救济补助费18万元，发放到灾民手中。2000年，域内遭受旱灾，受灾人口2.10万人，直接经济损失198万元。上级直拨特大自然灾害救济补助费8万元。2001年，继续落实救灾救济工作分级管理、救灾款分级负担运行体制，推行救灾款专户储存、专账管理，提高救灾救济款列入比例，217科目预算按照市局要求增加到30万元。是年，接收上级直拨特大自然灾害救济补助费14万元，全部发放到灾民手中。

2002年6月，域内暴雨成灾。双江乡、万宝镇房屋损毁严重，全区285间房屋倒塌，426间损坏，21户房屋全倒。民政部门连续3次安排救灾救济款38万元，下拨棉被160床、衣物120件。7—8月，域内普降暴雨，全区受灾人口15.14万人，农作物受灾面积1.03万公顷，倒塌房屋1701间，造成直接经济损失2929万元。民政部门筹集救灾款物85万元，派出30余名干部将救灾款物全部分送到灾民手中，组织开展生产自救。2003年5月18日，暴雨狂风席卷全境，造成小碧乡、万宝镇两处山体严重滑坡，倒塌房屋5户，倒损房屋21间。至20日，倒塌房屋658间，全倒户及因灾造成危房无法居住户125户，直接经济损失4000万元。民政部门争取各类救济救灾款项68万元，下拨棉被100床，及时发放到灾民和困难户手中。2005年5月31日至6月8日，域内普降暴雨，遭逢百年一遇洪水侵袭。涟水、孙水河沿线万宝、大科、百亩、花山、黄泥塘等地受灾惨重，沿河农作物完全毁损，老街沿线门面被淹，紧急转移人口1.80万人。至6月8日，全区受灾人口4.52万人，成灾人口3.21万人，被困人口1221人，紧急安置人口1602人。造成饮水困难人口9349人，农作物受灾面积2533.33公顷，成灾面积1733.33公顷，绝收面积1000公顷，毁坏耕地1200公顷，死亡牲畜1786头，损坏房屋2969间，倒塌房屋1786间，直接经济损失1.58亿元。全区党政领导干部全体下乡救灾，民政部门干部职工分赴12个乡镇、街道办事处组织抗洪抢险。6月16日，民政部门下拨各乡镇特大自然灾害救济补助费40万元。

2007年4—8月，域内遭遇多次洪涝灾害，造成受灾人口3.14万人，成灾人口2.47万人，因灾伤病215人，紧急转移安置4561人；损坏房屋5852间，其中倒塌2176间，民房倒塌1283间；农作物受灾面积1682.33公顷，其中，农作物绝收面积1074.67公顷，损坏耕地面积947.20公顷，直接经济损失1.05亿元，其中农业直接经济损失4570万元。区民政局坚持“政府主导、分级管理、社会互助、生产自救”方针，对救灾款物实行民主评议、登记造册、张榜公布、公开发放、专款专用。争取各类救济救灾款项50万元，下拨棉被100床，全部发放到灾民和困难户手中。

2008年1月10日至2月12日，持续近1个月低温、雨雪冰冻天气袭击全区，交通中断，电力、供水设施遭受重创，群众日常生活受到严重影响。时值春运高峰，高速公路娄星段被冰雪覆盖中断运行，积压大批车辆，受困者长达十多天，受灾人口20.50万人。农作物受灾面积211.80公顷，绝收面积168.67公顷；倒塌房屋135间；因灾造成直接经济损失2.10亿元。全区武警战士、干部群众紧急行动抗冰救灾，紧急转移安置2.20万人，救助铁路、公路滞留人员1027人。民政部门直拨特大自然灾害救济补助费85万元。

二、农村村民最低生活保障

2007—2008年，娄星区实施农村最低生活保障制度。对农村村民户年人均收入低于本区最低生活保障标准家庭实施农村最低生活保障，保障资金由区、乡镇（街道）财政及村按比例分担。是年，确定农村低保对象1825户，标准为每人每年480元，通过银行实施打卡发放。享受最低生活保障村民凭“娄底市农村最低生活保障救济证”领取，凭证免交提留、统筹费用，按实际征收农林特产税，减免义务工，其子女小学、初中义务教育期间减免50%学杂费。在市内医院治病挂号费、注射费、床位费等方面给予优惠。

三、城市居民最低生活保障

1997年，娄底市被省、地民政部门列为城乡最低生活保障制度试点县市之一。年初，民政局成立领导小组，确定专人负责。4月，成立城乡社会保障制度建设工作组，到宁乡、澧临、株洲等地考察学习。5月，开展贫困对象调查摸底，制定相关制度和文件。7月初，制定全市最低生活保障制度施行方案报市政府审定。1998年1月1日起，对城镇居民无依无靠、无生活来源、无劳动能力的原民政救济对象和具有本市城区户口常住居民，户年人均收入低于本市最低生活保障标准的家庭实施最低生活保障。中央、省、地属驻娄单位职工生活困难由所在企业和行业主管部门负责解决；市属和市属以下单位职工生活困难暂由所在单位和行业主管部门解决，待条件成熟时，再纳入城市最低生活保障范围。最低生活保障资金由市、街道及居委会按比例分担。保障金审批实行市、街道、居委会三级负责、“初审、复核、审批”三榜公布制度。由市民政局、街道办事处和居委会层层把关，对家庭收入发生变化的，及时进行新增变更或停止发放。是年，全市城区最低生活保障对象88人，保障标准为每人每年960元。保障金发放由街道办事处统一组织，保障对象每年凭户口、身份证、“娄底市城市最低生活保障金领取证”“三证”按时领取，集中供养人员保障金由所在供养单位统一办理。1999年，城市低保由原来只保障“三无”人员扩大到“三类”人员，即在原进入低保范围“三无”人员基础上，增加两类：领取失业救济金期间或失业救济期满仍未能重新就业，家庭人均收入低于最低生活保障标准的；在职人员和下岗人员在领取工资或最低工资、基本生活费后及退休人员领取退休金后其家庭人均收入仍低于最低生活保障标准的。这两类对象最低标准定为每人每月100元，因财力所限，每人每月100元分等级发放，最低每人每月10元。

2002年，娄星区城市最低生活保障局（简称低保局）成立，隶属民政局管理。所有乡镇、街道均实施低保制度，低保资金发放实行网络化管理。民政局组织30余名干部分成5个小组到14个乡镇、街道进行调查核实，澄清底子。至12月底，全区享受低保人数3.48万人，基本实现全员覆盖，累计支出低保资金742万元。2003年，全区通过入户调查、民主评议、张榜公布，审查等方式确定城镇低保对象3.11万人。其中，中央、省属单位1.20万人，市属单位8278人，区属单位1.06万人，发放低保资金736万元。2004年1月1日起，享受城市居民最低生活保障人员，按原审批金额每人每月提高5～10元。2005—2008年，城市低保从原来的系统管理转入属地管理，混合施保转为分类施保，落实各项优惠政策，保障特殊困难家庭基本生活。2007年1月，娄星区低保局更名为娄星区社会救助管理局。

第四节　社会事务管理

一、婚姻登记

1989—1994年，全市有婚姻登记处13个，乡镇、街道各设1处。每年办理结婚登记2300对左右，离婚登记150对左右，办理港澳婚姻登记5对。1994年3月，市编办同意民政局设立市婚姻登记管理处。民政部门宣传《婚姻登记管理条例》，集中培训婚姻登记员12名。对婚姻登记情况进行执法检查，对4名违法登记或不按法定程序登记当事人给予党纪政纪处理。1996年11月1日起，根据《中华人民共和国婚姻法》《中华人民共和国母婴保健法》和国务院《九十年代中国儿童发展规划纲要》等法律法规规定，婚姻登记管理执行婚前检查制度。由市妇幼保健所对准备结婚男女双方可能影响结婚和生育疾病进行体检，保证优生优育。

1999年9月1日起，娄星区婚姻登记统一由区婚姻登记管理处办理，各乡镇、街道办事处民政办公室不再办理婚姻登记。2002年，规范管理婚姻登记，治理搭车收费现象。是年，办理婚姻登记3200多对，离婚登记440对，合格率100%。2003年2月10日，区民政局下发《关于同意婚姻登记处收取赞助费的通知》，婚姻登记管理处在婚姻登记时实行收费制度。收费标准为农村结婚对象每对10元，城市结婚对象每对60元，离婚对象每对400元。9月24日，执行新的《婚姻登记条例》，收费标准维持不变。是年，办理结婚登记合格率100%。2004年，区婚姻登记管理处被省民政厅评为全省先进婚姻登记机关。2006年，区婚姻登记管理处被民政部评为全国婚姻登记规范化建设窗口单位。2007—2008年，区民政局连续2年被民政部评为全国婚姻登记规范化单位。2007年，被评为全省先进婚姻登记机关。2008年，被民政部评为全国先进婚姻登记机关。

二、殡葬管理

1989年，娄底市境内殡葬提倡火葬，农村仍以土葬为主。6月，市殡仪馆火葬车间建成并投入使用，全年火化尸体120余具。1993年，市殡仪馆投资30余万元，修建馆内挡土墙和围墙，实施馆内基础设施建设。购置发电机1台，解决用电问题。1996年，加强殡仪馆内部管理，增加服务项目，开发公墓建设。1997年，加强院内环境建设，新建仿古门楼和仿古凉亭。1999年7月，地改市后，娄底市（县级）殡仪馆收归娄底市（地级）民政局管理。

2007年1月，娄星区设立殡葬管理办公室，为区民政局下属全额拨款事业单位，核定人员编制3名。2008年，开展移风易俗、节俭办丧宣传，出动流动宣传车6台，开展为期15天的宣传活动，推进殡葬改革。

三、乞讨收容与儿童收养

1989年，娄底市全年收养弃婴93名，经费支出4万元。1990年，收养弃婴105名，收埋无名尸体10余具，救济过往乞讨病残和困难人员60余人次。1992年，城区有五保老人60名、社会遗弃残婴65名，以及流落在街头巷尾痴、呆、傻、残人员等均无条件实现集中安置、供养。8月，投资170万元，在石马公园东侧动工兴建市社会福利院1所，建筑面积4336平方米。1996年，市社会福利院建成，配齐领导班子，制定管理制度，对社会弃婴实行集中带养。1997年，社会福利院为残疾儿童添置康复器械和儿童玩具等设备，与长沙福利院建立友好关系，委托长沙福利院帮助康复病残儿童10余次。11月，经省厅验收，定为二级福利院。1999年，撤市设区后，福利院收归娄底市民政局管理。

2002年，社会福利事业探索投资主体多元化、服务对象公众化、运作方式市场化、服务内容多样化、服务队伍专业化与志愿者相结合新路子，规范管理收养登记。全年收养登记5起，合格率100%。2003年，收养登记10起。2004年，收养登记52起，解除收养1起。2005年，收养登记41起。2006年，收养登记48起。2007年，收养登记65起。2008年，收养登记22起。

四、民间组织管理

1992年，娄底市民政局对域内民间社会组织开展调查摸底，对符合法律、政策社团给予注册登记，规范管理。1994年，对全市民间组织进行清理整顿，依法取缔违法社团和非法社团，对合格社团进行年检年审。12月，首次召开全市先进社团总结表彰会，表彰市集体建筑企业协会、市成人教育研究会、市硬笔书法协会、市陶瓷校友会、市财政会计学会5家先进集体，社团管理工作走上制度化、规范化轨道。1997年，全市组织开展社团组织清理整顿，登记注册社团29个，财务审计11个。

2002年，娄星区贯彻执行社团组织有关登记管理条例，完善双重管理体制和监督约束机制，对各类多个社会团体进行依法清理整顿。取缔非法社团2家，全区有社团23家，对17家民办非企业单位实行归口统一登记。2003年7月，会同娄星区公安分局和有关乡镇，通过调查取证，依法取缔“娄底七九战友会”非法组织。2007年2月，娄星区型煤企业协会因主要负责人触犯法律，协会自行解散，依法注销。4月，依法成立娄星区利民型煤企业协会，由区煤炭局负责管理。

第五节　社会福利事业

一、五保户供养与敬老院建设

1989年，娄底市五保供养实行“以乡统筹，三级供养”。是年，全市新建敬老院2所，敬老院、光荣院总数达到14所，83位五保老人入院居住。1991年，全市有农村五保对象560户588人，供养经费实行以乡统筹，生活费每人每年200元的210人，200~300元的285人，300~400元的2人，400~500元的87人，500元以上的4人。全市有敬老院16所（含光荣院1所），实现乡乡有敬老院，每所敬老院配有电视机1台，配院长1人，服务员1人。是年，4所敬老院每所建1个小菜园、1个小猪栏、1口小鱼塘、1个小果园、1个小茶园等生产基地，年收入2.50万元，纯收入9000余元。1992年，民政部门资助万宝、石井、白鹭、三元等乡村新建敬老院4所，对原有15所敬老院进行整顿巩固和提高，改善住院环境和生活条件。是年，入住老人146人。对因各种原因暂时不能入住五保老人和农村孤儿，按照“以乡统筹，三级供养”原则落实供养措施。1993年，建设石井乡和万宝镇2座敬老院，从规划、选址设计、施工到床、被、桌凳等院内设施，体现人性化、特色化。经地区民政局检查，万宝镇敬老院被评为全区一流敬老院。是年，有乡村敬老院14所，入院老人93人。1994年9月8日，万宝镇敬老院建成开业，集中供养20位五保老人。小碧乡敬老院完成定点、选址、设计和施工前期工作。1996年，全市拥有各级敬老院14所，入院老人178人，生活标准每月225元。落实三级统筹和集中供养，1072名五保老人实现老有所养。是年起，乡镇按统筹标准落实五保待遇。

2002年，娄星区加强以老年人服务为主体的城乡福利机构建设。提高全区1992名五保老人生活水平，人均每年提高300元。2003年，全区有五保供养对象1181人，有乡级敬老院3所、村级敬老院7所，五保对象1018人，年供养经费58.37万元。2005年，改扩建百亩乡、石井乡2所敬老院。2006年，新建茶园镇敬老院，占地面积5667平方米，建筑面积3800平方米。2007年，全部完成省市敬老院建设任务。至2008年，全区有乡级敬老院7所，入住老人291人，年供养标准1000元；分散供养1396人，年供养标准855元。

二、社会福利企业

1989年，娄底市社会福利生产单位免征税金。全市新成立乐坪五金福利厂、市关家日用化学品厂、涟钢福利厂、西阳乡皮带蜡福利厂等10家企业（其中特批4家），安排残疾人员就业127名，产值454.27万元。年底，地区在娄底市召开经验交流会，获地区社会福利企业周转金3.50万元。1990年，新增福利企业3家，全市福利企业达到16家，产值由上年531万元增加到1138万元，增长147%，利润由上年117.84万元增加到249.30万元，增长147.3%，超额实现目标管理。1991年，新建福利工厂3家，累计19家，在职职工733人，新增132人，其中残疾人352人。实现总产值1485.60万元，同比增加350.60万元，利润223.10万元，同比增加41.80万元，超目标管理分配产值100.60万元，利润超目标管理19.10万元，残疾人就业超目标管理74人。1992年，有福利工厂20家，有职工696人，其中残疾职工366人。实现总产值1818.30万元，实现利税306.57万元。1993年，对全市福利工厂生产、经营和管理情况进行检查，对基础较薄弱福利工厂提出整改意见，并按照国家关于福利生产企业有关条件进行年检年审，关闭3家不合格福利工厂。全市17家福利工厂创产值1920万元，实现税利396万元，名列全省县市前茅。1994年，新增市星康电珠电器福利厂、杉山村福利焦煤厂等3家企业，有福利生产工厂20家，产值2270万元，利税171.40万元，减免税金102.34万元，安排600多名残疾人就业。涟钢福利厂被列为全国福利企业500强之一。1996年，与税务部门配合，对全市福利工厂进行清理整顿和重新审核发证，全市有合格福利企业10家，年产值3000万元以上，安置残疾职工540名。1997年，福利生产企业进行清理整顿，有合格企业10家，年产值2950元，年利税140万元，安置残疾职工550名。

2002年，娄星区探索投资主体多元化、服务对象公众化、运作方式市场化、服务内容多样化、服务队伍专业化与志愿者相结合新路子，发展福利企业。是年，有福利企业9家，有残疾职工547人，年产总值2745.84万元。2004年，有涟钢福利公司、三甲洗煤厂、高溪综合福利厂、煤焦责任公司、城西洗煤厂、福利综合加工厂、福利彩色印务厂、正宏洗煤厂、高溪社区福利洗煤厂、东兴洗煤厂、新兴物资贸易有限责任公司、大众洗车娄底销售服务有限公司、洋洋矿产品加工厂、五强耐火材料厂、宏心洗煤厂等合格福利企业19家，安置残疾职工678人，年销售收入5.60亿元。2005—2006年，区民政局制定《娄星区社会福利企业管理办法》《关于加强社会福利企业管理的通知》，对福利企业规范管理。2008年，全区有福利企业19家，安置残疾职工886人，年销售收入4.16亿元。

三、社会福利彩票

1989年，娄底市销售福彩奖券，上交地区民政局20万元，获得福利基金4.14万元，被省民政厅评为先进单位。福利奖券发行完成较好的乡镇、街道有涟滨乡、大科乡、乐坪街道等。1990年，发行奖券64万元，实际销售55万元，在全地区名列第一，被省评为先进单位。1991年，市民政局设立市社会福利有奖募捐办公室，为股级事业单位。全年发行社会福利奖券100万元，是地区下达目标管理任务的4倍。1992年，采取实物兑奖与现场销售相结合、城市销售与乡镇销售相结合、摆摊设点销售与传统方式相结合的“三结合”措施，完成福利奖券销售任务210万元，同比增长133.3%。投放福利资金资助兴建市社会福利院、市聋哑学校建设，赞助万宝乡敬老院、白鹭村敬老院、三元村敬老院、石井乡敬老院建设。1992年农历腊月二十日至1993年农历正月十二日，在市政府门口搭棚设点销售。春节后，根据市场客流特点，把奖券销售棚点移向娄底大桥，销售奖券40余万元。在涟钢、恩口煤矿2处组织3场次专场销售。1993年，全年实现发行社会福利奖券120万元，超额完成地区安排任务。1994年，全年销售奖券80万元，排全地区县市区第2名。

1996年2月28日至3月6日，组织200名销售人员在城南市场前横街搭棚，开展大型销售活动。从衡阳租用1架安2型飞机在市区上空散发宣传单，从北京、长沙、深圳等地聘请一批国家一级演员在发行现场演出助兴。不仅吸引全市各阶层群众，还吸引周边双峰、涟源、湘乡等地群众涌入娄底。7天半时间实现销售奖券600万元。2002年，娄星区探索新的福利彩票发行销售方式，完善管理体制和运行机制。全年销售福利彩票248.37万元，筹集福利资金19余万元。所得福利资金全部用于资助光荣院建设、民政扶贫点双江乡新联村建设、杉山镇公路建设等社会福利项目和公益事业。2003年，销售福利彩票340余万元。12月6日，运行即开型彩票。2004年，销售福利彩票350万元。2005年，销售福利彩票420万元。2006年，销售福利彩票520万元。2007年，销售福利彩票680万元。至2008年年底，累计发行各种福利彩票6800万元，为国家筹集社会福利公益金2448余万元，留成使用580万元，资助社会福利公益项目50余个。

第六节 地名与勘界

一、地名管理

“娄星”之称始于北宋仁宗年间，相传此处为天体中娄星和氐星相会争耀之地，故得名。1995年1月，娄底市新置长青街道，西以育才路、氐星路为界，东属乐坪街道，西属长青街道。是年，民政、国土、城建、规划等部门分赴全市各乡镇（街道）进行考察，整理各种地名数据和文字资料，重新绘制行政区划图。1998年，完成市境内209国道两侧范围内村镇地名标志设置。1999年3月，娄底地区撤地设市，原县级娄底市更名为娄星区。

2003年4月，娄星区撤销大科乡、涟滨乡、西阳镇，将撤销2乡1 镇与杉山镇划出4个村分别组建街道，取名大科街道、涟滨街道、大埠桥街道，其中涟滨、大埠桥2个街道委托市经济技术开发区管理。将涟滨乡管辖的涟滨、曹家、恩口、东来、碧溪5个村和花山街道茅塘村部分划归黄泥塘街道，设居民委员会，取名凤阳。7月，长青街道办事处调整村居委会，设娄星、洞新、小花、甘子冲、长青、竹山、耕塘、关家7个居民委员会和长青村民委员会。12月，出版娄星区行政区划图。2004年，黄泥村改为黄泥居民委员会。2005年，成立娄星区地名委员会。3月，启动第一批地名命名工作。对中心城区15条主要街道分别命名为湘中大道、乐坪大道、长青街、湘阳街、涟滨街、月塘街、大汉大道、娄星南路、娄星北路、新星南路、新星北路、氐星路、丹阳路、扶青路、桑塘路。

2007年，制定《娄星区地名管理办法》，规范地名管理。11月，启动城区第二批主要街道地名命名工作。35条街道分别命名为早元街、桃圃街、新科街、秀石街、贤童街、白坪街、清泉街、老街、青山街、凤阳街、新坪街、洪冠街、万新街、蒋大街、石玉街、秋浦街、仙桥街、钢城街、涟水北街、涟水南街、东贸街、西贸街、群乐街、小科街、双科街、育新街、王家街、茅滨街、星园街、茅雷街、坛山街、花山西街、振兴街、青春街、站前街。完成迎春路、白塘路、金谷路、春园路、书院路、旁冲路、太和路、西坪路、铁炉冲路、石冲路、福岭路、洪洲路、柳青路、高溪路、百花路、清潭路、春檀路、碧溪路、石马路、栗山路、檀香路、丽春路、乐花路、桔园路、双园路、干塘路、关家脑路、曹家坨路、观音冲路、花山东路、铁西路、甘桂南路、甘桂北路、吉星南路、吉星北路、神童路、景屏路、万富路、花庙路、东山路、白屋路等41条道路命名。16条街巷分别命名为白竹巷、广泉巷、聂家巷、塘角巷、塘华巷、湘豪巷、湘潇巷、月秀巷、金石巷、王家巷、明珠巷、将军台巷、山塘巷、福兴巷、赞山巷、何家巷。13处部分公共地域分别命名为娄星广场、青山公园、月琴山公园、太和公园、石马公园、株山公园、春园公园、娄底大桥、神童湾大桥、江龙滩大桥、梅子湾大桥、涟钢大桥、涟钢北大桥等。

二、勘界

娄星区（娄底市）边界线全长199.27千米，分为4段。其中，北与宁乡县边界线长9.90千米，东与湘乡市边界线长54.60千米，南与双峰县边界线长28.31千米，西与涟源市边界线长106.46千米。

1997年年初，根据省、地部署，娄底市成立勘界领导小组和办公室，调配专人负责。6月17日，市政府办发出《关于认真做好勘界工作的通知》，部署开展勘界工作。至12月底，完成对娄（娄底）潭（湘潭）段、娄（娄底）湘（湘乡）段54.60千米实地踏勘，多次与湘乡县协商，解决3起边界矛盾纠纷隐患。1998年，分别与宁乡县、双峰县，对娄（娄底）宁（宁乡）线、娄（娄底）双（双峰）线进行勘定。两线总长38.21千米，涉及县市5个。其中，跨地区2个，跨乡镇7个，跨村17个，设界桩4个，有三交点4个。

1999年，完成娄（娄星）涟（涟源）线106.46千米区域界线勘定，涉及11个乡镇83个村。2000年5月，与湘乡县人民政府签订边界协议书。2002年年底，完成娄星区行政区域界线勘定，与相邻的涟源、双峰、湘乡、宁乡4个县（市、区）人民政府签订行政区域界线协议书。娄星区行政区域涉及界桩6个。后续每4年开展一次双边县市区行政区域界线联合检查。

第七节　其他民政工作

一、农村社会养老保险

1992年，娄底市推行农村社会养老保险（简称农保）制度，市政府发文制定相应政策规定。6月，成立市农村社会养老保险办公室（简称农保办），定编3人，从局机关任命1名工作人员任办公室主任，明确1名副局长具体负责。10月，成立7人组成的工作组开展社会调查和试点工作。1993年，在双江乡企石村实施农村社会养老保险试点。企石村应保对象638人，实际参保527人，投保率86%，投保金额3.65万元。至年底，全市登记投保对象6500人，实现保金55万元。1994年，全市收取保费205万元，万宝、涟滨、杉山、西阳、小碧5个乡镇超额完成任务，被评为全市农村社会养老保险工作先进单位。1995年，娄底市被省民政厅评为农村社会养老保险先进市。1996年，由于全省、全市遭受较大水灾，加上部分农户经济不够宽裕，工作速度放慢。至11月底仅收取保费30万元，全市累计300余万元。1997年，农村社会养老保险全年收取保费40万元。2002年，娄星区农村养老保险工作在做好养老金增值的同时，做好账、卡、册清理整顿。是年，收取保险费374万元，积累资金548万元，发放养老金22万余元。2003年，农保资金收取388万元，全年发放养老金9万余元，退保金20余万元。2004年，停止农村养老保险业务。2008年，农村养老保险资金全部清退到位。

二、老龄工作

1993年9月，市民政局和市老龄办联合向地区民政局申报，首次为百岁以上老人申领保健生活补贴。全市有95岁以上高龄老人45人，其中百岁以上老人4人，享受每人每月30元保健生活补贴。1995年，新增百岁老人1人，新增95岁老人3人。1998年，有百岁老人2人，新增95岁老人1人。2001年，娄星区新增百岁老人2人。2003年，联合区民政局对5名百岁老人进行慰问，送慰问金5000元。2004年，新增百岁老人1人。2006年重阳节，配合市民政局到区光荣院、乡镇敬老院开展慰问，送慰问金2万元、慰问品200件。2007年3月1日起，老龄办为60岁以上老人办理“老年人优待证”，对老年人乘坐市内公交车、医疗、经商、旅游实行优惠服务。是年，办理“老年人优待证”3670本。2008年，办理“老年人优待证”

5820本。

三、慈善公益

1989年，娄底市实施残疾人白内障复明手术、小儿麻痹后遗症矫治和聋哑儿听力语言训练“三项康复”。全年开展白内障手术22例，有效率100%。其中，脱盲8人，视力提高14人。1992年，“三项康复”五年计划提前1年完成。累计完成小儿麻痹症矫治162例，手术优等119例，占73.6%，良好41例，占25.6%，中等2例，占0.8%；白内障复明280例，术后脱盲257例，占98.7%。其中，脱残201例，占77.1%；聋儿语言训练8人，达到三级康复标准1人，接近三级康复标准1人，达到四级康复标准2人，达到五级康复标准4人。2002年，娄星区完成白内障复明手术100例，小儿麻痹矫治手术9例，聋儿语训20名，智残儿童康复训练10名，低视力康复、两用助视力康复、两用助视器以及家长语言训练20名。2007年6月，成立娄星区慈善会。开展“助残、助困、助学、助医、助老”等慈善救助活动。与国内外慈善组织合作交流，推动全区慈善事业发展。

四、社会募捐

1995年6月29日晚至7月4日，娄底市境内连遭暴雨袭击，市委办、市政府办发出做好救灾募捐通知。至7月21日，收到捐款11.91万元。其中，单位捐款8150元，个人捐款11.10万元，后续捐款近10万元，直接送交乡村受灾户17.42万元。1996年7月，遭受特大洪灾。26日，成立市救灾募捐办公室，接收单位和个人捐款捐物。至8月20日止，收到款物总额115.75万元。其中，捐款96.97万元，物资折价19.07万元。捐赠新化灾区94.40万元，捐赠冷水江灾区4.7万元，捐赠区境内灾区16.69万元。8月20—27日，续捐款物2.88万元。其中捐款1.94万元，捐物折价9500元。

2002年7—8月，娄星区遭受重大水灾，损失严重。区民政局干部职工与银海商业集团联合开展社会捐助活动，募集资金2000余元，衣服3000余件，捐助小碧、双江等乡镇受灾严重灾民。2007年6月至2008年，募集慈善款物911.15万元，发放慈善救助款物889.68万元，救助贫困学生429名，医疗救助652人次。2008年1月，区境内发生冰灾。5月，四川省汶川发生地震。全区组织赈灾救灾活动3次，筹集慈善款物680万元，全部捐献灾区。组织敬老、安老、助残、助孤等慈善活动，救助孤寡120人，救助资金12万元。

五、革命老区建设

在第二次国内革命战争、抗日战争和解放战争时期，娄星区无数志士仁人在这片土地上开展革命斗争，成立党的组织，建立革命武装，举行武装起义，涌现李振翩、贺国中、姜齐贤等一批革命志士，为中国革命胜利作出了贡献。经过17年努力，2007年6月，娄星区被认定为湖南省革命老区。是年，区民政局设立革命老区建设办公室，为区民政局内设副科级行政机构，增加全额财政拨款编制5名。工作职能是负责全区老区建设工作调查研究；宣传推介老区革命精神和建设成果；及时向区委、区政府和省、市老区办反映老区建设工作情况，争取上级对老区建设工作支持；开发老区扶持项目；指导、协调全区老区建设工作，为老区经济开发献计献策；负责全区老区建设项目申报和经费分配。2008年，向省申报老区建设项目5个。

第十一篇　经济综合管理

1989—2008年，娄星区（娄底市）坚持以经济建设为中心，坚持改革开放，推进经济发展。巩固农业发展基础，推进农业产业化；确立“工业立市”“工业强区”方略，发展现代工业；拓展就业渠道，发展商贸服务业，及时调整经济结构，优化产业结构。2008年，完成地区生产总值153.91亿元。其中，第一产业增加值6.21亿元，第二产业增加值92.78亿元，第三产业增加值54.91亿元，地区生产总值年均增长12.8%。完成固定资产投资66.86亿元，新增固定资产15.17亿元，分别是1989年的46倍、11倍。财政总收入1.96亿元，年均增速13.2%。全员劳动生产率5.07万元/人，是1989年的1.84倍。

第一章　经济综述

第一节　生产总值与增长速度

1989年，娄底市完成社会总产值14.76亿元，同比下降3.4%。其中，农业生产总产值9703万元，同比增长5.9%；工业总产值10.72亿元，同比下降6.3%；建筑业总产值1.38亿元，同比下降10.5%，运输邮电业总产值9400万元，同比增长12.6%，商业饮食业总产值7489万元，同比增长11.2%。

1990年，完成社会总产值16.14亿元，同比增长11.5%。其中，农业生产总值1.27亿元，同比增长0.07%；工业生产总值11.43亿元，同比增长14.7%；建筑业总产值1.72亿元，同比增长18.0%；运输邮电业总产值9070万元，同比下降5.0%；商业饮食业总产值8169万元，同比增长5.8%。1995年，完成地区生产总值27.29亿元，同比增长8.8%。其中，第一产业增加值1.96亿元，同比增长8.2%；第二产业增加值16.46亿元，同比增长7.5%；第三产业增加值8.87亿元，同比增长8.6%。1991—1995年，地区生产总值年均增长17.8%。

2000年，娄星区完成地区生产总值41.20亿元，同比增长8.6%。其中，第一产业增加值2.89亿元，同比增长1.5%；第二产业增加值21.67亿元，同比增长9.4%；第三产业增加值16.64亿元，同比增长8.9%。1996—2000年，地区生产总值年均增长11.4%。2005年，实施“三化四区”发展战略，全年完成地区生产总值98.29亿元，同比增长13.9%。其中，第一产业增加值3.38亿元，同比增长4.6%；第二产业增加值60.12亿元，同比增长15.7%；第三产业增加值34.79亿元，同比增长12.4%。2001—2005年，地区生产总值年均增长12.5%。

2008年，完成地区生产总值153.91亿元，同比增长8.5%。其中，第一产业增加值6.21亿元，同比增长5.8%；第二产业增加值92.79亿元，同比增长5.4%；第三产业增加值54.91亿元，同比增长13.8%。全区生产总值年均增长12.8%。

第二节　经济结构

一、所有制结构

1989年，娄底市工业企业158家。其中，全民所有制企业35家，占22.2%；集体所有制企业123家，占77.8%。工业企业完成总产值12.32亿元，其中，全民所有制占77.2%，集体所有制占

14.3%。1990年，全市工业企业154家。其中，全民所有制企业36家，占23.4%，集体所有制企业118家，占76.6%。全部工业完成总产值13.15亿元，其中，全民所有制企业占77.9%，集体所有制企业占14.2%。1995年，市乡及乡以上工业企业221家。其中，国有经济单位65家，占29.4%；集体经济单位150家，占67.9%；股份制经济单位1家，占0.4%；合资经济单位5家，占2.3%。完成工业总产值31.04亿元。其中，国有经济完成5.24亿元，占16.9%；集体经济完成4.72亿元，占15.2%；股份制经济完成20.86亿元，占67.2%；合资经济完成2128万元，占0.7%。

2000年，娄星区国有及500万元以上非国有工业企业37家。其中，国有企业29家，占78.4%，非国有企业8家，占21.6%。完成工业总产值42.28亿元。其中，国有企业完成35.93亿元，占85%；非国有企业完成6.35亿元，占15%。2005年，规模以上工业企业39家。其中，国有企业8家，占20.5%；集体企业7家，占17.9%；股份合作企业1家，占2.6%；有限责任公司9家，占23.1%；股份有限公司3家，占7.7%；私营企业9家，占23.2%；外商投资企业2家，占5.1%。规模以上工业企业完成工业总产值167.93亿元。其中，国有企业完成143.78亿元，占8.6%；集体企业完成3.88亿元，占2.3%；股份合作企业完成1718万元，占0.1%；有限责任公司完成10.31亿元，占6.1%；股份有限公司完成1514万元，占0.002%；私营企业完成7.54亿元，占4.5%；外商投资企业完成2.10亿元，占1.3%。

2008年，规模以上工业企业完成总产值2870.34亿元。其中，国有企业完成2235.72亿元，占77.9%；集体企业完成139.16亿元，占4.8%；股份合作企业完成24.22亿元，占0.8%；股份制企业完成421.73亿元，占14.7%；外商及港澳台商投资企业完成19.37亿元，占0.7%；其他经济类型企业完成30.13亿元，占1.1%。

二、产业结构

1989年，娄底市实现社会生产总值14.76亿元，第一产业占6.6%，第二产业占82%，第三产业占11.4%。1990年，实现社会生产总值16.14亿元，第一产业占7.9%；第二产业占81.5%；第三产业占10.6%。1995年，实现地区生产总值27.29亿元，第一产业占7.2%；第二产业占60.3%；第三产业占32.5%。2000年，娄星区实现地区生产总值41.20亿元，第一产业占7%，第二产业占52.6%，第三产业占40.4%。2005年，实现地区生产总值98.29亿元，第一产业占3.4%；第二产业占61.2%；第三产业占35.4%。2008年，实现地区生产总值153.91亿元，第一产业占4%；第二产业占60.3%，第三产业占35.7%。

（一）第一产业内部结构

1989年，娄底市农业实现总产值9703万元。其中，种植业4943万元，占50.9%；林业407万元，占4.2%；牧业3437万元，占35.5%；副业371万元，占3.8%；渔业545万元，占5.6%。1990年，农业生产总值1.27亿元。其中，种植业5855万元，占46.1%；林业330万元，占2.6%；牧业5234万元，占41.2%；副业468万元，占3.7%；渔业813万元，占6.4%。1995年，实现农、林、牧、渔业总产值1.96亿元。其中，种植业1.17亿元，占59.5%；林业431万元，占2.2%；牧业6194万元，占31.6%；渔业1275万元，占6.7%。2000年，娄星区实现农林牧渔业增加值2.89亿元。其中，种植业1.30亿元，占45.1%；林业637万元，占2.2%；牧业1.28亿元，占44.4%；渔业2384万元，占8.3%。2005年，实现农林牧渔业增加值3.38亿元。其中，种植业1.73亿元，占51.1%；林业710万元，占2.1%；牧业1.24亿元，占36.8%；渔业2433万元，占7.2%，农林牧渔服务业957万元，占2.8%。

2008年，实现农林牧渔业增加值6.21亿元。其中，种植业2.29亿元，占36.9%；林业1180万元，占1.9%；牧业3.33亿元，占53.7%；渔业3105万元，占5%；农林牧渔服务业1570万元，占2.5%。

（二）第二产业内部结构

1989年，娄底市第二产业实现总产值12.10亿元。其中，工业10.72亿元，占88.6%；建筑业

1.38亿元，占11.4%。1990年，实现总产值13.15亿元。其中，工业11.43亿元，占86.9%；建筑业1.72亿元，占13.1%。1995年，第二产业实现增加值16.46亿元。其中，工业14.28亿元，占86.9%；建筑业2.18亿元，占13.1%。2000年，娄星区实现总产值21.67亿元。其中，工业18.12亿元，占83.6%；建筑业3.55亿元，占16.4%。2005年，实现增加值60.12亿元。其中，工业53.49亿元，占89%；建筑业6.63亿元，占11%。2008年，第二产业实现增加值92.79亿元。其中，工业83.41亿元，占89.9%；建筑业9.38亿元，占10.1%。

工业内部结构上，1989年，娄底市工业企业单位158家。其中，轻工业64家，重工业94家。实现工业总产值11.62亿元，其中轻工业6773万元，占5.9%；重工业10.94亿元，占94.1%。1990年，工业企业单位154家。其中，轻工业60家，重工业94家。实现工业总产值12.41亿元，其中轻工业8074万元，占6.5%；重工业11.60亿元，占93.5%。1995年，全部工业企业单位2099家。其中，轻工业919家，重工业1180家。实现工业增加值36.43亿元，其中轻工业2.98亿元，占8.2%；重工业33.45亿元，占91.8%。2000年，娄星区国有及500万元以上非国有工业企业37家。其中，轻工业14家，重工业23家。实现工业增加值15.75亿元，其中轻工业3454万元，占2.2%；重工业15.40亿元，占97.8%。2005年，规模以上工业企业单位37家。其中，轻工业5家，重工业32家。实现工业增加值43.91亿元，其中轻工业1853万元，占0.4%，重工业43.72亿元，占99.6%。2008年，规模以上工业企业单位67家。其中，轻工业9家，重工业58家。实现工业增加值71.41亿元，其中轻工业2.30亿元，占3.2%；重工业69.11亿元，占96.8%。工业行业结构上，1995年，娄底市采选业实现增加值5348万元，占5.5%；制造业7.62亿元，占78.8%；电力、燃气及水的生产和供应业1.51亿元，占15.7%。2000年，娄星区国有及500万元以上非国有工业企业采矿业增加值1.43亿元，占9.1%；制造业13.05亿元，占82.9%；电力、燃气及水的生产和供应业1.26亿元，占8%。2005年，规模以上工业采矿业增加值4436万元，占1%；制造业增加值39.91亿元，占90.9%；电力、燃气及水的生产和供应业3.55亿元，占8.1%。2008年，规模工业采矿业增加值4.43亿元，占规模以上工业增加值6.3%；制造业64.53亿元，占90.3%；电力、燃气及水的生产和供应业2.44亿元，占3.4%。

（三）第三产业内部结构

1989年，娄底市第三产业实现增加值1.69亿元。1990年，娄底市第三产业实现增加值1.72亿元。1995年，第三产业实现增加值8.87亿元。其中，农林牧渔服务业209万元，占0.2%；地质勘探、水利管理业3665万元，占4.1%；交通运输、仓储及邮电通信业2.90亿元，占32.6%；批零贸易、餐饮业1.07亿元，占21.1%；金融、保险业1.18亿元，占13.3%；房地产业2951万元，占3.3%；社会服务业4290万元，占5.5%；卫生、体育、社会福利业3655万元，占4.1%；教育、文艺、广播电影电视业6591万元，占7.4%；科学研究综合技术服务业470万元，占0.5%；国家、政党机关、社会团体7187万元，占8.1%；其他服务业273万元，占0.3%。

2000年，娄星区第三产业增加值16.64亿元。其中，农林牧渔服务业466万元，占0.3%；地质勘探、水利管理业5475万元，占3.3%；交通运输、邮电通信业5.96亿元，占35.8%；批零贸易、餐饮业3.36亿元，占20.2%；金融、保险业1.71亿元，占10.3%；房地产业6992万元，占4.2%；社会服务业8694万元，占5.2%；卫生、体育、社会福利业6163万元，占3.7%；教育、文艺、广播电影电视业1.33亿元，占8%；科学研究综合技术服务业1037万元，占0.6%；国家、政党机关、社会团体1.36亿元，占8.1%；其他服务业495万元，占0.3%。2005年，第三产业实现增加值34.79亿元。其中，交通运输、仓储和邮电通信业5.03亿元，占14.5%；批发和零售业4.45亿元，占12.8%；住宿和餐饮业1.58亿元，占4.5%；金融业2.56亿元，占7.4%；房地产业1.99亿元，占5.7%；其他服务业19.1亿元，占55.1%。

2008年，第三产业实现增加值54.91亿元。其中，交通运输、仓储和邮电通信业7.26亿元，占13.2%；批发和零售业7.02亿元，占12.8%；住宿和餐饮业2.49亿元，占4.5%；金融业3.87亿元，占7.1%；房地产业3.18亿元，占5.8%；其他服务业31.08亿元，占56.6%。

三、投资结构

1989年，娄底市全社会完成固定资产投资1.45亿元。按所有制分：全民所有制单位投资1.18亿元，占81.1%；集体所有制单位投资960万元，占6.6%；城乡个人投资1784万元，占12.3%。全民所有制单位投资中，基本建设投资5480万元，占37.8%；更新改造投资6018万元，占41.5%；其他投资262万元，占1.8%。集体所有制单位投资中，城镇集体投资321万元，占2.2%；农村乡镇投资639万元，占4.4%。城乡个人投资中，城市居民投资474万元，占3.3%；农村个人投资1310万元，占9%。1990年，全社会完成固定资产投资2.37亿元。按所有制分：全民所有制单位投资1.95亿元，占82.7%；集体所有制单位投资877万元，占3.7%；城乡个人投资3227万元，占13.6%。全民所有制单位投资中，基本建设投资6243万元，占26.4%；更新改造投资1.19亿元，占50.5%；其他投资1369万元，占5.8%。集体所有制单位投资中，城镇集体投资679万元，占2.9%；农村乡镇投资198万元，占0.8%。城乡个人投资中，城市居民投资534万元，占2.3%；农村个人投资2693万元，占11.3%。1995年，全社会完成固定资产投资7.92亿元。按产业分：第一产业投资1738万元，占2.2%；第二产业投资3.95亿元，占49.9%；第三产业投资3.79亿元，占47.9%。按隶属关系分：中央投资1.31亿元，占16.5%；省属投资3.30亿元，占41.6%；地市属投资5626万元，占7.1%；区级及以下投资2.75亿元，占34.8%。按国民经济行业分：农林牧渔业投资2548万元，占3.2%；采选业投资432万元，占0.5%；制造业投资4.31亿元，占54.5%；电力、煤气及水的生产和供应业投资4438万元，占5.6%；建筑业投资1764万元，占2.2%；地质勘查、水利管理业投资241万元，占0.3%；交通运输、仓储及邮电通信业投资2742万元，占3.5%；批发零售贸易餐饮业投资6848万元，占8.7%；金融保险业投资3231万元，占4.1%；房地产业投资3100万元，占3.9%；社会服务业投资2053万元，占2.6%；卫生体育和社会福利业投资408万元，占0.5%；教育文化艺术及广播电视业投资1902万元，占2.4%；科学研究和综合技术服务业投资362万元，占0.5%；国家机关、政党机关和社会团体投资1526万元，占1.9%；其他行业投资4423万元，占5.6%。

2000年，娄星区全社会完成固定资产投资17.23亿元。按投资性质和用途分：基本建设投资3.48亿元，占20.2%；更新改造投资10.07亿元，占58.5%；其他投资104万元，占0.1%；农村集体投资4017万元，占2.3%；农村个人投资1.24亿元，占7.2%；城镇个人建房4428万元，占2.6%；房地产开发投资1.57亿元，占9.1%。按隶属关系分：中央投资1.44亿元，占8.4%；省属投资10.45亿元，占60.7%；市属投资2.25亿元，占13.0%；区属投资7472万元，占4.3%；其他投资2.34亿元，占13.6%。按国民经济行业分：农林牧渔业投资50万元，占0.03%；制造业投资9.58亿元，占55.6%；电力、煤气及水的生产和供应业投资7803万元，占4.5%；建筑业投资690万元，占0.4%；地质勘查水利管理业投资2045万元，占1.2%；交通运输邮电通信业投资1.65亿元，占9.6%；批发零售贸易餐饮业投资2509万元，占1.5%；房地产业投资1.57亿元，占9.1%；社会服务业投资3930万元，占2.3%；卫生体育和社会福利业投资490万元，占0.3%；教育文化及广播电影业投资2835万元，占1.6%；国家机关投资2698万元，占1.6%；其他投资2.12亿元，占12.27%。2005年，全社会完成固定资产投资49.30亿元。按城乡分：城镇以上固定资产投资46.50亿元，占94.3%；农村固定资产投资2.80亿元，占5.7%。按隶属关系分：中央投资1.63亿元，占3.3%；省属投资28.38亿元，占57.6%；市属投资5.80亿元，占11.8%；区属投资8678万元，占1.8%；其他投资12.57亿元，占25.5%。按行业分：农林牧渔业投资1481

万元，占0.3%；采矿业投资1594万元，占0.3%；制造业投资30.77亿元，占62.4%；电力、燃气及水的生产和供应业投资2.57亿元，占5.2%；建筑业投资107万元，占0.03%；交通运输、仓储和邮电通信业投资1.64亿元，占3.3%；信息传输、计算机服务和软件业投资1.03亿元，占2.1%；批发和零售业投资2063万元，占0.4%；金融业投资225万元，占0.07%；房地产业投资6.36亿元，占12.9%；水利、环境和公共设施管理业投资2.18亿元，占4.4%；居民服务和其他服务业投资3000万元，占0.6%；教育投资5298万元，占1.1%；卫生、社会保障和社会福利业投资3274万元，占0.7%；文化、体育和娱乐业投资1769万元，占0.4%；公共管理和社会组织投资1.49亿元，占3.0%；其他行业投资1.38亿元，占2.8%。

2008年，全社会完成固定资产投资66.86亿元。按城乡分：城镇以上固定资产投资62.09亿元，占92.9%；农村固定资产投资4.77亿元，占7.1%。按隶属关系分：中央投资3.52亿元，占5.3%；省属投资30.75亿元，占46.0%；市属投资7.77亿元，占11.6%；区属投资9.64亿元，占14.4%；其他投资15.19元，占22.7%。按行业分：农林牧渔业投资4622万元，占0.7%；采矿业投资8340万元，占1.3%；制造业投资32.44亿元，占48.5%；电力、燃气及水的生产和供应业投资11.71亿元，占17.5%；建筑业投资198万元，占0.03%；交通运输、仓储和邮电信业投资6530万元，占1.0%；信息传输、计算机服务和软件业投资9936万元，占1.5%；批发和零售业投资2010万元，占0.3%；住宿和餐饮业1500万元，占0.2%；金融业投资1151万元，占0.2%；房地产业投资11.86亿元，占17.7%；科学研究、技术服务和地质勘探业投资400万元，占0.07%；水利、环境和公共设施管理业投资3.51亿元，占5.2%；居民服务和其他服务业投资1500万元，占0.2%；教育投资2394万元，占0.4%；卫生、社会保障和社会福利业投资4671万元，占0.7%；文化、体育和娱乐业投资5709万元，占0.9%；公共管理和社会组织投资8972万元，占1.3%；其他行业投资1.56亿元，占2.3%。

第三节 经济效益

一、国民收入

1989年，娄底市国民收入5.63亿元，同比增长4.8%。人均国民收入1936元，同比增长1.5%。1990年，娄底市国民收入6.14亿元，同比增长2.7%。人均国民收入2062元，同比增长0.1%。1991年，娄底市国民收入7.14亿元，同比增长6.7%。人均国民收入2338元，同比增长4.8%。1992年，娄底市国民收入10.78亿元，同比增长15.5%。人均国民收入3376元，同比增长20.2%。1993年后改为统计国内生产总值（简称GDP）。

二、财政收入

1989年，娄底市地方财政收入4832万元，同比增长37.6%。1990年，地方财政收入5265万元，同比增长9%。1995年，娄底市地方财政收入1.38万元，同比增长8.7%。1999年，撤地设市，税收分成比例重新划分，娄星区财政收入下降。2000年，娄星区地方财政收入6865万元，同比下降72.7%。1996—2000年，年均下降6.1%。2005年，实现地方财政收入8340万元，同比增长22.3%。2000—2005年，年均增长4.8%。2008年，财政总收入1.96亿元，同比增长38.6%。至2008年，地方财政收入年均增速13.2%。

三、投资效益

1989年，娄底市新增固定资产1.37亿元。其中，全民所有制单位新增1.07亿元，占78.4%；集体所有制单位新增1216万元，占8.6%；城乡个人新增1784万元，占13%。全民所有制单位基本建设新增6722万元，占49.1%；更新改造新增3738万元，占27.3%。1990年，全市新增固定资产1.20亿元。其中，全民所有制单位新增8257万元，占69%；集体所有制单位新增480万元，占4%；城乡个人新增3227万元，占27%。全民所有制单位中，基本建设新增2326万元，占19.4%；更新改造新增4885万元，占40.8%。1995年，全市新增固定资产7.78亿元，其中基本建设新增3.06亿元，占39.3%；更新改造新增3.65亿元，占46.9%；国有其他新增92万元，占0.1%；城镇集体新增679万元，占0.9%；城镇个人新增7300万元，占9.4%；农村集体新增902万元，占1.2%；农村个人新增1762万元，占2.2%。

2000年，娄星区新增固定资产中，基本建设1.61亿元，国有单位其他投资新增固定资产1642万元，城镇集体新增固定资产300万元，房地产开发新增固定资产8964万元。2005年，城镇以上投资新增固定资产22.25亿元，农村投资新增固定资产3477万元。房地产开发新增固定资产3.59亿元，其中，国有新增3184万元，有限责任公司新增1.51亿元，股份有限公司新增1689万元，私营个体经济新增1.34亿元，外商投资新增2502万元。

2008年，城镇固定资产投资新增固定资产13.80亿元。其中，市直单位新增固定资产9.91亿元，区属单位新增固定资产3.89亿元。农村非农户新增固定资产1.32亿元。房地产开发新增固定资产6.24亿元，其中，市直单位新增6.23亿元，区属单位新增102万元。

四、劳动生产率

1995年，娄底市全员劳动生产率2.75万元/人。农林牧渔业2809元/人。第二产业2.56万元/人，其中，工业2.61万元/人，建筑业2.25万元/人。第三产业2.52万元/人，其中，地质勘探、水利管理业2.19万元/人，交通运输、仓储及邮电通信业5.94万元/人，批零贸易、餐饮业1.81万元/人，金融、保险业6.07万元/人，房地产和社会管理服务业2.75万元/人，卫生体育社会福利业2.11万元/人，教育、文艺、广播电影电视业1.28万元/人，科学研究和综合技术服务业0.98万元/人。

2000年，娄星区全员劳动生产率14.41万元/人。农林牧渔业6867元/人。第二产业22.10万元/人，其中，工业23.31万元/人，建筑业17.4万元/人。第三产业7.66万元/人，其中，地质勘探业、水利管理业1.1万元/人，交通运输、仓储和邮电通信业29.6万元/人，批零贸易餐饮业21.3万元/人，金融、保险业16.5万元/人，房地产业24.15万元/人，社会服务业7.49万元/人，卫生体育社会福利业5.4万元/人，教育文艺广播电影电视业3.78万元/人，科学研究和综合技术服务业4.65万元/人，国家、政党机关、社会团体0.47万元/人，其他行业2.74万元/人。2005年，全区全员劳动生产率8.02万元/人。农林牧渔业0.46万元/人。第二产业53.34万元/人，其中，工业85.77万元/人，建筑业13.16万元/人。第三产业92.11万元/人，其中，交通运输、仓储和邮电通信业52.22万元/人，批发零售业2.68万元/人，住宿餐饮业3.97万元/人，金融业91.49万元/人，房地产业16.48万元/人。

2008年，全区全员劳动生产率5.07万元/人。农林牧渔业1.08万元/人。第二产业2.39万元/人，其中工业11.19万元/人，建筑业1.75万元/人。第三产业2.42万元/人，其中，交通运输、仓储和邮电通信业6.45万元/人，批发零售业1.03万元/人，住宿餐饮业1.15万元/人，金融业3.47万元/人，房地产业0.68万元/人。

第二章　计　划

1989年，娄底市计划委员会内设综合计划组、物资计划组、基建投资组、办公室。归口管理单位有劳动局、物资局、统计局、农村抽样调查队。1991年12月，设立市重点建设项目前期工作办公室。1992年4月，设政工人事组。1994年6月，设社会发展组。1995年1月，设立市经济技术开发区管理办公室。1998年，设办公室、政工人事股、综合计划股、社会发展股（加挂大中专毕业生分配领导小组办公室牌子）、固定资产投资股（加挂国土城市规划管理股牌子）、娄底市重点项目前期工作办公室、娄底市第三产业办公室（加挂娄底市中长期规划办公室牌子）、娄底市饲料工业办公室、市经济技术开发区管理办公室、纪检组（监察室）10个内设机构。1999年，更名为娄星区计划委员会。设办公室、政工人事股、综合计划股、社会发展股（加挂大中专毕业生分配领导小组办公室牌子）、固定资产投资股（加挂国土计划管理股牌子）、区重点项目前期工作办公室（副科级）、区第三产业办公室、区饲料工业办公室、纪检组（监察室）9个内设机构。2002年7月，更名为娄星区发展计划局。设办公室（加挂人事股的牌子）、投资股（加挂国土计划管理股的牌子）、社会发展股（加挂大中专毕业生就业指导领导小组办公室牌子）、综合股（加挂区发展规划办公室、区国民经济动员办公室、区招投标管理办公室牌子）、区重点项目建设办公室（加挂区重大项目稽察特派员办公室牌子）、区第三产业办公室、区饲料管理办公室、纪检组（监察室）8个内设机构。2005年9月，更名为娄星区发展和改革局。设办公室、娄星区发展规划办公室（加挂高新技术产业股牌子）、经济体制综合改革股（加挂娄星区经济体制改革领导小组办公室和娄星区人民政府招投标管理办公室的牌子）、固定资产投资股、工交能源和农村经济股（加挂娄星区以工代赈办公室牌子）、社会发展股（加挂区国民经济动员办公室牌子）、财经股（加挂娄星区第三产业办公室牌子）。

1989—2008年历任主任（局长）：陈声海、刘昌其、梁胜初、刘坚固、龙春舒，党组书记：龚存中（2003—2008.12）。

第一节　计划体制改革

1989年，娄底市计划工作执行“以计划经济为主，市场调节为辅”方针，指令计划范围逐步缩小，计划物资放开，市场调节范围扩大。农业生产实行指导性计划管理，取消粮食、生猪统购、派购，实行合同定购和市场调节。工业生产计划产品减少到2种，其他产品实行指导性计划管理和市场调节。基建项目实行定投资、定建设规模、定建设工期、定投资效益、定外部协作条件“五定”，扩大部门和企业计划自主权，完善计划管理制度，减少统一分配物质种类与数量。取消废钢铁回收上交指令性计划，开放有组织、有指导的废钢铁市场；取消市属水泥厂水泥上调任务，市管统配、部配物资仅有钢材、生铁和有色金属材料11种。

1991年，计划体制改革重点加强对全社会经济活动宏观调控。1992年，农村继续稳定家庭联产承包责任制，健全和完善双层经营体制。城市继续抓好企业改革，国营合作商业、物资企业实行经营、价格、用工、分配“四放开”。工业围绕转换企业经营机制实行生产经营自主、产品定价自主、内部分配自主、人事管理和用工自主、技术改造自主“五自主”，成为独立自主经济实体。1995年，主要农产品指导性计划由原来39个减少到10个；工业生产指令性计划3个，其余为指导性计划。在流通领域，减少统配和直接调拨数额，主要商品收购和调拨计划减少为12种；全市85%农副产品收购价、95%工业品价格实行指导性价格管理机制。

1996年起，打破原有计划经济模式，实行市场调节为主体制。2007年，娄星区计划调控行政手段逐步弱化，主要运用经济和法律手段调控，在计划内容上加强战略研究、区域规划、专项产业规划和结构调整等宏观管理。

第二节　计划编制与执行

1989年，根据上年度计划执行情况和面临的经济形势及省、地区下达计划指标和市中长期计划要求，制订新一年计划草案，报市长办公会议审查修改，送市委审查同意，再按法律程序，送市人大常委会审查，向市人民代表大会报告，审议批准后，成为正式计划。年度计划制订下达后，年初、年中、年末进行检查督促。是年，编制《娄底市1989年国民经济和社会发展计划》。至年底，实现社会生产总值14.76亿元。其中，第一产业9703万元，第二产业12.10亿元，第三产业1.69亿元，财政收入4832万元。

1990年，根据市场变化和产业政策制订实施方案，将计划工作重点转到中长期规划加强固定资产投资宏观管理，建立投资决策责任制，所有大中型项目纳入中长期规划，研究建立宏观经济监测预警指标体系，及时跟踪经济运行走向。根据实际，各个时期先后编制国土规划、五年规划和十年规划等中长期发展规划，为宏观调控提供依据。3月9日，娄底市第四届人民代表大会第一次会议审议批准《娄底市国民经济和社会发展十年规划和第八个五年计划》。至年底，娄底市1990年国民经济和社会发展计划执行结果为：完成社会生产总值16.14亿元。其中，农业总产值1.27亿元，工业总产值13.15亿元，地方财政收入5625万元。1995年，编制《娄底市国民经济与发展“九五”计划及至2010年规划》。当年计划执行结果为，完成地区生产总值27.29亿元。其中，农业总产值1.96亿元，工业总产值16.46亿元，地方财政收入1.38亿元。

2000年，娄星区完成地区生产总值41.20亿元，5年平均递增10.3%。其中，农业总产值2.89亿元，平均递增6.24%；工业总产值21.67亿元，平均递增11%。因撤地设市后事权范围调整，地方财政收入完成6865万元。2001年3月8日，娄星区第六届人民代表大会第五次会议审议批准《娄星区国民经济和社会发展第十个五年计划纲要（草案）》。2005年，完成地区生产总值98.29亿元。其中，农业总产值3.38亿元，工业总产值60.12亿元，地方财政收入8340万元。2006年3月9日，区第七届人民代表大会第五次会议审议批准《娄星区国民经济和社会发展十一个五年规划》。从“十一五”开始，计划更名为规划。

第三节　计划物资管理

1989年，娄底市计划管理物资有钢材、生铁、铜、锌、锡、木材、工业生产用煤、柴油、汽油、煤油、尿素、钾肥、复合肥、水泥、轮胎、炸药、汽车等28种。分配办法一般按部门和用途分配，主要物资按农业、轻工业、重工业顺序，秉着优先保证重点，兼顾一般原则安排下达。钢材主要用于企业生产、维修和技术改造、农机具维修、补助社队企业、农民建房、水利建设及基本建设等。木材分农业用材和工业用材及民用用材，农业用材用于农机制造维修、水利建设；工业用材用于矿用坑木、技术改造、民桥义渡；民用用材用于退伍和现役军人建房等。煤炭分生产用煤和生活用煤，生产用煤按工业生产分配，生活用煤按城镇居民人数定量分配。柴油一部分按工业备用发电机马力分配，一部分按家用机械分配。汽油按全市汽车吨位和小车分配。肥料按耕地面积分配，预留灾害所需。1990—1992年，主要物资分配仍按往年口径不变。省、地所拨黑色金属材料、有色金属材料、高标号水泥等主要物资明显缩减。国家逐步按照价值规律理顺和调整不合理产品价格，缩小指令性调拨计划，扩大企业自销，把企业推向市场，计划内分配物资逐渐减少。1993年，计划内分配物资由19种减少到9种。1994年，取消计划物资分配。

第四节　大中专毕业生分配

1989—1990年，除师范毕业生统一分配外，其他门类增多，安置工作压力增大。是年，分配安置大、中专毕业生125人。1991年，坚持面向基层，充实生产、科研、教学第一线方针，在计划安排上，向能源、交通、通信、原材料、农村、水利、军工倾斜，向大中型企业和山区倾斜。是年，分配安置大、中专毕业生108人，其中计划内委培、自费19人。1995年，按职工人数2%以上比例向企事业单位安排大中专毕业生。非师范类毕业生由市计划物价局负责向全市派遣，师范类毕业生由市教育局在教育系统内安排。是年，分配安置大、中专毕业生192人，计划内委培自费函授电大生60人。

1996—1999年，采取双向选择与指令性计划相结合的办法落实就业方案，破产企业不安排毕业生。国家任务统招统分毕业生按指令性计划形式分配落实就业；委培和定向毕业生回委培单位就业；计划内自费生实行自主就业。是年，分配大、中专毕业生311人，其中计划内委培自费生94人。2000年，计划内大、中专生分配256名。此后，由国家统分的大、中专毕业生就业模式终止，所有毕业生实行自主择业，走向市场，政府提供就业信息，主办招聘会，代管档案。同时，采取公开招考办法，录用一批毕业生充实公安、教育、乡镇机关等单位。

1989—2000年，全市分配安置大、中专毕业生3102人，分配安置计划内委培、自费113人。

第五节　农转非

1990年，农业人口转为非农业人口（简称“农转非”）计划纳入社会发展计划，由计划部门实行计划指令性管理。“农转非”范围包括职工居民家属、建设征用土地造成无地或少地农民、单位企业农村招收工人、因公死亡职工农村家属、从农村招收特种用工和老工人（指1959年以前参加工作的工人）退休由农村子女顶替工人、乡村农林水技术人员、乡镇企业管理干部、司法助理员、统计员、计生员、民办教师、中小学骨干教师家属子女、专业技术人员及党政管理干部家属、煤矿井下工人家属、小城镇建设被征用土地农民及国有农业单位职工家属调入非农业单位等农业人口。

1992年起，改变“农转非”计划管理范围，普通大、中专院校按国家政策和计划从农村招生及军队干部随军家属“农转非”指标纳入计划之内，优先保证。1995年起分期分批解决乡镇畜牧兽医站、农业技术推广站、农业机械管理站、农业经营管理站、国土资源管理所、规划办等在岗技术骨干“农转非”和招收为全民合同工。2002年，“农转非”工作终止。1989—2008年，累计办理“农转非”户口2.45万人。

第六节　以工代赈

一、管理机构

1992年，娄底市以工代赈领导小组成立。2002年，娄星区以工代赈办公室成立，履行全区以工代赈职能。

2002—2008年，全区确定以工代赈建设规模及资金筹措、投向，做好以工代赈项目申报、审批工作，向国家、省计委争取建设项目和资金，加强对以工代赈实施及资金使用，落实国家扶贫政策。编制全区10年以工代赈扶贫规划，建立以工代赈10年项目库。以工代赈资金主要用于基础设施建设，改善贫困地区生产生活条件，建设内容为基本农田、农田水利、乡村道路、人畜饮水、小流域治理等工程。全区以工代赈项目按基本建设程序管理，实行区级财务报账制。业务主管部门根据项目要求分别对施工计划、工程预算进行审批；计划部门据此发放以工代赈券，对施工加强管理，把住验收关，做到计划与实际相吻合，工程保质保量完工。在配套资金中，群众投劳部分坚持群众自愿、量力而行原则，取消统一规定的劳动积累工和义务工，对于村内集体生产公益事业用工实行“一事一议”和上限控制。以工代赈工程建设项目，除技术复杂的工程项目外，优先组织当地贫困群众参加建设。

二、项目建设

1993年，实施以工代赈项目有：投资30万元，建设白马渠道。投资40万元，建设小碧乡高坪水库。投资150万元，建设百亩乡荷叶村电站。投资150万元，建设小碧乡李家坝电排。投资250万元，建设石井乡红卫坝电站。1998年，实施恩口煤矿区人畜饮水工程，总投资225万元。至2000年，全区完成以工代赈项目6个，总投资1250万元，其中以工代赈845万元。2001年，实施恩口煤矿影响区人饮工程建设，投入以工代赈资金20万元。2002年，实施民兵电站至七步公路项目建设，投入以工代赈资金20万元。2004年，实施石井村公路修复项目，投入以工代赈资金10万元。2006年，实施茶园镇黑泥塘至梨子村公路水毁段修复项目，投入以工代赈资金5万元。2007年，实施茶园镇茶园村水毁公路修复项目，投入以工代赈资金5万元。

第七节　国家重点投资项目建设

1994年起，娄底市计委随着计划职能转变，主要工作放在争取项目资金和重点项目开发上。是年，获国家、省资金支持项目1个，资金2280万元。其中，双江水库建设国家投资1080万元，省政府投资1200万元。1995年，通过立项申报，省政府投资300万元，建设高溪工业小区西郊110千伏变电站。1997年，争取国家投资2000万元，实施涟水河娄底城区中心段综合治理工程项目。争取省政府投资150万元，建设娄星区信息中心服务大楼。1998年，争取国家及世行贷款1.50亿元，建设娄底至涟源高等级公路；争取国家专项资金2000万元，建设新星北路；争取省政府电力建设资金400万元、省电力局投资200万元，建设娄底市西郊11万伏变电站；地区财政投资800万元、市电力局投资400万元、省电力公司投资1835万元，实施娄底市城区电网改造；争取省政府投资4300万元，建设娄底市南部22万伏变电站。争取国家投资2000万元，实施娄底市内环道建设项目；争取省投资50万元，建设娄底市蔬菜批发市场；争取省投资280万元，实施娄星区信息业务中心用房建设；省政府投资2000万元，实施恩口煤矿影响区及水利设施恢复主体工程。1999年，省政府投资150万元，实施娄底双江水库枢纽续建项目；争取国家投资1000万元，实施娄底市生活垃圾卫生填埋场建设。2000年，银行贷款投资1000万元，实施乐安居小区项目建设；银行贷款投资1000万元，实施吉星安居小区项目建设；银行贷款投资600万元，实施王家安居小区项目建设；银行贷款投资800万元，实施菊苑小区项目建设。

2001年，国家投资20万元，实施小碧乡中学改造项目；省投资110万元，实施娄星北路工程；省投资50万元，实施菊苑小区道路建设项目。2002年，省投资50万元，实施娄底市日升实业发展有限公司香菇基地及深加工项目建设；省投资100万元，实施娄星区茶园镇自来水改扩建工程建设；省投资30万元，实施娄星区花山街道磁旋光玻璃及磁光功能器件项目建设；国家投资100万元，实施娄星区花社区服务中心网络建设；省投资218万元，实施娄星区西阳镇等解决水毁恢复工程建设；省投资60万元，实施茶园镇水厂水毁工程重建；省投资20万元，实施娄底图书馆改扩建工程建设。2003年，国家投资1800万元，实施娄星区三耐材料厂“铸泰Y-a双相基复合质点高温耐磨钢高新技术产业化”示范工程建设；省投资600万元，实施娄星区人民检察院办公用房和专业技术用房建设；省投资50万元，实施娄星区电子政务建设工程；省投资300万元，实施娄星区花山社区服务中心（网络）项目后续建设。2004年，国家投资1000万元，实施石井镇人畜饮水工程建设；省投资50万元，建设娄底华祥科贸有限CEAC国家信息化培训论证（娄底）中心项目；国债资金投入100万元，建设娄底三中教学综合楼；国家投资117万元，实施中小学危房改造项目；国债资金投入50万元，实施茶园煤矿设备更新项目。2005年，国家投资3859万元，省投资1929元，实施恩口煤矿沉陷区综合治理项目；国家投资200万元，建设检察院侦查技术大楼；国家投资100万元，建设花山社区服务中心。

2006年，国债资金投入98万元，实施茶园煤矿安全改造项目；国家投资200万元，实施恩口煤矿影响区人畜饮水工程；国家投资2210万元，实施城市水源建设项目——双江水库；国家投资1840万元，建设县乡公路；国家投资57万元，建设基层司法所。2007年，国家投资800万元，建设湖南黑猪良种繁育高技术产业化项目；省投资60万元，作为娄底市洪家山拓展训练基地建设引导资金；省投资10万元，作为娄星区乐园镇梽木山休闲度假村服务业建设引导资金；省投资20万元，作为娄底市仙女寨至孙水河旅游区控制性详细规划编制费服务引导资金；省投资30万元，作为娄星区富农科技合作社服务业引导资金。2008年，国家投资1060万元，省投资530万元，实施涟邵矿区采煤沉陷区治理工程；国家投资400万元，省贷款投资90万元，实施湖南黑猪配套及生物育种高技术产业化项目；国家投资434万元，实施农村公路畅通工程；国家投资210万元，实施万宝自来水厂项目；国家追加投资180万元，实施恩口煤矿沉陷区治理项目；国家投资195万元，实施大中型沼气综合利用工程；国家投资82万元，实施乡镇卫生院基础设施建设项目。

第八节　固定资产投资管理

一、固定资产投资项目审批改革

1989年，推行固定资产投资管理体制改革。全民所有制单位、集体所有制单位、个体所有制单位及其他经济形式投资纳入固定资产投资计划，分别实行指令性计划和指导性计划。市内全民基本建设、技术改造计划和城镇集体借款投资实行指令性计划，其他实行指导性计划。教育战线投资纳入计划投资规模，省地安排补助投资或生产所需原材料、燃料、电力需要省地平衡解决的和国家及省限制产品不论项目大小均报省、地审批。城镇集体（含合作社系统）100万～500万元项目报地市计委审批，100万元以内由市计委审批。市计委审批乡镇企业自筹投资权限由500万元改为300万元，300万元以上项目报地区计委审批，先认购债券后审批自筹基建计划。继续贯彻执行“建设资金坚持先存后批，先批后用，存足半年”规定。基建开工报告从建委移交计委管理；集体工业企业技术改造，由经委移交计委管理。审批项目上，增加购买重点企业建设债券规定。

1992年1月起，5万元以上各类固定资产投资项目，包括全民所有制单位基本建设、技术改造项目，中外合资、合作项目，城乡集体所有制单位项目，个体工业项目和几种所有制单位合资、联建项目，由市计委（市计划物价局）审查分发投资许可证。全民和城镇集体单位自筹5万元以上新建项目、农村集体总投资50万元以上项目由地区计委审批；50万元以下危房翻修项目、拆迁新建项目、农村集体投资项目和30万元以下商业网点项目以及零星土建、个体投资项目由市计委审批。中小学校新建、扩建、改建项目以及一中、二中、三中、一小、二小、三小、四小危房翻修项目由市计委审批或上报审批；其他乡镇中小学危房翻修项目总投资在20万元以内由市教委审批，报计委备案。全民所有制、集体所有制单位技术改造项目，由市计委会同市经委审批或上报审批。小化肥、小煤矿、小水电、小饲料、节能“四小一节能”基本建设项目，乡镇企业、个体工商企业由市计委审批或上报审批，其他系统技术改造项目由各主管部门审查后报地区计委审批。建设用地须持有市级以上（含市级）计划部门或政府批准的计划任务书或其他批准计划文件，未经批准不准使用土地。

2003年，不再审批工商企业用自有资金和商业银行贷款建设一般项目，不再审批限额以下直接吸收外商投资项目。2006—2008年，按投资渠道分为政府投资和非政府投资。政府投资实行单一审批制，非政府投资实行核准制、备案制，国家限制项目和重大项目需要核准，其他非政府性投资实行备案。

二、固定资产投资项目

1989-1990年，娄底市完成固定资产投资3147万元，新建成项目236个。主要有娄星路北段西侧、王方公路、江龙滩大桥、新老区路面维修、市政局油场搬迁、南北路降坡等。

1991—1995年“八五”计划期间，娄底市完成固定资产投资4816万元。新建娄湘公路（娄底至湘乡市石山冲路段）大埠桥、一水厂扩建、青山公园、市文化活动中心、娄底卫校教学楼、桑塘路、城东税务所、第二水厂、长青街跨铁路桥、洗煤厂、中小学6所（娄底聋哑学校、群贤学校、第三中学、电教站、娄底二中、第三小学）、印刷厂、城建开发公司、万宝乡民兵电站、湖南华星鞋业有限公司、甘桂路肖家段、煤气公司新建液化气储配站、湖南省黎明电脑商标有限公司、江龙滩变电站、湖南华美装饰材料有限公司（中美合资）、娄星饲料厂、市电器厂、高溪不锈钢厂、区中医院、关家脑集贸市场、娄湘公路（二期）、修建1847线（娄底至双峰）、1810线石狮托至祖师殿、湘中火力发电厂、特种水泥厂、湘中贸易城、双江水库、栗山水果批发市场、观化农贸市场等项目。

1996—2000年“九五”计划期间，娄星区（娄底市）完成固定资产投资54.42亿元。新建项目有：高溪工业小区重点项目10个、涟钢市场、涟水河综合治理工程、电信服务大楼、石马公园、娄涟公路（娄底段）、娄星北路（娄底大桥至钢城东街）、新星北路（涟滨西街至茶亭子收费站）、吉星安居小区、民营经济技术开发区、娄底市彩色水泥厂（年产15万吨特种水泥生产线）、西郊11万伏变电站、双江水库、湘中农贸市场、城区电网改造、路灯改造工程、南郊22万伏变电站、市城市内环建设（乐坪东街—新星路—玉岩路—仙桥东街—娄星路—乐坪东街）、民乐安居小区、恩口煤矿影响区及水利设施恢复整治工程、城市生活垃圾卫生填埋场、洛湛铁路（益阳—娄底境段106.40千米）、茶园镇自来水改造等。其中，1999年，实施株六铁路湘黔复线及电气化工程、娄底市境段路基工程、株洲至娄底自动闭塞信号工程、娄底市东站技术改造、娄底二大桥工程5个铁路建设项目。

2001—2005年“十五”计划期间，娄星区完成固定资产投资182.71亿元。新建娄星经济园区龙盘街、芭蕉街、群益街、万宝路、仙女路、“铸泰Y—a双相基复合质点高温耐磨钢高新技术产业化”示范工程、区检察院重（新）建、电子政务建设工程、区铁合金厂、花山社区服务中心（网络）、石井乡人畜饮水工程、枫梓山避暑山庄等项目。

2006—2008年，娄星区完成固定资产投资140.54亿元。新建恩口煤矿沉陷区群众饮水项目、湘村黑猪良种繁育畜技术产业化项目、娄底市兴鑫合金有限公司年产军用镁合金200吨生产线技改等，引进沃尔玛、友阿集团、华天等大型连锁企业等项目。

三、项目管理

1989—2008年，100万元以内生产性建设项目和50万元以内非生产性建设项目，由市计委审批。先由单位申报项目建议书、可行性研究报告（资金经审计部门审计存入建设银行），由主管局同意，财政、审计部门证明资金来源正当，银行证明资金已存入银行，计委方可受理，按权限审批。审查重点是：建设项目资金是否妥当，产品方案、拟建规模和建设地点是否恰当，资源和建设条件是否具备，投资估算和资金筹措是否落实，投资效果等。批准下达内容包括基建项目、性质（新建、续建）、年度投资、主要建设内容、建筑面积、新增生产能力等。单位获准方可准备施工并向计委申报开工报告，获得投资许可证、开工证明方可开工。

项目审批步骤为：项目法人营业执照副本，申请人提交具备符合相关规定的工程咨询资质中介机构编制，符合国家规定内容与深度要求项目申请报告；申请人提交拟建项目可行性研究报告，核准申请文件；招标基本情况表；由区投资主管部门审批核准的区直部门固定资产投资项目节能评估审查；建设项目选址意见审核；建设项目用地预审；建设项目环境影响评估文件审批。

四、审批权限

20世纪末至21世纪初，100万元以内生产性建设项目和50万元以内非生产性建设项目由区（市）计委（发改局）审批；100万元以上、1000万元以下生产性建设项目由娄底市（娄底地区）计委（发改委）审批；1000万元以上、3000万元以下生产性建设项目由省计委（发改委）审批；3000万元以上生产性建设项目由国家计委（发改委）审批。上述条件具备，报区发改局审批，一般在7天之内处理完毕（包括受理、审查、告知），最长不超过20天。

1989年，审批固定资产投资项目16个，投资3147.00万元。1990—1995年，审批固定资产投资项目41个，投资1.99亿元。1996—2000年，审批固定资产投资项目38个，投资额54.42亿元。2001—2005年，审批固定资产投资项目23个，投资182.71亿元。2006—2008年，审批固定资产投资项目64个，投资140.54亿元。

五、招投标管理

2002年2月，新增招投标协调监管工作职能，成立娄星区招标投标工作领导小组和招标投标监督管理办公室（设区计委）。制定《关于进一步规范娄星区招标投标工作的若干意见》，7月20日实施。根据招投标法律法规和区人民政府文件规定，建立招投标体系和全区统一评标专家库，明确有关职能划分，严肃招标投标纪律。建设项目招标实行核准制度，计划部门在批准建设项目可行性研究报告时，必须同时核准建设项目招标方式、组织形式和招标范围。是年，依法核准招标投标事项100余项。其中，全部使用国有资金投资或国有资金投资占控股或主导地位项目均实行公开招标，公开招标率达95%。加强对重大建设项目招标投标监管，重点对东升实业有限公司、香菇深加工、花山街道[illegible]玻璃及[illegible]、四阳镇水毁工程重建、娄底图书馆改扩建等10多个重大建设项目招投标活动实行全程监督检查。是年，依法查处3宗被举报投诉项目招投标违法违规问题。2003年，转发执行《湖南省招标公告发布和中标候选人公示暂行办法》。2005年，对招投标管理条例、办法进行清理，制定新的管理办法。

第三章 统 计

1989年，娄底市统计局内设办公室、工贸股、城乡经济调查队、计算站。1996年，机构改革增设法规股。1999年，撤市设区，改称娄星区统计局（简称区统计局）。2008年，区统计局设办公室、综合股、法规股、城乡经济调查队、业务股、信息中心。核定编制27人，其中，行政编制8人，事业编制19人。

1989—2008年历任局长：王天民、谢玉琪、彭逢作、李永华、胡明德、李平亮；党组书记：李洪平。

第一节 统计调查

一、定期统计

（一）国民经济核算统计

主要负责对全区国民生产进行统计，包括社会总产值与国民收入生产、消费和积累平衡统计，社会总产值和国民收入统计，国民收入消费和积累统计，居民消费水平统计，按当年价格和可比价格计算的国民生产总值统计，按支出法计算的国民生产总值统计，国内生产总值构成统计。

（二）农业统计

1989年，统计项目主要包括农村基层组织和乡村建设情况、农村劳动力资源和实有劳动力构成、耕地面积变动情况、农业机械化情况、农村电气化和农业化学化情况、农业水利情况、有效灌溉面积增减变化情况、农作物播种面积和产量、蚕茧、茶叶和水果情况、林业生产情况、牧业生产情况、渔业生产情况、农村固定资产投资情况、乡镇企业主要指标、副业生产情况、农产品商品量、农村社会总产量等。1989年，全市农业总产值9703万元。2000年，撤市设区，娄星区农业总产值2.89亿元。1993年起，农村基层组织建设、劳动力资源、机械化、化学化、水利化等部分农村社会统计项目移交给相关业务部门。2008年，全区农业总产值6.21亿元，年均增长4.4%。

（三）工业统计

1989年起，工业统计主要包括全部工业按所有制、轻重工业和主要行业分组单位数、按可比价与当年价格计算工业总产值统计，全部独立核算工业及全民所有制、集体所有制、乡办工业等独立核算工业及工业企业单位数、总产值、销售产值、产品产量、税金、利润、流动资产平均余额等指标统计，非独立核算工业生产单位数和总产值统计。是年，全市工业总产值12.57亿元。1993年，乡及乡以上独立核算工业企业产值产量报表由月报代替年报。此后，工业总产值统计内容进行改革，统计项目中新增工业新产品产值、工业中间投入、工业增加值、资产情况、负债情况、所有者权益情况、管理费用、财务费用、企业利润、应付工资、应付福利费、应交税金、应收账款、折旧、研究与开发经费、信息化情况等指标项目，取消净产值统计。2000年，撤市设区后，娄星区工业总产值21.67亿元。2008年，全区工业总产值92.79亿元，年均增长20%。

（四）商业统计

1989—1993年，商业统计项目主要包括社会商品零售总额，社会商业购、销、存总值，社会消费品零售额和零售量，国内商业购、销、存总值，农副产品收购总额和收购量，商业机构、人员，商业零售机构、人员，饮食业、服务业机构、人员。1989年，娄底市社会商品零售总额为3亿元。1994年，商业统计实施改革，加强对大中型批发、零售贸易企业、活动单位商品销售、库存数量统计和大中型批发、零售贸易、餐饮企业财务状况统计。1997年，增加个体商业餐饮业抽样调查基本情况项目。2000年起，统计项目减为社会消费品零售总额、限额以上批发零售贸易业商品销售数量、限额以上批发零售贸易企业财务状况3项。是年，撤市设区后社会商品零售总额为12.30亿元。2007年，统计项目更改为社会消费品零售总额，限额以上批发零售贸易商品购、销、存总额，限额以上批发零售贸易企业财务状况，星级住宿业和限额以上餐饮业经营情况，星级住宿业和限额以上餐饮业财务状况等5项。2008年，全区社会消费品零售总额38.70亿元，年均增长18%。

（五）劳动工资统计

1989年，娄底市在职职工6.71万人，职工工资总额1.32亿元。1989—1995年，劳动工资统计主要包括全民所有制和城镇集体所有制单位全部职工人数与工资、固定职工和合同制职工增加来源和减少去向变动情况、工资总额构成情况统计，全民所有制和城镇集体所有制工业企业、建筑业全部职工人数与工资统计，城乡劳动力资源与分配平衡统计，城镇私营企业从业人员和个体劳动者人数与工资统计。1996年起，统计项目变动为单位从业人员、离开本单位仍保留劳动关系职工、从业人员劳动报酬、离开本单位仍保留劳动关系职工生活费4项。2000年，撤市设区后，娄星区在职职工1.06万人，职工工资总额0.77亿元。2008年，区属在岗职工1.53万人，在岗职工工资总额2.79亿元，除市改区职工人数变动及统计指标变动等因素，年均增长17.4%。

（六）固定资产投资统计

1989年，固定资产投资统计主要包括按中央、地方分类投资完成情况及按行业分类相关情况统计和当年新增生产能力统计。是年，完成全社会固定资产投资1.45亿元。1992年，增加利用外资情况统计、农村集体固定资产投资和城镇工矿区私人建房情况统计。1995年，增加建筑企业房屋建设情况、企业生产情况和企业财务情况统计。1998年，增加房地产开发情况统计、房地产开发单位或企业基本情况统计和房地产开发外交来源情况统计，主要建筑材料消耗情况和有关计算指标统计。2000年，撤市设区，区属固定资产投资2.82亿元。2008年，区属固定资产投资17.65亿元。2000—2008年，年均增长23.1%。

二、周期性普查

（一）人口普查

1990年7月1日，开展娄底市全国第四次人口普查。普查结果显示，全市总户数7.95万户，总人口30.04万人。

2000年11月1日为调查时点，开展娄星区全国第五次人口普查。普查结果显示，全区总户数12.44万户，总人口37.90万人。

（二）基本单位普查

1993年起，每年对辖区全部法人单位和产业活动单位开展清查核实，为全面统计和抽样调查提供基本情况，建立基本单位名录库。1997年1月1日，对全市957个法人单位和1045个产业活动单位实施第一次基本单位普查。2008年，实施法人单位普查，有法人单位2155个。

（三）工业和第三产业普查

1993年1月1日，对辖区从事第三产业企业、事业、个体户在1991年和1992年基本情况和运行结果实施第一次全面普查（对个体户进行10%抽样调查）。普查汇总资料显示，至1992年年底，娄底市第三产业增加值2.49亿元。

1996年1月，开展规模以上工业第三次工业普查。主要内容为上年度工业生产经营基本情况，包括生产、销售、库存和成本、费用、价格、盈利等情况。第三次工业普查结果表明：全区工业总产值36.43亿元。2008年，开展第二次经济普查，录入全区2.06万个个体工商户、3361个法人单位和产业活动单位。

（四）农业普查

1997年1月，首次对辖区农村住户、非农村住户类农业生产经营单位、行政村、非乡镇企业实施农业普查。摸清全区农村生产经营住户和非农村住户类农业生产经营单位、农村村级行政单位、农村乡镇企业数、非农乡镇企业个数等进行督查。普查结果显示，1996年年末，全区有行政村197个，耕地面积8639公顷。当年全区粮食产量9.91万吨，生猪出栏18.38万头，全区农林牧渔业总产值4.38亿元。

2006年，全区开展第二次农业普查。掌握农业、农村、农民基本情况，对象是全区农村住户、城镇农业生产经营户、农业生产经营单位、所有行政村村民委员会、所有乡镇人民政府。时点为12月31日24时。普查结果显示，2006年年末，全区粮食产量7.17万吨，生猪出栏18.32万头，农林牧渔业总产值5.28亿元。

第二节 统计宣传和行政执法

一、统计资料编印

1989—2000年，每年编印《娄底统计年鉴》《娄底市国民经济和社会发展统计公报》。2001年起，每年编印《娄星统计年鉴》和《娄星区国民经济和社会发展统计公报》，成为每年统计工作常规性基础工作。其中，《娄星统计年鉴》（《娄底统计年鉴》）编印19期，2005—2006年，因经济普查合编于1期。

二、统计法规宣传

1989—2008年，围绕依法统计，以保障统计数据质量为核心，夯实统计基层基础，开展系列学习宣传贯彻实施新《中华人民共和国统计法》（简称《统计法》）和《湖南省统计管理条例》活动。利用电视台、新闻媒体，请市、区政府主要领导宣讲统计法律法规100多次，播放《统计法专题知识讲座》录像40余次，举办统计法知识竞赛10余次，印发《统计法知识竞赛试卷》2000余份，印发《统计法律法规知识手册》1000余本，印发《统计法释义》1000余本。其间，每年为纪念《统计法》颁布，在《娄底日报》、娄底电视台等新闻媒体进行《统计法》宣传；邀请人大、政府、法院、司法、法治办、监察局等部门召开统计法宣传贯彻座谈会；每年在市区最繁华的街道集中组织开展统计法咨询台、宣传栏、升放宣传气球、悬挂横幅标语、出动宣传车；接待过往群众有关统计法各类咨询服务千余人次。组织全局职工开展统计法知识抢答赛，组织统计人员参加“二五”至“五五”统计普法教育学习，组织参加全省统计执法班学习30余人次，组织2000人次参加全国统计法知识竞赛。

三、统计执法

1990—2008年，统计执法方面大体经历过3个时期。

1990—1999年，这一时期的主要特点是借助外部力量，逐步树立统计法权威，推动统计执法工作规范化。1992年12月，与法制办、法院、司法局、监察局、工商局、财政局等部门联合制定《统计法规检查暂行办法》。1994年2月28日，市法院统计行政审判联络室成立。到1995年，查处统计违法案件工作取得突破。查处提供不真实或不完整统计资料、拒报统计资料、迟报统计资料、未按照国家有关规定设置原始记录、统计台账等统计违法行为。

2000年，贯彻中央、国务院“两办”《关于坚决反对和制止在统计上弄虚作假的通知》和省委、省政府“两办”《关于切实加强统计工作搞准统计数据的通知》精神，区计委、区统计局联合下发《关于在全区开展固定资产统计数据质量检查的通知》，区纪委、区委组织部、区统计局联合下发《关于开展全区统计执法大检查的通知》，开展统计执法检查。执法检查形成制度化，检查和处罚单位数量增多。

2007年，执法检查以整改为主。统计执法在执法力量上实现由专门执法人员执法向全员执法转变，在执法对象上由企事业单位向企事业单位和机关全面展开转变，执法内容由一般领域单一计算指标向重点领域综合核算指标转变。组织开展经常性、联合性检查，建立对典型统计违法案件曝光制度，对虚报、瞒报、拒报等统计违法行为依法严肃查处，达到“查处一案、教育一片”效果。至2008年统计执法检查单位1102个次，其中，被催报单位197个次，提供不真实或不完整资料61个次，拒报统计资料9个次，迟报统计资料186个次，未按规定设置原始记录统计台账155个次。

第四章　物价管理

1989—1991年，娄底市物价局内设办公室、综合股、收费股等股室，下设市物价检查所。1992年5月，市编制委员会批准设立市价格事务所。1992年11月，市物价局成立综合服务公司。12月，市物价局与市交通局联合发文成立娄底市公路运输行业价格监督检查分所，作为市物价局派出机构，挂靠市运输管理所。在公路运输行业代表政府物价检查机关在规定权限内行使监督检查权，业务上受市物价检查所指导，行政上属运管所领导。1994年，撤销市物价局，组建计划物价委员会，物价内设机构不变。1995年，恢复市物价局，内设办公室、综合股、收费股等股室。1998年机构改革，内设办公室、综合股、收费股等股室。1999年12月27日，撤地设市，原娄底市物价局和价格检查所上收到娄底市物价局，设立娄底市物价局娄星分局和娄星区价格检查所，业务归口娄底市物价局。

1989—1999年局长：梁承欢。

第一节　价格体制改革

一、定价改革

1989—1990年，娄底市物价局对社会商品定价实行国家定价、市场调节价和国家指导价3类定价改革，由市场调节定价商品成为主要部分。1992年7月，执行地委、行署《关于深化价格改革，促进经济发展的若干意见》，取消工业生产资料价格“双轨制”，放开粮食销售，取消粮油票。1993年后，先后将257种生产资料价格和134种工业消费品价格定价权放给企业，农产品价格随行就市。

二、价格服务

1989年，继续开展物价、计量信得过活动。对申报的商家组织评委检查验收，对2家符合条件商店以市政府名义授予“物价计量信得过”红匾。至此，全市有19家商店被授予挂牌“双信”红匾。不定期向生产经营企业和社会发布物价公告，把商品作价原则、方法和差率费用、价格等进行公布，接受群众监督。1990年2月，市物价局下发《关于认真做好工业生产成本价格资料表的通知》，确定市属彩色水泥厂、水泥厂、石井工业硅厂、小碧复合肥厂作为工业品成本常年调查样本点，明确调查品种、内容、上报时间，依据调查结果，测算成本。3月，市人民政府印发《关于加强农村物价管理的通知》，明确农村物价管理工作重点放到稳定农业生产资料价格和向农民乱收费、乱摊派方面，及时准确传递价格信息，建立农村物价管理网络。1991年2月，市物价局等部门提出工业企业库存积压有问题产品处理意见，对库存积压有问题315.20万元产品同意削价137.87万元，报废损失4.62万元。处理后出现亏损原则上由企业自行消化，企业负担有困难经财政批准，酌情调整企业上缴利润和承包基数。5月，市物价局印发《关于做好削价处理积压商品工作的通知》，处理积压商品242.79万元，占库存商品21%，损失幅度25.4%。9月，市人民政府成立物价、计量信得过活动领导小组，由市物价检查所、市计量局法制股负责日常工作。完成柑橘、早稻、晚稻、空心菜、豆角、辣椒、白菜、萝卜、生猪4类9个农产品品种和白水泥、普通硅酸盐水泥、混配复合肥等3个工业项目成本调查，为省、地、市进行工农业产品成本核算服务。是年，经评委组织检查验收，全市有20家门店获“物价计量信得过单位”。1992年8月，放开原国家定价和指导价的食糖、奶粉、白酒、啤酒、解放鞋、轻便靴、肥皂、洗衣粉、香皂、牙膏、2号以上铁壳热水瓶及瓶胆、照相机、普通学生铅笔、有光纸、书写纸、牛皮纸、打字纸、单面白板纸、单面胶版纸、箱板纸、纸袋纸、电容器纸、火柴纸板、食品防潮纸、造纸铜网、造纸塑料网、白市布、花布、漂色纸、呢绒、绸缎（含被面）、维棉坯布、维棉布、汗衫、背心、棉毛衫裤、毛毯、麻袋、人造丝、15～60瓦普通灯泡、油漆以及商业部门经营的化工商品、甘油、金水、酒精、塑料板、塑料丝、工业用薄膜、工业塑料管、合成革、包装制品、铁锅等54种商品，下放给企业定价。议价粮油、饲料取消各种差率和作价办法控制，放开衣絮棉价格。各种饮食、冷饮价格除宾馆、招待所以外城乡旅店、理发收费全部放开，取消农药、碳铵全市统一价，企业可按进货成本加不超过省定综合差率定价。1993年9月，市人民政府下发《关于明确房地产价格管理权限的通知》，明确市物价局是房地产价格主管部门，会同建委和国土部门进行管理。负责房地产价格评估、审定、监督、检查，负责协调和仲裁房地产交易中各种价格纠纷等工作。10月，市物价局向各房地产经营单位发出《在税收财务物价检查中进行自清自查填报的通知》，部署房地产经营单位开展自清自查。是年，市物价局严格控制调价项目出台，对非调不可项目慎重把握出台时机。实施价格结构调整，先后提高煤、电、石油、钢材、食盐等基础原材料价格；调整汽车、煤气、自来水等公用事业价格，放宽第三产业流通环节部分商品差率控制。依据国家规定，将工商企业定价权还给企业，指导企业用活定价权，协调耐用消费品价格。1994年4月，市人民政府制定《娄底市房地产价格管理暂行办法》，明确实行国家定价、国家指导价、市场调节价3种价格管理形式，确定3种价格管理范围，对制定价格标准的部门提出要求，对房地产交易收益征收增值税。与交通局制发实行有偿使用客运线路筹集公路客运设施基金实施细则，凡车籍在娄底市范围内各种经济成分客运车辆，每年由交通部门对客运线路客流量及经营状况进行调查，核定和安排当年各客运线路运力指数。跨市线路车辆根据省、地有关规定一次性缴纳公路客运设施建设基金后再办理道路运输证。确定市内公路客运设施建设基金收费标准为：火车站（含新区）经杉山至恩口每座每年100元，至西阳70元，至茶园乡政府90元，至小碧乡政府70元，至万宝乡白水泥厂90元，至双江乡50元，至石井乡50元。其他车辆由运管部门参照确定。凡未经批准擅自开展客运的各种机动车辆，按每吨千米15元计费（征前不征后），视其情节收取客运设施建设基金，每次收费不得低于被查获车辆所核定吨位1个月应缴纳收费标准。9月，成立娄底市执行物价计量政策法规最佳单位评选领导小组和评委会。是年，市物价局对职工生活费用、零售物价、消费品价格服务项目价格等开展指数调查和统计。同时，开展主要农产品购销价格月报工作。配合住房制度改革，加强房地产价格管理，组织评估测定公有住房215栋4297套，建筑面积153.23万平方米，严格审查核准出售价格，保证住房制度改革实施。

1995—1999年，实行价格体制改革，物价以市场调节为主，娄底市物价局价格服务工作重点是管理和监控职工生活费用、零售物价、消费品价格服务等项目价格。2000年，价格服务工作归口娄底市物价局。

第二节 价格监督管理

一、执行明码标价

1989—1990年，娄底市实施商品明码标价制度。1989年2月，市物价局制发《关于贯彻执行国家物价局〈关于商品和收费实行明码标价制度的规定〉的通知》，对价格标签和收费价目表形式做出规定。1991年，全市各商家使用物价检查所统一印制的标价签，不定期对经营单位、个体工商户标价签落实情况进行检查。1994年，明确要求标价签必须价目齐全、标价准确、字迹清晰、货签对位、一货一签、标示醒目。标价签应包括品名、产地、规格、等级、计量单位、销售价格等内容，价格变动时应及时更换商品标价签，有最高限价、最低保护价或参考价格的商品，责令经营者在醒目位置公示。5月底，邀请部分市人大代表、政协委员、职工物价监督站监督员与地市物价检查所开展落实国家计委《关于商品和服务实行明码标价的规定》专项检查，历经21天，出动282人次，检查单位、商品、摊位426家，处罚不执行明码标价违法行为198件，罚款1.21万元。全市明码标价覆盖率98%，对非商品和服务行业统一印制“经营性服务收费许可证”。是年，制定《关于居民基本生活必需品和服务价格的监控办法》，规定18种商品和服务收费价格管理原则。对不同品种、不同环节，分别采取调价备案、提价申报、差率控制、临时限价等监控措施，把重点商品和服务价格纳入政府宏观管理。1995—1999年，市物价局监督各类商家企业执行商品明码标价制度，对不执行商品明码标价制度单位和个体实施处罚。2000年，监督执行商品明码标价制度归口娄底市物价局。

二、价格监督检查

1989年1月，娄底市物价局印发《关于稳定市场确保今年物价上涨幅度明显低于去年的通知》，加强对市场零售物价管理和控制。对粮油实行专营，在国家对定购价格调整后，销售给居民、菜农的粮油价格不变，对议价粮油严格由市物价局、粮食局按略低于市价原则，按规定经营环节和经营费率进行控制，销售价格挂牌经营；对猪肉销售实行保护措施，使猪肉销售价格稳定在当时市价；对蔬菜面积落实省政府规定人均0.30亩菜地要求，不荒地不荒季；按省政府要求落实城市居民蔬菜财政补贴，70%补贴用于渡淡和安排节假日供应。对工业品销售，本地商品价格，统一综合平均作价，全市一价销售；外地重要工业生产资料，只许由经过批准部门经营。建材、汽车进入指定市场经营，严禁场外交易，实行挂牌价格。对国家没有规定最高限价工业生产资料实行差率控制，超过规定按乱涨价处理。同城控制一道流通环节，鼓励产销直接见面。地产地销产品产销见面比例不能低于50%。对公用事业、服务行业和行政事业性收费从严管理，控制发放收费许可证范围，实行挂证收费，按标准按项目收费，统一使用财政局印制收款收据。定期由财政、审计、物价对收费进行监督检查。整顿流通领域，取缔中间盘剥，制止倒买倒卖。对经营批发业务和紧俏工业品、耐用消费品，按规定控制合理的流转环节和经营费率，同城不许超过一道环节，零售单位不得按零售价格进货再加价销售。无论国家、集体还是个体工商户都必须实行明码标价、一货一价一签制度。对重要紧俏物资出省，执行省物价局文件规定12种物资出省规定；未经批准出省，由物价部门征收物价调节基金。整顿物价管理秩序，严格落实物价分管权限。凡属国家统一安排调价项目，按国家规定调价品种、范围、幅度和时间执行。严禁生产部门压库代销、商业部门提前私存私售。制止越权调价、擅自涨价，更不许价外加价、价外收费、价外集资等变相涨价。1月因翘尾因素影响，物价有所上升，2月开始回落，12月，由2月的128.9%降至103%。全市职工生活费价格指数平均为115.3%，实现省、地对娄底市物价指数控制在118%以内目标。1990年春节期间，市物价局分3个阶段组织物价大检查。确定自查单位85个，自查率100%，自查商品价格2.42万个次，查出错价品种90个，错价金额1.04万元，收缴入库5875元。3月，物价检查所参加市委、市政府组织的“一整两打”活动，整顿市场秩序，对农贸市场短斤少两、乱涨价、非法经营个体工商户和摊贩进行检查，收缴不合格衡器128件，对违价行为罚款120余元。6月，由市政府组织，对装卸市场开展历时3个多月的整顿，对19个单位经教育不改，严重扰乱装卸搬运市场秩序的为首者予以行政拘留，对强行装卸、多收滥要、违章收费61人罚款3200元。7月，市人民政府下发《关于进一步加强物价管理的通知》，控制日用工业消费品价格上涨，加强对农副产品价格和化肥、农药、农膜等主要农业生产资料价格以及工业生产资料价格管理，加强对行政事业单位性收费清理和整顿。9月，开展年度物价大检查，检查商品价格和各种收费1.20万余种次，查出违价金额90余万元，收缴罚没款36万元，清退给顾客多收款900元。清理整顿行政事业性收费，对

186个收费单位进行年检年审，发现98个单位存在收费问题，对83个单位按照《价格管理条例》进行处理，收缴非法收入5.40万余元。1991年，开展农业生产资料价格行业检查，检查生产资料经营单位27个，化肥生产厂家1个，个体摊位17个，检查经营品种23种次，查出违价金额2.10万元，收缴非法收入1.50万元。开展医疗单位收费检查，对10个乡镇卫生院和涟钢医院、恩口煤矿职工医院、计划生育服务站、418等18家医疗单位进行检查，查处乱涨价、乱收费及失效药物等违法行为12起，收缴非法金额和罚款2万元，纠正错价和乱收费项目18个。开展学杂费收缴清理，对10个乡镇文教办、26所中学，市总工会电大班收费情况逐项核实，查出违法金额20余万元。对食盐、肥皂、洗衣粉、交通、自来水、煤气等价格执行情况进行经常性检查。全年查处个体摊贩违法行为131起。对群众举报8起案件进行处理，查核有违价行为5件。开展年度物价大检查，查出违价金额113万元，入库6.50万元，上缴财政罚没款1800元。全年检查单位450个次，查出违价金额50余万元，上缴财政罚没款18.70万元，退给消费者多收价款20万元。1992—1999年，在开展常规性价格监督检查的同时，加强重大节日前后价格监督检查，规范价格管理。2000年，价格监督检查归口娄底市物价局管理。

三、依法治价

1989年，对上年物价大检查遗留问题进行扫尾，追缴西阳建筑公司、地区汽车配件公司等单位非法收入7800元入库。开展元旦、春节市场物价检查，检查329家门店和3个农贸市场，收缴不合格衡器27件，对哄抬物价、短斤少两、扰乱市场秩序的违法行为处以罚款152元，查处3家掺杂使假企业。对公共汽车和个体客运价格进行检查整顿，对违反价格法律法规乱喊滥要的4家个体客运户处以罚款。对地区粮食局粮油车队综合服务部经营冰箱不申报零售价格进行查处，没收非法收入1000元。1995年起，市物价局根据《湖南省市场调节价格管理办法》关于实行生产经营者自主定价与政府宏观调控，运用经济杠杆、法律法规和行政手段管理市场物价的规定，允许生产经营者依照法律政策规定自主定价和自主确定经营差率。建立市场价格信息网络，利用市内媒体定期发布重要商品价格信息，开展价格检查。查处违法违规和政策规定哄抬物价行为，全年查处违反价格法律法规案件135件，收缴罚没款32.80万元，清退违价款115万元。1996—1999年，加强价格行政执法，重点查处违法违规和政策规定哄抬物价行为，查处违价案件450余件，收缴罚没款92万元，清退违价款320万元。2000年，价格行政执法工作归口娄底市物价局。

第三节　价格调控

一、农业生产资料价格

1989年，全市调整23种农业生产资料价格。其中，上调碳铵、过磷酸钙、聚乙农膜、聚乙地膜、复合膜、甲胺磷、稻瘟净、杀灭菊酯乳剂8种物资价格，下调杀虫脒、九二〇粉剂、敌百虫晶体、速灭威、三氯杀螨醇、速乐乳等7种物资价格，维持原价有尿素、水稻一号二号肥精、混配复合肥、敌百虫等4种物资价格，统一价格有混灭威乳油、单甲脒、甲基花布津乳剂、速灭威脂水剂4种物资价格。1990年3月，市物价局安排1990年部分农资销售价格。碳铵7.7%调整为9.7%，磷肥、氯化铵、硫酸铵、硝酸铵、混配肥由9%调整为11%。其中，1%作为专户专项用于淡季储备的储备资金利息，1%用于解决基层供销社经营困难。省农资公司统一调拨尿素、粮食、棉花、蔬菜合同定购挂钩部分，销售价格每吨为550元，其他专项综合售价每吨仍为700元。计外部分仍执行上年综合销售价格，每吨1080元。基层供销社自行组织货源部分及市农资公司统一调拨部分碳铵统一销售价由每吨430元调整为400元。株洲化工厂生产的过磷酸钙根据新的综合差率调整，涟源化肥厂生产钙镁磷肥按涟源市物价局规定新的出厂价而调整，农膜销售价在原销售价格基础上每吨减380元，地膜、复合肥在原销售价基础上每吨减400元。1991年5月，市物价局调整小碧乡所产混配复合肥价格，含量25%普通混配肥出厂价每吨520元，各销售点销售价格每50千克29.10元；总含量25%防僵混配肥出厂价每吨540元，各销售点销售价格每50千克30.20元。1992年1月，市物价局发出《关于大化肥价格安排和调整磷肥、薄膜销售价格的通知》，粮、棉、菜挂钩尿素一律按全省统一零售价每吨550元执行，专项尿素按全省统一价格每吨800元执行。钾肥和复合肥不参与挂钩肥分配，全部按专项肥安排，全省统一销售价格。钾肥由每吨460元调整为660元，复合肥不分含量，统一调整为每吨800元。株洲产四级50千克纸袋装过磷酸钙全市统一零售价每吨由262元调整为318元；娄底产四级25千克编织袋装和纸袋装磷肥全市统一零售价每吨分别为275元和270元；农膜全市统一零售价每吨7840元；地膜全市统一零售价每吨8300元；复合膜全市统一零售价每吨8100元。4月，市物价局与供销联社调整计划外钾肥和进口复合肥零售价格最高限价，零售价格每吨钾肥由950元调整为900元，进口复合肥由1000元调整为1200元。8月，调整农用柴油零售价格，由原零售价770元/吨调整为790元/吨。1994年4月，核定冬储210吨农用柴油零售价格统一为1080元/吨。1995—2008年，农业生产资料价格由市场定价。

二、部分工业产品价格

1989年3月，市物价局发文调整市水泥厂水泥出厂价格，计划内普通硅酸盐425#、525#水泥出厂价每吨分别为150元、140元；矿渣硅酸盐425#、525#水泥出厂价每吨分别为145元、135元。计划外加价普通硅酸盐425#、525#水泥出厂价每吨分别为170元、160元；矿渣硅酸盐425#、525#水泥出厂价每吨分别为165元、155元。纸袋包装与散装差价每吨为12元，其他包装的水泥与散装水泥差价每吨最高不得超过20元。计划外水泥出厂价，视市场供需情况，由企业自行定价。5月，调整市微型电机厂生产WB—6、WB—10单相微型电机泵出厂价为230元，并视市场变化每台上浮10元，下浮不限。7月，核定市化工厂GTRy高级压乳化油出厂价每吨7800元。并可视市场和原材料价格变化，允许上浮5%，下浮不限。11月，核定南阳矿粉厂耐火泥出厂价每吨120元，包装另计。视原材料价格变化，企业可自行下浮。1990年3月，市物价局核定市耐火材料厂2A12—16.5锆质定径水口出厂价格为每个38元。下达市城南化工厂含编织袋包装在工厂交货“702”“802”PVC建筑防水油膏出厂价格每吨920元，并允许视原材料进价和市场变化每吨可上浮不超过5%，下浮不限。下达市二耐火材料厂2A12—16.5锆质定径水口出厂价每个38元。1993年4月，出厂价格每个由38元调整为45元。1994—2008年，工业产品价格由市场定价。

三、部分农产品收购价格

1994年3月，市物价局向各粮贸公司、厂、库下发菜籽、菜油收购价格。全市油菜籽每50千克中等价110元，等级差价每50千克10元，毛菜油每50千克330元。1995—2008年，随行就市，由市场定价。

四、日用品副食品价格

1989年11月，调整食盐零售价格，分价区，对小塑袋装500克批发价由0.22元调整为0.26元。一价区小塑袋装500克零售价由0.27元调整为0.31元，二价区由0.28元调整为0.32元，三价区由0.29元调整为0.33元。是月，发出安排食糖城乡差价通知，计划内零售价格，每500克分一价区、二价区、三价区分别为1.31元、1.32元、1.33元。原糖、赤砂糖和计划外组织白砂糖销地价格，按实际进货价格，加合理运杂费和不超过10%综合差率确定。12月，批复市粮食局银丝面条执行原销售计价报告，即每千克销售价为0.78元。1990年6月，对省产纸箱包装每箱24瓶啤酒旺季价格安排，12度640毫升啤酒零售价每瓶1.40元；11度640毫升啤酒零售价每瓶1.38元；10度640毫升啤酒零售价每瓶1.36元；12度355毫升啤酒零售价每瓶1元；10度散装啤酒零售价每千克0.78元。7月，根据省物价局通知精神，对确定洗衣粉、肥皂作价办法发出通知。洗衣粉、肥皂销进差率10%；批零差率14%，商业内部倒扣作价，即对销地州市主营公司回扣6%，对县市主营公司回扣

4%。洗衣粉、肥皂地区差率，大中城市省外产品4%，省内产品3%（长株潭三市互相调拨地产品为1%），中小城市不分省内外产品一律在经济区划原规定差率基础上扩大2%，娄底市为6%。1991年5月，根据国务院调整大豆统销价精神，对凭票供应豆腐价格由每块5分调整为每块9分；烘干豆腐相应提高。是月，核定市领结总厂“洗洁丝”产品出厂价，浴块AB型精装每只1.60元，简装1.50元，洗碗丝精装每只1.50元，简装1.40元。1993年3月，批复市自来水公司上调自来水销售价格为每吨0.45元，超计划加倍。4月，调整食盐零售价格，散装500克，小塑袋装500克、1000克，1×10×500纸箱装一价区分别为0.42元、0.50元、0.94元、6.50元；二价区分别为0.43元、0.51元、0.96元、6.60元；三价区分别为0.44元、0.52元、0.98元、6.70元。8月，对居民基本生活必需品中有关农产品和工业消费品实行差率控制。酱油购销差率10%，批零差率15%；蔬菜以当地批发市场成交价为基础，批零差率最高不超过80%。各种牛奶粉购销差率（含运杂费）全省统一为13%，批零差率全省统一为16%。一级白糖批发价每吨最高不超过3700元，零售差率顺加不超过20%。各种肥皂、洗衣粉出厂价全省统一购销差率为顺加13%，批零差率顺加18%。1994—2008年，日用副食品价格由市场定价，随行就市。

五、房地产价格

1990年6月，调整市房产局管理非生活用房租赁收费价格，对砖混结构一类二级房，调整为每月每平方米2元；二类一至三级房，调整为每月每平方米1.40～2元；砖木结构三类三至五级房，调整为每月每平方米0.80～1元。1991年10月，市物价局规定房地产市场房屋租赁实行最高限价，公有或私有非住宅用房出租按建筑面积计算，每平方米每月不得超过10元，私有住宅出租按使用面积计算，每平方米每月不得超过1.50元。1992年12月，调整直管房商业门面租金标准，火车站广场至娄底大桥段商业门面，春园路商业门面每平方米建筑面积月租金7元；老街至将军庙段商业门面每平方米建筑面积月租金4元，根据地理位置可上下浮动15%。1993—2008年，房地产价格由市场定价。

六、住宿价格

1989年4月，核定涟钢招待所收费标准，新楼套间每晚次30元、双人套间18元、新楼三四楼双人套间15元、新楼三层套间9元，新楼四楼西3人间10元。老楼3人间5元、4人间3.50元，新楼一二会议室30元/场次，三会议室25元/场次、四会议室20元/场次、五会议室50元/场次，明确房间主要设备和附属设备。1990年9月，调整涟邵矿务局招待所客房、会议室收费价格。会议室按座位数多少定价，每间每次每床25～80元不等。客房收费，按面积、床位数，每人每次4～22元不等。是月，批复迎宾灯展票价定价报告，白天1元/张，晚上2.50元/张。1991年，核定地区农业银行工会劳动服务公司招待所住宿收费标准，9平方米单人间每人次12元，22.50平方米4人间每床7元。下达地区工程公司鸿宾楼、市粮食局娄粮招待所收费标准。地区工程公司服务公司鸿宾楼招待所22平方米单人间每床16元、2人间每床10元，16平方米3人间，每床5元，64平方米会议室每场次40元。市粮食局娄粮招待所客房14.80平方米2人间，每床12元，14平方米2人间每床6～14元，3人间每床4元，30平方米中会议室每次30元，72平方米大会议室每次50元。5月，下达市体委露天游泳池收费标准，每场每人次日场1元，晚场1.50元。1992年2月，调整涟邵矿务局招待所客房和会议室收费标准。5月，对涟钢招待所客房、会议室收费标准进行调整，新楼套间每床80元、单人间每床50元、双人间每床18～25元、3人间每床12元，二会议室50元/场次、三会议室40元/场次、四会议室30元/场次、五会议室80元/场次，老楼3人间每床8元。10月，批准娄底第三届商品交易会期间，接待代表单位住宿费每个床位在原批准的基础上加收3元。1994年7月，核定田湖轧钢厂驻炼钢总厂办事处客房住宿收费标准，19平方米客房每床单人间、双人间、3人间、4人间分别为30元、20元、12元、10元。1995—2008年，住宿价格由市场定价。

七、交通运输价格

1989年9月，娄底市物价局与交通局对征缴公路客运附加费作出规定，自10月1日起执行。凡属实行按座位包干计征营运客车不分车型，分别按每座每月所经营线路计征标准征费。个体（联户）及厂矿企事业单位参运客车包干计征，车况较好按11个月计算，车况一般不得少于10个月，实行包干计征车辆无特殊情况不予报停，不实行全年包干计征车辆以全年12个月计征。1991年1月，市交通局与市物价局联合发出《关于认真贯彻省交通厅做好拖拉机、摩托车养路费征收工作的通知》，各种拖拉机均按每20马力折合1吨位，比照汽车收费标准货车每月每吨130元按月计征，手扶及盘式拖拉机按半吨计征。专门从事公路运输全年1次主动缴纳按10个月计征，从事运输兼田间作业手扶、盘式拖拉机全年按5个月包干计征325元，对双江、小碧、石井、茶园等部分贫困村组货源较少适当给予优惠，但最低不得少于280元。两轮摩托车每台每月按5元计征，全年一次交清每台按50元计征。侧三轮摩托车每月每台按7元计征，全年一次性交清每台按70元计征。2月，市物价局与市交通局发文调整火车站货场汽车运价，单线大货车每吨千米运价调整为0.70元。9月，发文明确装卸中配合行车过磅收费标准，市运输公司涟钢运输大队在二轧分厂配合行车过磅其收费标准每吨收费0.08元，涟钢厂内所有类似情况收费均按此标准执行。1992年2月，与交通局发文明确非机动、轻型机动三轮车公路运输管理费、客运附加费、养路费计征标准。货运管理费，非机动人力三轮车每月每辆2元，轻型机动三轮车每月每辆3元。客运附加费，轻型机动三轮车，每月每辆30元。养路费，轻型机动三轮车，每月每辆6元。与市公安局制定机关企事业单位、公共场所自行车棚管护收费标准，机关企事业单位内部自行车棚每辆自行车每月收费1.50元，公共场所每辆一次收费0.05元。11月，调整公共汽车票价，一路、二路公共汽车每人次0.30元。涟钢大桥起点公共汽车，按路程每人次0.30～0.50元。8月，与交通局明确公路运输价格有关问题，凡在域内始发客车在现行规定线路等级，车型类别，长途、短途票价基础上，每人千米票价外统一收取燃油补贴费0.005元和人身保险费0.001元。12月，批复市交通局社会客运有偿服务收费标准，提供社会客运车白天停车、旅客候车场地，安全保卫等服务，25座及以下每车每天2元，收取地面清扫保洁费每车每月10元；25座以上每车每天3元，地面清扫保洁费每车每月15元；凡停车过夜安全保卫费每车每晚3元，客车按月包干按50%收取。

1993年2月，市物价局与市交通局联合发文提高公路客运附加费标准和调整公路运输油料补贴费标准，货运补贴费，一级线路每吨千米由0.28元提高到0.35元；二级线路每吨千米由0.35元提高到0.42元，上浮不超过30%；城镇短途运输价格上浮不超过20%；短途吨次附加费不上浮。零担货物运输，每吨千米由0.46元调整为0.51元；特种货物每吨千米由0.60元调整为0.65元。公路客运油料补贴费每人千米由0.005元提高到0.015元。客运附加费每人千米由0.01元提高到0.02元。客运附加费和油料补贴提高后，含客运附加费、保险费，客运票价起码为0.50元。3月，与市交通局调整公路客运附加费和出租车缴客运附加费标准。公路客运每座每月附加费收费标准，娄底至茶园由50元调整为70元，娄底分别至白水泥厂、荷叶、西阳由44元调整为65元，娄底分别至泽溪、小碧由42元调整为60元，娄底至双江调整为40元。市内出租车每月每座80元，助力三轮车每台每月70元，人力三轮车每辆每月35元。5月，与市交通局发文调整粮食部门短途物资运输价格。1994—2008年，交通运输价格由行业自行调整，报物价局审批备案。

八、其他收费

1989—1990年，其他收费没有进行调整。1991年2月，确定市商业局批发公司儿童乐园游艺收费标准，儿童小火车、转马、电动小飞机、唐老鸭、各种单座电动小车、各种双座电动小火车，每3分钟为1次，每次收费分别为0.60元、0.80元、0.50元、0.50元、1元、1.50元。8月，核定天籁岩收费标准，门票每人每次0.30元，岩洞票每人每次0.70元，学生票减半收取。9月，市物价局和市教育委员会发文调整中小学收费标准，征收部分收费标准执行省教委、省物价局、省财政厅文件规定。代收部分收费标准，文体卫生费、水电费、图书仪器费、实验费由学校包干使用，不再与学生办理结算，收费标准按地教委、地物价局、地财政局文件规定标准执行。书籍费、作业本费、资料讲义费（含班费）、档案费（限高一、初一新生）4项实行期初预算，期终按时结算，多退少补。临时性代收费用，职业中学（包括职高中班）将组织学生进行毕业实习，可按实向学生一次性收取实习费，单车保管费每车每月1元，校徽、学生手册按实收取工本费，体检费同医疗单位按时结算，搭餐费每生每期3元。学前班城区每生每期收取费用不超过60元，农村每生每期不超过30元。1992年9月，批准青山公园收费标准，公园门票0.10元/人，碰碰车、脚踏船、荡椅、太空飞车、高空单轨脚踏车2元/人次，苹果机1元/人次。11月，与市教委就加强中小学收费管理发出通知，从1993年秋季起，由市物价局向全市区（校）核发“行政事业单位收费许可证”，学生证收费和代收费项目取消电影费、保险费和救助费3项收费，职业高中执行普通高中收费标准。对中小学书包资料规定，凡学生所需订购课本及其他书、报刊资料等均须由市教委统一审定目录，正式教材统一到地区新华书店订购。与教材配套参考用书按照一种课本只配一种参考用书原则，分别到地区新华书店或省地教委订购。

1993年4月，市物价局发文调整环境卫生有偿服务收费标准，生活垃圾和建筑残渣运费为1吨收费11.50元，每车50元，均含消毒费。行业零星垃圾带运费，饮食业、机动车修理业、其他行业每月收费分别为12～15元、12～20元、8～10元。垃圾消纳处理费，生活垃圾每吨1元，建筑垃圾每吨2～4元。化粪池粪水带运费，机动车吸运粪水每吨20元、人力淘运粪渣不包运输每担2元。单位厕所代消毒费，每个蹲位喷药消毒每月2元。洒水车送水，限市区内，不含水费每吨10元。地面清扫保洁费，公共汽车始末站停车场，每平方米每月0.20～0.30元。车辆运输撒漏污染（含基建污染），每平方米每次0.02～0.05元。25座以上客运车辆污染每月每辆20元。个体出租车辆污染每月每辆12元。20座以下客运车辆污染和其他机动车辆污染每月每辆15元。骡马车污染每月每辆10元。摊点位置代扫保洁费，“门前三包”范围，每平方米每月0.15元，瓜果、甘蔗、饮食、其他摊点每月分别为6～9元、9～12元、8～12元、6～9元。农副产品批发污染费，香蕉苹果西瓜等每月15～30元，甘蔗每月20～40元。一次性批发污染费，香蕉苹果西瓜等每吨3～4元，甘蔗每吨4～6元。公共厕所保洁管理费，公共厕所保修每次人0.10元（含便纸）。9月，调整农村幼教收费标准，农村学前班学费标准每生每期由30元调整为50元。

1994—2008年，所有商品由市场定价，关系国计民生商品由中央、省政府调控，政府物价部门主要监督管理、贯彻执行上级物价政策，没有调价权。

第四节　收费管理

一、收费清理

1991年1月，市委办公室成立制止“三乱”减轻农民负担工作领导小组，市物价局承担市政府“三乱”治理行动清理乱收费工作，全市434个行政事业性收费单位，抽查431个，抽查面99.3%，教育卫生系统抽查面达100%。抽查发现有违反物价问题单位229个，其中教育系统中小学校学杂费收费抽查面达100%。通过抽查，卫生系统收缴罚没款5万元，清退多收款9万余元；教育系统退款12万元。1991年1—9月，清理整顿乱收费工作，清查收费单位269个，查出违价金额43万余元，收缴罚没款4万余元，退还多收消费者价款20万元。撤销4个收费文件，吊销7个临时收费许可证。取消68个收费项目，减轻社会负担近200万元。

1993年，全年检查单位129个，查出擅自提高收费标准等价格违法行为20件，查出不执行国家收费标准以及越权定价、自立收费项目等违法案件27件、清退给用户近10万元，上缴国家财政11.25万元。参加财务联合大检查，查出重大价格违法案件15起，查出价格违法金额186万余元，收缴入库的非法收入50余万元。1994年6月6日至7月12日，会同市财政局对全市58个行政事业性收费单位乱收费行为、票据清理、收费收支等方面进行检查评估。检查收费项目285个，收费标准486个。查出7个单位不合格，乱收费单位3家；市畜牧联站自设宰杀耕牛审批费，每头收费4元，收费2万元；市城管队收取已宣布取消的零星摊担占地费，收款5850元；市劳动局超标准收取技校招生报名费，多收4965元。检查中还发现不及时年检年审、不及时申报办理上级更改后的收费项目和标准等问题。对收费违规单位责令其进行整改，多收费部分全额退还。1995—1999年，不定期开展收费清理，重点清理涉及民生方面收费，检查行政事业收费单位320个次，检查收费项目312个，清退超标准收费12万元。2000年，收费清理工作归口娄底市物价局。

二、年检年审

1989年7月，与财政局、税务局、审计局联合发文开展行政事业性收费年检工作。1990年10月，与财政局、税务局、审计局联合发文对市属及驻娄中央、省属有行政事业性收费部门开展行政事业性收费的单位开展年检工作。1992年10月，发文对行政事业性收费单位进行年检验证，对凡面向收取行政事业性费用的行政机关、事业单位、社会团体进行年检验证，以巩固清理整顿成果，解决收费不合理问题，制止和查处乱收费行为。1993年10月，市物价局发文开展年度行政事业性收费年检年审，凡属市辖区范围内面向社会收取行政性、事业性费用的机关、事业单位、社会团体及驻军等都须参加年检年审。完成年检年审单位250个，换证190余个。其中，涉农收费部门和单位15个，在市辖区执行收费项目91个，年收费总额820万元。

1994年10月，对管辖范围内有行政事业性收费行为的行政企事业单位及社会团体进行年检年审。以国家省地正式文件为依据，做到不具收费资格和条件不发新证，发证单位由423个撤并减少到307个，临时性收费单位由33个减少到12个。实行收费员持证上岗制度，做到亮证收费。1995—1999年，每年进行1次年检。2000—2008年，年检年审归口娄底市物价局。

三、收费执法

1993年3月，针对乱收费行为又有所抬头问题，对各乡镇政府、街道办事处、市属各单位发出关于制止乱收费通知，凡涉及行政事业性收费单位须亮证收费，对无证收费单位予以取缔与抵制。对已发生无证收费或擅自扩大收费范围和提高收费标准的单位，要求主动清查与清退，无法清退的向财政上交全部非法收入。对收费不开具行政事业性收费专用收款收据应拒付，财会人员不予报销。对乱收费的，物价部门将依法进行监督检查，严肃处理。1993年9月，向社会公布中央、国务院、省政府、省物价局及市政府有关取消、停止、修改、纠正有关涉农收费的文件及收费项目。市政府关于第一批取消农民负担项目通知中，撤销11个有关涉农负担文件和收费项目。

1994年，对10个乡镇199个村农村电价进行整顿，对农村电价收费进行调查摸底和价格测算后，与电业部门联合下发《关于农电价格与管理的通知》，给各乡镇电管站、村组及村电管员办理“农村电价收费许可证”，实现亮证收费，公开收费标准，接受农民监督，市农电收费走向制度化、规范化，结束全市农电管理及收费混乱局面。4月，对百余家宾馆、招待所、旅店，50余家舞厅、夜总会、卡拉OK厅，40余家按摩室经营情况进行调查摸底，发出《关于新增价格调节基金征收范围和标准的补充通知》，对文艺演出、体育表演、车辆落户等开证价格调节基金。6月，市人民政府下发《关于加强居民生活必需品和服务价格监审的通知》，实行调价备案、提价申报、差率控制制度。对违反监审规定，根据《价格管理条例》和有关法规进行处理。7月，全市猪肉价格陡涨。市物价局向市政府建议，规定鲜肉价格每千克不突破5元，冻肉不突破4.50元，8月1日开始执行，肉食公司所发生亏损在价格调节基金中予以补贴。至12月，利用价格调节基金平抑物价，投放65万余元。1995—1999年，每年不定期开展收费执法，规范收费行为，收费工作形成常规性机制。2000—2008年，收费执法工作归口娄底市物价局。

第五章 工商行政管理

1989年，娄底市工商局设人秘股、工商股、市场管理股、合同股，辖花山工商所、乐坪工商所、黄泥塘工商所、火车站工商所、大科工商所、恩口工商所。1999年，娄底市工商行政管理局更名为娄底市工商行政管理局娄星分局。

2000年7月，根据《娄底市关于工商行政管理体制改革人员上收和分流实施方案（意见）》精神，娄星区工商行政管理体制进行改革，干部职工及离退休人员上收。2000年12月，根据国务院关于工商行政管理部门所办市场实行管办脱钩政策精神和湖南省人民政府省长办公会议纪要及省人民政府文件精神，经区工商体制改革领导小组协调和娄星区人民政府常务会议审定，娄星分局将自办和联办的市场资产、人员、债权债务等一并移交给娄星区市场服务中心。2002年，娄星分局内设办公室、政策法规股、财务基建股、商标广告监督管理股、企业和个体私营经济监管股、消费者权益保护股（“12315”申诉、举报中心）、人事教育股、市场规范管理股、注册登记股、公平交易股（打击传销办公室、经济检查大队）10个股室，下设乐坪工商所、长青工商所、花山工商所、黄泥塘工商所、洞新工商所、运输市场管理所、南区工商所、恩口工商所；挂靠信息中心、娄星区消费者权益保护委员会办公室、娄星区个体劳动者私营企业协会事业单位和社团组织3个。至2008年，工商行政管理分局下辖9个基层工商所，1个培训站，内设14个股室，挂靠3个事业单位和社团组织。

1989—2008年历任党组书记、局长：龙自然、石永安、钟立吾。历任党组书记：龙自然、喻如祥。历任局长：彭希亮、胡国雄。

第一节 市场监督

一、市场管理

1989—1999年，开展文明市场创建活动，检查衡器11.20万台（件），收缴不合格衡器6200多台（件），查处短斤少两、欺行霸市、哄抬物价等违章违法行为7600余起，处理经营者和消费者纠纷4800余人次，为消费者挽回直接经济损失120余万元。城南市场连续四届被评为“省级文明市场”。娄星市场、将军庙市场、涟钢市场被评为地级“文明市场”。

2000—2007年，工商行政管理职能由侧重于培育与管理集贸市场向监管包括消费品市场、生产资料市场、生产要素市场转变。在市场监管过程中推行市场巡查制，监管方式实现原来静态驻场监管向动态巡查监管转变，监管范围由原来监管集贸市场向监管各类商品交易市场转变，组织市场专项整治，开展“红盾护农”活动，加强粮食、农资、棉花、成品油等重要商品市场及会展经济、经纪人监管工作，整顿和规范市场经济秩序。

2008年9月1日，国务院决定停止征收市场管理费和个体工商户管理费（简称“两费”）。“两费”停征后，分局印制8000余份《公开信》，将停征“两费”政策宣传到每位经营户，并公布举报电话。按照政策开展预收“两费”退付工作，累计退付2408户，处理退付票据3038张，退付预收“两费”96.92万元。

二、工商执法

1989—2008年，定期组织开展节日市场、农资市场、食品饮料市场、酒类市场、烟草市场、房地产市场、建材市场等专项整治。捣毁制假售假窝点171个，查处各类经济违法违章案件7536

件，其中即时处罚案件2725件，罚没入库1643.94万元。查获假冒伪劣物品钢材3734吨，走私汽车8台，走私摩托车39辆，汽车摩托车配件1700余个，农机50余台，成品油2000余千克，木材59立方米，化肥农药370吨，农膜200多捆，种子2350千克，香烟1.69万条，煤炭2.21万吨，进口旧服装3100件，棉花1.60万千克，酒14.68万瓶，饮料10万余瓶，化妆品3.64万瓶，电视机118台，油漆2254千克，电线电缆400捆，过期变质食品1.79万千克，色拉油1.10万千克，潲水油1000余千克，奶制品3200余包，注水病死猪肉、牛肉3.18万千克，灌沙鸡鸭6349羽，陈化粮52.92吨，抛光霉米8730千克，中药材1800千克，中西成药3100余盒，青霉素18万支，假证件100万本。

（一）清理整治无照经营

1989—2008年，针对无照经营比较突出问题，区政府发布《娄底市娄星区人民政府关于清理整治无证无照非法经营行为的通告》，印发宣传资料2万余份，对无照经营行为进行清理整治。累计清查出无照经营户1.36万户，引导办照1.34万户，查处无照经营案件930件，取缔无照经营户241户。

（二）查禁传销和变相传销

2001—2008年，开展打击传销“进校园、进社区”宣传活动，印发宣传资料9500份，张贴宣传画5000幅、悬挂横幅110条。开展创建“无传销乡镇、社区”活动，推行派发一张联系卡、建立一个信息台、发放一封公开信、签订一份责任书、构建一个监管网“五个一”制度，发放《致全区人民的公开信》5000份，《致出租房屋业主的公开信》5000份，制作联系卡3600张。采取日常巡查与专项整治相结合、单独行动与部门协作相结合、群众举报与集中打击相结合的方式，严打传销违法活动。捣毁传销窝点、场所246个，劝返遣散传销人员7600余人次，移送司法机关处理传销人员188人。其中，行政拘留76人，刑事拘留31人。打击传销工作先后被《中国工商报》《湖南日报》《中国消费者报》《湖南工人报》《人民法院报》、人民网、红网、湖南电视台等省级以上新闻媒体多次报道，被评为全市“打击传销工作先进单位”。

（三）破坏竞争秩序专项整治

2006—2008年，立案查处商业贿赂案件15起。查处群众反映强烈的供电、供水、供气等垄断行业存在违背自愿、公平、平等原则，破坏市场竞争秩序，损害消费者权益的限制竞争行为，立案查处垄断性行业限制竞争案件2件，没收非法所得12万元，并处罚款。配合有关部门开展“扫黄打非”，查缴非法出版、黄色书刊6000余本，音像制品3400余盒。

三、合同管理

1989—2008年，结合辖区内“守合同，重信用”企业年检，检查各类合同2.90万余份。其中，不合格合同500余份，无效合同14份。通过检查，查处违法合同案件353起。做好合同鉴证、登记和备案工作，预防合同欺诈，鉴证合同9883份。通过鉴证，发现违法合同353件，为企业挽回损失980余万元。办理合同“三证”6890本，发放合同示范文本8967本。1996年起，将企业动产抵押物登记作为合同监督管理重要内容，办理动产抵押登记67份，抵押物价值7.48亿元。开展“守合同、重信用”活动，每年考核验收1次，评出“守合同、重信用”单位91个。

四、其他监管工作

1989—2008年，先后开展“红盾护农”“经纪活农”“合同帮农”“商标富农”等兴农行动。围绕强农富农惠农目标，开展农资打假和农资产品抽样检测，规范农资市场秩序，铲除坑农损农害农行为。成立农村经纪人协会，发展农村经纪人118人。2008年，举办全区首届经纪人培训班，新发展经纪人87人，登记展销会3次。支持农户产业化生产经营，做好以生产经营农产品为主的农民专业合作社登记管理。

第二节　工商登记管理

一、市场主体登记注册

娄星分局（娄底市工商局）登记注册各类市

场主体包括内资企业、私营企业、农民专业合作社、个体工商户。至2008年12月，全区登记注册各类市场主体1.33万户，比1989年增加9462户。其中，各类企业913家，比1989年减少358家，个体工商户1.23万户，比1989年增加9820户。具体情况为：内资企业611家，比1989年减少660家。其中，国有企业202家，比1989年减少296家；集体企业351家，比1989年减少407家；私营企业298家，比1989年增加215家。农民专业合作社4户（2007年开始登记注册）。个体工商户1.23万户，比1989年增加9820户。

2008年，全区市场主体注册资本合计13.86亿元，比1989年增加5.36亿元，增长63%。市场主体注册资本除国有企业减少外，其他主体均有所增长。增长速度上，农民专业合作社、个体工商户、私营企业、集体企业注册资本增长较快。占市场主体总注册资本份额上，内资企业、个体工商户注册资本所占比例较大，超过其他市场主体类型。具体情况为：内资企业注册资本7.27亿元，占市场主体总注册资本52.5%，比1989年减少13.6%。其中，国有企业注册资本1.87亿元，减少74.5%；集体企业注册资本2.76亿元，增长146.7%；私营企业注册资本1.17亿元，占市场主体总注册资本8.43%，比1989年增长21.60倍；个体工商户注册资本5.37亿元，占市场主体总注册资本38.7%，比1989年增长84.50倍；农民专业合作社注册资本486.80万元，占市场主体总注册资本0.35%。新登记注册各类市场主体2808户，注册资本（金）1.90亿元。其中，内资企业9家，注册资本（金）83万元；私营企业55家，注册资本（金）2016万元；农民专业合作社3家，注册资本（金）438万元；个体工商户2741户，注册资本（金）1.64亿元。

二、市场主体监督管理

（一）内资企业监督管理

1993年，省、市工商局对大中型企业登记管辖权限进行调整。娄底市工商局将涟钢、涟邵矿务局等单位及其下属机构移交给娄底地区工商局管辖，登记档案进行移交。对公司进行清理，解决公司过多过滥、党政机关以权经商、政企不分等问题。清理出党政机关创办的经济实体102家，办理脱钩手续，结合年检验照，对无资金、无场地、无机构“三无”企业进行清理。至1994年，核准登记注册内资企业达2564家。1995年，清理“三无”企业120家。1996—2003年，每年都依法对“三无”企业、名集体实个体企业、“五小”企业（小煤矿、小炼油厂、小水泥厂、小玻璃厂、小火电厂）进行清理整顿，督促其办理注销或变更登记。2002年，娄星工商分局开展对公司出资行为专项整治，打击虚假注册资本、虚假出资和抽逃出资行为。清理公司制企业260家，立案查处25家，罚没金额30.80万元。通过对企业年度检验、定期跟踪回查、日常监督管理，依法查处企业违反登记管理法规行为。2003—2007年，实施传统登记管理办法改革，推行网上年检制度，通过信息化手段服务企业，密切与企业联系，提高行政办事效率；推进市场主体监管制度改革，推行企业信用分类监管。根据企业守信情况，分别建立守信企业激励机制、警示企业预警机制、失信企业惩戒机制和严重失信企业淘汰机制，建立健全企业信用分类监管数据库。构建工商监管、企业自律、社会监督“三位一体”监管体系。2007年，开发区工商分局成立，娄星区范围各类市场主体分成3块，即市工商局、娄星分局、开发区分局登记管辖。

2008年，娄星分局登记注册内资企业611家，注册资金7.27亿元。其中，国有企业202家，注册资金1.87亿元；集体企业351家，注册资金2.76亿元；公司19家，注册资金356万元；股份合作制企业2家，注册资金2.16亿元；其他37家，注册资金4475万元。

（二）个体私营经济监督管理

1993—1998年，娄底行署、娄底市政府出台有关文件，提出个体私营经济“一乡一村一品”“户户点火”“村村冒烟”发展思路。娄底市工商行政管理局制定《关于大力促进个体私营经济发展的若干规定》等文件，并将省市有关文件制成小册子宣传，个体私营经济发展实行目标考核，推动个体私营经济发展。至1998年年底，登记个体工商户2.68万户，从业人员5.73万人；私营企业446户，从业人员8920人。

1999—2008年，娄星区工商行政管理局推行分类登记、分类监管、分类指导“三分法”监管模式。在加强日常监督管理的同时，针对各个时期热点、难点问题，先后对无照经营、出租出卖执照、违法违章经营以及旅馆、娱乐、网吧、煤矿、非煤矿山、危险化学品、烟花爆竹、印刷行业、废旧金属回收站点和路边店进行重点监督检查整治。严格执行首问责任制，首办责任制，坚持和完善登记窗口“绿色通道”，执行就业和再就业优惠政策。扶持引导1.45万余名下岗失业人员、退伍军人、高校毕业生从事个体私营经济，免费提供就业指导和相关咨询服务，实行申请、受理、审批“三优先”一站式服务，免收工商行政管理性收费1000余万元。开展联系企业（个体工商户）、联系基层、联系农村经纪人制度，服务基层、服务“三农”、服务经营者“三联三为”活动，每位工商干部都联系1家以上企业和个体工商户，坚持定期走访制度，帮助经营户解决生产经营中的困难，引导做大做强。2008年，选择53家企业开展一对一联系服务活动，每季度开展走访联系活动1次，走访企业200余人次，解决和协助解决困难48件。

第三节 商标广告管理

一、商标管理

1989年，娄底市注册商标仅有20件。2007—2008年，娄星区新申请注册商标32件。适时开展专项整治，以驰名商标、著名商标、农产品商标和地理标志为重点，打击商标侵权假冒行为。至2008年，共查处商标侵权假冒案件753件，罚没金额61.52万元，收缴和消除假冒侵权商标标识51.26万件。湖南省著名商标11件，中国驰名商标2件。

2006—2008年娄星区获驰名（著名）商标企业名一览表

表11-1

商　标	企业名称	认定年度	商　标	企业名称	认定年度
中国驰名商标			湖南省著名商标		
双菱	湖南华菱涟钢薄板有限公司	2006	亲情果	娄底市万宝食品饮料有限公司	2008
湖南省著名商标			碧波尔	娄底市碧波尔家用电器发展有限公司	2007
响莲	娄底市响莲实业有限公司	2008	味博士	湖南娄底百雄堂高科技农业有限责任公司	2008
安石集团	湖南安石企业(集团)有限公司	2008	鸿冠	湖南鸿冠食品有限公司	2008
永盛	湖南永盛玻璃工艺有限公司	2008			

二、广告管理

1989—2008年，全区有登记发照（证）广告经营单位131家，是1989年7家的18倍。分局加强广告企业资质认定管理。在加强广告日常监管的同时，以医疗、药品、保健食品、化妆品、美容服务等关系人民群众身体健康广告品种为重点，开展专项整治行动。共查处广告违法案件254件，罚没金额40余万元。加强媒体广告发布监管，对违法广告除严查广告主之外，追究媒体发布者责任。2007—2008年，责令电视台、广播电台修改或停止发布违法广告42条次。会同有关部门开展户外广告专项清理整顿，清除违规张贴广告10.70万张。

第四节　消费者权益保护

1989年，维护消费者合法权益逐步纳入工商行政管理内容。1993年，实施《中华人民共和国消费者权益保护法》，消费者权益保护工作列入工商行政管理工作重要组成部分。1994年起，分局履行保护消费者权益行政执法和监督管理职能，开展专项整治和加强日常监管。打击制售假冒伪劣商品和其他侵害消费者合法权益违法行为，依法开展流通领域商品质量监督管理，规范服务领域经营行为。推进"12315"消费者申诉举报网络建设，推进"打假维权消费者满意街"活动，长青中街被省里授予"打假维权消费者满意街"称号。开展"消费者信得过单位"和"星级信用商户"评比活动，开展集贸市场专项整治，优化经济发展环境。

一、申诉举报网络建设

2000—2008年，开展"12315"进农村、进商场、进社区、进企业活动，调处消费者申诉举报，每年投诉、举报调处率均在95%以上。2007年，与区消委会联合制定《关于在全区农村建立"一会两站"工作实施方案》，将维权网络延伸到乡镇、村，方便农村消费者申诉、举报。至2008年，在农村地区建立8个消费者委员会分会，133个行政村全部建立联络站、投诉站，聘请128名维权志愿者，"一会两站"建设实现全覆盖。发挥"12315"消费者申诉举报网络作用，对消费者申诉举报电话，做到有诉必接、有案必查。累计受理消费者投诉7175件，为消费者挽回经济损失1247.84万元。

二、商品质量监管

1989—2008年，构建工商监管、企业自律、社会监督"三位一体"流通领域商品质量监管体系。强化工商监管，分局与工商所、工商所与专干、工商所与市场层层签订商品质量监管工作责任状。各工商所与辖区经营户签订食品安全责任状，确保不合格商品不上柜、不入市。娄星分局建成全市工商系统首个商品质量检测室，斥资50余万元购置1台食品安全检测车，为基层工商所配备9个食品快速检测箱，制作15块"12315"警示牌。指导和帮助全区41家商场、超市和938家食品经营户建立进货索证索票制度、进销货台账制度。定期开展节日市场整治、农村食品市场整治、学校周边环境整治、肉类市场整治、烟酒市场整治等专项行动。2007年，查办肖某制售假冒名烟酒案，当场查获涉案价值近100万元的假冒名烟名酒。此案被评为全省工商系统产品质量和食品安全专项整治十大典型案例。2008年，分局被评为全省工商系统"食品安全专项整治先进单位"。

三、商品质量抽样检测

2006年，制定《抽样检测登记制度》，建立抽样检测登记台账，开展商品质量检测工作。把商品质量抽样检测工作与集贸市场专项整治、查处违法经营、规范经营行为相结合，对危害人体健康和人身、财产安全商品，与人民群众衣、食、住、行密切相关商品，消费者、有关组织投诉问题比较集中商品进行抽样检测，商品质量检测结果采取新闻发布形式向社会公告，指导消费者安全消费。2007—2008年，开展食品安全检测15次，抽检食品568批次，查出存在质量问题食品15批次，过期食品137批次。2008年，发布商品质量信息公示11次，30余个品种，发出消费警示5次，接待消费者来访咨询320人次，对抽检经销不合格商品企业责令其进行整改，情节严重依法进行查处。

第五节　个体劳动者协会

一、组织机构

1989年3月，娄底市个体劳动者协会成立，设有分会8个，有会员1.80万余人。1999年7月，更名为娄星区个体劳动者协会，有会员2.99万人，下辖乐坪、长青、花山、万宝、恩口、黄泥塘、娄星、城南、洞新、火车站、运输市场分会11个。2008年，新增建材市场行业、服装市场行业2个分会，全区个体劳动者协会下辖分会13个，有会员3.90万人。

二、主要活动

1989年3月5日，娄星区（娄底市）个体劳动者协会开展学雷锋活动，组织会员上街免费为市民服务，学雷锋活动日形成制度，每年组织开展1次活动。1990—1994年，在会员中开展“诚信经营示范户”评选活动，引导会员守法经营，诚信经商。1995年9月，成立中共娄星区个体劳动者私营企业协会总支委员会，有正式党员111名，预备党员28名，下属9个党支部。1996—2003年，每年被市（地）委、区（市）委及工商系统评选优秀共产党员30人以上，中兴分会支部、共产党员颜坤许等成为先进典型。个体私营经济由4300余户发展到8000余户，完成税收5800万元，占娄星区财政收入48%。党员和个私协会会员先后为社会公益事业捐款和免费服务2万余人次，款项180余万元。2003年11月8日，中共娄星区委组织部批复成立中共娄底市娄星区个体劳动者私营企业协会委员会，在11个分会设11个党支部，有中共党员152名。

2004—2008年，全区召开理事会议4次，会员代表大会2次，全区发展个体工商户9000余户，私营企业145家，从业人员2.30万人，个私经济总值13亿元。年完成税收8000余万元，占全区财政收入50%以上，20名个体户跻身省、市诚信守法工商户行列，7家私营企业获“娄底市诚信守法私营企业”。区个私协会和各分会调处各种纠纷180余起，维护个体劳动者合法权益60余件，为个体工商户和私营企业挽回经济损失320万元。会员免费为市民提供剪发、配钥匙、维修家电等2000余人次，会员颜坤许捐赠240吨化肥扶贫帮困，会员毛群英免费培训600多名下岗和待业人员，成为先进典型。在党员会员中开展“优秀共产党示范门店”挂牌活动，举办入党积极分子培训班5期，培训入党积极分子629人，发展党员138名。2008年，协会组织会员开展汶川地震救灾募捐活动，募集救灾款20.95万元。

第六章　国土资源管理

1989—1998年，娄底市国土管理局、娄底市地质矿产局分设。1999年，撤市设区，分别更名为娄星区国土管理局、娄星区地质矿产局。2001年10月，撤销国土管理局、地质矿产局，组建娄星区国土资源局。

2004年11月，娄星区国土资源局上收，由市国土资源局管理，组建娄底市国土资源局娄星国土资源分局，属于娄底市国土资源局派出机构，负责娄星区范围内土地资源、矿产资源、地质环境监测等管理工作，内设办公室、建设用地股、地籍管理股、法规监察股、规划耕保股、矿产资源管理股、财务股7个股室，辖矿产资源补偿费征收办公室（与市局征收办合署办公）、地质环境监测站2个二级机构和市国土资源局第一国土资源所、第二国土资源所、第三国土资源所、石井国土资源所、百亩国土资源所、双江国土资源所、小碧国土资源所、杉山国土资源所、万宝国土资源所、茶园国土资源所10个乡镇国土资源所。

2004—2008年历任局长：金克云、周曼平。

第一节　土地管理

一、土地资源调查

2001年，娄星区开展土地资源调查。境域面积428.24平方千米。其中，耕地面积1.17万公顷，占全区总面积27.3%，水田6665.43公顷，占耕地面积56.9%，坡耕地2155.91公顷，占耕地面积18.4%；园地2935.44公顷，占总面积6.9%；林地为1.23万公顷，占总面积28.8%；牧草地700.70公顷，占总面积1.6%；城镇村及工矿用地5967.98公顷，占总面积13.9%；交通用地1057.83公顷，占总面积2.5%；水域用地3408.49公顷，占总面积8%；未利用地4720.94公顷，占总面积11%。土地资源利用特点是各类用地资源较齐，但人均数量偏少，后备资源不足；土地资源分布不均、利用不够合理，但效益较好、潜力较大。

2007年7月，开展全国第二次土地利用现状调查。至2008年10月，完成土地利用现状调查。域内土地总面积429.03平方千米。其中，耕地9152公顷，占26%；园地548公顷，占2%；林地1.25万公顷，占35%；牧草地944公顷，占3%；居民点及工矿用地7807公顷，占22%；交通用地998公顷，占3%；水域2137公顷，占6%；其他土地1397公顷，占4%。

二、土地利用规划与实施

（一）土地利用规划

1993年11月至1994年12月，编制第一轮《娄底市土地利用总体规划》，确定市区、建制镇、集镇、村庄规划区和基本农田保护区。1997年9月起，开展市、乡镇两级土地利用总体规划修编工作。1999年7月29日，省人民政府下发《关于娄底地区各县市和永丰、上梅镇土地利用总体规划的批复》，批准同意《娄底市土地利用总体规划（1997—2010）》实施。

1999年，娄底地区地改市后，娄星区社会经济发展速度加快，用地需求增长，土地利用与社会经济发展矛盾日渐凸显。2006年，娄星区进行新一轮土地利用规划修编。以2005年为规划基期年，以2020年为规划目标年。此轮修编规划期限为2006—2020年，组织进行“四查清、四对照”，包括耕地、建设用地、闲置土地等专项清理，摸清全区土地家底，确定规划期数，编制城镇、交通、水利、旅游、经济开发区等13个部门专项用地规划，进行重大问题专题研究。2006年9月、11月，分别召开区级和乡镇土地利用总体规划修编工作会议，由娄底市委、市政府领导，娄星区委、区政府及市局领导亲自动员，各乡镇（街道）行政“一把手”，国土资源局、各国土资源所负责人参加，对全区修编工作进行安排部署。区、乡镇土地利用总体规划修编工作与市本级修编捆绑同时进行。国土资源部门按市修编办要求配合开展修编工作，与技术单位到各乡镇、街道进行实地调查。结合乡镇（街道）发展规划和要求，对全区耕地保有量控制指标进行科学规划，合理安排建设用地及土地开发整理指标任务。

（二）土地征收

1990年，娄底市建设用地土地征收贯彻国家土地管理法律法规，坚持依法征收，公平合理征收。1993年6月，娄底市国土管理局完成对湘娄公路娄底路段征地拆迁工作，征用涉及7个村37个组6个林茶场集体土地33.68公顷，征用民房52户，面积5969.74平方米，偿还宅基地面积6865.40平方米。1998年，娄涟高等级公路征地拆迁全线征地416.51公顷，其中，耕地250.55公顷，拆迁民房1130栋，拆除其他附属物1.01万处，总拆迁面积10万平方米。株六复线全线征地173.33公顷，拆迁面积11万平方米，处理工农矛盾600起。

1999年，娄星区重点工程建设征地拆迁400公顷，保证株六复线、娄涟公路、潭邵高速公路、娄衡公路等项目用地。2000年，实施潭邵高速公路及其连接线征地拆迁、用地报批工作。潭邵高速公路在域内全长41.10千米，连接线18.63千米，征地349.22公顷，其中，耕地206.67公顷，房屋拆迁面积1030.69公顷，附着物及其他拆迁1850处。做好株六复线、娄涟高等级公路征地拆迁后续工作，完成后续工作49项，后续征地拆迁1460平方米，调处工农矛盾纠纷27件。2004年，组织清理征地拆迁安置情况，清欠征地补偿费695.72万元。新征地项目18个，面积25.94公顷，兑现征地补偿费2861万元。2005年，征用土地133.33公顷，拆迁房屋面积4万平方米，拆迁补偿费全部落实。2006年，受理征地项目79个，征用土地333.33公顷，拆迁民房260栋，均做到先补偿后征地，先安置后拆迁。2007年，受理征地拆迁项目38个，征收土地212.73公顷。处理征地拆迁信访问题38个。2008年，实施征地拆迁项目41个，依法征收土地116.27公顷。

三、建设用地管理

1990年，娄底市用地指标在1989年基础上有所压缩，农业建设用地纳入管理范畴。重点保证国家建设项目用地，加强乡镇村企业用地管理。严格控制农民个人建房用地，特别是严禁占用耕地，耕地指标一律由地区掌握，统筹使用，提倡鼓励农民在原宅基地上翻修改造建房，凿石开山建房，申请新宅基地建房户数控制在地区总户数2%。1991—2005年，对村民建房采取审批前期、中期、后期跟踪监管措施，发现问题及时处理，减少建房户损失。

2006年，配合市局对洞新、清泉居委会移民拆迁安置户205户建设用地手续按照手续从简、收费从优、服务从快原则补办，解决困扰政府及国土资源部门长达20年历史遗留问题。对全区125家企业（煤矿9家、锰矿钒矿各1家、红砖厂69家、环保砖厂24家、洗煤厂14家、材料堆放厂4家、其他3家）临时用地进行清查，并根据市局《清理整顿娄星区辖区内临时用地工作方案》要求，按照分类整治原则，依法进行处理。补办临时用地手续5宗，面积2.86万平方米，依程序向市局呈报临时用地手续2宗。对几十宗不符合土地利用总体规划，占用基本农田临时用地，依法进行查处。按照“集约、节约、依法用地”原则，严格报批个人建房。全年报批个人建房557户，面积4.51万平方米，其中农用地转用276户，面积3.60万平方米，翻修建房281户，面积9074.50平方米。全年审批移民安置户295户，面积2.03万平方米。做好金民线、三民线等输变电线路工程拆迁安置户建房选址和审报批手续，对辖区内违法用地在依法处罚后补办用地手续40余户。

四、耕地保护和土地确权

（一）耕地保护

1996年，娄底市政府与乡镇（街道）、乡镇（街道）与村组签订耕地长期保护责任状，按省下达耕地保护指标分解到村组，落实到地块。1998

年，完善基本农田保护年度目标管理办法，组织2次集中检查，抽检面60%以上，合格率100%。基本农田保护通过土地利用总体规划修编规划到图斑。坚持“占一补一”、跨区域异地补充原则，落实“先补后占、占优补优、占水田补水田”政策。建立土地占补平衡开发基金，从耕地占用税、造地费、土地出让金等途径筹集土地开发基金。全年收取造地费300万元，筹集开发基金167万元。

2004年5月，娄星区制定《娄底市基本农田保护检查方案》，开展基本农田保护大检查。通过动员、自查自纠、检查落实、整改建制、总结提高5个阶段，掌握全区基本农田现状，核查土地利用总体规划确定基本农田数量、地类、位置，基本农田保护落实到地块。建立保护档案，基本农田图、表、册齐备，并与实地趋于一致。2005年，执行土地利用总体规划、城市规划和土地利用年度计划，控制新增建设用地供应总量规范管理，农用地转用、土地征用、用地审批一律经过内部会审，集体决策。协助市国土管理局做好土地总体规划修编前期工作，按照市国土管理局修编工作部署和安排，与技术单位到各乡镇（街道）进行实地调查，按时完成“四清查、四对照”外业工作。划定耕地保护红线，区政府召开耕地保护动员大会，层层签订保护责任状，设置基本农田保护牌，做好基本农田数据库建设，获得省厅验收通过。严格控制集体建设、临时用地、个人建设用地占用基本农田，凡占用基本农田的，一律不报批。对个人建房尽量控制少占耕地，确需占用耕地的，采取占地造地办法，做到占补平衡。2006年，检查个人建房用地310户，向市国土管理局上报审批占用农用地276户，不能造地补足则收缴造地费。对20户受灾户及时选址安置，禁止占用基本农田，并尽量做到少占用耕地。

2007年，通过严格保护、控制把关，节约用地，有效保护耕地。其中，控制集体建设用地不占基本农田另行选址2处，面积7703平方米；控制临时用地不占基本农田8处，面积4.13万平方米；控制个人建房不占用耕地56户，面积8900平方米，制止非法占用基本农田50处。同时，协助市局抓好2处耕地开发整理工作，收取造地费3万余元。建立基本农田保护区巡查报告制度，落实保护责任。全年审批个人建房985户，面积15.32万平方米。其中，农用地转用335户，面积4.84万平方米，翻修建房650户，面积10.49万平方米；报批历史拆迁安置户64户，面积5131平方米；报批集体建设用地2宗，面积1.07万平方米；审批临时用地12宗，面积34.07万平方米。

（二）土地确权

1992年，娄底市纳入湖南省地籍调查工作综合试点。1996年，娄底地区发放土地使用权证1.30万本。其中，地区国土管理局配合公有住房出售发证8000本，抵押权证书70份。2001年，娄星区发放土地使用证181本，城镇居民土地使用证207本，商品房459户，集资房575户。2004年，登记发放土地使用证850宗，办理设定抵押登记238宗。2005年，开展土地确权登记发证工作。完成行政村土地确权登记发证。

2007年，制定《娄星区集体土地登记发证管理制度》，推进土地登记发证规范化建设。全年登记发证1020宗，其中，处理历史遗留登记发证800余宗，处理权属纠纷12处，完成权属调查280处，提供地籍资料服务15处，协助处理6起信访纠纷。完成年度土地利用现状变更调查。

第二节　地籍地政管理

1989年，娄底市土地清查数据在第一次土地调查完成后进行土地总登记，即建设用地初始登记。土地总登记形式以乡镇（街道）、村为单位逐一清查、丈量、登记，由市国土管理局牵头，乡镇（街道）组织，各国土管理所具体承办，统一登记造册，填写相关资料和各种表格，再由当地村（居委会）出具历史性用地证明后进行逐户逐宗地登记发证。证书由市政府审核，各国土管理所发放。整理档案资料一式两份，一份存国土管理所（现娄星国土资源分局档案室），另一份存原娄底市国土管理局（现娄底市国土资源局档案室）。日常地籍变更登记均由各乡镇（街道）国土管理所承办，报市国土管理局审批盖章，档案资料存国土管理所，证书由国土管理所颁发。1994年，市国土管理局对土地资源进行补充调查。对集体土地所有权单位进行现场确权勘界，制作权属文书，按程序规定操作办理，进行初始登记发证。1995年完成调查工作。1996—1999年，娄星区（娄底市）开展第一次城镇地籍调查，建成区范围内土地都换发新版证书，并改变以往用皮尺量和划画操作方法。均由有相应资质测量单位进行地籍测量后，用全解析法测算、出具宗地图，经省国土管理局验收后对城区范围内土地换发新证，证书后图纸由手工绘图换成电脑绘图。宗地超占面积或有其他问题暂不发证书，只完成地籍调查。

2000—2004年，日常地籍变更登记由娄星区、娄底市两级国土管理局办理，档案各自保存。2004年底，娄星区国土资源分局成立后，根据职权划分，国有土地登记发证由市国土资源局办理，集体土地登记发证由娄星区国土资源分局办理，报市国土资源局审签盖章。2005年，进行土地利用现状数据库建设，完善相关资料和程序，对所有集体土地所有权单位进行换发证。2006年，组织指导国土资源所日常地籍变更登记发证工作，登记发证1020宗，整理档案56卷。反复核实各项数据、现状图，编辑确认报告2万多字，图件40余幅，完成土地利用总体规划修编中土地利用现状数据库确认工作，为土地规划修编提供土地利用现状数据、现状图。完成年度土地变更调查工作，汇总统计各项数据3000余个，编写分析报告1万余字。建立土地利用数据库运行、维护机制，保障数据库更新和图件更新，加强数据库建设。协助市局调处土地权属纠纷10宗，协助完成娄星区范围内城镇地籍调查。2007年，地籍变更登记发证只报市国土资源局盖章，由娄星区国土资源分局颁发，档案资料存区国土资源分局。

第三节　矿产资源管理

一、矿产资源开采

1989—2008年，娄星区（娄底市）从事矿山开采逐年增加。鼎盛时期2001年发展到84家，此后，经过多次清理整顿，生产厂家减少。至2008年，有持证矿山59家（较2001年84家减少25家），从业人员2365人，其中，技术人员84人，年产矿石总量184.90万吨，矿业总产值8409.50万元。开发利用矿产有6矿种（9亚种），开发利用矿产资源包括能源矿产、金属矿产和非金属矿产，其中，能源矿产有煤炭，金属矿产有锰和钒，非金属矿产有石灰岩（建筑石料用灰岩、熔剂用灰岩、水泥用灰岩、制灰用石灰岩）、黏土（砖瓦用黏土）及页岩（砖瓦用页岩）。矿山开采规模为小型、小矿类型，企业经济类型以私营企业及集体企业为主。开采矿分类为钒矿1家、煤矿4家、锰矿1家、建筑石料用灰岩24家、熔剂用灰岩9家、水泥用灰岩5家、制灰用石灰岩3家、砖瓦用页岩1家、砖瓦用黏土10家。固体矿产开采总量为184.90万吨，其中，煤炭产量为9.40万吨、锰矿2万吨、熔剂用灰岩24万吨、水泥用灰岩20万吨、建筑石料用灰岩104万吨、制灰用灰岩7万吨、砖瓦用页岩2万吨、砖瓦用黏土16.50万吨。矿产产值为煤3840万元、建筑石料用灰岩2090万元、熔剂用灰岩720万元、水泥用灰岩600万元、砖瓦用黏土539.50万元、锰矿350万元、制灰用灰岩210万元、砖瓦用页岩60万元。区内矿产产量由高到低分别为建筑石料用灰岩、熔剂用灰岩、水泥用灰岩、砖瓦用黏土、煤、制灰用灰岩、锰矿、砖瓦用页岩；区内矿产产值由大到小矿产分别是煤、建筑石料用灰岩、熔剂用灰岩、水泥用灰岩、砖瓦用黏土、锰矿、制灰用灰岩、砖瓦用页岩。能源矿产、金属矿产、非金属矿产矿山企业工业总产值比值为45.7：4.2：50.1。其中，煤、建筑石料用灰岩工业总产值占主导地位，分别占总产值45.7%和24.9%。煤矿山采矿回采率达75%，其中部分企业达85%，采矿贫化率、选矿回收率分别达11%、82.5%；锰矿山采矿回采率、采矿贫化率分别达70%、15%；开采非金属矿山采矿回采率达90%~95%。较上轮规划实施前，矿山采矿贫化率指标有所降低，采矿回采率、选矿回收率均有一定程度提高。

2008年，娄星区矿业经济形成由采选业、相关原材料加工制造业为核心的基本体系，呈现具有本区特色矿产资源开发利用、加工格局。矿业工业企业总产值199.12亿元，占全市矿业工业企业总产值41.1%。矿业工业企业增加值占全市45.4%。采掘业以煤和非金属（建筑石利用灰岩、熔剂用灰岩、水泥用灰岩）开采为主；选矿业主要包括洗煤和选锰；矿产加工制造业主要由金属（黑色、有色金属）冶炼及压延加工业、非金属矿物制品业构成，冶炼行业主要生产粗钢、钢材和有色金属及其合金。全区采掘业中金属矿产（锰、钒）、能源矿产（煤炭）、非金属矿产的矿山比例为3.4∶8.5∶88.1。成为焦炭、特种水泥、白水泥、钢铁生产基地。规模以上工业企业中洗煤厂12家，水泥企业2家，焦煤企业1家，黑色、有色金属冶炼及压延加工业企业11家。

按规模以上工业企业总产值统计，炼焦加工业总产值7.91亿元，黑色金属冶炼及压延加工业总产值176.66亿元，有色金属冶炼及压延加工业总产值3.25亿元，非金属矿物制品业3.47亿元。按规模以上矿业企业产品产量统计，各类矿产品产量为：生铁427.39万吨、粗钢454.89万吨、钢材441.41万吨（其中钢筋124.13万吨）、铁合金1.59万吨、焦炭179.20万吨、水泥熟料2.88万吨、水泥产量43.50万吨、耐火材料制品278吨。

二、矿产管理

1989—2008年，域内矿产资源管理主要由娄底市（娄底地区）国土资源局负责，娄星区（娄底市）国土资源局协助，主要实施矿业管理、储量管理2种方式。

（一）矿业管理

1990—1991年，娄底地区矿产管理局执行《中华人民共和国矿产资源法》，勘查矿产资源，必须依法登记；开采矿产资源，必须依法申请取得采矿权，每年对矿山企业“证、界、费、率”进行逐项检查，年检率98%，颁发各类采矿许可证40余个，换发、注销和吊销采矿许可证33个。1992年，地区矿产资源管理局负责22个地属以上国营矿山企业，县（市、区）矿管局负责18个县属国营矿山企业年检，每年开展1次年检注册，年检率为100%，乡镇矿山企业年检率80%。是年，颁发采矿许可证99个，换证145个。1993年，对全地区1000个大小矿山企业“采矿许可证”年检，地属以上矿山企业完成年检100%，乡镇矿山年检率85%以上。开展矿产资源补偿费征收试点工作，完成采矿登记发证和换发证184个。1994年，对18个地属以上国有矿山进行年检和“三率”（矿山开采回收率、采矿贫化率以及选矿回收率）考核，年检率100%。对997个持证乡镇村办矿山进行年检和换证，所属乡镇矿山年检率均在85%以上。年内，新颁发采矿许可证93个，给85个申请延续登记矿山按程序换发采矿许可证。1995年，新发采矿许可证68个，延续登记采矿许可证286个，注销采矿许可证46个，为129个乡镇矿山下达“三率”考核指标，为619个乡镇个体矿山核定回采率系数，“三率”指标达80%。1997年，完成年度矿山企业年检工作。地属以上矿山年检17个，现场鉴定19个矿山“三率”考核。查封无证矿山80个、越界矿山4个。清缴拖欠矿产资源补偿费1.78万元，责令补报资料矿山1个，办理延续和变更采矿许可证登记50个。完成正常采领证初审13个，变更采矿许可证28个。1998年，办理初审采矿登记14个。完成上年度矿山年检和“三率”考核工作，年检率和抽检率分别达100%和89%。1999年，全市换证213个，新发证10个。

2001年，娄底市加强基层矿政管理机构、队伍和制度建设，强化矿山日常监管，落实矿山企业年检、探矿权采矿权登记制度。适时启动矿业权储备机制，制定矿业权出让操作程序，建立矿业权交易市场，矿政管理逐步从无序走向有序，矿业开发从粗放经营、乱采滥挖实现集约化、规模化、规范化管理。12月，举办三期矿业权培训班，400名持证矿山矿长参加培训。2003年，推行采矿权有偿取得制度。核发采矿许可证180个，办理矿山变更登记8个，收取采矿权价款超过1000万元。2004年，推进矿业权市场建设和深化矿产资源有偿使用制度改革，所有采矿权实行有偿处置。2005年，上报省国土资源厅办理矿山企业采矿许可证延续、变更登记手续347个，市本级发证17个，结合矿山企业采矿许可证延续、变更登记，按全市矿产资源总体规划调整部分矿山采矿布局。全年申报出让采矿权14个，省国土资源厅批复同意出让10个。成功挂牌出让采矿权9宗，成交价款达398.55万元。对原行政审批发证矿山企业完成采矿权有偿处置300个，累计收取采矿权价款970万元。公开挂牌出让探矿权14宗，收取探矿权价款2034万元。

（二）储量管理

1999年，实施矿产资源储量管理，矿产资源储量管理包括矿产资源储量的登记和统计工作、市级发证矿山矿产资源储量评审及备案工作、实施矿山储量动态监督管理。是年，市管矿山25个全部登记占用储量，集体、个体矿山登记占用储量524个。2000年，对域内130家乡镇煤矿、3家新建矿山企业进行储量登记，对5家非煤矿山企业进行采矿许可证延续审查和储量登记。2001年，矿产资源储量由原来A、B、C、D级别划分，按照矿产资源储量经济类别进行套改。2003年，完成矿产资源储量套改工作。2005年，完成上年度矿产资源储量统计年报工作，新登记20个矿山企业全部进入矿产资源储量登记数据库，完成市级发证矿山企业资源储量报告评审18起，储量登记发证15个，并按省国土资源厅要求设立矿产资源储量评审专家库，下发《娄底市矿产资源储量动态检测实施细则》。

2006—2007年，制定《娄底市矿山矿产资源储量核查检测工作方案》《关于印发矿山矿产资源储量动态核查检测具体技术要求的通知》《关于矿产资源储量动态检测补充技术要求》《关于专家评审矿产资源储量动态检测报告的评审细则》，通过地勘单位资质审查，选定省煤田地勘院、省煤勘二队、省煤勘六队、省煤田物测队、省地勘局418队和416队、金伯利公司及中色公司进驻娄底承担储量动态检测工作。完成293个矿山储量检测，其中，送省评审中心48个矿山，市国土资源局评审认定245个矿山。2007年，建立和完善资源储量登记数据库。对发证4个矿山资源储量报告进行评审备案。完成资源储量整合报告、调整扩界储量报告和国有改制矿山储量核实报告62个。

三、安全管理

1989—2004年，矿山开采安全管理工作以劳动部门为主，地质矿产局（国土资源局）协助管理。2005年，娄星区国土资源局负责矿山开采安全管理。是年，炸封4家小煤窑，立案查处越界采矿2起，无证采矿9起，整顿不合格非煤矿山20个，关闭采石场、红砖厂48家，对10家采石场采取停电、关闭措施，配合市局查处省厅挂牌督办矿山2处。2006年，整顿规范矿产资源开发秩序，对全区10个煤矿、1个钒矿、1个锰矿、89个采石场、69个红砖厂、12个采沙场进行清理摸底。完成10家煤矿年检，对双江锰矿、双江钒矿年检与延期扩界手续进行审查和报批，年检采石场3家、红砖厂21家，9家采石场办理延期办证手续。对茶园一矿、二矿越界开采进行监督检查，封闭越界超采。加强地质灾害信息预警和防治工作，制定地质灾害防治预案，强化汛期值班、灾情速报、配合政府对4处灾害险情进行处理。建立区、乡、村群测群防网络。全年发出停工通知书60份，立案查处土地矿产违法案件134件，结案130件，收取罚没款46万元，制止新的违法案件60起。执法监察与矿产资源开发秩序整顿规范工作紧密结合，对全区无证开采、越界开采、非法开采矿山企业进行分期分批查处，落实整顿规范方案。接待处理信访案件42起。

至2008年，通过整顿关闭和整合，娄星区内煤矿由10家减少到5家，采石场由97家减少到38家，砖厂减少到66家，矿山企业无一起重特大安全事故发生。矿政管理严格按照规划和计划设置矿业权。新设矿业权做到既符合规划要求、布局合理又严格控制数量。严格规范矿业权审批，对新办矿山实行有偿出让，到期矿山实行有偿延续，变更、转让矿山，实行有偿处置。建立日常动态巡查、专项督促、不定期抽查、定期年度检查、举报及时核查相结合监管体系。在杉山、小碧、石井、百亩及茶园等乡镇矿业集中区建立矿山环境治理恢复制度，各矿山企业按要求缴纳矿山地质环境治理备用金，编制生态环境保护与综合治理方案。

第四节　地质灾害监测

1989—2005年，地质灾害治理主要由农业、水利、交通等相关部门负责，没有归口管理职能部门。2006年，自然地质灾害监测工作列入国土资源部门工作范畴。区人民政府每年编制年度《地质灾害防治预案》，明确重要地质灾害隐患点，制定防治方案。每年汛期前召开地质灾害防治工作动员会，区政府与各乡镇签订地质灾害防治工作责任状，基层国土资源所都配置专职地质环境监测员，全区形成区、乡、村三级地质灾害群测群防体系。娄星区国土资源局加强地质灾害信息预警和防治工作，制定全区地质灾害防治预案，逐级签订责任状。

2006年7月6日，石井乡谭家村组有滑坡迹象。分局邀请市局地环科、环监站领导到现场组织处理并配合当地政府撤出受地灾威胁群众，挽回经济损失50万元。编制该处地质灾害调查报告，上报市局。同时，请418队对全区重点易发区地质灾害进行专题调查，写出调查报告，提出防治方案，并在现场竖立警示牌，防止群众生命财产受到损失。2007年，对双江、石井、百亩、茶园等乡镇山地滑坡等地质灾害进行评估和处理。2008年，建立区、乡、村三级地质灾害联络员体系，完善地质灾害群测群防、监测预报预警制度。坚持汛期值班制度，确保地质灾害早发现、早预防，及时采取措施。开展地质灾害防治区划编制工作，通过专家评审，验收合格。完成1∶5万恩口煤矿区及周边地质环境调查、1∶5万矿山地质环境调查与评价、1∶5万地质灾害详细调查、第一轮城市地质调查；开展恩口矿区喀斯特岩溶地貌调查与研究。

至2008年，全区矿业开发占用破坏土地资源349.10公顷。其中，占用农田53.72公顷、其他耕地83.75公顷、林地51.945公顷、草地20.10公顷、其他土地139.59公顷。完成土地复垦11.50公顷，复垦率为4.8%；地面绿化1000平方米。全区矿山年产废渣量5.70万吨，年堆存量3.60万吨，年综合利用量2.10万吨，废渣年综合利用率为36.8%。矿山企业年产出废水387.07万立方米，年处理达标排放386.74万立方米，年循环利用量3300立方米，废水综合利用率100%。

第五节　国土资源执法

一、土地执法

1990—1991年，娄底市土地执法工作由地区国土管理局土地管理科负责，会同有关部门解决土地纠纷，查处违法占地案件。1992年，国土管理局引入司法机制，建立国土法规执行室，配备执法人员。1993年，根据国务院《关于严格制止乱占、滥用耕地的紧急通知》《中共中央 国务院关于当前经济情况和加强宏观调控的意见要求》，对域内各开发区用地情况进行清理。1994年起，土地执法从农村转移到城镇，查处城镇国有土地使用权非法转让、出租、抵押案件，清理整顿土地市场，堵住国有土地资产流失漏洞。1995年，开展清理整顿土地隐形市场专项行动。

1996年，开展集中清理房地产开发底子、集中清理整顿土地市场、集中清理违法占地行为“三个集中行动”。按照普法工作规划要求，抓好干部职工普法教育。开展乡村两级干部国土资源法律知识宣传教育培训活动。2008年，对双江、小碧、万宝等乡镇占用基本农田违法建筑问题，经申请人民法院予以强制拆除。

二、矿产执法

1994年，朝阳煤矿矿区范围5个小煤窑长期超深越界。娄底地区地质矿产局对5个小煤窑逐个立案查处。恩口矿区联盟煤矿多年巡回在风井煤柱内采煤，7年清理整顿一直得不到解决，地区地质矿产局依法立案查处，为国有恩口煤矿消除安全隐患。1996年，建立矿业秩序整顿责任状制度、矿产品运销监督检查制度，建立公安矿政管理治安联防队，巩固矿业秩序整顿成果。1997年，取缔无证采矿14处。

2000年，娄星区国土资源局按法定程序立案矿产资源违法案件6起，结案5起。调处百亩乡凤冠山煤矿与涟源市水洞底凤冠山煤矿、茶园二矿与双峰县扶冲煤矿边界纠纷。2005年，加强动态巡查，建立动态巡查制度。全区炸封4家小煤窑，立案查处越界采矿2起、无证采矿9起，整顿不合格非煤矿山20个。关闭采石场、红砖厂48家，对10家采石场采取停电关闭措施，配合市局查处省厅挂牌督办矿山2处。2006年，对娄星区10个煤矿、1个钒矿、1个锰矿、89个采石场、69个红砖厂、12个采沙场进行清理，开展整治。发出停工通知书60份，立案查处土地矿产违法案件134件，结案130件，收取罚没款46万元，制止新的违法案件60起。对无证开采、越界开采、非法开采矿山企业进行查处。

第七章　质量技术监督

1989年，标准计量、质量技术监督工作由娄底市标准计量局管理，归口娄底市经济委员会，内设管理股和办公室。1992年7月，娄底市标准计量局更名为娄底市技术监督局，被列入市政府工作部门，组建衡器检定所和执法稽查队。1993年，标准计量、质量技术监督管理工作被列入政府行政序列。1995年，局机关设置3股1室。1996年，设立法制股。实行办事公开制度，技术监督法规和计量器具检定修理、产品质量检验等经财政、物价部门批准的收费依据向社会公开。在社会聘请10名行风监督员，局机关设置“110”社会联动值班室，公布举报电话，设立举报箱。1999年7月，更名为娄星区质量技术监督局（简称技监局）。

2001年3月，技术监督部门实行省以下垂直管理，更名为娄底市质量技术监督局娄星分局，下辖产检所、衡检所、代码办等职能全部收归市局管理，分局管辖范围保留418市场、涟钢周边城区市场、娄星区属各乡镇村级以下企业质量监督和城区集贸市场计量监督。2006年，增设食品质量安全监管股，特种设备安全监察工作下放到分局监管。2008年，局内设机构有办公室、计量股、标准质量股、监督股、食品安全监管股、特种设备安全监察室和稽查大队。

1989—2008年历任局长：刘建昌、颜平华。

第一节　计量监督管理

1989年，娄底市政府发布《关于全面推行法定计量单位的通告》，规定除农田土地面积单位“亩”，古籍、文学书籍、外商要求商品计量单位和尚不能改制仪器仪表老产品外，须使用法定计量单位，对继续使用的，文字方面每出现一次罚款0.50元，并责令立即改正。所用衡器则全部予以封存、没收或销毁，根据情节轻重，处以1000元以下罚款。6月，全市抽查农贸市场4个、个体商店50个，使用计量器具385件，查出市秤37杆、市尺33条，改制率为81.8%。检查财贸系统18个公司和商店，使用计量器具49件，销售计量器具300件，没收和封存非法定计量单位计量器具4件，改制率91.8%，销售率75.7%。检查13个企事业单位在用衡器562台（件），查出市制衡器4台（件），改制率99.3%。检查在用压力表2486台（件），查出非法定计量单位千克力/平方厘米压力表356台（件），改制率85.7%，在用测力机械19台（件），改制率100%。同时，对国家机关、学校、人民团体、企事业单位公文、统计报表、技术资料、各种票证，以及报纸、刊物、图书、广播、电视、印刷品等推行法定计量工作。抽查28个单位（党政机关10个、统计局1个、报社和广播站3家，设计部门1家和13个企事业单位）文字资料487份、广播稿96份、统计报表51份、设计图纸24份、报纸84份、计算资料1份，查出使用非法定计量单位：担、斤、两、华里、里、寸、英寸、方、立方、公升、大卡、电度、千克力/平方厘米等12种106次；检查票证、标签、铭牌2.90万张，查出非法定计量单位596张。通过整顿，计量管理基本完成向法定计量单位过渡。1990年，开展粮油、农资、种子、饲料等重要工业品和人民生活必需品368家生产、经销企业计量监督检查，查处计量案件7起，现场处罚152人次，没收不合格计量器具99台（件），销毁市制秤、尺177把，罚没金额5780元。计量仲裁4起，纠纷调解3起，处理投诉案件8起，为企业挽回经济损失1.80万元。2家企业完成计量定级，3家计量定级企业复查换证。建立健全《娄底市行政区强制检定工作计量器具总册》，省政府对地区推行的法定计量单位检查验收，进入全省先进县市行列。1991年，市标准计量局先后举办计量、标准质量岗位函授培训班2期，78个部门和企业计量、质量监督与管理专业人员130人参加学习。全年开展计量器具监督检查7次，监检计量器具173台件，查处不合格计量器具91台（件），监检计量器具生产企业（个体秤工）28家次，对189家企业490台（件）衡器进行检定。完成计量定级、升级2家，计量验收合格1家，复查换证3家，“双信”活动验收合格1家。1992年，抽查市场计量器具商品7次，抽查商品69个批次345台次，查处不合格计量器具395台次，修理和检定衡器1078台次，完成计量定级和验收合格8家，复查换证验收合格6家，生产企业计量工作联系点2家。开展“双信”活动验收合格7家，复查换证18家。举办各类岗位培训和学习班16期，131家企业673人参加学习。其中，参加计量、质量管理岗位函授班131人，参考人数和考试合格率均达100%。1993—1997年，开展计量器具监督检查，查处不合格计量器具450余种，检查计量器具生产企业2家，完成衡器检定1025家次，检查衡器1058台次，检定收入6.24万元。1997年，经省局验收，“两标”强检率达99.7%，工作计量器具强检率达到94%。

1999年，娄星区技监局组织专门班子，配合区政府和有关部门对收购粮食计量器具进行专项清理整顿。配合政府抓好“菜篮子、米袋子”工程，加强称重计量器具检定，衡器检定率达98%。全年单检定木杆秤1.50万把，责令改正不合规范1800余把，现场修理950把，没收不合格杆秤1400余把，假秤砣2100余个。

2000年，娄星区实施“菜篮子”“米袋子”工程，区质量技术监督局对称重计量器具进行检查检定，全年检定各种杆秤1.20万余把。2001年3月，对集贸市场台称、杆秤实行强制检定，没收或销毁有欺诈行为杆秤1100余把，检定收入和罚款10万余元。2002年，对水泥、油漆和定量包装食品等定量包装产品进行2次计量抽检，对短斤少两行为进行警告和处罚。对区属范围内市场计量器具检定检验2次，没收不合格计量器具300余件。

2005年，检验台秤500台，检验杆秤1000余把，创收入15万元。2006年，检验台秤513台，杆秤2400余把。2007年，检验台秤800余台，杆秤500余把。2008年，开展“关注民生，计量惠民”专项行动，对洞新大市场、涟钢大市场、418市场计量器具进行检定，选择小花社区作为第一个诚信计量进社区宣传点，组织开展诚信计量进社区活动。10月，重点对市场计量秩序进行整治。

第二节　计量标准化管理

1989年，娄底市标准计量局开展市制和其他计量器具改制，加强对国家机关、学校、人民团体、企事业单位等公文、统计报表、技术资料、各种票证，以及报纸、刊物、图书、广播、电视、印刷品等中涉及市制、计量用词标准化规范管理。1990年，在市塑料厂、自来水厂、市白水泥厂进行标准化等级试点，市白水泥厂主要产品采用国际标准，经验收合格。4—11月，对食品标签通用标准实施情况进行4次检查，综合合格率为24%。全年清理登记企业产品标准4个，审定备案企业标准3个，并对企业产品标准和标签制定进行技术咨询，收集各种国家标准、行业标准、地方标准50个。对食品标签通用标准、烟花爆竹安全标准、信封和公文格式标准、复合肥料标准、白水泥标准、预应力环形水泥电杆标准、毛巾标准、安全火柴标准及化工等8个标准组织实施监督检查，涉及被监督标准企业23家，对食品生产、经销企业食品标签进行抽查，抽查合格率分别为17.8%和56%。1991年，对57家生产企业90个产品标准进行检查。在所查90个产品中，使用产品标准作为企业组织生产依据的35个，占39%，有55个产品是无标产品。全年为企业提供标准15个，帮助企业制定产品标准7个，食品标签备案12个，发放产品合格准销售证5个，完成标准化上水平验收1家，并对17个标准进行审查备案。1992年，对全市65家企业97个产品进行检查。主要产品合格率达到85%，其中市电工厂130型漆包线采用国际标准，经省、地主管部门验收为“双采”合格产品。完成推荐采用国际标准和国际先进标准“双采”验收2家，标准化上水平验收1家，完成食品生产企业食品标签审查备案52个，进行农业标准化试点1家，开展标准化技术咨询13次。与工商、卫生部门联合发出《加强食品生产、经销企业管理的暂行规定》，组织101人参加食品标签标准培训。10月，地区组织抽查，娄底市食品生产、经销企业标签合格率分别提高到75%和84.3%，达到省、地下达目标要求。1993年，完成统一代码标识登记550家，建立和配备微机信息系统。为企业提供标准和资料7份，完成产品标准备案4个，食品标签备案74个，发放产品合格证书和准销证4个。1994年，为18家企业完成产品标准备案2个，食品标签备案41个，发放产品合格证书和准销证9个，发放代码证书400余个。1995年，为24家企业完成产品标准备案2个，食品标签备案16个，发放产品合格证书和准销证6个，发放标准实施证书98个，发放代码证书81个。1997年，与税务、编制等部门配合，搞好代码证书颁发和换证。全年发证418个，并消灭重名、重码，提高数据质量。

2002年，娄星区质量技术监督局对全区200余家生产企业统一核查，帮助8家企业制定标准，为35家企业提供标准，办理标准实施证书。对食品生产企业食品标签出现不规范和没有标签问题进行整顿，发放和进行标签备案43家，全区消灭无标生产企业。2004年，完成标准备案80个，发放标准实施证书69个。2005年，完成新产品标准审查备案20个，发放标准实施证书260个，创收入10万余元。2006年，完成新产品标准审查备案62个。其中，食品标准审查备案12个，发放标准实施证书127个，办理食品标签备案认可16个，食品添加剂使用情况备案登记6批次。帮助和指导3家企业申报湖南省名牌产品，指导1家企业申办生产许可证。2007年，完成产品标准审查备案114个。其中，食品标准审查备案54个，发放标准实施证书130个，办理食品标签备案认可54个，食品添加剂使用情况备案登记83批次。2008年，办理食品标准审查备案80余个，食品标签备案认可60个，对食品添加剂使用情况备案登记63批次。

第三节　质量监督管理

1990年，娄底市质量技术监督局对产销商品质量开展监督检查4次，项目涉及工农业生产企业和农资、副食等11个行业，重点抽查生产企业56家，监督检查产品36个，监督检查批次112个，批次合格率为85.8%，县以上生产企业监督检查覆盖率为91.4%。抽查经销企业328家（次），抽查商品1480余种，抽查商品金额521.40万元，其中伪劣商品（包括无证产品和视为无证产品）金额204.50万元，同比下降6.9%。1991年，对全市食品、水泥、农肥、煤炭等67家生产企业78个品种进行监督检查，监督检查覆盖率85%，合格批次82%，对所有不合格品依法进行查处。开展全市商品检查5次，检查经销企业274家，查处伪劣商品6类427个批次，涉及金额496.80万元，销毁和技术处理假冒伪劣商品涉及金额49.68万元。抽查商品1158个批次，不合格批次278个，占被抽查总数24%。市供销社商场通过监督检查，制定“商品十不进，五不销，三包一赔”、“两优双信”、售后服务和信用卡等规章制度13项，商品合格率达到98%。1992年，会同工商、卫生、公安等部门组织开展打击假冒伪劣商品专项行动。销毁或技术处理假冒伪劣商品6类637个批次，涉及金额157.78万元，产品监督检查覆盖率达到87%。全市主要产品合格批次上升到85%。1993年，开展全市性商品质量监督检查3次，检查经销企业164家，查处伪劣商品6类29个批次，涉及金额63.26万元，为企业服务24家（次），为企业挽回经济损失4.70万元，完成质量、计量信得过活动评审合格2家，评定质量信得过产品5个。1994年，少数不法商贩生产、经销不合格商品，以次充好，以假乱真，致使正规生产厂家难以维持，消费者怨声载道。市技监局采取全面稽查和重点打击相结合的方式，开展打假行动。1月，端掉西阳乡1家假酒厂，收缴各种假冒名牌酒300箱，价值20万元。5月25—27日，摧毁关家脑制造假冒白猫牌洗衣粉窝点，没收假白猫牌洗衣粉原料及成品200多箱。7月，破获经营假名牌酒案，没收假白沙液、假洋河、假双沟等酒200余箱。开展全市性商品监督检查4次，对烟酒、副食、五金交电、机械配件、建筑材料、农药化肥、家用化工、油料等商品进行检查，检查经销企业754家（次），查处伪劣商品38类503个品种，涉及金额4000余万元。监督检查生产企业91家，监督检查产品80个批次，不合格产品处理率达95%，受理投诉案件52起。1995年，开展商品监督检查4次，范围扩大到不锈钢制品、橡胶制品、空调器、液化气、镀锌管等产品。全年监督检查生产企业103家，监督检查产品283个批次，不合格品处理率85%，监督检查收入1.20万元；受理投诉案件52起，全部办结；检查经销企业499家次，查处伪劣商品22类185个品种，涉及金额2220万元。1996年，查办大案要案5起。2月，查办涟钢假酒案，涉案金额50余万元；查处关家脑假药、不合格化肥案。6月，据广东省东莞市技术监督局反映，万宝白水泥厂水泥在东莞出现质量问题。市技监局通过与厂方及东莞联系，发现是当地一些不法分子假冒万宝白水泥厂品牌造假，事件得到圆满解决。1997年，加强产品质量监管工作。对全市几十家水泥经销门店质量计量进行监督检查，对存在问题门店采取限期改正或责令停止销售。对生产厂家进行定期督促检查。对全市纤维产品销售门店进行检查，发现90%以上羊毛衫不合格，分情况进行处理；对十几家较严重门店责令限期改正，并实施行政处罚。11月，集中对电脑商家存在质量问题进行检查，对几家有严重问题电脑公司进行行政处罚，全市有3家电脑公司获得省计算机检测中心产品合格证。对市白水泥厂等4家水泥厂按照《湖南省质量管理基本规范》要求，在提高产品质量的同时，开展降废减损，通过整改，合格率均达到100%。全市主要企业产品质量等级品率达到85%，4家企业降废减损160余万元，市白水泥厂等3家企业获得市信得过优质产品称号，新世纪商厦等4家商家获质量计量信得过单位，市食杂果品公司等18家单位获“商品质量信得过”称号。1998年，集中检查烟酒、水泥、铝合金、电线电缆等12大类商品产品，查处伪劣商品64个批次，货值近百万元。捣毁制假窝点18个。其中兑制名酒黑窝点12家，制造冒牌洗衣粉的黑店2家，制作冒牌膏药个体工商户2户，制造青酒标签窝点1处，制造假可乐窝点1处，没收制假工具、包装标签、成品等货值30余万元。

1999年，娄星区质量技术监督局引导企业实施名牌战略，开展“质量兴区、质量兴企、质量兴业”活动。针对粮食市场存在质量计量问题，组织班子进行专项清理整顿，对粮食收购中出现质量争议及时仲裁。全年捣毁制假窝点15个。其中制造假烟、假酒窝点6个，制造假饮料、假副食窝点5个，制造假汽车、摩托车配件等4个，没收一批假产品和标签标识、包装物。对全区“信得过”单位集中进行考核验收，对不符合要求单位取消称号，对部分反响较大单位责令限期整改。是年，全区有19家单位获得“信得过”单位称号。2000年，对市场上农资产品和建筑材料进行监督检查，对全区水泥生产厂家进行整改，对称重计量器具进行检查检定。11月，区质监局与市局组成执法大队开展联合打假，对往年很少触及的娄底老街和将军庙市场一带市场进行查处。全年捣毁制假窝点11个。其中制造假酒、假烟、假饮料、假副食品窝点4个，制造假低压电器设备2家，制造假洗衣粉、化妆品窝点3家，制造假汽车、摩托车配件窝点2个，没收大批假产品和标签标识、包装物。2001年，机构改革，职能范围大幅缩减。稽查队、质量股检查各类经营门店582家，处罚208家。5月，对美容美发厅使用“三无”产品或冒用他人生产许可证生产化妆品实行间接销售，没收产品800余瓶。7月，查处景屏街电动工具，没收假冒电动工具300余台（件）。8月，对用工业盐加工麻辣豆腐、五香瓜子、炒菜等危及人身财产安全产品进行查处，现场监督销毁此类麻辣豆腐105吨，瓜子500千克，没收工业盐400千克，罚款2万余元。根据造假分子作案特点，打假工作采取白天深入调查，晚间出击方式，捣毁用自来水灌装矿泉水生产窝点3家，假冒伪劣饮料生产窝点5家，假冒卫生纸2家，假冒国公酒1家，假冒董公酒1家，假冒麻辣食品4家，用旧棉絮改制新棉被的加工窝点6个。

2002年3月，娄星区质量技术监督分局召开全区8大市场负责人会议，制定集贸市场商品质量、计量责任追究制度，落实市场管理部门质量、计量管理责任制，并在各市场设置公平秤18条，投诉箱20个。根据市民举报，重点对冷库食品进行集中查处，销毁变质、劣质食品1.50吨，罚款5万余元。对全区水泥、水泥构件、电动工具、煤矿机械、化妆品、汽车配件、火车轨道配件、电脑兼容机等无证产品以及食品加工、卤菜加工、酱油、食用油、冷冻食品加工企业质量问题进行查处。在流通领域，查获假冒白酒1400余瓶，假冒香烟620余条，全部进行没收销毁和罚款。对水泥产品、电器产品、化妆品、装饰材料、摩托车、食品进行产品质量抽样检验，抽检92家，合格率仅为40%，对不合格企业责令整改。受理娄底市公共汽车公司汽车质量投诉案、汽油少量案，挽回经济损失60万元。2003年，开展食品、化妆品、建材、机械产品、电线、电缆、低压电器、汽车配件、煤炭、烟酒等执法检查，并在“食品放心工程”农资产品、棉被等方面进行专项打假。2004年，采取流通领域不分地域，生产领域划分范围，各股、队分片包干查处方式，对辖区内各个行业、各类产（商）品，各个角落进行质量违法检查，产（商）品涉及食品、服装、建材、机械产品、电线、电缆、低压电器、汽车配件、煤炭、烟酒等方面，查处假冒伪劣产（商）品涉及金额达到30余万元。下半年，区质监分局从涟源市产品质量监督检验所聘请专业技术人员，用3个月时间对区内50余家水泥预制构件生产企业进行专项整治。

2005年，对全区各个企业基本情况进行排查摸底，对食品、服装、建材、机械产品、电线、燃气具等行业进行整顿，查处各类违法案件300余起，查处假冒伪劣产（商）品涉及金额40余万元。对辖区内市场销售建材、服装、燃气具进行监督抽样检验，抽检40余家，对销售不合格商家进行查处，罚款3.60万元。对全区40余家食品企业进行等级划分，加强对食品行业监督管理。在“质量兴企，名牌强区”战略方面，全区有湖南同仁电子有限公司“同电牌”交流采样变送器检定装置、湖南安石企业集团有限公司的“安石牌”焦炭和娄底市农科所农药试验厂“娄农牌”系列除草剂获省名牌产品；娄底市瑞奇电器有限公司的“瑞奇牌”多功能豪华型电取暖桌和娄底市乐开口实业有限公司“乐开口牌”一步成型多功能米粉机获市名牌产品。2006年，娄星区质监分局增设食品质量安全监管股，对区属范围内大米、小麦、食用油、酱油、食醋、饮料、冷饮、淀粉制品、糖果、米粉、面条、糕点、炒货、熟食、冷冻、白酒等企业和小作坊进行调查摸底和建档，为获证企业和规模较大21家企业建立企业基本情况档案，与21家企业签订《食品质量安全承诺书》，对辖区内320余家食品企业进行等级划分。是年，食品质量安全监管人员先后30余次到企业帮助并指导企业建立进货台账制度，完善生产记录、销售记录、检验记录、食品添加剂使用情况记录等。帮助和指导5家企业取得食品生产许可证和6家企业做好申证前准备工作。对桶装饮用水、乳制品、休闲食品进行专项整治。2007年，食品生产加工企业应发证7家，均获得生产许可证，占应获证企业100%，其产品加贴QS标志。对全区60家食品生产小作坊签订质量安全承诺书，签订率100%。在对辣椒制品、白酒、桶装饮用水、中秋月饼、早餐米粉等重点产品开展专项检查中，责令停产无证、不符合生产条件要求食品生产加工企业1家，查处使用非食品添加剂违法企业1家，端掉生产假冒伪劣食品黑窝点1个，没收包装豆腐干、小干鱼等熟食品75箱，原材料1批，货值2万余元，对生产用设备进行拆除和异地扣押。对列入3C认证和生产许可证管理17家生产企业进行调查摸底和建档，对涉及人身安全健康12类工业产品开展专项整治。

2008年，区质量技术监督分局与企业签订

《食品质量安全承诺书》60余份，食品添加剂使用情况备案登记63批次。全国发生三鹿奶粉事件后，质监分局配合有关部门成立专门领导小组，安排专门人员，在商场、超市现场处理问题，受理消费者投诉。对乳制品进行专项检查。端午、“五一”、中秋、国庆节期间，对卤制品、辣椒制品、白酒、粽子、月饼、早餐米粉等重点产品进行专项检查，责令1家无证、不符合生产条件要求食品生产加工企业停产，查处使用非食品添加剂违法企业1家。对涉及人身安全健康12类工业产品开展专项整治，出动120人次，检查生产、经销企业26家，立案查处无证生产、质量不合格等违法行为3起。对烟花爆竹生产加工企业和经销单位进行检查，对主要生产加工企业有关情况进行调查摸底，建立质量档案。对辖区内市场销售建材、服装、燃气器具进行监督抽样检验，监督检查30余家，对销售不合格商家进行查处。

第四节　特种设备安全监察

1989—2005年，特种设备安全监察工作由娄底地区质量技术监督局负责。2006年1月，娄星区质量技术监督分局始建特种设备安全监察室，对全区气体生产、充装、气瓶检验和对“土锅炉”、起动机械开展专项整治。全年检查特种设备使用单位100余个200余次，下达安全监察指令书144份，发现安全隐患10起，经复查，整改到位10起。其中，在“土锅炉”专项联动整治中，消除严重安全隐患3起。送检液化石油气瓶4000余只，检测溶解乙炔气瓶500余只，配合市局开展特种设备操作人员和管理人员培训考核。2007年，检查特种设备使用单位96家，下达安全监察指令书196份，发现安全隐患35起。经复查，全部整改到位。送检液化石油气瓶2580只，检测溶解乙炔气瓶376只。2008年，送检液化石油气瓶4000余只，检查特种设备使用单位107家，下达安全监察指令书209份，发现安全隐患28起。经复查，全部整改到位。3年间，每年组织召开相关单位特种设备重点危险源负责人会议，签订安全生产目标管理责任状，明确责任主体，落实责任人。在每年“安全生产月”期间，组织开展“特种设备安全知识进校园”活动，宣传学习《气瓶使用登记管理规则》。开展专项检查、专项整治。2008年，完成公司企业内部区域机动车调查摸底工作。

第五节　法制宣传与行政执法

1989年，贯彻落实市政府《关于全面推行法定计量单位的通告》，开展推行法定计量单位宣传工作。印发对照表2000份，张挂“请使用法定计量单位”条幅1000条，设宣传栏4期。组织生产企业、商业营业员、物资专职人员举办专题讲座3期。先后组织实施大检查4次，立案4起，处罚单位20余个百余人次，罚款3000余元，没收市制尺、秤270件，封存并处理非法定计量单位压力表、氧气表等3547件，销毁新印刷的非法定计量单位票证67万张。

1990年，查处各类假冒伪劣商品6类328个批次，没收或就地销毁商品涉及金额8.03万元，产商品降等降价批次18次。其中，追回作技术处理8个批次。查处各类质量案件54起，结案52起，结案率为96%以上，罚没金额5.83万元，罚没万元以上大案2起。受理质量投诉案10起，调解成功8起，调解金额19.60万元，为企业直接挽回经济损失7.40万元，协同工商、物价办案5起，解答人大代表、政协委员建议和提案3起。

1991年，产品标准普查发现，使用产品标准作为企业组织生产依据仅占39%。市标准计量局分别举办3期学习班，有132个单位133人参加，宣贯标准14个，并结合“二五普法”进行宣传教育。是年，监督检查生产企业67家，监检产品78个批次，不合格品后处理率96.6%，实现监检收入3682.20元。查处各类案件124起。其中，立案查处17起，现场查处105起，处理上年遗留案件2起，罚没金额96457.08元。

1992年，监督检查生产经销企业313家（次），查处各类违法案件169起，罚没金额13.47万元，查处各类假冒伪劣商品6类637个批次，销毁和技术处理假冒伪劣商品涉及金额257.38万元，受理各类质量投诉案件14起，为消费者挽回直接经济损失14.65万元。

1993年，发放和张贴产品质量法标牌1700块。监督检查生产企业38家，监督检查产品43个批次，不合格品后处理率94.2%。全年查处各类行政违法案件104起。其中，立案查处17起，现场处罚92起，罚没金额5.48万元。其中立案罚款2.97万元，现场罚款2.51万元，结案106件，结案率97.2%；受理投诉案件25起，处理到位24起，占受理案数96%。

1995年，全年查处各类行政违法案件480起。其中，立案查处45起，现场处罚435起，万元以上大案要案10起，结案率99.7%，罚没金额近40万元。

1996年，全年办理行政执法案件313起。其中，大案要案5起，罚没金额40余万元。每年“3·15”消费者权益日、“4·1”标准化法、“7·1”计量法、“9·1”质量法实施日作为宣传法规咨询服务活动日。开展咨询服务、质量跟踪、受理消费者投诉、处理调解质量纠纷等。受理微机、彩电、皮鞋等产品质量投诉案件20余起，调解处理质量计量纠纷16起，为消费者挽回经济损失10余万元。

1997年，加大行政执法和宣传力度，拓宽监督检查渠道，抑制假冒伪劣商品流通。全年上岗执法人员22人，办理行政案件353起，立案查处50起，现场处罚303起。其中，申请法院强制执行11起，大案要案3起，为财政创收35万元，结案率95%。“五一”期间，市政府、市政法委组织法制宣传日活动，市技监局在新世纪商厦门前向群众现场说法，指导如何识别真伪商品。现场处理投诉案件2起，发放各种宣传资料1000余份。加强行风建设，执法人员以国家局和省局《关于在技术监督行政执法工作中严格执行“五公开”“十不准”的规定》《技术监督系统职业道德规范》为准则，严格自律，廉洁执法。1998年，全年上岗执法人员30人，办理行政案件308起。其中，立案查处52起，现场处罚256起，罚没金额35万元，涉案货值600余万元，挽回经济损失18万元，万元以上大案2起，申请法院强制执行11起。“3·15”消费者权益日期间，全市书写大型宣传标语30余条，印发宣传资料5000余份，出动200余人次。受理投诉案件12起，调解处理质量纠纷3起，为消费者挽回经济损失5万余元。

1999年，娄星区质量技术监督局办理行政案件315起。其中，立案查处108起，现场处罚207起，罚没金额突破40万元，查处假冒伪劣商品货值近1000万元。2000年，推出对个体户、工商户实行重管理、重扶植、少罚款，实行热情接待投诉等服务举措。全年办理行政案件323起，其中立案查处112起，现场处罚211起，罚没金额突破43万元。加强行风建设，重新制定《关于加强行风作风建设的规定》，杜绝以证谋私、以收代罚、吃拿卡要现象。

2001年，娄星区质量技术监督分局查处质量案件360起。其中，立案查处40起，现场处罚320起，强制检定集贸市场台称2000余台（件），完成罚款及其他收入60余万元。其中，对美容美发厅使用“三无”产品或冒用他人生产许可证生产化妆品实行间接销售的行为罚款2万元，并没收“三无”产品800余瓶。在景屏街查处假冒伪劣电动工具，罚款2万余元，没收假冒电动工具300余台（件）。对用工业盐加工麻辣豆腐、五香瓜子、炒菜等危及人身财产安全行为罚款2万余元，现场监督销毁此类麻辣豆腐105吨、瓜子500千克，没收工业盐400千克。2002年，突出打击生产、经销假冒伪劣商品行为，查处质量案件295起。其中，立案90起，现场处罚205起，罚款65万元。查处无证产品，检查水泥、水泥构件、电动工具、煤矿机械、化妆品、汽车配件、火车轨道配件、电脑兼容机等，检查52个批次产品，涉及金额200万元，罚款22万元。对食品加工、卤菜加工、酱油、食用油、冷冻食品加工进行检查，没收销毁劣质肉制品1.50吨，罚款13万元；查处流通领域假冒产品，查获假冒白酒1400余瓶，假冒香烟620余条，全部进行没收销毁，并罚款5万元。接受投诉案件8起，全部处理到位。2003年，执法检查涉及食品、化妆品、建材、机械产品、电线、电缆、低压电器、汽车配件、煤炭、烟酒等行业。办理现场处罚案件221起，立案查处104起，上缴罚款78万元，结案率98%。在“食品放心工程”、农资产品、棉被等方面开展专项打假行动，查处假冒伪劣商品涉及金额20余万元，查获万元以上大案4起，5万元以上大要案1起，捣毁制假窝点10个，处理投诉案件50余起，为消费者挽回经济损失20余万元。2004年，行政执法范围涉及服装、食品、化妆品、烟酒、装饰材料、电器产品、汽车及汽车配件等行业。全年查处各类行政案件474起。其中，立案查处188起，现场处罚286起，万元以上质量大案13起，捣毁制假窝点10余个。捣毁制售地条钢厂3家，罚款6万余元，没收设备和产品货值5万余元；标准质量股查处劣质电缆，罚款9万余元；计量股查处假冒“五粮液”酒，罚款4万元，没收商品货值3万余元。全年受理各类投诉案件50起，涉案金额110万元，结案率98%，其中4月受理涟钢机油投诉案，办案人员经过2个多月调查取证，多次取样送长沙进行检验，为涟钢挽回经济损失60余万元。2005年，查处各类行政违法案件300余起。其中，立案查处186起，现场处罚115起，上缴罚没款50万元。取缔腊制食品加工厂1家，监督销毁病死猪肉250余千克，罚款5200元。11月，查处湘旺米粉厂利用回收米粉生产销售不合格米粉案，没收不合格原料5吨，罚款1万元。此外，受理各类投诉案件48起，涉案金额50万元，涉及服装、水泥、汽车、装饰材料、加油站计量器等多个方面，结案率98%。

2006年，全年查处各类行政违法案件128起。其中，立案查处37起，3万元以上的大要案4起，现场处罚91起，上缴财政罚没款70余万元；受理各类投诉案件34起，涉案金额40余万元，涉及服装、水泥、汽车、装饰材料、加油站计量器等行业，结案率95%。2007年，出动执法人员480人次，检查生产、经销企业26家，立案查处无证生产、质量不合格等违法行为6起，查处各类行政违法案件134起。其中，立案查处85起，3万元以上大要案2起，现场处罚49起，上缴财政罚没款60余万元；受理各类投诉案件31起，涉案金额67万余元，涉及食品、服装、装饰材料、加油站计量器和特种设备等多个方面，结案率100%。2008年，查处各类行政违法案件260起。其中，立案查处85起，3万元以上大要案2起，现场处罚175起，上缴财政罚没款95万元；受理消费者各类投诉案件28起，涉案金额60余万元。行政复议1起，移送法院强制执行3起。

第八章 安全生产监督管理

1989—2002年，娄星区（娄底市）没有专门安全生产监督管理机构，区（市）、乡镇人民政府和街道办事处均以安全委员会（简称安委会）形式，对辖区内安全生产工作实施统一领导和监管。2002年12月，娄星区人民政府组建区安全生产监督管理局（简称安监局），加挂娄星区安全委员会（简称安委会）办公室（简称安委办）牌子，履行全区安全生产监督管理职能。全区安全生产工作步入依法有序监管轨道。

2003—2008年，娄星区安监局履行全区安全生产日常监管、专项监管与应急救援等工作职能，统筹全区安全生产监督管理，推进安全培训和宣传教育，重点对煤矿、非煤矿山、烟花爆竹、危险化学品、工贸行业等领域开展专项整治行动，加强安全隐患排查和“打非治违”工作，开展安全生产示范创建，夯实基层安全生产工作基础，健全区、乡镇安全监管队伍，加强安全生产执法，提高干部群众安全理念。经过6年持续整治，安全生产事故数量和死亡人数由2002年的405起、死亡38人下降至2008年的81起、死亡25人，安全生产事故和死亡人数大幅下降，基本形成“政府统一领导、部门依法监管、企业全面负责、群众参与监督、全社会广泛支持”的工作格局。

2002—2008年历任局长：杨国元、成孟良。

第一节 安全生产宣传培训

一、安全生产宣传

1989—2001年，娄星区（娄底市）安全生产委员会（简称安委会）每年5月份组织开展“安全生产周”活动。2002年起，娄星区按照国家安排，“安全生产周”改为“安全生产月”，确定每年6月为“安全生产月”活动期。各级党委、政府和企业在“安全生产月”活动中，采用广播、电视、专栏、板报、宣传横幅、标语、安全大检查、案例分析会、安全生产竞赛等形式开展安全生产宣传教育活动。2003年6月全国第2个“安全生产月”，6月8日，娄星区举办“安全生产月”宣传咨询日活动。区安委办牵头组织区经济工作局、总工会、公安分局、煤炭局、交通局、农机局等11个单位，在长青中街区政府大院门前、娄底汽车站、红太阳商城等处集中设立宣传咨询点。出动宣传车辆20台，制作宣传横幅800条，宣传牌板50块，印发宣传资料4万余份，接受群众咨询5000人次，1500余人参加全区安全生产法律法规知识竞赛。

2004年6月“安全生产月”，区安委办会同区委宣传部、区公安交警大队、消防大队、区总工会、区劳动保障局、煤炭局、交通局、建设局、卫生局等部门联合设立安全宣传咨询点，开辟电视宣传专栏，开展安全生产演讲、安全知识竞赛、文艺演出等宣传活动，出动宣传车辆80台次，悬挂宣传横幅标语800余条，发放宣传资料5万份，举办演讲比赛12场次，1800人参加《中华人民共和国安全生产法》知识竞赛。2005年6月全国第4个“安全生产月”，是《湖南省安全生产条例》颁布实施后第一个“安全生产月”活动。围绕“遵章守法，关爱生命”活动主题，按照“政府组织、部门实施、上下联动、基层为主”原则，开展宣传活动。区长王雄在活动现场作动员。6月1日，副区长向乾勇发表电视讲话。6月12日，政府组织区安监局等12家单位在长青中街设立宣传咨询点，出动30余台宣传车辆到城区、乡村巡回宣传，娄星有线电视台和娄底交通频道分别开设宣传专栏；乐坪街道办事处组织区人大代表对辖区内12家单位开展安全专题评议；万宝镇对全镇42家生产经营单位开展安全检查，下发整改指令46份，提出整改意见128条。

2006年6月，围绕“国泰民安，安全发展”活动主题，在各中小学校开展“班班一堂安全课”活动，组织人大代表、政协委员视察企业安全生产。2007年6月，区委主要领导在娄底都市频道发表电视讲话，区安委办在潭邵高速公路引线和娄涟公路娄星段打造永久性安全生产宣传文化长廊，在《新娄星》开设“安全生产月”活动特刊，发送安全祝福手机短信。特邀人大代表、政协委员和无党派人士举办“安全生产大家谈”座谈会，指导各乡镇、街道编制《安全防范手册》和《安全生产基本常识》并免费发放。2008年“安全生产月”宣传主题是“治理隐患，防范事故”。6月1日，区委书记、区长在《娄底日报》发表署名文章，区委常委、分管副区长在娄星有线台发表电视讲话。6月14日，区安委办与区教育局联合在各学校开展“国旗下演讲”等宣传活动。在长青中街、娄底汽车站等地设立宣传咨询点，区委宣传部、安监、煤炭、公安、消防、交通、农机等20家单位参加宣传咨询活动，接受群众咨询5000人次，发放各类宣传资料20万份，悬挂大型宣传气球20个，发放“治理安全隐患，防范安全事故”明信片5000张。安全生产月活动期间，安监局对全区煤矿、非煤矿山、加油站、烟花爆竹生产单位和销售网点以及砖厂、冶炼厂、建筑工地开展安全生产隐患大排查，发出整改通知160份，消除安全隐患380处。区煤炭局组织对全区6家煤矿企业开展安全大检查，排查整改安全隐患47条。区农机局检查农机车辆606台次，纠正违章11次，清理黑车10台。全区形成“事故隐患群防群控，安全生产共建共享”局面。

二、特种作业人员培训

1990年前，娄底市安委会和劳动局每年公布电工、锅炉操作工、建筑架子工、起重工、矿井绞车司机、场内机动车辆驾驶员（分铲车工、叉车工、吊车工、装载机工）以及煤矿安全监管人员初训和复训计划，各企业组织人员参加培训，应知应会考试合格后，由劳动局颁发操作证，实行持证上岗。1991年9月，劳动部《特种作业人员安全技术考核管理规定》颁布实施，特种作业人员培训考核和持证上岗走向规范化。1992—2003年，年均举办特种作业人员安全技术培训班5期，每年初培、复训400人。2004年11月，成立娄星区安全生产培训教育中心，隶属区安监局管理，特种作业人员考核发证改由区安监局负责。2005—2008年，区安全生产培训教育中心年均举办各类特种作业人员培训班15期，培训特种作业人员及从业人员1.55万人次，其中选送省、市培训180人次。

三、劳动保护知识培训

1989—1998年，娄底市安委会、劳动局、经委、公安局、乡镇企业局、工商局、总工会每年联合组织开展劳动保护知识培训和知识竞赛，各企业单位派人参加。1999—2002年，劳动保护知识培训与企业负责人消防安全知识培训合并进行，每期培训3～5天，年均培训540人，实行闭卷考试，考试合格者由劳动局和公安消防大队颁发劳动保护和消防安全知识培训合格证。2003年起，区煤炭局组织对煤矿企业春节节后复工强制全员培训7～10天，重点培训安全生产法律法规、各工种安全操作规程、劳动技能和安全生产知识，由区煤炭局会同区总工会组织应知应会考试和复产验收。验收合格后，职工方准上岗，企业方准复工复产。凡培训考试不合格，职工不准上岗，企业不得复工复产。

2003—2008年，娄星区劳动保护知识培训由区安监局牵头，联合区劳动局对区属各生产经营单位负责人（厂长、经理）进行培训并颁发培训证书。对企业其他员工，特别是新员工、换岗人员，由企业实行厂（矿）部、车间（队）、班组（岗位）三级安全培训教育，由企业劳资或安全培训部门编制计划，由企业安全培训部门会同企业安全生产监管部门组织和督促实施。区总工会联合人事劳动部门对企业班组长组织轮训，开展“合格班组”“优秀员工”创建活动。

四、安全生产示范创建

2006年7月25日，区委、区人民政府决定开展“创建安全生产示范乡镇”活动。计划通过3年努力，全区12个乡镇（街道）全部创建成遵守国家安全生产法律法规、普及安全生产宣传教育、落实安全生产责任、增加安全生产投入、整治事故隐患、消灭重特大安全事故、实现安全生产控制目标的安全生产示范乡镇（街道），产生市级安全生产示范乡镇（街道）10个以上。将万宝、乐坪、大科、杉山、百亩、石井、花山、双江等创建成第一批区级安全生产示范乡镇（街道）。其中，万宝、乐坪、大科、杉山、百亩创建成市级安全生产示范乡镇（街道），省级安全生产示范乡镇（街道）2～4个，初步建立安全生产长效机制。对通过区级验收的，授予区级安全生产示范乡镇（街道）称号，由区人民政府给予奖励；凡通过市级验收的，授予市级安全生产示范乡镇（街道）称号，市人民政府、区人民政府同时给予嘉奖；凡通过省级验收的，授予省级安全生产示范乡镇（街道）称号，省人民政府给予奖励，市、区人民政府同时予以嘉奖；对口支持创建工作做出突出贡献的区安委会成员单位和区直属部门，区政府予以表彰。8月，区安监局印发《关于创建娄星区安全生产示范企业的通知》，决定在全区开展“安全生产示范企业”创建活动。全区各乡镇（街道）成立以乡镇（街道）党（工）委书记或乡镇长（街道办事处主任）为组长，分管副乡镇长（副主任）为副组长的安全生产示范创建领导小组，召开安全生产示范乡镇（街道）创建动员大会。各村（居委会）分别成立安全生产联组，配备安全生产联络员，明确工作职责，上墙公示。各乡镇（街道）为安全生产监管机构和人员配备必要装备和办公场所，提供创建专项活动经费。其中，百亩乡、杉山镇和乐坪街道分别筹集资金5万元、3万元和1.50万元，为辖区安全生产监管机构配备电脑、数码摄像机、照相机、空调等设备，在重点监管企业、重点路段设置大型宣传横幅和安全生产警示宣传标牌40块。11月，百亩、乐坪、杉山、大科、双江、花山、石井等7个乡镇（街道）验收达到区级安全生产示范乡镇（街道）标准，娄星区第五建筑公司、凤冠山煤矿等4家企业被评为区级安全生产示范企业，其中乐坪街道办事处获娄底市“安全生产示范街道办事处”称号。2007年1月，百亩乡被省政府授予“湖南省第一批安全生产示范乡镇”。是年，百亩、双江、小碧、杉山、大科、万宝、石井、长青、花山、乐坪、黄泥塘等11个乡镇（街道）达到区级安全生产示范乡镇（街道）标准。其中，万宝、杉山、长青被推荐为市级安全生产示范乡镇（街道）。

2008年1月，娄底市人民政府授予长青街道、涟滨街道、杉山镇、万宝镇为“娄底市安全生产示范乡镇（街道）”。9月，区人民政府印发《关于进一步开展创建安全生产示范乡镇示范企业活动的通知》，提出创建省级示范乡镇1～2个，市级安全生产示范乡镇3～4个，区级安全生产示范企业10个，市级安全生产示范企业3个的创建目标。通过正确引导，以点带面，建立健全安全生产示范机制。11月，市安委会下发通知，授予娄底市博洋工贸公司“娄底市安全生产示范企业”，石井乡获“湖南省安全生产示范乡镇”。12月，全区12个乡镇（街道）中获省级安全生产示范乡镇称号3个（百亩、双江、石井），获市级安全生产示范乡镇（街道）7个（百亩、双江、石井、万宝、杉山、乐坪、长青），区级安全生产示范乡镇（街道）11个，市级安全生产示范企业1个。在11个获得区级以上安全生产示范乡镇（街道）中，百亩、杉山等2个乡镇实现各类安全生产零死亡，万宝、花山、小碧、长青、黄泥塘等乡镇（街道）仅发生一般性道路交通事故，工矿商贸实现安全生产零事故。

第二节　安全生产日常监管

一、目标管理责任制

1989—2000年，娄星区（娄底市）安全生产日常监管主要宣传贯彻国家安全生产法律法规，不定期开展安全生产大检查，依法开展现场监督检查，查处安全生产各类事故，督促各企业单位落实安全生产规章制度。根据地区行署（市）下达安全生产控制指标（煤矿百万吨死亡人数、职工千人死亡人数、重伤率、亿元生产总值死亡率、公路交通万车死亡率、百台农机死亡率等)，向所辖各乡镇政府、街道办事处和主要行业(部门)分解控制指标，再由各乡镇政府、街道办事处、部门、行业将上述考核指标量化到各个企业，每年年底对控制指标进行考核和通报。重点加强对煤矿及非煤矿山监督管理和清理整顿，打击和取缔非法采矿行为。

2001年4月，娄星区政府印发《关于切实加强安全生产工作的意见》，在全区范围开展煤矿关井压产行动。对不具备安全生产条件的非法小煤矿，地矿部门不得发放采矿许可证，煤炭部门不得发放生产许可证和煤炭准销证，工商部门不得发放营业执照，公安部门不得批供雷管炸药和爆破器材，电力部门要求停止供电，银信部门不得提供贷款。对乡镇存有非法煤矿，特别是非法小煤矿发生重特大安全事故或年内发生2次以上重大事故的，撤销该乡镇党政主要领导职务，3年内不得安排与原职务相当领导职务。在全区落实安全生产责任制和事故责任追究制，实行安全生产“一票否决”制度。2002年，全区强制关闭非法小煤窑7个，4个合法煤矿停产整顿，整改安全隐患80处。区经济工作局、区煤炭局、茶园镇、百亩乡等单位，因管辖范围内发生安全责任事故，被取消当年度年终考核集体评先资格。2003年4月，区政府印发《娄星区安全生产目标管理考核办法》和《娄星区安全生产目标管理考核标准》，在全区建立安全生产控制指标体系，实施安全生产目标管理，对安全生产情况实行定量控制和目标考核。2003年起，每年年初区政府以签订责任书形式，部署年度安全生产控制指标和重点工作任务，各责任单位分别向区安全生产监督管理局提交安全生产目标管理风险抵押金，标准为每个乡镇、街道各2000元，区直有关部门各1000元，煤矿企业各1万元，烟花爆竹等生产经营企业5000元不等。每年年终由区安委办组织考核，考核得分90分以上单位为先进单位，全额返回所缴风险抵押金，区政府另予奖励(乡镇、街道2000~3000元，区直机关1000~2000元，重要辖区安全监管单位行政“一把手”奖励1000元)。考核得分85分以上单位为合格单位，全额返回所缴风险抵押金作为奖金。考核得分80分以上单位为基本合格单位，风险抵押金不返回，作为下年度风险抵押金；考核得分79分以下单位为不合格单位，69分以下为安全生产“黄牌警告”单位。凡考核结果为“不合格”或“黄牌警告”单位，扣除所缴纳的风险抵押金作为全区安全生产奖励基金并通报批评。是年，全区评选出安全生产先进乡镇(街道)6个，各奖励2000元，先进区直单位8个，各奖励1000元，安全生产合格单位17个，没有不合格单位和“黄牌警告”单位。2005年，全区生产经营单位安全生产风险抵押金按娄底市人民政府《娄底市生产经营单位安全风险抵押金管理暂行办法》有关规定，统一调整为煤矿企业每家8万元，烟花爆竹、建筑施工、道路交通运输、危险化学品生产经营企业每家3万元，其他单位及考核奖惩仍维持原标准不变。

二、安全质量标准化管理

2004年1月9日，国务院颁发《关于进一步加强安全生产工作的决定》，要求全国所有工矿商贸、交通运输、建筑施工等企业开展安全质量标准化活动。2月，区委、区政府召开会议，明确由区安监局制定安全生产管理标准，在全区开展安全质量标准化活动。3月，区煤炭局印发《在全区煤矿开展质量标准化建设的决定》，从2004年开始，利用3年时间，分期分批地实现达标。10月，区政府印发《娄星区人民政府突发公共事件专项应急预案制定工作分工方案》和《娄星区有关部门和单位制定突发公共事件专项应急预案框架指南》。组织20多家单位编制《娄星区安全生产“十一五”发展规划》，把安全生产纳入全区经济社会发展总体布局。12月，29个单位和区直管企业均制定有相应的突发公共事件安全应急预案，其中茶园二矿达到省安全质量标准化三级标准。2005年1月，区安委印发《娄星区有关生产经营单位安全生产目标管理考核标准》，对企业安全综合管理、安全机构建设、责任制落实、事故隐患排查、宣传教育培训、“三同时”及劳动保护、现场管理、事故管理、安全效果等开展考核。同时，建立特邀安全生产监督员联系制度，邀请省、市、区12名人大代表和10位政协委员为安全生产特邀监督员，定期召开会议，对安全生产进行全程监督。

2006年6月，全区开展安全生产示范企业创建活动，通过引导，夯实基础，以点带面，初步建立安全生产长效机制，推动全区生产经营单位安全生产工作。是年，区第五建筑公司和凤冠山煤矿等4个企业被评为区级安全生产示范企业。2007年，上瑞高速公路引线和娄涟高等级公路沿线茶园、万宝、大科、石井、黄泥塘5个乡镇、街道在辖区路段设置长5米、高2米安全质量标准化永久性宣传牌，小碧、百亩等乡镇在辖区内开展“平安公路”“平安企业”创建宣传活动，悬挂大型横幅300条，发放宣传资料6000份。2008年10月，区安委印发《娄星区非公有制企业安全生产管理规定》，将非公有制企业安全生产监督管理工作纳入年终安全生产考核内容，对非公有制企业安全生产监管开展行政问责和法律责任追究。全年无人员伤亡事故。

第三节　安全生产专项监管

一、煤矿安全专项整治

1989—1995年，娄底市每年组织开展煤矿安全专项整治，重点依法清理整顿不符合采矿要求的乡镇私采小煤窑，关井压产，规范办矿秩序。1996年，强制取缔关闭非法小煤矿36处，所有保留矿井均达到消灭独眼井、消灭自然通风、消灭明火明电照明、消灭明火明电放炮，消灭刀闸开关“五消灭”标准。1997年，对恩口煤矿周边小煤矿开展专项整治，关闭不具备安全生产条件和非法矿井28处。1998—2000年，随着煤炭市场复苏，被关闭、取缔小煤矿逐渐恢复生产。

2001年4月，区人民政府印发《娄星区煤矿安全治理整顿工作方案》，成立区委书记周世辉任顾问，区委副书记、区长李江南任组长，副区长聂斌全任副组长，有关部门主要负责人任成员的煤矿安全治理整顿领导小组，开展煤矿安全治理整顿工作。经过整治，所有非法煤矿坚决关闭到位，合法煤矿通过停产整顿全部达到安全生产基本条件。是年，对向阳煤矿等6家无证非法矿井采取行政处罚、封闭和填平井口，拆除设备，清缴雷管炸药，遣散人员等强制关闭措施，凤冠山、茶园二矿矿井强制投入，完善通风系统等安全基础设施，区境内乱采滥挖行为得到治理，生产秩序好转。2002—2004年，全区以“一通三防”为中心，开展安全隐患整治，矿井安全生产条件得到改善。至2004年年底，全区各煤矿矿井地面抽风除使用一台主抽风机外均配有备用风机。2005年12月，区政府印发《娄星区整顿关闭不具备安全生产条件和非法煤矿工作方案》，规定存在重大安全隐患停产整顿矿井须制定整顿方案，明确整顿内容标准，规定整顿期限和责任人，确保在规定时间内整改到位。列入关闭名单矿井由区政府组织实施关闭，吊销相关证照，停止供应并处理火工产品，停止供电，拆除设备，封闭填实矿井井筒，平整场地，恢复地貌。全区有5家煤矿获得安全生产许可证，2家煤矿送省局审核办证。

2006—2008年，按照“上规模、上水平、上台阶”和安全高效要求，以增加科技含量、加大投入和加强煤矿安全管理为主线，开展煤矿整顿关闭和瓦斯专项整治行动，提升矿井生产能力和抗灾能力。按照“以风定产”要求，井下风扇实行专用开关、专用供电线路、专用变压器“三专”，风电闭锁、瓦斯电闭锁“两闭锁”，推广壁式采煤法，提高矿井安全可靠性。煤矿安全生产死亡人数由2001年的9人下降至2008年的1人，百万吨死亡率由2001年的115.4%下降至2008年的9.5%。

二、非煤矿山安全监管

2003年前，娄星区非煤矿山由各行业主管，公安部门负责火工产品审查供应，安全监管缺位。是年，全区有非煤矿山120处，其中，持证开采72处，无证非法开采48处。全年发生非煤矿山安全事故2起，死亡2人，直接经济损失11万元。2004年4月，区安全生产监督管理局、区公安分局、区监察局、区国土资源分局、区工商行政管理局和娄底城区电力局联合印发《娄星区深化非煤矿山安全专项整治实施方案》。从7月1日起，对全区非煤矿山实施“三证一照”制度，对未取得“采矿许可证”“矿山安全条件合格证”“矿长安全资格证”和“工商营业执照”（简称“三证一照”）或证照不全的非法采矿点，由区人民政府组织依法取缔关闭。全区非煤矿山通过整治，达到国家安监总局《关于开展金属非金属矿山安全生产状况评估工作通知》中《金属非金属地下矿山安全评估标准》《金属非金属露天矿山安全评估标准》和《小型采石场安全评估标准》A、B级标准。对限期整改或停产整顿依然达不到评估标准A、B级非煤矿山，依法吊销其采矿许可证，公安部门停供火工产品，电力部门停止供电，工商部门依法吊销其工商营业执照。全年停产37处，取缔8处，105处非煤矿山通过简易评估，取得“矿山安全生产条件合格证”。2005年5月，区安监局印发《关于非煤矿山安全生产许可证审核颁发工作有关问题的暂行规定》，要求辖区所有非煤矿山企业都必须依法取得安全生产许可证。11月，区委副书记聂斌全组织召开区委常委办公会议，专题研究石井乡白云石矿区采石场有关事宜。是年，全区69家非煤矿山企业通过评价取得安全生产许可证；取缔关闭不具备基本安全生产条件非法小采石场30家。

2006年8月，区安监局牵头组织公安、电力等部门和各乡镇街道对全区非煤矿山企业开展整治，关闭取缔非法和不具备安全生产条件小采矿点30处，88家非煤矿山企业全部取得安全生产许可证。2007—2008年，以露天采石场为重点，开展非煤矿山安全整治，推动产业升级。区安监局对非煤矿山建立“安全生产许可证”“采矿许可证”有效期管理台账及在建、废弃、非法生产和已关闭地下矿井基本情况台账。制订年度执法计划，对安全生产情况较好矿山企业，坚持每年执法检查1次；对安全生产情况一般企业，每季度执法检查1次；安全生产情况不好企业，每2个月执法检查1次。发现安全隐患及时整改，对非法违法开采行为予以打击取缔。至2008年12月，全区所有采石场均配备有装载机和斗容在1立方米及以上挖掘机，场内实现2次破碎和自卸作业，应用分层开采、中深孔、小抵抗线、顶裂等爆破技术，彻底淘汰“一面墙”高陡坡开采、扩壶爆破、掏底崩落等原始落后开采方式。非煤矿山数量由2004年的123家整顿关闭至30家。其中，白云石矿山由2004年的78家整顿关闭至3家，年生产量由2004年的100万吨提高到2008年的500万吨，百万吨建筑用材死亡率由2004年的5%下降至2008年的0.25%，连续5年杜绝较大及以上事故。

三、烟花爆竹和危险化学品安全监管

2004年前，辖区烟花爆竹及危险化学品生产、经营、储存、运输使用环节安全监管由公安机关承担。至2004年12月，全区烟花爆竹及危险化学品生产、经营涉及7人类300余个品种，主要有烟花爆竹、汽油、柴油、液化石油气、乙炔、氧气、氨、苯、硫酸、甲醇、甲醛、农药、油漆及民爆物品等，拥有烟花爆竹生产经营企业200家，农药经营店铺400处。危险化学品从业单位294家。其中，生产单位3家，经营单位270家，运输单位1家，使用单位20家，从业人员近3000人。2005年5月，区政府召开区长办公会议，将全区烟花爆竹和危险化学品生产经营安全监管由公安机关移交至区安全生产监督管理部门。12月，区政府印发《娄星区烟花爆竹专业批发公司及零售网点设置方案》和《娄星区烟花爆竹经营单位销售许可证管理实施办法》，在全区开展烟花爆竹和危险化学品安全专项整治，推行烟花爆竹和危险化学品生产、经营许可证制度。全区26家危险化学品单位取得经营许可证，117家烟花爆竹零售点取得销售许可证，4家烟花爆竹和3家危险化学品生产企业取得安全生产许可证。依法取缔黄泥塘街道恩口村和杉山镇恩口煤矿社区等2处烟花爆竹非法生产小作坊。

2006年4月，区政府制定《娄星区烟花爆竹生产企业安全管理标准》《娄星区烟花爆竹零售网点安全管理标准》和《娄星区烟花爆竹专项安全清理整顿行动方案》，规范销售网点布局，督促生

产企业与批发公司签订购销协议，理顺烟花爆竹购销机制。成立由区政府办、安监、公安部门参与的烟花爆竹和危险化学品安全专项整治领导小组，组建烟花爆竹危险化学品安全稽查队，对全区18个加油站、11家工业气体经销单位和所有烟花爆竹生产经营单位开展专项整治和安全稽查，查处非法经营、储存和运输案件10起，取缔关闭非法销售储存网点15家，查处娄阳鞭炮厂违规组织生产以及非法销售礼花弹行为。12月，所有烟花爆竹批发企业全部搬离城区。

2007年9月，区政府印发《娄星区烟花爆竹安全管理实施办法》《娄星区危险化学品事故隐患排查治理工作方案》，在全区实施烟花爆竹生产、经营安全标识制度，严格禁止烟花爆竹生产企业转包分包和“三超一改”（超许可范围、超人员、超储存、擅自改变工房用途）；严格禁止烟花爆竹经营单位经营黑火药、烟火药、引火线和擦炮、摔炮、砸炮、鱼雷、大号雷鸣及A级产品等危险性大的烟花。对具有经营A级产品资质单位，不得将A级产品销售给不具备燃放资质的单位和个人，禁止A级产品在市场上流通。对危险化学品从业单位的压力容器、防雷防静电、通信设施、报警装置、外部安全距离、“清净下水”安全设施，新建危险化学品企业安全设施“三同时”及安全生产责任制落实情况开展排查整改。全年排查烟花爆竹生产经营单位231家，危险化学品生产经营单位11家，民爆物品生产经营单位224处，查出烟花爆竹安全隐患50处、危险化学品安全隐患26处、民爆物品安全隐患60处，收缴炸药120公斤，雷管300发，处理违法人员8人，排查出的所有隐患均及时进行整改。

2008年，继续开展烟花爆竹“三超一改”“三违”（即违章指挥、违章作业、违反劳动纪律）和危险化学品安全整治行动，打击和取缔非法生产销售运输行为，加强对液氨、液氧和剧毒化学品生产、储存、运输管理，防止发生泄漏爆炸和中毒事故。至12月，全年烟花爆竹、危险化学品未发生人员伤亡事故。

四、职业卫生安全监管

1989—2001年，职业卫生安全监管由劳动部门负责，主要由劳动部门会同卫生防疫部门开展工业卫生安全大检查。通过检查，督促有关单位健全医疗保健机构，开展尘肺病普查和职业卫生防疫工作，建立工业卫生档案，改进生产设备，职工工作环境得到改善。对尘毒等有害因素岗位采取调动工作或轮岗措施，对尘肺病职业患者实时开展疗养，增加营养补贴等。

2002—2008年，职业卫生由劳动部门转为卫生部门负责监管，重点加强有毒、有害粉尘作业岗位劳动保护和设备改造。对从事接触尘毒有害因素作业工人配备口罩、手套及防毒面具等必要卫生防护用具，按月发放营养补贴，对厂矿企业接触尘毒工人开展尘肺等职业病鉴定、等级认定以及医养、伤残补助等工作。

五、公共安全监管

1989—2001年，域内公共安全监管由各行业主管部门负责。2002年，区安监局会同消防大队对全区150家公众聚集场所开展消防安全整治，下发《责令限期整改通知书》137份，《责令当场改正通知书》35份，整改意见487条。其中，对新大陆洗浴中心、九龙市场、美丽人生美容美发中心、涟钢鸣旺休闲中心等52家单位依法实施警告、罚款、责令停业整顿等行政处罚措施。全年投入消防设施改造资金110万元，添置灭火器500个，消防栓20个，整改公众聚集场所用电线路、消防供水管道50处。2004年1月，区安监局设立公共安全监管管理股，对全区公共娱乐及人员聚集场所安全开展实时监督管理。3月，区安监局会同区教育局组织对全区登记在册46所幼儿园开展安全检查，排查安全隐患32处，下发整改指令书5份，投入隐患整改资金5.80万元，所有排查隐患均及时整改到位。同时，联合城区电力局对全区公众聚集场所用电安全开展专项整治，排查各类安全隐患2000条，下发整改意见书200份，落实整改资金800万元，落实整改隐患1800条。

2007—2008年，对全区497家超市、商场、旅社、歌舞厅、医院和129所学校、幼儿园开展安全专项整治，下发整改通知书51份，排查整改安全隐患433处，责令停业整顿2家。

附：九龙市场消防安全管理

九龙市场包括娄底九龙商厦和九龙超市，隶属娄底九龙经贸集团。市场有经营业主1300户，从业人员4000人。1997年，成为全省下岗职工再就业基地之一。1998—2004年，历经5次扩建，主楼为11层，有居民住户58户，北附楼4层，南附楼6层，总建筑面积2.40万平方米。2001年，九龙集团以租赁经营方式租赁相邻新世纪商业大厦，将九龙商厦与新世纪商业大厦连成一体。在新世纪商业大厦一侧设立娄底九龙家居生活超市，主楼10层，有居民36户，总建筑面积3.80万平方米。九龙市场扩建后，消防安全形成重大安全隐患。2005年2月，《中国安全生产报》报道九龙市场存在重大火灾隐患，社会反响强烈。公安部将其列入重点督查案件，省人民政府省长周伯华、娄底市委书记蔡力峰等省市领导分别作出重要批示，要求落实整改措施。4月，区委、区人民政府分别召开1次区委常委会、3次区长办公会，专题研究落实省市领导批示和九龙市场消防安全隐患整改工作，通过协调将九龙市场由市消防大队划归娄星区消防大队负责监管。同时，区安监局、消防大队与九龙市场协调，拆除九龙家居生活超市南侧临时搭建的儿童乐园和两侧通道的塑料遮阳棚，新增消防水泵接合器4个，室外消防栓2个，ABC灭火器80个，应急灯30盏和夜光标志牌30块。

2006年6月，区政府成立九龙市场安全隐患整改协调领导小组，进驻九龙市场，督促、指导、协调整改工作。区委书记姚兵、区长王雄多次到现场督办，协调整改。6月14日，区政府办会同区安监、消防和九龙市场管理处召开市场业主大会，传达公安部、省、市、区人民政府督办会议精神，编写《九龙市场消防安全常用手册》免费发放至全体业主，动员业主理解、支持参与隐患整改。协调领导小组成员采取分片包干办法，到各个门店、摊位和业主就租赁合同解除、补偿和门面拆除交换意见。6月20日，区政府与九龙集团、九龙市场管理处、区商业集团总公司、娄底商业大厦、区供销社、新世纪商业大厦、区消防大队、区公安分局、区法院等部门签订《九龙市场重大火灾事故隐患整改意见书》。至8月20日，投入整改资金200万元，发放宣传资料1.48万余份，张贴宣传挂图50幅，搬迁娄底商业大厦和新世纪商业大厦住户94户，拆除九龙家居生活超市南侧煤棚26个、超市东南经营门店4个，清理货柜、铁架、广告牌等杂物20余车，市场内增加消防专干14名，添置消防备用电源发电机房、火灾自动报警器和自动喷淋灭火系统。在九龙家居生活超市与九龙商厦之间设置一条6米宽防火间距，市场内实现消防环形车道和防火分区。至8月31日，通过消防验收，市场重大火灾隐患基本消除。

第四节　应急救援

一、应急预案编制

1989—2003年，区（市）应急救援预案均由各企事业单位和行业主管部门自主编制。2004年10月，区政府印发《娄星区人民政府突发公共事件专项应急预案工作分工方案》和《娄星区人民政府有关部门和单位制定突发公共事件专项应急预案框架指南》，首次明确将制定突发公共事件应急预案作为政府工作一项重要任务，确定在全区首批制定31个专项应急预案，要求在12月20日前完成预案编制和审定，12月底前报市人民政府备案。11月，《娄星区煤矿重特大事故应急救援预案》编制完成。12月30日，《娄星区重特大安全事故应急救援预案》等29个专项应急救援预案完成编制和报备任务。

2005年，区安委会下发通知，将应急救援预案编制管理纳入乡镇、街道、行业主管部门、区直属单位年度安全生产工作目标考核管理范围。各级行政主管部门和企事业单位针对不同危险源编制应急救援预案，在行业和单位内部开展应急救援演练，增强处置突发事件能力。对演练中出现的问题及时评估、总结，提出改进措施，修正预案文本。2007年10月，在各行业主管部门编制各类安全生产应急预案基础上，区人民政府完善修订《娄星区安全生产事故应急预案》。2008年，区煤炭局除制定煤矿安全生产总体预案外，还制定防瓦斯、防水害、防顶板事故等专项应急预案；区质监局和危险化学品从业单位对重大危险源分别制定《娄星区特种设备安全事故应急预案》等专项预案。至12月，全区制定、报备各类安全生产事故应急救援预案85个。

二、应急救援保障

1989—2002年，涟源钢铁厂、恩口煤矿等国有大型骨干企业均组建成立企业内部专业应急救援队伍，拥有专业应急救援力量200人。其间1997年，恩口煤矿关闭退出，恩口煤矿救护队随之解散。2003年，全区9个乡镇、街道均组建成立义务消防队，有民兵兼职救援队伍800人。至2008年，域内煤矿企业应急救援均由各煤矿企业自主与市煤矿救护大队签订应急救援协议，按煤矿企业规模和原煤产量向市煤矿救护大队支付应急救援费用，市煤矿救护大队承担应急救援任务。

第九章　审计监督

1989年，娄底市审计局内设办公室、行审股、工交股、财贸金融股。1999年3月，撤地设市建区，娄底市审计局更名为娄底市娄星区审计局。2002年7月10日，区审计局内设办公室、法规股、工交基建股、财政审计股（加挂金融审计股牌子）、行政事业审计股（加挂农业和社会保障审计股牌子）、工交基建股、经贸审计股、投资外资审计股、人事股和娄星区领导干部经济责任审计办公室。2005年5月9日，设立区投资审计监督中心。至2008年，内设机构不变。

1989—2008年历任局长：谢林卿、李福春、禹丽君、彭国辉。

第一节　国家审计

一、财税金融审计

1990年，娄底市审计局以财税金融、固定资产投资、教育经费、罚没款为重点，对市税务局、小碧乡等2个乡、财政、农行、工行和涟钢街道办事处进行财务审计，查出违纪金额31.17万元，追还挪用专项资金10.91万元，党政纪律处分2人。1994年，审计市税务局、建行、城市信用联社、3个街道办事处等6个单位，审计总额7190万元，查处违纪金额34万元。其中，上缴财政27万元，处理街道办事处坐支罚没款、转移资金、滥发奖金、补贴、实物、漏缴税金及财政资金转为企业资金等问题。1996年，主要规范预算外资金管理。对市财政管理行政性收费收入、价格调节基金、户口增容费、就业增员收入、自理户口经费、住房资金等的收支管理进行审计；抽派力量参与市政府、市人大组织的对全市行政事业单位预算外资金清查。摸清预算外收入渠道、项目，掌握全市128个收费项目，行政事业单位有行政性收费项目64个，事业性收费38项，专项资金项目27个，年收费总额5000余万元等基本情况。1996年，完成审计项目37个，查出违纪金额853万元，罚款金额10.20万元，上缴财政114万元，追回侵占挪用资金14万元，减少财政拨款和补贴72万元。

2004年，娄星区审计局推行审计结果公告制，公告审计项目1个。2005年7月，组成3个审计组，开展全区农村信用联社资产、负债、损益情况审计。利用计算机辅助审计手段，先后完成对联社机关、联社营业部、清泉信用社、涟滨信用社、大科信用社、石井信用社6个独立核算单位数据整理和分析，编制各种小模块及所形成表格100余个。全年完成审计项目55个，查出违纪违规金额1866.67万元。其中，“小金库”7个，金额294.51万元，挤占挪用专项资金821万元，“三乱”行为金额657.66万元，少扣少缴税金93.5万元。

2006年，开展预算执行审计和非税收入调查。查出违纪违规资金4000余万元。其中，区非税局及区直各执收执罚单位应缴未缴预算收入792万元，区财政局应纳未纳预算收支1109.40万元、当年支出赤字挂账2110.40万元、预算支出无预算追加指标55万元；区地税局区级税款压库116万元。对全区111个行政事业单位、12个乡镇街道2005年征收、管理、使用情况开展专项审计调查，调查面98.5%，摸清全区非税收入项目与规模。

2007年，抓好农村信用社审计收尾工作，对2006年收缴各项税费35.16万元、没收私存私放资金余额17.08万元做出审计结论；对全区2006年度企业职工基本养老保险基金、城镇职工基本医疗保险基金、失业保险基金、工伤保险基金、生育保险基金收支管理情况的安全完整、保值增值、管理使用情况进行审计，利用计算机建立数据信息库。完成对农业综合开发资金审计，对区民政局农村社会养老保险自1992年6月业务启动试点至2006年年底筹集、营运、发放及管理情况进行审计，完成全区农保基金审计。

2008年，娄星区审计局在2007年基础上，对娄星区与娄底市经济技术开发区税收混库情况进行重点审计，查出区本级国家税收混入市级374.39万元，区本级税收混入经济技术开发区403.84万元，决定由区国税局和区地税局净调增区本级税收778.23万元。其中，国家税收620.36万元，地方税收157.87万元。同时，在对财政预算执行审计中，查出应缴未缴预算收入468.77万元，无预算下达指标及拨款472.73万元，指出区内在预算编制中存在较大缺口、财政部门支出监管机制不够健全、未严格执行年初预算关于非税收入管理规定等问题。对7家执收单位非税收入上缴情况进行延伸审计调查，发现收取1263.02万元非税收入未上缴区财政非税汇缴结算户，单位坐支，其中图书馆房租收入3.99万元应缴未缴，责令改正，追缴4万元交纳国库。

二、行政事业单位财务审计

1990年，完成审计项目66个。其中，就地审计31个（调查2个），定期报送审计35个，审计金额2.15亿元，查出违纪金额295.51万元；归还挪用专项资金121.78万元，罚款659元，上缴财政50.25万元。建议党政纪处分3人，移交纪检、监察处理3人。对12个单位进行财务检查，查出违纪金额44万元，上缴财政11.07万元，调账处理30万元。1991年，对教育系统20个单位进行审计，审计金额1185.80万元。发现有乱收费、虚列支出转移资金、挤占挪用教育经费、收入不入账私设小钱柜、滥发钱物和补贴、提高补助标准、扩大开支范围等问题，查处违纪金额49.51万元，上缴财政4.65万元，区教委专项专用统一安排9.94万元，调账14.97万元。对娄底市公安局（包括交警队）罚没款进行专项审计，对过期使用罚没收据、1988年8月前2662元罚款没有上缴等问题进行处理。对公安、交通、交警等18个行政执法单位进行审计，审计总金额4528万元，查处违纪金额105万元。其中，上缴财政70万元，罚款7.67万元，提出合理化建议20条。

1995年，重点对执法部门实行审计监督。全年审计行政事业单位26个，查出违纪金额207万元，处理上缴财政101万元，对单位和个人罚款4.66万元。其中，对市公安局机关及下属各科室3年财务收支情况审计发现，各科室计有收入260万元、坐支176万元未入局财会账（其中，坐支罚没收入17万元，坐支规费收入39万元，坐支预算外收入120万元）；漏缴税金2855元；违反控购规定，漏交控购调节基金30559元；罚没物资不通过物价、财政作价，自行处理坐支；购置、赞助的固定资产不入固定资产；规费收入转入基建13万元等问题，对坐支行为处以罚款，漏缴税金全额收缴，上缴财政76.70万元。

2005年，以财政预算执行情况为主线，结合财政局局长任期经济责任审计和财政局机关财务收支审计开展财政同级审。发现财政预算执行中有收入不真、隐瞒截留财政收入、预算批复和调整不规范、预算支出存在随意性、集中支付中心调剂资金现象严重、门面租金收入未入机关财务账、违规收费及违规报销有关费用等问题，查出违纪违规资金5761.04万元。对石井、小碧、茶园、花山4个乡镇政府、街道办事处2003年和2004年财政决算进行审计，查出石井乡私存私放资金24万元问题。其中，收取洗煤厂管理费14万元直接以股金形式投放到该厂而账面未反映，另收取煤矿押金10万元公款私存且账面未及时反映。小碧乡私存私放资金72.17万元，私设财经费专账支出59.17万元，另转移收入违规设账13万元。3月，对2004年农业综合开发资金管理、使用情况及经办机构财务收支情况进行审计，查处经办单位挤占项目资金67.66万元、虚列工程成本7.90万元、专项资金未纳入国库集中支付核算管理8.67万元等问题，对借出有偿资金273.40万元进行收回。对市农开办批准的投资计划超项目计划区域拨付17.8万元进行清理。4—6月，对2002—2004年度退耕还林工程专项资金投入、管理、使用及效益情况进行审计，延伸审计调查11个乡镇财政所、林业站和9个行政村及90家农户。查出全区退耕还林专项资金未及时下拨543.77万元，挤占挪用50.60万元，个人挪用公款3.71万元，补助粮食折算成现金发放等问题作出没收违纪款、处罚2000元处理。11月，组织相关单位对全区3年来退耕还林工程进行检查验收。

2006年，完成企业改制经费审计48个单位24个项目，审计改制经费3.42亿元，查处违纪违规金额760.30万元。其中，上缴财政18.80万元，收缴企改办为政府对改制企业调剂使用资金1100万元。2007—2008年，突出对教育行业、城区重点中学财务审计。查出娄底三中、娄底四中违规收取补课费799.67万元，捐资入学费56.40万元，信息技术教育费43.30万元、试卷资料费16.30万元等问题。

三、基本建设项目审计

（一）基本建设审计

1990年，完成基建审计项目4个（其中1个为金融系统基建调查），审计总金额203.49万元，查处违纪金额7.02万元，上交市财政5.41万元。对16个基建项目资金来源进行逐项查实，鉴证资金574万元，建筑面积3.47万平方米。11月，配合计委等部门对区内45个在建项目进行检查。1991年，基建开工复工事前资金审计35个，审计总金额1.93亿元，查出违纪违规金额727.06万元。其中，处理收缴财政38万元，追还侵占挪用资金124.67万元，揭露损失浪费金额124.07万元问题，促进增收节支158万元，移交司法、监察机关处理各3人。

1993年，开展全市户口增容费收支情况、房地产开发和资金外流合理性及效益性审计调查。发现1992年7月至1993年4月，投资到沿海地区参与炒地皮及房地产单位19个，投入资金7609.90万元，造成6200.90万元难以收回问题。市政府成立清理催收外流资金领导班子，采取明确责任人员、订立还款计划、限期收回资金等措施，挽回损失。全年完成基建审计项目7个，审计总金额1.31亿元，查处违纪金额105万元。其中，应上缴财政65.42万元，30万元经批准缓期上缴，35.42万元及时全部入库。完成对全市基建投资新开工签证审计108个项目，查出资金不落实5079万元。开展固定资产和基建事前事后审计，对基建项目进行跟踪审计。全年完成就地审计项目6个，事前审计新开工项目35个，审计总金额2697.90万元，总建筑面积5.75万平方米。查出违纪违规金额208.11万元，资金不落实345.20万元，压缩基建面积290平方米，削减资金14万元等问题，处理上缴财政4.70万元，罚款2000元。1994年，办理基建签证审计108个，审计总金额4.35亿元，查出违纪金额249万元。其中，应上缴财政119万元，当年上缴116万元，入库率97.5%。对单位和个人罚款15万元，追还侵占挪用资金13万元，减少财政拨款3万元。

1995—2004年，报审建设项目29个，报审金额3.64亿元。审结29个，报审金额3.31亿元，核减工程造价3300万元，核减率9.1%。2005年，报审建设项目9个，报审金额3586万元。审结8个，报审金额2963万元，核减工程造价395万元，核减率13%。2007年，开展投资外资审计，完成建设项目审计40个，报审金额4380万元，核减工程造价505万元，平均核减率为12%。

（二）项目审计

2005年，娄星区投资审计监督中心成立，对区政府投资建设项目进行介入。完成双江水库管理处、世纪花城和双江水库移民基地等重点工程建设调查，将省、市直管单位在娄星区设立的分支机构建设项目纳入审计范围。全年报审项目15个，报审金额2777万元，核减468万元，核减率16.8%。其中，人民医院住院大楼核减204万元。2006—2008年，因外资项目减少，停止外资项目审计。

四、经济责任审计

1994年9月，对娄底市种子公司进行审计。审计发现，1993年省分配农业专项化肥指标和制种化肥指标2.43万千克，实际销售仅7200千克，其余均被外借给有关单位和个人，且长期不办理结算手续；种子门市部承包后不按合同规定超范围牟利经营，挪用生产流动资金28.45万元购置小车和基建支出；基建结算超标，违反结算制度直接支付包工头个人18.84万元（其中现金7.07万元）。均作出相应处理，经理停职立案审查。

2005年8—11月，对区人大常委会评议的区政府办公室等13个政府组成单位行政“一把手”开展经济责任审计，对26个单位29名领导干部进行任期经济责任审计。查出违纪违规金额3213.85万元，其中“小金库”7个金额294.51万元、“三乱”（乱罚款、乱收费、乱集资）行为金额623.66万元、挤占挪用专项资金263.57万元、少扣少缴税金76.98万元、其他1955.13万元等问题，均作出处理。

2006年1—6月，完成任期经济责任审计项目20个，查出区人民法院收入不入账资金215.87万元问题。6—10月，对区粮食局、农业局、司法局、区法院、区检察院5家单位主要负责人进行经济责任审计。查出违纪违规金额836.83万元，管理不规范金额170.36万元，应调整账务25.39万元，应上缴财政14.53万元。9月，娄底市审计局采取上下联动、异地交叉审计方式，首次对全市乡镇主要负责人进行经济责任审计抽查。区审计局负责新化县上梅镇，查处违纪违规金额165.74万元，完成审计任务。

2008年，开展“三乱”行为、挤占挪用专项资金、非税收入清缴入库、漏缴税金、不合规票据报账、下拨经费、业务招待费超标等问题审计，完成经济责任审计项目14个，涉及领导干部20人，查出违纪违规金额2760万元，上缴财政30.2万元，移送纪检部门追究责任2人。

第二节　专项审计

1989—1995年，娄底市审计局主要开展综合审计工作。1996年，开展同级财政专项审计。发现多提、重提、代扣税收手续费19.30万元等6个问题，增加财政收入67万元。针对现行财政体制改革存有预算外资金所有权、使用权、管理权失控等现象，对市财政管理的行政性收费收入、价格调节基金、户口增容费、就业增员收入、自理户口经费、住房资金等收支管理进行审计。发现借贷时间长、回收率低、投放不准、使用效益低等问题。对全市行政事业单位预算外资金清查，摸清预算外收入渠道及项目。10月，采取集中力量，定单位、定任务、定时间，边检查、边处理、边入库方式，对建委系统、市委市政府机关大院、公检法等3大块进行检查，重点检查单位40个，查处违规违纪金额177万元，增加财政收入53.52万元。对17个行业进行专项审计，为养老保险基金和待业保险基金“两金”澄清底子，建立完善社会保险制度。1997—2008年，娄星区（娄底市）审计局主要开展常规性审计工作，不再开展专项审计。

第三节　内部审计和社会审计

一、内部审计

1989年，娄底市组建内审机构2个。1990年，增加到4个。对11个单位（项目）进行审计，纠正违纪金额11.77万元，促进增收节支3.95万元。1991年，市政府发出《关于建立内部审计机构，开展内部监督的通知》，市审计局制定《1991年内部审计考核办法》，举办内审人员学习班，讲授内部审计程序和文书档案等知识。是年，建立内审机构22个，有专职内审人员30人，兼职内审人员14人。全年审计单位（项目）91个，审计总金额6720万元，纠正违纪违规金额53.50万元，增加上交1.20万元，增加留利1.30万元，促进增收节支23.30万元，移送司法机关处理6人。1992—2007年，完成内部审计项目793次，为企业纠正违纪金额2886万元，挽回经济损失2013万元，促进增收节支968万元，建议党纪政纪处分50人，移送司法机关查处20人。2008年，完成内部审计项目14个，涉及领导干部20人，查出违纪违规金额2760万元，上缴财政30.20万元，移送纪检部门追究责任2人。

二、社会审计

1992年5月4日，成立娄底市审计事务所，加强全市内部审计机构管理和业务指导。1995年，市审计事务所全年完成基建预决算审计65个，结算金额5119万元，核减金额839万元，验资102个项目，案件鉴定3个，财务收支审计7个，三大检查项目8个，总收入56.3万元，利润28.64万元。

1996年，全市有教育局、商业局、粮食局、供销社等内审机构4个。市审计局在业务上实行传、帮、带，加强对社会审计、内部审计管理和指导，对娄底市审计事务所实行目标管理。全年完成审计项目140个。其中，基建审计50个，结算余额4569万元，核减金额750万元，核减率16.41%，创收42万元。验资项目90个，核减虚假注册资金286万元，创收2.10万元。鉴定经济案件3个，财务收支审计4个，预算及标书编审6个，全年完成总收入50万元。市教育局内审机构对46个基建项目预决算进行审计，结算金额1114.90万元，核减231.90万元，综合核减率为20.8%，被地区审计局评为内审先进单位。1997，娄底市审计事务所社会审计业务停止。

第四节 企业财务审计

1989—1990年，加强重点工商企业审计。对市彩色水泥厂、市供销社综合贸易公司等5个工商企业进行审计。审计总金额8490万元，查出违纪违规金额194.39万元，上缴财政6.93万元，追还挤占挪用资金38.24万元，查出损失浪费资金49.25万元，促进增收节支25万元。围绕经济建设中心，制止“三乱”，开展审计调查项目5个，调查单位70余个。

1991年3月29日，聘请5名民主党派和无党派人士、会计师担任特约审计员，加强参政议政和审计监督管理。针对经济滑坡状况，注重“检查内控制度和经济效益”两个延伸，加强企业审计监督。10月，对市属23家企事业单位1989—1990年分配情况调查，发现有各种形式超标准发放钱物140.40万元，年人均206.50元，具体表现为：收入不入账、私设“小金库”、乱发钱物87.91万元；将资金转移到工会和食堂发钱物11.84万元；以各种名义挤占成本发放钱物7.83万元；不按政策超标准多发工资、奖金、补贴、纪念品64.95万元；以公款为个人投人身、家庭财产保险1.32万元；不按规定审批，违规晋升浮动工资2.76万元；请客送礼违反财经纪律等。是年，开展地区、省定必审项目9个，审计总金额2375.49万元，查出违纪违规金额85.18万元，上缴财政15.09万元，追还挤占挪用资金8.22万元。1994年5月，对市工商联主管的洗煤厂进行资产负债审计。发现违反财经法规比较严重，主要表现为：上年度虚报利润49.28万元，虚列原材料原煤360.30吨5.79万元，招待费用弄虚作假且开支过大，私借公款达5.99万元，以月息3分高息集资35.74万元，向外借31万元维持生产。审计后均依法作出处理。1996年，对市煤气公司、洗煤厂、毛巾厂等13家企业单位进行审计。查出违纪金额93万元，处理上缴财政12万元。

2005年10月，针对国有企业改制资产负债真实性、资产处置合规合法性以及改制经费使用情况，对区水泥厂、皮革厂、农机公司、粮食系统和物质系统26家企业改制经费财务收支开展专项审计，审计金额7200余万元。2007年，完成企业改制经费审计项目9个，审计总金额2.68亿元，查处违纪违规金额2340.48万元，处理处罚32.72万元，提出合理化建议18条。对近5年来审计63个项目进行回头看，对相关情况进行补充调查核对，完成对区属12家企业资产、负债、损益和企改经费财务收支情况审计，审计金额3.56亿元，查出违纪违规金额377.90万元，收缴财政60.50万元。是年，全区企业改制经费审计全面收尾。

第十二篇 农业与农村经济

1989年，娄底市粮食作物种植面积1.61万公顷，总产量8.87万吨，农业人口平均耕地面积0.81亩，人均水田面积0.57亩；农业总产值9703万元。其中，农业产值5263万元，林业产值375万元，牧业产值3248万元，渔业产值496万元，农林牧渔服务业产值321万元，农民人均纯收入616元。农业生产水平仍低，一般村民在家种粮、种菜，维持在自产自销、自给自足小农经济状况，极少数农户利用手扶拖拉机跑乡村运输和耕田、翻地。农作物品种多选择高产型常规品种，优质农产品极少。农村水利基本建设有中型水库1座、小（1）型水库7座、小（2）型水库26座，其余是小山塘。1990年后，推广农业机械化，每年有500台左右各类新型实用农机具销售到农村。是年，农业总产值较上年略有增加。1991年，林业消灭宜林荒山达到国家标准，获得“全国造林绿化先进单位”称号。此后，域内林业转入“森林城”和“园林城”建设。全年投入工时147万个，完成山塘建设3000口，新扩建小型水库8座。1992年，整修白马灌区渠道，采取混凝土防渗，维修山塘2000口，新建山塘100口。围绕农业产业结构、产品结构进行调整，生产品种实行淘汰劣质和一般品种，扩大优质农产品生产，实现粮食亩产1026千克，总产量9.64万吨，成为全省9个吨粮县（市）之一。1993年，实施优质、高产、高效“一优两高”战略，推行农业产业化，粮食生产稳中有增，经济作物产销两旺，农村经济全面繁荣。是年，农业总产值1.41亿元，同比增长4.5%。1995年，农村工作实现大突破。耕地面积减少120.40公顷（其中水田减少118公顷），总产同比却增长3.4%，达到9.84万吨，创复市15年以来最好水平。畜牧水产发展迅速。发展生猪25.60万头，出栏13.10万头，同比分别增长7.8%和13%；家禽养殖238万羽，出笼130万羽，分别增长35.7%和39.4%；水产品总产量2583吨，增长18%。完成造林面积947.53公顷，其中经济林879.53公顷，占整个造林92.8%。域内唯一一座中型水库双江水库经省批准立项，11月28日破土动工。是年，农业总产值1.63亿元，同比增长6.8%，农民人均纯收入1760元，同比增加382元。1996年，农业总产值达到4.39亿元，同比增长25.5%，人均纯收入2117元，同比增加357元。此后，培育农业大户和实施“四五·四一”菜篮子工程，农业大户增多，规模化、集约化养殖大户和龙头企业涌现。是年，发展产值10万元农业大户338户。其中，畜牧水产267户、水果33户、蔬菜9户、农机10户、粮食5户、林业8户、种养加综合6户；发展产值在5万元左右农业大户546户。农业大户总产值4500万元，占农业总产值21%。初步形成“一村一品”村17个，构成以西阳、杉山、茶园、万宝为主的生猪养殖带，以石井、杉山、西阳为主的特种水产养殖带，以双江、小碧为中心的山羊养殖带，以石井、百亩、大科、涟滨为主的家禽养殖带等6个专业化生产结构。1997年，农业大户发展到1320户，发展种养大户108个，实现“一村一品”村35个，巩固发展龙头企业9家，初步形成以“公司+农户”“市场+农户”“协会+农户”3种产业化模式。3月25日，林业部批准娄底市实施“森林城”建设，成为全国林业唯一的县级试点城市。

1999年，娄星区林业工作“森林城”和“园林城”建设转入娄底市林业局主管。域内林业主抓退耕还林、森林保护、油茶林和水果林低改、新造等工作。生猪养殖方面，在茶园、万宝镇建立区级生猪品种改良重点乡镇，培育和巩固杉山、小碧2个人工授精站。在种源管理上建立良种档案卡，杜绝亲缘杂交；推广杜洛克、长白、大白（简称“杜、长、大”）三元杂交组合，杂良种猪占总量80%以上。农业生产技术推广旱土育秧、抛秧、谷粒饱、统防统治、肥力高、壮秧灵等14项新技术。加大中、低产田改造，引进湘早籼18号、育早籼16号等优质新品种10个，推广优质稻种植面积1667公顷，实现粮食总产9.7万吨，同比增长1.3%，实现农业总产值2.37亿元。2000年，调整水产品养殖结构，引进杂交鲤、芙蓉鲫、湘云鲫、淡水白鲳、加州鲈等新特品种362万尾，养殖面积7333.33公顷，年水产品总量4460吨，同比增长4.1%，畜牧水产总值达到1.30亿元，西阳乡中阳村建立鲈鱼孵化基地。2001年，优质稻种植面积达到90%以上，先后引进威优华联2号、协优华联2号、汕优46、全优77等10余个优质品种，粮食产量稳中有增。首次在百亩、涟钢、小碧建立奶牛饲养点，引进奶牛45头，结束域内无鲜牛奶历史。3年发展奶牛100头，产奶200吨。2002年，整修山塘1800余口，新建山塘20口，混凝土防渗山塘1000口，恢复和新扩建小型水库10座。2004年，农业招商引资兴起，观光休闲农业起步，农村劳务输出呈现新起色，部分农村出现土地抛荒现象。是年，农业总产值4.72亿元。2005年，农机具购置开始实行财政补贴，每年以近1000台速度销售到农村，域内水稻生产关键环节向机械化水平迈进。2004—2006年，新扩建小型水库8座，山塘整修1500余口，新建山塘10口，混凝土防渗山塘90口。2007年12月18日，双江水库实现竣工封顶。累计完成工程投资7874万元，搬迁和安置移民1238人。

2008年，农村劳务输出增多，劳动力60%以上向第二、三产业转移，经商务工收入在农民人均纯收入中比重超过50%，农民人均纯收入从1989年的616元增至4562元，增长7.4倍。完成8座水库除险加固，完成43处农村饮水工程项目建设，双江水库竣工蓄水。是年，粮食播种面积1.19万公顷，总产量7.13万吨。其中，水稻播种面积8453.33公顷，总产量5.94万吨，推广优质杂交玉米种植480公顷。年生猪出栏24万头，其中出栏3000头以上标准化规模养殖小区7个，年出栏生猪200头以上养殖大户466户，生猪生产总值突破3.69亿元。发展出栏肉牛400头以上专业村3个，年出栏肉牛近1万头；其他养殖业亦发展迅速，其中山羊年出栏2万只，家禽出笼近400万羽。各类水利工程蓄、引、提总水量7274万立方米，总灌溉面积5940公顷，有效灌溉面积5046.67公顷。形成以水库为骨干、塘坝为基础、蓄、引、提相结合农田水利工程灌溉体系。

1989—2008年娄星区（娄底市）农民人均纯收入一览表

表12-1　　　　单位：元/人

年份	1989	1990	1991	1992	1993	1994	1995	1996	1997	1998
纯收入	616	674	722	803	920	1318	1760	2117	2481	2606
年份	1999	2000	2001	2002	2003	2004	2005	2006	2007	2008
纯收入	2717	2755	2803	2870	2929	3319	3459	3772	4048	4562

1989—2008年娄星区（娄底市）历年农林牧渔业总产值一览表

表12-2　　　　单位：万元

年份	合计	农业	林业	牧业	渔业	农林牧渔服务业	备注
1989	13720	7519	536	4497	709	459	90不变价
1990	13744	7590	334	4689	664	467	90不变价

续表12-2

年份	合计	农业	林业	牧业	渔业	农林牧渔服务业	备注
1991	14002	7941	384	4568	724	385	90不变价
1992	13617	7967	322	4247	789	292	90不变价
1993	14102	8770	268	4138	926	—	90不变价
1994	15013	8662	427	4886	1038	—	90不变价
1995	16290	9191	468	5432	1199	—	90不变价
1996	20436	9979	525	8333	1599	—	90不变价
1997	22468	10517	554	9533	1864	—	90不变价
1998	23502	10558	558	10428	1958	—	90不变价
1999	23686	10811	553	10355	1967	—	90不变价
2000	24090	10600	552	10872	2066	—	90不变价
2001	24259	10685	506	10891	2177	—	90不变价
2002	24430	10543	532	11147	2208	—	90不变价
2003	25438	9482	698	11563	2125	1570	90不变价
2004	47178	21564	643	21000	2615	1356	当年价
2005	50702	23886	871	21664	2816	1465	当年价
2006	52836	24777	851	22938	2688	1582	当年价
2007	72313	28879	1033	37490	3108	1803	当年价
2008	85743	27948	1273	51253	3169	2100	当年价

1989年，娄底市农业委员会（简称市农委）归口管理市农业局、市林业局、市畜牧水产总站、市水利水电局、市气象局、市农业机械管理局、市经营管理站。1995年，市农委更名为市农村工作办公室（简称市农办），加挂市委农村工作部牌子。1999年，撤市设区，娄底市农办改为娄星区农办，娄底市农业局更名为娄星区农业局。2001年，区农办更名为区农村工作领导小组办公室（仍简称为区农办）。2008年，娄星区农办归口管理区农业局、区林业局、区畜牧水产局、区水利局、区气象局、区农业机械管理局、区农村合作经济管理局、区供销合作社联合社、区农业综合开发办公室、区乡镇企业局（区农业产业化局）、区蔬菜局、娄星区农民素质教育办公室（湖南省农业广播电视学校娄星区分校）。

1989—2008年农办（农委）历任党委书记、主任：梁经球、石荣发、彭建平、张春光、杜宗陶、肖国平（主任兼副书记）。

1989—2008年农业局历任党组书记、局长：石荣发、尹石屏、谢毓连、肖国平、彭国忠、刘召书、谢仁凡。

第一章　种植业

域内种植业以粮食生产为主，其中水稻占粮食生产80%以上。主要旱粮作物有红薯、小麦、大豆、大麦、玉米等。经济作物有茶叶、油菜、花生、棉花、甘蔗和椪柑、枇杷、杨梅等水果。随着农村体制改革完成，以家庭联产承包为主责任制完善，农村双层经营和集体经济得到发展。其间受退耕还林、农村住宅占地、乡村建设占地和城镇化建设影响，农村耕地面积有所减少。随着国家、集体和农户对农业投入持续回升，农业生产条件逐步改善，茶叶、油脂、水果等经济作物形成商品化生产，农业产值不断提高，农村经济得到发展。

第一节　耕地利用

域内属中亚热带季风湿润气候，水田、旱土复种一般为二熟制，少量为三熟制。耕作制度由单季改双季，二熟制改三熟制。冬板田改为冬翻田，冬闲田改为冬用田。实行水旱轮作后，土壤理化性状得到改良，扩大复种指数，耕地得到利用。1989年，三熟制面积占水田总面积51.4%，水田复种指数提高到262%，按粮食作物占用耕地计算，亩产818千克。1990年后，水田三熟制成为主要耕作模式，有稻稻麦、稻稻油、稻稻肥及其他三熟制等形式。土壤肥料工作站推广测土配方施肥技术，比习惯施肥亩增稻谷34千克，每亩节约成本7.50元。2008年，实施湖南省测土配方施肥补贴项目，投资80万元，测土配方施肥推广面积2万公顷次，配方肥施用面积1万公顷次，肥料利用率提高3～5个百分点，亩节本增效25元以上，全年为项目区农民节本增效390万元。

旱土耕作主要是提高复种指数，变一熟为二熟，二熟为三熟，促进旱粮增产。域内主要有油菜—红薯，小麦—大豆—红薯，小麦—玉米—红薯、蚕豆—大豆—红薯，小麦—玉米—绿豆，萝卜—花生—玉米，油菜—玉米—红薯等耕作模式，充分利用光能、地力、劳力等自然资源和社会资源，增加农业收益。2008年，水田复种三熟1333.33公顷，旱土复种二熟6667公顷。

第二节　粮食作物

一、水稻

1989年，娄底市粮食作物种植面积1.61万公顷，总产量8.87万吨，是历史最高年产量。是年，推广杂交早稻面积1553.33公顷，产量比常规稻亩增18.10%。1990年，在遭受严重水灾、旱灾情况下，种植面积1.23万公顷，总产量8.12万吨。1992年，种植面积11778公顷，总产量8.31万吨，实现双季稻成建制亩产过吨粮目标。1993年，基本普及晚稻杂交品种。1998年后，每年推广优质稻面积在6667公顷左右，其中高档优质稻稳定在667公顷左右。主要推广杂交早稻品种有金优（463、402、974、268、899、898）、T优（705、167）、湘早籼（45号、31号、24号）、株两优（706、996、08、100、99、83）、两优25、德农早6号、隆平006、神农（101、107）、金优郴97、准两优（49、402、143、1141）、Ⅰ优899、三香优 974等组合；中稻和一季晚稻选用中浙优1号、科优21、T优 300、湘华优7号、Ⅱ优（41、58、577）、Y两优（1号、7号）、C两优87、准两优1102、D优527、金优（527、38）、湘华优7号、D优158、川香优6号、华两优1206、陆两优（267、63、106）、丰源优299、荆楚优148等高产多抗组合（品种）；双季晚稻品种有湘晚籼13、陆两优、Y两优（598、588、583）等组合。

至2000年，娄星区水稻种植面积在1.13万～1.18万公顷，总产量在8.35万～8.68万吨。新培育超级稻品种生育期较长，作一季稻栽培生育期一般130~150天。在海拔较高山区种植，亩产达800千克，在双季稻种植区种植，每亩产量一般为600~700千克。2001—2005年，种植面积略有下降，年均为1.06万公顷，总产年均7.05万吨。2006年起，种植面积下降较大。是年，种植面积8770公顷，总产6.15万吨。2007年，种植面积8520公顷，下降2.9%，总产5.90万吨，下降2.8%。其中，优质稻种植面积4600公顷，占水稻种植面积54%，同比提高1.92个百分点。2008年，种植面积7850公顷，总产5.52万吨。其中，早稻播种面积3210公顷，总产2.10万吨，亩产435.62千克；中稻与一季晚稻播种面积1110公顷，总产8083吨，亩产485.47千克；晚稻播种面积3530公顷，总产2.62万吨，亩产493.89千克。

二、旱粮

红薯 以种植夏薯为主。推广品种有淀粉含量高、适合淀粉加工的豫薯868、湘辐1号等，粮饲兼用品种有南薯88、湘薯16等，适宜烧烤与红薯条等加工的有湘农红皮（红皮、黄肉）等，保健菜用型品种有日本川山紫、美国黄心薯、美国紫薯、越南紫薯等。1989年，红薯种植面积1133.33公顷，总产4.16万吨，其他大部分年份种植面积年均968.33公顷，年均总产3.52万吨。2008年，种植面积430公顷，总产1.29万吨。

马铃薯 1989年，种植面积66.27公顷，总产174吨。1990—2007年，基本种植面积在180~360公顷，总产在480~1215吨。2008年，种植面积210公顷，总产637吨。主要栽培品种，除一些常规品种外，还有金冠、台湾红皮、集农958、克新3号、豫马铃薯1号、豫马铃薯2号等引进品种。

小麦 区境内小麦属普通小麦，以冬小麦旱土种植为主，多为半硬质，出粉率65%左右，地方品种有红壳麦、洋面麦、和尚麦、须子麦等。1989年，种植面积830公顷，亩产93.80千克，总产1164吨。至2004年，基本面积稳定在730~1128公顷，总产在1400~1800吨。2005年，种植面积仅20公顷，总产116.67吨。2006年，种植面积110公顷，总产190吨。2007年，种植面积120公顷，总产205吨，亩产113.89千克。2008年，种植面积30公顷，总产63吨。

大麦 地方品种有三月黄、四月黄、须子大麦等。播种方法以条播和点播为主。1989年，种植面积370公顷，总产457吨。1990—2004年，播种面积稳定在720~1950公顷，总产在1701~3569吨。其中，1992年播种面积2710公顷，总产6393吨。2005年后，播种面积减少，仅为10~50公顷，总产为21~101吨。2008年，播种面积20公顷，总产38吨，亩产126.67千克。

玉米 1989年，娄底市玉米播种面积仅1.87公顷，总产3吨。地方品种有猪牙白、高山白、腰山黄等，主产双江、小碧一带。之后，随着需求量的增多，播种面积及产量也逐年递增，种植地域扩大到全境范围。主要推广品种有三北、登海、联合、湘玉、三农、SX—5、潞鑫、正兴、中科、爱农、成单、永丰、濮单、中玉等各系列。1992—2000年，播种面积年均45公顷，年均总产90吨。逐步推广“公司+农户”型生产模式玉米种植示范，2001—2007年，年均播种面积270公顷，年均总产1188吨。2008年，播种面积310公顷，总产1486吨，亩产319.57千克。玉米病虫害有玉米螟，蚜虫，大、小斑病，玉米纹枯病等，防治主要采取农业和化学措施。

大豆 1989年，引进新品种“湘春豆”系列。1992年始，以种植湘春豆系列为主。湘春豆系列的特点是颜色淡黄、产量高、蛋白质含量高，又称“黄豆”。是年，播种面积1030公顷，总产2181吨。是年，推广种植湘春豆10号新品种33.33公顷，平均亩产145千克，较本地褐色豆增产18.7%。1990—2007年，基本播种面积在840~1310公顷，总产在1670~3080吨。其中，2000年播种面积为1301公顷，总产3024吨，亩产155千克。2006年，播种面积910公顷，雨水条件较好，总产2805吨。2008年，播种面积650公顷，总产1714吨。

高粱 1990年，播种面积10公顷，产量10吨。1991—2007年，年播种面积25公顷，总产40吨。2008年，播种面积10公顷，总产55吨。

荞麦 以传统品种为主，产量低，1989—2008年，种植面积稳定在133.33公顷左右。

1989—2008年娄星区（娄底市）主要粮食作物种植与产量一览表

表12-3 单位：公顷、吨

年份	粮食作物		1.稻谷		①早稻		②中稻与一季晚稻		③晚稻		2.小麦	
	播种面积	产量	播种面积	产量	播种面积	产量	播种面积	产量	播种面积	产量	播种面积	产量
1989	16.05	88739	12.32	80239	—	—	—	—	—	—	0.83	1164
1990	16.94	91590	12.30	81148	5.88	38509	0.02	113	6.40	42526	0.87	1726
1991	18.51	92325	12.19	80849	—	38982	—	113	—	41734	0.97	1507
1992	18.10	96397	11.78	83124	5.72	40907	0.02	125	6.04	42092	0.95	1727
1993	16.22	96478	11.80	85093	5.64	39594	0.03	214	6.13	45285	1.13	1698
1994	16.56	95102	11.67	85058	5.64	40497	0.04	345	5.99	44216	1.01	1403
1995	17.08	98346	11.57	86108	5.44	40032	0.04	300	6.10	45776	0.86	1468
1996	17.13	99129	11.58	86296	5.51	40146	0.03	271	6.04	45879	1.07	1952
1997	16.95	99841	11.59	86794	5.52	40568	0.06	456	6.00	45770	0.84	1588
1998	16.57	96954	11.43	84185	5.35	35794	0.07	609	6.01	47782	0.86	1797
1999	16.21	97022	11.37	84897	5.32	38014	0.10	741	5.95	46142	0.84	1663
2000	16.17	95660	11.33	83478	5.30	36550	0.10	800	5.92	46128	0.84	1740
2001	15.61	91984	10.82	79523	4.80	32650	0.10	765	5.90	46108	0.80	1784
2002	15.91	87724	10.63	73983	4.73	29444	0.45	3173	5.45	41366	0.90	1784
2003	15.29	79385	10.21	66287	4.72	29736	0.45	2531	5.04	34020	0.83	1805
2004	12.68	69457	8.50	58569	3.75	24948	0.89	6408	3.86	27213	0.73	1452
2005	11.04	69297	8.69	61406	3.77	25358	0.83	6100	4.09	29948	0.02	116.67
2006	11.84	71691	8.77	61462	3.79	25298	0.88	6336	4.10	29828	0.11	190
2007	11.84	70373	8.52	59008	3.80	24795	0.71	5059	4.01	29154	0.12	205
2008	9.76	62031	7.85	55209	3.21	20975	1.11	8083	3.53	26151	0.03	63

1989—2008年娄星区（娄底市）主要粮食作物与产量一览表

表12-4 单位：千公顷、吨

年份	3.大麦		4.玉米		5.高粱		6.薯类		①红薯		②马铃薯	
	播种面积	产量	播种面积	产量	播种面积	产量	播种面积	产量	播种面积	产量	播种面积	产量
1989	0.37	457	—	3	—	—	1.20	4337	1.13	4168	0.07	174
1990	0.98	1701	—	3	0.01	10	1.21	4368	1.03	3995	—	—
1991	—	—	—	—	—	—	1.18	3931	—	—	—	—
1992	2.71	6393	0.01	22	—	—	1.21	2676	0.96	1873	0.25	803

续表12-4

年份	3.大麦		4.玉米		5.高粱		6.薯类		①红薯		②马铃薯	
	播种面积	产量	播种面积	产量	播种面积	产量	播种面积	产量	播种面积	产量	播种面积	产量
1993	1.87	2935	0.05	87	—	7	1.19	3986	1.01	3497	0.18	489
1994	—	—	0.04	54	0.01	9	1.06	3604	0.86	3051	0.20	553
1995	1.95	3569	0.03	42	—	3	1.01	3636	0.79	3038	0.23	598
1996	1.57	3197	0.03	40	0.01	11	1.20	4235	0.92	3498	0.28	737
1997	—	—	0.03	70	0.01	12	1.25	4556	0.96	3748	0.29	808
1998	1.29	2772	0.07	130	0.05	53	1.10	4095	0.81	3316	0.29	779
1999	1.12	2798	0.08	148	0.04	50	0.95	3639	0.63	2765	0.32	874
2000	1.12	2832	0.08	158	0.04	54	0.98	3590	0.64	2703	0.34	887
2001	1.11	2841	0.22	578	0.03	50	0.98	3610	0.63	2725	0.35	885
2002	—	—	0.28	802	0.03	54	1.32	4961	—	—	—	—
2003	1.01	2424	0.28	840	0.03	76	1.31	4552	0.99	3712	0.32	840
2004	0.72	1720	0.22	720	0.02	53	1.16	4014	0.87	3284	0.29	730
2005	0.01	21	0.18	655	0.01	40	0.98	4018	0.78	3390	0.20	628
2006	0.04	81	0.27	1178	0.01	38	1.19	4898	0.85	3792	0.34	1106
2007	0.05	101	0.36	1798	0.02	75	1.21	4973	0.85	3758	0.36	1215
2008	0.02	38	0.31	1486	0.01	55	0.64	2923	0.43	2286	0.21	637

第三节　经济作物

一、蔬菜

1989年，娄底市蔬菜办属事业单位编制，归口市财委管理。1997年4月，市政府启动“菜篮子”工程，更名为娄底市蔬菜管理局，下设办公室、生产技术股、人事政工股、经营管理股4个科室，工作人员14名。下辖蔬菜科研所、蔬菜食品总公司、商贸有限责任公司、经贸实业总公司。1999年，更名为娄星区蔬菜管理局。2002年机构改革，蔬菜局为区政府行政职能正科级事业单位，对蔬菜产业进行统一管理，内设办公室、政工股、生产技术股（加挂行政执法股牌子）、计财股4个股室，下辖单位有蔬菜科研所、蔬菜食品总公司、商贸有限责任公司、经贸实业总公司。2006年，区蔬菜管理局变更为承担行政管理职能副科级事业单位，由区农业局管理，内设办公室、生产技术股、菜地管理股（加挂财务股牌子）3个股室，辖属单位有蔬菜科研所、蔬菜检测中心，企业机构完成“两个置换”。

1989—2008年历任党组书记、局长：彭连春、彭冬梅（局长）、陈菊英（局长）、李桂中（党组书记）、邱偌兵（局长），陈焕坤（局长）。

1989年，娄底市专业蔬菜基地面积157.67公顷，主要分布在涟滨、对江、高溪、竹山、新建、廖家、大科、东来、仙人桥等村（居）。1990年后，陆续新扩长青、白石、曹家、潭家、茅塘、碧溪、民福、石埠、恩口、胜昔等村（居）专业菜地。至2003年，仙人桥、白石、茅塘、民福、胜昔5个村76公顷专业蔬菜基地划归娄底市经济技术开发区管辖。2008年，全区专业蔬菜基地主要分布在恩口、涟滨、南阳、东来、曹家、潭家、石埠等村，面积181.87公顷。

2008年，娄星区栽培蔬菜品种，按农业生物学分类有14类96种，品种近千个，其中引进和推广3类40种，新增品种数百个。白菜类有大白菜、小白菜、红菜薹、菜心、菜薹5种；甘蓝类有结球甘蓝、紫甘蓝、球茎甘蓝、花椰菜、青花菜、芥蓝、芥菜7种；根菜类有萝卜、胡萝卜、牛蒡3种；芥菜类有芥菜、榨菜、大头菜3种；绿叶菜类有菠菜、莴笋、芹菜、擢菜、木耳菜、牛皮菜、茼蒿、芫荽菜、冬寒菜、苑菜、甜菜11种；茄果类有茄子、辣椒、甜椒、西红柿4种；薯芋类有马铃薯、生姜、淮山、凉薯、魔芋、芋、香芋、槟榔芋、脚板薯9种；豆类有菜豆、四季豆、亚豆、扁豆、刀豆、豌豆、蚕豆、毛豆8种；瓜类有黄瓜、冬瓜、西瓜、南瓜、笋瓜、西葫瓜、瓠瓜、苦瓜、丝瓜、佛手瓜、蛇瓜、甜瓜12种；葱蒜类有韭菜、大葱、大蒜、葱、菖头、洋葱6种；水生蔬菜类有莲藕、菱白、学芥、水芹4种；多年生菜类有金针菜、百合、香椿、竹笋、芦笋、枸杞6种；食用菌类有杏胞菇、姬菇、蘑菇、香菇、鸡腿菇、草菇、平菇、金针菇、猴头菇、木耳、银耳11种；其他蔬菜类有黄秋葵、鱼腥草、紫苏、马齿苋、叶用红薯、薄荷、地菜7种。

二、其他经济作物

花生　1989年，播种面积320公顷，总产552吨。1990—2007年，播种面积250～720公顷，总产374～1614吨。2008年，播种面积430公顷，总产942吨。适于域内旱土栽培主要推广品种有粤油、贵花、中花、湘花生系列、芙蓉花生等。

油菜　1989年，收获面积260公顷，总产197吨。1990年后，传统甘蓝型油菜改为双低油菜。20世纪90年代末期开始推广杂交油菜，推广品种有湘杂油五号、十二号、沪油杂一号、湘杂油780（菜薹、菜籽两用）、华油杂9号、希望98等。栽培方式从移栽、撒播、直播到板田免耕直播栽培，亩产150千克左右，受气候影响较大，产量不稳定。1990—2006年，油菜播种面积在106～584.87公顷，总产75～435吨。2007年，播种面积360公顷，总产435吨，亩产80.56千克。2008年，播种面积430公顷，总产376吨，亩产58.29千克。

茶叶　1989年年末，域内茶园面积1293.33公顷，总产量1103吨，亩产56.86千克，年收入321.68万元。1990年后，茶园面积呈逐年递减趋势。是年，茶园面积1122公顷，减少171.33公顷，总量930吨。1994年，域内建设“水果市”，毁掉茶园173.33公顷，茶园面积944公顷，总产1427吨。至1995年，茶园面积仅存817公顷。1996年后，采取品种改良及无公害栽培等先进技术，虽然茶园面积有较大幅度减少，但茶叶总产较稳定并呈上升趋势。是年，茶园面积636公顷，总产1154吨。2000年，茶园面积550公顷，总产1185吨。2005年，茶园面积420公顷，总产1122吨。2008年，茶园面积400公顷，总产1280吨。同时，在茶叶生产上，以良种为主的规模化生产与零散种植相结合，以机械化、规模化与农民自给自足手工加工相结合，亩平均产值在400元左右。

棉花　1989年，面积仅为16公顷。1990—2007年，种植面积10～51公顷，总产8～31吨。2008年，种植面积10公顷，总产23吨，亩产153.33千克。

烟草　1989年，种植面积3.67公顷，总产3吨，全为晒烟。1990—1995年，总产1～3吨。2008年，种植晒烟面积20公顷，产量37吨。

域内还有甘蔗、苎麻、蚕豆、豌豆、绿豆等其他经济作物。

三、水果

域内主要种植水果有柑橘、梨、桃、梅、李子、葡萄、枣、柚、板栗、核桃、石榴、西瓜等。

柑橘　1989年，域内橘园786.67公顷，总产1976吨，为历史最高水平。有专业橘园117个，其中，国营橘场3个，面积35公顷；乡办橘场11个，面积123.67公顷；村办橘场103个，面积252.47公顷；家庭橘园面积374.13公顷。专业橘场面积占橘园总面积52.4%。1990年后，大部分乡镇、村办企业实行承包制，最终形成流转，专业橘场大多随之荒废。1994年，市政府重启“水果市”建设。1995年，柑橘总产比上年增产40%。之后，由于市场需求增大和先进技术应用，种植面积和总产增加。2007年，种植面积1820公顷，总产5040吨。2008年，种植面积1550公顷，总产4989吨。

西瓜　1989年，种植面积74.13公顷，总产1060吨。2000年，种植面积260公顷。2001年起，随着市场需求量增多和新技术推广，种植面积及产量有所上升。2007年，种植面积350公顷，总产7803吨。2008年，种植面积340公顷，总产7803吨。

梨　1989年，有梨园34公顷，另有零星梨树1.05万株。2002年，总产89吨。2007年，面积达到510公顷，总产200吨。2008年，总面积400公顷，总产200吨。

桃　1989年，全市桃园面积4公顷，总产17吨。1993年，总产122吨。2005年，栽植面积230公顷，总产120吨。2008年，栽植面积3000亩，总产400吨。

杨梅　2000年始，随着退耕还林工作展开，全区发展杨梅产业，以石井为主产区，逐年向周边扩展。至2008年，规模达到万亩，形成产销链。石井“环江乌梅”成为区内品牌水果。

李子　1993年，全市产量12吨。2007年，李子总产760 吨。2008年，总产340吨。

葡萄　1993年，葡萄产量93吨。2007年，产量160吨。2008年，葡萄面积150公顷，产量90吨。

附：“水果市”建设

1994年，中共娄底市委、市政府响应省委、省政府主要领导号召，决定利用域内气候温和、雨量充沛、光照充足、四季分明、霜期短、土层深厚、土质肥沃等自然条件，在全市实施“水果市”建设，计划建设10万亩水果基地。市委、市政府成立“水果市”建设工程办公室，市委书记肖志良任指挥长，从农业局、林业局抽调骨干人员7人组成建设工程办公室。制定“水果市”建设总体规划，通过地市专家论证和评审。

10万亩“水果市”建设分三步走。第一步，从1994年到1998年用时5年开发建设成10万亩水果基地，实现户均2亩果园目标。2000年年产水果4.50万吨，2003年后进入盛果期，年产水果13万吨，产值2亿元，农村人均增收1200元。第二步，形成湘中地区较大规模果品批发市场。第三步，建设一批现代化果品加工企业群，娄底市形成一个集生产、销售、 加工为一体的水果城。为保证工程实施，娄底市委、市政府制定《关于建设水果市的若干规定》。开发程序上，秉着先荒山、后旱土、再改造方针。经营形式上，采取放宽搞活政策，多层次多形式多样化经营，固定所有权、明确使用权、搞活经营权总体原则，鼓励个人承包、独资、租赁、雇工开发经营果园，果园承包期延长50年不变，提倡股份制合作开发经营果园，允许招标、拍卖，允许经营权流转。资金投入上，规定“谁开发、谁投入、谁受益”，5年内市财政每年拿出60万元，农业切块资金每年拿出15%作为水果开发专项资金。规定国土、交通等部门每年拿出资金用于果园开发和道路建设，各乡镇拿出财政收入10%以上用于“水果市”开发建设。

“水果市”建设形成一场群众运动，政府机关、各个部门单位、乡村干部、农民群众全体动员，投入建设。市直机关各部门对应挂钩示范点，万宝茶场5000亩示范片，由市委办挂钩示范；杉山与小碧乡接壤的同安、同梓万亩示范片，由市规划局、小碧乡政府等单位挂钩示范。开沟整地阶段，市委办、市建委、市计委等单位租用大型挖掘机撩壕整地。市交通局干部连续一个多月奋战在小碧万亩连片基地，开通一条贯通南北“水果”路。市委办、市计委、市计生委等单位参与万宝示范片建园和园林看管。至1997年，累计投资6000余万元，“水果市”建设达到10万亩规模，市境内各个山头、田野、房前屋后遍植各种水果树木，形成一道独特景观。

1989—2008年娄星区（娄底市）主要经济作物产量一览表

表12-5　　单位：千公顷、吨

年份	1.大豆		2.花生		3.油菜		4.茶叶		5.棉花		6.烟草	
	播种面积	产量	播种面积	产量	播种面积	产量	播种面积	产量	播种面积	产量	播种面积	产量
1989	1.03	2181	0.32	552	0.26	197	1.29	1103	0.01	—	—	3
1990	1.03	2202	0.43	653	0.27	220	1.12	930	0.02	8	—	1
1991	0.97	1719	0.25	374	0.58	368	1.08	1379	—	14	—	3
1992	0.96	1670	0.30	450	0.39	254	0.99	1285	0.03	13	—	2
1993	0.98	2122	0.28	524	0.25	120	0.98	1353	0.03	16	0.01	1
1994	1.17	2469	0.35	682	0.30	141	0.94	1427	0.03	18	—	2
1995	1.16	2563	0.44	801	0.11	75	0.82	1174	0.04	19	—	3
1996	1.22	2715	0.51	982	0.23	185	0.64	1154	0.05	25	—	—
1997	1.31	2922	0.48	940	0.35	381	0.60	1063	0.05	31	—	—
1998	1.29	3014	0.52	999	0.26	276	0.60	1144	0.04	25	—	—
1999	1.27	2985	0.50	1084	0.32	346	0.55	1168	—	—	—	—
2000	1.30	3024	0.50	1100	0.32	356	0.55	1185	—	—	—	—
2001	1.10	2649	0.61	1271	0.33	368	0.55	1235	0.01	12	—	—
2002	—	—	0.60	1260	0.35	366	0.54	1196	—	—	—	—
2003	1.10	2530	0.61	1144	0.33	389	0.53	1150	0.01	10	—	—
2004	0.92	2218	0.48	1042	0.30	353	0.42	1050	0.01	11	—	—
2005	0.84	2452	0.61	1324	0.32	383	0.40	1117	0.02	23	—	—
2006	0.91	2805	0.67	1477	0.34	408	0.38	1120	0.02	24	—	—
2007	0.98	3080	0.72	1614	0.36	435	0.40	1220	0.02	24	—	—
2008	0.65	1714	0.43	942	0.43	376	0.40	1280	0.01	23	0.02	37

1989—2008年娄星区（娄底市）主要经济作物产量一览表

表12-6　　单位：千公顷、吨

年份	7.水果		①西瓜		②柑橘		8.其他　①甘蔗		②苎麻		③蚕豌豆	
	播种面积	产量	播种面积	产量	播种面积	产量	播种面积	产量	播种面积	产量	播种面积	产量
1989	—	2053	0.07	1060	—	—	—	—	—	—	0.23	262
1990	0.49	1721	0.17	—	0.42	1575	0.01	41	0.02	11	0.12	134
1991	0.46	3203	—	—	0.39	3121	—	71	—	—	—	—
1992	0.33	104	—	—	0.20	1964	0.01	390	0.01	10	0.38	50
1993	0.52	2691	0.20	—	0.36	2333	0.08	1670	0.01	6	0.35	390

续表12-6

年份	7.水果		①西瓜		②柑橘		8.其他 ①甘蔗		②苎麻		③蚕豌豆	
	播种面积	产量	播种面积	产量	播种面积	产量	播种面积	产量	播种面积	产量	播种面积	产量
1994	1.23	2275	—	—	0.74	1645	0.09	2391	0.01	6	—	—
1995	2.22	3021	0.16	—	1.28	2273	0.08	2158	0.01	6	0.28	353
1996	3.26	3273	0.19	—	—	2457	0.06	1738	0.01	6	0.25	337
1997	3.87	4297	—	—	—	3006	0.07	1583	0.01	7	—	—
1998	3.69	3917	0.20	—	1.78	2890	0.09	1831	0.02	16	0.27	565
1999	2.46	4940	0.23	—	1.80	3890	0.06	1844	0.02	16	0.21	466
2000	2.50	4970	0.26	—	1.81	3910	0.08	1972	0.01	16	0.21	379
2001	2.73	15002	0.32	6450	—	4454	0.08	1980	0.01	16	0.22	433
2002	2.80	15143	—	—	—	3920	0.08	2176	0.01	16	—	—
2003	2.80	14500	0.35	6956	1.82	3900	0.08	2168	0.01	15	0.21	412
2004	2.57	12764	0.30	6075	1.65	3725	0.07	2086	0.01	15	0.19	371
2005	2.57	13340	0.32	6478	1.65	3688	0.01	300	0.01	14	0.18	324
2006	2.45	13003	0.33	6602	1.62	4618	0.01	300	0.01	14	0.33	605
2007	2.31	16741	0.31	6932	1.55	5040	0.01	300	0.01	14	0.36	653
2008	2.30	16211	0.34	7803	1.55	4989	0.02	338	0.02	28	0.15	321

第四节　农作物产业结构

1989年，娄底市农作物播种面积2.09万公顷。其中，粮食作物种植面积1.61万公顷，总产量8.87万吨；经济作物产值873.70万元，占种植业总产值25.1%。1990年，农业遭受严重水、旱灾害，粮食仍然比上年略有增产。农作物播种面积2.29万公顷，其中，粮食种植面积1.69万公顷，总产量9.16万吨。1992年，农业总产值1.36亿元(90年不变价)，年均递增3.6%。农作物播种面积2.34万公顷，粮食作物种植面积1.81万公顷，总产量9.64万吨，其中稻谷8.31万吨，实现双季稻成建制亩产过吨粮目标。油菜籽254吨，茶叶1285吨，水果104吨。

1993年，农作物播种面积2.47万公顷。其中，粮食作物种植面积1.62万公顷，总产量9.65万吨。1996年，农业提出“城郊型、开发性、提篮子、摘果子”发展思路，实施“水果市”和“四五·四一”菜篮子工程建设，推进农业产业化。农业总产值4.39亿元，同比增长25.5%，其中，种植业2.25亿元，增长8.6%。主要农产品中，除茶叶减产外，大部分产品比上年增产。农作物播种面积2.30万公顷。其中，粮食作物种植面积1.71万公顷，总产量9.91万吨，增长0.8%；棉花25吨，增长31.6%；油料作物1167吨，增长33.2%。其中，油菜籽185吨，增长146.7%；水果3273吨，增长8.3%。1997年，围绕“吨粮田”、“水果市”、“四五·四一”菜篮子工程三大重点，发展“一优两高”农业，推进农业产业化进程。农业总产值4.60亿元，同比增长9.9%。其中，种植业2.10亿元，增长5.4%。农作物播种面积2.39万公顷，其中粮食作物种植面积1.70万公顷，总产量达9.98

万吨，同比增长0.7%；棉花产量31吨，增长24%；油料作物产量1321吨，增长13.2%；水果产量4297吨，增长31.3%。1998年，市境内形成历史罕见的洪涝、干旱等灾害，农作物受灾面积2000公顷，成灾1080公顷，因灾减产3281吨。各级政府组织生产自救，开发优质稻和玉米生产，建设水果丰产园，抓一村一品，推广丰产高效样板，种植业生产保持发展势头。是年，粮食作物种植面积1.66万公顷，总产量9.70万吨，同比减少2.9%。棉花25吨，减产19.4%；茶叶1144吨，增长7.6%；油料1275吨，减少3.5%；水果3917吨，减少9.8%。

1999年，撤市设区后，娄星区粮食播种面积逐年减少。推广旱土育秧、抛秧等14项新技术，实施“种苗工程”，推广优质稻和杂交玉米种植，提高农业科技含量。加强农业基础设施建设，防灾抗灾能力有所提高，种植业保持较好发展势头。是年，农作物播种面积2.28万公顷，其中，粮食作物种植面积1.62万公顷，总产量9.70万吨。油料1430吨，增长12.2%；茶叶1168吨，增长2.1%；水果4940吨，增长26.1%。2000年，粮食作物种植面积1.62万公顷，总产量9.57万吨。2001年，粮食作物种植面积1.56万公顷，总产量9.20万吨。2002年，农业总产值1.97亿元，同比减少1.3%。主要农产品有升有降，全年农作物播种面积2.27万公顷，其中，粮食作物播种面积1.59万公顷，总产量8.77万吨，同比减少4.6%。油料1637吨，同比减少0.8%；茶叶1196吨，同比减少3.1%；水果15143吨，同比增长0.9%。2003年，发生严重干旱、病虫害等多种自然灾害，坚持以市场为导向，推进农村经济结构调整，动员和组织人民群众抗灾自救，化解灾情，降低损失，农业生产平稳发展。农作物播种面积2.28万公顷，其中，粮食作物播种面积1.53万公顷，总产量7.94万吨；油料作物产量1543吨，茶叶产量1150吨；农业产值1.95亿元。2004年，涟滨乡、西阳镇划归娄底市经济技术开发区，耕地面积减少。是年，优化产业结构，产业化程度有所提高，农业生产在结构调整中平稳发展。农业总产值2.16亿元，同比增长14.5%。农作物播种面积1.94万公顷，其中粮食作物播种面积1.27万公顷，总产量6.95万吨。油料作物产量1406吨，同比增长0.94%；茶叶产量1050吨，同比下降2.7%；水果12764吨，同比增长5.4%。2005年，农业总产值2.39亿元，同比增长5.6%。农作物播种面积1.75万公顷，其中粮食作物播种面积1.10万公顷，总产量6.93万吨。油料作物产量1739吨，同比增长23.7%；茶叶产量1117吨，同比增长6.4%；水果1.33万吨，同比增长4.5%。

2006年，农作物播种面积1.85万公顷。其中，粮食作物播种面积1.18万公顷，总产量7.17万吨，增长3.5%。优质稻种植面积8080公顷，占水稻种植面积92.1%，同比提高5%。油料作物种植面积1040公顷，增长8.3%；蔬菜种植面积2700公顷，增长9.3%。2007年，粮食产量有所下降。全区农作物播种面积1.88万公顷，粮食作物播种面积1.18万公顷，总产量7.04万吨，其中谷物产量5.90万吨。稻谷播种面积8520公顷，下降2.9%；优质稻种植面积7960公顷，同比提高1.92个百分点；豆类产量4036吨，增长11.1%；薯类产量4973吨，增长2.6%；油料作物种植面积1100公顷，增长5.8%；蔬菜种植面积2940公顷，增长8.9%。2008年，农作物播种面积1.53万公顷。其中，粮食作物播种面积9760公顷，其中稻谷播种面积7850公顷。油料作物种植面积880公顷。粮食总产量6.20万吨。其中，谷物产量5.70万吨、豆类2124吨、薯类2923吨；油料作物产量1340吨，茶叶产量1280吨。

第五节　农业技术

一、水稻栽培技术

1989—1994年，域内育秧方式推广地膜覆盖、旱土育秧等技术。1995年，开始推广塑料软盘抛秧技术。2000年，塑料软盘抛秧面积达到2333.33公顷。2005年开始，实施超级稻“三定”（指定目标产量、定群体指标、定技术规范）栽培技术。生产中解决氮肥科学施用、群体合理控制（定苗)、病虫有效防治等关键技术。

二、蔬菜栽培

1989年，域内自由种植蔬菜，通常沿用传统一年二季方式，专业菜地则改为一年三季栽培为主。随着生产技术水平提高，复种指数相应增加，至2008年，最高复种指数达800%，反季节栽培蔬菜有所增加。

（一）育苗技术

1989—2008年，春季育苗多采用营养土方育大苗、纸袋育苗、营养钵育苗等方法，育苗成功后，即供露地栽培，实现早熟高产。夏、秋季育苗，多采用遮阳篷下做高畦培育大白菜、甘蓝、番茄等菜苗，起到防高温、抗暴雨和防病虫的作用。

（二）栽培方式

1989年，域内蔬菜生产主要栽培方式是露地栽培，措施有选用优良品种、因地制宜整地做畦、合理密植、实行间作套种、加强肥水管理、防治病虫害等。20世纪90年代，主要应用冷床、温床、小拱棚。后推广塑料大棚、地膜覆盖、遮阳网覆盖等新方式。

第六节　农作物保护

一、水稻病虫害防治

20世纪90年代，水稻虫害以二化螟、稻飞虱、稻纵卷叶螟为主，有少量大螟和稻螟蛉危害。二化螟、稻飞虱年年发生，每年发生面积均在1.67万公顷次以上。稻纵卷叶螟中等发生，个别年份大发生。1990年，农业生产因病虫害造成受灾面积5933.33公顷，成灾面积280公顷，因灾减产粮食1237吨。根据“预防为主、综合防治”植保方针，二化螟主要防治第一代和第三代；稻飞虱主要防治第二代和第四、五代，稻纵卷叶螟主要防治第二、三和第四代。1989—1995年，对二化螟和稻纵卷叶螟防治使用农药主要是甲胺磷和杀虫双。1995年后，逐渐被三唑磷加杀虫单所取代。防治稻飞虱农药主要使用叶蝉散、速灭威、优乐得、扑虱灵等。1995 年，百亩乡朝阳村50多亩山边田突发赤斑黑沫蝉，80%以上禾苗受害，因措施得当，很快得到遏制。

水稻病害有纹枯病、稻瘟病、细菌性条斑病、稻曲病、恶苗病及细菌性褐条病等。纹枯病在早、晚稻均有大发生，每年发生面积均在6667公顷次以上。稻瘟病主要以叶瘟和穗瘟为主，稻曲病仅在个别年份大发生。1998年，遭受大洪水的涟水、孙水河两岸水淹稻田发生细菌性褐条病，面积8公顷。病害防治使用井冈霉素及其复配剂、三环唑、富士一号、稻瘟灵等杀菌剂；对杂交种子使用强氯精消毒，恶苗病和细菌性条斑病逐步得到控制。

20世纪90年代，病虫害预测预报使用诱虫灯技术，预测到二化螟发蛾高峰、稻飞虱等迁入高峰。1998年后，市政府每年投资2万元，印制病虫防治通知单发送至农户，使病虫害得到及时防治。推广高效低毒低残留农药，减少环境污染，保护和利用天敌，提高病虫害综合防治水平。全市水稻病虫害损失平均控制在2.5%以下。

2000年后，水稻生产由单一双季稻，逐步形成为双、单季稻混栽模式。病虫害发生错综复杂。除继续贯彻“预防为主、综合防治”植保方针外，推广使用锐劲特、氟虫腈、吡虫啉、阿维菌素及复配剂等高效低毒及生物农药。全区年使用面积8667公顷次，农用链霉素取代强氯精成为防治细菌性条斑病首选。通过适时翻耕、深水灭蛹等农业防治措施，降低病虫害造成损失。2006年，区内植保机构组织扑灭百亩、双江等乡133.33公顷中稻秧田发生的植物检疫对象稻水象甲。2007年1月1日起，按照国家规定，禁止甲胺磷、对硫磷、甲基对硫磷、久效磷、磷胺等5种高毒农药在农作物上使用。

二、蔬菜病虫害防治

（一）大白菜病毒病、霜霉病、软腐病防治

1989—2008年，大白菜三大病害域内历年都有不同程度发生，尤其病毒病和霜霉病复合发生，危害重。霜霉病防治药物主要是乙磷铝、百菌清、瑞毒霉等，防治效果较好，可控制霜霉病危害。软腐病一般发病率在15%～20%，减产15%～20%，防治药物主要是农用链霉素。病毒病防治措

施主要选用抗病品种、适当晚播、精选茬口、合理密植、及时治螃、加强肥水管理等，防治药物主要是2%菌克毒水剂或20%康润1号可湿性粉剂和1.5%植病灵等。

（二）黄瓜霜霉病防治

1989—2008年，黄瓜霜霉病在域内亦非常普遍，采用40%乙磷铝可湿性粉剂200倍液、75%百菌清可湿性粉剂600倍液、25%甲霜灵可湿性粉剂800倍液等喷雾防治，均可有效控制霜霉病危害。

（三）菜青虫防治

1989—2008年，菜青虫危害十字花科蔬菜，尤以甘蓝为最重，主要防治方法有农业防治、诱杀成虫、化学防治等。化学防治药物主要是5%卡死克乳油、10%歼灭乳油、10%除尽乳油、40%新农宝乳油等。

（四）菜蚜类防治

1989—2008年，每年及时清除田间杂草，利用黄板诱杀螃虫，悬挂银灰色薄膜条驱避或采用银灰色遮阳网、防虫网覆盖栽培，化学防治。防治药物主要是50%抗财威可湿性粉剂、10%螃虱净可湿性粉剂、10%大功臣可湿性粉剂等。

第七节　种植业管理

一、基本农田保护

1992年，娄底市基本农田保护区划定工作基本完成。在土地利用总体规划工作中，以总体规划为依据，对原划定基本农田保护区进行调整、补充和完善，在总体规划中作为一种类型区单独列出，实行因地制宜、分级保护、统筹兼顾、合理安排、讲求实效、注重落实等保护原则。全境基本农田保护区175个，面积8470公顷，其中水田6091公顷。保护区中，一级保护区114个，为长期保护区。分布于双江、小碧、杉山、西阳、石井、百亩、万宝、茶园8个乡镇，面积5644公顷。其中水田3993公顷，分别占保护区面积66.6%、65.6%，是保护重点。二级保护区52个，为控制区。分布于西阳、百亩、大科、涟滨、杉山、万宝、石井、小碧8个乡镇，面积2409公顷。其中，水田1765公顷，分别占保护区面积28.4%、29%。三级保护区9个，为过渡区。分布于西阳、百亩、万宝3个乡，面积417公顷，其中水田333公顷，分别占保护区面积4.9%、5.5%。在二级农田保护区内，有10个专业菜地保护区，为杉山镇塘坪村、花溪村、杉山村，涟滨乡涟滨村、仙人桥村、曹家村、东来村，大科乡大科村、新建村和新联村，保护面积183.50公顷，占总菜地面积71.2%。

1992—2008年，娄星区（娄底市）基本农田保护措施主要有：不准毁田建房葬坟、不准在农田保护区制砖烧瓦、不准开矿取土、不准乱开渠路、不准种多年生经济作物、不准掠夺性经营和抛荒；在城镇周围、村庄周围、集镇周围、公路边、铁路边、要道边的基本农田保护区设置醒目水泥标志牌或在房屋墙上设壁栏等专门永久性标志，注明保护面积、保护公约、规划保护期、责任人等内容；建立和健全对农田保护区日常管理制度，严格审批制度，对凡因建设需要占用农田保护区内耕地的，严格按照占用农田保护区内耕地审批权限、程序，履行审批手续，征收高补偿费。同时，加强保护区日常监理和地籍管理，建立地力补偿制度，因地制宜制定耕地肥力保养规定，建立地力补偿制度，提高土壤肥力，做到用地养地相结合。

二、种植业补贴

2004年4月5日，财政部、农业部制发《水稻良种推广补贴资金管理暂行办法》，规定补贴资金安排使用遵循“政策公开、直补到户、据实结算”原则。项目资金补贴标准，早稻每亩补贴10元，收割后再种晚稻每亩补贴标准另行通知，一季稻每亩补贴15元。2005年后，娄星区每年早稻种植面积1.46万公顷、中稻与一季稻种植面积3846公顷、双季晚稻种植面积1.55万公顷，直补到户资金653.48万元。

2007年，国务院办公厅印发《关于促进油料生产发展的意见》，中央财政从是年起，在长江流域“双低”油菜优势区实施油菜良种补贴，按照政策公开、直补到户、据实结算原则，每亩补贴

10元。是年，娄星区“双低”优质油菜种植面积369.44公顷，2008年，油菜种植面积430公顷。2年直补到户资金11.99万元。是年，根据《农业部办公厅关于报送2008年新增良种补贴项目实施方案的通知》精神，补贴标准为双季早稻每亩补贴10元，中稻每亩补贴15元，双季晚稻每亩补贴15元。

其他政策性发放的粮食直补、农资综合直补，由财政部门组织实施；农机购置补贴由农机和财政部门共同组织实施。分别在相关章节中载录。

第二章　养殖业

1989年，市境内以养猪为主畜牧业和以养鱼为主水产业，是养殖业2大支柱产业，归口娄底市畜牧水产总站管理。1993年，机构改革，撤销市畜牧水产总站，成立娄底市畜牧水产局。1994年6月9日，市机构编制委员会下发《关于各乡（镇）畜牧水产站机构与人员编制的通知》，确定各乡镇、街道畜牧水产站为全民事业单位，核定差额拨款和自收自支事业编制总额113名。1999年，娄底市畜牧水产局更名为娄星区畜牧水产局。2004年11月25日，娄星区机构编制委员会下发《关于设立乡镇动物防疫站的通知》，批准设立茶园、万宝、石井、百亩、大科、城北、杉山、双江、小碧、城区中心10个基层动物防疫站，实行区乡共管、区管为主管理体制。

1989—2008年历任局长（站长）：陈历荣（站长）、周群义、刘永根（党组书记兼任），党组书记：颜继红。

第一节　畜牧业

1989年，畜牧业均以家庭散养为主，随着农民闲散时间增多，数量亦相应增加。1994年，逐渐出现养殖大户。1995年，发展各种专业户2720户。其中，养猪专业户468户，存栏猪50头以上饲养户141户，饲养良种母猪5头以上61户。养鱼专业户480户，山羊专业户171户，饲养50只以上山羊大户36户。特种养殖大户及其他1601户。石井乡蛟龙村综合养殖大户周元生，发展生猪85头，其中，存栏52头，母猪6头；放养水面6.67公顷，发展苏州鸭2500羽，年产鲜鱼100担。当年，收入30万元，利润达10万元。1996年2月29日，市委、市人民政府批转市农村工作办公室《关于加速发展农业大户，实施“四五·四一”工程的报告》。全市畜牧水产业进入快速发展时期，逐步走上规模养殖，涌现出一批养殖专业户，形成多个养殖小区。

一、养猪

1989年，娄底市生猪存栏24.07万头，户均4.80头，人均1.40头。饲养品种以宁乡猪、湘潭猪为主。1991年上半年，生猪生产出现大猪压栏，猪肉和仔猪价格下跌，出现宰杀母猪现象。市委、市政府采取居民肉食补贴发放肉票，疏通流通渠道，对养殖母猪和种公猪户进行补贴等措施，帮助农民引进良种母猪270头，良种母猪发展到1200余头，稳定生猪生产。是年，发展生猪24.50万头。其中，出栏11.78万头，瘦肉型外贸出口生猪1.30万头，母猪存栏4850头。1992年，发展生猪23.80万头。其中，出栏12.18万头，母猪存栏7067头。帮助农民改良生猪品种，从长沙等地引进良种母猪160头，良种公猪21头，淘汰劣种公猪5头，建立人工授精站5个，配种母猪530头。全年外贸出口生猪1.17万头，数量和优良率均居全地区之首。1993年，新增良种母猪繁殖基地4个，引进良种母猪520头，扶植良种生产基点村6个，外贸出口生猪母猪1.22万头，出口额671万元。全年发展生猪24.12万头，出栏12.50万头。1995年，养猪业逐渐向专业化、规模化养殖转变。出现养猪专业户468户，存栏猪50头以上饲养户141户，饲养良种母猪5头以上61户，全年生猪饲养25.60万头，出栏13.10万头，分别比上年增长7.8%和13%。1996年，饲养生猪31.82万头，出栏18.39万头。

1999年，娄星区引进良种母猪450头，良种公猪35头，建成茶园、万宝2个生猪品种改良重点乡镇，建成和巩固杉山、小碧2个人工授精站。加强种源管理，建立良种档案卡，杜绝亲缘杂交，推广“杜、长、大”三元杂交组合。全年生猪饲养量39.12万头，其中出栏22.01万头，三元杂交猪占生猪生产83%。2000年，发展良种母猪960头，全部淘汰劣种公猪，生猪瘦肉率提高，市场竞争力增强。全年饲养生猪39.40万头，出栏22.89万头。2003年，民营企业家吴小军“湖南黑猪”项目落户小碧乡农科教中心，经过发展壮大，成为黑猪养殖基地。2006年10月14日，区政府制定《关于加快湖南黑猪产业发展的意见》，支持黑猪产业发展。2007年，“湖南黑猪”生物育种高新技术产业项目获得国家发改委立项支持，投资5600万元。“湖南黑猪”原种场存栏生产种猪2412头，年对外供种能力达到2万头次，发展“湖南黑猪”养殖专业户83户，推广“湖南黑猪”种母猪502头，仔猪1085头，外销“湖南黑猪”1728头。2008年，“湖南黑猪”生物育种高新技术产业项目发展加快，全年饲养生猪33.20万头，出栏20.50万头。

二、养牛

1989年，娄底市养牛1.39万头，户均0.28头，品种以黄牛、水牛为主。1991年后，牛饲养用途略有改变，市场始有牛肉产品出现。是年，牛饲养量1.41万头，出栏1700头。1992年，饲养牛1.41万头，出栏5360头。1995年后，发展草食牲畜。全年发展牛2.07万头，出栏5000头，饲养品种有黑黄牛、黄牛、水牛等。此后，养牛开始规模化，饲养量逐年递增。1996年，牛饲养量2.32万头，出栏6291头。1997年，发展牛2.70万头，出栏8700头。

1999年，娄星区牛饲养量3万头，出栏1.05万头，同比增长11.4%和56%。2000年，全区发展牛2.80万头，出栏7500头。2001年，发展牛2.85万头，出栏7800头。是年，在百亩、涟钢、小碧建立奶牛饲养点，引进奶牛45头，告别域内无鲜奶历史。2002年，牛饲养量2.80万头，出栏8900头。2003年，发展牛2.85万头，出栏9000头；发展奶牛100头，产鲜奶200吨，有3000余户城镇居民喝上鲜牛奶。是年，杉山镇李建辉投资20余万元，养殖菜牛55头。此后，牛类产业均有不同程度发展，庆阳牧业成为域内牛奶主导产业。2008年，出栏肉牛400头以上养牛专业村3个，牛饲养量2.46万头，出栏9800头，存栏1.48万头。

三、养羊

1989年，山羊品种以本地黑山羊为主，成都麻羊次之，存栏山羊1566只。1991年，发展羊3900只，出栏1700只。1992年，下降到2300只，出栏1000只。1993年，发展山羊5940只，出栏3000只。1995—1998年，实施“四五·四一”种养工程。小碧、万宝、百亩等乡镇从常德市石门县引进马头山羊3批200只，逐渐形成以双江、小碧为中心山羊养殖带。1995年，山羊专业户171户，饲养50只以上山羊大户36户。全年饲养山羊1.35万只，出栏5400只。1996年，饲养山羊3.08万只，出栏1.25万只。1997年，饲养山羊4.42万只，出栏2.44万只。

1999年，娄星区养殖山羊4.35万只，出栏2.60万只，分别比上年增长18.4%和56%。2000年，饲养山羊3.91万只，出栏1.87万只。2001年，饲养山羊4.10万只，出栏1.98万只。2002年，饲养山羊4万只，出栏2.10万只。2003年，饲养山羊4.10万只，出栏2.15万只。2004—2007年，受到价格影响，山羊养殖量略有减少，年养山羊分别为3万、3.23万、3.28万、3.36万只，出栏分别为1.60万、1.72万、1.72万、1.88万只。2008年，养山羊3.56万只，出栏2.02万只，存栏1.54万只。

四、家禽养殖

1989年，娄底市家禽存栏73万羽，户均14.50羽。1991年，饲养家禽130万羽。其中，出笼45万羽，禽蛋产量1204吨。1992年，饲养家禽171万羽，出笼94.63万羽，禽蛋产量1589吨。1993年，家禽150.50万羽，出笼81万羽。1995年，饲养家禽238万羽，出笼130万羽，分别比上年增长35.7%和39.4%。1996年，实施“四五·四一”工程。白羽肉鸡、山鸡等品种饲养扩大，肉鸡规模化养殖程度提高，形成石井、百亩、大科、涟滨等乡镇为主的6个家禽养殖专业化生产带。是年，发展家禽366.75万羽，出笼235万羽，禽蛋产量2074吨。1997年，饲养家禽629万羽，出笼436万羽，禽蛋产量2157吨。1999年，饲养家禽550万羽，出笼360万羽。

2000—2002年，娄星区家禽发展走势平稳，年养殖量达500万羽，年均禽蛋产量2364吨。2003年，发展家禽510万羽，出笼366万羽，禽蛋产量2400吨。2004年，域内遭到禽流感袭击，为遏制疫情，扑杀鸡2.13万羽、鸭341羽。是年，发展家禽380万羽，出笼260万羽，禽蛋产量1580吨。2005年，家禽养殖469.10万羽，出笼320.10万羽，禽蛋产量1620吨。2006年，家禽养殖450万羽，出笼320万羽，禽蛋产量1610吨。2007年，家禽饲养456万羽，出笼335万羽，禽蛋产量1770吨。2008年，家禽饲养541万羽，出笼371万羽，禽蛋产量1910吨。

第二节　水产业

区境内水域面积3753.33公顷，养殖水面46公顷，品种主要有草鱼、鳊鱼、鲢鱼、鳙鱼等。1986年，在溪口水库成立渔业开发总公司，由湘乡、双峰、娄底三地共同管理，实行网箱养鱼，直至1998年。1989年，娄底市有鱼种池659个。其中，西阳乡中阳村罗光田、石井乡松江村谢文华种池形成专业鱼苗孵化场，为全市提供各种鱼苗1亿余尾。是年，鲜鱼产量1700吨。1992年4月2日，市人民政府出台《关于开发利用大中水域发展网箱养鱼的决定》，鼓励农民利用大中水域发展渔业生产。在孙水河、涟水河流域万宝、石井、西阳等8个乡镇34个村发展网箱养鱼591口。其中，475口成鱼箱投放大规格鱼种14万尾，产成鱼平均每箱253千克，收入76万元，获利46万元。全年产鱼总量1855吨，同比增加135吨。1995年，发展养鱼专业户480户，水产品总量2583吨。2000年，石井乡松江村鱼苗孵化场停产，西阳乡中阳村鱼苗孵化场一直从事鱼苗孵化。2008年，娄星区水产品产量4202吨，其中鱼类总产量3910吨，产值3556万元。

第三节　特种养殖

1992年，大科、涟滨等乡镇出现甲鱼养殖户。1993年，引进黑白花奶牛、马头羊、丝毛乌骨鸡、七彩山鸡、鹦鹉、美国牛蛙、脚鱼等禽畜和水产新品种18个，专业户280余家。1995年，特种养殖户发展到1855家。其中，特种畜禽养殖户835户，特种水产养殖户1020户。涟滨乡特种养殖示范户颜瑞文养殖特种珍禽3万羽，创产值50万元，获利15万元；西阳乡畜牧站站长彭蛟来发展特种养殖致富，投资5万余元，建好高标准甲鱼池1个，收购种幼甲鱼700余只进行养殖，年产值7万元，一年收回全部投资并获纯利1万余元。1996年，推广樱桃鸭、湘鲫、彭泽鲫、肉鸽、鳝鱼等新品种12个，有特种养殖户1787户。其中，特种畜禽养殖826户，特种水产养殖925户。1997—1999年，娄底市实施“四五·四一”和“水果市”建设两大强农工程，推进农业产业化发展，实施“一村一品”“公司+农户”模式，涌现“农业大户”“种养大王”。

2000年，娄星区调整产业结构，出现珍禽异兽养殖。发展养殖专业户196个，创产值900余万元。以银豆豆食品有限公司为龙头的鹌鹑养殖辐射到涟滨、大科2个乡镇，发展养殖农户30余家，年产值200万元以上，所有蛋品全部保价回收，鹌鹑皮蛋远销广州等地。美国王鸽落户万宝镇茶场，年发展3000余对，带动附近9家农户养殖。全区有特种养殖户538家，其中，畜牧196户，水产342户，实现产值2100万元，占畜牧总产值12%。

2002年，万宝镇成立养泥鳅和养鹅2个协会，发展稻田养泥鳅2公顷，养鹅6000余羽。2003年，各类特种养殖呈上升势头。其中，特种水产品推广面积100.67公顷，产量4260吨。万宝、百亩乡美国王鸽基地所产种鸽供不应求，百亩农科站养鸽基地2万对肉鸽全部出笼，产值40万元。万宝镇、石井乡发展美国牛蛙，花山街道涟滨村颜瑞文山鸡养殖形成规模，全年出笼1.80万羽；杉山镇木山村李红良等投入资金360余万元，引进梅花鹿98头，发展专业户8家。2006年，水产特种养殖以泥鳅、黄鳝、黄颡鱼等优良品种为主，面积67公顷；鹌鹑、七彩山鸡、美国王鸽、野猪等养殖户190户，产值超过1500万元。2007年，水产特种养殖面积68公顷，从事珍禽、野猪养殖户186家，产值1580万元。

第四节 动物防疫和执法监管

一、动物防疫

区境内畜禽疾病有30余种，主要传染病有猪肺疫、猪丹毒、仔猪副伤寒、仔猪白痢、牛流行热、鸡新城疫、禽霍乱、鸡白痢、鸡球虫病等。常见病有胃肠炎、难产、亚硝酸盐中毒等。1989年，全市乡镇兽医有92人，负责全市动物疫病防治工作，动物疫病以预防为主，每年对散养户实行春秋季集中免疫。

2002年1月4日，涟滨乡涟滨村发生禽流感疫情，一次性集中处理染疫同群禽11万余羽，为区内首次发生禽流感疫情。2004年9月，石井、万宝、百亩、大科、乐坪、杉山6个乡镇再一次出现禽流感疫情。30日，区委办、区政府办下发《关于成立娄星区重大动物疫病防治指挥部的通知》，统一领导指挥全区重大动物疫病防控工作。扑杀鸡2.13万羽、鸭341羽、鸽4羽，疫情得到遏制。2005年，周边县市疫情不断，由于防控得当，成为无疫安全区。至2008年，无任何重大疫情发生。

二、执法监管

1989年，执法监管以市场检疫监管为主，主要打击病死动物产品上市销售。1998年2月24日，娄底市人民政府办公室下发《关于在我市城区进一步加强牲畜定点屠宰工作的通知》，在城区实行生猪定点屠宰，打击私屠滥宰成为日常执法监管工作。2002年12月，实施生猪“瘦肉精”检测制度，并纳入执法监管内容。2008年4月，娄星区畜牧水产局查获非法使用“瘦肉精”案件3起，移送司法机关立案刑事拘留2人。

第三章　林　业

1989—1999年，娄底市林业局内设办公室、人事股、计划财务股、造林经营管理股、资源林政法规股、野生动植物保护股和基层林业站12个。1999年7月，娄底市林业局更名为娄星区林业局。至2008年，娄星区林业局内设办公室、人事股、计划财务股、造林经营管理股、资源林政法规股、野生动植物保护股（加挂区森防检疫站）。区退耕办（加挂区林业重点工程办）、区林业技术推广站、防火办、林调队，辖9个基层事业单位林业站。

1990—2008年历任局长：黄文林、聂秋和、刘新成、邓梦雄。

第一节　造林绿化

1989年7月，中共娄底市委、市政府做出《关于三年消灭宜林荒山，八年全面绿化娄底的决定》（简称“三八”决定），全市开展荒山造林活动。造林730.67公顷，其中基地造林643.73公顷，占总造林面积95.1%，其中用材林基地30余处562.27公顷，经济林基地14处81.46公顷。1990年，育苗14.77公顷，完成造林1151.27公顷。其中，用材林1077.07公顷，经济林74.20公顷。除双江乡、西阳乡外，茶园等8个乡镇全部消灭宜林荒山。农村四旁植树76.56万株，幼林抚育766.67公顷，新封760公顷。1991年，造林918.13公顷。其中，用材林874.80公顷，主要树种有杉树、马尾松、国外松等。营造经济林（小水果）43.33公顷，主要有柰李、柑橘等。补植面积372.07公顷，义务植树45.80万株，农村四旁植树81.90万株。完成消灭荒山任务目标。1992年，完成造林754公顷。其中，用材林新造145.33公顷，补植512.47公顷；经济林96.20公顷；育苗6.05公顷；封山育林2600公顷。1993—1994年，完成造林1280公顷。1995年，调整林业结构，造林绿化事业跻身全国造休绿化百佳县（市区）之列。全年完成基地造林947.53公顷。其中，经济林879.53公顷，占整个造林92.8%。庭园造林406.67公顷，其中经济林400公顷。经济林中，水果经济林占90%。育苗13.13公顷，四旁植树80万株，封山育林累计9980公顷。中幼林抚育1186.67公顷。油茶垦复173.33公顷，低产林改造154公顷，经济林新扩面积（炼山整地）733.33公顷，其中药材68公顷。1996年，造林1187公顷。其中，经济林1118公顷（庭园666.67公顷），占造林总数94.2%；用材林69公顷。完成育苗14.36公顷，封山育林累计1.11万公顷，其中新封1126.67公顷。中幼林抚育1142公顷，其中幼林抚育822公顷。油茶垦复100公顷，低产林改造142公顷，经济林新扩面积1200公顷，新引进6个经济林名特优新品种进行繁殖试验。实现“三八”决定任务目标。1997年，娄底市“森林城”建设项目获林业部批准立项，成为全国第一个县级试点城市。完成造林1290公顷，其中经济林1226公顷（庭园667公顷），用材林64公顷，育苗9.87公顷。中幼林抚育1080公顷，低产油茶林改造175.53公顷。1998年，造林171.67公顷。其中，用材林35.13公顷，庭园经济林136.54公顷；育苗8.34公顷，中幼林抚育1082公顷；全民义务植树75万株，四旁植树81万株。封山育林项目被列入国家投资计划。以推行粮林混栽果园管理为突破口，加强经济林管护，提高经济林保存率和果园经济效益。经国家林业局实地核查和综合评估，面积核实率、成活率等7项指标均达到或超过国家有关技术规程，检查验收全部合格。

1999年，娄星区完成造林146.67公顷。其中庭园经济林80公顷。完成义务植树75万株，中幼林抚育733.33公顷，低产油茶林改造167公顷，育苗8公顷。2000年，造林167公顷。其中，基地造林70公顷，“三难地”封育68个，四旁植树80万株，引种新品种6个，低效油茶林改造164公顷，中幼林抚育4423.80公顷。累计封山育林1.21万公顷。育苗18.75公顷，总产苗148.50万株。2001—2008年，完成人工造林2667公顷，义务植树700万株。

第二节　森林保护

1989—2008年，娄星区（娄底市）坚持严格执行森林法、行政许可法，贯彻执行国家林业局《占用征用林地审核审批管理办法》《占用征缴林地审核审批管理规范》及湖南省有关政策规定。坚持节约集约用地，对占用和征收林地建设项目进行定量控制和管理，编制林地保护利用规划，建立林地保护责任制，林地利用在有序开发、有偿开发基础上实现有限开发。强化对占用征缴林地调查、跟踪监测等措施，保护重要生态区林地资源、国家重点保护动植物资源及名木古树资源，形成“总量控制、定额管理、合理供地、节约用地”使用林地长效机制。根据林地管理相关法律法规，制定相应实施办法，规范林地管理。每年开展林地占用征收检查，建立林地资源档案。加强执法人员综合素质教育，规范执法行为，提高执法能力，及时打击非法侵占林地行为，组织开展林地专项整治活动，严厉打击毁林开垦、非法侵占林地等破坏森林资源违法犯罪行为。

一、林政管理

1989年，娄底市加强毁林案件打击和查处。全年侦破2起团伙盗窃树木案、1起少批多砍乱伐案，查处各类林政案件26起，打击处理各种违法犯罪人员62人。其中，依法逮捕1人，收审4人，拘留9人，收缴木材30.18立方米，罚款和收缴“两金一费”（两金即育林基金，更新改造基金，一费即林木保护费）4.07万元。组织5名专业人员开展竹木市场清理整顿，查处非法经营竹木案40起，结案36起，没收木材6立方米，征缴木材27立方米，罚款2361元，补交“两金一费”2344元。1990—1991年，实行资源合理目标化制度化，稳定林业责任制。贯彻“预防为主、综合治理”方针，实行“打、调、防”三结合，对情节严重，涉及范围广、影响大的案件集中打击；对山界林权纠纷按照“平等、互谅、尊位历史和事实，保护现有森林资源”原则及时进行调处。利用案例编写治安简讯等方法，对群众进行宣传教育。全年发生森林案件13起，查处35人。其中，拘留8人，警告3人，治安罚款9人，林业行政处罚9人，收缴木材0.60立方米，罚款5075元。对木材市场和流通渠道进行清理整顿，查处运输倒卖木材案件8起，罚款300余元，没收木材32立方米，清理经营木材单位33家，对5家单位进行整顿，取缔1家严重违法经营单位，对18家经营单位进行审查，颁发经营许可证9家。1992—1993年，在消灭荒山基础上加强管理，保护森林资源。执行林业法规，及时处理森林案件。2年处理森林盗伐案件15起，滥伐案件2起，没收木材8立方米，罚款3500元，处罚人数20人。强化木材流通管理，开展木材市场整顿，成立林政清查小组、对市辖范围内木材流通、经营加工单位进行清理整顿。查处违法运输贩卖木材33起，收缴木材32.23立方米，收缴违法资金9729元，罚款3794元，征缴木材变价款5996.26元、补交林业“两金一费”2750元，清理个体经营45家，办理木材许可证31个。开展林业站达标活动，涟滨、双江、杉山3个乡镇林业站实现达标。查处林业各类案件24起。其中，森林刑事案件12起、治安案件2起，处理林业行政案件10起，查获违法犯罪人员64人，其中拘留2人，治安罚款1人，林业行政罚款51人，挽回经济损失2.27万元。治安罚款150元，林业罚款8885元，赔偿损失4953元，收缴木材22.80立方米，折款4484元，其他折款4238元。1994年，市政府制定《娄底市林地管理实施细则》，全年查处非法贩运木材案件120起，清理整顿木材经营加工单位180家，核发木材经营加工许可证165家，对无证经营加工单位罚款2万元。1995年，审核木材经营加工单位216家，清理整顿木材经营加工单位281家次，取缔非法经营单位2家。推行征占用林地许可证制度，清理1992年以来征占林地单位29家，处理12家。

1996年，年审木材经营加工单位101家。其中，木材半成品经营16家，加工及销售74家，新办加工许可证20家。清理征占林地单位30家，处理10家。1997年，年审木材经营加工单位94个，年审率84%，新办木材经营加工许可证13个。依法清理征占用林地单位50个，处理20余个。1998年，以查处集体滥伐案件为突破口，严厉打击毁林犯罪。查处各类森林案件28起，处罚55人次。其中，刑事处罚3人，林业行政处罚52人次，收缴木材34立方米，挽回经济损失8.10万元。年审木材经营加工单位83家，年审率达到96%。清理1994年以来征占用林地单位28家，处理20家。扶植发展养殖加工专业户20余户。其中，养殖2家，经营加工18家。年审木材经营加工单位83家，年审率96%。对全市林地实行用途管制，整顿经营加工单位70家。收缴属国家二、三级保护动物11只，野生动物保护和开发利用逐步走上规范化管理。

1999年，娄星区继续实施林地用途管制，清理整顿乱征滥占林地42家，处理13家。2000年，加强林政管理，实行森林资源目标化、制度化管理。加强林地保护和管理，实行征占用林地初审制度，遏制乱批滥占、不批乱占现象，较控制林地流失现象。做好山林权属纠纷调处工作。加强对木材加工经营市场管理，组成木材市场清查小组，逐个市场进行清查，保护合法经营，打击违法经营，查处和取缔非法经营、加工单位。野生动物保护管理推行限额管理，严格审核办理野生动植物经营许可证。3月，开展野生动植物保护宣传和经营单位年检，抽调人员组成野生动植物专项执法检查组，对集贸市场野生动植物经营者进行规范经营整顿，除城南、涟钢2家市场准许野生动植物经营外，其他市场一律不许经营。对餐饮行业和其他有关场所进行执法检查，检查230家经营场所，将收缴国家保护动物全部放生。借助电视广播等宣传工具宣传野生动物保护。2001年，健全区乡村三级护林组织，继续实施封山育林，对万宝、茶园2镇集中成片天然阔叶林采取全封，辅以适当营林措施，被国家、省林业部门肯定为“中南五省保护得最好的天然阔叶林”。对野生动物市场和经营加工户进行清理整顿，取缔非法经营户和加工单位30家。对城区主要市场进行突击检查，收缴蛙类、蛇类等二、三级保护动物，全部放生，现场录像在电视台连续播放，控制乱捕滥猎。开展林地占用专题宣传、森林防火、野生动物保护、爱鸟周宣传活动，出动宣传车巡回宣传60多台次，悬挂大型横幅、条幅标语40余条，利用广播电视进行宣传，印发各种宣传资料1万余份。发放《护林防火通告》，查处森林案件7起，处罚人数15人次，收缴木材15.8立方米，挽回经济损失1.56万元；发生森林火警、火灾7起，查处6起；核准野生动物经营、加工单位15家，发放狩猎证13个；对城区各集贸市场进行突击检查，收缴属国家二、三级保护动物400余千克，全部放生。2002—2005年，完成“十五”森林资源二类调查工作。通过“十五”二类资源调查，全区（除市经济技术开发区以外）林业用地面积1.45万公顷，森林覆盖率32.10%，林木绿化率42.80%，活立木蓄积量41.67万立方米。发生各类森林案件34起，同比下降46%，立案查处森林刑事案件3起，破获3起，移送审查起诉3人，立森林行政、治安案件31起，办结31起。处理各类违法人员32人，其中治安拘留2人，收缴罚款4.90万元，为国家、集体挽回经济损失19.70万余元，案件办结100%。2006年，加强林政管理，保护森林资源，采伐、经营、运输有序进行。上报办理征占用林地手续29宗，涉及林地征用49公顷。立案查处失火刑事案件1起，治安、林政案件5起，治安拘留1人。

2008年初，特大冰雪灾害给森林资源带来巨大损失。森林受灾总面积6008.80公顷，占林地总面积40.2%，活立木受损26.38万立方米，占森林总蓄积64%，林业直接经济损失8000万元。灾后森林覆盖率减少到24.6%。经一年种植补植、造林和森林自然增长，年底森林覆盖率增加到29.3%。

全年发生各类林业行政案件6起，查处6起，行政处罚7人，罚款3.80万元。审核审批征占用林地30宗，面积114公顷。对2006年以来征占用林地进行清理整顿，对批少占多、非法毁林开垦等严重破坏生态安全行为进行处理，责成恢复整改到位。

二、森林防火

1989年，全年发生火警7起，过火面积8.77公顷；其中成灾面积3.73公顷。1991年，发生森林火灾4起，行政拘留1人，罚款430元，赔偿损失1230元，责令肇事者重新造林或补植。1998年，以加强火源管理提高全民防火意识为防范重点，全市森林安全渡过重点防火期，杜绝重大火灾发生。发生火警3起，火灾13起，过火面积3.93公顷，其中成灾面积2.80公顷。2001年，坚持“预防为主，积极消灭”原则，加强森林防火。森林防火重点期开展宣传，实行24小时防火值班制度，各乡镇建立森林防火应急小分队，发生火警及时组织扑救。森林火警、火灾次数、受损面积大幅减少。至2008年，全区没有发生较大森林火灾。

三、病虫害防治

1989年，域内松毛虫发生面积736公顷。其中，成灾面积187公顷。由于及时防治，未造成大的病虫危害。1991年，松毛虫发生面积302公顷，同比减少59%。防治面积10.67公顷。会同农业、邮电、交通等部门共同研究开展森林植疫工作。检疫种子2.50吨，苗木700余万株。1998年，以防止森林病虫害突发和蔓延为基础，控制森林虫害，全市松毛虫发生面积853.33公顷。其中，重复面积640公顷，发生率2.9%，低于省定发生率标准。防治面积760公顷，防治率88.7%，其中生物防治率78.6%。苗木产地检疫28万株，检疫率为92%；木材产地检疫3000立方米。

2000年，派出技术人员到各乡镇督促林业站测报人员加强测报，及时报告病虫情况。对松毛虫进行10次调查，完成松毛虫4次幼虫期调查。5月，对西阳乡几个重点村进行松毛虫防治，无严重成灾面积。对新发现的森林虫害松茎象开展专项调查。2001年，推行森林病虫害专职测报制度，技术人员坚持定期上山到各观测点跟踪调查虫情，及时预测预报和防治，有效抑制病虫害发生发展。2007年，结合林业有害生物普查，实施国家级萧氏松茎象等森林病虫害综合治理工程。结合全国第一次林业有害生物普查工作，对全区森林植物进行普查，加强和完善松材线虫病预防监测体系和马尾松毛虫预测防治工作。全年松毛虫发生面积206.67公顷。其中，重复发生面积140公顷，防治面积206.67公顷，监测覆盖率81%，防治率100%，测报准确率92%。

四、林业采伐

1992—1993年，严格执行限额采伐制度，坚持按资源状况分配指标。下达限额采伐指标1800立方米，实行森林采伐一本账，在指标管理上不乱开口子，不乱批条子，严格执行森林采伐限额指标，坚持现场鉴定，定期检查验收，实行伐造挂钩，完成采伐1800立方米，限额指标未突破。1994年，下达限额采伐指标1800立方米。根据指标和各乡镇资源状况，层层分解，落实到村、组、户、山头地段，实行审批一支笔、砍伐一把斧、采伐一本账，数量一个样，杜绝不批自砍、少批多砍、未批先砍现象。1995年，编制“九五”期间森林采伐限额计划。全年木材限额采伐3900立方米，其中，商品材1800立方米，自用材2100立方米。1996年，完成木材限额采伐6480立方米。其中，商品材2000立方米，自用材3500立方米，其他用材980立方米。1997年，完成木材限额采伐3780立方米。其中，商品材2500立方米，自用材1200立方米。1998年，限额采伐木材5000立方米。其中，商品材2000立方米，自用材3000立方米，比省下达计划少采伐3000立方米。1999年，采伐木材4500立方米。其中，商品材1800立方米，自用材2700立方米，少于省下达采伐计划。2000年，坚持采伐计划“一本账”，流通运输“三凭证”，全市分配砍伐林木任务1100立方米。按乡镇资源进行分配，落实到村组山头地块。间伐面积50亩以上或更新造林地段均由区林业局把关，派技术人员实地拍样测算。

2001—2005年，严格执行森林限额采伐和林地管理制度。及时制定森林采伐限额，分解到各乡镇，各乡镇林业站再将指标分解到各村组。采伐时，坚持专人负责监督检查制度，避免少批多砍现象发生。

2006年，继续执行限额采伐制，坚持伐前设计、伐中监督、伐后验收原则，完成森林限额采伐5000立方米。2008年，执行年度限额采伐和木材凭证运输制度。开展木材生产计划管理“阳光行动”，对生态旅游区、森林公园、河流两岸、公路沿线林木实行禁伐。全年完成林木采伐6300立方米、毛竹3700根，发放林木采伐许可证188份。核发木材运输证140份，材积4200立方米。

五、林地保护

1989—2008年，建立林地保护利用目标管理责任制，落实责任主体，对约束性指标和主要林地保护利用任务分解下达到各乡镇政府和相关部门，明确各乡镇政府和相关部门林地保护利用责任；建立林地保护利用目标管理责任制，将森林保有量、占用征收林地定额作为政府目标考核重要内容，采取森林保有量、占用征收林地定额一票否决制，建立与之相配套的考核体系和考核办法。 严格按照《林地保护利用规划》保护、管理和使用林地。参照规划要求和相关法律法规政策，建立林地保护、管理、使用制度。依据林地保护等级对各类保护等级林地实行分别管理，严格执行Ⅰ级保护林地全面封禁原则，禁止以任何形式对Ⅰ级保护林地占用和开发。按照不同主体功能区保护利用措施和占用征缴林地定额进行占用征收林地审批。对各主体功能区实行差异化占用征缴林地定额管理。支持重点开发区基础设施建设占用征收林地，严格控制限制开发区建设项目占用征收林地类型和规模，严禁在禁止开发区内与实施生态保护建设无关的建设项目征收占用林地，强化区级林业管理部门对不同区域林地保护利用调控。建立健全使用森林面积占补平衡制度，明确异地造林责任和义务，强化检查监督机制。

第三节　林业发展与改革

1989年，娄底市委、市政府作出《关于“三年消灭宜林荒山，八年全面绿化娄底”的决定》，与乡镇人民政府、街道办事处签订领导干部任期目标管理责任状，制定年度各乡镇目标管理实施细则。改选和充实市绿化委员会领导班子，开展资源家底调查，确定林业发展战略。开展林业志编纂工作，经过一年多努力，完成编纂。开展乡村林场调查，在地区林调队配合下，对乡村林场进行调查，摸清乡村林场建立时间、个数、面积、生长量、蓄积量、经营方式，管理状况等基本情况，为“以联兴林，以统保林”提供依据。全市有乡村林场128个，经营面积4000公顷，林木蓄积量9.38万立方米。开展1984年来速生丰产林基地调查和经济林基地调查，摸清面积，投资金额，生长状况，投资效益和存在问题，为大面积建立速生丰产基地和经济林基地决策提供科学依据。制定娄底林业发展战略规划，成立战略规划编写领导小组，组织专门力量，科学论证全市林业发展战略，编制《娄底市1989—2000年林业发展总体规划》。

1990年，稳定和完善林业政策，巩固和发展乡村林场。采取分类指导办法，引导群众和乡村组织兴林办场。面积大、相对集中承包到户的山头地段采取在“分”的基础上实行“统”，统一规划、统一造林、统一管理。对面积小、相对分散的山边、路边、河边采取在“统”的基础上实行“分”，责、权、利相结合，引导和鼓励农民发展“三边”林业、庭园林业，兴办小果园、小竹园、小花园。面积过大，面积相对集中而村组无法经营管理林地，则以“联”的方法，乡村组联合造林，风险共担，收入按比例分成。全市新建林场18个，面积255.13公顷，占人工造林面积24%。新建林果场中，乡办4个，面积80公顷。其中，用材林3个58公顷，小水果场1个22公顷。村办林场12个，面积160.67公顷。其中，用材林场10

个，面积142公顷；小水果场2个，面积18.67公顷。承包大户创办小水果场2个，面积14.47公顷。1991年，落实地委、行署确定的“三年消灭宜林荒山，八年全面绿化娄底”战略要求（简称“三八”决定），层层签订按期绿化达标责任状，划分绿化责任区。植树节期间，市委、市政府主要领导按各自分管责任区开展植树造林1.50万株。5月，开展伏天整地工作。在西阳乡民丰村创办伏天整地示范点，高标准整地挖穴8公顷。在双江乡创办示范点21.33公顷。其间，市乡两级领导办点16处，面积82公顷。全市投入造林资金38.64万元。其中，市财政30.89万元，乡财政5.10万元，群众自筹2.65万元。大科、小碧、万宝、石井等10个乡镇按期完成消灭宜林荒山造林任务。1992—1993年，实施封山育林。有封山条件乡村在造林的同时加强封山育林，各乡镇将封山育林列入林业目标管理制内容。市林业局统一规划封育面积，在原封山育林7000公顷基础上，增加封山育林面积2593.33公顷，占累封面积3.7%。建立健全管护制度，实行普遍护林和专业队护林相结合，乡镇林场签订承包合同，以合同为纽带，责、权、利相结合，实行包封、包育、包管理、包成林“四包”，做到有四至界线、有封山碑、有乡规民约、有护林员、有山籍档案材料“五有”。农民自留山、责任山自封自护，集体林场和面积集中成片村组实行统一封山，统一管护。1994年，市委、市政府提出“发展农村经济优势在山、潜力在山、希望在山、致富在山”发展战略，实施“水果市”建设。成立市水果开发工程指挥部，乡镇成立相应的果木林开发指挥部。市政府和各乡镇签订果木林开发责任状，实行目标管理。推行领导定乡办点做法，以点促面。实行以奖代补形式解决果木林开发苗木费。全市有12名处级以上干部办点5处，面积166.67公顷；科级干部办点18处，面积273.33公顷。至年底，完成炼山整地833.33公顷，占造林预安排任务78.1%。1995年，推进“水果市”建设，完成炼山整地733.33公顷。

1996年，申报“森林城”建设项目立项，完成《森林城建设项目建议书》《森林城总体设想》《建设娄底森林城可行性论证报告》编制。1997年，抓好“森林城”建设和林业改革发展，成立“森林城”建设领导小组，制定实施方案，确定“森林城”建设指导思想，建设规模、实施步骤，林业部于3月25日行文批准，娄底市为全国第一个县级“森林城”建设试点。5月，市委、市政府召开专题会议，组建“森林城”建设指挥部，市委书记肖志良任指挥长，副指挥长由分管林业副书记、副市长及人大、政府、政协等领导担任，各有关部门负责人为指挥部成员，指挥部下设办公室，配备专门技术人员负责“森林城”建设具体工作。确定“先确定总体红线，后确定规划网络，再辐射全面”规划思路，采取实地调查、专家论证等方法，完成《娄底市森林城总体规划》编制。10月20日，省林业厅受林业部委托，组织专家教授对总体规划进行评审。是年，市委、市政府为“森林城”建设争项目、争资金，国家林业局将“森林城”建设子项目花木苗圃、观光果园列入林业部1998年投资计划。在“森林城”建设的同时，妥善调处林场山界林权纠纷。市林业局成立林权纠纷调处领导小组，确定“尊重历史和现实、客观公正，有利于社会稳定、有利于森林资源发展和保护利用”工作思路，全年调处林权纠纷4起。加速科技推广和服务网络建设，形成以市推广站为中心，以基层林业站为桥梁，以乡村集体林场、果场和科技示范户为基础的科技服务网络。围绕信息、种苗、果园规划设计、炼山整地、果树修剪、果园培管关键环节，建立和完善基层林业站科技兴林目标管理责任制。确定科技服务“4个1”目标，即投入经费1000元以上，发展1个科技示范户，建立1个技术服务点，投入经费2.50万元，举办各种技术培训班12期，培训人数310人次；引导、发展科技示范户和林业开发大户11户，面积213.33公顷；建立技术服务点22处，印发技术资料6000余份。加强乡镇林业站管理，对基层林业站人员进行调整和交流。制定《娄底市林业站管理实施意见》，对林业站职责、工作程序、奖励办法等进行明确和规范。市林业局对局属公司、苗圃实行独立核算、自负盈亏大包干责任制。全年苗圃繁育苗木30多个品种，出苗15万余株。1998年，启动“森林城”建设。市人大常委会通过《关于建设娄底森林城建设的决定》，市政府制定《娄底市森林城建设管理办法》和《娄底市森林城建设实施方案》，明确各单位职责、目标、任务及项目建设期限。筹资300多万元，相继完成娄底新火车站广场、湘黔铁路娄底段、娄湘公路娄底段及乐坪西街绿化，新建涟钢月琴山公园、仙女寨森林公园、万宝观光果园。森林城花木苗圃建设纳入国家林业局1999年投资扶植项目。引进推广各类名优品种20多个，杨梅引种科研成果获地科技进步二等奖。新扶植发展科技示范户和林业开发大户10户，经营面积80公顷，年创产值300余万元。

1999年，娄星区继续抓好“森林城”建设。以创建园林式活动、加强公共绿地建设为突破口，增加投入，全区“森林城”建设投入经费300余万元。区委书记张定良先后6次听取林业工作汇报，并多次到双江乡洪家山、万宝镇仙女寨等规划景点调查指导；区长周世辉4次主持召开政府常务会会议，研究协调解决“森林城”建设和林业工作中具体问题。开展优良品种引种和繁育工作，为农户提供种苗，建立乡镇林业站科技服务机制。2000年，结合农业产业结构调整，优化林业产业结构。实施二次造林绿化攻坚，重点抓好“三难地”造林，实行封山育林，发展油茶种植项目。

2001年，以“森林城”建设为主线，加强种苗工程建设和造林绿化。在森林城建设子项目林木国债种苗工程带动下，全区发展育苗专业户30余户，引进优良品种13个。各林业站发挥带头示范作用，开展优良品种引进和繁育。百亩乡林业站苗圃从省林科院引进优质油茶苗木，从攸县请来23名技术人员进行现场技术指导，历时半月，培育20万株优质油茶苗。开展森林分类区划界定工作，加强封山育林和天然阔叶林保护，健全区、乡、村三级护林组织，继续实施封山育林，对万宝、茶园集中成片天然阔叶林采取全封，辅以营林措施。2003年，水府庙库区湿地保护、名优特经济林、国家公益林补助资金和市级重点生态公益林补助试点等项目实施。局属各单位建立苗木、花卉、果树等示范园。林业科技推广站投资10余万元，在大科乡建成鲜花生产基地。万宝镇石埠村建成20公顷花卉苗木生产基地，生产樟树、红继木等绿化苗木。万宝镇江溪村建设20公顷水果基地，引进美国玫瑰李、日本板栗等新品种。2006年，推行退耕还林补贴资金“一卡通”。以市林调队为主、区退耕办协调、乡镇林业站配合方式，对全区2880公顷退耕还林地和3200个小斑进行检查验收，按照退耕还林检查验收技术规程，对合格小斑兑现退耕还林补贴资金；不合格小班发出整改通知，再次检查验收合格后，再予兑现。启动林地、林权登记换发证工作，制定实施方案，明确工作任务，落实责任制。完成大部分无纠纷林地和退耕还林地现场核实和公示工作。2007年，抓好林地林权登记发证工作，完成无纠纷林地电脑录入7333.33公顷。完成矿区植被保护和生态恢复工程本底调查工作。组织有关林产品企业参加湖南省林博会、花博会，万宝镇生产的红枣汁产品获得金奖，省人民政府向中国国际林博会推荐参展。开展招商引资，全年完成利用内资310万元。其中，石井蛟龙农业合作社投资80万元，小碧农科教苗圃投资80万元，培育珍稀苗木；百亩乡苗圃投资50万元、娄底双星农业开发有限公司投资100万元，发展木本药材生产。

2008年，区委、区政府制定打造“千里油茶产业带”建设“1000万亩优质油茶林”战略目标，全区新造油茶面积133.33公顷，改造老油茶林地面积133.33公顷。

附：洪家山省级森林公园

洪家山森林公园位于双江乡境内，与宁乡、湘乡、涟源等县市接壤，区域涉及双江、小碧、万宝等3个乡镇 23个村（场），面积4914.80公顷，区域林地面积3778.40公顷，森林面积2701.90公顷。属亚热带常绿阔叶林区，森林覆盖率58%，有植物84科436种。

公园地貌有低山地貌，也有丘陵地貌，成土母岩以砂砾岩为主，土壤以砂砾岩发育的红壤为主。土壤肥力较好，适宜杉木、马尾松、阔叶树等多种植物生长，林木葱郁，物种繁多，森林覆盖率高，自然生态系统保持相对较好。人文景观资源丰富，旅游资源优势突出。集山、水、洞、林和人文景观于一体，是休闲度假、旅游观光好去处。120多座山头组成的洪家山层叠起伏、林木苍翠，空气清新、景致独特。另有险幽奇深圣仙洞、保存完好华池洞，有红军虎将贺国中烈士故居。洪家山森林公园成为娄底乃至湘中地区休闲娱乐“后花园”。

1997年，洪家山森林公园作为国家立项的娄底森林城项目子项目开发建设。2003年3月，湖南省人民政府批准洪家山森林公园为省级森林公园。

第四章 水 利

1990年，娄底市水利水电局内设人秘股、水电股、水利管理站、机电排灌站等股室。1999年，娄底市水利水电局更名为娄星区水利水电局，下辖娄星区抗旱服务队、白马灌区娄星区中心站、娄星区城北水利站、水电工程队等4个二级机构。2002年11月，水利水电分家，区水利水电局更名为娄星区水利局。2007年8月，区移民办更名为区水库移民开发管理局。2008年，区水利局内设机构有办公室、人事教育股、财务股、水政水资源股、科技教育股、区移民开发管理局，下属单位有防汛抗旱服务队、白马灌区中心站、城北水利站、双江水库管理处、水电工程队，辖8个乡镇水管站。先后获得“湖南省防汛抗旱先进单位”、全省“依法办事示范窗口单位”称号，抗旱服务队被人事部、水利部表彰为“全国水利系统先进单位”。

1989—2008年历任局长：曹福来、彭建平、肖新平、张春光、周群义。

第一节 水利建设

至2008年，娄星区（娄底市）有各类水利工程1.67万座（处）。其中，中型水库1座，小（1）型水库7座，小（2）型水库26座，山塘1.53万口，河坝406处，电排站515处，大小机埠780处，农村安全饮水工程40余处，干支渠道1120千米。各类水利工程蓄、引、提总水量7274万立方米，总灌溉面积5940公顷，有效灌溉面积5046.67公顷。形成以水库为骨干、塘坝为基础，蓄、引、提相结合的农田水利工程灌溉体系。

一、蓄水工程

（一）山塘

1989年，域内有大小山塘1.53万口，大部分建于20世纪60—70年代。1991年，全市投入工时147万个，完成山塘建设3000口。1992年，完成整修山塘2000口，新建山塘100口。2002年，整修山塘1800余口，新建山塘20口，混凝土防渗山塘1000口。2004—2007年，完成山塘整修1500余口，新建山塘10口，混凝土防渗山塘90口。2008年，新修山塘10口，整修山塘1530口。

（二）水库

1989年，域内各类水库大部分始建于20世纪50—70年代，多由大山塘改造而成，防洪设计标准低，病险问题普遍存在。1991年，新扩建小型水库8座。2002年，全区恢复新扩建小型水库10座。2004—2006年，新扩建小型水库8座。2008年，完成8座水库除险加固工作。

2008年娄星区小型水库一览表

表12-7

编号	水库名称	规 模	乡 镇	灌溉(公顷)	
				设计	实灌
1	桎木	小(1)型	茶园	452.13	700
2	新坪	小(1)型	万宝	280.53	193.33
3	流石塘	小(1)型	石井	181.20	126.67

续表12-7

编号	水库名称	规 模	乡 镇	灌溉(公顷)	
				设计	实灌
4	高坪	小(1)型	小碧	553.33	300
5	红卫	小(1)型	石井	—	—
6	富公亭	小(1)型	万宝	—	—
7	民兵	小(1)型	万宝	—	—
8	长塘	小(2)型	茶园	26.67	46.67
9	鱼岭	小(2)型	茶园	33.33	33.33
10	枫树	小(2)型	茶园	33.33	30
11	清水塘	小(2)型	茶园	23.33	20
12	枯鸡塘	小(2)型	茶园	33.33	32
13	青山	小(2)型	茶园	40	8
14	松山	小(2)型	茶园	30	33.33
15	杨柳	小(2)型	杉山	20	26.67
16	铁丝塘	小(2)型	杉山	20	13.33
17	国庆	小(2)型	杉山	20	16.67
18	小田	小(2)型	双江	27.33	26
19	朱加	小(2)型	双江	20.67	16.67
20	企石	小(2)型	双江	20	18.93
21	天壶	小(2)型	双江	26.67	23.33
22	义坪	小(2)型	双江	29.33	40
23	潭溪	小(2)型	双江	30	23.33
24	青联	小(2)型	小碧	20	16.67
25	栗山	小(2)型	小碧	28	2.67
26	镇南	小(2)型	小碧	36.67	13.33
27	蛟龙	小(2)型	石井	23.33	23.33
28	松江	小(2)型	石井	42	10
29	杉树	小(2)型	石井	30	26.67
30	环江	小(2)型	石井	6.67	6.67
31	共荣	小(2)型	百亩	26.67	10
32	荷叶	小(2)型	百亩	—	—
33	福潭	小(2)型	大科	40	33.33

二、引水工程

（一）河坝

1989—2008年，域内有小型河坝456道，集雨面积20.13平方千米，灌田1260公顷。“十五”期间，全区整修河坝30道。2002年，新建河坝3道。2004—2007年，新建河坝2道。

（二）白马灌区

白马水库兴建于1958年10月，位于孙水河上游涟源市白马村。1963年，完成枢纽工程，开始渠系配套。1989年，白马水库建成混凝土标准防洪渠56.60千米，3333公顷农田实现旱涝保收。娄星区属白马灌区白马水库供水尾端，灌区内左、右干渠分别从涟源市斗笠山镇、水洞底镇进水，供娄星区石井、百亩、大科、万宝、茶园5个乡镇、街道农业生产灌溉和农村生活用水，设计灌溉面积3533.33公顷。左、右干渠长40.80千米、大小支渠30条137.80千米，放水涵闸428处，泄洪闸12处，倒虹吸管4处，渡槽6处，隧洞4处，大小暗涵12处。支渠渡槽4处，隧洞3处，倒虹吸管2处。

白马灌区工程属“大跃进”时期（边规划、边设计、边施工）“三边”工程。20世纪70年代，灌区水利工程采取“三合泥”块石护坡防渗。1990年后，采取混凝土防渗。2003年，白马水库骨干工程实施高标准混凝土防渗改造，干渠防渗40%，支渠防渗20%。1995年，按涟源、娄底两市政府《白马水库灌区水费收交标准和使用办法》规定，基本水费每亩收取4元，按方收费每立方米收取0.06元，上交白马水库管理处基本水费每亩1元，按方收费0.028元/立方米。2006年，国家实行免交农业税后，停止收费。白马灌区娄星区中心站管理5个乡镇街道内干支渠，下设5个乡镇、街道白马渠道管理站，中心站有人员20人，5个乡（街道）站财政差额编制22名。

2008年，水管体制改革，解决白马灌区娄星区中心站财政全额编制11名，财政差额编制6名，乡镇灌区管水站人员为财政差额编制。

（三）双江水库

双江水库地处湘江三级支流、涟水二级支流井勘河上，大坝（Ⅰ坝址）位于双江乡青桥村茶亭子，距城区34千米，距双江乡政府4千米。大坝控制集雨面积19.55平方千米，大坝以上干流长度9.40千米，干流平均坡降11‰，外引集雨面积8.30平方千米，是一座以灌溉、城市供水为主，结合防洪、旅游等综合利用的中型水利工程。设计灌溉面积3533.33公顷。水库枢纽工程包括大坝、隧洞等建筑物，大坝为细石混凝土砌块石双曲拱坝，坝顶弧线长178.79米，最大坝高55米，坝顶高程251米（不含防浪墙高），正常蓄水位249米，输水隧洞为直墙圆拱式，长1506米。1995年动工兴建，2008年6月25日，关闸蓄水。

枢纽工程 大坝为细石混凝土切块石双曲拱坝，最大坝高55米，坝顶高程251米（不含防浪墙高），坝顶弧线长178.79米，坝底最大宽度为13.50米。大坝基础土方0.02万立方米，坡面石方开挖8.14万立方米，混凝土、钢筋混凝土及混凝土砌块石5.68万立方米，固结灌浆3378米，帷幕灌浆5413.69米。大坝左岸下游护坡工程土方开挖3.10万立方米，混凝土护坡0.74万立方米，浆砌石216.90立方米，坡面锚固处理600立方米，锚杆586根。水库泄洪采用坝顶表孔泄洪方式。泄水建筑物即为大坝溢洪段，布置在大坝中部。溢流堰为WES实用堰，堰顶高程249米，设3孔，孔口尺寸为8米×2米（宽×高），无闸门控制。放空管位于坝体中部，进口底板高程为213米，管径1米。

双江水库二道坝位于大坝下游100米处，长40米。其中，溢流段长24米，非溢流段长16米，左右非溢流段呈对称布置，坝顶宽度2米。输水建筑物包括进水卧管和输水隧洞，布局于大坝右岸。进水卧管与隧洞进口布局于右岸大坝上游附近冲沟出口处，卧管全长50米，管内径1米，卧管设7个进水口，进水口闸门为盖板式铸铁闸门。输水隧洞为圆拱直墙式无压隧洞，洞长1506米，进口底板高程215.50米，出口底板高程213.38米，坡降1/800。

移民安置 双江水库移民安置采取后靠安置、外迁安置办法，共安置移民1238人。

总投资与总工期 双江水库枢纽工程设计静

态总投资8982.41万元，其中工程建设部分6537.51万元，移民安置补偿费2408.94万元。设计总工期3年。由于资金及移民等方面原因，导致工程建设停工。2000年8月再次动工建设，至2008年2月完工，工程耗时7年半，实际完成投资1.03亿元。其中枢纽工程7890万元，移民安置2410万元。

三、提水工程

（一）机埠

至2008年，全区有电灌站780处，装机总功率7868千瓦，年供水总量1387.20万立方米，灌溉面积2266.67公顷。“十五”期间，新建维修排灌机埠115处，其中2003年改造机埠设备21处330千瓦。2004年，完成68处机埠更新改造。

（二）泵站

1989—2002年，全区建成水轮泵站30处。至2008年，域内有泵站46处，装机总功率2229千瓦，灌溉流量为5.29立方米/小时，灌溉稻田面积344.33公顷。累计运行2.46万小时，累计提水灌溉量825.38万立方米。

2008年娄星区泵站一览表

表12-8

泵站名称	所在河流	所在灌区	泵站位置	流量(立方米/秒)	功率(千瓦)
碧溪泵站	涟水	碧溪灌区	黄泥塘街道碧溪村	0.162	100
波斗泵站	涟水	山塘灌区	花山街道山塘社区	0.013	15
坎上泵站	涟水	山塘灌区	花山街道山塘社区	0.0168	15
山塘蒋家泵站	涟水	山塘灌区	花山街道山塘社区	0.013	15
大桥泵站	涟水	涟滨灌区	黄泥塘街道涟滨村	0.0687	45
二号泵站	涟水	涟滨灌区	黄泥塘街道涟滨村	0.0167	15
三号泵站	涟水	涟滨灌区	黄泥塘街道涟滨村	0.026	22
四号泵站	涟水	涟滨灌区	黄泥塘街道涟滨村	0.0123	11
一号泵站	涟水	涟滨灌区	黄泥塘街道涟滨村	0.0167	15
南阳泵站	涟水	南阳灌区	黄泥塘街道南阳村	0.025	30
天王寺泵站	涟水	清潭灌区	花山街道清潭社区	0.0668	45
花溪泵站坝坎泵站	涟水	恩口灌区	黄泥塘街道恩口村	0.0625	37
花溪泵站茶场泵站	涟水	恩口灌区	黄泥塘街道恩口村	0.0611	37
花溪泵站恩口桔场泵站	涟水	恩口灌区	黄泥塘街道恩口村	0.1795	115
花溪泵站高上泵站	涟水	恩口灌区	黄泥塘街道恩口村	0.0167	15
花溪泵站红卫泵站	涟水	恩口灌区	黄泥塘街道恩口村	0.1825	115
花溪泵站为子泵站	涟水	恩口灌区	黄泥塘街道恩口村	0.0186	17
花溪泵站下大泵站	涟水	恩口灌区	黄泥塘街道恩口村	0.0688	45
花溪泵站柞树泵站	涟水	恩口灌区	黄泥塘街道恩口村	0.0268	22
大花泵站	涟水	东来灌区	黄泥塘街道东来村	0.17	110

续表12-8

泵站名称	所在河流	所在灌区	泵站位置	流量(立方米/秒)	功率(千瓦)
合水湾泵站	涟水	东来灌区	黄泥塘街道东来村	0.1125	75
回水泵站	涟水	东来灌区	黄泥塘街道东来村	0.1639	105
坎来上泵站	涟水	东来灌区	黄泥塘街道东来村	0.013	15
陆家泵站	涟水	东来灌区	黄泥塘街道东来村	0.027	32
满天星泵站	涟水	东来灌区	黄泥塘街道东来村	0.0168	15
钱家泵站	涟水	东来灌区	黄泥塘街道东来村	0.018	21
山口泵站	涟水	东来灌区	黄泥塘街道东来村	0.0358	32
谭家山泵站	涟水	东来灌区	黄泥塘街道东来村	0.1653	105
友谊泵站	涟水	东来灌区	黄泥塘街道东来村	0.1458	100
联井泵站	涟水	—	花山街道思塘社区	0.023	28
神童湾泵站	涟水	—	花山街道思塘社区	0.029	35
思塘总泵站	涟水	—	花山街道思塘社区	0.031	37
煤化公司泵站	涟水	—	花山街道神童湾社区	0.1111	160
涟钢二泵站	涟水	—	黄泥塘街道洪家洲社区	0.5	160
涟钢三取水泵站	涟水	—	黄泥塘街道东来村	0.2987	100
涟钢一泵站	涟水	—	黄泥塘街道索桥社区	0.56	135
大涵子泵站	涟水	对江灌区	花山街道对江村	0.013	15
大型泵站	涟水	对江灌区	花山街道对江村	0.0622	35
对江片泵站	涟水	对江灌区	花山街道对江村	0.025	30
合升片泵站	涟水	对江灌区	花山街道对江村	0.0265	25
江家泵站	涟水	对江灌区	花山街道对江村	0.013	15
桥上泵站	涟水	对江灌区	花山街道对江村	0.009	11
蔬菜片泵站	涟水	对江灌区	花山街道对江村	0.023	27
云家泵站	涟水	对江灌区	花山街道对江村	0.013	15
双园二号泵站	涟水	双园灌区	黄泥塘街道双园社区	0.0167	15
双园一号泵站	涟水	双园灌区	黄泥塘街道双园社区	0.0668	45

四、饮水工程

全区有泉井232口，通过对泵井、矿井排水理论分析，地下水年可供水量为510万立方米。2006年起，实施农村安全饮水工程。至2008年，完成43处农村饮水工程项目建设。

2006—2008年娄星区农村饮水安全工程一览表

表12-9

序号	供水工程名称	解决人数(人)	投资(万元)					文　号
			小计	国家	省	市区	其他	
2006年(第一批)		5000	175	75	—	75	25	娄发改农〔2006〕397号
1	万宝镇自来水厂	2492	71	31	—	31	9	
2	石井乡三圭自来水厂	1297	48	20	—	20	8	
3	茶园镇砂干铺村	494	18	7.50	—	7.50	3	
4	万宝镇浒石村	200	7	3	—	3	1	
5	小碧乡镇南村	200	7	3	—	3	1	
6	百亩乡楂泉村	177	9	3.50	—	3.50	2	
7	万宝镇江溪村	140	5	2	—	2	1	
8	其他费用	—	10	5	—	5	—	
2006年(第二批)		3600	132	60	—	56	16	娄发改农〔2007〕72号
1	石井乡三圭村	948	33.20	15	—	15	3.20	
2	茶园镇塘群村	347	11.60	5.20	—	5.20	1.20	
3	茶园镇石鼓村	234	7.80	3.50	—	3.5	0.80	
4	万宝镇东方红村	333	11.10	5	—	5	1.10	
5	百亩乡梧桐村	460	17.30	7.80	—	7.8	1.70	
6	双江乡洪山村	400	13.30	6	—	6	1.30	
7	万宝镇群益村	400	13.30	6	—	6	1.30	
8	双江乡方石村	465	15.60	7	—	7	1.60	
9	万宝镇埡古村	13	1.10	0.50	—	0.5	0.10	
10	其他费用	—	8	4	—	—	4	
2007年		3920	157.96	64	23.52	47.04	23.4	娄发改农〔2007〕435号
1	百亩乡朝阳村	640	29.63	8	3.61	7.22	10.80	
2	茶园镇新辉村	400	14.77	6.50	2.26	4.51	1.50	
3	双江乡农新村	385	14.21	6.20	2.17	4.34	1.50	
4	双江乡万家村	276	10.27	4.50	1.56	3.11	1.10	
5	小碧乡集和村	390	14	6	2.20	4.40	1.40	
6	石井乡山泉村	450	16.22	7	2.54	5.08	1.60	
7	茶园镇石塘村	353	12.27	5	1.99	3.98	1.30	
8	小碧乡同安村	405	15.45	7	2.28	4.57	1.60	

续表12-9

序号	供水工程名称	解决人数（人）	投资(万元)					文 号
			小计	国家	省	市区	其他	
9	茶园镇下洲村	401	14.38	6	2.26	4.52	1.60	
10	万宝镇新柏村	220	8.72	4	1.24	2.48	1	
11	其他费用	—	8.04	3.80	1.41	2.83	—	
	2008年(第一批)	4900	238.8	150	—	88.8	—	娄发改农〔2008〕477号
1	双江乡自来水厂	2400	112	70	—	42	—	
2	万宝水厂续建	1000	45.20	28	—	17.20	—	
3	双江乡佳仑村	500	22	14	—	8	—	
4	百亩乡百亩村	400	18	10.40	—	7.60	—	
5	小碧乡对家村	400	18.20	12	—	6.20	—	
6	大科办事处水洋村	200	9.80	5.6	—	4.20	—	
7	其他费用	—	13.60	10	—	3.60	—	
	2008年(第二批)	2715	133	55	16.06	32.14	29.8	娄发改农〔2008〕510号
1	茶园镇建农村	369	18.54	8.40	2.08	4.16	3.90	
2	双江乡天壶村	396	19.8	8.90	2.23	4.47	4.20	
3	石井乡石井村	421	21.12	7.40	2.70	5.40	5.62	
4	茶园镇鱼岭村	435	21.96	7.80	2.37	4.75	7.04	
5	万宝镇龙井村	479	23.90	9.50	2.45	4.91	7.04	
6	杉山镇集云村、四季村	615	22.41	10	3.47	6.94	2	
7	其他费用	—	5.27	3	0.76	1.51	—	

五、防洪工程

（一）涟钢北大桥至涟钢大桥段堤防工程

位于涟水河北岸涟钢北大桥至涟钢大桥之间。2006年开工建设，2008年建成，投资2900万元，全长1.45千米，对应娄底市城市防洪规划桩号为0+000～1+450，湖南华菱涟源钢铁有限公司自建防洪堤，为浆砌块石重力式挡土墙，防洪标准为50年一遇。

（二）湘水河道治理堤防工程第一期工程

位于娄底市城北防洪堤涟钢大桥至下游450米，堤防全长450米。2000年12月开工建设，2001年7月建成。浆砌块石重力式挡土墙，堤长450米，堤宽1米，防洪标准50年一遇。娄底市水利局承建，投资362.35万元。其中，国家投资300万元。

（三）湘水河道治理堤防工程第二期工程

位于娄底市涟水河北岸一大桥至梅子湾段，对应桩号为2+840～5+059，为均质土堤。全长2.22千米，穿堤自流涵闸3座，净宽3米。2002年12月开工建设，2005年12月完工。防洪标准50年一遇，投资1607.79万元。其中，国家投资1220万元，征地拆迁补偿费343.57万元。

（四）亚行贷款防洪工程

位于涟水河南岸一大桥至三大桥，全长4.40千米，为浆砌石+均质土堤。堤顶宽度3.5～10米，堤顶高程99.36～101.16米，防洪标准为50年一遇。2007年6月开工建设。

（五）龙泉花园至桃子湾大桥段堤防工程

位于孙水河北岸龙泉花园至桃子湾大桥，全长2.10千米，为均质土堤，桩号为1+900～4+000。工程由市城投集团负责建设，2007年4月开工建设，防洪标准50年一遇，投资4260万元。

第二节　防汛抗旱

1990年，娄底市防汛抗旱指挥部成立，指挥调度中心设水利局。1999年7月，更名为娄星区防汛抗旱指挥部。由区（市）政府分管领导任指挥长，指挥部成员由发改、经济、商务、水利、国土资源、气象、民政、交通、公安、卫生等部门负责人组成。区防汛指挥部办事机构设区水利局。防汛指挥部根据每年实际情况抽调有关部门工作人员组成监测、信息、转移、调度、保障5个工作组。各乡镇和中型水库也相应建立防汛抗旱指挥机构。各级防汛抗旱实行首长负责和分片包干责任制。防汛抗旱工作主要包括防汛抗旱准备和部署、防汛抗旱指挥调度、防汛抗旱队伍组建及物资器材储备、防汛抗旱应急预案。

一、防汛

（一）汛前检查

1989—2008年，每年汛期前，以乡镇为单位对本地水利工程开展普查，区防汛抗旱指挥部（简称防指）和区水利局开展检查或抽查重点防汛工程和上型水库，发现问题登记造册，及时处理。利用会议、广播、电视、墙报、标语等多种形式，加强宣传培训，开展演练，制定防汛应急预案和抗旱应急预案。对各类调度预案、转移预案、抢险预案，逐年进行常态化研修，所有上型号工程和山洪灾害危险区、干旱易发区实现全覆盖。

每年汛前，区防汛抗旱指挥部下达物资储备计划，明确砂石料、纤维袋、木材、钢材、应急照明灯等防汛抢险物资储备额。市区乡三级和水库管理单位按照实物储备与资金储备、本级储备与委托储备相结合原则，建立抢险物资储备仓库和存放点。加强常用易耗防汛抗旱物资储备，购置补充备用发电机组等现代防汛装备。

（二）指挥调度

1989年，娄底市防汛工作通过广播、信息、简报、电话、座谈会以及下乡检查、直接对话等形式进行部署。坚持首长负责制，落实岗位责任制，市、乡镇、村层层建立防汛抗旱组织机构。市政府组织工作组到灾情严重村、组，帮助抢险救灾、恢复生产、重建家园，拨出7万元经费用于支持恢复水毁工程。1990年，市防汛抗旱指挥部成立办公室，与49座水库和重点防洪围堤的管理单位签订责任状。突出工程扫尾和险、患工程抢修，制定度汛方案及防范措施。防汛抗旱指挥部办公室储备麻袋2万个、草包5000个、木材20立方米及水泥、导线、机电设备等防汛抢险物资。是年，灾情发生后，市委、市政府及时部署，组织工作队到各乡镇组织抢险救灾，恢复生产。市水电局及时调查灾情，制订水毁工程恢复计划，组织抢修，90%水毁工程在旱季前修复。1994年，落实防汛工作责任制，对全市51座水库下达度汛计划，落实防汛值班制度，储备防汛物资，准备防汛麻袋、编织袋1万个，木材20立方米，砂石6000立方米。1995年，出动干部1178人，组织群众6.50万人投入抗洪抢险中，处理险情393处，堵住山塘河坝缺口120处，抢救物资8万余件。1996年，发生特大洪灾，市委、市政府连续2次召开紧急会议，部署防汛抢险工作。38名市级领导和200余名机关干部到一线抢险救灾。粮食局组织车辆派送麻袋到出险工地；农机公司组织排水管支援双江镇排水抢险；武装部组织基干民兵奔赴受灾现场抢险。灾后及时开展生产自救，组织工作队逐村逐户核实灾情，抢收早稻，排渍、清淤、洗苗，投入专项资金支持重灾户恢复生产，重建家园。1998年3月，市政府调整充实市防汛抗旱指挥成员，召开全市防汛工作会议，落实防汛器材。市政府印发《市级领导责任区及责任工程明细表》，51座水库明确市级领导防汛度汛责任。汛前对51座水库进行防汛安全检查，按照分级管理原则，所有水库逐处签订行政首长负责制防汛保安责任书。安装8个雨量站，气象、水文部门坚守岗位，及时预报雨情。市防汛抗旱指挥部随时了解雨情、水情动态，发布防洪通知、制定抢险方案，派出30余名工程技术人员在各险工险段值守，指挥抢险。

2002年4月23日，娄星区召开全区防汛工作大会，对全区防汛抗旱工作进行动员部署，市政府与各乡镇签订目标管理责任状，明确各水库防汛行政责任人和技术责任人。区防汛抗旱指挥部根据各水库运行状况，制定并下发各水库度汛计划及防洪预案，严格执行防汛值班制度，及时掌握各水库水情、雨情及工情。2005年6月，域内发生洪涝灾害。全区各级各部门及时对受灾群众进行安置，组织群众开展生产自救。区委书记、区长到各乡镇、街道对水库安全度汛措施情况等进行督查，农办、水利局等单位对水毁工程进行检查，做到人员到位、度汛物资到位、防汛抢险预案到位、防汛抢险队到位、信息通信到位、防汛督查到位。灾后发动社会募捐，全区募集救灾资金33.36万元，用于灾民安置和恢复生产。

（三）水文监测

1989年，水文部门在市境内设有娄底水文站和石安水文站。气象部门建有自动雨量监测站10个。通信方面，所有乡镇和村通有线电话和移动电话。2007年，娄星区防汛抗旱指挥部办公室和娄底市防指办公室共同建设15个报警设施示范村，每村配备功放系统设备1套，不间断电源1个、话筒1个、有线高保真喇叭1个。

（四）抗洪抢险

1990—2008年，域内发生较大洪灾年为1989年、1990年、1993年、1994年、1995年、1996年、1998年、1999年、2000年、2002年、2005年。其中，重灾8年次，分别是1989年、1990年、1994年、1995年、1996年、1998年、2002年、2005年。

1989年6月27日至7月3日，遭遇历史性罕见的连续7天雨涝洪灾。全市10个乡镇200个村受灾，受灾人口11.90万人，占农村总人口72%。受灾农作物面积6000余公顷，175口山塘出险，倒塌房屋930间。全市组织500余名市、乡镇、村干部带领4万多名群众昼夜冒雨进行抗洪抢险，排除涝渍。7月，对水毁工程进行抢修，20天时间修复山塘130余口，疏通渠道80余千米。1990年，水旱灾害接连发生。6月11—16日，全市普降暴雨和特大暴雨、平均降雨量277毫米，局部降雨量达300毫米。冲毁或影响山塘、河坝、河堤、渠道等工程2520处，3400公顷早稻被淹和砂压，倒塌房屋2353间，死亡20人，伤132人，公路、厂矿企业损失惨重。全市10多处重点水利工程相继出现险情。在抗洪抢险中，调用抢险车辆5次，调用麻袋6000余个，水利局所有干部全部到防汛一线，对出现险情的重点水利工程进行抢险保安。1994年，汛期降雨持续时间长，暴雨次数多，年降雨量达1900毫米。4月27日，石井乡蛟龙水库外坡大面积滑坡。6月底，市水利局投入资金10万元，完成土石方1000立方米，蛟龙水库安全度汛。8月，全市降雨量410毫米，造成水毁工程1745处。针对重点水毁工程逐处定方案，迅速进行抢修。白马干渠匡家段、双江河堤、小田水库渠道塌方等重点工程在旱情前恢复。1995年，遭受4次暴雨袭击，10个乡镇12万人受灾，损坏房屋1240间，农作物受灾2333.33公顷，水毁各类工程1000余处，造成直接经济损失2331万元。全市干部群众出动抗洪抢险，灾后及时组织生产自救。1996年7月9—18日，出现连续普降暴雨，8天降雨量305.70毫米。全市10个乡镇193个村12万人受灾，农作物受灾2666.67公顷，倒塌房屋620间，损坏小（2）型水库5座，冲毁山塘200口，因灾造成直接经济损失3886万元。市委、市政府组织干部群众抗洪抢险，水利局领导和技术人员坚守重点水库，组织排险。石井乡红卫电站得知双江乡潭溪水库出险后，立即派潜水员下水及时排除水库险情。市政府在灾后组织生产自救的同时，发动全市人民捐款捐物支援重灾区新化县、冷水江市，送去救灾款20万元及大米、蔬菜、药品、秧苗等生产生活物资。1998年4月30日、5月8日、5月21—22日、6月12—13日、6月16日、6月22—23日、6月27日和7月30日，先后8次普降大暴雨和特大暴雨，致使孙水水位暴涨，形成建市以来最大洪水灾害。造成15万人受灾，农作物受灾面积6000余公顷，给工业、农业、水利、交通、通讯、电力、财贸、城建、煤气、自来水等方面造成直接经济损失达1.97亿元。5月21日晚，市领导和各乡镇、街道领导率干部职工到第一线，组织沿河群众疏散、转移和物资抢运。全市出动机关干部职工4000人投入抗洪抢险，出动民兵应急分队500余人，出动车辆200余台，投入抗洪抢险资金150万元。

2002年，先后遭受8次阶段性强降雨过程，尤其是8月14—21日特大秋汛损失惨重。8月14—20日，全市发生1000立方米规模以上滑坡12处，3座水库出现较大险情，涟水、孙水等主要支流洪水泛滥。通过一系列措施，汛期没垮一堤一坝，没有人员伤亡，没有严重财产损失。2005年，先后经历"5·31"特大暴雨和5月4日、5月11—14日、6月4—7日、6月17—19日、6月26—27日六次强降雨过程。全区受灾人口4.52万人，被洪水围困人口1221人，农作物受灾面积2533.33公顷，损坏房屋2969间，造成直接经济损失1.57亿元。每次灾情出现时，区防指紧急召开防汛救灾会议，启动救灾应急预案，由挂点乡镇的区级领导带队组织12个工作组1270名干部到各乡镇指挥防汛救灾工作。发放95.88万元救灾资金，发放50多个帐篷，临时安置倒房户居住。组织农业、水利、乡镇等单位干部职工进驻受灾严重村组，组织灾区群众恢复或补种农作物。

二、抗旱

（一）抗旱救灾

1990—2008年，发生较大旱灾年份为1990年、1991年、1992年、1995年、1997年、2001年、2003年、2004年、2006年、2007年。其中1990年、1992年、1995年、2003年、2007年属于重度旱灾。

1990年7月10日至9月20日，晴热高温70天，夏秋连旱。全区组织64万个劳动日，出动1.24万台柴油抽水机、5525台电动抽水机、8.30万部水车及15万件其他提水工具，投入抗旱保苗。杉山镇400公顷水田断绝水源，水利局组织技术人员进行调查分析，制定从白马灌区调水方案，进行规划、设计、施工，落实机电设备和器材，派出业务骨干蹲点30余天，直至旱情缓和。1992年7月6日至10月底，持续晴热高温，夏秋连旱。全市30座水库、8500口山塘干涸，12条溪河断流，晚稻受旱面积4266.67公顷，13.38万人饮水困难。在抗旱中，全市打井掏氹450处，抢修险工险段65处，新装机埠6处30千瓦。抓好白马灌区、小（1）型水库和100千瓦以上电灌站统一调度和科学管水工作，改造渠道，落实水量分配、需水调查和合理调度等，全灌区引用白马水库水量达544.90万立方米，减少旱情损失。1995年，面对严重旱情，抓好白马水库用水调度，市领导多次协调白马水库放水问题。其间，防汛抗旱指挥部30余名干部日夜坚守在渠道上，全市引白马水库水量456万立方米，解决灌区5个乡233.33公顷农田干旱用水问题。开展人工降雨，在新坪水库设立炮点，作业5次，成功降雨50毫米，缓解旱情。

2003年，发生中华人民共和国成立以来最为严重的特大干旱，降雨量仅57.40毫米，最高气温达41.4℃，全区受旱耕地7160公顷。区防汛抗旱指挥部对预案进行调整。根据抗旱预案要求，在旱情来临之前，区抗旱服务队用20天时间分6个技术小组对各抗旱服务点落实抗旱措施，并增添应急防汛抗旱移动设备，在沿河提灌区和工矿影响区更新改造、新建防汛抗旱机埠5处，准备防汛抢险工具和各种救生用品3000件。2个月内全区投入抗旱救灾经费60余万元，确保4000公顷田地耕作，解决2万余人、1.50万余头大牲畜饮水困难，减少经济损失1000余万元。2007年6月下旬至8月中旬，特别是8月1—20日，域内平均降雨量仅7.10毫米，水利工程蓄水量仅2700万立方米，26座水库、8000多口山塘干涸，16条溪河断流，10个乡镇受旱，作物受旱6133.33公顷，5.48万人饮水困难。区防汛抗旱指挥部及时调度，以区抗旱服务队为主力军，动员干部群众投入抗旱救灾工作中。

（二）抗旱队伍

1989—1993年，农村抗旱工作主要由乡镇、村组织农户应对旱灾，开展抗旱救灾工作。每遇旱灾，除动用水利设施灌溉外，抗旱机械主要有柴油抽水机、汽油抽水机等动力。1994年，娄底市水利局组建抗旱服务队，服务抗旱救灾工作。1998年4月，成立娄底市抗旱服务队，定为国家级专业防汛抗旱服务组织。1999年7月，更名为娄星区抗旱服务队。全队在职人员24人，拥有固定资产400余万元，防汛抗旱设备120台套。内设办公室、防汛抗旱股、工管股、财务股、物供股、人教股6个股室，辖双江防汛抗旱网络服务站、小碧防汛抗旱网络服务站、杉山防汛抗旱网络服务站、石井防汛抗旱网络服务站、城北防汛抗旱网络服务站、大科防汛抗旱网络服务站、百亩防汛抗旱网络服务站、万宝防汛抗旱网络服务站、茶园防汛抗旱网络服务站、乡镇网络服务站9个。负责娄星区7个乡镇5个街道43万人口、9013公顷耕地防汛抗旱抢险救灾、水利工程建设管理维护和防汛抗旱技术服务等工作。

至2008年，抗旱服务队组织出动专业技术人员9000余人次，抢修电机水泵和设备管理线路1600余处，调度库存应急防汛抗旱移动设备850余台（套）次，发放植物抗旱生长营养剂（FA旱地龙）12吨，应急防汛除险20余处，送饮用水下乡300余车次。社会应急救援12次，新建和改造股份制抗旱机埠150余处，基础水源开发挖深加固山塘及清淤700余口，完成高标准混凝土渠道14处13.50千米工程，修建人饮工程11处，解决2000公顷耕地灌溉和9760余人饮水困难问题。先后被评为国家级示范县抗旱服务队、湖南省防汛抗旱先进集体、湖南省抗洪救灾先进集体、湖南省水利系统文明单位、全国水利系统先进集体等称号，队长曾联明被评为“全国劳动模范”。

第三节　水土保持

一、水土流失

娄星区以岗地、平原为主，平原、岗地、丘陵、山地俱全。最高海拔875.90米，最低海拔85米。水系发育为树枝状，均属湘江水系，以涟水为主干，其余均为涟水支流，涟水在域内流程32.50千米。年平均降水量为1303毫米，降水集中，但分布不均。4—6月为雨季，降水量587毫米，占全年降水量45%，容易造成水土流失和洪水灾害；7—9月降水量为258.20毫米，占全年降水量21%。土壤有8个类别，13个土属，102个土种，其中以红壤土为主。

1989—2008年，域内水土流失面积9827公顷，占土地总面积22.9%。其中，轻度6560公顷，占流失面积66.8%；中度2467公顷，占流失面积25.1%；强度740公顷，占流失面积7.6%；极强度21.33公顷，占流失面积0.2%；剧烈度36.20公顷，占流失面积0.3%，每年流失表土31.94万吨，土壤平均侵蚀模数3251吨/年·平方千米。水土流失既有坡耕地、疏林地和荒山山坡水土流失，又有崩岗及溪沟冲刷壑水土流失。水土流失以地类划分和流失程度区分统计。地类划分为：农地、林地、草荒地和其他地4类。流失程度按分级标准，分轻度、中、强、剧4类。另按流失类型分为：面蚀、鳞片状侵蚀、沟蚀、崩塌4类。全区水土流失形式以面蚀为主，兼有沟蚀、崩岗、滑坡、泥石流等多种形式。除自然灾害造成水土流失外，人为因素主要是乱砍滥伐、毁林开荒、陡坡开荒以及建房、矿山开采、修路及其他基本设施建设等。

二、水土综合治理

1989—2008年，采取大面积封山育林为主，封造管并举措施，实施退耕还林，加强水土监督管理，水土流失得到治理。根据地块功能和开发建设情况，将小碧、杉山、石井、百亩、茶园等乡镇列为重点治理区，涟滨、大科等街道城区及涟水河、孙水河城区段列为重点监督区；双江、万宝等乡镇列为重点预防和保护区。治理措施根据水土流失分布地段，结合土地利用结构调整规划，采取工程措施、植物措施和耕作措施相结合的水土保持综合防治体系。全区完成水土流失治理面积23.05平方千米。其中，重点治理区完成治理面积8.42平方千米，水土流失治理率70%以上；其他区域完成治理面积14.63平方千米。实施涟水河城区段绿化带治理，连续治理水土流失面积

63%以上，累计投资1.50亿元，水土流失得到基本控制。

（一）坡耕地治理

2000—2008年，区境内有耕地4.28万公顷。其中，坡耕地1347公顷，5度以下缓坡地为478公顷，5度~15度坡地955.63公顷，15度以上70公顷。对5度以下缓坡地采取保土耕作措施，对5度~15度坡地采取坡改梯措施，15度以上全部退耕还林。

（二）疏林地治理

2000—2008年，疏林地治理主要采取封禁治理，发挥生态自然修复能力。恢复植被，补植壮苗乔木和速生灌草带，修筑山坡排水系统。改善林相，补植乔木树种选用常绿阔叶树种。

（三）崩岗沟壑治理

2000—2008年，在侵蚀沟壑中，分节段修筑谷坊拦蓄泥沙，控制沟底下切和沟岸崩塌；在沟头修筑截流沟，结合水保林草，防止沟头前进。在崩岗上方修筑天沟，排除地表径流；在崩塌面削坡减载、升级，上半部植树种草固定，下半部建档土墙支撑，对溪沟冲刷侵蚀采取护岸措施。

第四节　水利管理

一、管理机构

1989—2008年，娄星区（娄底市）水利局履行水利水电建设和管理职能，双江水库设立水库管理处，全区小（1）型水库、小（2）型水库和部分跨村灌溉水利设施属乡镇管理，成立水利水电管理所，小型水库和山塘由村自主管理。1990年，设立乡镇水利水电管理站10个，人财物及档案编制归各乡镇管理，业务归水利局管理。2002年，乡镇水利水电管理站更名为乡镇水利管理站（简称水利站）。2003年，娄底市设立经济技术开发区，涟滨、西阳水利站划归开发区管理。至2008年，全区有乡镇水利站8个。

二、水利工程管理

1989—2008年，水利管理主要采取个人承包、组阁承包和专业承包等形式。运行制度管理包括水利工程防洪、灌溉、发电、养殖等综合功能。按照水利工程分级管理原则，实行行政首长负责制、各级领导分管制。严格执行控制蓄水水库不得超蓄、蓄水水库在险情未处理之前不得蓄水、水库泄洪之前须通知下游群众转移等规定。抗旱期用水调度由专门班子负责，优先满足灌溉用水，发电用水没有进入灌溉渠道则停机送水灌田。根据“水是商品”和“以水养水”政策，受益单位和用户按计划物价部门核定标准缴纳水费或水粮。区（市）政府制定水利工程水费收缴标准和使用管理规定。规定水利工程实行有偿供水，凡给灌溉用水、工业用水和城镇水厂用水需按章交纳水费（或水粮），纳入生产成本。安全生产管理包括工程养护与维修，全区中型水库渠道清淤、塌方修复、防渗等均由水库管理处统一组织。小（1）、小（2）型水库除险维修由区（市）水利局确定方案，安排专项资金，乡镇组织实施。小型渠道清淤和塌方疏通由受益村负责。将山塘、河坝维修养护列入水利秋冬修计划，由受益村组织劳动力实施，水利局酌情解决维修所需物资。

三、水利综合经营

（一）高效节水灌溉项目

2008年，区水利局会同区财政局实地考察，确定实施项目区。根据自然地理条件、作物种植结构和当地经济发展水平以及集中成片原则，确定万宝镇芭蕉、旺兴、石埠、群益4个村为高效节水灌溉项目区。万宝高效节水灌溉示范项目区位于郊区，属城乡接合部，传统农业和现代农业相交融。通过建设水源工程、新建机埠泵站等措施，采取喷灌等节水灌溉技术，种植花卉、苗木、牧草、无公害蔬菜等高效经济作物。项目采用喷灌等高效节水灌溉技术，改善灌溉条件，建成高效经济作物种植区。缓解项目区水资源紧张矛盾，改善农业生产条件。

（二）采矿沉陷区小型蓄水工程防渗技术处理

1995年起，推广应用采矿沉陷区小型蓄水工程防渗技术处理项目。项目源于娄星区抗旱服务队多年山塘清淤整治及土工织物防渗技术和屋面防水技术启示，对小型蓄水工程进行防渗漏技术处理，发挥蓄水工程积蓄能力，增加基础水量，项目主要针对渗漏严重且采用三合泥及水泥砂浆无法解决山塘渗漏而进行的技术应用创新。该防渗漏技术处理研究借鉴屋面防水技术，具体实施步骤为：清淤—平整及修整边坡—库四周死水位浆砌石阻滑—原土夯实—铺垫SBS柔毡—三合泥填筑10厘米—山塘边坡混凝土结面，有明显沉降的山塘在沉降处设计通气装置，缓解新的沉降。

四、水政执法

1996年12月，娄底市水政监察大队成立，下设水土保持股、水资源管理股、河道管理站3个股室。建立起执法体系，各乡镇村配备水保监督员、水政监察员300余人。1999年7月，更名为娄星区水政监察大队。

（一）水土保持管理

1999年，根据省人民政府《关于公布省级水土流失重点防治区的通知》规定，娄星区属娄邵工矿重点监督区，区内厂矿、交通、城建等生产建设项目多，规模大，区水政监察大队加强水土保持监督管理。按照水土保持配套法规“五个完善”要求，制定《娄星区实施〈中华人民共和国水土保持法〉细则》《娄星区开发建设项目水土保持方案编报审批管理规定》《娄星区开发建设项目水土保持监督检查规定》《娄星区水土保持补偿费征收使用管理制度》。水土保持股人员通过培训、学习，执法水平、业务水平得到提升。人员工资、监督管理经费纳入区财政预算，保证水土保持股工作正常开展。2007—2008年，娄星区审批水土保持方案36个，检查生产建设项目50个，对违规生产建设项目进行处理和规范。按照《娄星区水土保持规费征收使用规定》，对于水土保持案件查处做到取证方式正确，程序合法，档案资料齐全，每年征收水土保持规费400余万元。

（二）水资源管理

2007年8月，编制《水资源公报》《娄星区农业区划报告》，制定《娄星区人民政府实行最严格水资源管理制度的实施意见》，明确水资源管理各项规章制度和工作目标。加强取水许可日常监督管理，落实水资源执法监管力度，督查、巡查、稽查“三项制度”。2007—2008年，查处水事违法案件6起，调解水事矛盾纠纷25起，征收水资源费83.60万元，水资源费征收到位率达98%以上。严格控制区域内新增水源井，重大项目建设必须开展建设项目水资源论证工作，实现采补平衡，协调生活、生产、生态环境用水。严守用水总量控制、用水效率和纳污总量控制“三条红线”，形成节水型社会建设法规体系，开展节约用水规划工作，提高用水效率。以“世界水日”“中国水周”活动为契机，利用多种宣传形式，宣传水资源管理法律法规。

（三）河道管理

河道河床管理和整治工作由河道管理站负责。1996年以来，全市年均查处各类违反涉水法规案件64起，收缴罚款年均5.09万元，防止水土流失4000余公顷。及时办理包括涟钢矿业公司侵占河道案、西阳大埠桥水土流失案等一批要案。在查处违法案件的同时，加强河道采砂管理，实行河道采砂发证办法，年均发证230个，收缴采砂费6.60万元。通过开展执法工作，各类涉水违法行为减少，水土保持、水资源、河道管理步入正规化、法制化轨道。

第五节　库区移民

1990—1994年，库区移民工作由娄底市水利水电局机电排灌站负责。1995年，成立娄底市移民办公室，属市水利水电局下辖职能股室。2002年，市移民办公室升格为副科级事业单位，属娄星区水利局管理。2003年11月，娄星区移民办与经济技术开发区移民办机构分设，西阳镇19个库区村及杉山镇3个库区村划归经开区移民办管辖。2007年8月，区移民办更名为区移民开发管理局，升格为正科级单位。

一、移民安置

域内有双江水库和水府庙水库2座大中型水库。2004年下半年，启动双江水库移民安置工作。2005年11月，完成双江水库第一批移民98户276人搬迁安置。12月，双江水库第二批移民54户

220人搬迁到位。2006年9月，成立娄星区黄泥塘街道双园社区，原双江乡青桥村外迁移民124户528人全部迁入。是年，核定移民5116人。其中，双江水库移民1238人，水府庙水库移民3878人，主要分布在全区12个乡镇、街道117个行政村。水库移民大多分布在大科街道方石村、水洋村、大屋和坪石村，花山街道清潭村、对江村以及黄泥塘街道涟滨村、东来村。双江水库移民大多分布在双江乡青乔村、义坪村、方石村、天壶村及黄泥塘街道双园社区，所有移民全部安置完毕。

二、移民扶持和库区开发

（一）移民扶持

1995—2002年，争取国家及省移民专项资金539.10万元。其中，后期扶持基金459.30万元，其他资金79.80万元，用于移民扶持和基础设施建设。2002—2005年，水府庙库区实施移民经济社会发展四年规划。4年累计投入资金197.93万元，新建改建公路11条21.90千米，改造机电排灌站12处，装机14台475千瓦。维修、改造、新建渠道25条22.60千米，改建、新建山塘62口，加固堤防河坝5处，改造学校3所，兴建蔬菜大棚3个，面积5.33公顷，创办养殖场2个，改造渔场9.73公顷，打机井1口，解决人畜安全饮水困难3200人。改善排灌面积163公顷，受益人口1.50万人。库区移民人均增收875元，库区基础设施完善，旱涝灾害相对减少，农业旱涝保收面积95%。

（二）库区开发

1995—2002年，争取国家及省投入移民专项资金539.10万元，按照“统一领导、分级管理、先收后支、专款专用、讲求效益”原则，管好用好移民专项资金，组织实施项目建设，加强项目监督管理，改善移民区生产生活条件。2003—2005年，实施水府庙库区移民经济社会发展四年规划，利用国家及省投专项资金，争取地方配套资金，动员群众自筹资金，实施移民基本口粮田建设、生产开发和水利、交通、文化、卫生等基础设施建设。2006年起，落实国家大中型水库移民后期扶持政策，实施水府庙水库库区后续两年规划，做好双江水库移民工作。核定库区移民人口，确定扶持方式，发放后扶资金，编制后扶规划，实施后扶项目。是年，争取省投后扶资金43.60万元，完成各类工程24处，改善和新增灌溉面积49.09公顷，增产粮食350吨。新建沼气池5口，无房户新建住房10栋，1312人受益。完成大科街道方石村长3.50千米、宽3.50米公路混凝土路面硬化任务。2007年，集中资金解决库区移民生产生活中突出问题，引导移民群众开发生产性项目。全年生产开发项目2个，投入资金18万元。其中，省投后扶资金8万元，群众自筹10万元。基础设施建设资金总投入205.80万元。其中，后扶项目资金162.01万元，群众自筹43.79万元。整修渠道5处2.20千米，新建蓄水池1处，整修公路12.90千米，山塘防渗13口；新建综合楼培训基地及老年活动中心各1处，维修学校1栋；培育生猪养殖区1个，年出栏生猪1000头；发展蘑菇种植项目1个，推进库区和移民安置区经济发展。

2008年，移民工作以库区基础设施建设和移民生产开发为主，发展库区生产开发项目。2个库区所有后扶项目接受省市检查组评估验收，拨付项目资金159.30万元。22户移民无房户建房工作得到省财政厅、省移民局等部门肯定。落实移民后扶政策，享受直补资金移民每年增加600元/人。实施智力扶贫，对移民群众开展技能培训。为外出务工人员提供服务，组织库区移民劳务输出8850人。多方筹措资金做大做强产业，移民社区（村）骨干龙头企业发展到5家，养殖大户发展到6户，移民人均纯收入2736元。

第五章　农业机械

1989年，成立娄底市农业机械管理站。1995年4月，市农机管理站升格为娄底市农机管理局，为市政府直属事业单位，下设办公室、财务股、人事股、管理股、科技质量股、农机监理站、推广站、农机学校。1999年，撤地设市后改为娄星区农机管理局。2008年，内设机构有办公室、计财股、人事股、监督管理股、科技质量股、农机监理大队（副科）、工会、监察室8个股室和2个二级机构：农机学校、农机技术推广站。

1989—2008年历任局长：李松卿、姜连浦、刘鹤成、龚树国。

第一节　农机种类

1989年，推广农业机械有拖拉机、农用汽车（含三轮车、农用小四轮）及配套机械等。全市农机总动力4.87万千瓦，各种机具5432台（套）。其中，拖拉机643台，农用汽车368台，动力排灌机械3493台，耕作机械197台，收获机械297台，机耕面积2386.67公顷，机械收获面积926.67公顷，机电排灌面积5800公顷，机械化加工农产品79319吨，机械化运输1837.23万吨。

至2008年，全区农机总动力28.92万千瓦，各种机具3.36万台（套）。其中，拖拉机1599台，联合收割机100台，植保机321台，耕整地机械2581台（套），水稻插秧机6台，排灌机灌1.25万台，畜牧养殖机械2570台，林果业机械30台，渔业机械120台。农业机械化作业面积1.51万公顷。其中，机耕面积5340公顷，机播面积50公顷，机电灌溉面积6910公顷，机械植保面积1420公顷，机收面积1350公顷。农机运输作业量1.18亿吨，机械初加工农产品数量10.62万吨。

第二节　农机服务

一、农机维修

1989—1994年，市境内农机维修网点少，从业人员少，未纳入农机部门监督管理。1995—2001年，农机维修主要由农机技术推广站、农机个体经销商和少量专业维修人员负责。2002年，有农机维修网点11个，从业人员24人。2003年，农机维修网点9个，从业人员18人。2004年，农机维修网点9个，从业人员18人。2005年后，农机推广和销售增多，维修网点和从业人员增加，农机管理局增设农机管理股加强监管，每年对网点进行一次年检年审。2007年，有农机维修户102户。2008年，全区有维修网点17个，从业人员54人，维修拖拉机、运输机械及其他农机具2600余台（套）。

二、农机培训

农机培训由农机局下设二级机构农机学校负责。1990年2月，设立娄底市农业机械技术培训站，1994年1月，更名为娄底市农业机械化学校，人员编制、师资力量均由农机管理局人员兼任，与农机监理站合署办公。1990—2005年，主要从事拖拉机及农用车驾驶员培训和发证工作，同时参与农机监理。2006年，确定为“阳光工程”培训基地。农机学校每年争取一定数量“阳光工程”培训指标，举办农机维修、农业实用技术等培训班。2005—2008年，对联合收割机、插秧机等大中型农机具实行牌证管理，农机学校负责操作人员培训发证工作。至2008年，举办培训班68期，培训农机技术人员6500人。

三、农田作业服务

1989年，娄底市春耕、双抢、冬播机耕面积

2386.67公顷，1994年，机耕面积3666.7公顷，2005年后，农机购置补贴政策实施，农户购买新型农业机械增加，农田作业机械化水平提高。至2008年，全区机耕面积5340公顷，机收面积1350公顷，机插面积500亩，机械植保面积1420公顷。

四、农机购置补贴

国家鼓励农民购买农业机械，对购机户在购机时由国家财政按一定比例直接补贴，补贴程序、办法和标准按照省、市有关文件要求和《湖南省农业机械补贴产品目录》执行，由农户申请，科质股负责审核、申报，在农户购机时实行差额购机、直接补贴。2005年，娄星区首次争取补贴项目，补贴农机具76台（套），补贴资金15万元。2006年，补贴农机具165台（套），补贴资金30万元。2007年，补贴农机具464台（套），补贴资金80万元。2008年，补贴农机具802台（套），补贴资金200万元。4年共完成补贴机具1507台（套），补贴资金325万元，带动农户投入资金5457万元。

第三节　农机管理

一、油料管理

1989年，国家对农用柴油实行计划指标供应，指标下达到市农机管理部门后，由农机部门分配管理。是年，下达娄底市农机管理站柴油指标459吨。市农机站将柴油指标分配和管理权划归监督管理股负责，监督管理股以机械作业量和机械动力为主要依据，对柴油指标进行分配和管理，将指标下达到各乡镇农机站和农机驾驶员。1990年起，上级下达娄底市农机管理站计划指标逐年减少，每年仅300吨～400吨。1991年，市农机站在青山冲征地9338平方米，投资60万元，建设农机化服务中心，从事农机修理、零配件供应、油料供应等服务。1992年8月，在石井乡三圭村征地2670平方米，投资20万元，兴建农用加油站。1993年4月，投入运营，经营汽油、柴油等。1994年，国家取消计划指标控制，油料管理实现市场化经营。2003年12月，三圭加油站和青山冲农机服务中心完成企业改制，所有职工实行一次性安置，进入社会化服务。

二、农机安全监督管理

1989—1994年，娄底市农机管理站负责拖拉机牌证管理和安全管理。1995年，市农机管理局内设农机安全监理所，负责全市农业机械新车上户、年度检审、安全检查、安全宣传教育、事故处理、驾驶证发放等工作。1998年，农用三轮车和农用小四轮归口农机部门管理。2000年，农机安全监理所更名为娄星区农机安全监理站。2002年，改名为娄星区农机安全监理大队，规格升为副科级单位，仍归农机局管理。2004年，娄星区农机安全监理大队被评为“全省农机安全先进单位”。2005年，被评为“全国科普先进单位”。2006年，被评为“全国农机监理系统行风评议先进单位”“全省农机安全目标管理先进单位”。2007年7月1日起，农机部门不再受理农用小四轮、三轮车注册登记业务及驾驶证核发业务。8月1日起，不再受理农用小四轮、三轮车、拖拉机交通事故，全部改由公安交警部门负责。

至2008年5月，所有农用小四轮、三轮车、拖拉机档案移交和管理工作交接完毕，移交公安交警机动车档案1300份、驾驶员档案1000份，农机监理大队移交至交警部门工作。移交后，娄星区人民政府对农机监理大队职能及人员编制重新进行核定。是年，娄星区被评为“全国平安农机示范县（市、区）”。

第六章　农村经营管理

1990年，娄底市农村经营管理站（股级）升格为科级事业单位。1994年，市、乡两级兴办农村合作基金会。11月1日，成立农村合作基金联合会，召开第一届会员代表大会。1994年3月，市政府拨款30万元、自筹资金120万元在湘阳西街修建1栋集办公与宿舍于一体的综合大楼，办公地迁到新址。1996年2月，市经营管理站更名为娄底市农村合作经济管理局，设办公室、政策法规股、财务管理股、农村合作基金会管理股4个职能股室，下辖市农经服务中心。1999年4月，开展农村合作基金会清理整顿，撤销市农村合作基金联合会，农村合作基金会运行终止。8月18日，娄底市农村合作经济管理局更名为娄星区农村合作经济管理局。2002年，区农村合作经济管理局内设办公室、政策法规股、农村财务股、计财股等4个职能股室。2003年8月，区农村合作经济管理局更名为娄星区农村经营管理局，政策法规股加挂农村承包合同纠纷仲裁股和农民负担监督管理股牌子。

1989—2008年历任局（站）长：周庆辉（站长）、李喜秋、彭建平、李又麟。历任党组书记：刘苏华、龙建春。

第一节　农村体制改革

一、完善农村土地承包责任制

1989年9月，娄底市农委和市经管站派专人参加省农经委在长沙举办的农村土地承包合同培训班。1990年3月，市农委举办乡镇一级农村土地承包合同仲裁员培训班。随后，各乡镇成立农村土地承包合同仲裁委员会。同时，市委、市政府决定在西阳乡上元村永胜组由社教工作队和市经管站结合社教工作进行农村土地承包责任制试点。试点工作在稳定1984年承包期基础上制定新的承包方案，即预测近十年合法人口留机动田，规定合法新增人口时间界定。水田根据土质、水利、光照、历年产量等条件，合理折算面积；近田与远田，好田与差田合理搭配；已改变用地性质的一般不改变原有承包关系。为防止耕地碎化，水田实行整块调整，面积差额按机动田平均标价找补兑现；机动田实行投标承包，3年投标一次。建立积累机制，实行土地有偿承包。有偿承包费设3项，水田按每年每亩8元、旱土按每年每亩3元，山林按每年每亩2元标准上交土地承包费。是年，该组3项形成集体积累4997元。承包方案落实后，村小组逐户签订承包合同，填制《土地承包清册》。8月，全市集中2个多月时间，重点做好稳定土地承包期限、实行土地有偿承包、发展村级企业、建立经济合作组织等工作，95%以上村民小组根据预测人口数进行责任制调整，承包期限延长至2000年，统一样式签订承包合同，登记土地承包清册。此次承包，全市重签和续签合同5.22万份，占应签订合同92.6%，石井、杉山、西阳、大科、万宝5个乡镇106个村收取土地承包费。鱼塘、机动田普遍实行按标承包，全市收取3项承包费160余万元。万宝乡对2件承包合同纠纷进行仲裁，各乡镇相继开展承包合同规范管理、合同纠纷调解和仲裁等工作。承包土地调整明晰土地权属关系，完善合同管理，解决土地碎化问题，建立集体积累机制。市级由市经管局接待和处理群众有关承包责任制来信来访；乡镇则协助村组搞好承包期内小调整。1999年3月，市委、市政府制定《关于认真做好延长土地承包期工作的若干规定》，制定5条原则：确定延长土地承包期限为30年；延包工作范围原则上只限水田，其他方面维持现有承包时间和关系不变；大稳定、小调整，不打乱重来，不改变原有土地权属关系；在所有权和农业用地性质不变前提下，允许有偿流转；规定集体经济组织对集体土地生产有规划权、管理权、监督权；对合法承包人口界定做出详尽规定，建立土地流转制度。市经管局牵头，组织乡镇分管领导和经管站长在茶园乡石塘村进行试点，主要解决实行责任制以来产生的问题，责任制遵循原有，将承包期限顺延30年，重新签订承包协议，向每个承包户颁发“土地承包经营权证书”。

1999年11月，娄星区农村土地延包工作现场会在石塘村召开，年底在全区铺开。由于上一轮责任制实行16年，积累很多问题。城市近郊农村土地被城市建设大量征用，人地矛盾突出，延包工作困难多，进展缓慢，至2002年年底才完成。其间，区经管局和有关部门接待和处理大量群众来信来访，仅2000—2002年就有100余件，其中大科乡大科村新屋组“五姐妹告状”案，引起湖南电视台和《今日女报》等媒体关注。新屋组5位妇女认为承包方案对妇女有歧视条款，上访至乡政府和区直有关部门，并反映给新闻媒体。区派出专门工作组调查研究、开会讨论，按照有关法律法规对承包方案进行修订，问题得到解决。此次延包，对全区所有承包户发放承包经营权证书，实行合同档案管理制度，组组有承包协议，户户有承包合同。承包资料由乡级经管站统一归档整理，建立档案室，各村亦建立档案柜（室）进行保管。

二、推行土地流转

2003年，《中华人民共和国农村土地承包法》实施，农村土地承包经营进入有法可依发展轨道，农村土地流转规模和速度加快。2005年，参与农村土地流转农户增多，流转形式出现多种情况：一是转包。一些外出打工从事非农经营而不愿放弃土地农户或由亲戚朋友代耕，期限不确定，大多是一年一定，都是口头协商，无偿耕种，国家粮种补贴也由代种户领取；或是由专业大户承包经营，少部分签有书面合同，转包期限多数为3～5年，转包费由双方自行协商，一般每亩按400千克稻谷计价支付1年转包费。二是租赁。全区有3/4是耕地租赁，1/4是荒山荒坡地租赁，租赁者多是城镇企业职工和技术推广单位。这些单位或个人作为业主，常是租赁土地开发花卉、药材、水果、苗圃，也有种西瓜、蔬菜和养殖业，订有合同，有的经过公证，租金以每年每亩350千克～500千克水稻市场价格收取。三是转让。有少部分土地采用这种形式，以荒山荒坡居多，一次性将其经营权转让30年或者是更长时间给租赁者经营。四是互换。主要是农户与农户之间为便于耕种相互间自发组织调整承包土地。

2006年1月1日起，取消农业税费，国家实施粮食直补和良种补贴等多项惠农政策，农民承包土地积极性提高，农村土地承包矛盾日益增多。2008年，区经管局组织干部下乡调研，根据中央有关文件和法律法规，重新起草规范全区农村土地承包文件。6月2日，经区委、区政府批准以娄星办发〔2008〕5号文件发至各乡镇、街道办事处及区直各单位，原娄底市娄发〔1999〕5号文件废止。乡镇、村组开展土地承包突出问题专项治理，区经管局进行农村土地承包经营权证换补发工作，规范土地流转协议和土地承包合同签订。至年底，全区土地流转面积407公顷，占耕地面积8.3%。其中，流转期限在1年～3年344公顷，流转在20年以上3.33公顷，流转形式绝大多数均为口头协议。杉山镇杉山村土地流转签订合同期限12年，水田每年租金600元/亩，旱土每年租金400元/亩，租金按年支付。

第二节　农村财务管理与审计

一、财务管理

1992年，市经管局为7个乡镇培训村级会计154人、组会计475人。2003年前，村级财务管理均基本实行“村财村记、村钱村管”模式。村级财务工作由村秘书兼任，负责村级组织算账、记账、报账、登账等日常工作。每个村设会计、出纳，由于业务水平不高，存在做账不够规范，账目混乱、缺乏透明度等弊端。2004年3月，组织工作组在石井镇进行“村账站代管”工作试点，即村级财务在不改变资金所有权、使用权、收益权、审批权前提下，由乡镇、街道经管站代理记账，原村会计为报账员，每季度到经管站报账一次，并按经管站提供内容到村进行财务公开，取消出纳岗位，每个村成立3~5人民主理财小组，负责村级组织财务收支监督及参与重大事项决策，下半年在全区铺开。全区推行村级财务“村账站代管”后，非生产性开支节约20%，没有发生因村级财务问题而引发上访事件。2008年，村级财务在村账站代管基础上，推行“村财民理乡代管”，各乡镇、街道经管站对村级财务既管账又管钱，改变原来只代理记账管理模式。制定娄星区村级财务管理制度，村级财务走上制度化规范化轨道。

二、财务审计

1991年，组织会计人员546人次对村组财务和乡村企事业单位财务进行清理审计，查出各种违纪金额98万余元，收回78万元。其中，茶园乡查出贪污挪用款36.80万元，全部收回。1992年，开展村级财务审计，由各乡镇组织专业人员375人，采取自清自查与专业队相结合的办法，对乡镇企事业单位和村组经济分期分批进行清理审计。清理审计31个乡镇企事业单位、27个村、152个组，查出贪污款9.26万元，挪用款41.16万元，各种拖欠款86.30万元，收回贪污挪用及拖欠款117.65万元，给予党纪政纪处分5人，移交司法处理13人。1993年，清理审计107个乡属企事业单位和88个村、组财务，清理审计出违纪金额304.60万元，兑现退赔252万元。

第三节　减轻农民负担

一、规范运行

1992年，娄底市成立减轻农民负担领导机构，贯彻落实中央减轻农民负担政策精神，对“三提”（指村级集体经济组织按规定从农民生产收入中提取的用于村一级维持或扩大再生产、兴办公益事业和日常管理开支费用村提留，包括公积金、公益金和管理费三项）、“五统”（指乡镇合作经济组织依法向所属单位和农户收取的，用于乡村两级办学即农村教育事业费附加、计划生育、优抚、民兵训练、修建乡村道路等民办公助事业的乡镇统筹款项）、“两工”（指农村义务工和劳动积累工）的收取、管理和使用进行规定，以乡镇为单位每年制定方案报批。明确规定农民负担比例，农民负担村提留和乡统金总额以乡为单位不得超过上一年农民人均纯收入5%，农村义务工，每个农村劳力每年平均负担5个~10个标准工；明确农民合理负担项目和使用范围；壮大集体经济，减轻农民负担；制止“三乱”等。是年，市经管站统一印刷《农民负担方案申报表》，由各乡镇、街道汇总申报，报市减轻农民负担领导小组严格审批后实施，印发《农民负担登记手册》，由乡村统一填发到农户。

1993年，市委、市政府调整减轻农民负担工作领导小组成员，明确由1名主要领导任组长，有关单位负责人为领导小组成员，在市经管站下设办公室开展日常工作。农民负担监督管理领导小组办公室对农村婚姻登记中搭车收费，层层加码和平均摊派农业特产税，农民建房中乱收费，中小学乱收费，畜牧、农村用电等重点涉农收费行为开展专项治理。实施村提留、乡统筹预算和农民监督卡（明白卡）制度，完善农村义务工、劳动积累工等制度。经过专项治理，全区农民直接承担费用为人均32.09元，占上年人均纯收入4.9%，同比减少1.3%。1995年，根据农民负担项目采集不规范情况，市经管局统一印制《农民负担方案申报表》，要求各乡镇、街道须经同级人大审议通过，再报市农民负担监督管理领导小组办公室审批后执行。是年，推行“执法证”“监督证”亮证开展农民负担监管执法工作。至1995年年底，农民负担人均33.62元，占上年人均纯收入3.6%。

二、强化监管

1997年，贯彻“中央十三条”规定，进行治乱减负。对不符合中央13条规定和其他有关加重农民负担文件、收费项目予以废止。1998年，推行减轻农民负担工作部门责任制，确定涉及农民负担部门党政“一把手”为该部门减轻农民负担第一责任人，强调农民负担监督管理部门是农民负担监管综合职能部门，凡涉及农民负担文件，由起草单位送农民负担监督管理领导小组办公室会签后才能出台，向农民收取“三提五统”由乡镇农经站实行“一条鞭”管理，强化部门减负责任。对农村中小学收费情况进行专项检查，对个别学校擅自收取补课费、未批先收教育附加费、集资费、搭车收费等行为责令纠正，作为一种常态性工作推行。2001年10月，娄星区推行涉农收费公示制，将各种涉农收费项目上墙公布，增加涉农收费透明度，减轻农民负担工作收到实质成效。

三、规范管理

2002年，全区实施农村税费改革，主要内容为“三取消、两调整、一改革”。“三取消”即取消乡统筹费、农村教育集资等面向农民征收的行政事业性收费和政府性基金、集资；取消屠宰税；取消劳动积累工和义务工。“两调整”即调整农业税和农业特产税政策。“一改革”即改革村提留征收使用办法，改革村干部报酬、五保户供养以及村办公经费。除由集体经营收入开支继续提留外，由农民上缴村提留开支的，采用新的农业税附加和农业特产税附加方式收取，农业税附加和农业特产税附加均为正税20%。实行村内生产公益事业一事一议制度。强化农民负担监管，推行涉农负担案（事件）责任追究制，各乡镇、街道党政“一把手”为减轻农民负担第一责任人。是年，落实农村村级报刊订阅费用限额制，村级报刊订阅费用不得超过500元/年。2004年，全区农业税税率降低3%，人均降低到18元，取消除烟叶外农业特产税。落实粮食直补、良种补贴、粮食综合补贴等政策，所有补贴资金及时足额发放到位。全区农民负担降低到历史最低点。取消农村中小学不合理收费项目，控制收费标准，推行农村义务教育“一费制”收费办法。2008年，免除农村中小学生学杂费，贫困学生免费发放教科书，部分学生只需缴纳教辅资料费，学生和家长负担减轻。

第四节　农村合作基金会

1993年11月，娄底市在万宝乡进行农村合作基金会试点。1994年，10个乡镇、街道以经管站为依托成立合作基金会，工作人员来源为经管站工作人员及聘请临时工，村成立代办站，一般是村秘书兼任，各基金会在市经管局领取“融资许可证”。市成立联合会，人员来源于经管局部分工作人员和农经服务中心工作人员。市农村合作基金会联合会负责对各乡镇、街道农村合作基金会进行业务指导。对创办的3个营业部进行经营管理，办理农民入股、集体资金代管、向农民农村集体经济组织发放短期小额贷款、催收到期借款等业务。1994年11月，联合会召开第一次会员代表大会，通过农村合作基金会联合会章程，成立理事会，监事会，选举理事长、监事长及其成员。至1998年年底，娄底市联合会融资规模2933万元。其中，95%是会员股金，集体经济组织代管资金占5%，累计向农户、农业组织、村社、乡镇企业等投放资金2324万元。

1998年下半年，由于办会经验不足，行政干预过多，人员素质和业务水平不高，监督机制薄弱，管理水平低等原因导致普遍违规操作，资金投放风险增大，出现支付危机。1999年1月，党中央、国务院决定对农村合作基金会进行清理整顿。停止新设农村合作基金会，现有农村合作基金会一律停止以任何名义吸收存款和办理贷款。同时，进行清产核资，符合条件的并入农村信用社，资不抵债予以清盘关闭。至1999年4月15日，全市所有农村合作基金融资规模1.83亿元，放款总额1.35 亿元。其中，市联合会融资4329万元，放款总额3199万元。

1999年4月，市政府组成工作组对基金会进行清产核资。将经营状况比较好、资产大于债务的涟滨、万宝、小碧、石井、百亩、西阳6个基金会并入所在乡镇信用社，清盘关闭大科、茶园、杉山、联合会4个基金会。大科、茶园、杉山基金会账务移交财政所管理，市联合会账务由市经管局管理。市、乡两级政府组织清收欠款工作队，市人民法院组建巡回法庭办案，运用法律手段清收呆滞账款，用行政纪律手段对党员干部、机关工作人员借款和担保借款进行清收。加上市财政注入再贷款资金7400万元（其中娄星区联合会1750万元），于1999年11月、2000年4月、2000年11月分3期兑付基金会会员股金及代管资金。少部分遗留问题从2004年起用9年时间，按省、市、区财政各自负担1/3比例每年兑付一次，直至兑付完毕。

第五节 农村专业合作社

20世纪90年代初期，一批以提供技术和销售信息服务为主，具有合作制萌芽性质的专业组织应运而生，名称大多称专业协会、专业研究会，如双江辣椒协会、大科南华园艺技术协会等。20世纪90年代中后期，随着实施十万亩水果开发计划和“四五·四一”工程，产业结构得到调整，各级政府和有关部门引导农民秉着自愿、互利原则建立各种专业合作社或专业协会，专业领域从果蔬业、畜牧业、水产业、林业，发展到农机服务、运输、粮油作物加工等诸多产业，逐步向高技术含量、高品质层次发展。

2003年起，农民专业合作组织开始发展。全区有农民专业合作组织50余个，其中工商注册农民专业合作社有4个。2004年，恩口村养猪专业合作社获“湖南省无公害农产品产地认定证书”。2006年，农民专业合作组织建设进入依法发展阶段，规范内部管理制度，开拓农产品市场，凝聚力、吸引力增强。2007年，区委、区政府按照多元创办、市场运作、规范管理要求，将发展农民专业合作社作为农民增收的重要举措，成立农民专业合作社工作领导小组，通过政策扶持和农业主管部门引导帮助，促进区内各类农村专业合作组织发展。养猪专业合作社发展尤为迅速，全年全区养猪专业合作社出栏生猪4.60万头，年底存栏2.10万头，总收入8920万元，纯收入3122万元，社员户均收入比非社员户收入增收3000元。2007年，重点指导扶持双江辣椒、恩口养猪、娄星区乌杨梅、南华园艺、天源高科、童家洲无公害蔬菜等6个专业合作社，督促健全制度，完善财务管理。

至2008年，发展农民专业合作社14家。其中，依法工商登记4家，获得中央财政示范项目扶持1家，省级财政项目扶持4家，扶持资金26万元。经营项目有生猪、果蔬、园艺苗木和其他经济作物及农机服务、农产品加工等，成员总数2186户，带动农户594户，占域内农业人口2.7%。

第六节 农村经济服务

1989年，市经管站对全市农村经济活动进行引导，对农村经济事务进行审核、审计，对农村经济活动管理人员进行业务技术、法律法规培训。1990年3月，举办农村承包合同仲裁员培训班，各乡镇成立农村承包合同仲裁委员会，开展承包合同规范管理、合同纠纷调解和仲裁等工作。1991年，加强承包合同管理和村级财务管理。除茶园乡外，有35个村144个村民小组完成大田承包责任制调整，实行改甩手承包为统一经营、基数递增、比例分成、定额奖罚承包经营方式，改定标承包为投标承包，改单向承包为双向承包，改年终上交为年初预交、年终决算兑现“四改”措施。全市完善经济场所责任制150余处，增加承包上交收入50万元，对村组财务和乡村企事业单位进行清理和审计。至1993年，查出各种违纪金额553万余元，各种拖欠款86.30万元。

1996年，落实农村减负措施，人均负担占上年人均纯收入2.48%，减负工作被评为全省先进单位。2004年，国家对农业进行粮食直补、良种补贴，补贴款直接从银行打入农户存折。全区土地承包经营权证、合同书、村级财务“村账乡代管”资料全部录入电脑，实行电子信息化管理。

第七章　扶贫开发

1990年，娄底市社会主义思想教育活动和村级组织建设达标办公室（简称社教达标办）成立，在农村开展社会主义思想教育和村级组织建设达标活动。1993年，市社教达标办改为市引导办，在农村实施脱贫致富奔小康引导工程。1994年1月，实施建整扶贫，引导办改为建整扶贫办。

1995年2月，娄底市成立建整扶贫领导小组及其办公室，市委组织部部长兼任办公室主任，市委办副主任曾盛良任常务副主任，建整扶贫办下设组织指导组、综合课题组、财务后勤组。1996年8月，市委副调研员钟培芷任建整扶贫办常务副主任，综合课题组改名为综合宣传组。1999年，更名为娄星区建整扶贫领导小组办公室。2004年3月，区建整扶贫领导小组更名为建设扶贫领导小组，区委书记姚兵任组长，副书记袁放安、陈明华，区委组织部部长罗孝贵，区委办主任聂斌全、副区长彭建平任副组长，成员单位21个。建设扶贫领导小组下设办公室，罗孝贵兼任办公室主任。是年，区委建设扶贫领导小组派驻乡镇、街道扶贫总队长9人。2008年，李振兴任办公室常务副主任。

第一节　贫困状况与扶贫规划

一、贫困状况

1990年，省政府审批确认，娄底市有贫困村101个，占全市村总数43.7%，贫困人口3.50万人，占全市农业人口26%（农业人口17.29万人）。其中，未解决饮水绝对贫困人口1.15万人，占农业人口6.7%；初步解决温饱低收入人口3.35万人，占农业人口19.4%。

1994年，开展农村党组织建设整顿和扶贫相结合（简称建整扶贫）工作，在加强农村党组织建设整顿的同时推进扶贫开发。国家各项惠农政策向农村扶贫开发倾斜，农村贫困人口逐年减少。至2000年，全区农民年人均纯收入2755元，比1990增加2003元；全区贫困村达到温饱线。贫困村减少到86个，贫困人口降至1.20万人。2006年起，贯彻落实《中共中央、国务院关于推进社会主义新农村建设的若干意见》，按照“生产发展、生活富裕、乡村文明、村容整洁、管理民主”总体要求，继续推进农村建设扶贫工作，开展新农村建设。至2008年，全区农民年人均纯收入增至4562元，比2000年增加1607元。贫困村全部实现脱贫，农村贫困人口降至5000人。

二、扶贫规划

1995年起，娄星区（娄底市）委、区（市）政府开展小康市创建达标活动，将扶贫工作纳入建设小康市重要工作日程，实行基层党组织建设整顿与扶贫开发相同步。是年，市委、市政府制定小康市建设规划，将扶贫开发列入主要内容。此后，每年制订扶贫建整工作计划，筛选贫困人口多和基层党建薄弱村、居委会作为建整扶贫工作重点突破口，从区直机关单位派出干部职工组建建整扶贫（建设扶贫）工作队，在加强基层党组织建设和整顿的同时，帮助驻点村选准产业发展脱贫致富路子，实施扶贫开发；帮助驻点村加强基础设施建设，推进社会事业发展。1997—1999年，根据娄底地委、行署安排，承担新化县桑梓镇、游家镇5个贫困村扶贫任务。至1999年，全市101个贫困村有60个进入小康行列，其余达到温饱线，实现3万贫困人口稳定脱贫，全国（省）小康市创建工作达标。

2000年，制定娄星区建设扶贫工作规划，巩固脱贫成果，实现脱贫人口稳步脱贫走上富裕道路。从2001年起，除本区继续派出建设扶贫工作队驻村帮扶外，省直机关单位和娄底市市直机关单位也派出建设扶贫工作队，进驻相关贫困村和后进村，开展基层组织建设和扶贫工作，巩固第一轮建整扶贫工作成效。

第二节　扶贫方式

一、建整扶贫

（一）驻村布点

1995年，市直单位抽调56名工作人员组成46个工作组，每个工作组驻1个后进村，开展基层党组织建设整顿和扶贫开发工作。分别进驻大科乡王家村、长青村、大新村、水洋村，涟滨乡曹家村、涟滨村、思塘村，万宝乡群益村、东方红村、新柏村、旺兴村、清江村，茶园乡栎木村、下洲村、建农村、松山村；百亩乡万新村、双林村，石井乡大跃村、环江村，杉山镇木山村、石垣村、集云村、九仑村，小碧乡青联村、集和村、日岩村、对家村，双江乡义坪村、潭溪村、佳仑村、企石村、天壶村，西阳乡石口村、新石村、胜昔村、双冲村、龙虎村，乐坪街道清泉居委会、街心居委会，长青街道洞新居委会，花山街道花山、青山、大桥、观化、新立居委会。

1998年，44个单位抽调110名工作队员，组成44个工作队，进驻39个贫困村和新化县5个特困村，开展基层党组织建设整顿和扶贫开发工作。分别是茶园乡新辉村、路口村、茶园村、高乐村，万宝镇群益村、芭蕉村、旺兴村、株山村，百亩乡七步村、朝阳村、楂泉村，石井乡山泉村、石井村、谭家村、环江村，大科乡方石村、水洋村，杉山镇泉福村、四季村、西坪村、集云村，西阳乡高桥村、江龙村、白鹭村，涟滨乡民福村、山塘村，小碧乡双联村、建新村、青泉村、桐梓村，双江乡万家村、新加村、天壶村、佳仑村、义坪村、企石村、新庄村、潭溪村、横石村，新化县桑梓镇鹧鸪村、游家镇株树岭村、三联村、三峰村、西家湾村。

1999年，51个区直单位抽调110名工作队员组成46个工作队，进驻41个贫困村和新化5个特困村，开展基层党组织建设整顿和扶贫开发工作。分别是双江乡茶阳村、天壶村、万家村、新联村、青桥村、义坪村、小田村、横石村、坪底村、农新村，小碧乡集和村、日岩村、小碧村、高坪村、十字村、双联村、青泉村、农联村，大科乡水洋村、坪石村、早元村，西阳乡白鹭村、犁头村、石花村，涟滨乡曹家村，石井乡松江村、环江村、石江村，杉山镇塘坪村、坝塘村、西坪村、木山村、万乐村、四季村，百亩乡新家村、赛辉村、百亩村，茶园乡路口村、新辉村、春溪村、石塘村，新化县桑梓镇鹧鸪村、游家镇株树岭村、三联村、三峰村、石门寨村。

（二）工作成效

1995年，市委、市政府锁定建设全国小康市目标，实施建整扶贫工程。1997—1999年，除对本市贫困村扶贫外，还承担新化县桑梓镇鹧鸪村、游家镇株树岭村、柘古村、三联村、三峰村（石门寨村）5个特困村脱贫攻坚任务。其间，重点开展支部书记培养、培训教育党员、帮助贫困村找准发展经济路子、解决群众反映强烈热点难点问题等4项工作。至1999年12月，累计投入资金1460万元，扶助贫困村建成水、电、路、校、厂等项目1700个，发展各类工业企业156家，发展种养大户1038户。全市191个村调整村支部班子141个，改选村支书81人，调整支部委员212人，发展新党员219人。1999年7月，经省小康市验收组验收，娄底市以总分91.05的成绩跨入湖南小康市行列。101个贫困村有60个进入小康行列，其余达到温饱线，实现3万贫困人口稳定脱贫，创建全国（省）小康市达标。

1997—1999年，娄底市驻新化县建整扶贫，先后派出15个单位轮流驻桑梓镇鹧鸪村、游家镇株树岭村、柘古村、三联村、三峰村（石门寨村）5个贫困村。投入资金70余万元，修建桥梁8座，修建公路60千米，架设高压线8000米，修水渠1.50万米，建倒虹吸管800米，筑拦河坝1座，修建电排站3座，维修水库山塘28口，打井60余口，架设自来水管1.60万米，修葺学校5所。扶助失学儿童15名，慰问五保户特困户120户次，为五保户建房1栋，扶持发展种养专业户25户，新办村企业3家。5个特困村结束不通路、不通电、不通水历史，实现整村脱贫。

二、建设扶贫

(一) 驻村布点

2000年，建整扶贫转为建设扶贫，在加强基层党组织建设的同时，开展扶贫工作。是年，从50个区直单位派出70名工作队员，组成35个工作组，进驻35个建整村。分别是双江乡新庄村、茶阳村、坪底村、新家村、青桥村、佳仑村、万家村，百亩乡大井村、赛辉村、楂林村，大科乡大兴村，石井乡石江村、松江村，涟滨乡涟滨村，茶园乡梨子村、塘群村、石鼓村，西阳镇石花村、白鹭村、犁头村，万宝镇福善村、东方红村，小碧乡农联村、青泉村、桐梓村、同福村、高坪村、双联村，杉山镇鹞子村、田湾村、万乐村、塘坪村、石塘村、坝塘村、西坪村。

2001年， 56个市直单位和9个区直单位派出108名工作队员，组成48个工作队，进驻49个贫困村，开展基层党组织建设和扶贫开发工作。分别是西阳乡犁头村、石花村、白鹭村、民丰村，百亩乡共荣村、楂林村、梧桐村、大井村，大科乡大新村、南垅村、福潭村，涟滨乡涟滨村，茶园镇石塘村、建农村、鱼岭村、东冲村、梽木村、孺阶冲村、梨子村，万宝镇富冲村、新柏村、新坪村，小碧乡集和村、同安村、桐梓村、青泉村、镇南村、同福村、青联村、十字村、农联村，杉山镇田湾村、西坪村、塘坪村、坝塘村、田坪村、木山村，双江乡义坪村、青桥村、双江村、新庄村、新加村、洪山村、新联村、佳仑村、朱加村、企石村，石井乡江溪村、谭家村。

2003年，68个省、市直管和区直单位派出163名工作队员，组成66个工作队驻点68个扶贫村，开展基层党组织建设和扶贫开发工作。分别是茶园镇梽木村、鱼岭村、石鼓村、梨子村、春溪村、建农村、农群村、茶园村，万宝镇浒石村、江溪村、清江村、东方红、新柏村、福善村，石井乡三圭村、石井村、山泉村、江溪村、谭家村、水口村，西阳镇犁头村、华实村、民丰村、石马村、白鹭村、星明村、永兴村，双江乡坪底村、义坪村、小田村、企石村、佳仑村、横石村、新加村、新联村、新庄村、洪山村、茶阳村、天壶村、朱加村，小碧乡青泉村、农联村、桐梓村、小碧村、同安村、镇南村、青联村、同福村、十字村、集和村，杉山镇田坪村、田湾村、木山村、高车村、柒铺村、建设村、石底村、冠曹村、石垣村、花溪村，百亩乡万新村、梧桐村、七步村、雅塘村、楂泉村、新家村，大科乡思乐村、民富村。

2004年，省市区84个单位派出400名机关干部，组成69个工作队驻点61个贫困村，开展基层党组织建设和扶贫开发工作。分别是茶园镇农群村、鱼岭村、梨子村、高乐村、新辉村、建农村、孺阶冲村、梽木村、春溪村、塘群村，杉山镇杉山村、柒铺村、花溪村、木山村、塘坪村、田坪村、石底村、冠曹村、四季村、石垣村，小碧乡镇南村、青联村、对家村、桐梓村、力冲村、炉塘村、同福村、集和村、小碧村、同安村、十字村，万宝镇浒石村、江溪村、福善村、新柏村、清江村、东方红村、新致村，石井乡三圭村、山泉村、石井村、江溪村、谭家村、水口村，双江乡潭溪村、义坪村、企石村、新联村、茶阳村、天壶村、新安村、小田村、佳仑村、双江村、新庄村、农新村、横石村、坪底村，大科乡思乐村，黄泥塘街道东来村、南阳村。

2008年，区直74个单位组成联村工作队，派出198名工作队员进驻42个贫困村，开展基层党组织建设和扶贫开发工作。分别是双江乡企石村、双江村、义坪村、横石村、洪山村、天壶村、新庄村、坪底村，茶园镇松山村、农群村、梨子村、东冲村、槐柳村、石鼓村，小碧乡双联村、建新村、农联村、集和村、炉塘村，杉山镇石龙村、坝塘村、鹞子村、木山村、万乐村，万宝镇新致村、乔泉村、株山村、新柏村、江溪村，百亩乡楂泉村、共荣村、梧桐村、新家村，石井乡松江村、谭家村、祖师村、江溪村、石江村，黄泥塘街道恩口村，大科街道思乐村、大兴村，花山街道对江村。

（二）工作成效

2000年1月，娄星区采取书记挂帅，党委、政府、人大、政协区级领导联动，部门战线负总责措施，巩固扶贫成效。加强党组织建设，整顿后进党支部，调整村支“两委”领导班子，加强党员发展，培养村级后备干部。实施新农村建设，扶贫产业发展，推进社会事业建设，加强水利、道路、学校等基础设施建设。2003年起，连续3年在茶园镇推广优质稻种、杂交玉米、软盘抛秧、生猪品改、机械植保、大棚蔬菜和花卉、水果嫁接新品种和新技术。至2008年年底，全区贫困村全部脱贫，3万脱贫人口走上富裕道路，贫困人口仅剩下5000人，贫困发生率降至1.1%。

第三节　扶贫项目与扶贫资金

一、扶贫项目

1995—1999年，农村建整扶贫项目，主要是各个单位筹集资金交市建整扶贫办公室购买基础设施建设所需物资，为扶贫村提供物资帮助。

2000—2008年，包村单位投入资金开展建设扶贫，主要用于基础设施、农村产业、扶贫培训、生态能源等项目建设。改善贫困地区基础设施，累计新修村组公路553.60千米，整修村组公路232千米；整修水渠482千米，整修山塘1014口，维修水库、堤坝12处，恢复水田93.33公顷；打井796口，建水塔水池64处，修引水管道89千米；整修学校18所；架设输电线路180千米，新修整修电排38座；发展养殖、种植大户2997户，养殖生猪1.99万头，生猪品改215头，发展良种母猪2271头，饲养肉牛及良种牛1902头，养殖黑山羊400只，养鸡鸭41万羽，养鸽子330对，养鹿98头，养殖黑豚7组，海狸獭1组，养殖非洲鲫鱼2万尾，养鱼水面49.73公顷；推广优质稻3019.73公顷，种植杂交玉米123.33公顷，中药材33.27公顷，退耕还林864.20公顷，发展经果林499.67公顷，油茶林26.67公顷，发展特种水果145公顷；新建大型实用菌基地5个，种植蔬菜46.67公顷；发展和扶持村级经济，开办红砖厂100家，耐火材料厂1家，碎石场85家，石灰厂19家，预制场16家，纯净水厂2家。

二、扶贫培训

2002—2008年，全区投入财政扶贫资金220万元，用于扶贫培训。其中，实用技术培训50万元，劳动力转移培训170万元。组织种养实用技术培训603期，培训贫困农民、技术人员4.12万人次；举办乡村扶贫干部培训班15期，培训干部182人次；组织科技下乡、科技宣传25次，印发科技资料25万份；引进和应用新技术、新品种21项；组织劳动力转移培训5200人次，推荐就业3421人次，组织村干部和村民外出考察214人次。

三、扶贫资金

1995—1999年，全市投入各类扶贫资金7000万元。其中，建整扶贫资金1460万元，建设扶贫资金3002.09万元。2000—2008年，全区投入各类扶贫资金1.58亿元。其中，争取上级财政扶贫资金6440.50万元，协调信贷扶贫资金1393万元，建整扶贫资金4462.09万元。第一阶段1460万元，第二阶段3002.09万元。

第八章 农业产业化

1989—2008年，娄星区（娄底市）巩固农业基础，加强农业产业化建设，建立现代农业制度，推进农业经济发展。农业结构调整以市场为导向，以基地为依托，以科技为手段，以“菜篮子”工程为重点，以“一优两高”为目标，建立城郊型农业，发展种养大户，培植龙头企业，建立各类种植专业合作社，实施社会主义新农村示范村建设。全区有种、养、加工各类农业大户600余家，专业合作经济组织14个，农业产业化龙头企业24家，农村劳务输出劳动力60%向第二、三产业转移。建立蔬菜、柑橘、茶叶、生猪、家禽、水产、小水果、食用腐竹等商品基地，规划建设水果基地10万亩，运作“公司+农户”“市场+农户”“协会+农户”模式，建成“一村一品”村17个，形成生猪、山羊、家禽等6个专业化生产带；推广优质稻品种，建成优质稻示范基地6个；发展果蔬、畜牧、花卉苗木、茶叶支柱产业基地建设，建立无公害基地4086.67公顷。利用城郊优势和水资源优势，发展观光农家乐休闲业，建成集生态、休闲、度假、餐饮、娱乐为一体生态农庄、农家乐、休闲农（渔）庄等农业休闲观光项目。发展农产品加工业，培植农产品精品，创建农业品牌，形成剁辣椒、天源蜂蜜、花粉、王浆、鹌鹑皮蛋、百雄腊八豆、风味腐乳、辣子鸡等品牌产品，农产品加工业实现产值3.36亿元。推进国家农业综合开发项目区建设，加强农业综合开发，实施土地治理项目和产业化经营项目。完成农业综合开发总投资9341.43万元，实施土地治理项目9个，产业化经营项目6个。

第一节 农业结构调整

1990年起，域内农村逐步走向以市场为导向，以基地为依托，以科技为手段，以“菜篮子”工程为重点，以“一优两高”为目标，进行产业结构调整，建立结构合理、规模适度、商品率高城郊型农业。根据趋利避害原则，调整部分低洼田、冷浸田、高岸缺水田及屋边鸡啄田用来发展养鱼业或改种西瓜、花生、蔬菜、甘蔗、药材等经济作物。林业生产也改由单一的用材林向发展多种名、特、优小水果经济林转变，给城市居民菜篮子增加花色品种，组织西瓜、藠头等优质农产品出口换汇，提高娄底知名度，农民家庭纯收入得到提高。1994年，市委、市政府决定用5年时间抓好10万亩“水果市”建设。1996年，实施“四五·四一”工程。是年，马铃薯、红薯、小麦作物面积增大，总产分别达139吨、426吨和484吨。经济作物总面积5333.33公顷。其中，花生527公顷，总产1001吨，分别比上年增长20.6%和25%；黄豆1333.33公顷，总产2400吨，分别比上年增长20%和24%；油菜230公顷，总产185吨，分别比上年增长117%和146.7%；西瓜、草莓等面积增长，各种农业大户崛起。

2000年，万宝镇万亩低产田被列入国家农业综合开发项目，实施中低产田改造。2002年，区政府组建领导机构和工作班子，成立由分管区级领导牵头，区直有关单位主要负责人参加的农村产业结构调整领导小组，区农办、农业、畜牧等部门抽调技术骨干组成工作办公室，负责组织协调、技术指导、督促检查、销售服务、信息提供、考核验收。实施大户带动战略，开展“一村一户”活动，发展各类龙头企业。发展各类农业大户317户。其中，巩固老大户139户，新发展178户。农口各局派专家和技术人员下乡举办各类培训班58期，培训农民5000余人次，发放各种技术资料70余万份。是年，粮食作物面积减少，经济作物面积增加，农业产值提高。养殖业发展生猪39.80万头，牛2.80万头，羊4万只，家禽500万羽，畜牧水产总值2.42亿元，占农业总产值54.5%。随后，产业结构向名、特、优、新及科技含量高和无公害农产品认证方向发展，加强无公害农产品原产地认证工作。

2004年，黄泥塘街道恩口村养猪基地和双江乡分别获得"湖南省无公害农产品产地认定证书"和国务院批准的"无公害绿色食品原产地认证"。各类种、养、加大户发展到400户。区政府成立农业招商引资领导小组，开展农业招商引资，先后有重绿天源食品厂、"湖南黑猪"生产项目、水果恒温冷库、农产品大市场、药材生产基地等落户。2006年3月，开展社会主义新农村示范村建设。万宝镇群益村和江溪村、黄泥塘街道恩口村、茶园镇松山村、杉山镇坝塘村、小碧乡小碧村、双江乡双江村、石井乡祖师村、大科街道大新村9个村作为新农村示范村。推进农业产业化进程，建成黄泥塘街道恩口村、小碧乡高坪村、杉山镇坝塘村3个生猪养殖小区，出栏生猪3.24万头，占全区出栏生猪17.2%。新扶持和发展种、养、加工各类大户152户，重点专业合作组织5个。2007年7月10日，成立区农业产业化协会，催生省、市、区级龙头企业和各类专业合作经济组织发展。培植百雄堂、庆阳牧业、东明肉联、万宝食品、天源高科等龙头企业和双江辣椒合作社、恩口养猪专业合作社、娄星乌杨梅专业合作社、南华园艺技术合作社、茶园民富农村合作社、童家洲蔬菜专业合作社等专业合作经济组织。乐开口公司"粉师傅"放心米粉、金广源公司金广源和谷泰的酱板鸭、天源高科"湘惠"牌猪肉、宏远乳业"湘绿"牌营养乳等5个产品在第二届中国（长沙）国际食品博览会上获金奖。

2008年，娄星区水果面积2667公顷。有种、养、加各类农业大户600余家；专业合作经济组织14个；农业产业化龙头企业24家，其中，省级5家，市级19家，农村劳务输出劳动力60%向第二、三产业转移。全区粮食播种面积1.19公顷。其中，水稻8453.33公顷，优质稻品率90.1%，优质杂交玉米480公顷；油料作物1167公顷，蔬菜3107公顷，水果2313.33公顷，茶叶400公顷，中药材353公顷。年出栏生猪3000头以上标准化规模养殖小区7个，年出栏200头以上养殖大户466户，生猪饲养量33.20万头，牛2.46万头、羊3.56万只，家禽541万羽，年水产品总量4400吨。

1989—2008年娄星区（娄底市）农林牧副渔产业结构一览表

表12-10　　单位：万元、%

年份	合计	农业		林业		牧业		渔业		农林牧渔服务业	
		产值	占比%	产值	占比%	产值	占比%	产值	占比%	产值	占比%
1989	13720	7519	54.8	536	3.9	4497	32.8	709	5.2	459	3.3
1990	13744	7590	55.2	334	2.4	4689	34.1	664	4.8	467	3.5
1991	14002	7941	56.7	384	2.7	4568	32.6	724	5.2	385	2.8
1992	13617	7967	58.5	322	2.4	4247	31.2	789	5.8	292	2.1
1993	14102	8770	62.2	268	1.9	4138	29.3	926	6.6	未统计	—
1994	15013	8662	57.7	427	2.8	4886	32.5	1038	7.0	未统计	—
1995	16290	9191	56.4	468	2.9	5432	33.3	1199	7.4	未统计	—
1996	20436	9979	48.8	525	2.6	8333	40.8	1599	7.8	未统计	—
1997	22468	10517	46.8	554	2.5	9533	42.4	1864	8.3	未统计	—

续表12-10

年份	合 计	农 业		林 业		牧 业		渔 业		农林牧渔服务业	
		产值	占比%	产值	占比%	产值	占比%	产值	占比%	产值	占比%
1998	23502	10558	44.9	558	2.4	10428	44.4	1958	8.3	未统计	—
1999	23686	10811	45.6	553	2.3	10355	43.7	1967	8.4	未统计	—
2000	24090	10600	44.0	552	2.3	10872	45.1	2066	8.6	未统计	—
2001	24259	10685	44.0	506	2.1	10891	44.9	2177	9.0	未统计	—
2002	24430	10543	43.2	532	2.2	11147	45.6	2208	9.0	未统计	—
2003	25438	9482	37.3	698	2.7	11563	47.3	2125	8.4	1570	4.3
2004	47178	21564	45.7	643	1.4	21000	44.5	2615	5.5	1356	2.9
2005	50702	23886	47.1	871	1.7	21664	42.7	2816	5.6	1465	2.9
2006	52836	24777	46.9	851	1.6	22938	43.4	2688	5.0	1582	3.1
2007	72313	28879	39.9	1033	1.4	37490	51.8	3108	4.3	1803	2.5
2008	85743	27948	32.6	1273	1.5	51253	59.8	3169	3.7	2100	2.4

第二节　农业产业基地

1989年，娄底市建立蔬菜、柑橘、茶叶、生猪、家禽、水产、小水果、食用腐竹等商品基地，发展种、养专业户，解决“菜篮子”问题。1992年，新建小水果基地52处，面积196公顷。1994年，规划建设“水果市”，规划建设基地面积10万亩。1995年，推行“畜牧水产年”。1996年，提出建设“四五·四一”工程，推进畜牧、水产业发展，特种禽畜养殖专业户发展到1787户，产值10万元农业大户338户。其中，畜牧水产267户，水果33户，蔬菜大户9户，农机大户10户，粮食大户5户，林业大户8户，种养加综合大户6户；产值5万元农业大户546户。全市农业大户农业产值4500万元，占农业总产值21%，形成“一村一品”村和以西阳、杉山、茶园、万宝为主的生猪养殖带；石井、杉山、西阳为主的特种水产养殖带；以双江、小碧为中心的山羊养殖带；以石井、百亩、大科、涟滨为主的家禽养殖带等6个专业化生产带。1997年，建立“公司+农户”“市场+农户”“协会+农户”模式，巩固龙头企业9个。全年发展农业大户1320户，出现种养大王108个，35个村实现“一村一品”，初步走出一条从“大户→大王→一村一品（基地）→龙头企业”产业化发展新路子。

2000年，娄星区实施“种苗工程”，引进新优品种40个，重点推广培两优288、新香优80、金优207等优质稻品种8个，在茶园乡石塘村、石鼓村、新辉村，万宝镇万宝村、江溪村，西阳镇宋家村3个乡镇6个村建立133.33公顷高标准优质稻示范基地。2001年，双江乡新发展辣椒基地100公顷，成立农业产业发展中心和辣椒、藠头、黄姜加工协会，开拓深圳等省外销售市场。涟滨乡新发展蔬菜大棚100个，引进日本南瓜等优良品种。杉山镇建立藠头、甜糯玉米、药材、名优精细蔬菜基地400公顷。2003年，果蔬业、畜牧业、花卉苗木业三大支柱产业逐步形成，五大基地建设发展有序。果蔬业：石井镇环江村杨梅基地投资12万元，新发展农户132户，扩大种植面积27公顷；万宝镇石埠村草莓基地由镇干部职工集资入股，成立农业科技开发有限公司，注册资金60万元，同时带动市园林处5个下属单位职工集资入股，发展优质草莓13.33公顷。大科、花山、杉山、万宝等乡镇二线蔬菜基地扩大面积200公顷，新建蔬菜大棚120个；双江辣椒基地扩大面积167公顷，分布7个村，投入资金7.50万元，年产量4500吨。畜牧业：黄泥塘街道恩口村生猪品改基地投入资金300余万元，改扩建高标准猪舍21栋，引进良种母猪225头、公猪6头，发展生猪5700头，其中出栏3100头；建成万宝镇、百亩乡美国王鸽养殖基地，万宝镇、石井乡美国牛蛙养殖基地，花山街道山鸡养殖基地及菜牛、山羊、鹿等基地。花卉苗木业：小碧乡粟冲村贺伟庭投资10多万元建立50亩高标准花卉苗木基地，完成产值39万元。全区完成茶园茶叶基地品改17公顷，生产高档有机绿茶1500千克；茶园鱼岭村木本药材基地种植面积40公顷，其中开发大户肖雪清种植面积20公顷；百亩油茶林生产基地完成品改200公顷。2005年，茶园镇春溪村发展大棚礼品西瓜8公顷，产值70万元以上；万宝镇群益村发展花卉苗木基地12公顷，产值200万元；大科南垅村种植莲藕27公顷，茶园茶场品改茶叶50公顷。2006年，双江、万宝、大科无公害蔬菜基地持续发展；石井和茶园杨梅、万宝和茶园礼品西瓜、大科南垅的葡萄和猕猴桃等水果基地扩大；万宝、大科、小碧花卉苗木基地和九龙高科开发水培花卉基地，依托公司+协会，实现“生产—技术—销售”一条龙。

至2008年，蔬菜种植总面积3107公顷（其中，专业蔬菜基地面积203.33公顷，二线蔬菜基地360公顷，商品菜播种面积1100公顷，其他148公顷），水果面积231.33公顷，茶叶面积400公顷，中药材面积353.33公顷，无公害基地面积4086.67公顷。发展种、养、加各类大户150户，农业产业化龙头企业24家。其中，省级5家，市级19家。

第三节　休闲农业

2004年，观光休闲农业起步。是年，发展各类休闲渔业项目80余处。2005年，大科街道利用城郊优势和孙水河沿岸水资源优势，发展钓鱼、游船、观光农家乐休闲活动，带动周边地区水产养殖和特色农产品种植发展。双江乡以洪家山森林公园和双江水库为依托，利用双江“一山”（洪家山）、“一水”（双江水库）、“一洞”（圣仙洞）、“一品”（剁辣椒）发展农业休闲旅游。2006年，以潭邵高速公路连接线两旁生态农庄、孙水河沿线农家乐、仙女寨生态公园和双江乡洪家山省级森林公园开发等为主导休闲农业项目，依托城区，服务城市，成为推动当地经济快速发展新的增长极。至2007年，建成茶园、万宝、大科、双江等地开发集生态、休闲、度假、餐饮、娱乐为一体生态农庄、农家乐、休闲农（渔）庄等农业休闲观光项目，全区规模休闲农（渔）庄和乡村酒店120余家。

第四节　农产品加工经营

1996年，娄底市实施“四五·四一”工程，发展农产品加工业，建立圣仙牌剁辣椒厂、藠头加工厂。2000年，双江乡上乘食品厂利用湘中农贸市场开业，与400余户农户签订辣椒、藠头收购合同，两项种植面积分别达到266.67公顷、213.33公顷。银豆豆食品有限公司带动涟滨乡仙人桥农户10多家发展鹌鹑养殖，所有蛋品全部保价收购，生产鹌鹑皮蛋远销广州、近销全省各大城市。是年，鹌鹑皮蛋厂、百雄堂农业高科技有限公司、天源蜂蜜厂、上乘食品厂、娄底华森特禽养殖发展有限公司5家农产品加工企业组织产品参加湖南省第二届农博会，万宝镇天源蜂业有限公司天源蜂蜜获金奖，百雄集团百雄牌精品永丰辣酱、百雄牌豆蓉辣酱、百雄牌风味腊八豆和银豆豆食品有限公司银豆豆鹌鹑皮蛋获得银奖。参展期间，销售额3.80万元，签约260万元。

2001年，娄星区农产品加工业购销两旺。双江乡农业产业发展中心与辣妹子集团和深圳超市分别签订200吨、100吨腌制红辣椒购销合同，与省外贸出口公司签订300吨盐渍藠头，与百雄堂集团签订5吨蕨菜和10吨竹笋购销合同；上乘食品厂与附近800多个农户签订辣椒、藠头收购合同。涟滨乡鹌鹑皮蛋有限公司所有蛋品全部保价收购，产品远销广州、近销全省各大城市，市场前景广阔。在全省第三届农博会上，百雄堂、天源、上乘、娄底恒生5家企业精选剁辣椒、天源蜂蜜、花粉、王浆、鹌鹑皮蛋、百雄腊八豆、风味腐乳、辣子鸡等13个产品参展，天源蜂蜜再获金奖，剁辣椒、腊八豆均获银奖。2002年，5家企业精选剁辣椒、天源蜂蜜、鹌鹑皮蛋、百雄腊八豆、风味腐乳、红薯粉丝、辣子鸡等15个产品在全省第四届农博会参展。至2006年，全区农产品加工业获全省金质奖1个，银奖产品5个。是年，万宝食品走“公司+农户”的产业化之路，开发出“苹果醋”等产品投放市场；金广源食品加工厂采取“订单农业”，推出“酱板鸭”产品，带动产业发展，全区农产品加工业产值3.35亿元。2007年，全区农产品加工业产值3.27亿元，乐开口实业“粉师傅”放心米粉、金广源和谷泰酱板鸭、天源高科“湘惠”牌猪肉、宏远乳业“湘绿”牌营养乳等5个产品获第二届中国（长沙）国际食品博览会金奖。2008年，全区农产品加工业产值3.36亿元。

第五节　农业综合开发

1999年，由财政局、水利局、农业局抽调人员筹备娄星区农业综合开发办公室。2000年，娄星区被列入国家农业综合开发项目区。区委、区政府批准设立区农业综合开发办公室，归口区财政局管理，主要业务分为土地治理项目和多种经营项目。2004年，多种经营项目改为产业化经营项目。2006年起，农业综合开发项目竣工验收实行县级准备、市级检查、省级验收、国家每3年进行1次抽查考评管理体制。

一、资金管理

2000年，落实财政部《农业综合开发财务管理办法》，规范农业综合开发财务管理。2001年，落实财政部《农业综合开发资金报账实施办法》，农业综合开发资金实行县级报账制度，明确报账管理职责和程序。2005年，落实财政部《国家农业综合开发资金和项目管理办法》，规范农业综合开发资金和项目管理。2007年，农业综合开发财政资金专账和报账资金专账合并为农业综合开发资金专账，包括财政无偿资金、财政有偿资金和项目区群众缴入的自筹资金。至2008年，全区累计完成农业综合开发总投资9341.43万元。其中，财政资金4442.50万元，银行贷款1393万元，自筹资金3505.93万元。

2000—2008年娄星区农业综合开发投资一览表

表12-11　　单位：万元

年份	土地治理项目			多种经营项目(产业化经营项目)			
	总投资	财政资金	自筹资金	总投资	财政资金	自筹资金	银行贷款
2000	275	207	68	—	—	—	—
2001	302	227	75	—	—	—	—
2002	315	246	69	1693	606	427	660
2003	449	371	78	240	127	38	75
2004	330.5	221.5	109	—	—	—	—
2005	608	408	200	326	150	128	48
2006	432	288	144	1015	376	429	210
2007	360	240	120	2187.04	600	1287.04	300

续表12-11

年份	土地治理项目			多种经营项目(产业化经营项目)			
	总投资	财政资金	自筹资金	总投资	财政资金	自筹资金	银行贷款
2008	210	150	60	598.89	225	273.89	100
合计	3281.5	2358.5	923	6059.93	2084	2582.93	1393

二、土地治理项目

2000—2008年，实施土地治理项目9个，投入财政资金2358.50万元，改造中低产田4286.67公顷，维修加固小型水库4座，新建及加固拦河坝28座，更新改造机电排灌站29处，衬砌灌排渠道135.80千米，混凝土山塘防渗369口，新建蓄水池3口，新打机电井5口，埋设输水管道5千米，新修及维修机耕路20.70千米，配套农机具198台（套）。项目区年增产粮食1万吨、油料1300吨，增加农业总产值2500万元，增加农民收入1400多万元。

三、产业化经营项目

2002—2008年，实施产业化经营项目6个。其中，种植业2个，养殖业2个，农副产品加工业2个，累计投入财政资金2084万元。至2008年，资产总额增加1.25亿元，净资产增加5502万元，销售收入增加1.66亿元，利税总额增加1146万元。项目区带动发展种植基地333.33公顷，带动养殖农户1480户，安排农业就业人员971人，新增种养殖总产值8170万元，增加农民收入1658万元。

第九章　新农村建设与新能源开发

1991年，娄底市实施农村能源建设，先后推行“两省”节柴灶。2002年，娄星区争取财政部、农业部“国家小型公益设施建设农村能源沼气池建设”项目，建立“猪—沼—果”“猪—沼—菜”“猪—沼—稻”等生态农业模式示范点，建设上流式浮罩沼气池，解决集中养猪对环境污染问题。2006年3月，区委、区政府确定8个乡镇（街道）9个村作为社会主义新农村建设首批示范村。至2008年，全区农村建成沼气池3000个，农村能源服务中心站1个，乡村能源服务网点10个。示范村产业发展形成规模，基础设施得到发展，环境卫生得到改善，示范村农民人均纯收入5100元，比全区农民人均纯收入高500余元。

第一节　新农村建设

2006年3月，区委、区政府确定万宝镇群益村和江溪村、黄泥塘街道恩口村、茶园镇松山村、杉山镇坝塘村、小碧乡小碧村、双江乡双江村、石井乡祖师村、大科街道大新村9个村作为社会主义新农村建设首批示范村。9月4日，区长王雄主持召开会议，专题研究、部署全区新农村建设工作，明确从下年度起，每个示范村每年区财政解决工作经费27万元。成立社会主义新农村建设领导小组并设立办公室，负责全区社会主义新农村建设工作指导、协调和组织实施，区级明确各示范村挂点领导；各乡镇街道建立相应机构，明确专人负责。2007年，示范村建设以基础设施为突破口，9个示范村投资500余万元，加强基础设施建设。其中，投资265万元，新建村级组织活动场所7栋，建筑面积3000平方米；投资235万元（其中自筹20万元），硬化村道、公路12千米；投资15.60万元，打井3口、兴建饮水工程，解决970人口饮水问题；新修、硬化渠道6000余米、水塘6口、维修Ⅱ级电排1个、新建拦河水坝1处等水利设施；完成低产田改造10公顷，土地整理开发26公顷。每个示范村近三分之二劳动力外出务工，劳务输出成为支柱产业。茶园镇松山村利用紧靠城区、潭邵连接线穿村而过等有利条件开展招商引资，引进同济制药和原野生态农业发展有限公司。坝塘村蔬菜生产面积达33.33公顷，新扩大蒜面积2.67公顷，冬季农业开发新增10公顷，开发花卉苗木6.67公顷，发展规模养猪大户8户，新建预制场和红砖厂各3家，引进仓储企业1家。恩口村养猪大户发展到72家，年出栏生猪3.50万头，蔬菜生产面积80公顷，两项收入达到总收入60%和30%。江溪村发展水果产业，面积26.67公顷，有玫瑰李、杏李、椪柑、油桃、葡萄等品种10余个。双江村推广超级杂交稻10.67公顷，甜糯玉米6.67公顷。群益村依托万宝工业园引进企业10余家，祖师村11户农民投资近400万元开办洗煤厂及碎石场、墙体砖材料厂等企业，小碧村兴建精石灰厂6家、预制场3家。

2008年，9个示范村筹措基础设施建设资金490万元，硬化通村通组公路13.10千米，新修公路9千米，新建山塘3口、渠道6千米，混凝土防渗山塘10口、水渠15千米，新建供水设施4处。以种养业为基础，第二、三产业为主导产业格局初步形成。恩口村生猪养殖全市闻名，浒石村休闲观光农业初具规模。是年，示范村农民人均纯收入5100元，比全区农民人均纯收入高500余元。

第二节　农村新能源开发

1991年，娄底市农委成立农村能源建设管理办公室，实施农村能源建设。是年，推广“两省”灶1200余户，“两省”灶普及率98%。并为万宝等5个乡镇10个村50余户“五保”户、困难户和烈军属户建好省柴、省煤灶，修复旧沼气池5个，新建新型高效沼气池10个，发展生态农业20余户。1992年，农村能源建设向高标准、高质量、高效益发展，全年新建沼气池80个。大科乡大科村生态农业沼气示范工程得到国家科委和省、地、市支持，成为发展生态农业，走优质高效农业之路样板。1993年，新建小型优质、高效沼气池102个，推广“两省”灶1300余户。

2002年，娄星区争取财政部、农业部“国家小型公益设施建设农村能源沼气池建设”项目，在万宝镇新柏村试点实施，兴建8～15立方米沼气池103个。2003年，在万宝镇新柏村、江溪村、石林村、磨石村和百亩乡七步村、石井乡石井村、茶园镇农群村、杉山镇坝塘村、大科街道思乐村、小碧乡日岩村、黄泥塘街道恩口村等地建立“猪—沼—果”“猪—沼—菜”“猪—沼—稻”等生态农业模式示范点，新建8～12立方米上流式浮罩沼气池508个，解决集中养猪对环境污染问题，农户用上清洁、干净、环保沼气能源。是年，娄星区被评为全省农村能源建设先进单位。2004年，成立为民办实事工作领导小组，实施为民办8件实事，完成新建沼气池650个。

至2008年，全区农村建成沼气池3000个，设立区级农村能源服务中心站1个，建立乡村能源服务网点10个。

附：重点种植业企业选介

娄星区园艺示范场　娄底市园艺示范场成立于1980年，占地面积53.33公顷，主要经营种植业和养殖业。其中，柑橘占地40公顷，办公楼1栋三层2000平方米，猪场4栋8000平方米，职工宿舍1栋二层1500平方米，孵化养殖2栋二层2000平方米，鱼塘2口，每口6667平方米。1989年实行责任制大包干，合同签订30年不变。1992年底，因冰灾造成柑橘树95%以上冻死，职工另找生活出路。1997年，引进李小龙武术馆。1999年，娄底市园艺场更名为娄星区园艺场。2001年，引进苗圃基地2个，兴建奶牛养殖场1个。2003年，潇湘学院征地11.67公顷。2004年，区政府将园艺场剩余41.67公顷土地作为安置双江水库移民基地和生产基地。是年，区改制领导小组进驻园艺场启动改制。2005年年底，完成改制工作。改制职工43人，退休4人，管理人员4人调回农业局。2006年，成立娄星区黄泥塘街道双园社区，改制职工归属双园社区管辖。改制后，园艺场安排留守工作人员1名。

娄星区种子公司　1982年9月，成立娄底市种子公司，主要负责域内以杂交水稻为主的各种农作物种子生产、示范、推广和经营，属事业单位，实行企业化管理，保障区域内杂种水稻种子储备和粮食生产安全。公司在茶园乡石塘村等地建立杂交水稻制种基地，年产杂交水稻种子100吨，满足全市杂交水稻生产需求。后因农户对优质稻种需求量扩大，公司与郴州市、福建省建宁市等种子公司合作制种，每年从外地调拨杂交水稻种200余吨。1987年，公司在涟滨乡S209公路边修建库容50万千克仓库和检测实验室。1991年，新建1200平方米综合办公楼，在涟滨东街、涟滨西街、春园路和涟钢大市场开设4个种子门市部，最高年份杂交水稻销售量400多吨。1999年，更名为娄星区种子公司。2001年，种子市场放开，公司销售量减少，年均销售量下降到不足200吨。特别是亲本种子实行专利制度保护后，区种子公司杂交水稻制种难以继续。2003年，只经营杂交稻种子。2007年，公司停止种子经营，进行整体转制，从事种子技术推广服务。

娄星区蔬菜科学研究所　1988年，根据《关于建立娄底市蔬菜科学研究所的通知》，成立娄底市蔬菜科学研究所。1994年，在黄泥塘街道曹家村征地1.76公顷山地，用作蔬菜科研基地，完成娄底市蔬菜病、虫害发生发展规律和防治课题研究。1999年，撤市改区，更名为娄星区蔬菜科学研究所，仍为全民事业性单位。2001年，负责对双江地方辣椒品种种质调查和提纯（干制、剁椒优良品种）、涟滨地方苦瓜品种种质调查和提纯等工作，引进推广遮阳网、蔬菜大棚技术及数十种蔬菜品种。

第十三篇　工　业

1989年，娄底市委、市政府制定《娄底市工业发展战略规划》，确定建设以涟钢为主体的冶金基地，以涟邵矿务局为主体的煤炭综合开发基地，以华达机械厂为主体的汽车零部件机械加工基地发展目标。1999年，娄底市改为娄星区，区委、区政府在推进国有集体企业改制改革的同时，对全区工业发展进行规划，依托涟钢、涟邵等国有企业，发展民营企业，实施“工业强区”战略，推进工业经济快速发展。

发展规模　1990年，娄底市有工业企业1258家。其中，乡镇级以上企业158家，工业总产值13.16亿元。1991年，国民经济进入治理整顿阶段，工业运行偏紧。全市工业调整，一些落后产能企业关停并转。市湘中食品厂因巨资引进番薯片生产线不能正常生产而关闭，并入地区八一橡胶厂。市机电总厂并入省煤机厂，成为该厂娄底分厂。1992年，开展招商引资，一批项目开工建设，发展速度加快。市塑料厂与香港张氏投资公司共同投资1460万元，成立湖南吉田医药包装有限公司，从美国引进具有国际先进水平药用塑料瓶生产线，翌年10月竣工投产。市财政投入资金3000余万元，市洗煤厂新建项目、市水泥厂旋窑技改项目、市无线电器材厂异地改造、市皮革厂电脑织带商标等项目同时建设，是复市以来工业投入最多的一年。1993年6月，涟源钢铁总厂实行股份制改革，改组为涟源钢铁股份有限公司。当年公司实现产钢100万吨，跨入全国21家大型钢铁企业先进行列。1994年，市彩色水泥厂15万吨高标号水泥生产线技改项目开工建设。华达机械厂新建汽车变速箱和汽车空调压缩机项目竣工投产。翌年，华达机械厂汽车空调压缩机项目与日本合资成立华达杰克赛尔汽车空调湖南有限公司，项目投资2.50亿元，年产能力30万台空调压缩机。1996年，涟邵水泥厂25万吨旋窑生产线建成投产，成为娄底地区仅次于新化水泥厂的第二大水泥厂。深化企业改革，一批扭亏无望小型企业尝试产权制度改革，进行破产重组或关闭。市洗煤厂因经营困难而破产，被涟邵矿务局收购，组建涟邵焦化厂。地区所属机械厂、机电厂、市属的电工厂、无线电器材厂、五金厂、针织厂等企业同时破产。破产后，市电工厂重组为东风汽配有限公司、市无线电器材厂重组为科晶电子有限公司。1997年，湖南华菱钢铁集团有限公司兼并涟钢股份有限公司，更名为涟源钢铁集团有限公司。1998年，市属工业开展“学安塑、学邯钢”活动，国家“九五”计划重点建设项目市彩色水泥厂于年底竣工投产。市境内有30万伏变电站、22万伏变电站各1座，11万伏变电站2座，3.50万伏变电站7座。是年，全市有工业企业2456家。其中，年产值500万元以上规模企业64家，工业总产值63.10亿元，比1989年增长401.9%。形成以钢铁、煤炭、机械、建材、电力为重点，配套发展轻纺、化学、食品加工业工业发展格局。

1999—2003年，娄星区改造工业技术，实现产品升级，继续深化企业产权制度改革。1999年2月，市彩色水泥厂15万吨高标号水泥点火生产。项目由于资金不足时建时停，建设期达5年，影响项目经济效益，运转1年后实行租赁经营。实行租赁经营的还有市毛巾厂、市建材厂、市特种水泥厂等7家企业。通过采取措施，在一定程度上控制企业亏损。2002年，涟钢200万吨热轧薄板和150万吨冷轧薄板项目开工建设，项目投资120亿元，是区内工业发展历史上最大投资项目，标志涟钢进入快速发展期。是年，深化区属企业产权制度改革，印刷厂破产关闭。2003年，市水泥厂破产，由民营企业金鼎控股公司收购，将原水泥生产线改造成活性石灰生产线，产品供应涟钢。2004年7月，区委、区政府制定《关于全区国有工商企业产权制度改革的若干规定》，召开全区国有工商企业改制动员大会，推进企业产权制度改革。是年，涟钢热轧薄板投产，生铁、精钢、钢材分别比上年增长76.4%、52.7%和 51%，拉动区内工业快速增长。2005年，涟钢冷轧薄板和安石集团100万吨清洁型捣固焦扩建项目建成投产。在推进企业产权制度改革的同时，推进新型工业化，发展新兴产业，淘汰一批落后产能，民营企业蓬勃兴起。新能源公司焦煤扩建项目、利源矿业五氧化二钒生产线、金华车辆公司汽车车厢项目、万通煤业洗煤厂项目、红太阳电源新材料四氧化三钴生产线等一批重点项目相继开工建设与建成投产。庆阳牧业、东明肉联等农产品加工企业相继落户娄星区。经过艰苦细致改革攻坚，至2007年完成区属工业企业改制工作。除市彩色水泥厂被利恒公司收购继续生产水泥、特种水泥厂被金鼎公司收购生产活性石灰外，其余水泥企业全部破产关闭。

2008年，美国次贷危机引发全球经济危机，娄星区工业亦受到较大冲击，钢材压库限产。区委、区政府和工业企业共同努力，全区工业产值达到287.03亿元，同比增长11.2%，区属工业产值达到39.20亿元，占全区工业产值13.7%。全区工业企业户数1504户，其中年产值500万元规模以上企业67户，固定资产原值与工业总产值相当于1989年的15.90倍和22.90倍。全区工业产值占国民总产值比重为71.6%。

经济效益　1989年，娄底市乡级以上工业实现利润1.13亿元，利税总额为2.22亿元。1993年，利税总额增至9.33亿元。1995—1997年，国民经济调整，市场疲软，工业发展进入低谷，企业出现大面积亏损，利润大幅下降。1997年，全市工业亏损1681万元，利税总额2.11亿元。1998年起，贯彻落实国务院关于企业债务重组精神，剥离部分企业债务，减轻企业负担。同时，破产关闭一批扭亏无望企业，经济效益逐步好转。2003年，娄星区工业利税总额达到11.11亿元，首次突破10亿元大关。2004年，钢铁生产大规模扩产，利税达到20.76亿元。2008年，区内规模以上工业实现利润11.15亿元，利税总额20.20亿元。其中区属工业实现利税1.45亿元。

1989—2008年娄星区（娄底市）工业发展规模与效益一览表

表13-1　　单位：家、万元

年份	企业数	固定资产原值	工业总产值	利润总额	利税总额
1989	158	141104	125106	11262	22238
1990	154	155924	131631	17925	30707
1991	146	171559	158891	22905	40493
1992	144	197644	235072	39869	65569
1993	148	199779	425188	50858	93351
1994	153	240900	444110	49225	89781
1995	212	357975	364337	2534	21397
1996	193	452072	489793	671	28812
1997	188	502987	596528	-1681	21142
1998	46	525540	630945	1214	26436
1999	43	627124	627393	8379	37061

续表13-1

年份	企业数	固定资产原值	工业总产值	利润总额	利税总额
2000	37	693257	527722	17754	52342
2001	12	248174	586557	13025	44210
2002	41	855445	594028	27575	77476
2003	36	1073396	743851	46734	111138
2004	37	1557721	1418621	125318	207567
2005	39	1458430	1734447	62440	166988
2006	46	1949110	1776900	95804	202418
2008	67	2239399	2870337	111510	202000

说明：1989—1991年为乡及乡以上工业。1992—1997年为全部独立核算企业。1998—2008年为国有及产值500万元以上非国有企业。其中2001年因只列入12家企业，统计数据不完整。

1989年，娄底市经济委员会为市人民政府组成部门。1990年7月21日，市经济委员会（简称经委）劳动服务公司兼并系统内经济信息服务部，由市经委劳动服务公司负责收集全市工业系统和各地经济信息，整理、筛选、归档，定期发布。1999年，撤市设区，娄底市经济委员会改为娄星区经济委员会。2001年2月27日，设娄星区酒类产销管理办公室，下设业务组、稽查队，为区经委下属机构。2002年9月26日，经济委员会改为经济工作局，为区政府组成部门，明确内设机构、人员编制、领导职数和下属单位。至2008年，区经济工作局内设机构有办公室（加挂行政审批股牌子）、组织人事股、运行监测协调股与企业服务指导股、环保和资源综合利用股（加挂原材料工业股和区黄金管理办公室牌子）、能源运行和安全生产股、电子信息产业和科技股（加挂娄星区国防科工信息动员办公室牌子）、工会和退管股。

1989—1999年9月，娄底市经济委员会历任主任：王建华、王爱光、刘祥华。1999年9月至2002年，娄星区经济委员会历任主任：王建华、王爱光、刘祥华。2002年9月至2008年娄星区经济工作局历任局长：周石祥、曾德智。

第一章　工业门类

1989—2008年，娄星区（娄底市）工业行业逐渐增加，工业门类逐步齐全。至2008年，娄星区有黑色金属冶炼、有色金属冶炼、煤炭采选、供电发电、机械建材、食品饮料、纺织服装、化工医药、电子仪器、金属制品、塑料皮革、造纸印刷、家电家具等行业。黑色金属冶炼加工占工业总产值70%以上，机械、电力、煤炭、有色金属占较大比重。薄板深加工、电源新材料、耐磨材料、仪表仪器等高新技术产业发展较快，工业比重逐年上升。

第一节　冶炼工业

一、大型冶炼企业

1989年，娄底市大型冶炼企业主要有涟源钢铁厂（简称涟钢）。1990年，涟钢主要炼钢设备有

300立方米高炉4座，生产生铁72万吨,钢材产能65万吨。1997年，5座高炉全部实现喷煤工艺，降低生产成本和环境污染，生铁产量达到105万吨。2002年，涟钢启动薄板工程，薄板项目主要配套项目6号高炉建成。在全国冶金系统率先采用总承包全新工程管理模式。总投资10亿元，新建高炉容积2200立方米，年产生铁200万吨，项目获“全国质量优良工程”。2003—2005年，涟钢对原有5座高炉进行大修改造，实现装备升级。2006年产生铁总量达到408.8万吨。2007年，总投资15亿元，建成高炉容积3200立方米，年生产能力295万吨7号高炉。2008年，涟钢年产生铁703.50万吨，产钢454.9万吨。

附：湖南华菱涟源钢铁有限公司

（一）企业演变。湖南华菱涟源钢铁有限公司（简称华菱涟钢）位于娄底市娄星区北市区黄泥塘街道。1986年12月，湖南省冶金厅组织涟源钢铁厂与株洲钢厂、衡阳钢管厂、衡阳轧钢厂实行横向联合，成立涟源钢铁总厂。1987—1992年冶金工业体制改革，株洲钢厂、衡阳钢管厂、衡阳轧钢厂相继退出。

1993年5月，经省体制改革委员会批准，涟钢实行股份制改造，成立涟源钢铁股份有限公司，7月8日挂牌运作。公司股本总额5.1亿股，其中涟钢股本占总额88.2%，定向向其他社会法人和企业职工募集6000万股，占总额11.8%。12月，省人民政府批准成立涟源钢铁总公司，受国家委托对股份公司实行控股。涟源钢铁股份有限公司和涟源钢铁总公司领导班子实行专职与兼职相结合交叉任职，所属机构实行两块牌子一套人马。1996年12月，省人民政府形成《关于涟源钢铁股份有限公司改革与发展问题的会议纪要》，对涟钢现有体制进行调整，组建涟源钢铁集团有限责任公司。涟源钢铁股份有限公司和涟源钢铁总公司同时撤销，重组涟源钢铁集团有限责任公司，为国有独资公司。1999年7月，湖南省组建湖南华菱钢铁集团有限公司，涟源钢铁集团有限责任公司成为华菱钢铁集团并具有独立法人资格的组成单位。

2001年9月，国务院审查批准，超薄板带钢项目入驻华菱涟钢可行性研究报告。9月，省政府同意成立投资主体多元化的华菱涟钢薄板有限公司，具体负责超薄板带钢项目建设和运作。2005年5月，湖南华菱管线股份有限公司、华菱涟钢薄板公司、涟源钢铁集团有限公司共同出资设立具有独立法人资格有限责任公司——湖南华菱涟源钢铁有限公司。湖南华菱涟源钢铁有限公司、涟源钢铁集团有限公司、湖南华菱涟钢薄板有限公司实行三块牌子一套班子管理体制。2007年，调整“十一五”发展战略，重新确定2008—2013年发展战略规划，即实施“精品+差异化”战略，初步建成以汽车板、取向硅钢、热轧超薄板(CSP)为代表的国内一流精品板材基地。

（二）生产经营。1990年，厂区占地面积1200公顷，在岗员工1.1万余人，总资产325亿元。产品结构以超薄高强热轧、冷轧卷板为主，其中热轧薄板占52%，冷轧卷板占22%，棒材占比26%。是年，生产生铁72万吨，钢材产能65万吨，主要产品有螺纹钢、矽钢、合金结构钢、碳素工具钢等15个品种多个规格的型材。1991—1992年，生产粗钢151.8万吨。1993年，产钢100.9万吨，产生铁72万。1994年，产生铁80万吨。是年，改造带钢生产线，由原8～12米长条改造为100～200米卷带，成为涟钢第一条自动化连轧生产线。

1997年，生铁产量达到105万吨。是年，六轧钢分厂技术改造，年产能由20万吨提高至35万吨。1998年，生产船用锚连钢获全国冶金实物质量“金杯奖”。2000年，2座炼钢转炉峻工投产，产钢180.9万吨；投资2.36亿元，新建全连轧生产线，主产圆钢、螺纹钢。

2002年，生铁产能突破200万吨。2003年，新建3号自动化转炉，钢产能提高到360万吨/年。2004年2月，涟钢薄板热扎生产线竣工投产，当年生产1.0～12.7毫米多种规格热轧薄板124万吨，全年钢材产量329万吨。2006年，生铁产量408.8

万吨，钢材产量414.3万吨，所产带肋钢获“中国驰名商标”。2007—2008年，成立产品结构调整和薄板深加工轧钢项目部，筹建2250毫米常规热连轧生产线1条，主产汽车用钢、中高牌号无取向硅钢和取向硅钢，全年产钢454.9万吨。

二、小型冶炼企业

1989年，娄底市金宇冶炼有限公司有5000千伏安电炉铁合金生产线1条，年产生铁2万吨。娄底市八达机电有限公司有3600千伏安电炉铁合金生产线1条，年产量1.10万吨。2005年，根据国家政策，区政府逐渐对这些落后产能进行淘汰。至2008年，娄底市金宇冶炼有限公司、娄底市八达机电有限公司2家冶炼企业均停产关闭。

2005年1月31日，注册成立娄底市五丰冶炼有限公司，位于乐坪西街百亩乡双林村五里组，主要生产经营富锰渣、生铁等。另有娄底市金宇冶炼有限公司、湖南高溪集团公司娄底冶炼厂、娄底市新兴冶炼有限公司、娄底市双银冶炼有限公司、娄底高溪有色金属冶炼有限责任公司、湖南省娄底市黄泥塘冶炼厂、娄底市冶炼厂、娄底市通达金属材料有限公司、娄底市科源矿业有限公司等企业。2006年，注册成立娄底金鼎双江锰业有限公司，位于双江乡万家村，经营锰矿开采（许可证期限2020年6月2日止）、加工和销售。

三、冶炼耐火材料厂

1989年4月，注册成立娄底市耐火材料厂，集体所有制企业性质，位于百亩乡雅塘村老屋组，生产经营耐火材料。2001年6月，注册成立娄底市宏冶炉料有限责任公司，位于娄星区黄泥塘街道高溪村井家组。生产经营耐火材料、炼钢辅助材料。2005年4月，注册成立娄底市金源工业炉料有限公司，位于新星北路月塘小区门面，生产经营炉料。

第二节　采掘工业

域内采掘工业主要是煤炭工业。1989—1994年，娄底市煤炭行业管理由市煤炭工业总公司代行行政职权，劳动局矿山安全监察科履行煤矿安全监督监察职责。1995年3月，组建娄底市煤炭局，内设办公室、煤矿安全监察股、生产技术股、人事教育股、纪检监察组、财务股，为差额拨款事业单位。承担全市煤炭工业发展战略编制，统筹全市煤炭开发布局，负责全市煤矿申办审查，采矿许可证和煤炭生产许可证资格条件及煤炭生产许可证的检审和管理，负责全市煤矿安全培训教育、安全监察救护、煤炭开发基金征收工作，以及煤炭生产技术指导和服务。1998年12月，经市编委研究同意，设立茶园乡煤矿安全监督管理站，归口茶园乡管理。1999年7月，娄底市煤炭局更名为娄星区煤炭局，为区政府直属事业单位。2000年1月，区煤炭局内设机构调整为办公室、安全生产技术股、人教劳资股、财务股、煤炭开发基金征收办公室、债权办、煤炭市场清理整顿办公室。

2002年8月，区机构编制委员会印发《娄星区煤炭局职能配置、内设机构和人员编制方案》，将原由煤炭行政部门履行的煤炭企业环境保护职能划归环保部门承担；按政企分开原则，将原由企业承担的煤炭运输归口管理和电煤调运协调划入区煤炭局管理。调整后区煤炭局设办公室（加挂人事股牌子）、财务股、安全生产股、行业管理股、法制股（加挂娄星区煤炭执法大队牌子，大队长可高配副科级）。

1995—2008年，历任党组书记、局长：彭高怀、彭林樵、成孟良、曾跃龙。

一、煤炭资源

娄星区煤炭资源主要分布在恩口矿区杉山镇、小碧乡、石井镇及洪山殿矿区茶园镇和百亩乡凤冠山矿区，另外万宝镇、黄泥塘街道、双江乡域内有无烟煤分布。

（一）含煤地层

域内含煤地层有下石炭统测水组、下二叠统龙潭组和三叠—侏罗系安源群。下石炭统测水组、下二叠统龙潭组为主要赋煤层位，前者储存无烟煤，后者赋存烟煤。

下石炭统测水组煤系 测水组煤系是区境内主要无烟煤储存层位，层位下段含煤1~7层。其中，3、5层普遍发育可采，2、4层仅局部可采。主要分布于太平寺矿区万宝井田和乌云山等矿区，可采厚度2~5米，其中万宝井田可采储量189.50万吨。

下二叠统龙潭组煤系 龙潭煤系是区境内主要烟煤含煤层位，上段含煤1~7层，1~3层煤可采，4层煤局部可采。主要分布在恩口、洪山殿、凤冠山等矿区，域内保有储量3495.90万吨。

三叠—侏罗系安源群煤系 侏罗系主要分布在恩口发家塘，含煤1~3层，厚0.1~2米，可采煤1层，呈透镜状，属浅部变质烟煤，储量不详。

（二）分布 储量 煤质

域内煤炭资源分布于恩口、洪山殿、太平寺、凤冠山、乌云山5个矿区。其中，以恩口、洪山殿、太平寺矿区为主，分别占全区总储量93.4%、2.9%和2.9%。

烟煤资源有炼焦煤、肥煤、焦煤、瘦煤、贫瘦煤等多种品牌。自肥煤至主焦煤，以肥焦二号为主，黏结性、结焦性良好，灰份低，块度均匀，发热量高。其中，恩口矿区所产原煤是全国制造水煤浆优质煤种；凤冠山、洪山殿矿区烟煤属低灰中硫特低磷肥焦煤一号煤种，是省内重要炼焦用煤生产地。

无烟煤资源可采储量主要分布在太平寺矿区内，煤质大多是低灰、低硫、特低磷、高发热量优质煤，含硫（St.d）平均为1.06%，干燥基灰分（Ad）平均为12.84%，含磷（pd）平均为0.023%，发热量为31兆焦耳/千克，干燥无灰基挥发分（vdaf）平均为11.8%，符合冶金高炉喷吹用煤要求，以万宝段无烟煤为最佳。

二、煤炭采掘

1989—1990年，域内有省办企业恩口煤矿和茶园煤矿等乡镇及村办煤矿14家，民营煤矿17家。年产煤70余万吨。1991年，娄底市按照省政府文件规定关闭小煤矿6家，强行摧毁11家，全市年产煤量下降至47.80万吨。1993年，煤矿发展到72家。1995年，全市年产煤量达到87.90万吨。1996年，因煤矿频繁发生瓦斯爆炸等安全事故，关闭煤矿22家，尚有未关闭煤矿50家。1997年，恩口煤矿遭受特大洪灾停产关闭，恩口矿区附近小煤矿相继关停。全市仅存9家煤矿，年产煤量下降至13.80万吨。1998年，全市尚存8家煤矿，年产煤量11.65万吨。1999年，娄星区一些规模较大煤矿扩大生产，年产煤量达45.70万吨。2002年，清理整顿煤矿，关闭不符合生产要求4家煤矿。2004年，恢复到7家。2006年，全区有10家煤矿。2007年，再次整顿小煤矿，关闭年产6万吨以下小煤矿3家，年产量降至10.70万吨。2008年，全区有茶园煤矿、茶园二煤矿、高乐煤矿、桥港煤矿、松江煤矿、凤冠山煤矿和万宝煤矿7家，年产煤量15万吨。

（一）勘探

1989—1990年，中南地质局468队和涟邵矿务局地质队分别在域内恩口、洪山殿等矿区开展详查，对凤冠山、太平寺、乌云山等矿区开展普查，钻孔1027个，钻探进尺32.20万米。

1991—2000年，对国有煤矿生产矿井延续勘探和对矿区区段、地段进行钻探，为乡镇煤矿建井开采服务。湖南地质矿产勘查开发局468、418队和涟邵矿务局地质队等先后对恩口矿区天马山、狮子山、杨家冲、太平寺矿区南段和北段等18处进行钻探。至2008年12月，探明恩口、洪山殿、太平寺、凤冠山、乌云山矿区5处，恩口一井田、恩口一井田深部、恩口二井田、恩口三井田、恩口狮子山井田、恩口杨家冲井田、恩口桥溪港井田、凤冠山井田，鲤鱼塘井田、万宝井田、乌云山井田等井田11个。

（二）矿井建设

1989年，以国营煤矿为骨干，以乡镇煤矿为主体，改造村办矿，限制个体矿。拥有国家统配煤矿1处（恩口），乡镇煤矿11处，村办煤矿（简称小煤矿）22处，还有一些私采小煤窑。1992年后，煤炭开采异军突起。至1993年12月，拥有批准的煤矿40处，待批准煤矿11处，私采非法小煤窑9处。

1996年，煤矿发展到74处。小煤矿快速发展，矿点星罗棋布，没有规划，不具备办矿条件即投入生产，乱采滥挖，互争资源，安全问题突出。8月，市委、市政府根据娄底地区行署《关于加强矿山安全生产合格证管理的通知》精神，对域内煤矿企业进行清理整顿，关井压产，实施“矿山安全生产条件合格证”“采矿许可证”“矿长安全技术业务合格证”等制度。对不符合办矿条件小煤矿、私采小煤窑采取关闭、取缔、炸毁等强制措施。至12月，强制关闭私采小煤窑36处，保留合法矿井38处。1997年，恩口煤矿不堪排水成本被迫关闭退出。恩口煤矿停止排水，致恩口矿区各乡镇煤矿矿井水位抬升，无法正常生产，均被迫停产关闭。1998年12月，煤矿减至10处。1999年，随着煤炭市场复苏，小煤矿逐渐恢复生产。至2001年，域内煤矿增加到16处。

2002—2004年，区委、区政府对一些有发展前景、生产条件较好、布局较为合理、年产3万吨以下煤矿采取技术改造、工程配套、增加投资、技术培训等措施，进行集中改造、整治。至2004年12月，“六证”(采矿许可证、安全生产许可证、煤炭生产许可证、矿长资格证、矿长安全资格证、工商营业执照）齐全、经省人民政府批准保留的矿井有10处。2005年，继续贯彻落实国务院文件精神，整顿关闭不具备安全生产条件和非法小煤矿。至2008年12月，域内保留合法矿井6处，年生产能力36万吨。

（三）矿井机械公司

2001年8月，注册成立湖南涟邵建设工程（集团）有限责任公司。经营范围是矿山工程总承包；房屋建筑工程总承包；建筑防水工程专业承包三级；隧道工程专业承包；机电设备安装工程总承包；公路工程总承包（以上经营范围均以资质证书为准）；控制测量、测绘（限测绘工程院经营）；煤炭行业工程和建筑工程设计（限设计院经营）； 机助制图，GIS数据采集与制作；技术咨询，软件开发；建筑材料销售。涟邵建工对外投资3家公司，具有4家分支机构。

湖南煤矿机械有限公司位于万宝新区，系省属国有控股企业。主要产品有矿山综采、提升、运输等成套设备和智能主体车库及混凝土混喷机，是国家高新技术企业。

湖南永安煤矿机械制造有限公司位于涟滨西街。主要产品有煤矿固定抱索器架空乘人装置、煤巷掘进机、坑道钻机等，产品畅销全国，远销越南、坦桑尼亚、赞比利亚等国家。

湖南永安煤矿机械制造有限公司2005年与中南大学合作研发煤矿机械，组建研发中心，成为中南大学大学生实习基地。

三、煤炭生产与加工

（一）煤炭生产

1989年，域内年产原煤（国家统配煤矿除外）15.10万吨。进入20世纪90年代后，随着矿点增加，原煤产量攀升。至1995年，年产原煤达到38万吨，为历史最高。1996年后，随着小煤矿清理整顿和煤矿关井压产，原煤产量逐年下降。2001年，年产原煤7.80万吨，为历史最低。2002—2008年，全区开展煤矿减点扩规，技术改造和安全措施投资，煤矿生产条件、安全环境得到改善，原煤产量稳定在年产10万吨左右。

洗煤生产 1989年，恩口煤矿率先购进1台洗煤生产线，全市年产洗煤10万吨。1992年，市工商联兴办洗煤厂，全市年产洗煤20万吨。1996年，涟邵矿务局创办涟邵焦化厂，收购娄底市洗煤厂。1997—1999年，娄星区（娄底市）洗煤年产量达到30万吨。2002年，安石集团成立兴星焦化有限公司，收购涟邵焦化厂，全区年产洗煤43.90万吨。2004年，石井乡和高溪村兴办一批洗煤厂。2008年，全区年产洗煤量达到120万吨。

焦炭生产 1989—1990年，涟钢焦化厂年产焦炭56万吨。百亩乡、石井乡等乡镇出现土法炼焦窑。1995年，涟邵矿务局建成年产10万吨涟邵焦化厂，全市年产焦炭90万吨。2001年，安石集团收购涟邵焦化厂，成立兴星焦化有限公司。2002年，涟钢2号焦炉改造，新建1座年生产能力55万吨N60-55焦炉，涟钢年产焦炭能力达到110万吨。2005年，涟钢新建1条生产线，年产焦炭130万吨。2006年，全区焦炭生产量达219.80万吨。2007年5月，由涟钢集团、安石集团和武汉华菱物质有限公司共同出资，组建湖南煤化新能源有限公司。2008年，湖南煤化新能源有限公司筹建城市煤气及资源利用改扩建（焦炉项目）工程，项目总投资13亿元，新建2座65孔复热式捣固焦炉，全区炼焦产业全面提升。

娄底市柏洋工贸有限公司2000年8月注册成立，位于石井乡斗罡村，生产经营洗精煤加工。

湖南娄底煤焦有限责任公司于2001年5月注册成立，位于月塘街吉泰邦臣，生产经营洗精煤、无烟煤、烟煤、型煤洗选。娄底市万通煤业有限责任公司成立于2003年12月，位于杉山镇田湾村温塘组，主要生产经营煤炭、焦炭等。湖南湘中矿业集团有限公司是香港庄胜（集团）有限公司于2005年在湖南创建的工矿业外商投资企业，位于长青中街38号，是庄胜集团的商业不动产、百货零售和工矿业等产业规划中重要组成部分，拥有全资子公司10余家，总资产逾100亿元人民币。2005年，湖南湘中矿业集团相继收购娄底工程建设有限公司、娄底大建煤矿等国有大中型企业。娄底市升星煤业有限公司于2005年11月21日注册成立 （自然人投资或控股），位于大埠桥街道南阳村（娄星水泥厂内），经营范围是原煤洗选加工、销售；钢材、建材、焦炭、五金、交电、矿产品销售。

（二）煤炭加工

1989—1992年，煤炭加工主要是人工或机械拣矸石、土法炼焦、选块煤和洗精煤、制藕煤等。1993年，涟邵矿务局选址涟滨街道思塘村开工建设焦化厂，设计规模为20万吨/年。1995年，一期工程投入运行。1998年，实现煤、焦、气联营，煤气供娄底市煤气公司。2000年，改制为民营企业。1999年，随着娄底城区人口增长，居民生活用煤需求旺盛，藕煤等型煤加工企业得到较大发展。至2002年，有型煤加工企业80家，年加工型煤1.20万余吨。2003—2008年，钢铁、冶金行业需求强劲，煤炭洗选加工产业逐步形成以煤炭开采为依托，产、运、销“一条龙”，开采、洗选、炼焦和化工相配套的工业体系。2008年，全区煤炭洗选加工企业35家，年洗选加工能力420万吨，从业人员1323人，安置残障人员261人，上缴税金1.90亿元。洗精煤产品主要供应省内涟钢、冷钢、闪星锑业、湘钢、江西萍钢、新钢、广西柳钢、广东韶钢等钢铁、冶金企业。

煤炭洗选加工主要集中在杉山镇沿胜昔桥至恩口铁路专用线煤炭洗选产业群区、石井镇沿涟钢至斗笠山煤矿铁路专用线以柏洋公司为龙头的煤炭洗选产业群区。2008年，年洗选加工能力60万吨及以上规模企业有柏洋、高溪煤业2家，年洗选加工能力30万～60万吨规模企业6家。

四、煤炭经营与管理

（一）煤炭经营

1989—1991年，煤炭由国家统一计划调配，各级煤炭经营公司负责经营销售。娄底市成立娄底市煤炭公司、娄底市燃料公司、娄底市煤焦公司，均为市煤炭工业总公司二级集体企业，分别负责煤炭经营销售业务，产品主要供应湘潭电厂、金竹山电厂、常德石门电厂、广东韶关钢厂等企业。1992年，国家取消煤炭调配计划，实行煤矿企业和煤炭公司自主经营。1993年，煤炭行业进入调整期，产品供大于求，铁路运力日趋紧张，车皮计划成“一车难求”。各煤炭经营和生产企业拓展煤炭销售渠道，开展煤炭经营业务。至1997年，“三角债”困扰煤炭企业，用煤单位拖欠煤款，多数成呆账烂账，无法按时偿还，煤矿生存困难，部分被迫关闭，国有、集体煤炭经营企业改革改制，退出经营市场。

1998年初，煤炭市场复苏，原已经停业、关闭经营企业恢复营业。3月，煤炭经营网点发展到220家。4月，市经济委员会、计划委员会、市工商行政管理局、市煤炭局联合印发《娄底市清理整顿煤炭市场实施办法》，对煤炭经营市场开展清理整顿，实行“煤炭经营资格合格证”和“公路运输煤炭准运证”制度。对铁路运销煤炭进行计划管理。成立娄底市煤炭经营市场清理整顿稽查执法工作队，在娄底火车站、百亩乡政府驻地、茶园乡砂干铺村、小碧乡石龙村、栗冲村等铁路、公路道口设立执法检查站，依照国家煤炭法和《娄底市清理整顿煤炭市场实施办法》开展执法检查，煤炭经营市场逐渐好转。

1999年，治理公路“三乱”，取消检查站。2000年，全区申报办理煤炭经营资格证企业10家，核发煤炭准销证1050份。2008年，全区有煤炭经营企业38家。其中，批发企业15家，零售23家，均为民营企业。

（二）煤炭管理

煤炭开发基金征收管理 1992年，市委、市人民政府根据娄底地区行署《娄底地区煤炭开发基金管理办法》有关规定，决定在价外每吨6元标准向煤炭用户收取煤炭开发基金。1994年5月，市人民政府对征收标准进行调整，国有煤矿原煤每吨征收14元。其中，开发基金6元，煤矿维简费8元；乡镇及其他煤矿征收标准由每吨6元提升至每吨12元。其中，煤炭开发基金8元，煤矿维简费4元；块煤、洗精煤、焦煤（含土焦）每吨征收20元。其中，煤炭开发基金10元，煤矿维简费10元。1995年，全年收取开发基金48.74万元，投资各煤矿基建48.32万元。

1996年1—6月，收取煤炭开发基金47.64万元。其中，向煤矿和公路部门投资28.43万元，上缴国家预算调节基金5万元，行政事业支出14.03万元。8月，《湖南省乡镇煤矿维简费暂行管理办法实施细则》颁布实施，其提取标准按煤矿实际产量吨煤提取10.50元。其中，75%由煤矿自留存入专户银行，专款专用；25%由煤炭主管部门集中提取，即吨煤2.65元。在煤炭主管部等中提取25%中，上交省、地集中管理10%，市财政集中管理15%。1997年，收取煤炭开发基金及维简费54.96万元，上交省、地财政8万元、市财政3万元，下拨乡镇煤矿维护再生产资金2.28万元，行政事业支出16.54万元，财政专户储存25.14万元。1998年，实际征收52.40万元，上交省、地财政9万元，市财政43.40万元。1999年，开发基金收入64.64万元。其中，上缴12.52万元，支出37.13万元，结余15万元。2000年，全区煤炭开发基金征收入库78.40万元。是年，作为安全生产投入对茶园煤矿三水平回风系统、茶园二矿西翼回风系统、振兴煤矿西翼回风系统、凤冠山煤矿+30回风系统开展大修和主扇更换等重大隐患整改，在所收取煤炭开发基金中转移支付78万元。

2001年，收取煤炭开发基金73万元，维简费6.10万元。其中，投入凤冠山煤矿水仓建设40万元，投入茶园二矿完善通风系统38万元。2002年，原煤产量下降，煤炭开发基金征收逐年减少。区煤炭管理部门一方面采取年初按各矿原煤产量与各矿签订维简费提取合同，按季预交，足额提取到位；另一方面组织执法大队上路稽查，防止漏提。同时明确专人负责，实行责、权、利目标挂钩考核。2003年，提取维简费55.50万元。其中，返回各矿安全投入36万元，上交省、市14万元。2005年，全区维简费提取22万元。2006年，国家政策调整，维简费征收政策取消，煤炭开发基金征收工作停止。

小煤窑清理整顿 1989—1996年，乡镇煤矿普遍存在非法、无序开采现象，影响和危害煤矿安全。1996年12月，市委、市人民政府成立娄底市乡镇煤矿清理整顿领导小组，对不具备办矿条件小煤矿和私采小煤窑采取关闭、取缔、炸毁等强制措施，取缔、关闭私采小煤窑36处，保留38处。1997年，继续对恩口煤矿周边小煤矿开展专项治理，关闭28处，保留合法矿井10处。1999年，随着煤炭市场复苏，被关闭、取缔小煤矿逐渐恢复生产。9月，娄底市乡镇煤矿清理整顿工作领导小组更名为娄星区乡镇煤矿清理整顿领导小组，继续对乡镇煤矿开展清理整顿。

2001年5月，区委副书记袁放安、区委副书记、常务副区长王雄带队，组织区经委、区委办、煤炭、地矿、劳动、公安等部门，对全区煤矿企业开展清查整顿，对无证和证照不全非法小煤矿一律采取关闭措施，查封井口、拆除设备、清缴火工产品、遣散作业人员；对证照齐全但不符合安全生产条件、存在重大安全隐患矿井先停产整顿，验收合格后方准恢复生产，超期未整改到位一律实行断电。6月8日，区政府再次召开安全生产紧急会议，对小煤矿清理整顿工作再次进行部署。是年，查封自成、高乐、向阳、高乐风井、建新、周胜等单证或无证非法小煤矿6个，对茶园二矿、振兴煤矿实行停产整顿，责令茶园煤矿和凤冠山煤矿对所存在安全隐患限期整改。2005年12月，区人民政府印发《娄星区整顿关闭不具备安全生产条件和非法煤矿工作方案》，决定对证照（采矿许可证、安全生产许可证、煤炭生产许可证、矿长资格证、工商营业执照、矿长安全资格证）不全或证照过期未依法办理延期手续的；或超能力、超强度、超定员组织生产的；瓦斯超限作业或煤与瓦斯突出矿井未依照规定实施防突措施的；高瓦斯矿井未建立瓦斯抽放系统和监控系统，或瓦斯监控系统不能正常运行的；通风系统不完善、不可靠的；有严重水患、未采取有效措施的；超层越界开采的；有冲击地压危险、未采取有效措施的；自燃发火严重、未采取有效措施的；使用明令禁止使用或淘汰设备、工艺的；年产6万吨及以上没有双回路供电的；边建设边生产或在其他区域生产超出安全设计规定范围和规模的；煤矿实行整体承包后，未重新取得安全生产许可证和煤炭生产许可证从事生产或承包方再次转包以及将井下采掘工作面和井巷维修作业进行劳务承包的；煤矿改制期间未明确安全生产责任人和安全管理机构或改制完成未重新取得或变更相关证照的；有其他重大安全生产隐患的14种矿井实行停产整顿。对无证非法开采的、以往关闭又擅自恢复生产的、经整顿仍达不到安全生产标准、不能取得安全生产许可证的、无视政府安全监管、拒不进行整顿或停而不整、明停暗开的7类矿井，采取措施予以关闭。

2007年8月，娄星区召开第8次政府常务会议，决定关闭整合振兴、凤冠山煤矿。至2008年12月，全区保留煤矿6处，年生产能力36万吨。

安全管理 1989—1996年，国有恩口煤矿设有专职安全副矿长，矿部设有安全科、通风科，各工区有安监组、通风队，各队配有安监员，专职负责整个矿井安全管理。一旦发生事故，召开事故分析会，查找事故原因，堵塞安全管理漏洞。乡镇煤矿大部分由一些有经验老工人担任安全副矿长和瓦斯检查员，安全管理水平低，重生产，轻安全，独眼井、自然通风、明电照明、明电放炮、刀闸开关现象多，通风装备差，顶板及机电管理不善，煤矿瓦斯爆炸、窒息、顶板垮塌事故时有发生。1997—2000年，煤炭主管部门定期组织有关人员对辖区内煤矿“一通三防”（即矿井通风、防治瓦斯、防治煤尘、防治矿井火灾事故，简称“一通三防”）工作进行集中检查，重点排查矿井通风系统和瓦斯管理，开展以消灭自然通风为主要内容的矿井通风系统整顿，强制实行机械通风，控制大串联通风与局扇循环风，限制井下作业头面数量，完善通风瓦斯管理，提高煤矿安全管理质量。

2001年，开展煤矿安全生产专项整治行动，要求各煤矿企业无条件配备自救器和相关安全生产设施。2002年，以“一通三防”为中心，开展安全隐患专项整治，加强矿井顶板和水害管理，严禁空顶作业，回柱时严禁锤打斧砍，提高支护质量。在雨季来临前，预先发出防治水患警示性通知，及时处置通报水患事故，下雨时全井撤人，矿井安全生产条件和管理均得到改善。是年，各煤矿地面抽风除使用1台主抽风机外，均配有备用风机。2003—2005年，开展煤矿自救器配备和矿井瓦斯监测监控专项行动。没有配足自救器、未按要求开展瓦斯监测监控的高瓦斯突出矿井一律停产整顿；没有随身携带自救器的人员，一律不准下井作业。至2005年12月，所有煤矿均按1:1.2比例配足自救器，茶园二矿率先实现矿井瓦斯自动监测监控。

2006年，加强煤矿安全管理重点，落实“以风定产、监测监控、先抽后采”方针，严禁超通风能力生产，禁止任何形式串联通风，对矿井局扇实行“三专”（专用开关、专用供电线路、专用变压器）“两闭锁”（风电闭锁、瓦斯电闭锁）。是年，万宝煤矿更换成15千瓦的轴流式风机，茶园二矿等3个瓦斯突出矿井全部更换成22千瓦轴流式风机。2007—2008年，区煤炭局与各乡镇安监站分别采取限供火工产品、锁绞车、立案查处、“三停”（停电、停供火工产品、停产）、暂扣证照、提请关闭等措施，在全区开展“以风定产、瓦斯治理、煤矿技改”3个专项行动，促进辖区煤矿改善安全基础条件，提高安全管理水平。至2008年年底，全区煤矿矿井均配有专职安全副矿长、安检员和矿井瓦斯检查员，全部矿井实现专用回风井，井下实行分区通风。全区煤矿安全生产死亡人数由2001年的9人下降至2008年1人，百万吨死亡率由2001年的115.38%下降至2008年的9.5%，分别下降89%和91.8%。

第三节　电力工业

1989年，域内大部分供电由娄底电业局用电管理所负责，农村供用电管理由各乡镇水电管理站及各村负责。1997年9月5日，用电管理所更名为城区电力局，供电区域涵盖市区和茶园、万宝、石井、百亩、大科、涟滨、小碧、松江、西阳、杉山等10个乡镇193个行政村及娄底二水厂，供电面积430平方千米。区经委与用电管理所共同组建"三电办"，办公室设用电管理所，2000年撤消。2005年，农电体制改革，撤消乡镇电管站，农村供电业务全部移交城区电力局管理。新设东郊、西郊、南郊、北郊、万茶、杉山、小双7个供电所，成立农电管理总站。2006年，撤消城区电力局，娄星区供电服务由娄底电业局大客户中心负责，区内6千伏和10千伏等配电网运维由配网中心负责，各供电所由大客户中心管理。

至2008年，先后建成投运万宝、春溪、小碧、双江4座35千伏，檀山湾、恩口、城中、仙人桥4座110千伏，早元220千伏和民丰500千伏公用变电站。金宇冶炼厂新建35千伏变电站1座，自来水二厂新建110千伏石山变电站1座、广铁集团新建110千伏娄底牵引变电站，涟源钢铁厂建成220千伏涟钢Ⅰ站和涟钢Ⅱ站。拥有500千伏变电站1座、220千伏变电站4座、110千伏变电站11座、35千伏变电站5座。

一、发电

（一）火力发电

1989—2008年，域内有涟源钢铁厂发电厂、安石新源发电有限公司2个火力发电厂。

涟源钢铁厂发电厂　涟源钢铁厂综合利用余气、余压、余热等建设自备发电厂，并入厂内电网，自发自用。1989年，建有3台35吨链条式机械抛煤锅炉、4台汽轮发电机组，发电装机总容量1.70万千瓦，年发电量在8000万千瓦时。1991年，对2台锅炉和3台汽轮机进行大修改造，发电量突破1亿千瓦时。1999年，新建1台3000千瓦发电机，总容量增至1.75万千瓦。2008年，改扩建后发电装机总容量为5万千瓦。其中，1万千瓦机组3台、6000千瓦机组2台、2500千瓦机组3台，年发电量6亿千瓦时。

安石新源发电有限公司　2006年，安石集团与娄底星源集团合股组建安石新源发电有限公司，在骡子坳安石焦化厂内兴建发电厂，安装35吨余热锅炉2台，安装1.20万千瓦凝汽式发电机组1台，利用安石集团30万吨清洁型热回收捣固焦炉产生废气余热发电。2006年5月1日投产，并入110千伏大科变电站，向大电网供电。至2008年，累计发电量2.06亿千瓦时。

（二）水力发电

至1989年年底，域内开发8处水电站，装机16台，总装机容量3900千瓦。其中，位于石井乡徊龙村红卫坝电站，安装650千瓦机组2台，125千瓦1台，设计年发电量500万千瓦时；万宝乡富冲村富公亭电站，引进橡胶坝技术并成功安装提高水位，装机4台，总容量为1000千瓦；万宝乡民兵电站安装400千瓦机组2台，年发电量300万千瓦时；杉山乡西平村石岩坝电站和高车村善积坝电站各装160千瓦机组1台，年发电量50万千瓦时；百亩乡荷叶坝电站安装55千瓦机组3台；小碧乡碧江电站安装75千瓦发电机1台。此时域内电站均为经流型电站，由各乡镇村筹建，实行自发自用，余电上网，从业职工100人。1989年，发电总计1072万千瓦时，上网电量744万千瓦时。1999年，发电924万千瓦时，上网486万千瓦时。因水文变化等因素，至2008年，8座水电站尚存6座，善积坝和碧江电站停止发电，6座水电站年发电量不足900万千瓦时，年上网电量300万千瓦时左右。

二、电网建设

（一）输电网建设

1989年，娄底市有220千伏金乡线（金竹山电厂至湘乡）、金娄潭线（金竹山电厂经娄底至湘潭）穿境而过，220千伏金豹线将金竹山电厂高压电源引入豹南山变电站。有9条110千伏线路，线路总长度184.14千米。有13条35千伏线路，线路总长度146.96千米。

1996年7月，民丰变电站竣工，新建500千伏输电线路两回。1回五民线，从五强溪水电站至民丰变电站，全长179.99千米，娄底域内40.26千米；1回民云线，从民丰变电站至株洲云田变电站，全长89.99千米。新建民邵线、民豹Ⅰ线、民豹Ⅱ线、民上线、民泉线、民泉Ⅰ线、民西线等220千伏线路。形成五强溪至民丰，民丰至株洲、豹南山、邵阳省内环形输电网，构成以民丰变电站为枢纽的娄底地区220伏网架结构。1998年7月，早元变电站建成投运，从民丰变电站架设19.06千米220千伏线路（民早线）至早元变电站作主供电源。同时，将民邵线进早元变电站作备供电源，改为早青线，全长56.48千米。早元变电站架设有4回110千伏出线，2回至大科变电站，1回至檀山湾变电站、1回至双峰变电站，主供娄星区南部用电。

“十五”计划时期，娄星区电网新建35千伏及以上线路9条长100.93千米。其中，民早Ⅱ线、早永、民钢、豹钢、群早5条220千伏线路总长74.57千米；早高、豹仙城线、早城3条110千伏线路总长20.74千米；35千伏小双线5.66千米。民钢、豹钢2条220千伏线路属涟钢所有。

2005年8月，民丰变电站第六期扩建。由大唐电力公司投资，扩建至金竹山电厂500千伏双回线路配电间隔。同时，在民丰变电站东侧征地1公顷，外扩一串500千伏备用间隔。2007年，为配合涟源华润电厂电能外送和涟源钢铁厂扩建，建设220千伏城西开关站（康田变电站），架设7回220千伏进出线，至早元变电站、涟源华润电厂各2回；至群联、豹南山、涟钢一站变电站各1回。至2008年，娄星区形成110千伏和220千伏网架结构，供电可靠性提高。

（二）变电站建设

1989年，域内拥有变电站9座，主变压器19台，总容量24.56万千伏安。9座变电站中，属娄底电业局公用变电站4座，属于用电企业5座。1991年3月28日，恩口110千伏变电站建成投运，恩口变电站属于恩口煤矿专用变电站，安装2台主变压器，总容量 5.15万千伏安，变电站有4回35千伏出线和27回6千伏出线。7月13日，220千伏涟钢变电Ⅰ站建成投运。涟钢变电Ⅰ站位于涟钢厂区，属于涟钢专用变电站。安装主变压器3台6万千伏安，涟钢总用电容量达12.50万千伏安。9月18日，220千伏豹南山变电站第二期扩建工程竣工投运，安装1台12万千伏安变压器，总容量增至24万千伏安。9月26日，110千伏大科变电站第二期工程竣工投运，增装1台3.15万千伏安变压器，总容量6.30万千伏安。1992年9月10日，35千伏万宝变电站建成投运，安装2台1800千伏安变压器。1995年8月1日，35千伏春溪变电站建成投运，安装1台4000千伏安变压器。1996年7月16日，在西阳乡建成500千伏民丰变电站。民丰变电站投运标志娄底电网步入超高压、大电网、高自动化行列。7月31日，建成投运110千伏檀山湾变电站。檀山湾变电站一期安装1台3.15万千伏安变压器。同时，拆除35千伏方石变电站。11月，建成投运110千伏石山变电站。石山变电站属于娄底自来水公司所建，安装2台6300千伏变压器，专供自来水二厂抽水用电。是月，建成投运110千伏娄底铁路牵引变，属于广铁集团资产，专用于电气化铁路动力牵引，安装2台4万千伏安变压器。1998年7月21日，建成投运220千伏早元变电站。一期安装1台12万千伏安主变压器。8月25日，恩口煤矿关闭，恩口变电站移交娄底电业局作为公用变电站。1999年，对恩口变电站进行升压改造，将6千伏供电出线升压至10千伏电压等级，对主变压器进行更新，两年后竣工。

2000年5月16日，220千伏涟钢变电Ⅱ站改扩建竣工投运。涟钢变电Ⅱ站由原涟钢110千伏变电站升压改建而成，属于涟钢资产。一期工程安装4

万千伏安主变压器2台，总容量8万千伏安。8月，35千伏小碧变电站建成投运，安装1台4000千伏安变压器。从君恩线接引入35千伏电源。2001年1月10日，建成投运110千伏高溪变电站。一期工程安装3.15万千伏安主变压器1台。9月1日，建成投运35千伏双江变电站，安装1台3150千伏安变压器。2002年12月28日，建成投运110千伏城中变电站，一期工程安装1台5万千伏安变压器。是年，涟钢变电Ⅱ站改扩建，增装3台15万千伏安主变压器。同时，调整供电电源，新建220千伏民钢线，民钢线供Ⅱ站，原早钢线供I站，豹钢线联Ⅰ、Ⅱ站作备用。工程于2003年9月30日竣工投运。2004年9月10日，110千伏仙人桥变电站建成投运。一期工程安装1台5万千伏安变压器。2005年6月19日，檀山湾变电站二期工程竣工，增加1台3.15万千伏安主变压器。万宝变电站增容改造，各台变压器容量增至4000千伏安。

2008年5月30日，500千伏民丰变电站通过2期扩建后投入使用，增装1台75万千伏安主变压器，实现最终容量150万千伏安规模。9月18日，110千伏谢家变电站（九仑变电站）在经济技术开发区九仑村开工建设。9月30日，220千伏康田变电站（即城西开关站）在石井乡三圭村建成。康田变电站近期为开关站，配套华润电厂2台30万千瓦发电机投产发电后的电能外送以及涟钢扩建之需。远期规模为主变压器2台，容量3.60万千伏安。年底，在大科乡黄泥居委会牛安组建成110千伏城南变电站。远景规模为主变压器3台，容量15万千伏安，第一期上主变压器1台5万千伏安。至2008年年底，域内所有变电站变电运行实现自动化。

（三）配电网建设

城区电网　1989年，新建大科变电站至贤童街10千伏双回线路。1993年，企业职工生活用电与企业生产用电（简称“两电”）分离。1999年7月，35千伏方石变电站退出运行，10千伏配电室改为开闭所，转由110千伏檀山湾变电站向市区送电。2002年，从110千伏城中变电站新架10千伏出线8条延伸市区。完成湘中大道电缆入地工程2032米。2003年，110千伏城中变电站开通4条配套出线。完成乐坪西街、湘阳街电缆入地21.10千米。新架与改造育才路、新星中路等高低共杆线路，为特困企业生产用电和生活用电分离。竹山路、娄星南路、乐坪东街等21处配变补点，新增用户6869户。2004年，投入城网建设与改造投资4070万元，建成10千伏清水开闭所、小科开闭所、火车站开闭所。同时，植绒厂、棉纺厂、铁合金厂等9家企业单位实行“两电”分离，完成清潭小区、菊苑小区、栗山市场等配变补点，新增用户1757户。2005年，新建檀山湾变电站到仙人桥小区10千伏线路7.75千米，架设涟水北岸分支线2条，敷设檀山湾至仙人阁10千伏电缆7.80千米，完成涟滨西街10千伏线路改造工程。改造户表1150户。2006年，投入资金400万元，完成新星中路电缆入地工程。2007年，城网建设投资3800万元，新架金谷路、康富路、群乐街与洪冠街、青山街、仙涟一、二回10千伏线路以及星源立业基地配电工程，完成敷设檀山湾变电站、城中变电站电缆出线工程。“两电”分离、配变补点新增箱式变压器、杆上变压器总容量1.03万千伏安，新装户表986户。2008年，投资7150万元，实施城区集抄系统工程、冰灾重建以及220千伏城西开关站站用10千伏线路工程等建设。城区电网经过历年改造建设和10千伏线路“手拉手”工程，至2008年，电源布点基本合理，供电半径缩短，单回路供电状况得到改进，供电质量与供电可靠性稳步提升。

农村电网　娄星区农网覆盖10个乡镇193个行政村。1989—1997年，农村电网基本由各乡镇及农民自筹资金建设，实行自建自管，乡镇设电管站，村设村电工，电业局只装设关口计量表计，负责关口表计抄表收费及用电安全监察。农网网架结构十分薄弱，安全性能差，供电可靠性低，管理秩序较乱。1998年，投入资金324万元，实施农网改造与建设。将恩口煤矿6千伏升压，涟邵水泥厂、涟源磷肥厂转供改直供，对水府庙库区、双江水库进行高压改造，惠及65个村1.40万余农户。2003年，投入农网改造资金951.71万元，新建和改造城郊10千伏、400～220伏线路，新增和改造配电变压器布点。2004年，两期农网改造结束，累计投资2964万元，村网改造97%，户表改造98%。2005年，农电体制改革，撤销乡镇电管站，成立供电所，乡村高低压配电线路和变压器除小水电站自供区外，全部移交供电所，由供电所统一管理到户。2006年，农网10千伏恩石线、万红线建成投运。8月29日，区内最后96户无电户全部通电。2007年，新建仙江、檀江一、二回10千伏线路，改造仙桥、大华、大托、南贸街、涟滨西街一、二回10千伏线路，附设清桃、小湘10千伏电缆工程。电力局按照国家电网关于新农村电气化建设实行“四优”原则，投入农村配网资金850万元，通过新增布点，19个行政村（集镇)、75个村民小组、3161户村民电力全部增容改造，万宝、群益、农群、芭蕉、石林、茶园、石鼓、塘群等8个村率先实现新农村电气化。2008年，投入农网改造资金660万元，改造10千伏高石线，完成19个村配变增容。建成大埠桥街道宋家村、西阳村、南阳村，大科街道水洋村、方石村，万宝镇匡家村、垭古村、松山村、旺兴村、青山村，茶园镇砂干铺村，杉山镇石垣村等12个电气化新农村建设。是年，采用选择线路开断，调整网络结构，分别接入电源等改造方式，对农网22处低压线路跨越铁路抗冰改造。其中，跨娄邵铁路16处，跨湘黔铁路3处，跨洛湛铁路1处，跨湘黔铁路与娄邵铁路联络线2处。

三、用电

（一）工业用电

1989年，域内工业年用电11亿千瓦时。其中，煤炭工业3.20亿千瓦时，冶金工业5.60亿千瓦时，建材、化工、金属加工等2.70亿千瓦时。涟钢自备发电厂发电8.40万千瓦时，自发自用。其间，工业发展迅速，缺电问题突出，拉闸限电频繁。电力部门按市“三电办”编制计划用电方案，采取统一调度，计划停送电，安装电力定理器，超负荷接闸限电等措施均衡供电，企业实行避峰填谷用电，保证工业用电。1993年，国民经济结构调整，部分冶炼、小轧钢、小水泥、小煤矿等陆续关停，工业用电回落。1996年11月，湘黔铁路娄底至怀化段开通电气化，增加铁路用电量。1997年，恩口煤矿破产倒闭，煤炭工业用电锐减。1999年，区内工业年用电15.30亿千瓦时。其中，轻工业用电9000万千瓦时，占4.6%；重工业用电14.40亿千瓦时，占95.4%。重工业用电中，涟钢占70%。2001年，涟钢年产200万吨钢配套工程投产，用电量激增。2008年，涟钢扩建，年用电量20亿千瓦时。

（二）农村用电

1989—1997年6月，农村用电主要是照明、农副产品加工、农业排灌用电。归属乡镇电管站和各村委会管理。农民用电既要承担目录电价电费，还要承担电网损耗、电工工资、高低压电网建设维护费等额外负担，电价较高，供电质量差，用电矛盾突出。1997年7月，启动农电体制改革和农网改造。1998年，农网建设与改造后，农村电压合格率由50%上升到2002年的82.5%，农村电价由每千瓦时1.50元降至2002年的0.70元。2005年，部分厂矿企业转供电完成转改直工作，实现城乡供电管理一体化、居民生活用电执行同网同价，实现村村通电、户户通电。2008年，农村用户实行电价、电量、电费“三公开”，销售、抄表、收费、服务“四到户”服务，供电企业建成覆盖全区农村“95598”客户服务系统，实现城乡供电服务统一受理，限时办结。全区农村用电比1998年增长4倍，农村居民生活用电量增长8倍。

（三）市政公共用电

1989年，城区公共用电由于电源不足，线路结构不合理，照明与动力共线，公共用电频繁拉闸限电。1990年，城市路灯改造，设立照明专线，供电可靠性提高。1995年，公共用电达2万余千瓦时。2002年，区政府将大连模式移植娄底，实施城区路灯改造工程。随着城区三纵三横向四周延伸，建成娄星广场、文化广场、银海广场、青山公园、石马公园、孙水河公园，城区路灯、公共照明增加。2005年，市政公共用电达1.85亿千瓦时。至2008年，20余条主干道和30余条街巷有各式路灯3.52万盏，年用电量达3亿余千瓦时。

四、电力管理

（一）供电管理

1989—1991年，供电服务抄核收等均由手工操作完成。1991—1997年，实行计划用电，由区“三电办”组织编制用电方案，下达用电指标。安装电力定量器，组织线管理会，强化用电考核，执行“谁超限谁、今超明还”政策，落实计划用电，促进均衡用电。1998年，建设使用用电管理信息系统，实现网络运营。2000年，用电管理信息系统与银行系统接口，开发银电联网代收电费，形成自有营业机构座收、委托邮政储蓄点代收、银行批量代扣3种收费方式。2002年4月，省电力公司在娄底城区电力局试点，建成全省统一营销管理系统，实现省、市、县三级联网运行，系统具备客户服务、电费核算、电能计量、收入管理、用电检查、用电稽查、综合查询统计等功能，并实现负控、远抄、集抄、校验台、抄表机、银电联网等外围子系统集成。2003年，投用24小时服务的“95598”客户服务系统和服务网站，开通电力“110”。电力“110”与电力服务热线“95598”联动，实行24小时抢修服务。2006年，城区开展计量电表电子化改造，将6万多户机械电表全部更换为电子表。2008年7月，集中抄表系统运用。供电服务基本实现系统化、流程化、自动化、信息化。

（二）安全供电

1989—2008年，加强防雷监测，在高压线路多雷区地段采用铁横担接地，配电低压侧加装氧化锌避雷器，及时消除主接地网缺陷等手段，避免重大雷击安全事故。坚持安全第一，对用电企业开展安全用电检查服务。定期发布停送电公告，与区政府职能部门开展对重要客户定期安全检查。加强电工管理，推行进网作业许可证制，实行持证上岗；加强作业流程管控，采取工作技术和组织措施防范误触电；组织稽查队伍，联合司法部门打击私拉乱接、违法窃电行为。加强电力线路和设备安装建设管理，严格按国家标准设计建设。加强宣传，采取在线下池塘设置警示牌、巡视检查等措施，防范触电人身伤害。至2008年，区内用电企业未发生重大用电安全事故。

（三）抢险救灾

1990年6月，域内普降暴雨，造成高低压线路倒杆、断线、变压器损坏，多个乡村断电，经济损失逾百万元。电力部门及时抢修，及时恢复供电。1995年6月，域内降暴雨，供电区域内损毁配电变压器18台，冲垮低压配电房7间，10千伏线路倒杆30余基，损毁低压配电屏13块，高低压避雷器若干组，电度表350块。电力部门组织抢修队伍，及时更换供电设备，恢复供电。1996年11月28日，檀山湾变电站主变压器套管爆炸、本体着火。大火烧坏交直流回路，导致全站交直流电源全部中断，造成直接经济损失117.22万元。檀山湾变电站“火烧连营”震惊全国。事故发生后，查明事故原因为空气潮湿凝露，绝缘水平下降，导致多处多点接地闪络，发展成相间短路。电力部门采取有效应对措施，重建恢复供电，防止类似事故发生。1998年6月13日，域内降雨量300多毫米，发生洪涝灾害。在抗洪中，城区电力局服从指挥，组织力量抗灾，做到“水涨到哪里，电停到哪里；水退到哪里，电送到哪里”。

2005年1月，冰灾袭击湘中，区内500千伏五民线、220千伏田上线、田群线相继发生倒杆断线，西电东送受阻，电网面临瓦解。2008年1月，四场大雪接踵而至，持续25天冰雪天气造成大面积线路损坏和停电。在2次抗冰救灾中，区委、区政府组织发动群众出工出力，配合电力部门共同抗灾。

第四节　机械建材工业

一、机械工业

1989—2008年，机械工业快速发展，跨入省市先进行列，在工业企业中占一定比重。

华达机械厂位于乐坪西街，生产军工产品与民用产品。1989年，生产松鹤牌、华达牌自行车，年产10万辆。松鹤牌自行车获省优产品，畅销全国。2008年改制。

娄底市农机制造厂是1992年4月注册成立的

全民所有制企业，位于娄底市扶青南路。经营汽车（不含品牌轿车）及配件销售；红薯磨浆机，红薯丝机，破胸催芽机，农机零部件制造；农用机械、汽车修理。

涟钢振兴企业公司是1992年6月注册成立的集体所有制企业。主要经营铸造加工、铆焊制作、工程建筑安装（限下属建筑安装工程公司）、日用品修理。

涟钢科达设备制造修理厂是2001年3月注册成立的集体所有制企业，位于黄泥塘街道涟钢技工学校内。经营铆焊制作，机电设备装配、安装、修理，金属结构件制作，机械加工。

娄底市重工机械制造有限公司成立于2001年4月，位于新科街99号。主要经营精密铸造、摩托车配件、重工机械配件、内燃机消声器及空滤器制造销售、食品机械、高压胶管总成及配件、轻质隔墙板制造销售等。

湖南兵器长城机械有限公司是2002年2月注册成立的国有企业，位于娄星区乐坪西街市中医院对面。经营军工产品研制、生产，政策允许的民用产品加工、制造、销售。

湖南省娄底市华达特种设备厂是2002年2月注册成立的集体所有制企业，位于乐坪西街（华达机械总厂内）。经营专用机械设备开发、研制、生产、销售，机械加工，汽车空调安装、维修，汽车零配件、三轮车零配件、五金、交电及工矿产品销售。

娄底光华机械设备制造有限公司于2002年6月注册成立，位于吉星路与东西一街东北角。经营机械设备加工、铆焊制作、安装；钢材、建材、五金、建筑机械配件销售；煤矿机械研发、销售。

娄底市钢城锅炉制造厂于2003年5月注册成立，位于黄泥塘街道东来村石祠组。经营范围是锅炉安装、改造、维修、机械加工、水电安装、铆焊加工。

娄底市众兴钎钢有限公司于2004年7月注册成立，位于市经济技术开发区铁炉冲路10号。经营中空钢、成品钎加工、销售；五金、机电产品（不含小轿车）、轴承销售、机械加工。

娄底市众鸿机械制造有限公司于2004年10注册成立，位于娄星北路仙人阁金利达市场。主要经营机械设备制造、销售；机电维修，铸件加工，铆焊、钢结构制作安装、设备防腐保温；五金、钢材销售。

湖南金三星煤机制造有限公司于2005年1月在娄底市注册成立（自然人投资或控股），位于乐坪西街丹阳路。生产矿山设备、高低压成套开关设备、输配电控制设备。

湖南华南煤矿机械制造有限公司于2005年3月注册成立，位于娄底市经济技术开发区工业园铁炉冲路5号。经营矿山机械研发、生产、销售；新材料研发、生产、销售；智能机械设备研发、制造、销售。

娄底市涟钢振兴机电有限公司于2005年4月注册成立，位于娄底市经济技术开发区洪冠街11号。经营机械加工、制造及维修；金属包装材料、线路金具制造；铆焊制作；卷板开屏；阀门修造；利用钢材回收加工；建材、钢材、五金、交电、耐火材料、化工产品（不含危险品）销售；装车装卸；电气设备、测温元件、开关屏、铆焊、冲锻压、机电产品的生产、销售、修理、安装；变频器、安防监控设备的销售、修理、安装。

娄底市一帆投资有限公司于2005年6月注册成立，位于娄星北路洪城新村。经营机械加工、股权投资、高新技术开发投资。

湖南金塔机械制造有限公司娄底分公司成立于2006年1月，主要经营煤矿机械及配件的研发、制造，建筑机械、机械停车设备、电气成套设备、机电产品的研发、制造、租赁，钢材、焦炭销售等。

娄底市同丰科技有限公司于2006年6月注册成立，位于大石山路1号。经营矿山设备、机电设备及配件的生产销售、机械加工、五金交电销售，注册资本6.43亿元。

湖南三星铸造有限公司位于水洞底镇，2008年收购湖南锻造厂，主要生产铁道车辆车轴、军工铸造，被誉为中南五省最大铸造基地。

乡镇农机厂有小碧农机厂、万宝农机厂、茶

园农机厂、涟滨农机厂、大科农机厂等，农用机械制造企业相继关停倒闭。

二、建材工业

（一）水泥生产

1989—2008年，域内拥有水泥厂7家。

娄底市彩色水泥厂属国有中二型企业，建于1985年，年产3万吨白水泥和15万吨普通水泥，生产的“天女”牌水泥被列入省优质名牌产品、国家免检产品，畅销全国。娄底市特种水泥厂建于1988年，年产白水泥15万吨，产品畅销全省。娄底市金鼎建材有限公司年产水泥8.80万吨。娄星区杉山水泥厂、娄底市万宝水泥厂、娄星区双江水泥厂、娄底市小碧水泥厂均为乡镇企业，年生产水泥4.40万吨。湖南永安煤矿机械制造有限公司年产水泥6.60万吨。娄底市娄星区第三水泥厂于1999年建成，年产水泥6.60万吨。利恒水泥有限公司年产水泥15万吨。2004年，娄底市彩色水泥厂、特种水泥厂破产改制，乡镇水泥厂关闭。至2008年，区内水泥厂基本关停。

（二）水泥制品厂

1989—2008年，域内有涟邵水泥构件厂、涟滨水泥构件厂、娄底市建筑公司水泥制品厂、娄底市钢城混凝土有限公司、南方新材料科技有限公司等，有数家个体预制板厂。至2008年，民营企业逐步整改，国有、集体企业改制。

（三）石灰生产

娄星区因毗邻涟钢与市经开区，石灰需求量大。石灰窑主要分布在石井镇、杉山镇、小碧乡、黄泥塘等地。1989—2008年，全区有23家石灰厂。其中，石井15家，杉山2家，小碧4家，黄泥塘2家。2008年，娄星区对土石灰窑进行整治关停。

（四）红砖厂

1989—2008年，有机制砖厂20家，个体实心黏土砖厂80家。2000年，区委、区政府为保护耕地，对实心黏土砖厂全部关闭，机制砖厂进行整顿。

另有娄星区古塘采石场，杉山采石场等企业。

第五节 食品原料加工业

1989—2008年，域内农副产品加工业形成全民、集体、民营、个体经营格局。湘中食品厂为市属企业，主营食品加工。1991年，因巨资引进番薯片生产线不能正常运转而关闭。双江食品加工厂属乡镇企业，生产辣酱、藠头，产品远销日本，2000年关闭。杉山茶厂生产茶叶畅销全国，2000年关停。娄底市糖果糕点厂生产糖果畅销全省，2001年改制。迎宾馆月饼厂生产的月饼畅销全市。清泉纯净水厂生产的纯净水达到标准，畅销全市。2005年11月，注册成立娄底市东明肉联食品有限公司，位于长青中路区财政局家属院，经营生猪收购、屠宰。2008年，创办湖南味菇坊生物科技有限公司，位于万宝新区，从事菌菇工厂化研发、生产与加工，主要产品舞茸、鲜银耳远销港澳、出口欧盟。

第六节 其他工业

一、轻纺工业

1989—2008年，有纺织服装企业9家。其中，国有企业3家，集体企业3家，民营企业3家。娄底地区棉纺厂位于湘阳东街，属地区轻工业局管辖全民所有制企业，2004年改制。湘中针织厂生产汗衫、背心、蚊帐等，获地区“质量品种效益年”活动先进单位，2006年改制。娄底工用布厂主要生产工业用布，2004年改制。裕辉纺织股份有限公司于2001年置换娄底针织厂，实施重组经营。中鑫纺织有限公司生产化纤纺织和棉纱纺织产品，被列入省高新科技企业。华兴运动衫厂于1995年成立，位于乐坪东街，引进国际先进设备，形成裁剪、缝纫、刺绣、印花、整烫“一条龙”，产品畅销全国。娄底市毛巾厂位于关家脑，获省优秀企业称号，后改称娄底市织印厂，2004年改制。娄底市服装厂主要生产衣服，2004年改制。湖南舒美绒厂主营服装，集研发、生产、销售于一体，2008年改制。

二、化工医药

1989—2008年，化工医药工业有12家。1990年，涟邵矿务局职工医院设有制剂室，生产葡萄糖注射液、芦甘石冲剂、注射用水等10余个品种。1992年，娄底市塑料厂与香港张氏投资公司共同投资成立湖南吉田医药包装有限公司，主要生产高质量药用塑料瓶，填补省内空白，2005年关闭停产。娄底八一橡胶厂主要生产医药瓶塞、医用橡皮胶带，产品畅销全国，2006年改制。湖南省娄底菲力粘合剂有限公司于1994年10月注册成立，位于涟滨东街清潭批发市场对面，生产经营热熔胶。湖南省娄底化工总厂是1996年4月注册成立的全民所有制企业，位于石井乡斗罡村，经营农药生产、销售化工产品（不含化学危险品）、机修加工。娄底中南精细化工有限公司成立于1997年12月，位于黄泥塘街道碧溪村，主要经营范围为ZL系列水质稳定剂制造销售（凭产品标准实施证书制造）等。湖南娄底泰阳科技有限公司于1999年10月注册成立，位于钢城东路振兴大厦3楼，经营环保科技集成技术服务、环保科技项目研究、推广与应用；各类设备化学清洗、防腐、检修；清洗剂、测垢仪、金属表面材料研究、制造及销售。娄底市裕德医疗废物处置有限公司2003年9月注册成立，位于乐坪西街公路管理局院内。湖南省娄底市湘大化工试剂有限公司于2003年8月注册成立，主要经营范围为化学试剂分装、销售等。湖南省娄底市元通化工有限公司于2003年4月注册成立，主要生产经营化工原料（不含危险品）、金属材料、建筑材料。娄底市易宝化工有限公司于2004年3月注册成立，位于湘阳路先锋学校对面，经营无声破除工程设计、施工；无声破碎剂、磨料、磨具及石材加工、销售；化工产品（不含危险品及专控产品）销售。娄底鼎盛集团有限公司于2008年11月注册成立，位于新星南路，经营节能科技产品开发。

三、电子仪器

1989—2008年，有电子企业5家。娄底市机电总厂于1993年并入湖南煤机厂。红太阳电源材料公司位于万宝新区，2004年建成四氧化三钴生产线，被认定为省级技术中心。娄底市无线电厂，1994年重组，改为娄底市科晶电子科技有限公司，位于扶青南路，生产电子新产品。娄底市电子材料企业集团公司于1994年建成，位于涟滨乡仙人桥村，2006年改制。湖南暖洋洋电器有限公司于2007年注册成立，位于高溪工业园，生产经营家电产品、厨卫产品、新型节能电器、智能洁净产品等，被认定为湖南省高新技术企业。

四、金属制品

1989—2008年，有金属制品工业企业3家，主要生产小五金产品。娄星区第二机械厂生产耐磨板和小五金产品，2001年改制。娄底五金厂主要生产铸铁锅、钢丝钳、铁丝、元钉、合页等多种产品，2006年改制。娄底工业美术厂生产家用锁，2006年改制。

五、塑料皮革

1989—2008年，拥有塑料、皮革工业企业5家。娄底市布鞋厂于1990年与新加坡冯克隆先生合资引进2条制鞋生产线，年产量125万双，2004年改制。娄底市皮革厂建于1990年，生产皮鞋畅销全国，2004年改制。娄底市塑料厂于1990年建成，蝴蝶牌墙纸获省优产品，2005年破产改制。娄底市朝阳塑料有限公司于2001年建成，位于小碧乡小碧村。生产经营PVC、PPR管材、管线等塑料制品，被认定为省高新技术企业。娄底八一橡胶厂位于长青中街，主要生产橡胶，产品畅销全国，2006年改制。

六、造纸印刷

1989—2008年，有造纸印刷工业企业5家。娄底市湘中造纸厂于1990年建成，位于涟滨西街，主要生产瓦楞纸、单胶纸、双胶纸、卫生纸、书写纸等产品，“金宝”牌卫生纸被评为省优产品，2002年破产关闭。娄底地区印刷厂、娄底市印刷厂、花山印刷厂等全民集体所有制印刷厂，主要从事各种平、精装书刊，书报，彩色地图，商标，广告等印刷。娄星区教育局印刷厂，印刷书籍、作业本等。20世纪末，个体印刷企业兴起，以上全民和集体制印刷企业相继关停破产或资产重组。

七、家电家具

1989—2008年，有家电家具企业4家，均被兼并或关闭改制。娄底市家具厂位于娄星桥旁，生产木制家具，1992年被塑料厂兼并。娄底市胶木电器厂属于涟滨乡集体企业，生产胶木电器，1998年关闭。娄底市节能灯具厂于1995年成立，位于大科街道，属市乡镇企业局直管集体所有制企业，生产三基色节能灯具，1999年破产。娄底市灯具厂，位于涟滨乡仙人桥村，生产灯泡、灯管、电线，2004年破产改制。

第二章　产业结构　产品产量

1989年，娄底市工业产业结构以黑色金属冶炼为主，主要产品有以钢材、煤炭、水泥等，工业比重占90%，轻工业产品主要有棉纱、纺织品、塑料制品、食品加工等，产量不大，占比10%。1998年，经过产业结构调整，轻工业比重上升到13.9%。1999年后，娄星区业工业产业发展迅速，轻工业比重下降。2004年，涟钢金属薄板投产，成为中南地区板材基地，重工业发展，占比提高；虽然轻工业也快速发展，但由于总量小，占比不大。至2008年，重工业产品仍以钢材、焦煤、水泥、汽车配件部为主，重工业比重占96.65%，轻工业占比3.35%。

第一节　产业结构

娄底是湖南省能源、原材料基地，重工业比重大。黑色金属冶炼是娄星区工业支柱产业，煤炭采选加工、机械制造、电力、建材依序次之，轻工业所占比重较小。1989年，轻工业比重占8.8%，重工业占91.2%。纺织、食品加工、电子、塑料、印刷等行业有所发展，轻工业所占比重呈上升之势，1998年达到13.9%。1999年以后，钢铁、煤炭、建材等重工业产业规模迅速扩张，轻工业滞后于重工业发展速度，所占比重逐年下降。2008年，轻工业占工业比重为3.4%，重工业占比重为96.6%。2008年，高新技术产品产值达到113.4 亿元，占工业总产值39.5%。

1989—2008年娄星区（娄底市）轻重工业所占比重一览表

表13-2　　单位:万元、%

年份	工业总产值	轻工业	重工业	年份	工业总产值	轻工业	重工业
1989	125706	8.80	91.2	1999	627393	8.80	91.2
1990	131631	9.18	90.82	2000	527722	5.17	94.83
1991	158891	8.63	91.37	2001	586557	1.42	98.58
1992	235072	9.19	90.81	2002	594028	1.45	98.55
1993	425188	8.94	91.06	2003	743851	1.62	98.38
1994	844110	10.60	89.40	2004	1418621	0.73	99.27
1995	364337	9.58	90.42	2005	174447	1.12	98.88
1996	489793	8.78	91.22	2006	1776900	1.32	98.68
1997	596528	7.19	92.81	2007	2581709	3.84	96.16
1998	630945	13.91	86.09	2008	2870337	3.35	96.65

说明：从2001年开始，轻重工业比重计入规模以上企业，轻工业大多为小型企业，统计数据出现轻工业比重明显下降。

1999—2008年娄星区工业行业所占比重一览表

表13-3 单位:%

年份	冶金	煤炭	建材	机械	电力	化工	食品	金属制品	纺织	其他
1999	78.13	7.98	2.29	5	2.47	0.18	0.32	0.34	1.2	2.09
2000	74.55	10.20	2.2	7.25	2.52	0.4	0.34	0.29	0.97	1.58
2001	75.71	11.23	2.52	5.33	2.15	0.32	0.30	0.20	0.91	1.33
2002	75.12	11.42	2.9	4.80	3.61	0.18	0.10	0.18	0.87	0.82
2003	73.88	9.16	3.18	9.87	2.22	0.10	0.11	0.14	0.95	0.39
2004	80.01	4.38	1.59	2.44	10.13	0.05	0.07	0.57	0.48	0.28
2005	77.61	8.22	1.15	1.86	9	0.03	0.03	0.45	0.65	1.05
2006	77.17	7.6	1.05	1.57	10.68	0.3	0.30	0.25	0.39	0.69
2007	71.13	6.22	1.37	8.49	8.3	0.29	2.50	0.43	0.50	0.47
2008	74.45	8.58	1.14	3.55	7.5	0.34	2.67	0.33	0.28	1.16

第二节 产品产量

1989年，辖区内工业主要有钢材、煤炭及焦化产品、水泥、棉纱、毛巾、塑料制品、农业机械、食品饮料等产品。“双菱”牌螺纹钢三次蝉联国家银质奖；微型水泵、塑料壁纸获部省优产品，畅销省内外。一些产品由于技术含量低，生命周期短，逐渐被市场淘汰。1997年，恩口煤矿关闭，区内原煤产量剧减，经过整顿又陆续关闭一些违规开采小煤矿，原煤生产逐年下降。此后，注重以技术进步促产业发展，加大技改力度，抓好产品升级。2004年，涟钢金属薄板竣工投产，娄星区成为中南地区重要板材基地，衍生汽车车厢、金属构件等薄板深加工系列产品。同时，发展设备制造、新型材料、电子仪器等高新技术产品，焦煤、水泥、纺织、食品饮料等传统产品产量大幅增长。2008年，全区工业产品达2000余个，主要产品有金属薄板、螺纹钢、焦煤、水泥、汽车空调压缩机、汽车车厢、电子仪表、棉纱、耐磨材料、精密铸件、化工、家电。其中，获中国驰名商标产品1个，湖南省著名商标5个。钢材、农产品等出口境外，2008年创汇 3.40亿美元。

1989—2008年娄星区（娄底市）主要工业产品产量一览表

表13-4

年份	生铁(万吨)	粗钢(万吨)	钢材(万吨)	原煤(万吨)	焦煤(万吨)	发电量(千瓦时)	水泥(万吨)	棉纱(吨)	铁合金(吨)	化肥(吨)
1989	50.05	50.8	32.71	352.76	50.79	9505	17.11	551	—	—
1990	53.71	56.11	34.83	321.07	56.47	11838	15.69	1541	—	—
1991	56.34	61.46	40.77	310.87	58.1	12838	20.36	1766	—	—
1992	60.57	75.9	54.12	310.73	55.06	14001	23.71	3049	—	—
1993	72.37	100.88	70.43	55.91	55.93	14800	25.29	4080	8600	—

续表13-4

年份	生铁(万吨)	粗钢(万吨)	钢材(万吨)	原煤(万吨)	焦煤(万吨)	发电量(千瓦时)	水泥(万吨)	棉纱(吨)	铁合金(吨)	化肥(吨)
1994	81.71	101.05	78.40	79	56.33	14408	24	3961	8776	7503
1995	81.92	92.93	78.62	87.9	56.98	12643	22.99	2732	6909	6039
1996	86.19	100.27	86.62	80.47	64.21	12770	26.26	30.93	2747	5643
1997	105.15	123.81	93.73	47.84	65.12	12342	19.44	3356	3789	5391
1998	118.4	137.54	126.33	11.65	65.45	14103	25.5	3653	2507	1464
1999	139.16	159.16	149.29	45.71	66.68	14353	27.12	4080	1910	1517
2000	140.66	144.82	143.18	13.98	63.35	15116	31.65	4393	2280	1529
2001	151.67	180.75	178.33	38.93	63.45	13087	34.87	3740	2988	1621
2002	178.34	216.67	209.22	29.56	65.4	11593	35.08	5321	4784	1564
2003	185.81	225.14	217.88	29	85.27	10770	38.51	4581	3150	1725
2004	327.8	343.84	328.98	0.95	128.99	12304	32.15	2757	3580	83122
2005	375.43	403.51	383.61	—	167.8	35478	25.39	5745	6310	114871
2006	408.75	440.07	414.34	4.41	170.37	67643	27.09	3987	9737	110966
2007	427.39	454.89	441.41	10.06	219.77	107430	30.51	7319	15900	233028
2008	388.9	401.8	385.97	9.6	156.55	107280	26.46	7269	29890	—

第三章　所有制形式

1989年，娄底市国有工业企业35家，其中市属13家。国有工业固定资产占全市工业95.4%，国有工业总产值占全部工业81.9%，上缴利税占全部利税93.4%。20世纪90年代后，国有工业占全市工业经济比重有所下降。1996—2007年，娄星区（娄底市）国有工业企业完成破产改制，国有工业企业数减少。由于涟源钢铁集团公司实施规模扩张，生产总量快速增长，国有工业占全市工业比重呈上升趋势。2008年，区内国有及国有控股规模企业7家，固定资产占全区规模工业93%，总产值占全部工业78.9%，上缴税金占工业全部税金76.2%。

1989年，全市集体工业企业106家，集体工业企业固定资产占全市工业4.5%，总产值占全部工业12.3%，上缴利税占全部利税6%。1995年，集体工业占全市工业总产值比重为16%。1996—2005年，域内大部分集体企业破产改制，集体工业企业总产值占全部工业总产值比重为2.2%。2008年，集体企业16家，固定资产占全区工业0.9%。总产值占全部工业4.9%，上缴税金占全部工业7.7%。1992年，民营企业发展迅速。至1993年，民营企业总产值占全市工业总产值比重为13.6%。1998年，所占比重达38.9%。

2008年，区内非公有制工业企业增加到65家，固定资产占全区工业7.1%，总产值占全部工业16.3%，上缴税金占全部工业16.1%。至2008年，娄星区工业结构形成国有工业为主体，民营企业和集体企业为补充结构形态。

第一节　国有企业

1989年，娄底市国有工业企业有35家，其中市属13家。国有工业固定资产占全市工业固定资产95.4%，国有工业总产值占全部工业81.9%，上缴利税占全部利税93.4%。涟源钢铁厂在国有工业中占主导地位，规模较大企业还有华达机械厂、娄底棉纺厂、涟邵水泥厂、娄底铁合金厂、湘中针织厂、彩色水泥厂、毛巾厂等。进入20世纪90年代后，由于集体、乡镇和民营企业发展速度加快，国有工业占全市工业经济比重有所下降。1996年开始，辖区内国有中小型企业开始尝试产权制度改革，一些企业陆续破产改制。1996—1999年，国有工业所占比重保持在53%左右，较1989年下降近30%。

2004年7月，娄星区属国有企业实施改革。2007年年底，区属国有工业企业全部完成破产改制。其间，一批市直工业企业亦破产改制，国有工业企业户数剧减，由于涟源钢铁集团公司二十世纪初大规模扩张，生产总量快速增长，国有工业占全市工业比重仍呈上升趋势。2008年，区内有国有及国有控股规模企业7家，固定资产占全区规模工业93%，总产值占全部工业78.9%，上缴税金占全部工业76.2%。在国有企业中，涟钢处于主导地位，娄底电业局、华达机械厂次之。

第二节　集体企业

1989年，娄底市有独立核算的集体工业企业106家（含乡镇、街道企业），集体工业企业固定资产占全市工业4.5%，总产值占全部工业12.3%，上缴利税占全部工业6%。1992年后，乡镇、街道企业兴起，给集体工业发展注入活力。1995年，集体工业占全市工业总产值比重达到16%。规模较大集体企业有高溪企业集团、涟钢振兴公司、涟钢福利公司、娄底塑料厂、娄底水泥厂、万宝白水泥厂、万宝微型电机厂等。1996年后，一些集体企业因生产经营困难陆续破产改制，集体工业所占比重逐年下降。

2005年，娄星区集体工业企业总产值占全部工业总产值比重为2.2%。2008年，区内有集体企业16家，固定资产占全区工业0.9%。总产值占全部工业4.9%，上缴税金占全部工业7.7%。主要集体企业有高溪企业集团、涟钢振兴公司、涟钢福利公司。

第三节 民营企业

民营企业从20世纪80年代初开始发展，至1989年，民营企业固定资产占全市工业0.8%，总产值占全部工业5.8%，上缴税金占全部工业0.6%。1992年，民营企业发展迅速。至1993年，民营企业总产值占全市工业总产值比重达到13.6%。此后逐年增长。1998年，所占比重达到38.9%。2000—2008年，中央和地方政府出台政策支持和引导非公有制经济健康发展，民营企业发展质量提升，形成一批现代规模企业。

2008年，娄星区内有非公有制工业企业65家。其中，年产值在500万元规模以上企业57家，省高新技术企业8家。民营企业固定资产占全区工业7.1%，总产值占全部工业16.3%，上缴税金占全部工业16.1%。规模较大的有五江轻化集团、安石集团、金鼎集团、湘中矿业、龙凤冶化、中鑫纺织、科源矿业、三星科技、庆阳牧业等公司，被认定为湖南省高新技术企业的有红宇耐磨、同人电子、红太阳电源新材料公司等。

1989—2008年娄星区（娄底市）工业总产值所有制结构所占比重一览表

表13-5 单位:%

年份	工业总产值(现行价、万元)	国有	集体	个体	股份制	外资及港澳台资
1989	125706	81.90	11.47	5.63	—	—
1990	131631	81.90	11.77	6.33	—	—
1991	158891	80.56	11.48	7.96	—	—
1992	235072	78.70	12.05	9.25	—	—
1993	425188	73.15	13.12	13.62	—	0.10
1994	444110	67.95	15.68	15.92	—	0.45
1995	364337	65.76	16.02	17.53	—	0.69
1996	489793	53.54	13.17	31.62	—	1.67
1997	596528	53	11.34	35.33	—	0.13
1998	630945	53.09	8.06	38.89	—	0.05
1999	627393	53.33	10.58	35.29	0.73	0.07
2000	527722	70.54	12.5	16.02	0.80	0.14
2001	586557	74.07	9.67	14.87	1.32	0.07
2002	594028	76.11	7.1	11.84	4.88	0.77
2003	743851	74.57	7.3	11.47	6.59	0.07
2004	1518621	87.51	2.72	6.62	1.91	1.24
2005	1734447	82.9	2.24	7.71	5.94	1.21

续表13-5

年份	工业总产值(现行价、万元)	国有	集体	个体	股份制	外资及港澳台资
2006	1776900	85.89	2.69	7	2.80	1.62
2007	2581709	78.09	3.48	7.78	8.91	1.83
2008	2870337	77.85	4.85	1.08	15.54	0.68

说明：1998 年及以前股份制企业没有统计数据

第四章　企业体制改革

1989年起，域内工业主要实施劳动、人事、工资三项制度改革。随后，实行企业生产经营自主、产品价格自主、内部分配自主、劳动用工自主、技术改造自主“五自主”改革。1996年起，以产权制度改革为突破口，深化企业改革。2002年，以产权制度改革为核心，以“两个置换”为基本手段，推进企业改革。至2008年，国有企业完成改革改制任务。

第一节　改革历程

第一阶段（1989—1995年）。1989—1991年，推行全员风险抵押承包，进行劳动、人事、工资三项制度改革。全体职工向企业交风险抵押金，实行企业效益与职工工资挂钩，增强企业凝聚力，调动职工积极性。1992—1995年，实行企业生产经营自主、产品价格自主、内部分配自主、劳动用工自主、技术改造自主“五自主”改革，企业在国家法律法规和政策允许下成为自主经济主体。经营机制改革在一定程度上增强企业自主经营能力和活力，由于“包盈不包亏”现象普遍存在，“职工吃企业大锅饭、企业吃国家大锅饭”体制没有根本改变，改革所取得阶段性、局部性成果逐渐消失，部分企业出现亏损，有的资不抵债，人员包袱和债务包袱沉重，体制性障碍日益凸显。

第二阶段（1996—2001年）。1996年起，以产权制度改革为突破口，深化企业改革。1996年，市属工业有洗煤厂、针织厂、五金厂、电工厂、无线电器材厂进行产权制度改革试点。职工与企业解除劳动关系，改变全民（集体）职工身份。根据企业实际情况，安置方式有所不同。其中，洗煤厂和针织厂资产经处置变现，以货币形式安置职工；五金厂则把企业房产转为职工共同所有，以房产安置职工；电工厂、无线电器材厂实行破产重组，按照自愿原则部分职工以货币安置，自主择业，部分职工将所分得的份额资产入股，重组为股份合作制企业；电工厂和无线电器材厂分别重组为东风汽配有限公司和科晶电子有限公司。至2001年，娄底地区（地级娄底市）直属工业有八一集团公司、湘中针织厂、机械厂、机电厂、八一机械厂等国有企业完成产权制度改革。区内改制企业变现资产7238万元，4415名职工解除劳动关系。这次改革对产权制度改革进行有益探索，积累经验。但由于改革政策不配套，部门工作不协调，职工在企业改制后，社会保障问题没有解决，档案无部门接收，党员关系没有转移，人员没有进入社区管理，再就业渠道不畅。重组的2家股份合作制企业在运行一段时间后也因机制不畅、资金链断裂而被迫停产。其间，未进行产权制度改革企业通过一厂一策、一厂多策方式，以租赁经营、退二（第二产业）进三（第三产业）、分块搞活等多种手段盘活资产。彩色水泥厂、特种水泥厂、毛巾厂、湘中造纸厂、建材厂、印刷厂、水泥厂等企业实行租赁经营后，控制亏损，部分职工就业。

第三阶段（2002—2008年）。以产权制度改革为核心，以企业置换体制、职工置换身份“两个置换”为基本手段，推进企业改革。2002年，区委、区政府出台《关于加快国有中小企业改革的总体方案》，提出用3年时间，基本完成区属国有企业“两个置换”工作任务目标。是年，印刷厂、水泥厂启动改制，印刷厂破产关闭。2003年，特种水泥厂被金鼎实业公司整体收购，生产活性石灰。2004年3月，娄底市委、市政府制定《关于全市国有工商企业产权制度改革的若干规定》，7月，召开全区国有工商企业改制动员大会，推进企业改革。企业和主管部门拟制改制预案，经企业职工代表大会讨论通过报政府批准，国资局和主管部门组织对企业进行清产核资和资产评估，依法申请破产资产实行公开拍卖。由政府派驻到各企业改制工作组和法院主导破产清算组具体组织，按照依法依规、公开公平公正原则进行。职工解除劳动关系后，发给安置费，人事档案转入劳动就业部门，人员进入社区管理，退休人员由社保部门管理。是年，皮革厂、建材厂、特种水泥厂、湘中造纸厂基本完成改制。2005年，彩色水泥厂和塑料厂同时完成改制。2006年，毛巾厂完成改制。至此，区属工业企业产权制度改革任务全部完成。2008年，辖区内省部属工业大理石厂、舒美绒厂等企业破产关闭，市直工业娄底纺织厂、娄底铁合金厂等19家企业破产关闭。

第二节　改革成效

至2008年，除涟钢、华达机械厂等几家大中型企业外，市直和区属工业企业基本完成“两个置换”，完成改制企业有34家，资产变现4.58亿元，安置职工1万余人。其中，区属工业企业完成改制15家，资产变现1.17亿元，安置职工4742人。职工在置换身份后全部进入社区管理，人事档案转入劳动就业部门，退休人员全部由社保部门管理，所有人员由“单位人”转换为“社会人”。安石集团、金鼎实业公司、利恒公司等民营企业在购买国有企业后，加大投入，快速发展，成为娄星区新的经济增长点。

第五章　乡镇企业

1989年，娄底市乡镇企业局（简称市乡镇企业局）内设办公室、人事股、经营管理股、生产技术股、计划统计股、财务股6个股室，归口娄底市经济委员会。下辖3家重点企业、6家直属企业。10月，办公场地迁至新办公大楼希望大厦。1990年2月，局机关增设审计股。1991年4月，更名为市乡镇企业经济委员会（简称市乡企委），从市经济委员会划出，直属市政府领导，内设机构撤销计划统计股，设立政工股和公司管理股。1992年12月12日，市劳动服务公司收归乡企委直属管理。1993年11月，企业委内设机构调整，设置政工组、办公室、生产技术组、经营管理组、审计组、公司管理组。1995年3月，兴建市宏达机械厂，隶属市乡企委。4月，市乡企委复名市乡镇企业局。1996年，市乡镇企业局行政职能实行转变，为市政府主管全市乡镇企业综合协调部门，内设办公室、人事教育股、生产技术股、经营管理股、公司管理股、纪检组（监察室）6个股室。下辖市乡镇企业管理干部培训中心1个二级直属机构。1997年，乡镇企业办实行职级调整，大科、涟滨、西阳、茶园、杉山、万宝镇定事业编5名，小碧、双江、石井、百亩乡定事业编4名，乐坪、花山、黄泥塘、长青4个街道办事处经济委员会更名为街道办事处企业管理办公室，人员编制保持不变。

1999年，娄底市乡镇企业局更名为娄星区乡镇企业局。2000年起，乡镇企业局所属企业全部进入经营体制改革。2002年11月26日，根据区委、区政府《娄底市娄星区机构改革人员定岗实施意见》和区委办、区政府办《关于印发〈娄底市娄星区区直机关机构改革“三定”工作实施意见〉的通知》精神，设置娄星区乡镇企业局，为区政府议事协调机构常设办事机构，主管全区乡镇企业（含街道企业）综合职能。内设办公室、生产技术股、经营管理股、经贸股、人事教育股5个职能股室，定行政编14人、后勤服务事业编1人。2005年，区乡镇企业局8家直属企业全部通过拍卖方式，实行“两个置换”。

2006年11月，区乡镇企业局承担的有关工业企业、工业经济管理职能划入区经济工作局（不再加挂民营经济管理局牌子），保留有关农业企业、产业化经营管理和乡镇农业统计职能，改组为副科级事业机构，加挂区农业产业化局牌子，归口区农业局管理，财务独立，内设人秘股、农业产业化指导股、农村第三产业指导股3个职能股室。辖属乡镇企业局培训中心维持原性质和管理不变。至2008年，机构编制未变。

1989—2008年历任党组书记、局长（主任）：曹序东、谢建国、黄文瑞、杨仲刚、李景涛、胡明德、王和平。

第一节　发展历程

1989年，娄底市有乡镇企业3526家，包括乡办企业、村办企业、联户企业和个体企业（又称个体户），从业人员2.76万人，占全市农业总劳动力31.8%，总收入2.51亿元。乡镇工业总产值9316万元，占市属工业75.6%。产品以茶叶、柑橘、煤炭、建筑材料、复合肥、微型电机等为主。

1991年，全市有乡镇企业3683家。其中，乡镇办企业137家、村办企业549家、联户企业241家、个体企业2756家，同比增加169家，安排从业人员3.02万人，同比增加3738人，占全市农村劳力31.5%。实现乡镇企业总收入3.38亿元，完成乡镇工业总产值1.54亿元，增长24.3%。全年利润在10万元以上企业有35家，乡村企业利润同比增长15%，亏损乡镇办企业由上年13个减少到8个。1992年，国民经济开始由计划经济向市场经济转型，乡镇集体企业逐步走向承包经营、租赁经营、股份制合作、买断产权等产权制度改革。1993年，市委、市政府实施“引导农民进市场、奔小康工程”，合理调整农村产业、产品和所有制结构，发展商品生产，加快农村剩余劳动力转移。涌现出一批亿元乡镇（万宝、大科、涟滨、杉山）、千万元村（高溪、涟滨、清潭）和企业9家（六建公司、白水泥厂、三建公司、茶园建筑公司、百亩建筑公司、四建公司、特种耐火材料厂、罗贯塘煤矿和涟滨轧钢厂），成为全市乡镇企业龙头。固定资产投入6017万元，乡镇工业总产值、乡办工业产值、乡办企业产值增幅在地区名列前茅。是年，全市乡镇企业完成总产值7.61亿元，突破7亿元大关，同比增长78.8%。汽车零部件厂、万宝水泥厂等4家企业被行署授予“明星企业”称号。1994年，市委、市政府相继出台《关于加快发展个体民营经济的若干规定》《关于乡镇企业总产值过10万亿元的奖励标准和考核办法》《关于加快开发建设高溪工业示范小区的若干规定》等文件，支持乡镇企业发展。全市乡镇企业完成总产值11.56亿元。其中，乡村企业总产值6.694亿元，增长47.2%；乡镇工业总产值5.89亿元，增长41.4%。实现利税1.20亿元，增长102.0%。完成固定资产投入9354万元，其中，乡办6935万元，村办2419万元，增长39.9%。出口创汇总额2498万元，增长67.4%。列入专项统计36种主要产品产量稳定增长，其中焦煤、水泥、原煤、发电量同比分别增长48.1%、46.6%、28.6%、19.5%。出现4个总产值过亿元乡镇，高溪村首次突破亿元大关，17个村和12家企业总产值超过1000万元。市乡镇企业局会同人事部门对全市794名乡企专业技术人员进行职称评审，621人获取初级职称，169人获取中级职称，4人获得高级职称，举办专业培训班4期，参训人员291人。全年市乡企委发展直属企业达11家，职工1300余人。1995年，市委、市政府将乡镇企业列入全市经济工作3个重点之一，乡企总产值列入十大指标，出台《关于促进乡镇企业快速高效发展的若干规定》。全年完成乡镇企业总产值17.47亿元（90年不变价，下同），增长51.2%，占农村社会总产值90%。乡镇企业7081家，从业人员5.73万人；税金7749万元。全市形成冶炼、建材、采矿、机械、建筑、农副产品加工等6大支柱产业。

1996年，乡镇企业以市场为导向，发展第二、三产业，由单一经济结构逐步形成多产业经济结构，由分散经营向规模经营转变，由粗放经营向集约经营转变，出现农林牧渔全面发展、贸工农综合经营新格局。全年乡镇工业总产值在农村社会总产值中所占比重上升到50.8%；乡镇建筑业完成总产值4.22亿元，上升到22.2%；交通运输业实现总产值1.80亿元，上升到9.4%；商业完成总产值1.39亿元，上升到7.3%。实施工业小区规划，市乡镇企业局专门明确1名业务专干负责具体指导。年底，万宝、高溪被批准为地区级工业小区，得到地区重点扶持。1997年，制定乡镇企业“九五”发展规划。提出“一个中心（以经济效益为中心）、两个加大（加大改革力度，加大企业管理力度）、三个突出（突出发展第三产业，突出发展名牌产品，突出发展规模经济）、四个转变（由速度型向效益型转变，由分散发展向集聚发展转变，由小型企业向大型企业转变，由集体投资办企业向社会投资办企业转变）、五个结合（引导乡镇企业与农业产业化结合，与小城镇建设结合，与实施科教兴市战略结合，与发展外向型经济结合，与扶贫攻坚结合）”发展思路及目标。抓改革、抓投入、抓科技、抓调整，突出招商引资，初步实现由推行股份合作制向多种形式深化改革转变，由速度型向效益型转变，由集体投资办企业向社会投资办企业转变，由重点发展第一、二产业向第一、二、三产业并重转变。部分乡镇开始对小、微、亏企业进行兼并、租赁、拍卖改革试点。是年，全市有乡镇企业8978家，同比增加712家。其中，乡村集体企业715家，从业人员5.48万人，占农村总劳动力35%。乡镇企业实缴国家税金4747万元，实现利税2.17亿元，乡镇工业增加值6.75亿元，乡镇企业增加值13.17亿元，实现乡镇企业总产值45.16亿元，乡村两级工业产销率93.3%。通过向上争取、部门扶持、银行借贷、招商引资、横向联合、利用民资和企业改革等多种形式，累计完成投资1.95亿元；新建、技改项目284个，新增固定资产1.71亿元；开发新产品115个，完成投资1.29亿元。1998年，全市乡镇企业9765家。其中，乡村集体企业755家，从业人员5.58万人。乡镇企业实缴国家税金3650万元；实现利税总额2.31亿元；实现乡镇企业总产值54.30万元（含街道企业，下同）。

1999年，娄星区乡镇企业8799家。其中，乡办企业87家，村办企业672家，个体民营企业8017家，从业人员4.80万人。是年，乡镇企业生产经营状况普遍下滑，87家乡办集体企业能够勉强维持正常运转48家，效益较好仅有10家，处于半停产状态10家，完全停产25家。企业总资产11.68亿元，企业负债6.10亿元，资产负债率50%。局直属企业9家，其中，生产型企业5家，流通型企业4家，在册职工896人，固定资产原值3105万元，负债5428万元，亏损2356万元。2000年，全区乡镇企业出现两块，一块是乡镇集体所有制企业改革、改制全面铺开，逐步转变为民营企业、股份制企业和合资企业，105家骨干企业关停15家，承包21家，租赁29家、目标管理28家，股份合作制9家（含1家上市企业），拍卖3家。另一块是非国营、集体所有制企业正朝区域优势较好、条件设施较全地方集中，尤其是小城镇、开发区及公路沿线，涟滨、万宝、杉山3个建制镇和高溪工业小区以及有关乡的村级工业园，集中全区乡企总产值60%。食品加工、交通、旅游、服务、贸易、建筑、新型建材等行业发展迅速，年均增长30%以上。与民营私有企业形成鲜明对比的乡镇企业局直属9家企业账面资产1716万元，总负债6339.50万元，整体负债率369%，绝大多数职工下岗，依靠企业部分资产出租发放基本生活费维持生计。是年，全区乡镇企业9071家，增加272家，从业人员5.52万人，占农村总劳动力38%。完成乡镇企业总产值68.29亿元，同比增长8.9%；实现利税1.29亿元，实缴税金4473万元，同比增长10.5%。

2001年，乡镇企业改革向纵深发展，个体民营经济和混合经济活力呈现，个体民营企业发展较快，增幅高于一般乡镇企业。个体民营企业通过扩股招股，实行股份合作制，在分散中联合，实现能人经济和制度经济双重发展。集体企业通过股权多元化，与各种企业相互参股控股，从均衡持股向经营者特大股方面发展，形成百亩耐火材料厂、百亩化工厂、百亩凤冠山煤矿、大科三建公司、西阳东方机械厂、茶园三机厂等一批混合经济企业。企业经济结构调整取得重大进展，一批市场占有率高的特色块板经济，石井地材产品、西阳电力资源类产品、双江绿色食品等方兴未艾。这些特色乡、特色村、小企业大集群，吸收农民就业能力强，市场发育很快，招商引资取得成果，全区乡镇企业利税上百万元企业15家。是年，全区有乡镇企业7626家，从业人员4.82万人；完成乡镇企业总产值40.80亿元；完成乡镇企业增加值15.30亿元；乡镇工业增加值4.40亿元；实缴税金4700万元，增加5.1%。2002年7月10日，区政府批准设立娄星区乡镇企业局国有集体企业改制资产经营办公室，铺开乡镇企业系统企业改制工作。年底，95%乡村集体企业实行不同形式产权制度改革，建立现代企业制度，固定资产投资额新增8500万元。个体、民营企业开始由速度效益型向质量效益型转变，一些企业步入集约型、质量型、效益型发展轨道。重组后的湖南湘中输变电工程有限责任公司实现产值1.10亿元，利税150万元，成为湖南省较有影响力的二级电力安装建安企业；高溪集团围绕涟钢扩建，实现建安企业产值达2亿余元；大科建安企业三建公司与一公司合并重组，产值、利税分别达到2400万元和150万元。加快经济结构调整，产业结构日趋合理，全区乡镇企业第一、二产业发展平稳，第三产业增长迅速，呈现良好发展势头。一批污染严重、浪费资源“五小”企业被关闭，形成适应市场经济发展要求的结构调整新机制。农业企业发展迅速，产业结构优化，科技进步加快，企业竞争能力提高。一些乡镇邀请专家教授，对以乡镇企业为主体的区域经济进行考察论证和谋划，规模企业依靠科学技术发展。乡镇企业与农业产业化相结合，建成一批有一定经济实力和一定辐射能力农副产品加工、储藏、保鲜、运销企业，全区农业企业达到436家，实现增加值3312万元，同比增长18%。是年，全区有乡镇企业7932个，从业人员5.37万人；完成乡镇企业总产值46.30亿元，增长11.4%；完成乡镇企业增加值12.90亿元，增长11.3%；乡镇工业增加值3.70亿元，增长9.8%；实缴税金4879万元，增长6%。2005年，区乡镇企业局直属全民企事业单位全部完成改制。5月，娄星区被省人民政府评为发展乡镇企业先进县，跨入全省十佳先进县市行列。2006年，全部局属企业职工完成“两个置换”，再次被省人民政府评为发展乡镇企业先进县。

2007年，全区乡镇企业（民营企业）个数突破2万个，企业从业人员达12万人，占农村劳动力45%，全年乡镇企业总产值达100.22亿元，增长21%，乡镇企业增加值25.60亿元，增长15%，农产品加工业销售收入达10.92亿元，增长22%，农产品加工业增加值1.60亿元，增长21%。年内新增6家农业产业化市级龙头企业，万宝饮料食品有限公司被批准享受农业产业化省级龙头企业待遇。全区拥有农业产业化市级以上龙头企业19家。乡镇企业全年完成基建投资额40亿元，年新增产值能力80亿元以上。2008年，全区乡镇企业继续保持快速发展的良好势头。

第二节　乡镇企业所有制结构

一、乡镇办企业

1989年，娄底市有乡镇办企业149家，从业人员1.24万人，总收入1.05亿元，是全市乡镇企业骨干力量。1991年，全市乡镇办企业137家，完成乡镇工业总产值1.54亿元，增长24.3%。其中，完成乡镇办工业产值6474万元，增长20.9%。1993年，全市乡镇办企业完成乡村企业总产值4.55亿元，增长169.4%。其中，乡镇办工业产值1.70亿元，增长80.6%。万宝、大科、涟滨、杉山4个乡镇企业总产值首次过亿元。1994年，全市乡镇办企业完成乡村企业总产值6.69亿元，增长47.2%，其中乡办工业总产值2.31亿元，增长35.6%。实现利税3731万元，完成固定资产投入6935万元。4个乡镇企业总产值过亿元，17个村和12个企业总产值过1000万元，形成一批骨干乡村龙头企业。

1995年，乡镇办企业完成乡办工业总产值34867万元，增长51.3%。完成固定资产投入4576万元，万宝、大科、涟滨、杉山4个乡镇企业总产值突破2亿元大关，成为全市乡镇企业“半壁江山”。1997年，全市有乡村集体企业715个，从业人员5.48万人，占农村总劳动力35%以上。乡村两级工业产销率93.3%。2月3日，市委、市政府授予万宝镇、杉山镇、大科乡、涟滨乡、高溪集团公司为“乡镇企业总产值首次过3亿元先进单位”，授予百亩、石井、西阳、茶园、小碧5个乡为“乡镇企业总产值首次过2亿元先进单位”。1998年，完成乡办工业7.20亿元，增长10%；乡村两级工业产销率94%。

1999年，娄星区乡镇企业生产经营状况普遍不佳，60%乡镇企业办发不出工资，40%企业停产关门。2000—2002年，乡镇集体企业实施产权制度改革，乡村集体所有企业逐年减少，合伙股份合作制、个体、民营企业呈快速发展态势，所占比重逐年增加，所有制结构发生变化。

二、村办企业

1989年，娄底市有村办企业568家，从业人员6201人，收入5538万元，分别占乡镇企业16.1%、22.5%、22.1%。其企业以种养、工业、建筑、运输、饮食服务行业为主。是年，全市企业收入100万元以上有5个村，50万～100万元有7个村，10万～50万元有2个村。村办企业发展较好的主要是离市区较近村，涟滨乡高溪村地处市西郊，与涟源钢铁厂紧邻，是年，村内有村办企业8家，收入1153.20万元。1991年，全市有村办企业549家。1993年，乡村企业完成固定资产投资5400万元，同比增长176.5%；乡村企业总产值4.55亿元，增长169.4%，增长幅度在全地区名列前茅。涟滨乡涟滨村、清潭村企业总产值过1000万元。1994年，村办企业实现利税3985万元，完成固定资产投资2419万元。涌现出一批骨干龙头企业，17个村总产值过1000万元，高溪村首次突破亿元大关。1995年，完成固定资产投资1.13亿元，增长21.0%。1997年，部分乡镇开始对乡村级小微亏企业进行兼并、租赁、拍卖改革试点。是年，市委、市政府授予涟滨乡涟滨村为“乡镇企业总产值首次过亿元先进村”称号，授予百亩乡双林村、涟滨乡清潭村、万宝镇大树村为“乡镇企业总产值首次过3000万元先进村”称号。2000—2002年，娄星区实施对乡镇集体企业产权制度改革，乡村集体所有企业逐年减少。

三、直属企业

1989年，娄底市乡镇企业局有市建筑建材公司、市地方工业公司、市商贸物资公司、市煤炭公司（加挂市矿产品公司牌子）、市乡镇企业局供销公司、市第二建筑工程公司等直属企业6家。10月，新建希望大厦招待所开业。1990年，成立娄底市汽车配件公司、市电子电器有限公司。1991年11月，成立市华美实业有限公司，属市地方工业公司领导，归口乡企委管理。1992年，成立华星鞋业有限公司。12月12日，劳动服务公司有部分行政职能属物资商业总公司管理不适宜情况，将公司收归直属管理。1994年，直属企业11家，大部分企业都出现巨额亏损，企业资产总负债率400%以上。

1995年，新增局直企业娄底市兴达机械厂、湖南省娄底制鞋总厂。局直公司全部实施党组成员蹲点包干制，每个成员包干1个局直公司。一些企业通过整顿和理顺关系，得到恢复发展。1998年，娄底市汽车配件公司破产，34名职工及相关债权、债务妥善处置。其余9家企业坚持负债经营，先后经历“承包经营”，对部分企业实行“五自主、四放开”，个别企业实行“社有民营”或“破产重组”等改革措施。

至2000年，娄星区乡镇企业局直属9家企业账整体负债率369%，难以运行。2002年6月，建材矿产品公司整体处置资产安置职工偿还债务，公司资产评估138万元，通过公开竞标拍卖145万元。2003年3月，建材矿产品公司完成“两个置换”，41名职工全部与企业解除劳动合同，3名退休职工移交社保局管理。2005年，最后8家企业实行公开拍卖。资产评估2297万元，拍卖收入2841万元，处置债务6200万元，安置职工1172人。2006年1月，娄星区乡镇企业局系统企业改制工作完成。

第三节　乡镇企业产业结构

一、农业企业

1989年，娄底市乡镇有农业企业348家，从业人员2683人，总收入1691万元。1990年起，农业企业受集体所有制约束，管理制度不健全、效益不明显，不少企业自行解体；一些企业实行租赁或买断产权；一些企业分散到户，由个体承包经营；部分效益差、管理难度大企业放弃管理。1997年，市政府提出“五个结合”，引导乡镇企业与农业产业化相结合，将重点发展第一、二产业向第一、二、三产业并重转变。

2000年，娄星区发展农副产业加工业。小碧乡清泉矿泉水、双江镇上乘食品公司剁辣椒系列食品、茶园乡茶场茶叶、百雄堂风味食品、海宏鹌鹑皮蛋在市场具有竞争力。2001年，一批市场占有率较高特色块板经济兴起。石井乡地材产品、双江镇绿色食品渐露头角，乡镇企业转向农产品加工业。是年，全区有农产品加工骨干企业80余家，实现增加值3.20万元，成为知名企业和知名产品。双江上乘食品公司全年收辣椒150多吨、藠头500多吨，产销两旺。2002年，乡镇企业与农业产业化相结合，建成一批有一定经济实力和一定辐射能力农副产品加工、储藏、保鲜、运销企业，促进规模和集约农业发展。全区有乡镇农业企业436家，实现增加值3312万元，增长18%。2004年，星剑药业、百雄堂、华松松脂3家企业被评为省级农业产业化龙头企业，在全省124个县市区中名列前茅。2005年，坚持服务“三农”，推进改革和对外开放，形成种、养、生产、加工、销售一体化产业链，农业产业化建设进入全省和全市领先行列。九龙农业高科和双江种植被农业部确认为“国家无公害农业基地”。天源科技被评为省级龙头企业。全市28家市级龙头企业有九龙农业高科、重源奶业、宏远乳业等8家榜上有名。

2006年1月，东明肉联、三鑫实业、华泰科技、乐开口实业4家企业进入市级龙头企业行列。2007年5月，制定农业产业化发展规划，明确以天源高科、新天地农庄为主的特色养殖产业链；以东明肉联、庆阳牧业、金广源、谷泰为主的肉禽类加工、养殖、饲料产业链；以万宝食品饮料有限公司、宏远乳业为主的乳制品及饮料产业链；以恒旺食品有限公司为主的豆制品加工、种植产业链；以九龙农科、华泰农林为主的特种花卉经济作物种植、加工产业链；以湘中果品蔬菜批发大市场、湘中农业科技有限公司为主，在双江、万宝、茶园、黄泥塘打造的绿色食品产业链；以新天地农庄、九龙仙女山庄、八里香为主的休闲农业产业链等7条产业链为发展重点，突出特点，以点带面，形成全区特色农产品加工链。7月10日，成立娄星区农业产业化协会，全区农字号龙头企业均集体入会，是全市第一家农业协会。全区有农产品加工企业87家，同比增加35家，农产品加工业销售收入10.92亿元，增长22%，农产品加工业增加值1.60亿元，增长21%。年内新增农业产业化市级龙头企业6家，万宝饮料食品有限公司被列为农业产业化省级龙头企业。至年底，全区拥有农业产业化市级以上龙头企业19家。

二、工矿企业

1989年，娄底市有各种工业企业1032家，从业人员12391人，总收入1.24亿元。其中，规模最大的市特种耐火材料厂由涟滨乡高溪村创办，有职工400人，厂区面积1.50万平方米，拥有固定资产500万元，总产值800万元；由万宝乡创办的市微型电机厂厂区面积7867平方米，建筑面积5132平方米，从业人员138人，总产值207万元。1991年，原煤、发电、粮食加工、水泥、农用组合机、耐火材料等24个产品增产效益显著。省优产品混配复肥年产6910吨，增长12%，部优产品微型电机泵1.22万台，增长41%；白色硅酸盐水泥超过设计生产能力，达到1.53万吨，增长39.2%，产品在全省同行业评比中名列前茅，被评为全省唯一省乡镇企业优等产品，获全国质量管理优胜奖。1993年，在开拓占领外部市场的同时，围绕本地产品发展配套工业，做好市场培育和消化。万宝乡以优惠政策吸引浙江温州个体户兴办彩釉砖厂和包装厂，实现瓷釉—彩釉砖—包装加工“一条龙”，解决产品销售问题，提高企业群体整体竞争力。乡镇工业总产值、乡办工业产值、乡办企业产值增长幅度在全区名列前茅。1994年，列入专项统计的36种主要产品产量稳定增长。其中，焦煤、水泥、原煤、发电量分别比上年增长48.1%、46.6%、28.6%、19.5%。1995年，全市乡办工业骨干企业中拥有建筑材料厂8家、机械制造厂7家、冶炼厂2家、煤矿3家、建筑安装公司3家、农副产品加工企业2家。微型电机系列、农用组合机、特种耐火材料、白水泥、三耐胶管等成为拳头产品。其中，许多产品获省科技进步奖、产品交易会金奖和地方名牌产品证书。万宝镇、高溪村建成工业小区。1996年，建立市级领导挂钩联系点28个，部门挂钩联系点32个。1997年，落实“书记工程”项目215个，新增工业产值近2亿元。1998年初，市白水泥厂、特种耐火材料厂等十家骨干工业企业完成工业总产值2.80亿元，占到乡办工业产值40%以上，利税占50%以上。

2000年，娄星区企业产值达500万元以上企业有西阳电力安装公司、万宝白水泥厂、西阳东方机械厂、西阳第三机械化公司、百亩特种耐火材料厂、凤冠山煤矿、化工厂、石井5万吨洗煤厂、冷轧薄板厂、高溪高美洗煤厂、高溪钢管厂、高溪第二机械厂、高溪建筑公司、大科城南建筑公司、涟滨建筑公司、茶园水泥厂、西阳建筑公司等17家。2001年，工业小区和工业园区建设继高溪、万宝工业小区后，又兴建碧溪工业园，西阳、茶园工业小区纳入公路沿线规划。电力安装公司、白水泥厂等龙头企业稳中有升，百亩特种耐火材料厂以洛耐所为依托，开发新产品，逐步走向专、精、特、新，成为工业企业排头兵，年创产值780余万元，增长45%。2002年，企业改革改制。79家工矿企业实行公司制、股份制和股份合作制，改造18家，租赁经营45家，买断产权6家，资产置换重组5家。盘活1800万元存量资产，拓宽融资渠道，18家企业新增股金1500余万元，74家改制企业置换出80余名企业经营管理者，引进大中专毕业生和专业人才280名。

三、建筑企业

1989年，娄底市有建筑企业42家，从业人员6422人，总收入4535万元。1991年，石井乡新办建筑队，盈利10余万元。1992年，房地产业兴起，建筑企业添置大型设备，成为基建主力军。1993年，市六建公司、三建公司、茶园建筑公司、百亩建筑公司、四建公司产值均超过1000万元，成为乡镇企业中顶梁柱。1995年，乡镇建筑业总产值4.22亿元。

2000年，娄星区建筑、新型建材等行业发展迅速，年均增长30%以上，高溪建筑公司、大科城南建筑公司、涟滨建筑公司、西阳建筑公司年产值达到500万元以上。围绕城市扩张，发展建筑、建材等配套产业，全区兴建年产40万块砖头大型机砖厂5个。2001年，区建设局根据国家《建筑企业等级条例》规定等级标准，对全区建筑企业进行资质审定，未能达标者不得开展大型基建业务。是年，石井乡地材产品成为市场占有率较高板块经济，被誉为建材之乡。杉山乡引进资金200万元，兴办规模较大采石场4个、轮窑砖厂2个。

第四节 乡镇企业科技创新

1989年，娄底市乡镇企业引进各类技术人才180名，引进新技术、新项目180个。100余所大专院校、科研单位和专业厂家先后派出200余名科技人员，帮助乡镇企业发展新产品43个，指导完成技术改造项目27个，乡镇企业新增产值3000余万元。市复合肥料厂与省化工研究所挂钩，建成1条年产万吨复合肥生产线，生产的混合肥被评为省优产品，与农业科技部门研制的新产品水稻僵苗专用复合肥，填补了省内化肥产品空白。

1991年，涟滨乡依托涟钢优势，聘请科技人员研制开发出多功能压面机和多功能旋具。万宝乡微型电机厂研发2千瓦单相无刷励磁发电机，经专家鉴定达到国际水平，5月通过省级鉴定，被批准为省新级产品。白水泥厂开展3项改造，用叶蜡石代替白泥，改冷风喷煤为热风喷煤，烟室利用，新增产量4000多吨。百亩乡开发出滑动水口新产品。市复合肥料厂研发出长效复合肥和经济作物专用肥料。铝镁碳丕烧砖、硅铝铁、铝箔纸、汽车油箱、胶管、次氧化锌等新产品开发，为乡镇企业发展增添后劲和活力。市第三机械厂电机节能技术、市轻工耐火材料厂煤矸石利用技术等被国家科委和国家农行列为“八五”期间科技成果重点推广项目，微型电机厂获省优秀QC小组成果奖，市复合肥料厂和白水泥厂获地区优秀QC小组成果奖。1993年，开发新产品14个。其中，微型电机厂振动式潜水电泵、家用微型组合机、无极调速电机、“三耐”系列夹布胶管、滑动水口机构5个新产品通过省级鉴定。1998年，投入资金1.50亿元，新建、技改项目108项，新增固定资产5000万元，开发新产品86个，完成投资7000万元。万宝柴油机厂成功研发LC-160F柴油机，百亩耐火材料厂开发出塞棒，茶园三机厂开发出多功能薯类磨料机，白水泥厂研制开发出新型水泥包装袋等新产品。

2000年，娄星区高溪耐火材料厂投资100万元，研制开发真空油浸滑板，获得成功。高溪结晶铜管、钕铁硼黏结磁粉、百亩铝铁钛座砖、西阳镍铬合金、石井冷轧薄板、复合耐磨铸件、茶园耕整机、万宝小型柴油机等产品，技术含量较高。双江上乘食品公司剁辣椒系列食品、百雄堂集团风味食品、海宏鹌鹑皮蛋等自主研发产品具有较高市场竞争力。2001年，茶园三机厂历时1年投资16万元研制的新型大米加工机械，通过省机械厅产品鉴定，获得国家发明专利。高溪二机械厂利用北航技术投资200余万元生产复合耐磨铸件获得成功。百亩耐火材料厂与洛阳耐材研究所合作开发出多种新型耐火材料，处于全国一流水平。百亩开发钢渣精炼技术，大科开办高档豪华农具、冶炼添加剂，涟滨香精过滤嘴黏合剂、净水剂，均具有较高科技含量。2007年，组织湖南娄底天源高科农业发展有限公司和湖南娄底百雄堂高科有限公司2家农业产业化省级龙头企业，娄底市金广源休闲食品厂、娄底市谷泰食品有限责任公司、娄底市乐开口实业有限公司、娄底市宏远乳业科技有限公司、娄底万宝食品饮料有限公司5家市级龙头企业参展第二届中国（长沙）国际食品博览会，天源高科喂养的“湘惠”牌湖南黑猪系列产品、金广源生产的“金广源”牌系列酱板鸭、谷泰食品生产的“谷泰”牌系列酱板鸭、宏远乳业生产的“湘绿”牌乳制产品、乐开口实业自行研制生产“粉师傅”放心米粉获金奖，获奖总数位居全省县（市、区）之首。2008年，乐开口实业生产的“粉师傅”放心米粉、金广源休闲食品厂生产的“金广源”牌酱板鸭、谷泰食品有限公司生产的“谷泰”牌酱板鸭3个品牌获湖南省名牌产品。

第五节　乡镇企业管理与改革

一、企业管理

（一）生产管理

1989年，娄底市乡镇企业推行厂（场）长负责制，厂（场）长对企业全面负责，对职工实行目标管理，工资、奖金与任务的完成情况挂钩，实行固定工资加奖励、计件工资和承包取酬。生产管理上，年初制定年度生产规划，将原（燃）材料消耗、生产工时、机械保养、产品质量等生产指标层层分解到车间和班组，然后按规划组织实施，实行定额管理。1991年起，对10个乡镇实行目标管理，超奖欠罚。各乡镇将目标管理任务分解落实到企业，企业落实到车间班组。对经营承包责任制单位，根据企业不同情况，分别采取集体承包、目标管理、工资含量包干或大包干形式。骨干企业生产实行直接调度，每月开好生产调度会、会计报表分析会和统计报表分析会“三会”，及时掌握生产进程和企业动态。按照目标管理规划，一月一考核，一季一评比，市乡镇企业局对企业实行考核验收。万宝水泥厂、茶园水泥厂、市特种耐火材料厂被批准为三级计量合格企业，市微型电机厂、复合肥料厂、市第三机械厂计量管理工作经复审合格。1993年，推出重奖制度，坚持按月考核和分季兑现，激发企业员工生产积极性。对总产值过亿元乡镇党政“一把手”给予重奖。

1997年，转变职能，由直接干预变为规划、协调、监督和服务综合管理。各企业从内部着手，抓住人、制度、市场和科技“四要素”，加强生产和营销管理。1998年，产权制度改革，全市乡镇集体企业改制面达80%，重点骨干企业支撑作用明显，个体民营企业成为新的经济增长点。2002年，娄星区铺开乡镇企业系统企业改制工作，79家乡镇办企业，有18家实行规范化公司制、股份制和股份合作制改造，45家实行租赁经营，6家实行产权买断，5家实行资产置换重组。

（二）质量管理

1989年，娄底市乡镇企业发展新产品43个，完成技术改造项目27个，乡镇企业新增产值3000余万元。1991年，强化企业管理，开展“质量、品种、效益年”活动，全市乡镇企业产品质量提高，花色品种增多。原煤、发电量、粮食加工、水泥、农用组合机、耐火材料等24个产品增产效益显著。1998年，新建、技改108个项目，引进先进设备和先进工艺，健全企业质量体系，出现一批质量高、档次高、科技含量高的产品。

（三）安全管理

1989年起，娄底市乡镇集体工业企业特别是矿山企业成立安全生产领导小组，明确厂（矿）长为安全生产第一责任人，建立安全生产责任制。2000年，娄星区落实安全生产防范措施，安全事故下降80%，经济损失降至1万元以下。茶园、百亩、石井、西阳、高溪集团公司等乡镇和重点生产单位安全投资均在30万元以上。

2001年，推行安全生产责任制，乡镇办企业与主管部门、企业与班组层层签订责任状。2002年，区乡镇企业局与公安分局联合开展烟花鞭炮生产企业整顿，除涟滨东来鞭炮厂外，其他4家企业均通过验收，由省安监局核发生产许可证。新扩建杉山城北烟花鞭炮厂，由下岗职工集资85万元创办，实行总承包。通过组织培训，聘请浏阳等地名师指导，安排农村富余劳动力80余名。2005年5月，区乡镇企业局邀请消防官兵为全局机关干部进行消防常识培训。督促希望大厦新的产权人按照消防大队要求开展检查和整改，消除因线路老化有可能引起的电起火隐患。7月，在地方工业公司组织一次灭火疏散演练。2006年，开展企业安全检查，发现问题及时处理，并对所有生产的乡镇企业尤其是农业产业化龙头企业，落实安全生产制度。至2008年，全系统没有发生消防安全和生产安全事故。

（四）财务管理

20世纪80年代，娄底市乡镇集体工业企业普遍配备专门财会人员，建立财务审批、报账、决算等制度。企业内部对财务计划、资金筹集、固定资产、流动资金、工资成本费用、收入利润、专用基金等建立统一的管理和核算制度。1991年，以企业升级和会计工作达标为突破口，第一批有石井企业办、杉山镇企业办、市城南建筑工程公司、市汽车配件工业公司、市地方工业公司等9个单位经考核验收，被批准为会计工作达标单位。1992年，市委、市政府发文明确各乡镇企业办主任、会计保持相对稳定，以稳定财会队伍，规范财务管理。规模较大个体企业聘请具有专门财务知识和拥有执业资格证财务人员，建立完善内务管理制度。1994年10月，市乡企委会同市统计局、财政局对乡镇乡村及企业的统计、财务报表进行抽样检查，通过实地调查与查核报表，统一统计口径，规范财务报表填报。1997年，市乡镇企业局为全市800多家乡村集体企业发放“乡镇企业证”和“税外收费卡”，帮助各乡村企业健全会计统计台账。1998年后，规模较大个体民营企业先后改为有限责任公司，财务管理按公司制要求管理。

2006年，娄星区乡镇企业局在每个改制企业设有专门会计、出纳，实行专户管理，专人负责，严格财务审批制度。至2008年，乡镇企业以股份制、个体民营企业为主，规模以上企业均设财务机构，配备专职或兼职财会人员。

二、企业改革

1994年，娄底市乡镇企业局直属企业发展到11家，职工总人数1300余人。随着国家政策调整，加上个别企业经营管理失误，大部分企业都出现亏损，企业资产总负债率达到400%。1995年，市乡镇企业局在全市范围内率先完成第一家集体企业娄底市第二建筑工程公司破产工作。1998年，完成娄底市汽车配件公司破产改制，34名职工及相关债权、债务均妥善处置完毕。

2000年9月11日，根据职工要求，娄星区乡镇企业局向区政府递交《关于请求批准区建材矿产品公司改制的报告》。2001年5月，公司职工自筹资金50万元，与中国长城公司取得农业银行384万元债务转让。2002年5月，经区国有资产管理局批准，区建材矿产品公司综合楼经公开竞标，完成资产变现，公司出现生机。2002年6月5日，区人民政府以娄星政办函〔2002〕16号文批复，同意建材矿产品公司整体处置资产、安置职工偿还债务改制方案，实行公司资产评估138万元，通过公开竞标拍卖得现145万元。7月10日，区人民政府批准设立娄底市娄星区乡镇企业局国有集体企业改制资产经营办公室，成立以局长为组长的改制工作领导小组，铺开全区乡镇企业系统企业改制工作。2003年3月，区建材矿产品公司改制完成。区乡镇企业局确定其余8家直属企业全部实行“两个置换”改制。至2006年1月，局属9家企业完成“两个置换”。

附：明星企业

1991年4月1日，娄底市白水泥厂、电力安装公司、城南建筑工程公司等被娄底地区行署授予“明星乡镇企业”。1994年3月20日，娄底市汽车零部件制造厂、万宝水泥厂、百亩建筑工程公司、茶园建筑工程公司被娄底地区行署授予“明星乡镇企业”称号。3月30日，娄底市人民政府授予石井乡等12个单位“发展个体民营经济先进单位”

称号，授予娄底市万达贸易公司等9家民营企业为“明星民营企业”称号。5月12日，娄底地区行署授予娄底市第一机械化工程公司、钢城机械修制厂、小碧乡青联煤矿3家企业为“明星企业”称号。

娄底市微型电机厂　1982年8月创办，万宝牌WB-50-6微型单相电泵试制成功。1983年1月批量生产。1985年12月，产品获湖南省优质产品称号。1986年12月，被农牧渔业部评为优质产品。1989年，生产6727台，创产值154.72万元。1991年4月1日，被娄底地区行署授予“明星乡镇企业”称号。2000年完成改制。

娄底市复合肥料厂　1985年创办，所生产混配复合肥是省化工研究所技术转让、地区土肥站选用最佳配方，经严格监制检验生产一种多元素化肥。8月投产，1986年12月，被评为全省乡镇企业优质产品，1988年12月，获省优质产品称号。产品畅销全国10多个省、市。1991年4月1日，被娄底地区行署授予“明星乡镇企业”称号。2000年完成改制。

娄底市特种耐火材料厂　1984年5月11日创办，主要生产轻质绝热帽口。1985年，通过上百次试验，将多碳保护渣发展成低碳保护渣，产品质量达到国内同行业先进水平。两个产品是炼钢不可缺少的耐火材料。1986年，产品被评为全省乡镇企业优质产品。1987年，BG-2型复合保护渣在低碳保护渣基础上，改进工艺，试制成功。1987年12月，获省优质产品称号。1991年4月1日，被娄底地区行署授予“明星乡镇企业”称号。2000年完成改制。

娄底市乐开口实业有限公司　1992年创办，是一家以食品及食品加工机械研发、生产、销售为主营业务的综合性高新技术企业。2003年11月，公司研制“一步成型多功能米粉机组”通过省级科技成果鉴定，获得第五届湖南（国际）农博会金奖。2004年12月，公司被湖南省科技厅认定为“湖南省高新技术企业”，产品“一步成型多功能米粉机组”及“粉师傅”放心米粉加工工艺获得国家技术专利，通过ISO 9001：2000质量体系认证。2005年，被市政府批准为娄底市农业产业化龙头企业。2007年10月，“粉师傅”放心米粉获2007中国（长沙）第二届国际食品博览会金奖。

第六章　建筑业

1989年，娄底市有乡镇建筑企业42家，从业人员6422人，总收入4535万元，分别占乡镇企业总数1.2%、23.3%和18.1%。1990年，全市有资质建筑企业17家，其中，二级企业3家、三级企业4家、四级企业10家，年建筑业总产值2亿元。1991年、1992年，房地产业兴起，派生小型建筑企业，大型建筑公司加大投资，添置大型设备，成为基建主力军。1993年，市六建公司、三建公司、茶园建筑公司、百亩建筑公司、四建公司产值均超过1000万元，成为乡镇企业顶梁柱。1995年，乡镇建筑业总产值达到4.22亿元，占农村社会总产值22.2%。1996年，全市有资质建筑企业30家，其中，二级企业3家、三级企业27家，建筑业年产值达到6.57亿元。1998年7月，启动房地产市场开发，加快住宅建设，出台相关配套政策，停止福利分房，进入商品房时代。2000年，娄星区具有市场竞争优势行业增长快于传统产业，建筑、新型建材、食品加工、交通、旅游服务等行业发展迅速，年均增长30%以上。高溪建筑公司、大科城南建筑公司、涟滨建筑公司、西阳建筑公司年产值达500万元以上。乡镇集体所有制企业改革改制，大科乡对三建公司实现2个买断，改制为股份制公司。同时，围绕城市扩张，发展建筑、建材等配套产业，石井乡红砖销售2500万块以上。是年，全区有资质建筑企业34家，其中，一级企业1家、二级企业8家、三级企业25家，建筑业年产值7.96亿元，比1990年增长298%。全区兴建年产40万块砖头大型机砖厂5个。2001年，区建设局根据国家《建筑企业等级条例》规定等级标准，对全区建筑企业进行资质审定。是年，全区发展地方建材产品，地材产品、产量、效益增长，石井地材产品呈现特色，成为市场占有率较高板块经济，被誉为建材之乡；杉山引进资金200万元，兴办规模较大采石场4个、轮窑砖厂2个，中小规模采石场、红砖厂不计其数。2008年，域内建筑企业发展到45家，其中，一级企业2家、二级企业7家、三级企业36家，建筑业总产值达到21.98亿元，是2000年的2.76倍。

第一节　建筑企业

一、建筑企业

1990年，娄底市有资质建筑企业17家。其中，二级企业3家、三级企业4家、四级企业10家，年建筑业总产值2亿元。1991—1995年，城乡建设加快，建筑业迅速发展。1996年，全市有建筑企业30家，其中，二级企业3家、三级企业27家，建筑业年产值达到6.57亿元。1998年7月，启动房地产市场开发，出台相关配套政策，停止福利分房，进入商品房时代。2000年，娄星区有建筑企业34家。其中，一级企业1家、二级企业8家、三级企业25家，建筑业年产值7.96亿元，比1990年增长298%。2008年，建筑企业发展到45家。其中，一级企业2家、二级企业7家、三级企业36家，建筑业总产值达到21.98亿元，是2000年的2.76倍。先后建设中欧阳光城、南苑上和等10多个10万平方米以上住宅小区，建成娄底华天、418华天、娄底通程大酒店和市政府大院等地标性建筑。

2008年娄星区主要建筑企业一览表

表13-6　　　　单位:人、万元

企业名称	法人代表	从业人员	企业资质	注册资金
湖南涟邵建设集团有限责任公司	朱有初	210	施工总承包一级	5000
湖南涟钢建设有限公司	曾永清	415	施工总承包二级	4000
娄底工程建设有限公司	兰小明	312	施工总承包一级	5000
湖南湘中输变电建设有限公司	陈光阳	156	电力施工总承包二级	12000
湖南娄底路桥建设有限责任公司	毛友俭	150	公路工程施工总承包二级	6800
娄底市第一工程有限公司	邹长福	120	房屋建筑施工总承包二级	2068
娄底市水利水电工程建设有限责任公司	梁　斌	135	水利水电工程施工总承包二级	2568
娄底市建设工程有限公司	唐端剑	200	房屋建筑施工总承包二级	2800
娄底市星城建筑工程有限公司	曾绍军	60	建筑工程施工总承包三级	6088
湖南娄底市茶园建筑工程公司	刘建龙	190	房屋建筑施工总承包三级	2000
娄底市娄星区第五建筑工程有限公司	谢光辉	120	建筑工程施工总承包三级	2000
湖南省娄底市城南建筑工程公司	邹　贵	105	建筑工程施工总承包三级	620

二、主要建筑

1989—2008年，建筑企业承建房地产主要有：格林春天、大同山庄、相中北苑、精诚名邸、江南名苑、巨龙家园、广园·秀之都、星源花园、竹林公寓、金碧文苑、吉泰邦臣、天成银座、金城时代广超、SOHO尚都、鹏泰国际、星达馨都、科技大楼、星海名都国际、西街印象、静园、世纪花城、君悦华府、宏泰花园、家和新领域、阳光馥苑、书香名邸、鑫都苑、宏谊铭苑、龙庭贵筑、祥泰华园、中天和园、盛世华庭、君临天厦、皇城.御园、龙泉花园、三星摩托车城、怡景名园、东星花城、凯泉湾、加州阳光、姑苏名园、翰林苑、宏泰阳光家园等。主要标志性建筑物有金香大酒店、星马大酒店（恒丰大酒店）、湘中大厦、东方豪苑、中欧阳光城、南苑上和、娄底华天、418华天、娄底通程大酒店和市政府大院等。

第二节　建筑设计

1989—1990年，娄底市建筑设计推广应用多孔砖墙体和混凝土小型空心砌块及外墙保温材料。1991年起，推广应用新材料、新技术、新设备、新工艺。1996—2000年，执行国家《人民防空地下室设计规范》，在大型公共建筑工程设计中设计地下室（车库和设备用房等）。

2001—2002年，娄星区建设局贯彻落实《中华人民共和国规划法》，强调工程单体设计、小区规划设计须满足总体规划要求，区域基础设施和公共服务设施设计要求配套。执行建设部《自动喷水灭火系统设计规范》等28项国家行业标准和《关于批准〈多高层民用建筑钢结构节点构造详图〉等7项国家标准设计图集的通知》，进行建筑工程设计。

2003年，执行建设部《关于批准〈建筑无障碍设计〉等10项国家建筑标准设计的通知》，对新建、改建城市道路和建筑物均按城市道路和建筑物无障碍设计规范进行工程设计。2004—2005年，执行省建设厅《湖南省居住建筑节能设计标准》，进行住宅建筑节能设计，根据国家抗震设防区划分，全市按6°设防进行工程设计。2006—2008年，执行住房和城乡建设部《绿色建筑标准》《绿色建筑评价技术细节（试行）》《绿色建筑评价标识管理办法》，规范建筑设计。

第三节　建筑施工

一、基础施工技术

1989—1997年，基础施工技术不局限于普通砖砌条形基础、钢筋混凝土独立柱基础等，各种桩基施工技术逐步兴起，基坑逐步采用机械开挖，各类地基处理措施，夯实水泥土桩复合地基成套技术、强夯法处理大块石、回填土方地基、爆破挤淤法等技术逐步采用。1998—2000年，基础施工时，应用各种桩基、箱形基础、筏板基础技术，高层建筑深基坑，喷锚支护技术开始应用，夯扩桩施工技术、预应力管桩及振动灌注桩也逐步采用。

2001—2008年，基础施工中采用先进建筑测量水准仪、经纬仪升级到全站仪设备及工艺，建筑测量更方便精准。基础检测采用轻便触探、静载检测、低应变和高应变、抽芯检测等多种方式、技术和手段，完善基础检测各项指标和功能要求。深基坑桩锚支护及止水帷幕、混凝土预应力管桩等高新技术，施工工艺全方位运用。

二、主体施工技术

1990—1999年，普通砖混结构技术相对成熟，钢筋混凝土框架结构逐步增多，现场搅拌机自配混凝土，插入式捣棒、平板震动器等普遍应用于混凝土施工工艺。塔吊、门式吊等垂直运输机械逐步代替人工挑运，作业工人劳动强度减轻，工效提高。扣件式钢管脚手架应用于各建筑项目，竹木脚手架仍有一定数量存在。2000—2008年，推广冷轧带肋钢筋，直径16毫米以上大直径钢筋开始应用于电渣压力渣及钢筋对焊技术。随着高层建筑逐步发展，高强混凝土施工技术、无梁楼盖及大体积混凝土施工技术应用较多，现浇钢筋混凝土模板工程由木模板、小钢模和蝴蝶扣等过渡到覆膜竹胶板、大模板、定型模板、爬模、滑模等，混凝土观感漂亮，工效提高。

三、建筑安装施工技术

1990—1997年，建筑安装主要为水管、煤气管、电线、室内照明灯具安装和防雷接地等。建筑给排水安装除采用镀锌管、铸铁管外，开始使用塑料管。1998—2008年，建筑安装施工技术有所变化，给排水管使用PVC、PPR及UPVC等材料，镀锌管应用减少，铸铁管基本停用，各类电气管均采用穿套管暗埋技术。

第七章　娄底市经济技术开发区

1992年3月10日，经湖南省体改委批准，成立娄底市经济技术开发区（简称经开区）。1999年，撤市设区，娄底市经济技术开发区更名为娄星区经济技术开发区。2000年11月29日，娄底市委常委研究决定，将原地区行署批准设立的外资工业园与娄星区经济技术开发区合并，成立新的娄底市经济技术开发区。2001年初，市委批准成立娄底市经济技术开发区工作委员会（经开区党工委）。2001年10月12日，改设中共娄底市经济技术开发区委员会。2008年，设纪委监察局、党政办公室、党群工作部、政法工作部（综治办）。

2000年12月18日，娄底市经济技术开发区管理委员会成立。2008年，管委会内设社会事务局（加挂人口与计划生育办公室、劳动和社会保障办公室、教育分局牌子）、农村工作局、招商一局、招商二局、产业发展局、总工程师室、人口与计划生育局、教育局、信访科、公用事业局、安全生产监督管理局、城管办12个机构。派驻机构有国土资源分局、公安分局、财政分局、人力资源和社会保障分局、建设局、规划局、环保局、人防办、物价局、房管所。垂直管理单位有交警直属二大队、国税局、地税局、工商分局。事业单位有投资服务中心、移民办、采购中心、优化办、新农村合作医疗管理办公室、城管大队、环境卫生管理办公室、园林管理办公室。代管单位有投资公司。辖涟滨街道、大埠桥街道。

1992—2008年历任经开区管委会主任：赵伯栋（市长兼）、邓明亮（市政协副主席兼）、李大剑、李向群（经开区党工委书记兼）、杨金含。历任党工委书记：冯长根（地级娄底市委副书记兼）、李向群、谢文生。

第一节　区域建置

1992年，经省体改委批准，在娄底市（县级）城区东部以江龙滩为主体建立娄底市经济技术开发区（简称经开区）。规划区域包括江龙滩、新火车站广场、洞新市场、涟滨东街、南阳至三圭工业区、育才路高新区，总面积44平方千米。5月30日，娄底市政府批准成立市经济技术开发区管理委员会，市长赵伯栋兼任经开区主任，市委副书记申庆华兼任副主任。下设办公室、工业开发部、科学技术部、市场开发部、房地产开发部，工作人员14人。1993年10月22日，撤销娄底市经济技术开发区管理委员会，成立娄底市经济技术开发区管理办公室，范围缩小至江龙滩以内12平方千米。办公地点迁至市政府机关院内老干局办公楼。1998年4月29日，撤销经开区管理办公室，机构、人员移交至市计划委员会。

2000年11月29日，娄底市委常委会议研究决定，将原娄底地区行署批准设立的外资工业区与原娄底市经济技术开发区合并，成立新的娄底市经济技术开发区，并上报省人民政府。省政府于2000年12月批准设立方案，将原娄底市（娄星区）经济技术开发区人财物一并上划到地级娄底市，由地级娄底市人民政府实施管理。2001年1月，市委、市政府批准成立娄底市经济技术开发区党工委、管委会。市委副书记冯长根兼任经开区党工委书记，李大剑任党工委副书记、管委会主任，吴奇修、刘坚固任党工委委员、管委会副主任。2002年1月28日，经市委、市政府批准，成立中共娄底市经济技术开发区委员会、娄底市经济技术开发区管理委员会。2003年3月，经开区管委会挂牌，启动开发建设。

2003年4月2日，市委办印发《关于做好娄星区与娄底市经济技术开发区管理区划调整交接工作的实施方案》。西阳镇（后更名为大埠桥街道）、涟滨乡及杉山镇7个村和花山街道、黄泥塘街道2个居民委员会（后更名为涟滨街道）34个村（居）4.30万余人划归市经济技术开发区管理。至2008年，娄底经济技术开发区规划总面积75.58平方千米。其中，工业区面积15.02平方千米，规划总开发面积35.07平方千米。辖涟滨、大埠桥2个街道，21个行政村，18个居民委员会，355个村居民小组，总户数1.42万户，总人口4.82万人。

第二节　发展规划

1992年6月，娄底市（县级）城市规划设计室主导制定《江龙滩工业区控制性详细规划文本》。规划仅限经开区内工业区规划布局，用地面积为0.85平方千米。1993年，编制《娄底市江龙滩经济技术开发区规划文本》（江龙滩经济技术开发区即娄底市经济技术开发区）。规划内容为依据及原则、指导思想、功能及性质、发展规模、功能布局、总体构思、园林绿化、艺术景观、实施对策、经济指标等10个方面。规划面积16平方千米，地理位置江龙滩。此规划由于多方面原因，未能实施。

2003年，娄底市（地级）经开区管委会委托上海同济城市规划设计研究院编制娄底城北区分区规划（经开区总规划），2004年9月17日，市规划委员会审议通过。2005年1月，市人民政府印发《关于娄底市城北区分区规划的批复》。是年，娄底市城市总体规划期限为近期至2010年，远期至2020年，远景为2020年后。娄底市经济技术开发区开发建设以此规划为依据。

一、总体规划

（一）规划区范围

南至涟水河，北至恩口矿区南缘，西至娄星北路，毗邻全国百强企业涟源钢铁集团，东至恩口铁路，与水府庙水库相连。规划总开发面积35.07平方千米，其中工业区面积15.02平方千米。

（二）总体规划与布局

“一带”：涟水河风光带。**“三廊”**：碧溪河沿线生态绿廊、湘黔铁路沿线防护绿廊、西阳山公园生态联系廊。**“四片区”**：仙人桥片区位于涟水以北，吉星路以西，涟钢生活区东部区域，规划建设用地面积6.70平方千米，以居住和工业为主，辅以少量配套商业服务功能；高桥片区位于经开区中部，规划建设用地6平方千米。作为工业园二期所在地，规划区最主要工业组团区；江龙湾片区地处涟水河以北、西阳山以西，规划面积4.40平方千米，以行政办公、物流仓储、居住生活、商业服务为主；大埠桥片区位于经开区东部、西阳山以东，规划建设用地5.80平方千米，分为南北两部分，娄湘公路以北为工业用地，局部设置科研配套用地，娄湘公路以南为居住和休闲区。

（三）规划结构

整体形成“一心一带三轴五区”规划结构。**“一心”**：城市生态绿心西阳生态公园，位于水府国际新城中央，是娄底市总体规划关键性构成元素，也是新城不可缺少的自然景观和生态长廊。公园以生态为特征，集大众性、休闲性、娱乐性为一体，构成一个多层次、多功能综合性城市公园。规划利用此段地形坡度大，难以用于城市开发，但具有植被丰茂、景观优美的特点，因地制宜，将此段作为城市绿地核心，与其他现状保留和规划绿地一起构成城市良好基底环境。**“一带”**：即涟水风光带。位于娄底城市河流水面最宽的滨水区段，是组成涟水南北两岸生态联系的纽带和仙女寨至水府庙生态核心向外围辐射最重要生态廊道。分为民俗风情、生态培育、商业休闲、都市体验4个区段，建成新城优美和谐、独具个性风光带。**“三轴”**：即主发展轴、次发展轴、沿华星路两厢次轴。**“五区”**：即休闲旅游区、新材料及先进装备制造区、现代物流区、中央服务区、低碳宜居区五个城市功能区。

休闲旅游区主要包括影视基地、五星级酒店、游艇俱乐部、文化博览园、演艺中心、高尔夫训练场、培训学校、水上乐园、室外拓展基地、高档度假别墅、主题游乐场、恐龙园、度假休闲会所、养生基地等项目，形成集主题游乐、高端商务休闲、体育运动休闲、度假疗养、会议培训、文化创意等为一体的文化产业与旅游休闲产业，成为长株潭城市群重要特色功能区。

新材料及先进装备制造区包括先进装备制造基地、新型工业化示范基地，位于秋浦街南侧、娄涟大道以东、湘阳街以北区域，定位为资源节约型、环境友好型低碳经济，发展以新型材料、电子信息为主的高技术、低污染一类工业，同时发展与一类工业配套的科技研发产业。

现代物流区在规划区西北部，具体位于秋浦街南侧，华星路两厢，以省政府已批准在娄底火车货运东站附近建立铁路口岸优惠政策为契机，在海关监管、保税物流中心建设、陆港运营等方面大胆探索、先试先行，建立湘中地区陆港物流中心，通过现代物流支撑工业、降低成本，通过工业集群推动物流产业集群，实现工业园、物流园有效联动、优势互补，推动城市经济发展，增强对周边地区辐射力。

中央服务区位于规划区中部、新城绿核南侧，以金融、商务办公、商业购物街、文化娱乐、国际公寓等功能为主导，以中央休闲景观轴为轴线，对周边地块进行高效率开发，形成功能集聚和土地集约中央服务区。

低碳宜居区基于“两型”理念，通过对建筑风格、景观配套科学设计，建造生态、智能、节能环保型住宅小区，打造低碳生态健康居住区。围绕“宜居宜业”目标，湘阳街北侧用地结合工业、仓储物流产业、商业金融服务产业进行居住配套，缩短市民上下班通勤交通时间，体现两型特色；湘阳街南侧利用自然山水肌理，因地制宜布置居住用地，凸显山水新城特色。各类建筑紧凑、内部遍布绿色廊道和花园、设计建成1个1.70平方千米生态山体公园，与山体、河流连成整体。

（四）规模控制

至2020年，经开区人口规模控制在20万人以内。城市建设用地扩展到22.90平方千米。

二、部分区块规划

（一）第一工业园（太和工业园）

位于经开区西北部，占地面积3.50平方千米。园区实现产业高端化、企业高新化、项目高效化。逐步建设成为国内领先、亚洲一流的液压油罐产业基地、国内重要煤机制造基地、全国主要电子磁性材料产业基地。以市场为导向，以合作为前提，以机制创新为动力，引进战略投资者，实行企业强强联合和项目股份合作，建设成为经开区重要工业园区。

（二）第二工业园（高桥工业园）

第二工业园是重点打造生态工业园区。规划范围西起高登河，北至冠槽街，东至北环路、南到娄涟大道，规划区总面积7.25平方千米。其中，建设用地面积6.43平方千米。规划定位为中小高科技企业孵化及薄板上下游延伸产业园区，以产业集聚为主要特征，以先进装备制造为主导产业，以工业标准厂房为特色，配套建设商贸物流、管理、居住、商业服务业设施为辅的高科技生态工业园区。空间布局为“一园、二轴、三区”结构。“一园”是指娄底经济技术开发区第二工业园；“二轴”是指城市主干道吉星北路发展轴和城市主干道华星路发展轴；“三区”是指生态居住区、中小企业孵化区、薄板上下游产业区。

（三）梅子湾片区

梅子湾位于规划区北起娄涟大道，南抵涟水河，西至新星路，东至吉星路。规划区总用地面积约为3.19平方千米。规划整体定位为区域休闲活力城·娄底城北次中心。规模控制为总人口6万人，城市建设用地约3平方千米。规划结构为形成“一心、两轴、两带、四片区”空间结构体系。“一心”是指滨水综合服务核心；“两轴”是指大汉大道发展轴、新星北路发展轴；“两带”是指涟水河风光带和高登河风光带；“四片区”是指综合服务核心区、生态宜居示范区、滨水宜居生活区、康体文化休闲区。

（四）水府国际新城

水府国际新城区域沿涟水河向东延伸10千米，西连主城，东接水府庙湿地公园。规划用地东西长10.20千米，南北宽4.70千米。整体定位为“一城三基地”，即生态宜居新城、休闲旅游基地、新材料与先进装备制造业基地、现代物流基地。建成具有休闲旅游、新材料及先进装备制造、仓储物流、现代服务、低碳宜居五大功能的湖南“两型社会”样板区，湖南中西部最适宜人居、最适宜创业、最适宜旅游滨水新城，湖南中部地区文化产业与生态休闲旅游度假中心。发展目标为先进制造业集聚区、湘中地区陆港物流中心、生态环保产业集聚区、文化旅游业、低碳经济研发。形象定位为山水宜都、两型新城、两型社会建设排头兵、娄底跨越发展东大门。功能定位为休闲旅游、新材料及先进装备制造、仓储物流、现代服务、低碳宜居五大主要功能。

第三节　基础设施建设

1992—2008年，经开区先后投入基础设施建设资金6.85亿元，为投资商在娄底经开区投资兴业搭建优质平台。

一、道路建设

1992—2008年，基础设施逐年完善。娄涟大道、娄湘大道重新修建；新修道路13条，总长13.76千米。

二、环境建设

2003年，绿化列入整体发展规划，边建设边绿化。2008年，投资400余万元，完成青山街、洪冠街、娄涟公路北侧等园区道路绿化施工，绿化面积6万平方米；完成涟水河风光带绿地补植和新造，绿化里程20千米。依据《供配电系统设计范围》《城市道路照明设计标准》《城市道路照明工程施工及验收规程》及相关配电、防雷、接地等要求和标准设计，选择技术先进、经济合理、节约能源配电方案，在园区13条总长13.76千米机动车道旁安装单、双臂路灯550 盏。照明功率密度值每平方米LPD＞1.0瓦。灯具光源采用400瓦高压钠灯，半截光型灯具。

三、配套设施建设

（一）供水供电

至2008年，经开区有日供水量40万吨自来水厂1座。供水主管道长1.85万米。区内有50万伏变电站1座，20万伏变电站2座，11万伏变电站4座。

（二）标准厂房

2006—2008年，投资2.98亿元，建成标准厂房38.58万平方米。

1992—2008年娄底市经济技术开发区道路建设一览表

表13-7

序号	道 路 名 称	长度(米)	宽度(米)	竣工时间
1	江龙滩大桥东至迎春路	740	12	1992年动工，2001.8竣工
2	迎春路至火车东站	1310	12	1992年动工，2001.8竣工
3	新坪街(新星北路至勤丰北路)	2094	42	2004.8
4	石冲路(娄星北路至大汉路)	901.83	30	2004
5	铁炉冲路(群乐街至娄涟大道)	1144.19	30	2004
6	凤阳街(娄星北路至大汉路)	534.34	30	2005.2
7	石玉街(娄星北路至大汉路)	828.80	30	2005.3
8	大汉路(娄星北路至新星北路)	1558.4	60	2005.6
9	太和路(娄涟大道至香茅街)	1200	30	2005
10	群乐街(新星北路至西坪路)	788	42	2005
11	青山街(娄星北路至大汉路)	1097.62	52	2007
12	食府街(太和安置基地内至太和路)	291	20	2007
13	群乐街(西坪路至勤丰北路)	1270	42	2008

四、交通运输

（一）铁路、公路交通

域内国家铁路过境15千米，地方专用铁路线5.80千米；国、省道公路21千米，县乡道公路19.20千米，农村通村通组公路180千米。有客运班线5条，客运车辆27台513座。途经经开区开往外县市客运班线有3条，客运车辆47台893座。

（二）城市公共交通

2003年，市区有3条公交车线路经过经开区娄星北路。2008年，域内公交车线路增至6条。

五、信息网络

2000年，中国联通娄底市分公司在域内建设2G网络，在石玉街设有基层业务站点。办公场地面积840平方米。2008年，整合涟钢有线网络资源，建立有线电视城北分前端1个，与娄底有线总前端形成环网，实现有线电视信号全覆盖。中国移动、中国联通信号实现全覆盖。

第四节　招商引资

一、政策措施

（一）土地政策

1992年6月，娄底市（县级）政府颁发《关于招商引资的若干规定》《娄底市经济技术开发区优惠政策》规定，投资者新建企业所需土地，由市政府统一征用，统一移民搬迁；熟地由市政府统一征用统一拆迁和“四通一平”。港澳台胞、海外侨胞和外商投资兴建普通生产型企业所需土地按基准地价优惠10%～20%提供；出口型和先进技术企业按基准地价减半提供；对年产值5000万元、年税利500万元以上先进技术企业按行政划拨方式提供土地；商业、宾馆、娱乐、房地产等第三产业以投标或公开拍卖成交价优惠10%～30%出让。

2007年，娄底经开区管委会制定《娄底经济技术开发区工业项目招商优惠政策（暂行）》，确定“五通一平”工业用地价格为13.60万元/亩；工业用地出让不含放用地，出让方式按国家、省、市相关规定执行。

（二）税收政策

1992年6月，娄底市政府《关于招商引资的若干规定》《娄底市经济技术开发区优惠政策》规定，外商生产性企业经营期10年以上者，自始获利之年起，第一、第二年免征企业所得税，第三至第五年减半征收；外商出口型企业在减免企业所得税期满后，凡出口产品产值当年达到70%以上者，按现行税率减半征收企业所得税。外商投资农、林、牧业企业除按规定减免所得税外，减免期满后10年内继续减征所得税15%～30%。内资企业享有国务院、省、市和经开区规定的税收优惠政策。

2007年，娄底市经开区管委会《娄底经济技术开发区工业项目招商优惠政策（暂行）》规定，根据企业税收贡献给予奖励政策有4项。制定《娄底经济经开区工业项目税收优惠与纳税奖励暂行办法》，规定6项外商投资企业税收优惠标准。

（三）招商引资奖励政策

2004年，制定《娄底市经济技术开发区招商引资奖励暂行办法》。2007年，制定《娄底经济技术开发区招商引资中介人奖励暂行办法》。

二、招商活动与成果

2005年8月29日，美国明尼苏达州外体医术公司丹尼尔·米勒博士一行就人造肝功能机项目落户娄底经开区进行考察和交流。2007年10月6日，卢森堡安赛乐米塔尔公司客商到经开区考察，就汽车板生产项目进行协商。至2008年，经开区采取会议招商、分组招商、小分队招商、学习招商、网上招商、驻点招商、上门招商、代理招商、委托招商、定位招商、产业链招商、以商招商等多种方式开展招商活动，参加对外招商活动18次，签约项目99个，引进内资23.92亿元，引进外资及港澳台资6900万美元，接待外商来区考察2次19人。

2003—2008年娄底市经济技术开发区招商引进工业企业选录一览表

表13-8　　单位：万元

入驻年份	企业名称	计划投资	入驻年份	企业名称	计划投资
2003	湖南娄底赛璐珈科技有限公司	2400	2005	娄底市天健高技术材料制造有限公司	1200
2003	娄底市佳华机械有限公司	1000	2005	湖南恒瑞工贸有限公司	3000
2003	涟钢建筑安装有限公司	20000	2005	娄底市天源卫星通信设备有限公司	6800
2003	湖南五江轻化集团有限公司	15000	2005	娄底市新野企业有限公司	1200
2003	娄底太和板材开平有限公司	1500	2005	娄底市盛隆冷轧有限公司	2000
2003	娄底市三泰轧辊有限公司	1500	2005	湖南鑫美格铝型材有限公司	6000
2003	湖南红宇工业有限公司	8000	2005	娄底维亚化工有限公司	2000
2003	娄底三湘焊接材料厂	2000	2006	娄底市辉宇科技有限公司	3000
2003	娄底市大金新材料有限责任公司	1000	2006	娄底市利通磁电科技有限公司	3000
2003	娄底银达冶金设备有限公司	2000	2006	长沙巨星轻质建材股份有限公司娄底分公司	15000
2003	娄底市正诚机械电器有限公司	2000	2006	娄底市宝苏矿冶设备有限公司	1500
2003	娄底市中兴液压件有限公司	15000	2006	娄底市中凯机电设备有限公司	1300
2003	娄底龙云金属制品有限公司	4000	2006	娄底兴鑫合金材料有限公司	1000
2004	娄底市现代精密铸造有限公司	2500	2006	娄底市宁波汇源塑胶模具有限公司	1500
2004	娄底市四正光电材料有限公司	8900	2006	湖南众一电子有限公司	20000
2004	娄底市众兴钎钢有限公司	1380	2006	娄底市凌一机电设备有限公司	2000
2004	娄底市新兴经贸有限公司	3600	2006	娄底市宏伟工贸有限公司	1500
2004	娄底市金马矿山设备有限公司	1200	2006	湖南三都煤矿设备制造有限公司	1500
2004	娄底市精诚机械设备有限公司	1500	2006	娄底德胜能源设备发展有限公司	1668
2004	娄底市畅华实业有限公司	2000	2007	湖南泰基建材有限公司	20000
2004	娄底易宝化工有限公司	1500	2007	湖南旭杨钢构有限公司	1500
2004	娄底五星物资有限公司	800	2007	娄底市诚达工贸有限公司	1500
2004	娄底仙人金属剪切有限公司	600	2007	娄底市金维新材料有限公司	1200
2005	娄底市天顺有色金属铸造有限公司	800	2007	娄底三一锑业有限公司	5000
2005	涟钢振兴金属制品有限公司	2180	2008	娄底市振兴防滑材料厂	5000
2005	娄底市日升实业发展有限公司	3000	2008	湖南省方圆磨料磨具有限公司	3000
2005	涟钢振兴电气设备有限公司	1019	2008	娄底市新源有色科技有限公司	1580
2005	娄底市龙云金属制品有限公司	1000	2008	湖南南方连铸设备制造有限公司	6000
2008	娄底市大金新材料有限责任公司	3000	2008	湖南九都科技有限公司	3765
合计	239292				

2008年娄底市经济技术开发区国有控股参股公司一览表

表13-9

企业名称	建立时间	位置	注册资金（万元）
湖南涟钢物流有限公司	1997.12.26	娄底市经济经开区西坪路10号	3228
娄底市保安服务有限责任公司	2000.1.10	娄湘公路南侧西阳镇江龙村0001幢	10000
湖南娄底市华康工贸有限公司	2001.2.23	娄底市经济经开区工业园洪冠街2号	945
湖南天益高技术材料制造有限公司	2001.9.13	娄底市经济技术开发区新坪路10号	1458
湖南省涟邵机械制造有限公司	2002.6.21	娄底市经济经开区新坪街4号	2620
湖南省娄底经济技术开发投资建设集团有限公司	2002.12.28	娄底市娄星区新星北路创业大厦九楼	100000
湖南省金华车辆有限公司	2004.8.31	娄底市经济经开区薄板深加工产业园南北一路东	5001
娄底市涟钢振兴金华建设有限公司	2004.9.9	娄底市洪冠街北侧（娄底经济经开区一工业园）	3369
娄底市开元房地产开发有限公司	2006.3.12	湖南省娄底市经济技术开发区新星北路创业大厦十一楼	30000
娄底市和康农业产业发展有限公司	2007.11.14	娄底市娄星区新星北路创业大厦九楼	6000

第五节　土地　资金　人才

一、国土管理

（一）国土总量与分类

经开区国土总面积75.58平方千米，其中城区23.38平方千米，乡村52.20平方千米。按照《土地利用现状分类》（GB/T 21010—2007，2007年8月10日发布）分类，一级地类面积75.58平方千米。按《中华人民共和国土地管理法》分类，农用地面积44.32平方千米，建设用地面积27.66平方千米，未利用地面积3.60平方千米。

（二）建设用地审批

根据《中华人民共和国土地管理法》，依照用地审批权限规定，经开区土地用量分级上报批准，依法批地用地。2003—2008年，引进项目中有27个项目拨用地总量525.91公顷。其中，耕地173.13公顷，其他地352.78公顷。

（三）土地储备

至2008年，经开区土地存量2981.09公顷。国土分局对全区土地利用及权属变更进行监测，建立地籍档案。按照“统一收购、统一报批、统一储备、统一整理、统一供应”原则，扩大土地储备量，提高毛地变净地、生地变熟地的做地能力。通过土地储备计划和土地供应计划，土地市场健康发展。

（四）征地、拆迁安置

土地征用补偿　2003—2007年，经开区土地征用与补偿按市政府2003年《娄底市城乡建设征地拆迁安置补偿规定》执行。征用土地补偿费按照被征地前3年平均年产值相关倍数计付。

安置方式　以自然户为单位进行，整户安置70平方米/户。子女：男满22周岁未婚可增加安置面积70平方米/人，女满23周岁未婚可增加安置面积35平方米/人。父母：男满60岁、女未满55岁或男未满60岁、女满55岁，则每户增加50平方米；男满60岁、女满55岁，则每户增加30平方米；如父母只有1人，则每户增加20平方米。

征用土地补偿费按娄底市人民政府颁发的《娄底市集体土地上房屋拆迁补偿安置办法》执行。水田45375元/亩；旱土27225元/亩。房屋补偿标准：砖混结构房屋850元/平方米；砖木结构房屋650元/平方米；土木结构房屋450元/平方米。

2003—2008年，征收土地352.78公顷，拆迁房屋890栋，拆迁建筑总面积38.47万平方米。安置人口2798人，其中，基地安置2412人，货币安置386人。

二、资金、人才、技术

（一）资金

2001年，经市政府办公室批准，成立娄底市经济技术开发投资建设集团有限公司，经开区管理委员会出资41.98万元注册。其中，以货币资金出资11万元，以土地使用权出资30.98万元，并经娄底世纪龙有限责任会计师事务所验证。2002年12月28日，取得娄底市工商行政管理局《企业法人营业执照》。公司负责园区开发建设筹融资工作。同时，承担经开区范围内水电路气等各类市政基础设施建设、园区项目土地报批、征地拆迁资金安排及建设配套，园区国有土地等资产储备、经营、保值、增值等任务。经开区管委会出资1.50亿元作为公司注册资本；区财政一般预算收入30%作为园区基础设施投入，自主筹融资。

2001—2008年，从省信托公司取得信托融资资格。公司注重建立与银行等金融机构长效合作机制，对有合作业务金融机构夯实合作基础，拓展合作深度。与开发银行密切交流，与陕西省西部信托及省内其他所有制商业银行联系衔接，银行和银监部门将公司列为第一类融资平台，纳入一般公司类进行管理，被建设银行湖南省分行列为公司类贷款单位。针对入园企业土地欠款总量较大问题，公司按照土地出让合同签订时间顺序，建立土地出让台账，其包括企业用地面积、出让土地应收取总金额、已缴纳金额和欠缴金额。将清收欠款任务分解落实到个人，组织精干力量催收。至2008年，积欠土地出让金基本清收完毕。

至2008年，入驻公司企业投入资金54亿元，以自筹资金为主，管委会协调金融机构为企业贷款1亿余元，11家企业用其他融资方式融资11.32亿元。

（二）人才与技术

管理人才　经开区建立开始，区（党工委）党委、管委会制定人才战略。2002年，规定除班子成员由市委委任外，中层以下干部一律打破身份，通过公开招考、竞争上岗、双向选择，根据工作任务完成情况，实行一年一聘。2003年，经开区机关人员除原建置区转来的人员外，其余实行公开招聘。7月，市委、市政府对经开区进行“定职能、定机构、定人员编制”，公务员管理工作实行高起点，出台《娄底经济技术开发区管委会关于国家公务员职位设置方案》《娄底经济技术开发区管委会内设机构正职、副职竞争上岗实施方案》等文件。在核定职位职数范围内，通过竞争选拔国家公务员。竞争上岗分为正职竞争、副职竞争、科员定岗3个层次实施，产生正职9名，副职13名。科员定岗定位采取双向选择办法执行，由科员自己填报《职位申请表》，各局部室提出人选，经党委审定，统筹考虑实现定岗定位。专业技术人员主要集中在教育、卫生、工程三大系列，专业技术人员管理主要体现在职称评聘。2003年7月，成立职称改革工作领导小组。2005年，为3个系列评聘专业技术人员397人。其中，高级职称76人，中级259人，初级62人。公开招聘，选拔总工程师1名。

企业人才、科研、技术　经开区各公司和生产厂家从建厂起，就把人才和科学技术作为发展重要支撑。科技部门向各企业提供人才、技术信息，协助各企业参加和组织各类人才招聘活动。管委会用各种优惠政策鼓励、支持企业开展技术革新，开发高科技产品，促进企业转型升级，高质量发展。安地亚斯电子陶瓷有限公司、中兴液压件有限公司等大型企业年产值3%～6%用于科研开发和技术革新改造，生产出国际领先的高品质产品。至2008年，辖区正常生产经营60余家重点企业组织或参加各种人才招聘活动211次，招聘各类专业技术人才、专家896人；有高级职称人员120人，中级职称368人，初级职称408人；高级技师（含高级技工）171人；博士5人，研究生87人，大学本科生780人，大学专科生986人；有科研中心5个，科研人员78人；投入科研资金2.30亿元，科研成果135个；获得专利技术268项，发明专利授权86项；企业技改项目158个，投入技改资金870万元。

第六节 园区建设

1992年6月，娄底市（县级）经济技术开发区在江龙滩设立面积85公顷工业区，工业区中心服务设施2.50~3公顷，消防站0.90~1.50公顷，停车场1.80~2.20公顷，其余为入园企业使用地。工业区分为轻型机械制造业、农机制造业、电气仪表业、钢筋混凝土构件厂、家用电器业5个控制性单元。11月8日，娄底新火车站广场建设工程开工。16日，市政府批准首个台资企业落户经开区。28日，开工修建江龙滩大桥东至迎春路（740米）、迎春路至火车东站（1310米）。至12月，全区签订项目合同6个，合同资金7680万元；协议项目8个，计划投资4560万元；在建项目4个，建成投产项目2个，完成投资3050万元。全年落实项目资金5477万元。完成征地47公顷，完成土石方61万立方米。1994年，拉通园区道路2050米，完成土石方18万立方米，修筑涵洞500米，水渠、挡土墙1340米，完成投资280万元。

2000年12月，娄底市（地级）经济技术开发区按照“工业立园、科技兴园”发展战略，先后建立太和、高桥两个工业园区。太和工业园（第一工业园）位于经开区版图西部，新星北路以东，娄涟公路以北，面积3.50平方千米。以先进机械制造、信息电子、新能源新材料等为主导产业，其次为粮油副食加工、饲料加工、服装加工、包装设计与制作、医药医械、金属制品加工、化工等产业。高桥工业园（第二工业园）位于经开区东部，以集聚中小高科技企业孵化、延伸薄板上下游产业为主要特征，以先进装备制造为主导产业，辅以商贸物流、管理、居住、商业服务等标准化配套设施，为高科技生态产业园区。2001年4月1日，以精钢薄板加工为主的娄底市诚达工贸有限公司入驻经开区，成为经开区成立后第1家入园企业。2003年4月28日，举行太和工业园开园庆典，现场签约9个项目，原签约项目12个，开工项目14个，原开工项目7个。5月13日，启动起步区基础设施项目建设。至年底，城市主干道、园区道路等18个基础设施工程项目陆续开工，完成大汉路、新平街等9条道路7900米路基工程。2004年，引进各类项目32个，合同引资24亿元。其中，引进外资企业6家，合同利用外资8200万美元；省外境内企业10家，合同引资5.30亿元；市外省内企业16家，合同引资8.92亿元。

2005年，新入驻园区企业20家，项目建设24个。累计43个工业项目开工建设，完成固定资产投资9.40亿元，建成标准厂房16.70万平方米。四正光电、湖南娄底赛璐珈、鸿冠食品、涟钢薄板剪切、星剑药业等投产工业项目逐步实现规模生产。星源电器设备、裕德水处理剂、金马矿山设备、天顺有色金属铝合金压力铸造、新瑞服装、大汉物流、涟邵矿山机械、五江节能热水器等项目加快建设。年底，历年累计建成投产23家工业企业满负荷生产。年产20万升啤酒的华润雪花、湘江电力、珠海大丰和电动车制造厂等101家企业入驻。建成新平街、石冲路，铁炉冲路等16条，总长1.59万米。

2006年，薄板深加工产业被湖南省列为重点扶持高新技术特色产业。33家薄板深加工及其配套企业初步形成优势产业和特色产业集群。同时，建有一批科技含量高、市场竞争力强、符合环保要求优质项目。其中，包括11个国家级和5个省级高新技术项目。脱氧核糖、感光干膜、液压油缸、氢氧燃料产气机等尖端产品填补国内空白。涟钢冷轧板、三一重工液压油缸扩建、众一手机、香港庄胜建材超细粉末、勘源防水等项目落户园区，形成薄板加工、先进装备制造、新材料、新能源、生物制药和食品加工等产业集群。是年，实现技工贸收入11.94亿元，工业增加值3.78亿元，高新技术产值2.25亿元，利润9637万元，税金6902万元，出口创汇654万美元。园区企业引进项目24个，其中高新技术项目4个，合同引资27.80亿元。以“产业链招商”方式，实施“大产业、企业群”战略，培育支柱产业。园区经济由“点状型”向“块状型”转变。初步形成4大支柱产业，即以中兴液压件有限公司、星源电器、金马矿山设备、天顺铸造、新野企业、三泰轧辊、现代精密铸造等为龙头的机械制造业；以鸿冠食品、百雄堂为龙头的食品工业；以星剑药业、赛璐珈为龙头的医药化工产业；以辉宇科技、利通磁蕊为龙头的电子材料产业。4大支柱产业经济量占太和工业园经济总量90%。年内新开工项目15个，新投产项目18个，新投产项目完成工业产值11.6亿元。规模以上企业新增6家，达到19家，完成规模工业产值8.70亿元；规模以上工业增加值2.70亿元，同比增长82.1%。

2007年，经开区建立第二个工业园即高桥生态工业园。基础设施项目10个，其中新开工5个，在建园区道路项目5个，年内完成基础设施投资1.36亿元。太和工业园新入园项目15个，合同引资29.49亿元。新开工建设项目16个，新增投产项目15个。6月，集中开展“深入企业服务”活动，为困难企业排忧解难，促成银企合作。协调建设银行为鑫美格、太和工贸等企业贷款2800万元；指导德胜能源申报省级科技重大专项，获400万元科技资金扶持；为星剑药业申报省级“小巨人”（企业）计划。园区新增规模以上企业14家，33家规模以上企业实现工业增加值5.83亿元，同比增长57%，规模以上工业总产值20.60亿元，同比增长77.6%。全年工业企业实缴税金4600万元，同比增长155%。工业产品质量抽查合格率达96.5%，新增湖南省名牌产品、湖南省著名商标各1件，2项产品获国际标准认证证书，2家企业产品通过3C认证。是年，累计投入基础设施建设资金59.28亿元，入驻项目185个，合同引资174.19亿元，开工建设项目83个，建成投产项目65个。

2008年，沿河路、吉星路、秋蒲路3条主干道4647.22米、勤丰河桥梁相继建成通车。经开区出台13项优惠政策招商引资，入园企业持续增加。4月21日，市政府、经开区管委会与三一集团签署战略合作协议。三一集团拟增加投资25亿元，在园区兴建现代化工业走廊，建造中国规模最大、现代化程度最高的油缸生产基地。软磁材料及深加工、福建大拇子星剑药业、年产20万吨钢管及管道防腐工程、薄板包装材料等项目相继落户园区。全年新入园项目17个，合同引资15亿元。项目建设累计开工项目83个，华菱安塞乐米塔尔、金华车辆、湘江电力、创一电子、大丰和电动汽车、中国华电分布式能源等15个项目建成投产，新增规模以上企业12家。41家规模以上企业完成工业产值30.11亿元，同比增长42%，实现工业增长值6.36亿元，同比增长98.5%，11家高新技术企业完成产值7.20亿元，占园区规模产值23.9%，同比增长40.5%。太和工业园被湖南省信息产业厅列为省级电子信息产业园。

2004—2008年娄底市经济技术开发区工业园区建设项目一览表

表13-10

序号	项目名称	建 设 内 容	投资(万元)	年份
1	明源(佳程)大酒店项目	五星级标准设计施工四星级标准装修	6000	2004
2	娄底市同星米业有限公司精米加工	综合厂房1200平方米,原料成品仓库600平方米,办公和生活配套用房500平方米。加工精制大米5000吨	582	2004
3	绿色奥运缘(娄底植物园)项目	苗木观赏交易区80亩、企业形象展示区100亩、情感升华纪念区80亩、配套物业区40亩	4000	2004
4	娄底市正诚机械电器有限公司r—a双相基复合质点高温耐磨钢和专利横梁制造	铸造工序厂房2025平方米,机械加工、装配工序厂房1620平方米,四层综合楼1栋,建筑面积2000平方米。建成年产高温耐磨材料系列产品2000吨、专利横梁800吨、其他加工件系列产品300吨生产能力	3500	2008

续表13-10

序号	项目名称	建设内容	投资(万元)	年份
5	湖南富兴集团煤矿机械制造	综合厂房9000平方米,研发中心4000平方米。建成年产矿产车200台,金属支柱及铰接顶梁8万根生产线,同时生产其他煤矿设施	15000	2004
6	娄底永大不锈钢有限公司不锈钢	综合厂房10000平方米,综合楼2000平方米,建成年产5000吨的不锈钢生产规模	8000	2004
7	娄底义利贸易有限公司纳米陶瓷生产项目	建设厂房4000平方米,综合楼2000平方米,研发大楼1000平方米	6000	2004
8	娄底海龙科技有限公司二次结晶超细SiO_2项目	建设综合厂房6栋3.50万平方米,办公及演示用房2栋4000平方米,理化实验中心大楼2栋。建成年产一万吨二次结晶超细SiO_2系列产品生产能力	50000	2004
9	湖南金大乘化轻集团纳米抗菌增韧增强PP—R系列塑管生产项目	建设综合厂房25000平方米,综合楼5000平方米,年产2万吨纳米抗菌增韧增强系列管材的生产能力	18000	2004
10	湖南省湘中开平实业有限公司薄板开卷校平生产线	建设活动厂房800平方米,原料储备库、成品库和堆放场3800平方米及与其配套的办公楼、生活用房1200平方米,建成年开卷校平20万吨生产能力	3000	2004
11	娄底三湘焊接材料厂铝合金焊丝项目	建设综合厂房6000平方米,综合楼4000平方米。建成年产1200吨铝合金焊丝生产能力	6000	2004
12	湖南数图信息技术有限公司司铠GPS卫星定位系统	建造办公楼1栋10000平方米,GPS产品制造厂房20000平方米,模具制造与注塑厂10000平方米,包装箱厂房5000平方米,生产、生活配套设施2万平方米	35000	2004
13	五江轻化集团有限公司年产30万台节能壁挂式电热水器项目	总建筑面积13600平方米,形成年产30万台节能壁挂式电热水器生产能力	9800	2004
14	年产1000吨MR969和500吨成核剂系列项目	综合楼4800平方米,厂房5000平方米	6000	2004
15	娄底市经济技术开发区三泰创业园	建设厂房3栋,建筑面积7000平方米,写字楼1栋,建筑面积76000平方米,形成年销售收入20亿~30亿元能力	9600	2004
16	娄底众兴钎钢有限公司中空钢、成品钎项目	建设办公楼2000平方米,车间5000平方米,生产生活配套设施5000平方米	1380	2004
17	TXK系列数控金属切削机床项目	建设厂房、仓库和办公楼等设施7000平方米,形成年产数控金属切削机床500台的生产能力	1000	2004
18	高纯金属铬粉末项目	建设厂房及办公楼2000平方米	1000	2004
19	"天趣"牌保健茶系列产品项目	建设厂房车间、办公楼、研发中心及仓库等15000平方米,开成年产天趣牌茶系列	2000	2004
20	大汉集团湘中物流中心项目	第三方物流区、电子信息区、仓储与配送、运输与停车场、服务区	10000	2005
21	娄底市新瑞服饰有限公司年产10万套西装、职业装智能化生产线	建成标准厂房5000平方米,锅炉房及生活区1200平方米,形成年产中高档西装、职业装10万套的生产能力	2000	2005
22	娄底市精诚机械设备有限公司机械加工、埋弧焊机生产	建设标准厂房及其他基础设施2000平方米,形成年生产2000吨埋弧焊接机及配件1000套、万向滚珠联轴器100套的生产能力	970	2005
23	娄底市天顺有色金属铸造有限公司铝合金压力铸造项目	建成标准厂房2400平方米,办公楼以及其他辅助设施400平方米,形成年产铝铸件2600吨的生产能力	800	2005

续表13-10

序号	项目名称	建设内容	投资(万元)	年份
24	娄底市裕德工贸有限公司水处理剂项目	建成标准厂房2250平方米及其他辅助设施550平方米，形成年产水处理剂2000吨的生产能力	1150	2005
25	涟钢振兴综合经营公司炼钢用包芯线、铝线、铝块生产	建成标准厂房3600平方米，仓库1000平方米及其他辅助设施300平方米，形成年产包芯线、铝线、铝块11400吨的生产能力	2900	2005
26	娄底市现代生化有限公司水产药物和生物制剂	新建生产厂房及科技研发大楼2367平方米，其中3个车间(溶剂车间和粉剂车间)761平方米，1栋科技研发大楼1606平方米	600	2005
27	湖南郭师傅食品有限公司饼干、饮料、熟食品生产	建设标准厂房及其他配套设施5000平方米，形成年产2万吨饼干的生产能力	1600	2005
28	涟钢振兴金属制品有限公司薄板包钢带、打包扣、护角、包装卡、机械制造生产	建成标准厂房7200平方米，仓库960平方米以及其他辅助设施324平方米，形成年产3000万个打包扣、护角、包装卡和2000吨机械制造生产能力	2180	2005
29	娄底市新兴经贸有限公司钢结构生产线项目	建成标准厂房，建筑面积10960平方米，其他辅助设施建筑面积2010平方米	1943	2005
30	仓储配送中心	建成仓储指挥中心1800平方米，标准仓库3356平方米以及其他配套用房100平方米。形成仓储能力50万吨	2000	2205
31	娄底市华康管业有限公司大口径金属波纹管扩建	建成年产不锈钢金属软管2万根，波纹补偿器1000台的生产线，将形成年产值2000万元	1300	2005
32	湖南省娄底维亚化工有限公司生产纳米镍粉、涂料、取代TNT复合改性剂生产	建办标准厂房4448平方米，办公楼及配套设施1600平方米，建成年产200吨电子浆料用纳米镍粉、1000吨热固性粉体涂料、500吨复合改性剂的生产能力	3000	2005
33	娄底市新野企业有限公司工程机械配套项目	建成1栋标准厂房2376平方米，办公楼及配套设施360平方米，形成年产各种管材1000吨的生产能力	1200	2005
34	冷轧、镀锌板项目	建设1栋标准厂房6800平方米，办公楼以及其他辅助设施2800平方米，形成年产20万吨冷轧卷带、镀锌板10万吨的生产能力	10200	2005
35	百雄堂南方大豆加工高技术产业工程	建成标准加工厂房3824平方米，仓库2200平方米、综合楼2016平方米以及其他辅助设施2867平方米.形成年产60000吨新型速冻腐竹、2000吨腐乳制品、1700吨腊八豆、4500吨风味豆渣的生产能力	12000	2005
36	娄底市希惠物资有限公司冷轧卷带及薄板深加工	建成标准厂房3600平方米，办公楼及配套设施1400平方米。形成年产10万吨冷轧卷带及薄板深加工的生产能力	6000	2005
37	娄底市天健高技术材料制造有限公司硬质合金辊环、钢水连续测温BN基复合陶瓷保护管	建成2栋厂房，总建筑面积3600平方米，办公楼及配套用房1400平方米	1300	2005
38	湖南鑫美格铝型材有限责任公司品牌修边线项目	建成标准厂房6000平方米，展厅办公楼2000平方米以及仓库配套设施2000平方米	6580	2005
39	薄板轧辊、液压油缸、汽缸制造项目	建成1栋生产加工车间，总建筑面积1500平方米，办公楼及配套用房800平方米	1100	2006

续表13-10

序号	项目名称	建设内容	投资(万元)	年份
40	埋弧焊机及配件、机械加工项目	建设标准厂房2栋,总建筑面积1300平方米,办公楼1栋,总建筑面积300平方米。形成年产2000吨埋弧焊接设备及1000套配套件和机械加工焊接件,预计年产值1000万元	500	2006
41	矿渣微粉生产线工程项目	修建办公楼1栋,建筑面积3036.6平方米;综合材料库1栋,建筑面积1007平方米;食堂1栋,建筑面积664.78平方米;联合储库1栋,建筑面积3531.9平方米;煤棚,建筑面积1296平方米;热风炉车间,建筑面积199868平方米。总建筑面积11534.96平方米	21022	2006
42	KU频段卫星通信站(VSAT)天线出口生产线产业化项目	新建生产线2条,厂房1栋,总建筑面积6084平方米	6800	2006
43	三氧化二锑生产线项目	总建筑面积8300平方米,兴建办公楼1栋,1500平方米;厂房2栋,5000平方米;仓库1栋,1800平方米	4800	2006
44	铜深加工项目	新建生产厂房3栋,共计4000平方米,办公楼1栋1000平方米,建设1条以加工生产铜杆、铜线为主,附属金属线深加工的生产线,年产1万吨	3600	2006
45	煤基碳纳米材料的制备与应用项目	建设项目厂房(钢结构)总建筑面积5000平方米,办公用房总建筑面积(框架结构)3000平方米。项目生产能力为年产超级活性炭200吨,年产超级电容器10万只	671	2006
46	高压胶管、皮带运输机项目	高压胶管车间1栋,建筑面积3000平方米,风动送样车间1栋,建筑面积2000平方米,皮带运输机车间1栋,建筑面积3000平方米,其他公用设施建筑面积4000平方米	2000	2006
47	三氧化二锑生产线项目	总建筑面积8300平方米,兴建办公楼1栋,1500平方米;厂房2栋,5000平方米;仓库1栋,1800平方米	4800	2006
48	湘中双菱钢材大市场项目	拟建门面9栋,总建筑面积29771平方米;露天货场1个,面积14000平方米;冷轧板剪切线厂房1栋,建筑面积3240平方米;室内库房2栋,建筑面积4320平方米	12000	2006
49	金鑫家居商贸城	拟建集建材、水暖机电、灯饰及家居于一体的商贸城,总建筑面积51000平方米。其中地下室3000平方米,商业门面8000平方米,住宅面积40000平方米	8000	2007
50	湖南众一现代科技有限公司电子通信产品	建设标准厂房10560平方米,仓库4380平方米,办公研发用房11000平方米	10686	2007
51	娄底市中兴液压件有限公司扩建	建设标准厂房80000平方米,与之配套的办公、生活、研发、培训等设施20000平方米	90000	2007
52	娄底市湘菱彩板有限公司彩涂板	建设标准厂房2栋,总面积30000平方米,与之配套的办公、生活设施6000平方米,仓库6000平方米	21400	2007
53	湖南省娄底经济技术开发投资建设有限公司电子及高科技产品孵化器项目	孵化大厦、标准厂房、公寓楼及配套设施等10.98万平方米	15000	2007
54	娄底市诚达工贸有限公司冷弯型钢及锚杆生产	总占地12亩。建设标准厂房4000平方米,设计分剪生产线2条,玻璃钢树脂锚杆杆体生产线1条及冷弯型钢生产线1条。建设办公室及设施600平方米	1500	2007

续表13-10

序号	项目名称	建设内容	投资(万元)	年份
55	湖南省方圆磨料磨具有限公司树脂砂轮生产	总占地30亩。建设标准厂房8200平方米,建设办公室及设施4200平方米,建设树脂砂轮生产线3条	3225	2007
56	湖南旭杨钢构有限公司钢格板	总占地6.93亩。建设标准厂房2700平方米,建设办公室及设施800平方米,建设钢格板生产线1条	1600	2007
57	娄底新合作商贸有限公司湘中商贸物流配送中心	项目规划总建筑面积15.1万平方米,仓储中心28000平方米	31467	2007
58	湖南华南煤矿机械制造有限公司大、中型刮板输送机扩建项目	建设标准厂房面积14000平方米,设计车间6个,3条生产线。建设办公室及相关配套设施2000平方米	4560	2008
59	涟钢福利企业公司高分子化工材料厂防腐涂料	建设标准厂房1800平方米,仓库200平方米,办公场地120平方米。设计防腐涂料、高性能卷材涂料全自动生产线各1条	1000	2008
60	湖南华南煤矿机械制造有限公司600台掘进机扩建项目	建设标准厂房面积14000平方米,设计车间6个,6条生产线。建设办公室及相关配套设施2000平方米	12000	2008
61	湖南三都煤矿设备制造有限公司煤矿支护设备生产	总建筑面积6500平方米,建设标准厂房5000平方米,建设矿用单体液压支柱流水线1条,建设办公及设施1000平方米	2568	2008
62	娄底市同星米业有限公司5000万包方便米粉生产线扩建项目备案的通知	总建筑面积6904平方米。建设综合加工厂房2944平方米,建设方便米粉生产线1条。建设原料仓库1200平方米,成品仓库2400平方米,建设4T/h蒸汽锅车间360平方米	1731	2008
63	娄底金驰磁材科技有限公司磁性材料及器件生产	形成年产4.2万吨锶铁氧体预烧料和4.2万吨各种磁电器件。投产后可实现年产值4.5亿元,年创利税6000万元,解决劳动力就业4500人	20000	2008

2008年娄底市经济技术开发区工业园规模以上企业分布一览表

表13-11

序号	企业名称	序号	企业名称
第一工业园(太和工业园)		11	湖南省娄底市东菱科技发展有限公司
1	娄底市诚达工贸有限公司	12	娄底市中凯机电设备有限公司
2	湖南省娄底维亚化工有限公司	13	娄底市利通磁电科技有限公司
3	娄底市新兴能源科技开发有限公司	14	娄底市宝苏矿冶设备有限公司
4	娄底市新野企业有限公司	15	娄底日升实业发展有限公司
5	湖南娄底市华康工贸有限公司	16	娄底市凌一机电设备有限公司
6	湖南鑫美格新型装饰材料有限公司	17	娄底市天源卫星通信设备有限公司
7	湖南娄底百雄堂高科技农业有限责任公司	18	湖南涟钢钢材加工配送有限公司
8	娄底市中兴液压件有限公司	19	湖南金驰磁材科技有限公司
9	娄底市裕德科技有限公司	20	涟钢福利企业公司
10	娄底市辉宇科技有限公司	21	湖南华南煤矿机械制造有限公司

续表13-11

序号	企业名称	序号	企业名称
22	湖南三泰新材料股份有限公司	第二工业园(高桥工业园)	
23	湖南省涟邵矿机械制造有限公司	28	湖南华菱涟钢薄板有限公司
24	湖南德立机电科技发展有限公司	29	湖南省众一精细陶瓷制造有限公司
25	涟钢振兴企业公司	30	湖南省方圆磨料磨具有限公司
26	娄底市碧波尔科技发展有限公司	31	娄底市振兴防滑材料厂
27	娄底市涟钢振兴机电有限公司	32	娄底市安地亚斯电子陶瓷有限公司

2004—2008年娄底市经济技术开发区规模以上工业主要经济指标一览表

表13-12

年度	总产值(亿元)	销售收入(亿元)	利润(亿元)	税金(亿元)
2004	1.31	1.49	0.12	—
2005	4.87	4.61	0.37	0.56
2006	5.65	11.57	0.67	0.04
2007	20.53	20.44	1.53	0.037
2008	30.88	31.65	1.93	1.59

附：企业选介

三一重工娄底市中兴液压件有限公司 2005年7月15日建成投产，中外合资企业，注册资本3.18亿元，投资12.67亿元，资产总额23亿元。占地面积50公顷，建筑面积13.20万平方米。主要生产工程机械、煤矿机械、冶金矿山、汽车制造、橡胶陶瓷等行业各型号液压油缸。从事军工悬挂液压缸、长盾构机推进液压缸、消防液压系统等数字液压缸研发，是湖南省重大产业类专项资金支持项目。取得湖南省先进制造与自动化、新型机械、机械基础件及制造技术领域高新技术企业认定。公司有员工858人。其中，本科以上学历人员50人，硕士13人；初级职称人员2人，中级职称2人，高级职称3人。2003—2008年，引进高科技人才和专家4人。拥有一支研发团队，与湘潭大学、中南大学、湖南人文科技学院建立校企共建关系，在生产瓶颈难题、智能化制造等领域开展合作。2003—2008年获得国家专利23项。

湖南省联众科技有限公司 创立于2000年2月，位于经开区第二工业园，规划用地4.67万平方米，实际用地2万平方米。有员工86人，固定资产投资6000万元。主要从事磁性材料精密测量装置研制、生产与销售服务。是全国磁测量仪器仪表制造商五强之一，科技部、财政部、税务总局认定全国首批国家级高新技术企业、国家知识产权管理规范企业。拥有专利技术52项，其中，发明专利5项，实用新型专利18项。主导产品有5大类别、7大产品系列、80多个品种。公司研制出的MATS-2010M硅钢测量装置、MATS-2010SD软磁直流测量装置、CIM-3102永磁磁体偏角测量装置等是磁测量行业最具标志性的产品。“MATS-2000”技术被国家技监局评为计量科技进步一等奖 、国家科技进步二等奖。产品远销美国、俄罗斯、韩国等10多个国家和中国台湾地区。

湖南湘中输变电建设有限公司 成立于1980年，位于娄底经开区大埠桥办事处南阳村。占地面积1.77万平方米，建筑面积4480平方米，注册资金1.68亿元，固定资产5175万元。历经发展，公司成为国内规模较大电力施工与输变电工程二级企业。有固定员工331人，常年临时用工10000

余人。其中，高级工程师2人，一级建造师12人，二级建造师18人，工程师21人，高级技工80人，中级技工150人。年产值20亿元，年利税1.70亿元。公司技术力量雄厚，检测设备齐全，检测手段完善，具有220千伏高压输变电工程施工、风力发电设计施工、光伏电站设计施工运维能力。业务遍布湖南、浙江、福建、湖北、广东、广西、江西、新疆、西藏、云南、安徽、内蒙古等20多个省（区）。连续13年被评为省级“重合同、守信用”单位。

湖南省翔宇工程有限公司　组建于1993年3月22日，前身为娄底市第八建筑工程有限公司。注册资本1.25亿元，在册职工630人，其中工程技术、经济管理人员519人。高级职称人员4人，中级职称75人，初级职称135人，一级建造师6人，二级建造师43人，“九大员”265人，专职安全员68人。有各种施工机械设备1076台，具备建筑工程施工总承包、地基基础工程、消防设施工程专业承包等二、三级18个施工资质。公司通过ISO 19001质量管理体系、ISO 14001环境管理体系、OHSAS 18001职业健康安全管理体系3个国际管理标准整合认证。年产值4.50亿元，年度纳税2500万元。连续8年被湖南省工商行政管理局评为湖南省“重合同、守信用”单位，安全认证多次被评为“省级合格”企业，获湖南省AAA级企业信用等级证书，连续3年纳税信用评价A级企业。

娄底市安地亚斯电子陶瓷有限公司　2004年6月创办。是一家集先进陶瓷、新能源汽车陶瓷零部件、智能传感陶瓷、电子信息陶瓷、轨道交通、军工航天陶瓷等研发、生产、销售于一体的国家级高新技术企业，是先进陶瓷新材料成功应用于新能源汽车零部件首家企业，全球新能源先进陶瓷技术创新引领者，通过ISO 9001、IATF 16949、ISO 14001和GJB 9001C体系认证。产品成为比亚迪、中国振华、科达利、泰科、中科院等企业核心零部件。自主创新新型动力电池陶瓷密封连接器经湖南省科技厅鉴定为国内领先技术。新型动力电池陶瓷密封连接器技术填补全球空白。在新能源先进陶瓷运用领域中，公司在研发实力、工艺装备水平、产品性能指标、市场占有率等方面均位于全国优势地位。全球市场占有率12%，国内市场占有率30%，并陆续进入新能源及轨道交通领域，成为行业龙头企业。公司有国家级、省级技术管理专家组建研发团队，建立湖南省先进陶瓷材料与新能源部件工程技术研究中心、湖南省新能源汽车陶瓷零部件技术中心2个省级技术研究中心。公司同中科院上海硅酸盐研究所、清华大学、中南大学、湖南大学、湖南人文科技学院、国家电子陶瓷产品质量监督检验中心等陶瓷行业合作资源建立合作共赢关系。牵头起草国家《动力型锂离子电池陶瓷密封圈行业标准》，参与起草《精细陶瓷强度数据的韦伯统计分析》《钢水测氧用镁稳定氧化锆陶瓷元件》等国家行业标准。取得发明专利6项，实用新型专利40余项，外观专利1项，国际专利1项，是全国第一家规模应用先进陶瓷于新能源领域企业。公司生产新型动力电池陶瓷密封连接器经湖南省科技厅鉴定为国内领先技术，并获得湖南省科技进步三等奖。获得认证有国军标体系认证 GJB 9001C、汽车行业体系认证IATF 16949、质量保障体系认证ISO 9001、环境保障体系认证ISO 14000。年产新能源先进陶瓷2亿套，电子通信系列陶瓷1亿套。

湖南新合作湘中国际物流园投资开发有限公司　2008年立项入园，是中国供销集团所属新合作商贸连锁集团旗下子公司，负责湘中国际物流园开发建设。注册资本5.90亿元，建成占地面积166.67公顷，建筑面积300万平方米，投资80亿元的信息服务中心、大宗陶瓷展示交易中心、多式联运中心、工业原料及产品展示交易中心、冷链物流中心、家居家饰展示交易中心、商务会展中心、多式联运及农资配送中心、生活配套小区、新合作广场、主题卖场及商业广场等容商业物流资金流和信息流于一园，集仓储转运、物流配送、流通加工等于一体，设施完善、功能齐全的现代化综合性物流中枢、湖南中部国际物流中心、湘中地区物流产业增长极和区域性重要物流节点。项目建成后，可实现年营业总额200亿元，年创利税15亿元，提供就业岗位3万个。

第十四篇　商业贸易

1989—1998年，娄底市商业物资供销系统推行租赁承包制，所有权与经营权分离，实行经营放开、价格放开、用工放开、分配放开“四放开”。以门店为单位实行多种形式经营承包责任制，商品进出货物均由承包人经营，各部门管理机构负责经营调度和收取承包金，解决租赁承包中矛盾纠纷。粮油贸易民营粮店随之兴起，流通形式构成国有与个体粮店相结合多渠道格局。粮食价格、经营放开，省地不再安排平价粮食调入，娄底市粮油贸易走上市场经济轨道。粮食系统各单位、门店采取各种经营承包方式，层层签订转体经营承包责任书，粮油贸易实行顺价销售。粮食购销体制改革，粮食收购价格放开，粮库实行敞开收购，重点粮食品种实行最低收购价。

1999年，娄星区国营商业、国营物资供应相继改制为民营个体或私营股份制企业，外贸进出口业务由各需要单位自行运作。国营粮食企业实行敞开收购、顺价销售、收购资金专款专用由银行封闭运行政策，粮食市场实行准入制度。2002年，农村取消定购粮征收制度，国营粮企根据《娄星区置换粮食企业国有产权及其职工身份的实施办法》，进行“两个置换”。2004年，娄星区物资系统10家企业除民爆中心外全部通过资产处置，退出经营市场。娄星区供销社在日杂公司试点以“企业置换体制、职工置换身份”（简称“两个置换”）为主要内容企业产权制度改革。市委、市政府及娄星区委、区政府制定企业产权制度改革实施办法，供销企业由经营服务型企业向纯服务型事业单位转变。2005年，粮食企业700余名职工完成身份转换，粮油贸易进入社会商品化，区粮食局行政管理职能由原来综合经营、统一管理转变为单一粮食行政管理。2006年5月，娄星区商业物资供销系统完成“两个置换”，企业职工解除劳动合同，实行一次性安置。娄星区供销社下属7家公司及1个基层供销社全部注销，资产仅有区社办公大楼、万宝供销社、茶园供销社、石井供销社、西阳商店、百亩商店、红联商店、老街门市部、景屏街4个门面和茶园火车站旅店仓库等10处。6月，娄星区供销社成立娄底市农业产业化服务中心，投入“新网工程”“万村千乡工程”重建供销社工作，建设“新网工程”区级配送中心1个，专业协会6个。娄星区商业物资系统仅烟草和食盐由国家专卖，其他商品均由个体和私营企业经营。

20世纪90年代末，娄底市政府制定招商引资优惠政策，实现招商引资责任制，推行全民招商。娄星区委、区政府成立区优化经济环境办公室，监督政府各职能部门和单位执行政府优化经济环境政策落实情况。2006年，倡导“优化环境无止境”理念，做到“服务客商零距离，企业经营零干扰，规范管理零投诉”。至2008年，通过采取节会招商、基地招商等方式，引进项目261个，进驻外企38家，引进外资1.23亿美元、4294万元，引进内资50多亿元。210个项目建成投产，40个项目动工建设。

第一章 商业体制

1989年，娄底市商业机构有财贸办公室、商业局、物资局。经数次改革，撤销娄星区财贸办、区商业集团总公司、区商业行业管理办公室、区物资集团总公司、区物资行业管理办公室，组建娄星区商务局。

1990年起，国家陆续取消商品分配计划，价格放开，逐步形成多种经济成分、多条流通渠道、多种经营方式、减少流通环节“三多一少”市场经济体系，民营经济发展，市场竞争趋于激烈。国营、集体商业为求生存和发展，先后推行租赁承包，经营放开、价格放开、用工放开、分配放开“四放开”，资产经营等体制改革。1999年，娄星区国营商业、国营物资供应相继改制为民营个体或私营股份制企业，外贸进出口业务由各需要单位自行运作。2004年，物资系统10家企业除民爆中心外全部通过资产处置，退出经营市场。2006年，商业系统完成“两个置换”，企业职工解除劳动合同，实行一次性安置。2008年，域内仅有烟草和食盐由国家专卖，其他商品基本均由个体和私营企业经营。

第一节 机 构

一、财贸办公室

1989年，全市国营、集体商业包括商业局、粮食局、供销社、烟草局、蔬菜局、物资局等部门，统一归口娄底市财贸委员会管理，有各种经营机构133个，干部职工2351人。1995年，市直单位机构改革，市财贸委员会更名为市财贸工作办公室（简称财办），仍为市政府工作机构，其职能和管理范围不变。1999年7月，娄底市财贸工作办公室改为娄星区财贸工作办公室。2001年起，所有国有、集体商业企业实施企业产权与职工身份“两个置换”产权制度改革。至2006年9月全部完成，所有国有、集体商业企业退出流通市场，所有制结构由以国营、集体商业为主演变为以个体私营或私有股份制商业为主。区财贸工作办公室、区商业集团总公司、区物资集团总公司合并组建娄星区商务局，为区政府22个政府工作部门之一。

1989—2006年历任党组书记、主任：邹泽怀、彭连春、颜跃明，历任党组书记：张太国、谢延科、刘德玉、邬青山。历任党组副书记、主任：杨仲刚、刘崇林。

二、商业局

1989年，商贸流通由娄底市商业局管理。市商业局内设办公室、业务股、人事股和财务股，下辖百纺、五交化、副食品、饮食服务、蔬菜、肉食水产、工矿贸易、商办工业等公司和糖果糕点厂，经营网点137个。其中，全民70个，集体67个。1990年2月，增设商业工业股、物价计统股、集体商业管理股、安全保卫储运股。5月，设立商业审计室。11月中旬，市工贸中心更名为市国营商业批发公司。1991年11月，增设职教股、计物股。1992年4月，设立统计物价股。6月，机关转体，所有企业组建新的市国营商业总公司，总公司与局机关实行“一套人马，两种职能，双轨并行”机制运行。1994年5月，市国营商业批发公司更名为娄底商业大厦。8月，市肉食水产公司更名为市食品总公司。1995年1月，市五交化公司更名为市五交化总公司。3月，市国营商业总公司更名为市商业集团总公司，为企业单位性质。成立市商业行业管理办公室，实施行业管理，合署办公。

1999年7月，娄底市商业集团总公司更名为娄星区商业集团总公司。2006年9月，区商业集团总公司撤销，区商业行业管理办公室与区财贸办、区物资行业办合并组建娄星区商务局，为区政府机构改革后22个政府工作部门之一。

1989—2006年历任商业局（商业总公司、商业集团总公司、商业行管办）党组书记、局长：杨仲刚、李富春、刘崇林。历任总经理兼党委书记：杨仲刚、颜介其、缪晓平、彭跃国、付愿初（党委书记）。

三、物资局

1989年，娄底市物资局有经营生产资料国营、集体和个体公司、商店58家。1990年，市物资局实行政企分开。至1996年年底，相继增设轻化建材公司、金属回收公司、工矿物资公司、生产服务公司4家专业公司，加上市机电设备总公司、市金属材料总公司、市物资综合公司、市物资贸易中心、市物资协作开发公司、市物资局物资经营部，有国营全民企业10家。局机关内设办公室、业务股、储运股、财务股、市场股5个股室。1997年1月，市物资局成建制转体为市物资集团总公司，属企业性质。同时，成立市物资流通行业管理办公室，副科级事业单位，挂靠在物资集团总公司，实行“两块牌子、一套人马”合署办公，下辖10家全民企业。物资行业管理办公室内设办公室、财务股、仓储股等4个股室。为规范特种行业管理，成立娄底市危爆物品联防中队。1998年，整个物资系统有独立核算单位11个（包括总公司机关），在册职工192人。其中，退休退职14人，挂靠人员62人，待分配2人，征用土地待招4人，试用待调1人。1999年7月，娄底市物资集团总公司改为娄星区物资集团总公司。2003年，原属化工轻工公司民爆业务剥离，成立娄星区民爆器材专营公司。2005年7月，成立娄星区民爆物品管理中心，为区物资集团总公司下辖二级机构，副科级事业性单位。改制后各企业经理、支部书记调入该中心工作。2006年，撤销区物资集团总公司，物资行业管理办公室与原区财贸办、区商业局3家单位组建娄星区商务局。

1989—2006年历任局长：梁复生、曾巨龙。历任总经理（行业办主任）：张前佐、曾正超（总经理）。

四、商务局

2006年，撤销区财贸办、区商业集团总公司、区商业行业管理办公室、区物资集团总公司、区物资行业管理办公室，组建娄星区商务局。2008年，内设办公室、政策法规股、综合业务股、商贸行业管理股、财务股、人事教育股6个职能股室，下辖区酒类监督管理办公室（加挂区酒类执法大队牌子）、区市场服务中心（加挂区商务培训中心牌子）、区民爆物品管理中心3个二级机构，均为副科级事业单位。

2006—2008年局长：彭跃国，党组书记：曾正超。

第二节　体制改革

一、商业体制改革

（一）小型企业租赁经营

1989年，域内商品流通实行统一政策、统一计划、统一流动资金、包上缴财政收入“三统一包”管理机制，商品购销执行国家商品分配计划，小型企业、商业柜台实行承包性经营。1990年后，国家逐渐取消商品计划分配，价格放开，实行以多种经济成分、多条流通渠道、多种经营方式、减少流通环节“三多一少”市场经济模式。

1991年5月，市商业局在工矿贸易公司推行多家管理、分块经营新式承包方案，率先推行经营、物价、用工、分配“四放开”改革。8月，推广到五金、批发2家公司。“四放开”改革和柜台承包经营改革只是过渡性办法，本质上未脱离“大锅饭”模式。至1993年，全系统有52个小型门店。其中，“边、小、亏、微”店28个，个别略有盈利，大部分亏损，成为企业发展包袱。是年，国企实行国有民营改革，国营商业改称国有商业，28个小型门店实行劳动优化组合，上交基数包干，自主经营、自负盈亏，实现所有权与经营权“两权”分离。1995年，所有“边、小、亏、微”小型零售门店全部放开经营，成为民营企业。

（二）中型企业承包

1989年初，首先在市糖果糕点厂开展股份制试点，其他商业企业继续完善第一轮经营承包责任制。1990年，工贸中心转体，成立娄底市国营商业批发公司，成为“四放开”改革试点单位。1991年，“四放开”改革全面推广。其时，商办工业生产不景气，成为全局包袱，本着撤小保大原则，关闭海绵厂，整顿糖果厂。1992年，放开经营管理，商品购销两旺，商办工业首次实现扭亏为盈。糖果厂实施生产经营、产品定价、内部分配、劳动用工和技术改造“五自主”改革，首次实现年产值176.40万元，完成销售额192.90万元，扭亏为盈24.70万元。1993年，以市场为导向，改革经营机制，全市34家商业企业28家盈利，2家持平，4家亏损，盈亏相抵实现利润478万元，创历史最好水平。1994年，商业系统大、中型门店全部实行承包经营。1995年，开始调整不合理组织结构，建立与市场相适应的“一级管一级、一级向一级负责，层层签订责任状”宝塔型目标管理体系。百货、五金、商业大厦、食品、工矿贸易、金都商业总公司等6家企业相继建立总公司，下设分公司，改组面75%。从集团总公司直至柜组，层层实行目标管理责任制，签订目标管理责任书。

1996年，目标管理办法推广到全局8个公司。在风险抵押金增长25%情况下，适当提高奖励标准，一季度末完成目标责任状签订。由于固有管理模式束缚和新发展业态碰撞，国营商业与民营商业竞争压力凸显，在职人员思想波动大，国营商业企业陷入困境。1998年，国有商业进入资产经营改革，大部分企业仅靠资产经营勉强维持生存，大部分职工下岗，另谋出路。至2008年，全部实行民营化经营。

（三）资产经营

1996年，首先在百纺总公司大桥门市部、糖酒副食品公司金龙商场和石油经营部等3家小型企业实行以“自筹资金、自主经营、自行纳税、自负盈亏、自由组阁、包干上交”资产经营试点，第1个月就扭转亏损。7月，在百纺总公司、五交化总公司、糖酒副食品公司、饮食服务公司所属40多个门店、柜组普遍展开。1997年年初，在市五交化总公司华龙商厦试点，推行以“商品拍卖、场地出让、核定上缴、自主经营、自负盈亏”资产经营改革，实行所有权与经营权分离。5月，相继在国营商业系统展开。其间，娄底商业大厦引进有经济实力经营者，利用附栋3400平方米营业场地创办金龙、九龙购物中心。集团总公司通过招商引资，与粤湘（湖南）物业开发有限公司联合兴建建筑面积2800平方米的娄底湘中电器专业批发市场。糖酒副食品公司实施“母体裂变，分块搞活”，公司只留3人坚持日常工作和行业管理，其余99人分成3个分公司，所有门店、商品和其他资产全部量化到分公司，分公司实行自筹资金、自主经营、自负盈亏、自我约束、自我发展、照章纳税、依法经营。金都商业总公司也一分为二，恢复原糖果糕点厂建制，成为2个一级独立法人机构。市百货大楼开展“商品拍卖、场地出让”，实行所有权和经营权“两权”分离，家电柜由刘聚初、蒋彬中标后，投资6000元，建设电视墙和电视机展台，多方筹资组织商品，采取灵活销售方式，销售额由原来日均8000元上升到日均1.50万元，整个大楼日销售额翻了8倍。是年，全系统实行资产经营门店、柜组128个，安置员工820人，拍卖商品438万元，收回上交款126.80万元。副食品公司拍卖门面1个，出让土地1处。

1998年，市五交化公司批发部、食为天商厦、娄底商业大厦、金都商业总公司等批零企业、大型商场48个柜组和批发部实行“两权”分离。娄底商业大厦吸纳义乌、邵东和本地500余户个体工商户进入，利用后院门面和场地创办九龙小商品批发市场，安置下岗职工500余人。工矿公司利用闲置场地引进个体经营者创办“玉楼中”酒店，安置下岗职工6名。糖果糕点厂联络合作伙伴，先后引进邵东、新化等地客商，由厂里出场地，对方出资金设备，创办石膏厂、印刷厂、米粉厂。3月，金都商业总公司和糖酒副食品公司通过招商引资，实行“谁投资谁经营、谁管理谁受益”模式，变单一购物为集购物、美食、娱乐、住宿、美容美发、健身按摩等为一体的综合商贸美食娱乐城，与香港东威集团签订合资合作经营合同，实现改制。糖酒副食品公司通过整顿，3家分公司各自为政，为统一管理，逐步实施各项配套改革。

1999年，运用“一司一策、一司多策、因企施策”战略，发展混合型经济，推进公有制商贸企业产权多元化。娄底商业大厦继“九龙”“金龙”“小商品”后，利用附栋二楼和三楼部分闲置场地招商，与九龙商厦联手创办九龙精品服装城和布匹、床上用品批发城。糖果糕点厂利用场地和厂房优势，先后引进私营家具厂、煤球厂。工矿公司利用闲置家具城招商，创办供中、低档收入者消费舞厅，利用一楼临街门面引进美容美发店。百纺公司利用百货大楼一楼南侧场地与湖南步步高集团公司联合经营，创办娄底最大超级自选市场——湖南步步高娄底量贩广场，安置下岗职工40余名。利用娄星桥批发部闲置仓库与“金海大酒店”联营，安置下岗职工20余名。金都商业总公司除利用六楼部分闲置场地与个体户联营外，还利用个体户资金和业务优势，横向联合，在娄底迎宾馆旁开设金银首饰店。12月5日，湘中电器、电脑、通信批发市场对外开业，140余名经商业主云集市场。五交化公司抓住机遇，提前终止与职工资产经营合同。在妥善安置职工前提下，将一楼改造成与市场配套门面，引进知名家电品牌经商大户，每年收入12万元。由此，国有商业有民营经济实体加入，组成优势互补、共同发展“联合舰队”，不仅繁荣市场，而且使国有商业每年新增利润54.60万元，成为新的经济增长点。

区商业集团公司采取“宜出让则出让，宜联合开发则联合开发”策略，进行资产分类盘活。副食品公司二仓库闲置多年，破旧失修，与涟源个体房地产商吴成舒协商，联合开发，公司净得利润120万元，不仅结清拖欠职工工资和福利费，偿还职工集资款，还足额缴纳职工养老保险。百纺公司将地处偏僻、年久失修火柴仓库作价5.50万元转让给内部职工，并利用百货商店房产和百货大楼后坪地产与娄底怡和房地产开发公司联合开发，公司净得利润150万元，全部偿还职工集资款。糖果糕点厂将老厂地产和建筑全部出让给开发商。金都商业总公司将所有房产全部抵押市农行所欠贷款本息3000万元，实现债转股。

2000年5月，娄底商业大厦主栋一至三楼经营权出让，每年收取场地折旧费、管理费90万元。食品总公司食为天商厦一楼按每年9万元标的出让经营权，由1名福建客商创办娄淞布匹城，将二、三楼及冷库经营权分块出让，每年获出让收入6.80万元。工矿贸易总公司将闲置的附栋一楼和三栋临街空余场地经营权转让5年，分别创办百花桑拿洗浴中心和摩登美容美发城，每年创收10万元。五交化公司华龙商厦二楼、糖果糕点厂一些闲置场地分别引进个体私营业主，转让经营权，实行“两权”分离。饮食公司清泉大酒店通过招商，与承包者联合开发，推倒附栋，与一栋连成一体，承包者投资1200万元，按三星级宾馆标准建成集住宿、购物、娱乐、美食于一体的清泉美食娱乐广场。糖果糕点厂将年久失修、基本闲置的老街门市部以95.80万元标的转让给个体房地产商，用所获转让金一次性为职工缴足15年养老保险金，成为域内首家提前缴纳养老保险金并由劳保所直接发放退休金的企业。

2001年，区商业总公司对市糖果糕点厂进行“两个置换”试点，对尚不成熟企业采取辅助措施，以求平稳过渡，继续实行场地整体租赁，转让场地经营权。工矿公司将百花商店所有场地分成2块进行整体租赁，创办百花购物中心和彭都新偶像发艺美容名店，公司收入由原来每年不足10万元增至每年27万元；五金公司、金都商业总公司、百纺公司等单位先后将部分闲置场地对外租赁，利用资产提高效益。利用存量资产优势，扩建、改建或出让营业场地，饮食公司清泉大酒店按三星级宾馆标准进行扩改建，提升品位，每年增收8万元；百纺公司将娄星桥综合楼一、二楼12个门面出让给内部职工，列抵集资款239万元。2002年，继续对置换改制条件仍不成熟公司采取过渡性举措，启动闲置资产吸纳民营经济，出让场地经营权。金都商业总公司将闲置营业场地进行出租，食品公司将食为天商厦一、二、三楼营业场地进行出租，百纺公司将原步步高量贩广场进行续租，五金公司将四楼闲置仓库全部出租。2003—2008年，全部实行民营化经营。

（四）两个置换

企业产权置换　2001年，区政府制定《娄星区国有商业企业产权制度改革若干规定》，在条件相对成熟的市糖果厂试点，进行“两个置换”商业体制改革。2002年，成立由区商业集团总公司党委成员组成的改制实施领导小组，组建改制办公室，制定《娄星区商业系统“两个置换”方案》。各单位对本单位资产进行初步评估、债务清理、人员摸底等工作，制订符合本单位实际改革方案。11月20日，市糖果糕点厂与湖南星剑科技有限公司签订资产转让合同，首期资产处置资金100万元全部到位。2003年，市糖果糕点厂在职工代表全程监督下，完成“两个置换”改革。启动五金、工矿、百纺、副食等公司“两个置换”改革，分别自查自评资产。娄底商业大厦与九龙商厦协商，寻求企业改制途径。2004年，全系统8家企业改制，除娄底商业大厦外，饮食、百纺、金都、糖酒、五金、肉食、工矿等7家公司分别经职代会表决通过，其中金都、工矿、副食、食品总公司等4家单位全部资产和饮食公司部分资产评估完毕，进入资产处置挂牌。2005年，商业集团总公司确定“统一领导、统一方案、因企制宜、分类指导、先易后难、稳步推进”改革总体思路组织实施。副食、金都、百纺、食品、五金5家企业资产全部完成处置，处置所得总金额5304.50万元，其中，90%以上资产成交价在起拍价基础上有较大幅度增长，总增长额320.40万元，增长率为6.5%。五金公司2处资产起拍价为1124.80万元，成交价达1299万元，增长率达15.5%。全年处置债务1.20亿元。因客观因素，饮食、工矿、商业大厦3家企业资产无法得到处置，改制工作未进入实质性操作。

2006年5月，区委、区政府决定，饮食公司资产列入铜锣湾商业广场建设范围，附加条件挂牌，公开处置。工矿公司按资产现状评估价安置职工，因城市规划调整导致资产变现价与现状评估价差额在系统内调剂。商业大厦资产列入九龙商业广场建设范围，单独公开处置，进入实质性改制阶段。2007年，饮食公司248名职工全部得到安置。工矿公司后栋仓库12套私有住房以2600万元价格拍卖，政策边缘利益按2260万元安置职工，342人全部得到安置。2008年，完成工矿、娄底商业大厦和局机关改制财务审计工作，妥善处理百纺、食品、五金、娄底商业大厦等企业与城市信用社债务，解散娄底商业大厦领导班子。至此，改制工作全面完成。

职工身份置换　1998年，国有商业企业进入资产经营改革。大部分国有、集体商业企业仅靠资产经营勉强维持生存，大部分职工下岗，另谋出路。2003年，完成市糖果糕点厂“两个置换”改革，全厂38名退休人员和10名内退人员得到安置，106名置换对象和9名挂靠人员身份全部置换，成为社区居民，土地问题得到妥善处理。工矿公司分批置换职工身份11名。副食品公司对本司干部职工进行清理，置换2名落实政策人员。2004年，全系统8家企业改制，办理退休手续和改制前将办理退休手续人员468人，另有抚恤、挂靠、落实政策、农协工等人员16人均得到安置。2005年，893名职工身份得到置换，安置内退人员97人，安置退休人员224人，安置落实政策人员和清除挂靠人员21人，其人事档案移交相关部门管理。至2007年，全系统干部职工2410人实行一次性买断1714人，自谋出路办理退休466人，退养230人。

企业债务了结　2001年，国有商业实施“两个置换”改革时，直辖企业账面总资产为1.17亿元，总负债为1.22亿元。是年，以娄星桥综合楼一、二楼12个门面出让给内部职工，列抵集资款239万元。2002年，偿还职工集资款及其他债务280万元。2003年，偿还职工集资款及其他债务90.60万元，处理各种债权债务近1200万元。至2004年，8家企业有债务9920.99万元。2005年，通过政府与银行方面协商，所欠工行贷款本息8800万元以偿还665万元进行打包处理，所欠农行贷款本息3200万元以偿还410万元进行打包处理。至2007年，所有资产负债基本达到平衡。

（五）处理改制遗留问题

商业集团公司下属企业改制遗留问题多。2003年，市糖果糕点厂实现改制后，争取政策扶持，数十次与银行、劳动保险、医疗保险等部门协调，妥善处理债务，合理确定养老保险金和医疗保险金缴纳标准。运用思想政治工作做好搬迁户、土地工、落实政策人员、挂靠人员和其他有关职工工作，各种遗留问题得到处理。2005年，副食、金都、百纺、食品、五金5家企业完成改制后，总公司成立遗留问题处理组，各企业专门安排1名副职处理遗留问题。采取以总公司挂点领导为主，其他班子成员坐镇协助，各公司机关人员分组实施，分工协作办法。按每处置完1家企业资产就兑现1家企业职工安置费原则，先后对5家企业职工进行安置。其中，副食品公司从2月至4月全部安置到位。全年有893名职工身份得到置换，安置内退人员97人，安置退休人员224人，安置落实政策人员和清除挂靠人员21人，发放职工养老保险手册990份，部分企业人事档案移交有关部门管理。至2006年年底，绝大多数改制问题得以处理，资产处置完毕，人员得到安置。企业改制过程中，处置资产1.70亿元，安置在职和内退人员2177人，安置离退休人员594人，发放各种补偿安置费6722.60万元，缴纳养老保险费2906.50万元。此后，域内商业贸易仅烟草和食盐由国家专卖，成品油等国家战略物资由国有企业主导经营，其他商品由个体私营企业经营。

二、物资体制改革

1989年，娄底市钢材、生铁、铜铝锌锡制品、汽车、水泥、金属切削机床、轮胎、工业轴承、平板玻璃、导线、电焊条、烧碱、纯碱、橡胶、民爆物品等物资实行计划供应。同时，钢材、汽车等产品实行计内价与计外市场价并存双轨制。1990年政企分开后，经营机构全部成为经营企业。计划分配物资逐步减少，至1993年，仅有部分钢材实行计划供应。1994年起，物资市场全面放开，取消计划分配，国有物资企业在经营策略、经营方法上明显弱于私营企业和个体经营户，难以适应市场经济新形势。至1998年9月底，全市国有物资企业总亏损642.70万元，人均亏损3.30万元，各种债务1478.80万元，人均债务5.20万元。1999年，公司下属企业民爆业务从化工轻工公司分离，2003年更名为娄星区民爆器材专营公司，实行独立经营管理。金属材料总公司、金属回收公司、物资综合公司、物资贸易公司、物资贸易中心、生产服务公司、物资协作开发总公司、物资经营部等9家公司全部实行改制解体。

1989年，汽车经营实行统一管理，成立市汽车交易市场，归口市机电设备公司，全年销售195辆，销售额745万元，占全局销售总额41.7%。是年，销售收入同比下降33%，完成年计划91.6%。1992年，所有企业开始实行承包经营。全局实行购销费用大包干，职工现行工资标准作为档案工资保留，个人收入按比例提成，随效益好坏上下浮动，按劳取酬，干部任命制改为聘任制。1993年，国家采取宏观调控措施，经营方式难以适应市场经济发展变化，经济效益严重滑坡，出现建局首次亏损，亏损额40余万元。至1995年，物资贸易中心、生产服务公司全部停业，兼并入市机电设备公司，组建新的机电设备总公司，实现集约化经营。总公司下设4个专营子公司，实行集中法人权、财务权、投资权“统一核算，统一管理”体制。1996年，市物资协作公司、物资经营部等4家企业停业。1998年，下属10家单位有8家停业，职工全部下岗领取生活费，系统开始进行改体改制。1999年，市金属公司经娄底市政府批准改制，通过处置公司资产安置职工24名，全部解除劳动合同关系。

2001年，系统200余名职工中失业人员140余人，失业率70%，企业总负债70%。全区物资系统推行“两个置换”改革。至2004年12月底，全系统10家企业除民爆中心外全部通过资产处置，消除债务包袱，退出经营市场，163名企业职工解除劳动合同，实行一次性安置，完成体制改革。2005—2008年，域内物资经营实行民营化。

第二章　市场　网点

1989年，娄底市政府决策在繁华地段兴建大型多功能商品集散区，发展商业经济。1992年，根据城区总体发展规划，发挥中心城区商业优势，按市场消费结构，将城区划分为3个区域，合理调整布局。在人口稠密区、繁华地段、交通要道兴建大型综合商场，在主要街道和居住人口集中区兴建商业群体，在建成区与老街扩建、翻新老网点，基本形成以清泉广场为中心，东至农资大厦，西至汽车站，南至乐坪路街口，北至新火车站十字形网点格局。至2008年，形成涟钢大市场等7个商业区。

第一节　网　点

1989年，娄底市工贸中心采取边建设边营业方式运营。至1990年，工贸中心由百纺、副食、五金3家专业合资公司分开管理，分块经营，完成销售3030万元，上缴税金95万元，实现利润90.80万元。1991年1月，成立市国营商业批发公司，对工贸中心实行统一管理、统一经营、统一核算，建立商业联营机制。至年底，拥有国营商业网点48个。1992年年初，市商业局着手网点发展布局，根据城区总体发展规划，从发挥中心城区商业优势出发，按市场消费结构，将城区划分为A、B、C 3个区域，合理调整布局。A区商业网点建设在人口稠密区、繁华地段、十字路口、交通要道兴建大型综合商场，以名、优、特和高档消费品为特征。B区商业网点建设在主要街道和居住人口集中区兴建以百货、五金、副食、肉食、饮食等行业为主商业群体，为该区域常居消费者和流动人口服务。C区商业网点建设在建厂区与老街区兴建一些以经营副食、饮食、日用生活品为主的短期设施以及根据发展需要扩建、翻新一些老网点。至1994年，新建、扩建、改建商业网点21个，面积16.40万平方米，投资9275万元，基本形成以清泉广场为中心，东至农资大厦，西至汽车站，南至乐坪路街口，北至新火车站十字形网点格局。

1995年，新世纪商业大厦、娄底商业大厦、百花商店、百货大楼、食为天商厦、桥东菜食市场等一批大中型、高档次商业网点建成开业。1996年，新增金都商业大厦建成开业。此后，国营商业企业经营体制改革，集体商业市场逐步退出。2006年，所有国营商业企业退出经营市场。城区商业市场均为民营经济经营，各种大小超市、商店遍布全城。至2008年，城区形成涟钢大市场、娄底大市场、中兴大市场、418建材市场、九龙·环球商业广场、九亿商业步行街、春园商业步行街等商业区。

第二节　市　场

一、娄底大市场

娄底大市场前身为洞新市场，位于长青西街9号，由长青西街和娄星南路交会而成的三角地带。南临娄底汽车站，西靠湘黔、娄邵铁路，东倚娄星区（原娄底市）人民政府。1992年3月，娄底市人民政府投入开办经费1万元，筹集民间资本1.40亿元，兴建洞新市场，于1995年10月1日开业。市场占地18.67万平方米，建筑面积20.45万平方米。建有商业门面2180个，摊位500个，商住楼42栋，属市政府直管省级重点市场。1996年7—8月，洞新市场先后被地区经济体制改革委员会和省经济体制改革委员会列为市场管理体制改革试点单位。11月3日，省政协主席刘正在地委书记余英生、地委委员、市委书记、市长肖志良等领导陪同下视察洞新市场，提议更名为娄底大市场，扩大知名度。1997年3月，洞新市场更名为娄底大市场。9月4日，市编制委员会办公室批准洞新市场管理处更名为娄底大市场管理处。1998年8月19日，省财办授牌省级重点市场。

（一）机构设立

1995年9月，娄底市设洞新市场管理处党工委。1997年3月3日，洞新市场管理处党工委更名为娄底大市场管理处党工委，对市场实行开发建设、行政、物业统一综合管理。10月，管理处下设办公室、财务科、政工监察科、计生办、业务科、租售科、开发建设科、保卫科、联防队、水电维修队、环卫队、洞新宾馆（后更名为红玉宾馆）、工业品批发公司。“五统一”封闭式管理后，增设公安执勤室、工商所、国税征收办、地税征收办4个二级机构。2004年，下设办公室、财务科、政工科、计生办、业务科、安保办、租售科、纪检监察室、物业公司、农贸管理办、文化执勤室、公安执勤室、工商所，物业公司下设水电队、环卫队。2007年，大市场管理处实行竞聘上岗，科室简化为办公室、财务室、计生办、城管队、经管部、市管部、推广部、宾馆服务部、主楼服务中心、物业公司10个部室，职工人数上升到245人。

1995—2008年历任党工委书记：方克书、刘长辉、肖建辉、周国雄。

（二）市场经营

1996年11月1—4日，举办以“放开搞活、务实繁荣”为宗旨的首届商品交易会，吸引部分省市区客商入场交易，推出商品2万余种，成交额2亿元，交易会后入驻客商120家。是年，货物吞吐量40亿元，形成工业品、饮食、娱乐、布匹、家具5大主营产业。1997年，主楼二楼小商品经营衰退，通过招商引资将二楼开发成家具市场，广东、长沙、湘潭及本土家具进驻，主体市场开门率80%。11月1—5日，举办皮毛铝塑制品商品交易会，将涟源市茅塘、邵东县等地客商引进市场。12月，铝塑制品城形成规模。1998年1月，娄底电器城开业。4月，成立货运配载站，全国各地货运车辆直达娄底大市场。11月8日，粮酒副食城开业。市场主楼外围开门率上升到70%，市场繁荣。至此，有22个省市3000余户客商入驻娄底大市场，市场年成交额上升到4亿元。发展成集生产、加工、销售“一条龙”，容购物、吃住、娱乐为一体的多功能大型综合性批零市场和以鞋业、服装、窗帘布匹、家具、家电、粮油农贸、旧货、铝塑、物流为主的专业市场，年成交额5亿元。市场人流量近万人次/天。

2003年，市场开门率主体市场达100%，外围开门率80%以上，安置下岗失业人员2000余人，被评为区级再就业基地。2004年，被确认为市级再就业基地。26个省市3700余户经商者在大市场经营，成交额突破5亿元。10月，在湖南省投资贸易洽谈会上签约“温州精品城一条街”项目。2005年11月11日，与华厦商城签订“温州精品城一条街”联合开发合同。2006年3月，“温州精品城一条街”动工建设。12月12日，“温州精品城一条街”建成开业，启动以经营商务礼品为主业最大专业批发集聚市场，提升市场经营品位，促进产业集聚，年增税收100余万元，新增就业人员500余人。2007年，投入资金80万元安装主楼自动喷淋系统；投入资金50万元新增2台变压器，缓解市场内夏季用电负荷。2008年5月，引进温州华厦手机城开业，新入驻温州手机客商22家，投入资金300余万元，成为娄底首家手机批发商城。引进中国移动通信、裕泰大药房等30余户商家，全年引进项目资金1600余万元。

（三）市场管理

1996年6月1日，市委、市政府研究决定，对洞新市场实行统一综合管理、统一市场执法、统一收取税费、统一办理证照、统一规划开发“五统一”封闭式综合管理，理顺洞新市场管理体制。市场增设公安执勤室、工商所、国税征收办、地税征收办等4个二级机构，分别负责市场辖区社会治安管理、工商管理费、国税、地税收缴。1998年5月，建立娄底市公安局洞新派出所，负责娄底大市场和洞新、娄星、小花3个居委会辖区社会治安管理。8月19日，洞新市场被省财办定为全省首批22个重点市场之一。1999年4月，成立城管中队，对整个市场摊位和临时摊担进行收费管理和市场秩序维护。8月，增加文化执勤室，负责文化、技监、卫生防疫等方面工作。

2000年9月13日，娄底市市长刘云柱率相关职能部门负责人就完善市场“五统一”综合管理，优化发展环境进行现场办公。10月29日，市政府、娄星区公安、纪检监察部门授予娄底大市场“重点保护市场”牌匾，实行挂牌保护。2001年12月，成立娄底大市场物业管理有限公司，负责对整个市场水电等公共设施进行维修维护和卫生费、公共设施维修维护费收取以及水电费代收代付工作。主体市场内实行税费合一，简化税费缴纳手续。开展争创“星级文明市场”活动，合理布局规划，新增移动摊位166个，年创收37万元；开发利用搞活主楼大坪经济，年创收16万元。依法打击“黄、赌、毒”违法经营，没收黄色光盘1000余张，取缔不法经营户3家。在经营户中开展政策法规教育，倡导文明经商，组织经营户参加法制、消防讲座4次，开展消防演习2次。加强流动人口管理，查验流动人口5580人，办理婚育证明3200余个。2002年，把任务分解到每个科室，强化消防安全管理，层层签订消防责任书，与商户签订责任书2000余份。加强巡查和安全隐患排查，对消防设施进行维修养护，对消防重点部位进行严防死守。开展消防宣传，悬挂宣传横幅、消防标语、发放消防宣传资料，组织职工与经营户观看电影《人命关天》，提高消防安全意识。强化综治维稳工作，全年查处各类案件30余件，调处矛盾纠纷35起。2003年，借城南市场搬迁之机，开展招商引资，投资6万元扩建农贸市场，新增摊位30个。强化消防安全管理，全年召开10多次消防专题会议、大型市场经营户代表会2次，印发《中华人民共和国安全生产法》和《中华人民共和国消防安全管理法》书册1000本，消防宣传资料5000份，签订消防责任书1600份，增添消防器材灭火器300个。加强物业设施设备维修维护管理，对老旧水管、下水道等设施设备进行改造。成立“非典”防治领导小组，开展宣传教育，先后召开职工、经营户防治工作会议20余次，印发宣传资料2万余份。2004年，加强市场综合治理，创建平安市场。城管中队坚持每日巡查，规范摊担，禁止乱摆、乱放、乱搭、乱建行为。主体市场综管办清理占用通道，制止和查处聚众打牌、强买强卖等违法行为。全年整改安全隐患20多处，无火灾事故发生。2005年，建立群防群治网络，加强综治维稳管理。全年调解矛盾纠纷80余起，抓获扒窃人员5人、入室盗窃财物1人，打击“偷、扒、抢、吸毒”等违法犯罪行为。是年，成功创建“市级文明市场”。

2006年，投入资金110余万元，对市场内主供电线路进行整改，新增消防栓、水泵结合器、疏散指示灯、夜光方位标志、警示禁令标志、事故应急灯、安全出口标志灯等消防配套设施，制作防火隔离门12扇。加强流动人口计划生育管理，协同公安、工商对市场进行清查，整顿打击“黑猫”旅社，打击卖淫嫖娼、吸毒赌博等违法犯罪行为。2007年，加强物业管理和服务、招商引资、推进市场改造升级。协助消防部门加强辖区内消防安全管理，投入资金80万元安装主体大楼自动喷淋系统，进行消防安全隐患整改。加强市场流动人员计划生育管理，协助公安部门加强辖区社会治安综合治理，协助税务进行协税护税，协助文化卫监部门进行文化卫生管理。

2008年，成立物业稽查组，堵塞收费漏洞、严查偷水偷电；用好用活场地资源摆摊设点，搞活地摊经济，盘活资产。加强市场流动人口管理，对市场内42栋房屋开展出租屋流动人口清理整顿。成立一支39人的巡逻保卫队，实行24小时昼夜巡逻，开展消防安全隐患排查。

二、涟钢大市场

涟源钢铁厂（简称涟钢）大市场位于涟钢宾馆以南，旁冲路以北，西接涟钢大桥，东连桑塘街。1997年，为解决涟钢下岗职工再就业而兴建的综合性大型市场。市场以建材、装饰材料、家具、农副产品、贸易加工为主，配置相应行业、类型和数量商业网点，形成多种类、多层次、多功能商业体系。1998年，建成营业，总投资1.20

亿元，占地9.33万平方米，建筑面积11万平方米。建有住房32栋（包括2栋综合楼、30栋商住楼），住房1200套，门店1380个，1个大型农贸市场，摊位500余个。主要经营肉食、水产、精品蔬菜、豆制品、干货、百货、副食等。摊主主要来自茅塘、红旗、小碧、曾家等农村。至2008年，市场常住人口5000人，经营户800户，从业人员4000余人，日人流量3000余人。2008年，涟钢大市场管理处被评为全国人口与计划生育工作先进单位。

（一）管理机构

1998年9月，市场投入运营，成立涟钢大市场管理处，为自收自支事业单位，履行相关管理及服务职能。内设机构有办公室、财务室、综治优化办公室、农贸市场科、租赁科、市场管理科、政工科、物业公司。设立市场居委会和业主委员会。1999—2008年历任主任：聂建新、范正规。

（二）市场经营

市场经营客商主要来自黑龙江、广西、云南、河北、河南、四川、浙江等地，主要经营商品有家具、五金建材、日用品、食品、蔬菜等。市场内有4大经营龙头：福康祥超市，位于涟钢大市场商贸城2楼，经营面积5000余平方米，主要经营鞋类、服装、床上用品及日用百货，2008年成交额3000万元。家家乐服装超市位于涟钢大市场22栋1楼，经营面积1000平方米，主要经营成人装和童装，2008年成交额1000万元。友谊百货位于涟钢大市场22栋1楼，经营面积1000平方米，主要经营日用百货，2008年成交额1500万元。富厚家具城位于涟钢大市场综合楼1栋2楼，经营面积2400平方米，以家具生产、加工、销售为一体。2008年，成交额1500万元。市场为红旗、茅塘、桥头河、恩口、曾家等蔬菜基地菜农提供经营场所，形成以福康祥超市、家家乐服装超市、友谊百货、富厚家具城为龙头，其他行业相互补充的经营格局，年交易额1亿元。市场经营户多为破产改制企业下岗职工，是市区再就业基地和大中专毕业生见习基地。

（三）市场管理

1999—2008年，涟钢大市场管理处按照"一个中心（以经济建设为中心）、二个盘活（盘活存量资产、盘活公共摊点）、三个增加（增加经营业主、增加服务项目、增加收入来源）、四个强化（强化市场发展、强化物业管理、强化队伍建设、强化综合治理）、五个确保（确保市场安全稳定、确保与各部门良好关系、确保物业公司独立运作、确保职工福利待遇、确保各项目标任务完成）"发展思路，发展和服务市场。巩固和发展既有经营业主，改造农贸市场，规范市场秩序管理，改善经营环境，引导和规范桥头河、小碧、红旗、茅塘等蔬菜基地及外地农产品在市场经营，支持福康祥超市、富厚家具城等连锁企业做大做强。市场设立社区警务室，安排3名民警，组织10余人组成专职巡逻队，实行24小时巡逻和值班，及时处理各类矛盾纠纷和突发事件。综治优化办协同警务室负责对市场综治维稳、消防安全管理，促进市场平安稳定；市场秩序规范管理，各摊担入市场经营，无马路市场，各消防通道和交通要道畅通；市场管理科协助工商、技术计量和食品卫生监督等部门不定期对市场各商场进行检查，确保市场内无伪劣产品、"三无"产品。市场全天候保洁，环境卫生好，除"四害"达标验收通过省、市、区专家组考核考评。

三、418建材市场

418建材市场位于娄底市长青中街与娄星路交会处，1999年1月，娄底地区规划委员会批准通过市场总体规划，2001年建成投入使用，其后继续扩建。2006年，被省委宣传部、省工商局、省技术监督局、省物价局等联合授予"湖南省百城万店无假货活动示范市场"称号。至2008年，市场占地面积8万平方米，营业面积5万平方米，有商业门面380套，年交易量数亿元。按经营陶瓷、洁具、地板、油漆、板材、厨柜、电器、五金、灯饰等产品和提供装修设计，为消费者提供建材家居一站式服务规范化专业化建材居家市场。市场布局合理，停车、消防、通信、银行、幼儿园、酒店等配套设施齐全。

四、中兴大市场

娄底市中兴大市场位于娄底市新星南路10号

南贸东街北侧。娄底建市后，城区东部发展迅速，许多单位纷纷到长青中街、乐坪东街、湘阳西街落户，新星南路以东逐渐成为人口密集区。根据娄底市城市发展趋势和市场建设需要，市政府决定将原湘中针织厂改建成农贸综合市场。湖南娄底中兴物业发展有限公司通过现场考察，分析论证，2000年12月27日取得娄底市计划委员会《关于〈原湘中针织厂改建成中兴大市场项目可行性研究报告〉的批复》，随后动工建设，投资3000万元，2003年5月投入使用，是一家集批发与零售于一体的综合性农贸市场。产品覆盖肉类、豆制品、蔬菜、水果、水产海鲜、干活调料、五金机电、冷冻等，市场占地2万平方米，拥有门面298户，摊位900余个，营业面积3万平方米。安排就业人员2000人，带动农户3000户，每天人流量3000人以上。2008年，交易额逾10亿元，上缴税收70万元。

五、九龙·环球商业广场

九龙·环球商业广场由湖南九龙经贸集团有限公司投资开发，是2002年“深交会”湖南招商引资重点签约项目。2004年12月，被娄底市人民政府确认为万人再就业工程。2005年12月，一期工程竣工进入试营业阶段，承办娄底市第二届房产交易会，被评为商业类唯一明星楼盘。2006年5月18日，一期工程建成营运，经营场地面积8万平方米，有商铺3200余个。一期建筑群分主附楼2部分，4号主体楼为全框架四层建筑，1层为小商品批发城，2层为服装鞋帽城，3、4层为“名家居”家私广场。2008年8月，启动“免一减二”务工返乡人员就业工程，将九龙·环球商业广场保留的260多个旺铺实施“门面租赁3年免租金2年”优惠租赁政策，为返乡人员提供创业就业平台。

六、九亿商业步行街

九亿商业步行街位于娄底市中心春园公园东侧，南起老市委大院北门，与春园步行街相连接，北至长青中街，总长261.80米，总面积1.13万平方米，建筑面积2.08万平方米，商铺340个，商业住房18套，湖南大汉控股集团巨龙房地产公司开发兴建，投资总额8000万元。2004年5月22日开街。步行街汇集海内外158种服饰品牌，国内知名女装、童装品牌在九亿商业步行街设立专卖店，安置1500余名劳动力再就业，是娄底市较具品位商业步行街之一。

九亿步行街集品牌服饰广场、健身中心和培训学校于一体，一楼以精品女装、箱包为主，二楼专营品牌童装，三楼四楼健身房、播音主持、画室、外语、舞蹈等培训机构，是市民休闲逛街好去处。2005年，被评为“湖南省优秀物业管理企业”；2006年，被评为“湖南省百城万店无假货示范街道”和“娄底市消费者满意一条街”；2007年，被评为“全国百城万店无假货示范街道”。

七、春园商业步行街

春园商业步行街由湖南清泉集团和湖南五江集团联合开发，是省市重点工程，位于娄底中心城区商业核心地段，东起市府北门（钻石街口），西临氐星路（银街街口），北至长青街（金街街口），南接乐坪街。总用地面积8万余平方米，投资5亿元，由20栋建筑物组成，建筑总面积23万平方米，集购物消费、餐饮娱乐、休闲观光、会展经济、酒店和商务办公于一体一站式时尚购物公园·城市MALL。步行街全长1080米，是中南地区规模最大商业步行街，街区呈“十”字形交合辐射状，整个架构呈大鹏展翅形态。

春园商业步行街于2007年9月16日开街营业，包括金街、银街、钻石街3大板块和4个大型休闲广场。银街于2006年12月27日试营业，街宽16米，位于中心广场至氐星路之间，定位为精品名品一条街。金街于2007年1月1日试营业，街宽20米，位于中心广场到长青街之间，定位为运动休闲一条街。钻石街位于中心广场至乐坪街之间，定位为家居生活一条街。2007年，被评为“湖南省文明街道”。

八、农贸市场

1989—1999年，娄底市投入资金新建、改建、扩建城南市场、娄星市场、将军庙市场、黄泥塘市场、恩口市场。至1999年，娄星区各类市场发展到18个，其中自建联办市场5个，形成大中小结合、零售与批发配套、各种经济成分并存、经营方式灵活、功能齐全市场网络体系。累计引进各种商品37.93万吨，向经营者和消费者提供商品信息6100条，集市成交额33.23亿元。2000年，农贸市场归口娄星区市场服务中心管理。

将军庙市场 将军庙集贸市场位于涟滨西街，于1990年4月开办。至2006年，市场占地面积2700平方米，入住商户270户。

娄星集贸市场 娄星集贸市场位于娄星南路，于1993年10月开办。至2006年，市场占地面积3500平方米，入住商户90户。

火车站综合批发市场 火车站综合批发市场位于涟滨东街，于1995年10月开办。至2008年，市场占地面积25846平方米，入住商户140户。

观化农贸市场 观化农贸市场位于涟滨西街观化门，于1996年1月开办。至2008年，市场占地面积9900平方米，入住商户240户。

娄底市城北水果批发市场 娄底市城北水果批发市场位于涟滨东街，于1997年1月开办。至2005年，市场占地面积7000平方米。

湖南九龙小商品批发市场 湖南九龙小商品批发市场位于娄星区氐星路30号，于1998年9月开办。至2008年，市场占地面积5000平方米，入住商户600户。

城西农贸市场 城西农贸市场位于华达机械厂附近，于2004年12月开办。至2005年，市场占地面积4280平方米，入住商户200余户。

黄泥塘市场 黄泥塘市场位于涟钢碧溪路，于2006年4月开办。市场占地面积3200平方米，入住商户320余户。

城南市场 城南市场位于南贸东街，于1987年开办。至2003年，市场占地面积5200多平方米，入住商户600 余户。

第三章　商品贸易

域内商品购销主要有日用工业品、糖酒副食、肉食水产、盐业、石油、烟草等种类。1989—2000年，商品购销由国营、集体商业经营门店经营，归口商业管理部门。2001年，随着商业体制改革深入开展，国营、集体商业退出市场，个体私营商业快速发展。至2008年，除盐业、石油、烟草实行专卖外，所有商品均由个体私营商业经营。

第一节　日用工业品贸易

一、百纺日化

1989年，娄底市百货纺织品公司主营大小百货、针织纺织、文具、搪瓷制品、铝塑料制品、鞋帽、日杂、洗涤、化妆等商品3100余种，文化用品800余种，下辖一门市部、工贸中心百纺批发部、百货文具针织纺织批发部等14家经营单位，经销网点1125个，下设专柜267个。是年，投放市场肥皂4926箱，洗衣粉25.60吨，缝纫机935台及其他小家电等，销售总额2373万元。1991年，百纺公司与斗笠山等工矿商店实行联营，与双峰县青树坪供销社建立购销关系，业务略有起色。1992年，实施"四放开"政策，百纺公司为求生存，实行跨行业经营。1993年，一门市部装修改造后，增加品种68个，年销售额完成94万元。1994年4月，市百货大楼开业，实行全民兼并集体、统一资金、集中力量，开展批零一体化经营，其他小门店实行承包经营，脱离母体，独立核算。1995年，商业系统实行改组改制，市百纺公司更名为市百纺总公司，下设百货、科文、针纺、鞋帽、日化等5家分公司。每月联合出动货郎车3次，业务发展到双峰、涟源、湘乡、冷水江、新化等地，销售金额占总销售额48%。亏损企业获得新生，各项经济指标创历史最好水平，全年完成商品总销售1941万元，同比增长76.2%。1996年，首先在大桥门市部等单位实行"自筹资金、自主经营、自行纳税、自负盈亏、自由组阁、包干上交"资产经营试点。1998年，所有库存商品实行拍卖，门店、柜组由公司职工和其他个体户租赁经营。2004年，百纺公司退出市场。至2008年，域内形成以大型股份制超市为龙头、中型综合商场为骨干、小型零售门店为基础的百货纺织日化商品市场格局。

二、五金交电

1989年，娄底市五交化公司主营大小五金、家用电器、圆钉铁丝、化工油漆、粘胶剂、自行车、摩托车等商品3200余种。其中，圆钉、圆丝、名牌自行车等紧缺商品仍由地区五交化公司实行计划调配，其余产品直接从厂家或批发部选购。是年，域内有批发、零售网点141个。其中，国营23个、集体98个、个体20个，专营点42个，兼营点99个，从业人员368人，销售额2700万元。20世纪90年代，市场与价格全面放开，购销两旺，出现消费者追求名牌产品趋势。1993年，实行国有私营后，市五交化公司联系新老厂家，签订购销协议，取得美菱、中意系列冰箱、康佳系列彩电、山峡、荣事达系列洗衣机、电风扇等在域内独家经销权。是年，彩电、冰箱、洗衣机、电风扇等主要家电商品纯购进增加，同比分别增长18.5%、115.3%、2.8%、144.2%。销售彩电1339台，同比增长49.2%；销售洗衣机1113台，同比增长52.7%；销售电冰箱1871台，同比增长127.3%。随后，私有商业异军突起。市五金公司以市场为导向，改革经营机制，所属2个批发部和华龙商厦组织专业队伍到厂矿和外地大型商场开展联销，销售量占总销售60%。市商业批发公司将原家电柜从五交化经营部分离，与五交化批发部合并为家电经营部，合并家电维修部，形成批发、零售、维修“一条龙”服务，以大集团优势实行规模经营。全年完成销售额795万元，同比增长74%，利润增长31%。1995年，市五交化公司改组，建立总公司，下设五金、家电、交通、化工等5家分公司。与安徽美菱冰箱厂等全国几家大生产单位建立总经销关系，实施铺底销售或银行、商业承兑形式，稳固货源，减轻资金压力。全年销售主要家电商品5000余台，同比增长31%。其中，冰柜、抽油烟机分别同比增长201%、18%。交通公司自行车销售4000辆，同比增长6倍。1996年，国有五交化行业实施以批发为经济增长主要方式和突破口，商业大厦、华龙商厦、百花商厦、百货大楼、金都商厦五大商场实施联手经营，按“进价、运费、扣率”三公开和“调拨价、零售价、结算方式”三统一办法运作，商业大厦新飞冰箱和北京彩电、百花商厦春兰空调、五交化总公司美菱冰箱和荣事达洗衣机等产品占领娄底市场，辐射到邻近20多个县市。7月，推行“自筹资金、自主经营、自行纳税、自负盈亏、自由组阁、包干上交”承包制。1997年，在华龙商厦实行资产经营试点，5月份全面铺开。市五交化公司逐步退出经营市场。1999年后，家电销售进入高峰期，彩电、洗衣机、摩托车开始普及农村，城镇家庭开始热衷购买手机、空调、电脑等家电商品，经营家电商家增加。2008年，经营五交化、家电店铺遍布域内，城市有专卖店，乡镇大、中型超市货品齐全，销售畅旺。

1989—1998年娄底市国有商业企业主要经济指标一览表

表14-1　　单位:个、万元

年份	下辖公司	核算单位	在职职工	固定资产原值	总购进	纯购进	总销售	纯销售	利润	税利总额
1989	10	10	1386	2345	3900	2284.48	3871.3	3142.45	24.4	126.94
1990	10	10	1456	2579.5	4020.71	2311.84	3947.1	3385.70	6.3	136.27
1991	11	11	1525	2837.45	4438	1939	5871.3	5508	41	244.76
1992	11	11	1613	3121.2	5577.88	2764.48	6493.2	4525.92	89.4	399.41
1993	11	11	1698	4681.8	6607	3348	7142.67	5217	164.4	527.22
1994	11	11	1772	5149.98	7599.67	—	7235.16	—	21.4	341.02
1995	11	11	1895	5664.98	9243.8	—	11131	—	25	634.32
1996	11	11	2116	6231.48	9309	—	11971.6	—	19.2	542.71
1997	12	12	2297	6854.63	7934	—	14506	—	3.3	631.05
1998	12	12	2410	7540.09	1161	—	14958	—	0	646.19
1999—2008年,域内没有国有商业企业,故不再统计										

三、其他工业品

20世纪80年代末，汽车、钢材、水泥、平板玻璃为域内物资行业销售四大宗，市物资局有4家公司经营汽车生意。1989年，实行统一管理，成立市汽车交易市场，归口市机电设备公司管理。年内，交易市场购进各种汽车186辆，销售177辆，销售额达745万元，占销售总额41.7%。全年销售汽车195辆、钢材2645.97吨、水泥6704吨、平板玻璃4721.60平方米。1991年，经营放开，市物资局有6个公司经营钢材、3个公司经营汽车、

2个公司经营水泥，购销额增长。是年，销售钢材7476吨、各种汽车206台（其中载重车195台）、水泥5836吨、平板玻璃8884平方米，销售总额达到2865.2万元。1996年后，全部进入社会经营。

第二节 蔬菜、肉食贸易

一、蔬菜

1989年，域内所有蔬菜产品均实行市场自由经营，市蔬菜公司主抓调控和管理，实行高进低出、旺淡调剂、参与市场调节，组织实施“菜篮子”工程和“菜园子”建设。是年，市财政拨专款10万余元用于蔬菜基地建设。市蔬菜公司从外地组织各种鲜菜600吨，以低于市价20%～30%投放市场。新城、老街、涟钢、恩口、火车站等5处蔬菜集贸市场有2000余名个体菜商开展营销。1990年，落实蔬菜产销目标管理，蔬菜生产做到计划种植，保证面积，品种合理搭配。加强蔬菜生产服务，种子、种苗、化肥、农药供应得到保证。确定100公顷专业蔬菜基地保护区，实行粮地、粮菜挂钩，开发二、三线蔬菜基地。继续扶持15个科技示范户，引进新品种5个。6月，全市出现历史性罕见暴雨，市内蔬菜基地受到严重破坏，市蔬菜公司从外地购进105.58万元鲜菜和干卤菜供应市场。其中，蔬菜2万担，品种30个，丰富市场，平抑物价。全年蔬菜上市量1.86万吨，同比增长6%。其中，国营蔬菜公司鲜菜经营量2100吨，同比增长43%。1991年，蔬菜公司调淡保节，按月制订调节计划，节日期间重点安排，全年投放市场蔬菜品种32种330.23吨，加上商贩市场交易量，居民人均日供菜0.45千克。1992年，改革蔬菜产销体制，成立蔬菜食品总公司，实行产供销“一条龙”管理。全年蔬菜上市24570吨，人均日供量0.52千克。1993年，市蔬菜公司“菜篮子”工程重点转移到做好生猪食品供应上。由于市场化经营量扩大，竞争激烈，人多包袱重，公司年年亏损。1996年，市蔬菜公司退出蔬菜经营市场。1997—2008年，蔬菜经营销售均由蔬菜种植户、个体户及超市商场经营，实行自种自销、自行收购、自行定价。

二、肉食

（一）经营销售

1989年，肉食购销由市肉食公司经营管理，肉食经营网点482个。其中，国营30个，集体25个，个体427个。公司在城南、城北市场安排50多张屠桌经营，20辆脚踏三轮车活跃在大街小巷，方便居民选购。购销方式实行本地收购和外地调进、冻肉供应与鲜肉供应、肉食部门经营与集市个体经营“三结合”，市场购销两旺。是年，收购生猪1.91万头、牛2400头、羊2100只，收购总额3224万元，销售猪、牛、羊肉2000吨，价格平稳。1990年6月，生猪生产下降，肉食供应较为紧张，肉食公司做好生猪收购和地销工作，全年收购生猪1.65万头，销售额949.60万元。1991年，生猪流通渠道不畅，外调基本停止，生猪购销依靠本地猪供应，肉食经营遇到历年来最大困难，二、三季度恢复对城镇居民肉差补贴，采取凭票供应。1995年，生猪购销始行定点屠宰，乡镇（街道）肉食站实行资产处置。是年，销售生猪2.58万头，同比增加7417头。1996年，肉食公司退出市场，肉食产品全部由私营业主经营。2008年，肉食销售额8000多万元。

（二）生猪定点屠宰

1996年，市食品总公司在茶亭子、关家脑二地投入场地改造资金29.40万元，建设生猪定点屠宰场。由于政策执行不到位，私自宰杀依然严重，定点屠宰暂时取消。是年，完成销售总值2031.40万元，地销生猪2.94万头。1998年，成立市定点屠宰办公室和稽查队，加强管理，打击不法屠商。市食品总公司投入近100万元改造基础设施，3月1日，实施生猪定点屠宰。1999年，城区生猪进入定点屠宰场屠宰，2个定点屠宰场全年宰杀生猪7万头，收取屠宰场费20余万元。是年，市内发生生猪五号病，食品公司实行严格消毒和检疫制度，全市没有1例病猪上市。

2001年，肉食行业停止返税政策，定点屠宰提高收费标准，推行“管批放零”经营模式。2002年，茶亭子定点屠宰场职工内部集资和政府资金支持，按机械化屠宰标准改造升级。至2008年，茶亭子定点屠宰场年均宰杀生猪7.50万头。

第三节　副食品购销

一、糖酒糕点

1989年，市糖酒副食品公司主营食糖、酒类、奶粉、糖果、糕点、罐头等商品。其中，食糖供应由地区糖酒副食品公司实行计划调配，其余产品一律由经营糖酒副食品集体、个体商店从公司批发部和糖果糕点厂进货零售。副食品公司下设批发部1个，经营网点1328个，从业人员2473人，销售糖果品种50余个、糕点品种140余个。糖果糕点厂家20余家，其中集体性生产厂家1家。市糖果糕点厂生产糖果品种32个、糕点品种131个，年产量糖果350吨、糕点650吨。食糖供应，在保证凭票定量供应外投放加价糖250吨供应市场。1990年后，食糖供应放开。是年，供应生产、生活用糖680吨。其中，农村165吨，生产用糖100吨。1992年，食糖纯购进477吨，纯销售299.70吨。1993年，国营商业系统实行国有私营，糖酒副食行业走向市场化，公司分解出16个批发部自由经营。2004年，市糖酒副食公司资产处置挂牌，退出市场。2005—2008年，糖酒糕点经营销售均由个体工商户、商场经营。

二、冷饮

1992年，在推行“四放开”改革后，市商业局引进工业企业对经营、价格、分配、用工、技术改造“五自主”形式，市饮食服务公司牵头，投资10余万元，开辟冷饮生产线，建立清泉冰厂，主营冰棍、雪糕等冷饮食品生产、储藏与批发，全年增加收入5万余元。1993年，投资20万余元，添置高中档设备10万余元，对冰厂、兴湘商场、等2家冷饮企业进行重点改造升级。此后，民营冷饮全面发展，逐渐取代饮食服务公司冷饮市场。1996年，市饮食服务公司退出冷饮市场。1997—2008年，冷饮均由个体户及私营冷饮生产公司经营销售。

第四节　专营专卖

一、盐业专营

1990年8月，湖南省盐业公司娄底分公司改称湖南省盐业公司娄底地区公司。1991年7月，加挂娄底地区盐务管理局牌子。1998年4月，更名为湖南盐业集团有限公司娄底分公司。1999年，撤地设市后娄底地区盐务管理局改为娄底市盐务管理局。娄底市盐务管理局与分公司合署办公，职能分设，实行“两块牌子、一套人马”，以省管为主双管单位和专营性质省属国有大中型企业，负责全区各类盐的调运、储存、供应及盐政管理。2002年11月，更名为湖南省轻工盐业集团有限责任公司娄底分公司，设办公室、运销科、财务科、人事教育科、盐政管理科5个科室。1989—2008年历任总经理：欧阳季南、邓继荣、邓宏杰、刘国斌。

（一）盐务管理

1990年，盐业运销工作以市场为中心，按照“舍远就近、节约费用、有效供应”原则和经济流向，合理调整营销区域，推行扁平化管理机制，构筑“大运销、大盐政”市场营销和管理格局。1996年，执行国务院《食盐专营办法》和国家计委《关于进一步加强食盐计划管理严格执行专营政策的通知》规定，食盐生产实行定点管理，食盐运输实行准运证管理，食盐批发实行批发许可证制度，食盐零售实行零售许可证制度，严格指令性计划价格管制，确保合格加碘食盐供应和防治消除碘缺乏危害。2003年，食盐经营向市场网络化、销售配送化、管理信息化、经营规范化方向转型发展，构建销售渠道和市场终端网络布局符合现代流通要求的食盐市场营销网络体系。

（二）盐业执法

1990年起，娄底市盐务管理局作为娄底盐业行政执法机关，承担全市盐政管理、市场规范、食用盐安全和维护食盐专营，确保合格碘供应，持续消除碘缺乏主体责任。1996年后，每年对食盐市场进行年度食盐安全评估考核。净化盐业市场，形成外堵内查盐政管理格局。建立边界设防、三级联防、严查堵防“三防”工作机制。实施小工业用盐、食品加工用盐等其他非食用盐合同备案、销售审批、印章管理和跟踪服务制度，确保专盐专用，防止流入食盐市场。与娄底火车站货运室、车皮调配中转站及运输公司签署联查协议书，抓早堵漏，严防违法私盐卸载或过境。建立盐政稽查网、特许经营网和经营网点举报网“三网”联动工作机制，建立专项排查和联合稽查相结合工作机制，形成联合盐政稽查态势，打击涉盐违法行为。

（三）案件查处

1990—2008年，先后查处涉盐违法犯罪案件4件。1994年4月至1996年7月，查处易某新、伍某礼等人贩卖私盐连环案，涉及新化、冷水江、涟源、隆回、新邵、安化6县（市）。涉案数量810吨，捣毁私制小塑料袋厂和小包装盐加工窝点各1个，收缴私制小塑料袋模板2块，没收小塑料袋3万多个，罚没款30万元。行政处罚6人，行政处理4人，刑事拘留2人，提起公诉1人。2000年7月20日，查获黄某勇等人特大非法加工小包食盐案。查获工业盐59.80吨，捣毁黑加工窝点1个，查处加工假冒无碘复合膜小包盐1.75吨，假冒防伪商标1.28万枚，假冒复合膜袋4917个，封口机1台，加工台称2台。2003年8月24日，查获刘某非法走私60吨盐案。刘某被判处有期徒刑1年，处罚金2万元。2005 年4月12日，在开展盐政稽查中查获梁某丁涉盐违法犯罪案件，梁某丁被刑事拘留。

二、石油经营

1990年7月，湖南省石油公司娄底分公司更名为湖南省石油总公司娄底地区公司。1999年9月1日，变更为湖南省石油总公司娄底市公司。1998年，中石化重组，油田、炼油厂及省级以下销售企业并入中石化集团公司，实行产供销“一条龙”、人财物垂直管理。2000年3月1日，成立中国石油化工股份有限公司湖南娄底石油分公司。2004年，域内加油站分别按中国石油、中国石化加油站形象标准重新改造，形成全国统一的“中国石化”或“中国石油”品牌形象。至2005年，全市仅保留双涟一座油库，其余油库相继关闭。1990—2008年公司经理：邱道斌、杨振安、王前光。

（一）油库建设

1991年，土油池退出历史舞台，借用涟钢油库油罐4个，容量50立方米，存放润滑油，新建娄底神童湾油库，库容1150立方米。1995年7月26日，杉山油库建成投产，设立式储油罐11个，卧式油罐20个，新建卸油铁路专线370米，10个卸油位。1999年12月，地区石油公司收购地区物资局双涟603仓库，改建为油库，占地17.33公顷。2000年1月，关闭神童湾油库，改造双涟油库。2004年8月30日投入使用，总库容为1.80万立方米。2005年7月，杉山油库储油罐区位于恩口煤矿采空区，多次发生大面积塌陷，该库关闭，全市保留双涟油库一座。

（二）加油站建设

1990年，域内仅有中石化春园加油站，有4台单枪加油机，2条加油车道。加油站均被围墙或铁栅栏围住，作息时间与机关完全一样。1996年起，停止审批非生产性项目，集中财力建设零售网点，多方筹资建加油站，1998年12月，春园加油站完成改造并投入使用。

2003年8月，全市石油系统建立安全评估制度，所有在营油库、加油站均由省级安全生产监督部门颁发危险化学品经营、储存许可证，方可经营或储存成品油。2004年7月，域内所有加油站均按《中国石化股份公司加油站形象手册》和《中国石油天然气股份有限公司加油站形象手册》标准重新改造，形成全国统一的“中国石化”“中国石油”品牌形象。9月9日，娄底市成品油行业协会成立，全市180多个加油站负责人成为会员。2005年，清理整顿成品油市场，淘汰不合法加油站，全市保留加油站68座。

（三）油料销售

1990—1993年，娄底地区石油公司实行成品油价格双轨制，计划油与自采油同时销售，区内成品油经营品种主要有汽油（70号、90号、93

号、97号)、柴油(0号、-10号)、灯用煤油、润滑油。1994年,取消双轨制,成品油走入市场。1994年起,加油站制发汽、柴油油票,凭票加油。1995年,农村基本通电,灯用煤油失去市场,不再销售。1998年,润滑油实行集团化经营,统一进货,统一结算,统一销售。1999年7月,首次销售97号无铅汽油,当年销量首次过10万吨。11月,全国出现油荒,域内汽油、柴油资源吃紧,停止汽油柴油批发,加油站严禁灌桶。2002年9月,市石油公司购置小型配送车4台,为工地、宾馆酒店、采石场等用油量大客户送货上门,价格执行同期加油站零售价。2005年3月14日,加油IC卡启用,油票退出历史舞台,加油进入智能数字化时代。7月,驻娄星部队后勤保障实施社会化改革,部队用油由中国石化娄底石油分公司免费代储代发。2006年,柴油资源趋紧,石油销售部门停止批发、控制直销、保障零售。2007年下半年,全国性油荒多次爆发,市政府下发《关于确保全市成品柴油有序供应的紧急通知》。10月24日,市公安局派出巡特警人员在全市专供柴油10座加油站巡防,维持加油秩序。是年,全市成品油销售超过20万吨。2008年3—7月,全市发生柴油抢购现象。娄底市政府出台《娄底市城区成品油供应办法》,油料市场供应平稳过渡。

(四)价格调整

1990—1998年,石油价格由国家确定,一次调整长时期不变。1998年,油价改革。6月,国家计委出台《原油成品油价格改革方案》,国内原油、成品油价格按照新加坡市场油价相应确定。2000年6月,国内成品油价格完全与国际市场接轨。2001年11月,国内成品油价格参照新加坡、鹿特丹、纽约三地石油市场价格进行调整。此后,石油价格随行就市,一年内有多次调整,调价权属国家发改委,石油经营单位无权自行定价。2005年,进行4次调价。2008年6月19日,国家发改委发布上调成品油价格通知,自6月20日起,将汽油、柴油价格每吨提高1000元,航空煤油价格每吨提高1500元,是历次油价调整幅度最大一次。

三、烟草专卖

1991年,娄底地区烟草专卖局(湖南省烟草公司娄底分公司)更名为娄底地区烟草专卖局(湖南省烟草公司娄底地区公司),简称:娄底地区烟草专卖局(公司),内设2室7科。同年6月29日,国家颁布《中华人民共和国烟草专卖法》,1992年1月1日起施行,对烟草实行专卖管理。1999年8月,娄底地区烟草专卖局(公司)更名为湖南省娄底市烟草专卖局、湖南省烟草公司娄底市公司。原娄底市烟草专卖局更名为娄星区烟草专卖局。2000年,经省烟草专卖局批准,撤销娄星区烟草专卖局,人财物并入市局。2004年,取消县级公司法人,保留县级局行政执法法人。烟草专卖制度和管理体制进一步完善,烟草严格执行"统一领导、垂直管理、专卖专营"管理体制。

1989—2008年历任局长:孙立中、周三省、李刚华、吴奇林。

(一)卷烟经营

1990—1994年,卷烟购销品种以省内各卷烟厂为主,占销售额70%以上。1995—1996年,卷烟购销品种由省内为主逐步转向省外。1995年,税利突破2000万元,达到2054万元。1997—1999年,全国卷烟产大于销,流通受阻,价格下跌,卷烟经营效益下滑。1997年,税利跌至1507万元。1999年,亏损288万元。2000年起,市烟草公司注重与卷烟生产企业协同关系,加强卷烟零售终端建设,细化卷烟零售客户管理与服务,全市卷烟购销利润回升。是年,实现税利1631万元。2001年,税利2359万元。2004年,税利突破1亿元,达到1.35亿元。2006年,税利2.09亿元。2008年,税利3.29亿元。

(二)烟叶收购与调拨

1990—1994年,域内年均种植烤烟1073.33公顷,年均收购烟叶1650多吨。烟农中等以上烟叶每50千克分别另外补贴75元、60元,烟草部门在烟叶收购结束后以烟草专用肥形式兑现到户。新建1座烤烟房补助200元,改建1座补助150元。对符合规格的大棚育苗和飘浮育苗,每处分别补助400元、2000元。1995年起，烤烟种植择地、移栽、防病、打顶抹荪、采收、调制、分级技术沿袭旧制。1998年，烤烟种植采用大棚育苗和飘浮育苗，推广双层施肥技术，种植面积653.47公顷，收购烟叶465吨。1999年，种植烤烟634.80公顷，收购烟叶708吨。

2002年，主要种植新K326和云烟87两个新品种，云烟87种植占80%以上。全市种植809.73公顷，收购592吨。2003年，烤烟技术单炉膛烤房全部改为双炉膛热风循环式烤房，种植面积和收购量稍有增长后又回落。至2006年，全市种植340.40公顷，收购434.60吨。烟叶主要调拨新邵、长沙、零陵、郴州、常德烟厂。2006年12月，省政府办公厅《关于2007年烟叶生产收购有关问题的通知》规定，2007年起，因年产未达1万吨烟叶种植规模，取消新化县烟叶种植计划。至此，全市停止烤烟规模种植，烟叶收购与调拨空置。

（三）专卖执法

1990—1993年，地区烟草专卖局按照《烟草专卖条例》《中华人民共和国烟草专卖法》，制定《关于加强内部管理的若干规定》，印发10项经营管理制度，实施专卖管理。会同公安、物价、税务、工商等部门联合执法，以“市场管、路上查”为主要形式，常年坚持市场检查。1994年，地区烟草专卖局贯彻执行国家烟草专卖局《烟草专卖行政处罚规定》，成立娄底地区烟草市场综合治理领导小组。全区烟草专卖执法实行外部监督和内部监督两种形式，外部监督包括行政监督、司法监督和社会监督。内部监督由地区烟草专卖局内部自我监督、自纠自查。是年，地区烟草专卖执法部门对全区13000户烟草专卖零售许可户和群众举报的违法经营户进行检查。至1997年，查处违法案例241起。1998—1999年，地区烟草专卖局贯彻执行国务院《中华人民共和国烟草专卖法实施条例》，与工商、公安等执法部门联手，打击假冒卷烟和走私卷烟，查处制假、售假、非法贩运卷烟不法分子23名。2000—2003年，市烟草专卖局持续开展清理整顿专项行动，净化卷烟市场，推行卷烟经营诚信等级管理，引导卷烟零售客户守法经营。2004年，加强烟草专卖执法队伍建设和管理。

2008年，全市有烟草专卖执法人员77名，专用汽车13辆，摄（录）相机16台，电脑100余台。20年间烟草系统协同公安、检察院、法院等部门在5个县市区查处涉烟案件近万起，查获假冒卷烟1亿余支，查获制假烟叶、烟丝281.46吨，审批烟草专卖零售许可证1.87万个。

第四章　粮油贸易

1989年，域内粮油贸易由国家计划控制，粮食供应一直不能自给，大部分粮食均依靠省、地从外地按平价调入，收购、加工、销售、调运等均统一由娄底市粮食局调度管理。市粮食局下设粮食管理站、零售粮店和收购点、直属库方式经营粮食和食用油，农民依据定购合同书送交定购粮食，居民凭证、凭票购买。1992年5月，体制改革，组建娄底市粮油贸易总公司、娄底市平价粮油购销公司，与局机关同为一套人马，采用“三块牌子、两种职能”双轨并行。按照政、企职责分开，“精简、统一、效能”原则，粮食局机关实行撤股设部，兴办经济实体。民营粮店亦随之兴起，市国营粮店独家经营格局被打破，流通形式构成国有与个体相结合多渠道格局。1993年，国家对粮食价格、经营放开，省地不再安排平价粮食调入，娄底市按照市场批发价格从双峰、岳阳、常德、湖北等粮食主产区自行组织进购，价格由议价调剂，全市粮油贸易走上市场经济轨道。市粮食局各单位、门店采取各种经营承包方式，层层签订转体经营承包责任书，粮油贸易实行顺价销售。1994年，受私商囤积居奇风潮影响，粮油市场一度出现紊乱。市粮食局围绕建设市场，搞活流通，重新起用票证管理制度实行调控，保粮食市场和价格稳定，发挥国有粮食企业稳价保供作用。1995年，粮油贸易实行“两线运行”管理，放开销售，市场供应平稳。1997年，粮食购进增加，粮食库存处于建市以来最高水平，粮油票证自动取消。1998年，粮食购销体制改革，粮食收购价格放开，粮库实行敞开收购，重点粮食品种实行最低收购价。1999年，国营粮食企业敞开收购、顺价销售、收购资金专款专用由银行封闭运行政策，粮食市场实行准入制度。7月，市粮食局更名为娄星区粮食局。

2002年，农村取消定购粮征收制度，国营粮企根据《娄星区置换粮食企业国有产权及其职工身份的实施办法》，进行“两个置换”。2005年，700余名粮企职工身份完成转换，粮油贸易进入社会商品化。区粮食局行政管理职能由原来综合经营、统一管理转变为单一粮食行政管理。

1989—2008年历任党组书记、局长：连炳利、刘德玉、邬青山，历任局长：刘长辉、李玉良，历任党组书记：卢伶、刘志升。

第一节　粮油购销

一、粮油收购

（一）粮食收购

定购征收　1989年，市粮食局继续贯彻国家粮食政策，实行合同定购，实行化肥、柴油、预购定金“三挂钩”相结合优惠政策。按照国家标准，随同定购任务通知书一起发放到各农户家中，保证兑现。1990年，抽调干部职工到各乡镇点库协助工作，增设临时收购点，出动汽车为收购点运集粮食，保证年度粮油定购任务及时入库。1993年，粮食定购入库改为粮食经济合同定购收购，与农业税征收分开结算，实行农业税征收实物政策，重定定购粮奖售标准，在定购粮征收价格上按每50千克27.80元结算，高于全地区乃至全省粮食收购价格。其中，由粮食局负责给农民补贴按每市斤稻谷0.45元计算，全年补贴金额6.84万元。

1996年，全市粮食丰收，出现市场销售价低于国家定购价现象。国家对粮食收购价格进一步放开，实行一县一价，市粮食局维护国家定购价格政策，依规征收，保护农民利益。1997年，全市粮食购进增加，粮食供求矛盾得到缓和。改变定购粮征收方法，采取早稻入库40%、晚稻入库60%计划进行，全年共完成粮食总购进5883万元，同比增长6%。1998年，实行以按保护价敞开收购农民余粮、粮食顺价销售制度、加强粮食收购资金和粮食市场管理、完善粮食价格形成机制“三项政策、一个完善”为主要内容粮食购销体制改革。新粮上市起，放开粮食收购价格，对粮食实行保护价收购。重点粮食品种实行最低收购价，由取得经营资格企业实行敞开收购。全年收购定购粮3485吨，国家保护价粮484吨。1999年，调整粮食种植结构，引导农民改种优质稻，实行常年敞开收购，促进粮食生产，定购粮征收实现早稻一季完成。2000年，实行购销合同收购政策，定购任务征收1.20万吨，实际完成1.27万吨，完成年计划105.5%。2002年，取消粮食收购定购征收，粮油购销进入市场化。

1989—2000年娄星区（娄底市）粮食定购征收一览表

表14-2　　单位:吨

年份	1989	1990	1991	1992	1993	1994
定购	8107.9	7835.2	8131.4	8436	7600	8090
年份	1995	1996	1997	1998	1999	2000
定购	8038.8	7935	6269	3485	5985	6330

议价收购　1989年，全市仅收购议价稻谷1344吨。1991年，收购889吨，另收购专项储备粮1011.80吨，其余所缺粮食均由省、地统一调拨。1993年，国家对粮食价格、经营放开，省、地不再安排娄底市平价粮食调入。为解决粮食短缺问题，一方面实行余粮敞开收购，另一方面从外地进购。全年完成国内总购进（贸易粮）9900吨，完成率居全省县市之首。1994年，集体、私营业主进军粮食市场，粮食价格曾一度出现混乱，市场不稳定。市粮食局遵照党中央、国务院“队伍不能散，阵地要永占”精神，在年初即落实和完善新一轮承包责任制，相应成立专门领导小组，加强对各基层粮贸公司领导，实现从上到下工作负责制，保证内部各环节协调与统一。全年调入贸易粮1.94万吨。其中，市场调节粮2100吨，灾销粮875吨，储备粮5447吨，定购粮1.09万吨，填补娄底市粮食购销缺口。1995年，域内部分乡村遭受洪涝灾害，粮食供应推行“首先保证平价粮供应，再全力推销议价粮油”制度。市粮食局规定，粮油购进由粮油贸易总公司负责统一进货，统一作价批发给企业。大宗粮油品种原则上不允许企业擅自采购，有关短线品种由企业自行掌握，但须保证在“购得进、销得出、略有利润”的前提下进行。全年购进粮食2.55万吨。

1996年上半年，粮食价格稳中有涨，粮源组织困难，市粮食局与调出方勾通协调，至4月底，共调入稻谷1.61万吨，大米8114吨，完成上级下达调入计划。下半年，粮食丰收，粮源充裕，市场粮价有所下降，销售疲软，库存积压，取消外地进购。1997年，全年完成购进总额5883万元，同比增长6%，粮食库存处于建市以来最高水平。1999年，坚持按质定价、奖售兑现政策，实行常年收购。2000年，粮食收购改由各粮食购销企业与优质稻种植农户签订购销合同，对列入保护价范围晚籼稻实行常年敞开收购，全年收购晚稻谷共1.07万吨。对退出保护价范围早籼稻亦按照“购得进、销得出”原则，组织收购，全年收购早籼稻1940吨，每50千克合同收购价高出市场价12.50元。

2001年，实行政策性倾斜，粮食购销部门与优质稻种植农户签订合同，约定早优稻和湘晚籼11号收购价格高于普通稻市场价10%，湘晚籼5号和湘晚籼9号收购价高于常规稻市场价15%，促使全区优质稻种植大面积推广。针对市场销价偏低，顺价销售困难情况，按照国家收购政策，对列入保护价中晚稻做到敞开收购。对退出保护价收购的早籼稻按照“购得进、销得出、不亏本”原则多收购，每50千克收购价格高于周边县市1~2元。全年共收购晚稻6599吨，早籼稻3046吨，完成全年计划160.8%。2002年，粮食购销进入市场化，粮油收购不再实行定购政策。粮食管理部门指导收购企业按照“购得进、销得出、略有盈利”原则组织收购。全年共完成社会消费品零售总额8200万元。2003年，14家国有粮食企业整体实施“两个置换”，重组粮食管理机构，粮食购进按照《粮食购销企业管理办法》运作。2004年，全国粮食收购进一步放开，区粮食局按照中央一号文件和新颁布的《粮食流通管理条例》做好夏粮收购，设立收购点22处，全年收购粮食3100吨。2005年，坚持服务“三农”，保护种粮农民利益，及时启动粮食最低收购执行预案，粮食收购1.30万吨。

2007年，完成国有粮食企业整体改制，原有5家收购企业合并为2家。一粮库取得中央储备粮代储资格，军粮供应站连续四年被评为“四好军供粮站”。域内粮食收购统一由一粮库采取定点收购、委托收购相结合的办法，做到随到随收，计量准确，不打白条，不代扣任何费用，实现收购机制转变。

（二）油脂（料）收购

1989年，寒露后，市粮食局组织人员到百亩、大科、涟滨3个乡14个村113个村民小组，逐户进行宣传发动，逐户收购，突击20天，收购茶油22.50吨，收购议价茶油9吨，缓解春节茶油供需矛盾。1990年，全市收购定购食油99.40吨，完成任务计划79.5%，外地调入785吨，占计划108.2%。1991年4月，粮油价格调整，本地收购基本取消，居民食用油全部从外地进购。

二、粮油销售

（一）粮食销售

1989年，粮油销售继续实行计划供应。农村粮油销售基本保持自产自销、自给自足方式，灾难时依靠政府灾销粮，部分贫困地区实施统销粮政策。城镇人口粮油供应统一由市粮食管理部门按照国家相关政策，按工种定人、定量平价供应。是年，加强农村购销管理，对购销资金、统销粮指标安排以及“三挂钩”物资兑现等方面进行清查处理，建立和健全农村购销管理制度，收回统销粮指标37.50吨。城镇人口粮油供应进行定量口粮双核，全年应双核换证3.47万户，完成3.35万户，收回贸易粮指标56.25吨，食油指标505千克。全年销售贸易粮2.49万吨。1990年，粮油票证坚持“双线管票制”和“票库值班制”，城镇居民口粮双核换证工作澄清历年结余粮底子。全年共销售平价贸易粮1.78万吨、食油303.70吨。在农村，对人均产粮250千克以下、人均纯收入200元以下农户进行调查摸底，安排农村灾销粮1400吨，解决历史缺粮队口粮56吨，补助因基建占地粮167.80吨，解决缺粮群众春夏荒生活问题。1991年，大米抢购风给全市物资保障增加困难。市粮食局从“稳定政治、稳定经济、稳定社会”大局出发，对15家包干用粮单位进行清理审核，严格控制“农转非”人口增长，合理控制和压缩粮油物品销售，加强票证管理，实现总指标有节余，项项未超销，减少财政补贴，保证调价政策出台。在农村，安排粮食指标1102吨。其中，灾销粮560吨，定销粮542吨，保证任务完成，妥善安排群众生活。全年销售贸易粮1.94万吨，占年计划74.7%。1992年，城乡粮油供应正常，全年销售贸易粮1.77万吨。1993年，粮油购销进入市场经济时期，粮油价格、经营放开。城镇居民购粮管道增加，大多选择到地理位置方便、品种较多集体、个体粮店购粮，国营粮店销量锐减。1994年春，粮油供应市场一度出现紧张，市粮食局领导带队分赴岳阳、衡阳等地调集粮食，保证粮食供应；规定凡属国家抛售专项粮食指标坚决做到专粮专用，只准零售，不准批发，不准卖大户，不准销往外地，维护购粮秩序，平抑粮食价格，稳定市场。1995年，全市粮食减产，加之外粮进购受到一定困难，粮食供应方面造成一定紧张。市粮食局采取措施，保证平价粮油供应，重新清理用粮人口，换发粮证，采取凭证、定点、限量、限价等措施，实行指标当月有效，跨月作废方式供应，确保销售包干指标不突破。1996年，全市粮食丰收，粮源充裕，市场繁荣。随着粮食流通体制逐步完善，“市镇居民粮油供应证”退出历史舞台，城镇居民人口粮油供应居民自由选购，货源充足。

2002年，粮食购销进入社会商品粮购销时期，区粮食局采取稳购促销方式，把新收购粮食盘出效益。是年，销售6800吨，盈利4.08万元。2003年，全区粮食库存陈化粮1319吨，质量结构不合理。粮食局按照中央和省规定，在10月粮价看涨情况下，以每50千克48元价格在湖南粮食批发市场公开拍卖，全部处理完毕。2004年，粮食销售收入700余万元。大部分资金参与企改，实现国有粮食企业职工身份置换。2005年后，粮油销售完全由市场运作，区粮食局负责国家储备粮储备和军粮供应工作，至2008年未变。

（二）食油销售

1989年，粮油实行议价收购、平价供应、财政补贴，即高收平出、财政补贴差价方式。全年平价粮油经营亏损292.50万元，政策性定额亏损185万元。1990年，销售食油303.70吨，同比增加30吨。1991年，销售食油160多吨。1992年11月，粮油价格、经营放开，民营粮油店出现。1993年，国营粮油门店仅销售食油143.10吨。1995年，销售食油260吨。1996年，粮油流通体制逐步完善，“市镇居民粮油供应证”废止，国营粮店退出食油经营市场。

第二节　粮油储运

一、粮油储藏

（一）仓库

1989年，域内仓容占地面积1.73万平方米。1991年，政府基建投资135万元，完成仓容和黄泥塘粮店及其附属配套住房共计1555平方米建筑面积扫尾工程。新建百亩仓库、恩口粮站仓库和东郊粮站。

2003年，全区粮食系统完成企业改制。7月23日，撤销娄底国家粮食储备库（保留牌子）、娄底湖南省粮食储备库（保留牌子），重组娄星区第一粮食储备仓库（保留娄底国家粮食储备库牌子）、娄星区第二粮食储备仓库（保留娄底湖南省粮食储备库牌子），各驻乡镇收储点均划归第一粮库管理。2005年，深化体制改革，第二仓库整合，保留第一粮库。

（二）保管

1989年，粮油保管全部实行定人、定仓、定任务、定费用，包进、包出、包实现“八无”“四定三包”责任制。采取机械通风、压盖密闭、低温储藏等措施，开展科学保粮。粮油储藏达到“无害虫、无变质、无鼠雀、无事故”“无变质、无混杂、无渗漏、无事故”要求。1992年，进入市场经济时期，仓储管理按照国家储备局管理办法做到专人管理、专仓储存、专账记载储粮地点、数量、品种、质量“三专”、“四落实”。保管技术普遍推行通风降温、熏蒸杀虫、电子测温等。1993年实行薄膜压盖、双低储藏和密闭熏蒸杀虫保粮。1994年，继续推行“三专、四落实”制度，层层建立目标管理责任制，稳定保管队伍，实行定职、定位策略，工资由市粮食局直接单列下拨。推广“双循环、储气箱通风及排风扇与地槽配套”技术。1995年，全部仓容实行双循环拉膜覆盖，实行微机监控先进保粮技术，结束沿用传统简陋方法保管粮油历史。

1997年，粮食购进增加。为保证本地定购及时入库，各仓库采取集腾并转，增加露天堆放办法储存。库存爆满，安全保管压力增大，按照“三专、四落实”要求，对保管员实行“四定三包”责任制，坚持粮情测报制度，做到市局每季一查，站、库每月一查，点库每周一查，保管员每星期一、三、五检查，达到“治早、治少、治了”和“经济、安全、有效”，发现问题果断处理目标，确保储粮安全。1998年，库房保管坚持“以防为主、综合防治”保粮方针，明确责权，层层实行承包，风险共担，奖罚挂钩，做到保管账、统计账、会计账及台账与实物数量账实相符。2000年4月起，全国开展清仓查库检查，全区粮储保管通过对实物清查和账务核查，数字真实准确，粮食储藏安全，符合国家“一符四无标准”。

（三）储备

地方粮食储备 1999年后，坚持“先陈粮、后新粮”销售策略，减轻库存压力。至2003年年底，所有陈粮和陈化粮全部处理完毕。至2008年年底，全部粮食库存基本消化。

国家粮食储备 1996年，市粮食局根据国务院关于各级都要建立地方储备粮指示精神，报请市政府批准同意，建立储备粮库。2004年，争取区级储备粮指标，实现区级储备粮“零”的突破。2005年，对一仓库进行改造，库区修建绿化带，更换电子测温系统，年底通过省粮食局检查验收。2006年，取得中央储备粮代储资格。2007年，粮食收购实行定点收购和贮藏。

二、粮油调运

（一）调入调出

1989年，娄底市调入平价贸易粮1.88万吨，占调入计划102.2%。1990年，粮食调入计划3.37万吨，实际调入3.70万吨，占计划109.8%。1991年，调运计划3.20万吨（混合量），实际完成3.34万吨。1992年上半年，省、地下达娄底市粮食调运计划1.26万吨，实际完成1.42万吨，占计划112.6%。其中，稻谷计划调入6310吨，实际完成6467吨，大米计划调入4772吨，实际完成5888吨。1993年，国家对粮食价格、经营放开，省地不再安排娄底市平价粮食调入，娄底市按照市场批发价格在粮食主产区自行组织进购，价格由议价调剂。是年，完成国内纯购进（贸易粮）9900吨，其中定购粮入库7600吨。1994年，市粮食局围绕建设市场，搞活流通，确保粮食市场和价格稳定，完成好本地定购粮收购入库，完成粮食购进8064万元，同比增长62.4%。

1998年，实行粮食保护价敞开收购，全市收购粮食2419吨，其中定购粮1989吨。1999年，实行“敞开收购、顺价销售、封闭运行”政策。全年收购定购粮5885吨。2003年，国有粮企改制后退出粮食市场，粮食调运随之由各民营企业自行运作。

（二）市内调运

1989年，市内居民粮食供应按既定指标由各户自行到属地粮站供应点购买，各粮站供应点根据销售实际上报粮食局，供销股安排配送。1992年5月，粮食经营体制改革，成立娄底市粮油贸易总公司和娄底市平价粮油购销公司，市内粮食调运由粮油贸易总公司统筹调配。下属各基层加工、经营机构均更改名称为企业单位，推向市场，组成网点，推行“优化组合、工效挂钩”经营承包。是年，投入资金234万元，新开发建设项目48个，竣工门店15个1400平方米，改造旧门店32个960平方米，购买和租用门店6个。1993年，扩建改造门店41个。1996年，粮贸系统开展“两线运行”改革，只改变经营方式，除政策性业务外，增强商业性经营，市内调运方式未变。1998年，深化粮食流通改革，做好机构分设、资金分离、人员分流。10月4日，市财办同意成立娄底市粮食批发交易市场，全民所有制企业，隶属市粮贸总公司管理，主要职能是组织全市市场粮食批发交易。1999年1月28日，市财办研究同意成立娄底花山粮食管理站，原花山粮油贸易公司名称同时废止。7月19日，区财办同意娄星区恩口粮油贸易公司更名为娄星区恩口粮食购销管理站；娄底市育才粮油贸易公司更名为娄星区育才粮食购销管理站。更名后，企业性质、职能、业务仍维持不变。城南、城北、涟滨粮油贸易公司保留原公司名称，分别成立娄星区城南、城北、城西、涟滨粮食购销管理站，粮站主任由原粮贸公司经理兼任，实行“两块牌子、一套人马”合署办公。

2003年7月23日，粮食系统全面完成粮食企业改制任务。区贸易办同意撤销城南粮油贸易公司、城北粮油贸易公司、涟钢粮油贸易公司、涟滨粮油贸易公司、长青粮食管理站、花山粮食管理站、育才粮食购销管理站、恩口粮食购销管理站、双星粮食购销有限公司、饲料厂、粮食批发市场、粮油实业公司、娄底国家粮食储备库(保留牌子)及娄底湖南省粮食储备库(保留牌子)等14个粮食企事业机构。组建娄星区第一粮食储备仓库（保留娄底国家粮食储备库牌子）、娄星区第二粮食储备仓库（保留娄底湖南省粮食储备库牌子）、娄星区东郊粮食购销管理站、娄星区南郊粮食购销管理站等5个机构。

第三节　粮油市场

一、财务管理

1989年，粮油实行议价收购、平价供应、财政补贴，即高收低出、财政补贴差价方式。是年，平价粮油经营亏损292.50万元，政策性定额亏损185万元。1990年，平价粮油补贴前亏损612.92万元，比计划405万元增加207.92万元，政策性亏损定额补贴292万元，亏损挂账310.94万元，同比增加208.69万元。1992年，进入市场经济时代，粮食购销价格放开，经营品种、质量有所突破。坚持“一支笔”审批制度，严格把守开支关，遏制新的财务挂账增长幅度。全年计划企业总额93.20万元，实际完成54.48万元，占计划58.5%；平价亏损计划720万元，实际亏损838.55万元，占计划116.1%；费用总额计划720万元，实际完成823.33万元，占计划114.4%，剔除不可比因素，实际比上年增加费用3万余元。1993年，实行粮食企业补贴，补贴后实现盈利78万元，居全地区第1名。1998年，实行粮食收购资金封闭运行，实行库贷挂钩，钱随粮走。农发行行使监督管理职能，保证收购资金足额到位。2002年，取消粮食定购征收。

二、市场准入

1992年粮食经营、价格放开，集体、个体粮食企业快速发展。1998年，市政府制定《娄底市粮食市场管理暂行办法》，成立清理整顿粮食市场工作领导小组，市粮食局成立粮食市场管理稽查大队，监管粮食市场，经营环境得到改善，市场秩序好转。1999年，粮食购销体系体制改革，市粮食局根据《娄底市粮食市场管理暂行办法》，建立办证服务厅，推行粮食批发准入制度和粮食购销验证制度。7月，娄底市粮食局更名为娄星区粮食局，粮食市场管理稽查大队解散。社会粮食市场一度出现紊乱，顺价销售十分困难。区粮食局恢复重建粮食稽查大队，区政府相继印发《关于加强粮食市场管理，搞好粮食收购工作的通告》《娄底市娄星区粮食市场管理办法》、粮食经营户须知等文件资料，出动宣传车在全区范围内进行巡回宣传，开展规范和把控粮食批发工作。8—12月，稽查大队组织协调工商、物价、技术监督、公安等部门，查处违规经营案件188件，罚没收入5.04万元。全年取缔违规批发户3户，罚没处理违规批发80余次。

2003年，加强市场调控和监管。粮食稽查大队联合工商行政管理部门对个体户无证收粮现象进行查处。2004年，稽查大队依据国务院407号令《粮食流通管理条例》，依法行政，组织执法队伍开展执法检查。对未经粮食行政管理部门许可擅自从事粮食收购人员及收购粮食进行查处，控制非法收购。2006年，加强粮食企业统计工作，统计覆盖面95%。对所有粮食经营户按《粮食流通管理条例》做好粮食收购许可证年检年审工作。夏粮收购期间，稽查大队多次组织执法人员开展打击非法收购专项行动。12月，组织人员对全区粮食经营场所督察。2007年，执法大队多次对全区粮食企业和粮油经营户进行清查，确定一粮库、区军粮供应站、2家米厂和13家个体批发商为重点监管单位。2008年，加强粮食市场监管，开展粮食执法10余次，处理违法案件2件。

第四节　粮油经营

1989年，域内有娄底大米厂、娄底市配合饲料厂2家生产企业，以生产大米、统糠、糠油、精炼菜油、配合饲料等为主，各粮站附营面条加工、配（混）合饲料加工、糕点、饮食、豆腐经营等。是年，创纯利34.01万元。1991年，开办娄粮招待所。通过实行优化劳动组合和工效挂钩，大米厂开展整章建制，油米比达0.98%，出米率68.4%，完成利润22.10万元。面条产业生产品种达到21个，在全地区举办面条展评展销中，有银丝、玉带、五香、盐碱等5个品种获得新产品优质奖，16个获得鼓励奖。1992年，市粮食局机关开办经济实体，全年新开办小型面粉厂1个，包装材料厂1个。投入建设资金234万元，新开发建设项目，改、扩、租门店，发展网点。粮油加工改变传统“以销定产”方式，发展深加工、精加工、委托加工、品种兑换业务，提高经济效益。全年生产大米1.14万吨，实现利润30.80万元，平均出米率同比增长0.3%，达到68.7%。从外地进购优质稻谷进行加工和批发、零售业务，恢复酿酒生产。1993年，市粮食局与地区粮食局合资开办植物油公司，并扩建改造门店41个，在综合经营和粮企发展方面构建一条生产、经营、销售网络。推行生产经营承包责任制，各种经营产品增多，成为粮食系统特色企业。粮油加工厂建设面粉厂，填补域内面粉加工空白。1994年，发展多种经营，实行横向联合。各粮店增加花色品种，食品生产实现跨行业经营。全年实现综合经营利润143万元，其中粮油加工利润6.80万元。饲料生产改浓缩饲料为预混料，产量4404吨，实现利润7.10万元。1995年，粮食经营实行“两线”运行，全市粮油企业自主经营、自负盈亏。市局成立多种经营领导小组办公室，统筹经济管理。全年综合经营利润计划155万元，完成167万元，占计划107.7%，同比增长22%。由于全局职工人数多，经营项目和网点少，议价经营受到严重制约，市场竞争激烈及体制政策初步转变，政策性业务购销价格倒挂，补贴数额少等不利因素，企业经营艰难。

1996年，育才粮店在茶园仓库安装小型组合米机代加工，在万宝新建粮店发展农村市场，在石井仓库新辟养鸡、养猪场。全年多种经营任务计划180万元，实际完成181万元。1997年，发展养殖业，以“池里有鱼、栏里有猪、圈里有鸡”为主要标志的库院经济为主攻方向，全年养猪2966头，出栏2373头，养鸡2000羽，产鱼1.50吨，合计养殖业收入20余万元。1998年，全局多种经营从业职工755人，占职工人口总数85%，实现多种经营收入6245万元。其中，加工大米6400吨，出口4800吨，填补粮食系统无出口产品空白。饲料生产560吨，加工面条1150吨，养猪2248头，年内出栏1873头。1999年，全年加工大米3100吨，自购自销2600吨，年创税利10.80万元，生产精制“振粮”面条502吨。饲料厂生产饲料804吨，创利2.90万元，生猪出栏3308头，出售活鸡1.10万羽。

2000年，加工大米5456吨，面条1153吨，饲料620吨，出栏生猪2258头，全局附营企业实现工业总产值1288万元，盈利企业达到50%，在上年基础上减亏168.1万元，全局亏损额降低到268.90万元。是年，区粮食局投入资金100多万元，将闲置多年的粮贸综合大楼改造兴办裕园宾馆，入住率95%。城南粮店在上年与九龙集团联合开发城南服饰广场后，开办家家旺超市。长青粮店闲置地产和房屋得到利用，局机关和各企业门面、场地招商招租收入成为单位主要收入来源之一。往年亏损和历史挂账多，企业经营资金短缺，粮贸工作面临困难逐渐增多，局属14个单位经营和门店出租198个，点多面广，社情复杂管理困难。至2001年年底，全系统干部职工977人（其中离退休177人），实际在岗不足40%，困难职工居多。2003年，全系统推进企业整体改制，职工实行“两个置换”，所有资产通过合法程序妥善处置。

第五章 供销合作

1989年起，娄底市供销社系统逐步转换经营模式，实行目标管理经营责任制尝试。1992年，推行以经营、物价、用工、分配制度为主要内容的“四放开”改革，所有权与经营权分离，以门店为单位实行多种形式经营承包责任制。转换结果造就供销社职工中一批“万元户”“十万元户”甚至“百万元户”。1995年2月，中共中央、国务院下发《关于深化供销社合作社改革的意见》。随后，省、市、区先后制定《关于深化供销合作社改革的决定》等文件，鼓励开办农村各类专业合作社、农村合作经济组织。1996年11月，开办娄底市基层供销社股金服务部。由于主客观原因，供销社实际亏损逐年增加，至2003年年底，供销社下属企业账面累计亏损8000余万元，资产负债率普遍在77%～95%，职工总数1800余人。

2004年年初，娄星区供销社在日杂公司进行“企业置换体制、职工置换身份”（简称“两个置换”）为主要内容企业产权制度改革试点。市委、市政府及娄星区委、区政府制定企业产权制度改革实施办法，供销社企业由经营服务型企业向纯服务型事业单位改革。2006年6月，“两个置换”基本完成，拍卖下属企业资产56处，拍卖所得资金8257.30万元，安置职工1780人。娄星区供销社下属7个公司及1个基层供销社全部注销。资产仅有区社办公大楼、万宝供销社、茶园供销社、石井供销社、西阳商店、百亩商店、红联商店、老街门市部、景屏街4个门面和茶园火车站旅店仓库等10处。

2006年6月，娄星区供销社完成改制，职工工资及工作经费纳入区级财政预算。安置改制企业支书、经理，成立娄底市农业产业化服务中心，投入“新网工程”“万村千乡工程”重建供销社工作。至2008年12月，建设“新网工程”区级配送中心1个，专业协会6个。娄星区供销社被湖南省供销社评为“全省供销社十佳县级供销社”。

1989—2008年历任主任：刘崇林、杨仲刚、陈显荡、易勤俭。

第一节 供销改制与发展

一、传统经营服务网络改制

（一）基层供销社

1989年1月，娄底市北区供销社率先推行目标管理承包经营责任制。1991年12月，供销社推行所有权与经营权分离改革，推行“公有私营”承包责任制，承包方式有门店柜组集体承包、个人承包、股份合作经营等。实行人员自组、风险抵押、照章纳税、自主经营、自负盈亏、综合上交。1993年，撤销农村代购代销售店。1996年1月，按照一县（市）一个基层社改革精神要求，经市政府批准，将3个经济区供销社合并，组建娄底市基层供销社。实施第三轮经营承包责任制，采用门店出租、资金自筹、统一领导、柜组承包、自主经营、自负盈亏、照章纳税、定利上交、所有权与经营权分离，责、权、利相结合租赁承包责任制形式。11月28日，娄底市基层供销社成立股金服务部，下设长青、清潭2个营业点，有工作人员9人。股金服务部按照“入股自愿、退股自由、保息分红、诚守信誉”原则，吸收城乡居民、供销社职工闲散资金。存款收益略高于银行利率，对1年以上长期股金，按本金2%给予奖励。2003年，结束股金服务部工作。2005年6月，娄星区基层供销社改制工作结束。

（二）农业生产资料公司

1989年，国务院决定对化肥、农药、农膜等重要农业生产资料实行专营。1992年开始，推行公有私营，门店承包给职工，农机具仓库临街面改造为综合商场，经营百货、服装、五金、家用电器等商品，实行单独核算，农业生产资料仍由公司统一经营。1998年1月，推行农资“一条鞭”经营模式，将基层社各农资门市部、批发部人财物一并收归农资公司管理经营，统一进货、统一价格、统一调拨、统一销售，2006年4月，改制注销。

（三）日用杂品公司

1988年3月，组建娄底市日用杂品公司。1990年，食杂土产公司对门店柜组实行“公有私营”改革，沿河路商场商品一律按销售价30%作价，职工自主经营，批发部坚持统一核算经营。十六年后改制注销。1992年，娄底市日用杂品公司实行“公有私营”改革，除批发部外，其余门店、柜组承包给职工经营。

（四）茶叶土产公司

娄底市茶叶土产公司主要经营棉花、茶叶2大业务，按“拨货计价实行负责制”管理，统一核算，自主经营。1993年，分别采取承包经营和门面出租办法，推行经营责任制。2005年1月，改制注销。

（五）废旧物资回收公司

1989年4月，娄底市废旧物资回收公司实行集体承包责任制。1997年，在企业内部实行资产重组和一企三制（经营、承包、租赁），由总公司统营统管，推行定单位、定人、定任务、定利润、定升溢、定铺底资金、定房屋折旧费、定时间“八定”， 联工资、联年终奖、联调整升级工资“三联”，不准擅自销售废旧物资，不准违纪收购，不准违反财政纪律，不准以次充好，不准内外勾结进行验收、谈价，不准废金属在外在店过夜，不准把火种带入仓库“七不准”经营承包责任制方案。2006年6月，改制注销。

（六）综合贸易公司

娄底市供销社联营公司主要为基层供销社服务，即与乡社联营，搞工业品联购分销售，农副产品分购联销。1992年，实现公有私营、社有民营改革，除批发部外，所有门店由职工承包经营。1997年，更名为娄底市综合贸易公司。2000年，天伦宾馆发生火灾，导致内外负债。2006年6月，改制后注销。

（七）新世纪商业大厦

前身是湖南省湘中综合贸易服务中心，隶属市供销社。1986年更名为娄底市综合贸易公司。下辖供销社商场、工业品经营部、农副产品经营部、沿河路综合批发部、老火车站商店、春园商店。1992年，市供销社利用供销社商场南侧空地兴建农副产品、小商品批发市场。1994年，更名为湖南省娄底市新世纪商业大厦。2000年，商厦推行划柜分散承包经营为主改革。2001年，因多种因素影响，大部分经营业主亏损，无法收取租金，商厦陷入关门停业。2002年8月9日，商厦公开对外整体招租，九龙经贸（集团）有限公司竞得1～3楼经营权。2007年，改制注销。

二、发展新兴服务网络

2005年，娄星区供销社在改制过程中，坚持“有进有退，重组发展”方针，留有1000余万元自有资产作为重新发展基础，由经营型向经营服务型转变。2006年12月1日，娄星区农业产业化服务中心挂牌暨新合作湘中农资配送中心开业。主要职责是指导全区发展农民专业合作社、综合服务社和农村合作经济组织、协会；建设新农村现代流通服务网络，为农业、农村、农民提供全程服务。建立“万村千乡”“新网工程”示范店72家，其中，村级综合服务社14家，连锁农家店58家。兴办万宝花生种植加工、百亩植林种养、双江养殖、茶园养猪4个专业合作社，成立娄星区农业生产资料协会。重组和培育湘中农贸、鸿发烟花爆竹、娄星新合作、银河商贸等4家企业，安置就业人员362人。娄星区供销社被评为全省“先进县级供销社”。

2007年3月，全省供销社建设新网络服务新农村工作会议在娄底召开。副省长杨泰波、娄底市委书记蔡力峰到区供销社视察新网工程。是年，建立水果、茶叶、再生资源物资、农副产品生产加工、农副产品购销售经纪人5个协会。2008年，娄底市湘中农资批发有限公司、娄底市红旗蔬菜批发有限公司、娄底市聚源商贸进出口有限公司签约入社，加上原有银河商贸、恒旺食品、万宝食品饮料、湘中农资、森泰再生资源公司，有8家企业入社。其中，银河商贸有限公司被列入省供销社龙头企业，万宝食品饮料公司被列入省级龙头企业。入社企业完成商品销售2.81亿元，实现利润80.50万元。6月8日，省人大农业委员会到娄底视察新网工程和专业合作社、服务合作社、行业协会“两社一会”。是年，区供销社被省社评为“全省供销社十佳县级供销社”。

第二节 销售收购

一、农业生产资料销售

1990年，娄底市供销社系统有农资批发、销售网点50个，农资代销店52个，化肥临时供应点60个，供应农资总额862万元。较1980年增长67.7%，年均递增5.3%。1992年，供销社有植物医院11所，8个月向农家上门送销售化肥3480吨，配方供肥670吨，拆零供肥1190吨，技术咨询4880人次，试验示范176公顷，试验增效碳铵5.50吨，印发宣传资料4560份，修理打稻机、喷雾器4200件，建科技扶贫点4个。1994年，供应农资总额1116万元，较1990年增长29.5%。1995—2008年，年供应农资总额每年以10%左右幅度递增，改制后，供销社农资供应量占有市场份额80%以上。

（一）化肥

1989年，化肥货源紧张，价格上涨，各种化肥销售价比上年平均提高21.3%，供应量下降。1990年，供销社立春前扩大进货，加快调运，增加储备。供销社将自主购进的尿素、碳铵、磷肥降价销售，销售价比上年下调9.6%。“双抢”时节，在边远生产队设立化肥临时供应点60个，百余名职工下乡送货。半个月内，销售碳铵250吨，节约劳动日2000余个。推销经验被湖南《供销售信息报》以《胡司令打铜锣》为题刊登。是年，供销社系统供应标准化肥1.48万吨，按耕地平均每亩106.60千克。按供应品种分尿素3379吨，碳铵3498吨，磷肥3151吨，钾肥470吨，复合肥1903吨，高效肥比1980年增长80.3%，低效肥下降39.9%。1992年，化肥专营解体，个体商业运销售价格大幅度上涨，“双抢”季节供不应求。1994年，尿素销售价每吨1800元，比1992年提高50%。是年秋，国务院再次重申化肥由供销社归口经营，维护农民利益。市供销社系统供应标准化肥1.41万吨。1995—2008年，供销社化肥销售量稳步提升，年均增幅在10%以上，市场占有率85%以上。

（二）农药

1989年，农药由供销社归口经营农药。农药价格上涨，销售价比上年提高48.5%。1990年，供销社供应高效低毒农药160吨。其中，杀虫霜70吨，速灭威23吨，甲胺磷20吨，还有叶蝉散、敌百虫、敌敌畏、杀虫脒、乐果、稻瘟灵、三环唑等品种。1993年，供销社系统供应农药58吨。1994年，供应145吨。1995—1998年，农药年供应量在145吨上下小幅波动。1999年，农药专营解体。至2008年，区供销社、农业局、个体户均经营农药销售。

（三）农具

1990年，供销社系统收购供应中小农具4.20万件，农药械1642部，打稻机24台，农田薄膜35吨。2000年后，供销社收购供应量锐减，仅销售小量农具、农膜。

（四）柴油

1990年，供销社销售664吨。1994年，销售340吨。1996年，取消凭票供应，供销社放弃柴油经营。

二、生活资料销售

（一）日用杂品

1990年，日用杂品经营品种2000余个，实现销售总额232万元。1991年，高档组合家具、办公桌柜走俏。1993年，新世纪商厦设家具城和日杂专柜6个，公司、区社有专营、兼营日杂用品门市部和商场59个，销售业务增加。1994年，供销社系统销售日用杂品总额430万元。改制后，日用杂品仅在个别零售门店有售。

器具类 1989年，销售铁鼎锅2.02万口。1990年，销售铁鼎锅1.37万口，销售陶器7000个。瓷厂进市设点销售瓷器，集体、个体商业普遍经营。1993年，新世纪商厦设瓷器专柜，经营高档瓷器。1994年，供销社系统销售陶器19万个。随后，逐步退出陶制品销售市场。

烟花爆竹 1989年，东来等鞭炮厂产品上市直销，城区禁放烟花爆竹。1990年，供销社系统销售烟花247箱，鞭炮643箱。

其他 1990年，供销系统销售葵扇3万把，卫生纸23万包。市场开放后，品种、销售增加，销售竹席400床，草席5000条，销售筷子4456排（每排100双）。销售土纸44吨。

（二）食杂果品

1990年，供销社系统销售食杂果品总额350万元。1991年，食杂、联营、农资、日杂公司将涟滨东街临街仓库和住房开设门店37个，组成食杂果品批发市场，开展批零业务。1993年，新世纪商厦设干果蜜饯专柜，销售业务连年增长。1994年，供销社系统销售食杂果品总额650万元。其中，销售苹果1197吨，柑橘74吨，梨子169吨，红枣83吨，干辣椒6.33吨，粉丝5吨，葵花子357吨，花生514吨，核桃1吨，葡萄干2吨，桂圆干1吨，荔枝干1吨，乔饼10吨，橘子汁1万瓶，水果罐头20万瓶，酱油50吨，味精4吨，木耳7吨，玉兰片2吨，淀粉16吨。是年，达到历年销售量高峰。后逐年递减，改制后退出市场。

（三）副食品

1990年，供销社系统销售副食品总额540万元。其中，销售水产品9吨，糕点100吨，食糖170吨，卷烟575箱，酒类377吨，食盐617吨。1993年，新世纪商厦设立饮料、糕点、糖果、烟酒、腊味专柜，副食品经营品种400余个，销售业务成倍增长。1994年，销售副食品总额1020万元，比1990年增长88.8%。随着市场经济兴起，供销社在副食品市场主体地位被个体私营户取代。

（四）针纺织品

1990年，供销社系统销售针纺织品总额370万元。其中，销售纺织品34.10万米（呢绒3.40万米，丝绸1.7万米），毛巾8.60万条，袜子10万双，针织内衣裤7.3万件，毛线1.26万千克。1991年，针纺织品市场以高档、新款式为主体，销售量不断增加。1994年，销售总额690万元。取消凭票限量供应后，供销社系统退出针纺织品市场。

（五）日用百货

1990年，供销社系统销售日用百货总额317万元。其中，销售胶鞋8.90万双，塑料鞋2.40万双，皮鞋1.80万双，肥皂11004箱，洗衣粉90吨，暖水瓶1.39万个，搪瓷面盆7400个，铝锅9200个，自行车1813辆，缝纫机570台，钟表900座，机械手表1200个，销售首饰418万元，化妆品37万元，火柴2350件，手电筒10000个，手电池32.30万个，电灯泡11.20万个，元钉21吨，元丝14吨，煤油144吨。1993年，新世纪商厦设百纺公司，辖日用百货专柜31个，经营品种8000余个。1994年，供销社系统销售日用百货总额964万元。是年，柴油煤油移交农机部门经营。1996年后，供销社逐步退出日用百货主营地位。

（六）家用电器

1989年，供销社系统销售收音机4台（微型机），收录放多用机956台，鸿运扇5851台，黑白电视机994台，彩色电视机72台，洗衣机941台。1990年，销售电冰箱293台。1994年，销售收音机154台，收录放多用机888台，各类电风扇4444台，黑白电视机1862台，彩色电视机1650台，洗衣机906台，电冰箱1115台，照相机198架，摩托车213辆，录像机66台，抽油烟机284台，空调器71台。改制后，家用电器由专营门店专柜销售。

三、农副产品收购

（一）收购总额

1989年，收购农副产品总额399万元。1990年，收购农副产品总额375万元。其中，域内产品279万元，以茶叶为主；外地产品96万元。1994年，供销社系统农副产品收购逐步减少，直至完全停止。

（二）收购品种

1989年，收购土产品总额19万元，收购黄花128吨，收购柑橘197吨。1990年，收购土产品总额43万元，大部分产品来自境外。其中，收购量最大茶叶，当年收购737吨。收购皮棉1.20吨。收购柑橘180吨。1991年，收购茶叶542吨。收购柑橘99吨。1994年，收购柑橘99吨，停止经营茶叶，市红碎茶厂收购鲜叶加工直销口岸。1998年，娄底市茶叶公司从云南购进丁夫茶26.50吨。2002年，降价销售积压茶叶185吨，亏损60万元。其间，经营收购销售红薯米、红薯皮、红薯条等农产品，双江乡等主产区农民增收发挥作用，受到上级政府表彰和奖励。

四、废旧物资回收利用

废旧金属回收由娄星区废旧物资公司负责归口管理。公司在涟钢设收购站，专营各地企业送往废钢铁业务。在城区设收购点8个，收购基建遗弃边角料，包装废弃品。1990年，废旧物资公司收购金额430万元。其中，废钢铁7332吨，废铜38吨，废铝6吨，废铅4吨，废橡胶8吨，废棉2吨，破布73吨，废麻2吨，废纸1253吨，废塑料9吨，杂骨26吨，废玻璃23吨。1993年，废旧公司收购金额939万元，较1990年增长1.2倍。2001年，收购废旧物资总额5225万元，废钢铁2.40万吨。2005年11月停止收购。

第六章 服务业

1989—1999年，娄星区（娄底市）服务业大部分以国营、集体经营为主，服务业门类主要是酒店宾馆、餐饮以及其他服务行业。至2008年，服务行业发展迅速。饮食业发展到2291家，美容美发业、休闲娱乐业、中介服务与广告业、修理业、文印业和家政服务业2677家，出现不少有代表性行业，服务业成为商业经济发展重要部分。

第一节 餐饮业

一、酒店宾馆

1989年，娄底市餐饮业有14家。1999年，娄星区餐饮业达75家。至2008年，全区达到2291家。

1993年6月1日，娄底市外经委所属新马大酒店开业，是集餐饮、住宿、洗浴为一体的综合性中外合资大型酒店。1994年6月，娄底皇冠大酒店开业，为最高档次综合酒店。1995年，湘中商业大厦股份有限公司湘中大酒店开业，成为档次最高、面积最大、装修最豪华大型餐饮酒店，为娄底餐饮业标杆。1998年8月28日，皇冠大酒店变更为金香大酒店，产权隶属娄底市粮食局。是月，娄底鸿源酒家开业，至今成为娄底历史最悠久餐饮门店。

2000年，新化满殿香餐饮公司在娄星城区创办，为新化菜代表。2003年6月，新化梅山饮食文化研究会成立，会长孙书兵，弘扬梅山饮食文化。5月6日，娄底首届“清泉杯”烹饪技术比赛在清泉饭店举办，60多名选手参加热菜、冷拼、面点、雕刻项目角逐。11月6日，娄底市酒店（宾馆）业协会成立，会长廖南云，常务副会长刘永平，是娄底市财委隶属社会团体组织。2004年5月，厨师刘永平荣获中国湘菜名师荣誉称号，为娄底市第1位中国湘菜名师。2005年8月16日，娄底富野华典酒店开业，为娄底首家台资酒店。2006年12月，娄星区饮食服务公司改制，清泉大酒店转让颜文个体经营，成为娄底首家大型民营酒店。2007年11月7日，皇冠大酒店产权变更为金香大酒店改制为罗小诚个人经营产权。

2008年，饮食业发展到2291家。其中，二星级以上宾馆主要有新马大酒店、金香大酒店、娄底宾馆、清泉大酒店、娄底迎宾馆、湘中大酒店等6家，酒店主要有鸿源酒家、湘汇楼、毛家饭店、珠梅土鸡、明华排骨、宝庆食府。

二、快餐摊店

1989—1999年，从事快餐摊店主要是集体性质饭店和个体小饭馆，经济实惠，备受青睐。2000年3月7日，市民唐容在乐坪东街创办刘大哈快餐店，由唐容个人经营快餐服务。4月27日，市民曾立和在长青西街创办快餐店，在经营饮食的同时，还从事美发服务。是年，新化满殿香餐饮公司在域内创办饮食店，主营新化菜，为新化菜代表。快餐摊店出现强劲发展势头。2002年11月7日，长沙肯德基有限公司于娄底市娄星区长青中街15号(清泉广场一楼)成立娄底长青店。2003—2008年，城区快餐摊点发展到110余家，夜市一条街成为城区夜生活风景线。

三、冷饮茶楼

1989—1999年，商业供销系统购置制冰机械，经营冰棒、冰激淋等冷饮食品。城区亦有绿豆沙、糯米甜酒、冰水及各式冷饮料摊点和流动小商贩。2000年，冷饮主要是个体经营。1月21日，娄星区春园商行开业。6月30日，娄星区千禧糕点西饼冷饮屋开业。7月6日，娄底市乐开口实业有限公司在长青中街21号（博物馆一楼）创办摩卡咖啡屋，经营咖啡等饮料。2005年5月18日，位于长青中街娄星区壶中乐茶楼开业。2008年，从事冷饮服务的有39家，知名饮品店有娄星区洁美奶茶店、娄星区林全珍珠奶茶店，休闲茶楼1家，从业人员近百人。

附：娄星区特色美食小吃

南粉合菜　南粉合菜是域内知名美食。主要制作原料有红薯粉丝、干黄花、干笋尖、时令蔬菜、山胡椒粉、鸡汤、猪油等。南粉合菜烹饪须用大火大灶，火候要掌握得恰到好处，不足则无法入味，过了则会走“形”，口感大打折扣。程序是先将猪油炼开，捞起粉丝下锅，然后将干笋尖、时令蔬菜、黄花加入翻匀，加点鸡汤焖熟，出锅时加辣油和山胡椒粉。南粉合菜因其色香味、糯软而深受欢迎，吃起来别有一番风味。

三合汤　三合汤是梅山传统地方名菜，三合汤选料相当讲究，最好要用水牯牛之血，厚实的牛肚及黄牯牛里脊肉为主料。牛肉要横切，牛肚“呷黑不呷白”。杀牛开膛后，取出牛肚将粪便抖干净，炒前几分钟方可将其洗净，若去黑皮，甜味鲜味全无。牛肉、牛肚猛火热油翻炒后，加入米酒酿、生姜、红椒粉后出锅。牛血稍炒，久炒则不嫩。最后三者合之，加沸水烹煮成汤，配山胡椒粉、酱油等调味。味辣、汤沸、味道鲜美的牛肉、牛肚、牛血三合汤即出炉。

史料记载，南宋景炎二年（1277）3月，新化张虎起兵抗元，统帅威猛剽悍的梅山骑兵一举收复新化、安化、益阳、宁乡等县。后遭元朝重兵残酷镇压，张虎兵败被俘不屈而死。元人为防梅山骑兵东山再起，在梅山地区大肆杀马，杀完马之后杀牛。由此梅山产生杀牛牛市和三合汤独特名菜而传至今天。

金广源御制酱板鸭　金广源御制酱板鸭是湘中传统特产。始于清朝，是湘军首领曾国藩家厨传世秘方与现代食品工艺完美结合的低脂肪休闲食品。金广源酱板鸭精选纯土母鸭为原料，经30多种名贵中药浸泡，加上10余种香料，经过风干、烤制等15道工序而成。

娄星口味虾　娄星口味虾虽没有长沙的那么有名气，不过亦相当有特色，红艳艳的虾壳，白嫩嫩的虾肉，鸡汤上浮着几根绿葱段和紫色紫苏。从盆中拎起一只肥大通红虾子，两手使劲一撕，扯下两只虾钳，然后轻轻掰开虾壳，露出虾肉，不怕辣食客还可以再蘸点汤汁。

酸辣肘子　娄底人偏重酸辣口味，喜吃酸辣肘子。基本材料为猪肘子、小野山笋、野山椒、豆瓣酱、红油、辣椒粉、白砂糖、陈醋、蚝油、味精、鸡精。做法：猪肘子烫毛煮八成熟；锅烧油至七八成热，肘子入油锅炸至金黄色捞出沥油；卤水烧开，放肘子卤至酥烂，备用；锅下油，加入上述调料及高汤烧开，加肘子一起焖至入味装盘；面上撒上芝麻、葱花即可。基本特点：酸香微辣，肥而不腻，口味醇和，肉烂肥而不腻，汤味鲜醇，清澈见底。

蟹粉狮子头　该品种属娄星区传统豫菜，历史名菜。制作方法：把肥瘦肉切成碎片，放入盆中，加入蛋清2个，盐、味精、料酒、马蹄丁，揉成肉丸；用蛋清和水及蟹粉调均汤汁，揉到肉丸上，下入95℃清汤中煮，然后上笼蒸40分即可；把汤用鸡脯肉泥和一下，放入盐、味精、料酒，把蒸好汤丸子放入焯好菜心即可。

第二节　其他服务业

1989—2008年，域内服务行业发展迅速。美容美发业、休闲娱乐业、中介服务与广告业、修理业、文印业和家政服务业从1989年的3家增加到2677家。

一、购物超市

1989—1999年，商品购销主要以娄底市商业公司、供销社系统经营。商业系统拥有国营商业网点48个，供销系统有购销网点50余家。2000年起，娄星区商品购物出现多元化，并向民营方面发展。2001年1月5日，娄星区百花购物中心在娄底市长青中街开业，经营日化产品、五金、交电。12月，佳惠超市娄底湘中店开业，经营面积5400平方米，有员工132人。购物商场门店主要经营家用电器、金银玉器、男鞋、女鞋、时尚男装、潮流女装区和生活超市。

2005年8月15日，娄底市步步高商业连锁有限责任公司创办，位于娄星区长青中街42号，主要经营预包装食品、散装食品、保健食品、乳制品（含婴幼儿配方乳粉）、农副产品、纺织品、服装、鞋帽、五金交电、电脑及配件、通信器材（不含发射器材）、皮具、日用品、化妆品、文体用品、出版物、黄金首饰、珠宝玉器、卷烟、雪茄烟、第二类医疗器械的超市零售服务；家用电器销售、维修、保养；通信设备的零售、批发、维修；五金交电、电子数码产品、防盗报警系统、计算机和网络设备及其配件的销售、维修；电信业务代办；食品加工；柜台租赁服务；广告设计、制作、发布；家电售后服务；餐饮服务等。2008年3月4日，娄底市娄星区百花购物中心天水店在娄底市月塘街与星新南路交会处创办，主要经营烟酒、副食、日化、百货、生鲜食品、冷饮、大米、食用油销售。

2008年，全区拥有购物超市39家。其中，较有名气商家有位于涟钢青山的娄星区麦点超市、娄星区天客超市连锁加盟店恩口日用百货批发部、娄底市娄星区喜多多百货商场等。

二、美发美容

1989年，娄底市有1家美容美发店。1999年，娄星区有5家美容美发店。2008年，发展到935家。知名店有魔镜、百分百、环亚、彭都、星星发艺、玉清美业等。

三、摄影摄像

1989年，娄底市有摄影店3家。1999年，娄星区有15家摄影摄像店。2008年，发展到63家。知名店有紫罗兰影楼、长青写真影楼等。

四、家政服务

1989年，家政服务有1家。2008年，发展到23家。

五、修理维护

（一）汽车维修

1989—1995年，汽车维修业务主要是交通部门所属汽车修理厂经营，有汽车修理厂8家。1996年，民营汽车维修兴起，交通部门汽车维修单位改制，转为民营。2008年，全区汽车维修行业有一、二类企业41家，三类企业1860家，从业人员2500余人，4S店、6S店、特约维修服务站、综合维修厂、快修连锁店、专项维修店等多样化经营，形成门类齐全、品种多样、分布广泛、服务方便的汽车维修市场体系。

（二）摩托车维修

1995年，域内始有摩托车修理。1999年，发展到5家。2008年，发展到20家。知名店有娄星区台铃电动车行、娄星区禹师傅摩托车配件店、娄星区钱江摩托车专卖店。

（三）电器及其他修理

1992年，域内始有电器修理。1999年，增加到10家。2008年，发展到98家。知名店有娄星区陈锋家电维修、娄星区顺风电器维修部。

六、文化娱乐

1989—1998年，文化娱乐市场主要是以录像、交谊舞、桌球、音乐茶座为主，经营录像、交谊舞、桌球企业300余家。1999—2008年，文化娱乐市场以卡拉OK、KTV、电子游戏、网络文化为主，均为民营形式。2008年，全区有各类文化市场经营单位1232家。其中，以皇冠、欧拉拉为代表的卡拉OK、KTV等综合型娱乐场所42家，形成月塘娱乐场所一条街；电子游戏（艺）场所60家；网吧220家；音像制品批发、零售、出租67家，4家形成大型音像连锁和超市；印刷复制企业297家，其中出版物印刷企业14家，内资印刷企业4家，其他印刷品印刷企业76家，“三印”（印刷、打印、复印）企业193家。从业人员4507人，拥有固定资产3.70亿元，营业收入达1.50亿元。

七、典当业

1996年，始有典当寄卖经营。1999年，增加到21家。2008年，有141家，知名店有娄星区便民寄卖店、娄星区花山寄卖行、娄星区君得利寄卖行等。

八、中介服务与广告业

1995年，始有中介服务和广告业经营。1999年，中介服务增加到6家，广告业增加到24家。2008年，有中介服务31家，知名店有娄星区诚信职业介绍所、娄星区中意房地产中介所、娄星区天地缘职介所。广告业有140家，知名店有娄星区楚风广告装饰部、娄星区创意工作室、娄星区金鹰广告装潢部等。

第七章　招商引资

1995年12月，娄底市政府根据娄底地委、行署《关于招商引资优惠政策的若干规定》，设立市招商引资局（简称市招商局）。市招商引资局为正科级事业性单位，内设办公室、计划审批股、外资企业管理股，定编6人。1999年，撤市设区，娄底市招商引资局更名为娄星区招商引资局（简称区招商局）。2000年，机构体制改革，区招商引资局与区旅游局合并，组建娄星区招商旅游局（保留区外事侨务办公室牌子）。2002年，根据区委、区政府《关于印发〈娄底市娄星区机构改革方案实施意见〉的通知》和区委办、区政府办《关于印发〈娄星区区直机关机构改革“三定”工作实施意见〉的通知》，设置娄星区招商旅游局，加挂区外事侨务办公室牌子，为区人民政府承担行政职能直属事业机构。内设办公室、招商股、旅游股和外事侨务股4个股室，定事业编制16名。至2008年未变。

1996—2008年区招商旅游局（市招商局、区招商局）历任局长：杨仲刚、喻卫华、朱寿谷、方克书（党组书记）、龚存中、曾德智、李星慧。

第一节　招商政策

1996年年初，娄底市政府制定《关于招商引资的若干优惠政策》，确定涉及外商投资项目由市招商引资领导小组结合相关部门联合办公，根据不同情况给予优惠和让利：对外商投资企业的检查或处罚，除国家和省政府有明确规定外，应征得市委、市政府同意。编写《娄底市情简介》《湘中明珠》等宣传画册资料。1998年，市委、市政府召开专题会议，成立招商引资工作领导小组，市委办、市政府办下发《关于成立乡镇、街道办事处招商领导小组的通知》，将招商引资工作列入乡镇（街道）目标管理考核内容，制定具体考核办法，推行全民招商。

2003年3月，娄星区委、区政府出台《关于加强招商引资工作，鼓励外商投资的规定》，对外来在娄星区投资企业制定优惠政策。制定《娄底市娄星区招商引资中介人奖励实施办法》，制定《招商引资工作考核办法》，明确规定对各乡镇、街道和区直部门招商引资实行目标管理，将招商引资任务分解到各个单位，年终实行目标考核，完成任务好的给予奖励，完成不好的通报批评，零单位实行一票否决，增强各乡镇、街道、区直单位招商引资责任感和紧迫感。

第二节　招商方式与成果

一、招商方式

（一）节会招商

1996年，娄底市被列为全省招商引资重点县（市）。7月，参加由娄底地区组织的深圳招商会。9月，参加省组织的香港交易会。两个招商交易会签约项目8个，合同金额折人民币1.01亿元，引进外资913万美元，圆满完成招商预期目标。1997年9月，在长沙国际展览中心举办第六届湖南省出口商品展销暨对外经济技术合作洽谈会（湘交会）。市委书记肖志良、市长张定良挂帅，组队参加湘交会。签约合同项目3个，协议项目1个，总投资8100万元，引进外资721万美元。1998年7月，参加在深圳举办的湖南产权交易会，签约项目4个，合同利用外资2500万元。9月，参加在厦门举办的第二届中国投资贸易洽谈会（厦交会）。10天招商活动中签订合同1个，引进外资370万美元，意向协议1个。10月，参加在长沙举办的中国中西部地区对外经济技术合作洽谈会，签订合同3个，引进外资1.27亿元，意向协议3个，意向引进外资7400万元。1999年9月，参加由娄底市组织在厦门举办的第三届厦交会，全市签约项目4个，娄星区占1个，即区城建开发总公司和昌宏建设有限公司合资建设娄底市明珠大酒店项目，协议引进外资1100万美元，占全市协议引进外资总额80%。9月23—25日，市委、市政府召开第一届海外联谊会暨经贸洽谈会。娄星区邀海外友好人士20余名，签订协议和合同7个，协议引进资金920万美元，合同引进资金197万美元，发布招商项目23个，邀请客户人数、引进资金数额和发布项目个数均居全市首位。

2002年，春节前后，娄星区组织开展招商引资宣传活动，印发招商引资政策资料3000余份，在城区交通要道张贴标语横幅，欢迎海内外客商和朋友，制造“以诚招商”氛围。5月26日，参加在上海举办的“2002年湖南·上海经贸合作活动周”，签订合同4个，合同引进外资1180万美元。10月12日，参加在深圳举办的全国第四届高新技术成果交易会，签订合同5个，意向协议3个，合同引进外资3219万美元。

2003年10月，参加在深圳举行的第五届“深交会”。其间，举行娄星区招商引资说明会暨签约仪式，发布项目40余个，引进项目13个，签订合同4个，意向合同9个。合同引进外资1445.80万美元、内资1.02亿元；意向合同引进外资300万美元、内资2.81亿元。12月，参加娄底市举办的“青春娄底·湘中之光”文化经贸博览会，签约项目14个，合同引进外资2556万美元，合同引进内资3.77亿元，在全市5个县市区里排名第一。2004年3月，由区长王雄带领，区招商旅游局会同发展计划局、经济园区组成招商小分队，到广州及“珠三角”地区敲门招商，与广州民间投资协会建立密切友好关系。7月，参加在温州举办的“温洽会”，签约项目17个，名列全市第一。其中，正式合同9个、意向合同8个，正式合同引进外资2.51亿元，意向合同引进外资3.20亿元。10月，参加在长沙举办的“湘洽会”，签约正式合同项目9个。其中，省级外资签约项目2个，市级签约内资项目7个，合同引进外资1.82亿元。2005年，全区征集包装重点招商项目66个，有针对性地多次组织团队外出开展敲门招商活动。5—6月，组团参加“东洽会”“港洽周”和“昆交会”3次大型经贸活动。累计签约招商项目14个，其中，千万元以上项目9个，协议引资4亿元。

2006年9月15日，参加首届中部投资贸易博览会。签约项目11个，其中，内资合同项目9个，外资项目1个，合同引进资金5.25亿元。11月9日，参加娄底市第二届“青春娄底·湘中之光”经贸博览会，签约内资项目14个，合同引进资金3.72亿元。2007年，全年新引进内外资项目61个，增资项目58个。通过第二届“中博会”、第四届“珠洽会”和娄底市“建制30周年成果展示会”，签约项目18个，其中，外资签约项目2个，合同引进资金10.97亿元。至年底，实际到位内资10.60亿元。其中，省外资金9亿元，省内资金1.65亿元；合同引进外资1323万美元，实际到位外资1103万美元。2008年，组团参加“西洽会”“中博会”“沪洽周”“湘商大会”等4次大型经贸活动，签约项目17个，合同引进资金27.30亿元。

（二）基地招商

1992年，娄底市经济开发区（简称经开区）成立，下辖西阳乡全境、杉山镇和涟滨乡2个乡镇部分村组，管理面积72.80平方千米，开发规划面积42平方千米。园区功能分为“一廊五区”，即工业走廊、金融商贸区、高效农业产业区、仓储物流区、文化教育产业区、旅游度假区。1999年，撤市设区，娄底市经济技术开发区由娄星区政府代管。2003年4月，娄底市经济开发区收归市政府直管，更名为娄底市经济技术开发区，将娄星区西阳镇全境及涟滨乡、杉山镇的7个村和花山街道、黄泥塘街道2个居委会委托给市经济技术开发区管理。娄星区基地招商空间受到影响。2004年，区政府开始在西、南部打造娄星区经济园和万宝工业园，实现产业和资金集聚，解决制约招商土地瓶颈。2008年，区经济园区批回建设用地17宗，面积143.33公顷，投入资金2.65亿元，完成征地100余公顷，安置拆迁户165户，建设标准厂房11栋，合计2万平方米。完成湘中大道西延线路面工程、大井路路基工程，其他基础工程全面铺开。是年，入园项目3个，到位资金近1亿元。

二、招商成果

1996—2008年，全区引进项目261个，进驻外企38家，引进外资1.23亿美元、人民币4294万元，引进内资50多亿元。210余个项目建成投产，40余个项目动工建设。汇天国际、宇雄机械、三一重工、红太阳新能源、新一佳、通程电器等6家上市公司和国内外一批知名企业进驻娄星区。

第十五篇 财政 税务 金融

1989—2008年，娄星区（娄底市）根据各个时期财政状况，制定财源建设规划，财政投入资金扶持企业技术改造，实现增产增收。成立由政府“一把手”担任组长的财源建设领导小组，组建财源建设办公室。安排财源建设发展基金，用于企业挖潜改造。深化工业企业改革，帮助企业融通拆借资金，投入乡镇发展周转金，扶植乡镇企业发展。开发建设茶叶、花卉、水果基地，扶持企业开发新产品和技术改造。确立“三化四区”战略，推进工业化、城镇化和农业产业化，加强重点税源监控，强化税收征管，培植壮大财源。发展民营个体经济，支持企业盘活国有资产，安排资金开辟招商引资渠道，推进园区建设和招商引资，对湖南黑猪产业化建设、庆阳牧业、三星矿山设备制造有限公司液压控制机械调速防爆矿提升机项目、九龙商厦商业网点建设项目进行重点扶持。增收节支的同时严格预算管理、预算外资金管理、会计管理、乡镇财政管理，建立国库支付制度。定期对乡镇街道和机关单位财务进行检查，加强财务监督，加强国有资产管理。

1989—2008年，娄星区（娄底市）税务部门坚持依法征税、依法治税，根据各个时期国家、地方税收政策，加强税务登记，做好纳税申报、税款征收工作，推进税收征管改革，加强税源培植工作，增加税收源流。加强税务管理，加强个体税收征收管理。严格发票管理，服务性专用发票由地方税务局统一监制实行专票专用，打击制假销售假发票违法犯罪行为；开展税务稽查，定期开展税收大检查活动，查处偷漏税违法犯罪行为，杜绝税款流失。2008年，国家税收完成1.53亿元，地方税收完成3.17亿元。

1989—2008年，娄星区（娄底市）金融部门发展金融业务，控制金融监管工作。制定维护储蓄秩序联合公约，加强结算纪律现场检查，建立央行监管、机构内控、行业自律、社会监督“四位一体”监管体系。控制信贷规模，强化金融宏观调控，以调剂规模为重点，控住各金融机构信贷规模在“笼子”内运行。采取合规监管与风险监管并重措施，以不良贷款为重点，加强信用风险贷款监管。组织开展商业贿赂治理，加强对非法集资监管，建立全市处置非法集资联席会议制度，开展案件隐患风险深度排查。建立社会征信制度，推进社会信用体系建设。2008年年末，娄底市本外币存款余额486.96亿元，本外币各项贷款余额244.55亿元。

第一章 财 政

1989年，娄底市财政局内设办公室、预算股、行财股、企财股、农财股、农税股、综合计划股、公费医疗办、控购办、国库券推销办、会计事务股、会计函授站、监察股、人教股14个职能股室。是年，增设三大检查办、会计师事务所娄底市办事处2个股级单位。辖10个乡镇、3个街道财政所。1990年，设娄底市国债服务部，属股级全民所有制事业单位，实行独立核算，自负盈亏，隶属市财政局领导。1991年，设娄底市国有资产管理局，为副局级机构，归口市财政局管理。1994

年，设立娄底市长青街道财政所、娄底市财政局经济民警队。局机关增设保卫股。娄底地区会计师事务所娄底市分所更名为娄底市会计师事务所。

1996年，娄底市财政局内设办公室（加挂财源建设办公室牌子）、人事教育股、预算股、企财股（加挂工交、商贸、外经股牌子）、行财股（加挂社会保障股牌子）、农财股、农业税征收管理股（加挂稽查队牌子）、综合计划股、会计管理股、监察股（加挂法制法规股牌子）、三大检查办、公费医疗办、国债管理办、控购办、保卫股、基建投资股16个职能股室和纪检组（监察室），辖国有资产管理局、娄底市收费管理局、娄底市中华会计函授站、市财政局经济民警队、娄底市会计师事务所（加挂市资产评估所牌子）、市国债服务部6个局属事业单位。1997年，成立娄底市公费医疗管理办公室、娄底市收费管理局，属市财政局二级机构。

1999年，撤市设区，娄底市财政局改为娄星区财政局。2000年，设立娄星区财政统发工资中心，为副科级事业单位，隶属区财政局管理。设区农业综合开发办公室，挂靠区财政局管理，办公地点设区财政局。2001年，设立区政府采购管理办公室，加挂区政府采购中心牌子，为全额拨款副科级事业单位。2002年，根据区委、区政府《关于印发〈娄星区机构改革方案实施意见〉的通知》和区委办、区政府办《关于印发〈娄底市娄星区区直机关机构改革“三定”工作实施意见〉的通知》精神，区财政局设办公室、综合规划股、税政法规股、预算股（加挂娄星区预算审核中心和区控制社会集团购买力办公室牌子）、国库股、行政政法股、教科文股、经济建设股、农业股、社会保障股（加挂区社会保险基金管理办公室牌子）、企业股、对外经济贸易股、会计股（加挂区会计管理办公室牌子）、产权股（加挂区国有资产管理委员会办公室牌子）、统计评价股（加挂区清产核资办公室牌子）、人事教育股、保卫股、区财源建设管理办公室、区农业综合开发办公室19个内设机构。另设区财政监督检查局（加挂区财政稽查办公室牌子）、区农业税征收管理局、区非税收入管理局、区政府采购管理办公室（加挂区政府采购中心牌子）、区财政统发工资管理办公室（加挂区财政统发工资中心牌子）、中华会计函授站。以乡镇、街道为单位设14个财政所，其中，乡镇财政所10个，街道财政所4个。实行区、乡共管，以区财政局管理为主的管理体制。不再保留区国资局、收费局，设立区非税收入管理局、区财政监督检查局和区农业税征收管理局，由区财政局管理。

2003年，设立区国库集中支付核算中心，隶属区财政局管理，内设审核股、综合股和支付股3个股室。设立区产权交易中心，在局产权股加挂区产权交易中心牌子。12月，涟滨乡撤并，涟滨财政所同时撤销，西阳镇划归市经济技术开发区，西阳镇财政所同时归属市经济技术开发区财政局管辖。2004年，撤销统计评价股，其职能划归相应业务股室。2006年，区农税局更名为区乡镇财政管理局，加挂区契税耕地占用税征收管理局牌子。撤销原加挂在乡镇财政所的农税所。设立区国有资产管理办公室。9月，区非税收入管理局内设机构更名，相应调整职能，原综合股、收费核算股、行政事业性收费管理股、罚没收入管理股分别更名为综合稽查股、征收一股、征收二股、票据核算股。

2008年，设立区财政投资评审中心，信息网络股。设立区财政局经济园区财政分局，为区财政局派出机构。局内设统计评价股更名为绩效评价和金融与债务股。产权股加挂娄星区清产核资办公室牌子，职能也相应划归产权股。区农业综合开发办公室内设机构调整为综合组、资金组、土地项目组、产业化项目组。

1989—2008年历任局长：聂克生、胡锡辉、阳武英、禹丽君，历任党组书记：聂克生、胡锡辉、陈枝柏、颜国芬。

第一节　财政收入

1989—2008年，娄星区（娄底市）财政收入主要有工商税收、农业税收、企业收入、专款收入、非税收入、基金收入等项。1989—1992年，确定全市财政收入任务目标，规划到1995年实现财政收入过亿元。1993年，财政收入达1.52亿元，提前2年实现“过亿关”目标。主要是涟钢三税增收与征收政策变化（营业税零售税税率提高2%，征收增收780万元和“收支两条线管理改革”增收1043万元）。1994年，执行“分税制”新税制政策。2000年地改市后，征税区域划出，财政收入减少到6865万元。2004年，将学杂费等代收费1885万元纳入预算外专户管理。2008年，娄星区财政收入由1989年的4832万元增加到1.70亿元，年平均增幅14.2%。

一、工商税收

1989—2008年，工商税收平均比重达到65.2%，是财政收入增长主要来源。1994年，实行“分税制”财政体制，一部分收入按政策通过税收以资金调度形式返还地方。2008年，工商税收达到1.50亿元，比1989年增加1.09亿元。

二、农业税收

1989—2004年，农业四税累计完成征收6887万元，占财政收入比重3.8%，农业税收由财政部门负责征收，征收项目有农业税、农林特产税、耕地占用税、契税。2004年、2005年，国家分别取消农林特产税和农业税，并出台种粮奖补政策，补贴标准逐年提高。2006年，耕地占用税与契税划归市级财政征收，停止征收农业税。2008年，对种粮农民粮食直补资金补贴标准和农资综合补贴标准分别达到每亩13.50元、80.60元，促进粮食生产，农民增收。

三、企业收入

1989—1996年，采取预算内安排，预算外资金融通、投放企业周转金、财政信托投资公司贷款等措施为企业筹措资金。深化企业改革，完善企业内部经营机制，实行经营承包责任制和财产抵押租赁经营承包责任制，同时实行工资总额与经济效益挂钩浮动办法，实现经济效益与财政收入同步增长。1997年，企业收入501万元，比1989年增加458万元。随着市场经济发展，国营企业逐步改制。1998年，结束征收。

四、专款收入

专款收入是按国家政策征收排污费和教育费附加2项专项资金及国家预算调节基金。1989—1996年，入库5834万元。1996年和1998年，分别取消国家预算调节基金和排污费征收。2008年，提高教育费附加征收比率，由2%提高到4.5%，1.5%部分纳入基金收入预算管理。

五、基金收入

基金收入包含社会保险基金，地方财政税收附加文教部门基金收入、地方教育费附加、育林基金、森林植被恢复费、残疾人就业保险金等。1991年开征，至2008年征收1.77亿元。构成地方财政收入专项资金收入组成部分，是地方财政收入重要补充来源。

六、非税收入

非税收入由财政部门负责征收，征收项目有国有资产经营收益、国有资源有偿使用收入、行政性收费、罚没收入、其他收入等。2003年，设立区非税收入征收管理局，对非税收入实行“单位开票、银行代收、财政统管、政府统筹”管理。是年起，编制非税收入征收计划，各执收执罚单位2004年基数任务原则上按2001年、2002年实际完成数和2003年预计完成数平均数确定。2004年，取消各预算单位各类过渡性账户，设立非税收入汇缴结算户，实行以票管收，按照“单位开票、银行代收、财政统管、政府统筹”模式规范管理。利用现代信息技术，实现电脑网络化管理，实现银行、单位、非税三方联网，并加强日常稽查，堵塞征管漏洞，增加政府财政收入。2005年，启用省非税收入征收管理系统。至2008年，非税收入入库4.97亿元。

第二节　财政支出

一、农业支出

1990年，娄底市支援农业生产支出主要用于小型农田水利和水土保持、农村合作生产组织农技推广和植保补助、农村造林和林木保护补助、农业发展、粮食生产、农林牧水产补助、良种补贴。1991年，建立健全财政支农周转金使用管理制度，用于种植业、养殖业、农副产品加工业、先进农业科技成果推广，扶持对象为实行独立核算的农村集体经济组织、乡镇村集体企业、其他农村合作经济组织及国营农业、林业、水利、气象等企事业单位。

2004年，娄星区完成农业总产值3.17亿元，比2003年增长4%。粮食播种面积为1.30万公顷，总产7.52万吨。推广优质稻面积7333.33公顷，发展生猪26.50万头。2005年，累计支农资金支出1719万元。其中，农业支出575万元，政府机关经费支出173万元，林业支出285万元，水利和气象支出248万元。是年，根据《娄底市财政农业专项资金使用管理办法》，在农业专项资金管理中采取财政报账制，实行项目公示制以及工程项目和物质政府采购制等办法。2006年，农业支出770万元，政府机关经费支出171万元，林业支出417万元，水利和气象支出329万元，双江水库移民220万元，扶持贫困地区支出47万元，其他支出164万元，同比增幅为23.2%。是年，继续加大扶贫力度，争取省、市资金43万元，解决乡镇1760人人畜饮水问题，整修乡村道路15千米。2007年，全年支农支出2808万元。其中，农业947万元，政府机关经费支出164万元，林业支出500万元，水利和气象支出566万元，双江水库移民200万元，大中型水库区移民后续发展基金193万元，扶持贫困地区支出54万元，其他支出184万元，同比增幅32.5%。

2008年，财政支农支出3609.10万元。其中，农业支出1746.74万元，林业支出703.64万元，水利和气象支出687.42万元，农业综合开发配套34万元，双江水库建设100万元，双江水库移民80万元，大中型水库移民后续发展基金257.30万元，同比增幅29%。

二、经济建设支出

2002年，启动退耕还林工作。财政部拨付预算内退耕还林（追加部分）专项资金（国债）1.40万元。2003年，财政部拨付2002年退耕还林国债项目基建资金种苗补助30万元，中央预算内退耕还林专项资金80万元，用于退耕地、荒山荒地人工造林种草种苗补助。是年，市财政局将财政厅转贷娄星区国债资金100万元（第一批）再转贷给娄星区人民政府，还贷期限为15年，含宽限期4年，年利率为2.28%，每年9月30日前向市财政局支付上年应付利息。2004年，参与清理国有粮食购销企业新增财务持账，以农发行贷款为主线，以粮油库存占用和其他财务挂账占用为重点，与农发行、粮食、审计等部门配合，做到“老粮核实、老账核准”，深化粮食流通体制改革。将粮食风险基金中通过流通环节粮食间接补贴改为种粮农民直接补贴。全年用于直接补贴资金73.51万元，计税面积4453.33公顷，第一次补贴标准为8元/亩，第二次补贴为3元/亩。完成2667公顷造林任务，经国家、省级验收合格退耕地面积1167公顷，实际兑付面积1120公顷，补助资金353.14万元。乡村公路建设预算支出162万元，其中，完成路基奖励支出96万元，路面硬化水泥款支出33.40万元，其余建设项目支出32.60万元。县乡公路路面建设基本完成，省拨国债资金405万元，全部拨至项目单位。2005年，完成2800公顷造林任务，经国家、省级验收合格退耕地面积1480公顷，实际兑现面积1280公顷，补助资金403.20万元。种粮直接补贴计税面积4453.33公顷，补贴标准为13元/亩，直接补贴资金86.88万元，以存折方式发放到农户手中。筹措资金43万元，实施农村沼气池建设，完成农村第一期沼气池270口。争取娄底市政府支持200万元，区级财政筹措40万元，各办事处自筹部分资金，用于城区小街小巷建设。

2006年，区财政、审计、粮食、农业发展银行4部门对全区国有粮食购销企业政策性粮食财务挂账核定和剥离进行复核。据实从国有粮食购销企业剥离政策性粮食财务挂账3205.60万元。其中，1992年4月1日至1998年5月31日挂账2657万元；1998年6月1日至2004年6月30日挂账518.50万元。1998年6月1日后新增政策性财务挂账清理基准日（2004年6月30日）以后至挂账剥离之日所发生政策性挂账贷款利息支出301万元，由企业隶属粮食行政主管部门集中管理，2005年

12月按规定做好剥离工作。是年，贯彻落实中央粮食直补政策，粮食直补资金实施“一卡通”发放到补贴对象手中，全年发放粮食直补资金86.80万元。实施油价调整综合配套政策，在油价改革的同时建立油价补贴机制。国家对种粮农民综合考虑柴油、化肥等农资资金因价格变动预计增支因素，给予一次性补贴。同时，对渔业、林业、城市公交出租车、农村客运进行补贴，补贴资金143.60万元。安排资金188万元，硬化农村公路35千米。2007年，全年发放粮食直补资金90.14万元，种粮农村综合补贴212.35万元，发放成品油价格补贴78.85万元。拨付国债资金1774.40万元，省基建资金340万元，用于恩口煤矿沉陷区综合治理、人畜饮水工程、法庭“二院”建设、茶园煤矿及文化创作基地建设等。本级安排资金100万元，市级配套28.50万元，中央投资1018万元，完成农村公路建设66千米，通畅工程101千米，通达工程21.40千米。

2008年，向上级争取国债及基本建设项目13个，主要用于恩口煤矿沉陷区综合治理、人畜饮水工程、重点小型病险水库除险加固、通村公路建设及农村公路养护、双江水库建设等。投入国债资金64万元、中央预算内基建基金196.85万元、省预算内基建基金410万元、沉陷区省级配套资金781万元、小型水库除险加固中央补助资金265万元。落实中央粮食直补政策，通过网络实施“一折通”发放粮食直补资金90.14万元，种粮综合补贴538.21万元，补贴面积4453.33公顷，涉及农户3.85万户，发放人数13.61万人。发放成品油价格补贴240.70万元。本级预算安排资金100万元，市级配套38.88万元，省级配套104.50万元，中央投资511.20万元，完成通村公路路面改造95.20千米，通乡公路路面改造8.20千米。

三、教科文支出

1989—2002年，教科文支出管理由行政政法股统管，教科文经费支出数据为单列。2003年，区财政局机构改革，将教育、科技、文化资金管理从行政政法股中分离出来，设立教科文股。

（一）教育支出

2003年，乡镇教师核编定岗和精简分流，将乡镇教师工资纳入区级财政统发。2004年，落实计划生育、科技、教育事业财政扶持政策，将计划生育费、科普经费、科技奖励经费等列入财政预算。是年起，实施义务教育阶段免学杂费，免费提供教科书、补助寄宿生生活费（“两免一补”）政策。2006年，“两免一补”标准按小学600元/生/年，初中800元/生/年，寄宿制小学生1000元/生/年，初中1250元/生/年落实。是年起，农村义务教育纳入公共财政保障范围，将农村税费改革转移支付资金213.40万元用于义务教育。

（二）科技支出

1989—2006年，科普经费每年列入3万～5万元支出数额。2007年，科普经费按全区38万人口每人0.35元标准列入预算，应安排13.30万元，实际支出48万元（人头经费37万元）。科技应用与开发经费按财政总支出1%标准，安排经费236万元，实际支出266万元（含人头经费201万元）。2008年，科普经费按照全区人口每人0.50元标准，安排预算19万元，实际支出50万元（含人头经费40万元）。

四、社会保障支出

2000年，启动城镇职工基本医疗保险。2002年，设立社保补助专户和社保专户，企业养老、下岗和再就业、低保、抚恤、救灾等专项资金及上级对下级补助通过社保补助专户下达和调度，区级财政对同级企事业单位补助通过社保专户拨付。2003年，设立社保基金办公室。6月，财政投入预防资金26万元，用于非典型性肺炎预防工作。2004年，争取上级社会保障补助资金2761万元，全年本级社保支出2234万元。建立财政社会保障信息管理系统，开设社会保障资金专户，全部实行电算化管理。形成企业养老保险、失业保险、基本医疗保险、工伤保险、机关事业单位养老保险、离退休干部医疗统筹、国有企业下岗基本养老保险、就业补助、城市居民最低生活困难补助、城乡医疗救助和农村五保户供养等12个社会保障项目。制定《娄底市娄星区大病医疗救助暂行办法》。筹资53.50万元，实施大病医疗救助。2005年，落实为民办8件实事财政主要任务预算安排“低保”161万元，做好下岗职工基本生活保障制度向失业保险制度转轨衔接工作。加强资金征缴，推进社保扩面，参与做实个人账户测算工作。区本级安排基本养老金财政补助资金30万元，争取中央、省、市相关补助87.50万元。全区新增企业基本养老参保人员1683人。2006年1月1日起，落实企业基本养老保险金、机关事业养老保险金和医疗保险基金存款优惠利率政策，争取2001年以来优惠利息30万元。全年社保支出5616万元。2007年，基本医疗保险、机关及企业养老保险、失业保险、城乡特困医疗补助、城市低保金等支出均按政策执行到位。区本级安排基本养老金财政补助资金1959万元，争取中央、省、市补助1182万元。落实再就业优惠政策，通过政府采购选定10家符合条件再就业培训单位，为下岗失业人员提供免费培训基地，并安排再就业补助资金360万元。按照辖区常住居民每人每年1元配套安排社区卫生服务工作经费30万元，安排乡镇卫生院配套经费10万元，安排儿童计划免疫经费28万元。

2008年8月，实行新型农村合作医疗制度，开展城镇居民医疗保险试点。省、市投入资金1603万元，区本级配套231万元，分别于4月1日、5月9日、7月1日实施城镇居民医保、国家公务员医疗补助政策、新型农村合作医疗三项改革。新型农合参保人数13.52万人；城镇居民医保参保人数6万多人；国家公务员医疗补助提高10%。

五、公务费支出

1989—1993年，行政事业单位经费实行“经费包干、超支不补、节余留用”管理办法。1994年，实行“零基”预算安排，对87个单位清理摸底，开支上压缩人、车、会等支出。1995年，推行“零基预算”，加强5项经费管理。会议费采取“包干到户、财政经办、节余归己、超支不补”办法，接待费划分接待对象、范围和标准、大型接待等任务由财政安排，小型接待费用采取包干办法。公费住宅电话实行定额包干，按月发放；公用电话分机包干；车辆油修费在按控购规定确定享受对象之后，采用定额包干、超支不补办法；公医费实行住院保险、门诊包干，超支部分由单位、个人、公医办、保险4家分担，并制定管理方案。2005年，制定《娄底市娄星区公务接待管理暂行办法》，公务接待实行“实名制”管理。2007—2008年，执行《湖南省财政厅关于会议、培训、接待及出差实行定点管理有关事宜的通知》，制定《娄星区机关公务接待管理规定》。

1989—2008年娄星区（娄底市）财政支出情况表

表15-1　　单位：万元

年份	地方财政支出															上解支出	总计
	合计	经济建设费支出								文教、科、卫、体事业费支出	社会保障支出	一般公共服务支出	公共安全	其他支出	基金支出		
		小计	基本建设支出类	企业挖潜改造资金类	简易建筑费类	科技三项费用类	农林水支出	工业交通支出	城乡社区支出								
1989	4353	574	230	309	28	7	306	96	723	1372	132	377	213	560	—	2093	6446
1990	5007	682	294	337	40	11	425	101	862	1492	161	405	206	673	—	2111	7118
1991	7121	1151	466	614	55	16	473	161	917	1589	114	439	224	1001	1052	2255	9376
1992	9163	840	373	386	60	21	612	114	1263	2127	150	560	324	942	2231	2555	11718
1993	14590	2271	603	1608	40	20	705	68	2131	3376	208	860	309	2037	2625	2837	17427
1994	16364	1210	518	630	36	26	993	148	3121	5140	235	1361	567	2047	1542	1878	18242

续表15-1

年份	地方财政支出															上解支出	总计
	合计	经济建设费支出								文教、科、卫、体事业费支出	社会保障支出	一般公共服务支出	公共安全	其他支出	基金支出		
		小计	基本建设支出类	企业挖潜改造资金类	简易建筑费类	科技三项费用类	农林水支出	工业交通支出	城乡社区支出								
1995	15740	1629	480	1025	93	31	1236	191	1524	4256	292	2053	1141	3004	414	2291	18031
1996	18079	1349	392	769	148	40	1498	321	2493	5857	340	2498	1664	1502	557	2840	20919
1997	20514	1763	763	660	128	212	1334	344	1680	5203	977	2681	1529	1438	3565	2786	23300
1998	19525	1906	681	736	283	206	1240	272	1899	5439	1294	2809	617	3838	211	3034	22559
1999	21441	1148	327	735	—	86	1346	386	2029	5140	1817	4031	1357	3855	332	2815	24256
2000	13806	289	90	169	—	30	962	252	237	5136	2138	3146	529	787	330	1722	15528
2001	16636	283	132	108	—	43	1322	183	20	5970	2550	4006	478	1177	647	1186	17822
2002	19815	338	119	176	—	43	1517	183	34	7031	3422	4878	814	1543	55	1648	21463
2003	20493	309	76	184	—	49	1689	222	34	7427	4172	4892	844	811	93	1712	22205
2004	19910	275	54	152	—	69	1815	225	79	6475	4775	4748	858	550	110	2071	21981
2005	21272	193	80	35	—	78	2017	232	185	7054	4870	4845	890	906	80	3264	24536
2006	27778	294	182	22	—	90	2402	467	260	8005	7102	5225	952	2793	278	2633	30411
2007	42646	—	—	—	—	—	3564	1807	950	11336	10094	9700	1491	2028	1676	2603	45249
2008	59554	—	—	—	—	—	5411	2143	3006	17819	14578	11534	1786	473	2804	3223	62777

第三节　财政管理

一、预算管理

1989年，预算支出按照“先保工资、保稳定、保运转，再办事业、搞建设、促发展”安排。1990年，坚持“量入为出”原则，不作赤字预算，制定年度一般公共预算。1992年，乡镇、街道财政体制由“定收定支、收入上缴、超收分成、短收分担、支出下拨、超支不补、结余留用、一年一定”模式改为“定收定支、收支挂钩、总额分成、一定四年”模式。1995年，乡镇、街道财政体制改革，实行“定收定支、收支包干、定额递增上解（或定额递减补贴）、一定两年”办法，即按零基预算法重新核定各乡镇、街道收入和支出基数实行大包干。

1996年，执行市政府《娄底市专项发展基金管理办法》，加强专项发展基金预算编制和管理。1997年，预算编制注重推进财源建设，预算企业投入企业改造资金500万元。将发展优质高效农业，“水果市”建设，“四五、四一”菜篮子工程建设资金纳入预算。1998年，完善乡镇、街道分税制财政管理体制，制定《娄底市1998—2000年乡镇、街道分税制财政体制管理办法》，对乡镇实行“定收定支、定额上解、超收分成、短收自负、自求平衡、一定三年”财政体制，对街道实行“核定收支基数、定额递增上解、超收分成、短收自负、一定三年”财政体制。在市财政局总预算编制下，分级实现预算编制。

1999年，一般预算收入1.84亿元，上级补助收入5032万元，上年结余352万元，总计2.38亿元；一般预算支出2.11亿元，上解上级支出2815万元，年终结余-133万元，净结余-133万元，支出总计2.38亿元，收支平衡。2000年，区委常委会议讨论通过《娄星区财税工作一票否决制实施办法》。2001年，一般预算收入6865万元，上级补助收入8734万元，上年结余-133万元，总计1.55亿元；一般预算支出1.35亿元，上解上级支出1722万元，年终结余268万元，净结余268万元，支出总计1.55亿元，收支平衡。2002年1月1日起，取消按企业隶属关系划分所得税收入分配办法，企业所得税和个人所得税实行中央与地方按比例分享。全年完成财政收入7672万元，同比增长11.8%。完成财政支出1.41亿元，实现收支基本平衡。2003年起，在预算组织上实行部门预算，预算编制上实行综合预算，预算编制方法采用《标准收入预算法》和《零基预算法》。部门预算按综合预算（一般预算安排、非税基数安排），实行“人员经费按标准、公用经费按定额、专项支出按急需”。2004年，完成一般预算收入8704万元（含学杂费退库1885万元），同比（减去开发区收入）增长16.1%。财政收入增幅超过计划8%，税收收入占整个财政收入比重上升到24.3%。农业投资1436万元，增长36%，教育投资4578万元，增长2.4%，科技支出74万元，增长13%，计划生育经费支出225万元，人均5.92元，超过省规定标准3.27元。

2008年，在保工资、保运转、保稳定前提下实施基础教育、社会治安、公共卫生和市民就业、社会保障等民生领域“四个倾斜”。全年完成一般预算收入1.70亿元，上级补助收入3.89亿元，上年结余1813万元，调入资金2347万元，总计6.01亿元；一般预算支出5.68亿元，上解上级支出3198万元，年终结余174万元，净结余174万元，总计6.01亿元。

二、预算外资金管理

1995年，行政事业性收费、政府性基金、专项收入等非税收入界定为不纳入国家财政预算资金，作为预算外资金管理，由市财政局收费管理办公室管理。2000年，实行“收支两条线”管理。2001年，继续实行行政性收费、罚没收入实行“收支两条线”管理。2002年，将“收支两条线”管理落实到乡镇、街道一级。2006年起，对非税收入票据实行年检制度。推行非税收入新管理机制，取消单位收入过渡户，实行源头控收，严格票据管理，实现以票管收，实行以收定支，对各单位所有收费项目、标准、收入规模进行清理，整理基础数据输入电脑。建立非税收入征管网络系统，实现财政、单位、银行信息共享，落实“收支两条线”制度。

2007年，核定非税收入征收成本，按3%作为调节财力，罚没收入统筹比例为70%，行政性收费扣除成本后统筹30%，其他收入不统筹。各类学校非税收入政府不统筹、不预留3%机动财力，实行非税收入超收管理与短收自负。2008年起，启用全国统一式样财政票据监制章，同时废止旧版财政票据，对财政票据购领、发放、填开、核销进行管理和年检，以票管收。

三、国库管理

（一）国库集中支付

2002年，推行部门预算国库集中支付制度。2003年6月，区财政局成立娄星区国库集中支付中心筹备组。2004年4月，设立国库集中支付核算中心，将全区103个行政事业单位纳入改革范围，实行“统一开户、集中管理、集中支付、分户核算”。2006年5月，移交28家教育系统单位至区教育局。区财政局派3人进驻教育系统资金管理中心。

（二）政府采购管理

2001年9月，成立政府采购办和采购中心，制定《娄星区政府采购暂行办法》等制度。经过数月实施，完成政府采购预算91.20万元，节支率为11.1%。同时，通过公开招标方式确定公务用车定点维修和保险。2002年9月，区财政局增加对政府采购政策指导和监督管理职能。区政府采购管理办公室负责政府采购活动、政府采购预算、供应商投诉处理、政策法规执行及政府采购资金的管理和监督。2003年，完善政府采购制度，全年组织采购活动354次，完成采购预算654.64万元，合同金额580.95万元，节约资金74.18万元。2005年，完善政府采购监督管理办法，规范公务用车定点维修。2007年，按照“扩大范围、规范运作、提高效率、加强监管”原则，简化内部工作程序，提高政府采购效率。2008年，探索建立管采分离政府采购管理模式，推行协议供货制度。至2008年，区政府采购累计完成预算1.67亿元，实际合同采购金额1.42亿元，节约资金2482万元，节支率达15%。

四、会计管理

1992年，落实财政部、人事部《会计专业技术资格考试暂行规定》，市设立会计考点，实行会计专业资格考试制度，分会计证、会计员、助理会计师和会计师4个层次考试。市财政局组织开展现场报名、资格审查、现场缴费、考试、证书发放工作。至2000年，全区有从事会计行业人员426名，其中取得会计资格证人员387名。

2001年6月7日，开展全区性会计法执行情况检查活动。对违法使用会计人员、未依法设置会计账簿、会计凭证取得和填制不规范、私设“小金库”、未按规定保管会计资料、截留应缴财政收入和虚报、挪用财政资金等问题发出通报，责令限期整顿。2004年，建立会计人员信息管理系统，为1386名持证会计从业人员换发会计从业资格证。2005年，组织全区1300余名持有会计从业资格证会计人员进行政治素质和业务知识培训。2006年，根据省财政厅《关于在全省开展会计从业资格专项检查工作的通知》和《湖南省会计从业资格管理办法》，对全区行政事业单位财务人员进行排查，财务工作人员有229名，持有会计资格证192名，其中持有会计师资格证35名，对从事财务工作未持有会计资格证人员要求单位限期整改。2007年，组织参赛队伍参加全市第三次全国会计知识大赛。在24个参赛队比赛中获得第3名。是年，分4期对1300余名财务人员进行新的《企业会计制度》培训。2008年9月，在娄星广场举行会计法学术交流活动，现场发放资料手册1000余份。

五、乡镇财政管理

（一）组织机构

1991年3月25日，娄底市财政局在黄泥塘街道、花山街道、乐坪街道设立财政所。1994年7月16日，设立长青街道财政所。1996年7月12日，根据《娄底市财政局职能配置、内设机构和人员编制方案》，财政局设农业税征收管理股，对接14个乡镇、街道财政所农业税收征缴等工作。1999年7月，因撤地设市改区，各财政所冠名娄星区。

2002年9月，设立区农业税征收管理局。2003年8月27日，经区编制委员会批准，设立大科街道农税所、百亩乡农税所、杉山镇农税所、茶园镇农税所、万宝镇农税所、黄泥塘街道农税所、花山街道农税所、长青街道农税所、石井乡农税所、乐坪街道农税所、小碧乡农税所、双江乡农税所，与财政所合署办公，实行“两块牌子、一套人马”。12月23日，大科乡财政所更名为大科街道财政所。2004年1月1日，财政体制作相应调整。撤销涟滨财政所，西阳镇划归市经济技术开发区，西阳财政所同时归属市经济技术开发区财政局管辖。2006年5月10日，区农税局更名为区乡镇财政管理局。

（二）财政体制

1992年，修订乡镇、街道财政体制。1995年2月，乡镇、街道财政体制改革，实行“定收定支、收支包干、定额递增上解（或定额递减补贴）、一定两年”财政管理办法。1998年3月，完善乡镇、街道分税制财政管理体制，制定《娄底市1998—2000年乡镇、街道分税制财政体制管理办法》，乡镇实行“定收定支、定额上解、超收分成、短收自负、自求平衡、一定三年”财政体制，街道实行“核定收支基数、定额递增上解、超收分成、短收自负、一定三年”财政体制。2005—2007年，乡镇实行“核定转移支持、确定支出基数、定额补助、奖励创收”财政管理体制；街道实行“核定转移支持、确定支出基数、定额补助、优化经济环境、协税护税奖励”财政管理体制。

（三）税费改革

2002年4月，开展农村税费改革。改革内容是取消乡统筹费、农村教育集资等面向农民征收的行政事业性收费和政府性基金、集资，取消屠宰税，逐步取消统一规定劳动积累工和义务工。调整农业税农业特产税政策，改革村提留征收使用办法。娄星区农业税最高税率为常年产量7%，农业税附加比例不超过农业税正税20%。改革前，农民人均负担145.50元，全区农村税费收入额为2370万元。改革后农民人均负担33.90元，全区农村税费收入额为550万元，减少农税收入1820万元。2004年，取消除烟叶外农业特产税，农业税税率总体降低3个百分点，由此减少地方财政收入由中央财政给予转移支付补助。2006年，全部免征农业税。

（四）债务清理

1999年6月，对14个乡镇、街道财政赤字负债情况进行调查清理。经过清理，14个乡镇、街道债务总计5075.10万元。其中，银行借款571万元，合作基金借款936.20万元，财政周转金借款670万元，欠付单位款515.30万元，欠付工程款1297万元，欠市财政往来款827万元，个人借款74.80万元，其他应付未付款183.80万元，累计账面赤字761.80万元，隐形赤字合计905.40万元。由此，帮助乡镇、街道消化债务列入区政府议事日程。2005年7月，根据湖南省财政厅《关于开展防范和化解政府债务风险调研工作的通知》，区财政局组织人员对区本级和各乡镇、街道截至2004年年底政府性负债情况进行调查，乡级债务2.16亿元。至2008年，乡镇、街道债务基本消化完毕。

（五）信息化管理

2005年3月，筹资65万元，完成12个乡镇街道财税管理信息化建设工作。5月16日，举办乡镇、街道财税管理信息化系统管理员、操作员培训班，全区12个财政所均配发电脑，建立财税管理信息化系统。7月25日，在双江镇举行乡镇财税信息化粮食直补资金邮政储蓄存折发放首发仪式。至7月30日，全区12个乡镇、街道163个行政村3.84万户农户粮食直补资金，全部实现银行存折发放。全年为11.07万人发放早稻、中稻、晚稻和种粮直补4项补贴204.89万元。2008年，推行“乡财县管乡用”和村账乡代理改革，建立县乡公共财政体制框架，规范村级财务管理。

第四节　财源建设

1991年，娄底地区实施“3581”财源建设工程战略，即乡镇、街道、市、地区各级财政总收入力争达到300万元、500万元、800万元、1000万元。市政府制定以“3581”工程为目标的财源建设规划。是年，娄底市被列入省财政厅财源建设重点县市。1992年，制定财源建设规划，落实《国营企业转换经营机制条例》，推进企业转换经营机制，财政投入企业资金1300万元。1993年，对预算内工业企业采取市级领导包干蹲点，加大财政扶持，对市属国营企业投入资金2700万元，市属集体企业投入资金600万元，支持企业发展。是年，市属工业产值完成5.46亿元，同比增长75.5%。1994年，主抓市属工业企业扭亏增盈工作，对企业简政放权进行扶植，促使其上规模上层次，实现增产增收。乡镇主抓万宝乡镇财政收入过1000万元建设，扶植双江乡搞好山羊基地、药材基地开发，投入企业技术改造配套资金2200万元。是年，市财政收入同比增长33.6%，预算内工业企业全部实现盈利，乡镇企业产值突破10亿元，税利突破1亿元。

1995年，市、乡镇两级成立由政府“一把手”担任组长的财源建设领导小组，市级成立财源建设办公室，财政局局长兼任办公室主任，配备3名专职人员。2月，财政局设立财源建设办公室（简称财源办），1名副局长兼任办公室主任，负责全市财源建设规划编制、财源建设项目评估审定和调查研究工作，培植财源建设新增长点；负责财源建设资金筹集、使用和管理；负责对全市财源建设进行效绩评价；参与盘活全市国有资产；参与对各种税收和收费督查；负责对财政局各种周转金回收等。安排30万元财源建设发展基金，制定乡镇街道财源建设考核办法，制定财政行业“九五”期间和2010年规划。安排521万元，用于企业挖、潜、改，融通2200万元资金保企业正常生产，8家预算内工业企业累计盈利7.50万元。

1996年7月，深化市属工业企业改革，安排技改资金330万元，帮助企业融通拆借资金500万元。投入乡镇发展周转金100万元，扶植15个乡镇企业，6个养殖大户，创产值1150万元，创利税120万元。安排60万元，用于全市“水果市”建设，融通资金150万元用于“四五·四一”工程建设。1997年，投入资金2000万元用于财源建设。参与企业改制，对湘中造纸厂、市建材厂进行扶持，全区乡镇企业实现新增利税150万元。1998年，为市彩色水泥厂组织资金1370万元，开动第二条生产线。是年，实现利润1100万元，税金420万元，产值7500万元。采取“一企一策”，对市特种水泥厂、市水泥厂，市塑料厂、市物资集团公司制定改革方案。16家国有企业参与改制，整体租赁3家，股份制改造4家，完善内部管理体制2家，停业整顿5家，破产结算1家，其他形式3家。

2000年，区委、区政府制定“五三”战略方针，把发展壮大个体私营经济作为新经济增长点，财政退出竞争性领域建设投入。全区社会投资3000万元，企业贷款财政贴息138万元。2001年，投入资金100万元，开发建设茶叶、花卉、水果等10个基地。工业投入资金1000万元，开发新产品和技术改造。2002年，确立“三化四区”战略，推进工业化、城镇化和农业产业化进程，依托城区，服务厂区，发展郊区，建设社区，促进财源建设。2003年6月21日，市政府批准农业高科技示范园立项，项目总投资1.50亿元。建设内容主要包括优质种苗园、新品种新技术试验区、名贵中药材种植示范园、无公害蔬菜种植示范区、特种养殖及农产品加工贸易，现代旅游生态观光园。项目建设初期定为5年，由湖南省九龙集团公司投资建设。2004年，加强重点税源监控，强化税收征管，培植壮大财源。发挥中心城区区位优势，招商引资，发展民营个体经济，支持企业改制，盘活国有资产。2005年，对全区范围内所有个体户进行调查摸底，对12个乡镇、街道体制运行情况、协税护税情况及财源建设情况进行考评，配合招商局对全区范围内招商引资情况进行考评。2007年，安排资金开辟招商引资渠道，协助招商部门组织企业参加引资活动，引进项目20个，引进资金2亿元，18个老项目增资到位资金1.80亿元，推进园区建设和招商引资进程。参与区国税局组织“双定”扫尾工作，对欠税户进行欠税清缴。11月，参区福利企业调查组对区域内27家福利企业进行调查和清理。12月，参与全区招商引资工作督查、检查工作，全年引进项目企业189个。

2008年，安排企业产业技术研究与开发等各类支出221万元，旅游发展基金29万元，专项资金2735万元。支持园区经济发展平台建设，成立娄星经济园区财政分局。争取项目资金4000余万元，支持启动湖南黑猪产业化建设项目、庆阳牧业等项目。对三星矿山设备制造有限公司液压控制机械调速防爆矿提升机项目、九龙商厦商业网点建设项目进行重点扶持。

第五节　财政监督

2003年，全区开展财政监督检查工作，在乡镇、街道配备12名兼职监督员。对区教育系统19家单位进行财务检查，查处坐支收入、违规收费、未按规定作用收费票据、未通过政府采购、原始凭证不规范、白条抵库、应缴未交国有资产收入、设置“小金库”等9个方面问题，查出违规资金2227.70万元，处罚40万元。对茶园镇、涟滨乡财政收支进行检查，查处违规资金181.52万元，处罚3.56万元。对区农办、区农业局、区水利局专项资金进行检查，查处违纪资金60余万元，处罚1.20万元。2004年，开展财政收入“打假工程”财政专项资金检查，成立娄星区“打假工程”领导小组，组成4个检查组，对全区12个乡镇、街道财政收入进行检查，查出虚增财政收入2883万元。其中，不应做预算收入入库学杂费收入2534

万元，买税引税332万元，垫付税款17万元等问题。6月，由区纪委、区监察局、区财政局、区审计局组成5个检查组对全区53家行政事业单位财务收支情况进行检查，查出41家单位违规资金2302.30万元。其中，19家单位原始凭证不合规，涉及资金84.40万元；7家单位坐支收入228.20万元；16家单位在基建工程、货物及服务未通过政府采购170.30万元；8家单位存在隐瞒或转移收入401.55万元；12家单位用公款列支应由个人负担费用14.20万元；2家单位挪用专项资金408.80万元；6家单位擅自处置国有资产132.30万元；2家单位违规收费17.70万元；5家单位收入未入账129.84万元。查处后处置320.80万元。查出乐坪办事处未经国有资产部门批准，擅自处置国有资产76万元、未按规定使用收费票据12万元、原始凭证不规范7万元、挤占挪用专项资金20万元等问题，追缴财政资金37万元。

2005年，制定《娄星区清理“小金库”的实施方案》，召开全区清理检查“小金库”工作会议。组织全区115个单位进行自查，自查自违纪资金72万元。对12个单位进行抽查，查出违纪资金30万元，追缴入库30万元。组成3个检查组，对全区34个单位2003—2004年度农业专项资金、社保专项资金、企业改制资金及国债资金进行检查，查出挤占、挪用专项资金268万元，未实行专户管理72万元，违反现金管理规定360万元，应上缴财政12万元等问题，并进行相应处理处罚。对区教育局、区教学仪器电教站2003—2004年财务进行检查。查出违规发放补助、列支应由个人承担费用、违反票据管理规定、无依据冲销往来款等问题。涉及违规资金221.50万元，处罚5.10万元。

2006年5月，由监督局牵头，联合农财、社保等业务股室对全区专项资金较多单位民政局、劳动局、林业局、水利局及12个乡镇、街道进行清理检查。检查内容为资金流向、资金使用。通过一个多月检查，全区专项资金存在资金未及时到位，未设专账核算，截留、挤占、挪用等违规违纪问题，12个乡镇、街道社保资金存在未设专账，截留、挤占、挪用现象较严重，管钱和管账由一人经手等问题。对存在问题责成及时改正，并提出整章建制建议。对区交通局及其下属机构财务收支情况进行检查，查处交通局下设临时机构拖摩办经费未纳入局机关统一核算。查出2005年支出76.30万元。其中，招待费20.29万元，职工奖金福利22.84万元，车辆燃油费8.12万元，原始凭证手续不齐涉及金额8.80万元等问题，对存在问题进行处理处罚。6月，联合审计局对区粮食局财务收支情况进行检查，查出违纪金额16万余元，下达处罚决定书，罚款3万元，由审计局入国库。7月，对全区117家行政企事业单位财务人员从业资格证进行检查，查出73家单位91名财务人员未取得从业资格证，无证上岗，责令涉及单位进行整改。8月，对区人口与计划生育局及其二级机构和乡镇、街道计划生育办公室财务收支情况进行检查，查出违纪金额59.50万元，上缴财政。参与全市监督系统开展“财政监督质量年”活动，加强专项资金检查。对财政局内部有关业务股室账户进行清理、规范、移交，对重复户头予以撤销和合并，建立单一账户体系，统一归口国库股管理。清理各股室及二级机构账户61个，撤销4个，23个合并为4个。印发《关于财政性资金银行账户有关问题的通知》，规定各种财政性资金账户实行国库股与各业务股室共同管理，实行一种资金、一个银行、一个户头办法。

2007年，组织对全区行政事业单位“三公经费”和津补贴检查，查出违规资金2367.80万元，对存在问题进行处理处罚。由区纪委监察局、区编委、区人事局、区财政局、区审计局联合对全区所有行政事业单位进行财务大检查和资产清查。检查工作由区财政监督检查局牵头，从区财政局各业务股室和区纪委、审计抽调30人组成8个检查小组，5月16日起，分赴全区122个行政事业单位及其下属机构进行检查。至7月，重点清查非税收入收支、使用、管理情况，临时机构以及吃“空饷”人员情况，债权、债务情况，非生产性开支情况，津补贴，国有资产6个方面。通过检查，基本掌握各单位非税收入、津补贴、接待费、车辆油修费、财政供养人员、国有资产方面底子，针对发现问题提出整改意见。加强会计行业和彩票市场监管，开展《中华人民共和国会计法》执法检查，做好彩票市场和彩票机构财务活动监督。

2008年，由区财政牵头，从纪委、监察、审计抽调40余人组成6个清查小组和1个督查组，对12个乡镇、街道财产物资、人员编制、债权债务、财务收支情况进行清理，澄清乡镇、街道底子。开展企业改制资产处置过程中形成的债务清收。区政府多次召开债权人债务人会议，研究部署债务清收方案，将各债务人债权统一收归区政府，并委托区财政局负责追缴，财政局安排工作组对债务进行清收。至2008年3月，通过行政手段和司法程序，清收12个债务人债务822万元。对卫生局、畜牧局、林业局、民政局、慈善总会、财政局8个区直单位和12个乡镇、街道抗冰救灾资金和物资进行专项检查，检查资金500万元。对群众反映强烈的救灾资金未专款专用、账务不清、发放不规范等问题进行处理。对62个行政事业单位开展非税收入和会计信息质量检查，查处坐支收入问题。发现33家单位坐支收入18家，涉及金额594.90万元；19家单位27名财务人员无从业资格证；1家单位未按规定使用收费票据收费，1家单位违规收费。对这些单位提出整改措施，根据有关法律法规和实际情况进行处理处罚，收缴违纪金额17.70万元。配合区人大常委会开展《湖南省非税收入管理条例》执行情况检查。对各乡镇、街道以及各学校非税收入管理进行重点稽查。查出学校违法坐支金额470余万元，针对管理中存在问题下达整改意见，追缴应缴未缴资金400万元。摸清各乡镇、街道非税收入家底。

第六节 国有资产管理

1991年，成立娄底市国有资产管理局（简称国资局），下设办公室、企资股、行资股、综合股，负责全市行政企事业单位国有资产管理。主要职责有负责市属行政企事业单位产权登记、产权年检、负责组织全市清产核资，监管全市资产评价机构业务。1999年撤市改区后，改为娄星区国有资产管理局。2003年，撤销国资局，设产权股，国资局国有资产监管职能划归产权股。2006年，成立区国有资产管理办公室，下设产权交易中心和产权股。

2004年6月，由区纪委、区监察局、区财政局、区审计局组成5个检查组对全区53家行政事业单位国有资产情况进行检查，查出6家单位擅自处置国有资产132.30万元，乐坪街道办事处擅自处置国有资产76万元等问题。分别责令整改，对擅自处置国有资产资金予以上缴财政，对相关责任人进行通报批评。2007年5月16日起，对全区122个行政事业单位及其下属机构进行检查，重点清查国有资产6个方面情况。通过检查，掌握各单位国有资产底子，针对发现问题提出整改意见。2001—2007年，推动和组织84家区属企业“两个置换”，盘活存量资产4.67亿元，清偿各类债务7.89亿元，清偿银信部门债务5.28亿元，移交社保管理退休人员3374人，9340名职工实现再就业。全区国企实现“两个买断”，完成区属国有企业改制。

第二章 税 务

1989年，娄底市税务局征收工商税为产品税、增值税、营业税和盐税4种。同时，征收资源税、所得税、国家预算调节基金。经过工商税制改革和完善，至1993年年底，形成新的流转税、所得税、资源税、财产行为税、特定目的税等工商税制体系。1994年推行新税制后，域内开征税种有增值税、消费税、营业税、土地使用税、企业所得税、房产税、车船使用税、固定资产投资方向调节税、城市维护建设税、屠宰税、印花税11种。1994年9月28日，娄底市税务局分设为娄底市国家税务局和娄底市地方税务局。国税局负责征收增值税、消费税、中央企业所得税、金融企业所得税、外商投资企业和外国企业各项税收及外籍人员缴纳的个人所得税，集贸市场和个体工商户各项税收等中央和地方共享收入，其余税收均由地方税务局负责征收。1994年，娄底市完成国税收入3.41亿元，地方税收2.48亿元。2008年，娄星区完成国税收入14.04亿元，地方税收3.17亿元。

第一节 税务机构

一、娄底市税务局

1989年3月，娄底市税务局设立城东税务所。1991年1月，成立中心税务所，专职负责城区个体税收征收管理。1992年，成立娄底市税务咨询事务所，为全民所有制单位，实行有偿服务，自收自支，独立核算，接受市税务局指导监督和检查。1993年12月，组建娄底市公安局税务治安执勤室，办公地点设娄底市税务局，业务上受公安局指导。1994年9月，分设为娄底市国家税务局与娄底市地方税务局。

1989—1994年市税务局历任局长：李治涛、曾高盛。

二、娄星区（娄底市）国家税务局

1994年，娄底市国家税务局机关股室设置办公室、人教股、征管股、计财股、稽查局、监察室、税务检查室。设有城东、城西、杉山、长青、中心5个税务所。11月，在黄泥塘街道设立涟钢税收征收分局。1995年5月26日，实施撤所建分局改革，设乐坪、长青、黄泥塘、南郊、北郊、花山6个税收分局，机关各股室也随之升格为副科级。原涟钢分局亦随即撤销。1997年12月，撤销税务检察室。1998年3月，机关科室调整为办公室、政工科、监察审计室、综合业务科、计财科、稽查局。基层征收分局精简为南郊、长青、乐坪、黄泥塘4个征收分局，原北郊征收分局并入南郊征收分局。1999年7月，娄底市国家税务局改为娄星区国家税务局。

2001年6月，实行征管、机构、人事制度改革，撤销4个征收分局，成立城区管理科，郊区管理科和计征科，原计划财务科计、会、统及票证管理职能并入计征科，另设财务科，征收管理科更名为综合科。2002年6月，根据上级要求，区局下辖征收、管理机构改为内设机构，原征收分局、城区、郊区管理分局撤销。2005年7月，内部机构其名称有所变更，原局机关综合业务科改为税政法规科，政工科改为人事教育科，其他业务科室改为一、二、三科。2007年5月，局机关综合业务科分设为征收管理科和政策法规科。2008年11月，娄星区国税局进行机构分设，成立娄底市经济技术开发区国家税务局。征管范围为涟水河以北地区和涟钢等多家重点税源企业划归开发区国税局管辖，娄星区国税局征收税源减少三分之二。

1994—2008年历任局长：曾高盛、胡锤炼、彭可生、肖跃平、阳吉国。

三、娄星区（娄底市）地方税务局

1994年9月28日，娄底市地方税务局挂牌成立。人员编制按1993年年底在册人数，从市税务局划转三分之一到地方税务局。内设税政管理股、征收管理股、计划会计股、人事教育股、监察室、办公室、税务公安执勤室、稽查队5股2室1队。辖城南、城西、城北、杉山、长青5个税务所。1996年8月28日，地税局撤股建科，相应设置为税政管理科、征收管理科、计划会计科、人事教育科、监察室及稽查局。1998年2月10日，撤销原税务所机构设置，设立4个征收分局。1999年8月31日，娄底市地方税务局更名为娄底市地方税务局娄星区局，人员、内部机构保持不变。

2002年5月17日，娄底市地方税务局娄星区局撤科建股，监察科更名为监察审计室、人事教育科更名为人事教育股、稽查局更名为检查一股、税政管理科更名为检查二股、征收管理科更名为征收管理股、计划会计科更名为计划财务股。2004年6月10日，娄底市地方税务局娄星区局更名为娄底市娄星区地方税务局，原内设股（室）更名为内设科（室），即办公室、税政管理科（加挂集体企业财务管理新牌子），征收管理科（加挂发票管理站牌子）、计划财务科、人事教育科、监察审计室、监察科，级别为副科级。政策法规科归口税政管理科，省级税收归口计划财务科。内设机构设置数量不变，区局下设派出机构数量、级别不变，实行范围调整、更名。第一征收分局更名为娄星区地方税务局第一税务分局，负责长青街道、石井乡、百亩乡地方税收征管。娄星区地方税务局第四征收分局更名为娄星区地方税务局第二税务分局，负责乐坪、大科街道、万宝镇、茶园镇地方税收征管。娄星区地方税务局第三征收分局更名为娄星区地方税务局第三税务分局，负责花山街道、黄泥塘街道、杉山镇、小碧乡、双江乡地方税收征管。娄星区地方税务局第二征收分局更名为娄星区地方税务局第四税务分局，负责娄底市经济技术开发区所辖范围地方税收征管。

1994—2008年局长：刘福冬、唐东璧。

第二节　统一税收

一、工商税制改革

（一）税种

1989年，娄底市税务局对域内实际征收工商税为产品税、增值税、营业税和盐税4种。同时，对开采自然资源优越而盈利较高企业征收资源税。资源税税率采取按销售利润率设计，分级定率，实行越率累进。对盈利的国营企业征收所得税，对部分国营大中型企业还要征收国营企业调节税。是年1月，开征私营企业所得税，征集国家预算调节基金。

（二）税制体系

至1993年年底，经过工商税制改革和完善，形成新的工商税制体系。流转税体系：由产品税、增值税、营业税、特别消费税和工商统一税（涉外税收）构成；所得税体系由国营企业所得税、集体企业所得税、私营企业所得税，城乡个体工商所得税、外商投资企业和外国企业所得税、个人所得税和国营企业调节税、个人收入调节税构成；资源税体系包括资源税、盐税和城镇土地使用税3个税种；财产行为税体系包括房产税、车船使用牌照税和城市房地产税、屠宰税、集市交易税、牲畜交易税、印花税7个税种；特定目的税体系：包括固定资产投资方向调节税、奖金税、国营企业工资调节税、城市维护建设税4个税种。

二、推行新税制

1994年1月1日起，推行新税制，新税制在“统一税法、公平税负、简化税制、合理分权”指导思想下，对原税制进行大范围改革。

扩大增值税征税范围，原缴纳增值税和产品税的工业产品，缴纳营业税的商业批发、零售和公用事业中的水、电、热、气，缴纳盐税的盐以及缴纳工商统一税的“三资”（中外合资、中外合作、外资）企业纳入增值税征税范围。工商统一税、产品税、盐税3个税种取消。新开征消费税，在对商品普遍征收增值税基础上，选择少数消费品再征收一道消费税。生产应税消费品外资企业同样征收消费税。缩小营业税征收范围，改革后营业税主要是对以提供劳务为主服务性行业和销售无形资产行为征税，统一适用于内外资企业。统一内资企业所得税，对国有、集体、私营、联营、股份制各类企业及有生产、经营所得和其他所得组织征收统一所得税，税率统一为33%。原征收国营企业所得税、个人收入调节税、城乡个体工商户所得税合并，建立统一个人所得税。调整其他税种，取消集市交易税、牲畜交易税、奖金税和工资调节税；取消对外资企业、外籍人员征收的城市房地产税和车船使用牌照税，统一实行房产税和车船使用税，税率和税额适当提高。

推行新税制后，市内实际开征税种有增值税、消费税、营业税、土地使用税、企业所得税、房产税、车船使用税、固定资产投资方向调节税、城市维护建设税、屠宰税、印花税11种。

三、产品税

1989年，市内对纺织品、服装、文化用品、陶瓷、食品饮料、皮革制品、植物油、塑料制品、家具产品税改征增值税。1994年1月1日实施新税制后，产品税所有税目都并入增值税，其产品税税种即取消。至1994年年底，完成产品税5961万元，完成工商税1.58亿元。

第三节 国家税务

一、税种税率

(一) 增值税

1994年5月1日起，农业产品增值税税率由17%调整为13%，金属矿、非金属矿采选产品增值税率，由17%调整为13%。市内主要矿产品资源煤炭属于调整之列。1997年11月，对从事商业经营增值税一般纳税人异常申报，先按2%预征率征收，年终结算仍属异常申报的，按核定征收率征收。征收率为商业批发1.4%，商业零售3%，批零兼营3%。1998年7月1日起，增值税一般纳税人购进或销售应税货物支付运输费用的扣除率由10%降为7%，同时商业小规模纳税人增值税税率由6%降为4%。1999年10月1日起，一般纳税人销售自行开发生产计算机软件产品，按法定17%税率征收后，对实际税负超过6%部分实行即征即退。2000年1月6日，省国税局批准娄底玖零零饲料厂等15户饲料企业免征上年度增值税。6月，国家税务总局下达2000年度增值税“以产顶进”国产钢材数量指标，涟源钢铁集团有限公司1.80万吨钢材免交增值税。

2001年1月1日至2002年12月31日，对区内生产销售磷酸实行增值税先征后返政策。原列入国家“八五”三线搬迁计划的湖南省华达机械总厂按80%比例返还增值税。7月1日起，区内增值税一般纳税人（包括良种棉加工厂和纺织企业）直接向农业生产者购进的免税棉花，根据买价按13%抵扣计算进项税额。2002年7月起，增值税一般纳税人向小规模纳税人购买农产品，按13%抵扣率抵扣进项税额。

（二）营业税

1997年11月1日起，金融系统营业税税率由5%提高到8%，对农村信用社1998年度营业税税率提高1%，1999年度提高2%，2000年1月起提高3%，提高税率征收的营业部分由国税机关征收。此后，营业税税率一直不变。娄星区有金融系统、保险业营业税纳税单位22个。

（三）消费税

1994年，贯彻执行国务院《中华人民共和国消费税暂行条例》，对市内生产、委托加工和进口消费税单位和个人征收消费税，取消原来开征的特别消费税。1994—2008年，完成消费税征收231万元。

（四）所得税

1994年分税制后，娄底市国税局征收企业所得税包括未在中央集中缴纳的中央企业所得税和农村合作基金会所得税，税率为33%。2000年，省邮政局拨付娄底邮政局收支差额427.78万元，批准在计算应纳税所得额时扣除。域内勘察设计企业进行转让以及在转让过程中发生与技术有关技术咨询、服务、培训所得，年净收入在30万元以下的，暂征企业所得税。超过30万元部分，应依法缴纳企业所得税。是年1月1日起，农村信用社应纳税所得额在3万元（含）以下的，暂减按18%税率征收企业所得税，年应纳税所得额在3万元以上10万元（含）以下的，暂减按27%税率征收企业所得税，对国家确定为贫困县农村信用社暂免征企业所得税。

（五）车辆购置税

2001年1月1日，域内开征车辆购置税。征收范围包括汽车、摩托车、电车、挂车、农用运输车，税率为10%。车辆购置税暂由车辆购置附加费稽征机构负责代征。

二、税款征收

1994年9月，国家推行新税制，新税制在“统一税法，公平税负，简化税制，合理分权”指导思想下进行征管改革。税务分设后，娄底市国税局及各分局负责征收增值税、消费税、营业税、所得税（中央企业所得税、金融企业所得税、外商投资企业和外国企业、外籍人员缴纳的个人所得税）、车辆购置税。2008年11月，娄星区国税局与娄底市经济技术开发区分设，在职干部职工分出56人，退休人员分出16人，涟钢等重大税源户分出，娄星区局当年未完成全年任务。

三、税收管理

（一）稽查管理

1994年分税制前，娄底市税务局下辖7个税务所，负责全民制企业272家，集体企业285家，行政单位84户，事业单位77户，乡镇企业90家，个体工商业户1369户税收征管。为确保税款及时足额入库，实行征管、稽查分离改革，各税务所建立稽查小分队，专职稽查。分税制后，国税稽查重点是增值税。1994年年底，认定增值税一般纳税人822户，发放增值税专用发票6500余本。1995年5月，撤除所有税务检查站。1996年，组建“两级稽查，四个环节相互制约”稽查体系。设立稽查局，各征收分局设检查组。1998年，施行公民举报税务违法案件奖励办法。

2001年7月，运行“金税工程”协查子系统，对娄底市肖氏厨具制造厂进行检查，查补税款11.62万元。8月，换发新税务检查证。2002年5月，推行4项稽查服务制度。6月，开展对加油站、烟草公司、上市公司、证券公司所属分公司、营业部及集贸市场专项检查。是年，“金税工程”受托协查55起，协查68户129份专用发票，查补税款43.33万元。2003年，检查325户，查补税款98.20万元。2004年，检查406户，查补税款270.07万元。2005年，检查335户，查补税款371.40万元。2006年，对娄底市大明空调暖通工程设备有限公司等单位进行查验，查补税款697.10万元。2007年，对娄底市涟中经贸有限公司等单位进行检查，查补税款916.83万元。2008年，对涟钢双菱实业有限公司进行检查，查补税款116.09万元。全年检查350户，查补税款1398.53万元。

（二）征收管理

1994年1月，市内开始使用增值税专用发票，建立专用发票核对传递制度，发票库房实行局长值班制。1995年，普通发票实行新的防伪措施，发票联用水印纸印刷。对发票印制企业发放发票准印证，一年一审。发票实行按月限量供应。1997年，在个体工商业户和私营业户中推行建账建制，实行查账征收办法。

1994—2008年娄星区（娄底市）国家税收完成情况表

表15-2

单位：万元

年份	1994	1995	1996	1997	1998	1999	2000	2001
完成数	33978	21746	20298	19852	23307	25498	31055	37991
年份	2002	2003	2004	2005	2006	2007	2008	—
完成数	37306	44101	85931	120577	133453	158113	152879	—

2000年1月1日起，使用HN2G4.30版本进行税收征收管理。8月，启动“金税”二期工程，开发增值税防伪税控发票开票、认证、交叉稽核、协查4个子系统。2004年，启用省税务系统4.40版软件，设计开发管理服务、申报征收、计会统、发票管理、税务稽查、税收法规、出口退税综合查询系统维护等9个子系统。2005年3月，试行税收征管员制度。2008年9月，启动“金税”三期工程，对“金税”二期第2期4个子系统进行整合，在技术升级和业务与数据优化基础上，强化征管功能，扩大业务覆盖面，形成制约和监控考核机制。

（三）税源管理

1994年分税制前，以支持扶植大中型企业和行业发展生产为重点，除对化工、建材、供销系统重点促产扶植外，重点支持涟源钢铁厂等年纳税规模80万元以上8家企业，户均缴税317万元。分税制后，国税系统将年纳增值税、消费税在50万元以上企业作为重点税源企业，有纳税企业16户。其中，涟源钢铁股份有限公司、娄底地区电力局等8户企业年纳税在500万元以上。运用减免税政策，支持涟钢30吨电炉建设。设促产点25个，通过政策促产、资金扶持、提供信息和财务辅导，使促产企业4项考核指标均同比增长17.3%、21.4%、19.5%、21%。1999年，被扶持企业新增产值3200万元，新增销售1.40亿元，新增利润1300万元，新增税金800万元。2000年1月起，国税机关负责所管辖应纳税企业和个体户税收征收管理，不再负责税源培植工作。

第四节　地方税务

一、税种税率

（一）营业税

1994年1月1日起，娄底市地方税务局贯彻执行《中华人民共和国营业税暂行条例》及实施细则，营业税征税范围由过去14个税目变为9个税目。主要有交通运输业、建筑业、金融保险业、邮电通信业、文化体育业、娱乐业、服务业、转让无形资产、销售不动产等，税率为3%～10%。金融保险业1997年税率提高到8%，2001年税率降为7%，2002年税率降为6%，2003年降为5%。2003年，缩小营业税征税范围，改革后营业税额度计算为：以提供劳务、转让无形资产或者销售不动产，向对方收取全部价款和价外费用为营业额；旅游企业组织旅游团到境外旅游，由境外改由其他企业接团的，以全程旅游费减去付给该团企业旅游费后余额为营业额；建筑业总承包人将工程分包或转包他人的，以工程全部承包费减去付给分包人或者转包人价款后余额为营业额；转贷业务以贷款利息减去借款利息后余额为营业额；期货买卖业务以卖出价格减去买入价格余额为营业额。

（二）所得税

企业所得税　1994年1月1日起，开征新的企业所得税。2002年起，根据《国务院关于印发所得税收入改革方案的通知》规定，企业所得税改为中央与地方共享税种，纳税人为域内实行独立经济核算企业或者组织。企业所得税纳税范围有6种类型，分为企业、生产经营所得和其他所得组织2大类，税率为33%。纳税人收入总额包括：生产经营收入、财产转让收入、利息收入、租赁收入、特许权使用费收入、股息收入、其他收入。

个人所得税　1994年1月起，执行新的个人所得税。9月30日，储蓄存款利息征收个人所得税由国税部门负责征管。2002年起，根据《国务院关于印发所得税收入分享改革方案的通知》，个人所得税改为中央与地方共享税种。纳税人为域内有住所或无住所而在域内居住不满1年的个人，从域内取得所得；在域内无住所，又不居住或无住所而在域内居住不满1年的个人，从域内取得所得。纳税对象：个人所得税征税对象是根据域内目前个人所得情况和特点分项确定，有11个应税项目，具体项目是工资薪金所得、个体工商户生产经营所得、劳务报酬所得、稿酬所得、财产租赁所得、利息股息红利所得、财产租赁所得、特许权使用费所得、偶然所得以及经国务院财政部门确定征税的其他所得。工资、薪金所得起征点为500元，按照收入等级适用税率为5%～45%。个体工商户生产经营所得和对企事业单位承包经营、承租经营所得起征点为5000元，按照收入等次适用税率为5%～35%。劳务报酬所得起征点为2万元，按收入等次适用税率为20%～40%。稿酬所得适应20%比例税率，并按应纳税额减征30%，劳务报酬所得适用20%比例税率。对个人一次取得劳务报酬应纳税所得额超过2万～5万元部分，按应纳税额加征5成；超过5万元部分按应纳税额再加征10成。特许权使用费所得、利息、股息、红利所得财产租赁、财产转让所得、偶然所得和其他所得，适应20%比例税率。

（三）资源税

自然资源税 1994年1月1日起，实行新的资源税制。资源税纳税人是凡在域内开采原油、天然气、煤炭、其他非金属矿原矿、黑色金属矿原矿、有色金属矿原矿和生产固体盐、液体盐单位和个人。列入省重点工程建设水利水电项目自采自用砂石、土等，按应税总额10%计征。1999年10月1日起，凡在域内开采地热水（温泉）资源单位和个人，按其他非金属矿原矿暂定1元/吨征收资源税。2003年1月1日起，石灰石适用税额由每吨2元调整为1.50元。

城镇土地使用税 1994年，域内征收城镇土地使用税。纳税义务人是拥有土地使用权单位和个人，以其实际占用土地面积为征税依据，实行定额税率，即按照税法规定单位面积固定税额计算征收。执行《湖南省城镇土地使用税实施办法》，每平方米单位税额为：中等城市划分为8级，最高不超过5元，最低不低于0.40元。小城市划分为7级，最高不超过4元，最低不低于0.30元。建制镇和工矿区划分为6级，最高一级不超过3元，最低一级不低于0.20元。城镇土地税按年计算，分季缴纳。

（四）财产行为税

房产税、城市房地产税 1989年，开征房产税。2002年，对外资企业恢复征收城市房地产税等地方性税收。2003年12月10日，执行《湖南省城市房地产税施行细则》。2004年3月1日起，恢复征收城市房地产税。房产税征税对象为开征地区内国有、集体企业、其他单位和个人供生产营业用房及出租房屋。征税范围只在城市、建制镇工矿区。房产税纳税人为产权所有人、承典人、房产代管人或使用人。税率从价纳税按照房产原值一次减除30%后余值计算，税率为1.2%，从租纳税的，按照实际租金收入计征，其税率为12%。

车船使用税 1989年，征收车船使用税。按照车船使用税规定，对机动车船、非机动车船征收。具体规定：机动车、乘人汽车按辆计征，载货汽车按照净吨位计征，非机动车、人力驾驶车、畜力车按辆计征。机动船按净吨位计征，非机动船按载重量吨位计征。2003年9月1日起，执行《湖南省车船使用税细则》。9座以下乘人汽车年税额180元，10～19座乘人汽车年税额252元，20座以上乘人汽车年税额312元；4吨以上载货汽车每吨年税额48元，3吨以下年税额60元；起重车按起吊吨位每吨年税额48元计征。

印花税 印花税征收对象包括购销加工承揽、建设工程承包、财产租赁、货物运输、仓储保管、借款、财产保险、技术合同或具有合同性质的凭证；产权转移书据；权利许可证照；营业账簿；财政部确定征税的其他应税凭证。印花税率分为按件按率2种。按率贴花的有千分之一（仅限财产租赁）、万分之三、万分之零点三、万分之五、万分之零点五5种；按件贴花为每件5元，对财产合同税额不足1元按1元贴花。

屠宰税 1994年，执行《湖南省屠宰税征收暂行办法》，开征屠宰税。单位和个人自养自宰自食应税牲畜，由其在宰杀环节缴纳屠宰税，经营单位和个人收购应税牲畜，由其在收购环节缴纳屠宰税。屠宰税征收标准为自养自宰自食猪、牛每头6元，羊每只1元，收购的猪每头9元，收购的牛每头20元，羊每只4元。对农民个人自养自宰自食应税牲畜，由农民个人在宰杀环节缴纳屠宰税。对经营单位和个人收购应税牲畜，由经营单位和个人在收购环节缴纳屠宰税，在宰杀时不再缴纳屠宰税。1996年4月1日起，执行省地税局《关于认真做好屠宰税征收标准调整工作的通知》，猪宰杀环节由每头6元、收购环节由每头9元均调整为12元。其中，乳猪宰杀环节或收购环节每头3元，牛宰杀环节由每头6元、收购环节20元均调整为每头20元。其中，小牛（宰杀环节或收购环节）每头14元。羊宰杀环节由每只1元、收购环节每只4元均调整为每只10元。2002年4月，取消屠宰环节和收购环节屠宰税。

（五）特定目的税

固定资产投资方向调节税 1992年起，开征固定资产投资方向调节税。纳税义务人为用各种资金进行固定资产投资的各级政府机关、团体、部队、国营企业事业单位、集体企事业单位、私营企业、个体工商户及其他单位和个人。纳税对象为凡在域内所有单位和个人用于固定资产投资各种资金，包括国家预标资金，国内外货款、借款、赠款，各种自有资金、自筹资金和其他资金，中外合资企业、中外合作企业和外资企业固定资产投资除外。投资方向调节税实行差别税率，对同类征税对象区别征税税率分为0%、5%、10%、15%、30%5个档次。2000年11月1日起，国家停征固定资产投资方向调节税。

城市维护建设税 1985年1月1日起，开征城市维护建设税。停止执行从工商企业利润中提取5%城市维护建设资金试行办法。纳税义务人为1985—1993年缴纳产品税、增值税、营业税的单位和个人。1994年起，为缴纳增值税、消费税、营业税的单位和个人（不包括外商投资企业，外国企业和外国人）。城市维护建设税实行地区差别比例税率。纳税人所在地在城市市区的，税率为7%，在县城、建制镇税率为5%，纳税人所在地不在市区县城镇的，税率1%。城市郊区大中型企业按市区税率7%计征。农村大中型企业按县城、镇税率5%计征，城市郊区小型企业和个人一律按县城5%计征，其他单位和个人所在地不在市区、县城、镇及郊区一律按1%税率计征。

土地增值税 1995年1月1日，开征土地增值税。凡转让国有土地使用权及地上建筑物和其他附着物并取得收入的单位和个人是土地增值税纳税义务人。以纳税人转让国有土地使用权及地上建筑物和其他附着物产权所取得增值额为计税依据和课税对象。土地增值税实行四级超率累计税率，税率设计基本原则是增值多多征，增值少少征，无增值不征。

（六）附加基金

教育费附加 1989年，教育费附加由税务机关负责征收管理。1994年1月1日起，执行国务院《关于教育费附加征收的紧急通知》规定，教育费附加以各单位和个人实际缴纳增值税、营业税、消费税税额为计税依据，附征率为3%，分别与增值税、营业税、消费税同时缴纳，对从事生产卷烟和烟叶生产单位减半征收。按税改征管规定，教育费附加分别由国税局和地税局负责征收。

文化事业建设费 1997年8月1日起，开征文化事业建设费。征收范围为：各种营业性歌厅、舞厅、卡拉OK歌舞厅、音乐茶座和高尔夫球、台球、保龄球等娱乐场所；广播电台、电视台和报纸、刊物等广告媒介单位以及户外广告经营单位。按经营收入3%缴纳文化事业建设费。

社会保险基金 1999年6月，外资企业、私营企业从业人员社会保险费由地方税务机关负责征收。征缴范围为，凡在域内从事生产经营外商投资企业包括中外合资、中外合作、外商独资和港澳台同胞投资企业、外商企业及外商投资企业分支机构以及其中方职工和私营企业及其职工，均为养老保险费缴费主体。征收基数和费率为：外商投资企业、私营企业职工个人缴纳基本养老费为本人工资额。外商投资企业、私营企业缴纳基本养老金的基数为企业职工个人缴费工资基数之和。企业缴费比例2000年为14%，以后每年提高2%，直至20%为止。

防洪保安资金 1995年1月1日起，征收防洪保安资金。征收范围为国有、集体、股份制、联营和私营企业，银行、保险及各类信托投资公司，财务公司，城乡信用社，城乡个体工商户，机关、团体、企业和事业单位在职职工；城镇和工矿区非农业建设新征占用土地单位。征收标准为：商业、外贸、供销、物资等流通企业按当年销售收入0.1%征收。其中，以批发为主企业按销售收入

0.08%征收；旅游服务业按当年营业收入0.1%征收；公交企业按当年销售收入0.1%征收；建筑安装企业按当年工程结算收入0.2%征收；银行按当年利息收入0.2%征收；保险公司按当年财产保险费收入0.1%征收；各类信托投资公司及财务公司按当年业务收入0.2%征收；城乡信用社按当年利息收入的0.1%征收；私营企业和个体工商户按当年销售收入或营业收入0.1%征收。在职职工按个人月工资收入分档次征收：月工资301～400元每人每年20元，月工资401～500元每人每年30元，月工资501～800元每人每年50元；月工资801元以上每人每年80元。非农业建设新征占用土地每亩1000元征收。

2002年1月1日起，调整防洪保安资金征收标准。凡有销售收入或营业收入企事业单位和城乡个体工商户，按上年销售收入或营业收入0.6%征收；保险公司按上年保险收入0.5%征收；各类信托投资公司、财务公司等非金融机构按上年业务收入0.6%征收；在职职工按照个人月工资（含基本工资奖金政策性补贴和津贴）分档次征收，月工资305～500元每年20元，月工资501～800元每年50元，月工资801元以上每年80元。非农业建设征用土地每亩800元。地税部门负责域内实行独立核算企业和在职职工征收。

1994—2008年娄星区（娄底市）地方税收入一览表

表15-3

年份	地税总收入(万元)	分类税收(万元)								
		营业税	企业所得税	个人所得税	资源税	土地使用税	房产税	车船使用税	印花税	屠宰税
1994	24830.60	3072.90	15352.50	272.50	98	487.90	592.80	33.10	126.50	45.70
1995	15094.30	3614.90	5262.30	400.60	96.30	419.90	758.10	49	126.90	54.50
1996	11173	4238.20	394.20	667.80	43.10	870.60	1056	44.20	117.90	63.30
1997	11366.70	4729.80	667.30	343.80	60.20	857.30	856.90	36.70	121.10	56.40
1998	14717.10	5525	2484	738.40	5.10	1171.20	1123.20	40	166.20	53.60
1999	10643.80	3465.30	294.40	999.80	3.40	953.60	1184.30	59.40	175	43.30
2000	5383.30	3328.30	123.90	803	2.60	86.40	232.90	38.90	38.20	31.50
2001	6325.70	3266	490.20	1275	8.40	125.30	193	42.80	65.50	31.50
2002	7346.10	3811.60	530.30	1472	52	203	280.50	66.30	91.60	8.70
2003	7193.70	4090.40	529.10	1443	10.80	154.70	111	67	56.20	—
2004	9378.60	5281.60	585.40	1724	29.50	97.60	185.80	91.90	87.40	—
2005	12926.10	7414.30	549.50	1970.10	14.60	135.70	298.30	87.50	172.80	—
2006	18956.40	11273.60	432.70	2875.70	20.80	172.90	560.70	100.40	202.50	—
2007	23882.60	12886.30	597.30	3124.70	153.70	258.40	635.40	132.90	484.70	—
2008	31736.10	15588.40	1153.40	5667.30	284.40	401.30	842.80	628.50	541.90	—

续表15-3 1994—2008年娄星区（娄底市）地方税收入一览表

年份	地税总收入（万元）	分类税收(万元)							
		固定资产投资方向调节税	城建税	土地增值税	教育附加费	文化事业建设费	社会保险金	城镇土地税	防洪保安基金
1994	24830.60	1050.80	2670.30	—	978	—	—	487.90	—
1995	15094.30	1382.90	1624.80	—	780.30	—	—	419.90	—
1996	11173	1225.20	1919.40	0.40	864.40	—	—	897.30	—
1997	11366.70	1550.90	1029.60	8.70	7080	—	—	870.60	—
1998	14717.10	1399.90	1446.80	2.40	561.30	—	—	1171.20	—
1999	10643.80	8981	1796.40	3.20	751.60	15.90	—	953.60	—
2000	5383.30	632	435.80	6	175.60	17	—	86.40	—
2001	6325.70	65	543.40	2.40	242.60	33.60	29.70	125.30	—
2002	7346.10	—	551	0.20	240.70	37.70	47.50	203	—
2003	7193.70	—	438.40	9	233.30	27.30	23.10	154.70	—
2004	9378.60	—	735.70	25	382	34.50	117.30	97.90	—
2005	12926.10	—	1308.40	28	697.70	50.20	199.10	135.70	—
2006	18956.40	—	1793.50	95.20	1007.40	52.30	—	172.90	—
2007	23882.60	—	2059.30	721.50	1134.50	60.30	661.80	—	524.60
2008	31736.10	—	2839.50	1044.20	1741.70	70.40	781.90	401.30	540

二、税收征管

（一）征收管理

税务登记　1995年4月，执行湖南省地方税务局《关于全面进行地方纳税人税务登记的通知》，在域内对地方税纳税人进行税务登记。7月，实行代扣、代收、代缴地方税种以及对已确定为扣缴义务人和委托代征人的单位和个人由税务机关颁发代扣代收代征代缴证书。1996年，按照统一代码、分别登记、分别管理原则，对已办理过税务登记证纳税人实施税务登记证换发工作，对所辖范围内交纳地方税纳税人进行清理，换证5523户。其中，企业1164家，个体工商户4359户。1999年，对全区缴纳地方税纳税人进行一次验征和补征，验征与补征8430户。2002年，对税务登记证进行验证和补证，验证6183户，补证1608户，清理漏管户543户。

纳税申报　纳税申报有直接上门申报、邮寄申报、电子申报、简易申报4种方式。1997年，娄底市地方税务局投资80万元，设立纳税申报服务大厅，设置受理纳税申报、办理税务登记、提供税务咨询、发票、报表发售、履行划转税款及受理其他有关税务申请等各种服务窗口，实行纳税人自核自缴和主动上门申报缴税制度，规定纳税人一律要到纳税申报服务大厅申报纳税。利用邮政设施和网点，快捷、方便完成纳税申报，缓解办税服务厅压力，解决纳税人申报期排长队问题。2003年4月，实行定期定额缴税纳税人在规定期限内缴纳税款视同申报。同时，经税务机关批准，可将其纳税期限合并为按季、半年、全年方式缴纳税款。2005年，对核算健全、管理规范、纳税意识较强113户纳税人推行电子申报方式缴税。

税款征收 税款征收有集中征收、划卡缴税、延期缴税3种。1997年，筹资80万元，率先在全市地税系统设立5个纳税服务厅，实行集中征收。2000年，推行银税一体化工作。在一分局辖区范围内与市农行合作，实现通过农行储蓄网点和电脑网络缴税，推行划卡缴税。2002年，推行税控收款机工作。2004年8月，执行国家税务局总局《欠税公告办法（试行）》规定：企业、单位纳税人欠缴税款200万元以下（不含200万元），个体工商户和其他个人欠缴税款10万元以下（不含10万元）的，由区地税局核定欠税数额，根据批准后按规定公告；欠缴税款200万元以上（含200万元），个体工商户和其他个人欠缴税款10万元以上（含10万元）的，由区地税局审核欠税数额，报经市局批准按规定公告；走逃、失踪纳税户以及其他经税务机关查无下落非正常户欠税的，由区地税局在每月25日前将《欠税清单》报市局于当月末前报省地方税务局，省地方税务局在收到市州局报告户适时公告。2005年，撤销各分局纳税服务厅，在局机关设立办税服务大厅，对区局范围内所有纳税人实行集中征收、分级管理、一级稽查税收征管模式。办税服务厅按税务登记、纳税申报、发票发售、文书受理、税务咨询等办税事项设立各项专职办税窗口，实行一站式服务模式，9月15日营运。

征管改革 1994年，地方税务局成立后，税收征管基本维持税收专管员制度，对个体税收征管采取逐村逐户上门收税，对企业税收征管采取“一员进厂，各税统管”传统征管模式。1995年，确定“以纳税申报和优化服务为基础，以计算机网路为依托，集中征收，重点稽查”新征管模式。1997年，建立纳税人自行申报纳税制度，合理划分征管机构，即管理服务系列主要负责税务登记、核税、评税、政策咨询、发票管理、税法宣传以及受理纳税人提出其他有关税务申请等；征收数控系列主要负责管理和监控各种纳税申报，税款缴库和催报催缴以及强制征收、税收会计核算；税务稽查系列主要负责根据税务检查分析标准、筛选对象进行稽核、审计、调查与处理各种税收违法案件以及核查漏征漏管户和税务登记的有关情况等；复议应诉系列主要负责审理税务行政管理相关人依法提出的各种复议案件，参与税务行政诉讼案件应诉工作。逐步建立健全代理机构，在税务机关指导下开展代理业务，形成税务机关、税务代理人、纳税人互相制约监督机制。是年，筹资建立全市地税系统首家纳税服务厅。组建娄底地区楚星税务事务所娄星分所，从事税务代理工作，接受代理300笔。2000年，在城区设立征收、管理、稽查3个独立专业化管理机构，并对以往规章制度进行清理整合，建立行政效能管理机制。

2005年，撤销各分局纳税服务厅，在区局机关设立纳税服务厅，对所辖范围内纳税人实行集中征收、分级管理、一级稽查税收征管模式。率先在全市税务系统建立法规科，设立专门机构，推行公开税收管理各环节办事员、办税依据、政策规定、处理程序、办理时限、处罚标准、收费标准和收费依据、税收纪律“八公开”办税制度。实行承诺制、首办制和分局长大厅值班制。对辖区内100户实行电算化管理企业，推行个人所得税代扣代缴软件。对100户重点高收入者个人所得税进行双向申报与跟踪监督，分别建立税源台账。成立建安房地产征管分局，推行专业管理与属地管理相结合征管模式。同时，在房产局设立专门窗口，派驻1名专管员现场征收转让房地产单位和个人应缴纳地方各税。建立和健全全岗责任考核体系，通过规范征管责任追究程序，采取半年、按季普查与不定期抽查检查办法考核到位，整改到位，追究到人。2002—2008年，追究失职责任人100余人次，扣发津贴奖金3.36万元。

个体税收征收管理 1996年，对个体工商户按调整后范围进行换证，换证4355户。5月，开展1995年至1996年3月集贸市场房产税清理行动，清理个体户759户，查补地方各税45.30万元。7月15日，加强私人诊所个人所得税管理。确定附征率，即年收入5万元以内（含5万元）为1%，年收入5万～10万元（含10万元）为2%，10万元以上为3%。同时，对征收增值税个体户地方税制定征收率。1997年，对个体征收双定进行调整，对双定偏低，通过调查掌握其收入情况，在上年基础上提高20%。1999年，对个体税收双定进行重新核定和调整，对辖区内规模较大，经营状况良好老店、名店，采取派人蹲点、明察暗访等形式掌握其收入情况，提高双定定额。对餐饮业、娱乐业等高税率行业采取自行申报、民主评议、税务核定三榜公告提高税额。通过重新核定和普遍提高税额，最高税额幅度达500%，双定提高全年增收个体税收近100万元。

2002年，对餐饮业、娱乐业、美容美发等行业纳税情况进行清理，对二十一世纪演艺中心等20余家个体大户抗拒不缴税采取强制措施，补税罚款40余万元。2004年，结合集贸市场专项整治活动，对区内7大市场1200余户个体工商户税务登记证、定税标准、纳税情况进行清理整顿。补办税务登记证130户，收回欠税3万元。同时，与国税、工商、公安和5个街道办事处成立联合办公室，对城区内个体工商户进行清理和信息采集，采集信息1.72万户，补办税务登记证613户，补税1127万元。2005—2008年，每年组织开展1~2次个体工商户清理，及时更新和补充信息。根据实际情况，有针对性开展纳税清理。

（二）发票管理

1996年4月，娄底市地税局与市物价局联合印发《关于加强服务性收费管理及税收管理的通知》。规定服务性专用发票由地方税务局统一监制实行专票专用，按月或按季向当地税务机关申报缴纳税款。7月，群众举报有人给餐饮服务行业提供假发票。接报后，立即成立专案组，通过18天调查，将案犯抓获。经审讯，假发票来源于广州市。副局长蔡树南率专案组人员赶赴广州寻找假发票印刷厂。历经12天，在广州市公安、税务部门协助下将主犯广州彩虹印刷厂厂长卢某强捉拿归案。查明印刷假发票50本，其中18本以200~600元价格销售给娄底市12家饮食店。结案处理补税和罚款20万元，依法逮捕3人。1998年3月，举办6期发票管理培训班，培训企事业单位财务人员630人，发放学习资料2850套。1999年4—6月，对发票进行专项清理，设立举报电话。重点检查印刷厂和使用发票单位和个人，其中，检查印刷厂616户，工商企业467家，餐饮业126户，娱乐业23户。有130户存在违章行为，处罚92户，补税罚款150万元。捣毁造假客运发票窝点1个，挽回损失100万元。查处天一庄等餐饮业使用国税发票等重大案件56起，移送司法机关处理2起。

2001年，理顺行政事业单位涉税项目票据管理，将医疗门诊、中介服务、社会培训、资料收费等一系列经营服务项目收费纳入发票管理范围。加强建安、房地产业自开发票认定和审批工作，对不按规定开具销售不动产专用发票和不如实申报收入行为进行处罚。全年受理举报发票案件10起，查处8起，补税近万元，罚款2万元。2002年，制定新版发票专项管理制度，对发票调拨、发售、预售、开具、申报和缴销违章处理分别作出规定。7月，税管员在执勤中发现2辆出租车司机使用假发票，分别处以5000至2万元罚款，并向公安机关报案。经公安机关侦查，捣毁发票制假窝点1个，销毁成品半成品1万余本，没收非法所得和制假工具，刑事拘留2人。2004—2008年，执行发票专项管理制度，每年进行1次发票清理，发票结余分别为5.66万份、4.86万份、12.39万份、11.81万份、42.48万份。

（三）税务稽查

1994年10月，成立税务稽查局，配备稽查人员12人，随即开展第一次税收大检查活动。至年底，全市有1549户缴纳地方税纳税人进行自查，自查面100%，自查税收50万元。重点检查纳税户800户，查补税款630万元。1995年，对房产税进行专项检查。重点检查546户，查补地方各税178万元。同时，对个体户出租房产实行定地段、定税基征收方法。6月，对固定资产投资方向税实行专项检查，清查纳税户80户，查补税款300万元。9月，对屠宰税进行专项检查，查补税款15万元。1996年，重点稽查40户，查补偷逃税款986.40万元，入库931.40万元，罚款16.70万元。纠正个别专管员执法偏差4起，挽回因政策失误造成税款流失100万元。1997年，对土地增值税进行专项检查。检查纳税户348户，查补地方各税238.80万元。1998年，税侦联手查补偷逃税案，补税罚款402万元，批捕5人，刑事拘留2人。全年重点稽查纳税户39户，补缴地方各税1200万元，入库1150万元，罚款106.50万元。1999年，严查涉税违法犯罪案件。全年查处偷税案12起，拘捕6人，补税罚款350万元。2000年，重点稽查行政事业单位及举报转办案件，对一些重大复杂案件与税侦部门联合办案。全年稽查纳税户140户，处理138户，补税罚款750万元。

2001年，在效益好、税源大户划归市税务局直管后，调整战略，将行政事业单位、外来施工建安企业和较大私营企业等列为重点检查对象。全年检查115户，结案114户，查处举报案件8起，查补税款620万元。2002年，对文教卫系统进行专项税收检查，对房地产行业、个体承包建筑行业及外来施工单位进行专项税收清理。全年稽查入库554万元，罚款86.20万元。2003年，检查纳税户56户，查补偷逃税270万元。2005年，开展以运输、煤炭、房地产业等行业为重点税收专项检查。加强涉税案件举报查处，查处大域文化传播有限公司，查补税款及罚款37万元。

2006年，组织开展对个体门面、私房出租和装修存在税款流失问题稽查。2007年，强化对房地产及个体砖、瓦、砂、矿等行业稽查，追缴税款625万元，处罚25户存在偷逃税行为纳税人，移送司法机关追究刑事责任1人。2008年，对房地产行业开展专项检查，检查17户，查补地方各税590万元。同时，对辖区内漏征漏管户进行清理，查处215户，补证27户，补税罚款231.60万元。

1995—2008年娄星区（娄底市）地税系统稽查查补入库收入情况表

表15-4 单位:万元、%

年份	地税总收入	应征查补收入	入库查补收入	占应征查补收入比重	查补收入增长率	入库查补收入占地税总收入比重
1995	15094.30	1750	1274	72.80	—	86.4
1996	11173	986.40	931.40	94.40	-26.9	8.3
1997	11366.70	1975.46	1885.70	95.46	102.2	16.6
1998	14717.10	1951.43	187.40	96.03	-0.6	12.8
1999	10643.80	1376.60	1372.70	99.71	-26.8	12.9
2000	5383.30	993.06	957.99	96.46	-30.2	17.8
2001	6325.70	248	248	100	-74.1	3.9
2002	7346.10	572.10	572.10	100	230.6	7.8
2003	7193.70	164.30	164.30	100	-71.3	2.3
2004	9378.60	66.10	65.70	99.30	-60	0.7
2005	12926.10	655.23	25.14	38.37	282.7	2
2006	18956.40	1898.40	650.60	34.28	158.8	3.4
2007	23882.60	2105.50	1072.60	50.94	64.9	4.5
2008	31736.10	1805.80	1062.90	58.86	-0.9	3.4
合计	174490.01	1654.84	12383.50	74.83	—	7.1

（四）司法保障

1995年，市公安局成立税侦支队。地税稽查局与公安税侦支队配合，联手打击涉税犯罪行为，查处一系列有重大社会影响涉税犯罪案件。1996年7月，查处广州彩虹印刷厂厂长等制贩假发票案，补税罚款20万元，收审批捕3人。查获娄底印刷厂私用假发票案，收缴假发票188本，收款收据48本，进出库单46本。收缴假发票监制章和印版等物品，销毁假车票100多万元，挽回税款损失6万余元。1997年，查处湘中计算机学校黄某新偷漏税案。黄某从1994—1997年偷逃个人所得税20余万元。抗税不缴，其家属干扰办案，设置障碍，该案一波三折。稽查局直接上报国家税务总局，得到各级领导重视支持，并引入新闻媒体，形成舆论压力，最后将偷逃税款20多万元缴入国库。是年，税侦室与稽查局联手查处偷逃税案20余起，立案15起，补税罚款350万元，入库280万元，治安拘留2人。1998年，查处万富街暴力抗税案。万富街个协操纵不法分子围攻殴打税务人员，致使2名工作人员受伤。而后发展到殴打执勤公安干警，冲击公安机关事件。此案震动省、地，市公安局组织专案组，历时1个多月，将首犯刘某桂、刘某福等5人抓获，经检察院批准予以逮捕。同时，组织力量与税侦大队联手抓住“一整两清”活动契机，查处偷逃税款300万元，罚税100万元，清理欠税100多万元。

2004年，查处拒不纳税户28户，扣押查封财产3.67万元；保全解除12户，金额1.46万元。2005年，查处拒不纳税户8户，扣押查封财产5.60万元；保全解除2户，金额1.60万元。2006年，组建公安、法院娄星地税执行室，全年查处拒不纳税户17户，扣押查封财产354万元；保全解除13户，金额352万元；扣除税款13户，金额350万元，征缴滞纳金2万元。2007年，扣押查封查处拒不纳税户7户财产，金额256万元；保全解除16户，金额247万元，扣除税款2户1万元，征缴滞纳金2000元。

三、税收宣传

1995年4月，围绕“地方税收与法制”主题，开展税收宣传月活动。在长青中街设置咨询点7个，宣传板报20块，宣传彩图200幅，悬挂标语大气球6个，横幅标语60余条，组织税法宣传一条街活动。接受400人次近1000个问题咨询，发放万余份宣传资料。并组织税干、“三小”及湘中文武学校学生参加的6个义务税法宣传方阵队，与40辆汽车和摩托车组成税法宣传队伍开展税法宣传。1996年4月，开展以“税收征管与市场经济”为主题宣传活动。4月4日，在城区设置税法宣传一角，发放宣传资料万余份，解答咨询1000余人次，印发给“广大公民的公开信”4万余份。结合执法案例在娄底电视台报道15次，结合假发票案侦破全过程，娄底有线台制作电视专题片《发票忧思录》在湖南有线台播出。1997年4月，围绕“税收与文明”主题开展税法进校园活动，2000余名中小学生接受税法教育。1998年4月，举办税法有奖竞猜活动，有600人次获奖。在大中小学生中开展“我身边的税收”征文比赛，娄底师专中文系杨国辉获一等奖，朱文亮获二等奖，三小李雪姣获三等奖。1999年4月，围绕“依法治税、强国富民”主题开展宣传。采取讲座授课、征文等形式在城区5所中学5000余名学生中开展地方税基本知识及个人所得税宣传，并配合农村税费改革在乡镇开展税法宣传。将地税基本知识、资料编成广告稿连续在乡镇广播站播放，税收知识进入10个乡镇40个行政村2000余户农户家中。全年为政府官员上税法课3次，给区委常委会讲解地方税收政策及有关规定1次。6月，在涟钢举办一期税法知识讲座，涟钢总经理、财务人员及所有中层管理人员700余人参加。首开全省税务机关进企业普及税法上课之先河，湖南电视台在6月15日晚间新闻中进行报道。

2002年，围绕“诚信纳税，利国利民”主题，在银海广场举办共筑“诚信”税法宣传演出，采用歌舞、小品、曲艺、相声等形式，穿插于税法有奖竞答、现场咨询等节目中。湖南卫视、娄底电视台、《娄底日报》等多家媒体进行报道。与娄底电视台共同制作税法宣传专栏。2006年4月，区地税局与区国税局携手合作，在娄底市职业技术学院大礼堂开展“我身边的税收”校园演讲比赛。2007年4月3日，地税、国税联合在步步高广场举办以“依法诚信纳税，共建和谐社会”为主题税法宣传活动。通过局长接受媒体采访、在广场设置咨询台、张贴悬挂宣传标语横幅、向群众散发宣传手册等方式，开展税法宣传活动。紧扣税收宣传主题，制作2段税收公益广告，在城区100余台装有车载视频电视公交车上和春园步行街大荧屏上分别循环播放。与国税部门一起，在老市政府、娄星区政府、娄底市铁西社区开辟税收宣传文化墙，通过漫画、文字、税收动态、照片等形式，对税收新政策、税收意义等内容进行宣传。在《娄底日报》、娄底电视台、娄底公众网、娄底交通频道四家主流媒体上分别开辟税收专栏，针对税收热点问题，进行专题讲解。

第三章 金 融

1992—1993年上半年，在沿海地区加快经济建设刺激下，辖区内部分企事业单位投入资金参与炒地皮、办企业。各银行机构或是发放贷款间接支持企事业单位外地投资，或是与企事业单位合作直接带资下海。在通货膨胀、经济加快发展及资金外流等因素影响下，部分企业资金周转困难，逐步发展成较为严重"三角债"现象。各银行分别注入启动资金，帮助企业解开"三角债"链条。其间，农村互助储金会、农村合作基金会等未经人行批准的社会金融组织逐渐蔓延，对辖区金融秩序产生较大影响。1993年，国务院下发有关"软着陆"政策，辖区内金融机构逐步走向规范。7月，各单位规范资金拆借，收回9100万元外流资金。1994年，加强金融监管，金融秩序逐步好转。12月，中国平安保险娄底中心支公司成立，打破保险业由人保公司独家经营格局。1995年，各金融机构贯彻《中国人民银行法》《商业银行法》《中华人民共和国票据法》《中华人民共和国保险法》，加强依法合规经营。1996年，信托、证券业与银行业脱钩，证券监管由人行监管改为证监委监管。工、农、建3家银行信托办事处被撤销，财政信托办事处停办新业务（2001年被撤销）。农村信用社与农行脱钩。中国农业发展银行中心支行成立，其业务由农行代理改为自营。保险业实行财险、寿险分营，分设中保人寿娄底分公司、平安人寿娄底支公司，财产险、人身险险种增加。年末，辖区内银行信用社机构本外币各项存款余额62.69亿元，本外币各项贷款余额63.80亿元；保险机构各项保费收入9156万元。

1997年，东南亚地区发生金融危机，市委、市政府和辖区内金融机构反应迅速，行动果断，采取应对措施，降低金融危机对本地经济影响。是年起，各国有商业银行逐步推进商业化经营，突出内控和效益管理，处置和剥离不良资产，强化金融生态环境建设。1998年，保险业监管由人行娄底分行改为省保监局负责，开通"天亿"网上股票交易。1999年，开展清理"两会一部"（农村合作基金会、农村互助储金会、供销社股金服务部）等社会金融组织行动，将符合条件的农村合作基金会并入农村信用社，未并入机构被陆续撤销。农发行娄底分行加强政策性贷款资金封闭管理，实施农业综合开发，支持高溪集团等"十大农业产业基地"开发建设。工、农、中、建4家国有商业银行向商业银行转轨。至2000年，工、农、中、建4家国有商业银行的娄星区分行分别以1999年6月30日或9月30日为时点，向华融、长城、东方、信达4家资产管理公司剥离不良资产本息15.59亿元。2001年起，各银行、信用社执行稳健的货币政策，支持涟钢薄板工程等大型项目建设和中小型企业发展，支持城镇基础建设，加大对民营企业的信贷投入，发展个人消费贷款业务。2003年，成立中国银行业监督管理委员会娄底监管分局。初步形成"一行三会"监管体制（即人民银行、银监会、保监会、证监会分业监管）。2005年，湖南省农村信用联合社成立娄底办事处，形成从上到下管理系统。农发行娄底分行在保证粮棉油等政策性信贷业务基础上，逐步发展商业性经营业务。保险系统引入市场竞争机制，泰康人寿、太平洋财险等13家保险公司先后落户辖区。证券业打破方正证券独家经营格局，安信证券等6家公司先后在辖区范围内开设营业部。担保业和创投平台公司等金融机构后发赶超，先后成立开源担保公司和娄底市中小企业信用担保公司。各国有商业银行和人保、人寿、平安保险等机构推进股份制改革，娄底邮储分局改建成立中国邮政储蓄银行湖南省娄底分行。区人民政府成立财税金融工作办公室，协调管理全区财税、金融、保险、证券工作。

2003年年初，中国人民银行娄底中心支行向市政府提出建立金融安全区构想，引起市委、市政府重视。6月，召开创建金融安全区动员大会。成立由市长任组长，政法、金融等20多个市直单位负责人参加的清收清欠领导小组。至2005年，清收公职人员拖欠贷款4700余万元，占公职人员58%。2007年，加强金融生态环境建设，建立金融风险监测评估体系和金融稳定联席会议制度。

第一节　协调及监管机构

一、协调指导机构

1989年，娄底市财贸委员会管理金融财税、商贸流通和指导协调粮食、供销、烟草、证券、保险、工商等部门工作。1992年，市财贸委员会更名为市贸易工作办公室。1999年7月，撤市设区，改为娄星区贸易工作办公室。2006年，更名为娄星区财税金融工作办公室。2005—2008年，按照区政府授权履行工作职责，加强对全区经济金融形势分析和调查研究，加强财税督促检查和对金融业协调监管，与银政、银企密切合作，支持区域社会经济发展，指导推进金融机构改革，引进商业性银行和保险机构、证券期货机构，推进金融环境建设，促进全区财税、金融业稳健发展。

1989—2008年历任党组书记、主任：邹泽怀、颜跃明、杨仲刚、张太国、刘德玉、刘崇林、邬青山、李桂中。

二、央行和监管机构

（一）中国人民银行娄底中心支行

1989年，中国人民银行（简称人行）娄底分行内设计划、发行、会计国库、外汇、金融管理、稽核、外汇、办公室、人事、金融纪检监督、保卫等11个科室和1个工会组织。履行央行职能，贯彻落实国家货币信贷政策，加强金融监管，加强宏观调控与金融稳定，加强窗口指导，强化金融生态环境建设与金融服务，推动全市金融业务健康发展。全区金融机构各项存款余额10.57亿元，各项贷款余额14.27亿元。至2008年，内设机构有综合科、信贷货币科、调查统计科、征信科、地方金融监管科、会计科、金融管理科、稽核科、人事科、保卫科等。全市金融机构本外币各项存款余额1154.61亿元，本外币各项贷款余额615.37亿元，分别是1989年的95倍和46倍。

1989—2008年历任行长兼党委（党组）书记：薛自修、谢宏华、陈梅池、李赛辉、罗世乐、曹丕铭。

（二）中国银行业监督管理委员会娄底监管分局

2003年12月26日，成立中国银行业监督管理委员会娄底监管分局（简称娄底银监分局）。按照授权审批辖内银行业金融机构及其分支机构的设立、变更、终止和业务范围；对辖内银行业金融机构实行现场和非现场监管；依法查处违法违规行为；审查核准辖内银行业金融机构高级管理人员任职资格；负责统一编制全市银行业数据、报表和信息披露；会同有关部门提出存款类金融机构紧急风险处置的意见和建议；承办湖南银监局交办其他事项。2004—2008年，银监分局按照“管法人、管风险、管内控”监管理念，关注改革、关注风险、支持创新，促进全市银行业金融机构稳健经营、健康发展。

2003—2008年历任局长兼党委书记：安庆生、曹南高、陈志宏。

第二节　金融机构及业务

一、银行机构及业务

（一）中国农业发展银行娄底分行

1996年9月26日，中国农业发展银行（简称农发行）娄底地区分行成立，为县处级机构，授权法人单位。内设办公室、人事教育、计划信贷、财务会计、稽核监察5个科室。12月，农发行娄底分行接收人行娄底分行划拨“老少边”3812万元、各项政策性贷款6.51亿元，全行资产总额12.98亿元。1998年5月，向农行娄底中支划转农业综合开发贷款、人行专项贷款1.08亿元，扶贫贷款1.18亿元。12月，再次向农行中支划转粮棉油企业附营贷款1.68亿元。1999年9月，中国农业发展银行娄底地区分行更名为中国农业发展银行娄底分行（简称农发行娄底分行），农发行娄底分行业务经营经历专业经营向综合性经营逐步推进、强化政策性金融职能过程。至2008年，内设机构有10个部室，辖1营业部，各项存款余额8.4亿元，各项贷款余额11.46亿元。

1996—2008年历任行长兼党委书记：谢作新、曾克俭、宁长云。

（二）中国工商银行股份有限公司娄底分行

1989年，中国工商银行（简称工行）娄底地区娄底分行本外币各项存款余额3.55亿元，本外币各项贷款余额6.25亿元，实现经营利润867万元。1990年，本外币各项存款余额5.21亿元，本外币各项贷款余额9.02亿元，经营利润1250万元。1999年，中国工商银行（简称工行）娄底地区娄底分行更名为工行娄底市分行。至2008年，工行娄底分行在辖区内设机构45个。其中，支行12个，办事处1个，分理处15个，储蓄所17个。各项存款余额54.57亿元、各项贷款余额41.26亿元，经营亏损5687万元。

1989—2008年历任行长兼党委书记：陆继蛟、郑子术、龙太玉、何勇智、聂欣欣。

（三）中国农业银行股份有限公司娄底分行

1989—2008年，中国农业银行（简称农行）娄底分行经历国家专业银行经营、国有商业银行经营、国家控股股份制银行经营等发展阶段。按照国家货币信贷政策和各项法律法规，采取稳健经营、开拓创新等措施，推动各项业务发展。1989年，各项存款余额3157万元，各项贷款余额5687万元。1990年，全行各项存款余额3.70亿元，各项贷款余额4.84亿元，经营亏损795万元。至2008年，农行娄底分行在辖区内设有支行、网点31个。全行本外币各项存款余额47.40亿元，本外币各项贷款余额19.51亿元，实现拨备前利润8838万元，净利润4567万元。

1989—2008年历任行长：廖康鹏、曾昭才、范上华、曾祥洲、汤红艳。

（四）中国银行股份有限公司娄底分行

中国银行娄底分行（简称中行娄底分行）成立于1988年2月，专业办理娄底地区外贸系统所属企业、“三资”企业、外贸出口和外贸定点扶植生产经营企业存贷款和结算业务。1989年，全行本外币各项存款余额3125万元，本外币各项贷款余额5786万元，经营亏损96万元。1990年，全行本外币各项存款余额4407万元，本外币各项贷款余额8402万元，经营亏损134.2万元。1995年，中行娄底分行由国家专业银行向国有商业银行转轨，逐步将部分储蓄所升级为分理处。同年12月，中行娄底分行党组改设为中共中国银行娄底分行委员会，由地方党委领导改为系统党委领导。1999年，全行业务经营部门实行经理负责制，管理、保障和内控监督部门实行科长（主任）负责制。2004年，中国银行股改上市，更名为中国银行股份有限公司。2005年6月，更名为中国银行股份有限公司娄底分行（简称中行娄底分行）。在辖区内设有支行网点35个。至2008年，本外币各项存款余额47.37亿元，本外币各项贷款余额20.29亿元。实现拨备前利润6574万元，净利润5476万元。

1989—2008年历任行长兼党委书记：徐伟、肖律清、欧阳光。

（五）中国建设银行股份有限公司娄底分行

1989—2008年，中国建设银行娄底地区中心支行（简称建行娄底中支）建行娄底分行贯彻执行国家各项金融法律法规，在支持全市经济发展中，经历国家专业银行经营、国有商业银行经营、国家控股股份制银行经营等阶段。1990年，全行各项存款余额2.03亿元，各项贷款余额1.97亿元，经营利润351万元。至2008年，辖区内设支行网点36个，全行本外币各项存款余额84.02亿元，本外币各项贷款余额43.51亿元，实现经营利润1.53亿元。

1989—2008年历任行长兼党委书记：肖录定、曾连喜、朱献军、高海燕、黄天祥。

（六）中国邮政储蓄银行股份有限公司娄底分行

1989年，娄底邮政储蓄工作先后由娄底邮电局、邮政局统一管理，邮电（政）局明确1名副局长分管邮储业务，下设储营科、储汇科、储汇分局等机构。邮储银行成立前，邮政储蓄全额缴存人民银行，未开办贷款等资产业务。是年，全区邮政储蓄转存人行款余额3728万元。1990年，全区邮政转存人行余额3728万元。是年，国家调整邮储政策，缴存人民银行款改为转存款，邮电局经营储蓄业务由代营变为自营。2008年3月24日，中国邮政储蓄银行有限责任公司娄底分行挂牌成立，接管邮政局储汇分局人员和业务。邮储银行娄底分行在娄星区设立邮银网点62个，其中，代理28个，自营11个，农村网点2个。当年全行本外币各项存款余额32.64亿元，各项贷款余额7831万元，实现经营利润1724万元。

2008年行长张黎明，副行长周志刚。

（七）娄底农村信用联合社

1989年，辖区内农村信用社有机构网点55个。其中，乡镇信用社34个、储蓄所12个、村信用站257个，内设人秘、业务、财务、稽核、监察等4股1室。1990年，全区信用社各项存款余额3.43亿元，各项贷款余额2.41亿元，农村信用社经营利润20.50万元。1997年，适应行政区域变革，将34个信用社调整合并为12个，信用站增至64个。1999年，信用联社调整基层信用社营业网点，将12个信用社降格为分社，撤并170个信用站，将77家农村基金会并入信用社。2001年，城市信用社改制更名，并入娄星区农村信用社。2004年，娄星区农村信用社联合社筹备组建产权明晰、统一法人的农村信用合作联社。2006年，撤销村信用代办站。12月5日，区农村信用合作联社召开创立暨第一届社员代表大会，选举产生娄星区农村信用合作联社第一届理事会理事、监事会非职工监事，分别召开第一届理事会、监事会会议。2007年7月，娄星区联社完成县乡两级法人改革为县一级法人工作，实行县级联社统一核算。至2008年，娄星区信用联社。内设计划信贷部、人力资源部、财务会计部、稽核监察部、安全保卫部、风险资产管理部、科技部、营业部、办公室等8部1室，下辖12个信用社。全区信用社各项存款余额6.21亿元，各项贷款余额5.30亿元。

1989—2008年历任主任：蒋克强、杨耀坤、喻新民、贺正秋、吴坚强。

二、保险机构及业务

（一）中国人民财产保险股份有限公司娄底分公司

1989—2008年，人保娄底分公司秉承为生产服务、为社会服务、为城乡居民服务经营理念，按照国家政策法规发展各项保险业务。1989年，中国人民保险公司娄底中心支公司辖娄底、涟钢2个支公司。1989年，实现保费收入981万元，保险储金1125万元，理赔支出1257万元（其中财产保险赔款624万元、人身险给付714万元）。1996年6月，中保人寿保险股份有限责任公司娄底分公司从中国人民保险公司娄底地区中心支公司分设成立。7月，中国人民保险公司娄底地区中心支公司更名为中保财产有限责任保险公司娄底分公司，下设娄底、涟钢2个支公司。是年，人寿保险分设后，专营各类财险业务，业务范围收窄后仍保持稳健发展，实现保费收入2614万元、理赔支出4531万元。1998年，中保财产保险有限公司更名为中国人民保险公司。1999年4月，中保财产保险有限公司娄底分公司更名为中国人民保险公司娄底分公司。7月，中国人民保险公司娄底分公司更名为中国人民财产保险股份有限公司娄底分公司（简称人保娄底分公司），主营财产保险业务，并获准重新进入人身保险业务领域，经办各种短期人身意外伤害保险、责任险和健康险业务。2003年，重新开办人身险业务，全面发展各类保险业务。2008年，实现各项保费收入13345万元，各项理赔支出8154万元。

1989—2008年历任经理：伍正尧、邵本如、宁松、李湘军。

（二）中国平安财产保险股份有限公司娄底中心支公司

1994年4月，经中国人民银行湖南省分行批准，中国平安保险公司在娄底设立筹备机构并试营业。12月29日，中国平安保险公司娄底支公司挂牌成立。公司贯彻执行各项金融法律法规，加强基础工作管理，抓好项目业务发展，发展渠道业务和中介业务，加大综合开拓力度，促进综合开拓业务发展。1994年，保费收入151万元，理赔支出4万元。1995年，保费收入808万元，理赔支出84万元。1996年6月，设立人身保险部，实行产、寿险分营。2002年，中国平安保险公司娄底支公司更名为中国平安财产保险股份有限公司娄底中心支公司。2006年，保费收入1253万元，理赔支出945万元。2008年，保费收入5618万元，理赔支出3271万元。

1994—2008年历任经理：邹桂林、邬高亮、肖福光、杨铁生、李爱琴、张小春、邓华明、吴建平、谢前湘。

（三）天安财产保险股份有限公司娄底中心支公司

2004年5月18日，天安保险股份有限公司筹建娄底营销服务部，8月1日对外营业。是年，保费收入856万元，理赔支出21万元。2005年3月，升格为天安保险股份有限公司娄底中心支公司。2007年8月，增设新车营销服务部。2008年，保费收入754万元，理赔支出518万元。

2004—2008年经理：殷建设。

（四）中国太平洋财产保险股份有限公司娄底中心支公司

中国太平洋财产保险股份有限公司由中国太平洋保险集团公司按产、寿险分业经营要求成立。2004年12月，太平洋财险公司设立娄底营销服务部。2005年1月18日挂牌营业，升格为中国太平洋财产保险股份有限公司娄底中心支公司（简称太平洋财险娄底中支公司）。是年，实现保费收入1550万元，理赔支出233万元。

2004—2008年历任经理：傅先宏、彭朝晖。

（五）中华联合财产保险股份有限公司娄底中心支公司

中华联合财产保险股份有限公司娄底中心支公司（简称中华联合财险娄底中支公司）于2005年7月筹建，9月21日挂牌开业。2005年，公司实现保费收入536万元，理赔支出10万元。2008年，保费收入1947万元，理赔支出1147万元。

2005—2008年历任经理：王尚能、伍晖。

（六）安邦财产保险股份有限公司娄底中心支公司

2006年6月，安邦财产保险股份有限公司娄底中心支公司（简称安邦财险娄底中支公司）成立。办理车险、责任保险、信用保险和保证保险、短期健康保险和意外伤害保险等10余种保险业务。2007年，签单2072笔，保费收入318万元，理赔支出145万元。2008年，签单2114笔，保费收入127万元，理赔支出28万元。历任经理：唐友开、周军民、周喜红、吴斌、唐俊。

（七）阳光财产保险股份有限公司娄星区中心支公司

2006年11月6日，成立阳光财产保险股份有限公司娄星区中心支公司（简称阳光财险娄底中支公司）。经营车险、财产保险、责任保险、信用保险和保证保险、短期健康保险和意外伤害保险等业务。2007年，实现保费收入931万元，理赔支出365万元。2008年，实现保费收入957万元，理赔支出425万元。经理：张家栋。

（八）中国人寿财产保险股份有限公司娄星区中心支公司

中国人寿财产保险股份有限公司娄星区中心支公司（简称国寿财险娄底中支公司）2007年7月筹建。2008年1月4日成立。是年，保费收入2000万元，理赔支出665万元。经理：陈颖。

（九）都邦财产保险股份有限公司娄底中心支公司

都邦财产保险股份有限公司娄底中心支公司（简称都邦财险娄底中支公司）成立于2008年4月。全年完成保费收入21万元，理赔支出49万元。经理：曾魁伟。

（十）渤海财产保险股份有限公司娄底中心支公司

渤海财产保险股份有限公司娄底中心支公司（简称渤海财险娄底中支公司）成立于2008年11

月，隶属渤海财产保险股份有限公司湖南分公司。经理：梁呈祥。

（十一）中国人寿保险股份有限公司娄底分公司

中国人寿保险公司娄底分公司于1996年6月从人保娄底中心支公司分设，成立中保人寿保险有限责任公司娄底分公司。是年，保费收入3705万元，理赔支出1749万元。1998年，中保集团公司撤销，中保人寿保险有限责任公司娄底分公司更名为中国人寿保险公司娄底分公司。分公司设立业务管理中心和财务管理中心，规范业务经营、加强风险防范监督。2003年10月，中国人寿保险公司股改上市，中国人寿保险娄底分公司更名为中国人寿保险股份有限公司娄底分公司（简称国寿保险娄底分公司）。经营各类人身保险、补充养老金保险、健康保险和意外伤害保险、分红型储蓄保险业务。2008年，保费收入2.65亿元，理赔支出9854万元，分别为1996年的24倍和21倍。历任经理：周阔海、钟飞。

（十二）中国平安人寿保险股份有限公司娄底中心支公司

1996年6月，中国平安保险集团实行产、寿分业经营，中国平安保险公司娄底支公司人身保险部，升格为中国平安人寿保险公司娄底支公司。1996年，保费收入324万元、理赔支出3万元。2008年，保费收入9582万元，理赔支出1452万元。1996—2008年历任经理：黎祖刚、邬高亮、谭邦永、李湘涛、孙鑫。

（十三）泰康人寿保险有限责任公司娄底中心支公司

2003年5月19日，经湖南保监局批准，成立泰康人寿长沙分公司娄底营销服务部筹备组。是年，保费收入1250万元，无理赔支出。2004年6月16日，泰康人寿娄底营销服务部升格更名为泰康人寿股份有限公司娄底中心支公司，保费收入3558万元，理赔支出26万元。2008年，实现保费收入4587万元，理赔支出878万元。2003—2008年历任经理：钟勇军、王华诚。

（十四）新华人寿保险股份有限公司娄底中心支公司

2003年12月，新华人寿长沙分公司筹建娄底营销服务部。2004年3月挂牌开业。12月，升格为新华人寿保险股份有限公司娄底中心支公司（简称新华人寿娄底中支公司）。是年，保费收入3083万元，理赔支出6万元。2004—2008年，新华人寿娄底中支公司发展普通型保险产品和新型人身保险产品。2008年，实现保费收入6878万元，理赔支出245万元。经理：夏毅。

（十五）中国太平洋人寿保险股份有限公司娄底中心支公司

2004年7月，经省保监局批准，成立中国太平洋人寿保险股份有限公司娄底中心支公司（简称太平洋人寿娄底中支）。8月26日，对外营业。是年，保费收入228万元，无理赔支出。2004—2008年，太平洋人寿娄底中支公司经办各项人身险业务。2008年，保费收入458万元，理赔支出254万元。经理：张平华。

（十六）中国人民人寿保险股份有限公司娄底中心支公司

2007年4月，中国人民人寿保险股份有限公司湖南省分公司筹建娄底营销服务部，8月营业。年末保费收入507万元，理赔支出2200元。2008年4月，更名为中国人民人寿保险股份有限公司娄底中心支公司（简称人保寿险娄底中支公司），全年完成保费收入4349万元，理赔支出11万元。经理：李湘涛。

（十七）合众人寿保险股份有限公司娄底中心支公司

2008年1月，成立合众人寿保险股份有限公司娄底中心支公司（简称合众人寿娄底中支公司）。当年实现保费收入400万元，理赔支出2.24万元。经理：谈铁。

（十八）中国农银人寿保险股份有限公司娄底中心支公司

2008年6月6日，嘉禾人寿保险股份有限公司娄底中心支公司更名为中国农业银行人寿保险股份有限公司娄底中心支公司（简称农银人寿娄底中支公司）。全年实现保费收入1842万元，理赔支出10万元。经理：周中华。

三、证券、期货机构及业务

（一）证券机构

方正证券股份有限公司娄底南贸西街证券营业部

方正证券股份有限公司娄底南贸西街证券营业部（简称方证证券娄底营业部）源自人行娄底分行证券公司。1988年，人行娄底分行设立湖南省证券娄底代理处。1992年，更名为娄底地区证券公司。1994年，更名为湖南省证券公司娄底地区营业部。1995年前，主要经营各类债券业务。5月，招聘7名证券从业人员，开办证券经纪和证券自营业务。1996年10月，证券营业部与人行娄底分行脱钩，归属湖南证券股份有限公司，更名为湖南证券股份有限公司娄底证券交易营业部。2001年10月，湖南证券更名为泰阳证券，湖南证券娄底营业部相应更名为泰阳证券有限责任公司娄底营业部。2008年5月，泰阳证券与方正证券合并重组，更名为方正证券有限责任公司，营业部相应更名为方正证券有限责任公司娄底营业部。1989—2008年历任主任（经理）：胡益恩、汪劲松、罗新华、贾国强。

安信证券股份有限公司娄底乐坪大道证券营业部

安信证券股份有限公司娄底乐坪大道证券营业部（简称安信证券娄底营业部）于2007年11月筹建，2008年4月开业运营。主要经营券商全牌照业务，经营证券经纪、证券投资咨询、证券投资基金代销、融资融券、证券财务顾问、代销金融产品等业务。总经理：周光辉。

安信证券娄底春园路营业部

2007年10月，筹备组建安信证券娄底春园路营业部。2008年5月18日开业，是安信证E券全国布局战略中证监会批准新设立的第一家证券营业部。

华融证券股份有限公司娄底营业部

华融证券股份有限公司娄底营业部（简称华融证券娄底营业部）成立于2008年9月。总经理：邓强华、张骁。

中国银河证券股份有限公司娄底乐坪大道证券营业部

2008年6月，经省证监局批准，中国银河证券股份有限公司长沙芙蓉中路营业部迁址娄底市，成立娄底服务部，10月8日挂牌开业。总经理：刘鸿。

湘财证券股份有限公司娄底氐星路证券营业部

2008年12月，成立湘财证券股份有限公司娄底氐星路证券营业部（简称湘财证券娄底营业部）。经营证券经纪、证券投资咨询、证券自营、证券资产管理、代销证券投资基金、证券财务顾问、融资融券等业务。总经理：李俐。

（二）证券业务

1990—1995年4月，娄底地区证券公司经营代理国债及企业债券发行、兑付和大额可转让记名存单贴现转让、抵押等业务。1993年，挂靠湖南证券股份公司，涉足股票交易市场，参与湘中意A、湘火炬A认购，摸索交易经验。1994年，在湖南证券交易中心申请上海、深圳证券交易席位，成为湖南证券交易中心会员。1995年，湖南省证券公司娄底地区营业部设立娄底地区首家股票交易厅，主营证券经纪和证券自营业务。5月18日开业，代理、自营买卖上海、深圳证券交易所上市股票，代理证券分红派息、过户等业务。开业后，正值深、沪股市“5·18”行情，股民开户热情高，为加强开户管理，营业部实行最低5万元保证金准入制度。至年底，新开立800余户，经纪深、沪两市证交所股票交易2亿余元，实现经营利润49.60万元。

1996年，娄底证券营业部与人行娄底分行脱钩，人员、业务、财务并入湖南证券股份有限公司，由省公司统一管理，更名为湖南证券股份有限公司娄底证券交易营业部。全年完成代理交易14余亿元，实现经营利润170.80万元。1997年，开通点对点业务（即客户可以通过自助方式下单或填单由柜员输入交易系统，交易系统直接将委托指令传送到交易所系统撮合成交），解决人工报盘速度慢、差错多问题。全年完成代理交易35亿余元，实现盈利1700万元，成为湖南证券股份有限公司利润大户。1998年，与娄底电信合作开通“天亿”网上股票交易业务，增加交易工具，扩大交易领域。2000年，取得证券登记业务代理资格，客户可在营业部直接开户，当天开户当天入市交易。5月8日，开通泰阳证券网及网上证券委托系统。全年网上交易占总成交易量30%，居湖南证券各营业部之首。1998—2000年，累计代理交易140余亿元，实现经营利润1654万元。

2001年，湖南证券娄底营业部更名为泰阳证券娄底营业部。成立业务拓展部，引进娄星住房公积金中心等，开办国债交易。与四大国有商业银行合作，开通“银证通”业务，实行“银证通+泰阳证券网+客户呼叫中心+经纪人”经纪服务新模式，改进代理交易服务。加强网上交易指导和服务，实行全员营销，促进网上业务快速发展，全年网上交易占营业部成交总量37%，完成代理交易90余亿元，实现经营利润518万元。2002年，沪、深股市持续低迷，泰阳证券娄底营业部经纪业务急速萎缩，全年代理交易20亿元。2003年，股票经纪业务逐步回升，交易量较上年增长40%。2004年，增长57%。2005年，开户股民3.84万人，经纪证券交易40亿元。其中，网上交易量占总交易量75%，网上交易成为证券交易主要方式。业务量占全国证券市场份额0.58‰，在泰阳证券20多家营业部中排名第6位。

2006年，采取措施营销证券市场客户，将营销任务分解落实到各部门和个人，争取涟钢等客户，营销企业投资者。全年完成股票基金交易量103.43亿元，实际营业收入3080万元、利润2161万元。2007年，证券市场爆发“牛市”行情，泰阳证券娄底营业部业务量成倍增长，日均开户500余户。与工、农、中、建4家银行配合，发展客户保证金第三方存管业务。接收恒信证券娄底营业部业务与资源，整合证券市场经营。推广上线集中交易系统，提高证券交易服务质量。全年完成股票基金交易量596.79亿元，占泰阳证券全国市场份额0.65‰；完成营业收入1.79亿元，实现营业利润1.47亿元。

2008年5月，泰阳证券与方正证券合并重组，更名为方正证券有限责任公司，营业部相应更名为方正证券有限责任公司娄底营业部。是年，安信证券、湘财证券、银河证券、华融证券先后进驻娄底，证券市场开始出现竞争态势。方正证券娄底营业部加强规范经营，挽留欲转客户3800余户；加强市场营销，在建行、中行布网点10个。全年完成股票基金交易量374.64亿元，实现营业收入3043万元、利润2011万元。是年，安信证券娄底营业部开发客户3000余户。在开展业务的同时，向娄底冰灾灾区捐赠50万元及20吨大米等物质，参加公司和省证监局为汶川地震灾区捐款活动。

（三）期货机构

2007年6月，德盛期货有限公司娄底营业部（简称德盛期货娄底营业部）成立。历任总经理：肖杰。

（四）期货业务

2003年6月，泰阳证券娄底营业部应对持续低迷证券基金交易压力，拓展期货业务。营业部采取多种方式，在股民中宣传期货业务，对期货投资人组织业务培训。至2005年，发展期货客户100余户，开办国债期货和沪深指数等金融期货业务，实现手续费收入200余万元，成为泰阳证券公司期货业务创利最多地市级营业部。

2007年6月，德盛期货有限公司设立娄底营业部，为投资机构和个人提供期货交易服务。营业部按照“专注、协同、共享、规范”的经营理念，以安全、稳定、高速、开放式接口，为客户提供全面的行情资讯系统服务，先后推出澎博闪电手、文华一键通、快期等多套交易系统，开通与建行、交行、中行、光大行等全国银期转账，促进业务稳健发展。

第三节　金融监管

一、人民银行金融监管

（一）市场准入与退出监管

1990年，娄底中支和人保娄底中支批准各专业银行、各保险机构在相关企业设立87个储蓄代办所、69个保险代办站。根据国务院关于清理整顿金融性公司规定，撤销工、农、建行娄底中支和地财政局4家信托投资公司。1991—1994年，增设金融机构145个（包括11个储蓄代办所和9个保险代办站），先后撤销38个储蓄所、代办所、信用联站；换发“经营金融业务许可证”565个，补发“代理经营金融许可证”162个，批准4家专业银行18个分支机构开办房地产信贷业务。清查违规设立信用联站272个，对1993年7月后违规设立的19个联站予以撤销。1995—1996年，人行娄底分行在公安、工商等部门配合下，强制收缴23家典当行证照，遏制一些典当商行违规经营金融业务现象。取消32家农村合作基金会在金融机构账户，对核准保留61家基金会基本账户不作金融同业账户；取缔农机安全互助协会变相办理拖拉机等农机保险和人身保险，督促将已办业务移交当地人保公司；撤销工、农、建行3家信托办事处及4家证券营业部，湖南省证券公司娄底地区营业部与人行娄底分行脱钩。报批设立中保人寿保险公司娄底地区分公司和中国农业发展银行娄底地区分行。为合理布局网点，对683家银行、信用社、邮储机构和17家保险机构重新登记，批准撤销12个营业网点，调整搬迁11处网点。

1997年后，各国有商业银行实行商业性经营，营业机构撤并。人行娄底中支配合各商业银行娄底分行机构改革，支持其调整网点布局。至2001年，批准各金融机构撤销低效营业网点188个，改建、搬迁、更名网点222个。2002年，查出带“地下钱庄”性质案23起，取缔地下钱庄5处。推进城区信用社机构精简，全年降格合并信用社4个，撤销信用分社32个，撤并城区信用代办站88个。2003年年底，银监会娄底监管分局设立，对银行业行使监管职能。

（二）营运监管

1990年，制定《关于维护我区储蓄秩序的联合公约》，查处18个储蓄网点违规吸储问题，冻结存款229万元。1991年，加强结算纪律现场检查，查处部分单位随意延压结算凭证、受理无理拒付、无理退票等违规金额1485万元。1992年，对103个金融机构进行12个项目现场检查，稽查存贷款28.95亿元，查出和纠正违规金额4.65亿元。1993年，针对金融机构之间发生“储蓄大战”，组织11个检查组，对753个营业网点进行现场检查，对一般违规174个单位予以通报批评，对违规严重36个单位处罚款32万余元，对其中8家机构在《娄底日报》和娄底电视台曝光。组织各金融机构收回外流资金1100万元，违规拆出资金2.67亿元。先后对566个行次进行贷款规模管理、执行存贷款利率、执行结算纪律、贷款质量、保险费率等35个项目现场检查，累计稽查金额351.22亿元，查出和纠正违规金额29.93亿元。

1994—1998年，对金融机构营运监管由政策法规监管逐步转到政策法规与风险监管并重，突出金融风险防范与化解。1994年，对232个金融机构进行利差补贴、结算纪律、保险费率等21个项目现场检查，稽查金额107.02亿元，查出和纠正违规金额6.85亿元。1995年，对356家金融机构和41家企业现场稽核，查出和纠正违规金额33.07亿元。全面审计1994年7月至1995年5月全区粮棉油收购资金情况，检查104家金融机构和41家粮棉油收购加工企业，查出企业固定资产和经营性业务挤占挪用收购调度资金598万元、收购资金挪作他用623万元、亏损挂账1.29亿元以及企业多头开户等问题。均采取措施予以纠正。1996年，检查156家单位执行信贷政策情况，重点查处工、农、中、建行房产信贷部、信用卡部、国际业务部账外经营情况，查出“三部”账外存款2.62亿元、账外经营贷款9.35亿元，分别督促纠正。稽核调查214家独立核算农村信用社，划分高风险社、风险社、低风险社3个等级，严密监测高风险社。1998年，组织联合成立整顿账外账和违规经营领导小组，纠正账外经营76万元、违规经营3.47亿万元。

1999年，全市金融机构营运监管逐步形成央行监管、机构内控、行业自律、社会监督“四位一体”监管体系，对金融机构实施多种现场检查和非现场检查，制止乱抬利率、账外经营、无理压票等无序竞争，规范各行、社经营行为。2000年，督促各行、社定期报送内部规章制度、授权授信情况、资产风险状况等资料；设置资产流动性比例、资产安全性比例、资本充足率、资产效益性4大类12项目风险预警指标。2001年，制定《不良贷款监测考核办法》，按月跟踪考核，对不良贷款比例超过50%单位及时发出预警告诫通知。2003年，组织6个项目现场检查，检查78家金融机构，查处违规贷款1.53亿元；查处信用社经济案件18起。2004年，组织现金管理、统计执法、银行信贷登记咨询、再贷款、会计账户、邮政储蓄、反洗钱等现场检查，帮助违规金融单位进行整改。2005年，以区域金融稳定为重点，加强社会信用体系建设。对23家违反国库管理金融机构予以通报批评。2006年，以金融稳定、金融安全区建设、社会征信体系建设、深化金融企业改革为重点，加强银行业金融机构营运监管。2007年，组织对外汇业务、统计执法、银行账户、反洗钱、存款准备金、国库经收、再贷款等系列检查。支持农发行娄底分行发展商业性金融业务，逐步推进由单一政策性银行向政策性与商业性业务并存发展的综合性银行改革过渡。指导邮政储蓄机构开展个人存单质押贷款业务，结束其只存不贷历史。

（三）信贷规模控制

1990年，娄底市各金融机构各项存款余额14.66亿元，各项贷款余额20.51亿元，贷存比例为139.8%，各项贷款规模比上级行核定计划节余205万元。1992年，以调剂规模为重点，控住各金融机构信贷规模在“笼子”内运行。辖内金融机构各项存款余额38.69亿元，各项贷款余额43.98亿元，贷存款比例为113.7%。1994年，贯彻人总行3个信贷资金管理暂行办法和通知，年末辖内金融机构贷存款比例为105.1%，新增存贷款比例为79%。4家专业银行新增信贷规模5.96亿元；农村信用社新增贷款4.20亿元，为下达规模97.7%；城市信用社存贷比例为74.4%，比上年下降14.6个百分点。1995年，实行贷款限额管理下增量资产负债比例管理，对国有商业银行新增贷款按其新增存款75%比例控制。工、农、中、建4家国有商业银行省分行年内下达信贷规模8.59亿元，实际投放8.58亿元。

1996年，执行适度从紧货币信贷政策，对辖内国有商业银行和非银行金融机构实行资产负债比例管理，督促执行各上级行核定贷款规模和资产负债比例，督促调整信贷结构，保证农副产品收购资金，重点支持讲信用、有市场、有效益大中型企业和新产品开发。1998年1月起，对商业银行实行“计划指导、自求平衡、比例管理、间接调控”信贷资金管理体制，加强“窗口指导”、协调引导和监管督导。1999年，农村合作基金会并入农村信用社后，加强对农村信用社贷款管理，年末全市农村信用社存贷比为70.2%。

2000—2002年，全市增加贷款投入20.66亿元，增量贷款70%以上投入涟钢、锡矿山、资氮、金竹山电厂等大型骨干企业和电信、交通等公共基础建设部门。2002年年末，金融机构贷存比例为71.5%，比1999年下降20.88个百分点，结束多年来高负荷运行状况。2003年，支持县域经济发展，鼓励加大对“三农”、中小企业、民营企业和个体私营经济支持，增加对小城镇建设和市政基础设施等方面投入。2004—2005年，鼓励发展票据融资业务，弥补贷款规模不足。累计开出商业汇票83.73亿元，累计办理贴现业务118亿元。2005年，金融机构本外币各项存款余额282.20亿元，本外币各项贷款余额159.10亿元，贷存款比例为56.4%，金融业务实现良性运行。

2006年，引导金融机构重点支持华菱涟钢等大型企业及重点建设项目，加强三农金融服务和下岗失业人员再就业信贷扶持。年末本外币各项存款余额328.02亿元，本外币各项贷款余额185.09亿元，贷存款比例为56.4%。2008年年初，娄底发生严重冰雪灾害，人行娄底中心支行指导金融机构发放灾后重建贷款31.40亿元，支持5564家企业、28.30万农户恢复生产。年末本外币各项存款余额486.96亿元，本外币各项贷款余额244.55亿元，分别比上年增加102.96亿元和54.99亿元；贷存款比例为50.2%，比上年下降4.12个百分点。

（四）金融风险监管

2004—2005年，娄底银监分局采取合规监管与风险监管并重措施，以不良贷款为重点，加强信用风险贷款监管；以内部控制为重点，加强风险操作贷款监管；以法人机构为重点，加强流动性风险监管。查处责任人34人，堵截和防范2起涉及金额2.10亿元案件发生。2006—2008年，开展案件专项治理，对百万元以上大案逐件跟踪督办；组织开展商业贿赂治理，加强对非法集资监管，提请市政府召开全市处置非法集资联席会议，开展案件隐患风险深度排查，排查防范信用站联络员案件9起，追回资金600余万元，排查“九种人”76人，风险点120个，追究相关责任人100余人；查出发放冒名贷款和参与地下“六合彩”等重大违法犯罪人员，刑事拘留2人。

二、金融稳定

（一）金融调研

1990年，娄底市财贸委员会围绕经济、金融工作组织调研活动，召开经济、金融研讨会4次，撰写调研材料109篇。其中，被中共中央办公厅、国务院经济发展研究中心、人总行、农总行采用4篇，被湖南省政府和省级刊物采用35篇，被地委、行署采用29篇。对全区闲置设备处置专题报告刊发后，中国人民银行总行行长李贵鲜、省政府副省长汪啸风多次肯定调研材料提出的问题和解决方法，省内外一些企业和经济主管部门来信来电要求调剂闲置设备。在各部门配合下，有24家企业调剂闲置设备近1000万元。1991年和1992年，围绕工业企业景气、“七五”期间固定资产投资特点、资金流失情况等问题，分别撰写各种调研和信息材料298篇（条）和220篇（条），被省以上单位和媒体分别采用122篇（条）和148篇（条），其中被国家级刊物采用62篇（条）。1993年，人行娄底分行通过分析金融竞争表象，调研经济体制改革深层原因，撰写《金融竞争失控的表现、特征、影响、原因及改革思考》等多篇调查报告和调研论文，对开展整顿金融秩序工作起到参考作用。全区人行系统被地级以上刊物采用稿件146篇（条），其中，省级48篇（条），国家级28篇（条）。1994年和1995年，撰写调研材料和动态反映878篇（条）。其中，被地级、省级、国家级媒体和内刊分别采用328篇（条）、259篇（条）、91篇（条），有11篇文章在全国、全省获奖。

1996年，确定调研信息工作为领导宏观决策服务、为解决金融运行中重点难点热点问题服务、为地方经济发展服务指导思想，选择国营、集体、乡镇10多家企业进行调查研究，撰写《破产应依法稳妥进行》《企业破产的误区及对策建议》等调研报告，引起地委、行署重视，专门开会研究，规范企业破产和改制工作。1997年，工、农、中、建4家国有商业银行商业化转轨运作进入实质性阶段。在分析基础上，撰写反映商业银行在机构设置、资金营运、财务管理等方面新动向的调查报告，为商业银行摆脱经营困境提出一些有参考价值的建议。1998年，针对企业破产、改制后下岗、失业人员社会问题和金融企业经营效益持续滑坡等问题，组成联合调查组，开展为期1个月的社会调查和企业调查，撰写《下岗职工再就业现实保障及对策》等7篇调查材料，为地委、行署制定下岗职工再就业优惠政策提供参考。1999年，人行娄底中支进行12项调研活动。其中，金融风险防范、最终消费状况、民营投资状况等调研材料，分别被《武汉金融调研》《中国食品工业》《经贸导刊》等刊物采用。《拓展农村内需难在何处》被《人民日报》加上编者按语登载。

2000—2002年，围绕贯彻货币政策、维护金融稳定、改进金融服务等问题，开展40多项课题调研，在省部级报刊和内刊上发表调研文章110余篇。其中“中部地区农村金融支持农村经济结构调整对策研究”，被人行武汉分行列入重点研究课题。2003—2005年，对基层行资源配置、财务管理、执法监察、事后监督、票据市场、内控体系、金融机构效益等问题进行调研，累计形成调研报告180余篇，上报金融经济信息1300余篇（条），被省部级以上单位内刊和媒体采用679篇（条）。2006年，完成30多项调研课题，形成50余篇调查报告，向上级行和市委、市政府上报金融经济信息307篇（条）。其中，11篇（条）被湖南省委、省政府采用；14篇（条）信息被人总行采用。2008年，针对“票据融资市场”“农村中小企业融资”“金融调控”开展系列调研。完成50余项调查课题。上报经济金融信息300余篇（条），被上级行和有关媒体采用150余篇（条）。其中，9篇（条）被人总行、国办采用，5篇（条）被国办、人总行、省政府领导批示。

（二）社会征信

1994年，建立贷款卡登记制度。1999年，银行信贷登记咨询系统运行，至12月配发贷款卡240张，虚拟贷款卡150张。2001年1月8日，全市银行信贷登记系统与省辖联网。6月16日，实现与总行系统联网。此后完成48家金融机构程序升级，实现全国联网运行。2003年，各银行机构利用信贷系统提供“公告牌”，配合金融安全区创建，及时发布欠息大户、欠贷大户、逃废债大户“黑名单”和诚实守信“红名单”。组织对逃废债联合制裁。利用信贷登记咨询系统，防范信贷风险域内逃废债金额6000余万元。2004年，发放贷款卡1.08万张，征信查询6428次。2005年，制定《娄星区征信管理工作操作手册》，实行缴纳风险抵押金办法强化考核评比。域内金融机构入库信贷业务数据145.78亿元，其中贷款余额123.52亿元，占全部贷款95%。

2006年，推进社会信用体系建设，完成中小企业信息采集任务，入库信贷数据163.94亿元，其中贷款余额142.13亿元。督促金融机构利用系统信息资源开展查询，全年查询2282次。2008年，结合征信工作，推荐中小企业与商业银行、信用社签约，签约企业50家、项目58个，金额为33.70亿元。有14家从未有过贷款的中小企业，通过征信建设获得3.20亿元贷款。

三、金融创新

1990年，在做好央行监管工作的同时，拓展证券代理买卖业务，工、农、中、建各行均开办大额可转让定期存单。1994年，各专业银行代理发行凭证式国债，逐步取代无记名国债代理发行。1995年，组织实施“3351”金融质量工程，督促各行社采取措施盘活资金存量。农行娄底中支开办通知存款、夜间储蓄，发展代收代付业务。

1996—1997年，各国有商业银行开办票据业务，解决企业资金需求旺盛与信贷规模不足矛盾。1999年，工行娄底分行推出期限最长不超过3年个人经营贷款业务；农行娄底分行在涟钢设立票据中心，加快票据业务发展；建行娄底分行开办个人网上银行、手机银行、电话银行、短信银行业务，运用电子网络，办理个人支付、汇款、转账、查询、银证通、基金和国债买卖业务；中行娄底分行加快发展电子业务产品。各行推行客户经理制，改变“等客上门”服务方式，加强对客户个性化营销。2000年，人行娄底中支在涟钢集团公司试点，开办商业汇票业务。工行娄底分行开办1万元以上、50万元以下，期限为1年个人信用贷款。中行娄底分行开办住房按揭贷款、汽车消费贷款、家居装修贷款等贷款业务，收付清算系统与电子联网系统联机运行，开办“环球转账一日通”业务。

2001年，农行娄底分行在娄星支行新世纪分理处开办全省农行系统首家“金融超市”，向个人客户提供一种涵盖众多金融产品与增值服务一体化经营方式。2002年，中行娄底分行建立三级零售贷款营销网络，设立“金融超市”为客户提供面对面服务。2003年，农行娄底分行开办西联汇款业务，与境外200多个国家和地区12万多个金融机构实时汇兑外汇资金；中行娄底分行推行柜员制，14个网点储蓄业务实行单人收付操作；建行娄底分行推出“乐当家”理财卡，开办个人理财业务。2004—2005年，工行娄底分行创新代理基金业务，率先开办“基金定投”，推出“稳得利”人民币理财产品和理财金账户贵宾服务；中行娄底分行开办“汇聚宝”个人外汇理财业务，发行双币种贷记卡，开办“个人七天通知存款约定转存”业务，推出VIP理财贵宾卡服务；建行娄底分行开办“汇得盈”个人外汇业务，对VIP客户提供便捷、高效一站式服务。

2006年，人行娄底中支配合市政府召开3次金融支持县域经济发展流动现场会，为159家企业与各银行机构搭桥。工行娄底分行推出付汇理财通业务，为无融资需求、有真实贸易背景进口企业服务；农行娄底分行发展住房按揭贷款和商铺按揭贷款；中行娄底分行推出“携手奥运，成长账户”服务，开办储蓄国债等新业务；建行娄底分行推出授信业务、银行卡、代发工资等业务；农发行娄底分行开办产业化龙头企业和粮食加工骨干企业贷款。2008年，人行娄底中支将湖南省中小企业信用担保公司引入娄星区开展信贷担保服务，为中小企业争取5亿元信贷滚动担保额度；推广电子缴税业务。工行娄底分行推出发票融资及商品融资业务，发售“工银理财共赢3号”法人理财产品；农行娄底分行发展小额农户贷款业务，探索“农行+协会+农户”惠农卡发卡模式和“农户联保+合作社资金担保”小额农户贷款发放模式；农村信用联社推出森林资产抵押贷款、集镇商铺抵押贷款等新业务；建行娄底分行发展代理保险、工程造价咨询、单位财务顾问、企业年金业务，推进“民本通达”综合系列产品在教育、医疗、环保、社保等民生领域营销；邮储娄底分行开办商户小额担保贷款、联保贷款、农户小额担保贷款、商务抵押类贷款。

第四节　地方金融风险处置

一、清理“三角债”

1989年，娄底市组织辖内清理拖欠“三角债”。1990年7—10月，国务院和湖南省政府组织跨省际间企业往来拖欠清理。娄底市成立清理“三角债”领导小组，下设办公室。人行娄底分行注入清欠启动资金4100万元。全市企业发出托收265笔，金额4206万元，对方承付74笔，金额965万元；收到托收424笔，金额7038万元，承付224笔，金额4256万元。1991年，按照国务院和省政府安排，采取“源头注入、付方启动、收款还欠、连环清理”全封闭式操作方法，对22个基建、技改项目源头注入启动资金3692万元。其中，银行贷款3323万元，地方自筹369万元，企业累计清付3692万元。

二、清收外流资金

1992年，广东等沿海经济特区加快经济建设，引发房地产等行业升温。2月，娄底地区科协、中行娄底支行首次以500万元投入广东省惠阳市大亚湾炒地皮，获利超过50%。资金趋利性带动各行各业各部门单位带资下海。至1993年7月7日，全区42个单位（包括县市、党政机关、社会团体、医院、学校、企业、事业单位）下海，参与炒地皮、炒房地产、办企业，“南流”资金6.90亿元。外流资金来源于拆借资金3.40亿元、职工集资6724万元、财政和民政专项资金819.90万元、银行贷款2.75亿万元。外流资金投向为：用于炒地皮5.50亿元、炒房地产8700万元、办采石场和红砖厂等企业5200万元。炒地皮资金中，落实合同、红线图、规划许可证、建设用地许可证资金1.77亿元，只有协议和收款收据，未取得规划许可证与用地许可证资金3.74亿元。炒房地产资金中，落实产权手续1800万元，只有协议和收款收据6900万元。外流资金总额中，各金融机构外流资金1.97亿元。其中，炒地皮8809万元，炒房地产4510万元，办实业和其他投向6361万元。

1993年7月7日，中共中央、国务院下发《关于禁止炒地皮、炒房地产的通知》。此后，娄底市基本刹住外流资金现象。1995年8月，成立清收外流资金领导小组，至年末，全市收回外流资金1.10亿元，占外流资金总额15.9%。其中，银行贷款收回3512.20万元，占外流资金贷款12.8%。各金融机构直接外流资金收回2485万元，占应收回12.6%；其余部分1999年后以不良资产剥离处置。

第十六篇　交通　邮政　通信

1989—2008年，娄星区（娄底市）委、区（市）人民政府将交通邮政通信建设列入各个时期经济社会发展计划重点，为经济社会发展提供基础条件。交通运输及邮电通信部门履行建设和管理职能，根据各个时期发展状况，实施交通运输邮电通信建设发展战略，推进娄星区交通运输和邮电通信事业发展。

道路建设　20世纪90年代，娄底市对重点公路（省道、县道）进行改造和拓展，铺筑沥青混凝土路面；实施农村通达和通畅工程，发展农村交通，部分厂矿专用公路改成通村公路，改变农村交通基础落后状况。1998年起，争取域内高速公路、高等级公路立项，配合和协助过境高速公路开工建设。相继建成娄底至湘乡高速公路、潭邵高速公路娄底段，娄星区通高速公路和娄涟高等级公路。2002年起，娄星区委、区政府对全区公路建设做出规划，城区南移北扩，农村交通实现通畅，交通基础设施建设日新月异。“内无好路，外无出路”局面彻底改变。至2008年，域内公路总里程839千米。其中，高速公路43千米（建成通车15.98千米），干线公路79千米，农村公路717千米。

水上交通建设　实施航道改造，及时更新水上交通运输设施和设备，改造和新建渡口码头。加强航道管理和水上交通安全管理，杜绝安全事故。至2008年，全区建有码头12座，渡口14处，船舶15艘60吨位，年载客量30万人次。

铁路运输　域内有沪昆铁路复线延展里程23.40千米；洛湛铁路在域内有娄邵段和益娄段，域内全长26.90千米。有厂矿专用线3条，服务于涟源钢铁厂（简称涟钢）和恩口煤矿。设胜昔桥、娄底东、百亩井、茶园和娄底5个火车站。1989年，娄底车站铁路货物总运量为530.09万吨。其中，湘黔线205.99万吨，娄邵线2.6万吨，厂矿专用线321.50万吨。每天过往停靠旅客列车16对，平均每45分钟有1列客车进站。2000—2008年，铁路发送旅客1938万人次。

邮政　1989年，娄底地区邮政局黄泥塘支局（娄星区邮政局前身）主营函件、包裹、汇兑，报刊发行和电信业务。1998年9月，邮政和电信分营。2006年，黄泥塘支局更名为娄底市邮政局直属分局，作为娄底市邮政局直属部门主要管理西阳、杉山、小碧、双江、石井、百亩、万宝、茶园8个支局业务，经营国内和国际邮件寄递、报刊等出版物发行、邮政汇兑、邮政储蓄、邮政包裹快递、邮票发行、三农等业务。2008年3月，邮政储蓄银行和邮政局实行分营，娄星区直属分局代理邮政储蓄业务，邮务类业务日益增多，除信函、包裹、储蓄、汇兑、报刊发行等传统业务外，还相继开办速递、点对点直运、邮政广告、商业信函、鲜花礼仪、企业明信片、企业金卡等业务。是年，实现业务收入858万元，储蓄存款余额15.87亿元，新增保费2700万元，短信6.20万户，兑付汇票119万元。

电信　1999年6月，移动业务从电信剥离。2008年，改为中国电信股份有限公司娄底分公司，娄星区范围内管辖万宝和小碧2个农村支局。经过多年发展，业务量增加，本地电话端口容量达到59.31万线，长途电话中继电路1.31万线，建成无线市话小灵通基站1814座，基站无线容量12.77万户，覆盖范围为城区。开通互联网、数字通信网等多媒体通信网络，开通“全球眼”业务。

移动通信　1999年7月17日，中国移动通信集团湖南有限公司娄底分公司成立，辖4个营业处。2000年7月，中国联合通信有限公司娄底市分公司成立。2001年1月，向社会提供GSM数字移动电话，CDMA新一代绿色移动电话，126、127、198、199无线寻呼，165互联网，IP电话17911/17910，193长途业务，视频会议业务，可视电话业务等多种通信服务。2008年，中国移动手机用户发展到105万户，年业务收入7.87亿元，净利润2.10亿元。中国联通用户规模发展到49万户。新建3G手机城店118家，3G手机城店总量423家。

第一章　交　通

1989年，娄底市交通局属市政府组成局。1999年7月，更名为娄星区交通局。负责公路、水路交通行业管理、客货运输、车船修造、搬运装卸、运输服务、车船配件市场管理、交通基础设施建设和质量监督；负责公路、水路运输价格、运输质量和交通安全的宏观管理；负责公路及其配套设施建设、维护和管理，参与交通重点工程建设实施，保护公路产权，规划、审批公路两侧各种构造物和广告宣传等设施；协同有关部门规划、审批公路沿线开发区和各种建筑设施；负责汽车驾驶学校驾驶员培训和营运车辆驾驶员从业资格行业管理；负责监督管理水上安全和指导交通行业安全生产。

1989—2008年历任局长：朱同春、毛国江、王爱光、李明辉、李忠勇，历任党委（党组）书记：朱同春、朱云鹤、何益华。

第一节　公路运输

一、公路

（一）高速公路

潭邵高速公路娄底段（沪昆高速公路娄底段）　潭邵高速公路编号G60，是上海至云南瑞丽高速公路娄底至邵阳一段。1999年国家计委立项，12月完成项目招标编制。2000年7月1日开工建设，2002年12月26日建成通车，为双向四车道，设计行车速度为100~120千米/小时。域内设有娄底南收费站，娄星区连接线10.60千米。

安邵高速公路娄底段　安化至邵阳高速公路编号G55，是内蒙古二连浩特至广州高速公路在湖南境内路段（简称二广高速）。起于益阳市安化县梅城，由安化进入涟源市，经伏口、湄江、龙塘码山、白马至新邵县，止于邵阳县梽木山，全长130.80千米。途中与沪昆高速、娄怀高速和在建的长韶娄高速相交，全线在伏口、娄底、涟源东、邵阳等地设置8处互通式立交。娄底境内始于涟源市伏口，止于涟源白马镇，里程60千米，娄底连接线娄星区段长1.91千米。以BOT形式修建，收费年限30年，期满后，移交地方政府。2007年，国家发展和改革委员会批准立项。

娄新高速公路　1992年3月，娄底市政府提出建设娄底至新化（简称娄新）高速公路。2006年6月，娄新高速公路完成工程预算进入许可。2007年7月，进行勘测设计。2008年6月，完成施工图设计，确定公路边线。8月31日，开工建设。是湖南高速公路网规划“五纵七横”中第三横娄底至怀化高速公路一段，起于上海至昆明高速公路娄底互通，途经涟源市、冷水江市，止于新化县城南新建村，线路长96.71千米。其中，娄底互通至茶园镇为改建段，长8.30千米；茶园至终点为新建，长88.41千米，总投资61.40亿元。主线按双向四车道高速公路标准建设，设计车速为100千米/小时。桥涵荷载标准为公路Ⅰ级，路基宽26米。区境主线长8.78千米，辅道匝道2.80千米。娄底西互通连接线4.40千米。路基宽26米，路面宽22.50米，有茶园分离式立交桥1座，全长367米、宽26米，全桥12孔、跨径30米，立柱式墩台，T形梁。娄底西互通连接线经七步村处建孙水河大桥，桥长223米、8孔，跨径30米，主柱式墩台T形梁。娄新高速娄星区段工程投资4.95亿元，其中，征地拆迁及个案处理费9500万元，路基工程3.20亿元，路面工程8000万元。

娄涟高等级公路 1998年9月8日，动工建设娄底至涟源高等级公路（简称娄涟公路）。2002年9月28日，竣工通车。起于西阳乡泉丰村与和家村接界处娄湘公路K47+549米，经泉丰、忠实，跨湘黔铁路过勤丰河大桥，在鸭丝塘与S209线相交，在涟钢过洪家洲大桥，经东来湾过谭家进入涟源境内，止于三甲乡马埠桥。域内里程21.62千米，属省高管处管养。2001年12月，根据《关于湖南省省道、县道命名与编号的通知》精神，娄涟公路和娄湘公路连接全长26.61千米命名为省道312线。娄湘公路段5千米属区公路局管养。

湘娄高速公路娄底段 该路是湖南“八五”期间交通基础设施重点工程项目“十八路十八桥”之一，是娄底市联系省会长沙及沿海经济发达地区重要通道和东大门，也是娄底市第一条高等级公路。该路建成通车后，缩短娄底至长沙里程30千米。

湘娄高速公路娄底段全长13.70千米，1992年立项。省交通规划勘察设计院设计标准为平原微丘二级公路，路基宽度12米。1993年3月，娄底地委、行署，娄底市委、市政府决定修建湘娄公路娄底段，将大埠桥以西改为平原微丘一级公路，路基宽度24.50米。5月，边修改设计边组织施工。1994年，基本完成路基土石方工程。1995年，完成路面底层铺筑。1997年10月30日，完成水泥混凝土路面施工。1998年，全线竣工通车。湘娄公路建成通车后，由于资金缺乏等种种原因，相关配套未能跟上。娄底市公路建设指挥部从2000年3月起开始环保配套工程建设。5月，省人大执法检查组和副省长周伯华视察湘娄公路时作出批示，要求加快湘娄公路环保配套工程建设。省交通厅、公路局委托省交通规划勘察设计院对湘娄公路环保工程进行整体规划设计。11月底，完成环保配套工程建设，完成土石方152万立方米，挡土墙、护坡2.53万立方米，石砌水沟2.29万米，路面13.70千米，大桥2座长385延米，涵洞111座，收费站1处266平方米，工程投资8630万元。

（二）省道

2002年，根据湘交计统字〔2001〕700号文件《关于湖南省省道、县道命名与编号的通知》精神，省交通厅对全省省道、县道进行统一调整和重新命名编号。原省道1810线和1847线更名为S209线和S312线（湘娄公路编号为S312线），其中，S209线35.46千米，S312线26.61千米。

S312（湘怀线） 起于湘乡国道320线，途经娄星区、涟源市、冷水江市、新化县、隆回县、溆浦县、中方县，止于怀化市国道209线，全长342.14千米。

娄星区辖段由娄湘公路5.01千米和娄涟公路21.60千米组合而成，采用山岭重丘二级公路标准建设，设计行车速度为60千米/小时，全长26.61千米。线段起于与湘乡交界西阳乡大埠村，跨大埠大桥过涟水，经华石、石口、泉丰、石马，在中实村跨湘黔铁路经高桥、双冲至湾田，跨勤丰河大桥，经鸭丝塘互通与S209线相交，在涟钢洪家洲跨涟水过洪家洲大桥，经东来湾收费站，在石井同S209线分开过谭家村进入涟源市境。该段从大埠村起至娄涟公路起点5千米，是1993年修建的娄湘公路中一段。其中，有一级路2千米，二级路3千米。娄涟公路起于娄湘公路交会点，止于谭家村同涟源相接。建于1994年5月，2002年9月竣工通车，2003年3月交工验收合格。为二级公路，路基宽15米，水泥混凝土路面宽14米。桥涵设计荷载汽车20吨，挂车120吨，设计行车速度80千米/小时。辖段内有大桥3座623.21延米。

S209（宁太线） 起于宁乡县，止于双峰县太平寺，与S210线相接处，全长139千米，简称宁太线。娄星区辖段长42.28千米，起于湘乡市交界的石狮坨，经恩口、杉山、茶亭子收费站至鸭丝塘互通，与新星北路相接，在仙人阁同涟钢厂专用道青涟路相交，走娄星北路过娄底一大桥，过娄星桥跨湘黔铁路，经长青街，过长青桥，经扶青路关家脑，过三早元跨老石埠大桥，经垭古、万宝止于砂干铺。是娄星区北通宁乡、长沙，南达双峰、邵阳的重要通道，辖段内有大桥3座，中桥5座，小桥2座，934.05延米，大桥设计荷载汽车20吨，挂车100吨。

（三）县道

2001年全国公路普查，省交通厅确定娄星区县级公路为11条（段），即X017下高线、X019杉泉线、X020涟双线、X021桥侧线、X022三桃线、X023大巴线大荷段、X024娄枫线、X028桥祖线（晏李段）、X064娄泉线；2002年，增加X069线、X70线杉泉连接线；县道养护里程87.86千米。

X017下高线 原名柘高路，起于万宝柘树塘，经凤形山至湘乡界高冲。1978年，万宝乡组织沿线村民建成简易公路。1986年11月至1987年9月，省地投资8万元，市投资5万元，扩建成四级公路。1992年，地市投资104.74万元，进行沥青路面改造。完成砂改油5.30千米，更名为X017下高线，即下洲至高冲段。2001年7—8月，国家投资157万元，地方自筹90万元，投资247万元，对该路段进行改建。采用平原微丘四级公路标准建设，路基宽6.50米，路面宽5.50米，长5.30千米，水泥混凝土路面，设计行车速度30千米/小时。

X019杉泉线 原名杉胜路，起于杉山止于胜昔桥火车站，全程10千米，改建后路基宽6.50米，路面宽5.50米。2004年8—11月，国家投资180万元，地方自筹120.80万元，对该路段泉丰村经西阳村至明星村路段进行改建，采用平原微丘区四级公路标准建设。路基（西恩铁路）口处长2200米，进行水泥混凝土路面改造，路面宽5.50米，水泥混凝土厚26厘米，该路杉山至泉丰，更名为杉泉线，四级路面，全长11.44千米，设计行车速度30千米/小时。

X020涟双线 该线在同安村与X020涟双线交合，经小碧、双江，止于朱加村，全长15千米。路基宽4.50米，路面宽3.50米，原为泥沙碎石路面等外公路。2000年，由乡村自筹资金完成水泥路混凝土路面改造3千米。2002年，改建成四级公路。2003年5—11月，国家投资450万元，地方筹资316.20万元，对Y392同泉线进行改建。采用平原微丘区四级公路标准建设，设计行车速度40千米/小时，路基宽6.50米，路面宽5.50米，最大纵坡百分之七，平曲线最小半径60米，改建后全长20.34千米。

X021桥侧线 原名侧桥路侧红段，起于湘乡市接界处侧面虎，经熊家湾、茅栗山、小碧、永吉坳、仙石塘、曾加，在涟源市桥头河镇与X026线相交。娄星区段起于侧面虎，经炉塘坳、小碧，止于与涟源交界红溪处，全长5.50千米。1997年，投资对该路进行改造。采取山岭重丘三级公路标准建设，设计行车速度40千米/小时，路基宽8.50米，路面宽7米。1999年，改造工程竣工。2006年8月至11月，对油路进行水泥混凝土路面改造，该线段全长5.10千米。

X022三桃线 起于石井镇三圭村，跨松江桥至桃源火车站附近泽溪，全长9.50千米。2004年9月，国家投资210万元，地方配套自筹106.92万元，对三圭村至水口村7千米路段进行改建，采用平原微丘四级公路标准建设，设计行车速度为40千米/小时。2008年，对三圭至桃园泽溪1.28千米实施水泥混凝土路面改造，全长9.02千米。

X023大巴线大荷段 原名大塘路大荷段。起于X024娄枫线大河坝，经百亩火车站，过铁路涵至荷叶塘，全长10千米。2004年9月至2005年1月，国家投资300万元，地方配套自筹276万元，对大荷段进行改造。设计行车速度40千米/小时，路基宽7米，路面宽6米，最大纵坡百分之八，平曲线最小半径30米，蜡朝段设计行车速度40千米/小时，路基宽6.50米，路面宽5.50米，最大纵坡百分之七，平曲线最小半径60米。

X024娄枫线 原为省道1810娄底至枫坪一段。2001年12月，改为县道024娄枫线。起于关家脑，经思塘中桥跨湘黔铁路，经骡子坳、大河坝、三圭，止于祖师殿。2006年，对娄枫线骡子坳2.90千米进行油改混凝土大修。2008年5—9月，娄枫线全线进行大修改造，娄星区段投资250万元，由区公路局负责改造。域内全长10.39千米，设计行车速度60千米/小时。

X028桥祖线晏李段 原名祖桥路祖谭段，起于祖师殿，止于谭家村，祖桥路全长3.02千米。1976年，改建成四级公路。1988年改建，路基宽7.50米，三级公路标准。设计行车速度为40千米/

小时。

X064娄泉线　原名娄湘公路娄底段，起于大埠村从湘乡市交界处K42.55米至娄涟公路交点K47.55米处，全长8.76千米。

X069线　原为省道209线。起于茶亭子收费站即新星北路终点至涟钢仙人阁接娄星北路终点，长3.50千米。

X070杉泉连接线　起于大埠桥街道西阳村，止于胜昔桥火车站，全长0.99千米。1980年，西阳跨线桥建成后，贯通胜昔桥火车站货运站，时为砂石路，由当地政府组织沿线村民修建而成。1996年，区财政投资19万元，改建成沥青路面。2002年年底，省厅审定为县道070杉泉连接线，2005年7—8月，国家投资30万元，地方配套及自筹15万元，对该路段进行油改混改建。采用平原微丘区四级公路标准建设，路基宽6.50米，路面宽5米。

（四）乡、村道

1989年，域内有乡村公路34条段，总里程327千米（其中简易公路219千米），由交通部门拨款养护108.20千米。2001年年底普查公路，辖区内有乡道29条，长115.80千米；村道63条，长189.63千米。乡村道92条，总长305.43千米。其中，四级路115.80千米，等外路面191.53千米；高级路面3.50千米，中级路面112.30千米，低级路面191.53千米。2003—2004年，投资2548万元，完成通乡公路改造44千米。2005年起，加快通村公路建设。至2008年，全区乡村公路183条，总里程473.50千米。

2008年娄星区省道一览表

表16-1

序号	名称	路段起止名称		里程（千米）	技术等级	路面类型	路基宽（米）	路面宽（米）	修建年度	养护单位
		起点名称	止点名称							
1	S209	杉山镇栗山村	砂干铺	42.28	城市干线2级	沥青水泥混凝土	55/12	27/9	1958、1959	公路局
2	S312	西阳大埠村	石井谭家村	26.61	2级	沥青水泥混凝土	15	14	1997	公路局
合计里程		—	—	68.88	2级	水泥混凝土	—	—	—	—

2008年娄星区县级公路一览表

表16-2

线路编号	线路原名	起讫点	里程（千米）	路宽（米）	等级	类型	修建时间	改造时间	投资（万元）	桥梁（座）	涵洞（条）	养护单位
X017	下高线	下洲至高冲	5.297	5.50	四级	水泥混凝土	1978	1986、1992 2006	160	—	64	农路局
X019	杉泉线	杉山至胜昔桥	11.44	5.50	四级	水泥混凝土	1988	1996、2004	300	2	132	农路局
X020	涟双线	涟钢至双江	20.34	6.50	四级	水泥混凝土	1983	2002、2003	766	3	131	农路局
X021	桥侧线	侧面虎至桥头河	5.10	8.50	三级	水泥混凝土	1958	1988、1997 2006	150	1	25	公路局
X022	三桃线	三圭至桃溪	9.02	7	四级	水泥混凝土	1980	1996、2004	216	2	85	农路局
X028	桥祖线	祖师殿至谭家山	3.02	7.50	三级	水泥混凝土	1976	1988	100	—	22	农路局

续表16-2

线路编号	线路原名	起讫点	里程（千米）	路宽（米）	等级	类型	修建时间	改造时间	投资（万元）	桥梁（座）	涵洞（条）	养护单位
X023	大荷线	大河坝至荷叶塘	10	7	四级	水泥混凝土	1986	2005	576	—	75	农路局
X024	娄枫线	娄底至枫坪	10.39	8.50	二级	水泥混凝土	1954	1986、2008	590	3	61	公路局
X064	娄泉线	娄底至泉丰	8.76	20	一级	水泥混凝土	1997	—	500	1	63	公路局

说明：县道9条，总长83.37千米，由区公路局管养3条长24.25千米，农路局管养6条长59.12千米

2008年娄星区农村公路乡道一览表

表16-3

序号	线路编码	路线名称	起点	终点	里程（千米）	路面情况	修建年份	改造时间
1	Y001431302	茅塘—雷公桥	茅塘	雷公桥	3.46	砂石	1990	—
2	Y003431302	福坪学校—大科	福坪学校	大科	3.40	混凝土	1990	2007
3	Y005431302	三甲 — 楂林	三甲	楂林	2.62	砂石	1990	—
4	Y007431302	百亩—乡政府—大井	百亩	大井	3.28	混凝土	1990	2006、2008
5	Y384431302	西阳—石口	西阳	石口	3.11	混凝土	1990	2007
6	Y388431302	茶园—双峰界	茶园	双峰界	4.48	混凝土	1990	2008
7	Y389431302	建农—梽木	建农	梽木	1.47	混凝土	1990	2008
8	Y391431302	路口 — 桔场	路口	桔场	2.86	砂石	1990	—
9	Y394431302	石龙 — 蛟龙	石龙	蛟龙	0.62	混凝土	1990	2008
10	Y395431302	石埠—小冲	石埠	小冲	4.22	砂石	1990	—
11	Y399431302	大跃—回龙	大跃	回龙	4.25	混凝土	1993	—
12	Y400431302	大跃—回龙	大跃	回龙	4	混凝土	1990	2008
13	Y402431302	仙人桥—电工厂	仙人桥	电工厂	2.18	砂石	1989	—
14	Y582431302	茶园—建农	茶园	建农	3.64	混凝土	1995	—
15	Y585431302	水口—蛟龙	水口	蛟龙	0.87	混凝土	1991	—
16	Y587431302	西阳—犁头嘴	西阳	犁头嘴	6.39	砂石	2005	—
17	Y650431302	成家组—镇南	成家组	镇南	5.26	混凝土砂石	1994—1995	2006—2008
18	Y651431302	山坡冲—梽木村	山坡冲	梽木村	3.73	混凝土砂石	1990—1992	2006
19	Y652431302	东方红村—X080	东方红村	X080	5.25	混凝土砂石	1991—2005	2006
20	Y653431302	娄涟公路—蜈蚣塘	娄涟公路	蜈蚣塘	4.85	混凝土	1993—1994	2008
21	Y654431302	磨石—新致	磨石	新致	1.72	砂石	1991	—
22	Y655431302	群益小学—大新	群益小学	大新	3.10	砂石	1990	—
23	Y656431302	高冲—汽车南站	高冲	汽车南站	7.44	混凝土	1995	2008

续表16-3

序号	线路编码	路线名称	起点	终点	里程（千米）	路面情况	修建年份	改造时间
24	Y657431302	中阳客运站—娄湘公路	中阳客运站	娄湘公路	5.47	混凝土砂石	1999—1990	2008
25	Y658431302	石埠—七步	石埠	七步	7.99	混凝土砂石	1990	2006—2008
26	Y659431302	万家村—洪家山公园	万家村	洪家山公园	19.90	混凝土砂石	2008	2011
27	Y660431302	矿部—茶亭子	矿部	茶亭子	8.64	混凝土砂石	1989—1990	2007
28	Y661431302	木山—X019	木山	X019	7.61	混凝土砂石	1990	2008
29	Y662431302	石垣—坝塘	石垣	坝塘	5.02	混凝土砂石	1993	2006—2007
30	Y663431302	城西加油站—三元	城西加油站	三元	5.09	混凝土砂石	1990—1992	2009
31	Y664431302	湘中驾校—狮子山	湘中驾校	狮子山	5.259	混凝土砂石	1990—1992	2008
32	Y665431302	半山—小碧村	半山	小碧村	2.74	混凝土砂石	1990	2008
33	Y666431302	潭邵连接线—三组	潭邵连接线	三组	3.07	混凝土	1990	2008
34	Y667431302	田垅 — 胜昔	田垅	胜昔	3.19	混凝土	1990	2008
35	Y668431302	方石—石花	方石	石花	5.10	混凝土	1995—2003	2008
36	Y669431302	二工区—民丰	二工区	民丰	6.60	砂石	1989	—
37	Y670431302	铁路口—石江	铁路口	石江	4.21	混凝土砂石	1990	2006
38	Y671431302	白力—三工区	白力	三工区	5.62	混凝土砂石	1990—1995	2006
39	Y672431302	新加—义坪	新加	义坪	13.57	混凝土砂石	1995—2002	2007—2008
40	Y673431302	农新—义坪	农新	义坪	12.61	混凝土砂石	1995—2000	2007—2008
41	Y674431302	桐子—正家组	桐子	正家组	3.27	混凝土砂石	1990	2006
42	Y675431302	法院—石埠桥	法院	石埠桥	4.05	砂石	1990	—
43	Y677431302	二桔场—桃源	二桔场	桃源	2.44	混凝土砂石	1993	2006
44	Y678431302	集和—坝塘	集和	坝塘	4.08	砂石	1989—1993	—
45	Y679431302	肖家湾—湘乡界	肖家湾	湘乡界	2.78	混凝土砂石	1997	2006
46	Y700431302	钢管厂—腊树	钢管厂	腊树	2.69	混凝土	1990—2000	2006
47	Y701431302	雅塘—梧桐	雅塘	梧桐	3.71	混凝土砂石	1990—1993	2008
48	Y702431302	山边—铁路桥	山边	铁路桥	2.47	混凝土	1990	2006
49	Y703431302	商店—温泉冲	商店	温泉冲	6.55	混凝土	2004	2006—2007
50	Y704431302	三槐组—青龙桥	三槐组	青龙桥	4.92	混凝土砂石	1995—2006	2006
51	Y705431302	新庄学校—企石	新庄学校	企石	3.49	混凝土	2002	2008
52	Y711431302	尧河塘—东冲桥	尧河塘	东冲桥	1.37	砂石	1990	—
53	YE02431302	雁草坳—白鹭村	雁草坳	白鹭村	1.21	砂石	1995	—
54	YF02431302	石花 — 雁草坳	石花	雁草坳	1.06	混凝土	1995	2008

续表16-3

序号	线路编码	路线名称	起点	终点	里程（千米）	路面情况	修建年份	改造时间
55	YY03431302	庵堂—新庵堂	庵堂	新庵堂	1.16	砂石	1997	—
55条乡道总里程249.10千米								

（五）厂矿专用公路

2001年年底公路普查，娄星区境内7条厂矿专用公路登记2条，其余改变登记为乡村公路。

Z001线是从涟滨经神童湾、磷肥厂、中和场、四拱桥止于涟钢厂路，长6千米。1958年修建后经多次扩建，四级公路，水泥路面。2007年，城区规划图改成钢城南路，起于神童湾涟滨西街，止于涟钢厂。

Z002线是从青山冲至涟钢洪家洲路，建于1983年，始建于1965年。20世纪90年代后，因涟钢职工住宅逐步向青山冲方向发展，逐步向青山冲延长4.30千米。2008年，从涟钢一大桥至仙人桥西街改为钢城东街，从钢城东街起经娄星北路到新星北路与香茅街交会处止，改为青山街。从洪家洲起沿河下经钢城东街，旁冲路涟钢大市场，到香茅街改名为钢城北路。

至2008年年底，有厂矿专用道2条，第一条路线编码为Z002431302，路线名称“青山—涟钢”。起点为青山，终点涟钢，全长4.26千米，四级公路标准。第二条路线编码为ZH42431302，路线名称为涟滨—涟钢。起点为涟滨西街，终点涟钢，全长0.19千米，四级公路标准。2条专用公路总里程4.45千米，均由街道办事处按乡村道路管养。

（六）城区道路

1989—1999年，娄底市通往宁乡、湘乡、涟源、双峰等县市公路先后加宽改造和新建扩建，城区道路扩建和亮化。城区道路东西走向一般都称为街，南北走向称为路。最先修建的乐坪东街（行署所在地）、长青中街（市政府驻地）、娄星路和氐星路。2000年后，改造和建设城区道路70千米，加上内环线改造达100千米。至2002年，娄星区城区道路49条（段）总计74.60千米。其中，沥青路面21条长20.32千米，水泥混凝土路面26条长52.28千米，碎石路面2条长2千米。2003—2005年，城区道路进行亮化建设改造，改造和建设里程69.50千米。2008年后，省道209线实施改扩建工程，该线城区过境线改道，城区实施环线建设，环线路宽55米为城区主干道。内环线东为吉星路，北面是娄涟公路，西为高丰路，南是湘中大道，建设中的内环线长29.20千米，全长超过40千米。高丰路是省道209线城区过境线，东环吉星路连接北环线娄涟公路按省道312线走向，按城区主干道建设成娄底大道。

乐坪大道　原名乐坪东街和乐坪西街。起于吉星路止于丹阳路，途中与新星中路、氐星路、娄星中路、扶青北路、甘桂路相交，全长4.07千米，路宽80米，双向六车道，沥青路面。2002—2003年，投资7137万元实施路面改造。乐坪东街为娄底市委、市政府、娄底军分区所在地。

长青街　长青中街东起王家塅与吉星路相交处，西至娄星中路过长青桥，止于扶青北路，长3.15千米。长青东街起于吉星路，规划中与迎春路相接。2002年至2003年6月，国家投资2100万元，对长青中街进行亮化改造。长青中街是娄底城区商贸中心，娄星区政府所在地。吉星路至檀香路长610米，宽60米。2004年，投资3010万元开工建设，2005年建成。长青西街起于扶青路止于甘桂路，长1000米。扶青路至康复医院段于2008年修好沥青路面，康复医院至甘桂路在建设中。娄星区交通运输局、公路局、农路局、运管局等单位办公地设在长青西街。

湘阳街　起于江龙滩大桥，止于娄星路娄底大市场东门，长2.96千米，为城市道路。湘阳西街、新星路至娄底大市场东门长1.45262千米，1987年3月开工建设。1992年5月竣工。新星路至娄底市电力线路所长1511米，路面硬化工程从1994年10月动工，至1995年9月铺筑完毕。江龙滩大桥以东为规划中湘阳东街，1993年5月开工，至1997年10月路基路面桥涵完工。1998年9月，娄湘公路（湘阳街）娄底段移交公路局管养，湘阳街即为娄湘公路城区段。湘阳西街（白塘路至娄星南路）长2.35千米，路面宽52米。2001年8月至2002年11月，投资1754万元进行改造。湘阳街是娄底中心城区通往省会长沙东大门。

湘中大道 湘中大道东与新星南路、吉星路相交，途径娄星南路、扶青南路、甘桂路，西与高丰路相交。新星南路到娄双公路2.47千米，其中，新星南路到扶青路1.84千米，路宽80米，中央绿化带宽2米，两侧各有11.50米宽车行道，2.50米宽绿化带，5米宽非机动车道，10.50米宽绿化带，7米宽人行道。2002年4月开工建设，2003年10月竣工，实际投资6000万元。湘中大道西接高丰路段在环线建设中。

涟滨街 位于涟水河南岸，东起吉星路，经新星北路、栗山路、娄星路、书苑路、甘桂路与丹阳路相连，全长6.12千米，是城市次干道。工程分3段：吉星路至新星路宽36米，其中，主车道宽14米，两侧各有6米宽绿化带，5米宽人行道。新星路至甘桂路段宽30米，其中，主车道宽14米，两侧各有3米宽绿化带，5米宽人行道。甘桂路至丹阳路宽36米，其中，主车道宽14米，两侧各有6米宽绿化带，5米宽人行道。

娄星中路 曾用名娄星路。南起乐坪大道，北至涟滨街，全长2.09千米，娄星桥南宽44米，桥北宽40米。1982—1987年修建。2002年9月至2003年6月，国家投资1111万元进行改造，路宽62米，沥青路面。

娄星北路 始称娄青路，南起涟滨街，北至青山冲与1810省道宁涟线相接处，通宁乡、长沙，全长2525米，路基宽12~32米，路面宽9.50~14米。1982年动工建设，1986年9月竣工。1999年9月，国家投资3500万元，对仙桥街至娄底大桥段动工改造。2001年12月完工，改造后路长2108米，路宽60米。

娄星南路 起于乐坪大道经双科街、桃圃街，南与湘中大道相接。在规划和建设中。

氐星路 始称南北一路，曾用名清泉路，建于1989年。该路起于火车站，止于乐坪街。2002年9月至2003年6月，投资2112万元改造。火车站至乐坪街长1.767千米，宽60米，沥青路面。

新星中路 长青街经湘阳街、月塘街、秀石街至涟滨东街，长2.39千米，路宽60米，沥青路面。2001年8月，投资3281万元动工建设，2003年9月竣工。2004年，投资3000万元，改造乐坪至长青路段880米，路宽52米。

新星南路 湘中大道至乐坪东街长3.25千米，路宽60米，沥青路面，2002年12月竣工投入使用。2013年12月，湘中大道至乐坪东街和潭邵高速公路娄底连接线更名为新星南路，起于湘中大道，止于茶园互通，全长6.88千米。

新星北路 起于涟滨东街，跨涟水过娄底二大桥，经沿河路、香茅街、仙人桥东街跨娄涟公路至洪冠路，终点与环线相接。1985年7月动工建设，1986年9月竣工。1999年9月，对仙人桥街至娄底大桥段动工改造，2001年12月完工。

吉星路 南与湘中大道相接，经株山公园、乐坪大道、长青街、湘阳街、月塘街、秀石街，接涟滨东街，跨涟水过娄底三大桥经娄涟公路，止于环线路。2001年6月开工建设。2002年10月竣工投入使用。该道属城区东环线，是娄底大道组成部分。

2008年娄底城区主要道路情况一览表

表16-4

编号	道路名称	起讫地点	长(千米)	宽(米)	路面
1	乐坪东街	劳动局—关家脑	2.22	80	沥青
2	乐坪西街	关家脑—丹阳路	1.85	80	沥青

续表16-4

编号	道路名称	起讫地点	长(千米)	宽(米)	路面
3	长青东街	吉星路—新星南路	1.21	60	沥青
4	长青中街	新星南路—扶青路	1.88	60	沥青
5	新星北路	茶亭子—涟滨街	3.85	60	混凝土
6	新星中路	涟滨街—月塘街	1.4	60	混凝土
7	新星中路	月塘街—长青街	0.99	60	混凝土
8	新星中路	长青路—贤童街	0.98	60	沥青
9	新星南路	贤童街—孙水桥	3	60	混凝土
10	氐星路	火车站—乐坪东街	1.77	60	沥青
11	娄星南路	娄星桥—乐坪东街	1.39	60	沥青
12	娄星南路	娄底大桥—娄星桥	0.54	60	沥青
13	娄星北路	涟钢三角坪—娄底大桥	2.1	60	混凝土
14	湘阳西街	娄星南路—新星路	1.45	52	混凝土
15	湘阳西街	新星路—白塘路	0.8	60	混凝土
16	育才路	乐坪东街—新星南路	2.32	60	混凝土
17	丹阳路	乐坪西街—涟滨西街	0.95	60	混凝土
18	涟滨东街	娄星南路—清塘路	0.92	28	沥青
19	涟滨东街	清塘路—新星路	1	38	混凝土
20	涟滨西街	娄星南路—丹阳路	2.5	8	混凝土
21	月塘西街	火车站—新星中路	0.64	70	混凝土
22	仙桥东街	娄星北路—新星北路	1.01	30	沥青
23	栗山路	涟滨东街—老火车站	0.28	30	沥青
24	凤阳街	娄星北路—桑塘街	0.6	30	混凝土
25	乐花路	乐坪东街—电业局	0.25	30	沥青
26	清泉街	码路—氐星路	0.58	18/30	混凝土
27	石马路	长青街—湘阳街	0.41	30	沥青
28	贤童街	燃气公司—娄星南路	1.79	20	混凝土
29	南贸东街	新星中路—氐星路	0.81	30	沥青
30	南贸西街	万富街—氐星路	0.9	17/30	沥青
31	春园南路	长青街—贤童街	1	13/30	沥青
32	春园北路	月塘西街—长青街	1	30	混凝土
33	春园北路	月塘西街—人民银行	0.08	30	混凝土
34	扶青北路	长青街—乐坪街	0.72	30	混凝土

续表16-4

编号	道路名称	起讫地点	长(千米)	宽(米)	路面
35	扶青南路	乐坪街—铁路桥	1.8	8/52	混凝土沥青
36	秋圃街	迎春路—火车东站	0.9	30	泥结碎石
37	迎春路	娄湘公路—秋圃街	1.1	42	泥结碎石
38	万富街	乐坪街—长青街	0.72	10	混凝土
39	白塘路	湘阳西街—长青街	0.41	30	混凝土
40	沿河路	涟钢大桥—涟源磷肥厂	1.70	10	沥青
41	钢城东街	仙桥街—涟钢大桥	1.20	30	沥青
42	香茅街	娄星北路—桑塘街	0.17	30	混凝土
43	桑塘街	香茅街—碧溪路	1.96	30	混凝土
44	青山街	娄星北路—钢城东街	0.27	52	混凝土
45	娄涟路	高中路—双江桥	17.2	15	混凝土
46	钢城北路	钢城东街—洪洲路	1.3	30	混凝土
47	洪洲路	钢城北路—娄涟路	0.75	30	混凝土
48	碧溪路	桑塘街—钢城北路	0.4	30	混凝土
合　计		73.51			

二、公路设施

（一）车站

娄底汽车站　至1990年，站房占地面积3.90万平方米，建筑面积3676平方米，候车厅468平方米，票房66平方米，车库12间412平方米，客运线路21条。其中，跨地市线路10条，设斗笠山、恩口、涟钢3个代办点，职工66人，驻站客车44台。1997年，车站实施砂石停车坪为水泥硬化停车场。日均发班664次，年客运量361.27万人次，客运周转量2.20亿人千米。2004年，日均发班813次，年客运量436万人次，客运周转量2.55亿人千米。2008年，日均发班次406次，年客运量298万人次，为一级甲等车站。

娄底汽车南站　该站由市交通局和娄底湘运公司筹资共建。2000年启动项目建设，2005年10月主体竣工。工程耗资近6000万元，其中省交通厅补贴资金3000万元。实行股份制管理，委托湘运集团公司经营，年营业额4000万元，管理人员7名，工作人员82名。

娄底汽车南站位于娄底大道以东、潭邵高速公路娄底连接线入口处，占地面积6.93万平方米。其中，房屋建筑面积5936平方米，停车场面积3.40万平方米，候车室3000平方米，售票厅103平方米，设8个售票窗口，设计日发送旅客量1.20万人次，日发班次1200次，经营线路通达湖北、山西、江西、上海、云南、贵州、广东、广西、福建8省1市及湖南境内东南方向主要县、市，是一座集长短途客运服务与城区公共交通旅游服务于一体的规范性综合站场。娄底汽车南站是娄底公交客运重要枢纽站，在全省率先采用数字化、人性化、智能化设计理念，并配有联网售检票系统，电子导乘系统，中英文广播系统，全天候监控系统，危险物品检测系统及进站一卡通综合服务管理系统等现代化设施规范的站场。汽车南站是一级甲等长途客运站，每天132台车发班，省际线路11条，地际线路17条，日发班次500班，日均发送旅客8000人次。

杉山客运站　1989年，恩口成为娄底汽车站代办站。此后，更名为杉山客运站。

临时停靠点　娄底建市后，娄底火车站成为班车停靠点，市内公交公司班车从车站始发各地。火车站搬迁新站后，新老火车站广场一直是发往市内各地客运车辆主要停靠场地。

（二）公路收费站

茶亭子收费站　1996年1月25日，省政府办公厅批复同意在省道1810线娄底市茶亭子设站收取机动车车辆通行费。收费工作在省交通厅统一领导，娄底地区公路局具体组织实施。收费站人员从有关部门抽调，其工资和资金在原单位开支，不在收取车辆通行费中列支，人员数量和经费由省交通厅会同省财政厅核定，实行定员、定岗、定费用，不随意增人增支。收费站使用省财政厅统一印制收费票据，执行省财政厅、省交通厅联合拟定收费及财务管理办法。收取车辆通行费实行财政专户储存，不得截留、坐支、挪用。收费期限批复暂定5年，从1996年2月1日起至2001年1月31日止。

1996年6月，收费站建成收费。5年期满，经省政府办公厅批准延期。收费标准：摩托车每车次收取1元；大中型拖拉机2.50吨以下货车、19座及以上客车（包括小轿车、吉普车、施行车）每次收取5元；2.50吨以上（不含2.50吨）至5吨货车、20至49座客车每车次收取15元；5吨以上（不含5吨）至8吨货车、50座以上客车，每车次收取20元；8吨以上（不含8吨）至16吨各类车辆，每车次收取25元；16吨以上（不含16吨）各类车辆，每车次收取30元。2005年12月，按照中央和省政府指示，茶亭子收费站停止收费，拆除站场。

娄湘公路收费站　1998年6月17日，省政府办公厅批复同意在娄湘公路设立通行收费站，批准实行双向收取过往车辆通行费，收费期限从1998年6月25日起至2005年6月24日止。所收费用用于1810线娄底段水泥路面改造和新建公路还贷，收费标准与茶亭子收费站相同。2005年6月25日，省政府办公厅批复同意娄湘公路收费站延期10年，即从2005年6月25日起至2015年6月24日止。费改税后，停止收费，站场撤除。

东来湾收费站　2002年4月16日，省人民政府办公厅批复同意在娄湘公路东来湾（K43+900）和胡家坝（涟源境内）2处设收费站，双向收取机动车通行费，自2002年5月1日起至2017年4月30日止。所收通行费除按规定正常支出外，还用于偿还娄涟公路工程建设债务。收费资金执行“收支两条线”管理办法上缴省财政专户，支出按财政和交通部门审批计划以及核拨资金安排使用，统一使用省财政厅印制收费票据，接受省财政审计和物价部门监督，定期报告财务收支情况。收费标准：摩托车每车次收取2元；大中型拖拉机2.50吨以下货车、19座以上客车（包括小轿车、吉普车、施行车）每车次收取10元；2.50吨以上（不含2.50吨）至5吨货车、20至49座客车，每车次收取15元；5吨以上（不含5吨）至8吨货车、50座以上客车，每车次收取25元；8吨以上（不含8吨）至16吨各类车辆，每车次收取25元；16吨以上（不含16吨）各类车辆，每车次收取35元。费改税后，停止收费，站场撤除。

娄新高速公路收费站　娄新高速公路全线有收费站9处，娄星区境内在茶园互通和娄西连接线两地各设1处收费站，由省高管局组织管理。

三、公路桥梁

便民桥　1989年，全区有大小民桥777座。此后，随着公路建设发展，民桥逐年减少。至2008年，民桥中有268座改为公路桥梁。

公路桥　1989年，域内有公路桥梁20座，全长635.57延米。2002年，增加公路大桥8座，公路大桥有13座，总计1917.97延米（其中，1989年前2座，1989年后11座）；有中桥21座，总计1015延米；小桥38座，总计665.40延米。至2008年，全区有公路桥梁72座，总计3598.87延米。娄湘公路有大埠桥和江龙滩大桥，娄涟公路有勤丰河大桥、洪家洲大桥，高速公路娄底联络线有孙水河大桥，城区新星路跨涟水建有娄底二大桥，涟钢厂内从焦化（高溪）到洪家洲厂内专线有跨涟水的涟钢北大桥，村道南大线有柏杨港大桥。市公路局管养公路中桥34座1722.50延米，小桥梁78座1448.6延米。

涟钢大桥 位于涟钢厂内公路跨涟水桥坝结合公路桥。桥型为空腹式钢筋混凝土双曲拱桥。全长128.34米，桥高14米，人行道宽1.50米，3孔主拱跨径35米。1989年前修建。

涟钢北大桥 位于涟钢专用公路焦化（高溪）经制氧厂跨涟水至洪家洲厂内，是涟水第二座公路大桥。全长130.20米，双孔、跨径50米，人行道宽为2/2.25米，行车道宽12.10米，荷载为汽车20吨，挂车100吨。投资230万元。1989年前修建。

大埠大桥 位于西阳乡大埠桥村（K51+995）处。全长285米，桥型为钢筋混凝土双曲拱桥，全桥5孔，跨径为25米，桥净宽9米，人行道宽2/1.50米，荷载为汽车20吨，挂车100吨。1991年开工建设，1992年建成，1996年竣工验收，造价650万元，现为省道S312的过境线第一座大桥。

勤丰河大桥 位于娄涟公路K6+900处，全长111.46米。桥型为钢筋混凝土T形桥梁，全桥3孔，跨径总长74.82米，墩台为重力式墩台，桥面宽15米，车行道宽14米。1998年11月开工施建，2002年1月建成通车，投资312.59万元。

洪家洲大桥 位于S312湘怀线中心桩号66K+846处，在涟钢洪家洲和东来湾处跨涟水河。桥长247.73米，6孔，跨径总长180米，桥型为钢筋混凝土T形桥梁，重力式墩台，桥面宽15米，行车道宽14米，荷载标准为汽车20吨。1996年6月开工，2002年1月竣工验收，总投资657.62万元。

江龙滩大桥 位于江龙滩村娄湘公路K50+250处。全长131.26米，人行道2/1.75米，车行道宽15米，荷载标准为汽车20吨，挂车100吨。1988年11月开工建设，1990年10月1日建成，1996年竣工验收，工程造价390万元。

孙水河大桥 位于潭邵高速公路娄底连接线K15+901.03—K16+100处。桥长223米，6孔，跨径总长180米，桥型为钢筋混凝土T形桥梁，桥面宽40.50米，行车道宽20米，荷载标准为汽车20吨，挂车120吨。2000年4月开工，2002年6月建成，12月26日验收通车。

娄底一大桥 位于娄底老街，横跨涟水河，是连接娄底城区和涟钢主要通道。始建于1975年，全长165米，桥高12米，桥面净宽8.50米，两边人行道各2米宽。为4孔钢筋混凝土空腹式双曲拱桥，载重标准为汽车15吨，挂车80吨。投资45万元。1998年，投资3500万元，从娄底大桥至仙桥街进行水泥混凝土路面改造，2002年完成。2004年9月，经专家鉴定，该桥由于负荷过重，年久失修，被列为危桥。是年，决定在原桥位置重建大桥，桥长230米，宽32米，桥面分隔带宽1.50米，两侧各有0.50米宽防撞墙、11.75米宽机动车道、3米宽人行道。大桥主桥上部构造为悬浇变截面连续箱梁，桥墩均采用柱式桥台。娄底一大桥改建工程指挥部负责管理，省交通规划勘察设计院设计，娄底建设监理有限公司监理，市建筑施工质量监督站质量监督，市建筑施工安全监督站安全监督，娄底公路桥梁建设总公司中标建设。2006年12月竣工，总投资3800万元。

娄底二大桥 是娄星北路在天王寺和桅子湾村处跨涟水河第二座大桥。全长326米，高13米，5孔、跨径总长175米。结构形式为预应力混凝土T形、桩柱式墩台桥梁，桥面宽32米，行车道宽24米，荷载标准为汽车20吨，挂车120吨。1999年5月动工修建，2003年4月建成通车，投资1250万元。

娄底三大桥 是吉星路在对江村跨湘黔铁路再跨涟水河过高车与娄涟公路相的接特大桥，称为娄底三大桥。全长426米，桥面宽32米，双向六车道。主桥跨涟水长132米，跨径36米。桥面设计宽33.80米，中间主车道宽25米，两侧为人行道和异型拱圈构造位置。行桥跨径为30米，中间主车道宽25米，两侧人行道各3米宽。主桥上部结构采用66米跨径的C50预应力钢筋混凝土异型拱，下部结构采用钢筋混凝土承台和钢筋混凝土薄壁式矛性桥墩，基础采用钢筋混凝土灌柱桩。行桥上部结构采用30米跨径钢筋混凝土简支梁，下部结构采用圆柱式桥墩。基础采用钢筋混凝土灌柱桩，桥台设计采用混凝土U形重力式桥台。

工程于2004年开工，2006年竣工。总投资5000万元。

柏杨港大桥　位于村道V054南大线，桥长65米，单孔，跨径总长50米，重力式墩台石拱桥，桥高14米，桥面宽8米，行车道宽7米，荷载标准为汽车20吨。1996年10月开工建设，1997年8月建成通车。

犁头嘴大桥　位于乡道Y668线方石村犁头嘴，跨越孙水河，桥长140.20米。2006年，由市、区投资和大埠桥街道办事处及沿线企业筹资320万元修建。2008年建成通车。

娄新高速公路有大桥5座，桥长总计1501延米。茶园分离式立交桥，桥长367米，桥面宽26米，12孔，跨径30米，投资3000万元；株山高架桥，全长325米，桥面宽26米，11孔，跨径30米，投资3400万元；小亮高架桥，全长232米，桥面宽26米，8孔，跨径30米，投资2000万元；福善河大桥，长337米，桥面宽26米，11孔，跨径30米，投资3300万元；娄底西互通孙水河大桥，长240米，桥面宽26米，8孔，跨径30米，投资2500万元。

四、公路运输

（一）客运

长途客运　1993年，推行客运线路有偿使用制度，线路实行招投标。2000年，湘运公司筹资购入二汽小东风45辆，组建快巴车队，经营娄底至新化、娄底至冷水江、娄底至邵阳3条快巴客运线。娄底至新化线途经斗笠山、涟源市、冷水江市，全程98千米，22辆快巴营运，每30分钟发车1次，全程票价20元。娄底至冷江线全程81千米，18辆快巴参运，每30分钟发班1次，票价18元。娄底至邵阳线全程112千米，5辆快巴营运，每小时发车1次，票价25元。快巴实行直达运输，中途不停靠，按时发班，节假日加发班次。是年，根据交通部《道路旅客运输企业经营资质管理规定〈试行〉》，对客运车辆实行集约化、规范化经营。区交通局在原娄底市汽车运输有限责任公司基础上将社会个体车辆整合，组建娄星汽运公司，有客车100台，开通线路24条，审批为三级客运股份制合作企业。

2002年，增开祁东、耒阳、流沙河线路，减少沙市线路。开通线路45条，日发班次736次，日均发送旅客0.75万人次，年客运量270.10万人次。2003年，增开厦门、吉安、张家界线路。开通线路52条，日发班次742次，日均发送旅客0.76万人次，年客运量276万人次。2004年，增开太原、武汉、漆树、同方等线路。开通线路56条，日发班次780次，日均发送旅客8600人次，年客运量300万人次。2005年，增开快溪、塘湾、水车班线。开通线路59条，日发班次786次，日均发送旅客0.93万人，年客运量328万人次。2006—2007年，增开杨木洲、晏家、安化、韶山等线路。

2008年，有客运线路80条，日发班次1021班，日均发送旅客2.58万人次。全年娄底汽车站营运收入6948万元。公路客运量942万人次，客运周转量75360万人千米。

市内客运　1987年，开通火车站至小碧线10路公交车，车辆增至40台。1996年，线路增至13条。1998年，开通骡子坳至卫校20路车。是年，开通无人售票车，上车票价为0.50元。1999年撤地设市，公汽公司收归市政府直管，为市属副处级全民（事业）企业单位。2003年1月，再次开通磷肥厂至大埠桥线13路车，每8分钟一趟。是年，公汽公司有客车111台，年营业收入1448万元。

城市出租车　1996年10月，娄底市组建第一家旅游出租车公司，办公地址设市交通运输总公司一楼，有出租车20台，出租车内配置对讲机、计程器。是年，城区三轮摩托出租车（俗称叭叭车）增多。1997年，三轮摩托出租车达到800辆。1998年2月，市政府根据市内客运市场混乱情况，组建出租车整顿办公室，从交通、公安、城管、税务、工商、物价等部门抽调20人组成管理机构，整顿出租车市场，取缔三轮摩托出租车500台，作价收购市内运行旧三轮车284台。批准新增南方三轮摩托车指标500个，作价收购284台旧三轮车主每人1个新车指标，用于解决持有下岗证的特困职工再就业。签订5年合同，无偿使用，不收取任何管理费用，尚未到报废期的137辆三轮车，签订3年无偿使用经营合同，合同终止期为2001年9月30日。是年，由残疾人驾驶的28台福利车，准许参与出租营运。年底，市内出租三轮摩托车655辆，面的出租车242辆。1999年2月，出租车整顿办更名为出租车管理办公室。

2000年3月，娄底撤地设市后，出租车管理办整体上收，归口娄底市政府办管理，更名为娄底市客运管理办。7月13日，成立娄底市出租车客运管理领导小组。提出发展公交车、逐步淘汰三轮车、限制发展面的车、适当发展小汽车的城区客运发展思路。7月，市政府批准《娄底市城区第一批出租车经营权公开有偿出让办法》。7月31日至8月30日，做好出让招标准备工作。第一批出让经营权40辆，期限3年，每台车收取有偿使用费9800元。9月，出让面的类经营权31辆，期限3年，每台车收取有偿使用费1.08万元。出让轿车经营权30辆，期限5年，每年收取有偿使用费1.08万元。凡2000年8月以前办理出租车牌照，属有经营权出租车，每台收取经营权有偿使用费6800～7000元。自2001年12月1日起，三轮出租车一律退出营运市场。其中，合同期满的按规定自行淘汰；合同未满的由市出租车客运管理办制定具体方案妥善解决。取缔非法营运，规范城区客运市场管理，查获无牌无证营运和非法营运车辆1625台次，罚没收入80万元。

2001年，出租车管理办根据娄底市《关于取缔无牌无证、淘汰营运到期和残疾人参运机动车通告》精神，有步骤地实施载客三轮摩托车淘汰工作。从2001年12月1日零时起，所有载客营运机动三轮车一律禁止在城区道路行驶。违反规定机动三轮车由市公安交警部门依法扣留，强制报废。市内经营长达10年之久的机动三轮车全部退出客运市场。2002年，娄底市出租车客运管理办更名为娄底市城市客运管理处，内设办公室、业务管理科、财务科、政工科、稽查大队、管理处编制40名。是年，查处非法营运车1300余车次，罚没收入106万元，受理投诉案件180起，为乘客挽回经济损失20余万元。全区有出租车公司5家，拥有出租车813台。2003年，娄星区境内有出租车公司5家：远大公司设扶青南路客运管理处一楼，长安公司设乐坪西街关家脑至骡子坳华达厂旁，旅游车公司设长青办事处和湘运公司旁，娄星汽运出租车公司设新火车站附近市公汽公司处，湘运出租车公司设客运公司汽车站。5家公司共有出租车813台。2004年1月7日，市编委下发《关于市城市客运管理处内设机构、领导职数调整的批复》，确定该处内设机构为一室四科二大队一中心，均为副科级规格。2008年1月10日，城区459台出租汽车特许经营完成第一轮招投标工作。

娄底市旅游出租车有限公司 1996年8月23日，娄底市旅游出租车公司成立，隶属湖南恒丰集团，注册资金80万元。公司位于东坪西街，截至2008年年底，有出租汽车216台，管理人员9名，驾驶员432名，办公场地500余平方米，停车场1000多平方米，内设营运稽查部、安全技术部、财务部等机构。先后获“全国出租汽车行业抗震救灾先进单位”“全国出租汽车行业奥运服务先进集体”等称号。

娄底市远大出租车有限责任公司 2000年6月28日，成立远大出租车有限责任公司，拥有出租汽车120台，管理人员9名，出租汽车驾驶员265人，被评为“三星级”企业。先后获“全国出租汽车行业抗震救灾先进单位”“全国出租汽车行业奥运服务先进集体”“湖南省诚信守法工商户”“爱心送考”公益活动先进单位等称号。

娄底市湘运出租汽车公司 2008年8月1日，湘运出租汽车公司成立，隶属娄底市湘运汽车运输有限责任公司，至2008年年底，有出租汽车114台，管理人员8名，驾驶员230人，公司下设办公室、财务办、安全技术办、运营管理办等部门。被省妇联授予“省级巾帼文明岗”称号，全国妇联授予“国家级巾帼文明岗”称号。

娄底市凯旋出租汽车公司 2006年1月16日，娄底市凯旋出租汽车公司成立，是域内第一家实行公司化管理出租汽车企业。有出租汽车204台，管理人员10名，驾驶员410名。连续8年组织驾驶员参加“爱心送考”等公益活动，被评为“三星级”企业，多次被娄底市城市客运管理处评为目标管理先进单位。

娄底市嘉年华出租汽车公司 2006年10月26日，娄底市嘉年华出租汽车公司成立，隶属长沙嘉年华富豪客运中心。有出租汽车196台，管理人员9名，驾驶员430人。

（二）货运

1989年后，域内社会车辆激增，货运市场运力大于运量，全市民用货车1263台。其中，国营货车689台，集体所有货车266台，个体货车308台，拖拉机685台。拥有20台以上车辆车队10个，其中非交通部门车队8个。是年，完成货运量830万吨，货物周转量1.31亿吨千米，其中，个体车辆货运量138万吨，货物周转量3869万吨千米。1993年，货运市场经营格局变化，个体户车辆增加。是年，全市营运货车2012台，湘运公司由1979年的281台减至64台。道路货运市场形成多种经济成分互相竞争局面。1995年，市交通运输总公司购入东风货运汽车11台，重点为火车站运输服务。从1998年起，交通部门相继组织个体车辆建立货物配载站。

1999年12月17日，娄星区按照娄底市交通局《关于积极稳妥开展道路运输集约化经营的通知》，规范货运市场管理。至2002年，全区建成货物配载站7个，组建汽车运输公司1个，组建危货运输车队3个，危货车辆57台（城西液化气有限公司17台102吨位，市石油公司车队15台74.50吨位，涟源钢铁集团销售部危货车队25台163吨位）。通过整治，货运市场秩序有所好转。2004年，涟钢薄板厂投产。域内购置大型货运车辆投入涟钢薄板运输，组建货物运输企业9家，大型货运车辆228台。2005年，大型货运车辆增至302台。2008年，有道路运输企业27家，货运配载站31家。

（三）搬运装卸

1989年，娄底市运输公司更名为娄底市交通运输总公司，属交通局管辖企业单位。有职工870人，装载机8台，铲车3台，叉车1台，10吨龙门吊1台，22吨龙门吊1台。汽车队1个，交通机械修配厂1家，涟钢总厂装备有行车吊、卸车机、机械装卸量80%以上。1997年，有从事搬运装卸人员1200人，专业装卸人员850人，非专业装卸企业12家，装卸工351人。年完成装卸量780万吨，年营业收入2700万元。1999年，更名为娄星区交通运输总公司。

2002年，从事搬运装卸企业12家装卸工925人，其中交通运输总公司装卸工654人。2004年，交通运输总公司筹划改制工作。2005年11月8日，经职工代表大会决定，处置资产14宗，资产额5700万元，安置在职职工806人，退休职工515人。2006年6月，改制领导小组与有关人员签订解除劳动关系协议书。曾经娄底市规模最大、经营期最长的集体企业娄底市交通运输总公司退出历史舞台，取而代之的是娄星区搬运装卸股份有限公司和各乡镇个体搬运装卸企业，共同承担搬运装卸任务。

（四）运输工具

1989年，娄底市有货车2063台，客车516台。1993年，车辆由低档向高档发展，私车拥有量逐年增多。1994年，有客车950台，货车2146台。1995年，街头出现“叭叭车”（篷布三轮摩托车）。1999年，娄星街头665辆在册“叭叭车”从事客运服务，双轮摩托非法载客也在街头大量出现。此后多次整顿市场，出租车逐渐被夏利、捷达、桑塔纳、富康等车型取代。客车有中巴车、卧铺车、高档空调车和大客车，车型以国产解放、黄河、江淮、湖南、南京、跃进、东风等系列为主，进口车以三菱、丰田、日野为多。按用途分类有客车、货车、救护车、消防车、油罐车、工程车、吊车、铲车、叉车、装载车等多种类型。2003年，有大中客车416台，出租车813台，货车2130台。2008年，货车达5200台，大中客车370台，出租车780台，公私小车数量大幅增长。

五、公路管理和养护

1989年，路政管理和养护由娄底市交通、公路部门联合管理和维护，市公路局管养国道、省道和部分县道；市乡镇公路管理站负责公路局没有管养的县道和乡村道管理与维护。2004年，实行公路体制改革，公路管养分离。

1993年，娄底市公路段更名为娄底市公路管理处，属正科级事业单位，隶属市交通局归口管理，县乡公路管理站划归娄底市公路管理处。资金来源为干支线公路管护资金由省公路局拨付；县乡公路资金归地方财政拨付。公路管理处配备公安编制1名，行政业务归地区公路公安科管理。1995年4月，娄底市公路管理处更名为娄底市公路管理局，体制再次上收。1998年10月，公路公安体制改革，撤销公路派出所，成立路政大队。1999年7月，撤市设区，更名为娄星区公路管理局。至2008年，娄星区公路管理局下辖娄星区公路养护所和娄星区公路路政大队2个副科级事业单位。

1989—2008年历任局长（段长）：周庆华、曾润洪、曾晚生。

（一）干线公路管养

管养范围及设施 1989—2008年，省道S209境内管护起于杉山镇恩口村，止于万宝镇沙干铺村，里程39.93千米，S312管护起于大埠桥街道大埠村，止于石井镇祖师村，里程27千米。县道X021管护起于杉山镇炉塘村，止于涟源交界处，里程5.21千米。县道064线起于大埠桥街道和家村，途经江龙滩大桥、妇幼保健院、洞新东门。X024（娄枫线），起于娄底市骡子坳，经大河坝、三圭，止于祖师殿，长10.38千米（0K+000~10K+385），其中娄星区公路管理局管养里程7.38千米。

工班。1989年，娄底市养护路段设置万宝工班、茶园工班、大河工班、杉山工班、小碧工班5个，职工45人，养护里程50.70千米。1992年3月，撤销万宝工班。2004年，娄星区公路局接管娄湘公路，管养宁大S209线、湘怀S312线、娄泉X064线、桥侧X021线、娄枫X024线，总计里程64.60千米，另外承包潭邵高速娄底连接线16千米养护生产任务。辖管6个公路养护站和1个路面工程队，管养里程64.60千米中，有城市过境里程12千米，实际管养里程52.60千米。其中，干线评定里程31.40千米，干线良等路25.46千米，好路率为80.9%，次等路6千米，占19%。2006年，新建娄湘工班房。至2008年，辖万宝、茶园、大河、杉山、小碧、大科、娄湘、洪桥、金溪9个养护工班。

拌合场。2008年3月，于娄双线15K+800处茶园工班院内修建拌合场，占地面积3200平方米，配备一个1500型沥青拌和场，有生产人员10人，生产能力120吨/小时，解决自己生产用料，向外销售一部分用料。

杉山油场。始建于1986年4月，专为公路小修保养和部分中修路面提供沥青用油。

和家超限超载检测站。2005年，经湖南省治超办批准设置和家检测点，站点位于娄底市经开区大埠桥街道S312线50K+800米地段，占地1334平方米，站房1栋，面积626.50平方米。2008年，娄星区公路管理局对站点按一级标准进行续建（含扩容提质及新征3000平方米土地新建卸货场），投资256.60万元。12月，和家超限超载检测站被批准为国家一类超限运输检测站。

公路养护 公路养护包括：公路大、中修、公路水毁以及公路构造养护维修，按照国家交通部和省、地（市）等上级主管部门规定和要求，担负国、省道及地方道路养护。

养护设备。1989—2005年，娄星区（娄底市）公路局（段）先后添置养料机5台，多用养料机5台，东风汽车2辆，130型运料车1辆，碎石机3台。需要洒水时，将运料机自行简易改装水箱及喷水装置进行施工运作。1994年，增加汽车1辆（湘K20163），添置装载机1台，压路机2台。2006—2008年，娄星区公路局陆续购买路面综合养护车1辆、轮式挖掘机1辆、立式冲击夯1台、开槽机1台、汽油发电机1台、电力风镐1台、沥青灌缝机1台、开山机1台、吹风机1台、汽油平板夯机1台、切割机1台、徐工牌压路机1台、清缝机1台、汽油冲击夯1台、手扶式压路机1台、压浆机1辆及汽车9辆，施工和养护基本实现机械化。

小修保养。1989年，娄底市公路段制定《娄底市公路养护承包责任制方案》，全段好路率为99%。1990年，制订《小修保养大承包经济责任制方案》，小修保养管理方式改革逐步深化。1991

年，市公路段决定，机关干部、管理人员一律下到工班，每月不得少于3天。工班人员工资由“千米工资含量包干制”调整为浮动工资制，对工班实行工班长聘任和工班目标管理责任制及风险抵押金制度。1989—2008年，完成义务备砂1782立方米，自挖保护砂1.07万立方米，挖水沟47.37万米，刷白行道树12.26万株，清除路上堆积物7680立方米，补坑洼1.03万平方米，补油路面6.84万平方米，清除路障3203处，清理沉砂池7983个，疏通涵洞2789道。2008年1月，区境内出现50年一遇罕见冰冻灾害，造成交通堵塞，车辆滞留。公路局组织养路职工、机关干部全力抢险护路，被娄底市委、市政府、市公路局评为“抗冰救灾工作先进单位”。是年，清理水沟235千米，清扫路面2000千米，填培路肩140千米，清理沉沙池150个，清理路肩堆积物112处，修补沥青路面2380平方米，处治水泥路面断扳6800平方米，干、支线好路率分别为69.8%和99.8%，位列全市第1名。

安保工程。2004年12月5日，区公路局成立安保工程建设领导小组和工作小组，负责安保工程项目管理、设计、质量监督、工程协调和计量支付工作。S209线（宁太线）急弯路段9处，路侧危险路段4310处，8950米长，建设防撞墙7960米，设指示标志和过镇标志11处。S312线（湘怀线）路侧危险10处3210米，建设防撞墙3260米。X064线（娄泉线）路侧危险路段10处2400米，建设防撞墙2400米。2006年，投入资金130.48万元，建设示警防护墩869个，防护桥栏330米，防撞墙133米，挡土墙858立方米，示警桩600根，钢护栏5.38千米。7月14日，市局下拨安保经费16.50万元，对S209线部分安保设施进行完善。2007年11月26日，市局投入经费54.68万元，在S209线、S312线、X064线安装示警桩588个，示警墩877个，防撞墙132米，钢护栏5.76千米、钢护立柱175米，桥栏314米。2008年8月，X024线投入安保工程经费38.14万元，处治隐患长度2290米，标志牌29块，防撞墙60米，钢护栏1940米。完成水泥路面清灌缝18.70千米，修复车损水毁标准水沟8处220米，清运水沟淤泥、塌方土490立方米，完成石砌挡土墙2处260立方米，完成石砌水沟2处168立方米，完成石砌骨架护坡1处128立方米，完成X024线安保工程标志标牌30块制作安装。

（二）农村公路管养

1989—1998年，部分县道和主要乡道由娄底市县乡公路管理站养护，经费来源主要采取民办公助、民工建勤、委托管理，有养护工人61名，养护里程76.15千米，人均养护1.25千米，会同公路站组织检查，评定好路率，按养护好坏拨付养路款。2002年，养护县道里程76.15千米，好路率74%，管养乡道115.80千米，村道189.63千米。3年时间，路政管理收缴路面损坏赔偿款18.10万元。

2004—2005年，区政府成立通村公路建设领导小组，通村公路建设被列为省为民办8件实事项目，建成通村公路29条100千米。2006年，国家对农村公路建设投入加大，地方配套自筹，实施农村公路建设。域内乡道增加35条，总里程142.26千米。区级财政按每千米补助1200元标准解决养护经费，不足部分由乡镇筹集。新增村道85条，新增里程139.71千米，累计村道148条，总里程331.24千米。其中，水泥路面256.03千米，砂石地面75.22千米。养护经费由区财政按每千米400元标准补助，不足部分由乡镇村筹集。是年，加强路政宣传，制止各种不利公路畅通行为138起，拆除违章建筑5处，清除违章堆积物3692立方米，清除摊点137个，发放宣传资料2500份，收取损路赔偿费3.50万元。2007年，投入资金18万元，修复水毁挡土墙98立方米，清理边坡塌方138立方米。投入资金11万元，对涟双线断板路面进行处理。加强桥梁养护管理，对县乡村道桥梁进行普查，更新桥梁养护数据库，对危桥坝塘二桥进行重建，对松江大桥进行桥面和栏杆改造。是年，拆除违章建筑25处，清理路障254起，清理水沟22处，清理路面堆积物417处，发放禁止超限超载宣传广告5000份，悬挂横幅宣传标语40条，收取损路赔偿费2.60万元。

至2008年年底，新增乡道6条，四级公路路幅宽4.50~5.50米，新增里程26.46千米。是年，组织路政人员学习公路法、行政诉讼法、行政复议法等相关法律法规，制定治理超限超载实施方案，张贴全国治理超限超载公告，在辖区内开展车辆超限超载治理宣传和治理活动。坚持每天上路巡查不少于2次，重点地段实行24小时防守。组织开展公路沿线乱搭乱建现象整治行动，纠正占地事件30起，查处损路案件40起，处理违章建筑1起，整治水沟10处，清理路面堆积物100处，收取路产赔偿和补偿费11万元。

（三）公路绿化

1989年起，公路管养与绿化工作实行县道县管、乡道乡管、村道村管办法，经费由政府和交通、公路部门解决。除在省道主要公路沿线两旁实施植树造林外，还在县道和乡村道开展植树造林活动。公路两旁主要种植樟树、桂花树和红叶石楠等林木。1991年8月17日，每个工班明确1名公路绿化员，负责树苗管理和栽培。1992年，娄双线20.40千米有行道树5620株，宁涟线22.20千米有行道树5859株。2002年10月18日，市公路段下拨经费5.50万元，在S209线杉山段新栽行道树4.50千米。2003年3月，娄星区湘中公路建设有限公司承建娄涟路绿化工程。9月19日，投入经费8.26万元，实施娄湘公路分隔带绿化及草皮工程长5.10千米，宽1.70米，面积8670平方米。至2008年，全区公路绿化面积316千米。

（四）运政管理

1989年9月，娄底市交通局运输股更名为交通运输管理所。1994年，升格为副科级事业法人单位，根据区域分设城南、城北、城西、城东、万宝、杉山6个交通运输管理站，成立交通运输纠察队。1995年，运管所调整内设机构，设办公室、运政运务股、计财股、车辆技术管理股及6个交管站。1999年，撤地设市，更名为娄星区交通运输管理所（简称运管所）。2003年8月，进行机构改革和内部职能调整，设运政运务中心，集办证、缴费、审验、签字盖章于一体，开展一站式服务。2004年，客运站场办与客运管理站合并，娄星区道路运输管理所成为行政执法单位。

车辆管理　1989年起，娄底市交通运输管理所对营运车辆依据交通部《公路运输统一单证使用和管理规定》，办理经营许可证和道路运输证。1994年，开展危货运输管理机构从业人员培训、落实管理制度，批准部分个体经营者从事危货运输业务。至1997年，办理经营许可证156份，办理道路运输证829份，培训危货运输管理机构和驾驶员126人次。1998年10月，加强个体车辆管理，娄底市交通运输管理所发起组建湘运零担货运公司。1999年3月，在湘运零担货运公司基础上组建娄底市汽车运输有限责任公司。年底，更名为娄星区汽车运输有限责任公司，即娄星汽运公司，有客车100台，出租车92台，货车7台，经营线路24条。2000年，客运线路有偿使用费停收，由公司负责线路发包。

2001年，贯彻执行交通部部署，全区开展清理整顿道路客货运输专项行动，要求危货运输进行集约化经营，严禁个体户从事道路化学危险货物运输经营，对原取得道路危险货物运输经营许可证个体运输户于2001年8月底前注销经营许可证，收回有关牌证，取消经营资格。是年，通过清理整治，引导组建涟钢危货运输车队、娄底石油公司车队、城西液化气公司危货运输车队、煤气公司危货车队4个车队，有危货运输车辆50余台，车型有槽车、罐车、轻型平板车。

客运市场管理　1995年12月20日，娄底市交通运输管理所成立客运管理站。1996年2月，娄底市交通运输管理所湘运汽车站停车棚工程竣工，建筑面积618平方米，增添客运汽车停车位15个。1997年1月，娄底市交通运输管理所按照娄底市人民政府关于批转《城市公交车、社会客运车区域分线营运暂行办法》通知，对市内线路实行分线营运，即社会客车退出城区内经营，公交客车返回城区营运，解决社会客运车辆与公交车共线矛盾。

2000年5月，在原娄底市汽车运输有限责任公司基础上组建娄星汽车运输公司，年底审批为三级客运股份制合作企业。有客车100台，其中，高档车21台（45个座位），其他车79台，开通线路24条。2004年，根据《中华人民共和国道路运输条例》规定，落实县级以上客运线路实施客运线路服务质量承诺与信誉考核，对客运车辆实行末位淘汰整改措施。是年，客运车辆实行经营期限管理，省、地际客运车辆经营期限为5年，县际、县内经营期限为6年。签订经营期限合同，合同到期后，重新申报许可。

2005年，根据交通部《关于加快发展农村客运和开展客运网络化试点工作的通知》，对区内客运线路进行改造，优化农村客运网络，实现由单车分散经营向集约化、规模化转变。6月，成立娄底市富安汽车运输有限责任公司。2006年4月，成立娄底市吉星汽车运输有限责任公司。2008年，域内客运企业达6家，营运客车329台。其中，湘运客运公司有客车144台，娄星汽运公司100台，其他客运公司85台。

货运市场管理 1989—1995年，搬运装卸市场纠纷频繁。为规范市场秩序，政府多次组织整顿工作，规范运输市场秩序，优化运输市场环境。1996年7月25日，娄底市人民政府下发《关于印发〈娄底市道路运输装卸市场管理办法〉的通知》，各乡镇（街道）、市属各单位，驻娄中央省地属各单位采取整顿措施，加强娄底市道路运输装卸市场管理，维护运输装卸市场正常秩序。1999年12月，市交通局发出《关于积极稳妥开展道路运输集约化经营的通知》，规范货运市场管理，娄星区境内个体车辆相继组建货物配载站。2000年11月13日，市人民政府办公室下发《关于印发〈娄底市整顿搬运装卸市场秩序实施方案〉的通知》，决定从2000年11月1日开始，对全市搬运装卸市场进行为期3个月的整顿。娄星区成立搬运装卸市场整顿工作领导小组。通过整顿运输市场，强装强卸、漫天要价、画地为牢等不良现象得到控制，搬运装卸市场秩序得到改善。

2001年3月28日，区人民政府办公室下发《关于印发〈娄星区道路运输搬运装卸市场管理实施细则〉的通知》，加强道路运输搬运装卸市场管理。2002年，建成货物配载站7个，汽运公司1个，危货运输车队3个。通过整治，货运市场秩序好转。2003年，娄星区交通运输管理所机关设搬运装卸管理站，主要负责管理域内交通运输搬运装卸业务，协调处理纠纷矛盾。2004年，娄星区交通运输管理所交管站撤销，组建稽查大队接管此项工作。

搬运装卸市场管理 1989年，设城南、城北、城西（涟钢）、杉山、万宝等5个交管站，有交管员19名，负责管理域内交通运输、搬运装卸业务。1996年，娄底市交通运输管理所机关设置搬运装卸站，专门分管搬运装卸工作。2004年，撤销交管站，娄星区交通运输管理所组建稽查大队，接管交通运输市场整治工作。2006年，原娄底市交通运输总公司改制，成立搬运装卸股份有限公司，搬运装卸业务由个体承担。2008年，各类车辆骤增，特别是私家车急剧增加，客货市场复杂，道路运输管理局设稽查队3个，负责道路运输稽查任务。

汽车维修市场管理 1989—2003年，娄底市（娄星区）交通运输管理所设立娄底市汽车维修管理办公室（简称维修办）。维修办对域内从业人员采取集中培训、分工种培训和分期培训方式进行培训和考核。合格者按《湖南省汽车维修技工证、检验员证实施办法》颁发证件，持证上岗。有证人员按期进行年审培训，查处无证上岗或持无效证件上岗人员，依据情节轻重，罚款100～300元。是年，整顿汽车维修市场15家。2004年7月1日，贯彻执行《中华人民共和国道路运输条例》。机动车一二类整车维修企业行政许可权限由省、市下放至县级道路运输管理机构，许可有效期限为5年。2006年12月25日，交通部印发《机动车维修企业质量信誉考核办法》，对维修企业从业人员素质、安全生产、维修质量、服务质量、遵章守纪、环境保护、企业管理进行综合评价。娄星区交通运输管理所每年3—6月对上年度企业质量信誉情况进行考核。2008年，娄星区汽车维修行业有一、二类企业41家，三类企业1860家，从业人员2500余人。4S店、6S店、特约维修服务站、综合维修厂、快修连锁店、专项维修店等形成门类齐全、品种多样、分布广泛、服务方便汽车维修市场体系。

车辆驾驶员管理 1989年，驾驶员大都通过驾校培训，少数签订师徒合同或培训班培训后考发驾驶证。此后，每年与交警部门共同定期举办培训班，对驾驶员进行安全行车教育，坚持日常上路检查制度。随着车辆增多，车辆驾驶员通过湘运驾校、钢城驾校、畅安驾校培训后取得驾驶证。运管处负责驾校年度审验，每期驾驶员培训结业、学员取得驾驶证后，与驾校共同对新驾驶员进行安全行车教育。2008年，有畅安、湘运、钢城、鑫鹏、阳光、潇湘、顺达、湘中、佳程等驾校，属私营或股份制。驾校与驾驶员管理属于交警支队负责，交通局运管所设驾培股，负责办理营业执照，检查驾校技术状况和教练从业资格等。

（五）安全生产管理

1990年4月7日，执行安全生产规章制度，将具体措施和责任落实到每辆车、每个股室、每个车间班组和每个职工，全局系统实行安全生产目标管理。1992年2月28日，制定《1992年交通安全工作意见》，确定全年安全目标管理指数，责任死亡事故、重大工伤责任事故为零，500元以下等级事故不超过5起，累计经济损失为总产值1.2‰。1995年5月11日，落实省交通厅《关于开展全国交通系统第二次反“三违”月活动的通知》，在全市开展反“三违”活动。6月14日，市政府召开全市安全工作会议，部署开展交通安全年活动。市交通局各单位总结经验教训，对存在问题采取措施进行整改。1996年，继续开展“安全年”活动。1997年，开展“春运安全”“安全回头看”和120天安全大整顿活动，查处安全隐患26处，整改26处，整改率100%，稽查15次，查车150余台次。

2001年春运期间，投入营运客车438台/日，开行班次4万个，完成旅客运送69.56万人次，查处无牌无照黑车79台，查处违章违规车辆437台，没收鞭炮16.50万响、花炮145个、油漆492千克、液化气1瓶。5月8日，开展“安全生产周”和“安康杯”活动。火车东站道路影响车辆安全行驶问题，区交通局拨付5000元整改资金，维修道路。2002年7月12日，组织开展“保险杯”百日安全竞赛活动，悬挂横幅5条，书写标语50余条，墙报2期，安全专刊1期，娄底电视台报道1次。安全工作被市交通局评为目标管理一等奖，被区政府评为安全先进单位。2003年3月，印发《关于印发〈娄底市娄星区交通行业安全管理办法〉的通知》。5月28日，印发《关于开展“2003年反三违月”和“全国安全生产月活动”的通知》，从6月1—30日，在全区开展安全生产月活动。其间，发放安全宣传单1000份，宣传小册300份，张贴标语100多条，悬挂横幅10余条，交通运输总公司安排资金5万元，培训特种作业人员12名。7月30日，印发《娄星区交通系统百日安全竞赛活动实施方案》，组织开展百日安全竞赛活动。2004年4月21日，区交通局下发《关于印发〈娄底市娄星区交通系统重特大安全事故应急救援预案〉的通知》，交通系统各单位制定应急预案。春运期间，纠正违章行为500余次，分流超载旅客1200余人次，查扣非法营运车辆200余台次。2005年5月25日，娄星区根据《关于开展2005年“全国安全生产月”活动的通知》精神，从6月1—30日，在全区交通系统开展安全生产月活动。全年处理公路路障及违法行为76起，对公路超限超载违法车辆进行7次大检查，查处违章车辆200余台次，卸转货物200余吨，征收公路补偿款2万余元。

2006年，春运期间投入旅客运输车辆497台，开行班次9000余班，安全发送旅客300余万人次。查获非法营运车辆136台，纠正违章行为210余次，分流超载旅客580余人。10月16日，在全区交通系统内开展安全知识竞赛活动。全年查处公路路障及违法违规案件76起，对公路超限超载车辆进行6次安全大检查，查处车辆160台，卸转货物300余吨，征收公路补偿款1.50万元。2007年，春运期间，安全发送旅客141.82万人次，分流超载旅客320余人，处理投诉纠纷5起，查处非法营运车辆32台，纠正违章行为48次。9月20日至10月25日，开展安全生产大检查、大整改行动。11

月2日，区交通局所属单位全部建立安全生产隐患分级管理台账。全年查处公路路障及违法行为为50余起，拆除违章搭建10起，查处非法客运车辆320余台次。

2008年5月4日起，开展百日安全督查专项行动。至8月，出动督查人员163人次，受检企业38家次，排查安全隐患11次。公路站投入资金8万元，对县乡公路弯道、交叉口、人口密集点、学校门口等地方安全警示标志更新补齐。10月17日，开展“百日督查专项行动回头看”活动。查处非法营运车辆9台，处罚无证从业人员8人，上路稽查站场巡查105人次，出动工作车辆20台次，排查企业23家，查处隐患3处，公路站清除路障30处。

（六）工程管理

1989—2008年，域内重大公路工程建设，均由市、区政府工程建设指挥部全权负责征地拆迁、工程招投标、工程施工、竣工验收，区交通运输局参与工程建设和监督。每个工程项目建设指挥长由市政府或区政府领导担任，交通运输局局长或局党组书记担任指挥部副指挥长，指挥部下设办公室，办公地点设交通局。交通运输局设总工程师负责工程质量、检查、监督工程进度。高速公路由省设高速公路管理处，负责管理高速公路工程建设，建成通车后，负责经营管理。区政府负责工程干支线和县、乡村公路建设。干线公路工程大中修项目由市公路管理局下达任务，区公路局指派局工程公司负责施工，质量监督竣工验收，工程核算和付款由市区公路局负责。2003年，区政府成立农村公路建设管理办公室。2004年，成立娄星区通村公路建设管理办公室，区通村办为农村公路建设责任主体，业主为县乡公路管理站。工程建设项目由农村公路建设部门提交设计图纸，报上级部门审批。工程项目批准后，通村办督促各乡镇组织实施，进行竣工验收。

（七）规费征收

交通规费有养路费、客运附加费、货运附加费、拖拉机摩托车养路费（简称拖摩费）、车辆购置费和新车交通建设费、运输管理费，由交通局征稽运管部门征收。

养路费　1989年，汽车养路费征收采用包干办法，不分客货车辆，全年包干计征，客车（含小车）包干标准比货车提高5%～8%。对当年报废或延长行驶期或边远山村以及在1月份一次缴清全年养路费车辆，适当优惠包干，一般较同类车低收4%～8%。另外，实行车辆包干标准，营运汽车按营运收入总额15%计征，不能计算营运收入货车，按月每吨位收130元，养路费征收单位为征稽所。2000年，地改市后，养路费征稽工作划归市交通局管理。费改税后，养路费停收。

拖摩费及车辆建勤费　1989年1月1日，省交通厅物价局调整公路养路费征收标准，拖拉机、摩托车养路费（简称拖摩费）由县市交通部门征收，各种拖拉机按20匹马力折合1吨位，手扶拖拉机按0.50吨计征，征费标准比照载货汽车130元/吨，按月计征，两轮摩托车每月计征5元，边三轮摩托车每月7元，全年一次交清按50元和70元标准计征。1993年2月15日，地区交通局下达拖养费计划，娄底市征收任务为22万元。拖拉机、小三轮、四轮车按核定载重吨位每月每吨160元标准计征，全年一次性交清按10个月计征；从事田间作业拖拉机按5个月包干计征；边三轮摩托车每台每月10元，全年一次交清每台100元/年；两轮摩托车每月8元/台，全年一次交清的每台80元。货运附加费征收标准为：小三轮、四轮车、拖拉机每月每吨30元，与养路费同时交纳。娄底市在1993年前22万元基础上调为年收缴标准44万元。1994年1月24日，地区交通局下达通知，明确拖拉机、小三轮车、四轮车、摩托车养路费及货运附加费由运管部门征收，其中挂绿牌照四轮车、六轮车由征稽部门征收。1999年1月6日，地区运管处发出通知，拖养费征收工作均由运管部门负责，征稽部门不再征收农用车养路费。车辆建勤费于1997年修建娄涟公路时，娄底市规定小车每台每年筹资500元，客货车每吨位筹资100元，连续征收3年后停征。

2002年4月，区交通局组建拖摩管理办公室，履行拖养费征收职责，当年征收拖摩养路费198万元，比上年增收138万元。2002—2008年，全区累计征收拖摩养路费1900万元。2008年年底，全国实行燃油税费改革，停收拖摩养路费及车辆建勤费。

运输管理费　1989—1994年，公路运输管理费规定，从事营运性公路客货运输机动车辆、搬运装卸、汽车维修、运输服务单位和个人按营业收入1%计征。运管所征收运管费每年按30%上缴地区运管处，地区运管处自留20%，上缴省运管部门10%。1995年10月24日，地区物价局、交通局下发《关于进一步明确公路运输管理费征收标准的通知》，规定征收标准。

2000年，按照《湖南省公路运输管理费征收使用管理试行办法》规定，安排使用公路运输管理超收分成资金，分成资金20%用于职工奖励和福利，80%用于修善和固定资产、设备购置及基本建设投资支出。2003年，落实省交通厅《关于规范全省公路交通规费征收管理的通知》精神，交通规费征稽部门负责征收农用六轮车、四轮车（含变形拖拉机）；公路养路费（含货附费）由拖摩办负责征收摩托车、拖拉机、三轮运输车、公路养路费（含货附费）。2005年，执行《湖南省人民政府办公厅关于出租汽车暂停征收道路运输管理费和客运附加费的紧急通知》决定，暂停征收2005年出租汽车道路运输管理费的附加费。

2006年，根据省财政厅、省物价局《关于明确公路运输管理费征收范围和征收标准的复函》规定，收费范围包括道路旅客运输经营、道路货物运输经营、站（场）经营、机动车维修经营和机动车驾驶员培训单位和个人。征收标准分定额征收和按营业收入0.8%计征2种。2007年，执行省财政厅、物价局规定，8月15日起，停止机动车维修经营运管费征收。2008年12月18日，国务院印发《关于实施成品油价格和税费改革的通知》，决定从2009年1月1日起实施成品油税费改革，取消公路养路费、客货附加费、运输管理费、航道养护费、水路运输管理费、水企客货附加费等收费项目。

附：娄底湘运集团公司

娄底湘运集团公司总部位于娄底城南，占地面积5.60万平方米，下辖5个县级客运分公司，8个法人注册子公司及2个二级单位。公司拥有2600余名员工，客货运车辆700余台，总资产3.80亿元。是一家集公路客、货运输，公路客、货运站场服务、汽车维修及配件销售、驾驶员培训、出租车、旅行社、房地产开发、广告传媒为一体的专业运输企业，是交通部批准的娄底市唯一一家二级专业运输企业。公司先后获“湖南省模范职工之家”、中国道路运输企业百强诚信企业等多项殊荣，多次被评为“春运安全生产先进单位”。董事长兼总经理彭瑞华被授予湖南省交通系统劳动模范。2008年董事长兼总经理：彭瑞华。

一、运输生产

至2008年，公司拥有客运车辆500余台，其中高一型客车90台，座位数1.50万个。进站车辆1800余台，客运班线180余条，短途客车运输网络覆盖全市、全省13个市；长途客运网络辐射广东、上海、海南、广西、江西、湖北、福建、浙江、贵州、云南、山西等11省市。公司提供本地至全国各地旅游包车业务。有站场10个，其中中心站及南站被评为全国一级站。车站日均发班3074次，客运周转量1848.40万人千米，旅客发送量8万人次。2003—2008年，招揽营收分别为5200万元、6200万元、7400万元、8900万元、1亿元、1.20亿元，综合收入1亿元。2008年4月，湘华国际旅行社成立，开展旅游组团、机票订购等业务，开通国内外精品旅游线路300余条，年接待国内外游客1.66万人/天。是月，注册成立旅游公司，新增旅游车辆18台，新增旅游班线15条，主营本地至全国各地旅游包车业务以及新化途经涟源、冷江至南岳等旅游专线。6月，建立GPS监控平台，利用GPS现代技术对车辆进行科学调度和24小时安全监管。9月，娄底湘运出租车公司成立。

二、安全管理与信息技术应用

公司制定安全管理处罚办法等制度，借助GPS卫星定位监控系统，对营运车辆实行24小时监控。

加强对营运车辆安全监管和对违规违章行为处罚，实现由传统安全管理向现代安全管理模式转变。GPS定位及监控为营运车辆特别是夜间营运出租车安全及旅客查找失物等提供便利。对站场、财务、机房等重点岗位实现视频安全监控。建成局域网络，引进用友公司科学管理技术，推行财务、人力、办公管理系统、客运一卡通等现代化管理软件，变手工操作为电脑管理。推行客运一卡通，对进站、安检、卫检、报班、出站检查，修理等操作程序预先按规范进行设定，有效控制运输生产过程，保证车辆安全运营。

三、所辖企业

（一）娄底客车大修厂

娄底客车大修厂是娄底湘运汽车运输有限责任公司下属二级企业，主营汽车维修及配件销售，是郑州宇通、厦门金龙、苏州金龙（海格）、綦江变速箱、潍柴发动机等厂商特约维修服务站。厂区占地面积800余平方米，配套设施齐全，员工20人。与娄底工务段、娄底三一重工、华润电厂单位建立特约维修服务关系。

（二）娄底汽车站

娄底汽车站始建于20世纪80年代初期，1987年，投入使用。至2008年，汽车站停车场面积2万平方米，候车室面积1000余平方米，有2个发车库，总库位25个。安检、服务设施设备齐全，区域划分清楚，功能清晰明确。隶属湘运娄底公司，对社会开放车站，接纳进站车辆470余台，开通直达沪、昆、闽、贵、粤、鄂、晋、桂、赣等地12条省际班线，除湘西自治州外，通达全省各地30条市际班线，39条县际班线，2条县内班线，日发班次1000余次，日发送旅客万人次，承担娄底市主要道路旅客发送任务。1998年，被省交通厅评定为一级乙等客运站。2003年，晋升为一级甲等客运站。2008年，被全国总工会、省总工会、市总工会三级授予“工人先锋号”荣誉称号。

（三）娄底汽车南站

2002年，省交通厅、市交通局和娄底湘运集团公司共同投资建设娄底汽车南站，投资金额5400万元，由娄底湘运集团公司经营管理。

娄底汽车南站位于娄底市区南部，潭邵高速娄底连接线入口处，占地面积6.94万平方米。其中，站房建筑面积5936平方米、停车场面积3.40万平方米，设计日发送旅客量1.20万人次，日发班次1200次。经营线路通达湖北、山西、江西、上海、云南、贵州、广东、广西等7省1市及湖南境内东南方向主要县市。

娄底汽车南站是娄底市最大的现代化、多功能、集长短途公路客运服务与城区公共交通及旅游服务于一体的公用型客运中心。是娄底公路客运重要枢纽站，在全省率先采用数字化、人性化、智能化设计理念，具有先进服务功能。

（四）娄底湘运出租车公司

娄底市湘运出租车有限公司是由娄底湘运汽车运输有限责任公司全额投资的经娄底市工商管理局登记注册的独立法人单位，拥有资产2100余万元，出租车114台，公司设经理1人，生产副经理1人，安全副经理1人，下设办公室、财务办、安全技术办、运营管理办等机构。获中国出租汽车租赁协会“2008年奥运服务先进单位”，被评为娄底市“城市客运先进集体”。

（五）娄底湘运驾驶员培训学校

娄底市湘运驾驶员培训学校隶属娄底市湘运汽车运输股份有限公司。位于娄底市中心，有教练车34台（其中，货车6台，小车28台），25台多媒体教学电脑，可供学员模拟理论考试。有模拟汽车1台，专供教学使用。拥有与考试中心同规模标准化桩训场地，模拟训练场地6600平方米。有毕业于交通院校本科理论教员2人，实操教练员38人，管理人员5人。学校曾获“十佳驾校”称号，被市人事局定为市直机关汽车驾驶员技术等级岗位升级实际操作考试学校，被市农业局定为农村劳动力转移阳光工程培训基地。

（六）娄底湘运职业技术培训学校

娄底湘运职业技术培训学校是娄底湘运集团公司。经人力资源和社会保障局批准成立、在市民政局登记注册的专业技术培训学校，是娄底市道路客运行业领域内唯一一所综合性职业技术培训学校。位于娄底市扶青北路与长青西街交会处，是娄底湘运二级机构。学校前身是创建于1980年的娄底汽车运输总公司职工学校。2008年，学校有教学管理人员8人，汽车修理、汽车驾驶、客运服务等专兼职教师各10人，投影仪、幻灯仪等现代教学设施设备齐全。有教学及办公楼1栋，普通教室4间，多媒体教室2间，建筑面积2700余平方米。汽车维修培训实际操作培训场地2个，面积2.80万平方米，汽车驾驶培训实训场地2个，面积2万余平方米，客运服务实践场地6个（六大客运站场）和导游、酒店服务、商业服务等实践教学场地。

此外还有娄底客运分公司车站等企业。

第二节 水路运输

一、主要河道

域内有溪河52条，属长江流域湘江水系。湘江一级支流涟水（原名蓝田水，又称湄河）是域内主干流，其他支流呈树枝状分布，均注入涟水。

涟水发源于新邵县观音山西南，从石井环江村入境，至涟滨街道恩口村，流长224千米，流域面积7155平方千米，域内流长38千米，流域面积392平方千米。5千米以上二级支流7条，其中，流域面积10～50平方千米3条，100～200平方千米2条。二级支流有孙水、杉山河、西阳河、石龙弯湾河、祖师殿河、柳家湾河6条支流，其中孙水河与西阳河通航。

孙水河，原名涟水河，主流发源于新邵县潘家岭村，流经涟源白马寺、水洞底，从百亩乡赛辉村入境流至万宝乡新柏村，从小江河注入涟水，河长102千米，域内流长24.70千米。1957年前，孙水河常年通航。1958年后，孙水河流域先后建造白马水库等多处水坝，航道中断。

西阳河，又名壶天河，主流发源于双江乡洪家山，经壶天，从西阳龙虎村入境，注入涟水，流长38千米，流域面积205平方千米，域内流长15千米，流域面积49平方千米。民国时期，檀树湾至西阳河口可季节性通航5～20吨级船舶。水府庙电站建成后，受回水顶托，航运条件改善，航宽10米，深1米，可常年通航，行船较少。

二、河道设施

（一）码头

20世纪50年代，有港口、码头2处。20世纪60年代初，水运兴旺，港口货物吞吐量46万余吨，为域内航运历史最高水平。娄底市运输公司在涟水兴建混凝土阶梯斜坡式码头1座，码头装有皮带运输机，装卸船舶运输货物。娄底码头上至涟源钢铁厂，下至澄清铁路桥，岸线长12千米，有码头1座，10吨级泊位2个，堆场4处，总计2400平方米。70年代中期，娄底大桥修建，码头被占用。80年代初，娄底市运输公司城北运输大队船号被个体户买走，船舶逐渐为个体所有，码头废弃。1989年后，娄底市政府出资，交通部门牵头，在人员过往较多的渡口新建码头6座。1995年，在万宝清江村小江渡口两岸修建码头2座。2002年，在西阳泉丰村渡两岸建码头2座；在杉山村高车渡口两岸建码头2座。至2008年，有码头12座。

2008年娄星区码头一览表

表16-5

名　称	所在地址	建造时间	占地面积(平方米)	造价(元)	备注
荷叶码头	百亩花叶村	明嘉靖年间	120	4000	两岸码头1994年重修
小江码头	万宝清江村	1999年5月	150	10000	两岸码头
磨石码头	万宝磨石村	清宣统年间	170	3000	2000年重修
油榨码头	万宝垭古村	2000年6月	120	10000	重建在老码头上200米
乐家码头	万宝垭古村	清光绪年间	115	4000	1991年重修

续表16-5

名称	所在地址	建造时间	占地面积(平方米)	造价(元)	备注
石埠码头	万宝石埠村	清代	284.90	16000	2008年重修
富公码头	万宝富冲村	清代	104	不详	1985年重修
黄泥码头	万宝富冲村	清光绪六年	86.60	不详	多次重修
浒石码头	万宝浒石村	民国年间	24	8000	2000年6月重修
泉丰码头	大埠桥泉丰村	2002年	120	15000	梯形码头
白鹭码头	大埠桥白鹭村	2002年	100	15000	靠岸停泊
高车码头	杉山高车村	2002年	100	10000	新建码头

（二）渡口

1998年9月，娄底市人民政府办公室根据《湖南省水上交通安全管理办法》，批准设立荷叶渡等16处渡口。

白鹭渡 位于大埠桥街道白鹭村。1993年，交通局对该船进行钢质改造。1997年，由交通局拨款，渡工自筹1万余元，新建码头1座。1998年7月，娄底市人民政府批准设置。河面宽200米，日均渡运1200余人次，是学生和村民往返湘乡市主要通道。渡船号湘娄底渡0001。

泉丰渡 位于大埠桥街道泉丰村。1994年，交通局对木质船进行钢质改造，核定乘客20人。1998年7月，娄底市人民政府批准设置。2002年，区交通局拨款，村自筹1.50万元，新建两岸码头。河面宽200米，日均渡运1000余人次。渡船号湘娄底渡0002。

浒石渡 位于万宝镇浒石村。始建于民国年间。1998年7月，娄底市人民政府批准设置。1999年，对木质渡船进行钢质改造。2006年6月，投资8000元，新建码头。日均渡运300余人次，渡船号湘娄底渡0003。

浪潭渡 位于大科街道水羊村。1996年，该船进行钢质改造，乘客核定18人。1998年7月，娄底市人民政府批准设置。船依岸自然停泊，河面宽100米，日均渡运300余人次。渡船号湘娄底渡0004。

丁家渡 位于大科街道坪石村。1998年7月，娄底市人民政府批准设置，是湘乡和万宝村民往来大科通道。2002年，交通局拨款，村集资8000元，新建渡口码头，对木船进行钢质改造。日均渡运200余人次。渡船号为湘娄底渡0005。

高车渡 位于杉山镇高车村。1998年7月，市人民政府批准设置。2002年，交通局组织对木质渡船改造为钢质渡船。投资1万元，整修渡口两岸码头。河面宽150米，日均渡运500余人次，渡船号为湘娄底渡0006。

黄泥渡 位于万宝镇富冲村。始建于清光绪年间。1998年7月，娄底市人民政府批准设置。河面宽100余米，乘客核定为18人。1999年，财政拨款，交通局组织对木质渡船进行钢质改造。日均渡运300余人次，渡船号为湘娄底渡0007。

富公渡 位于万宝镇富冲村。始建于民国初期。1996年，财政拨款，交通局组织对木质渡船进行钢质船改造。船长8.50米，宽2.20米，型深0.60米，乘客核定18人。1998年7月，娄底市人民政府批准设置。河面宽100米，日均渡运300余人次。渡船号为湘娄底渡0008。

石埠渡 位于万宝镇石埠村。1998年7月，娄底市人民政府批准设置。1998年，财政拨款，交通局组织对木质渡船进行钢质改造，船长8.50米，宽2.20米，型深0.60米，乘客核定18人。河面宽100米，日均渡运300余人次。渡船号湘娄底渡0009。

乐家渡 位于万宝镇垭古村付家湾。始建于清光绪年间。1992年，财政拨款，交通局组织对木质渡船进行钢质改造。船长8.50米，宽2.20米，型深0.60米，乘客核定18人。1998年7月，娄底市人民政府批准设置。河面宽100米，日均渡运200余人次。渡船号为湘娄底渡0010。

油榨渡 位于万宝镇垭古村。始建于民国年间。1998年7月，娄底市政府批准设置。1999年，交通局拨款，村集资1万元改造码头。2002年6月，财政拨款，区交通局对该木质渡船进行钢质渡船改造。船长11米，宽2.20米，型深0.60米，乘客核定20人。河面宽100米，日均渡运400余人次。渡船号为湘娄底渡0011。

磨石渡 位于万宝镇磨石村和新柏村。1995年，市财政拨款，交通局对原木船进行钢质改造，船长10.50米，宽2.20米，深0.60米，乘客核定20人。1998年，娄底市政府批准设置磨石渡渡口。2000年，交通局投资3000元维修码头。河面宽100米，日均渡运1000余人次，主要为两岸村民和学生。渡船号为湘娄底渡0012。

小江渡 位于万宝镇清江村。1998年7月，娄底市（娄星区）人民政府办公室批准设置，该渡口为依岸自然停靠。1999年，交通局拨款，村集资1万元修建码头。2000年10月，财政拨款，区交通局组织对该船进行钢质改造，船长10.40米，宽2.20米，船深0.60米，乘客核定20人。河面宽100米，日均渡运500人次，船号为湘娄底渡0013。

荷叶渡 设在百亩乡茶叶塘和赛辉村。建于明宣德年间（1426—1435），当地举人曾克明倡建，是域内最早设置的民间义渡，渡船早先是倚岸自然停靠。1994年，交通局拨款，荷叶塘和赛辉2村发动群众集资4000元，修建码头1座。2000年11月，区财政拨款，交通局组织对木质渡船进行钢制改造，船长11米，宽2.20米，深0.60米，核定乘客20人。此地河面宽100米，过渡对象主要是两岸村民和学生，日均渡运1000余人次。船号为湘娄底渡0014。

清潭渡 位于涟滨街道仙人村。1992年，建立渡口。1998年7月，娄底市人民政府批准设置。2001年9月，娄底二大桥建成通车，娄星区人民政府办公室批准撤除。2001年10月10日停渡。

犁头渡 位于大埠桥街道犁头村。1996年，财政拨款对该船进行钢质改造，核定乘客18人。1998年7月经娄底市人民政府批准设置，日均渡运200余人次。2007年1月15日，犁头嘴大桥建成通车，渡口停渡。

三、水上运输管理

（一）管理机构

1989年，港航监督和船舶检验机构归口地区交通局管理。2002年3月7日，湖南省人民政府发布《湖南省水上交通安全管理办法》，规定县级以上交通行政管理部门负责水上交通安全管理。区交通局安监股负责娄星区水上运输管理，定期或不定期对渡口、船舶进行检查，严禁超载和违章驾驶。2003年，成立娄底市航务管理处，负责管理全市河运事项及渡口码头安全，娄星区交通局不再行使管理职权。2006年，娄底市航务管理处更名为娄底市海事局。

（二）船舶管理

渡口管理 1989年，渡口管理由娄底市交通局1名副局长分管安全工作，局安全股和有渡船的乡镇统一管理，市交通局监管。1999年，万宝乡小江渡和磨石渡、油榨渡、荷叶渡、乐家渡、石埠渡、付工渡、黄泥渡、浒石渡等9处渡口船工每月工资90元；大科乡浪潭渡、丁家渡船工每月工资200元，由乡财政支付；西阳镇犁头渡、泉丰渡、白露渡船工每月工资155元；杉山镇高车渡船工每月工资120元；各乡镇渡工工资根据不同情况分别发放，村里适当给予补助。2006年起，渡工工资由区财政拨款，按月发放一定薪金，免费渡送过往群众。属于渡运学生渡口渡工，交通运输局每年另发年终奖励。

设备更换 1991年起，娄底地区行署和交通部门投资逐步将市境内各渡口木质渡船换成钢板船。1998年后，每年更换2艘。2002年，投入资金8万元，新购渡船2艘，改造2艘，维修码头3处，消灭三、四类渡船。是年，大科乡丁家渡木质渡船改成钢板船，木质渡船成为历史。2003年

起，娄星区交通局有计划地更新换代渡船。钢板船造价从原来1万元上涨到2万元以上。2006年，根据省交通厅《关于在全省开展乡镇船舶更新改造工作的通知》精神，对乡镇渡船进行更新改造，将木质渡船更新改造为钢质渡船，改造资金由省交通厅定额补助一部分，市、区财政配套补助一部分，其余由乡镇政府自筹解决。2007年，根据《关于加强2007年渡口渡船安全管理专项整治工作的通知》要求，投入资金30余万元，对全区14处渡船码头进行更新改造。2008年，完成第二代钢板船更换。

船舶年检 1992年11月4日，娄底地区港航监督所发出《娄底地区机动船舶船员证书换发工作方案》，通知全市渡工换发新证书，规定渡工年龄男不超过65周岁，女不超过60周岁。2002年，对15艘渡船、4艘旅游船、5艘采沙船、6处水上餐饮设施进行检验发证。此后，随着各类船舶增多，每年对船舶进行一次检验。至2008年，域内无客运船舶与货运船舶，个体小型旅游船舶4艘、餐饮船1艘。经检验，全部为合格船舶。

安全管理 1990年4月，娄底市政府与各乡镇签订水上安全管理责任书。1992年5月23日晚，孙水河洪水退潮时，万宝小江渡口的渡船连同渡工被洪水冲走，造成船毁人亡事故。事故发生后，市交通局召开全市水上运输安全工作会议，通报事故情况，部署开展全市渡口和渡船安全检查，对所有渡工进行安全教育。

1995年，市政府下发《关于开展交通系统第二次反“三违”月活动的通知》，在全市开展安全年活动。10月17日，娄底地区安全生产委员会发布《关于全区水上交通安全拉网式大检查情况通报》。通报水上运输船舶安全管理责任没有落实，“三无”船舶多，船舶质量差，船舶消防、灯光、信号、声号设备不齐，违章超载，挖沙淘金船舶乱采乱挖现象严重等5个问题。市交通局组织开展船舶清理整顿，对船舶进行规范，划好采挖区域，加强航道管理。1997—1999年，每年组织开展“春运安全”“安全回头看”整顿活动。检查船舶68艘次，发现安全隐患26处，整改26处。2000年，投入资金4万元，对全区16处渡口渡船进行维修。

2001年春运期间，娄星区交通局开展船舶安全检查，查处违章违规船舶3艘，整改安全隐患3处。是年，域内出现水上餐饮船2艘。2002年4月22日，组织开展“水上交通运输安全管理年”活动。6月，开展“安全生产月”和反“三违”月活动。对水上所有船舶进行检查，取缔大埠桥油鼓子餐饮设施2处，整改隐患1处。对搬运装卸、施工现场和危货运输队伍进行多次检查，纠正违章2次，整改隐患3处，撤除拦江网5处。是年，新改渡船2艘，改造2艘，维修码头3处，投入资金8万元，消灭三、四类渡船。对15艘渡船、4艘旅游船、5艘采沙船、6处水上餐饮设施进行检验发证。2003年3月，印发《娄星区水运系统船舶、班组安全竞赛活动实施方案》，下发《关于印发〈娄底市娄星区交通行业安全管理办法〉的通知》。开展反“三违”月和“安全生产月”活动，发放船舶、渡口安全宣传单300份，张贴标语100余条，每个渡口悬挂横幅1条。累计检查船舶90艘次，发现安全隐患9处，整改9处。是年，区交通局出资3万元，更换辖区内渡口渡名牌，更换万宝乡油榨渡口渡船。

2005年4月25日，区交通局下发《关于继续开展渡口渡船清理整顿活动的通知》，成立清理整顿活动领导小组，对全区渡口渡船再次进行为期5个月的清理整顿。累计整顿船舶45艘次，整改安全隐患9处。5月23日，区交通局、畜牧水产局、安监局联合组织开展娄星区低质量船舶专项治理行动。8月下旬，根据市人大法制检查组要求，对娄星区和经济技术开发区水上船舶情况开展调查摸底。域内有各种营运船舶45艘，其中，民间渡船15艘，旅游船3艘，采沙船27艘，有20艘采沙船没有办理合法手续。对存在问题进行整治和整改。是年，区财政拨款为大科乡浪潭渡更换一艘钢制渡船，购买锚链8套，救生圈16个，配齐全区渡船安全救生设施。2008年，区交通运输局成立安全工作专项治理领导小组。开展专项治理检查10次，参检人员45人次，检查货运企业8次，参检人员35人次，站场及重点路段督查8次，参检人员40人次。5月4日起，开展百日安全督查专项行动。至8月，出动督查人员163人次，受检企业38趟次，排查安全隐患11次。10月25日至11月30日，开展集中整治非客运船非法载客专项行动，对20余艘水上餐饮船实行整治和规范。

第三节　铁路运输

一、铁路线路

（一）沪昆铁路

沪昆铁路东起上海市，西至云南昆明市，是我国“八纵八横”铁路横干线之一。沪昆铁路娄底段原名为湘黔铁路娄底段，1958年动工修建，1959年11月11日建成通车。1995年11月，沪昆铁路道岔完成电气化改造。火车进入车站实现由车站室内电动控制代替人工扳道。同时，铁路信号完成自动闭塞改造，实现电脑连锁自动控制。1996年4月，株洲至六盘水线建成通车，完成双线电气化改造。机车牵引以动力机车代替内燃机车，钢轨类型由60千克/米钢轨替换50千克/米钢轨，涟源至株洲区段新线铺设无缝线路，至此，湘黔铁路实现双线运行，电力机车牵引、信号自动闭塞、道线扳道自动控制。铁路设备全方位改造，提速至120千米/小时。2006年12月，铁道部根据国家经济和铁路发展，将湘黔铁路更名为沪昆铁路。区境内复线延展里程23.40千米。

（二）洛湛铁路

洛湛铁路北起河南省洛阳市，南至广东省湛江市，是国家“八纵八横”铁路纵干线之一，是中西部至华南和沿海地区深水港口重要出海通道。1991年，铁道部编制出台“八五”及中长期铁路建设规划，将洛湛铁路列入备选项目。1993年3月，在全国人大八届一次会议上，广西梧州市全国人大代表宋福民等人向提交要求国家修建冷水滩至邵阳段、冷水滩至梧州段铁路议案，受到全国人大常委会关注，国家纳入“九五计划”，按路网规划整体布局。洛湛铁路在湖南境内分为益阳至娄底段（益娄段）、娄底至邵阳段（娄邵段）和邵阳至永州段（邵永段）3个区段，娄星区境内有娄邵段和益娄段。

娄邵段　娄邵铁路经娄星区、双峰县、邵东县至邵阳市，连线邵阳北站，线路长102.80千米。1959年5月，开工建设。1966年年底，建成交付营运。2008年8月，娄邵铁路按洛湛通道整体要求进行扩能改造，线路起点为娄底站中心，终点为邵阳北站，全长93.28千米。娄星区由娄底火车站经大科乡至茶园镇进入双峰县境，域内里程16千米。

益娄段　益娄段从石门至长沙铁路益阳车站接轨，途经益阳、长沙、湘潭、娄底4市5县（区），全长113千米。2000年12月，益娄段开工建设。2003年10月，投入使用。娄星区境从湘乡市进入大埠桥街道，跨西阳和西恩铁路相交，再与娄涟公路立交，在火车东站接轨进入娄底火车站。里程7.90千米。

（三）厂矿专用铁路

娄星区境有厂矿专用线3条，服务涟源钢铁厂（简称涟钢）和恩口煤矿。

娄插铁路　前身为黄湖（涟钢黄泥塘至斗笠山湖平村）铁路。起于娄底火车站，止于涟源插花庙，正线长29.30千米。1958年5月动工修建。1960—1961年，将窄轨改建为标准轨，更名为娄插铁路。1970年3月建成运行。

涟香铁路　起于涟钢，止于涟源斗笠山煤矿香花台工区，全长14.60千米。分两阶段建成，第一阶段称黄时铁路，为712窄轨工程。1958年，由支援大炼钢铁湖南工学院铁道系师生勘测设计，1959年3月开工，7月完成全线路基土石方工程，因经费压缩工程暂停。第二阶段更名为涟香铁路，改铺1435毫米标准轨。1967年3月，省煤炭工业局设计院设计。1968年，煤炭工业部第十六工程处施工。1970年3月16日建成通车。

恩西铁路　起于恩口煤矿，止于西阳胜昔桥车站。从湘黔铁路胜昔桥站分岔接轨，全长11.80千米。1959年12月4日动工，1960年2月停工，1978年10月临时开通。1981年，路矿设备衔接配套交付使用。

二、铁路设施

（一）铁路桥

至2008年，娄星区境内有铁路桥梁20座，总长2720米，其中特大桥梁2座。

塘头庄特大桥 洛湛铁路益娄段大埠桥办事处龙虎村地段跨溪流大桥，桥长532米，正桥与溪流斜交，下部结构采用矩形桥墩。2000年，中铁十六局施工。2002年，下部基础竣工。2003年10月建成，投入使用。

西阳河特大桥 位于大埠桥街道西阳村，全长1092米，正桥与河流斜交，下部结构均采用矩形桥墩。2000年，中铁十六局施工。2002年，下部基础竣工，2003年10月建成，投入使用。

（二）车站

沪昆铁路和洛湛铁路在娄星区境交会。至2008年，域内设有胜昔桥、娄底东、百亩井、茶园和娄底5个火车站。

娄底站 1989年10月属长沙铁路分局管辖。1997年10月，沪昆铁路单线改复线，由半自动闭塞改为双线自动闭塞。火车站在南面另建新站。1999年9月，沪昆铁路开通电气化。2005年3月，原长沙铁路分局撤销，车站属广州铁路集团公司直接管理。2006年3月，铁路实行站段整合，车站划归娄底车务段管理。娄底车站有职工800余人，下辖客运、货运、运转、乘务等部门。日均办理车1.05万辆，日均接发列车300列。其中，接发客车104列，接发货车196列，年发送旅客285万人次。日均装车255辆，年发送货物560万吨，到达货物1500万吨，年运输收入6亿多元。车站设施、客运站房总面积1.20万平方米，旅客站台2个，单个站台长500米，宽10米。人行天桥1座，人行地道、邮包地道、行包地道各1条。候车室4个，总面积3540平方米，可同时容纳3500人候车，设售票厅1个，安全检查仪4台，客车消火栓132个。车站货运场总面积1万平方米。涟钢交接站面积2000平方米，设发货仓库1个，面积824平方米，到达仓库1个，面积999平方米。站台分2个区，一区面积1100平方米，二区面积1280平方米。货一区面积639平方米，货二区面积945平方米，货三区面积5000平方米，有22吨龙门吊1台。站场设33股道。其中，一场设9股道，1、5、6道为客车股道，二场设8股道，均为货物列车到发线，三场设16股道为编组场。编组场西侧头部设半自动化驼峰1座，驼峰下设雷达自动测速减速器。每股道设置用于车辆减速顶110个，每股道末端均设置停车器。

胜昔桥站 位于西阳乡湘黔线112.88千米处。1971年设站，站场设3股道，2个扳道房，1个候车室。1981年，铁道部投资扩建站场，广州铁路局施工建设。至1987年，该站有10股道，3个扳道房到发线5股，每股长900米，另有渡线2股，岔线、牵出线和安全线各1股、候车室面积198平方米，售票室15平方米，零担仓库86.4平方米，其他用房281平方米，站台1个1200平方米，四等客货运输站。

百亩井站 百亩井站位于湘黔线129.91千米处。1962年设站，有3股道，有效长度1870米。该站为五等车站，21世纪后不再接发旅客列车。

娄底东站 1989年5月27日，开站营运。娄底东站货物线2条，有效长度850米，站台使用面积3600平方米，货物仓库2座1000平方米。办公场地35平方米，站场人员由娄底车站统一管理，接发列车货运量归娄底站统计。

茶园站 茶园站是娄邵铁路上第一站。1960年动工修建，1979年建成运行。有到发线和货物线各1条，有效长度1581米，候车室105平方米，候车棚70.40平方米，售票房10.60平方米，运输室57平方米，为五等客运站。

三、铁路运输

（一）货运

1989年，全市铁路货物总运量530.09万吨。其中，湘黔线205.99万吨，娄邵线2.60万吨，厂矿专用线321.50万吨。1990年，娄底车站货物送量174万吨，1991—1999年在170万吨左右。1995年，增到183万吨。1996年年底，新火车站建成营业，货运量上升。1997年，达到205万吨。2000年，货物发送量264万吨，2001年，增到301万吨。2003年，装车5.55万车，货运量达到333

万吨，运营收入1.16亿元。2000—2008年，铁路货物运输年货物发送量 3185.90万吨，年货物到达量6239.33万吨千米。

（二）客运

1989年，娄底车站每天过往停靠旅客列车16对，平均每45分钟有1列客车进站。20世纪末，随着湘黔复线建成，娄底站每天过往列车增加到22对。2000—2008年，发送旅客1938万人次。

第二章　邮政　通信

域内邮政通信机构由娄底市（娄底地区）邮政通信主管部门直管。1998年9月，邮政和电信分营。1999年6月，移动业务从电信剥离。2000年7月，开通联合通信业务。2008年3月，邮政储蓄和邮政局实行分营。至2008年，邮政业务主要有信函、包裹、储蓄、汇兑、报刊发行、速递、点对点直运、邮政广告、商业信函、企业明信片、企业金卡等。电信建成传输、电话、无线电话、移动通信、无线寻呼、多媒体通信、监视监控等网络。城区和乡镇所在地建有移动和联通通信基站，实现信号全覆盖。

第一节　邮　政

1989年，娄底地区邮政局黄泥塘支局（娄星区邮政局前身）主营函件、包裹、汇兑、报刊发行和电信业务，有职工62人。1998年9月，邮政和电信分营。2006年，黄泥塘支局更名为娄底市邮政局娄星分局。主要管理西阳、杉山、小碧、双江、石井、百亩、万宝、茶园8个支局业务，经营国内和国际邮件寄递、报刊等出版物发行、邮政汇兑、邮政储蓄、邮政包裹快递、邮票发行、三农等业务。2008年3月，邮政储蓄银行和邮政局实行分营，娄星区直属分局代理邮政储蓄业务，邮务类业务日益增多，除信函、包裹、储蓄、汇兑、报刊发行等传统业务外，还相继开办速递、点对点直运、邮政广告、商业信函、鲜花礼仪、企业明信片、企业金卡等业务。1989年，黄泥塘支局营业场地面积120平方米。2006—2008年，娄星分局所辖支局、营业所增至14个，营业场地面积1680平方米。

1989—2006年历任黄泥塘支局局长：付仲春、毛寿初、陈益新、石祝祥、张黎明、雷行军。2006—2008年娄星分局局长：谢新涟。

一、邮政网络及设施

（一）邮路与投递

1989年，娄底地区邮电局黄泥塘科级支局，主管西阳、杉山、小碧、双江、石井、百亩、万宝、茶园8个乡镇的投递业务，有投递员12名。每周投递6次，投递邮路24条，投递里程1248千米。2006年，黄泥塘支局改为娄底市邮政局娄星分局，投递范围由乡村扩大到城区，邮路增加到68条，里程2855千米，自办汽车邮路320千米。

（二）邮政工具

1989年，黄泥塘支局乡邮投递均用自行车，有14辆自行车。2006年，城区投递用摩托车，乡邮投递用自行车。2008年，邮件增多，湖南省邮政局为娄星分局配备2辆汽车，投递城区邮件；配备1辆汽车投递机要文件；摩托车增至6辆，逐步取代自行车投递。

二、邮政业务

（一）函件业务

1989年，邮政函件业务量以信函为主。每年岁末由国家邮政局发行有奖贺年明信片，次年3月统一开奖。是年，黄泥塘支局销售有奖明信片3.60万张，创收7.20万元。2004年起，有奖明信片改由国家邮政局统一发行，由娄星分局自主设计，为企业量身定制。至2008年，发行定制型有奖明信片38万张，创收159万元。是年，娄星分局函件收入200万元。

（二）包裹业务

1989—2008年，包裹业务是邮政主营业务，每年包裹业务收入200余万元，是邮政业务收入重要组成部分。

（三）集邮业务

1989年，黄泥塘支局开办集邮业务，集邮员1

人，出售纪念邮票、特种邮票、美术明信片、首日封等集邮产品，全年营业额18万元。2006年，娄底市邮政局成立集邮部（公司），娄星分局不再管理集邮门市部，所有邮票预订业务均由娄底市邮政局集邮管理部门管理。

（四）报刊业务

1989年，黄泥塘支局有报刊发行员4人，报刊社会发行站55处，农村信报站2处。发行报刊1062种，订销报纸5.20万份，订销杂志9.50万份。报刊流转额120余万元。2008年，娄星直属分局投递范围扩大，报刊业务量增多，报刊流转额增至458万元，发行报刊种类增至3000余种，订销报纸25万份，订销杂志16万份。

（五）储汇业务

1989年，黄泥塘支局邮政储汇业务承办活期、定期储蓄和汇兑，业务发展为邮政支柱业务。年末，收储余额6500余万元，储户1.09万户，进口汇票6.93万张，出口汇票1.57万张。至2008年，娄星直属分局办理邮政储蓄业务网点增至14个，新增代理保险、绿卡短信、理财等业务。年末，储蓄存款余额15.87亿元，新增保费2700万元，短信6.20万户，兑付汇票119万元。

第二节 通 信

一、通信机构

（一）电信

1989—1998年，娄底地区邮电局直辖2个邮电支局。1998年10月23日，邮电体制进行改革，娄底地区邮电局分营，成立娄底地区电信局。1999年6月，电信系统再次进行改革，移动通信业务从娄底地区电信局整体剥离，人财物按一定比例划出，单独成立移动通信局，不再属电信局管辖。1999年10月9日起，娄底地区电信局更名为娄底市电信局。

2000年，中国电信集团实行公司化经营。9月12日，改为中国电信集团湖南省电信公司娄底市分公司。2004年5月，湖南省电信公司娄底市分公司改为湖南省电信有限公司娄底市分公司。2008年2月，改为中国电信股份有限公司娄底分公司，简称中国电信娄底分公司。娄星区范围内管辖万宝和小碧2个农村支局。员工总数326人，其中，高级职称26人，固定资产13亿元。

（二）移动通信

1999年7月17日，中国移动通信集团湖南有限公司娄底分公司（简称娄底移动分公司）挂牌成立，前身是娄底地区邮电局移动通信分局，娄底移动分公司下辖4个营业部，办公地点为娄底市清泉街7号。2002年6月，由原国有企业变更为外资企业。2006年9月18日，变更为中国移动通信集团有限公司娄底分公司。至2008年年底，分公司下辖涟源、冷水江、新化、双峰、经济技术开发区、娄星6个县市（区）分公司、26个乡镇营业部。手机用户发展到105万户，年业务收入7.87亿元，净利润2.10亿元。1989—2008年历任总经理：王和清、杨群林、甘军红。

（三）联合通信

2000年7月，中国联合通信有限公司娄底市分公司（简称娄底联通分公司）挂牌成立，办公地点为娄底市长青中街42号原农资大厦5楼。下设娄星、钢城、涟源、冷水江、新化、双峰6个营业部。2001年1月，娄底联通初期向社会提供GSM数字移动电话，CDMA新一代绿色移动电话，126、127、198、199无线寻呼，165互联网，IP电话17911/17910，193长途业务，视频会议业务，可视电话业务等多种通信服务。2008年10月16日，中国联合通信有限公司娄底市分公司更名为中国联合网络通信有限公司娄底市分公司，简称娄底联通。2000—2008年历任党总支书记、总经理：赵建奇、曹小刚、胡胜利。

二、通信网络

（一）电信网络

传输网络　1989年，城市以电缆为主，城际和农村以明线载波传输方式组成传输网络。1990年后，相继建设数字微波、光纤通信、卫星通信。至2008年，娄星区建立拥有以光缆为主、卫星为辅的全方位、大容量、多手段、高速率、安全可靠立体通信传输网络。途经娄底的国家一级干线有4个2.5GSDH环，1个80×10GDWDM环；二级干线有10个2.5GSDH环，2个32×10GDWDM环，3个80×10GDWDM环。本地传输网SDH系统由华为、ECI、烽火和中兴4个厂家传输设备组成，建成2个10G环，11个2.5G环，25个622M环，3条155M链，3条622M链。本地传输网DWDM系统由ECI和中兴2个厂家传输设备组成，建有2个DWDM环，合计8端DWDM设备。SDH和DWDM技术得到大规模使用，传输速率提高，向客户提供2Mbps至10Gbps等多种速率全透明电路业务。

本地电话网络 1989年，市内电话交换网络设备为纵横制，乡镇为磁石式人工电话交换设备，农村地区仅能提供语音业务和电报业务，全区电话普及率为2部/百人。1992年，开通数字程控电话网络。2005年，对程控电话网络进行智能化改造，提供电话存储、缩位拨号、闹钟服务、转移呼叫各种新业务。至2008年，本地网交换网络拥有1个独立关口局、1个关口局和市话合一局，2个独立汇接局以及娄星区、涟源、新化、冷水江、双峰12个市话端局，264个模块点，整个交换网络基本覆盖全市所有乡镇，实现固定电话“村村通”，全市总端口容量59.31万线。

长途电话网络 1989年，长途交换采用自动交换和人工交换方式，通达方向东至长沙、西南至邵阳，开通长途线路90条。1996年，建成独立长途局。1998年，建成LSTP局。2006年，建成娄底软交换设备TG，成为一个集PSTN和软交换于一体的长途交换网络。开通直达长沙3个长途局、邵阳长途局以及广州、东莞、顺德、佛山、深圳长途局电路。至2008年，有中继电路1.31万线。

无线市话网 无线市话俗称“小灵通”，业务定位功能是固定电话延伸和补充，简称PHS个人移动通信系统。2002年10月，筹建小灵通网络。2003年5月18日，开通放号。2008年，建成小灵通基站1814座，基站无线容量12.77万户，覆盖范围为城区。

无线农话网 无线农话俗称“二哥二”，是固定电话在地广人稀、经济欠发达偏远农村的延伸和补充，采用无线接入固定电话网，无线侧接入采用CDMA450MHz（码分多址）进行空中接入，交换侧采用V5接口与固定交换网交换机进行交换。2006年，在万宝、小碧部分农村地区开通无线农话网，解决偏远农村地区通信难题。

移动电话网络 1992年10月22日，在全省首批开通900MHZ蜂窝式模拟移动通信基站，8个信道。1994年，移动电话实现与全省自动漫游。1996年，新建数字基站5个，信道46个，采用GSM制式、时分多址和频分多址接入，其无线射频信号是数字调制，故称数字网，即第二代移动通信网。1996年1月，移动模拟网、数字网实现全国自动漫游。至1998年，移动信号覆盖率100%，移动信道总数304个。1999年，根据国务院批复的《中国电信重组方案》，移动通信从电信中分离。2008年10月，根据国家对通信产业第二次重组方案，中国电信收购中国联通CDMA网络，开始运营CDMA移动电话网络和业务。

无线寻呼网络 1993年3月，开通无线寻呼网络，新建5个无线寻呼基站。1994年，开通127自动无线寻呼并实现全市联网。1998年2月，邮电部对无线寻呼业务进行股份制改造，组建无线寻呼集团公司，无线寻呼网络从电信中剥离。

国际互联网 1997年，建设CHINANET（即163网）和CNIFFO（即169网），开展互联网业务。用户通过普通电话线进行163、169拨号上网，上网速率64K/BPS。1998年，开通ISDN拨号上网，上网速率从原来64K/BPS提高到128K/BPS（即2B+D方式）。在169网上开通电子商务平台、网上大学等应用。2000年，完成163网络和169网两网合一工程。

2001年，实施宽带IP网络建设，新增WWW服务器、MAIL服务器、拨号服务器、认证服务器等诸多宽带应用服务器，开始应用楼道交换机，提供LAN端口，用户上网速率提高到10～100M。2003年，整合宽窄带网络认证计费系统。2004年，完成CN2网络建设工程。2005年12月，娄底IP城域网完成网络转型工作，实现二、三层网络完全剥离，网络结构由原来“交换型网络结构”改为“路由型网络结构”。2008年，完成网络结构扁平化优化，网络层次划分为核心层和业务接入控制层，实现流量的负载均衡和路由备份，IP城域网核心层具备对QOS、组播、IPTV等新业务支持能力，业务接入控制层中园区带宽由100M上升为1000M，园区交换机变更为高性能交换机，能支撑IPTV业务组播。宽带链路经长沙、衡阳出口。娄底IP宽带数据网出口链路带宽20G。

数字通信网　1994年，始建分组交换网。是年，建设DDN网络，主要为用户提供9.6K—2M电路接入，对128K速率以下用户采用双绞线接入，2M速率电路采用PCM接入或HDSL接入。组网方式根据用户需要提供点对点或点对多点两种方式。1995年，建设ATM与FR网。至1999年，经多次扩容后，建有Motorola 6500节点8个，MOEDM池7个，有拨号MODEM164个。网络中继出口为2条128K电路，分别由数据机房两台节点联至长沙、邵阳，提供最大速率为128K同步端口120个，最大速率为64K异步端口108个，拨号端口12个。至2000年，经多次扩容后，ATM/FR与DDN实现了两网合一，建有ATM节点机7470设备2台，FR节点机36120设备2台。7470—1节点和7470—2节点分别通过155M电路与长沙和邵阳ATM节点机相连，实现ATM网络双节点、双出口，确保ATM网络稳定运行。至2006年，DDN历经7次规模不等扩容优化工程，其后，业务需求向高带宽转移，DDN发展至顶峰。2008年，DDN节点45个，能提供用户端口总数为1300个。其中，高速用户端口671个，低速用户端口629个。全网中继带宽106M。

监视监控网络　2006年，娄星区开通“全球眼”业务。应用于平安城市、警务通、平安校园、煤炭税费统征、金融行业、银行视频监控、交通收费站、景区及环境监控等方面。

（二）移动通信网络

网络建设　1992年10月24日，娄底地区邮电局首期投资101万元，引进瑞典爱立信公司900兆蜂窝状AEX—10移动电话通信系统开通投产，首期开通8个信道，原娄底地区邮电局成为全省首批开通移动电话的地区局。1999年，娄底模拟移动通信网经历5次扩容后通信能力达到最大值。全市有模拟移动交换机1个，交换容量2.50万门；基站19个，信道417个；信号覆盖所有县城和经济发达乡镇。电信移动分营后，模拟移动通信网未进行扩容并逐步拆除。2001年12月31日，根据国家统一安排，娄底TACS模拟移动通信网络封网。

数字移动网　1996年6月28日，娄底第二代数字移动通信网（GSM系统）开通，实现全国联网。至电信移动分离前，进行4次扩容。2000年，娄底移动分公司加强通信建设。实际完成投资1.22亿元，基本完成GSM第五期和第六期扩容工程。新建基站68个，采用华为设备新建14万门交换机和18万用户签权HLR，摆脱没有数字移动交换历史。根据省公司统筹安排，将摩托罗拉基站设备全部换为华为设备，完成设备换型工程。至2008年，娄底移动通信基站1076个，公司交换机总容量200万门，载频数1万个，HLR容量185万户。

（三）联合通信网络

2000年，娄底联通先后完成GSM130网络工程、CDMA133网络的C1期、C1.2期工程建设，网络全面覆盖全市以及下辖县、市，基本实现城区无缝覆盖、铁路、公路干线路路畅通。2002年1月8日，开通CDMA2000 1X RTT网络。2003年，公司扩大重点乡镇、交通干线、风景区和市内覆盖，开展GSM网络工程建设，在重点地区建设有一定优势和特色GSM网络，C网二期工程完工。全年建基站24个，累计建有55个CDMA基站，工程进度位居全省前列，网络覆盖水平超过GSM130网络。2008年5月23日，中国联通分拆双网。其中，CDMA网络和133、153号段并入中国电信，联通停止CDMA业务，保留GSM网络与中国网通组成新的联通集团。10月1日，CDMA网络移交中国电信运营。

三、通信业务

（一）电信业务

2000年娄底电信大楼立项，2001年7月动工兴建，2004年12月26日竣工交付使用，是湘中地区通信枢纽大楼，也是娄底标志性建筑。建筑面积10640平方米，楼高17层。其中，地下1层，地上16层，工程总投资2800万元。

信息化建设 1992年，实施数字程控电话改制。1997年，开通互联网，娄底信息化进入快速发展时期。2000年4月，开启“政府上网”工程。9月，开展“创建电话市”达标活动。2007年1月，开展创建“信息化乡镇、村”活动。至2008年年底，中国电信娄底分公司可为客户提供移动电话、固定电话、卡式电话、IP电话、小灵通、国际互联网、宽带网、DDN、帧中继等基础数据业务及号码百事通、商务领航等信息化综合业务，能满足声音、图像、数据、文字等多种通信需求。行政村通话面100%，全市所有乡镇开通宽带网，人均电话普及率15%，全市各类电信用户70余万户。政府信息化、行业信息化应用水平提高。

服务社会 2001—2007年，投资1亿元，配合城市改造建设和城市亮化工程，将城区主要街区通信电缆由架空改地下。2005—2008年，娄底分公司实施村村通工程，投资6000万元完成农村“富民通”无线农话网络建设，4000余户偏远农户享受信息服务。投资2800万元，建设娄底农村党员现代远程教育网络，现代通信信息技术服务党的基层组织建设。配合全市乡村公路建设，投入资金2300万元，迁改农村通信网络线路。

（二）移动通信业务

市场营销 1999年，开展庆祝娄底移动分公司成立和“世纪杯”等业务发展竞赛活动，通过组织全员营销活动促进业务发展。8—12月，全市净增放号1.23万户。至年底移动用户4.30万户，其中，GSM用户3.05万户，模拟用户1.25万户。2000年，分季开展“千禧杯”开门红、夏季风、周年庆、满堂红等业务发展竞赛，推出模拟“三湘通”。2001年，推出VPMN业务模式、农村乡镇通业务模式，开展农村“移动电话乡镇”创建活动。2002年9月13日，省通信管理局组织召开规范电信市场可视电话会议，娄底移动分公司与中国联通娄底分公司联系，就规范娄底移动通信市场进行20次沟通谈判。10月底，双方签订共同规范市场协议。11月1日起，对新入网客户资费、老客户资费做出调整，以娄底市规范整顿经济秩序办公室和市物价局名义在媒体进行公告。市场规范后，移动新老客户来话由原来0.01元/分钟调至0.06元/分钟（联通为0.05元/分钟）。2003年4月21日起，在全市范围内推广本地通，挖掘低端市场。2004年，开展以“拿部手机十块钱，欢欢喜喜过大年”为亮点“八重惊喜闹新春”系列营销活动。2005年，开展以“移动大奖连环中，拥有汽车不是梦”为焦点主题营销活动，客户规模强劲增长，综合成绩在省公司季度竞赛考核中获第1名。

2006年，主抓农村市场和校园促销，推广中高端客户捆绑措施，深化集团客户营销服务，逐步实施品牌整合。2007年，钢城、涟源2个营业部进入全省20个县市营业部业务发展优胜单位行列。娄星营业部被省公司评为2007年秋季校园市场营销“协同营销优秀营业部”。2008年年初，建立业务发展激励机制和公司领导分管县市制度，扩大县市区分公司自主权，在全省一季度业务发展竞赛中获得一等奖。8月，探索农村区域化营销管理模式，在全省率先实施分片管理，建立乡镇营业部、代办网点、村级服务站三级考核体系，有力提升了农村市场综合竞争能力。11月，资费下调至较合理水平，减少经营风险。

发展新业务 1999年，模拟移动电话开通初期仅提供语音业务，后陆续提供呼叫等待、呼叫转移、三方通话、遇忙前转等业务功能。数字移动电话开通，为新业务提供技术保证。分离前，娄底为数字移动电话用户开办主叫号码显示、呼叫等待、语音信箱、呼叫转移、三方通话、遇忙前转等新业务、新功能。电信移动分离后，随着GSM技术成熟和IP业务推出，智能网建成，新业务得到蓬勃发展。至2000年，除语音业务外，为“全球通”GSM数字移动电话用户开办主叫号码显示、呼叫等待、话音信箱、呼叫转移、三方通话、遇忙前转、点对点短消息、传真（数据）业务、移动秘书、信息点播、神州行预付卡智能网业务等系列新业务。

2001年，开通WAP上网业务、手机银行等新业务。2002年，开通IP电话接入业务、全球呼、集团VPMN业务等新业务。2003年，娄底移动分公司率先在全省实行来电显示收费。推出12586娱音在线、梦网邮箱、手机杂志、GPRS、手机彩信、手机支付等新业务。2004年，完成门户网站建设，推出动感品牌和彩铃等新业务。2005年，发展彩铃、手机上网、WAP总站客户。2006年，短信普及率、梦网邮箱普及率、手机报、两彩一MO激活率等指标保持在全省前3位，年度新业务发展能力综合考评获全省优胜奖第4名。2007年，飞信、彩铃、手机报、短信、来电提醒、无线音乐俱乐部、中央音乐平台等新业务均超额完成省公司下达所有KPI指标。全年新业务综合能力评估获全省第2名。2008年，完成各项数据业务KPI指标，部分重点新业务发展在全省乃至集团处于领先水平。

网点建设 1999年，娄底移动分公司与农行签订话费代收协议，与娄底各个体通信销售商签订业务代办协议。2006年，全市形成“一乡一店、一村一人”农村市场营销服务体系。2007年，实施大规模渠道建设，新建自控网点48个，达标改造网点262个，获省公司自控营销渠道建设与达标工作三等奖。2008年，推进营业厅、手机卖场、电子渠道建设，开展渠道品质提升工程，探索和推动渠道运营管理支撑能力，在全省渠道建设与运营管理竞赛中获得三等奖。

（三）联合通信业务

2003年，发展GSM用户5.13万户，期末户数8.36万户。全年发展C网用户1.52万户，期末户数2.22万户。2008年，用户规模达到49万户。

营销 2003年2月，开展“窗口人员主动服务竞赛活动”。完成4区县经销商“点对点”拨号系统建设并投入使用。采取多种营销策略发展业务，先后开展“新春开门红、鸿运两百万”“3·18彩屏大风暴”“绿满校园”“数码风暴”“手机渠道攻坚战”等活动，推广“校园新锐卡”、G网“金乡通”、C网“时尚套餐”。在新闻媒体及媒介上对“金乡通”品牌进行宣传，进行以姚明为形象大使的青春活力时尚宣传与推广“联通无限”无线数据业务，娄星区清泉广场成为联通时尚广场。与电视台联合制作《联通社会聚焦》民生栏目，与市委、市政府联合承办娄底市2003年“中国联通杯”青春娄底形象大使评选活动。发展两网通、小秘书、家校通、联通新资讯等新业务，利用节假日消费契机，开展“春雷行动”、大战“红五月”“联通寻呼爱心沟通三湘情”等活动，在万宝镇中学开展“爱心沟通三湘情”捐赠仪式。至11月，发展IP公话网点450多个，IP超市51个。发展专线用户和大客户，推广数据宝视通、视讯会议新业务，与娄底宾馆签订视讯会议系统框架协议，娄底首家视讯会议系统投入使用。2004年8月9日，推出“世界风”双模业务。2007年，G、C两网分营。开展“入网交费，联通有礼”“联通好礼联环送·汽车大奖中不停”“网络今非昔比，精彩无处不在——精彩联通，惊喜三重”等多项营销活动。整合IP公话业务，对时尚套餐及现有大众资费套餐进行梳理，提升行业市场价值。2008年，漫游资费大规模下调，与中国网通实行融合。

网点建设 2003年，对经销网点统一按VI标准进行装修，统一窗口形象，出台《经销商服务质量考核办法》《佣金改制办法》。发展经销商58家，累计96家，建立营销网络，将营业二厅改造成新时空专店。2008年，新建3G手机城店118家；全市3G手机城店总量423家。

四、通信服务

（一）电信服务

1989年，娄底市邮电局有维护队伍32人，维护用交通工具以自行车为主。20年时间，娄底电信分公司维护队伍发展到153人，交通工具以摩托车、汽车替代自行车，拥有通信维护抢修车辆16辆。城区通信故障30分钟内可赶到现场处置，保证用户日常通信畅通，完成党政机关以及重大节日、重大活动通信保障任务。

2006年7月7—8日，娄底地区突降暴雨，通信线路倒（断）杆252根，受损电缆54.30千米，3000余户用户通信中断，造成直接经济损失170余万元。洪灾发生后，娄底电信分公司紧急启动应急通信预案，在最短时间内恢复防汛重要电话通信，保证市防汛抗旱指挥部政令畅通。组织5支抢险队伍50人分赴灾区，开展通信抢修。7月9日，受损杆线全部恢复。7月10日，中断用户恢复通信。

2007年9月15—20日，娄底市举办庆祝娄底设立地级建制30周年暨首届中国（中南）国际建材家居博览会，在湘汇楼、星星影剧院、娄星广场、五江建材城等地方举办系列庆祝活动。娄底电信分公司在各演出中心周围临时新建6个CS28小灵通基站，派出网优保障组、应急发电机到现场，向湖南省电信公司申请调遣应急通信车增援，确保大会期间小灵通信道配置。至活动结束，无一起话务阻塞投诉。

2008年1月下旬至2月上旬，域内遭受百年不遇冰灾，全市通信设施遭受严重破坏，电杆倒（断）2437根，电缆受损592.6皮长千米，皮线受损1283米，2万余用户中断通信，造成直接经济损失1482万元。倒杆造成大部分农村停电，致使全市112个通信交换网点、22个无线农话基站、427个无线市话基站停电。娄底电信分公司成立救灾抢险领导小组和15支362人应急抢险队，启动《抗冰灾应急通信预案》，建立7×24小时值班制度，确保党、政、军等要害部门通信畅通。抢险队日夜奋战对受灾杆路进行紧急抢修，紧急调拨救灾资金20万元购买汽油发电机，战胜百年罕见冰雪灾害。

（二）移动通信服务

2000年4月24日，娄底移动分公司成立大客户服务直销中心，实行差异化、个性化、亲情化服务。2001年1月，成立客户服务中心、挂靠市场经营部。2002年，在全省移动率先引入ISO 9001质量管理体系。2003年9月8日，中国移动集团客户摸底工作总结暨下阶段工作部署娄底观摩现场会在娄底召开，是中国移动第一次在地市分公司召开现场观摩会。2003年，经第三方公司综合测评，娄底移动分公司整体客户满意度达83.1%，比2002年提升33个百分点，整体满意度和改善程度列全省第1名。2004年，娄底移动分公司在全省率先试行向客户承诺“挑战三分钟”活动。年底，娄底移动分公司在全市电信行业行风评议中获得第1名。2005年，完成省公司业务流程穿越试点工作，流程手册编写模式及内容被省公司采纳作为全省统一模版。经第三方公司调查，分公司客户满意度分别达到80.3%和80%，绝对值分别排全省第1位和第2位。2006年，开展“满意100”服务提升活动，深化VIP客户服务内涵。2007年，开展“诚信服务、满意100”活动，落实8项服务承诺。2008年，开展“金牌服务、满意100”服务提升综合竞赛活动，企业服务质量没有受到升级投诉。

（三）联合通信服务

2003—2008年，娄底市联通分公司通过建设3G旗舰店、3G玩家俱乐部及落实大客户全生命周期管理工作，提升营业客服人员服务水平。提升投诉处理质量，工单一次性解决率提升至98%，妥善处理用户申诉。

第十七篇　城乡建设　环境保护

1989—2008年，娄星区（娄底市）城乡建设和管理坚持规划先行，根据规划组织实施城市和村镇建设，加强城市管理，发展房地产市场。

城乡建设　1991年，娄底市城市规划办和城市规划设计室对原城市总体规划修订补充，形成《娄底市城市总体规划（1991—2010）》。1992年，娄底市按照《娄底市城市总体规划》实施城市建设。组建城管执法支队，加强市容市貌整治与管理，通过与街道物管处接洽协商、疏堵结合、划定摊位、整治等方法开展城市管理。2000年，娄底市城市总体规划以娄底中心城区为中心，重点发展湘黔、洛湛铁路干线和娄双公路干线城镇。城区建成面积26平方千米。2001年，实施“北扩南移”发展战略，重建一大桥，新建扶青南路等主干道，连接城区南北又一条主干道吉星路南段进入路面施工，启动吉星路涟水河大桥工程建设。2002年4月，娄星区城市管理工作移交市城管执法局。2003年，启动第二轮城市总体规划和城市绿地系统专业规划修编，编制《娄底市城市绿化系统规划（2003—2020）》，坚持规划、建设、绿化“三同步”，开展城市公园、广场和街道等市政工程大规模绿化改造和配套建设。城市管理综合执法局编制《娄底市城市绿化系统规划（2003—2020）》，实施城市公园、广场和街道等市政工程大规模绿化改造和配套建设。2003—2005年，城区南北主干道贯通，城南新区、市经济技术开发区与中心城区融为一体，城市人口增加到35万人。新建成城市道路28条，新增里程35千米；改建扩建中心城区27条主要街道，总长32千米，城区4个进出通道全部打通，形成内连外接四通八达交通网络。配套改造老城区27条主要街道路面、人行道、绿化、亮化、管线。新建第一污水处理厂、城市生活垃圾卫生填埋场、10座公厕与垃圾站、城市生活垃圾中转站、第二污水处理厂。改造新火车站广场，新建占地4.60万平方米文化广场、新建和改造罗家山与清泉交通广场。2006—2008年，建成春园商业步行街，娄底老街望湘门、观化门重建主体工程完工。完成城市供水供电供气、排水排污、城区管网等市政建设；开通城市公交和出租车。基础建设投资20亿元，实施乡村公路路面硬化及小街小巷硬化、亮化、美化配套，自来水管网改造、农贸市场及环卫设施建设等。各乡镇确定1～2条城镇主干道路，新建或改造1条文明示范街，实施硬化、绿化、亮化、美化、净化、便民化“六化”达标改造。人均住房面积达到43.87平方米，人均道路面积12.05平方米，人均公共绿地面积3.35平方米。同时，实施小城镇和特色小镇建设，发展和规范房地产交易市场。

环境保护　1989—2008年，娄星区（娄底市）环境保护管理局坚持定期实施环境监测，相继开展废水治理、废气治理、噪声治理、固体废弃物治理、辐射治理等污染源及污染治理；加强生态环境保护，实施自然保护区建设与保护、动植物资源保护、农业生态环境保护、矿产资源环境保护；加强环境管理，收取与使用排污费，环境保护宣传，城乡环境管理逐步走上法治化、规范化轨道。2008年，建成污水处理厂2座，工业废水达标排放率达98%，饮用水源地水质平均达标率98.9%。工业废气、水泥行业粉尘污染、燃料燃烧废气、机动车废气、城市噪声均达到排放标准。工业固体废弃物、辐射污染辐射管理得到有效处理与防治。建成水府庙国家湿地公园，保护动植物资源，加强重点公益林动态管理。农业生态环境保护实行耕地占补平衡制度，提高土地存量和质量，基本农田实行“五不准”，整顿土地市场。加强对农村环境管理，建成生态示范场2个，生态乡镇6个，生态村50个，生态户4.30万户，6个村被省环保厅认定为省级生态村。实行建设项目与环保设施“三同时”、建设项目环保审批制，开展环境监测与污染状况调查，加强环境监察执法。开展环保世纪行活动和“六五”世界环境日宣传活动，将环保知识列入中小学环境教育教学内容，列入党校教育培训课程。

第一章　城乡规划

1990年，娄底市建成区面积16.50平方千米，域内人口30.13万人，其中非农业人口12.84万人。1990—1992年，娄底市城市规划办和城市规划设计室对原城市总体规划修订补充，形成《娄底市城市总体规划（1991—2010）年》。规划将娄底市建设成一个多功能、开放型、社会化、现代化、花园式中等城市、湘中经济带上主要城市和铁路枢纽；建成以钢铁工业为基础，机电、建材、轻纺工业重点发展，第三产业快速增长的现代化工商业城市。规划至2010年，城区城市人口增加到30万人左右，总用地面积增加到36平方千米左右，城市总体规划用地98.50平方千米，形成中心区、城东、城西、城北四区城市总体布局。

1990年1月至1999年10月，娄底地区建委加挂地区规划办公室牌子，建委主要负责人兼任规划办主任。1996年，市城市规划建设办公室更名为娄底市城市规划局。1999年，县级娄底市规划管理局整体上收。是年，娄底市城市人口达到25.50万人，城市建设用地29.77平方千米，城乡建设加快。是年，市政府成立娄底市总体规划修订领导小组，决定对原总体规划予以修订，由湖南省城市规划研究设计院、娄底市规划设计院具体实施。2000年，形成《娄底市城市总体规划（2000—2020）》。9月，建立娄底市城市规划管理局。2002年3月，更名为娄底市规划局（简称市规划局），局机关内设办公室、综合技术科、用地科、工程科、民房科、法规科、人事科7个科室，行政编制18名，事业编制10名。局属二级机构有市规划执法监察大队、娄底市规划勘测中心（加挂市规划技术信息服务中心牌子）、娄底市规划设计研究院。2003年，设立市经济技术开发区建设规划分局，为市经济技术开发区规划管理机构。2004年，成立市规划委员会。2004年12月，市政府机构改革，确定市规划局为市政府工作部门，将市规划局承担市中心城区规划行政执法职能划归市城市管理行政执法局。

第一节　总体规划

一、城镇体系规划

1991年，娄底市总体规划确定城镇体系结构为：娄底地区行署所在地为娄底市中心城区，加2个建制镇和5个中心集镇。2个建制镇是杉山镇、万宝镇，杉山镇以采煤工业为主，万宝镇以机电工业为主。西阳乡、小碧乡、双江乡、石井乡、茶园乡作为中心集镇发展建设。2000年，娄底市城市总体规划确定市域城镇体系新的发展思路，以娄底中心城区为中心，重点发展湘黔、洛湛铁路干线和娄双公路干线城镇。

二、基础设施规划

1991年，娄底市总体规划确定建设杉山至吉星北路，万宝、石埠至落花洲接南环道二级公路和杉山至双江三级公路，在西阳乡及城南分别建500千伏和110千伏变电站，修筑双江水库，扩建百亩、茶园、胜昔桥火车站为三级站，在杉山新建娄底铁路北站，远景规划茶园规划建飞机场。2000年，娄底市总体规划确定加快以公路为重点的城镇交通网络建设，形成以娄底城市为中心，

“六纵三横”公路网络格局，加快城镇供电网络和信息网络建设，改善城镇给排水、环卫等基础设施。远期规划至2020年，将娄底建成集铁路、公路、水运、航空和管道于一体的综合交通枢纽；结合娄底火车南站、西站和公路主枢纽建设，将娄底建成湘中最大客运中心和物流中心。铁路发展规划，娄底市中心城区规划沪昆客运专线客运站，升级改造沪昆铁路，加速洛湛铁路改造，新建娄底市区西站，湘潭至娄底城际铁路和汨罗至益阳至娄底至衡阳城际铁路，在娄底火车南站与沪昆客运专线无缝对接。公路建设规划由高速公路、国道和省道构成公路主骨架，以县乡道为网架，共同组成方便快捷公路运输网络。市域公路网布局分为四个层次，高速公路为第一层次；国道、省道和娄底至双峰、涟源、冷水江、新化城际干道为第二层次；域内67条县道为第三层次，连通各主要乡镇和干线；乡镇公路和通村组公路为第四层次。规划公路客货运输枢纽网络由一个指挥中心、客货运两大体系和三个枢纽三个层次构成。内河航运规划期内继续改造和疏通内河航道，涟水规划恢复通航，重点建设涟水Ⅳ级航道整治工程。管道运输规划建设西气东输湘潭至娄底段天然气管道并向西延伸，规划湘潭至娄底成品油干线管道。市政设施规划突出节约用水、做好供水安全与水源保护工作，划定水源地及保护区域，市域城区、建制镇采用雨污分流排水体制，在市中心城区建4个污水处理厂。电力工程规划新建、改建变电站及市域其他220千伏、110千伏变电站，逐步实现地方电网与国家电网并网。完善立体型邮政运输网，实现邮电通信、电信、广播影视、信息网“四网两机一化”，提高网络技术水平，建成通信能力强、业务类别多、运行高效、优质可靠的现代化电信网络，打造广播影视网络，推进数字影院建设。城区新建2座数字影院，设立以娄底中心城区为信息港中心，形成信息高速公路网和全市电信网现代化，构建以信息资源数字化、信息传输网络化、信息技术应用集约化为标志的“数字娄底”基本框架。

三、历史文化保护规划

《娄底市城市总体规划（1991—2010）》确定，保护“澄清秋浦”景观古迹及陶瓮学校遗址，圣岩洞佛教圣地，保持老街建筑风格。

第二节　中心城区规划

1991年，娄底市总体规划确定中心城区由涟水以南、孙水以北、吉星路以西，娄邵铁路、涟钢专用线以东城建区组成，为全市政治、经济、文化、教育、金融、贸易、信息中心，主要设置娄底地区、县级娄底市党政机关和文化、教育、金融、体育、通信机构与工商企业。2000年，娄底市城市总体规划，划定中心城区基本范围北以涟水为界，西南以娄邵铁路和仙女寨生态公园为界，用地16平方千米，是娄底市及娄星区政治、经济、文化中心。

市经济技术开发区位于中心城区建成区北部，1992年经省政府批准设立为省级经济技术开发区。2000年版《娄底市总体规划》将经开区纳入规划范围内。2004年，该区分区规划确定规划范围，南至涟水河，北至恩口采矿南缘，西至娄星北路，毗邻涟源钢铁集团，东至恩口铁路，与水府庙水库相连，规划范围总用地面积35.07平方千米。人口远期规划由2003年的5.10万人发展到2020年的20万人，城市建设用地远期规划由2003年的5.10平方千米发展到2020年的22.90平方千米，规划用地形成“一脉三廓四片区”组团式结构。功能定位为以高效化、多元化、集约化产业发展为先导，集城市居住生活、物流集散、旅游休闲于一体的人文型、生态型开发区。规划形成钢铁及相关产业、高新科技产业、仓储物流产业、文化教育产业四大产业结构。开发区功能建设目标为娄底体制创新新基地、对外开放新窗口、工业化与现代化新城区。

一、中心城区交通规划

（一）城市道路规划

1991年，娄底市总体规划修编确定城市主干道、干道密度为2.45千米/平方千米，建设城市内环与外环道。内环道：钢城东街—青山街—新星路—桃圃街—丹阳路—涟滨西街—丽春北路—钢城东街，长16.30千米。外环道：东环道—长青东街—南环道—西环道—北环道—东环道，长37.40千米。改造娄底大桥，在涟水河、孙水河上架设宽17～19米桥梁9座。城市道路规划为四级：主干道宽40～44米，干道宽26～32米，次干道宽16～20米，街巷通道宽小于16米，城市环道、主次干道、街道74条。城市道路由道路用地和街道绿化带组成，建筑物临街红线必须退出街道绿化带。综合考虑城市交通，合理布设城市广场（交通广场、商业广场、交通商业通用广场）21个和停车场15个。2000年，娄底市城市总体规划确定市中心城区形成五街六路三环相连的城市主要道路骨架，南北方向，打通高丰路、甘桂路、娄星路、新星路、吉星路、迎春路；东西方向，打通香茅街、湘阳街、长青街、乐坪街、湘中大道，组成城市内环道、城市二环快速道和外环高速道。建成城市道路主干道39条，次干道43条，主干道规划宽度42～80米，次干道规划宽度30～36米。规划铁路跨过城市主次干道或城市主次干道跨过铁路时须修建立交桥，除已建11座外，规划再建18座。城市交通坚持以人为中心，步行、公交优先原则，城区道路交叉路口及繁忙路段设行人安全通道，主要道路上设公共汽车专用道，控制摩托车、三轮车客运。规划4个长途汽车站、2个货物流通中心、8个公交总站，相应设置4处大型综合停车场，18处公共停车场。

（二）对外交通规划

铁路交通规划 1991年，娄底市城市总体规划确定，娄底火车站为一级三场，远期建设为二级四场。娄底客站搬至娄底站场南面，娄底东站建设为货站。湘黔铁路从百亩站至株洲建设电气化复线，娄邵铁路南到线从第一水厂取水处娄邵铁路引出，在地区铁合金厂西边与湘黔复线立交至到达场，湘黔铁路、娄邵铁路不变动。娄益铁路由娄底站东面引入湘黔线。2000年，娄底市城市总体规划抓住湘黔复线及电气化工程、洛湛铁路工程和娄底铁路枢纽扩建机遇，规划扩建娄底火车站，编组站建成二级四场，远期在娄底东站新建一级三场编组站，远景预留二级四场编组站用地。扩建娄底东站货场，年吞吐量200万吨，为远期年吞吐量500万吨预留用地。改建娄邵铁路线为洛湛铁路干线，预留铁路复线用地，改造胜昔桥、百亩、茶园车站，规划铁路跨城市主次干道或城市主次干道跨铁路时，须修立交桥。

外接公路规划 1991年，娄底市总体规划确定汽车专用公路从北环道北侧通过。在域内拟设3个互通式叉口，即大埠桥西侧1处、豹南山附近1处、祖师殿1处。修建娄底至湘乡二级公路，扩建娄底—双峰、娄底—涟源、娄底—宁乡二级公路。2000年，娄底市城市总体规划确定，加快市域以公路为重点的城镇交通网络建设，形成以娄底城市为中心，“六纵三横”公路网络格局。抓住潭邵高速公路娄底连接线和娄涟高等级公路、207国道和1847省道改建机遇，形成以上瑞高速公路及320、207国道、209省道为主体的快速公路网，新建娄衡、娄常高速公路，延伸娄涟高等级公路至怀化，构建娄底公路交通枢纽。

水运码头、货场、仓储、机场规划 1991年，娄底市总体规划确定整治疏通涟水，恢复航运，分别在涟钢大桥处、娄底大桥处、月塘街东头和耀春路南端建设客货码头。货场、仓储、机场没做规划。2000年，娄底市城市总体规划，确定结合旅游开发和河道整治需要，恢复和开发水运产业，将涟钢大桥以下河道渠化为六级航道，分别在大埠桥、江龙滩、老街、涟钢等地建设客货码头。扩建娄底火车站，编组站建成二级四场，扩建娄底东站货场，年吞吐量达200万吨，形成五大相对集中仓储区。娄底火车站形成以零担转运为主仓储区。娄底火车东站规划为最大物资中转、储备、集散地。在涟钢组团内形成原材料仓储区。百亩组团结合高速公路环线布设物资交换仓储区，百亩火车站附近设置危险品仓储区。远景建设娄底机场，开辟至娄底机场的汽车专用道。

二、中心城区公用事业规划

（一）给水工程规划

1991年，娄底市总体规划确定在娄底城市既有供水规模17万吨/日基础上，兴建第二水厂（20万吨/日）、第三水厂（4万吨/日）。第二水厂建在湘乡市谷水乡，第三水厂建在洪家洲。人均生活用水标准控制为250升/日。严格控制开采地下水，未经批准不得自备水资源。满足工业用水，提高水循环率。给水管网以环状管网为主，城市给水管布置在“路”东边，“街”南边（娄底街道命名以东西向为街，南北向为路）。2000年，娄底市城市总体规划确定，以涟水、孙水、水府庙水库作为城市给水源，将涟钢大桥以上的涟水河水体、孙水河第一水厂取水口以上水体及双江水库列为城市水源一级保护区。在该保护区内禁止设置污水排放口、倾倒垃圾或其他有污染项目，保证水质符合国家《生活饮用水源水质标准》（CJ 3020—93）中规定要求。确定娄底城市人均生活用水量为350升/日，万元工业生产值耗水量45立方米。至2020年娄底城市供水规模达55万立方米/日。扩建第一水厂至8万立方米/日规模，兴建第三水厂达3万立方米/日。远期扩建第二水厂二期工程至10万立方米/日，三期工程15万立方米/日，兴建5万立方米/日第四水厂。为保证供水压力，在仙人桥西街南侧山头和大井路东侧分别建1万立方米高位水池。

（二）排水工程规划

1991年，娄底市总体规划确定娄底城市根据地形采取分区排水，排水体制以分流制为主，个别地段采取合流制。污水集中处理排入涟水，雨水就近排放。分别在骡子坳、渡头坪、西阳建设3个污水处理厂；在大方、大科、小科、观化门、渡头坪建设5个污水提升泵站。所有厂矿工业废水须处理达标定向排放，城市雨水、污水干管分别布置在“路”东“街”南。2000年，娄底市城市总体规划确定城市排水体制采取分流制排水系统，在渡头坪、思乐、石塘分别设置污水处理厂。渡头坪污水处理厂集中处理中心区、青山组团和涟钢组团污水；思乐污水处理厂集中处理百亩片污水；石塘污水处理厂集中处理西阳、碧溪片污水。每天处理污水总计33万立方米。在涟水河和孙水河两岸设置截流干管将污水送至污水处理厂集中处理。严控污水排放，城市污水处理达标排放率近期80%，远期100%。

（三）电力工程规划

1991年，娄底市总体规划确定在西阳乡新建500千伏变电站1座，建设涟钢220千伏变电站与电炉配套及江龙滩110千伏变电站各1座，建设铁路电气化110千伏专用变电站1座，扩建方石35千伏为110千伏变电站。城市电力线布置在“路”东边，“街”南边；通过城市主干道、干道的电力线均用电缆埋设。2000年，娄底市总体规划确定城市供电负荷由1999年的26万千瓦增加到2005年的32万千瓦，2020年达83万千瓦。城市用电量由1999年的12亿千瓦时增加到2005年的15.80亿千瓦时，2020年达40亿千瓦时。在城东和城西各新建1座220千伏变电站，规模为2×18万千伏安，各用地700.35平方米。分别在城南、城中等地新建110千伏变电站各1座，规模为2×3.15千伏安，各用地833.15平方米。城市近期构成110千伏供电环网，远期构成以5个220千伏变电站为主的供电环网，220千伏的架空线路避开城区及城市发展用地区。

（四）邮政电信规划

1991年，娄底市总体规划确定在娄底地区邮电局、沿河路支局、涟钢邮电支局的基础上，在娄底铁路新客站站场、西阳、南阳新建3个邮电支局，铁路新客站邮电支局作为市级分解中心。扩大城市程控电话使用面，在城西人行山上建设卫星地面接收站，娄底地区邮电局建立微波站，控制微波通道。城市电讯线布置在“路”的西边，“街”的北边，通过城市主干道、干道的电讯线均用管道埋设。2000年，娄底市城市总体规划在百亩组团兴建集信息传输、交换、查询等为一体的电信综合大楼，在火车站新建具有多功能三级邮政中心大楼，建成以娄底城市为中心区域化电信通讯网、广播电视网、数字数据网和邮政实物、邮政综合业务、邮政金融业务网络。扩建市话通讯网，交换容量近期12万门，远期达52万门，电话装机容量近期9.60万门，远期达44万门，市话交换局发展到8个。兴建广播电视中心大楼，做好有线电视HFC网络升级改造。城区信息网络传输采用地下暗敷方式。

（五）燃气工程规划

1991年，娄底市总体规划确定在利用涟钢焦炉煤气基础上，建设第二气源（南阳工业区）。在南阳、西阳分别建设4万立方米、2万立方米储气罐，在煤气公司附近建液化气钢瓶厂。煤气管道呈环状布置，管道铺设在“路”东边，“街”南边。2000年，娄底市城市总体规划确定加快城市燃气设施发展，近期以发展空混气为主，瓶装石油液化气为辅，远期以发展天然气为主。供气方式以管道供气为主，城市气化率近期95%，远期100%。混气站布置在涟滨西街并按要求设置安全防护带，分别在西阳、百亩、万宝、碧溪布置4个调压站。远期考虑利用西气东输工程天然气，在西阳组团以东设立门气站。在各组团内建1～2个用地1000平方米液化气供应站。

三、环境卫生设施与环境保护规划

（一）环境卫生设施规划

1991年，娄底市总体规划城区建设垃圾中转站19个，其中中型2个，小型17个。各单位垃圾收集实行容器化、密封化。垃圾处理采取焚化、综合利用及填埋方式。在塘角屋、东来、苗圃建设3个垃圾处理场，在城北刘家塘建垃圾处理厂，在豹龙山建粪便处理厂。公共厕所布置为流动人口密集和商业闹市区街道为500米1座，一般街道800米1座。在城市6个入口分别建设洗车场。2000年，娄底市城市总体规划确定，街道按500～800米间距设置公厕，按100米左右间距设置果皮箱，按0.70～1平方千米服务区设置垃圾站。规划新建公厕110座左右，垃圾中转站30个左右，果皮箱2800个左右。改善环卫作业和装备条件，在各组团内布置占地5000平方米左右环卫所，新增环卫作业机械90台，环卫工作房40处，逐步实现环卫作业机械化。在城北杉山万乐和城南万宝青山地段分别建垃圾处理场，垃圾无害化处理率近期65%以上，远期100%。兴建固定封闭式垃圾站，生活垃圾收纳向袋装化、上门收集方向发展，垃圾收集、运输逐步实现全封闭作业流程。

（二）环境保护规划

1991年，娄底市总体规划中规定严格控制污染源扩散，对现有污染环境工厂企业限期治理，部分限期搬迁。新建厂矿企业达不到排放标准不得建在城区。制定城区不同功能区域噪声控制标准。城区大气、地下水、噪声、土壤等污染负荷按相应环境保护标准控制，其环境综合质量指数控制在1.0以下。综合治理涟水，使其达到二级地面水标准；严格保护孙水河、水府庙水库，作为生活饮用水源；孙水及白马水库沿河流域严禁建设污染厂矿企业。2000年，娄底市城市总体规划将涟钢大桥以上涟水河、第一水厂取水口以上孙水河列为城市生活饮用水源二级地面水质标准控制保护区，禁止工业废水、生活污染水排入保护水体范围。“三废”排放新建项目须坚持“三同时”原则，禁止发展对环境有严重污染生产项目。淘汰生产方式落后、污染重、能耗高生产工艺及技术，加强汽车尾气净化工作，建立酸雨及空气环境质量监测系统。加快水污染综合治理，城市污水未经处理或处理不达标不准直排涟水、孙水等河道。规划期内，建成涟钢、城北、城南和城东污水处理工程。在城市污染源防治上，规定工业污染源废水废气须先经厂内处理，达国标后才能排放。在水源保护上，重点控制涟水河、孙水河上游污染源，确保水源水质。在固体废物、噪声污染综合防治上，建立废物加工开发利用处理中心，建设城市垃圾综合处理工程。重点建立噪声防控区，至2005年，噪声防控区覆盖率达60%。城市禁鸣喇叭，实行交通分流与限流，淘汰噪声不达标旧汽车。中心城区禁止燃放烟花炮竹。

四、城市绿地与景观规划

（一）城市绿地规划

1991年，娄底市总体规划确定由点、线、面构成城区绿化系统，以绿为主实现城市绿化、美化、香化，合理布置市级、区级、专业性公园，将城区内不宜建设用地辟为公共绿地。城东建设江龙滩公园及燕春、西阳绿地。中心城区建设大方、石马、街心公园及苦株山森林公园、春园儿童公园和方石、花山神童湾绿地。城西区建设枫树公园及大河植物园和小科、清水塘、双林、百亩、罗子山绿地。城北区建设青山、钢城2个公园。由街道、铁路、河道绿化及防护林带构成绿化体系“线”网。城市道路、铁路两边，涟水、孙水两岸设置绿化带。沿涟滨西街在南阳工业区建设防护林带。生产绿地主要由城南苗圃、涟钢苗圃、城中花圃、涟钢橘园、柑橘研究所橘园等组成。绿地面积459.20万平方米，人均15.31平方米。其中，公共绿地343.01万平方米，人均11.43平方米。近期人均公共绿地8平方米左右。远期城市绿化覆盖率为50%，郊区以果园经济林和生态林相结合绿化山头，组成环城绿化圈。开辟江龙滩至水府庙水库水上风景旅游区、双江乡胜仙洞地下风景旅游区，建设万宝乡仙女寨风景区。2000年，娄底市城市总体规划将娄底建成山水相融、林城相依的山水园林式城市。在涟水河、孙水河、碧溪河两岸各布置30～70米宽绿化风光带。沿湘黔、洛湛、娄斗铁路两侧布置30米宽防护林带。在城市主干道两侧布设10～20米绿化带，构成娄底城市“线”型绿化轴。在各组团布置城市公园，在城南、涟水河两岸兴建广场，构成以绿化为主休闲空间。保护、建设仙女寨生态公园、大埠桥旅游区、环城森林公园圈，构成娄底城市周围大面积森林绿地系统。将城市绿化与美化相结合、平面绿化与立体绿化相结合，形成集观赏性、生态性相统一绿化景观。种植树木花草，构成以公园绿化为重点，滨河、道路绿化为骨架、城区普遍绿化为基础，周围生态绿地为主体点、线、面相结合的城市绿化体系。城市绿地率近期达35%，远期达到45%以上，城市人均公共绿地近期达10平方米，远期达15平方米，远景达20平方米以上。

（二）城市景观规划

1991年，娄底市总体规划确定城区建设集建筑、街道、绿色、河道、方石桥上、娄星桥上夜景、苦株山上俯视夜景、貌龙山上俯视、仙女寨俯视、罗家山上俯视等于一体的十大城市景观。

2000年，娄底市城市总体规划，确定将娄底城区“一园一区三带三线四山多点轴”相连，与城区外围环森林公园圈相结合，形成城市四周青山环抱、城区碧水绿带相嵌、山水城林相间交融、城乡结合共为一体山水园林城市景观意境，体现“城市与自然共融”城市风貌。规划株山、仙女寨等山作为娄底城市绿色天际轮廓线。在绿化广场内布置亭廊、小品等设施美化环境。做好乐坪街、吉星路等“三横三纵”景观轴绿化带、街景布设，创建火车站广场、市政广场等城市广场不同主题景观。

五、综合防灾规划

（一）防洪工程规划

1991年，娄底市总体规划确定修筑涟水两岸防洪堤，实行路堤结合，防洪标准为五十年一遇，防洪堤建设排渍站。

2000年，娄底市城市总体规划明确娄底市防洪建设遵循“系统规划、综合管理、以防为主、防重于救”原则，建立适应娄底城市发展要求防洪安全体系。规划防洪标准为近期达到五十年一遇，远期达到百年一遇。涟水河沿岸防洪堤，规划路堤并举，将沿河绿化、道路、防洪工程设施融为一体，形成沿河风光带。加强河道维护管理，清除河道内障碍物，禁止在河道中乱采乱挖乱堆杂物，保证河道畅通。在沿河低涝处梅子湾、神童湾、渡头坪修建3处排渍泵站，改造沿河雨污水排放口，保证洪水不倒不渍。

（二）消防工程规划

1991年，娄底市城市总体规划确定，建设市级消防中心，各区和重点工业企业、厂矿、仓库建设消防点。城市道路和建筑必须按有关规范配置消防设施，布置消防栓。2000年，娄底市城市总体规划，确定贯彻“预防为主、消防结合”方针，建立城市消防安全体系。加强城市消防安全布局监管，中心城区内禁止设立化危品生产和贮销企业，有重大火灾隐患设施须搬迁，涉及城市生产生活需要布置在城区加油站、液化气站须经规划、消防等部门审核批准，严格按消防安全措施建设。消防安全重点单位应安装火灾自动报警和自动灭火装置，完善城市消防道路、消防栓及消防给水取水等设施建设。消防支队处新增1个消防特勤站，建立消防指挥中心和培训中心，分别在吉星路、湘阳东街等地段兴建标准型普通消防站。在涟钢、石油和燃气公司、粮油麻棉公司、化工企业建4个专职消防队。消防安全重点单位及居住区内，组建群众义务消防队。城市街道消防栓间距不大于120米，消防栓给水压力不小于0.10兆帕，流量不小于15升/秒。购置大型消防车、照明车等特勤装备，满足未来高层建筑及特种火灾消防需求。

（三）人防工程规划

1991年，娄底市总体规划，确定坚持平战结合原则，规划在城区开辟地下空间，规定新建大型公共建筑、高层住宅建筑、广场均须建筑地下室，与城市地下通道共同组成地下人防网。2000年，娄底市城市总体规划，确定娄底为三类人防重点城市须坚持“长期准备、重点建设、平战结合”方针，按三类人防城市兴建人防设施要求建设。

（四）城市防震规划

1991年，娄底市总体规划根据娄底系6度地震区，要求建筑设计必须符合有关防震设计规范。一般建筑物、构筑物在建筑结构及建筑设计中要考虑防震，增大结构强度、刚度、稳定性及设置安全通道。重要建筑和人流比较集中建筑物原则上提高一级设计标准。规划布局安全疏散地，加强城市防震监视。2000年，城市总体规划确定建立地震监测预报系统，规划地震设防小区，按地震设防要求做好城市抗震建设。

六、城市规划区控制

1991年，娄底市总体规划确定，近期至1995年城区城市人口18万人左右，人均建设用地135平方米，总用地24.30平方千米左右。远期至2010年城区城市人口30万人左右，人均建设用地120平方米，总用地36平方千米左右。城市总体规划用地98.50平方千米。城区划分为中心城区、城东区、城西区和城北区4个功能区，规划用地、人口及人口密度均做具体控制。2000年，娄底市城市总体规划确定，城市规划区范围面积331.62平方千米。规划区内，建设用地控制在100平方千米左右，非建设用地控制在230平方千米左右。划定环城郊野森林生态用地控制区、农业生产用地控制区和新型农村居民点。建立城乡协调、城市建设用地空间与城乡生态用地空间、乡村建设用地空间、农业生产用地空间相统一相协调城市规划区。

第三节 郊区规划

1991年，娄底市总体规划确定做好郊区企业发展规划、郊区村镇建设规划和农业规划，规划高车、澄清等20个居民点。郊区乡镇工业发展以农副产品加工和无污染城市环境劳动密集型工业为主，就地安排农村剩余劳动力。建设就近相对稳定蔬菜基地、副食品生产基地。蔬菜用地按城市人口人均0.03亩建设。在涟滨乡茅塘、仙人桥、东来、南阳等村，大科乡南垅、坪石、水洋、方石、三元、小科等村，杉山镇澄清、高车等村，西阳乡忠实、石口等村及万宝、杉山等村，建设规模蔬菜和副食品生产基地；在万宝、大科、涟滨、西阳等乡镇建设水产基地；在茶园、大科、西阳、石井、涟滨、杉山等乡镇建设鸡、猪、奶牛养殖基地；在各乡镇建设水果种植基地。2000年，娄底市城市总体规划把郊区发展规划列入城市规划区空间利用控制，确定建立环城郊野森林生态用地控制区，城郊森林生态用地空间按125平方千米控制。在西阳、万宝、杉山等乡镇建设高科技农业观光、生产园区。在杉山高车、平底等村，西阳新石、新民等村，万宝新屋、磨石等村分别开辟永久性蔬菜基地各1万平方米。规划城南儿洞坳建设畜牧良种繁殖和奶牛基地，面积6600平方米。在西阳昔胜桥、大埠桥建设水产养殖基地。规划杉山万乐村、万宝青山村分别建设城市生活垃圾处理场。规划杉山万乐村建1处公共墓地。在城郊万宝、西阳、杉山等地布置无污染的乡村企业。规划城郊乡镇分散农户逐步集中形成新型农村居民点。

第四节　规划管理

一、规划实施管理

1990年，娄底市规划管理部门负责规划设计管理，市规划设计院具体实施。规划执法由市规划管理部门负责，地区建委（规划办）对规划工作实施宏观管理。市规划管理部门制定《建设项目选址意见书》、“建设用地规划许可证”、“建设工程规划许可证”（简称“一书两证”），履行规划实施管理具体职责，重点宣传贯彻城市规划法，完成1991年版总体规划修编工作，执行“一书两证”制度并简化办事程序。1991—1992年，公建项目审定核发《建设工程选址意见书》15个，审定核发“建设用地规划许可证”182个，审定核发“建设工程规划许可证”205个。1996年，娄底市城市规划建设办公室更名为娄底市城市规划管理局，坚持规划一张图，审批一支笔，“一书两证”制度规划管理。至1998年，公建项目审定核发“建设用地规划许可证”320个，总用地面积486.96万平方米，审定核发“建设工程规划许可证”216个，建筑面积80.73万平方米，办理民房建设用地、建设工程规划许可证748户。1998年，增设法规监察队，强化规划执法管理。

1999年，市规划局整体上收，组建市城市规划管理局，对规划实施具体管理。市规划设计院上收升格并改名为娄底市规划设计研究院，承担全市国土空间规划编制、研究和制定地方标准及全市总体规划、城镇体系规划、分区规划、专项规划、详细规划、村庄规划、城市设计规划等编制。完成各类规划编制、市政道路、给排水、桥涵工程设计等大中型项目数百项，获得各级别设计奖100余项。查清全市违法建筑300余处。2000年，实施娄底市城市总体规划第二轮修编。2001年，实行“建设工程规划许可证”（副本）制度，严格控制违法建设。核发“建设工程规划许可证”（副本）81个，建筑面积40.25万平方米。核发“建设工程规划许可证”45个，建筑面积21.23万平方米。2004年，成立新一届市规划委员会，加强规划管理，严格规划方案审查，依法核发“一书两证”，特别重大规划项目由规划例会集体决策审批。2005年，建立规划信息库，形成完善规划体系，制定规划设计、审批等规划管理操作流程，规划管理实现科学化、规范化，各类园区纳入城市统一规划依法管理。

二、规划执法

1990—1999年，娄底市规划局和地区规划办规划编制、实施、管理同步推进，规范规划实施行为，依法查处和纠正违规违法现象，城市规划和建设有序推进。2000年9月，娄底市规划管理局内设法规科，成立执法支队，专责规划执法。2007年，制定《娄底市规划局违法建设案件举报制度》《娄底市规划局行政执法人员执法过错追究办法》《执法检查预告、公示制度》，设立举报电话，建立举报登记制度。查处违法建设项目107个，拆除违章建筑225处，面积3.60万平方米。2008年1月1日，市规划局贯彻实施《中华人民共和国城乡规划法》，成立规划执法监察办公室，负责对取得建设工程许可证项目违法建设行为进行查处，其他规划执法职能划入市城市管理执法局。全市查处违法建设项目193个，拆违265处，面积5.40万平方米。

第二章 城市建设

1995年1月，市直机构改革，娄底市建设委员会更名为市建设局，属政府31个工作机构之一。同时，撤销市建委党组，成立市建设局党组。1997年，恢复城乡基本建设委员会（简称建委），市建委内设办公室、人事教育股、财务股、建设工程管理股，城市建设股、纪检组（与监察室合署办公）。1996年10月，成立娄底市燃气管理办公室，为股级事业单位，归口市建委管理。1998年1月，市建委归口管理规划局、房地产局、环保局、市政工程局、城管大队、环卫处、园林处、人防办8个行政事业单位；下辖施工管理站、质量监督站、村镇办、燃气办、城建档案馆、建筑勘察设计室、劳动服务公司7个股级事业单位及自来水公司、煤气公司、公交总公司、娄建一公司、城建开发总公司5家企业。市建委机关有干部职工33人，离退休人员14人，有党员47人。

1989年1月至1998年12月，娄底市城乡建设取得快速发展。

城市和村镇规划走向规范化、法制化。1990—1992年，对娄底市总体规划进行修编，确定娄底市发展总目标。1993年10月22日，湖南省人民政府批准实施。村镇规划管理工作实施《建设用地规划许可证》《建设工程规划许可证》和《建设项目选址意见书》“两证一书”和“一证一书”制度。对石井乡三圭工业开发区内民房进行统一规划、统一开发、统一建设、统一分配、统一管理“五统一”。调整充实城市绿化、环卫设施、供水、排水、供电等专业性规划，加强控制性详细规划工作。

基础设施建设速度加快，城市功能日趋完善。乐坪西街、湘阳街、涟滨东街、贤童街、新星路、丹阳路等建成混凝土路面。乐坪东街、长青中街、石马路、氐星路等基本配套；月塘街、桑塘街、迎春路、秋蒲街等建成砂石路面。改善供水状况，二水厂设计规模为日供水20万吨，一期工程日供水10万吨。于1992年11月破土动工，1994年下半年开工，1997年6月试送水营运。第二气源厂生产储配工程从1995年1月动工，至1996年建成投产，储气能力3万立方米。

环卫、绿化、公交等公共事业发展迅速，市容市貌改观。先后新建标准公厕15座，清扫保洁面积1998年达6万平方米，清掏果皮箱285个，清扫保洁消毒公厕31座，消铲公共垃圾箱30个。园林绿化覆盖面积767公顷，建成开放公共绿地80.80公顷，建成区绿地率32%，绿化覆盖率36.2%。建成区人均公共绿地4.20平方米。配套城市公交设施，2000年，有营运车辆98台（其中无人售票车73台），每万人拥有公交车辆为4.19标台，居民乘车难问题基本解决。

建安工作内改机制，外拓市场，发展较快。1998年，完成建安总产值2.50亿元，其中外拓产值1亿元。同时，宣传贯彻建筑法等法律法规，加强建筑市场管理和建筑安全、质量监管，使之逐步走向法制化、规范化轨道。

城市建设成绩突出。1990年、1997年2次获全省绿化评比第1名。乐坪东街被省建委授予全省“最美一条街”。被省人民政府授予“样板街”。娄星公园被评为全省最佳公园，城市卫生步入全省甲级城市行列。1998年，在全省城市建设管理“湘城杯”竞赛中获县级市第1名，获“全国城市环境综合整治优秀城市”称号。

1999年，撤销娄底地区，设立娄底市，原娄底市改为娄星区。是年，娄星区建委机关根据职能调整实行分解量化上收。调整和上划娄底市建设局机构和职能：城市规划、建设、发展、管理机构和职权由娄底市建设委员会（简称建委）管理；城市公用事业职能单位划归娄底市管理。原娄底市建设系统所属各单位（不含施工、招投标部分）上划到市建委管理。上划单位为：原娄底市建委机关与职能调整有关行政编制部分人员上收，另一部分留娄星区组建建设局。原娄底市人防办、城管监察大队、城建档案馆、规划局、规划设计院、建筑勘察设计室、燃气管理办、园林管理处、环卫处、市政工程局及其下属单位、房地产管理局及其下属单位、建设工程质量监督站、原由市政府办管理的娄底市移民拆迁安置管理办公室、建委所属煤气公司、自来水公司、市公共汽车公司、市第一建筑工程公司、城市建设综合开发总公司等机构上划娄底市建设委员会管理。

2002年12月，原娄底市建委机关和娄底市建筑工程施工管理站共同组建娄底市住建局娄星分局。至2008年，娄底市建设局娄星分局内设办公室、建设管理股、企业管理股、计划财务股。

1989—2008年历任主任（局长）：向克仁、梁裕德、刘凡隆、张惠兰、周益星。党组书记：向克仁、邬秋恒、吴启前。

第一节 城区建设

一、城区扩容建设

1989—2008年，娄底市（娄星区）先后经历扩镇、撤市、建区发展历程，全区总面积增加到430平方千米，娄星区成为娄底市政府所在地，形成中心城区。20世纪90年代初，娄底市城区建成区面积15.50平方千米，城区最高建筑是9层工业大楼，高40米，城区其他建筑大多为7层以下建筑。

2000年，城区推平罗家山，联通氐星路，建成南北畅通双向8车道。初步形成南北向的娄星路、氐星（育才）路、新星路和东西向的乐坪街、长青街、涟滨街城市道路骨架。2002年，中心城区实施南扩北移发展战略，坚持高起点规划、提质扩容并举，完善基础设施，由钢铁工业而兴的湘中小镇发展成为湖南省次中心城市。2004年，拆除娄底市老体育馆，另选新址，占地33.33公顷，投资9亿元，修建建筑面积9万余平方米新体育馆。在体育馆原址修建万豪城市广场。2005年，拆城南农贸市场，投资3.14亿元兴建春园商业步行街，总建筑面积20余万平方米，街区呈十字交合辐射状，分金街、银街、钻石街，是一站式购物商街，为市民购物，休闲、美食、娱乐、文化场所。至2008年，城区面积41平方千米。

二、城区道路桥梁建设

（一）道路

1990年，娄底中心城区新建道路14条。其中，主干道5条，次干道6条，支路3条，总长1.89万米，面积29.35万平方米。1991—1994年，完成乐坪街三块板建设、涟滨街加宽道路配套。1995—1998年，新建月塘街、娄星北路、钢城路、新星北路等城市主次干道20条，道路总长1.90万米，道路面积52.13万平方米。1999年撤地设市，市委、市政府实施“北扩南移、扩容提质”战略。中心城区市政建设进入快速发展阶段。2002年，启动湘阳街、丹阳路、扶青路、新星南路等14条城市主干道建设。2003年5月，娄底经济技术开发区成立，实施城北片区建设。2004年，完成上述14条城市主干道建设，道路面积增至51.92万平方米。2005年，新建新坪街、风阳街、群乐街等12条道路，道路总长1.24万米，道路面积20.97万平方米。2006年，完成石玉街、大汉路、太和路、长青街、白塘路、金谷路、新科街7条道路建设，道路总长8985米，道路面积11.86万平方米，投资金额18.27亿元。2007—2008年，完成青山街、湘中大道西线、早元街等主次干道及支路9条道路建设，道路总长6634.52米，道路面积63.69万平方米。

（二）桥梁

1.跨河桥梁建设

娄底一大桥 位于娄星北路，跨越涟水河，全长165米，净宽8.50米，人行道宽2米。1973年12月动工，1975年10月竣工。因大桥承载力低、桥面窄，不能满足交通需要，2005年1月拆除，在原址建设新桥，2006年12月竣工。新桥为箱梁结构多孔桥，桥长230米，桥面宽32米，主桥长187米，4跨，最大跨径73米，双向4车道，荷载等级汽车20吨，挂车120吨。

大埠大桥 位于中心城区至湘乡石山冲娄湘公路上，跨越水府庙水库。全长285米，桥宽12米。1991年9月开工建设，1992年12月竣工。大桥载重标准：汽车20吨，挂车100吨，人群350千克/平方米。

江龙滩大桥 位于湘阳东街与娄湘公路交会处的江龙滩，跨越涟水河。1988年11月开工，1990年10月竣工。总投资358万元。桥长131.26米，桥宽18米，设计荷载：汽车20吨，挂车100吨，人群350千克/平方米。

娄底二大桥 又名梅子湾大桥，位于新星北路，跨涟水河，南起涟滨街，北至大汉路，简支T梁结构，桥长326米，桥面宽32米，主桥长175米，5跨，最大跨径35米，双向6车道，荷载等级汽车20吨，挂车120吨。1999年5月开工建设，2003年4月竣工。

潭邵线孙水河大桥 又名桃子湾大桥，位于新星南路，跨孙水河。T梁结构，桥长223米，桥面宽40.50米，主桥长180米，6跨，最大跨径30米，荷载等级汽车20吨，挂车120吨。2000年4月开工建设，2002年12月26日验收通车，投资金额2020万元，被定为B级桥。

2.跨线（街）桥梁建设

苗圃桥 位于小科街，T梁结构，桥长50米，桥面宽10.50米，主桥长39米，3跨，最大跨径13米，设计荷载等级为汽车20吨，挂车120吨，总投资483万元。1992年1月开工建设，1993年竣工，被定为D级，不具备使用功能，处于关停状态。

长青桥 位于长青西街，跨湘黔铁路，梁式桥，桥长70米，主桥长64米，桥面宽20米，4跨，最大跨径16米，设计荷载等级汽车20吨，挂车120吨。1993年湘黔铁路电器化改造，单线改双线，旧桥撤除，投资172万元建新桥。桥长70米，桥宽20米，双向6车道。1993年11月开工建设，1994年7月建成通车，定为B级桥。

新星南路桥 位于新星南路，跨原娄邵铁路，梁式桥，桥长53.68米，桥面宽38.50米，主桥长30米，1跨，最大跨径30米，双向6车道，设计荷载等级汽车20吨，挂车120吨。2002年8月开工建设，12月竣工。

中兴立交桥 位于东贸街，箱梁结构，桥长180米，桥面宽20米，主桥长160米，8跨，最大跨径20米，设计荷载等级汽车20吨，挂车120吨， 投资金额1260万元。2007年3月开工建设，2008年1月竣工，定为B级桥。

三、广场建设

娄星广场 原为漪园和街心公园两部分，位于乐坪街和氐星路交会处西北，总面积11.6万平方米。其中，水面2.8万平方米，陆地8.8万平方米，绿地4.2万平方米，总投资265万元，1986年10月建成开放，实行封闭管理，购票入园。1993年，获“湖南省最佳公园”称号。2003年4月，公园撤墙透绿，取消门票。6月，漪园和街心公园连通，使乐坪街与氐星路在此形成“十”字形交叉路口，将其余部分改建成娄星广场，当月动工，10月建成开放。广场面积12.79万平方米，总投资2700万元，建有音乐喷泉1个，露天剧场1个，亭、廊、榭11座，跨湖桥亭1座，圆桌圆凳110套，茶楼、书楼、音乐厅、小卖部等建筑物3600平方米，儿童游乐区4335平方米，场内坪地5万平方米，安装亮化灯具1006盏，霓虹灯管5037米。

文化广场 文化广场位于东方豪苑以南，为文化娱乐和休闲广场。2003年6月开工建设，2008年10月竣工，总投资1522万元。广场占地5.10万平方米，其中，绿地2.60万平方米，绿化率60%，道路面积1810平方米，运动场地1.2万平方米。广场以龙为主题，平面设计是一条腾飞的龙形态。运动休闲区为龙头，文化娱乐区为龙爪，运动健身区为龙脊，绵延其中林荫步行道为龙身，配以灯饰和绿化。广场建有排水管道347米，给水管道1361米，铺装花岗岩2.59万平方米，砌筑花岗岩路缘石8850米，安装路灯386基。

火车站广场 位于娄底火车站大楼前，占地6.40万平方米，投资1亿元。1995年3月开工，1996年12月建成交付使用。2003年6月，投资700万元，改造广场，新建大型彩色音乐喷泉1

座，面积1250平方米。10月1日建成交付使用。

四、公园建设

青山公园 位于涟源钢铁集团职工生活区内，占地面积10.13公顷。其中，陆地8.40公顷，水体1.73公顷，建有六角塔1座，楼、台、亭、榭9座，露天游乐场4处，假山11处，园内道路2.40千米。投资4973万元，1992年2月建成投入使用。

春园公园 南靠南贸东街，北临长青街，原是一个小山包，名为春园山，故名春园公园，占地2.54公顷。1996年投资1228.02万元。10月建成开园，公园依山造景，保留原树木植被，面向长青街建有古城墙式大门，园内道路1.50千米，亭阁2座，休闲广场3处。

石马公园 北临月塘街，南靠湘阳街，东接新星中路，西临春园路，占地面积19公顷。其中，陆地17.03公顷，水体1.97公顷，绿化率87.6%。公园依山而建。1999年开建，2003年9月主景区建成对外开放，2004年6月全部建成，投资5085.52万元。建有南、北两门，主题雕塑，湖畔水阁，小岛园亭，曲桥长廊，山顶高塔，儿童游乐场，休闲广场，园内道路3.45千米。

珠山公园 位于城区东南面，原名苦竹山，因娄底荣享湘中明珠，故名珠山公园。2008年规划建设，保留原山地形地貌和森林植被，规划面积68公顷，分二期建设，投资3.28亿元。2008年11月29日，第一期工程开工建设。

孙水公园 位于市委、市政府机关南大门前，依傍孙水河，占地面积38公顷。其中，水域19公顷，陆地19公顷。主广场5公顷，总投资1.10亿元。2008年12月开工建设。公园由主场区、生态丛林“百花园”和滨河风光带3部分组成。

附：娄底市城建投资管理办公室

2001年6月，为加快娄底市建设步伐，市委、市政府整合新星北路工程建设指挥部，成立娄底市城市建设投资管理办公室加挂娄底市城市建设投资开发有限责任公司（简称市城建投），公司注册资本6亿元，实行“两块牌子、一套人马”合署办公管理模式，代表市政府筹集城市建设资金并实施城市基础设施建设。

城市建设投资管理办公室坚持“扩城区、强筋骨、抓配套、增功能”与“不求大但求美”“北扩南移”城建工作方针，拓宽筹资渠道，推进“阳光工程”，加快中心城区建设步伐。至2008年年底，市城建投承担81个市政基础设施项目建设任务，包括68条道路、4座大桥、4个广场、5个环卫项目，其中完工项目60个，完成投资19亿元。中心城区面积从撤地设市时的26平方千米扩展到41平方千米。为娄底市创建省级园林城市、省级卫生城市、省级文明城市、全国绿化模范城市与全国十佳宜居城市做出贡献。多次被评为全国建设系统先进单位，省市先进单位，被市委、市政府授予推进城镇化进程“突出贡献奖”，经多家银行评定为AA级信用单位。

一、资金筹措

2001年，市城建投实现从“有多少钱办多少事”到“有多少事筹多少资”转变观念。2002年，市政府制定《城市建设资金归集管理办法》。办法实施保证城市建设资金有后续来源。2008年8月竣工投入使用的第一污水处理厂，通过特许经营权转让筹措资金6500万元。至2008年年底，通过多种途径筹资14亿元，初步形成政府引导、市场运作筹资模式，缓解城建资金“瓶颈”制约。

二、工程管理

2001年起，建立和完善集体会审制度、工程计量制度、工程管理制度等制度。严格工程发包程序，除个别技术含量高、工期紧工程项目通过政府批准，由业主单位直接发包外，其他项目一律通过公开招投标确定施工单位。改革工程造价管理，在全省率先推行工程量清单制。对工程造价决算实行审计制，工程款支付实行张榜公示制。所有国债资金、土地出让收入、政策性融资、上级补助等创收资金，全部纳入财政实行收支两条线管理，健全财务管理制度。建设项目执行建设部、省建设厅关于市政工程建设管理有关法规，年度计划和单项投资50万元以上工程项目经政府研究后，报请市人大常委全体会议批准后实施。实行总经理经济责任任期审计和年度财务收支审计及工程决算审计。对吉星路等重点项目，由市纪委监察局派驻廉政特派员，并从财政、审计、公安、检察、纪检等部门抽调人员作为项目监察联络员，加强对项目全过程招投标、变更签证等重大事项监督。所有工程发包及时在新闻媒体公布。

三、建设成效

1999年，娄底撤地设市，城区建成区面积26平方千米，属全省地级市面积最小的市。2001—2008年，按照市委、市政府“北扩南移”发展战略实施城市建设。先后贯通连接娄底中心城区南北新星北路、娄底二大桥、新星中路、新星南路、新星南路铁路桥；配套建设娄星北路、仙桥东街等项目；重建一大桥，新建扶青南路等主干道，连接城区南北又一条主干道吉星路南段进入路面施工，启动吉星路涟水河大桥工程建设。随着南北主干道的贯通，城南新区市经济技术开发区与中心城区融为一体，城区面积扩大到41平方千米，城市人口由21万增加到35万人。娄底中心城区道路原只有“三纵四横”7条主干道和10条小街，城区4个出口无畅通。市城建投加快城市道路网络建设，新建成城市道路28条，新增里程35千米；改建扩建中心城区27条主要街道，总长32千米。随着乐坪西街、丹阳路、涟滨西街建成，新星路与娄涟高等级公路和潭邵高速娄底连接线连接，城区4个进出通道全部打通，形成内连外接四通八达交通网络。对老城区27条主要街道路面、人行道、绿化、亮化、管线等进行配套改造。新建第一污水处理厂、城市生活垃圾卫生填埋场、10座公厕与垃圾站、城市生活垃圾中转站、第二污水处理厂。投资近600万元，改造新火车站广场，新建占地4.60万平方米文化广场、新建和改造罗家山与清泉交通广场。投资近4亿元的春园商业步行街于2006年年底竣工投入使用，娄底老街望湘门、观化门重建主体工程完工。提升娄底城市品味，增加娄底城市特色。

2001—2008年娄星区城市建设工程一览表

表17-1

工程类别	工程量	造价(万元)
城市道路	60566米	34500
排水管道	171511米	12000
桥梁	763米(4座)	5488
广场	4个	14500
绿化面积	514924平方米	2300
城区小街小巷改造	13条	3390
垃圾处理厂	库容430万平方米	6110
污水处理厂	1座	6100
春园商业步行街	89061平方米	31400
垃圾中转站	1座	2400
公厕、垃圾站	10座	325
路面改造	2处	400

说明：2001—2008年，城区基础设施完成投资19亿元

2001—2008年娄星区城市建设与改造工程一览表

表17-2

工程类别	名　　称	规模(长×宽)	日期
城市道路	新星北路(涟滨东街—茶亭子收费站)	3854米×60米	1999.6—2001.10
	娄星北路(娄底一大桥—仙桥街)	2108米×60米	1999.9—2001.12
	扶青北路配套工程(乐坪街—长青街)	690米×30米	2001.8—2001.12
	钢城东街改造工程(仙桥街—钢城北路)	1200米×30米	2000—2001
	新星南路(乐坪—潭邵高速公路娄底连接线)	4450米×60米	2001.6—2002.12
	新星中路配套工程(长青街—月塘街)	993米×60米	2001.8—2002.10
	乐坪西街配套工程(扶青路—丹阳路)	1846米×80米	2001.8—2002.10
	长青中街配套工程(吉星路—新星路)	1213米×60米	2001.8—2002.7
	湘阳街配套工程(娄星路—白塘路)	2345米×52米	2001.8—2002.11
	白塘北路配套工程(长青街—湘阳街)	436米×30米	2001.8—2002.8
	育才路(桃圃街—乐坪街)	1469米×60米	2000.7—2002.12
	新星中路(月塘街—涟滨街)	1399米×60米	2002.8—2003.9
	乐坪东街改造工程(新星路—扶青路)	2220米×80米	2002.9—2003.6
	氐星路改造工程(火车站广场—乐坪街)	1767米×60米	2002.9—2003.6
	长青中街改造工程(新星路—扶青北路)	1939米×60米	2002.9—2003.6
	娄星南路改造工程(娄星桥—乐坪街)	1394米×60米	2002.9—2003.6
	白塘路(湘阳街—月塘街)	545米×30米	2002.7—2003.12
	月塘西街配套工程(火车站广场—新星路)	640米×60米	2003.7—2003.9
	仙桥东街配套工程(娄星路—新星路)	882米×30米	2003.6—2003.10
	扶青南路(乐坪街—娄邵铁路)	1801米×52米	2003.6—2003.10
	涟滨街(新星路—甘桂路)	3461米×36米	2003.6—2004.10
	月塘东街(新星路—吉星路)	1213米×60米	2002.8—2004.12
	丹阳路配套工程(乐坪街—涟滨街)	950米×52米	2004.5—2004.12
	金谷路(长青街—湘阳街)	436米×30米	2005.6—2005.12
	石马路(长青街—湘阳街)	436米×26米	2005.6—2005.12
	清泉街(石马路—氐星路)	579米×20米	2005.6—2005.12
	栗山路(起于涟滨街K2+695交会处)	382米×20米	2005.6—2005.12
	书苑路(起于涟滨西街K4+297交会处)	405米×20米	2005.8—2005.12
	贤童街(娄星路—市燃气公司)	1770米×30米	2005.8—2005.12
	春园路(贤童街—乐坪街、长青街—月塘街)	1487米×30米	2005.8—2005.12
	乐花路(贤童街—乐坪街)	250米×30米	2005.8—2005.12

续表17-2

工程类别	名　　称	规模(长×宽)	日期
城市道路	新科支路(新星南路—春檀路)	300米×30米	2005.8—2005.12
	民福村南路	358米×30米	2005.5—2005.12
	民福村北路	330米×30米	2005.5—2005.12
	电视台路(贤童街—电视发射台)	1500米×7米	2005.6—2005.12
	市机关大院路面改造	30000平方米	2005.7—2005.8
	娄底宾馆路面改造	—	2005.7—2005.8
	涟滨街(甘桂路—安石集团)	1045米×30米	2004.10—2005.10
	春园商业步行街	占地面积8.91万平方米	2005—2006
	娄星南路改造工程(涟滨街—娄星桥)	558米×60米	2006.6—2006.12
	新科街(竹山路—育才路)	475米×30米	2006.6—2006.12
	清潭路(栗山路—老储木场)	357米×7米	2006.6—2006.12
	站前路(老火车站—栗山路)	415米×6米	2006.6—2006.12
	将军台路(老印刷厂—清潭学校)	300米×5米	2006.6—2006.12
	南贸街改造(新星路—春园路)	455米×30米	2006.7—2006.12
	竹山路(桃圃街—乐坪街)	1611米×30米	2002—2007.1
	新星中路(长青街—乐坪街)	752米×50米	2005—2007.12
	南贸东街(新星路—吉星路)	1213米×30米	2002.8—2007.12
	竹山路安置基地	—	2006—2007.12
	大科黄泥安置基地	—	2006—2007.12
	涟滨西街安置基地	—	2006—2007.12
	建设路(新星路—吉星路)	789米×52米	2006—2008.12
	白塘路(长青街—乐坪街)	652米×30米	2006—2008.12
	仙桥西街(钢城街—碧溪路)	700米×30米	2006—2008.12
	福岭路(仙桥街—娄涟公路)	570米×30米	2006—2008.12
	早元街(娄星南路—甘桂路)	1500米×46~60米	2006—2008.12
	娄星南路(早元街—湘中大道)	786米×60米	2006—2008.12
	长青西街(扶青路—丽春路)	650米×60米	2008.8—2008.12
	丽春路(长青街—乐坪街)	540米×30米	2008.9—2008.12
	望湘门、观化门	—	2007.12—2008.12
	娄底军分区院内东西侧道路维修工程	—	2008
	站前路(火车站往南150米)	150米×30米	2007.12—2008.12
垃圾中转站	垃圾中转站	日处理垃圾400吨	2007—2008.10
	公厕、垃圾站10座	—	2005.12—2007.6

续表17-2

工程类别	名　称	规模(长×宽)	日期
垃圾填埋场	垃圾处理场一期	总库容430万立方米，日处理垃圾250吨	2006.8—2007.10
小街小巷	小街小巷13个(城南)	—	2007—2008.12
污水处理	污水处理厂	一期工程日处理污水5万吨	2005.12—2007.12

第二节　市政建设

一、供水

1989—2008年，娄底市自来水公司加强供水基础设施建设，增强供水保障能力，提升供水服务水平，构筑安全可靠的供水保障体系。日供水保障能力18万立方米，水质综合合格率99%以上，管网抢修及时率100%。其间两次分别被湖南省委、省人民政府授予“文明建设先进行业（系统）”“文明建设先进单位”称号。

（一）水厂建设

娄底市第一自来水厂　第一自来水厂位于娄底市娄星南路与早元街交会处，占地面积5公顷。其中，净化场4.69公顷，取水泵房0.31公顷，取水水源为湘江二级支流孙水河，提升泵房设孙水河畔落花洲。始建于1980年，为娄底市第一座集中式水厂。经过三次改扩建，供水能力达到8万立方米/日，水厂主要水处理构筑物有提升泵房、反应沉淀池、V形滤池、加药车间、二级泵房、高低压配电间等。水厂V形滤池采用法国得利满技术，反冲洗全部采用自动化控制。

1989年6月，一水厂3万立方米扩建6万立方米供水工程开工建设。1990年9月，全部工程建成开始试用送水。1991年5月16日通过验收。工程项目包括取水工程、净化系统、加压系统、输配电系统、净化场总图、辅助工程及其他配套工程、输配水工程。建筑面积910平方米，浇筑混泥土3108.70立方米，砖石砌体8277.20立方米，铺设DN300以上管道6620米，挖填土石方4.08万立方米，消耗钢材441.34吨，水泥393.60吨，铸管978吨。总投资586.60万元。日供水能力6万立方米。

2001年9月，湖南省计委批准同意一水厂改扩建和城市配套管网工程建设。2002年1月，娄底市计委发文，同意一水厂改扩建和城市配套管网建设全部工程计划，对设备老化一水厂清水池、气水反冲水滤池（V形滤池）、送水泵房、投药间进行新一轮改扩建，配套建设厂区给排水、输配水工程，拆除原送水泵房、清水池、移动罩冲洗滤池，建筑面积1461平方米，总投资2642万元。2004年10月竣工使用，改造后。供水能力提升至8万立方米。

娄底市第二自来水厂　第二自来水厂位于湘乡市棋梓镇大富村和杉山村两村交界处大石山，系异地征地建设，占地面积15公顷。按日供水10万立方米、取水工程土建部分按日供水20万立方米规模建设。二水厂以水府庙水库为水源，取水点设水库西岸大坡山处，由岸边开挖深沟向库区中心延伸300米安装取水头，保持水质相对安全稳定。水厂主要水处理构筑物有提升泵房、生物预处理池、反应沉淀池、虹吸滤池、加药车间、二级泵房、110千伏变电站等。其中，采用生物预处理技术降解原水氨氮和有机物，系湖南省首家采用此技术水厂。

1989年，市政府成立二水厂筹建领导小组。1990年，成立二水厂建设工程指挥部。是年，省计委下发《关于娄底市第二水厂计划任务书的批复》。1991年，省建委下发《关于娄底市第二水厂初步设计的批复》。1992年11月破土动工，投资1.20亿元，工程项目包括取水工程、净化工程、输配水工程、附属工程、测控系统工程五大部分，1997年6月18日，主体工程竣工试送水。1998年年底建成竣工，历时6年。1999年7月，二水厂一期通过验收。供水范围扩展东至火车东站、南至市武警支队、西至高溪社区、北至潇湘学院，自备水源仅涟钢水厂一家。

（二）管网建设

1991年，新安装从一水厂一泵房至关家脑DN600毫米铸铁输水管3600米，铺设涟水河DN472毫米过河管280米，乐坪西街DN400毫米铸管190米，新星北路、王方公路DN400毫米铸管1250米，沿河街DN300毫米铸管1300米，铺设管道6620米，投资152万元。涟邵矿务局、火车站、煤炭一处、地人民医院等单位及老街居民均用上自来水，供水普及率达95%，自备水源减少到17家。1997年，二水厂一期建成投产，日供水10万立方米，配套建设DN1200主管14千米。

2001年，省发展计划委员会批准娄底市供水水源及供水设施改扩建工程，完善娄底城市供水管网，对育才路、扶青北路、白塘路、新星南路、华达等进行扩建、延伸、新建并对局部进行改造，安装管道2.49万米。2003年8月，省发展计划委员会批准娄底市老城区供水管网改造工程，改造老城区各种管道。2006年8月，完成一期工程，改造管道3.58万米，总投资3200万元。2004年4月，公司执行市政府决策，解决涟钢周边碧溪、涟滨2个村村民饮水困难问题，2个村892户供水改为自来水公司直供水，消除因供水引发工农矛盾纠纷，减轻国企涟钢负担。

2007年4月，解决高溪社区饮用水问题，铺设骡子坳至高溪社区DN300、DN200主水管4600米。9月，高溪井家冲居民用上自来水，结束依靠涟钢用消防车送水历史。其他用户于2008年3月全部用上自来水，高溪社区居民用水问题彻底解决。2008年，供水范围东至火车东站，南至武警支队，西至高溪社区、北至潇湘学院，城区自备水源仅涟源钢铁集团1家。

（三）水质保障

水质检测 1985年，设立娄底市自来水公司中心化验室，是娄底市自来水公司水源水、出厂水、管网水和净水剂及其他原材料检测机构。2002年10月，通过湖南省质量技术监督局组织计量认证，成为湖南省城市供水水质监测网成员。2004年，娄底市出台《娄底市供水用水管理办法》，按照国家饮用水卫生标准，按水质站、水厂、制水车间三级管理模式加强源水水质、出厂水质、管网水质检测，保证水质安全可靠，水质合格率达到99%以上。在娄底市自来水公司中心化验室基础上组建湖南省水质监测网娄底监测站。2007年，通过计量认证复查换证评审。该站有14名检测人员，其中，高级工程师1人，工程师4人，初级工程师2人，中级检验员1人，所有人员均接受过不同程度专业技术培训。实验室使用面积500余平方米，可控温面积300余平方米，实验室环境设施条件能满足检测需要。通过连续多年来对水质检测仪器设备投资，拥有北京科创海光AFS-230E原子荧光仪、青岛盛瀚CIC100专业型离子色谱仪、瑞士梅特勒AE-240全自动电子天平、流气式低本底α、β测量仪、红外分光测油仪、日本岛津原子吸收分光光度计、日本岛津气相色谱仪、北京普析紫外分光光度计等设备。固定设备、精密仪器70余台，固定资产近600万元。

水质检测管理实行水质监测站、供水厂两级管理，制水班、水厂化验室、水质监测站三级检验。制水班检验项目和检验频率为原水、沉淀池出水浑浊度指标，每班检测1次；出厂水余氯、浑浊度、PH值3项指标每小时检测1次。水厂化验室检验项目和检验频率为原水浑浊度、色度、臭和味、肉眼可见物、化学需氧量、氨氮、细菌总数、总大肠菌群、耐热大肠菌群9项指标，除浑浊度每天检测2次外，其余每天检测1次；沉淀池出水浑浊度、出厂水pH值2项指标，每天检测2次；出厂水浑浊度、色度、臭和味、肉眼可见物、化学需氧量、余氯、细菌总数、总大肠菌群、耐热大肠菌群9项指标，除浑浊度每天检测2次、余氯每小时检测1次外，其余每天检测1次。水质监测站检验项目和检验频率为原水的《地表水环境质量标准》中有关水质检验基本项目和补充项目29项，每月检测1次；出厂水的《生活饮用水卫生标准》中35项水质常规指标和7项非常规指标，每月检测1次；管网末梢水的《生活饮用水卫生标准》中35项水质常规指标和7项非常规指标，每月检测1次；管网水的浑浊度、色度、臭和味、余氯、细菌总数、总大肠菌群、化学需氧量（管网末梢点）7项指标，每周检测1次；出厂水的《生活饮用水卫生标准》中非常规指标，每半年检测1次（外检）。

水源保护 2003年11月，水质监测站对一水厂水源检测时，发现孙水河水质氨氮超标，查出污染源出自上游惠福化肥有限公司废水违规排放，市二水厂取水处网箱养鱼影响饮用水。2004年，关闭化肥厂。2005年，控制网箱养鱼。2005年年底至2006年年初，河道、水库挖砂作业严重影响水厂水质。市政府相关部门取缔水厂水域内挖沙船作业。经单位自检和省市住建、卫生部门监督检测，水质合格率均在99%以上。用户对水质投诉、质疑，由水质监测站和其他部门及时处理。公司从制水工艺、水质检测、管网建设、用户水质投诉全方位保障安全优质供水。

（四）供水服务

水表设置 2001年起，实施“一户一表、改表到户、抄表到户”，对提出申请符合条件的新老小区一律实行直供水，对改制企业、矛盾多发小区、单位水改进行重点介入。是年，安装到户水表1600余户。2004年6月，成立营销中心，设服务大厅。10月，在桑塘街设立城北服务部，2005年6月，在城北农贸市场设立城西服务部。形成以营销中心为龙头，城北、城西2个服务部为城市两翼3个就近服务格局。2006年3月，与邮政合作，设立40个水费代收网点。2007年8月，建立语音短信服务平台，向用户发布供水信息、催缴水费、方便用户查询、反馈信息。成立供水生产计算机调度中心，调度水厂生产、监控管网压力，及时发现和处置供水故障。制定《一站式服务制度》《服务公开承诺》《限时办结制》等管理制度，设立行风监督员，征求社会各界意见和建议。建立供水“110”，开通24小时供水服务热线，抢修及时率100%。

2008年，建立生产调度中心，依托监控网络信息，调度指挥生产和事故处理。供水用户增加到15万余户，年均增加水表户8000户。坚持停水区租用消防车免费义务送水服务制度，减免低保户用水费用，低保户年均减免水费近百万元。

水表检定 1990年，市质量技术监督部门依法授权自来水公司建立计量检定机构，负责水表检定工作。水表检定站办公、实验场地220平方米，固定资产200余万元。其中，水表检定装置3台，仪器设备资产62万元，建立社会公用计量标准1项。有工作人员5人，4人取得注册计量师证。1990—2008年，年检数量万余个结算水表，首轮强检率100%，客户满意度99%，检定装置完好率100%。

二、排水

1990年前，娄底市城区道路大多为明沟排水。1991—1994年，新建道路根据排水规划及道路设计，建雨水管1.40万米，污水管1.15万米。对部分明沟改造为暗沟。1995年，下水道总长27.26千米，排水系统完好率100%。2003年，建设完成城南片区主排水涵。2004年，中心城区新建下水道50余千米，盖板涵、排水沟10余千米。2005—2006年，城区建设下水道130千米。

三、排污

1991年，娄底行署编制《娄底地区环境保护“八五”规划》，将城市污水排放列入政府议事日程。1997年，制定《娄底地区“九五”期间污染物排放总量控制计划》，提出工业企业污水排放总量控制要求。2005年，娄底市政府实施城镇污水处理建设三年行动计划，规划建设第一污水处理厂。第一污水处理厂位于娄星区花山街道对江村，占地面积8公顷（一期占地3.97公顷，二期占地1.87公顷，三期预留2.16公顷），设计处理规模15万吨/日，分三期建设。12月，第一期工程开工建设。2008年8月，第一期工程竣工，配套管网19.80千米，日处理污水10万吨，当年处理污水186万吨。纳污区域为乐坪街以北，金星路（原甘桂路）以东，涟滨街以南，吉星路以西及涟水河以北，涟钢、市经开区（规划内污1—5区及10区）范围，服务面积28.28平方千米，服务人口26.40万人。该厂采用“氧化沟+UV消毒工艺，稳定有效降解有机物及磷氮等污染物，灭杀水中病毒细菌，排放水质执行GB 18918—2002《城镇污水处理污染物排放标准》排入涟水河，按10.0×10^4立方米/日污水处理规模计算，每年减少COD_{cr}排放量5836.60吨、BOD排放量2920吨、SS排放量7226吨、NH_3排放量803吨、TP排放量91.20吨。

四、供气

（一）气源建设

人工煤气　1990年，市区管道煤气用户1.30万户。1992年，新增煤气用户1.02万户，总用气人口7.20万人，燃气普及率47.4%。1993年，涟邵矿务局在骡子坳新建1座2组66型焦炉，日产气量12万立方米，除自用外，日剩余6万立方米。涟邵焦化厂与市煤气公司签订供用气协议，在厂区建设3万立方米储气柜。1994年12月建成，1995年6月投入使用，新增储配能力6万立方米/日，供气户数4万户。2007年，市政府决定改用空混气。项目2008年年初立项，投资2300万元，4月动工建设，12月23日竣工送气，供气能力增加6万户。

液化气　1991年，娄底市花山街道居民成武隆在涟滨乡民福村开办全市第一家液化气站。1993年9月，娄底市计委批准重新立项建设。1997年6月，完成技术改造，经有关部门验收后交付使用。1999年2月，取得省建设委员会城市燃气企业资质证书。该站占地面积8000平方米，储罐容积137立方米，年供气能力3000吨。1999年，娄底地区铁合金厂负责人刘义华在铁合金厂内建设第二家液化气储配站城西气站。2004年6月，中石化娄底分公司投资500万元，在双峰县太平寺建设储量500立方米液化气充装站，面向娄底城区和双峰县供气。2005年，城西气站整体搬迁至娄星区百亩乡双林村，异地重建，占地面积5000平方米，储气能力100立方米，年供气能力2000吨。

天然气　2007年7月，中石油娄底销售分公司投资1000万元，在娄底湘阳东街建设娄底市第一座压缩天然气（CNG）汽车加气站，占地5000平方米，储气井4座，容积12个水容积。面向城区客运出租车提供燃料气源，日供气规模2万立方米。

（二）营运与管理

1995年8月20日，根据建设部《城市燃气当前产业政策实施办法》，设立娄底市燃气管理办公室（简称燃气办），工作职责为统一规划、管理、指导、监督城市燃气生产、经营、用器具生产许可证、质量、安全认证和认证标志使用。1996年7月24日，市政府第十三次常务会议决定，市燃气办隶属市建设委员会管理。1997年，市燃气办对市区所有液化气经营网点清理整顿和规范。1998年，市燃气办按照建设部有关燃气企业资格审查标准，对辖区内液化气经营企业气源场地、运输、储存、经营、安全使用、管理制度、气站设备、设施资质审查考核，符合条件发给“湖南省城市燃气企业资质证书”，不符合条件限期整改，规范娄底城区液化气经营无序状态。8月，娄底市煤气公司更名为娄底市燃气总公司。1999年，地改市后，娄底市燃气总公司由市建设局接管，由事业单位改为企业单位，实行独立核算、自负盈亏管理体制。

2003年3月25日，娄底市建设局印发《娄底市燃气管理办公室工作职责》，明确市燃气办职责。2004年3月，国有企业改制。市燃气总公司被列入首批公益性企业改制单位，公司员工实行身份置换和经济补偿。公司资产通过公开挂牌竞价转让80%股份。北京新华联燃气有限公司摘牌成交，与娄底市国有资产监督管理委员会签订《合资合作协议》。2006年3月31日，挂牌成立娄底新华联燃气有限公司。9月20日，市政府授权市建设局与新华联燃气有限公司签订娄底市管道燃气特许经营协议，特许经营期限30年（2006年3月2日至2036年3月1日）。2008年，美国AEI投资公司在中国收购北京新华联燃气有限公司。娄底新华联燃气有限公司成为外资控股公司，公司名称与股权比例不变。

五、城市公共交通

娄底市公共交通总公司位于氐星路1号。1989年，娄底人民汽车公司有客车39辆，固定资产270万元，营运线路10条，营运收入181万元。1991年，启用氐星路1号火车站基地。1995年，对公司2路（火车站至涟钢医院）、3路（地区医院至涟钢洪家洲）营运车辆实行单车风险抵押承包责任制。成立广告装潢分公司，发展第三产业。有车辆92台，线路12条，全长194千米。1996年，市人民汽车公司更名为市公共交通总公司，下设一分公司，二分公司、汽车大修厂直属车队、广告装潢公司、油料分公司、生活服务公司。1997年，因城市公交与社会客运线路重复，在市交通局协调下，公交车辆与社会客运车辆实行区域分线营运，公交车在市城区范围内从事营运。1月18—19日，公交车退出火车站至万宝、茶园线、火车站至恩口线，社会客运退出涟钢至地区医院、火车站至涟钢线。1月20—21日，公交车退出火车站至西阳、火车站至小碧线，社会客运退出火车站至师专、老火车站至师专线。1月22—23日，公交车退出火车站至泽溪、火车站至荷叶线，社会客运退出涟钢至华达、老火车站至华达及市内所有营运线路。市公共交通总公司时有线路12条：1路，火车站经汽车站至卫校，安排公交车8台；2路，火车站经汽车站至涟钢北大桥，安排公交车24台；3路，涟钢北大桥经汽车站至卫校，安排公交车32台；4路，火车站至师专，安排公交车2台；5路，老火车站至师专，安排公交车3台；7路，火车站至高溪工业小区，安排公交车4台；8路，火车站至汽车站，安排公交车2台；9路，火车站经华达至骡子坳，安排公交车3台；10路，老火车站经华达至骡子坳，安排公交车6台；11路，火车站经沿河西街至磷肥厂，安排公交车4台；12路，卫校至涟滨西街，安排公交车4台。1999年，推行无人售票车，购进无人售票车42台。5月18日起，先后开通1路、20路、15路、11路无人售票车。7月10日，开通1路、15路晚班车，延伸6路、16路至机电学校。5月18日，开通19路线火车站至劳教所；6月1日，开通21路火车站至与园林处。

2000年，对2路、3路实行改制，投资280余万元收回原租赁承包车辆，并于10月1日开通无人售票车。复通19路公交车。2001年，在火车站基地修建办公楼，结束公司无办公地点历史。2002年4月1日起，17路、18路、6路全部改为无人售票车。至此，城区全部实现无人售票车。3月7日，推行学生优惠卡，学生凭优惠卡半价乘车。2003年1月7日，开通13路（磷肥厂—西阳和家）、19路（火车站—娄底监狱）。6月1日，17路公交车分12路、17路运行。12路：火车站—汽车站—娄底大桥—桑塘街—涟钢大桥—四拱桥三号门卫—高溪西门。17路：火车站—汽车站—娄底大桥—桑塘街—涟钢宾馆—洪家洲—新电炉—高溪西门。10月1日，6路（人文科技学院—火车站）公交车从火车站延伸至楚英学校，延伸线路为火车站—月塘—楚英学校。11月1日，6路（人文科技学院—火车站—楚英学校）公交车从楚英学校延伸至仙人阁，延伸线路为楚英学校—仙人阁。11月3日，娄底公交专用车道开通。2004年6月1日，开通新火车站至高溪12路公交线。2路线被评为全省同行业唯一“巾帼标兵岗”。

2005年5月12日，18路（骡子坳—仙人阁）延伸至经济技术开发区工业园。9月1日起，城区范围内逐步推行公交车到站停车。2006年11月6日，11路改为环线行驶，分A线和B线。A线为菊苑小区—汽车站—娄底大桥—清潭批发市场—月塘—菊苑小区；B线为菊苑小区—月塘—清潭批发市场—娄底大桥—汽车站—菊苑小区。该线改道标志着菊苑小区开通公交车。16路公交车改道由以前三元至磷肥厂改为从三元开至批发市场。2007年，开通18路和16路公交车进香茅街和石玉街。2008年5月1日，投资80余万元，GPS公交智能管理和报站系统投入试运行。8路线延伸至福岭社区，16路延伸至五江建材。2008年，总公司下设10个职能科室，辖3个营运分公司，1个修理厂，1个物资供应公司，1个油库。有职工635人，车辆198台，固定资产4003.50万元，营运线路13条，线路总长126.70千米，年运送乘客3800多万人次，营运收入2667.50万元。

第三章　城市管理

1989年至2001年8月，娄底市（县级）建委负责城市管理。2001年9月，撤销市公用事业局，组建娄底市（地级）城市管理和综合行政执法局（简称城管执法局）。2002年4月23日，娄星区城市管理工作移交市城管执法局。2003年，启动第二轮城市总体规划和城市绿地系统专业规划修编，编制《娄底市城市绿化系统规划（2003—2020）》。2004年，娄星区通过省级园林城市创建验收，城市人居环境评比跃居全省第2位。2005年4月，娄星区被湖南省人民政府授予“湖南省园林城市”称号。2006年3月，市城管局被建设部授予“全国城市园林绿化先进集体”称号；娄底市被授予“全国绿化模范城市”称号。2007年12月，城区市容环境卫生、园林绿化、市政管理、规划、环境保护、工商、公安交通、客运等方面法律法规及规章规定全部或部分行政处罚权集中到市城市管理行政执法局统一行使。是年，娄星区被评为全国十大宜居城市。

至2008年，投资1.80亿余元，建成和改造娄星广场、青山文体广场、文化广场、火车站广场等城市广场；建设开放石马公园主景区，启动珠山公园、孙水河公园建设；完成乐坪东街、长青街、氐星路、娄星南路等4条道路改造；完成娄星北路、乐坪西街、湘中大道、新星南路、新星北路、吉星路等34条道路绿化；推行城市临街单位门前绿化管理责任制，实施绿化、美化、亮化精品工程，将历史文化、风土人情与园林小品相结合，建设园林景点83处。市环卫处清扫保洁街道38条，清扫面积261万平方米，有机洗车辆3台，机械化清扫总面积97.24万平方米，机扫率达到41.2%。85座社会公厕按照旅游公厕标准改造、维修。市路灯管理处负责中心城区街道路灯照明设施建设和管理。建设218条街道路灯照明设施，路灯专用变压器49台（其中箱变12台），容量3280千伏安，控制柜62个，监控终端45个，地下线缆总长度260千米，路灯5148基4.33万盏，道路照明总功率2477.61千瓦。亮灯率、设备完好率保持在99.5%以上；为5个公园社区、6条地下通道、30多个交通岗亭以及景观亮化、宣传牌、道路交通信号灯、指路牌等公益性社会服务项目供电。园林绿化建设在全省名列前茅。建成区绿地面积1398万平方米，人均公共绿地面积8.31平方米，绿地率34.1%、绿化覆盖率36.7%；有各类公园5个、广场2个，公园绿地面积45.10万平方米，园林式单位小区159家。街道行道树以樟树为主，国槐、法梧、合欢、杜英等为辅，绿化带植物以常绿花灌木植物为主，乔、灌、花、草合理配置，道路绿地面积286.80万平方米。

2008年，城市管理和综合行政执法局内设办公室、人事教育科、法制科、财务装备科、执法督察科、处罚中心、市容管理科、风景园林管理科、公共事业管理科9个科室。下辖城市管理行政执法支队、环境卫生管理处、风景园林管理处、路灯管理处、广告灯饰管理办公室、城市渣土管理办公室、娄星公园管理办公室、车站广场综合管理办公室8个直属机构。

2001—2003年历任党委书记：罗景田，历任局长：肖有胜。2003—2008年历任党委书记、局长：肖有胜、彭健初。

第一节　市容管理与行政执法

一、市容管理

（一）早夜市治理

1989—1998年，域内尚无早夜市。1999年后，早夜市逐年兴旺。夜市烧烤随意摆摊，卫生状况脏、乱、差，影响市区市容市貌，并造成交通堵塞。市城管执法支队通过与街道物管处接洽协商、疏堵结合、划定摊位、整治等方法进行治理。2002—2005年，开展夜市整治，将夜宵摊贩集中到南贸西街一带，实行摊位划分，形成夜市一条街。2006—2007年，夜宵市场转移至金谷市场、洞新市场等地，所有早餐摊点全部进店经营。2008年，城区早夜市管理规范，有序发展。

（二）“门前三包”管理

1989年，全市环境卫生由市环卫处依据1982年娄底市政府《娄底市环境卫生管理暂行规定》监察管理，内人行道、临街门店前清扫保洁（即“门前三包”）由街道办事处、居委会负责，并收取有偿服务费。1993年，市政府出台《娄底市城市卫生管理办法》，环境卫生管理走上法制化，环卫处与街道办事处及居委会协调配合，实行“门前三包”责任制。

2000年4月，市政府制定《娄底市城区门前三包管理暂行办法》，提出“包卫生、包绿化和包秩序”新的“门前三包”，规定“门前三包”责任承担者、责任范围及组织与管理。2002年2月，按照市政府“一个扫把扫到边，一支队伍管到底”管理模式，市环卫处接收门店门前清扫保洁任务及配套道路。12月，市政府下发《关于娄底城区临街单位门店门前范围统一由环卫部门清扫、保洁、管理的通知》，明确规定人行道、临街门店前清扫保洁（即“门前三包”）由市环卫处负责，理顺“门前三包”责任体制。2003—2008年，市政府提出“门前三包”责任制由环卫部门行使相关职能，城管执法支队履行协助管理职能。环卫处通过上门宣传环卫法规、开展门店生活垃圾整治等方法，强化临街门店主“门前三包”责任意识。

二、户外广告管理

1989年，户外广告行业开始起步。至2002年，户外广告初具规模，有楼顶广告200余块。由于没有专门管理机构，户外广告、招牌设置处于无序混乱状态。2月5日，成立市广告灯饰管理办公室（简称市广告办），对户外广告进行规范管理。规范审批，按“设前先批、批前先审、审后必督”，从源头控制户外广告和门店招牌设置。加强巡查监管，违规设置和破烂户外广告招牌；巡查人员通知业主自行整改，对未整改或业主不配合的，依法组织强制拆除。提高广告设计制作质量，逐步淘汰低档次广告。2003年2月，市政府颁布实施《娄底市城市户外广告管理办法》。5月6日，市城市管理局制定《娄底市城区户外广告、招牌设置标准》，规范管理。2005年，中心城区取消跨街横幅和墙体布幔广告，鼓励支持设置环保安全高品质广告牌。

2008年12月19日，市政府出台《娄底市城区户外广告招牌设置标准》，同时废止娄底市城市管理局出台的《娄底市城区户外广告、招牌设置标准》。是年，市广告办开展小规模户外广告（招牌）专项整治，规范户外广告（招牌）设置。

三、行政执法

1989—1992年，城区流动摊贩随意摆摊、占道经营现象普遍存在。1993年，市城市建设管理监察大队在人口相对集中区实施人行道划段经营，九龙至汽车站沿线、中心医院沿线等地作为集中摆摊点。1995年，取缔氐星路、长青街路段人流集中摆摊点。

2001年春节期间，市政府召开禁止城区燃放烟花爆竹紧急会议，城区严禁烟花爆竹燃放。2002年，市城管执法支队参与门店生活垃圾执法。对门店生活垃圾突出问题，采用教育劝导、督促整改、情节严重者立案查处、多发时段和路段集中执法力量整治、对突出问题和影响较大现象进行曝光等方式开展城市生活垃圾执法治理。2003年，取缔人行道集中摆摊。2004年，市政府发布中心城全区禁止燃放烟花爆竹通告，市城管执法支队宣传、引导、规劝市民在中心城区禁止燃放。

2007年，实施相对集中行政处罚权，市城管执法支队负责城区所辖范围内市容秩序、环境卫生、园林绿化、城市客运、城市广场等市容维护和管理。市公安局治安支队成立城管警察大队，处置系列城管执法中暴力抗法案件。2008年，对无照经营流动摊担、店外经营、擅自摆摊设点、沿街叫卖等行为进行制止、劝导和处罚。履行环境保护执法权，通过深入噪声多发区域以“查”促“改”，以“改”治“本”，严查噪声污染，重点以处理投诉案件为主。对少数民族露天烧烤羊肉串行为按照定量、定点、定规原则进行管理。查处餐饮服务行业油烟污染举报投诉，办结率95%以上。对未安装油烟净化装置或已安装但不符合标准小餐饮单位，现场下发限期改正违法行为通知书，提出安装油烟净化装置整改要求；对已安装油烟净化装置大中型餐饮单位要求其正常使用，定期维护相关装置；对逾期安装不到位或整改不到位的，依法进行立案处罚。行使交通执法和静态停车执法职能，对违规停放在人行道上的机动车辆进行制止、劝导和行政处罚。

2007年12月24日，市政府发布《娄底市人民政府关于印发〈娄底市城市管理相对集中行政处罚权暂行办法〉的通知》《娄底市人民政府关于开展城市管理相对集中行政处罚权工作的决定》。

2008年1月，组建市城管执法支队。对非法占道经营，影响市容市貌行为，通过批评教育、登记保存违章物品、立案查处等手段，加强对占道经营整治。

至2008年，市城管执法支队参与拆除老火车站公共汽车停车场周边违章建筑、拆除老烟草公司后违章建筑、拆除华达机械厂周边违章建筑、拆除老市劳动服务公司基建工地处违章建筑、拆除涟钢新电炉违章建筑、拆除涟钢洪家洲至涟钢大桥靠河违章建筑6件大型拆违行动。

第二节 环境卫生管理

一、道路清扫

1989年，主要街道由市环卫处清扫保洁，马路两旁人行道由所在单位清扫保洁，小街小巷由居委会清扫保洁，车站、码头、市场等由经营单位清扫保洁，机关、院落、学校、商店等周围分别由有关单位清扫保洁。市环卫处将城区分为南、北二区，乐坪街、长青街、湘阳街、涟滨街、娄星路、氐星路、新星路、育才路8条街道，清扫保洁面积21.70万平方米，分由2个管理所划片清扫，环卫工人手工作业。1990年7月，市环卫处清洁工龙顺华被国家建设部授予劳动模范。1993年9月，市政府出台《娄底市城市卫生管理规定》，市环卫处与街道办事处及居委会协调配合，形成“纵向三级，横向连片；条块结合，专群结合”清扫保洁管理网络，并实行“门前三包”制度，清扫保洁面积达40万平方米。1995年5月，市环卫处清洁工曾晓云被省政府授予劳动模范称号。1996年，清扫面积增加至54万平方米。2000年4月，市政府制定《娄底市城区市容和环境卫生管理规定》《娄底市城区门前三包管理暂行办法》，明确市容环卫管理职责，实行奖罚，市环卫处为一线清扫职工发放黄色环卫标志服。

2002年2月，实施“一个扫把扫到边，一支队伍管到底”管理模式，接收门店门前清扫保洁任务，市环卫处延长清扫保洁时间，夏、秋季19小时，春、冬季17小时，清扫面积153万平方米。5月，购置扫地车2台，机扫率35%。2003年，开展创建省级文明卫生城市。2月，出台《娄底市城区市容和环境卫生管理办法》。环卫处再购置扫地车1台，清扫保洁街道12条、城乡接合部2个，清扫面积230万平方米。其中，机扫面积93万平方米，机扫率40%。2005年，工作模式改为每天早中晚3次人工清扫，全天候保洁，3次洒水降尘，3次机扫吸尘，3次人工上门收集垃圾，垃圾日产日清，每月不少于3次人工清洗街道。4月，市环卫处城北所副所长段碧玉被省政府授予劳动模范称号。是年，娄底市被评为省级卫生城市。

2007年，环卫清扫正式职工490人（其中退休95人），临时工422人，承担中心城区235.90万平方米主要街道清扫、保洁、道路清洗、洒水降尘、机械吸尘、生活垃圾清运和处理任务。其中，机械化清扫面积为97.24万平方米，机扫率为41.2%。2008年，市环卫处推行路段清扫保洁承包制、对讲机快速反应机制、重点路段重点时段专人保洁责任制，清扫面积上升到261万平方米。

二、垃圾处置

1989年，城区各单位、院落向娄底市环卫处购置敞开式垃圾箱，垃圾箱满环卫部门代运；无箱单位、居民小区和门店垃圾，采取收集车及人工手推板车相结合方式定时流动上门收集；环卫工普扫垃圾采用垃圾箱和砖围结构转运站收集。域内有豹南山、大科乡长青村2处露天堆放消纳处理场，总面积1.43万平方米。是年，生活垃圾收集量1.61万吨，粪便清掏6500吨。1990年7月，封闭大科乡长青村生活垃圾处理场。8月，启用市园林处苗圃场简易生活垃圾处理场，使用面积1.47万平方米，年处理生活垃圾1.87万吨。1999年，清运垃圾8万吨。

2002年，市环卫处垃圾收集实行电话预约服务，对外承诺在接到代运单位电话预约后24小时内完成任务，保证收集车每天上门收集垃圾2次，做到按时上门服务。全年清理生活垃圾9.20万吨，粪便86吨。2004年，实行8小时工作时间代运服务承诺制，年清理垃圾13万吨。11月，动工兴建蛇形山镇泉塘村燕子岩生活垃圾填埋场，用地42.67公顷，库容430万立方米，分4个库区，服务年限23年，日均处理垃圾量300吨。2007年8月，清运方式实行门店生活垃圾每天上门收集3次制度。11月1日，垃圾场第一填埋库区建成启用，库容22.40万立方米。对老垃圾场实行封场。中心城区生活垃圾全部运至该场处理，日均处理垃圾量400吨，年均处理生活垃圾14万吨。填埋场符合GJJ 17—2004《生活垃圾卫生填埋技术规范》要求，对入场生活垃圾按检查、计量、倾倒、压实、消杀、覆土、覆膜、封场、绿化程序进行规范化作业。全年日产日清生活垃圾320余吨，清运率100%。2008年，垃圾收集采取人工与机械相结合，推行上门收集门店垃圾制度，年清运、处理生活垃圾11.68万吨。8月，燕子岩生活垃圾卫生填埋场通过省建设厅考核验收，无害化处理达到Ⅱ级标准。

三、环卫设施

1989年，全市有公共厕所382座，蹲位3719个，全部为旱厕。其中，市环卫处建造的有15座，蹲位203个，建筑面积874平方米。市环卫处管理旱厕15座、无产权临时性砖围垃圾转运站7座、高台中转站1个、储粪池1座，有清运车辆11台。其中，多功能垃圾车3辆，洒水车2辆，垃圾收集车4辆，吸粪车1辆，环卫监督车1辆，垃圾消纳处理场2处，固定资产165万元。是年，城区中心4座旱厕改为水厕，添制垃圾箱10个，城南市场公厕与垃圾站合为一体投入使用。1990年，投资11万元，新建水冲式联体公厕垃圾站1座，新添果皮箱50个，垃圾箱20个，对16座公厕实行定人定位清扫保洁制度。7月，封闭大科乡长青村垃圾处理场。8月，市园林处苗圃垃圾处理场投入使用。1992年，在娄星桥北侧新建水冲式公厕1座，改建娄星电影院公厕，管理公厕18座（其中水冲式8座），新购进安装果皮箱128个。1993年，投资70万元兴建水冲式公厕4座，垃圾转运站5座，配套完善集装箱式垃圾中转站1座。1994年，对公厕进行维修改造，旱厕变水厕，公厕增至21座，其中水冲式公厕13座。1995年，新建联体公厕垃圾站6座，有垃圾站12座。1996年，对多功能垃圾车安装防护网罩，避免在运输途中二次污染。新建公厕垃圾站2座，新安装一小、曹家2台垃圾吊装设备，安装果皮箱140个，添置垃圾箱11个。

2002年，区环境管理处清扫管理公厕29座，清掏果皮箱450个。2004年5月26日，市政府发布《关于取消娄底城区敞开式垃圾箱改用封闭式垃圾集装箱的通告》。2005年，市中心城区所有垃圾箱全部改用封闭式垃圾箱。娄底市城市建设投资有限公司新建公厕10座，垃圾站5座。娄星区环境管理处完成乐坪西街大理石厂、南贸西街、老火车站广场、交警大队、信用联社、火车站货运场等城区6座闲置公厕和垃圾站改造并投入使用，公厕全部改造为水冲式。维修更换城区果皮箱230个，新购240个果皮箱分别安装在月塘街、新星中路、湘阳东街和湘中大道。2006年，中心城区临街餐饮门店统一配置垃圾保洁桶1009个、垃圾板车40台。2007年，投资2200万元，市城建投资公司承建燕子岩生活垃圾填埋场垃圾中转站。11月1日启用运行，垃圾无害化处理和雨污分流技术运用处于全省先进行列。购置摆臂式垃圾清运车等生产、管理用车16台，中心城区垃圾日产日清。2008年，娄星区环境管理处有环卫车辆64台。其中，环卫专业车辆50台，管理车辆12台，维护和管理公厕27座，垃圾站15座，固定资产2325万元。年底，启动城区13座旅游公厕建设，秉着“产权不变、资源共享、免费开放、管理规范”原则，对85座社会公厕按照旅游公厕标准进行改造和维修。

四、建筑垃圾管理与处置

1995年7月，娄底市成立城市渣土调运管理办公室。12月，市政府出台《娄底市市区渣土调运管理暂行办法》，渣土运输管理收费按渣土运输车经过城区道路面积，每次按0.04元/平方米标准缴纳污染代扫保洁费，委托消纳处置也按上述标准收取管理费。1996年，市渣土调运管理办公室与市容卫生监察大队合署办公，负责中心城区在建设、施工和维护过程中所产生弃土、弃料、余渣、余泥等弃物堆放处置管理和处理乱倒、偷倒等违章行为执法工作。

2003年9月，渣土运输推行专业密闭式运输管理。成立专业化密闭式渣土运输公司5家，渣土运输车辆50台，根据《湖南省城市环境卫生有偿服务征收管理办法》，收取管理费。2007年4月23日，市政府制定《娄底市城市建筑垃圾管理办法》。10月，淘汰无牌无证渣土车，新组建裕鹏、双星、鸿发3家渣土运输公司，渣土运输车120台。2008年1月，市政府办公室批准成立娄底市渣土调运管理办公室，推行出土区建洗车台、运输线设保洁员、倒土区铺缓冲道制度。

五、环卫收费管理

1989年12月1日起，市环卫处执行《娄底市环境卫生部分有偿服务暂行规定》，收取垃圾代运费、消纳费、卫生费、车辆污染清扫费，增加粪车代运、公厕代保洁、单位门前代扫、水车租用等项目费用。临街门店清扫保洁有偿服务费由街道办事处、居委会收取。根据“谁污染谁付费，谁服务谁收费”原则，市环卫处征收环卫有偿服务费纳入市财政专户，用于城区环卫基础设施建设、垃圾无害化处理。

2001年4月，市政府制定《关于规范娄底城区垃圾代运和有关费用收取的通知》，规定临街居民、经商业主所产生的垃圾由环卫部门统一收集和处理，并收取垃圾代运费。单位、个人所产生垃圾可委托环卫部门或有资质单位代运，并收取垃圾代运费。2002年2月，市政府下发《关于调整娄底市城区环境卫生有偿服务收费项目和标准的通知》，对公共卫生费、生活垃圾填埋消纳处理费、委托代运费、中转设备有偿使用费、车辆运输撒漏污染费、环卫有偿使用服务费、城区建筑施工污染、城区洗煤厂煤场地面清扫保洁费、运输车辆污染路面保洁费、移动摊点摊位代扫保洁费、批发代扫保洁费12项收费标准做出调整。12月，根据市政府《关于娄底城区临街单位门店门前范围统一由环卫部门清扫、保洁、管理的通知》，收取临街门店清扫保洁有偿服务费。2003年9月，市政府下发《关于调整渣土等有关环卫有偿服务收费标准的通知》，调整建筑施工清扫保洁费、建筑工程渣土沙石处置费、装修、维修工程余渣处置费，增设宾馆住宿部垃圾代运费收费标准。2007年3月，市物价局、市财政局联合发布《关于调整娄底市城区环境卫生有偿服务收费项目和标准的通知》，将生活垃圾运输处理收费由每车110元提高到每车150元。

第三节 城市绿化管理

一、城市绿化

（一）街道绿化

1989—1994年，城市绿化依据十年前总体规划，全市22条主次街道绿化初具规模，城市园林绿地面积达524万平方米，街道绿化面积35.04万平方米，栽植乔木8500株，灌木9000余株，地被植物5012平方米。建成区绿地率达29.8%，绿化覆盖率达33.5%，人均公共绿地3.82平方米。1995—1998年，城区绿地面积671万平方米，绿地率32%，绿化覆盖率36.5%，人均公共绿地4.08平方米。

2003年，启动第二轮城市总体规划和城市绿地系统专业规划修编，编制《娄底市城市绿化系统规划（2003—2020）》，开展城市公园、广场和街道等市政工程大规模绿化改造和配套建设，投资10亿元，开展扶青南路、娄星北路、乐坪西街等8条配套道路，乐坪东街、长青街、氐星路、娄星南路等4条改造道路，湘中大道、新星南路、新星北路、吉星路等26条新建道路绿化建设，改、扩、新建道路60余千米，新增道路绿地面积55万平方米，栽植乔木9000余株，灌木1328万株，总绿化面积88.20万平方米，道路绿化覆盖率36%，绿化普及率98%。

2004—2008年，投资2400万元，完成新建和改造城区道路丹阳路、长青西街、桑塘街、贤童东街绿化工程，新增绿化面积60余万平方米。道路绿化养护面积达到108万平方米，乔木2万株，灌木2862.80万株，地被植物25万平方米。

（二）城区院落和居民小区绿化

1989年，全市有庭院小游园11处、假山24座、花圃6个、水池67个，植树8万余株，建有凉亭、喷泉、雕塑等，绿化投资825万元，占基本建设总投资2%。涟钢中学、涟钢制氧车间、地区供销社、铁路工务段、师专、师范等42个单位被评为市绿化美化先进单位；地委行署机关、地委招待所、军分区、地区林业局被湖南省评为“花园式单位”。1998年，全市绿化达标单位达到116个。其中，省级园林式单位21个，地级园林式单位6个，市级园林式单位65个，绿化先进单位37个。

2000年，城区园林式居住小区达到60%，省级园林式单位增加到41家，市级园林式单位增加到97家。2001—2004年，城区具有独立庭院单位238家，获省、市级园林式单位（小区）136家。其中，涟钢集团公司、娄底军分区、市人大政协大院、娄底宾馆、市林业局（老院落）、娄底电业局、湖南人文科技学院等45家单位获省园林式单位称号。涟钢仙人阁小区成为省级园林式小区。大同山庄、铂金玫瑰园、龙泉花园等8家成为市级园林式小区，占居住小区个数66%。园林式单位（小区）占独立院落57%，庭院小区绿地达424万平方米，新建居住小区绿地率达32.1%，旧居住区改造后绿地率30%。2005—2008年，城区改建、新建居住区52个，总用地面积325.08万平方米，绿化达标309.47万平方米，绿地达标率95.2%。

（三）公园、广场绿化

娄星公园绿化 1989年，娄星公园由漪园、沁苑、罗家山3个部分构成。漪园以游乐活动为主，有儿童游乐区、星湖、水榭，面积8.27万平方米，绿地面积4.66万平方米，绿化覆盖率90%，时称街心公园。沁苑以假山石、园林建筑为主，又称小游园，面积6600平方米，绿地面积5225平方米，绿化覆盖率95%。罗家山为自然山地，面积1.99万平方米，山顶栽有马尾松和香樟，景色秀丽，四季常青。

2003年4月，2个公园实行拆墙透绿。6月，实行整体改造，将罗家山和沁苑推平，改造成街道，周边部分与漪园合并，补移植各类小灌木48.83万株，大灌木619株，乔木430株，草皮1.84万平方米，改造绿地面积3.80万平方米。园内有香樟、桂花、广玉兰、法国梧桐、石楠、白玉兰、水杉、雪松等名贵树木，其中，乔木2400余株，灌木2.10万平方米，草皮1.30万平方米，水生植物3000株。常绿乔木占35%，落叶乔木占15%，常绿灌木占45%，落叶灌木占4%，攀藤植物占1%，绿化覆盖率86%。并从外地移栽2棵高16.50米、胸径150厘米、树龄300年的银杏古树至主广场出入口，成为镇园之宝。2003年，再次扩容提质，建成“一主、两副、五区”可供集会、游玩、休闲、观景大型综合性广场。

石马公园绿化 1999年始建，总面积23.70万平方米。其中，水面1.97万平方米，绿地面积16.50万平方米，绿地率达75.9%。2003年9月，主景区建成，总投资5085.52万元，面积19万平方米。其中，绿地面积15.46万平方米，水域面积1.97万平方米。利用坡地山形，进行丛林式规划布局，形成桂花林、樟树林、红叶林等景致。打造杜鹃花主题公园，栽植杜鹃品种77个2.30万株，配套栽植木芙蓉、芝樱、碧桃等2万株。园内绿地植物170多种232万株，草坪5700平方米，绿化率87.6%。

春园公园绿化 1996年10月建成开园，总投资1228.02万元，占地面积2.54万平方米，绿地面积2.28万平方米，绿地率89.8%。园内高密度栽植乔木30多个树种7000余株，植物品种多样性发展，主要有香樟、杜英、火炬松、黑松、柏类、桉树、红檵木、茶花、石榴、桂花树、罗汉松等。植物配置突出“春”字主题，后经过多年绿化景观改造，成为市中心“绿色氧吧”。

青山公园绿化 1991年10月，开工建设。1992年10月1日，建成开放。1998年，被授予湖南省“最佳公园”称号。2003年，投资1117.38万元，进行公园重新规划和提质改造，总面积8.01万平方米。其中，水面2.11万平方米，绿地面积5.36万平方米，绿地率76.8%。

火车站广场绿化 1996年12月建成投入使用，总投资1亿元，占地面积6.40万平方米。2003年6月，广场改造，新增绿地面积1.15万平方米，绿化率18%。2004年6月11日，火车站管理办迁居新址办公，在广场补栽、移植红桎木1000余株，龙柏900余株，罗汉松600余株，新增绿化面积800平方米。

月琴山公园绿化 月琴山公园前身是橘园，20世纪90年代中期因橘树老化，涟源钢铁厂将其改建成森林公园。1998年9月17日，涟钢厂庆时建成开放，总面积5.04万平方米，种植乔木5万余株，绿地面积4.73万平方米，绿地率91.9%。

市文化广场绿化 2008年10月建成投入使用，投资1500万元。占地面积5.10万平方米，其中，绿地面积2.60万平方米，铺装面积2.59万平方米。

二、园林建设

1989—1994年，加强园林建设，建成城市园林绿地面积524万平方米，街道绿化面积35.04万平方米。1995—1998年，城区绿地面积671万平方米，人均公共绿地4.08平方米。1999年，城区南移北扩、扩容提质，开展创建省级园林城市活动。至2003年，城市公园、广场和街道等市政工程大规模绿化改造和配套建设累计投资1.80亿元，建成娄星广场、青山文体广场、文化广场、火车站广场等大型城市广场，建设开放石马公园主景区，启动珠山公园、孙水河公园建设，实施绿化、美化、亮化精品工程，把历史文化、风土人情与园林小品相结合，建设园林景点83处，绿地率和绿化覆盖率分别达到34.1%和36.7%。

2004年11月，城市园林建设通过省级园林城市验收，获“省级园林城市”称号。2005年3月9日，乐坪东街道路绿化工程评为“湖南省园林绿化优良工程”。4月，省政府授予娄底市“湖南省园林城市”称号。2006年3月，娄底市被建设部授予“全国绿化模范城市”称号。2007年，被评为全国十大宜居城市。

三、城市绿化管理

（一）规划编制

1991年，编制《娄底市城市绿地系统规划（1991—2010）》。1992年，娄底市规划设计室与娄底市园林管理处共同编制《娄底市城市绿化体系规划（1991—2010）》。1996年，市政府颁发《娄底市园林绿化管理办法》。1999年，启动新的《娄底市城市绿地系统规划（2003—2020）》编制工作。2000年，市政府颁发《娄底市城市园林绿化管理办法（试行）》。2003年，确立市风景园林管理处行使城市风景园林绿化管理和建设职能。编制《娄底市城市绿地系统规划（2003—2020）》，确立“一环二区三带三网、六场七园八横八纵”城市绿地系统结构。市人民政府颁发《娄底市全民义务植树实施管理办法》，完成《娄底市城市绿地系统规划》编制。2004年，市城管执法局在市政务中心设立城管窗口，统一对外行使绿化行政审批许可职能。市政府印发《娄底城区临街单位绿化建设管理责任制实施方案》《娄底城区主要街道园林景点建设实施方案》。2007年，市人民政府印发《娄底市城乡绿化建设实施办法》。

（二）日常管理

20世纪80年代末，城市公共绿地、生产绿地、风景名胜区建设、经营和管理统一由市园林管理处负责，并负责对全市机关、厂矿、企事业单位园林绿化建设进行指导、检查和督促。1998

年，市园林处加强园林绿化管养，采取分片分段包干责任制到人，定期检查验收办法，使各种苗木、花卉、绿化树完好率保持在99%以上。1999年，科学管理绿化隔离带内树木花草。对所有行道树施肥、修剪、病虫防治各达2次以上，重点对娄星路石楠、蚊母造型定杆修剪，对长青街、氐星路的樟树、乐坪街广玉兰定型定高修剪。2000年，投资6万余元，对乐坪街、长青街、娄星路、氐星路、新星路5条主要街道制作6300米竹栏栅，为分车带内树木花草设置竹篱屏障。推行植树责任卡制度，将行道树养护管理成活率责任到人。

2001年，对新栽苗木尤其是大树名树进行重点养护管理，对所有行道树及时修剪、中耕、除草、施肥、病虫害防治。编写《园林常用技术操作要点》，发放《大树名树栽培要点》，专技人员现场指导，保证苗木成活率和盆景造型美观。2002年，对城区行道树全部修剪1次，绿化带花灌木进行7次修剪，建立卫生全日保洁制，对苗木及时中耕、除草、施肥、防治病虫害。2003年，对街道绿化带进行补栽补植，补栽乔木480株，小灌木29.80万株，及时中耕除草、施肥治虫、修剪保洁。是年旱情严重，7—9月进行24小时不间断抗旱，抗旱面积50万平方米。2004年，开展有害生物调查，发现危害园林植物常见害虫35种、有害植物8种、有害病菌10种。成立专业修剪队伍，对城区绿化带及时修剪，做到小灌木修剪每月2次，大灌木修剪每月1次。落实《娄底城区临街单位绿化建设管理责任制实施方案》，建立绿化带养护路段责任制，建设临街园林小品82处。2005年，制订《关于娄底城市植物多样性保护与应用》调查计划，开展植物调查工作。完成公园、庭院、街道、广场及生产绿地等地区植物品种摸底，汇集标本图片80余个，收集调查表200余份，整理品种140余个。

2006年，围绕“园林绿化精细管理年”活动，加强街道绿化、苗木花卉生产等工作，施肥促壮、修剪造型、美化提高，落实各项质量技术标准及生产管理责任制，推行生产、施工的程序化、标准化、规范化管理。2007年，市园林部门完成城区街道行道树绿化普查，对城区40条街道、35个品种绿化乔木摸底统计，对胸径8厘米以上行道树进行挂牌管理，标注街道简称、苗木名称、编号，建立技术档案。2008年，开展单位庭院、居住小区绿化普查工作，对城区145家单位庭院、44家居住小区绿地率、绿化覆盖率、绿化植被品种、数量等进行普查，摸清底数，为科学管理提供依据。7月1日，娄底市风景园林管理处开通城管“110”园林服务热线。

第四节　公共设施管理

一、路灯管理

（一）路灯建设

1989年，城区除南贸西街、娄星北路、乐坪西街、扶青路以西外，有17条街、路及3座桥梁架设永久性路灯798盏，供电线路长37.40千米，装灯道路长15.10千米，总负荷139.13千瓦，总投资73.25万元。路灯采用低压供电，在10千伏配电线路上安装11台公用三相变压器，设控制点7个，路灯控制房采取人员控制和时钟控制，实行半夜灯节能方法，亮灯率95%~98%。1990年，中心城区有12条街道安装路灯设施（含涟钢厂区），总长26.80千米，路灯专用变压器14台，灯杆915基，安装路灯2860盏，照明总功率312.70千瓦。1991—2002年，新建有路灯设施街道11条，总长21.96千米，新建灯杆1098基2340盏，新增路灯专用变压器15台，新增照明功率300千瓦。2003年8月，成立市路灯管理处，接管市电力局路灯所路灯建设、管理、维护职责。是年，协助完成娄星广场路灯建设。2004年，完成域内第一条商业步行街九亿步行街路灯安装。2005年，完成工业园193基537盏路灯和5台路灯控制箱及13千米路灯电缆安装任务。2006年，完成市经济技术开发区190基路灯安装。2007年，实施青山路路灯安装，新星路、新星南路路灯改造。

2008年，完成青山街54基、南贸东街38基、吉星路438基、娄星南路37基、早元街70基、湘中大道西段102基、大石山路41基等780基路灯设计和施工安装任务，完成清泉街广场改造工程拆移原有路灯设施任务，为檀山路、月秀街等背街小巷安装路灯60 余基。自筹资金5万元，为新星中路铁路立交桥涵洞内安装隧道灯，结束该路段长期无路灯历史。

（二）维护管理

1989年，中心城区路灯设施日常维护和管理由娄底市电力局路灯维护所负责。1998年，城区路灯改造一期工程作为娄底地区“三五”重点工程之一，重点改造乐坪东街、长青中街、氐星路3条城市主干道路灯。其中，乐坪东街采用9火宫庭华灯84基，氐星路13火华灯48基、两岔道为5火庭院灯16基，长青街采用双挑3火路灯59基。拔掉老路灯杆191基，安装新杆207基，铺设主电缆6000米，分电缆3000米，安装3台专用变压器。

2003年8月起，城区路灯由市路灯管理处负责日常维护和管理。是年，接管市中心城区电力局路灯所23条城市道路照明设施，路灯专用变压器29台，控制柜30个，路灯检查井2218个，路灯2013基5200盏，总功率612.70千瓦。2005年，城区安装路灯无线监控系统。2006年1月17日，成立市城市路灯监控指挥中心。市路灯管理处与丹东边境经济合作区三安技术发展有限公司签订《娄底市路灯计算机监控及视频监控系统采购合同》，三安公司提供控制点监控系统终端设备，包括三安日常监控及SA—LD4A 25套，进口GPRS通讯转换模块25块，三安智能路灯控制器25台，互感器96块，三安电缆盗割报警器8套，日本产后备电池25块，三安电流电压检测板8套；中央控制室设备，包括监控工作机（工作台）2台，日本产大屏幕投影设备1套，国产打印机1台，国产UPS电源1台，三安路灯监控软件、三安光源采集器，中央控制室控制台；视频监控设备，包括国产24路数字硬盘录像机2台，三安无线指令发射系统1套，国产视频显示器TV25套，安装路灯计算机监控及视频监控系统，投资97.80万元。

2008年6月，路灯控制自动化监控系统投入使用。至年底，市路灯管理处有高空作业车4台，设备巡检车2台，公务车1台，维护和管理中心城区街道路灯照明设施，路灯专用变压器49台（其中箱变12 台），容量3280千伏安，控制柜62台，监控终端45个，地下线缆260千米，路灯5148基4.33万盏，道路照明总功率2478千瓦。为5个公园、6条地下通道、30多个交通岗亭及平安天网工程、景观亮化、宣传牌、道路交通信号灯、指路牌等公益性社会服务项目供电。

（三）节能降耗

2005年，执行建设部《“十一五”城市照明工程规划纲要》，开始进行合同能源节能改造。5月，与湖南天马科技有限公司签订能源节电分成合同，该公司投资，对扶青南路、月塘街、乐坪东、乐坪西街、新星南路、长青街、育才路、涟滨东街、火车站广场、青山街、娄星广场等处道路路灯安装节电柜，进行节能改造，节能利润分成，合同期为5年，年节约电费9万元。2006年，市路灯管理处采用新技术、新光源，完善市区路灯建设，在月塘东街安装新型光源LED路灯96盏。此后，太阳能LED路灯成为城区路灯主打，湖南天马等合同能源公司投资改造娄星南路、氐星路等路灯道路10多条，安装LED灯850基。

2008年8月，根据市政府“长远规划、分步实施”城区路灯整改要求，制订《娄底市中心城区路灯三年整改方案》，对所有能耗高、截光型灯具、亮度差的路灯进行现场测试，分步对娄底城区路灯节能改造。是年，将涟滨东街原114基双臂大功率250瓦高压钠灯改为90瓦极亮单臂灯，并采用双抽头节能镇流器，节能降耗50千瓦，每年节电达20万千瓦时。完成扶青北路、娄星南路、新星中路等路灯灯型改造，对湘阳东街、安星北路、仙桥街等路段光源降档，减少路灯电费60余万元。运行时间调控，每年夏季6—9月，用电高峰期间，中心城区5纵5横10条主干道路灯从19:30至24:00点全开灯，24:00点至第二天早上5:30开1/2路灯运行，其他道路路灯19:30—23:00点之前1/2路灯运行，23:00点至第二天早上5:30 1/4路灯运行，9月底调回正常开灯时间。按此运行模式每年减少路灯总装功率5%。全年路灯电费720万元。

二、公园广场管理

1989年，城区仅有漪园、沁苑2座公园。漪园以游乐活动为主，沁苑以假山石、园林景观为主。2个公园隔公路紧靠相依，各有围墙相护，实行封闭式收费管理。总面积11.60万平方米，其中，绿地面积4.20万平方米，硬化地面4.60万平方米，漪园中湖面面积2.80万平方米，总投资3100万元。年平均接待游客200万人次，节假日高峰达3万余人次/日。5月，公园南门广场中心设置一组神童贺德英雕塑。1991年8月13日，娄底地区计划委员会发文批复娄底市青山公园建设计划。10月9日，湖南省建设委员会批复娄底市春园公园总体规划。2个公园陆续开工建设，青山公园当年建成开园，位于涟钢体育馆东北侧，绿地面积2.70万平方米，足球场、文体广场三位一体。1993年6月25日，娄星公园被评为湖南省“最佳公园”。

1996年5月21日，市政府形成关于园林处春园公园建设、娄星公园门票、花卉门市部改造及罗家山开发等问题会议纪要，娄星公园投资70多万元新建碰碰车、仿生动物、珍珠转盘等9个项目。10月1日，春园公园建成开园，成立公园管理处。公园占地面积5.56万平方米，绿地面积4.30万平方米。12月，火车站广场建成投入使用，总投资1亿元，占地面积6.40万平方米。1997年5月5日，乐坪东街挂牌剪彩成为湖南省“样板街”。5月26—27日，全省城市园林绿化检查团对娄底市园林管理处进行园林绿化工作检查，获全省园林绿化县级市第1名。6月25日，湖南省“双迎”（迎港澳回归）花卉盆景展览娄底展区在娄星公园开幕。展出盆花、盆景、根雕、石玩、插花五大类，其中盆花盆景150个品种2万余盆。1998年，青山公园被授予湖南省“最佳公园”。1999年12月24日，石马公园首建项目石马湖建设动工。

2003年4月，娄星公园拆除650米围墙及所有儿童游乐设施，实行拆墙透绿，取消门票，由封闭式管理改为开放式管理。6月，启动公园改造。8月23日，成立娄星广场、春园公园建设指挥部。10月，完成土石方30多万立方米，混泥土6375立方米，钢筋混凝土2000立方米，片石挡土墙5500立方米，地面铺装2.40万平方米，园路5000平方米，构筑修复亭、廊、榻11处，园桥2座，园桌园凳110套，果皮箱65个，安装亮化灯具1006盏，霓虹灯管5037米。补移植各类小灌木48.83万株，大灌木619株，乔木4246株，草皮1.84万平方米，改造绿地面积3.80万平方米，移栽2棵银杏古树至主广场出入口。新建艺术雕塑和音乐喷泉。11月3日，市委常委会议同意推平罗家山，建设交通休闲广场。2003年，娄星公园扩容提质由湖南省千府城市设计院设计，市城市管理行政执法局、娄星广场建设指挥部组织建设。采用“一主两副”布局，主广场集集会、表演、观景于一体，副广场以老年健身和儿童娱乐为主，集休闲、娱乐、购物、观景为一体，湖面建观景长廊，亭桥贯穿南北，与游路构成二环小游园路径，音乐喷泉，夜景灯光，雕塑小品，浮雕及城建铭碑等形成最佳景观，现代气息和历史文化融为一体，体现人与自然和谐相处发展理念。分为5个区，A区为集会表演区，位于公园南门一带，入口处设八仙过海浮雕水帘，阶梯式叠水直流而下，两侧有圆弧形踏步式看台，下方设置微机控制音乐喷泉将表演台环抱其中，安装喷头597个，水下彩灯702个，潜水泵32台。湖中央喷水最高达到10米。B区为水上游览区，位于公园中部低洼处，面积2.80万平方米。亭桥横跨星湖南北，有拱有亭有平台，娄底市8大旅游景点浓缩于风雨亭之中。C区为老年活动区，建设面积3600平方米，将东西两侧桂花林和香椿林连为一体，活动区广场中重塑原有神童雕塑。D区为儿童游乐区，建设面积4335平方米，儿童游乐设施齐备，十二生肖等雕塑、三块浮雕墙“西游记故事”、中国龙柱矗立其中。F区为绿化休闲区，是公园中占地面积最大区域，水埠和石拱桥、游廊、六角亭、双星亭，游艇码头连成一体。东北角是公园北入口，公园以东乐坪派出所 （氐星路东侧）、恒丰大酒店、市煤炭局区域（乐坪街南面）是休闲健身绿地。6月，动工改造火车站广场，总投资700万元，新增绿地面积1.15万平方米，绿地率占总面积18%，其中大型彩色音乐喷泉1250平方米，国庆前投入使用。广场改造完工投入使用后，音乐喷泉成为娄底城市建设亮点。9月，石马公园主景区建成集休闲、游乐为一体的综合性公园，占地面积19万平方米。其中，水域面积1.97万平方米，绿地面积13.93万平方米，绿地率87.6%，29日开放。10月，投资1500万元，建成文化广场。11月8日，娄星广场开放。12月6日，设立娄底市城市广场管理处，具体负责娄星广场、文化广场管理。2004年，制定火车站广场停车费标准，对出入车辆实行24小时收费管理，收入增加4万余元。同时，对广场周边及出让小区门店和宾馆环境卫生收费。6月11日，火车站管理办公室乔迁新址（文信大酒店）。对广场绿化进行补栽、移植。筹措资金1万余元，补栽红桎木1000多株，龙柏900多株，罗汉松600多株等，新增绿化面积800平方米。2007年，娄星公园投资19万元，对音乐喷泉进行抢修。8月28日，启动春园公园配套设施建设。

2008年，火车站管理办公室自筹资金10万元，政府投资15万元，规范广场各种车辆停放秩序，用栏杆分开隔离区域，设立出租车、残疾人车辆专用通道，各种车辆有序整齐停放。通过考试、民主测评，推选15名人员为城管协管员。政府投入资金26万元，在广场区域建立路灯，方便旅客和车辆出行。8月1日，石马公园西南面主园路通过竣工验收，园区主路交通大动脉贯通。

第四章　村镇建设

1989—2008年，将村镇建设纳入城乡建设工作重点，注重发展建制镇、特色乡镇，实施危房改造，加强新农村建设，推进城镇化。

建制镇建设。建制镇基础建设投资近20亿元，实施乡村公路路面硬化及小街小巷硬化、亮化、美化配套，自来水管网改造、农贸市场及环卫设施建设。各乡镇确定1～2条城镇主干道路，新建或改造1条文明示范街，实施硬化、绿化、亮化、美化、净化、便民化“六化”达标改造。人均住房面积达到43.87平方米，人均道路面积12.05平方米，人均公共绿地面积3.35平方米。

特色乡镇发展。1996年，农业产业特色乡镇构成以西阳、杉山、茶园、万宝为主生猪养殖带，以石井、杉山、西阳为主特种水产养殖带，以双江、小碧为中心山羊养殖带，以石井、百亩、大科、涟滨为主的家禽养殖带4个专业化生产结构。乡镇企业形成以冶炼、建材、采矿、机械、建筑、农副产品加工六大特色支柱产业。2000年，发展食品加工、交通、旅游、服务、贸易、建筑、新型建材等行业，形成石井地材产品、西阳电力资源类产品、双江绿色食品等一批特色块板经济。发展特种养殖基地，形成规模养殖。至2008年，建成特色养殖、肉禽类养殖加工、乳制品及饮料、豆制品种植加工、特种花卉经济作物种植加工、绿色食品、休闲农业产业7条产业链。各类农业大户600余家，专业合作经济组织14个；农业产业化龙头企业24家；规模生态农（渔）庄120家。

新型城镇化建设。2006年，确定万宝镇群益村、江溪村、黄泥塘街道恩口村、茶园镇松山村、杉山镇坝塘村、小碧乡小碧村、双江乡双江村、石井乡祖师村、大科街道大新村9个村为示范村，实施社会主义新农村建设。2007年，区委、区政府制定《关于加快推进社会主义新农村建设的实施意见》。示范村建设以加强基础设施为突破口，整体推进。2008年，区政府将农村危房改造纳入重大民生工程，实施农村危房改造。制定《关于加快推进小城镇建设和发展的意见》，提出小城镇建设发展目标和措施，抓好建制镇小城镇建设，规范村镇建设管理。

第一节　新型城镇化

2008年，娄底市委、市政府贯彻中央、省委关于新型城镇化建设战略决策，实施新型城镇化建设。10月28日，成立新型城镇化工作领导小组，市委书记任顾问，市长任组长。各建制镇相应成立机构，确立以“人的城镇化”为核心，以农民就地城镇化为重点，坚持创新、协调、绿色、开放、共享科学发展观理念，走以人为本、城乡统筹、集约高效、生态文明、文化传承、可持续发展新型城镇化道路，创建全国资源型城市转型发展示范城市、大长沙拓展区、沪昆高铁经济带重要支点城市、湖南中西部交通枢纽城市、山水相融、宜居宜业、富饶、美丽、健康、祥和新娄底建设目标。12月16日，娄星区委、区政府制定《关于加快推进小城镇建设和发展的意见》，提出小城镇建设和发展措施：加强组织领导，建立激励机制、强化规划编制，完善管理体制；拓宽融资渠道，建立多元化投入机制，形成小城镇建设合力，以加快重点镇建设步伐，带动小城镇建设全面发展；加强基础设施建设，完善城镇发展功能；发展镇域经济，加快人口和产业集聚。发展目标是：到2010年，全区小城镇城镇人口达7.65万人，镇区面积达8.30平方千米。到2012年，小城镇城镇人口达8.50万人，镇区面积达9.80平方千米。石井乡撤乡建镇，小碧乡、双江乡、百亩乡、石井乡建设成为各具特色中心乡镇，万宝镇、茶园镇、杉山镇发展成为聚散能力较强的省市级小城镇重点镇。

第二节　建制镇建设

一、建制镇发展

1989年，杉山镇为唯一建制镇，辖24个村委会，3个居委会，人口3.19万人，建成区面积44.09平方千米。1995年12月，万宝乡改制建镇，下设23个村委会，万乐、宝坪2个居委会。2000年6月，茶园乡、西阳乡改制建镇；杉山镇、万宝镇完成规划编制。2001年，万宝镇完成小城镇总体规划修编。2003年，西阳镇成建制划入市经济技术开发区管辖，改为大埠桥街道。2005年，万宝镇列为省级重点镇，茶园镇被列为市级重点镇。至2008年，全区有杉山、万宝、茶园3个建制镇，建制镇总人口11.23万人，建成区面积195.52平方千米。

二、基础设施建设

2000—2004年，全区村镇基础建设投资30.36亿元（含市直投资）。其中，建制镇建设投资8.84亿元，重点放在44千米通乡公路、14.20千米通村公路水泥路面硬化及10条总长5035米小街小巷硬化、亮化、美化配套改造，农贸市场、自来水管网改造、环卫设施及垃圾场建设等。建制镇新增住宅面积286.30万平方米，人均住房面积43.87平方米。城镇道路全部硬化，人均道路面积12.05平方米，人均公共绿地面积3.35平方米。建制镇街道设置路灯，亮化率77%，全部建有自来水厂，开通程控电话和移动电话与互联网，建有有线电视台或者电视差转台，建有农贸市场或专业市场。建有生活垃圾卫生填埋场。2005年，经区委、区政府研究并报市委、市政府同意，调整农科园部分体制，其6平方千米核心范围交由万宝镇纳入小城镇规划，实施开发建设。规划建设区域作为农科园核心区域，享受农科园及娄底市经济技术开发区优惠政策：区域内各类企业分别执行国家高新技术企业、外商投资企业（含港、澳、台投资企业）就业安置等各项税收优惠政策；区域范围内新上项目，财税收入归区镇两级所有；区域内市及市以下行政事业性规费全免；区域新征土地收费和收益，地方留成部分全部返回（含市级）全部用于园区基础设施建设。2006年，全市小城镇基础建设投资10.40亿元（含市直投资），建成区基础设施建设项目完成166个，重点用于杉山镇棚户区、沉陷区改造、经济适用房配套设施建设和万宝镇三星街建设。2007年，投资2200万元。由市城建投资公司承建燕子岩生活垃圾填埋场、垃圾中转站，11月1日启用运行。

2008年，区委、区政府小城镇建设重点规划：①抓住上瑞高速公路娄底连接线拓宽为城市道路、娄新高速公路和省道209线开工建设及沪昆高速铁路站场建设重大机遇，以批准实施的万宝组团开发建设为抓手，利用相关优惠政策，重点培育省级小城镇建设重点镇万宝镇和市级小城镇建设重点镇茶园镇。②利用国家支持大中型煤矿沉陷区综合治理和省道209线改造政策机遇，综合利用西恩铁路专用线，实施恩口矿区群众饮水工程、恩口矿区危房与棚户区改造工程、恩口矿区沉陷区综合治理工程等项目，推进西恩铁路沿线物流产业发展，提升杉山镇基础设施建设水平和产业承载能力。③引导石井乡把握省道209线改造、二广高速公路娄底连接线建设和涟钢600万吨钢结构调整等契机，依托现有产业基础，培育产业特色，突出亮点，快速发展，实现撤乡建镇。加强基础设施建设，完善城镇发展功能，各乡镇确定1～2条城镇主干道路，新建或改造1条“文明示范街”，进行硬化、绿化、亮化、美化、净化、便民化“六化”达标改造。道路硬化，乡镇区内通往主要道路支路全部硬化，街巷道路硬化率达到90%以上。绿化方面，开辟小片绿地、绿化广场，对镇（乡）区进行绿化，广泛布绿，改善人居环境。亮化方面，镇（乡）区内主干道和公共场所路灯安装率、亮化率达90%以上。美化方面，利用主要道路两侧建筑物，体现建筑风格，形成特色街景。净化方面，每个中心乡镇筹建1个垃圾填埋场，重点镇筹建生活污水处理厂，各乡镇成立专职环卫保洁队伍，建立规范化公厕和垃圾中转站，实现镇（乡）区道路日常保洁和垃圾日产日清，道路保洁率达95%以上，垃圾清运率达98%。便民化方面，加快供水设施建设步伐，实施镇（乡）区内居民用水集中供应，出厂水质合格率达100%。

第三节 特色乡镇建设

1989年，通过调整产业结构、优化产业结构、企业改革改制等路子，各乡镇充分利用本地优势，发展特色乡镇。至1996年，全市初步形成“一村一品”村17个。2000年，乡镇企业具有市场竞争优势行业增长快于传统产业，食品加工、交通、旅游、服务、贸易、建筑、新型建材等行业发展迅速，建成石井地材产品、西阳电力资源类产品、双江绿色食品等一批市场占有率高特色块板经济。2003年，农村特种养殖出现旺盛势头，特种水产品推广面积达100.67公顷，产量4260吨。万宝、百亩乡美国王鸽基地所产种鸽供不应求，百亩农科站养鸽基地出笼肉鸽2万对，产值40万元；万宝、石井乡发展美国牛蛙养殖；花山街道涟滨村颜瑞文养殖山鸡形成规模，全年出笼1.80万羽；杉山镇木山村李红良等投入资金360余万元引进梅花鹿98头，发展专业户8家。2004年，观光休闲农业起步。黄泥塘街道恩口村养猪基地和双江乡分别获得湖南省无公害农产品产地认定证书和国务院“无公害绿色食品原产地认证”。

2007年5月，区乡镇企业局制定全区农业产业化发展规划，明确7条产业链为全区发展重点：以天源高科、新天地农庄为主的特色养殖产业链；以东明肉联、庆阳牧业、金广源、谷泰为主肉禽类加工、养殖、饲料产业链；以万宝食品饮料有限公司、宏远乳业为主乳制品及饮料产业链；以恒旺食品有限公司为主豆制品加工、种植产业链，以九龙农科、华泰农林为主特种花卉经济作物种植、加工产业链；以湘中果品蔬菜批发大市场、湘中农业科技有限公司为主，在双江、万宝、茶园、黄泥塘获得国家级无公害绿色食品原产品基地上打造绿色食品产业链；以新天地农庄、九龙仙女山庄、八里香为主休闲农业产业链。7月10日，成立区农业产业化协会，催生省市区级龙头企业和各类专业合作经济组织发展。有百雄堂、庆阳牧业、东明肉联、万宝食品、天源高科等龙头企业和双江辣椒合作社、恩口村养猪专业合作社、娄星乌杨梅专业合作社、南华园艺技术合作社、茶园民富农村合作社、童家洲蔬菜专业合作社等专业合作经济组织，域内名优产品涌现市场及国际博览会。2008年，全区有各类农业大户600余家，专业合作经济组织14个，农业产业化龙头企业24家。其中，省级5家，市级19家，拥有具有观光、休闲、娱乐、垂钓等多功能的规模生态农（渔）庄120余家。

第四节 乡村建设

一、新农村建设

2006年3月2日，区委召开常委扩大会议，就加快推进社会主义新农村建设步伐进行专题研究。21日，区委、人大、政府、政协四大家分管领导对社会主义新农村示范村建设进行研究，确定万宝镇群益村、江溪村、黄泥塘街道恩口村、茶园镇松山村、杉山镇坝塘村、小碧乡小碧村、双江乡双江村、石井乡祖师村、大科街道大新村等9个村为全区上报省市社会主义新农村建设示范村。4月6日，召开全区农村工作会议，对社会主义新农村建设进行动员和安排部署，各乡镇街道召开相应会议。9月4日，区长王雄主持召开会议，专题研究、部署全区新农村建设工作，明确从2007年起每个示范村每年由区财政解决工作经费27万元。成立区社会主义新农村建设领导小组并设立办公室，负责全区社会主义新农村建设工作指导、协调和组织实施，明确区级各示范村挂点领导；各乡镇、街道建立相应机构，明确专人负责。

2007年，区委、区政府制定《关于加快推进社会主义新农村建设的实施意见》。示范村建设以加强基础设施为突破口，整体推进。松山村投入资金35万元，新建村级组织活动场所1栋5层，面积700平方米；完成低产田改造10公顷、土地整理13.33公顷。坝塘村开发整理土地4.50公顷；投资48万元余元（自筹20余万元），完成2.20千米通村公路硬化；投资1.60万元打水井3口，解决560人饮水困难问题。群益村投资14万元，兴建安全饮水工程，解决谢家、肖家、匡家3个组102户410人饮水困难问题；投资20万元，新建党员活动中心，建筑面积135平方米；投资27万元，改造硬化村道880米。江溪村投资近40万元，新建村级组织活动场所1栋2层，面积600平方米；投入资金30多万元，新修村道2千米，维修1.80千米；完成土地整理开发8公顷；投资7万多元，对二级电排进行维修更新，提高水位3米，维修水塘4口。大新村完成村办公楼“三通一平”工程，村办公楼占地500平方米，计划投资100万元兴建8层楼房；用于安置60户失地农民的第二号街破土动工；规划建设长1千米第三号街，建成后将基本实现全村无散户。祖师村投资30万元，新建拦河坝1处，新修渠道2500米；投资30余万元，新建占地160平方米3层村办公大楼，建筑面积480平方米，硬化通村公路500米。恩口村争取省、区投资50多万元，自筹80万元，对4.60千米村道进行硬化；投资2万元，改善村办公条件。小碧村投资20万元，新建村级组织活动场所1栋3层，建筑面积400平方米；硬化渠道500米，通村公路硬化700米。双江村投资20万元，新建村办公大楼1栋3层，建筑面积400平方米；拉通到组公路4.60千米，维修山塘2口，整修渠道3千米。全区累计投资496万元，用于9个示范村基础设施建设。完善领导办点、部门帮扶工作机制，新农村建设与建设扶贫工作紧密结合。是年，全区安排帮扶单位74个，其中示范村安排帮扶单位15个。通过部门帮扶，示范村在基础设施、产业发展、文明建设等方面取得成效。全区村容村貌从清理粪堆、清理垃圾堆、清理柴草堆和改水、改厕、改灶、改圈“三清四改”入手，改善环境卫生。杉山镇万乐村获省乡村清洁工程示范项目。

2008年，9个示范村筹措各项基础设施建设资金490万元，硬化村组公路13.10千米，新修公路9千米，新建山塘3口、渠道6千米，混凝土防渗山塘10口、水渠15千米，新建供水设施4处。以种养业为基础，第二、三产业为主导产业格局初步形成。恩口村生猪养殖闻名全市，浒石村休闲观光农业初具规模。是年，示范村农民人均纯收入达到5100元，比全区农民人均纯收入高出500余元。

二、古建筑遗迹

娄星区较具规模古建筑有湘军儒将、官至浙江巡抚、陕甘总督、闽浙总督的杨昌濬故居，湘军幕僚杰出人物、被誉为“小诸葛”、官至四川布政使、陕西巡抚的刘蓉故居，中国乡村教育运动的倡导者罗辀重创办的陶龛学校校址及宗教圣地古天王寺等4处。

杨昌濬故居　建于清光绪年间，取名蓬庐，地处西阳乡上元村庞家台。建筑七进十一厅，建筑面积1万平方米以上，住房100多间，大多用青砖、制瓦砌盖，部分用土砖抹白灰，基础使用大量条石，看得见的一面均雕琢花纹或图案；廊柱基石上为鼓形，中为八方棱形，下为方形，喻“天圆地方”“四平八稳”之意；厅堂采用木石构架，设4扇，每扇四柱五挂三穿枋，石柱木枋；所有木作、卷棚，做工十分讲究，雕工精细，并刷红漆，为整座建筑之精华。抗战时期，湖南省立第一师范搬迁于此。中华人民共和国成立初期收归国有，成为西阳乡人民政府驻地，又于其中相继创办西阳中学（后改农业中学）及附属小学，一部分房屋分给当地村民居住，后西阳卫生院、西阳仓库进驻。1958年10月，建立人民公社，西阳人民公社亦驻蓬庐。1967年，各学校撤离，唯农业中学持续到1969年。1969年下半年，拆除蓬庐（公家部分），建筑材料搬运至南阳村龟形嘴另建西阳人民公社办公楼。至1972年，蓬庐（公家部分）全部拆完。至此，蓬庐尚剩一半建筑供村民继续居住。20世纪90年代起，当地村民拆旧建新，蓬庐古建筑陆续消失，大厅2004年坍塌，蓬庐拆毁殆尽，残存建筑物不到100平方米，数米围墙断壁，几根断成数截石柱和填去一角的半月水塘。

刘蓉故居　建筑群分老屋、养晦堂、遂初园3

部分。老屋，是刘蓉出生和居住的地方，曾名儒阶庄；养晦堂与老屋背抵毗连，是刘蓉年轻时读书地方，晚清中兴大臣曾国藩有记。中有肾形小山，屋宇呈条形，前门朝东北，有长形菜圃；屋后有鱼塘。山坡畔一室内砌梯级上达楼房。临窗观眺，屋后梯田，阡陌纵横，环接山坡竹木，天光云影，倒映鱼池，环境清幽。刘蓉罢职归里后，增建三进五厅砖木结构中式传统建筑，包括绎礼堂、迎萱馆、养晦堂、玩易阁、师古斋、天游台等，更名为遂初园。刘蓉亦变前门为后门，题“槠山里第”名于头门之上，当地人俗称其为刘氏山庄。三部分连为一个整体，有建筑十几幢，依山造势，很有特色，规模浩大，院中凉亭有几处，周边建有围墙，围墙角上有炮楼，肾形山顶有炮台。民国时，刘蓉曾孙刘象贤邀集同仁在此创办湖南省私立九三中学。1950年，九三中学被湘乡中学接收，故居成为土改工作队驻地，部分房屋被分给当地贫农家庭居住。其后，公屋部分先后改建成茶园农中附属茶园完小。20世纪90年代成为茶园中学，诸多旧建改头换面，部分房屋相继拆改，剩余几栋破败不堪。

陶龛学校 位于西阳乡白鹭村涟水河畔。清咸丰年间，湘军将领罗信南不忍时局，告归奉母，罗甚慕东晋田园诗人陶渊明，钟爱陶诗，读后常将书搁于神龛之上，自号陶龛居士。罗以赋诗讲学为业，四方从者甚众，乃常欲建校施教而无力，终至抱憾终生。光绪年间，其子罗长裿官至西藏左参赞，以历年游宦薪奉，置田租240担，以抒父志，创办陶龛义学。后朝廷废科举，办新学，陶龛义学改称陶龛高等小学堂。民国初，罗长裿之子罗辀重主持校政，改称陶龛学校。其后，罗辀重留学美国，先后与胡适、陶行知同学，攻读教育。归国后辞官不仕，以教育为己任，主张“学校教育应为社会服务，为国民经济服务”，倡导中国乡村教育运动。在陶龛学校创办2年制特科班，下设农业科、养殖科、纺织科、木工科、社会科等，实行“导生制”，设学生服务团、生产合作社、农场、工艺园地，设动植物园。创办《陶龛旬报》。学校几经新建、扩建，发展到占地5.34万平方米，房屋11栋87间，包括23间教室及食堂、礼堂、办公、宿舍、图书、仪器、医药、音乐、美术、缝纫、印刷、商店等配套设施，建筑面积9420平方米，设有球场、游艺、农场、工厂、猪舍、假山、喷池等附属设施。鼎盛时学生人数逾1000人，生源遍及东南各省，陶龛学校办得有声有色，享有“北有行知，南有陶龛”盛誉。20世纪60年代初，所有建筑因修建溪口水库全部拆除，校址沉浸于库底。20世纪80年代，市政府拨专款在白鹭湾修建新校，恢复“陶龛学校”校名。

古天王寺 位于涟滨乡清潭村涟水河畔，始建于北宋乾德年间，主体建筑有伽蓝殿、关圣殿、大雄殿和大佛殿，占地面积9800平方米。建筑以方石为基，圆石作柱，青砖砌墙，翘角重檐，雕龙画栋，掩映在苍松翠柏之中，甚是气派。极盛时，有僧侣100余人。明末，有江长子、李大用等在此聚众发动起义。失败后，寺庙惨遭焚毁。清雍正年间重修，后又陆续遭到破坏。1967年，寺内佛像全部损毁，僧侣还俗。至1990年，仅存关圣殿残迹。当地民众到寺朝圣者不乏其人。1995年7月，娄底市政府将其列为文物保护单位。

2008年，市政府在娄底老街重建抗战时期被毁观化门、望湘门2处历史风貌景点。

三、农村危房改造

1989—2007年，农村危房改造主要是农户根据家庭经济或成员增加等实际情况自主安排。2008年，区政府将农村危房改造纳入重大民生工程，制定农村危房改造实施具体方案和补助金发放办法，规定纳入农村危房改造补助范围须是农村户籍、居住在危房中农村分散供养五保户、低保户、贫困残疾人家庭等低收入群体。符合条件，农户本人自愿申请，村民代表会议民主评议公示，乡镇审核公示，区农村危房改造领导小组办公室审批并公示1周以上。实施货币补助帮扶，重点户补助标准新建住房每户补助2万～4万元，一般帮扶对象户补助标准新建住房每户补助0.4万～2万元，旧房维修加固每户补助3000～8000元。坚持帮扶对象建房一户一宅、建新拆旧原则，建房控制面积1人户35平方米，2人户45平方米，3人户

60平方米，3人以上农户人均18平方米。可适当增加用谷物储藏、农具放置等辅助性房屋面积20～30平方米，辅助性房屋面积不计入建房控制面积。竣工验收后1个月内，危房改造补助金直接通过银行卡发放到补助对象。

第五节 村镇建设管理

1992年，娄底市成立城镇建设机构，开展城镇建设工作，年内全市村镇建设总投资9851万元。

1995年，娄底市委、市政府发布《关于加快发展小城镇建设的意见》，坚持以城带乡、以镇带村、城乡一体、工农联动方针；坚持城镇基础设施与公用事业多方筹资兴办，谁投资，谁经营，谁受益原则；坚持建设与管理并举，物质文明与精神文明一起抓。力争通过15年努力实现以镇带村体制，建设以城市为中心、建制镇为重点、集镇为基础的城镇网络体系，城镇化水平达到70%以上，将娄底市建设成为综合性、多功能中等城市。是年，万宝乡撤乡建镇。1997年，市委、市政府调整小城镇建设策略：坚持“集镇建设、工业小区和市场建设三位一体”；坚持小城镇建设与农业产业化相结合；坚持小城镇基础设施和公用事业等多方筹资，谁投资、谁受益；坚持统一规划、合理布局、节约用地、综合开发、因地制宜、量力而行、突出重点、逐步建设；坚持建设与管理并举、物质文明和精神文明一起抓。全市小城镇建设总体目标突出建制镇，抓好小集镇，强化规划管理，实现城乡一体化。1998年，全市村镇建设投入资金33.82亿元，城市住宅竣工面积161.53万平方米，人均住房面积10平方米，农村人均居住面积40.3平方米。1999年，娄星区加强市政公用设施建设，村镇建设投资10.97亿元。其中，基本建设投资3.06亿元，更新改造投资3.57亿元，房地产开发投资1.34亿元。全区城乡住宅竣工46.62万平方米，城镇人均居住面积10.80平方米，农村人均49.40平方米。2000年6月，区内茶园乡、西阳乡撤乡建镇。

2002年11月27日，确定中心城区“扩容提质，北扩南移，不求最大，但求最美”城建发展战略，扶持小城镇，以中心城镇为依托，推进城镇化。2003年，西阳镇成建制划入经济技术开发区代管，并更名为大埠桥街道。城区向南发展，万宝镇、茶园镇成为重点小城镇建设目标。坚持“人的城镇化”核心，加快融城步伐，改造“城中村”，村民有序转为市民。

第五章 房地产业

1990—1999年，娄底市房地产管理局隶属市建设委员会，自负盈亏、自收自支正科级行政事业单位，下辖房地产交易市场管理所、房地产管理所、房屋修缮所。1993年，市房地产管理局成立城镇房屋产权产籍管理处，负责行政区域内城镇、工矿区房屋产权登记，产权转移鉴证，发放房屋所有权证，组织产籍图测绘和房地产档案管理。1995年，市房地产管理局在涟源钢铁总厂成立涟钢交易分所。1999年，撤地建市设区，原娄底市房地产管理局改名为娄星区房地产管理局。

2000年4月，娄星区房地产管理职能上划，组建娄底市房地产管理局，由娄底市建设委员会管理。2002年，住房制度改革和经济适用住房建设职能划归娄底市住建局，娄星区不再承担房地产管理职能。

第一节 住房制度改革

一、改革政策

1990年，娄底城市住房主要是房地产管理处直管公房，各行政机关、事业、企业单位建设自管公房。公房产权归公，以租赁形式提供居民居住，属于计划经济体制，实行福利型制度。机关、企事业单位采取单位自筹资金、地方财政拨款等形式，建造职工住宅，根据职工职务、工龄等条件排队分配。1991年，推行住房制度改革，推行住房商品化，房地产向市场经济过渡，提高公房租金，出售公房部分产权。1994年，深化城镇住房制度改革，职工自住单位房由购买部分产权改为全部产权。实施“安居工程”、集资建房等住房保障措施，重点解决中低收入困难户住房问题。1996年，贯彻国务院《住房公积金管理条例》，执行住房公积金政策，行政机关、事业、企业单位及在职职工开始缴纳住房公积金。1998年，停止住房实物分配，实行住房货币化改革。1999年，推进住房分配货币化。2004年，根据国家住房政策，娄底市启动住房保障工作，发放租房租赁补贴。2008年，开始建设保障性住房，缓解城镇中低收入家庭住房困难。

二、租金调整

1990年，全民所有制单位自管公房主要出租给本单位职工，月租金最高不超过0.1元/平方米。政府直管公房主要出租给社会居民及部分单位职工，按房屋结构等次分级确定，由房屋产权所有者收缴。娄底市直管公房平均月租金0.12元/平方米，旧平房月租金最低0.03元/平方米，最高0.10元/平方米；不配套住房月租金最低0.16元/平方米，最高0.22元/平方米；配套住房月租金最低0.25元，最高0.36元。1991年，根据国务院住房制度改革领导小组《关于全面推进城镇住房制度改革的意见》，推行住房制度改革，推行住房商品化，房地产向市场经济过渡，提高公房租金。娄底市旧平房平均月租金提高到0.20元/平方米，不配套住房平均月租金提高到0.30元/平方米，配套住房平均月租金提高到0.50元/平方米。1994年，贯彻落实《娄底城镇住房制度改革实施方案》，公有住房平均月租金提高到0.5元/平方米，直管公房平均月租金提高到1.30元/平方米。1995年，对1991年8月后竣工的住房实行新房新租，收取租赁保证金以息补租。大桥冰厂租赁保证金按使用面积65元~85元/平方米收取，一般住房租赁保证金为每户300~800元。新增加租金不发放住房补贴，不实行减免。是年，公有住房砖木结构平均月租金提高至1.20元/平方米，砖混结构平均月租金提高至1.85元/平方米。1998年，深化城镇住房制度改革，提高公房租金标准与公房出售同步实施，租金标准调整幅度按住房折旧、维修、管理费、税金、投资利息等因素计算。全市砖木结构月租金1.70元/平方米，砖混结构月租金2.22元/平方米。2004年6月，市物价局根据国家计委、建设部、财政部关于推进公有住房租金改革政策，决定按成本租金进行调整。

三、公房出售

1990年，全市有直管公房5万平方米。1991年，开始改革公有房产所有制形式，以标准价向职工或市民出售公房，新房不低于230元/平方米，旧房不低于120元/平方米，不同楼层、朝向有差价。此阶段出售的住房，职工个人拥有50.3%~56%产权，单位拥有44%~49.7%产权。1994年，娄底中心城区房改售房（国家住房制度改革，单位职工以比较优惠的价格购买公有住房）价格为：钢混结构一、二等，成本价分别为556元/平方米、500元/平方米，市场价793元/平方米、714元/平方米；砖混结构一、二、三等，成本价分别为428元/平方米、407元/平方米、385元/平方米，市场价610元/平方米、580元/平方米、549元/平方米；砖木结构一、二、三等，成本价分别为385元/平方米、366元/平方米、347元/平方米，市场价549元/平方米、522元/平方米、494元/平方米。1995年，按成本价向职工出售公房。1996年10月，行署发布《关于做好已售公房产权规范的有关规定》，对出售公房进行产权规范。以标准价购买公房，按当年度成本价计算价格或重新计价，补交金额，房屋由半产权转为全产权。对不愿意再计价、补交房款的，在原房屋所有权证注明个人拥有产权比率。

1998年，中心城区公房成本价提高到489元~784元/平方米。其中，砖木结构489元~543元/平方米，砖混结构543~603元/平方米，钢混结构706元~784元/平方米。未出售公房提高租金标准收取月租金。年底，中心城区向社会公开出售直管公房15栋410套2.35万平方米。2001年，停止按成本价出售公房，未出售房屋实行市场调节价，推向市场。

四、住房分配货币补贴

1999年1月起，停止住房实物分配，停止优惠购房，实施住房分配货币化改革。对此前没有享受改革过渡期间优惠政策部分职工，实行货币补贴（简称住房分配货币化）。补贴对象是未购买公房、安居房、经济适用房，未参加集资建房和购房面积未达到享受标准的干部职工。

第二节 房地产交易管理

一、房地产交易及管理

1990年，娄底市房地产交易市场管理所是房地产交易管理机构。是年，办理房屋交易33宗，面积4637平方米，交易额95万元。公房发证单位74个，房屋330栋，建筑面积30万平方米，私房发证365户，建筑面积5.50万平方米。1991年，娄底行署发出《关于加强房地产交易市场管理的通告》，对各种房地产交易行为作出具体规范。市房地产管理局设立娄底市城镇房屋登记发证办公室，公房发证登记122栋，建筑面积12.27万平方米，私房登记125（栋）户。建立综合档案室，整理产权产籍档案1.40万卷，产籍图88幅。1993年，进行住房制度改革，撤销城镇房屋登记发证办公室，成立城镇房屋产权产籍监理处（股），负责行政区域内城镇、工矿区房屋产权登记、产权转移鉴证、发放房屋所有权证、组织产籍图测绘和房地产档案资料管理。10月1—7日，市房地产管理局在清泉广场、老街广场举办房地产市场法规政策咨询服务活动，宣传房地产市场管理知识。居民主动到市房地产交易所办理房屋交易手续增多。全年办理交易手续197起2.01万平方米，交易总额571.41万元，征收契税32万元。

二、房屋租赁管理

1990年，全市职工公房按使用面积0.08元/平方米收取月租金，全年收取10.33万元。1991年9月，经省、地两级物价部门批准，房地产市场房屋租赁实行最高限价。公有或私有非住宅出租，按建筑面积计算，每平方米不得超过10元；私有住宅出租按使用面积计算，每平方米不得超过

1.50元。房地产管理部门、工商部门、公安部门联合对房地产市场进行清理整顿，清理违规户800户，补收租赁管理费2万元，补交契税3000元。1992—1993年，房屋租赁1780户，面积24万平方米，租赁金额27.60万元。1994年起，随着城市房地产经济发展，租赁管理户数逐年递增。是年，房屋租赁管理548户。1995年，房屋租赁市场管理办公室成立，规范房屋租赁市场，城区和乡镇所有公房私房须凭房屋所有权证办理房屋租赁备案登记和房屋租赁许可证，按房屋租金4%收取租赁管理费。

2000年，贯彻执行《娄底市房屋租赁管理办法（试行）》，按租金2%收取房屋租赁管理费，租赁当事人各承担50%。非住宅房屋按实际合同租金收取，没有合同的按物价部门调查测算基准价收取。由承租方代交出租方应负担部分，代交部分拆抵承租方应交纳租金。2001年，联合工商行政管理局对房屋租赁市场进行监管，出租人和承租人在签订书面合同30日内持房屋所有权、房屋租赁合同、身份证明等资料到房屋租赁市场租赁管理办公室申请办理登记备案手续，经审查合格后，颁发房屋租赁许可证。2002年，房屋租赁管理手续改为按租赁面积一次性分档收取，由出租人承担。收费标准为：200平方米以下每宗100元；201～500平方米，每宗200元；501～1000平方米，每宗300元；1000平方米以上的，每宗400元。根据《国家计委、建设部关于规范住房交易手续费有关问题的通知》，住房租赁手续费，按套收取，收费标准为每套100元，由出租人承担。2004年，房屋租赁管理开展上门办证，签订合同，调解纠纷，宣传政策法律，扩大管理服务面。是年，娄星区管理房屋租赁户3976户。

第三节　住房公积金管理

一、体制机构

1993年12月，娄底地区住房公积金管理中心成立，直属娄底地区房改办管理，归口娄底地区体制改革委员会。管理范围为娄底市（现娄星区）城区范围内行署党政机关事业单位以及驻娄地中央、省属单位。

2002年3月24日，按照国务院《住房公积金管理条例》规定，撤销原有分立各县（市、区）及原娄底市住房公积金管理中心，成立娄底市住房公积金管理中心，为直属娄底市政府自收自支事业单位，行政级别定位副处级。原有分属各县（市、区）住房公积金管理中心改制为娄底市住房公积金管理中心下属机构管理部。2003年，设立娄底市住房公积金管理中心娄星区管理部。

二、住房公积金归集管理

1994年1月，娄底地区推行住房公积金制度，按照县市级属地原则，在县市行政区划以及地区及以上级别单位范围分别建立6个独立运行管理机构。至6月，地区直属以及中央省属驻娄地党政机关及国有企事业单位200余家近4万名职工（含涟钢近3万职工）缴存住房公积金500万元。至1999年，形成全地区住房公积金制度集中于党政机关和国有企事业单位运行格局。缴存率为2%～5%，缴存工资基数维持在基本工资水平。管理中心年归集额维持在300万～500万元，没有开展购建房贷款和提取基本业务。是年，根据国务院《住房公积金管理条例》规定，加强住房公积金管理，明确单位缴存义务和处罚措施，单位缴存比例和缴存基数提高。开展应用性提取和贷款业务，刺激归集业务增长。至2002年，全市住房公积金缴存职工14.95万人，累计归集住房公积金5.10亿元，归集余额4.23亿元。

2004年，以2003年年底出售公房的党政机关和国有企事业单位为切入点，延伸推动后续出售公房的所有单位建立住房公积金制度。当年归集额1.67亿元。至2007年年底，全市缴存人数17.75万人，归集总额18.40亿元，归集余额13.85亿元。

三、住房公积金提取管理

1994—2002年，住房公积金为销户性提取阶段。围绕加大公积金资金池目标运行，个人贷款业务较少开展。提取业务主要是离退休缴存职工销户性提取。通过全额销户性提取，缴存职工逐渐认识住房公积金个人拥有属性，能够以个人缴存额2倍以上（加上利息）数额拿到手中，以此影响周边人群加入意愿。至2002年年底，全市提取业务总额2254.37万元，占归集总额4.4%。

2003—2008年，为开放购建房提取、“提不能贷，贷不能提”限制阶段。2003年，在全市范围内实施个人购建房提取和贷款业务。2003—2008年，提取总额5.49亿元，占期间归集总额30.5%。

四、住房公积金贷款管理

娄底住房公积金个人住房贷款始于1999年。至2002年年底，个人购建房贷款主要发生在市直及中央省属驻娄地党政机关和企事业单位，全市发放个人贷款1812笔，贷款总额1.42亿元。娄星区发放贷款341笔，贷款总额657万元。

2003—2008年，为拓展阶段。管理中心机构调整后全市归集额增长，资金形成一定规模并呈较快增长态势。其间全市发放个人购建房贷款近4万笔，贷款总额14.36亿元。其中，娄星区发放贷款1500笔，贷款总额1.08亿元。

第六章 环境保护

1989年，娄底市环境保护局下设办公室、环境管理股和环境检测站。2月，成立娄底市环境保护委员会，通过《市环保委员会组成与职责》，吕以丰副市长任主任。1999年9月，撤市设区更名为娄星区环保分局。2002年7月，整体上收至市环境保护局，成为市局内设科室，改为区乡环境管理科，对外加挂娄星区环保分局牌子。

1989—2002年历任党组书记、局长：周伯仲、曾一泉。

第一节 环境质量

一、大气环境质量

（一）二氧化硫（SO_2）

1990年，城区二氧化硫日平均浓度为0.061毫克/立方米，浓度最高值0.429毫克/立方米，超标率6.50%，最大超标1.86倍。“八五”时期（1991—1995年），城区二氧化硫年均值0.091毫克/立方米，超标率17.6%。最高值出现在1992年，最大值0.81毫克/立方米。“九五”时期（1996—2000年），城区空气中二氧化硫含有量年均值总体呈逐年下降趋势。年平均值0.07毫克/立方米，比“八五”期间下降24.1%。前4年年均值都超标。2000年，降至0.05毫克/立方米，比1995年下降45.1%，比1996年下降28.6%。“十五”时期（2001—2005年），城区二氧化硫含有量平均值为0.054毫克/立方米，比“九五”期间下降23.9%，年均值达标。2003年，年均值为0.048毫克/立方米，比2000年下降4%，比2001年下降3.9%，“十五”期间年均值浓度总体上呈逐年下降趋势。“十一五”时期（2006—2008年），全市平均值为0.041毫克/立方米，二氧化硫年均值为0.039～0.054毫克/立方米，均符合国家二级标准。

（二）氮氧化物（NO_X）、二氧化氮（NO_2）

1989—1990年，城区氮氧化物日均浓度0.045毫克/立方米，日均最大值0.126毫克/立方米，超标率0.25%，最大超标达0.26倍。1991—1995年，氮氧化物城区年均值0.031毫克/立方米，超标率0.30%，最高值在1992年，达 0.413毫克/立方米。1996—2000年，全市氮氧化物年均值0.024毫克/立方米，比“八五”时期年均值降低0.007毫克/立方米。2001—2005年，二氧化氮年均值0.026毫克/立方米，比“九五”期间上升8.3%，年均值浓度上下波动。2003年，平均值0.026毫克/立方米，比2001年降低0.4%，比2002年上升8.3%。2006—2008年，二氧化氮范围在0.025～0.030 毫克/立方米，年均值0.026 毫克/立方米，均符合国家二级标准。

（三）总悬浮颗粒物（TSP）、可吸入颗粒物（PM10）

1989—1990年，城区总悬浮颗粒物日平均浓度为0.168毫克/立方米，最大浓度为0.627毫克/立方米，超标率为10.08%，最大超标1.09倍。1991—1995年，城区总悬浮颗粒物年均值为0.169毫克/立方米，超标率为10.09%。1996—2000年，年均值0.213毫克/立方米，略高于国家二级标准，比“八五”期间增长26.7%。2001年，平均值为0.216毫克/立方米，略高于国家二级标准，比“九五”期间增加1.4%。2002—2005年，娄底中心城区可吸入颗粒物（PM_{10}）年平均值0.14毫克/立方米，符合国家二级标准，比“九五”期间降低65.2%。2006—2008年，全市年均值0.08毫克/立方米，可吸入颗粒物年均值范围为0.08～0.12毫克/立方米。其中，2006年、2007年、2008年超过国家二级标准。

（四）降尘

1989—1990年，城区降尘月均浓度11.50吨/平方千米，月最大值28.20吨/平方千米，超标率70.3%。1991—1995年，城区降尘年均值12.04吨/平方千米，超标率为72.1%，最高值1994年，城区降尘年均值21.05吨/平方千米。1996—2000年，城区年平均值20.24吨/平方千米，较“八五”时期上升75.9%。“九五”期间各年平均值浓度呈上下波动，最高值出现在1996年，达25.418吨/平方千米/月。2001—2005年，年均值17.728吨/平方千米，较“九五”期间下降12.4%。2003年，月均值18.491吨/平方千米，比2001年月均值上升3%，比2002年月均值上升3.9%。2006—2008年，年均值10.015吨/平方千米，娄星区城区降尘量月均值范围为10.015～16.954吨/平方千米，4次超过评价标准。城区各测点降尘量年均值为7.28～31.75吨/平方千米，21次超过评价标准，超标率为70%，最高值出现涟钢南监测点。2007年，降尘量30.776吨，超标6.63倍，全城区降尘量总体呈下降趋势。其中，涟钢南监测点下降明显，降幅66.70%，其次钢索桥降幅41%，2个点位降尘变化原因主要是涟钢厂内环境整治及“十五”减排工程实施，工业粉尘排放大幅减少。

（五）酸雨

1989—1990年，城区酸雨监测，监测降水总样品107个。其中，酸雨样品66个，占61.7%，酸雨pH值最低值为3.28。1991—1995年，城区酸雨频率后3年逐年上升。1995年，酸雨频率最高达到92.1%，酸雨频率5年平均值70%，酸雨pH值均值4.37，比前5年下降0.2%。5年降水pH值均值4.60，比前5年下降0.57%，酸雨污染比前5年有所加重。1996—2000年，降水pH年均值范围在4.32～5.42。2000年，采集中心城区降水样品161个。其中，酸雨样品39个，酸雨频率27.6%，降水pH均值5.42，与1995年相比，采集降水样品总数增加3.40倍，酸雨频率下降54.1%，降水pH年均值增加1.00（pH），与1996年相比，采集降水样品总数增加1.90倍，酸雨频率下降62%，降水pH年均值增加0.92（pH）。酸雨污染程度比1995年和“九五”初期有所减轻。2001—2005年（“十五”时期），降水pH年均值范围在4.74～5.25。2003年，采集中心城区降水样品61个，酸雨频率63.5%，降水pH均值5.25，与2002年相比，采集降水样品总数下降37%，酸雨频率上升5.2%，降水pH年均值下降0.14。2005年，中心城区酸雨污染程度与2000年和“十五”初期相比有不同程度加重。2006—2008年，市环境监测站布设降水监测点位1个，对全市降水不间断采样分析，采集降水样本287个，获有效监测数据2000余个。降水酸度平均值pH=4.82，年均值Ⅱ级中酸雨区。

二、水环境质量

（一）地表水质量

区境内主要河流涟水，自西向东，从娄底城区穿城而过。涟水属于湘江一级支流，源于新邵观音山，沿途汇纳孙水、涓江、测水等各级支流93条，流域面积4089.40平方千米。流经娄星区境内34.50千米，全境均属涟水流域，是娄星区工农业生产主要水源。孙水系涟水一级支流，也叫杨梓河，源于新邵县潘家岭，于犁头嘴汇入涟水，全长95千米。娄底市第一自来水厂取水地设在大科街道落花洲，设计规模10万吨/日，孙水是娄底市重要饮用水源保护区之一。

1990年，娄底地区地表水监测数据9645个，总超标项次602个，总超标率6.24%。1991—1995年，全区地表水监测数据1.07万个，总超标项次715个，总超标率6.6%。以有机污染为主，主要污染因子为非离子氨和石油类，污染最严重断面是娄底大桥。涟水在“八五”期间污染呈波动状变化。其中，1992年污染最严重，1993年、1994年呈下降趋势，水体总体恶化局势得以初步控制。1996—2000年，涟水仍以有机污染为主，主要污染因子为石油类、亚硝酸盐氮和非离子氨，总体上水环境污染呈上升趋势。2000年，娄星区涟水干流涟钢上游、娄底大桥、西阳河口3个水质监测断面水质均为Ⅳ类，水质较差。娄底大桥断面超标因子主要有石油类、非离子氨、亚硝酸盐氮、溶解氧和粪大肠菌群等，5年平均超标率分别为55.1%、46.2%、17.9%、6.4%、100%。涟钢上游断面主要超标因子有石油类、非离子氨、亚硝酸盐氮和粪大肠菌群等。此外，六价铬在1996—1998年出现超标现象，最高值达0.36，为标准值7.22倍。西阳河口断面主要超标因子为粪大肠菌群、石油类、非离子氨，尤受粪大肠菌群影响，水质污染严重。2001—2005年，涟水干流水质基本属Ⅲ类、Ⅳ类水质，整体水质上变化不大。至2008年，娄星区涟水干流水质除江龙滩断面粪大肠菌群超标，其他断面均可达到Ⅲ类水质标准。“九五”“十五”期间，因涟水河两岸一大批严重污染环境的“十八小”企业被关停，开展整顿工业企业污染达标排放，地表水水质较“八五”期间有明显好转。

（二）饮用水质量

娄星区建有娄底一水厂、娄底二水厂等2家自来水厂。1989年，设立大科石埠坝饮用水源断面。按照《生活饮用水卫生标准》（GB 5749—1985）评价，1989—1990年，饮用水源有微量有机污染物，无重金属污染，大科石埠坝断面氨氮、亚硝酸盐、大肠菌群等不同程度超标。1991—1995年，城区自来水水质取水源头河段总体水质良好，大科石埠坝断面粪大肠菌群和非离子氨等时有超标。1996—2000年，大科石埠坝断面瞬时监测值存在污染物超过Ⅱ类标准。2002年，设立娄底二水厂饮用水源断面。2002—2005年，按国家《地面水环境质量标准》（GB 3838—2002）评价饮用水断面，大科石埠坝断面水质有所改善。2006—2008年，全区饮用水源地水质平均达标率98.9%，水质整体较好。

（三）地下水质量

1989—1990年，娄星区5口监测井监测结果显示，除大肠菌群超标外，其他均未超标，污染物含量甚微。1991—1995年，5个监测井均有超标现象，超标因子分别为总砷、总硬度、非离子氨、亚硝酸盐氨、大肠菌群、pH值、挥发酚。1996—2000年，监测结果显示均有超标现象，超标因子分别为总砷、氨氮、高锰酸盐、石油类、六价铬、非离子氨、亚硝酸盐氨、大肠菌群、pH值、挥发酚。2001—2005年，地下水中氨氮、亚硝酸盐氨、粪大肠菌群、硫化物均有超标现象。2006—2008年，常规定期监测水井水质总体较好，3年水质均达到或优于Ⅲ类。

三、土壤环境质量

1991年，全区开展土壤中天然放射性核素含量监测，摸清区域各类土壤中天然放射性核素含量水平。2006年，市环保局首次对土壤环境调查，结果表明，全市区域土壤总体质量较好。但所测项目无机元素总量存在超标有镉、汞、铜、铬、锌、镍、锰、硒、钒9项，超标率分别为16.8%、4.2%、1.2%、0.3%、0.7%、14.1%、1.2%、0.7%、1.2%；有机氯超标有六六六和滴滴涕，超标率均为5.5%；多环芳烃类中超标有苯并〔a〕和二苯并〔a，h〕蒽，超标率分别为0.4%和2%。

四、声环境质量

（一）交通噪声

1990年，经监测，娄底中心城区道路干线交通噪声年平均等效A声级为73.8dB(A)，远超国家《城市区域环境噪声标准》，83.1%道路干线达70 dB(A)。污染源主要来自机动车辆，特别是手扶拖拉机和未装消声装置车辆。1991—1995年，地区环境监测站在城区主要交通干线布设监测点30个。结果显示，中心城区道路交通噪声5年平均值为71.5dB(A)，超过国家标准1.5dB(A)。1991年，平均车流量435辆/小时，噪声均值71.5dB(A)，同比降低2.3dB(A)。1995年，车流量比1991年增加312辆/小时，噪声均值73.6dB(A)，同比增加2.4dB(A)。1996—2000年，年均车流量995辆/小时，比上个5年平均增加560辆/时，年均等效声级69.8dB(A)，下降4dB(A)。2001—2005年，年均等效声级72.9dB(A)，比上个5年平均等效声级69.8dB(A)，上升3.1dB(A)。2006—2008年，道路交通干线噪声年均值处在69.4～71.5dB(A)，除2007年年均值略低外，其余2年年均值超过国家标准。

（二）区域噪声

1990年，按《城市区域环境噪声标准》衡量，城市区域环境噪声比上年降低0.3dB(A)。娄底市网络覆盖面积下21.3%人口暴露在60dB(A)以上，超过《城市区域环境噪声标准》中二类混合区标准。中心城区有2.9%网络覆盖下人口2770人生活在70dB(A)以上。1993年，中心城区环境噪声最高，达到61.8dB(A)，1994—1995年逐渐下降，分别为56.2dB(A)和55.7dB(A)。1991—1995年平均等效声级为56.7dB(A)。其声源构成：生活41.3%，交通32.9%，工业18.6%、建筑施工4.1%，其他3.1%。等效声级依次为：交通68.6dB(A)、工业59.4dB(A)、生活53.0dB(A)。1996—2000年，中心城区环境噪声平均等效声级范围为50.6～61.2dB(A)。年均等效声级53.4dB(A)，较"八五"时期平均等效声级下降2.2dB(A)。"九五"期间，娄底城区区域环境噪声主要暴露在41～45dB(A)、46～50dB(A)、56～60dB(A)、61～65dB(A)几个阶段，其中，最多是51～55dB(A)段，覆盖面积为12.85～18平方千米，占覆盖面积30%～45%，覆盖人口8.50万～16.10万人，占覆盖总人口25%～50%，超过60dB(A)所占比例为20.81%，较"八五"期间下降0.57个百分点。2001—2005年，中心城区环境噪声平均等效声级范围为50～63.4dB(A)，平均等效声级56.5dB(A)，较"九五"时期年均等效声级上升3.1dB(A)。其间，中心城区环境噪声39.4%点位处在55～60dB(A)，其次分别有31.9%、16.6%点位处在50～55dB和60～65dB，且有7.60%点位噪声值≤50dB，4.50%点位噪声值＞70dB。2006—2008年，中心城区环境噪声平均等效声级范围为53.7～54.9dB(A)，平均等效声级54.1dB(A)，5年内全区环境噪声基本稳定在较好级别。

第二节 环境治理

一、废水治理

（一）工业废水治理

排放量 钢铁冶炼和煤炭采选行业是域内工业废水主要来源。1989—1997年，工业废水排放量8000万吨/年，主要废水排放源为涟源钢铁集团有限公司和恩口煤矿，二者工业废水排放总量占全区总排放量95%以上。恩口煤矿排放井下废水3500万吨/年，占全区煤炭采选业总排放量95%。煤矿井下废水主要污染物为悬浮物，一般采取简单物理处理后直接排放。1998—2008年，恩口煤矿停产，煤矿井下废水大幅减少，工业废水排放量下降到3100万～5000万吨/年，主要废水排放源为涟钢，其所排废水占全区废水排放总量96%，废水种类主要是炼焦废水、高炉煤气洗涤水和转炉炼钢废水等。

工业废水治理 1990年起，实施工业废水治理。1994年，娄底市特种水泥厂建成废水治理项目，节水3万吨/年，减少排放2万吨/年；万宝白水泥厂投资200余万元、高美洗煤厂投资320万元、百亩化工厂投资10万元用于废水治理，实现工业废水循环利用；西阳化工厂被责令停产。主要污染大户涟源钢铁集团有限公司从1998年起投资建成全厂总废水处理与回用工程，年处理工业废水3000余万吨，工业用水循环利用率达90%，吨钢耗新水由93.80吨下降至40.90吨，下降率56.4%。至2000年，投入废水治理资金近1.50亿元。其间，湘中造纸厂先后完成一、二期污水处理工程。2001年，涟邵焦化厂（2002年改制为安石集团）建成污水处理站，对焦化废水进行深度处理。2005年，安石集团投资50万元，完善焦化废水治理系统。

"九五"期间，工业废水治理项目12个，增加设计处理能力4.80万吨/日，拥有工业废水治理设施45台套，正常运转率97%以上，工业废水处理达标排放量3819万～4795万吨/年，年排放达标率96.5%以上，所有省市区控重点排污企业全部实现废水达标排放，废水中污染物去除量六价铬1.27吨/年，挥发酚854.65吨/年，氰化物18.84吨/年，化学需氧量1073.47吨/年，石油类435.76吨/年，悬浮物10.38万吨/年，硫化物18.45吨/年。

2000—2005年，娄星区工业废水排放总量在3100万～5000万吨，治理后工业废水中主要污染物化学需氧量、氨氮、铅排放量分别控制在1300吨/年、330吨/年、1.56吨/年以内。2008年，涟源钢铁集团实施棒材厂棒二线浊环水改造循环工程，完成全厂废水循环利用改造工程，涟钢对涟水河污染影响大幅降低。全区工业废水达标排放率达到98%。

生活饮用水源保护 1997年，娄底市政府制定《娄底市饮用水源保护区污染防治若干规定》，对饮用水源保护区工业废水排放加强监管。2003年，娄星区政府重新核定《娄星区生活饮用水地表水源保护区划定方案》。2004年7月，娄底市人民政府颁布实施《孙水河流域水污染防治办法》，召开孙水河流域水污染防治工作会议，从防治目标、责任、机制等方面进行部署。2005年，娄底市环保局收回孙水河流域建设项目环保审批权，禁止新增排污口、新上排污项目，对饮用水源保护区内原有排污口责令限期拆除和搬迁。2008年，启动高溪河排污口规范化整治工程，开展孙水河、涟水河水上餐饮集中整治工作。

（二）城市生活污水处理

2004年前，生活污水直接排入地表水环境，对城区饮用水源污染较大。2005年起，生活污水处理厂建设纳入省政府8件实事及2005—2007年环保三年行动计划。2006年，在花山办事处对江村建设第一污水处理厂，总投资6100万元。2008年9月，一期工程建成投入试运行，生活污水处理能力5万吨/日，远期处理规模10万吨 /日。城南新区污水处理厂（娄底市第二污水处理厂）建设提上日程，增列为全省污水处理三年行动计划项目。2008年年底完成选址、可行性研究、环评、初步设计等前期工作，一期工程计划投资1.50亿元，处理生活污水能力5万吨/日，远期处理规模10万吨/日。

二、废气治理

（一）工业废气治理

1991—1994年，涟邵机械厂完成反射炉消烟除尘等工程，涟钢先后完成焦化分厂筛焦炉除尘、辅材分厂石灰窑除尘、24平方米烧结机头机尾除尘、热电厂4号、5号炉除尘等改造项目和热电厂粉煤灰沉淀池、二炼钢3号电炉除尘等治理项目。2000年，域内工业废气处理达标率85%以上，涟钢等13家重点工业污染源全部达标排放。

2000—2008年，涟钢投资100余亿元，淘汰高能耗、污染严重生产设备和工艺，新建、改扩项目近40个。其中，先后淘汰3号、4号高炉和35吨燃煤锅炉5台，热轧带钢生产线1条，15T转炉3座，50T小转炉与60T电炉，3×42孔焦炉和2台40立方米烧结机。完成带钢厂精轧组粉尘治理，将热电厂4号、5号燃煤链条炉改造为燃烧煤气锅炉，2#燃煤链条炉改造为燃煤循环流化床锅炉，改造脱硫除尘装置。完成180立方米烧结机粉尘排放改造、燃气联合循环发电工程、2号35吨/小时锅炉改燃气工程，投入治理资金25亿元，涟钢二氧化硫、烟尘、工业粉尘全部达标排放。安石集团2005年投资100余万元进行焦化厂粉尘治理。

（二）水泥行业粉尘污染治理

1989年，域内有市水泥厂等8家小水泥厂及其他乡镇小企业，水泥行业粉尘防治是环保部门监管重点。1991年，荣文水泥厂安装破碎机布袋除尘工程。1992年，市水泥厂环保投资20万元进行立窑改回转窑加电除尘改造，彩色水泥厂安装窑灰库底及熟料库底除尘器。1996年，关闭和取缔小碧硫磺厂、市有色金属冶炼厂等7家“十三小”企业。1997年，完成市水泥厂治理改造项目。2001年，关闭5家年产2.20万吨以下小水泥厂，调整产业结构，减轻环境污染。2005年，金鼎控股集团有限公司投资25万元进行石灰生产线除尘改造。2008年，水泥行业仅剩利恒水泥厂1家，其余水泥厂均关闭或改制转产。

（三）燃料燃烧废气治理

1990年，创建以铁路为界的新城区2.34平方千米烟尘控制区一期工程，制定《娄底市烟尘控制区烟尘排放管理办法》，对控制区内所有排烟设施进行强制监测。1991年，创建长青至乐坪烟尘控制区，面积8平方千米，占建成区面积57.4%，1座工业窑炉责令停产，1座工业窑炉限期搬迁。1994年，创建月塘至棉纺厂4平方千米烟控小区，全市烟控区面积12平方千米。1996年，增建2平方千米老街烟尘控制小区，全市建成4个烟尘控制小区，面积16平方千米。1998年，4个烟尘控制小区合并为娄底市烟尘控制区，占建成区面积74.8%。

2001年，市环保局制定《娄底市饮食业大气污染防治实施办法》，强化城区饮食服务单位使用天然气、液化石油气、电或其他清洁能源管理，严格控制配套建设0.50吨/小时及其以下燃煤锅炉，强制已有燃煤锅炉采取消烟除尘和使用低硫煤等措施。娄底师专、娄底卫校、金香大酒店等10家单位锅炉消烟除尘包含油烟治理被列入市第三批限期治理项目。年末，烟尘控制区覆盖除涟钢工业区外所有建成区面积25.77平方千米，占建成区86.6%。2005年4月，制定《关于加强饮食服务业环境管理的规定》，要求城区餐饮企业安装油烟净化器装置。2007年4月，对蓝圃学校等单位油烟污染和锅炉消烟除尘采取限期整改措施，强制达标排放。全区烟尘控制区覆盖40平方千米整个建成区，城区空气质量二级（良好）以上天数占到全年总天数90%以上。

（四）机动车废气治理

1998年，娄底市环保局设立机动车辆排污管理站，对汽车、摩托车等机动车辆进行尾气检测，依托交警部门列入车辆年检内容。2000年，娄星区环保分局下发《关于加强城区机动车辆维修服务业环境管理的通知》，强化机动车维修服务环保审批和排污许可管理，对大修出厂的机动车加强定期或不定期抽检，杜绝尾气、噪声不达标机动车出厂上路，从源头控制机动车尾气排放。

2001年，市环保局、公安局联合下发《关于加强机动车排污监督管理的通知》，加强对机动车排放尾气监测，开展经常性上路抽检，城区机动车排气污染检查纳入车辆初次检验、年度检验及道路行驶抽检工作。环保部门每年对检测合格车辆颁发机动车排污检测合格证，不合格车辆被要求采用修复、清洗、调试或安装净化装置等方式强制达标。2004年，实施待售新机动车排污抽检，源头控制机动车尾气污染。2005年，市环保、质监部门对城区石油市场使用的清洁燃油和石油添加剂开展联合执法检查，从机动车燃料上控制尾气排放污染。2005—2008年，城区机动车检测数量1万余台/年，采集排污信息数据2万个/年，一批尾气排放不达标机动车通过净化强制达标，车辆平均污染负荷下降。

三、噪声治理

1989年，建设城市噪声达标区。1991年，根据发展需要对噪声控制区进行重新划分，创建面积2.73平方千米、人口3.40万的噪声达标区，地域东至新星路，西以娄邵铁路为界，南到贤童街，北到湘阳街，噪声达标区占城市建成区面积19.5%。1995年起，加强环境噪声监管，依法征收环境噪声超标排污费。1998年，下发《关于加强环境噪声污染管理的通知》，对产生噪声污染建设项目建立环保审批和申报登记制度，查处万富街多家卡拉OK厅环境噪声严重扰民等违法行为。是年，增加以湘阳街、春园路、新星路为界包括月塘小区、人民银行、石马公园在内地域的噪声达标区，噪声达标区面积4.31平方千米。

2001年，新建新区至王家、月塘至老街至青山2个二类混合噪声达标区，城区噪声达标区总面积达到14.31平方千米，占建成区总面积48.1%。2002年起，每年在中高考期间对城区实行昼夜巡查及夜间噪声管制。2004年，市人民政府颁布实施《娄底市城市环境噪声污染防治管理办法》，对防治城区环境噪声进行规范管理。

四、固体废弃物治理

1989年，域内固体废物产生量65余万吨/年，排放量24万吨/年，利用率61%，处理率0.6%。其中，涟源钢铁厂排放量居首，主要为钢渣、粉尘和尾矿。回龙煤矿和恩口煤矿排放的煤矸石次之。危险废物主要为双江矾厂排放的950吨五氧化二钒浸取沉渣。“八五”计划后，涟钢钢渣余热粉碎车间、磁选分离车间相继建立，钢渣和铁矿石得到利用，工业固体废物综合利用产业链条延伸，综合利用率逐步提高。1996年，工业固体废物产生量70.24万吨，综合利用量56.36万吨，平均综合利用率80.2%。1998年，工业固体废物产生量90.20万吨，综合利用量76万吨，综合利用率84.3%。其中，冶炼废渣综合利用率87.4%，粉煤灰综合利用率78.6%，炉渣综合利用率90%。同时，对危险废物和其他固体废物采取贮存处置，涟钢产生的矿物油、焦油量等危险废物742吨/年，综合利用730吨/年，其余进行安全填埋。是年，工业固体废物累计贮存441万吨，占地面积20万平方米。

2000年，工业固体废物产生量85.65万吨（危险废物680吨），综合利用工业固体废物79.96万吨（危险废物410吨），处置1.87万吨（危险废物145吨），贮存2.24万吨（危险废物125吨），固体废物综合利用率82%。2001年7月，市环保局对娄星区医疗单位进行清理，责令未进行环评和环保审批的各类医疗机构限期补办手续，限期建好废物焚烧炉等污染防治设施。2003年“非典”期间，规范管理医疗机构医疗病毒废水治理和医疗废物处置，下半年，市人民政府开展医疗废物处置中心可研报告。2005年，加强危险废弃物和医疗废物环境监管。开展危险废弃物、医疗废物设施普查工作，制定《娄底市危险废物转移联单管理办法》，推行废物经营许可证和五联单制度。12月，涟钢建成占地46万余平方米工业弃废渣（物）处理场，并开发利用冶金钢渣生产免烧砖生产线。全区工业固体废物的排放量减少。2007年8月，市环保局制定《涟钢危险废物高炉瓦斯灰转移审批暂行规定》，对经营企业实行危险废物生产经营许可证及转移批准证，强化五联单管理制度。“十五”计划末，域内工业固体废物产生量95万吨/年，综合利用率85%，排放量控制在7500吨/年。

五、辐射治理

（一）辐射污染

电离辐射污染 1990—2008年，全区拥有电离放射源单位由3家增至17家，放射源由12枚增至102枚。Ⅲ类源用于医学放射治疗，其他为Ⅳ、Ⅴ类源用于钢铁熔炼、不锈钢加工、机械板材加工、锂电池生产、机械滤芯造纸加工。主要有工业用测厚仪、液位测定仪、核子秤料位仪、水分定量分析仪、钴治疗机超级伽马刀后装机等含源机械设备。主要核素有Cs-137、Co-60、Am-241、Ir-192、Kr-85等。其中，中子源2个，其他为γ源。2008年，全区射线装置使用单位18家，主要为工业用Cs137 Co60 等。其中，Ⅱ类射线使用单位11家，主要应用于工业探伤、医疗诊断、机场车站行包检测等领域，有X射线装置32台（套）。其中，Ⅱ类射线装置20台（套），包括工业探伤装置11套、医疗直线加速器6台、血管介入造影3台，其余部分为CT机、DR、X光机等医疗诊断用Ⅲ类X射线装置。

电磁辐射污染 1989—2008年，医疗电磁射线装置台数从11台增加到61台（其中Ⅲ类52台、Ⅱ类9台）。工业电磁射线装置从3台增加到9台（包括Ⅱ类1台、Ⅲ类8台）。广播电视系统各类发射机从4台增加到16台。电力行业高压交流输变电线路从5条增加到44条（总长度448千米，110~500千伏主变压器16套）。

（二）辐射管理与防治

电离辐射管理与防治 1990—1996年，执行国家《电磁辐射防护规定》（GB 8702—88）和电离辐射污染管理相关政策，落实防护措施，严把审批、监管环节。1997年3月25日，执行原国家环保局《电磁辐射环境保护管理办法》，规定电压在100千伏以上送变电系统、电流在100安培以上工频设备，须按照《电磁辐射防护规定》（GB 8702—88）有关标准执行，编制环境影响评价文件报环保主管部门批复。1998—2003年，贯彻国务院《放射性同位素与射线装置安全和防护条例》，对全区该技术利用单位全部办理辐射安全许可证，建立年检、年审制度。2004年，开展“清查放射源让百姓放心”专项行动，对电离放射源单位实行地毯式检查。2005年10月17日，区环保局发出《关于进一步加强放射源管理的紧急通知》。督促企业回收5个废弃放射源，完成4个企业放射性同位素准购审批与上报工作。

2008年5月15日，市环保局发布《关于进一步加强放射源和射线装置管理的通知》。12月，协助省局依法对辖区内使用Ⅰ类、Ⅱ类、Ⅳ类、Ⅴ类放射源和Ⅰ类、Ⅱ类射线装置单位，办理辐射安全许可证，办证率100%。在国控辐射监测点位采取土、水、尘降灰及生物样品送省辐射环境监督管理站监测分析，开展热释光片投放与回收、更换大气气溶胶和陆地γ辐射环境剂量自动监测及综合电场强度测量等工作。辐射环境国控点位全年陆地γ辐射环境剂量自动监测平均值为74~

76.3nGy/h、标准偏差0.2～1.6nGy/h。辐射环境省控点位全年综合电场强度监测平均值为0.36～1.27V/m、标准偏差0.009～0.054V/m。监测结果表明：全区陆地γ辐射环境剂量率为环境正常水平；电磁辐射综合场强测量值低于《电磁辐射防护》（GB 8702—88）规定的公众照射参考导出限值。是年，根据《国家辐射环境监测网站点位布设原则与要求》，省辐射环境监督站对全市陆地环境γ辐射监测石马公园点，土壤监测孙水河公园点，水源地饮用水监测娄底第二水厂点开展辐射环境质量监测。

电磁辐射管理与防治　1990—1996年，执行国家《电磁辐射防护规定》（GB 8702—88），加强电磁辐射环境保护和日常监管，所有电磁辐射设施均达标。1997—1998年，贯彻执行国家环保局《电磁辐射环境保护管理办法》，加强电磁辐射管理工作，控制电磁辐射污染源，调整电磁辐射污染源布局。对环境中电磁辐射，采取技术防护措施。1999—2002年，落实环保部《关于对〈电磁辐射环境保护管理办法〉中有关问题的复函》，细化电磁辐射管理措施。2005—2008年，市环保局召开有关电磁辐射管理与防治会议12次，开展专项检查行动10余次，对涉及电磁辐射相关企业严格检查。全区使用电磁单位采取屏蔽辐射源或辐射单元、屏蔽工作地点、采用吸收材料、减少辐射源直接辐射、清除工作现场二次辐射源、屏蔽设施接地、加强个人防护，减少电磁污染等措施加强防范。

第三节　生态环境保护

一、自然保护区建设与保护

2007年11月，林业部批准娄底湿地生态自然保护区试点建设，市政府成立湿地公园管理机构，建设水府庙国家湿地公园。该公园跨娄底、湘潭2市，分属娄星区（含经开区）、双峰县、湘乡市3县（市、区），总面积2.13万公顷，水域面积5591公顷，湖心岛32个，岛屿总面积302公顷，岸线200余千米，其中湿地面积1.07万公顷，是典型的城郊型湿地公园。环保部门对库区采沙、围垦填库、无序网箱养鱼等进行专项整治，依法取缔养鱼网箱1.80万余口，撤除捕鱼迷魂网阵165个，栽植水杉、红叶石楠、碧桃、樟树等绿化大苗1.78万株，绿化园内公路97.7千米，绿化河道20千米，湿地保护管理站建筑面积720平方米。

二、动植物资源保护

（一）野生动物资源保护

域内适宜各类野生动物栖息、生存和繁殖。华南区系和北方区系种类动物均有分布，属华南区系典型种类野生珍稀动物有金钱豹、白面狸、麂、鲮鲤、红嘴相思鸟、穿山甲、豪猪、花面狸、苦恶鸟（白胸秧鸡）、画眉、八哥、饰纹姬蛙等12种珍稀动物。属北方区系代表性种类野生珍稀动物有狐、刺猬、蝮蛇、灰喜鹊等4种。具有狩猎意义的有斑鸠、环颈雉、家雀、黄鼬、野兔、狐、獾和小鹿等中小型动物。生活在水域、农田中的昆虫、鼠类和两栖类、爬行类等动物，种多量大。1990—2001年，贯彻《中华人民共和国野生动物保护法》，与林业、工商部门联合开展保护野生动物专项行动，查处非法贩卖野生动物行为，对市城区内农贸市场、餐馆、酒楼和临时摊点进行10余次突击检查。严厉打击非法猎捕、收购、经营、烹食野生动物行为，收缴环颈雉、斑鸠等野生鸟类500只、野兔死体1000只，对查获的野生动物活体集体放生，对野生动物死体统一土埋。2002年，环保与林业部门协同配合，制止和打击贩卖野生动物违法行为，严禁非法经营野生动物，查处案件355起，收缴和放生野生动物1万余只。

（二）植物资源保护

1989年，全区林地分为4个林业区，木材蓄积量1184.70万立方米，森林覆盖率42.8%。2008年，完成造林面积1.12万公顷，活立木蓄积量1254.56万立方米，年末实有封山育林面积106.70万亩，森林覆盖率增长到48.2%。区域内农作物和果树资源有78科168属2500多个品种。水稻常规品种370余个，杂交水稻21个组合以及大小麦、高粱、玉米、粟、穇子、红薯、马铃薯、豆类等30余种作物，340余个品种。油料作物有油菜、花生、芝麻、蓖麻、向日葵、油沙豆、桐柚等8科70余个品种。经济作物有茶叶、西瓜、百合、烤烟、黄花等30余科360余个品种。蔬菜有瓜类、豆角、辣椒、茄子、白菜、萝卜、葱、蒜等58科480余个品种。饲料作物有水浮莲、水花生、聚合草、葳菜、苏丹草等20余个品种。绿肥有兰花草籽、红花草籽、回青、红萍等30余个品种。药材有丹皮、白芍、生地、尾参等150余个品种。果树有柑橘、桃、李、梨、葡萄、枣、柿、板栗、杨梅、枇杷、猕猴桃等30余科200余个品种。地方传统名牌土特产有苡米、板栗、烤烟、天麻、魔芋等。

2003年，自然资源保护监管从单纯保护观念向协调处理好自然资源保护与利用、保护与损害之间关系转变，研究探索自然要素管理，从分散在各个部门统一到一个部门，生态属性与生产属性并重，系统保护修复与可持续发展并举，强化自然资源属性，明确权属主体和责任主体。通过落实林业责任制，加强林地和林木管理，落实林地定额管理制度，实行林地征收占用和林木采伐管理制度，加强重点公益林动态管理，生态环境有所改善。造林面积6753.33公顷，其中，退耕还林6353.33公顷，长防林工程造林27公顷，人居环境质量列全省第二。2006—2008年，坚持开发与保护相统一，统筹自然资源管理，改善生态环境。造林面积从8800公顷增加至1.08万公顷，全区形成22个自然保护小区，面积1.72万公顷。

三、农业生态环境保护

（一）土地和耕地资源保护

1990年，农业施用高富集、高残留的六六六、DDT、敌血虫、乐果等农药总量628吨，每亩年均243.84克，造成环境污染和自然生态系统破坏。食品有机氯农药检出率为89.2%，猪内脏、油、鸡、蛋部分超过食用标准。1991年，农药使用量达656吨，氮磷钾和镉等有毒有害元素在土壤、水体中含量增高，因氮、磷、钾比例不协调致使病虫害加剧，农达、草胺磷除草剂广泛使用，造成土壤普遍污染。1992年6月，“娄星区多层次、多领域、多功能生态农业规划研究”课题开题，国家科委、农业部、国家环保局将娄星区定为生态农业试验区、持续农业试验区、全国首批农村环境综合整治试验区。1993—1999年，农药使用总量6000吨。2000年起，停用六六六、DDT，改以叶蝉散、甲胺磷、杀虫双、杀虫脒等，用药量逐年减少。2004年3月30日，区环保分局根据环保世纪行活动安排，推进孙水河流域和涟水河流域城区段水污染防治，结合土地管理法执法检查，加强基本农田保护。

2005—2008年，贯彻《全国土地开发整理规划》，实行耕地占补平衡制度，实行总量控制，提高土地存量和质量，基本农田实行五不准，即不准非农建设占用基本农田（法律规定的除外）、不准以退耕还林为名违反土地利用总体规划，减少基本农田面积、不准占用基本农田进行植树造林，发展林果业、不准在基本农田内挖塘养鱼和进行畜禽养殖，以及其他严重破坏耕作层的生产经营活动、不准占用基本农田进行绿色通道和绿化隔离带建设，采取措施整顿土地市场。

（二）农村居住环境整治

1992年，加强对农村环境管理，控制乡镇工业污染蔓延趋势，解决黑液污染问题。清理整顿乡镇小煤窖，制止滥采乱挖，关闭非法小煤窖1000余家，改善村居环境。1994年，创办8个生态建设试点村，农林果牧渔业有较大幅度发展。1995年10月，区环保局、乡镇企业局、财政局、统计局联合发出《关于开展全区乡镇工业污染源调查的通知》，开展乡镇工业污染对农村居住环境影响调查。1996年，完成调查，并建成生态示范场2个，生态乡镇6个，生态村50个，生态户4.30万户，创造多种生态经济模式。2001年，完成娄底市生态环境现状调查工作，摸清全市生态环境基本情况，加强规模化畜禽养殖业和乡镇企业污染防治工作。2002年6月9日，以市中心城区畜禽水产品质量安全监管为重点，开展3次专项执法检查，发现问题现场交办。2003年，开展农村毒鼠强专项整治，收缴100多千克毒鼠强等剧毒鼠药，集中焚烧处置。

2006年，区委、区政府制定《关于推进全区社会主义新农村建设的意见》，确定新农村建设5年目标任务，在78个行政村办点示范。2007—2008年，区环保局依照国家环境优美乡镇和国家级生态村的建设标准，对乡镇村进行调查模底，指导编制生态环境规划，开展优美乡镇、生态村创建工作。是年，区环保局做好中央农村环保资金申报工作，将全区14个环境问题比较突出村庄列入第一批申报名单。其中2个纳入国家资金计划。根据省环保厅编制《村庄环境综合整治（2009—2015）规划》要求，报送148个重点整治村庄名单。2008年，区环保局发出《关于开展环境优美乡镇、生态村创建活动的通知》，开展环境优美乡镇创建工作。是年，全区6个村镇被省环保厅认定为省级生态村，16个新农村建设示范点，获得农村环境保护专项资金260万元。

四、矿产资源环境保护

1992年，矿山开采与生态环境保护同步进行，增加矿山资源合理开发利用投入，取缔、关停非法小煤窑30余座。1993—1996年，组织环保及有关部门对域内非法小煤窖和污染严重的土法炼焦清理整治，炸毁查封非法小煤窑100余座，铲除严重污染土炼焦炉30座。1999年，关闭非法小煤井100余处，压产100余万吨。

2002年，市区两级环保部门配合煤炭行业开展环境调查，整顿小煤窑，对14个项目发出限期整改令。2003年，宣传贯彻《全国生态环境保护纲要》，开展非煤矿山环境现状调查、煤炭行业环境保护调查。2005年1月，开展5次大规模整治，关闭非法煤炭生产企业2家，取缔选矿小手工作坊6处。2006年7月，对矿山企业环境保护情况开展专项执法检查，检查企业23家，对未进行环境影响评价和“三同时”验收的矿产资源开发项目、危害人民群众健康的矿业企业进行查处，下达限期整改通知书18份。2008年5月，对全市矿山开采企业进行专项监督检查，责令矿山企业对存在环境风险尾砂库加固，防止尾砂泄露造成环境污染。

第四节 环境管理

一、建设项目环保管理

20世纪90年代初，贯彻《中华人民共和国环境保护法》，制定新建、扩建、改建工程须提出对环境影响评价报告书，经批准方可施工的规定，新建、扩建和改建工程环保设施必须与主体工程同时设计、同时施工、同时投产（简称“三同时”）。1995年，贯彻省环保局《建设项目环境影响报告书和评价工作考核大纲暂行标准与实施细则》，建设项目环境审批管理实行环境影响评价二审制管理。1998年，贯彻国务院《建设项目环境保护管理条例》，强化环境影响评价“三同时”制度。2002年10月，贯彻《中华人民共和国环境影响评价法》，建设项目实现环境影响评价审批规范化、制度化。2003—2008年，调整环评审批工作，对建设项目全过程跟踪监督管理，采取随机抽查、定期检查等方式加强监管。

二、建设项目环保审批

1989年7月，对“六五”期间建设项目环保设施的运转情况进行普查，有16家市属以上企业执行环保“三同时”制度，执行率为93.75%。1990年9月，对“七五”期间建设项目的“三同时”执行情况进行检查，检查企业95家。其中，90个开展环境影响评价，建成投产或试生产52家，完成环保投资67.32万元。责令25个建设项目补办环境影响报告手续，限期整改项目20个。1991年，审批建设项目27个，省地市属项目“三同时”执行率达到100%。1992年，12项建设项目全部执行“三同时”制度。1996年，审批新、扩、改建项目17个，否决项目7个，查处未经审批擅自建设项目4个。2002年，区环保局对未办理环保审批手续、未建环保设施、未进行排污申报登记和领取排污许可证的，一律限期10月31日之前补办完成，对未按要求补办完成和不符合环保要求的建设项目依法查处。审批环境影响建设项目7个，环保竣工验收审批4项，“三同时”执行率100%。2003年，执行《中华人民共和国环境影响评价法》和《中华人民共和国清洁生产促进法》，严把项目选址关、审批关和验收关，严控新污染源产生。全年审批建设项目环保评价12个，验收“三同时”环保竣工项目5个，对1个不符合国家产业政策项目予以否定，项目环评执行率和“三同时”执行率均达100%。2004—2006年，审批环境影响建设项目210个。2007年，审批建设项目环境评价195个。2008年，审批环境影响建设项目318个。

三、环境监测与污染状况调查

（一）环境监测

1989年，环境监测工作以城市环境空气季报、地表水水质季报、城市区域环境噪声、交通干线噪声、地下水、降水及主要工业企业污染物排放年检监测为主。1990年，地、市两级监测站首次通过湖南省实验室计量认证。1999年1月，娄底市环境监测站更名为娄星区环境监测站。2002年7月，娄星区环保局被娄底市环保局整体上收，撤销环境监测站，监测技术人员全部并入娄底市环境监测站，娄星区内所有环境监测工作全部由娄底市环境监测站承担。

地表水环境质量监测 1989年，地表水环境质量监测包括涟钢上（对照断面）、娄底大桥（控制断面）、大科石埠坝（饮用水源断面）3个常规监测断面。监测频次分为月报监测和不同水期（枯水期、丰水期、平水期）监测2类，监测项目按地表水监测规范进行，监测项目评价标准采用《地面水环境质量标准》（GB 3838—88）Ⅲ类水质标准进行评价，监测断面同时采用污染综合指数、污染分担率、污染负荷比等方法进行评价。1999年4月，新设西阳河口断面（城市交接断面）。

2001年，新设娄底江龙滩断面，取消娄底大桥断面。2002年，新设娄底二水厂（上）断面（饮用水源断面）。2006年，取消涟钢（上）断面，西阳河口断面监测工作移交湘潭市环境监测站。2008年，娄星区地表水环境质量监测计有娄底江龙滩、大科石埠坝、娄底二水厂（上）3个监测断面。

城市环境空气质量监测 1989年，环境空气质量监测设置有涟钢点、地站点、市站点、师专点4个点位，监测项目为二氧化硫、氮氧化物、总悬浮颗料物3项，监测频次为按季度监测（1月、4月、7月、10月），每次连续监测5天，每天采样4次，其中总悬浮颗料物按上午下午各采样1次。市站点同时增加监测频次，开展月报监测。环境空气质量采用《环境空气质量标准》（GB 3095—82）二级标准（1996年后采用GB 3095—1996标准）进行评价。1998年1月，撤销地站点，新设华达点，撤销师专点新设电视发射台点。1999年1月，市站点（原娄底市监测站点）变更为区站点。2000年1月，监测项目氮氧化物变更为二氧化氮，区站点、华达点、涟钢点3点位开始日报监测，启用空气自动采样机连续采样，人工分析。2001年3月，撤销华达点，新设市站点。2002年4月，撤销区站点，新设中心医院点。2003年2月，监测项目总悬浮颗粒物变更为可吸入颗粒物。2005年1月，撤销中心医院点，新设党校点。市站点和党校点2个点位设立空气自动监测子站。至2008年，降尘监测设置有6个点位及1个清洁对照点，评价标准采用《环境质量报告书编写技术规定》中有关标准执行。

降水监测 1990年，娄底市监测站楼顶设立降水采样点位，人工采样、人工分析，开始降水常规监测工作。降水监测项目为pH值、电导率、硫酸根、硝酸根、氟离子、氯离子、铵离子、钙离子、镁离子、钠离子、钾离子等11项。其中，pH值、电导率2项逢雨必测，其余项目每月监测1次。数据处理及评价标准采用《环境质量报告书编写技术规定》有关标准执行。1994年，采样点位变更为师专点。2001年，采样点位变更为市站点。2004年，设置降水自动采样器，自动采样，实验室人工分析。

城区噪声环境质量监测 1989年，城区按250×250米布设103个监测点，进行区域环境噪声监测。对城区内9.75千米长度交通干线布设10个监测点，进行交通干线噪声监测。2003年，经省环保局认证，城区按350×350米布设232个区域环境噪声监测点，城区内64.40千米长度交通干线布设55个交通干线噪声监测点。2008年，进行声环境功能区噪声监测。按功能区设置有师专（1类区，文教卫区）、市林业局（2类区，商业居住混合区）、华达（3类区，工业区）、金香大酒店（4类区，交通干线点）4个点位。区域环境噪声监测和交通干线噪声监测每年进行1次，监测昼间噪声值。其中，区域环境噪声进行等效声级算术平均值统计，交通干线噪声进行等效声级路长计权平均值统计；功能区噪声监测每季度进行1次，每次进行24小时连续监测，按点位、分昼夜进行算术平均值统计。

地下水质量监测 1989年，地下水监测设有省煤炭一处、涟源磷肥厂、娄底观化门、娄底师专、地区医院5个井。1993年，撤销娄底师专监测井。2000年，撤销省煤炭一处监测井。至2004年，域内地下水质量监测每年监测1次，监测项目选择《地下水质量标准》（GB/T 14848—93）规定项目，水质采用单项组分法和综合分值法进行评价。2005年，省监测中心站同意娄星区暂停地下水质量例行监测。

（二）污染状况调查

水资源污染调查 2003年10月，成立娄底市地表水系水环境容量核算工作领导小组，技术支持单位及方案实施单位为娄底市环境监测站。2003年11月，开展水系参数、污染源排放调查等基础工作。2004年5月，对涟水干流及其支流孙水7个地表水功能区选取合适模型对化学需氧量、氨氮进行容量核算。地表水系水环境容量核算工作根据水环境功能区及保护目标、河段水文物征、入河排污口分布等因素，依据水污染物排放量和水体水质之间对应关系，计算各水环境功能区中化学需氧量和氨氮纳污容量，对各水环境功能区实行总量控制，实现水环境功能区水质目标，保证水环境质量。2008年6月，制订地下水污染状况调查工作方案，成立娄星区地下水污染状况调查工作组，技术支持及方案实施单位为娄底市环境监测站，设8个监测井。9月，进行采样、分析及数据整理和上报。11月，编写《娄星区地下水污染状况调查技术报告》，为保护与科学合理利用地下水资源、防治地下水污染和保障人体健康、制定地下水保护规划提供科学依据和技术支持。

土壤污染状况调查 2007年3月，编制娄底市土壤污染状况调查工作方案，成立土壤污染状况调查工作组，技术支持及方案实施单位为娄星区环境监测站。设质量调查点5个，重点污染区域调查点14个。7月，开始进行采样、分析及数据整理和上报。土壤污染状况调查作为保护与科学合理利用土地资源、防治土壤污染、强化土壤环境质量动态监控、提升土壤环境监管能力、提高农产品安全和保障人体健康、制定区域及专项土壤保护规划提供科学依据和技术支持。

四、环境监察执法

1989年7月，对“六五”计划以来各级限期治理项目执行情况进行大检查，组织干部职工参加环保法律法规培训班4次。成立环保行政案件审议小组，依法实施7项行政处罚，对恩口煤矿洗煤厂未批先建违法行为进行通报查处。1994年5月，成立环境保护行政审判联络室，与市人民法院联合办案，依法对天伦宾馆、大科乡轧钢厂等企业和5家土法炼硫窑违法行为进行处罚。1996年，开展涟水综合整治行动，发出限期整改通知647件，查处违法案件15起，申请法院执行5起。1998年，处罚20家存在环境违法行为的排污企业和个体工商户，对15家拒不缴纳排污费的单位申请法院强制执行。2001—2008年，根据污染情况定期开展监察执法。环保局连续3年被评为全市行政执法先进单位。

五、排污费收取与使用

1989年，对辖区内所有排放废水、废气、废渣和超标噪声按污染物多因子征收排污费和超标排污费。是年，征收排污费21.56万元。随着征收面扩大，监测手段加强和征收标准提高，排污费入库金额逐年提高。2000年，完成排污费征收77.60万元。2008年，征收排污费和超标排污费171.60万元。

六、环境宣传与教育

（一）环境宣传

娄星环保世纪行 2000年6月，区人大、区政府、区政协及区直14个部办委局组成组委会开展“娄星环保世纪行”活动。围绕“推进达标排放，保护蓝天碧水”主题，结合检查《中华人民共和国水污染防治法》和《湘江流域水污染防治条例》执行情况，对区内工业企业污染物达标排放、重点污染区域和污染源治理、污染治理资金落实以及保护城市饮用水源等重点问题进行宣传报道。组委会每月召开1次会议，每次会议专门研究解决1～2个环保问题，组织有关部门领导及人大代表、政协委员开展环保检查、视察活动。编写《环保知识读本》供全区干部职工及学生学习，制作环保法规知识宣传标牌2500块，积极向新闻媒体投稿，加大环境保护法律法规宣传力度。

2001年，“娄星环保世纪行”活动组织21台彩车上街宣传。2002年，“娄星环保世纪行”活动中，配合娄底市人大城环委，对涟源特种水泥厂等21个确定的重点选题，会同新闻媒体督查采访，发挥法律监督、民主监督、新闻监督、公众监督作用。2004年6—10月，组织2次新闻采访活动，重点宣传报道城区环境污染治理和全区生态保护工作、绿化工作等方面情况，检查贯彻落实《中华人民共和国环境保护法》执行情况，重点检查水泥厂、洗煤厂、化工厂等工业企业，并举办“走进社区”环保警示教育图片展。2005年，开展饮用水源保护、风景名胜区、自然保护区的生态环境保护等系列宣传活动。2006年，开展环保执法大检查，对存在问题进行整改。2008年，重点检查区内新建、重点污染源和群众反映强烈问题，对饮用水源地污染状况进行调研，推动工业企业污染治理和生态环境保护整治。

“6·5”世界环境日宣传活动 1990年，世界环境日主题是“儿童与环境”。组织娄底市三中、三小师生500余人上街进行环保宣传活动，出动各种车辆7台，制作大型宣传牌5块，发动干部职工撰写环境保护宣传稿件在市广播电台播放。涟源钢铁总厂、娄底机务段等区内大型厂矿企业开展宣传活动。1992年，世界环境日主题是“只有一个地球——关心与共享”。6月5日，组织30余个单位，出动大小车辆40余辆上街进行宣传，娄底市电视台、娄底人民广播电台现场采访报道。1993年，世界环境日主题是“贫穷与环境——摆脱恶性循环”。组织专门队伍到厂矿企业、乡镇开展现场宣传。组织干部职工开展“我为经济建设服务”演讲活动。市三中副校长毛楚超被省环保局、省教委评为环境保护先进工作者。1996年世界环境主题是“我们的地球、居住地、家园”。邀请地、市电视台等新闻单位对涟水河综合治理、小碧乡土法硫磺窑整治进行报道。

2000年，世界环境日主题是“环境千年，行动起来”。6月5日，区委常委、常务副区长王雄作加强环境保护工作电视讲话。6月4—11日开展环保宣传周活动。城区主要街道悬挂宣传标语横幅65条，张贴宣传标语2000幅，设立环保法规宣传咨询点2个，发放宣传资料1.20万余份，组织环保宣传彩车15辆，上街进行游行宣传。涟源钢铁集团公司在“6·5”前夕，举办全厂环保达标排放知识竞赛，6月5日召开纪念世界环境日暨达标排放动员大会，发布涟钢1999年环境质量公报，组织拍摄《天更蓝、水更清——涟钢环保综合治理纪实》电视专题片。

2004年，世界环境日主题是“海洋存亡，匹夫有责”。利用电视、广播、报刊等新闻媒体，采取专题节目、演讲征文、知识竞赛等多种形式，开展宣传活动。制作大型宣传标语300余条，编印散发宣传资料万余份，设立咨询服务点18个。2006年，世界环境日主题是“莫让旱地变沙漠”。结合“生态安全与环境友好型社会”主题开展宣传活动，设立多个环境保护知识咨询点，采取发放宣传资料、开设电视专题访谈节目形式进行宣传活动。2008年，世界环境日主题是“促进低碳经济”。围绕“绿色奥运与环境友好型社会”主题，联合企业、学校开展系列宣传活动，发放宣传资料8000余份、环保购物袋1000余个。

法律宣传 1990年4月，娄底市召开贯彻落实《中华人民共和国环境保护法》大会，市长赵伯栋作动员报告。发放《环保法规汇编》《环保法规知识问答》等学习资料600多套，在长青街、氐星路组织“二五”普法宣传一条街活动，发放宣传资料1500余份，接待咨询服务70余人次，书写标语横幅20余条，宣传贯彻国务院《关于进一步加强环境保护工作的决定》精神。1991年，召开市属范围内各单位领导参加的环保法报告会。在全区范围内开展为期1个多月的宣传活动，利用标语、横幅、宣传栏、黑板报、广播、电视进行环保法宣传，组织职工收看和讨论全国、省、地领导在“六五”世界环境日讲话。

“绿色创建”活动宣传　“绿色创建”活动包括绿色学校、绿色社区、绿色酒店等类型。2001年，娄底三小被评为省级“绿色学校”，并推荐参加国家绿色学校评选。2002年，娄底二小被推荐为省级“绿色学校”。2004年，娄底市第三中学被评为省级“绿色学校”，娄底市第三中学王协民被评为省级绿色学校优秀教师，娄底市电力社区、娄底市人民社区被评为省级“绿色社区”。2005年，娄底市第二中学被评为省级“绿色学校”，娄底市第二中学肖仕良、娄底市第三中学刘文波被评为省级绿色学校优秀教师。2008年，娄底市第八小学被评为省级“绿色学校”。

（二）环境教育

中小学环境教育　1990年，娄底市为市三中图书室和各个班级订阅《中国环境报》《环境保护报》，市环保局派员多次讲解环保知识和环保法律法规，组织开展中小学生参加全省环保知识竞赛。其中，三中有1000余名学生参加知识竞赛，获省一等奖1人、二等奖1人、三等奖9人，优胜奖39人。1991年，娄底三中学校图书馆订阅《中国环境报》，全校30个班每班订阅1份《环境保护报》，为全校1175个学生每人购买1套环境教育课本，定期派环保技术专干给学生讲授环境保护知识。结合“六五”世界环境日等活动宣传，派专人协助学校出版校报，做到每次活动每班有1期环境保护专版。1993年，组织协助三中、三小开展环保知识竞赛活动。1997年，举办环保执法人员行政执法培训班，组织党政机关干部环保法规知识统一考试。环境教育试点中小学校增至7所，中小学生参加中南五省环保作文竞赛，取得较好成绩。2000年，娄底三小成立环境科普小组，开展系列调研活动，娄底三小周慧等同学撰写的《娄底市垃圾污染现状和治理措施》获湖南省一等奖。城区7所中小学校参加全国“为了我们共同的未来”环保活动方案和“施乐杯”环保绘画比赛，29幅作品入选，一幅作品获全国优秀作品奖。2002年，娄底三小等学校将环境教育纳入学校德育范围，制订教育计划，安排教育经费，配备专职教师。

党政干部环境教育　1990年，娄底市举办2期环保培训班。一期乡镇环保员培训班，参加培训的有各乡镇环保干部、厂矿环保干部，先进单位和先进个人。一期乡镇街道环保员培训班，对乡镇环保员进行大自然保护知识培训。对大科乡坪石村等生态试点工作情况进行总结并推广经验。6月，全市503名科级以上干部参加环保法律法规考试。1991年，为市环保委员会委员及市委、人大、政府、政协等部门订阅《中国环境报》《环境保护报》。6月，制定全区环保法制宣传教育第二个五年规划，重点学习贯彻环境保护法。1992年11月，举办环境管理干部研讨会，湖南大学等高等院校教授应邀讲课。1993年4月，召集市环境保护委员会会议，学习《湖南省环境保护条例》和《湖南省排污费征收管理办法》，提高委员环保意识。5月中旬，举办为期5天的乡镇街道环保监督员培训班。1995年5月30日，市委党校首次开设“生态与环境”课程，85名村级干部接受农业和农村环境保护方面知识教育。1996年起，市委党校开设环保知识专门课程。

2000年4月5日至6日，召开全市工业污染源达标排放工作会议和企业环境保护培训会议。2004年，成立岗位学法活动领导小组，加强法制工作业务培训，开展各种法律学习活动，将《中华人民共和国环境影响评价法》《中华人民共和国清洁生产促进法》《排污费征收使用管理条例》和《医疗废物管理条例》作为学习重点，组织执法人员考试。2008年7月20日，市环保局举办“调整经济结构、转变发展方式”宣讲会，邀请市委党校教授为局机关和局属二级机构160余名干部职工作宣讲报告。

第十八篇 教 育

1989年，娄底市有高级中学1所，完全中学8所，初级中学12所，职业中学1所，特殊教育学校1所，小学130所，小学在校学生3.22万人，初中在校学生1.27万人，高中在校学生5293人。1991年，娄底市制定九年义务教育实施规划，将教育工作置于优先发展战略地位。1992—1995年，全市教育投资1.52亿元，完成学校基建项目113个，新建校舍4.55万平方米，改建扩建1.58万平方米，新征土地17.65公顷，修建标准运动场8个，购置图书52万册，添置教学仪器价值255万元。全市10个乡镇138所中小学建设砖混结构学校75.6%；城区市直11所中小学有10所是市级以上花园（园林）式学校。1995年3月20日，市委、市政府作出基本普及九年义务教育、基本扫除青壮年文盲（简称“两基”）决定，兴办教育。是年，娄底市通过省“两基”督导评估验收。1996年，娄底市被评为全国基础教育先进市，基础教育步入全国领先行列。12月，娄底市被确定为全省22个素质教育示范县（市、区）之一。1997年5月10日，召开全市教育科技大会，市委、市政府倡导在全市中小学实施素质教育，素质教育进课堂由城区带动农村。《中国教育报》等新闻媒体对娄底市中小学素质教育经验进行报道。1998年，娄底市被省人民政府评为素质教育先进市。

1999年，娄底市改为娄星区，娄星教育改革和发展进入新阶段。2000年1月，娄星区被湖南省人民政府评为“湖南省巩固提高普及九年义务教育先进单位”。6月，被教育部、财政部和国家计委评为“两基”工作先进区。2002年5月，区委、区政府召开全区基础教育工作会议，作出《关于基础教育改革与发展的决定》，对振兴娄星教育进行全面部署。坚持“以区为主”管理体制，区乡两级人民政府把全面普及九年义务教育作为教育工作重中之重。全区小学、初中入学率均达到100%，小学巩固率100%，初中年辍学率控制在1%以内。改善办学条件，提高普通高中办学水平，基本普及高中阶段教育。是年，娄星区被评为全国“两基”工作先进区。湖南省开启基础教育新一轮课程改革，娄星区被确定为湖南省义务教育新课程改革实验区。随着城镇化进程加快，农村学校生源逐年减少，城区学校发展迅速。2002年，厂矿企业子弟学校开始和企业剥离向地方移交。2003年，湖南省基础教育课程改革现场研讨会在娄星区召开，推介娄星区改革实验经验。2003—2005年，调整中小学校布局，撤并一批布局不合理、教育资源利用率低的农村小学，改善乡镇中学和中心小学办学条件，装备电脑室、多媒体教室、现代化实验室和电子图书室，现代教育技术开始在农村学校应用。城区学校挖潜扩容，增加学位，为农村学生进入城区就学创造条件。娄底二中、娄底三中、娄底四中相继新建教学楼、综合楼、学生食堂和学生公寓，办学条件得到改善，办学规模扩大。娄底二中、娄底三中在校学生由2000余名增加到5000余名，娄底四中由初级中学升格为完全中学，开始高中招生。城区小学娄底二小、娄底三小、娄底四小、娄底五小在校学生总数达1.20万人。

2006年，全区所有由企业创办的中小学校全部移交给地方教育部门。2007年，全区普通高中起始年级进入新课程改革实验。2008年7月，区委、区政府作出《关于建设教育强区的决定》，以实现教育强区为目标，以教育持续和谐发展为主题，以区域整体推进素质教育为重点，巩固普及九年制义务教育成果，开启教育强区建设。至年底，全区小学在校学生2.45万人，小学正常儿童入学率和巩固率、残疾儿童入学率、小学升初中比率均为100%；初中在校学生1.25万人，年辍学率为0.03%；初中毕业生升入高中阶段学生比率达到88%；全区高中在校学生8850人，高中毕业会考一次性合格率高于娄底市平均水平；普通高考创历史最好水平，各项指标居省市前列。

1989年，娄底市教育局设立党组。1993年9月，更名为娄底市教育委员会。1999年，撤市设区，娄底市教育委员更名为娄星区教育委员会。2001年9月，娄星区教育委员会更名为娄星区教育局，设党委。2008年，机关下设办公室、计财股（机关事务所、教育资金管理中心）、教育股（体卫站）、人事股、教师工作股（语委办）、离退休管理股、纪检监察室、审计股、督导室（法制办）、勤管办、成教办（社管办）、招生办、自考办13个股室和教育工会。辖娄星区教育科学研究室和娄星区教学仪器电教站直属二级事业机构2个。教师进修学校为独立法人正科级事业单位，业务上归属娄星区教育局管理。下辖10个乡镇（街道）学区和娄底二中、三中、四中及娄底二小、三小、四小、五小和高溪小学、春元中学（西阳学区和春元中学因2003年娄底市成立经济开发区而划归市经济开发区教育局管理）。娄底二中、娄底三中、娄底四中和春元中学为副科级事业单位，党支部（总支）书记由区委任免和管理，校长由区人民政府任免和管理。乡镇（街道）学区主任及以下干部、城区中小学其他干部均由区教育局任免和管理。

1989—2008年历任局长（主任）：李永湘、黄聚文、阳正良、彭建良。历任党组（党委）书记：刘拯民、陈肇中、邝良清、刘玉楚、童喜阳。

第一章 基础教育

1989—2008年，娄星区（娄底市）坚持“科教兴娄”“教育强区”战略，教育工作置于优先发展战略地位，将基础教育置于教育工作重要位置，发展学前教育、九年义务制教育、普通高中教育、特殊教育。通过制定教育规划、学校布局调整、开展“两基”工作、加大教育投入、科学设置各类课程、改革中考制度、创办示范高中等措施，推进教育事业发展。至2008年，全区有幼儿园61所，小学55所，初级中学11所，高级中学3所，特殊教育学校1所。在园幼儿9788人，小学至高中开设班级831个，在校学生4.58万人。高考录取1.35万人，录取率46.5%，其中27人被北京大学、清华大学录取。

第一节 学前教育

一、园班设置

1989年9月，娄底市直属机关幼儿园成立，属于全额拨款事业单位。幼儿园开设4个班，招收107名幼儿。职工编制16人，设正、副园长各1名，会计、出纳、医务人员、炊事员各1名，保教人员10名（毕业于长沙师范幼师4人）。2008年，开设8个班，招收300名幼儿。职工编制26人，另聘保教人员、炊事员14人，在岗职工40人。是年，娄底市学前教育机构除独立设置幼儿园外，还有小学代办学前班。1991年11月，娄底市农村适龄儿童入园（班）率达98%，涟滨乡中心幼儿园被评为“湖南省先进乡中心幼儿园”。

20世纪90年代末期起，厂矿企业幼儿园逐渐减少，民办幼儿园逐渐增多。2002年，娄星区城区幼儿园有28所。其中，民办幼儿园22所，占比79%。厂矿企业幼儿园仅剩下涟源钢铁厂第一、二、三、四幼儿园，其他厂矿企业幼儿园均因厂矿企业破产倒闭而停办。2003年，开办民办幼儿园有小博士幼儿园、小明星幼儿园、小聪仔幼儿园、诺贝尔幼儿园、爱心幼儿园、湘运幼儿园等。

2004年，开办民办幼儿园有启慧幼儿园、石马幼儿园、丹阳幼儿园等。2005年，开办民办幼儿园有童梦幼儿园、金鹰之星幼儿园、七巧板幼儿园、区文化馆幼儿园等。2006年，开办民办幼儿园有玉龙幼儿园等。2008年，开办民办幼儿园有幸福花儿幼儿园、未来之星幼儿园、早慧幼儿园、阳光幼儿园、数字化幼儿园、贝贝乐幼儿园、阳光贝贝幼儿园、恩雅国际幼儿园等。2008年，全区有幼儿园61所。其中，公办2所，社会力量办学59所。有市级示范幼儿园2所（区直机关幼儿园），乡镇中心幼儿园2所。全区在园幼儿9788人，学前一年入园率为100%，学前三年入园率为86%，基本形成“以公办园为骨干、以社会力量办园为主体”学前教育格局。

二、保教工作

1990年，娄底市幼儿园一般设置语言、常识、计算、音乐、美术、体育等课程。游戏是幼儿园活动基本形式，幼儿园在“一日活动”中安排一定游戏，并注重将游戏融入其他保教活动之中。

2001年，教育部颁布《幼儿园教育指导纲要》，娄星区幼儿园对照纲要开设健康、语言、社会、科学、艺术5个领域课程。区直机关幼儿园每天上午安排2节教学活动，1节户外活动；下午安排1节区域活动或其他游戏活动，1节户外活动。大班每节课25～30分钟，中班每节课20～25分钟，小班每节课15～20分钟。2002年，在学前教育发展过程中，一些幼儿园特别是民办幼儿园为追求经济利益，片面迎合家长要求，违背幼儿规律，出现“小学化”不良倾向。经过几次整治，“小学化”倾向基本得到纠正，保教质量得到提高。

三、幼教活动

1989—1991年，娄底市教育部门多次组织幼儿教师参加长沙师范等学校函授学习，取得合格学历证书；多次组织幼儿教师参加幼师“三学”（幼儿教育学、幼儿心理学、幼儿卫生学）和教材教法学习考试，以取得专业合格证书；多次组织开展幼儿教育教研活动，举办幼儿教师教学、才艺、演讲等比赛，举办幼儿文艺调演、职能竞赛、广播体操比赛、轻器械操比赛等赛事。1992年1月，娄底市获省、地“幼儿自制教学玩具优胜集体奖”和“幼师五项全能”竞赛第1名。1993—1994年，根据幼儿教育需要，开展幼儿教育教研活动。1995—2000年，幼教培训重点由学历培训转向继续教育。2001年，贯彻教育部《幼儿园指导纲要》，组织培训活动，选派部分园长参加省级培训。2008年，娄星区有幼师740人。其中，大专或大专毕业以上学历334人，中师或中专毕业学历406人，学历合格率为100%；有保育员262人，其中，中师或中专以上学历183人，高中学历79人。

四、管理体制

1989—2005年，娄星区（娄底市）学前教育统一由娄星区教育局管理。举办学前教育幼儿园分别由主办单位或创办人主管。娄底市（娄星区）直属机关幼儿园创办后，由娄底市人事局管理，2006年8月移交娄星区教育局管理。厂矿、企事业单位举办的幼儿园由主办单位主管；城区街道幼儿园由街道办事处或居委会主管；农村幼儿园（班）90%附设在小学，统一归口乡镇学区领导，由所在小学具体管理；城区学前班由所在小学、幼儿园及其主管部门管理。幼儿园内部管理实行园长负责制。

1989—1991年，娄底市每个乡镇选聘1名在编教师定编为民办教师幼教辅导员，从事乡镇幼儿教育业务辅导。1992—2004年，娄底市开展创建合格幼儿园和示范幼儿园活动，推动学前教育发展。2005年，制定《关于娄底市幼儿教育改革和发展的意见》。2006—2008年，规范幼儿园办园行为，针对公办幼儿园“稀缺化”、民办幼儿园收费“贵族化”、保教工作“小学化”等现象开展专项整治，规范幼儿教育制度。

2008年娄星区幼儿园基本情况表

表18-1

幼儿园名称	幼儿园情况					幼儿情况									
	园长或法人代表	幼儿教师总数（人）	其中			大班		中班		小班		小小班		合计	
			大专或大专以上	中师中专高中	高中以下	班数	人数	班数	人数	班数	人数	班数	人数	班数	人数
区机关幼儿园	何　萍	28	24	4	—	3	127	3	107	2	60	—	—	8	294
杉山中心幼儿园	罗立冬	4	3	1	—	1	52	1	22	—	—	—	—	2	74
启慧幼儿园	肖　敏	27	10	17	—	4	85	—	—	4	65	3	50	11	200
湘运幼儿园	刘婵娟	14	7	7	—	2	65	2	60	1	35	1	20	6	180
小天使艺术幼儿园	梁志红	14	3	8	3	2	70	2	50	1	20	1	15	6	155
工贸艺术幼儿园	邵　娟	13	8	2	3	1	30	2	45	1	25	1	20	5	120
丹阳幼儿园	颜应连	8	1	7	—	1	30	1	37	1	38	1	25	4	130
金鹰之星幼儿园	刘　伟	12	5	5	2	2	55	2	40	2	40	1	5	7	140
长青居民点幼儿园	罗梅玉	15	5	10	—	2	100	2	70	1	25	1	15	6	210
小博士幼儿园	叶　利	28	5	23	—	3	70	3	80	3	70	2	25	11	245
幸福花儿幼儿园	王祝华	12	4	6	2	1	36	2	55	1	30	1	15	5	136
诺贝尔双语幼儿园	朱晓琼	6	1	3	2	1	42	1	41	1	38	—	—	3	121
小叮当幼儿园	彭仲清	10	4	5	1	1	42	2	58	1	35	1	15	5	150
娃哈哈幼儿园	朱芬芳	7	3	4	—	1	20	1	25	1	19	1	8	4	72
民营蓝猫幼儿园	胡寒桃	9	4	3	2	1	32	1	32	1	30	1	18	4	112
早慧幼儿园	李日义	12	3	9	—	2	67	2	56	2	46	1	14	7	183
数字化幼儿园	王德钦	18	13	2	3	1	30	1	30	1	30	1	10	4	100
花圃幼儿园	胡建文	6	3	2	1	—	—	1	12	1	18	1	7	3	37
湘中艺术幼儿园	肖玲艳	9	4	4	1	1	25	1	27	1	18	1	3	4	73
贝贝乐幼儿园	颜　媚	6	4	2	—	1	23	1	26	1	24	1	7	4	80
新苗幼儿园	曾令华	8	—	7	1	1	26	—	—	1	25	1	13	3	64
图书馆幼儿园	罗建英	40	21	9	10	4	115	4	100	3	80	2	40	13	335
银河艺术幼儿园	易慧成	28	8	15	5	2	80	2	75	2	60	2	35	8	250
恩雅国际幼儿园	陈　莉	40	28	12	—	—	—	2	38	3	62	2	35	7	135
爱心培幼儿园	付　聪	22	8	13	1	3	140	2	90	2	70	1	22	8	322
区文化馆幼儿园	付　艳	22	4	17	1	3	132	2	90	2	70	1	24	8	316

续表18-1

幼儿园名称	幼儿园情况					幼儿情况									
	园长或法人代表	幼儿教师总数(人)	其中			大班		中班		小班		小小班		合计	
			大专或大专以上	中师中专高中	高中以下	班数	人数	班数	人数	班数	人数	班数	人数	班数	人数
春园幼儿园	刘小良	16	3	13	—	1	35	1	32	2	53	1	27	5	147
明珠实验幼儿园	郭和芳	10	—	10	—	1	45	1	45	2	50	1	20	5	160
七巧板幼儿园	汤祖淑	14	8	4	2	2	60	1	32	1	38	1	8	5	138
天艺幼儿园	周　艺	12	5	7	—	1	50	1	35	1	28	1	25	4	138
聪明屋幼儿园	王　泳	8	4	4	—	1	46	1	34	1	30	—	—	3	110
石马公园幼儿园	周雪琴	10	1	9	—	1	34	1	35	1	28	1	15	4	112
金谷市场艺术幼儿园	严湘文	21	3	13	5	3	98	3	95	2	85	—	—	8	278
阳光贝贝幼儿园	苏锡民	17	7	10	—	1	38	2	68	1	36	1	14	5	156
温馨幼儿园	龙洪林	7	2	5	—	1	42	2	50	1	30	1	8	5	130
世佳(成才)幼儿园	邓丹琦	9	3	6	—	—	—	1	35	2	45	1	30	4	110
娄星艺术幼儿园	刘翌晖	13	3	8	2	2	72	2	70	2	45	1	15	7	202
大拇指中英幼稚园	禹时艳	16	6	10	—	1	50	1	60	1	50	1	20	4	180
新蕾幼儿园	李云彩	12	3	6	3	2	90	2	70	2	57	1	15	7	232
真学问幼儿园	柳素芬	10	2	8	—	1	36	2	49	2	41	1	13	6	139
花山办事处机关幼儿园	朱晓琼	10	4	6	—	1	58	1	50	1	32	—	—	3	140
周家学前幼儿园	刘金友	10	5	5	—	2	68	1	32	1	30	1	18	1	148
观化幼儿园	金映琼	15	4	10	1	3	100	2	74	2	46	1	14	8	234
银花中英文幼儿园	黄　健	14	7	6	1	2	70	2	55	2	50	1	25	7	200
老街蓝猫幼儿园	李英姿	5	2	3	—	1	25	1	25	1	22	1	10	4	82
大风车幼儿园	曹柳珍	3	1	2	—	1	21	1	16	—	—	—	—	2	37
花儿朵朵幼儿园	李细莲	10	3	6	1	1	35	2	43	1	20	1	20	5	118
玉龙幼儿园	聂　博	8	—	7	1	1	32	1	30	1	29	1	19	4	110
兰猫幼儿园	赵宇燕	68	10	50	8	10	220	11	240	6	170	3	50	30	680
铂金幼儿园	曾复洪	40	5	35	—	2	58	2	57	2	56	2	50	8	221
蓝天艺术幼儿园	陈　莉	20	7	13	—	1	40	1	28	1	28	2	56	5	152
博才艺术幼儿园	舒春莲	10	2	8	—	1	41	1	40	1	40	1	18	4	139
涟钢蓝精灵幼儿园	周丽辉	10	—	9	1	2	38	1	25	1	20	1	12	4	95

续表18-1

幼儿园名称	幼儿园情况					幼儿情况									
	园长或法人代表	幼儿教师总数（人）	其中			大班		中班		小班		小小班		合计	
			大专或大专以上	中师中专高中	高中以下	班数	人数	班数	人数	班数	人数	班数	人数	班数	人数
朝阳艺术幼儿园	严菲菲	7	1	6	—	1	23	1	18	1	13	1	10	4	64
童梦幼儿园	潘　媛	7	3	3	1	3	50	2	30	1	25	1	10	7	115
阳光艺术幼儿园	邱春桃	18	3	13	2	2	75	2	90	1	45	1	35	6	245
童真艺术幼儿园	谢桃清	13	4	9	—	1	44	1	39	1	31	1	26	4	140
爱心幼儿园	成永玲	8	1	7	—	2	65	1	28	1	23	—	—	—	116
小聪仔幼儿园	毛凤琳	6	—	6	—	1	30	1	26	1	20	1	6	4	82
1+1艺术幼儿园	朱芬芳	6	2	4	—	1	15	1	28	1	28	—	—	3	71
小碧中心幼儿园	周　婷	8	—	6	2	1	40	1	35	1	38	1	20	4	133
61	—	889	297	524	68	102	3338	101	2985	89	2415	62	1050	336	9788

第二节　九年义务教育

一、学校设置

（一）小学

1989年，娄底市有独立小学134所，在校学生有3.22万人。1995年，娄底地区行政公署转批地区教委、财政局《娄底地区中小学布局调整实施意见》，规划1600～2000人口办1所小学。通过几年布局调整，小学有所减少。至2008年，娄星区有小学55所。其中，城区15所，农村小学40所，小学在校学生为2.45万人。

（二）独立初级中学

1989年，娄底市有初级中学12所，在校学生1.27万人，每乡1～2所初中，大乡镇设3所初中。随着撤区并乡机构改革，对初中学校进行调整，始建中心初中学校。至2008年，娄星区有娄底七中、娄底八中、华达学校、华建学校、茶园中学、万宝中学、百亩中学、石井中学、杉山中学、小碧中学、双江中学11所初级中学，初中在校学生为1.25万人。

（三）普通中小学

1993年，娄底市有普通中小学161所。其中，市直和部门办中小学26所，乡镇办中学10所、中心小学10所，村办完全小学66所、初级小学45所，乡镇办农校1所，聋哑学校1所，教师进修学校1所，职业中学1所，学校布局基本合理。1995年，根据《娄底地区中小学布局调整实施意见》，普通初级中学设置原则上2万人口以下乡镇办1所，3万～5万人口乡镇办2所，6万人口以上乡镇办3所。1998年11月，恩口煤矿子弟学校移交娄底市教委管理。1999年，撤市设区，原娄底市第一职业中学和聋哑学校划归娄底市管辖。2003年9月，调整普通中小学校布局，普通中小学由143所减少到81所。2004年，涟滨中学和大科中学分别更名为娄底七中和娄底八中，并升格为区直中学。2008年，娄星区普通中小学保持79所。

二、教育教学

（一）学制、课程设置

1989年，小学学制6年，即义务教育1～6年级。初中学制3年。小学开设课程有思想品德、语文、数学、历史、地理、自然、体育、音乐、美术、劳动；初中开设课程有思想品德、语文、数学、外语、物理、化学、历史、地理、生物、体育、音乐、美术、劳动技术。1993年，省教委制订湖南省九年义务教育全日制小学、初级中学课程计划。将课程分为学科与活动2类。学科类课程，小学停开历史、地理，增设社会课；初中将思想品德课改为思想政治课，其他未变。活动类课程包括朝会（夕会）、班团队活动、体育锻炼、科技文体活动、时事教育和专题讲座。1994年，实行每周5天半工时制，适当减少课时和教学内容。1995年秋季，实行每周5天工时制，课程（教学）计划调整。1996—2001年，部分小学新增计算机基础知识课，一些初中新设信息技术课。

2002年秋季，启动基础教育新课程实验。新课程除国家课程外，还包括地方课程和学校课程。新课程将小学一、二年级思想品德课改为品德与生活课，将三至六年级思想品德课和社会课合并为品德与社会课，将小学各年级音乐课、美术课合并为艺术课，将劳动课改为劳动与技术教育课，并增开外语课。初中新开信息技术、健康教育、心理教育等课程，并将劳动课改为劳动与技术教育课。2003—2008年，全区九年义务教育学校执行2002年《湖南省义务教育新课程（实验）计划》。义务教育学校每学年上课时间35周，学习机动时间2周，复习考试时间2周（初中最后一个学期复习考试时间增加2周）。

（二）教学与教研教改

1989年，娄底市各小学按照教学大纲、教学计划和教科书进行教学，注重基础知识传授与基本技能训练。1990年，实行九年义务教育教研教改。1991年5月8日，大科乡长井小学成立“珠脑算”兴趣小组。是年，省教科所在长井小学召开“三算”现场观摩会，“三算结合”教改实验被评为湖南省第一届基础教育教研教改成果一等奖。1993年，实施九年义务教育新课程计划，在加强学科课程教学的同时，重视并加强活动课教学。初级中学在教学中仍按照国家教学大纲和课程标准，实施基础知识、基本技能传授和训练。推广小学语文“注音识字，提前读写”实验。1996年12月，省第七届外语教学年会在娄底市召开。娄底市被确定为全省20个素质教育示范县（市、区）之一。1997年5月10日，娄底市召开教育科技大会，作出《关于在全市中小学全面实施素质教育的决定》，实施素质教育。1998年11月，市教委在娄底地区“中小学教师说课比赛”中获团体总分第1名。12月，娄底二中、娄底二小、娄底四小通过省教育厅评估验收，被确定为第一批省级现代教育技术实验学校。

1999年9月，娄星区娄底三中、三小分别承办全市第二届初中生物、小学自然实验教学课竞赛。2000年2月，娄星区被评为1999年度教育教学常规管理先进单位。2001年5月，区仪器电教站研究课题《利用教育音像，促进素质教育》被全国教育科学规划领导小组评为合格课题。9月，课题研究报告被湖南省教育科学规划领导小组评为一等奖。2002年5月，区委、区政府召开基础教育改革和发展会议，作出《关于基础教育改革与发展的决定》，提出在“十五”期间把“普九”作为教育工作重点。5月25日，区委办、区政府办批转区教育局《关于开展国家基础教育课程改革的意见》。6月，召开娄星区基础教育课程改革动员大会。秋季，娄星区作为全省首批16个新课程改革实验区之一，代表娄底市参加全省基础教育课程改革实验，全区85所小学5000余名新生和19所初中8000名新生及600余名教师、200余名行政管理人员参加小学和初中起始年级所有课程改革实验。同时，在全区开展课改公开课、课改展示课活动，从中选出优质课在全区进行示范教学。是年，娄星区获全市第三届实验教学课竞赛组织奖和总分第1名。2003年3月，全区基本普及信息技术教育。7月，湖南省基础教育课程改革现场研讨会在娄星区召开，副省长许云昭、省教育厅厅长张放平等领导出席并讲话。《湖南教育》第12期以《享受课改的快乐——娄底市娄星区新课程改革掠影》为题，报道娄星区新课程改革试验情况。是月，省校本教研制度研讨会在娄星区召开，各市州教科所所长等100余人参会。11月，在娄底三中举行娄星区首届中小学生计算机操作比赛。

2004年5月28—29日，全区15名教研员和实验教师为涟源市1500名教师介绍经验，上展示课。9月，娄星区被确定为全国以校为本教研制度建设基地。2005—2008年，继续开展校本教研教改工作，组织中小学各教科实验和竞赛活动，推进新课程改革实验。培养中小学教研员和实验教师180余人，组织竞赛活动10余次。

（三）课外活动

1989—1997年，娄底市各学校课外活动有小组活动和个人活动两种形式，学生根据自己兴趣爱好和特长选择参加各种兴趣小组活动。小组活动有学科小组、科技小组、艺术小组、体育小组等。个人活动是在教师和辅导员以及家长指导下，学生独立完成各种作业，阅读各种书籍，撰写读书心得和学习报告，进行观察或实验，采集各种实物标本，集邮，制作模型，开展体育锻炼，练习声乐、演奏，参加美术、书法训练等。1998年，市教委选派一批中小学教师参加娄底地区科技辅导员培训。1998—1999年，各中小学兴起科技课外活动兴趣小组，出现一批优秀科技辅导员和一批青少年科技教育特色学校。

1999年，娄星区娄底三小获“国际爱护动物行动周优秀组织奖”。2000年，娄底三小被湖南省环保厅授予全省“绿色学校”称号。2003年4月，娄底五小教师杨铁汉辅导《防摔钢笔》作品获得第24届湖南省青少年科技创新大赛二等奖。11月，娄底五小获“全国青少年科技活动先进集体”。2004年4月，娄底五小获“第二十五届湖南省青少年科技创新优秀组织奖”。4月28日，以省科协党组副书记、副主席邹志强为组长的检查团一行20余人到娄底五小进行科技教育工作检查，对该校科技教育工作给予肯定。是年，娄底二小、娄底三小被评为省级“绿色学校”，娄底二中、娄底三中被评为“市级园林式学校”。2005年4月，娄底五小教师杨铁汉辅导的“小学不良学习习惯调查活动”获第27届湖南省青少年科技创新大赛科技实践活动二等奖。5月，娄底五小被评为“全国科普示范城区创建工作先进单位”。7月，在全国智力七巧板比赛中，娄底三小学生获得6金10银20铜奖牌，被评为“全国智力七巧板优秀组织单位”，教师谢爱华被评为“第九届智力七巧板科普系列活动全国优秀辅导员”。2006年7月，在第十届智力七巧板科普系列活动全国总决赛中，娄底三小学生获得1金3银3铜奖牌，被评为“全国智力七巧板优秀组织单位”，教师谢爱华被评为“第十届智力七巧板科普系列活动全国总决赛优秀辅导员”。2008年，娄底五小设立校园科技节。4月，娄底五小教师周超光、杨铁汉辅导《多功能加热型课桌面板》作品获得第29届湖南省青少年科技创新大赛优秀项目二等奖。12月，娄底五小被评为“湖南省青少年科技活动先进集体”。

（四）德育

1989年11月，市教委召开全市中小学转变差生经验交流会。会议将32篇经验材料编印成册，相互交流，并发出做好差生转变工作倡议书，发到每个教师手中。1991年9月，市教委参加娄底地区教委德育工作座谈会，介绍《湖南省中小学思想品德评估方案》试点工作经验。1992年，市教委决定优秀生、三好生、优干生在招生工作中享受优惠加分待遇。12月，全国少工委授予娄底市三小少先队大队部“全国红旗大队”。1993—1996年，贯彻教育部1993年《小学德育纲要》和1995年《中学德育大纲》，加强学生政治、思想、道德和心理品质教育，推行学校、家庭、社会三结合教育。1997年，推行德育工作管理规范化、工作制度化、内容系统化、活动经常化、措施具体化模式。5月，市教委和各乡镇、市直中学成立关心下一代工作协会，确定二中、二小、大科乡中心小学、万宝镇中心小学等学校为“家长学校”试点单位。1998—2000年，按照《小学德育纲要》《中学德育大纲》，加强学生政治思想、道德和心理品质教育，学校、家庭、社会三结合教育形成机制。2001年3月，区教育局成立家庭教育指导委员会。5月，区教育局参加全市中小学德育工作暨师德建设会议，介绍德育教学经验。2003年10月8日，省关工委主任沈瑞庭一行视察高溪社区青少年教育工作，高溪社区被评为全省社区青少年教育工作先进单位。2004年3月，娄底四小少先队大队部被全国少工委授予“全国红旗大队”称号。是年，召开学校思想政治工作专题会议，贯彻落实《中共中央、国务院关于加强和改进未成年人思想道德建设的若干意见》，开展系列德育宣传活动。2006年，区教育局参加全市中小学德育工作研讨会，介绍工作经验。2007—2008年，科学设置中小学思想品德、道德与法治课程，提升教学质量，加强在校未成年人思想道德建设。

（五）体育

1989年，各小学、初中各年级体育课每周均为2节。1990—1992年，市教委对学生课外体育活动做出规定：普通中小学每周安排3次以上课外体育活动，保障学生每天有1小时体育活动时间；寄宿生学校学生起床后进行早操；将课间操列入学校作息时间表。1993年，小学3～6年级周课时增加到3节。1999—2002年，开展大课间体育活动，将原来课间操时间15分钟延长到25～30分钟，以班级或小组为单位，在体育老师和班主任指导下，组织课间体育和游戏活动。2002—2003年，小学1～4年级周课时增加到4节。2004—2006年，调整为小学1～2年级4节，3～6年级3节，初中3节。2006年，娄星区教育局采取举办培训班、召开教学研讨会和经验交流会、开展优质课评选竞赛等办法，提高体育教师教学水平。2007年4月，各学校课外体育活动启动阳光体育运动。至2008年，全区教育系统每年举行1次田径运动会和1次篮球、足球比赛活动。

（六）艺术教育

1989年，娄底市中小学按教学大纲开设音乐、美术课，中心小学以上学校配备专职音乐美术教师。1990年11月，举办娄底市第二届师生书画展览，展出国画、油画、水彩画、工业美术和书法作品200余幅，全国著名书画家、省美术协会主席黄铁山，湖南师范大学美术学院教授颜家龙等为书画展挥毫。1991年10月，娄底二小被湖南省教委、省文化厅、省广播电视厅等五家单位授予“湖南省学校艺术教育先进集体”称号。10月6日，在全省中、小学生艺术节活动中，娄底市获省二等奖3个、三等奖4个。1992—1995年，中小学音乐、美术课程按教学大纲开设，不定期举办竞赛活动，参加省、地区艺术节活动。1998—2008年，每年举行一次中小学三独(独唱、独舞、独奏)比赛。

三、义务教育合格学校建设

1990年，娄底市开展创建合格乡镇初级中学活动。8月，娄底四中教学楼、教工宿舍竣工，秋季开学招收初中新生班2个。万宝、小碧2所中心小学达到湖南省合格乡中心小学标准。1991年9月，娄底二中、杉山中学、百亩中学等6所学校经省教委抽查验收合格，娄底市达到实验教学普及县市标准。1992年，大科、涟滨、万宝、杉山普及初中教育。1994年，石井、百亩、茶园、西阳、小碧、双江基本普及初中教育。至1997年，全市普及九年义务教育。1998年12月，娄底二中、娄底二小、娄底四小通过省教育厅评估验收，确定为第一批省级现代教育技术实验学校。

2002年7月，娄星区娄底二小科教楼落成。9月，娄底三中科教楼竣工投入使用。娄底二中、三中、涟滨中学分别于6月、10月、12月完成现代化实验室建设。12月，娄底三中建成全区第1个校园网，并通过省教育厅评估验收，成为第三批省级现代教育技术实验学校之一。涟滨中学被评为“市级示范性初级中学”。2008年，启动新一轮义务教育合格学校建设，娄星区第一批建设48所义务教育合格学校，经督导评估，确认45所学校为娄底市首批义务教育合格学校。

四、普及九年义务教育

1989—1990年，娄底市开展扫盲教育，普及九年义务教育。1991年8月17日，娄底市第四届人大常委会第八次会议通过《娄底市九年义务教育实施规划》，建立普及九年义务教育“地方负责，分级管理”体制。学校硬件建设、办学条件改善由市、乡镇、村三级负责，实行目标管理。9月，娄底市基本消灭青壮年文盲、半文盲，被评为“全国扫盲先进市”。1993年6月2日，市委、市政府作出《关于加快普及九年义务教育的决定》《关于贯彻〈中共湖南省人民政府关于加快普及九年义务教育的决定〉的决定》，把教育摆到优先发展地位。下发《关于开展乡镇“两基”检查评估工作的通知》，对乡镇"两基"评估工作作出部署安排，把基本实现"两基"列入重要议事日程。1994年12月，石井、百亩、茶园、西阳、小碧、双江等乡镇基本普及初中教育。至此，全市基本普及九年义务教育。1995年，娄底市通过省评估团评估验收，达到评估标准，实现"两基"目标，被国家教育委员会授予"普及九年义务教育和扫除青壮年文盲市"称号。1996年1月，被省委、省政府授予"普及九年义务教育和扫除青壮年文盲市"称号。1997年1月，被国家教委授予"全国'两基'工作先进市"称号。

1999年，经省督导团复评，娄星区被认定为全省巩固提高普及九年义务教育先进县（市、区），被省人民政府评为全省"普九"年检先进区和全省素质教育示范单位。2000年1月，被省委、省人民政府评为湖南省巩固提高普及九年义务教育先进单位、全省"普九"年检工作先进单位。6月，被教育部、财政部、国家计委授予"全国'两基'工作先进地区"称号。9月，区教育局被省委、省政府评为"两基"工作先进单位。2008年2月，娄星区被湖南省人民政府评为"两基"迎国检工作先进单位。

五、初中学业水平考试

1990—1991年，实行初中毕业会考。初二会考科目为历史、地理；初三会考科目为政治、语文、数学、物理、化学、生物、外语。初中各科均由省教委统一组织命题，地区制卷，县市阅卷评分、合分、登分。1992—1997年，历史改为三年级会考科目，生物改为二年级会考科目。1998—1999年，英语考试加试听力，即英语试卷由笔试和听力两部分组成。2000年起，初中毕业会考由市教育局组织命题。2006—2008年，加重初中会考语文、数学、外语三科分值，由原来100分提高到120分。

第三节　普通高中教育

一、学校设置

1989年，娄底市有高中班级106个，在校学生5293人。1993年，减少到66个班，在校学生2953人。1997年，全省普通高中教育工作会议后，娄底市开始有计划地发展高中，加强高级中学建设和管理，调整和改造一些薄弱高级中学。1999年，娄星区提前普及九年义务教育，开始逐步普及高中阶段教育。是年，娄星区高中班级达到108个，在校学生达到5058人。2002年，娄底四中（创办于1990年）开办高中。2007年，普通高中班级达到128个，在校学生9020人。是年高考，有1253人考入本科以上层次高等学校。

2008年，娄星区有娄底一中、娄底二中、娄底三中、娄底四中、娄底五中（原涟钢中学）、娄底六中（原铁路中学）、春园中学等7所普通高中，均为完全中学。其中，娄底一中、娄底五中为省级示范高中；娄底二中、娄底三中为市级示范高中；娄底四中、娄底六中、春园中学为普通高中。娄底一中、娄底五中、娄底六中归娄底市教育局管理；春园中学归市经济开发区管理；娄底二中、娄底三中、娄底四中归娄星区教育局管理。

二、教学教育

（一）学制、课程

高中学制3年。1989年，开设课程有政治、语文、数学、外语、物理、化学、历史、地理、生物、体育、劳动技术。高中二、三年级开设选修课，实行文理分科性选修。1990年3月，调整普通高中教学计划。调整后课程结构由学科课程和活动两部分组成，学科课程有必修课和选修课两种形式，活动包括社会实践活动和课外活动。在必修课为主的原则下适当增加选修课，增设社会实践活动，开设计算机课。国防教育、环保教育在选修课和课外活动中进行，课外活动（包括体育活动、知识讲座、科技活动、兴趣小组活动、校团班会、时事教育）被列入课程计划。7月12日，地区教委召开专门会议部署实施新课程计划。暑假期间，举办调整高中教学计划培训班，对高中教师进行培训。1994年8月，省教委印发《实行新工时制对高中教学计划进行调整的意见》，增设艺术（音乐、美术）课。1995年8月，高中各年级教学计划适当调整，调整必修课、选修课和课外活动课时。

2001年秋季开始，全区普通高中起始年级实施《湖南省全日制普通高级中学课程计划（试行）》。2007年秋季起，普通高中起始年级学生全部进入新课程改革，高中课程由学习领域、科目、模块三个层次构成，由必修和选修两部分组成。学习领域包括语言与文学、数学、人文与社会、科学、技术、艺术、体育与健康、综合实践活动。每一领域由若干科目组成，包含语文、数学、外语、思想政治、历史、地理、物理、化学、生物、艺术、体育与健康、技术等12个科目。每一科目由若干模块组成，须获得144个学分方可毕业。其中，必修116个学分，选修28个学分。课程编排上，高一年级主要设置必修课，从高二年级起逐步增设选修课程。开设课程有语文、数学、英语、思想政治、历史、地理、物理、化学、生物、信息技术、通用技术、体育与健康、音乐、美术，每门课都分必修课程（模块）和选修课程（模块）。学生除课堂学习外，还参加社区服务和社会实践活动。

（二）教学与教研教改

1989—2008年，娄星区区属各普通高中重视教研教改，把教育科研作为兴校之本，教学质量稳步提升。

娄底二中统筹安排学科课程设置，将课堂设置为“自学教材、发现问题、教师点拨、当堂训练、再次改进”5个环节，学生自学时间不少于15分钟，鼓励教师在提高课堂效率的总体要求下，创造教学特色，形成教学风格。该校形成一套从课题选题、申报，到课题立项、研究，直至课题结题和成果推广课题研究管理机制，课题“中学田径运动员的选材与训练研究”获省二等奖，省级体育课题“现代教育技术在中学课余田径训练中的运用”和国家级体育课题“以体育传统特色促进学校内涵发展的实践与研究”也先后顺利结题，该校被确定为全省唯一一个体艺科目省级“教育科学研究基地”。

娄底三中建立定课题、定人员、定目标“三定”、有方案、有实践、有总结、有成果“四有”、 保证科研时间、保证科研经费“两保”和评比表彰制度，教研教改活动做到经常化，先后有20多个教育教学科研课题在省市立项。其中，《多种评价方式的实验与研究》获省基础教育教研教改成果一等奖，《校园文学与促进学生主体发展》《中学数学问题导学》《信息技术环境下促进学生有效学习的策略研究》获省基础教育教研教改成果二等奖。教师论文获国家、省、市级奖励350余篇，在省级以上报纸杂志上发表160余篇；教师在各级各类教学竞赛、教学比武活动中，获国家级奖励2项、省级奖励25项。

娄底四中加强教师队伍建设，注重教育科研。在各类教学竞赛中，1人获国家级一等奖，2人获国家级二等奖。2003—2008年，学校在省立项并获奖的课题有3项。其中《中学数学探究性教学模式》获2005年湖南省教学科研成果一等奖。2002—2008年，娄底四中有100余名学生在省、市、区奥赛中获奖，李国强等10余名同学获得国家、省级奖励。

1989—2008年娄星区（娄底市）获省级三等奖以上教育科研成果一览表

表18-2

时间	科研课题名称	等　级	获奖单位	主要研究人员
1998	青少年学生心理教育实验研究	省一等奖	华达学校	周湘琼
1998	校园文学与促进学生主体发展	省二等奖	娄底三中	罗光国、刘初开、刘炳麟
2000	利用电教优化英语听说教学	省二等奖	娄底二中	邓映民、成玉珍
2000	利用音像促进小学生听说能力发展，提高语文整体教学水平	省三等奖	娄底二小	龙薇、曾小玲

续表18-2

时间	科研课题名称	等级	获奖单位	主要研究人员
2000	利用教育音像促进素质教育	省二等奖	石井中学	梁金花、彭红日
2001	中学化学探究教学研究	省三等奖	娄底二中	付善正、黄林清
2001	中学生田径运动选材与训练研究	省二等奖	娄底二中	肖建威、邓映民
2001	三乐教育	省三等奖	娄底二小	龙薇、曾小玲、康海燕
2001	运用电教媒体发展学生创造力	省二等奖	娄底二小	曾小玲、康海燕、童小燕
2002	现代教育技术在课余田径训练中的运用	省三等奖	娄底二中	肖建威、付善正、王高华
2002	中学数学“问题导学”	省二等奖	娄底三中	王协民、刘一江、莫东平
2003	高中学生心理障碍预防调控实验研究	省三等奖	娄底二中	廖正文、付善正
2004	综合实践活动与其他课程相互关系的研究	省三等奖	娄底二小	周琳、罗细娥、童小燕
2004	关于小学开展大课间体育活动及校运会改革与创新的实验性研究	国家一等奖	娄底二小	周琳、曾小玲、康海燕
2005	现代教育技术环境下语文综合性学习教学创新研究	省二等奖	娄底三小	熊熊、李保堂
2005	加强心理教育培养耐挫能力	省一等奖	娄底三小	熊熊、周辉辉
2006	运用现代技术促进信息技术教学研究	省三等奖	娄底二中	刘成芝、付善正、朱春华
2006	中学数学实验设计	省一等奖	娄底七中	聂献忠、蒋三寅、刘磊
2006	中学数学探究性学教模式	省一等奖	娄底四中	刘蒲南、吴红兵、贺朝辉
2006	活动式数学教学	省三等奖	茶园中学	匡桂香、曾洪升
2006	多种评价方式的实验研究	省一等奖	娄底三中	李永福、刘春建、蔡展红
2007	现代教育技术与小学教学教育创新研究	省一等奖	娄底二小	周琳、曾小玲、戴容华
2007	新课程实验中教师教学能力研究	省一等奖	娄底四小	周鹤年、邓自云、刘常平
2007	开发CAI课件优化发现式教学	省一等奖	娄底四小	周湘发、刘常平、杨城花
2008	立足校本培训，促进教师专业发展	省三等奖	娄底二小	周琳、聂文辉

（三）德育

1989—1993年，各中学主要通过思想政治课对高中学生进行马克思列宁主义、毛泽东思想、邓小平理论教育。同时，结合各个不同时期政治形势，对学生进行法治教育。1994年，组织师生开展“振兴中华”读书教育活动。12月，娄底地区教委下发《关于加强我区中小学生日常行为规范教育的意见》，将湖南省教委《中学生日常行为规范读本》列为学校教学用书。1995年4月，开展告别“二室三厅（电子游戏室、桌球室、录像厅、卡拉OK厅、营业性舞厅）”游行宣传和签名活动。1996年，在中小学生中开展普法学习活动。1999年，围绕中华人民共和国成立50周年，组织中小学生参加“爱祖国、爱湖南、爱家乡”读书征文活动。2000年7月，娄星区教育局在全区中小学聘请兼职法制副校长，加强学校普法教育，对学生重点进行有关交通管理规则、治安管理处罚条例常识教育。9月，各中学组织学生开展“远离‘电子海洛因’，告别电子游戏厅”集体签名活动。2004年，各中学组织开展“中小学弘扬和培育民族精神月”系列宣传教育活动和“观看100部爱国主义影片”活动。2006年，各中学举行“珍爱生命，拒绝毒品”主题演讲、征文和万人大签名活动以及“明荣辱、树新风、促和谐”主题学习教育。

（四）体育和美育

教学 1989—1993年，高中各年级体育周课时均为2节。1994—2008年，高中增设音乐、美术课周课时各1节，各高中学校配齐专职体育、音乐、美术教师，按教学大纲开设体育和艺术课程。各高中学校在上好体育课的同时，坚持每天1小时课外体育锻炼，开展大课间体育活动，并与文化部门、社会团体以及校外教育机构配合开展课余文艺活动。

竞赛 1989—1991年，全区高中学校每年举办音体美特长培训班和训练队，配备专门指导老师和教练。1992年8月，娄底二中学生邵光英在全国中学生田径运动会上夺取女子乙组400米跨栏金牌。1993年6月，在意大利举行的世界中学生田径运动会上，邵光英获女子300米跨栏银牌、异程接力铜牌。娄底二中被评为全国体育工作先进单位。1995年，在湖南省传统项目学校田径运动会上，娄底二中获团体总分第1名，被评为“全国体育传统项目先进单位”。2005年，娄底二中被评为全国贯彻《学校体育工作条例》优秀学校，确定为湖南大学大学生田径后备人才培养基地。娄底四中学生陈莹、黄亮等5人在全国“双龙杯”少儿书画竞赛中获金奖、银奖。2006年，娄底二中承办全省中学生篮球比赛。至2008年，娄底二中为国家培养健将级运动员3名，一级运动员16名，二级运动员468名，向体育院校输送高水平运动员115名，在各级各类比赛中获世界级奖牌4枚，国家级奖牌27枚，省级奖牌432枚。

（五）校园文化

1989—1994年，娄底二中、三中、四中加强校园文化建设，从物质文化、精神文化、制度文化、行为文化和课程文化5个方面着手，打造办学思想明确、校园环境优美、艺术气氛活跃、文化底蕴深厚、管理制度完善、人际关系和谐校园。1995—1996年，娄底三中每年举办一届校园文化艺术节，其“窗外文学社”培养了许多爱好文学写作人才，先后入社社员达数千人，毕业后遍布全国20多个省市。其中，部分社员加入省、市作家协会，公开出版文学作品集。1997年，娄底二中成立花山文学社，并创刊《花山文学》，湖南省文联主席谭谈亲笔题写刊名。创办20多年来，连续出刊200多期。有2000多篇学生习作在各级各类刊物上发表或获奖，先后获得“全国百佳优秀校刊报”“全省优秀文学社团”“全国写作教学示范基地”等荣誉称号。娄底三中“窗外文学社”被评为“全国中学生文学社优秀百家”。1998年，娄底三中被中国教育学会、全国中学语文教学研究会确定为“全国中学生文学社团活动示范单位”。

2002年，娄底四中组织学生考察娄星区环境污染状况后撰写环保论文获全国二等奖。2003年，娄底三中高二学生艺术团获湖南省中学合唱比赛一等奖。2004年，娄底四中张倩、严玮、刘小娟等同学在国家级主持人推新大赛、舞蹈比赛中获全国“十佳”。2005年，娄底四中陈莹、黄亮等5名同学在全国“双龙杯”少儿书画竞赛中获金奖、银奖。2007年，娄底三中学生王前、杜彦泽、曾凤瑶等同学参加全国、省“电视希望之星”“三独”等文艺比赛，获得“全国十佳”及省级一等奖。至2008年，娄底四中有100余名学生在省、市、区奥赛中获奖，120余名学生在国家、省、市、区体育、文艺比赛中获奖，90余篇学生作品在各级报纸杂志上发表。

三、中招制度改革

1989—2004年，域内普通高中招生按照常规招生制度进行。2005年，娄星区教育局印发《娄星区2005年初中毕业升学考试与普通高中招生制度改革方案》。从是年起，初中毕业升学分为考试和考查两部分。全区统一考试科目有政治、语文、数学、英语、物理、化学、生物、历史、地理等9个学科，统一考查科目有物理实验操作、化学实验操作、体育与健康。学校考查科目有音乐、美术、综合实践活动（劳动技术、信息技术、社会实践、社区服务、研究性学习）以及地方和学校课程等。考查科目成绩分为优、良、合格、不合格四等，考查结果作为学生综合素质评定参考依据之一。学生综合素质评定内容有：道德品质与公民素养、学习与协作能力、审美与表现能力、运动与健康等。综合素质评定结果包括等级评价和综合性评语两部分。等级评价分为A、B、C、D四等，D等为待合格，凡学生评定为D等的应提交学校综合素质评定委员会审定意见。初中毕业生统一填写《初中毕业生综合素质评定报告书》，综合素质评定结果是普通高中录取主要依据。普通高中实行指导性划块与学生志愿相结合，坚持综合评价、择优录取原则招收新生，推行优秀学生推荐保送试点制度，制定特长生招生有关规定。

四、示范性高级中学建设

1989年，娄底市唯一一所市级重点中学是娄底二中。2000年，娄底市教育局对各县市区申报示范性高中进行督导评估，娄底二中达到标准，被认定为市级示范性高级中学。2003年，娄底三中被评为市级示范性高中。2004年7月起，全省取消重点中学名称，省、市级重点中学全部改称示范性中学。

娄底二中 1989年有高中班级18个，学生936人，教师176人。至2008年，校园占地面积9.27万平方米，建筑面积9.06万平方米，拥有体艺馆、师生食堂、学生公寓、教学大楼、图书馆、实验室、语音室、电脑房、监控室、电子备课室、多媒体室等设备设施，电子监控系统、IC卡食堂管理系统、智能广播系统、闭路电视系统、校长办公系统全部配套。设有高中教学班级46个，有学生3021人，教职员工305人，专任教师289人。其中，特级教师2人，高级教师71人，中级教师165人，国家级优秀教师5人，省级优秀教师11人，省级骨干教师6人，市级骨干教师54人。先后获“全国体育工作先进单位”“湖南省体育传统项目先进单位”“湖南省文明卫生先进单位”“湖南省现代教育技术实验学校”等称号40余项。

娄底三中 1989年校园面积不足2.67万平方米，仅有教学楼、教工宿舍、简易实验楼各1栋，在职教工（含初中）102人。其中，高中班级12个，高中学生570余人。2002年，校园面积达到10.81万平方米。先后筹资3500万元，新修教学楼、科教楼、校门、田径场、学生公寓、学生食堂，装备了现代教育技术设施设备。学校高中班级增至30个，高中学生2000余人，教职工200余人。2008年，相继修建体育馆、塑胶运动场、网球场等体育场地。高中班级49个，在校高中学生3200多人，教职工达到358人。

五、高中学业水平考试

（一）考试制度

1989年，湖南省取消高考预考制度，推行高中毕业会考制度，即应届高中毕业生统一参加全省高中毕业会考，合格者由湖南省教育厅统一发放高中毕业证。高中毕业会考是国家认可省级水平考试。高中毕业会考统一由省教委组织命题、制卷，地市教委负责组织考试和阅卷评分，省教委派人监督。会考科目包括高中阶段课程计划开设的9门文化课程。从高中一年级起，学完一门考一门。开始两年，一、二年级考过的科目到三年级又重考一次。高中三年级按文理分科，文科考试政治、语文、数学、历史、地理、外语6门；理科考试政治、语文、数学、物理、化学、生物、外语7门。1991年，转入正常化，一年级考历史，二年级考地理、生物，三年级考政治、语文、数学、外语、物理、化学6门，不再按文理分科考试。1992—1994年，在高中进行物理、化学、生物三科实验操作考查和劳动技术操作考查，实验操作考查在高中二年级进行，劳动技术操作考查分别在高一、高二、高三进行。后因课程计划调整，各年级会考科目也随之调整。1995—2000年，高中会考集中在高二、高三年级进行。高二考试外语、物理、化学、历史、地理、生物6门，高三考试政治、语文、数学3门。高中毕业会考由省教委组织命题制卷，市、地教委负责组织考试和阅卷工作。

2001年，改革高中毕业会考制度，命题、制卷权下放到市州教育局，市教育局又将会考权下放到县市区。娄星区教育局组织开展高中毕业会考命题、制卷、登分及教学质量评价分析等工作，考试、考查科目为教育部高中教学计划规定必修课程。2003—2006年，高中毕业会考由市教育局组织命题、制卷、阅卷、登分，并进行教学质量评价分析。2007年2月，按照省教育厅《关于普通高中新课程实验工作的指导意见》《湖南省普通高中课程方案（实验）》，全区范围内开始实施高中新课程改革，废除高中毕业会考制度，在高中实施学业水平考试，延续到2008年。

（二）高考录取

娄底二中 1997年高考理科上线52人，其中重点本科21人。2000年，高考上线人数首次突破100人大关。2002年，考生彭璐璐以672分夺得全省文科应届生状元。2003年，高考上线率、重点本科上线人数均居娄星区首位。1989—2008年，有10人考上北大、清华。

娄底三中 1997年高考首批上线24人，学生陈琨被北京大学录取。2000年，高考首批上线125人，600分以上达15人，1人被清华大学录取，综合评价全市第3名。2002年，高考二本以上人数突破200人。2003年，被评为“市级示范高中”。1989—2008年，娄底三中有17人被北京大学、清华大学录取。

娄底四中 2005年首届高三学生参加高考，连年取得佳绩，综合排名进入娄底市前列，先后有100余名优秀学生考入北京航空航天大学、南开大学、中央财经大学、国防科技大学、厦门大学等大学，近600人考入二本以上高等院校，凸显学校“低进高出、高进优出”办学特色。

1989—2008年娄星区（娄底市）普通高校招生录取情况表

表18-3 单位：人

年份	参考人数						录取人数				
	合计	文科	理科	外语	体育	艺术	合计	重点	本科	专科	中专
1989	1663	286	1166	106	25	80	220	51	83	56	30
1990	1830	384	1222	130	26	68	236	76	52	90	18
1991	1731	911	695	40	27	58	217	59	74	68	16
1992	1720	797	775	86	30	32	205	61	54	78	12
1993	1838	762	853	105	44	74	483	72	98	291	22
1994	1188	440	624	92	31	1	378	80	108	184	6
1995	1070	398	556	81	33	2	375	74	118	170	13
1996	1088	—	—	—	—	—	386	82	128	176	—
1997	1330	—	—	—	—	—	317	85	101	131	—
1998	1251	—	—	—	—	—	448	151	128	169	—
1999	1429	—	—	—	—	—	777	177	234	366	—
2000	1779	—	—	—	—	—	925	226	240	459	—
2001	1230	—	—	—	—	—	541	93	170	278	—
2002	1696	—	—	—	—	—	869	151	234	484	—
2003	2082	—	—	—	—	—	827	176	651	—	—
2004	2700	—	—	—	—	—	606	176	430	—	—

续表18-3

单位:人

年份	参考人数						录取人数				
	合计	文科	理科	外语	体育	艺术	合计	重点	本科	专科	中专
2005	3399	—	—	—	—	—	1298	213	1085	—	—
2006	3668	—	—	—	—	—	1339	213	1126	—	—
2007	3826	—	—	—	—	—	1253	253	1000	—	—
2008	3556	—	—	—	—	—	1469	252	1217	—	—
合计	28958	—	—	—	—	—	13469	2721	7331	2997	117

说明：1989—2000年人数包括县级娄底市、地直娄底一中和厂矿子校，2001—2008年只统计娄星区人数

1989—2008年娄星区（娄底市）小学、初中、高中在校学生一览表

表18-4

单位:人

年份	小学		初中		高中	
	班级数	学生人数	班级数	学生人数	班级数	学生人数
1989	889	32150	266	12720	106	5293
1990	882	32008	262	12474	101	5334
1991	890	31859	268	13746	86	4151
1992	881	32024	295	14355	73	3481
1993	908	33745	331	14882	66	2953
1994	953	35828	349	16373	74	3214
1995	969	38118	344	16857	112	3388
1996	1018	40713	347	16699	76	3592
1997	993	42039	329	15614	85	4135
1998	1008	42011	328	15542	94	4555
1999	988	41550	341	17372	108	5058
2000	758	28016	373	14483	56	2981
2001	662	26567	290	16218	71	4437
2002	607	23915	277	15787	92	6109
2003	501	20414	269	15875	101	6990
2004	487	19814	249	14899	116	8150
2005	481	19972	254	14751	118	8044
2006	476	20629	218	12259	126	8936
2007	491	22590	212	11589	128	9020
2008	488	24499	212	12463	131	8850

1989年娄底市普通中小学学校一览表

表18-5

项　目	名　　　称
高级中学	政协群贤学校
完全中学8所	娄底一中、娄底二中、娄底三中、铁路中学、涟钢中学、春元中学、恩口煤矿子弟中学、煤炭一处子弟学校
初级中学12所	茶园中学、万宝中学、百亩中学、石井中学、杉山中学、双江中学、小碧中学、西阳中学、大科中学、涟滨中学、娄底四中(带办小学)、468队子弟学校(包括小学部)
职业中学	娄底市第一职业中学
特殊教育学校	娄底市聋哑学校
小　学	134所
城区小学14所	娄底一小、娄底二小、娄底三小、娄底四小、铁路子弟小学、涟邵矿务局子弟学校、煤炭一处子弟学校、田湖铁矿子弟学校、恩口煤矿子弟学校(包括3个分校)、涟钢一小、涟钢二小、涟钢三小、涟钢四小、娄底师范附小
农村小学120所	茶园乡(12所) 茶园中心小学、高乐小学、白石小学、新塘小学、建农小学、同心小学、下洲小学、农溪小学、路口小学、东群小学、大坪小学、槐柳小学 万宝乡(12所) 万宝中心小学、振翩学校、群益学校、青山小学、磨子石小学、磨石小学、高冲小学、乔泉小学、匡家小学、大同小学、小江小学、垭古小学 百亩乡(9所) 百亩中心小学、荷叶小学、楂林学校、雅塘小学、东风小学、双林小学、大井小学、新家小学、朝阳小学 石井乡(12所) 石井中心小学、泽溪小学、山泉小学、育人小学、石江小学、石井小学、三圭小学、祖师小学、谭家小学、水口小学、斗光小学、白云石小学 双江乡(17所) 双江中心小学、小田小学、佳仑小学、企石小学、朱加小学、新庄小学、义坪小学、横石小学、潭溪小学、农新小学、洪山小学、万新小学、坪底小学、永兴小学、双河小学、青桥小学、油菜冲小学 小碧乡(8所) 小碧中心小学、白杨小学、高坪小学、青农小学、对家小学、十字小学、桐梓小学、镇南小学 杉山乡(14所) 恩口学校(附设初中)、月旦小学(附设初中)、冠曹学校(附设初中)、杉山小学、坝塘小学、石龙小学、万乐小学、花溪小学、高车小学、澄清小学、集云小学、木山小学、泉福小学、西坪小学 西阳乡(15所) 西阳中心小学、大埠小学、华石小学、红星学校、犁头学校(附设初中)、石花小学、宋加小学、上元小学、中阳小学、新石学校、龙潭小学、星明小学、新丰小学、陶龛学校、高桥学校 大科乡(9所) 大科中心小学、大科小学、三元小学、长井小学、思乐小学、福坪小学、先锋小学、方石小学、水洋小学 涟滨乡(12所) 涟滨中心小学、对江小学、仙人桥小学、民福小学、茅塘小学、涟滨小学、思塘小学、南阳小学、高溪小学、东来小学、恩口小学、碧溪小学

2008年娄星区普通中小学学校一览表

表18-6

项　目	名　　称
完全中学(3所)	娄底二中、娄底三中、娄底四中
初级中学(11所)	娄底七中、娄底八中、华达学校、华建学校、茶园中学、万宝中学、百亩中学、石井中学、杉山中学、小碧中学、双江中学
小学(55所)	
城区学校(15所)	娄底二小、娄底三小、娄底四小、娄底五小、高溪学校、先锋学校、华达学校、华建学校、实验小学、黄泥塘中心小学、花山中心小学、东来小学、涟滨小学、对江小学、思塘小学
农村学校(40所)	茶园镇:中心小学、新塘小学、建农小学、东冲小学 万宝镇:中心小学、振翩学校、群益小学、磨子石小学、青联小学 大科街道:中心小学、大科小学、三元小学、长井小学、思乐小学、福坪小学、方石小学 百亩乡:中心小学、荷叶小学、楂林小学 石井乡:中心小学、祖师小学、三圭小学、斗光小学、山泉小学 杉山镇:中心小学、月旦小学、杉山小学、坝塘小学、石龙小学 小碧乡:中心小学、镇南小学、桐梓小学、十字小学、青农小学 双江乡:中心小学、农新小学、新庄小学、万新小学、义坪小学、坪底小学

第二章　职业教育　特殊教育

1989年，娄底市职业教育学校主要有娄底市第一职业中学，几所高级中学开办职业教育班。1992年4月，娄底市二中创办军人预备职业高中班。6月，地委、行署作出《关于加快发展我区职业技术教育的决定》，发展职业技术教育。1993年，在办好公办职业教育基础上，发展民办职业教育。至2002年，城区有民办职业教育学校26所，在校学生2万余人。其中，高等职业学院1所，在校生352人；高等非学历教育学校2所，在校生467人；中等职业学校13所，在校生10014人；普通中小学2所，在校生2000余人。另有短期培训学校19所，培训学生1788人。民办教育机构有教职工1686人，其中，专职教师996人，兼职教师108人。

1989年9月，省教委、省财政厅根据娄底地区行署申请，下文批准在娄底市筹建聋哑学校。1991年，娄底市成立特殊教育规划小组实行以教育部门为主，民政、卫生、劳动、计划、财政和残联等部门配合、各司其职管理体制。在实施九年义务教育过程中，对全市残疾少儿进行筛查、鉴定、造册，并逐个建立档案。动员和组织入学，确保残疾儿童、少年入学率。2001年1月，娄底聋哑学校改为市教育局直接管理，更名为娄底市特殊教育学校。特殊教育办学形式主要有随班就读、特殊教育班和特殊教育学校3种，开设思想品德、语文、数学、常识、体育、律动、美工、劳动、劳动技术等课程，后又陆续增设认知、感统、语言训练、心理咨询等训练课程。至2008年，学校有32个班350名聋哑学生毕业，其中40名升入高一级特教学校学习。

第一节　职业教育

一、公办职业教育

1989年，娄底市的公办职业教育学校有娄底市第一职业中学，还有几所高级中学开办职业教育班。1992年4月，娄底市二中创办军人预备职业高中班，此举系省、地首创。6月，地委、行署作出《关于加快发展我区职业技术教育的决定》，制定有关促进职业技术教育发展政策规定，发展职业教育。

娄底市第一职业中学创办于1983年，原名娄底市农业技术中学，寄办于大科乡中学，由娄底市教委管理。1985年，更名为娄底市第一职业中学。由于办学条件改善和办学水平提高，职业学校向职业中专发展。1995年，娄底市第一职业中学经省教委批准更名为娄底市工贸职业中专学校，被认定为省级重点中等职业学校。1999年，娄底市工贸职业中专学校被评为湖南省职业教育示范性学校。因撤地设市，娄底市工贸职业中专学校由娄底市教育局接管。2002年，被评为湖南省教学工作优秀学校。2003年，被省政府认定为湖南省职业教育与成人教育先进单位。2005年，被国家教育部认定为国家级重点中等职业学校。是年，恢复使用娄底市第一职业中学校名，保留娄底市工贸职业中专学校校名。开办之初，学校只开设1个专业，2个教学班，在校学生100人。至2008年，开设有计算机应用、电子技术应用、模具设计与制造等6类10个专业，拥有35个教学班，在校学生2000余人，是一所办学规模较大、师资力量较强、管理水平较高、社会效益好的中等职业学校。

（一）办学形式

1989—2001年，创新公办职业教育学校重视办学模式，办学形式灵活多样，采取学分制管理和弹性学制，学历教育与非学历教育并重，以中职教育为主体。2002—2004年，学历培训在校生年均2112人。其中，与高技、高校联办五年制大专班年均1350人，非学历教学短期培训年均2015

人。娄底市第一职业中学（娄底市工贸职业中专学校）与行业、企业或其他学校联合办学，利用教育资源，发挥校企所拥有人力、物力、财力优势，共商学校发展大计，妥善安置毕业生。

与高校联办　2002—2008年，娄底市工贸职业中专学校计算机应用专业与湖南科技职院（北院）、湖南工程职业技术学院、湖南经济干部管理学院联合开办五年制大专班。

校企联办　2005年10月，娄底市第一职业中学（娄底市工贸职业中专学校）与涟钢机电公司、物流公司签订联合办学协议，开创娄底职教校企联办先河。2006—2008年，该校先后与市建设局、涟钢集团公司，华达机器总厂、TCL集团、新蓝电脑公司、东莞富士康等联合办学，按企业和用人单位需求，调整课程、培训学生，并聘请技术骨干作为兼职教师。学校成为企业理论培训基地，企业成为学生实习实训基地，为企业培训人才，为毕业生找到就业出路。

（二）教学管理

专业设置　1989—1999年，娄底市第一职业中学（娄底市工贸职业中专学校）开设专业由农经、畜牧等发展到拥有艺术、食品加工、建筑、幼师、美术、电工、家电维修（电子）、机电、财会、汽车驾驶与维修、计算机、国际商务、模具制造等13个专业。其中，幼师、美术、电工、机电、财会、计算机、国际商务、汽车驾驶与维修等专业开办时间长，且连续招生。毕业生人数达到一定规模。学校传统专业是计算机、幼师、应用电子、财会等专业。2000年，学校计算机及应用专业被确定为市级示范专业，该专业在校生人数占学历教育人数1/3。

办学体制及课程　1989—2008年，娄底市第一职业中学（娄底市工贸职业中专学校）实行多种办学体制，所开专业长短结合。根据培养目标，设置一、二、三年制及短训班，高中阶段学制2～3年。

1989年前，学校按省教委《中等职业技术学校12个专业教学计划》执行，文化课与专业课比例为1∶1，文化课采用普通高中教学，专业课采用省编职业中学教材或全国统一教材。1991年，地区教委制定《娄底地区职业技术学校教学管理暂行规定》《娄底地区中、初等职业技术学校学籍管理暂行规定》，规范管理职业教育教学。1993年，省教委下发职业高中50个专业教学计划，开设课程分为文化课、专业基础课、专业技术课（必修、选修）、实习课4类。1994—2008年，学校各专业文化课开设政治、语文、数学，理科类加开物理、化学，文科类加开历史。专业课根据培养目标和实际需要开设，专业基础课开设实用电工技术基础、实用模拟电路技术基础、实用数字电路技术基础、电子仪表与测量。专业技术课必修课开设BASIC语言、PASCAL语言、数据库应用基础、微型计算机原理、常用软件上机操作、电脑汉字录入、电脑排版与电脑打字、微型计算机磁盘操作原理与使用、微型计算机外设结构与维护、复印机原理与操作、英文打字。选修课开设中文打字、文印常识、传真、办公室工作概论，另开设实习课。中英文秘专业，专业基础课开设基础英语、英语听说、法学概论、公共关系学、统计基础、中西文化比较。专业技术课必修课开设文书学、文书档案管理、秘书学、应用写作、英文函电、书法与美工、音乐及舞蹈、涉外礼仪、中英语电脑打字。选修课开设写作训练与逻辑知识、演讲与口才、中外文学专题讲座、组织行为学、第二外国语、实用声像技术、实用心理学，另开设实习课。

教学研究　1991年8月，学校根据娄底地区教委《关于建立职业技术学校校际教研联组，开展教学研究活动的通知》，建立文化课、农业类、工商财类、幼师艺术类和医卫类5个教研联组。教研联组分别开展研究、分析教材，举办实验课、示范课，开展教学教研工作检查，交流教研教改经验等活动。1996年10月，全省职业技术学校英语教研联组会在娄底市工贸职业中专（娄底市第一职业中学）召开，学校介绍英语教研工作经验。2000年12月，湖南省职业高中教学管理研究会年会在娄底市工贸职业中专（娄底市第一职业中学）召开，学校介绍教学管理工作经验。1997—2008年，学校举办实验课、示范课，开展教学教研工作检查，交流教研教改经验等活动46场次。同时，开发实训基地，满足本校学生实训要求，由学校生产实习科对实训基地实施管理。同时，学校与行业、企业联合创办实训基地，签订联合办学实训协议，为学生提供实训基地。至2008年，学校拥有实训基地7处，其中联办实训基地6处。

二、民办职业教育

（一）办学形式

娄星区职业教育学校除公办职业教育学校外多为社会人士独资或合资举办，也有实行股份制。从办学主体和投资方式看，1993年，仅有私人投资办学一种形式。2005—2008年，出现股份合资办学形式。一段时间内还存在“名校办民校”“国有民办”两种形式。

私人投资办学 1993—2002年，域内绝大多数民办职业教育学校属于私人投资办学。

股份制民办职业教育学校 2002年，潇湘职业学院原为个人投资办学。2005年，湖南大汉集团进入控股潇湘职业学院，由企业和个人联合投资办学，实行股份制。

名校办民校 2003年秋季，娄底三中带办博远实验学校，实行法人代表、校舍、财务、教育教学管理“四独立”，与娄底三中在师资力量、校园设施、社会影响等方面共享资源。这类学校多数产权不清晰，变相办成“校中校”，占用国有资产。2006年，根据省教育厅《关于进一步规范重点高中举办民办职业教育学校管理的通知》精神，博远实验学校停止招生并予以撤销。

国有民办 2002年，教师大规模学历培训基本结束。娄底教师进修学校进入学校发展困难期。为弥补师训经费不足，由娄底教师进修学校退休教师发起，全校教职工参与集资，利用进修学校闲置办学资源，创办娄星区第一所寄宿制小学——娄底实验小学。秋季，实验小学招收4个班120名学生。学校朝着“打造娄底城区小学教育精品”方向发展壮大。至2008年，有12个班660名学生，既取得经济效益，也为教师培训提供实践基地。

学校类别上，1993年，民办职业教育学校数量较少，但门类比较齐全，既有普通教育，又有职业教育；既有学历教育，又有非学历教育；既有全日制教育，又有短期培训。普通教育有小学、初级中学、完全中学、九年制学校、十二年制学校。

办学层次上，1990年有学前教育、初等教育、中等教育。潇湘职业学院建立，又有高等教育（专科）。高等教育中还存在一段时间非学历教育专修学院。1997年，经省教委批准，娄底李小龙成人中专学校改办为娄底体育专修学院。同时，批准创办湘中计算机专修学院、湘中经贸专修学院。1998年，创办娄底理工专修学院、娄底经济专修学院。这些专修学院，除湖南体育专修学院升级为潇湘职业学院外，其他专修学院因办学条件、师资力量等方面问题，于2001年起陆续停办。

至2008年，民办教育基本形成包括幼教、普教、职教、高教、成教各门类、各层次民办教育体系。大专学历教育学校有娄底潇湘职业学院，高等非学历教育机构有湘中经贸专修学院、娄底理工专修学院。职业高中学校有娄底创世纪电脑学校、娄底扬帆旅游文秘学校、娄底商务职业学校等。普通基础教育学校有娄底蓝圃学校、娄底楚英实验学校等，有的办成从小学到高中12年制学校。

1993—2002年娄星区（娄底市）职业教育学校一览表

表18-7

学校名称	法人代表	批准文号	备注
娄底市蓝圃学校	朱球琳	娄地教〔1993〕第59号	—
湘中武术职业学校	袁铁军	娄地教学〔1994〕第56号	—
湘中文武实验学校	袁铁军	娄教通〔2002〕50号	由湘中武校更名
湘中计算机中等职业技术学校	黄立新	娄地教字〔1994〕第58号	2002年停办
娄底创世纪电脑职业技术学校	赵小年	娄地教字〔1996〕021号	—
娄底李小龙武术成人中专学校	郝　钢	娄地教字〔1996〕55号	—
娄底小龙武术成人学校	郝　钢	湘教函〔1997〕56号	由李小龙武校更名
娄底楚英实验学校	肖　鹏	娄地教字〔1997〕012号	—
湘大计算机娄底电脑培训学校	赵晓阳	娄地教〔1997〕函	2002年停办
娄底生命科学技术培训学校	刘述初	娄地教〔1997〕函	—
娄底商贸财会学校	赵志刚	娄地教〔1997〕22号	—
湘中经济管理培训学校	王梦祥	娄地教〔1997〕函	1999年停办
娄底实验学校	彭邦彦	娄地教字〔1998〕16号	2000年解散
娄底扬帆旅游文秘学校	肖新宇	娄地教字〔1998〕18号	—
娄底财经电脑学校	邹品全	娄地教字〔1998〕19号	—
娄底地区现代化电工技术学校	廖德怀	娄地教〔1999〕函	—
娄底电子技术职业学校	欧阳永恒	娄市教〔1999〕函	—
娄底商务职业学校	刘文献	娄市教〔2001〕4号	—
娄底市星光外国语实验学校	黄中日	娄市教〔2002〕49号	—
娄底经济专修学院	周正耀	湘教函〔1998〕123号	2001年停办
湘中计算机专修学院	黄立新	湘教函〔1997〕90号	2002年停办
湘中经贸专修学院	曾著强	湘教函〔1997〕130号	—
娄底雅达实验学校	黄显秋	湘教函〔1998〕85号	—
娄底理工专修学院	赵小年	湘教函〔1998〕112号	—
娄底体育专修学院	郝　钢	湘教函〔1997〕133号	升格
娄底潇湘职业学院	郝　钢	湘教函〔2002〕112号	由娄底体院升格

（二）管理体制

20世纪90年代初，民办职业教育学校实行分级管理。民办高等学校审批与管理由省教育行政部门负责；民办普通高中与职业高中审批和管理由娄底地区教育局负责；民办初中和小学审批与管理由娄底市教育局门负责。1993年，贯彻执行《湖南省社会团体、私人办学试行办法》，地区教委明确社会力量举办机构审批与管理机构：民办教育举办学前教育机构、普通基础教育机构、高考补习学校由普教科负责管理；职业教育机构、成人教育机构由工农教育办管理。1994年1月，工农教育办加挂社会力量办学管理办公室，对民办教育实行归口管理，业务由相应对口科室管理。

1996年，地区教委设立娄底地区社会力量办学管理办公室（简称社管办），管理地区社会力量办学工作。2002年，娄底市人民政府制定《娄底市发展社会力量办学的若干规定》，对发展民办教育政策、民办教育举办者资格条件、审批民办职业教育学校权限和程序、民办职业教育学校办学行为和内部管理以及民办教育领导管理等作出具体规定。区教育局成立社会力量办学管理办公室，与成人教育办公室合署办公。

审批程序　1989—1991年，一些中学开办高中补习班。1992年5月，娄底市教委根据地区教委《关于举办高考补习学校（班）几项规定的实施细则》，规定高考补习学校（班）原则上与地市教育工会、教育系统关心下一代协会等群众团体和实体举办，其他具有法人资格社会团体、公民个人经批准亦可举办。举办者须是当地户口、具有大专以上文化程度并有一定办学能力非在职人员，且须成立校务管理委员会。拟办学者须持单位或当地政府证明向市教委提出申请报告（内容包括办学规模、招生对象、范围、教育教学管理方案、学校地址、办学条件、教职员基本情况等），公民个人还须呈送企事业单位担保书。经市教委对照有关标准检查，合格后将办学申请、检查报告一并报地区教委审批。

1990—2001年，娄星区（娄底市）审批民办职业教育学校根据省教委《民办职业教育学校审批暂行规定》，参照公办学校设置标准执行。2002年，娄底市政府颁发《娄底市社会力量办学的有关规定》，对民办职业教育学校申报条件、审批程序做出具体规定。

年检制度　1996年7月，娄底地区教委按照管理权限，对31所社会力量办学学校进行检查评估，对29所合格学校重新颁发办学许可证，对2所不合格学校予以取缔停办。1996年11月至2008年12月，执行省教委《湖南省社会力量办学年检评估细则》，娄底市教育局每年对民办职业教育学校进行1次年检，将年检结果在媒体上公布。每年召开1次民办教育工作会议或民办教育管理工作会议，研究和部署民办教育工作。

专项督查　1996年，地区教委联合地区财政局、物价局对29所民办职业教育学校财务工作进行专项督查，规范民办职业教育学校财务制度。1997—2008年，不定期开展民办职业教育学校财务和教学管理专项督查。

集中整治　1995—2001年，针对民办教育发展过程中违规和非法办学问题，娄星区（娄底市）教育局汇同娄底市（娄底地区）教育局联合相关部门组织对民办职业教育学校开展多次集中整治活动。2002年11月至2003年9月，区教育局对民办职业教育学校不规范办学行为进行集中整治，规范学校名称，清理不实广告，取消违禁专业，撤销几所学校办学资格。2004年，民办职业教育学校走上规范化管理轨道。

第二节　特殊教育

一、学校设置

1989年9月，省教委、省财政厅根据娄底地区行署申请，下文批准在娄底市筹建聋哑学校。2001年1月，娄底聋哑学校改由娄底市教育局直接管理，更名为娄底市特殊教育学校。特殊教育办学形式主要有随班就读、特殊教育班和特殊教育学校3种。

（一）随班就读

1989年，城区内娄底一小、娄底二小、娄底三小、娄底四小及涟源钢铁厂几所子弟小学都接收少数肢体残疾和智力残疾适龄儿童。万宝中心小学、小碧中心小学接收个别肢体残疾和智力残疾适龄儿童随班就读。万宝中心小学民办教师龙剑媚所教班级接收多名肢体和智力残疾儿童，她多年如一日为残疾学生付出辛勤劳动得到社会肯定。1994年9月，她应国家教委和中国残联等单位邀请，随中国特殊教育代表团一行8人，赴挪威对智残特殊教育进行访问考察，成为中华人民共和国成立后第一个以民办教师身份出国考察者。1995年，破例由民办教师转为公办教师。2001年1月，娄底聋哑学校改由市教育局直接管理后，娄星区特殊教育办学形式主要是随班就读。

（二）特殊教育班

1992年9月，娄底地区教科所、娄底市教研室和娄底市教师进修学校联合主办娄底智力训练队，招收城区小学四、五、六年级100名智力超常儿童进行智力开发训练，地点设娄底第四小学内。训练教材由教师自编，训练方式有课堂讲解、小组讨论、参观、表演、比赛等，每学期授课45个课时。

（三）特殊教育学校

1989年9月，娄底市筹建聋哑学校，建校所需土地、设备等由市政府负责解决，学校事业经费由娄底地区行署列入同级财政预算。1990年10月，省教委拨款50万元，地市拨款40万元，建设娄底聋哑学校。秋季，娄底聋哑学校在娄底四中租房开学，开设2个班，招收新生20人。1992年9月，省、地、市投资200余万元的娄底聋哑学校竣工并举行开学典礼，省教委、省残联有关领导莅临祝贺。娄底聋哑学校占地1.39万平方米，建有教学楼、教工住宅楼、礼堂、食堂、锅炉房、浴室、车库、简易厂房，建筑面积5168平方米，修建200米环形跑道田径场，设律动室、职业训练室、仪器室、图书室、阅览室、美术室、体育室、医疗卫生室、行政和教师办公室、档案室等教学设施。学校实施教育教学改革，在教学内容上传授知识与发展技能并重，添置现代化语言训练设备，提高学生口头和书面表达能力，开设职业技术教育课，对学生进行制衣、理发、手工制作等技能训练。在教学方式方法上注重直观教学，坚持理论与实践相结合，通过开设活动课，开发学生智力，培养学生生活和社交能力。

2001年1月，娄底聋哑学校改由娄底市教育局直接管理，更名为娄底市特殊教育学校。先后投资近百万元，修建1349平方米综合楼，增加教学设备和改造食堂生活设施，完成学校水泥路面硬化和校园绿化工程。5月，省聋校湘中西片聋校作文教学研讨会在娄底特殊教育学校召开，湘中西片6个市州9所特殊教育学校有关领导和教师40余人参加研讨会。娄底特殊教育学校为与会教师提供2堂作文教学研究课。2006年6月，全省特殊教育心理健康研讨会在娄底特教学校召开。

2008年，娄底市特殊教育学校有教师和管理人员49人。其中，副高职称4人，中级职称32人，初级职称13人。至2008年，学校有32个班350名聋哑学生毕业。其中，40名升入高一级特教学校学习。2004年，学生朱媛媛考入长春大学，成为娄底市第1个聋哑本科大学生。2008年，学生李东考入北京联合大学。

二、教学与管理

（一）特殊教育教学

教学　1989—1993年，娄底市特教学校（特教班）主要招收聋哑、智障少年儿童入学，课程设置与课堂教学根据学生特殊需要，在开发学生潜能的同时，关注其缺陷补偿，实施全面发展基础教育和初步职业技能教育。娄底聋哑学校首届一年级学生，开设语文初步、语文技能、阅读、写字、数学、律动、图画、手工、劳作等课程。1994—1999年，娄底聋哑学校聋哑班试行全国全日制聋哑学校课程计划，使用人民教育出版社出版九年制聋哑学校实验教材，开设思想品德、语文、数学、常识、理科、体育、律动、美工、劳动、劳动技术等课程，后又陆续增设认知、感统、语言训练、心理咨询等训练课程。学校对聋哑学生教学注重演示、观察、谈话等多种教学方法应用，以手指语、手势语和板书配合作为辅助教学手段。学生课桌一般拼成半圆形，让每个学生都能看到老师发音时的口型。学校配有语训室，针对聋生开设律动课。对五年级以上学生开设职业技术课，主要学习工艺美术、美容美发、缝纫等职业技术项目。2000—2008年，计算机教学、信息化教学在娄底聋哑学校教学中得到运用。对其他类残疾学生教学，均根据其特殊需要开设不同课程，采取不同教学方法。娄底聋哑学校培智班开设一般性课程7门，同时开设“蒙氏”和感统2门康复课程以及套圈、跳袋等10余门游戏课程。

师资　1989—2008年，特教师资来源于特殊教育师范学校毕业生中分配或招聘和从普通学校教师中选调。凡未通过特殊训练入校教师，市教委采取派出去请进来办法进行培训。

1994年，选派教师到株洲参加省教委特教师资培训。1996年，选派特教教师到省参加中国手语提高班培训。是年，娄底聋哑学校文艺节目《苗岭的早晨》在全市艺术节上获一等奖并选送参加省文艺会演获二等奖。1998年7月，学生王自平创作油画《回归周年颂，爱在无声中》送香港特首惠存，特首办公室回信予以鼓励，多家新闻媒体进行报道。王自平也因此得到社会各界支持，顺利完成中专学业并参加工作。

（二）特殊教育管理

1991年，娄底市成立特殊教育规划小组，建立在政府统一领导下，实行以教育部门为主，民政、卫生、劳动、计划、财政和残联等部门配合、各司其职管理体制。1992—2008年，市政府将适龄残疾儿童、少年入学纳入“普九”规划，将招收残疾儿童、少年入学责任落实到乡镇，列入乡镇义务教育责任目标考核。在实施九年义务教育过程中，对全市残疾少儿进行筛查、鉴定、造册，并逐个建立档案，动员和组织入学，提高残疾儿童、少年入学率。

第三章 成人教育

1989—2008年，娄星区（娄底市）支持干部职工在职继续学习或短期脱产到有关院校深造，加强干部职工学历教育工作管理，规范教育经费使用，鼓励干部职工参加各类学历教育。干部职工参加继续学历教育根据“工作需要，专业对口”原则，参加继续学习学校须是国家承认学历院校。同时，参加学历教育要处理好工作与学习关系，主要利用课余时间进行。干部职工参加学历教育由本人提出书面申请，经单位领导研究同意后方可参加资格报考。取得入学资格后，纳入单位学历教育培训计划，纳入学历教育培训计划的，学习期间费用由本人预先支付，学习结束后，凭毕业证书原件和正式发票原件回单位报销。

1989—2008年，娄星区（娄底市）成人教育逐步进展到学历教育和技术培训。成人继续教育学历主要有四种形式，分别是高等教育自学考试（自考）、网络教育（远程教育）、成人高考（学习形式有脱产、业余、函授）、开放大学（广播电视大学现代远程开放教育）。

1989年10月，开展扫除文盲工作，乡镇开办扫盲培训班。1991年9月，娄底市被评为全国扫盲工作先进市。1995年10月，娄底市通过“基本扫除青壮年文盲”验收。在完成扫盲教育后，农民文化技术教育重点放在农业技能技术培训。2004—2008年，全区举办新增农村劳动力转移就业培训班289期，培训1.38万人次；举办农村实用技术培训班1373期，培训7.88万人次，

第一节 干部职工学历教育

一、厂矿企业干部职工学历教育

1989年，厂矿企业干部职工学历教育主要由职工大学（简称职大）承担。域内有涟源钢铁厂职工大学和涟邵矿务局职工大学2所职工大学。 涟钢职大成立于1981年1月，是一所独立设置成人高等学校。学校占地3.73万平方米，建筑面积1.38万平方米，拥有校舍9栋和1个校办工厂，建有计算机、电工与电子等10个实验室和电工、焊接、钳工、车工4个实习车间，教学设施设备比较完善。涟钢职大主要面向企业招收在职职工，同时招收少量社会待业青年。一段时期曾面向全国冶金行业招生，学员来自全国6个省25家企业。学校在专业设置、课程安排、教学组织等方面，结合企业对人才需求，先后开设过10余个专业。其中，主要开设冶金机械、电气自动化、金属压力加工、钢铁冶金、计算机应用和机电一体化6个主体专业。1995年12月，湖南省教委组织全省独立设置成人高等学校办学水平评估验收，涟钢职大被授予“湖南省成人高等教育优秀学校”称号。1999年，学校办学任务由以学历教育为主，岗位培训为辅，转向以岗位培训为主，学历培训为辅。2000年，停止专科学历教育招生办班，高等学历教育由湖南省广播电视大学涟钢分校承担。至2000年，涟钢职大培养大专毕业生1228人，学生毕业合格率95%。

涟邵矿务局职工大学成立于 1981年1月，先后开设井下采煤、矿山机电、矿井通风等专业。至1990年，招收学生764人，毕业472人。1991年，学校并入涟邵矿务局技工学校，停止开展职工学历教育。

二、教育系统教师学历教育

1980年，娄底市教师进修学校创办。1984年，经省教育厅验收合格。1991年，经省教委复查验收，成为首批达标教师进修学校。1999年，娄底撤地设市，学校成为娄星区教师进修培训机构，承担全区教师进修培训任务。

1989—2008年，娄星区（娄底市）教育系统

教师学历教育主要由娄星区（娄底市）教师进修学校承担。

1989年，娄底市有中小学140所（不含职中、进修学校、厂矿子校、地直中小学），教职工2591人，专任教师2262人中高中244人、初中666人、小学1352人。通过培训，娄底市教师队伍学历结构发生变化。至1991年12月，培训中师学历619人、专科学历221人、本科学历81人。1993年，小学教师基本完成学历培训任务，转入继续教育。至1995年，专任教师学历合格率（均含专业合格）高中达到71%，初中达到78%。同时，小学和初中教师有计划地发展高层次学历教育，至1995年，初中专用教师达到本科学历占8.1%，小学专任教师达到专科学历占10%。

1996—2008年，娄星区（娄底市）教师进修学校采用“多层次、多渠道、多形式”人才培训模式，先后培训中等师范生800余人，全区小学教师学历合格率达100%，通过电大和远程教育培训专科、本科人才1200余人。

1989—2008年，举办中小学教师各类继续教育班60期，培训教师8000余人次，举办中小学教育现代信息技术初高级班100余期，培训教师5000余人次，举办中小学校长岗位培训、提高培训20余期，培训校长494人次；举办幼儿园园长培训16人次，举办普通话培训班10余期，培训达3579人次。

1989—2008年娄星区（娄底市）教育系统教师继续教育情况表

表18-8　　　　单位:人

年份	学历培训(函授)			非学历培训												
				信息技术培训		校长培训								其他培训		
	中专	大专	本科	培训人数	合格人数	任职资格培训	提高培训	班主任培训	骨干教师培训	新教师转正培训	公需科目培训	远程培训	继续教育	幼儿园园长培训	普通话	英特尔未来教育项目
1989	156	—	—	—	—	—	27	—	—	—	—	—	—	—	—	—
1990	146	—	—	—	—	—	19	—	—	—	—	—	—	—	—	—
1991	85	—	—	—	—	—	33	—	—	—	—	—	28	—	—	—
1992	28	—	—	—	—	—	63	—	—	—	—	—	28	—	—	—
1993	5	—	—	—	—	—	—	—	—	—	—	—	129	—	—	—
1994	—	—	—	—	—	—	—	—	—	—	—	—	142	—	—	—
1995	—	—	—	—	—	—	—	—	—	—	—	—	135	—	—	—
1996	—	—	—	—	—	—	—	—	—	—	—	—	161	—	—	—
1997	49	—	—	—	—	26	—	—	64	—	—	—	277	—	—	—
1998	—	—	—	527	328	—	45	—	51	—	—	—	103	—	—	—
1999	102	—	—	819	791	—	—	—	79	—	—	—	-	—	—	—
2000	—	—	—	1036	987	—	—	—	116	—	—	—	232	—	—	—
2001	—	—	—	803	733	—	—	—	31	112	—	—	458	—	1440	—
2002	—	—	—	1951	1852	—	—	—	—	—	—	—	212	—	523	—
2003	—	100	150	231	224	—	40	—	—	40	—	—	—	—	—	—

续表18-8

年份	学历培训(函授)			非学历培训												
				信息技术培训		校长培训								其他培训		
	中专	大专	本科	培训人数	合格人数	任职资格培训	提高培训	班主任培训	骨干教师培训	新教师转正培训	公需科目培训	远程培训	继续教育	幼儿园园长培训	普通话	英特尔未来教育项目
2004	—	—	84	—	—	41	—	—	196	—	—	—	—	—	400	—
2005	—	—	84	384	353	—	—	—	147	—	—	—	—	—	310	—
2006	—	—	96	600	596	—	—	—	146	—	3100	100	—	—	320	70
2007	—	—	96	768	743	—	200	838	—	22	—	50	—	—	300	40
2008	—	—	96	365	359	—	—	—	—	109	2479	—	—	16	286	340

第二节　广播电视教育和函授教育

一、广播电视教育

（一）娄星区（电大工作站）

1989年，娄底市各类成人高等教育持续发展，尤以广播电视教育为甚。1990年，湖南广播电视大学娄底分校有在校学生1860人。其中，脱产学习1278人，函授业余学习582人，校本部教职工28人。1994年9月，湖南广播电视大学娄底分校更名为娄底广播电视大学。1992年年初，湖南广播电视大学娄底分校在娄底市设立电大工作站。5月，娄底市电大工作站独立招生办学，设大专班、中专班2个，学生66人。1993年，娄底市电大工作站招收大专班3个，招收全脱产中专班3个。10月，娄底市电大工作站由娄底市成人教育办公室管理，该站与市教师进修学校实行“两块牌子、一套人马”。1992—2004年，娄星区（娄底市）电大工作站开设经济管理、文秘、财会、汉语言文学等专业，招收中专生220人，专科生1288人。2004年，由于国家政策变化和生源人数减少等原因，娄底市电大工作站停止招生。

（二）湖南广播电视大学涟钢分校

1993年3月，经湖南省教委批准，娄底电大分校涟钢教学站升格为湖南广播电视大学涟钢分校，业务上直接受省电大管理。1993—1996年，涟钢分校先后开设电气自动化、机械工程、计算机应用、企业管理等16个专业，除1996年开办1个中专学历班外，其余均是专科学历班。2000年，经省电大批准，试行开放式本科教育。2005年4月，在“人才培养模式改革和开放教育试点”总结性评估中，涟钢分校被评为优秀等级，该校学员大多为公司职工。2006—2008年，涟钢分校开设专科和本科学历教育16个专业，均为非脱产班。

二、函授教育

1989年，娄底师范高等专科学校（简称娄底师专）经国家教委批准获得函授举办资格学校，招收函授学员349人。1992—2001年，娄底师专培训部设立8个高师函授教育专业，每届在籍学员700余人。2002—2008年，开设汉语言教育、英语教育、计算机教育、美术教育、初等教育等专业3年制函授教育，在籍学员2680人。

1989—2008年，娄底市教师进修学校函授站为教育系统职工进行函授教育。通过函授培训中专学员571人，大专学员100人，本科学员606人。

1989—2008年，除娄底境内全日制高等学校举办函授教育外，还有外地高等学校在娄星区

(娄底市)设立函授站。1983年,河南焦作矿业学院涟邵函授站在涟邵矿务局恢复招生。此后,全国一些大专院校陆续到域内设站办班,高等函授教育规模扩大。这些函授站大都具有较好办学条件,教学场地固定,教学设施配套。配备较强管理力量,具有较高管理水平,教学上做到“四严格”:严格执行函授教育教学计划,做到基础课与专业课并重,使学员掌握规定文化和专业知识;严格考勤制度,各函授站分别采取行政经济手段,保证学员到课率。有的函授站规定,凡到课率不到70%学员,取消该科考试资格,有的函授站将学员到课率与工资、工作考勤挂钩;严格选聘师资,主办学校选派教师和娄星区选聘教师经过严格考核;严格学籍管理,函授站有专人进行学籍管理,做好学员入学、注册、成绩登录、建档等工作。这些函授站满足部分在职人员和社会青年接受高等教育需求。至2008年,随着普通高等学校扩招和社会对函授教育需求减少,高等函授教育基本完成历史使命。

2002年娄星区高等教育函授站基本情况表

表18-9

序号	函授站名称	设站单位	开设专业	在校学生数(人)		
				合计	本科	专科
1	武汉科技大学娄底站	娄底卫校	临床医学、护理学	354	127	227
2	湖南省税专娄底函授站	娄底市国税局	税 收	304	234	70
3	武汉体院娄底站	娄底师专成教部	体育教育	149	149	—
4	西南师大娄底站	湘中经贸专修学校	英语、中文、数学	411	411	—
5	中南大学涟钢函授站	涟钢培训中心	机电工程、冶金工程	86	86	—
6	燕山大学娄底站	娄底师专成教部	法学、计算机与技术、财务电算化	172	121	51
7	湖南农大娄底站	市机电工程学校	计算机、机电	212	—	212
8	株洲工学院娄底站	娄底市环保局	路 桥	58	—	58
9	湖南农大娄底物资学校站	娄底物资学校	会计学、经济学	92	92	—
10	省电大卫生分校娄底站	娄底卫校	临床医学、护理学、妇幼卫生	208	—	208
11	南京工业大学娄底站	娄底市建设局	土木工程、建筑工程	143	98	45
12	山西财经大学娄底站	娄底电大	会计学	76	76	—
13	岳阳师院娄底站	湘中经贸专修学校	物理、化学、中文	95	55	40
14	四川师院娄底站	湘中经贸专修学校	中文、数学	110	110	—
15	湖南商学院娄底站	娄底职业技术学院	电算会计、会计学	98	20	69
16	三峡大学杉山站	娄星区杉山成人学校	汉语言文学、英语、数学、物理、化学、体育	30	30	—
17	吉首大学杉山站	娄星区杉山成人学校	汉语言文学	312	312	—
18	重庆大学娄底站	湘中经贸专修学校	法学、会计学	30	30	—
19	西南科大娄底站	湘中经贸专修学校	机械制造	25	25	—
20	湖南工程学院娄底站	娄底师专成教部	经济管理	70	70	—

第三节　高等教育自学考试

一、报名考试

1989年，娄底市高等教育自学考试报名人数1318人。1990—1999年，报名考试人数逐年增多。2000年，娄星区报考6192人。2001—2007年，高校扩招，高等教育自学考试每次报考人数有所下降。2008年，高等教育自考报名人数1090人。自学考试录取考生在读年限，专科一般为3~4年，本科一般为4~5年。按照专业考试计划要求，考后由省自考办组织主考院校评卷。课程考试合格者发给单科合格证书，并按规定计算学分，不及格者，参加下次该门课程考试。考完计划规定全部课程达到及格以上成绩，完成规定毕业论文（设计）或其他教学任务，思想品德鉴定合格者可获得专科或本科毕业证书，国家承认学历。毕业证书由湖南省高等教育自学考试委员会和主考院校联合颁发，符合相应学位条件本科毕业生，经考生申请，由具有学士学位授予权主考院校授予相应学士学位。

二、学籍管理

1994—2005年，考生档案下放到县、市、区管理，娄星区（娄底市）自学考试考籍管理实现登分无差错，试卷清理归档无差错，填报审核毕业生名册材料无差错，办理颁发毕业证书手续和档案转迁手续完备"三无一完备"目标。每名考生档案按考籍号顺序上架，建立档案册，逐次登记及格成绩，将及格试卷清理归入档案袋，待考生考完全部专科或本科课程，经政审符合毕业条件时，再将所有及格试卷清理、造册，上交省自考办和主考学校审查，然后按规定给考生办理毕业证书。2006年，废除纸质档案，建立考生电子档案。至2008年，娄星区清理自开考以来考生档案2.88万份，参加自考并有合格成绩近3万人。

1989—2008年娄星区（娄底市）高等教育自学考试报名组考毕业生数一览表

表18-10

年份	报名人数	毕业人数	其中专科毕业	考点	年份	报名人数	毕业人数	其中专科毕业	考点
1989	1401	36	21	娄底三中	1999	6731	212	89	娄底三中
1990	1560	54	31	娄底三中	2000	6602	421	190	娄底三中
1991	1920	72	44	娄底三中	2001	6421	385	143	娄底三中
1992	2160	78	45	娄底三中	2002	5306	309	126	娄底三中
1993	2638	101	50	娄底三中	2003	4785	256	80	娄底三中
1994	3650	140	70	娄底三中	2004	3621	221	61	娄底三中
1995	4260	165	85	娄底三中	2005	2430	210	56	娄底三中
1996	4783	172	83	娄底三中	2006	1806	119	39	娄底三中
1997	5816	181	85	娄底三中	2007	1206	99	27	娄底三中
1998	6652	206	90	娄底三中	2008	1090	69	20	娄底三中

第四节　扫盲教育与农民文化技术教育

一、扫盲教育

1989年，娄底市15~40岁青壮年文盲4749人。10月，娄底地区教委下发《关于进一步开展扫除文盲工作的意见》，娄底市成立扫盲领导小组，实行"双线承包制"[一线是市、乡（镇）、村组签订扫盲责任书，另一线是教育局、乡镇学区、学校层层签订包教包学责任书]，开办扫盲培训班，至1990年年底，有4294人获得脱盲证书，娄底市被评为全省扫除文盲先进市。9月，娄底市被评为全国扫盲工作先进市。1995年10月，娄底市接受“两基”评估验收，通过“基本扫除青壮年文盲”验收。1949年10月1日后出生青壮年非文盲率达99.95%，脱盲巩固率100%。

二、农民文化技术教育

1989—1991年，娄底市在开展扫盲教育的同时，农民文化技术教育重点放在农业技能技术培训上。1992年，娄底市加强成人文化技术学校（简称成校）建设，健全培训机构。3月，杉山镇成人文化技术学校经省验收合格，成为湖南省首批示范乡镇成校。1993—2000年，开展农民文化技术教育。小碧、万宝、茶园、西阳、百亩、石井、双江等乡镇成校相继被省教委授予“湖南省示范乡镇成校”称号。2001年，省教委制定《湖南省乡镇成人文化技术学校建设合格县（市、区）标准》，娄星区经省评估验收，被认定基本达到乡镇成人文化技术学校建设合格县（市、区）标准，成为湖南省首批乡镇成人文化技术学校建设合格县（市、区）。2002—2006年，根据省委、省政府《关于大力发展职业教育的决定》精神，娄星区启动职业教育“十一五”省级重点项目建设，创建省级示范乡镇农校。2007年，万宝成校、双江成校入围“省级示范乡镇农校”重点建设项目。2008年，杉山成校入围“省级示范乡镇农校”重点建设项目。

1989—2008年，乡镇成校在办学过程中，坚持实用、实际、实效原则，加强农民培训，服务农村建设。2004—2008年，全区成校举办新增农村劳动力转移就业培训班289期，培训1.38万人次；举办农村实用技术培训班1373期，培训7.88万人次，各种技术咨询1.09万人次，印发科技资料2.87万份，撰写论文40篇。全区形成以乡镇成校为中心，其他各级各类培训班为补充农村成人教育网络格局。各乡镇成校在开展实用技术培训的同时，加强示范基地建设。先后建成茶园镇杨梅基地、小碧乡黑猪养殖基地、万宝乡苗圃基地、双江乡黑山羊养殖基地、百亩乡金针菇种植基地、杉山镇养猪基地和乳鸽基地。在示范户和示范基地辐射下，各村专业户发展，带动全区农村经济发展。

附：农村文化技术教育学校选介

杉山镇成人文化技术学校　位于杉山镇花溪村。创办于1986年，始址杉山镇四季村。1989年，扩大规模，迁址花溪村。至2008年，拥有基地8.02公顷，实验基地3.80公顷，学校占地5800平方米，建筑面积1807平方米。学校有规范标准教学楼、教师宿舍楼、办公室、汇报室、档案室、仪器室、食堂等，基础配套设施比较齐全，并配有电脑2台。有专职教师5人，均系本专科学历，中学高级职称2人，中级职称3人，兼职教师15人，具有完整乡村培训网络。1989—2008年，学校始终以“培训、示范、推广、服务”为宗旨，服务“三农”，提高农民文化技术素质。农民李献民通过成校培训，办起肉鸽养殖场，鸽棚面积近万平方米，年产肉鸽20万羽，年纯利8万元，安排村民10人在场工作，月薪2000元以上。村民肖爱富，参加成校机电安装与维护培训班，运用所学知识和技能到浙江承包高压线路架设，为当地安排劳务人员50人，在城里买房、买车，实现勤劳致富。

1991年，被娄底地区行署授予“示范成校”称号。1992年，被湖南省教育委员会授予“示范乡镇成校”称号。1996年，被湖南农科教协调小组授予“湖南省先进乡镇农科教中心”称号。1999年，被娄底市人民政府授予“先进示范成校”称号。2000—2001年，被娄底市教育局评为“成人教育先进单位”。2003年，被娄底市教育局授予“十五”期间示范乡镇成校称号。2006—2007年，被评为“娄星区农民素质教育先进单位”。2007年，在全市乡镇成校年度综合评估中获第1名。

万宝镇成人文化技术学校　位于娄底城区南郊，于1983年成立。至2008年，发展成一所融教学、科研、示范、推广、服务于一体“十一五”时期省级示范乡镇成校和省级科普示范基地。学校占地面积1800平方米，建筑面积780平方米，示范基地1.53公顷，各种配套设施齐全。拥有专职教师5人，兼职教师10人。其中，本科学历5人，大专学历8人，中专学历2人。1989—2008年，学校贯彻党和国家关于改革和发展成人教育方针政策，围绕“培训、示范、推广、服务”办学思想，坚持为“三农”服务，为农村劳动力就业转移培训服务，为农村“三个文明”建设服务办学方向，以市场为导向，以项目为龙头，以效益为优先，建立科技示范基地10个，培训专业实用人才8000人次，普及信息技术教育1100人次，为新增农村劳动力就业转移培训3600人次。

1993年，湖南省教育委员会授予该校“示范乡镇成校”称号，1996年，获湖南省农民文化广播学校“先进办学点”称号。2001年，被湖南省科协授予“省级农村科普示范基地”称号。2003年，被娄底市教育局授予“‘十五’时期示范乡镇成校”称号。2007年，创省级示范乡镇成校。

百亩乡成人文化技术学校　创办于1986年，地处娄底城区西郊三圭与大河坝开发区之间。至2008年，校园建筑面积1530.60平方米，教学设施齐全，有教室2间，并配备图书室、阅览室、仪器室。有专职教师6人，其中，本科学历3人，大专学历1人，中师学历2人。聘请乡农技站、劳动服务站、动物免疫站等相关部门6人为兼职教师。1989—2008年，学校以“培训、示范、推广、服务”为办学宗旨，搞好实用技术培训和新增农村劳动力转移就业培训，每年办培训班8个，受训人数600人。养牛专业户曾卫生在成校教师指导下，建立4667平方米牛棚，种植2.73公顷草地，每年产牛200头以上。养猪大户李加华，饲养母猪50头，每年出栏860多头，年纯收入20万元以上。5个养鱼户在成校技术人员指导下，每年每户增加养鱼收入近2万元。

1995年，娄底地区农科协会授予百亩乡成人文化技术学校“合格乡镇农科教中心”称号。1998年，被娄底地区行署评为“成人教育工作先进单位”。2000年、2001年、2004年、2006年，被评为娄星区成教工作先进单位。2004年1月，学校挂牌为“娄底市‘十五’时期示范乡镇成校”。2004年2月，被湖南省人民政府表彰为“职业教育与成人教育先进单位”。

第五节　农业广播电视学校

1981年3月，创办中央农业广播学校娄底市分校（简称农广校），直属市农业局。1990年8月，娄底市经管局会计函授站合并到农广校，更名为湖南省农业广播电视学校娄底市分校。1991年，与杉山、小碧、万宝等8个乡镇农科教中心合作，开展农科教活动，农科教结合工作经验被省、地推介。1992年，拥有农技推广、果树、农产品贮藏与加工、乡镇工业会计、财务会计、畜牧兽医6个专业17个教学班，被省、地农广校评为招生工作先进单位、教材管理工作先进单位和先进办学单位。全省教学评估检查，市农广校获全省县市区农广校第2名，是全国第一批评估入位成人中等专业学校。1993—1994年，坚持“面向农村、面向基层、面向生产，为农村经济报务，为农民致富服务”办学宗旨，把教学置于学校工作首位，集中力量办学。1995—1996年，坚持招生与巩固两手抓，采取多层次、多形式办学，教学与实践相结合。设教学班9个，开办专业6个。在百亩乡、石井乡开办现代乡村综合管理班，创办自考农业技术推广大专班。湖南农业大学在娄底设立企业管理专业函授站，被评为全省育才兴农示范校。

1999年7月，更名为湖南省农业广播电视学校娄底市娄星区分校（简称区农广校）。学校形成纵含大专、中专、初等农业技术教育多个层次，拥有14个专业多个学科，覆盖农村各主要产业；办学形式形成业余、脱产、半脱产多种方式，网络覆盖10个乡镇。2000年，发展大专班和实用技术培训班。2005年，开展职业技能培训，开设流动课堂，农民素质教育课堂摆到乡镇村组、田间地头，开展现场教学。2006年，与民间职业学校联合办学，联办中专学历教育。建立村一级教学站，完善区、乡、村农广学历教学网络。与大专院校联合开展大专以上成人函授教育，创办畜牧畜医专业成人函授教育。实施农村剩余劳动力转移阳光工程和“9+1”“12+1”培训工程，推进新型农民教育培训“三进村”活动。在杉山镇木山村等村建立村级致富早班车广播站，开展农民实用技术培训。2007年，区农广校被省、市、区劳动部门确定为下岗职工再就业培训基地和农村劳动力转移培训基地，2008年，通过阳光工程和“9+1”“12+1”培训工程，推进新型农民教育培训“三进村”活动，全区实现农村富余劳动力转移从事第二、三产业人数超过农村劳动力总数60%，经商务工收入成为农民重要收入来源，在农民人均纯收入中比重达到50%以上。是年，被湖南省农业广播电视学校评为农民素质教育工作先进单位，评为全国示范校。

一、机构

1981年3月，中央农业广播学校娄底市分校（简称市农广校）创办，直属市农业局。1990年8月，娄底市经管局会计函授站合并到农广校，更名为湖南省农业广播电视学校娄底市分校，为正科级单位，定编7人，等同于中等专科学校。1999年7月，湖南省农业广播电视学校娄底市分校更名为湖南省农业广播电视学校娄底市娄星区分校。校址搬迁至娄底市湘中农贸市场，拥有建筑面积2400平方米，标准教室5间，办公室10间，电化教学设备2套，各种教学设备等总价值达到28万余元。2004年，加挂娄星区农民素质教育办公室的牌子。2006年7月，区编委下发《湖南省农业广播电视学校娄底市娄星区分校职能内设机构和人员编制方案》，确定娄星区农广校归口区农村工作办公室，与娄星区农民素质教育办公室实行“两块牌子、一套人马”合署办公，内设办公室、学历教育股、素质教育股3个股室，定编8人。其中，校长1名，副校长1名。2008年11月，更名为娄星区农民素质教育办公室，对外保留娄星区农业广播电视学校牌子。

1989—2008年校长：肖思农（分管农业副市长兼）、廖升阳（分管农业副市长兼）、谢延科（农办主任兼）、石荣发（农办主任兼）、胡秀娥、彭幸德。

二、招生

1981—1989年，娄底市农广校常年有6~8个乡镇开办农广教学班，校部直设2个教学班。学校连续被评为省、地招生工作先进单位、优秀办学单位。1990年，招生75人，超额完成上级下达招生任务。1991年，与经管局会计函授站合并后，在校学生310名，开设农作、果树栽培、农业经济与管理等6个专业11个班。1992年，在校学员497人，教学班17个，开设农技推广、果树、农产品贮藏与加工、乡镇工业会计、财务会计、畜牧兽医6个专业。1993年，招收新生103人，在校学员达到420人。1995年，有教学班9个，开办专业6个，在校学员326人。1996年，招收新生226人。其中，中专120人，大专106人，进入全国百强示范校行列。在百亩、石井开办现代乡村综合管理班，举办各种实用技术培训班6期800余人；创办自考农业技术推广大专班，招生100余人，是全地区创办最早、人数最多学校。1997年，通过争取湖南农业大学在娄底设立企业管理专业函授站，新招收函授大专人员116人。1999年，娄星区农广校举办中长班25个，短班68期，培训技术人员2300人次，招收新生168人，完成市下达任务187%。2000年，坚持以中专学历教育为主，发展大专班和实用技术培训班，新招收大专学历学员200名，培训农民5000人次。2001年，举办中长班25个，短班72期，培训技术人员2500人次，招收新生46人。2002年，开展各类技术培训班8期3000余人次。2004年，停止招生工作。2005—2008年，以农民素质教育、生产技术培训为主。至2008年，学校招收中专生1668人、大专生96人，中专毕业学员达到1200人，实用技术培训4800人次，推广科研成果、先进技术38项。

三、教学与培训

1981—1989年，学校坚持以“面向农业、面向农村、面向农民”办学方向，运用广播、电视、录像等现代传播手段实施教学。1990年，按照省委、省政府《关于实行农科教结合加速农业振兴的决定》要求，将建立乡镇农科教中心作为科技教育兴农战略措施，利用乡镇农科教中心“有试验、示范基地，有教学办公楼，有仪器、设备，有活动经费”条件，实施校、农合作。1996年，开设学历教育，招收新生226人。其中，中专120人，大专106人。在百亩、石井乡开办现代乡村综合管理班，创办自考农业技术推广大专班，招生100余人。2003年，学历教育因学业时间较长，文凭吸引力不大，生源减少。2004年，放弃学历教育招生工作。

2005—2008年，学校以农民素质教育为主。2005年，在小碧、石井、万宝等乡镇开设生猪养殖、杨梅种植、水稻栽培等实用技术培训班6期，培训人数500余人。2006年，娄星区农广校牵头与区农办、区农业局等8家单位制定《2006—2010年农民培训实施计划》。区农广校实施“新型农民培训三进村”活动，开设素质教育流动课堂，举办种养殖等农村实用技术培训，开班28期，培训农民4800人次，发放《农村实用新技术指南》《农民科技培训》等资料2万余份。组织全区所有乡镇农校对全区新增农村劳动力进行培训，重点培训务工常识、农村实用技术、法律法规、维权知识、安全保护等知识，培训2000余人。对部分转岗转业人员开展引导性培训，发放教材2500本。在开展自办教学、培训的同时，组织民间职业学校，进行联合办学，全年联办中专学历教育，招收中专生121人。与大专院校联合，开展大专以上成人函授教育，在畜牧系统招生40余人，开展畜牧畜医专业成人函授教育。与宏达电脑学校、精华职校、娄底电子学校建立技能培训基地，开展家政服务、餐饮、计算机操作、电子技术教学，全年开展职业技能培训1920人。尝试建立村一级教学站，完善区、乡、村农广学历教学网络。是年始，娄星区农广校被确定为全区实施阳光工程培训基地，全年培训阳光工程学员400余人，开展厨师、西点制作、市场营销、家政服务等专业培训。同时，区农广校将万宝镇江溪村确定为农民素质教育试点示范村，协助该村制定“十一五”发展规划，组建江溪村养猪协会，出栏生猪1.10万余头，在该村举办农业实用技术培训班7期，培训1200人次。

2007年，娄星区农广校组建区农民素质教育讲师团，围绕农村种养殖业，结合“三个一”“双培、双建、双强”“新型农民培训教育三进村”活动实施，开展优质稻种植、水稻病虫害防治、生猪养殖与管理、蔬菜种植、花卉苗木栽培等农业实用新技术培训，在全区22个村开展农民素质教育试点示范，开班80期，培训农民5500人次。6月，与教育局成教部门对未能继续升学初、高中毕业生开展就业前引导性培训，联合制订培训方案，共同审定石井乡成人学校等8所乡镇成人学校引导性培训方案，开展职业技能培训。为加强区内农民职业技能培训，克服本级培训场地及技能单一缺陷，区农广校投入资金与宏远电脑学校、精华职业学校等民间职业学校联合办学，针对劳务输出人员从事行业、岗位、工种进行基本技能、技能操作规程培训，选用国家规定相关教材，开展家政服务、餐饮、计算机操作、电子技术等方面职业技能培训1520人。是年，区农广校被省、市、区劳动局确定为下岗职工再就业培训基地和农村劳动力转移培训基地。全年培训阳光工程学员300人，市、区劳动就业部门农村劳动力转移培训工程学员200人，下岗职工70人，学员全部被转移到“人民公社”“成氏木业”“艾洁物业（长沙）”等单位工作。同时，农民素质教育各成员单位按照上级的部署和要求，组织实施农村实用人才培养工程，重点推进农村实用人才“百万中专生计划”。区农广校按照省、市要求，制订《农村实用人才培养“百万中专生计划”实施方案》，落实培养任务，开设成人中专招生注册计算机应用、农业企业管理、电子电器3个专业233人，对农业社会化服务体系人员开展以知识更新为主中专毕业后继续教育，通过与湖南生物机电工程学院合作办学，在区畜牧系统中招收40名2007级畜牧畜医大专班学员。

2008年，围绕农村种养殖业，结合“三个一”“双培、双建、双强”及“新型农民培训教育三进村”活动，通过送农资、送科技下乡方法在全区12个乡镇、街道村组，开展优质稻种植、水稻病虫害防治、生猪养殖与管理、蔬菜种植、花卉苗木栽培等农业实用新技术培训，开班140期，培训农民1.20万人次，发放《农民科技培训》《湖南农业》等资料5万余份，发放娄星区农广校与区委组织部联合编印的《农村实用新技术指南》人手1册，发放市素质办编印《务工指南》等示范教材2000册。下半年，对未能继续升学初、高中毕业生开展就业前引导性培训，重点放在按培训方案保证培训课时、培训质量、培训示范教材发放、培训内容等4个方面，指导1500名初中毕业生就业前引导性培训。全年发放《务工指南》《农村实用技术指南》等示范教材3000本。同时，对全区3500名转岗转业人员和其他新增农村劳动力开展引导性培训。与宏远电脑学校、精华职业学校等民间职校联合办学，针对劳务输出人员从事行业、岗位、工种进行基本技能、技能操作规程开展培训，选用国家规定的相关教材，有选择性地开展家政服务、餐饮、计算机操作、电子技术等方面的职业技能培训，1600余名学员全部找到就业门路。

四、毕业分配

1981—1991年，娄底市农广校学员毕业生，一般根据专业分配在各乡镇相关部门工作。1992年始，政府不负责工作分配。至2008年，毕业学员中有18人担任科局级领导职务，有46人担任乡科级干部，85人成为村级领导骨干，280人成为农村服务体系技术骨干，6人成为全国优秀农民企业家，80人成为地市科技示范户、致富典型。

第四章 教师队伍

1989—2008年，娄星区（娄底市）教育局（教委）加强教师队伍建设，通过提高教师学历、引进骨干教师、招录师范类院校毕业生等措施充实教师队伍；推行校长选聘制、教师聘任制、绩效工资制，推进学校人事制度改革；落实教师政治经济待遇，解决教职工困难；开展教师培训，加强师德师风教育，实施“中小学教师继续教育工程”，推进继续学习，开展岗位大练兵活动，提高教师教学教育能力。至2008年，全区在职在编中小学教职员工3037人。其中，小学专任教师1251人，中学专任教师1303人。累计举办中小学教师各类继续教育班60期，培训教师8000余人次，教师学历合格率100%。发展党员686人，党员教师比例达到20%。21人被评为全国优秀教师或优秀教育工作者，44人被评为省级优秀教师或优秀教育工作者。评选出国家级骨干教师4人，省级骨干教师33人，市级骨干教师128人。

第一节 教师管理

一、教师来源

1989年，娄底市有中小学教职员工3489人。其中，小学1832人，中学1657人。有专任教师3104人，其中，本科毕业260人，专科毕业728人，中专及高中毕业1775人，高中及以下370人。教师主要来源于师范院校毕业生分配、引进外地骨干教师和社会招聘，还有少数代课教师。民办教师逐步转为公办教师。

2000年7月12日，娄星区委、区政府下发《关于娄底市娄星区中小学校人事改革的实施意见》，启动以校长选聘制、教师聘任制、绩效工资制为主要内容的学校人事制度改革。3132名教师参加竞聘，聘任人数为2970人，内退102人，进修30人，停薪留职办实体24人，待岗6人，精简行政人员85人，清退全部代课教师。2001年，大中专毕业生实行“双向选择，自主择业”，不再统一分配政策后，教师来源主要是公开招聘以及公费师范生接收和安置。7月，采用公开考试、考核相结合的办法，从乡镇调入一批教师到城区学校。2003年7月，通过公开考试、试讲、公示结果等程序，调配146名中小学教师进城区学校工作，缓解城区学校教师紧缺问题。娄星区教育局争取区委、区政府支持解决高中教师编制50名。其中，从外县市引进高中骨干教师30名，从应届师范本科毕业生中择优录用20名。2004—2008年，区委、区政府每年安排一定数量编制指标，择优录用师范院校毕业生，补充教师队伍，5年间补充教师159人。

2008年，娄星区有在职在编中小学教职员工3037人。其中，小学专任教师1251人中，本科学历311人，专科学历683人，中师学历255人，中学高级教师6人，小学高级教师817人，小学一级教师362人。中学专任教师1303人中，研究生学历2人，本科学历960人，专科学历327人，中学高级教师213人，中学一级教师704人。此外，区教育局机关公务员和事业编制在岗工作人员60人，娄底教师进修学校在岗教职员工28人，区教育科学研究室在岗教研员16人，区教育局电教仪器站在岗教职工11人。

二、考核与整顿

（一）民办教师整顿

1989—1991年，根据省教委《民办教师管理条例》和娄底地区《关于整顿民办（代课）教师队伍的实施意见》，娄底市对民办教师进行第4次考核整顿。对象是1986年12月31日以前参加教育工作并连续任教至1989年尚未参加过整顿，或参加过整顿但不合格民办教师，凡1986年12月31日后临时民办教师一律予以辞退。2000年7月12日，区委、区政府下发《关于娄底市娄星区中小学校人事改革的实施意见》，启动学校人事制度改革，清退全部代课教师。

（二）专业合格考试

1989—1992年，娄底市教育局（教委）对不具备国家规定学历的中小学教师进行专业合格证书考试。1993—2008年，主要依靠学历培训，提高教师学历水平，不再进行专业合格考试。

（三）教材教法考试考核

1998年10月，娄底市教委落实地区教委《关于组织全区中小学教师参加“大纲、教材和教法”考试考核的通知》，制定考核细则，开启新一轮教材教法考试，规定45岁以下中小学教师全部参加，并于1998年、1999年、2000年连续3次举行考试。此后，未再进行大纲、教材和教法考试考核。

三、教师资格认定

1997年，娄底市开展教师资格认定过渡工作。2002年，娄星区对现有中小学、幼儿园教师进行首次教师资格认定，实行全国统一的幼儿园、中小学教师资格认定制度，并过渡1993年1月1日以前教师资格证。2004年3月，组织非师范类教育专业毕业申请人员参加全省教育学、心理学统考，并分别于4月、10月进行2次教师资格认定。2006—2008年，每年面向社会认定教师资格。

第二节　教师待遇

一、经济待遇

（一）工资福利

1989—1992年，教师按专业技术职务工资标准领取工资，绝大部分教师增加工资。1993年，市政府为在边远地区工作教师上浮一级工资。9月，全市教育事业单位实行中小学职务（技术）等级工资制。中小学教师工资包括专业技术职务和津贴两部分，并保留教龄津贴和在基本工资基础上增长10%。同时，建立政策增资机制，包括正常升级（每两年滚动一级）、晋升职务、技术等级增加工资，定期调整工资标准。凡年度考核连续2个优岗者可越级晋升一级工资。1997—2008年，执行省人事厅、财政厅有关文件精神，给教职工发放生活补贴费，中学高级教师每人每月165元，中级155元，助理级150元，员级145元。教师教龄满30周年的基本退休费额外提高5%。

1989—1998年，在医疗保险方面，大部分学校建立教师定期体检制度。教师医疗费按政策报销。1999—2000年市改区，按规定给全区教师办理医疗保险，对癌症、重症病人财政给予适当补贴。2001—2003年，区财政为教师补贴医药费478.53万元，基本做到教师有病及时治疗，大病医保，重病补贴。

（二）职务评聘

1990年，根据省、地职改部门要求和安排，娄底市教育局对已评聘高、中、初级教师职务进行复查。1992—1999年，教师职务评聘工作转入经常化，每年评聘一次。高级职务由省组织评审，中级职务由市组织评审，初级职务由各县市区组织评审。

2000年起，启动中小学校人事制度改革。娄星区委、区政府成立由分管教育区委副书记和区政府副区长挂帅，区教育局、人事局、财政局等有关部门领导组成改革领导小组，先后制定《关于娄底市娄星区中小学校人事制度改革的实施意见》《娄星区中小学校教职员工结构工资分配办法》等文件。2003年，实施第二轮人事制度改革，中小学校校长、副校长和中层管理干部全部竞聘上岗。通过组织推荐、群众举荐、个人自荐，产生校长85名，其中女校长33名。对学校所有岗位工作进行量化，明确教职工相应责、权、利，所有教师双向选择，竞聘上岗。2003—2008年，区教育局会同区编委、财政、人事等部门，通过摸底调研和协调，核定全区中小学教师编制2683名。对3000名在职干部教师开展年龄、工龄、党龄、学历“三龄一历”清理与审核工作，建立学历、学位申报认证管理制度，从制度上保证教师学历、学位教育健康发展。

（三）解决教职工实际困难

1990年，省、地教育部门制定中等师范学校招生优先录取教师子女政策。1993年，制定农村学校教师子女可加20分参加录取特殊政策。子女没有参加工作的离退休教师安排1名子女就业，全市安排364人。1994年，将教师住房建设纳入社会发展规划，并在基建项目审批和有关规费收取上予以倾斜。1995—1996年，连续两年投入资金968万元，实施教师住房建设，城镇教师人均居住面积达13.25平方米，成套率100%，农村教师住房成套率85%。先进经验在全省教师住房建设经验交流会上推介。2001—2003年，全区14所中小学新建教师住宅16栋363套，平均120平方米/套，总面积4.39万平方米。至2005年，全区教师人均住房面积达34平方米，城区教师人均达到40.20平方米。住房成套率城区学校为98.5%，农村学校为75%。2006—2008年，区教育局根据农村教师进城居住需求，在娄底市湘阳街中路新建教师村9栋288套，平均130平方米/套。每年春节、教师节，各级党委、政府及教育行政部门、教育工会、教育基金会开展慰问困难教师活动，为教师办实事。

二、政治待遇

（一）吸收优秀教师入党

1989—2001年，娄星区（娄底市）按照“积极慎重”方针和注重本人一贯表现原则，吸收具备党员条件优秀教师加入党组织，教师党员在教职工中比例逐年增大。至2002年，教师队伍中党员教师比例达18%，其中城区中小学达24%。至2008年，从教师中发展新党员686人，全区教师队伍中党员教师比例达20%。

（二）培养提拔

1989—2008年，教师中有1人当选为省人大代表，有3人当选市人大代表，51人当选区人大代表，有2人当选市政协委员，22人当选区政协委员。

2003年，娄星区教育局组织中小学校后备干部选拔考试与培训。通过公开报考、考核、考察，确定20名中小学后备校长干部。

（三）表彰奖励

1989年9月9日，娄底市人民政府召开庆祝教师节表彰大会，给优秀教育工作者颁发奖金和荣誉证书。梁芳姣、邓雪昭、曾世庆、李海涵、刘正升等5人获全国优秀教育工作者称号；李永湘等11人、邹明玉等76人、杨叶香等60人分别获省、地、市优秀教育工作者称号。

2004年9月9日，娄星区庆祝第20个教师节，区委、区政府表彰教育系统123名优秀教师、优秀教育工作者和全区“十佳”支教模范，作出《加快教育改革与发展的决定》。10月，娄底三中建成“全省模范教工之家”。至2008年，娄星区有21人被评为全国优秀教师或优秀教育工作者，44人被评为省级优秀教师或优秀教育工作者，200人被评为市级优秀教师或优秀教育工作者。评选出国家级骨干教师4人，省级骨干教师33人，市级骨干教师128人，区级骨干教师143人。

第三节　教师培训

一、师德教育

1989—1990年，娄底市中小学教师职业道德教育列入教师培训重点内容，加强师德教育。1991年8月，国家教委、全国教育工会颁发《中小学教师职业道德规范》后，娄底市中小学教师职业道德教育逐步制度化、经常化。1991—1997年，市教委多次组织全市教师会议，听取全国优秀教师先进事迹报告团演讲报告。1998年5月，地区教委、地区教育工会发出《关于认真贯彻落实国家教委、中国教育工会〈中小学教师职业道德规范〉的意见》，市教委在全市开展《中小学职业道德规范》学习教育活动，制定教师遵守职业道德规范“十不准”。2001年，市教育局制发《关于加强师德师风建设的意见》，规范中小学教师的师德师风行为。2003—2004年，娄星区教育局将师德师风直接与教师评优评先挂钩，在全区中小学教师中开展教书育人、管理育人、服务育人“三育人”和学先进人物、树师德形象、创文明校风、为实现跨世纪宏伟目标做贡献活动。

2005年，区教育局在教育系统开展“师德标兵”评选活动。市教育局、市教育工会将全国劳动模范教师、全国“五一”劳动奖章教师、全国优秀教师、省以上先进工作者和师德标兵先进事迹编印成《爱满杏坛》一书，免费发给广大教师，区教育局组织全区教职工集中学习讨论。2008年，娄底市教育系统开展“法制教育年”活动。娄星区在全区教育系统开展师德行为专项整治行动，加强教师法律法规和职业道德、行为规范教育。

二、学历培训

1989年，娄底市教师培训工作重点是对未具备合格学历（小学教师中师毕业，初中教师大学专科毕业，高中教师大学本科毕业）中小学教师进行学历补偿教育。1990年后，主要对中学教师进行学历培训。1992年，娄底地区开展在职中学教师函授、自学考试、卫星电视“三沟通”培训。是年，娄底市教委接管市电大工作站，创办大专班（经济管理、秘书专业）、中专班（财会专业）各1个，招收新生66人。1993年，全市小学教师学历合格率为89.2%，初中为70.9%，高中为54.5%，均超过全国、全省平均水平。10月，市教委将市电大工作站由市成人教育办公室管理归口娄底市教师进修学校管理。

1993—2000年，小学教师学历培训转向大学专科教育，提高获得中师学历小学教师学历层次。采取函授、脱产、自学考试、远程教育等多种形式，开展大学专科、本科教育培训。2001—2004年，省教育厅开辟中小学教师通过继续教育提高学历层次模式，全区中小学教师报名参加本专科学历培训。区教育局制定优惠政策，鼓励教师通过函授、自考、电视大学等途径取得更高层次学历。2005年，全区数百名教师通过自学考试获得专科以上学历毕业证书。

至2008年，娄星区开展学历提高培训1003人次。小学专任教师1251人中具有本科学历311人，专科学历683人，中等师范学历255人；中学专任教师1303人中具有研究生学历2人，本科学历960人，专科学历327人。全区初中和小学在职专任教师学历合格率达到99%，小学教师大专学历达到65%，初中教师本科学历达到40%。教师学历合格率居全省前列，其中小学教师学历合格率居全省第1位。

三、继续教育

1989—1991年，基本完成小学教师学历补偿教育后，娄底地区开始小学教师继续教育试点工作。1992年，小学教师继续教育进入试点过渡阶段。娄底市办各种培训班36个，培训教师1381人。10月中旬，全省小学教师继续教育教学研讨会在娄底举行。此后，小学教师继续教育成为小学师资培训工作重点。1994年，地区教委发出《关于进一步完善小学教师继续教育“四统一”制度的通知》，小学教师继续教育实行统一招生、统一教学计划、统一考试考核、统一发证。1999年，全市小学教师继续教育第一轮培训基本完成，开始第二轮试点。铺开中学教师第一轮继续教育，实施国家教育部“中小学教师继续教育工程”。至2005年年底，中学教师第一轮继续教育结束，小学教师第二轮继续教育基本完成。2006—2008年，每年安排中小学教师继续教育培训项目，娄星区校本培训经验在全省推介。

（一）教师基本功训练

1995年，以通用基本功和学科基本功培训作为中小学教师继续教育重点，贯穿于整个继续教育之中。围绕普通话、“三笔”（毛笔、钢笔、粉笔）字、简笔画、动手能力四项通用基本功，开展培训。1996年，重点铺开以“四个一”（一个好形象、一手工整字、一口普通话、一本好教案）为中心内容教师基本功训练。市教委要求教师实现“一专多能”，突出“四个一”，苦练“四项基本功”（普通话、“三笔”字、简笔画、教具制作和实验技能），开展岗位大练兵活动。1997年12月，市教委获娄底地区教委“中小学教师四个一”标兵比武第1名。1998年，在中小学教师中开展“四学两课”（“四学”，学习教学大纲、学习钻研教材、学习教学方法、学习计算机基础知识；“两课”，开展优质课评选活动、推行说课活动）为主要内容的学科基本功训练。各中小学开展研大纲、钻教材、探教法活动，提高课堂教学质量。是年，娄底地区组织考核小组对娄底市5所学校174名教师基本功进行抽查考核，达到合格标准。1999年3

月，省师范教育和师资培训工作会议在娄底召开。地区教委作典型发言，推介娄底开展“四学两课”活动、提高教师素质做法。2000—2008年，娄星区教育局每年不定期举办教师教学“四学两课”基本功训练，形成建设基本功训练机制。

（二）普通话和计算机培训

普通话培训　1989—1996年，娄底市主要通过举办普通话语言培训和普通话教学观摩比赛等活动，提高教师普通话水平。1997年，娄底市成立语言文字工作委员会，娄底教师进修学校设置普通话培训机构，开展教师普通话培训。2001年，娄底市教育局印发《关于做好首次教师资格认定与市直有关学校教师普通话水平培训与测试工作的通知》。娄星区教师资格认定开始与普通话等级水平挂钩。2003—2008年，区教育局按照国家语言委员会和省语言委员会要求，规范普通话水平培训测试工作。

1998—2008年，娄底教师进修学校定期举办普通话培训班90余期，培训教师3600人次，开展普通话水平测试22次，其中测试教师3500余人。

计算机培训　1996年，娄底市中小学教师开始普及计算机知识。培训工作分为计算机应用水平一级培训、信息技术初级培训、信息技术高级培训、信息技术应用能力提升工程培训4个层次。1998—2008年，娄底教师进修学校定期举办计算机培训班，计算机初、高级培训5000人次。

（三）骨干教师培训

1997年，娄底市教育局将中青年骨干教师培训作为继续教育重点。娄底教师进修学校分别培训小学语文骨干教师33人、小学数学骨干教师31人。1998年，娄底教师进修学校培训小学语文骨干教师25人、小学数学骨干教师26人。1999年，娄底教师进修学校举办小学语文骨干教师继续教育培训班、小学数学骨干教师继续教育培训班、小学美术骨干教师继续教育培训班，分别培训教师29人、27人、23人。

至2008年，娄底教师进修学校完成各学科骨干教师培训816人次。同时，选送200余名中小学教师参加国家级骨干教师培训、省级骨干教师培训、市级骨干教师培训。

（四）基础教育课程改革培训

2001年9月，国家教委在全国38个国家级实验区进行新课程实验，娄星区所有中小学作为首批实验学校进入课程改革实验。2002年，娄星区先后选送190名初中、小学教师参加新课程国家级和省级培训。8月，新课程改革试验区娄星区教育局与娄底市教育局联合举办新课程通识培训和实验区任课教师学科培训班。娄星区（含市直）115所义务教育阶段学校和10个乡镇学区负责人，小学一年级、初中一年级任课教师以及市和各县市区教育局、教研室、电教馆、教师进修学校有关人员1029人参加培训。培训班聘请湖南师范大学教授和相关专家做辅导讲座。2004年，娄星区选送10余名教师、教研员参加省级新课程培训班，并在区、乡、校三级开展多种形式新课程全员培训。2007—2008年，启动高中新课程改革，每年组织高中一年级各科教师参加培训。

（五）其他培训

1989—2008年，娄星区（娄底市）每年举办新教师转正培训、教师职业道德培训，定期开设新教学大纲学习班、新课程通识培训和学科培训班、中小学校长素质教育研讨班、中小学校长校园安全远程培训班等30多种培训。其中，校长培训352人次，班主任培训838人次，英特尔未来教育培训450人次，公需科目培训5579人次。全区教师通过参加多种培训，由经验型、知识型向科研型、学者型转变。

四、培训机构

1989年，娄底市师资培训任务主要由师范院校和娄底教师进修学校负责。其中，高中教师主要由省教育学院和其他师范院校负责，初中教师主要由娄底师专中学教师培训部负责，小学教师主要由娄底教师进修学校负责。1991年，娄底教师进修学校经省教委复查验收，成为首批达标教师进修学校。1999年娄底撤地设市后，教师进修学校成为娄星区教师进修培训机构，承担全区3000余名教师进修培训任务。

至2008年，教师进修学校采用“多层次、多渠道、多形式”人才培训模式，先后培训中等师范生800余人，使全区小学教师学历合格率达100%，通过电大和远程教育培训专科、本科人才1200余人。累计举办中小学教师各类继续教育班60期，培训教师8000余人次，举办中小学教育现代信息技术初、高级班100余期，培训教师5000余人次，举办中小学校长岗位培训、提高培训20余期，培训校长494人次；举办幼儿园园长培训16人次，举办普通话培训班10余期，培训达3579人次。

第五章 经费 设施 产业

1989—2008年，娄星区（娄底市）教育经费包括预算内教育经费和预算外教育经费两部分。预算内经费包括国家预算拨款及地方财力增筹教育事业费以及教育基建投资；预算外经费包括中小学学杂费（义务教育阶段学杂费2006年起全部免除）、勤工俭学收入、社会集资及其他收入。实行以政府投入为主，多渠道筹措教育经费保障机制和教育经费管理体制。2008年，区本级预算内教育财政经费增加到1.25亿元，占财政支出35.7%，上级教育转移的支付资金，城市教育费附加，上级下拨专款全部用于教育。

2000年起，实施教育资助，主要有中职学生助学金、义务教育“两免一补”、幼儿园入园补助、大学生生源地信用助学贷款、发放普通高校家庭经济困难新生入学资助金等。

至2008年，多所学校被认定为农村合格初级中学、合格中小学、示范性初级中学，示范性高级中学。中小学校园占地面积115.11万平方米，校舍建筑面积50.10万平方米。其中，普通教室16.40万平方米，学生宿舍4.90万平方米，体育运动场馆面积25.60万平方米。

第一节 教育经费

一、经费来源、使用与管理

（一）经费来源

1989—1998年，娄底市教育经费增长比例高于财政收入增长比例，农村教育费附加和城市教育费附加能足额拨付。1999年，娄底市改为娄星区后，区财政收入减少，教育经费投入受到影响。区委、区政府在财政十分困难的情况下，优先保障教育经费投入。建立多元化教育投入机制，本级预算内教育财政拨款逐年增加。2003年，区本级预算内教育财政拨款为3177万元，占财政支出25%。2004年，区本级预算内教育财政拨款为5277万元，占财政支出27%。2005—2007年，学杂费收入从政府财政收入中剔除，全部用于教育。2008年，区本级预算内教育财政经费增加到1.25亿元，占财政支出35.7%，生均预算内公用经费从2003年的54元增长到2008年的408元，增长8倍。上级教育转移的支付资金，城市教育费附加，上级下拨专款全部用于教育。

（二）经费使用

1989—2004年，娄星区（娄底市）教育经费支出由人员经费支出、公用经费支出、基建经费支出三部分组成。其中，人员经费比例最大，占总支出70%左右。2005年，乡镇政府投入改善办学条件经费66万元，完成改善办学条件项目12个。2005—2008年，娄星区通过政府担保，银行贷款建设娄底二中体育馆、学生食堂与学生公寓，娄底三中科教楼、运动场、学生食堂与学生公寓，娄底四中文体馆、综合楼、学生公寓等学校基础设施。同时，政府鼓励企业、社会各届人士捐资助学，完善学校基础设施建设。通过内引外联，引进社会资金达560余万元，用于改造学校危房和改善办学条件。乡镇政府筹措资金用于改善农村中小学办学条件。

（三）经费管理

1989—2005年，娄星区（娄底市）教育经费管理实行“以区为主”管理体制。教育经费预算由区教育局与区财政局共同负责编制，在区财政调整预算时征求区教育局意见。区财政经费做到足额预算后及时拨付到位，由区教育局统一管理。上级下拨专项经费由区教育局提出方案，区财政局审核后报政府审批，专款专用。2006年，成立区教育资金管理中心，负责拨付区属中小学教育经费，对经费使用情况进行监督，对财务进行统一核算，建立财务管理与会计核算相互制约、相互监督管理体制，确保教育经费合理使用，规范教育资金管理。

二、教育资助与教育扶贫

（一）教育资助

2000—2004年，实施教育资助，主要包括中职学生助学金、义务教育“两免一补”、幼儿园入园补助、大学生生源地信用助学贷款、发放普通高校家庭经济困难新生入学资助金等。2005—2008年，国家启动义务教育阶段家庭贫困学生“两免一补”，娄星区当年为农村贫困家庭学生免费提供教科书、免除学杂费、补助寄宿生生活费，为城市低保家庭学生发放“两免一补”资金。

（二）教育扶贫

1992年，娄星区（娄底市）推进教育扶贫工作。主要内容是以提高贫困地区义务教育水平为目标，保留农村学校必要教学点，优先支持贫困地区学校和教学点建设；保障贫困家庭学生享受公平教育，做好家庭经济困难学生资助工作，开展“三帮一”劝返复学行动，对每名辍学学生明确1名教师、1名村干部、1名家长帮扶，保证贫困学生受完义务教育；落实家庭经济困难幼儿入园补助金、普通高中学生助学金和中职学生助学金，资助一批家庭经济困难入园幼儿和高中阶段学生；加强贫困地区教师队伍建设，从城区学校选派教师到贫困地区支教，优化贫困地区教师队伍，教师培训向贫困地区倾斜，逐步提高乡村教师待遇，及时足额发放乡村教师补贴；开展贫困地区职业技能培训。1992—2003年，建设成人文化技术学校，开展农业技能技术培训。2004—2008年，举办新增农村劳动力转移就业培训班289期，培训1.38万人次；举办农村实用技术培训班1373期，培训7.88万人次，各种技术咨询1.09万人次，印发科技资料2.87万余份，撰写论文40篇。形成以乡镇成校为中心，其他各级各类培训班为补充农村成人教育网络格局。

三、社会捐资助学

2005年，黎文龙捐资20万元，用于援建双江乡中心小学。2008年，钟选才捐资20万元，用于娄底三小田径场建设。华润电力捐资20万元，用于娄底三小修建田径场。

1989—2008年娄星区（娄底市）教育经费收入一览表

表18-11　　　　单位：万元

年份	总计	教育事业费拨款	其他经费拨款	城市教育费附加	农村教育费附加	事业投入		勤工俭学	捐集资收入	其他收入
						计	其中学杂费			
1989	1212	636	—	185	75	89	89	15	97	115
1990	1423	643	—	206	88	101	101	17	260	109
1991	1379	653	—	191	90	182	182	17	160	85
1992	1494	776	—	192	93	206	206	18	170	38
1993	1977	961	—	193	94	219	219	41	99	371
1994	3447	2033	39	194	171	394	394	24	385	207
1995	4774	2055	387	726	229	665	665	77	466	168
1996	5336	2384	124	753	306	929	929	85	363	392
1997	5185	2577	83	744	279	952	952	102	242	281
1998	5755	3127	—	662	242	1453	1072	84	88	98
1999	6410	3551	148	399	275	1563	1137	84	243	146

续表18-11

年份	总计	教育事业费拨款	其他经费拨款	城市教育费附加	农村教育费附加	事业投入		勤工俭学	捐集资收入	其他收入
						计	其中学杂费			
2000	6493	3764	—	211	300	1538	1121	75	297	309
2001	7579	4179	—	255	298	2181	1107	93	294	279
2002	8924	5124	—	395	—	2765	1835	75	376	189
2003	8875	5177	—	210	—	2965	546	86	288	150
2004	8954	5277	—	196	—	3318	1981	21	73	70
2005	11785	6666	85	300	—	4172	2232	116	88	358
2006	11803	6553	—	340	—	4334	2109	116	38	422
2007	14248	9086	—	530	—	4357	2304	—	13	263
2008	15539	10701	1496	339	—	2962	1736	—	—	42

1989—2008年娄星区（娄底市）教育经费支出一览表

表18-12　　单位：万元

年份	总计	基本工资	补助工资	其他工资	职工福利费	社会保障费	助学金	公务费	业务费	设备购置费	修缮费	其他费用
1989	1206	220	145	—	240	37	1	24	29	23	189	299
1990	1414	269	206	—	237	43	1	27	30	40	223	339
1991	1376	283	216	—	253	51	1	42	29	49	132	321
1992	1491	327	328	—	200	78	0.8	50	50	53	148	258
1993	1969	345	467	—	228	130	0.7	52	105	56	245	340
1994	3446	967	548	—	237	111	1.2	224	156	53	82	407
1995	4773	967	245	230	454	102	0.8	162	1278	35	363	59
1996	5331	1263	367	277	406	116	1.1	172	1757	43	77	91
1997	5183	1334	406	127	501	324	1.5	96	1579	47	161	39
1998	5699	1253	685	538	256	365	0.8	545	246	185	685	929
1999	6361	1680	664	568	284	486	0.8	632	463	139	758	652
2000	6472	1965	565	583	317	616	0.4	556	480	214	673	467
2001	7558	2282	577	597	308	724	2	660	589	385	733	460
2002	8920	2874	1001	275	424	815	1.5	666	8330	431	895	651
2003	8871	2886	1018	274	530	920	17	755	724	388	958	388
2004	8938	2856	1036	773	341	767	27	824	540	216	995	563
2005	10420	3066	1416	863	530	931	42	923	471	351	1079	702

续表18-12

年份	总计	基本工资	补助工资	其他工资	职工福利费	社会保障费	助学金	公务费	业务费	设备购置费	修缮费	其他费用
2006	11496	3126	1412	1319	565	980	28	1304	617	365	1005	770
2007	13986	4860	1569	611	694	359	51	3293	644	1049	335	521
2008	15387	4575	2725	987	756	324	56	3480	701	461	89	1233

第二节　教育设施

一、校园校舍建设

（一）校舍建设

1989年，娄底市成立学校危房改造工作领导小组，由主管教育政府负责人担任组长，负责中小学危房改造工作。10月，春元中学礼堂竣工，建筑面积1548平方米，上层为礼堂，有活动坐椅1296条，下层为食堂，造价52.60万元。为娄底市第一个拥有现代化设施大礼堂学校。1990年，娄底地区教委强调新建校舍统一设计、统一规划、统一布局“三统一”，以提高质量和标准，校舍逐步向标准化和规范化过渡。8月，娄底四中教学楼、教工宿舍竣工，秋季开学招收初中新生班2个。12月，市教委配合市建委、财政局检查验收改造危房3.05万平方米，危房面积控制在3%以内。是年，万宝、小碧2所中心小学达到湖南省合格乡中心小学标准。1991—1995年，教育投资1.52亿元，新征土地17.65公顷，完成学校基建项目113个，新建校舍4.55万平方米，改建扩建1.58万平方米，修建标准运动场8个。全市10个乡镇138所中小学建设高标准校舍，砖混结构学校达75.6%；城区市直11所中小学有10所是市级以上花园（园林）式学校。

2002年7月，娄底二中体育馆、娄底二小科教楼建成。9月，娄底三中科教楼落成。完成校舍基础设施改造、维修总面积1.85万平方米。12月，涟滨中学被评为“市级示范性初级中学”。2003年，娄底二中、娄底三中先后被评为“市级示范性高级中学”。2005年，将中小学危房改造列为省政府为民办实事工程，区委、区政府确定危房改造项目12个，总面积6858平方米，投资347万元。2007年，建立危房改造长效机制。2008年，建立校舍安全档案和信息库。将娄底八中与大科中心小学进行资源整合，建成九年一贯制学校。

至2008年，娄星区先后有多所学校被认定为农村合格初级中学、合格中小学、示范性初级中学 示范性高级中学，二中、三中、四中新建男女学生公寓和可供上千人同时就餐学生食堂。中小学校园占地面积115.11万平方米，校舍建筑面积50.10万平方米。其中，普通教室16.40万平方米，学生宿舍4.90万平方米，体育运动场馆面积达到25.60万平方米。

（二）校园绿化

1989年起，开展创建“园林式”“花园式”学校活动。1992年1月，湖南省教委、省绿化委员会在万宝中心校召开校园绿化工作现场会。万宝中心校、娄底市教师进修学校被评为“花园式学校”，娄底二中、娄底二小、春园中学被评为校园绿化达标单位。1993—1995年，全市有10所市级以上花园（园林）式学校。2000年，娄底三小被湖南省环保局授予全省“绿色学校”称号。2004年，二小、三小被评为省级“绿色学校”，二中、三中被评为“市级园林式学校”。

二、教育仪器与教学信息化建设

（一）实验室建设与教学仪器配备

1990年，开展中小学实验教学普及市创建活动。1991年，娄底市成为娄底地区试点全省普及实验教学试点市。按照《湖南省中小学实验教学普及县验收细则》标准，建设实验室、仪器室，配备实验仪器设备，所有高中、初中、乡镇中心小学、城镇小学均建立实验室，实现实验用房、设备设施、仪器设备、实验人员、实验室管理、实验教学“六大项”达标。农村完全小学、村级小学配备小学自然教学箱、小学数学教具箱、地球仪、钢琴“四大件”。教学仪器经费主要靠学校自筹，省拨经费适当补助。9月，娄底二中、杉山中学、百亩中学等6所学校经省教委抽查验收合格，娄底市达到实验教学普及县市标准。1992年，经省教委验收，娄底市达到省合格标准，被评为“省中小学普及实验教学先进市”，成为全省第一批普及中小学实验教学县市。1992—1995年，全市添置教学仪器价值255万元。1998年12月，娄底二中、娄底二小、娄底四小通过湖南省教育厅评估验收，被确定为第一批省级现代教育技术实验学校。2002年7月，娄底二小科教楼落成。9月，娄底三中科教楼落成。是年，娄底二中、三中、涟滨中学分别完成现代化实验室建设。至2008年，娄星区中小学实验室达1.70万平方米，实验仪器设备总值达2178.96万元。

（二）教育信息化建设

2002年12月，娄底三中建成娄星区第一个校园信息网，并通过省教育厅评估验收，成为第三批省级现代教育技术实验学校之一。2003年10月，娄星教育信息网建成，标志娄星区教育信息化开始起步。2001—2008年，投入经费1300万元，用于学校安装电脑室、多媒体教室、校园网和电子备课系统、校园广播系统、语音室、现代化实验室等。中心小学以上学校建有标准电脑室，城区所有中小学和乡镇部分中小学安装多媒体教室，娄底二中、娄底三中给所有上课教师配备笔记本电脑。至2008年，7所学校成为省级现代教育技术示范（实验）学校，现代教育技术装备在全市乃至全省均处于领先地位。全区中小学计算机室4342平方米，配备计算机2759台，建立14个校园网，教学设施和教学装备完全能满足教学需要，大部分学校达到省一类标准。

三、图书馆与图书资料建设

1990年，部分中小学校建立图书室。1995年，成立娄底地区中小学图书馆（室）工作委员会，负责领导全区中小学图书馆（室）建设。图工委下发《中小学图书馆（室）评估验收和奖励制度》，明确将图书馆（室）评估验收纳入县市“两基”评估验收范围。1996年，娄底市通过省教委评估验收，成为湖南省首批四个中小学图书馆（室）建设合格县市之一。1997年，加强中小学图书馆（室）建设，各学校多渠道筹措资金，更新图书设备，图书藏书量、各种工具书及报刊订购逐步增加，信息化管理水平提升。有条件学校还配备电子读物，并逐步实行图书馆式计算机管理。2008年，娄星区中小学图书室5576平方米，有图书10.29万册，电子图书2.10万册。

第三节　教育产业与勤工俭学

一、教育产业

1989年，大部分学校创办经济实体。校办产业分为三种类型：教学、科研、生产三结合类型，即利用校办工厂或校办农场进行教学、科研和生产劳动；劳动锻炼类型，即学校安排工人或农场人员在校办工厂、校办农场从事日常生产；企业化教育产业类型，是学校勤工俭学发展到一定阶段形成的，这些产业有独立企业法人，进行自主经营，自负盈亏，相对固定职工队伍和比较稳定产品，并具有一定企业规模，在市场中有一定竞争能力，经济效益比较明显。1990年11月，娄底市首届商品交易会上，校办工厂展出产品吸引省内外客商，娄底四小电子光源节能灯具厂洽订额218万元；教育文化用品厂产品质量达部颁标准，订货7.10万元；娄底二中校服厂订货70余万元。全市校办工厂订货300余万元。1991年，在农村中小学开展生产劳动基地达标活动中，娄底市达到省颁标准，被评为全省“中小学生产劳动基地配备达标市”。1992—1996年，随着计划经济向市场经济接轨，市场竞争加剧，娄底市校办企业绝大部分是技术含量低、粗放经营小作坊式企业，缺乏市场竞争力，陆续关停并转。

二、勤工俭学

1989—1995年，组织学生利用劳动课或课余时间在工厂、农场参加力所能及劳动，是娄底市中小学勤工俭学基本形式。1996年，中小学勤工俭学基本停止。

第六章　教育管理

1989—2008年，娄星区（娄底市）实行“以区（市）为主”教育管理体制，形成“以政府办学为主体、社会各界参与、公办、民办职业教育学校共同发展”办学体制。学校实行校长负责制，通过公开考试、考核、聘任中小学校校长。推进中小学人事制度改革，推行教职工聘用（任）制，实行“资格准入、竞争上岗、全员聘用、合同管理”，建立健全教师激励约束机制，深化教师竞聘上岗制度。学校实行常规管理，教师以教研组或年级组为基层单位，建立学生学籍管理制度，加强教学教育管理和教研教改工作。落实校园安全管理制度，开展学校法制宣传教育工作，加强人防、物防和技防建设，整治学校周边治安环境，增强师生安全感。加强教育督导，落实各级党政主要负责人教育工作责任制，推进教育事业发展。加强教育宣传工作，正面传播和宣传娄星区教育工作和典型人物事迹。

第一节　教育体制

一、管理体制

1989—2008年，娄星区（娄底市）实行“以区（市）为主”教育管理体制。教育局负责全区教育宏观管理和指导，制定全区教育事业发展规划，统筹教育事业发展规模、质量、结构、效益，指导、协调教育规划、计划实施；综合管理全区基础教育、成人教育、幼儿教育等工作，负责教育督导与评估；执行国家规定的教育教学计划和上级教育行政部门制订的学年和学期工作计划，深化教育教学改革，完成教育教学任务；统筹规划、协调指导教育体制和办学体制改革；指导学校内部管理体制改革，负责全区教师管理，包括教师中各类专业技术人员培训管理、考核、晋升、聘任、奖惩，教职工的转正、定级工作；负责初中、小学、幼儿园教师资格认定，负责中小学校副科级以下干部任免和教师的调配；指导全区各级各类学校思想政治工作、德育工作、体卫工作。

在乡镇（街道）设立学区，学区由学区主任负责本学区教育教学常规管理工作，下设教学辅导（指导本学区教育教学工作）和财务管理人员。乡镇（街道）党委（党工委）、政府（办事处）参与教育管理，主要行使维护学生和教师合法权益，组织群众依法集资办学，改造学校危房，按规定征收农村教育费附加等方面职责和义务。1996年，“两基”评估验收前，乡镇政府负责学校建设用地征收，筹措教育经费改建扩建校园校舍，改善办学条件。“两基”评估验收合格后，乡镇政府主要负责维护本乡镇学校教育教学工作环境，解决校群矛盾纠纷，在乡镇财政力所能及情况下给予学校经费支持。2005—2008年，区教育局在乡镇学区、学校实行管理体制改革，撤并乡镇学区，学区管理职能移交乡镇中学，实行乡镇中学负责管理本乡镇小学、农校以及学前教育，财务则由区教育资金管理中心集中管理。

二、教育办学体制

1989—1998年，娄底市开始形成“以政府办学为主体、社会各界参与、公办、民办职业教育学校共同发展”办学体制。教育部门是主要办学主体，办有多种类别和层次学校；其他部门办学主要是中等专业学校、中等技工学校和职业培训学校；厂矿企业办学一般办有普通中小学、幼儿园、职工学校、技工学校；社会力量办学主要有普通中小学、职业学校和幼儿园。

1999年，厂矿企业由于受经济体制及大中专招生分配制度改革等方面影响，厂办技工学校、职业学校陆续停办。2000年起，其他部门办中等专业学校陆续停办，或合并到其他院校。2002年，厂矿企业办普通中小学开始和企业剥离，向地方移交，2006年年底全部移交完毕。至2007年，其他部门办中专学校建制全部撤销。

第二节　学校管理

一、领导体制

1989—1999年，娄底市学校人事制度沿用校长任命制和教师派遣制。2000年10月，娄底市教委、市人事局、市编委办公室联合制发《关于深化中小学人事制度改革的意见》，建立“校长全面负责、党支部保证监督、教职工民主管理”学校运行机制，形成“办学自主、管理自主、用人自主、分配自主”学校法人代表。是年起，娄星区中小学校基本实行校长负责制。2003年7月，娄星区实行新一轮人事制度改革，公开考试、考核、聘任中小学校校长85名。2004—2008年，中小学校校长实行聘任制，每年进行1次考核。

二、人事体制

1989—1999年，娄星区（娄底市）中小学校人事体制沿袭传统行政管理体制。2000年7月12日，娄星区委、区政府制发《关于娄底市娄星区中小学校人事改革的实施意见》，启动以校长选聘制、教师聘任制、绩效工资制为主要内容学校人事制度改革。全区有3132名教师参加聘任，受聘人数2970人，内退102人，进修学习30人，停薪留职办实体24人，待岗6人。同时，精简行政人员85人，清退全部代课教师。通过人事改革，优化教育资源配置，促进教师队伍建设。2003年5—10月，娄星区人民政府下发《关于娄底市娄星区中小学教职工编制标准实施细则》，核定全区中小学教职工编制。7月，面向社会公开考试、考核、聘任高中骨干教师50名，公开选拔培养中小学校长后备干部20名。贯彻落实区委、区人民政府《娄底市娄星区中小学校人事制度改革实施意见（试行）的通知》，实行新一轮人事制度改革，公开考试、考核、聘任中小学校校长85名。120余名农村教师通过公开考试、考核，被聘任调入城区中小学任教。2004年12月，娄底市教育局、市人事局、市编委办、市财政局联合发出《娄底市中小学教职工聘用（任）制实施意见》，娄星区推行教职工聘用（任）制度。2006年，对全区中小学教师统一实行“资格准入、竞争上岗、全员聘用、合同管理”，建立编制报告和定期调整制度。2008年，建立健全教师激励约束机制，深化教师竞聘上岗制度，开展教师招聘工作。优秀人才通过公开招考，引进教师队伍。

三、绩效工资制

2000年，娄星区教育局在各学校逐步建立优劳优酬绩效工资制，教职工工资与岗位、任务、贡献、效益挂钩。具体办法是：将教职工工资30%，加上学校勤工俭学收入可用资金，作为浮动工资。浮动部分合理拉开分配档次，实行按劳分配，优劳优酬。同时，要求条件成熟地方探索建立以岗位工资为主体分配制度，不同类别、不同规模学校允许其岗位工资标准有所不同。2008年，娄星区各学校义务教育教师绩效工资全部落实，教师绩效工资制度有序推进。

四、常规管理

学校内部机构设置，中心小学、城区小学和初级中学设教务处和总务处，一般小学只设教导主任和总务主任。高级中学和完全中学一般设办公室、教务处、政教处、总务处。1989—1999年，重点中学和规模较大中小学设立教育科学研究室，负责组织指导学校教学科研工作。一些学校设立保卫处或与当地派出所共建警务室，负责校园安全工作。学校普遍成立教育工会，建立教职工代表大会制度。2000—2008年，学校工会协助学校党组织推行校务公开制，参与学校民主管理。学校普遍建立共青团组织。同时，组织青年教师开展政治学习和业务活动，并对少先队工作进行组织和指导。学校教与学管理基本形式是：教师以教研组为基层单位，有的学校以年级组作为教师基层单位，规模较大学校年级组和教研组兼设，年级组侧重行政管理，教研组侧重教学研究。学校以教学班为单位，设班主任进行管理。

五、学生学籍管理

1989年，娄底市教委根据国家教育部、省教育厅关于普通中小学学生学籍管理暂行办法和暂行规定，建立学生学籍管理制度。1991—2008年，各中小学校、职业学校建立学生学籍卡、学籍表、学籍档案。

六、校园安全管理

（一）安全教育

1989—2007年，各学校把安全知识宣传教育摆在突出位置，经常对中小学生开展交通、消防、食品安全、预防溺水、禁毒、反邪教、自然灾害应对、传染病预防等系列安全教育活动。2008年起，在加强物防建设的同时，加强人防和技防建设，城区各学校都配备专职保安和专用安保器材，城区中小学安装视频监控设施。

（二）中小学重点领域安全防范

1989—2008年，娄星区（娄底市）中小学重点领域安全防范工作主要是食品卫生安全和校园周边环境整治。加强学校食品及饮用水管理，推进学校食堂标准化建设，改善学校食堂硬件设施，定期开展学校食堂检查评比，建立和完善大宗食品供应准入、食品采购索证索票、食品查验、食品留样、食品安全特派员等制度，严把食品采购关、加工关、消毒关、留样关、从业人员卫生关。通过加强饮水设施建设、验收、饮用水源检测、监测，强化饮用水安全管理。每年春、秋季开学初，由区综治办牵头，教育部门联合公安、消防、工商、城管、食药监、卫计、交警、文体广新等部门，开展净化学校周边治安环境、净化文化环境、净化交通环境、打击销售假冒伪劣食品、化解涉校涉生矛盾纠纷等系列专项行动。公安部门在城区学校门口和周边重点路段设立护学岗，加强日常巡逻和安全防范。针对学校及周边危险化学品、未成年人上网、非法出版物等问题，定期组织开展清理整顿行动，净化校园周边环境。

第三节　教育督导

一、“两基”督导

1989年，娄底市教育工作重点是基本普及九年义务教育和基本扫除青壮年文盲。市委、市政府先后出台关于“两基”工作一系列文件，明确各级政府“两基”工作责任，加大财政投入和集资办学力度，实行全民办学。1991年9月，娄底市基本消灭青壮年文盲、半文盲，被评为“全国扫盲先进市”。1993年6月2日，市委、市政府下发《关于开展乡镇“两基”检查评估工作的通知》，对乡镇“两基”评估工作进行部署安排。1995年3月20日，市委发出《关于大力发展教育，全力实现“两基”的决定》，提出在1995年实现“基本普及九年义务教育和基本扫除青壮年文盲”任务目标，市人大审议通过《普及九年制义务教育实施规划》。12月，娄底市通过省级“两基”督导评估检查团验收。1996年12月，通过省级“两基”复查和国家级评估验收。1997年1月，被国家教委授予“全国‘两基’工作先进市”称号。

二、学校督导评估

1993年，省教委颁发《湖南省普通中小学校督导评估试行方案》。11月，地区教委发出《关于开展中小学校督导评估工作的通知》，对中小学校试行督导评估。娄底市确立4所试点学校，万宝中心小学被娄底地区教委作为试点学校。

2000年，娄底市教育局对各县市区申报示范性高中进行督导评估，娄底二中达到标准，被市政府认定为市级示范性高级中学。2001年11月，省人民政府教育评估团对娄星区素质教育进行督导评估，被评为湖南省素质教育先进县（市、区）。2002年12月，娄星区涟滨中学被娄底市教育局评为“市级示范性初级中学”。2003年10月，娄底市教育局组织专家评估团，对娄底三中进行市级重点中学评估。娄底三中实现达标。

三、专项督导检查

1989—2008年，娄星区（娄底市）先后开展中小学教育工作五项（教育经费增长政策和教师经济待遇落实情况、中小学危房改造情况、中小学生流失制止情况、乱收费现象纠正情况、《中共中央关于改革和加强中小学德育工作的通知》贯彻落实情况）督导检查、德育工作专项督导、基础教育“五项内容”（“两基”规划实施情况、教师法执行情况、增加教育投入情况、加强德育工作情况、减轻义务教育阶段学生过重课业负担各项主要措施落实情况）督导检查、中小学校幼儿园安全工作督查、查处违规补课，规范办学行为专项督查、农村义务教育学校基本办学条件等专项督查行动。对专项督导整改不力单位，上级主管部门约谈单位负责人，或联合监察局对被督导单位相关负责人实施问责。

四、两项督导评估

“两项督导评估”是指对县级人民政府教育工作督导评估和对县级党政主要领导干部教育工作实绩督导评估。2004年6月，湖南省教育督导委员会下发《县级人民政府教育工作督导评估方案》，要求全省对县市区进行评估之前，市州要在前一年对被评县市区进行初评。评估实行分类推进、分类指导、分类评估。按照经济、社会和教育发展水平，将各县市区划分为三类地区。娄底市娄星区为一类地区。

娄底市于2005年启动市级初评。由市人民政府组织督导评估团对娄星区政府及党政主要领导教育工作实绩进行督导评估。在娄底市第一轮、第二轮评估考核中，娄星区人民政府及党政主要领导教育工作实绩均为优秀等次。

第四节 教育宣传

1989年起，娄星区（娄底市）教育局（教委）每年在中央电视台、《人民日报》《中国教育报》《中国青年报》《湖南日报》、湖南卫视等中央、省级媒体刊发教育新闻稿件，正面传播和宣传娄星区教育工作和典型人物事迹。

一、教育宣传阵地

20世纪80年代，娄底市教育局创办《教育园地》，1987年5月更名为《娄底教育》，每年出刊10期。为繁荣娄底市教育文艺创作，《娄底教育》从1987年6月第四期起取消《教育文艺》栏，创办增刊《教育诗》。《教育诗》每季1期，专发师生与其他教育工作者所撰写的有关教育内容小小说，散文与诗歌，并以40%篇幅发表娄底市学生优秀习作，成为全国第一家专发教育题材文学刊物。1999年年底，《娄底教育》更名为《娄星教育》，不定期出刊。至2008年年底，出刊150余期。

二、教育宣传队伍建设

1989—2008年，娄星区（娄底市）教育局（教育委员会）加强教育系统宣传队伍建设，组建新闻宣传通讯员队伍。教育局和各学校安排1名分管领导和具体工作人员负责宣传报道工作。每年举办1次教育系统宣传通讯人员培训班。2004年起，每年召开4次舆情分析会，提高全区教育宣传队伍对外宣传和舆情应对处置业务能力。建立《网络舆情监测预警和应急处置制度》《娄星区教育系统舆情风险评估制度》等。区教育局办公室承接市长热线转办件、领导信箱转办件、红网等网络舆情，协调相关股室和学校进行处理。制定和完善教育宣传相关制度，建立全区教育宣传稿酬奖励机制，每年召开1次总结表彰会议，对优秀教育通讯员进行表彰奖励。

三、重大教育宣传报道

1996年12月20—22日，湖南省教委图工委评估验收团一行9人到娄底市进行为期3天的检查，检查城乡30余所学校，肯定娄底市在中小学图书馆（室）建设方面取得的成绩。1997年，《中小学图书情报世界》以“娄底市中小学图书馆（室）建设通过省级验收”“着眼素质教育，建好文明窗口”为题，2次报道娄底市中小学图书馆（室）建设情况。娄底市被国家教委授予“全国‘两基’工作先进市”称号。5月10日，娄底市教育科技大会召开，作出《关于在全市中小学全面实施素质教育的决定》。会后，素质教育在全市范围内全面实施。10月28—29日，《中国教育报》头版以《激活新课程，成就大文章》《备足十桶水，办好一方校》为题，连续2天对娄底市素质教育经验进行宣传报道。1999年，第九期《湖南教育》刊发《喜看硕果满枝头——娄底市科研兴教推进全面素质教育写真》报道。2003年，《湖南教育》第12期以《享受课改的快乐——娄底市娄星区新课程改革掠影》为题，全面报道娄星区新课程改革试验进展情况。11月15日，《娄底日报》头版以《娄星区教师聘任实行阳光行动》为题，进行宣传报道。

附：学校选介

湖南人文科技学院

湖南人文科技学院是经教育部批准、由湖南省人民政府主办的全日制省属综合性公办普通本科院校，为正厅级事业单位。前身为1978年9月成立的涟源师范学校大专班。1981年7月，更名为湖南师范学院涟源分院。1983年7月，更名为娄底师范专科学校。1993年6月，更名为娄底师范高等专科学校。娄底师范学校、原涟邵矿业集团技工学校、娄底市农业科学研究所分别于2000年、2006年、2007年并入。2004年5月，学校升格为本科院校并更名为湖南人文科技学院。

1992年，设中文系、数学系、理化系、英语系、体卫系、政史系、马列部、公共课部、图书馆。1992年，内设机构有党委办（与校长办合署办公）、组织人事处、宣传部、教务处、学生处、总务处等副处级机构，增设计财科、保卫科、监察科、审计科、离退办、卫生科等直属科级机构。1998年6月，内设机构有纪委、党委办（与校长办合署办公）、组织人事处、宣传部、武装部、工会、团委、教务处、学生工作处、总务处、成人教育部、培训中心、计财科、保卫科、监察科、审计科、离退办、中文系、政史系、英语系、数学系、物理系、化学系、体卫系、计算机科学教育系、马列部、公共课部、图书馆、学报编辑部等。2003年，内设10个教学单位、28个非教学单位。2005年，调整内设机构，设内部管理机构13个、教学教辅机构16个，纪检（监察）机构、党的基层组织、工会、共青团等组织按规定和章程设置，设有18个党总支部或直属党支部、18个分工会、14个团组织。2006年，增设职业技术教育教学部、群众体育工作委员会、校友联络办公室（挂靠院长办公室）、思想政治理论课教学部、国有资产管理处。2007年，增设评估建设办公室、农业科学研究所和生命科学系。

1993年，学校获评“省级文明卫生先进单位”“省级园林式单位”，被中宣部、国家教委、团中央评为“1992年社会实践活动先进单位”。1994年，获评“国家体育锻炼标准先进单位”。2005年，被中宣部、教育部、团中央评为全国“三下乡”暑期社会实践先进单位。2007年，获全省学生军训工作先进单位。2008年，获“2007年度全国大中专学生志愿者暑期‘三下乡’社会实践活动先进单位”，获全省高校国家助学贷款工作先进单位，获“湖南省普通高等学校学生思想政治教育先进单位”。

一、办学条件

（一）校舍建设

1993—1998年，学校自筹资金1400余万元，先后新建综合楼1栋、学生宿舍楼1栋、图书馆1座、家属住宅楼2栋，建筑面积2.52万平方米。2006年，阳光学生公寓第一、二栋竣工投入使用，建成面积8600平方米第9栋学生宿舍楼。2007年，建成1.50万平方米第10栋学生宿舍楼。

（二）师资队伍

1995年，选送5名教师到国内高校进修学习。1996年，选送3名教师到国内高校作研究学者。1997年，选送6名教师到国内高校作研究学者和访问学者。1994—1997年，引进硕士研究生9人。至1997年12月，学校拥有研究生学历教师16人。1998年，学校坚持“稳定、培养、引进”方针，实施人才战略，深化人事制度改革。2003年，基本达到“稳定队伍、优化结构、提高质量”目标。是年起，实行新进教师岗前培训、岗前培训考试制度。2004—2008年，引进高职称、高学历人才，加强青年骨干教师培养，培养和调入省级青年骨干教师39人。制定《关于送陪在职硕士有关政策的规定》，鼓励支持青年教师攻读学位。至2008年，全校有教职工1014人。其中，专任教师589人，正高职称66人，副高职称178人，博士18人，硕士203人。

二、招生办学

1989年，开办7个专业，招生508人，在校学生1469人。1992年，开办成人教育。1993年，新开办能源开放与利用、应用电子技术2个非师范专业。1998年，招生960人，在校学生2500人。2003年，开办29个专科专业，其中师范类专业13个，形成以师范教育为主体办学模式。同时，开办部分与经济社会发展相适应理工类专业。2004年，国家教育部批准学校申办本科专业。是年秋，汉语言文学、英语、体育教育、数学与应用数学、物理学、化学、计算机科学与技术、思想政治教育等8个本科专业招生。2008年，招生3200人，在校学生1.20万余人。

三、教学质量

1989—1996年，学校坚持“以教学为中心”办学理念，坚持以国家政策和党的教育方针为指导，以服务地方经济社会发展需求为导向，深化教育教学改革，制订人才培养方案，加大教学投入，改善教学条件。1997年，按规定设置公共课程、教育课程、学科课程、特设课程、实践课程、活动课程，其中前四部分课程课堂教学时间控制在2050学时。2004年起，各专业进行课程体系改革。2007—2008年，立项建设3门省级精品课程。学生在数学建模、电子设计大赛等赛事中获国家一等奖2项，获国家级二等奖5项，学生在体育竞赛中获国家第一名7项。

四、学校管理

1996年，制定《专业系目标管理责任制实施办法》，对专业系及专任教师进行量化考评。2005年，对全校教职工实行竞聘上岗，实行聘用制管理。深化干部人事制度改革，首次公开选配中层领导干部。坚持向教学一线倾斜、向双高人才倾斜原则，完成学校内部分配制度改革。2006年，制定劳动出勤纪律、请假制度、教职工调配制度，深化职称改革，优化师资队伍结构。

五、学校升格

1999年，市委、市政府确定娄底师专升格为娄底师范学院。12月，成立由市委副书记冯长根为组长申办娄底师范学院筹备工作领导小组。2000年3月，娄底市人大常委会会议把“以娄底师专为基础，申办娄底师范学院”列入政府主要工作目标。2001年，提出走校企联合办学、产学研合作申本工作思路，校领导多次带队到教育部、省委、省政府汇报，到省内外兄弟高校学习考察。2月7日，娄底市人民政府召开市长办公会，就申本工作相关事宜形成决议。7月，学校被批准确定为2001年申本考察单位。

2002年开始，学校瞄准2003年申本机会，多次到教育部汇报。2003年，学校将稳定队伍、练内功、夯实办学基础和办学实力作为重心，超额完成预定招生计划，毕业生就业率在同类专科学校中名列前茅。学科专业建设净增6个专科专业，新办4个“专本沟通”专业，中文教育专业列为省级重点建设专业。培养教授8人，副教授41人，送培博士7人、硕士25人。新增教学仪器设备价值625万元，新增图书资料12万余册，完成新教学大楼、风雨田径棚、学生公寓A栋和海园广场修建。2003年9月，省人民政府再次向教育部呈函娄底师专升本，获得批准。10月8日，娄底市召开申办本科学院迎评动员会。

2004年1月5日，市委书记蔡力峰率市人大、市委、市政府、市政协领导模拟考察学校。1月8日，国家高校设置评议委员会专家组一行7人听取学校申本工作汇报。1月9日，专家组对学校办学条件、师资队伍、办学质量、科研水平及发展前景等进行现场考察。3月27日，全国高校设置评议委员会全票通过学校升格为娄底学院，学校拟定新校名湖南人文科技学院。5月17日，教育部批准娄底师范高等专科学校改办升格为湖南人文科技学院。6月，省人民政府发文批准建立湖南人文科技学院。12月18日，学校在海园广场举行挂牌庆典仪式。

娄底职业技术学院

2001年8月，经湖南省人民政府批准，娄底经济贸易学校和娄底工业学校合并组建娄底职业技术学院，于2002年6月挂牌办学。2006年6月，获教育部高职高专人才培养工作水平评估优秀等级。2007年3月，娄底机电工程学校整合并入。2008年6月，入围湖南省示范性高等职业院校建设项目。是年，学院设有机电工程系、资源工程系、财经贸易系、电子信息工程系、建筑与艺术设计系、外语系、公共事务管理系、农林系、体育艺术系、“思政课”教学部、继续教育部等9系2部，开设应用电子技术、机电一体化技术、模具设计与制造、数控技术、电气自动化技术、计算机网络技术、会计等40个专业。全日制在校大专生7618人，全日制中专生2553人，成人脱产专科生33人，成人业余专科生74人。学院为湖南省职业院校教师专业技能培训认证基地、湖南省中小企业职工培训示范基地、国家职业技能鉴定所、湖南省“阳光工程”（农村劳动力转移）培训中心、湖南省技术练兵基地、娄底市下岗职工再就业培训定点单位。

一、办学条件

（一）校舍建设

2002年，学院成立校园规划建设领导小组，制定“连接两院、向东扩展”校园建设规划，经市规划委员会审定通过。2003年，整合征用新天地公司、对江村、五金公司、百纺公司、盐业公司、工商银行等单位土地13.73公顷，新征土地16.40公顷，拆除房屋45户。2004年，市政府将学院征地扩建工程列入全市重点建设项目范围，学院整合市供销社土地2.87公顷，新征土地5公顷移民安置基地，学院占地面积达到50.67公顷。2005年，新征土地5.93公顷。其中，檀山湾3.13公顷，秀石街以北1.87公顷，吉星路贡献地0.93公顷。2007年，由于娄底机电工程学校整合并入，学院在江龙滩新征24公顷土地用于扩建。至此，学院占地面积达到69.67公顷。主要建设项目包括实训楼、学生公寓一期、学生食堂、主教学楼、实习工厂一期、学生公寓二期、后勤服务中心、图书馆、实习工厂二期等项目。同时，修建校园主干道、水管等配套设施建设，建成主干宽带1000兆、有2246个信息点的校园网。

娄底市职业技术学院2002—2008年主要建设项目一览表

表18-13

序号	建设项目	建筑面积(平方米)	投资金额(万元)	交付使用时间	备 注
1	实训楼	7600	430	2003.9	
2	学生公寓一期	12000	1300	2004.9	4栋
3	学生食堂	6000	580	2005.9	
4	主教学楼	16800	1800	2006.9	
5	实习工厂一期	3600	320	2007.8	
6	学生公寓二期	32000	3200	2007.10	
7	后勤服务中心	1400	145	2007.9	
8	图书馆	3500	250	2006.9	改造
9	实习工厂二期	3200	350	2008.10	

（二）师资队伍建设

2002年10月，学院成立组织人事处，负责师资队伍建设事务。

制度建设上，2003年，制定《师资队伍建设规划》《新增教师办法》。2004年，实施《2003—2010年师资队伍建设规划》。2005年，制定《引进和稳定高层次人才暂行办法》《兼职教师队伍建设管理办法》《客座教授聘任办法》等制度。2007年制定了《双师教师队伍建设暂行办法》，为推进师资队伍建设提供了有效的制度保障。

人才引进上，2003年，公开招聘60余名优秀教师。其中，副高职称6人，中级职称12人。2004年，公开招聘11名全日制本科毕业生，引进1名外籍教师。2005年，聘请中科院院士曾苏民担任学院名誉院长，公开招聘5名研究生和9名全日制本科生，聘请13名企业家及教授担任客座教授，聘请34名行业企业技术能手作为学院兼职教师。2006年，新引进外教博士1名，聘用3名技术人才担任实习工厂指导教师。2008年，公开招聘10余名专职教师，聘用一批兼职教师。

师资队伍培训上，2005年，制定《专业技术人员继续教育管理暂行办法》，组织38名教师进行专业培训，其中6名脱产培训。2006年，选送30余人到校外实训基地培训，组织100余人参加校内集中培训。2007年，组织167名教师参加培训，根据《双师教师队伍建设暂行办法》，启动暑假专业教师下企业实践锻炼制度。至2008年，全校教职工729人。其中，正高职称7人，副高职称200余人，博士或在读博士3人，硕士（含在读硕士）150余人。

二、招生办学

2002年秋季，始招第一批大专学生，从高中毕业生招收3年制大专新生315名。从初中毕业生招收5年制高职大专学生207名，中专学生2575名，超额完成年招生计划。2003年，实行区域招生和片区负责人制，组建招生专职队伍，尝试在外省招生。是年招收中专生1864名，大专学生835名，实际到校2699人。2004年，调整招生生源结构和规模。招收普通大专新生1396人，5年制大专158人，中专新生1326人，大专新生首次超过中专新生人数。2005年，大中专招生总计划2500人，实际到校大中专总人数为3562人。其中，3年制大专2424人，中专1138人。大专生占总招生人数68%。生源分布合理，录取分数线排在全省第9位。

2006年，大中专计划招生2600人，实际到校2680人。其中，3年制大专2009人，5年制大专88人，中专583人，补录增加150人，订单班招生138人。生源结构大专生占招生人数68%，生源地拓展到全国18个省，外省籍生源占新生总数14%。录取分数线在全省最低投档线，文科为415分，超出湖南最低控制线95分，理科为350分，超出湖南最低控制线70分，为全省地州市职业院校中投档线最高。2007年，招生计划4000人，实际到校总人数4001人。其中，3年制大专2704人，3年制中专1297人（含5年制高职生120人），在校生规模达到11000人。录取分数线高出全国多省院校投档线，文科最低投档线高出湖南省控制线68分，理科高出54分，生源区域拓展到全国23个省市。

2008年，招生计划4000人，实际到校总人数为3852人。其中，3年制大专3138人，中专714人（含5年制高职生110人）。生源区域拓展到25个省，外籍生源占新生总数10%。

三、教学质量

2002—2008年，学院教学管理组织机构分院、系（部、二级学院）2个层面，实行院、系二级教学管理模式。明确院长是学院教学第一责任人、系部主任是系部教学工作第一责任人，教学工作和人才培养质量作为评价党政领导工作实绩指标。学院层面由教务处、教学工作委员会、教学督导团等负责学院教学管理。教务处遵循党的教育方针和政策、学院办学定位和总体教学工作规划，制订教学计划，负责专业建设，推行教学改革，组织教学运行，实施教学评估。学院建立“一套制度、五级监控、六位一体、九种方式、九项内容”教学质量监控体系。制定教学质量管理制度和各教学环节的质量标准（规范），建立“教学工作委员会—教务处（教学督导团）—系部—教研室—教师和学生”五级教学质量监控系统，建立由教学工作委员会、教学管理部门、招生就业处、教师、学生、用人单位共同参与六位一体质量信息反馈系统，实施质量检查、教学测评、信息反馈、会议会诊、管理纠偏、奖惩处理、质量跟踪、质量调研、教学督导9种教学质量监控方式，重点监控教师课堂教学质量、教师实践教学质量、教师职业道德、人才培养方案质量、教师工作规范执行情况、教学管理工作规范执行情况、教学管理制度执行情况、毕业生质量和课程标准、授课计划等教学基本文件编制与实施情况等九项内容。引入ISO 9000质量管理标准，按照“坚持标准、保证质量、符合实际、优化改进”原则，遵循“PDCA”（计划P、实施D、检查C、行动A）循环工作流程，建立健全30余个教学质量管理程序文件，构建全员、全过程、全要素和多方法教学质量管理体系。会计专业教学团队被评为湖南省高等职业教育省级教学团队，煤矿开采技术、机电一体化技术入围湖南省职业院校精品专业，机械设计基础、电气控制与PLC（可编程逻辑控制器）入围湖南省职业院校精品课程。

四、学院管理

2002年6月，学院内设机构17个。其中，党政管理机构9个，教学系部与教辅机构8个。8月，通过公开竞聘、竞争上岗方式，选配学院中层负责人，产生副处级部门负责人10人，主持部门工作副职7人，另有39人分别担任相关部门正科或副科干部。2003年6月，湖南省机构编制委员会对娄底职院机构编制下文批复，同意娄底职业技术学院列省管普通高等院校（专科）事业机构编制序列，单列户头，机构规格与省管普通高等院校（专科）等同。学校内设党政办、组织人事处、宣传部（与统战部合署办公），纪检审计处、财务处、教务处、学生工作处、招生就业处、保卫处、后勤管理处10个。核定副处级领导11名（含监察）。设计算机与信息技术系、电子工程系、建筑工程系、财经贸易系、外语系、基础课部、体育部、网络中心、继续教育部、科研学报部、实训部、图书馆教学教辅机构12个。党的基层组织及工会、共青团组织按有关章程设置。2004年7月，根据《娄底职业技术学院人事制度改革实施方案》，进行第二轮干部公开竞聘。通过公开竞聘，产生6位处室系部主要负责人，10名主持部门工作人员以及相关岗位正科、副科实职干部。

2007年7月，调整内设机构，进行第三轮公开竞聘。通过公开竞聘，产生32名处室系部主要负责人（含3名系部党总支书记），3人以副职身份主持相关处室系部工作。46人担任部门副职工作。逐步建立教学管理、科研管理、学生管理和后勤服务管理等制度。

娄底市高级技工学校

娄底市高级技工学校位于娄底长青中街56号，归口娄底市人力资源和社会保障局管理。学校占地面积26.67公顷，其中，老校区3.33公顷，新校区23.34公顷，建筑面积10万平方米，固定资产400万元。

1995年，学校晋升为湖南省重点技校，被授予“湖南省首批国家职业技能鉴定所”称号。2002年，确定为湖南省骨干示范技校。2003年，晋升为国家重点技校和高级技工学校。2004年5月，被湖南省劳动和社会保障厅批准为高技能人才培训基地和农民工培训示范基地。2007年，经省人民政府批准筹设娄底技师学院。2008年4月筹建，形成短训、中技、高技、技师、大专、函授本科等多层次办学格局，为社会输送各类合格技能人才3万余人。

学校开设有数控加工技术、车工、模具设计与制造、电气自动化、焊接应用技术、机电一体化、装配钳工、计算机、应用与技术、汽车检修与维护、会计电算化、现代物流管理、旅游与酒店管理等专业，其中数控加工技术、模具设计与制造、电气自动化与焊接应用技术等4个专业开办技师班。在籍学生3082人。学校坚持校企合作办学道路，与10余家企业建立合作关系，开展合作办学。先后与长沙中联重科、三一集团等企业签订联合办学协议，与企业共建校外实习实训基地，形成“校企合作、工学交替、顶岗实习”人才培养方式，开展“订单式”培训、“定向安置培训”等人才培训模式，属于湖南省高技能人才技能培训定点机构。学校每年组织高技能培训、下岗职工培训、创业培训、农村劳动力转移培训3000余人次，毕业生等级鉴定合格率达98%，除对口升学外，就业率达100%。

办学30余年，坚持“管理兴校、质量立校、特色强校”治校方略，坚持“以就业为导向，以技能培养为核心”办学理念，为社会培养合格中高级技术人才。2006年，被评为“全省职业教育工作先进单位”“湖南省技能人才培训先进单位”；2004—2007年，连续被评为“全省技校系统招生先进单位”。2007年、2008年连续两年被评为“湖南省职业技能鉴定工作先进单位”。

娄底市卫生学校

娄底市卫生学校是一所培养中级卫生技术人

员专业学校，被评定为省部级重点中专，隶属市政府领导，归口市卫生局管理。1977年12月，娄底地区从原邵阳地区析出建置后，从邵阳地区卫生学校分出教职员工16人筹建学校。校名定为涟源地区卫生学校，校址设在新邵县疗养院内，由新邵疗养院统一领导和管理。1978年9月招生，10月开学。1979年5月，学校与新邵疗养院在领导和管理上分开。1982年10月，涟源地区更名为娄底地区，涟源地区卫生学校更名为娄底地区卫生学校。学校从新邵县迁至娄底市长青中街。1999年7月，娄底地区卫生学校更名为娄底市卫生学校。

1989年，学校内设机构有办公室、教务科、学生科、总务科、保卫科等5个行政科室，纪检、工会、团委3个党群组织，创办附属门诊部。1990年，恢复设立政工科，增设监察室。1995年，增设财务科。1996年，增设实习科、后勤服务中心。2002年，设立成人教育部。2003年，设置湘中司法鉴定中心。2004年，招生就业工作分离，独立设置就业指导中心，招生就业实习科更名为招生科。至2008年，学校职能科室有办公室、组织人事科、教务科、学生科、科研图书信息中心、成教部、招生科、实习就业指导中心、财务科、资产管理科、保卫科、后勤服务中心、附属医院和湘中司法鉴定中心14个。党群组织有行政党支部、教务党支部、学生党支部、后勤党支部、附属医院党支部、离退休党支部、纪检监察室、工会和团委9个。

1998年，被省人民政府授予“湖南省重点普通中专学校”称号；2002年，被评为“湖南省教学工作优秀学校”；2006年，获“全国厂（校）务公开民主管理先进单位”；2007年，获“省职教学生管理先进单位”；2008年，获“省德育工作先进单位”。获省市级“文明单位”“文明卫生单位”“园林式单位”“学生管理工作先进单位”“就业工作先进单位”“诚信娄底行业品牌”等多种称号。

一、办学条件

（一）校舍建设

1987年，学校仅有建筑面积7361平方米。1988年，兴建1栋面积为2400平方米综合楼。1991年，修建1栋面积为4000平方米实验楼。1992年3月，学校通过省教委中专学校办学水平评估验收，达到B等水平。1997年，兴建1栋面积为4213平方米科教楼。1998年，投资500余万元、建筑面积6000余平方米图书馆大楼竣工投入使用。投资400余万元，购买1栋3159平方米大楼创办附属医院。投资24万元，建成图书馆自动化管理系统和高科技水平电子阅览室。12月，通过省教委办学水平评估验收，学校办学水平达到A等，跨入省部级重点中专行列。2003年10月，征地15.27公顷，校园面积达到20公顷。2007年4月，市人民政府下达升专扩建工程为2007年度重点工程建设项目。2008年，投资1000万元建筑面积9900平方米的1号学生公寓楼投入使用，科研教学等其他建筑正在筹备融资。学校拥有32个现代化实验室，建有医学基础实训中心、临床技能培训中心、仿真实验室、电教中心、计算机管理中心，仪器设备总值1016万元。馆藏图书17.24万册，电子图书10万册，建有清华同方CNKI期刊数据库终端查询系统，实现教学资源共享。学校校舍建筑面积达12.65万平方米，固定资产总值6756万元。

（二）师资队伍

2003年，选送首批6名专业教师就读在职研究生。此后，陆续组织4名文化课教师报考硕士研究生，选派20余名骨干教师攻读硕士学位，选聘13名优秀本科生到校工作。2005 年，选送2名研究生赴中南大学攻读博士学位，专业进修7人。至2008年12月，学校有教职工284人。168名专兼职教师，其中，博士3人，硕士25人，正高职称3人，副高职称88人。通过引进、聘请医院专家、教授和生产、科研部门优秀人才承担专业和实践课教学任务，建成以专业带头人为龙头，具有职业技能特长专兼职教师队伍。有省级优秀教师1名，省级优秀班主任17名，省德育教育先进工作者1名，省职教先进工作者2名，市级优秀教师10名及一批先进工作者和“师德标兵”。

二、招生办班

1988年，始办电大脱产医疗班。1989年，招生330人。1991年，西医士、公卫医士、妇幼医士专业学制改为4年，招生350人。1993年，开办电大函授医疗、高护班，扩大招生787人，电大增加半脱产学习形式护理专业，医疗专业改为半脱产学习形式。1994年，招生人数突破1000人，新开办药剂专业，西医士专业改为社区医学专业。1995年，新开办麻醉、计划生育、中西医结合3个专业，8个专业，招生总人数1074人。1996年，新开办卫生电脑专业、英语护理专业。1999年，新开办高职临床医学、高级护理专业，招收应届初中毕业生100人，学制5年。设置武汉科技大学娄底教学站，开办临床医学本科（半脱产）、专科（脱产、半脱产）各1个班，成人教育学员271人。1999年，始办5年制高职大专临床医学、高级护理班。2000年，与武汉科技大学联合开办高级护理函授专科班。2002年，新开办妇幼保健专业电大班，成人教育招生人数突破300人。2004年，扩大高等职业教育招生规模，成教招生人数突破500人。2005年，普教招生突破1300人，成教招生850人。2008年，在校生4800余人。

学校坚持以质量为生命，以品牌为优势，以管理为措施，以安全作保障，以就业为导向，拓展教育教学事业；坚持以出口带动入口办学思路，为学生搭建就业平台，拓宽就业渠道，加强毕业生就业基地建设。采取主动联系用人单位、关注人才市场、进行现场招聘等多种方式输出毕业生。学校建有实习基地28个，遍及北京、上海、广东、广西等地及本省各类医院，与全国各地100多家医疗卫生单位和就业机构建立联系，推荐毕业生就业。湘雅医院、湘雅二医院、湘雅三医院、桂林181医院、深圳北大医院等名优医院每年派人到校选拔实习生和优秀毕业生，大部分学生直接留院工作。学校毕业生就业率均在90%以上，其中护理专业在95%以上。为国家输送1.50万余名医护工作人员。

三、教学质量

1989—2008年，学校在教育教学教改中，形成“一种制度、五级监控、七位一体”专业教学管理体系。“一种制度”即制定《娄底卫校教育教学改革与管理实施细则》，内容涵盖“教师理论学习、研讨制度”“专业带头人制度”“青年教师导师制度”“教学事故责任追究制度”“教师资格审查、聘任制度”“日常教学工作督察制度”等。“五级监控”即“学校专业管理委员会——教务科——教研室、组——专业带头人——学生”教学质量监控系统。“七位一体”即建立由学校专业管理委员会、教务科、学生科、就业指导中心、专业带头人、学生、实习及用人单位共同参与的教学质量信息反馈系统。专业教学管理规范有序，取得诸多成绩。1995年7月，学生参加全省中等卫生学校护理专业《药理学》统考中获第3名。1996年，学校获全省目标教学科研成果第1名，教务目标管理第2名。1997年，获全省医疗、护理两个专业理论和操作技能统考团体总分第1名，2个单项第1名和2个单项第2名；在全国护士执照考试中，排名全省第2名。2002年，获全省护理专业统考总分第2名，《内科护理学》第1名、《外科护理学》第3名。2008年，护理专业获湖南省职业教育“十一五”精品专业重点建设项目。

1989—2008年，在省级以上刊物公开发表学术论文723篇，参编各类正式出版教材105人次。其中，主编教材16本。在省、市立项科研课题28项，其中8项获得科技进步奖。

四、学校升格

1995年，经过反复论证，省教育厅确定娄底市卫生学校升格为娄底医学高等专科学校目标，得到市委、市政府及有关部门支持和帮助。学校升办医专被列入娄底地区“九五”规划和2000年远景规划。2002年，市政府向省人民政府呈报创办娄底医学高等专科学校专题报告。市委、市政府将卫校升专工作列入重要工作议程，成立市长刘云柱为组长升专领导小组，抽调人员组成升专办。2003年，学校升专扩建工程获省计委批复同意立项，其规划图通过评审并获奖。省卫生厅批复同意创办娄底医学高等专科学校。省教育厅高校设置评议委员会考察组对娄底市申办医专进行考察，提出意见和建议。10月，市人民政府公告，娄底卫校升专扩建征地15.32公顷。11月2日，市长刘云柱主持召开2004年第16次市长办公会议，专题研究解决娄底卫校升专问题。2005年，市发改委将学校升专扩建工程列入娄底市“十一五”规划重点建设项目。2007年4月13日，市人民政府下达《关于娄底市卫校升专扩建工程为娄底市2007年度重点工程建设项目通知》，拟定总投资1.50亿元，完成田径运动场、土钉墙、1号学生公寓楼建设。2008年下半年，学校加速扩建工程建设进度，预计至2012年完成一期工程项目，建筑面积8.29万平方米，包括科教群楼（2栋教学楼、2栋实验楼、1栋行政楼），3栋学生公寓，田径运动场，建成建筑总面积达12.65万平方米现代化、数字化、生态化新校园。学校在多方融资的同时，全校教职工自筹资金2000余万元，支持学校建设发展。与多家大公司达成合作建设新校区意向，推进新校园扩建。

第十九篇　文化　旅游　体育

1989年，娄底市文体系统有文化局、广播电视局、体育运动委员会3个部门。1996年，成立娄底市旅游局。1999年7月，娄底市旅游局改为娄星区旅游局，娄底市体育运动委员会更名为娄星区体育局。9月，娄底市文化局更名为娄星区文化局［新闻出版（版权）局］，娄底市广播电视局更名为娄星区广播电视局。12月，区招商局与区旅游局合并为娄星区招商旅游局。

1989—2008年，文化、广播电视、旅游、体育各部门履行职责，推进娄星区（娄底市）文化旅游体育事业发展进步。

文化活动　1989—2008年，娄星区（娄底市）文化部门利用重要时段、重要节庆开展群众文化活动，不定期组织文艺调演，选拔优秀队伍或文艺节目、文艺作品参加市（地区）和省里比赛活动。举办大中型文艺活动294场，文艺调演15次，春节龙狮灯调演13次，元宵灯谜会19届，各类美术、书法、摄影展览16次，举办各类业务培训班16次，培训文化专干及业余文艺骨干1200余人。参加市（地区）和省里比赛10次，获奖30余项。组织文艺演出20余次，组队或选送优秀节目参加市（地区）文艺调演和省里比赛，获奖35项。开展广场文化活动。娄星广场、火车站广场等城市广场建设给广场文化提供平台。2003年，大型文艺晚会逐渐成为广场文化重头戏，成为政府组织、企业支持、全民参与大型群众性活动。2008年，娄底广场文化成为全省文化活动品牌，广场文化经验在全省宣传部长会议推介。其间，举办各项大型广场文化活动20余场，群众性小型广场活动近百场。

文学创作　1989—2008年，有小说、散文、诗歌、报告文学及寓言、文学评论作者30余人，从事文学作品创作。出版长篇小说、中长篇小说、短篇小说13集，出版散文23集、诗歌11集、报告文学及寓言6集、文学评论5集，获国家级省级奖励24篇。从事美术创作20余人，出版画集2册，作品入选国家和省里美术展览47幅，获国家级奖励7幅。从事书画创作12人，入选国家级省级书法作品展58幅，获国家级和省级奖励16幅。从事摄影创作10余人，获国家级和省级奖励25幅。

歌舞戏剧　1989—2008年，有刘合庄、谢坚强、彭建生、曾国盛、李黾、熊伟宜、谭建光、黄胜泉、谢惠林、袁克勤等一批歌曲作家，作品在全省和全国多次获奖。陈征南、邓新民、张英、聂晶等歌曲演唱较有成就，在各级演唱比赛中多次获奖。鄢含笑、梁丽华、周赤峰、周固坚、周红、冯碧玉等舞蹈表演者在全省和全国歌舞大赛中获奖41项。戏剧剧本创作方面有舒楠材、杨真一、陈力六、戴祖尧、杨小仆、俞景珞等，作品大都搬上舞台，在全省或全国戏剧展演中获奖。曲艺创作有戴祖尧、吉运辉、安鹏翔、刘凡、蔡金龙等，戏剧论文创作有舒楠材、童晓阳、俞景珞、李德仁等，导演有童晓阳、黄海平、戴祖尧、周固坚等，戏曲表演有苏惠娟、王均蜜、范永刚、彭祁、吴迪辉、冯璋、李杰等一批中青年表演艺术家。获国家与省级戏剧表演各种奖项21项。

文物保护　1989—2008年，加强文物管理保护，对地下文物进行抢救性发掘。开展文物普查，做好文物保护单位列管工作。争取政府支持，建设博物馆文物室，对文物进行重点保护。开展文物展览活动，接受社会各界文物馈赠。开展文物行政执法，查处盗窃和破坏文物违法犯罪行为。全区登录不可移动文物40余处。

文化市场管理　1992—2008年，娄星区（娄底市）文化市场稽查队对娱乐市场、音像市场、印刷出版市场、网络市场等加强日常监管，开展专项整治行动，逐步建立完善日常巡查制度、举报制度、责任追究制度等制度。年均开展网吧专项整治行动7次，出动人员480余次，检查网吧3100余家次。每年收缴并销毁赌博游戏机190余台，查处接纳未成年人游戏厅15家次；组织文化、新闻出版（版权）、公安、工商等部门，联合实施净化出版物市场专项行动，重点打击非法预装计算机预装软件、违规印发报纸和内部资料、网络淫秽色情游戏、侵权盗版、学校周边治安秩序非法出版物等。每年平均检查出版物、音像制品、软件经营单位580余家次，检查印刷企业140家次，查处违法违规经营案件120余起，收缴大量封建迷信、淫秽色情、盗版影像制品、盗版软件等非法出版物。

广播影视　1989—2008年，广播事业重点是与电信部门合作（开通广播电视），发展城乡广播事业。电视事业加强网络建设，实施“村村通”工程，建立卫星地面接收站，电视覆盖率达100%。同时，加强电视台建设，做好电视宣传工作。电影事业顺应改革要求，发展城市电影的同时实施农村电影放映公益“2131”工程，成立农村数字电影放映队，在乡镇村（社区）巡回放映。

旅游　娄星区（娄底市）自然景观丰富，有天籁岩（圣岩洞）、洪家山森林公园、乌石峰观音殿和双江圣仙洞、水府庙水库等自然景观。娄星区人杰地灵、底蕴深厚，孕育一代英才俊杰，留下天王寺、澄清塔、天籁寺、名人故居等一批人文景观。

1990年起，旅游资源得到逐步开发。至2008年，编制《仙女寨生态旅游区控制性详规》，投资开发洪家山森林公园，修建青龙湖水库和双江水库宾馆，修建12千米旅游公路及停车场等旅游配套设施。扩建天籁寺，重修大雄宝殿和南岳圣帝庙，仙女寨获批为娄底市仙女寨生态旅游区。相继建成娄星广场、文化广场、春园公园、石马公园、柏杨公园、珠山公园等城市休闲基地及春园步行街、九亿商业步行街、酒吧、演艺厅等商务休闲处所，还有城郊休闲农家乐和生态休闲农庄等。区政府和民间组织共同投资建设仙女寨生态旅游区部分基础设施，修建旅游公路2条。

体育　1989—2008年，群众体育和竞技体育同步发展。通过举办各类体育竞赛活动发展群众性体育，其间举办各类群众性体育活动38次，代表娄星区（娄底市）参加市（地区）及省级群众体育竞赛活动10余次，获奖10余项。竞技体育采取以选材培训与输送相结合的办法，开设体操、乒乓球、跆拳道、定向越野、健美操等项目。参加省以上体育竞赛活动10余次，获奖53项。建成青少年业余体校和湖南娄底跆拳道运动中心，建成碧波游泳池等场馆设施。发展体育产业，每年完成体育彩票发行任务。

第一章　文　化

1989年，娄底市文化局内设人秘股、文艺股，是主管全市文化工作的政府机构。1996年4月19日，市文化局加挂娄底市新闻出版（版权）局牌子。1999年9月30日，更名为娄星区文化局［新闻出版（版权）局］。2004年1月，设立娄星区扫黄打非工作领导小组办公室，作为文化局内设机构。2008年，娄星区文化局［新闻出版（版权）局］内设机构有办公室（政策法规股）、人事股、文化市场管理股（文化市场稽查大队）、新闻出版（版权）管理股、社会文化艺术股、纪检（监察）室。下辖娄星区文化馆、娄星区图书馆、娄星区文物管理所（博物馆）、娄星区电影发行放映公司、娄星区演出管理站和13个乡镇街道文化站。

1989—2008年历任局长：罗甫来、邹树芳、曹霞希。

1989—1994年，娄底市广播电视局为市政府事业单位。1995年机构改革，娄底市广播电视局为市政府直属事业单位。1999年，更名为娄星区广播电视局，核定事业编制12名，内设办公室、计财股、科技股、事业股。

1989—2008年历任局长：姜涟浦、李汉城、李建庄、曾迎红、喻海清、卢伶。

第一节　群众文化

一、机构与设施

（一）文化馆

1989—1998年，娄底市文化馆属市文化局二级机构，主要负责文艺创作、群众文化活动组织辅导。1999年，娄底市文化馆改为娄星区文化馆。下设馆办活动、辅导工作和行政后勤3个组，常年开展文艺创作、演出、群众文化活动组织和辅导工作。至2008年年底，在岗职工24人。其中，戏剧、音乐、舞蹈、美术、摄影等专业技术人员18人。

（二）文化站

1989年6月，娄底市委、市人民政府发出《关于加速城乡文化站建设的通知》，区内各乡镇、街道办事处均成立文化站。至2008年，娄星区有小碧、百亩、双江、杉山、万宝、茶园、石井7个乡镇文化站，花山、乐坪、黄泥塘、长青、大科5个街道文化站，村级文化站1个（高溪村），工作人员72人。

（三）文化广场

1997年，娄底市出现广场文化活动，一些公园、车站广场成为活动场所。2005年，娄星区开始实施文化广场建设，在城市乡建设规划中确定文化广场定位，选择有建设条件城乡空间建设文化广场。至2008年，全区有属于文化部门管理的城乡文化广场3个，占地面积2400 平方米。

二、文艺队伍

1989年，娄底市有业余文艺队伍10支，队员300余人。1997年，广场文化兴起，业余文艺队伍增多。2000年，娄星区有业余文艺队伍32支，队员700余人。2008年，娄星区业余文艺队伍发展到80支，队员3000余人。

三、文化活动

（一）文艺活动

1989年，娄底市开展群众文化活动31次。春节期间文娱活动历时15天，吸引观众3万人次。1990年，主办或协办大型群众文化活动24次，参加活动群众4万人次，观众达35万余人次。1991年，主办或协办大型群众文化馆活动30次。1993年，开展群众文化活动86次，其中乡镇办事处主办协办76次。1994年，组织群众文化活动68次。小品《下棋》参加地省戏剧小品比赛获一等奖，小品《第三者》《杀黑》获二等奖；中小学生“三热爱”合唱节获2个地区二等奖，获省优秀奖。举办“娄底在湘中崛起”大型展览。1995年，组织群众文化活动14次，3个节目参加地区文化局组织的春节“湘中风情”文艺调演，参加复市15周年“财贸杯”文艺调演、复市15周年成果展览。参加省市举办的“神箭杯”少儿歌舞比赛，独唱《拾稻穗的小姑娘》、3人舞《捉蛐蛐》获省赛二等奖，舞蹈《采》获省赛三等奖，油画《钢锭》入选全国冶金系统美展，《中国，我的主题歌》在省创作歌曲卡拉OK比赛中获铜奖。

1996年，娄底市组织群众文化活动11次。举办新歌新秀选拔赛，6名参赛选手推荐到地区参赛，2名获一等奖，2名获二等奖，2名获三等奖，新秀梁曦到省参赛获银奖。简倜摄影作品《生活红、绿、蓝》《不眠之夜》《一路欢歌》获地区美展特别奖；彭建生创作歌曲《大风歌》获省三等奖；《彩色的画廊》入选第三届《中国金潮曲》征歌大赛。举办第二届农村文艺会演，项目有“十佳农民歌手赛”“丰收杯铜管乐队比赛”。庆祝红军长征胜利60周年、香港回归祖国图片展览活动，简倜摄影作品《一路飘香》入选国家级摄影展览；男声独唱《山峡情》参加湖南省农民歌手赛获三等奖。1997年，组织群众文化活动11次。全市少儿书画、美术比赛入选省赛作品20幅，1幅获银奖，2幅获铜奖，17幅获优秀奖。举办美术、书法、摄影大赛，收集作品209件，美术书法入选地区60幅，摄影作品入选25幅，美术2幅获金奖、3幅获银奖、5幅获铜奖，书法1幅获金奖、3幅获银奖、2幅获铜奖，摄影作品2幅获银奖、2幅获铜奖。

2002—2008年，娄星区文化馆举办大中型文艺活动19场，文艺调演8次（含乡镇、街道），春节龙狮灯调演3次，元宵灯谜会自建馆以来连续举办9届，各类美术、书法、摄影展览9次，举办各类业务培训班6次，培训文化专干及业余文艺骨干1200余人。

（二）文艺演出

1989年，娄底市举办中华人民共和国成立40周年文艺晚会。同时组队参加地区文艺调演，获一等奖1个，二等奖2个，三等奖1个。举办地市革命传统歌曲比赛活动，参赛单位有学校、厂矿、机关等34个，演员3000余人。1990年1月，举办城区革命传统歌咏比赛活动，33个代表队参加，3500人登台演唱。举办娄底市首届大型灯盏“飞马杯”灯盏赛，参赛单位75个，展出彩灯305盏，展出时间长达1个月，观众达13万人次。2月，举行新春龙狮灯谜大联欢活动，参加单位40个，8条彩龙、10只狮子参加表演，观众达4万人，分别在地委机关、军分区机关、涟邵矿务局、铁路工委、涟钢等地开展联欢活动。5月，开展农村革命传统歌咏活动，在10个乡镇举行初赛。5月23日，组织决赛。7月，组织庆祝复市10周年文艺晚会，参加单位10个，演出节目14个。8月，组织农村社会主义思想教育文艺轻骑队下乡镇基层演出，演出17场，观众近3万人次。9月，组织代表队参加娄底地区首届农民艺术节，6个节目参赛获奖，总分排全地区第2名。10月，组织第四届学生音乐节活动，全市所有学校参加活动。选送优秀节目参加地区比赛，获总分第一、四个一等奖和组织奖。11月，举办交易会大型文化活动。开幕式举行文艺表演，组织迎宾灯会活动，邀请全国著名演员胡松华、陈汝佳临会演出，在涟钢俱乐部和星星影剧院演8场。1991年1月，在地区体育馆举办警民联欢晚会。2月，组织娄底元宵灯谜活动。3月，邀请益阳县黄泥塘花鼓剧团到娄底演出，演出56场。1992年2月，举办新春龙狮大联欢、第三届象棋擂台赛、有奖游艺会、元宵灯谜会等系列活动。5月，举办庆祝毛主席《在延安文艺座谈会上的讲话》发表50周年文艺专场晚会演出，选送6个节目参加地区文艺调演，4个节目获奖。选送48幅作品参加全省美术、书法、摄影展览，入围2幅，1幅获铜奖。省文化厅和市人民政府联合举办湖南省“双星杯”歌手大赛，特邀著名歌唱家彭丽媛、卢秀梅担任评委，并在娄底演出3场。1993年，举办元旦文艺晚会，参加演出单位8个，演出节目20个。开展毛泽东同志100周年诞辰革命传统歌曲比赛，参赛队伍30支，参赛人数3000人。举办美术、书法、摄影展，参展作品400余件。组织省地厂矿、学校文艺调演，参赛单位10个，参赛节目42个。1994年，举办春节文化活动，组织花山街道办事处老干部排练文艺节目10余个，在老街、沿河路等地巡回演出4场。邀请益阳花鼓剧团到娄底演出1个月40场，观众1万多人次。组织中小学生“三热爱”合唱节，选送3个节目参加地区比赛，2个获二等奖，1个获省优秀奖。举办国庆文艺晚会，演出节目17个。1995年，3个节目参加地区文化局春节“湘中风情”文艺调演，参加复市15周年“财贸杯”文艺调演。1996年，组织群众文化活动11次。举办新歌新秀选拔赛、第二届农村文艺会演、庆祝红军长征胜利60周年、香港回归祖国图片展览。1997年，举办全市“娄底精英”大合唱、娄底市首届残疾人文艺会演、“迎回归、庆七一”大型文艺晚会。

2003年，娄星区文化馆选送歌舞《碰芝麻》参加第二届全国“四进社区”文艺展演获中央文明办、文化部铜奖。2004年，组织和选送优秀节目参加全省“三湘蒲公英”大赛，获最佳组织奖；少儿舞蹈《爱喝甜酒的山娃娃》获金奖；群舞《罂粟花》获编导金奖，小品《转换》获银奖。2005年，组织和选送优秀节目参加全省“三湘蒲公英”大赛。少儿舞《农家小院嘴巴多》、女声二重唱《游春曲》2个节目获银奖。2006年，组织和选送优秀节目参加湖南省第二届艺术节。女声小组唱《涟水谣》获金奖，少儿舞蹈《在那个年代》获银奖，美术作品《飞逝的白云》获金奖，摄影作品《一线生机》获优秀奖。

2008年，选拔少儿舞蹈《童年的歌》及《采山花》参加省“三湘蒲公英”决赛获银奖。娄底市明星舞蹈艺术学校在厦门两岸交流会、厦门第四届花车展、厦门之夜元宵节文艺晚会、湖南省巡回演出等大型活动中进行几十场汇报演出，公演《补锅》《刘海砍樵》《儿子今年考大学》《超生游击队》等一批优秀剧目。

（三）广场文化活动

1997年，娄底市始有广场文化活动，主要以扭秧歌、舞龙灯、猜灯谜等本土文化为主。2002年起，娄星区广场文化逐渐进入繁荣发展时期，娄星广场、火车站广场等城市广场建设给广场文化提供平台。一些大型文艺演出逐渐走向文化广场，一年一度欢乐湘中文艺会演、庆“三八”、迎“五一”、老年节、“税法宣传”等文艺活动均在娄星广场举行。2003年，一些大型文艺晚会逐渐成为广场文化重头戏。广场文化从群众自发参与发展成为政府组织、企业支持、全民参与大型群众性活动。2004年，先后举办娄底市庆祝建国55周年“祖国颂”歌咏晚会、“青春娄底　五月放歌”“五一”广场文化演出、“青春娄底 欢乐湘中”娄底市卫生系统“5·12”国际护士节广场文艺会演等。2006年11月，娄底市第二届文化经贸博览会开幕式暨“踏着红军足迹·走进青春娄底”大型文艺晚会首次与中央电视台合作，晚会由中央电视台原文艺部主任、著名电视艺术家邹友开担任总导演，央视著名主持人朱军、董卿主持。刘欢、郭峰、林依伦、陈小春、祖海、瞿颖等明星献艺，1万余名观众现场观看演出。

2008年，娄底广场文化成为全省文化活动品牌，广场文化经验在全省宣传部长会议推介。1997—2008年，举办各项大型广场文化活动20余场，群众性小型广场活动近百场。

第二节　文艺创作

一、文学创作

（一）小说

1989—2008年，域内有小说作家张小牛、林家品、蔡金龙、徐星明、谭中华、朱家雄、邬迎中等。创作一批作品。其中，产生影响作品有张小牛长篇小说《秘方》，林家品长篇小说《野魂》。

1989—2008年娄星区（娄底市）作家小说集出版情况表

表19-1

出版时间	作　家	作品集题名	类　别	出版社名称
1992	林家品	《野魂》	长篇小说	中国工人出版社
1998	谭中华	《谭中华短篇小说》	短篇小说集	湖南文艺出版社
2000	张小牛	《山里有条弯弯河》	中篇小说集	作家出版社
	邬迎中	《都市无眠》	短篇小说集	珠海出版社
2003	袁杰伟	《漂泊在羊城》	长篇小说	陕西文艺出版社
2004	张小牛	《秘方》	长篇小说	新世界出版社
	朱家雄	《校花们》	长篇小说	大众文艺出版社
2005	徐星明	《飘逝的白鹅》	短篇小说集	作家出版社
2008	张小牛	《街上的阿强》	中篇小说集	远方出版社
	杨梅生	《窥破红尘》	中短篇小说集	广东旅游出版社

续表19-1

出版时间	作　家	作品集题名	类　别	出版社名称
2008	蔡金龙	《大龙山下》	中短篇小说集	远方出版社
		《映山花开的村庄》	中篇小说集	远方出版社
		《摆脱困境》	中篇小说集	远方出版社

（二）散文

1989—2008年，有游宇明、谢新茂、李晓文、袁杰伟、胡志英、王亮、余岸飞、李国毅、肖君健等散文作家，在省级以上报刊媒体获奖，多篇散文作品被国内知名报刊转载。

1989—2008年娄星区（娄底市）作家散文集出版情况表

表19-2

出版时间	作　者	作品集题名	类　别	出版社名称
1998	谢新茂	《落英缤纷》	散文集	中国环境科学出版社
	谭中华	《女警手记》	散文集	花城出版社
1999	康纪钊	《窗前那只小鸟》	散文集	湖南文艺出版社
2000	安鹏翔	《收拾心情》	散文集	作家出版社
	李育凡	《蹒跚的脚步》	散文集	作家出版社
	姚作军	《浪尖上的快三》	散文集	作家出版社
	伍芬意	《红叶情思》	散文集	人民日报出版社
2001	谢新茂	《月偏食日偏食》	散文集	人民日报出版社
	安　敏	《为什么流泪》	散文集	人民日报出版社
	王志明	《寂静的守候》	散文集	人民日报出版社
2003	张　峰	《吃饭的学问》	随笔集	中国文联出版社
	魏　旭	《梦的追寻》	散文集	远方出版社
2005	游宇明	《情思盛筵》	散文集	湖南文艺出版社
	童　敢	《真话斋诗文集》	散文集	上海辞书出版社
2007	安　敏	《为谁美丽》	散文集	内蒙古人民出版社
	袁杰伟	《第三只眼》	杂文集	北方文艺出版社
	蔡金龙	《生活的浪花》	散文集	北京艺术与科学电子出版社
	李晓文	《扛着村庄进城》	散文集	内蒙古人民出版社
2008	杨梅生	《收获春天》	散文集	广东旅游出版社
	游宇明	《路上的生活》	散文集	远方出版社
	海　叶	《文字背后的光》	散文集	远方出版社
	王利芝	《一杯玫瑰茶》	散文集	远方出版社

（三）诗歌

1989—2008年，有廖志理、龙红年、海叶、梦天岚、姚作军、袁艳云、范如虹、莫俊、龚志华等诗歌作家。创作一批作品，其中，姚作军长诗《今夜星光灿烂》，廖志理诗集《曙光的微尘》，龙红年诗集《有情月亮》，海叶散文诗集《凝眸与倾听》等产生较大影响。

1989—2008年娄星区（娄底市）作家诗歌集出版情况表

表19-3

出版时间	作　家	作品集题名	类　别	出版社名称
1991	姚作军	《七彩风情》	诗歌集	广西民族出版社
1993	龙红年	《有情月亮》	诗歌集	广西人民出版社
	肖玲玲	《秋凝》	诗歌集	长江文艺出版社
	姚作军	《手中那一片云》	诗歌集	贵州民族出版社
1994	李　魁	《飞火》	诗歌集	大连出版社
	李激杨	《远去的红帆船》	诗歌集	内蒙古文化出版社
1995	夏　宏	《醒来或睡去》	诗歌集	北京师范大学出版社
1998	康纪钊	《一个光辉的名字》	诗歌集	人民日报出版社
1999	袁艳云	《千叶帆》	诗歌集	湖南文艺出版社
	姚作军	《今夜星光灿烂》	诗歌集	湖南文艺出版社
2000	廖志理	《文艺湘军诗歌方阵:廖志理卷》	诗歌集	湖南文艺出版社
2002	安　敏	《悲壮之诗》	诗歌集	湖南文艺出版社
	廖志理	《曙光的微尘》	诗歌集	湖南文艺出版社
	海　叶	《凝眸与倾听》	散文诗集	学林出版社
2006	龙红年	《命运的白牙》	诗歌集	中国文联出版社
2007	肖君健	《你能听懂我的话吗》	诗歌集	中国戏剧出版社
	李　魁	《浪里飞去》	诗歌集	内蒙古人民出版社
2008	杨梅生	《春思集》	诗歌集	内蒙古人民出版社

（四）报告文学与寓言（儿童文学）

1989—2008年，有李育凡、袁杰伟、邬迎中、罗庚华等一批报告文学作家，推出一批报告文学作品。2005年前，从事寓言（儿童文学）创作作家不多，只有零星寓言（儿童文学）作品在报刊上发表。2005年后，吴礼鑫创作速度惊人。至2008年，连续出版4部寓言作品集，多篇作品被数十家报刊转载。

1989—2008年娄星区（娄底市）作家报告文学与寓言作品集出版一览表

表19-4

出版时间	作　者	作品集题名	类　别	出版社名称
1999	李育凡	《突围》	报告文学集	湖南文艺出版社

续表19-4

出版时间	作　者	作品集题名	类　别	出版社名称
2001	邬迎中	《大地的琴弦》	报告文学集	花城出版社
2005	吴礼鑫	《哲理寓言集》	寓言集	大众文艺出版社
2006	吴礼鑫	《启慧寓言集》	寓言集	大众文艺出版社
2006	吴礼鑫	《寓言非常道》	寓言集	湖南人民出版社
2007	吴礼鑫	《寓言非常道(2)》	寓言集	湖南人民出版社

（五）文学评论

1989—2008年，有王少青、成远镜、李德仁、安敏、谢复心、康纪钊、王宗凡等文学评论作家。

1989—2008年娄星区（娄底市）作家文学评论集出版情况一览表

表19-5

出版时间	作　者	作品集题名	类　别	出版社名称
1996	李锦文	《论红楼梦人物》	评论集	人民日报出版社
1999	李　魁	《藏诗创作与理论》	评论集	陕西旅游出版社
2001	成远镜	《意境美学》	评论集	人民日报出版社
2006	成远镜	《文学鉴赏》	评论集	湖南大学出版社
2006	成远镜	《生活美学》	评论集	湖南大学出版社

1989—2008年娄星区（娄底市）作家作品获国家级奖励一览表

表19-6

时　间	姓　名	性　别	获奖作品题名	等　级	授奖单位
1991	蔡金龙	男	《留在心底的记忆》	三等奖	中国国际广播电台
1994	孙小孙	男	《两颗太阳的引力》	二等奖	全国总工会
1995	徐星明	男	《飘逝的白鹅》	一等奖	人民日报
1995	安　敏	男	《呼啸的血海》	二等奖	国家新闻出版总署
1996	安　敏	男	《禾苗青青》	一等奖	团中央
1997	姚作军	男	《手中那一片云》	二等奖	中国作家协会
1998	安　敏	男	《鸽子》	二等奖	中国散文学会
2000	安　敏	男	《大兴安岭》	二等奖	中国作家协会
2000	安　敏	男	《唯有爱永恒》	一等奖	国家广电总局
2001	姚作军	男	《今夜星光灿烂》	二等奖	中国作家协会
2003	王　亮	女	《母亲的最后两行清泪》	二等奖	冶金部
2003	小　牛	男	《女子乘务组》	飞天奖	国家广电总局

续表19-6

时 间	姓 名	性 别	获奖作品题名	等 级	授奖单位
2004	安 敏	男	《梦中的妈妈》	二等奖	全国总工会
2006	蔡金龙	男	《爷爷的生日》	一等奖	国家互联网信息中心
2008	吴礼鑫	男	《寓言非常道》	三等奖	中国寓言学会

1989—2008年娄星区（娄底市）作家作品获省级奖励一览表

表19-7

时 间	姓 名	获奖作品题名	等 级	授奖单位
1997	谢新茂	《回归前的思考》	三等奖	国务院港澳办文化司
1998	谢新茂	《一百岁的博士》	二等奖	湖南省作家协会
2001	蔡金龙	《那一年》	入选	上海市文联
	蔡金龙	《祖母的绿手镯》	优秀奖	浙江省作家协会
2002	游宇明	《生命之灯》	一等奖	山东省作家协会
2003	海 叶	《凝眸与倾听》	优秀奖	湖南省作家协会
2005	蔡金龙	《我们手挽手到郊外》	优秀奖	上海市作家协会
2007	游宇明	《崀山看石》	三等奖	湖南省作家协会
	海 叶	《崀山组曲》	二等奖	湖南省作家协会

二、美术创作

（一）国画

1989—2008年，有邹传安、张玉香、王桂华、康移风、高成生、肖时俊、李仕奇、童和平、王武陵、傅端良、刘中光、刘剑锋、谢禹尧等一批国画作家，创作一批作品，在全省和全国较有名气，多次夺得全省和全国美展大奖。

（二）油画

1989—2008年，有龙建国、史浩、陈楚波、易台华、许金芝等一批油画作家，在全省和全国推出一批有影响力精品力作。其中，龙建国作品《湘西河边小村庄》《娶亲》《荒野》《农家》等曾入选全国美展和全国油画展，并多次获奖，有多幅作品被国外艺术机构和国际友人收藏。其他油画艺术家作品也多入选各级美展，获得较高奖项和荣誉。

（三）版画

娄底版画艺术家首推从事版画创作数十年的老艺术家李鹏栖，作品多次入选全国美展并获奖，多次在日本、德国、美国等国家展出。罗湘科是后起之秀，其作品多次入选全国美展，多幅作品被中国美术馆、芬兰艺术学院等中外机构和收藏家收藏。

1989—2008年娄星区（娄底市）美术家作品集出版情况表

表19-8

时间	姓 名	作品集题名	类 别	出版社名称
2005	傅端良	《水墨淋漓·傅端良》	美术作品集	湖南美术出版社
	高成生	《铁骨香魂·高成生》	美术作品集	湖南美术出版社

1989—2008年娄星区（娄底市）美术家作品入选国展情况表

表19-9

时间	姓　名	作品题名	国展名称	举办单位
1990	李鹏栖	《山花》	中国当代版画新作展	中国美术协会
	邓和平	《号子声声》	首届煤矿艺术节	煤炭部
1991	龙建国	《湘西河边小村庄》	中国的四季全国美展	中国美术协会
	龙建国	《河边小巷》	91'中国油画年展	中国美术协会
1992	史　浩	《木屋》	纪念延安文艺座谈会50周年全国美展	中国美术协会
1993	龙建国	《娶亲》	首届群星美术大展	文化部
	李世新	《斑竹》	纪念毛泽东诞辰100周年	中国美术协会
1994	李鹏栖	《迴水湾》	第八届全国美展	中国美术协会
	龙建国	《荒野》	第八届全国美展	中国文联
	龙建国	《农家》	中国油画沙龙展	中国美术协会
1997	杨竞成	《家乡的桥》	第八届全国群星展	中国美术协会
1998	段　辉	《静物》	全国第四届水彩画展	中国美术协会
2001	王武陵	《山居图》	第四届当代山水大赛	中国美术协会
	王武陵	《武陵神韵》	爱我中华首届中国画展	中国美术协会
	刘中光	《仙人桥胜览》	第四届当代中国山水画大赛	中国美术协会
2002	傅端良	《牡丹春色》	纪念延安文艺座谈会60周年全国美展	中国美术协会
	邹少灵	《老哥们》	第十六次新人新作展	中国美术协会
	邹少灵	《金色黄昏》	纪念延安文艺座谈会60周年	中国美术协会
	肖玉源	《绕屋是青山》	纪念延安文艺座谈会60周年	中国美术协会
	肖砚峰	《幽林》	"一衣带水"中日联合画展	中国人民对外友好协会
	邓和平	《山风摇翠》	纪念延安文艺座谈会60周年全国美展	中国美术协会
	王武陵	《武陵山水》	纪念延安文艺座谈会60周年全国美展	中国美术协会
2003	史　浩	《丛林中》	中国第三届油画展	中国美术协会
	许金芝	《百合花》	中国第三届油画展	中国美术协会
2004	康移风	《顶梁柱》	第十届全国美展	中国美术协会
2005	罗湘科	《物语006》	第十二届艺术博览会	文化部
		《飞逝的白云》	第十六届全国版画展	中国美术协会
2007	罗湘科	《物语007》	第十三届艺术博览会	文化部
2008	肖国崇	《秋林图》	第三届中国画展	中国美术协会
		《山居图》	第五届西部情大展	中国美术协会

1989—2008年 娄星区（娄底市）美术家作品入选省展情况表

表19-10

时 间	姓 名	作品题名	省展名称	举办单位
1996	史 浩	《乡魂》	湖南美术作品展	湖南美术协会
1999	肖玉元	《山水》	湖南省优秀作品展	湖南文联
2003	傅端良	《三峡游记》	全国冶金职工美术展	四川美术协会
	邹少灵	《五月》	湖南省优秀作品展	湖南美术协会
	罗湘科	《红色的记忆》	湖南省优秀作品展	湖南美术协会
2004	罗湘科	《行走的少年》	湖南省优秀作品展	湖南美术协会
	肖玉元	《山水》	湖南省优秀作品展	湖南美术协会
	傅端良	《荷韵》	第十届全国美展（省）	湖南美术协会
2006	龚鄂生	《清香四溢》	加拿大中华诗词书画大展	加拿大中华文化研究院
2007	罗湘科	《荷塘月色》	和谐湖南美术作品展	湖南美术协会
	张云泉	《芰语》	和谐湖南美术作品展	湖南美术协会
	龚鄂生	《一身正气撑天地》	湖南纪检监察汇展	湖南省文化厅
2008	杨秀清	《古韵》	艺术湖南美术精品展	湖南美术协会
	傅端良	《荷塘清趣》	全国冶金职工美术展	广西美术协会
	邹少灵	《瑶家新娘》	湖南省美术精品展	湖南美术协会
	肖玉元	《野趣》	湖南省美术精品展	湖南美术协会
	杨秀清	《古韵》	湖南美术精品展	湖南美术协会

1989—2008年娄星区（娄底市）获国家级奖励美术作品一览表

表19-11

时 间	姓 名	获奖作品题名	等 级	授奖单位
1991	龙建国	《湘西河边小村庄》	银奖	中国美术协会
1993	龙建国	《娶亲》	银奖	文化部
1995	邹传安	《牡丹》	一等奖	文化部
2003	李日标	《山野芳韵》	金奖	中国美术协会
2004	李再喜	《梅·雪》	金奖	中国美术协会
2005	罗湘科	《物语006》	金奖	文化部
2007	罗湘科	《物语007》	金奖	中国美术协会

三、书法创作

1989—2000年，隶书有傅国钦，草书有李汉涛、李柏林，硬笔书法有冒文、邓云峰等，进入全国和全省各种创作展赛。2000年后，草书、行书有李哲、贺子文、贺向阳，楷书有李西前、罗华斌，篆刻有刘翼军、谭安辉等艺术家，多次在全国和全省书法创作展览与赛事中获奖。

1989—2008 年娄星区（娄底市）书法家作品获国家级奖励一览表

表 19-12

时 间	姓 名	作品题名	获奖等级	举办单位
2004	贺子文	全国第四届正书展	优秀奖	中国书画协会
2006	李 哲	全国首届草书展	提名奖	中国书画协会

1989—2008 年娄星区（娄底市）书法家作品获省级奖一览表

表 19-13

入展时间	姓 名	作品题名	展赛名称	获奖等级	举办单位
1989	傅国钦	赤壁赋楷书	省老干书法作品展	三等奖	湖南书画协会
1991	冒 文	书法作品	省金融系统书法展	三等奖	湖南书画协会
1992	邓云峰	硬笔书法	硬笔书法大奖赛	二等奖	河北书画协会
	李柏林	草书条幅	省政法系统书法展	二等奖	湖南书画协会
	李柏林	草书条幅	湖南省老年书法大展	三等奖	湖南书画协会
1997	刘如意	隶书作品	河北科教兴国书法展	二等奖	河北书画协会
2002	冒 文	书法作品	纪念延安座谈会讲话60周年书法展	三等奖	湖南书画协会
2003	文开宁	篆刻作品	湖南省书法大赛	二等奖	湖南书画协会
	文开宁	篆刻作品	纪念雷锋全国书展	铜奖	湖南文联
	王胜泉	书法作品	少字数书法大赛	铜奖	湖南书画协会
	颜辉斌	蓝天不语	纪念雷锋全国书展	铜奖	湖南文联
	颜辉斌	醉墨	少字数书法大赛	金奖	湖南书画协会
2004	付东平	长江东逝水	欧阳询书法大赛	铜奖	河南书画协会
	颜辉斌	朱熹诗	“才情作品”展示大赛	优秀奖	湖南书画协会

1989—2008 年娄星区（娄底市）书法家作品入选国展一览表

表 19-14

时 间	姓 名	作品题名	国展名称	举办单位
1998	李 哲	行书条幅	全国第四届新人展	中国书画协会
2002	罗华斌	楷书	全国第三届正书展	中国书画协会
	罗华斌	楷书楹联	全国第四届楹联书法大展	中国书画协会
	李西前	楷书条幅	全国第三届正书展	中国书画协会
	谭安辉	篆书条幅	全国第四届楹联书法展	中国书画协会

续表19-14

时　间	姓　名	作品题名	国展名称	举办单位
2003	胡春香	行书条幅	第三届妇女书法篆刻展	中国书画协会
	李　哲	草书条幅	全国第二届行草书展	中国书画协会
	贺向阳	草书条幅	全国第二届行草书展	中国书画协会
	魏华政	行书条幅	全国第二届行草书展	中国书画协会
2004	罗华斌	楷书条屏	全国第八届书法篆刻展	中国书画协会
	罗华斌	楷书四屏	全国第四届正书展	中国书画协会
	李西前	楷书条幅	全国第五届楹联书法展	中国书画协会
	李西前	楷书条幅	全国首届青年书法展	中国书画协会
	李西前	楷书条幅	全国第四届正书展	中国书画协会
	贺向阳	草书横幅	全国第八届书法篆刻展	中国书画协会
	魏华政	行书条幅	全国第五届楹联书法展	中国书画协会
	李　哲	行书手卷	全国首届青年书法展	中国书画协会
	廖吉林	行书条幅	全国首届大字书法展	中国书画协会
	周　军	行书条幅	全国首届青年书法展	中国书画协会
	贺子文	隶书条幅	全国第四届正书展	中国书画协会
	贺子文	行书条幅	全国首届青年书法展	中国书画协会
	贺向阳	楷书册页	全国第四届正书展	中国书画协会
2005	罗华斌	行书册页	全国首届行书大展	中国书画协会
	胡春香	行书条幅	第五届书坛新人书法展	中国书画协会
	李　哲	行书册页	全国第五届新人展	中国书画协会
	周　军	草书册页	全国第五届新人展	中国书画协会
	姜新初	楷书扇面	全国第二届扇面书法展	中国书画协会
2006	谭安辉	篆书条幅	第二届兰亭奖书法展	中国文联
	胡春香	行书条幅	第四届妇女书法篆刻展	中国书画协会
	周　军	行书条幅	全国首届行书展	中国书画协会
	陈怀玉	楷书条幅	庆祝建党85周年书法展	中国书画协会
	唐春莲	楷书条幅	全国第四届妇女书法展	中国书画协会
	李　哲	草书条幅	全国首届草书展	中国书画协会
	贺子文	草书册页	全国首届草书展	中国书画协会
	易　俊	草书册页	全国首届草书展	中国书画协会
	周　军	草书条幅	第二届兰亭展	中国文联
	易　俊	草书册页	第二届兰亭奖安美杯展	中国文联

续表19-14

时　间	姓　名	作品题名	国展名称	举办单位
2007	刘翼军	翼军篆刻	第二届兰亭奖安美杯展	中国文联
	陈怀玉	楷书条幅	全国首届老年书法展	中国书画协会
	贺向阳	草书条幅	全国第九届书法篆刻展	中国书画协会
	贺子文	隶书中堂	全国第九届书法篆刻展	中国书画协会
	易　俊	行草条幅	全国第九届书法篆刻展	中国书画协会
2008	曾　峰	草书条幅	全国第二届草书展	中国书画协会
	刘翼军	翼军篆刻	全国第六届篆刻展	中国书画协会

1989—2008年娄星区（娄底市）书法家作品入选省展一览表

表19-15

时　间	姓　名	作品题名	展览名称	举办单位
1990	李汉涛	行书对联	湖南老干书画展	湖南书画协会
	李柏林	行楷	“塑我杯”全国书展	湖南书画协会
	李柏林	行草	“麋鹿杯”全国书展	江苏书画协会
1991	傅国钦	隶书对联	纪念罗盛教书法作品展	湖南书画协会
	傅国钦	毛泽东诗词	硬笔书法大展	湖南书画协会
	邓云峰	硬笔书法	硬笔书法大赛	湖南书画协会
	邓云峰	硬笔书法	青少年书法精品展	湖南书画协会
1993	李汉涛	毛泽东诗词	纪念毛泽东100周年诞辰书法大展	湖南书画协会
	邓云峰	隶草两件	纪念毛泽东100周年诞辰书法大展	湖南书画协会
1998	付东平	《行书》	第二届湖南书坛新人奖	湖南书画协会
1999	付东平	《行书》	庆建国五十周年	湖南书画协会
2006	刘翼军	《篆刻》	湖南省第二届篆刻艺术展	湖南书画协会
	谭安辉	《篆刻》	湖南省第二届篆刻艺术展	湖南书画协会
	易　俊	《篆刻》	湖南省第二届篆刻艺术展	湖南书画协会

四、摄影创作

1989—2008年，有刘九钢、刘时庄、李子林、简倜、杨暴默、陈明华、严伯霖等摄影艺术家，拍摄作品入选全省和全国摄影大展，并获得较高奖项。刘九钢《家园的故事》、刘时庄《高路入云端》、李子林《石林夕照》、简倜《初雪》、杨暴默《豆腐坊》等较有名气。

1989—2008年娄星区（娄底市）摄影家获国家级奖励作品一览表

表19-16

时　间	姓　名	获奖作品题名	等　级	授奖单位
1990	刘时庄	《最美不过夕阳红》	金奖	文化部
1999	简　倜	《秋泊》	银奖	文化部
2001	简　倜	《初雪》	优秀奖	中国摄影协会
2002	简　倜	《生命之源》	金奖	文化部
2004	胡志星	《一棵树》	铜奖	中国摄影协会
2007	简　倜	《大地神韵》	金奖	中国摄影协会
	陈明华	《静静的湖水》	优秀奖	中国摄影协会
2008	简　倜	《寒渡》	银奖	文化部
	陈明华	《炉光伴我度青春》	优秀奖	中国摄影协会网

1989—2008年娄星区（娄底市）摄影家获省级奖励作品一览表

表19-17

时　间	姓　名	获奖作品题名	等　级	授奖单位
1996.12	刘九钢	《红尘内外》	展出奖	湖南省摄影协会
1997.4	陈亿春	《深情洒在罗盛教故乡》	铜奖	湖南省摄影协会
1999.7	陈明华	《寡不敌众》	银奖	湖南省文化厅
	陈彦杰	《寡不敌众》	银奖	湖南省文化厅
	陈彦杰	《双胞胎》	银奖	湖南省文化厅
	胡正春	《怒放》	银奖	湖南省摄影协会
2001.10	刘九钢	《家园的故事》	银奖	湖南省摄影协会
	刘九钢	《火烧入秋山》	优秀奖	湖南省摄影协会
2003.2	刘九钢	《家园的故事》	五个一工程奖	省委宣传部
2005.10	陈明华	《在支教的日子里》	金奖	湖南省摄影协会
	简　倜	《初雪》	金奖	湖南省摄影协会
2006.11	陈明华	《梦幻水乡》	优秀奖	湖南省文化厅
	胡志星	《闪光的青春》	银奖	湖南省文化厅
2007.7	刘九钢	《让暴风雨猛烈些吧》	银奖	湖南省摄影协会
	刘九钢	《家园》	优秀奖	湖南省摄影协会
2008.10	冯　谆	《天 网》	金奖	湖南省摄影协会

1989—2008年娄星区（娄底市）摄影家作品入选国展情况表

表19-18

时间	姓名	作品题名	国展名称	举办单位
1999	刘时庄	《最美夕阳红》	爱我中华全国摄影大赛	文化部
2006	梁源	《升》	第二届全国女摄影家作品展	中国摄影协会
2007	简倜	《初雪》	全国第八届摄影作品展	中国摄影协会

第三节 歌舞戏剧

一、歌曲

（一）创作

1989—2008年，有刘合庄、谢坚强、彭建生、曾国盛、李黾、熊伟宜、谭建光、黄胜泉、谢惠林、袁克勤等一批歌曲作家。作品在全省和全国多次获奖。刘合庄《祖国啊，我永远热爱你》、李黾《故乡有座木板房》、谢坚强《我的中华我的祖国》、彭建生《晚归的牧童》、曾国盛《我是一朵云》、熊伟宜《我回来啦，妈妈》、谭建光《梦里妈妈》、黄胜泉《往事》、谢惠林《祖国啊，亲爱的祖国》、袁克勤《团圆曲》等在国内获奖。刘合庄创作的《祖国啊，我永远热爱你》经歌唱家殷秀梅在1990年春节联欢晚会上演唱后火遍大江南北，被中宣部评为精神文明建设金奖。

（二）演唱

1989—2008年，一批歌手在国家和全省音乐大赛中斩露头角。歌曲演唱较有成就的有陈征南、邓新民、张英、聂晶等，在各级演唱比赛中获奖。

二、舞蹈表演

1989—2008年，有鄢含笑、梁丽华、周赤峰、周坚固、周红、冯碧玉等表演艺术家，在全省和全国歌舞大赛中获奖。主演或编排的舞蹈参加全省或全国大赛获得各种奖项。

1989—2008年娄星区（娄底市）音乐舞蹈家作品会演国家级获奖情况一览表

表19-19

时间	作者	作品题名	类别	获奖名称	举办方
1990	刘合庄	《祖国啊，我永远热爱你》	歌词	全国精神文明金奖	中宣部
	袁克勤	《炉台上放飞思念鸽》	歌曲	优秀歌手大奖赛	冶金部
	张英	《炉台上放飞思念鸽》	演唱	优秀歌手大奖赛	冶金部
1991	黄胜泉	《一片青青的树林》	歌词	中央电视台征歌	中央电视台
	李黾	《多情的森林》	歌词	西部杯大赛	中国音乐协会
1992	张卫红	《钢铁战士》	舞蹈	全国武警会演	武警部队
	刘合庄	《祖国啊，我永远热爱你》	歌词	当代青年喜爱的歌	中国音乐协会
	黄胜泉	《蒲公英在秋风中微笑》	歌词	第二届少儿歌曲创作大赛	文化部
	熊伟谊	《青春风采》	歌曲	全国新歌大赛	中国音乐协会
1993	梁丽华	《祖国颂》	舞蹈	纪念毛泽东诞辰100周年文艺晚会	中国文联
	周赤峰	《祖国颂》	舞蹈	纪念毛泽东诞辰100周年文艺晚会	中国文联

续表19-19

时间	作者	作品题名	类别	获奖名称	举办方
1995	彭建生	《矿山人家》	歌曲	中国歌剧院演唱	央视台
	彭建生	《钢城摇篮曲》	歌曲	全国征歌大赛	中国音乐协会
1997	刘合庄	《拉着中华妈妈的手》	歌词	电视音乐大赛	广电部
	刘铁中	《祖国,母亲》	演唱	迎香港回归全国演唱大赛	中国音乐协会
	谭建光	《木叶情》	歌曲	春节歌舞晚会	央视台
	谭建光	《伟大的旗帜》	歌曲	纪实片音乐	央视台
1998	彭建生	《阳春插秧排队排》	歌曲	中国潮金曲选	中国音乐协会
1999	梁曦亮	《又是五月》	演唱	第二届艺术节	冶金部
	李大庆	《祖国最美丽》	歌曲	全国调演	冶金部
	彭建生	《晚归的牧童》	歌曲	21世纪校园歌曲选	中国音乐协会
	张卫红	《迎来春色换人间》	舞蹈	全国企业会演	全国总工会
	周赤峰	《迎来春色换人间》	舞蹈	全国企业会演	全国总工会
	胡建归	《梦之恋》	舞蹈	第二届艺术节	冶金部
	梁丽华	《梦之恋》	舞蹈	第二届艺术节	冶金部
2000	张卫红	《冲刺》	舞蹈	第十届群星奖	中国舞蹈协会
	鄢含笑	《草原少年》	舞蹈	青少年才艺选拔	团中央
	鄢含笑	《赶鸭丫丫》	舞蹈	全国青少年才艺选拔	团中央
	鄢含笑	《喜悦》	舞蹈	全国青少年才艺选拔	团中央
2001	陈征南	《太阳花》	演唱	大学生艺术展演	教育部
2004	鄢含笑	《拍球》	舞蹈	全国希望之星大赛	团中央
2005	梁曦亮	《今日苗山歌最多》	演唱	职工歌手大赛	冶金部
	周固坚	《梅山山歌联唱》	歌曲	第六届全国残疾人艺术汇演银奖	中国残联
	曾国盛	《啄木鸟》	歌曲	廉政之光征歌	中纪委
2006	周固坚	《和谐节奏》	舞蹈	全国文艺展播	中央文明委
2008	彭建生	《缘》	歌曲	全国新歌评选	中国音乐协会

1989—2008年娄星区（娄底市）音乐舞蹈家作品会演省级获奖情况表

表19-20

时间	作者	作品题名	类别	获奖名称	举办方
1992	彭健生	《矿山人家》	歌曲	首届歌舞厅歌曲创作优秀奖	省音乐协会
1995	曾国盛	《你就是我的家》	歌曲	湖南省“三湘群星奖”	湖南省文化厅
2003	曾国盛	《我是一朵云》	歌曲	湖南省“三湘群星奖”	湖南省文化厅

续表19-20

时　间	作　者	作品题名	类　别	获奖名称	举办方
2003	袁克勤	《我愿》	歌曲	省少儿蒲公英奖比赛	湖南省文化厅
	袁克勤	《团圆曲》	歌曲	湖南省群星奖	湖南省文化厅
2004	肖智为	《爱喝甜酒的山娃娃》	舞蹈	省"三湘蒲公英"大赛	湖南省文化厅
2006	曾国盛	《啄木鸟》	歌曲	湖南省五个一工程奖	省委宣传部
2007	袁克勤	《老百姓把你当亲人》	歌曲	省反腐倡廉音乐作品评比	省音乐协会

三、戏剧

（一）戏剧剧本

1989—2008年，娄星区（娄底市）戏剧、曲艺作家一批高质量作品在全省及全国产生重大影响。大型戏剧剧本创作方面有舒楠材、杨真一、陈力六、戴祖尧、杨小仆、俞景珞等。舒楠材《国史碑》、杨真一和陈力六《十里湾》、戴祖尧《篾匠闯兵营》、杨小仆和孙文辉《村官是个堂客们》、俞景珞《梅山峒蛮传》等作品大都搬上舞台，在全省或全国戏剧展演中获奖。杨小仆创作多部大型戏剧，参加全省或全国展演，50%作品获全省或全国大奖。2005年10月，杨小仆与孙文辉共同创作的《村官是个堂客们》获第八届“中国映山红戏剧节”剧本创作一等奖

曲艺创作方面，有戴祖尧、吉运辉、安鹏翔、刘凡、蔡金龙等。戴祖尧小品《关键一票》、吉运辉小品《福老倌盼崽》、安鹏翔小品《明天上级来人》、刘凡小品《下棋》、蔡金龙小品《贷款》等，在各级曲艺展演中获奖。

戏剧论文创作方面，有舒楠材、童晓阳、俞景珞、李德仁等，舒楠材《抒情与冲突不可分割》、童晓阳《强化戏曲导演的主体意识》、俞景珞《论戏剧作品中的三角情结》、李德仁《论马致远历史剧〈汉宫秋〉》等戏剧论文在省级或全国戏剧论文征文中获奖。

（二）导演

1989—2008年，有童晓阳、黄海平、戴祖尧、周固坚等导演，所导演一批戏剧曲艺作品在全省乃至全国产生较大影响。2003年，童晓阳执导《雨后青山》《翠竹青青》、黄海平执导《乡情》、戴祖尧执导的《一曲多能》、周固坚执导《情书》等。童晓阳执导大型现代花鼓戏《村官是个堂客们》获省首届艺术节金奖后，2005年又获第八届“中国映山红戏剧节”金奖，同时获导演一等奖。

童晓阳从事戏剧导演多年，执导戏剧2001年获文化部全国群星奖金奖；2003年获省委宣传部田汉导演奖；2005年获得文化部文华导演奖。

（三）戏曲表演

1989—2008年，有苏惠娟、王均蜜、范永刚、彭祁、吴迪辉、冯璋、李杰等一批中青年表演艺术家。在《村官是个堂客们》《作田汉子也风流》《花开花落》《钢之魂》等戏剧中塑造一批生动人物形象，获国家与省级戏剧表演各种奖项。

1989—2008年娄星区（娄底市）戏剧曲艺家作品获国家级奖励一览表

表19-21

时　间	姓　名	获奖作品题名	等　级	授奖单位
2000	戴祖尧	《关键一票》	金奖	文化部
2001	俞景珞	《论戏剧作品中的三角情结》	金奖	中国戏剧协会
2002	戴祖尧	《曾国藩纳妾》	银奖	中国戏剧协会

续表19-21

时　间	姓　名	获奖作品题名	等　级	授奖单位
2005	杨小仆	《村官是个堂客们》	金奖	中国戏剧协会
	童晓阳	《村官是个堂客们》	金奖	中国戏剧协会
	苏惠娟	《村官是个堂客们》	金奖	中国戏剧协会
	剧团乐队	《村官是个堂客们》	银奖	中国戏剧协会
2007	杨小仆	《报答》	银奖	教育部

1989—2008年娄星区（娄底市）戏剧曲艺家省级以上个人荣誉获奖一览表

表19-22

表彰时间	姓　名	性　别	奖项名称	授奖单位
1997	苏慧娟	女	表演奖	湖南省文化厅
2002	苏惠娟	女	省戏剧表演芙蓉奖	湖南省文化厅
2003	苏慧娟	女	演员一等奖	湖南省文化厅
	童晓阳	男	田汉导演奖	湖南省委宣传部
	杨小仆	男	艺术节创作金奖	湖南省文化厅
	范永刚	男	主演奖	湖南省文化厅
	范永刚	男	首届艺术节主演奖	湖南省文化厅
2004	范永刚	男	三湘群星奖金奖	湖南省文化厅
	苏惠娟	女	表演“芙蓉奖”	湖南省文化厅
	杨小仆	男	田汉戏剧剧本银奖	中宣部
2005	童晓阳	男	文华导演奖	文化部
2006	曹　莉	女	二等功	湖南省文化厅
2008	杨小仆	男	湖南五个一工程奖	湖南省委宣传部

1989—2008年娄星区（娄底市）戏剧曲艺家作品会演情况一览表

表19-23

时　间	姓　名	作品题名	类　别	演出情况
1990	戴祖尧	《篾匠闯兵营》	大型戏剧	省调演
1991	戴祖尧	《赌》	小品	省会演
1992	童　丛	《一曲多能》	小品	省会演
	刘　凡	《下棋》	小品	省会演
1993	杨小仆	《两毛钱》	小品	省会演
	杨小仆	《逛市场》	小品	省会演

续表19-23

时　间	姓　名	作品题名	类　别	演出情况
1994	杨小仆	《翠竹青青》	大型戏剧	省调演
	周固坚	《情书》	小品	省会演
1995	杨小仆	《特殊读者》	小品	省会演
	安鹏翔	《明天上级来人》	小品	省会演
1997	鹏　程	《智拔路障》	小品	省会演
	陈力六	《献血》	小品	省会演
1998	戴祖尧	《把关》	小品	省会演
	杨小仆	《兵妈妈》	大型戏剧	省调演
	戴祖尧	《乡情》	大型戏剧	省调演
2000	戴祖尧	《关键一票》	小品	进京调演
2001	戴祖尧	《篾匠闯兵营》	大型戏剧	省调演
2006	杨小仆	《作田汉子也风流》	大型戏剧	省调演
2007	杨小仆	《报答》	小品	省调演
	杨小仆	《背着妈妈上大学》	音乐剧	省调演

四、演出管理

娄星区演出管理站属区文化局二级机构。负责全区演出市场监管与审批，接待安排艺术表演团体演出与管理。

1996年，域内出现演出市场，由娄底市文化局文化市场管理股管理。21世纪初期，娄星区洞新市场和老街地带有不法分子进行色情表演，娄星区文化部门联合公安、工商等单位开展突击检查，予以查封取缔。2005年，区文化部门贯彻执行《营业性演出管理条例》加强演出市场监管，杜绝封建迷信和色情演出，演出市场逐渐走向规范和健康。至2008年，演出市场管理建立上下对口、管办分离新体制，简化演出审批程序。演出市场向社会开放，社会资金在演出业投资比重增大，由社会资金设立演出经纪机构有3家，形成国有、集体、民营、股份制等多种所有制并存经营格局。演出经营场所从专业演出剧场扩展到有演出场所资格影剧院、体育馆、商场、宾馆饭店、歌舞娱乐场所。每年审批外来演出活动120余场，观众10万人次。

第四节　非物质文化遗产保护和传承

2006年，娄星区非物质文化遗产有民族语言、民间文学、民间音乐、民间美术、民间手工艺、民俗、民间信仰、民间医药八大类48个项目。

2008年娄星区非物质文化遗产项目普查一览表

表19-24

类　型	项目名称	地　址	传承人	基本信息
民间文学	万宝盆的传说	万宝镇	—	—
	大树村廖家塘农民起义的传说	万宝镇	—	—
	桥泉村虎形山的传说	万宝镇	—	—

续表19-24

类　型	项目名称	地　址	传承人	基本信息
民间医药	民间医药	大科街道大科居委会	周智才	擅长麻疹、肝胆疾病治疗
	民间医药	大科街道大科居委会	周育才	擅长封血、鸡眼、鱼骨头水治疗
	民间医药	大科街道三元村	唐玉香	擅长鱼骨头水治疗
	民间医药	大科街道三元村	张春甫	擅长腮腺炎治疗
	民间医药	大科街道	曾飞中	擅长封血治疗
	民间医药	黄泥塘街道	陈　公	擅长皮肤病治疗
	民间医药	长青街道	龙世豪	祖传医药、主治肿瘤
	民间医药	茶园镇	塘群村	民间医药偏方治妇女产后乳痛
民间手工艺	狮王老爷面具	大科街道	—	—
	竹编	万宝镇	曾中信	—
	石雕	万宝镇	曾春初	—
	根雕	长青街道	贺明长	—
	根雕	长青街道	尹征柜	—
	雪花丸子制作技艺	万宝镇	—	—
	芥子饼制作技艺	万宝镇	—	—
	竹雕	茶园镇塘群村	李佑增	—
	扎灵屋	茶园镇石群村	曾冬升	—
	扎灵屋	茶园镇塘群村	邓松求	—
	石雕	小碧乡同安村五家组	无伍慧	—
	石雕	小碧乡日安村李家组	黄柳得	—
	石雕	对家村红旗组	罗平均	—
	石雕	对家村红旗组	吴奇冬	—
	木雕	对家村红旗组	贺金才	—
传统杂技、体育、游艺与竞技	对角棋	万宝镇	—	—
	五行棋	万宝镇	—	—
	八仙桌	万宝镇	—	株山飞八仙桌
民间美术	万宝漆器画	万宝镇	—	—
	水墨画	万宝镇	周兆民	—
	水墨画	茶园春溪村	喻友连	台湾画家
	绘画	小碧建新村茶园组	黄梦求	—
	绘画	小碧日岩谢家组	黄凤辉	—

续表19-24

类型	项目名称	地址	传承人	基本信息
民俗	圣岩洞拜观音生日活动	万宝镇	—	—
	付家湾拜龙王	万宝镇	—	—
	端午节孙水河划龙船	万宝镇	—	—
	农历三月三吃地菜炖鸡蛋，吃单数不腰痛	黄泥塘街道	—	—
民间音乐	插田歌	黄泥塘街道	—	—
	山歌	小碧乡同福村	李财喜	—
	山歌	小碧乡对家村	张志文	—
民间戏剧	传统花鼓戏	小碧乡	—	—

第五节 图书

一、图书馆

始为娄底市文化馆图书室，属区文化局二级机构。1999年，更名为娄星区图书馆，承担市中心图书馆功能。

1985年，由省、地、市三级财政拨款建设娄底市图书馆新馆。1990年，新馆舍建成，建筑面积3900平方米，藏书13.50万册。1991年10月，新馆竣工，坐落于娄底市中心清泉广场，占地面积4500平方米。主体建筑面积3900平方米，其中，书库面积420平方米，阅览室面积2100平方米，附属建筑面积1380平方米。1998年，设综合外借室、少儿借阅室、集资书库、综合阅览室、地方文献收藏室、报刊室、业务辅导部、采编室。2006年，自筹资金建设数字大楼，建筑面积3600平方米。

二、公共服务

藏书 1989年，藏书7万余册，报刊240余种。2008年，藏书10余万册。所藏文献按《中国图书馆分类法》标引，依据《普通图书著录规则》著录，分设公务目录和读者目录。公务目录设分类目录和题名目录；读者目录设分类目录和题名目录，均为卡片式目录。

服务读者 1989—1997年，娄星区（娄底市）图书馆坚持“读者第一，服务至上”服务宗旨，每年坚持开展读者活动。1998年举办为期一周业务培训班，邀请武汉大学黄宗忠教授做图书情报学术讲座，120人参加培训。举办全市青少年书画大奖赛，参加活动有12所中小学万余人。配合省少儿图书馆举办少儿读书征文比赛，读书知识竞赛，读书演讲比赛。4月23日“世界读书日”活动，举办图书宣传活动周，开展“送书下乡”等图书推广活动。1998年，外借实现全开架服务，开架图书采用色标区分各大类，以便读者查找。每周开放49小时，持证读者4000人。年外借册次12.70万册次，年流通19.40万人次。2008年，娄星区持证读者4000余人，年接待读者8余万人次，外借图书11.80余万册次。

学术科研活动及成果 1991年，娄底市图书馆代表队参加湖南省公共图书馆文献分编知识赛，获团体三等奖。1996年，娄底市图书馆代表队参加湖南省公共图书馆读者工作知识竞赛，获团体二等奖。1999年11月，娄星区图书馆代表队参加湖南省公共图书馆计算机知识与技能竞赛，获团体三等奖。2006年，娄星区图书馆代表队参加全省公共图书馆文化信息资源共享工程知识与技能竞赛，获团体二等奖。

表彰与奖励 1992年，娄底市图书馆被省文化厅评为“文明图书馆”“二级图书馆”。1995年、1999年、2005年，被文化部评为“国家二级图书馆”。

三、农家书屋

2007年，开始建设农家书屋。至2008年，建成农家书屋19个，每个书屋面积20平方米以上，配备图书1655册、光碟100多件、报刊15种以及3个书柜、1个阅览桌、1个报架等设备，解决农民看书难问题。

第六节 文 物

一、管理机构

1989年5月28日，娄底市人民政府批准成立娄底市文物管理委员会，下设文物管理所，办公地点设市文化馆。1991年6月，成立市文物管理所，隶属市文化局管理。1994年1月6日，市长办公会议研究决定，把将军庙市场3～4层划归文物管理所，作为文物收藏、管理、研究、陈列办公场地。6月，文物管理所搬迁至将军庙市场4楼办公。6月15日，市机构编制委员会批准设立娄底市博物馆，与市文物管理所合署办公，实行“两块牌子、一套人马”。1998年10月，调整文物管理委员会成员。1999年7月，娄底市文物管理所、娄底市博物馆改为娄星区文物管理所、娄星区博物馆。

2002年5月，娄星区博物馆建立安全保卫小组，同时成立文物行政执法队。9月，调整区文物管理委员会成员。2004年6月，在博物馆设娄星区科普馆。2005年10月25日，区编委发文，文物管理所为主管全区文物工作具有行政职能副科级事业机构。2007年9月，娄底市和娄星区2个博物馆合并。

二、文物保护

1994年8月，娄底市文物管理所配合娄底地区文物管理处对涟钢30万吨电炉钢工地汉墓进行抢救性发掘，出土明清花缠枝莲花纹瓷坛2件。1995年6月，配合地区文物管理处在娄底市西阳乡抢救挖掘古墓葬1座，出土陶器文物12件。2001年4月9日，娄星区文物管理所配合市文物管理处，对洛湛铁路娄星区段工程进行文物调查勘探，调查登记清代古墓葬10处。7—12月，市、区文物部门联合对“三建”工程进行文物行政执法和调查勘探，查处非法动工工地30处。2007—2008年，第三次全国文物普查工作启动，娄星区调查勘探登录不可移动文物48处（复查9处）。其中，古遗址1处，古墓葬14处，古建筑31处，近现代史迹2处。

第三次全国文物普查，娄星区登录不可移动文物新发现39处。分布在以下区域：

双江乡：万家坪村清代石屋、万家坪村清代石拱桥、万家坪村清代麻石古道、新庄村清代石拱桥、新庄村民国贺云壑墓、新庄村清代贺国中故居、坪底村清代气瑞亭、佳仑村清代龚珍一墓。

小碧乡：桐梓村清代永新桥、桐梓村清代下新桥、同福村清代同福桥、栗冲村清代中立桥。

石井乡：白云石村清代肖鸣礼墓。

百亩乡：朝阳村清代肖勉仁宅。

涟滨街道：澄清村清代澄清塔。

黄泥塘街道：洪家洲现代涟水钢索桥。

大埠桥街道：宋家村清代丰乐桥、龙虎村清代龙潭坝桥、新石村清代李氏祠堂、胜昔村清代大埠桥、石花村清代彭氏支祠。

花山街道：清潭居委会清代天王寺、观化居委会清代古井、观化居委会老街清代码头群、观化居委会清代姜齐贤故居、观化居委会清代周氏老铺。

杉山镇：木山村清代李飚言墓、杉山村清代观音桥。

万宝镇：龙潭村清代刘东岩宅、匡家村清代徐中和墓、磨石村清代柏树桥、磨子石老街清代传统建筑群、新致村清代石拱桥、新致村清代刘利川宅。

茶园镇：儒阶冲村清代刘蓉故居、春溪村清代石拱桥、建龙村清代刘氏老宅、东冲村清代石拱桥、路口村民国狮子山墓。

三、保护措施

（一）建设与普查

2000年8月，娄星区博物馆建成标准文物库房，“三铁二器”（铁门、铁窗、铁柜、报警器、监控器）全部安装到位。2001年2月，博物馆文物库房整改措施通过省文物局安全处验收。2002年6月，被省消防总队评定为消防安全重点单位。7月，被省文物局评定为文物博物馆系统三级风险等级单位。2003年4月，举办《中华人民共和国文物保护法》学习培训班，组织14个乡镇、街道文化站站长参加学习培训并考试合格。7月，区委常委办公会议决议，将文物保护纳入经济社会发展计划，纳入城乡建设规划，经费纳入财政预算，机构纳入体制改革，工作纳入各级领导责任制。2008年1月，区政府下发《关于认真做好第三次全国文物普查工作的通知》，成立娄星区第三次全国文物普查工作领导小组，领导小组办公室设区文物管理所，由文物管理所负责具体实施、组织和协调文物普查各项工作。4月，组织全区各乡镇、街道文化站长进行文物普查培训学习，发放宣传资料和不可移动文物调查摸底表5000份。6月，娄星区第三次全国文物普查工作领导小组制订《娄星区第三次全国文物普查工作实施方案》，确定文物普查范围、内容、技术、路线。9月，以乡镇、街道为基本单元，开展田野文物实地调查，至调查结束，调查登录不可移动文物48处。其中，复查9处，新发现39处。

（二）案件查处

1991年11月，大科乡思乐村仙女寨发生古墓盗掘案，娄底市文物管理所会同公安部门及时侦破，犯罪团伙成员全部抓获，主犯被判刑4年。1995年3月，配合公安部门查处双江乡农民盗掘古墓葬案，对2名违法当事人给予拘留和罚款处罚。1999年7月，娄星区文物管理所联合市文物管理处查处西阳乡大埠村私营企业华隆机砖厂违法施工，破坏汉代古墓葬案件。2001年9月，与娄星区长青工商管理所联合执法，查处九龙市场翰墨轩文化用品商店非法经营文物案件，收缴文物20件。

四、文物管理

1995年7月6日，娄底市人民政府发文公布澄清塔、天王寺、大埠桥、贺国中故居为第一批市级文物保护单位，并划定保护范围和建设控制地带。

（一）文物保护单位

天王寺　位于花山街道清潭居委会涟水河畔，始建于北宋乾德二年（964）。原主体建筑有伽蓝殿、关圣殿、大雄殿和大佛殿，现仅存关圣殿和大雄殿。占地面积9800平方米，建筑材料为青砖、青石、木料，雕窗画栋，山墙翘角，外观庄严肃穆。

天王寺是娄底最古老寺庙，极盛时期，僧侣多达百人，远近百姓烧香许愿求平安者络绎不绝。明崇祯十一年（1618），当地农民江长子、李大用，联合天王寺和尚以天王寺为据点，聚众起义，遭官军镇压，起义失败，天王寺因此遭毁，寺内所有佛像焚烧殆尽。1968年，天王寺佛像再次遭毁。2000年由圆通居士为首筹资重修。

大埠桥　原名永济桥。位于大埠桥街道大埠村和胜昔村之间。始建于明代万历四十四年（1616），原为木桥。重修于清光绪十一年（1885），为三跨四礅青石拱桥，全长120米，宽6米，桥面长56米，是沿河两岸商贸主要通道。现闲置不用。

澄清塔　位于涟滨街道澄清村河畔，建于清光绪二十五年至二十六年（1899—1900）。塔高12米，为八面三层空心青砖塔。第二、三层每面正中有券拱门洞1个，每门洞供泥塑佛像1尊。每层交接处彩绘花卉纹饰，叠涩出檐。澄清塔有两种寓意：一为避邪镇妖保护地方平安；二为烧纸焚字，以示尊孔尊儒。

贺国中故居　位于双江乡新庄村。始建于清宣统年间，坐北朝南，占地面积211平方米。有正屋8间，杂屋5间，砖木混合结构，是红军将领贺国中生长之地。

永新桥　位于娄星区小碧乡桐梓村，为石砌五墩平板桥，全长38米，桥面宽1.45米，桥墩高5米，中间有桥墩上立石碑一块，刻有“永禁车轮”及道光二十四年十月一日公立等字。保存现状较好。

贤母墓　开国少将姜齐贤母亲刘太夫人之墓。位于大科街道南垅社区珠山公园南麓原姜氏家族墓园一隅，其墓今系公园知名景观。

（二）纪念室

李振翩纪念室　陈列李振翩从湘雅医学院毕业到美国求学并成功研制出小儿麻痹病毒疫苗（LSC），为中美建交做出重大贡献，受到中美两国国家领导人接见各种照片和文字资料50件。

罗辀重纪念室　陈列罗辀重塑像、陶龛学校微缩模型旧址、陶龛校友书信、民国政府教育部督学周邦道于1940年11月视察陶龛学校时题词（复印件）、民国政府主席林森于1935年题赠“教泽世延”匾（复印件）、作家张天翼题序及介绍陶龛学校“血性”教育相关文字资料照片40件。

贺国中纪念室　陈列贺国中塑像、黄浦军校同学合影、彭德怀回忆录选段、李聚奎及李寿轩书信、在江西安福县牺牲安葬地照片和其他文字资料46件。

（三）馆藏珍贵文物选例

清杨昌濬神道碑　碑高2.64米，宽1米。碑额浮雕五龙缠绕，正中篆书赠太子太傅杨公神道碑，正文为楷书。碑沿浅浮雕草叶纹和海水纹。全碑1032字，记载碑主人杨昌濬家世、仕途、政绩，由清末书法家何维朴撰书，理学家王闿运撰文。

清曾国藩木刻对联　书法联长360厘米，宽5厘米，梂木质，阴刻楷书。上联：一贯衍宗传道本尼山沾化雨；下联：三湘绵世泽溪同沂水沐春风。

宋棋梓桥窑嘉定款陶印模　印模残高10厘米，底径10厘米，重694克。上部有残缺，划刻“嘉定九年……”铭文。下部呈八棱形。每面分别刻有鱼草纹、花卉纹、无釉。

民国谭延闿行书湘绣四屏　行书湘绣每屏长168厘米，宽24厘米，309字，每字用黑褐色丝绸线刺绣而成。文字内容摘录古代名人曹植《洛神赋》、钟繇《杂贴》、庾信《枯树赋》、东方朔《格言警句》。

五、展览活动与文物整理

（一）展览活动

1994年10月，娄底市博物馆开馆之际，举办《娄底在湘中崛起》大型图片展览，展出娄底历年发展过程各类图照200幅，参观人数2万人次。1994年11月，举办医学科学家李振翩教授逝世10周年纪念活动图片展览，参观人数1万人次。1995年10月，举办为期一周“娄底的辉煌”大型图片展。展出各类图片300幅，参观人数1.46万人次。1996年10月，举办“红军长征胜利六十周年”图片展览，参观人数1.20万人次。1997年3月，举办“1997回归——香港的历史与发展”图片展览，参观人数1.98万人次。10月28日至11月28日，与省博物馆联合举办“神奇的古墓——马王堆汉墓文物展”，陈列展览马王堆汉墓出土珍贵文物90件，参观人数2万人次。2002年5月，举办陶龛校友书画展。9月，与省昆虫学会联合举办世界蝴蝶标本展览，陈列珍稀蝴蝶标本3000个，珍贵文物200件，参观人数3万人次。2004年10月，举办“保护文物，人人有责”图片展，展出各种文物图照300幅，参观人数1.50万人次。2005年5月，举办竹雕艺术大师台胞李佑增竹雕艺术展，陈列竹雕艺术品50件，书法作品40件，其他文物藏品200件，参观人数1.80万人次。

（二）接受馈赠

1992年10月，接受老红军姜平捐赠国画作品25件。2000年10月，接受祖籍娄底杉山美籍华人肖一苇捐赠书画作品13件。2004年4月，接受竹雕艺术大师祖籍娄星区茶园镇的台胞李佑增捐赠作品（藏品）107件，并予以清理、登记造册。

（三）文物整理

2005年12月，省文物鉴定专家组对馆藏部分文物进行鉴定（书画类文物除外），鉴定出二级文物4件，三级文物70件，其余为一般文物和参考资料。2006年7月，完成珍贵文物影像采集工作。12月，完成馆藏珍贵文物基础数据库建设工作，对藏品特征、时代、质地等要素作出描述说明。2007年12月，完成一般文物藏品信息指标登记、编目、制档工作。2008年1月，区博物馆基本陈列展览、3位名人纪念室免费向社会开放。

第七节　文化市场管理

一、文化娱乐场所

1989—1998年，娄底市文化市场主要是以录像、交谊舞、桌球、音乐茶座为主。1999—2008年，娄星区主要是以卡拉OK、KTV、电子游戏、网络文化为主。民营资本进入文化领域，二十一世纪演艺厅、魅力四射慢摇吧等开业。2008年，全区有各类文化市场经营单位1232家，从业人员5400余人，固定资产3.70亿元，营业收入1.52亿元。其中，歌舞娱乐场所42家，电子游戏（艺）场所60家，网吧196家，音像制品批发、零售、出租67家，演出单位8家。

（一）音像市场

1995年起，娄底市音像市场实现文化部门统一归口管理。初期，文化市场经营主体诚信度低，走私、盗版、假冒伪劣等非法音像制品占有很大市场。1996年，开展整顿，规范管理，压减多家小、滥、散、差经营单位，优化结构。2000年起，娄星区政府鼓励和扶持社会资本投资音像业，发展超市经营、新华书店经营、步步高连锁经营、沃尔玛中外合资商场经营。至2008年，全区发展4家大型音像连锁和超市经营单位。全区音像区场经营业态从依附、游击状态和家庭式、作坊式向专营化、连锁化、规模化方向发展，正版制品市场占有率提高。

（二）娱乐市场

1988年，娄底市境内出现录像厅。1993年，出现电子游戏厅。录像厅、电子游戏厅等娱乐场所统一由娄底市文化局管理。1998年，娱乐市场经营实行许可制度。2003年，文化部门、公安部门联合行动，开展电游营业场所专项整治。通过整治和规范，娱乐市场进入质量竞争、品牌竞争、策略竞争理性发展时期。至2008年，以皇冠、欧拉拉为代表的卡拉OK、KTV等综合型娱乐场所占据市场主流，形成月塘娱乐场所一条街。至2008年，有娱乐场所200余家。

（三）网络市场

2002年前，网络市场由电信部门管理。2002年11月，国务院颁布《互联网上网服务营业场所管理条例》，网络市场由文化部门审批，发放《网络文化经营许可证》。2004年，湖南省根据湖南网吧过量实际，实行单体停止审批，网吧市场进入总量控制阶段。娄星区开始进行资源整合，网吧连锁经营企业开始进入市场。2005年，由于注册资金在1000万元以上限制，娄星区只有连锁直营店和加盟店。此后，网吧市场进入合理布局、总量控制阶段，网吧间收购、兼并、联合、重组、参股、控股经营方式开始形成，规模化、连锁化、主题化、品牌化“网吧”成为市场发展方向，市场秩序走向规范。至2008年，网吧发展到220余家。

（四）印刷市场

1989—2000年，娄底市有印刷企业45家，统一由市文化局管理。2001年起，对全区印刷企业进行清理整顿，对非法印刷大案要案多发地区进行重点整治，取缔无证照或证照不全印刷厂点。2003年，成立区印刷协会，加强行业自律。至2008年年底，审批报刊型内部资料出版物16种。其中，报型内部资料7家，刊型内部资料9家，审批内部资料性图书49种。全区有出版物经营单位137家，其中，书报刊、电子出版物零售单位36家，读者俱乐部（华中希望读书社等）32家，从业人员80人，年发行各类出版物10.99万册，实现利润427.21万元。全区有印刷企业297家，其中，出版物印刷企业14家，内资印刷企业4家，其他印刷品印刷企业76家，“三印”企业193家，年销售收入3700万元，实现利润834万元。

二、文化市场稽查

1992—2008年，域内出现歌舞娱乐场所、电子游戏、桌台球、录像厅、演出、音像制品、网吧等新兴文化市场主体，同时也带来新的文化市场问题，歌舞娱乐场所色情表演、电子游戏厅违规经营、录像厅传播色情文化、色情音像制品、网吧接纳未成年人等问题严重影响社会文化环境健康发展。娄星区（娄底市）文化市场稽查队加强日常监管，开展专项整治行动，建立完善日常巡查制度、举报制度、责任追究制度等制度。

（一）网吧市场管理

1999年，娄星区政府文化主管部门主要执法力量、工作重点逐步转移到网吧监管，组建网吧稽查队伍，建立工作责任制。实行群管群防，聘请一批网吧义务监督员。在管理过程中，坚持严管重罚，实行实名上网、合理规划布局、暂停网吧搬迁、强化市场退出机制。至2008年，年均开展网吧专项整治行动7次，出动人员480余次，检查网吧3100余家次。通过整治，网吧经营秩序好转，完善全省统一文化市场净网先锋监管平台、网上办案系统。

（二）娱乐行业清查

2000—2008年，娄星区文化市场稽查队将舞厅、卡拉OK厅、酒吧和电子游戏厅作为整治重点，坚持集中行动与日常巡查相结合，严查无证经营行为，对无证照或证照不全场所查封取缔。与公安部门配合查处利用歌舞娱乐场所进行赌博、吸贩毒以及色情淫秽表演、营利性陪侍等违法行为。整治娱乐场所消防安全隐患，对所有娱乐场所进行多次检查，查处无证照经营单位，对不符合消防安全要求场所进行停业整改。规范娱乐场所管理，在所有娱乐场所均悬挂警示标志、未成年人禁入标志或限入标志，建立营业日志和从业人员名簿。所有歌厅包厢全部进行消费者人数核定并公示，建立营业日志和从业人员名簿。严查电子游戏厅非法定节假日接纳未成年人以及利用电子游戏机进行赌博行为。每年平均收缴并销毁赌博游戏机190余台，查处接纳未成年人游戏厅15家次。

（三）出版物市场管理

2004年，娄星区建立“扫黄打非”工作机构，加强出版物市场管理。2005—2008年，区人民政府每年组织文化、新闻出版（版权）、公安、工商等部门，联合实施净化出版物市场专项行动，重点打击非法预装计算机软件，违规印发报纸和内部资料，网络淫秽色情游戏，侵权盗版，学校周边治安秩序非法出版物等。平均每年检查出版物、音像制品、软件经营单位580余家次，检查印刷企业140家次，查处违法违规经营案件120余起，收缴封建迷信、淫秽色情、盗版影像制品、盗版软件等非法出版物。至2008年，文化娱乐场所“扫黄打非”工作逐步走向制度化、规范化，出版物市场呈现平稳健康有序发展态势。

第八节　广播　影视

一、广播

1989年，娄底市完成6个乡镇广播站机房设备丙级达标，新建乡至村有线广播主线23.50千米，新安装喇叭2510只。西阳乡广播站首次与娄底地区邮电局合作，投资12万元开通四路特高频电话，城区数字电话进入农村乡镇，开通乡镇程控电话8部。1990年，经省广电厅发文批复，娄底市广播站更名为娄底市广播电台。小碧乡、百亩乡相继开通程控电话，花山街道广播线路并网，花山街道广播站撤销。1991年，实现全市城乡通广播，被省广播电视厅评为全省四个广播达标县（市）之一。11月1日，娄底市在苏州召开的全国农村有线广播第三次设备技术改造会议上作经验介绍。1992年，全市10个乡镇相继开通程控电话，用户62户，185个行政村有喇叭3.06万只。1993年，全市有喇叭2.89万只，农村有线广播开始滑坡。1996年，开设交通信息广播频道。1999年，普及农村程控电话，市政府与中国电信娄底分公司达成协议，乡镇及以下广播专线1971千米全部转让给中国电信娄底分公司，用于发展农村程控电话。乡镇广播站以发展电视为主，广播节目由电视中传输中央人民广播电台、湖南人民广播电台2套节目，其余广播节目由市广播电台调频无线接收。是年，娄底市广播电台更名为娄星区广播电台。2001年，娄星区广播电台上划娄底市广播电视台，更名为娄底人民广播电台。采用2个频道播出广播节目，新闻音乐频道频率98兆赫，交通频道频率96.3兆赫，广播发射无线调频发射功率1千瓦，广播覆盖率100%。

二、电视

(一)电视传输网络

1991年，根据省广电厅关于同意筹建湖南有线电视台娄底地区台和娄底市分台批复，筹建电视传输网络。1995年年底，茶园镇差转台投入使用，通过一频道转播中央电视台第一套节目。1996年，小碧乡、西阳乡、双江镇建立3个乡级有线电视站，发展有线电视用户160户。新建万宝乡、杉山镇2个差转台，转播中央电视台第一套节目。1997年，新建双江镇坪底片、涟滨、大科等3个有线电视站，扩大有线电视网覆盖率。12月，建成娄底市广播电视综合大楼，建筑面积3008平方米。1998年年底，建设涟钢大市场有线电视。1999年，高溪村设立广播电视站，转播电视节目22套，全村安装有线电视。2000年，实施广播电视“村村通”工程。完成小碧、双江2个乡镇5个村“村村通”任务，接收7套以上电视节目，发展有线电视用户500余户。

2002年，实施有线电视“村村通”工程。涟滨乡仙人桥村19个自然村382户安装有线电视，收看节目38套。2004年，投资60万元，架设光缆48千米，采购设备60套(件)，开通百亩乡、石井乡有线电视网络，12个行政村开通有线电视。2005年，整顿小片网，先后拉通高溪村、万宝镇、双江乡、恩口煤矿等11个小片网联网并网，实现农村有线电视一张网建设，覆盖全区155个行政村，投资180万元，架设光缆188千米，全区农村有线电视用户达6000户。2007年，完成转星调整地面卫星接收设施1.16万面，电视覆盖率达100%。

(二)电视宣传

1993年12月，成立湖南省有线电视台娄底市分台，实行企业管理，属市委、市政府电视宣传机构。设新闻部、节目制作播出部、专栏部、技术部、广告部、办公室、总编室、财务室5部3室。1999年，更名为娄星区有线电视台。2001年，娄底有线电视分台整体调整上划，更名为娄星频道，由娄底市统一管理，主要服务于娄星区委、区政府。2002年，更名为娄底电视台都市频道，主要职能不变，信号覆盖娄底各县市以及邻近娄底市部分外县市乡镇，收视人群达500万人口，具有较大知名度和影响力。

节目设置 1994—1999年，娄底市分台每天下午17：30开始播出至次日0：30结束，每天播出时量为5小时。设置有《少儿动画》《观众点播》《娄底市新闻》《专题访谈》《电视剧场》等栏目。2000—2008年，娄底电视台都市频道(娄星频道)每天节目从早晨6：00开始播出至次日1：30结束，播出时量19个小时。设置有《每周一歌》《都市剧场》《经典剧场》《健康之路》《少儿动画》《观众点播》《娄底市新闻》等栏目。

自办节目 1994—2000年，娄星区(娄底市)有线电视台(娄底市分台)自办节目有《观众点播》《娄底市新闻》《专题访谈》等。2000年，开设《新视觉》《都市播报》《健康之路》栏目。2001—2008年，娄底电视台都市频道(娄星频道)自办节目主要以新闻类为主，包括《娄星新闻》《新视觉》《都市播报》等。其中，《娄星新闻》从建台初期周播节目改为日播节目。

播报及上稿 1994—2008年，娄星频道自采稿件除在本台播报外，每年在省电视台上稿件40条以上，在娄底市电视台综合频道播发100条以上。

三、电影

(一)机构

1989年，娄底市电影发行放映公司负责全市16毫米影片和娄底电影院35毫米电影发行、放映、管理工作。1999年，更名为娄星区电影发行放映公司，属区文化局二级机构，至2008年12月，有在岗职工26人。

(二)场地

1989年，娄底市有固定放映场地90个。其中，国营3个，集体7个，个体80个。1999年，娄星区有固定放映场地3个，其中国营3个。2008年，全区有固定放映场地3个，其中，国营2个，个体1个。

(三)放映

1989—1991年，电影市场开始滑坡。1992年年初，娄底市电影发行放映公司拆除公司简易临街临时门面，集资建设“星月楼”，发展第三产业。1993年10月，总投资169万元、建筑面积2458平方米“星月楼”竣工交付使用。1994年，由于建设“星月楼”影响，公司负债200余万元。1994年12月，由市房地产局、市房地产交易所主持拍卖招标会。拍卖星月楼底层6个门面278.72平方米。1994年，在全市中小学开展百部爱国主义优秀电影放映活动。是年秋，成立茶园学区电影队。至1997年年底，全市10个乡镇（涟滨乡除外）全部成立学区电影放映队。担负爱国主义优秀电影放映任务，兼顾放映农村电影。2004—2006年，娄星区电影发行放映公司在全区中小学开展100部爱国主义优秀影片教育放映活动。2008年，根据农村电影放映公益工程要求，成立5个农村数字电影放映队，在7个乡镇1个街道148个行政村放映公益电影1792场次，放映广场电影154场次。

第二章 旅 游

1996年，娄底市旅游局成立。1999年7月，娄底市旅游局改为娄星区旅游局。12月，区招商局与区旅游局合并为区招商旅游局，负责开发、管理旅游资源。2000年，全区接待游客81.2万人次，实现旅游收入4.76亿元。至2008年，全区旅游星级饭店达15家。其中，三星级8家、二星级7家，有旅行社19家。星级宾馆、旅行社基本实现标准化、规范化管理。拥有3个以上床位住宿单位达274家，年营业额在200万元以上餐饮单位有34家，年营业额在100万元以上休闲娱乐单位有57家。有旅游商品生产企业8家，并形成一定生产规模和旅游市场。乡村旅游区（点）100余家，乡村旅游为农村富余劳动力提供就业机会，当地农民依靠经营农家乐脱贫致富。2008年，接待游客233万人，实现旅游收入12.30亿元。

1996—2008年局长：毛红永、朱寿谷，历任党组书记：方克书、龚存中、曾德智、李星慧。

第一节 旅游资源

一、自然旅游景区景点

（一）仙女寨生态旅游景区

仙女寨位于城南孙水河南岸大科街道和万宝镇境内，占地面积15.80平方千米。距离中心城区3千米，与娄底市政府隔河相望。山势一峰突起，四面险峻。主峰仙女峰是城区内最高山峰。南宋期间立寨于山巅，在主峰下北坡百米处建有仙女殿。20世纪90年代初，民间集资在山顶修建南岳圣帝庙和大雄宝殿。登临山顶，远可览百里群山，近可观星城万家灯火，是一处登高揽胜，下河泛舟，入洞探奇，集峻、险、宏、秀于一体的风景区。《湘乡杂志》对其曾有“日有千人朝拜，夜观万家灯火”之描述。明清以来，留下文人墨客足迹甚多，有明代龙吟《游天籁岩记》、清代曾国藩手书“天籁岩”等。天籁岩又名圣岩洞、潇洒岩，是一个天然石灰岩溶洞。洞口建有庵堂，唐宋以来，此处曾先后修建过仙女庵、天籁岩、圣母殿等寺庵庙宇，建有七层宝塔、瑶池等地标建筑。2005年，当地民众集资扩建天籁岩。入洞有可容纳上百人大厅堂，洞壁面龛上塑有如来、观音像等。厅右有清泉，四季不涸，随饮随涨，也不溢出。洞内怪石嶙峋，光怪陆离，各种石像栩栩如生，往前进入分上下两洞，上洞幽深莫测尚待探明开发；下洞有七厅，直通钟鼓潭。明代龙吟《游天籁岩记》曾有描述，清朝中兴名臣曾国藩到此游玩之后，挥毫题名“天籁岩”，并附盈联一副“有意烧香何必远朝南海；真心向善此处便是灵山”。在天籁岩东二百米处曾建有古刹东林寺。中华人民共和国成立前，尚有僧侣十余人，现存遗址。

山脚下孙水河环绕谷底，蜿蜒而过，水质清可见底，两岸丛林陡峭，历有“小三峡”之美誉。孙水河在娄星境内流长24千米，流域面积95平方千米，是娄底城区主要供水源之一。河畔南岸新边港曾是有名水运码头。明清以来，即为繁华小镇，有名的半边街至今原貌尚存。街前河面宽阔，水流平缓，水深1～3米，可供游泳、泛舟。钟鼓潭位于河道拐弯处，可上通圣岩洞。

2005年，仙女寨生态旅游区纳入《娄星区旅游发展总体规划》，并扩建天籁寺、重修大雄宝殿和南岳圣帝庙，总投资3000余万元。2006年9月，仙女寨获批为娄底市仙女寨生态旅游区。2007年下半年，市区两级共同编制《仙女寨生态旅游区控制性详规》，2008年10月24日，市政府批准实施。

（二）洪家山省级森林公园

位于城区北端双江乡境内，距市区20千米，总面积4461公顷。洪家山海拔875.90米，是娄星区境内最高峰，有大小山头120余座。属中亚热带常绿阔叶林区，森林植被保留有少量原始次森林，森林覆盖率58%，有乔、灌植物84科436种。其中，被列入国家珍稀濒危保护3种，具有较高观赏价值森林植物190种，百年以上古树32株。野生动物100余种，其中省级以上珍稀保护动物52种。山上环境优美，景观奇特，登上洪山之颠观景台，不仅能朝观日出，晚赏夕照，还可远眺三湘数十城，近瞰群山千重雾；已经竣工蓄水的青龙湖，给森林公园增加一个山清水秀人间仙境。山上有号称“井冈山红军五虎将”之一贺国中烈士故居和抗日战争时期湘乡县政府办公地——新庄果安。贺国中故居占地221平方米，有6间土房。娄星区政府将其修复为森林公园内红色旅游景点和爱国主义教育基地。山上还有多处可供游玩观赏石崖、石壁、石屋、古塔、古道、古庙、瞭望塔等。

2003年，洪家山森林公园被评为省级森林公园。2007年，投资8000万元修建青龙湖水库和双江水库宾馆。水库蓄水量达1100万立方米，湖面面积1.20平方千米。2008年，投资1000万元修建12千米旅游公路及停车场等旅游配套设施。

（三）圣仙洞地质溶洞景观

位于市区北20千米处的双江乡尖子山白石岩，为一天然洞穴群，分布在2千米长山中下部，有圣仙十八洞之称。首为圣仙洞，次为子牙洞、白果洞、雷公洞、牛角洞、钓鱼洞、奇辉洞、出水洞、扁洞温洞等。圣仙洞规模最大，已探明洞景3000余平方米。洞景集险、深、幽、趣、美、奇为一体。洞内空气清新，溶洞结构以洞群组层为特色，层次分明，阶通自然。洞上有洞，洞下有洞，洞洞相通，已探明大小洞厅38个。各厅景观奇异，钟乳石千姿百态，精美至极。洞底层有暗河，水流量200升/秒左右。河内有鱼，名黑鲇，肉味鲜美，可供垂钓。河水清甘，源头不详。据烟雾和水漂流物探测，与涟源市仙洞乡雷鸣洞相通，洞长数十千米。洞外峡谷陡深，小桥流水，农舍星聚，环境优美，一片田园风光。2008年，双江乡政府和民间共同投资500万元对圣仙洞进行景观外围环境改造，修建观景亭和观音殿。

（四）水府庙国家湿地公园

水府庙国家湿地公园地处水府旅游库区，位于涟水中游，以大坝居湘乡、双峰与娄底交界处水府庙而得名，誉为“湖南西湖”，是国家水利风景区，国家湿地保护区。1958年建成，水面面积44.60平方千米，在正常蓄水位94米时，库容量达5.60亿立方米，库面最窄处10米，最宽地段3.50千米。有100多千米长库岸线，库内拥有100多个库湾，有四面环水岛屿34个，最大岛面积3平方千米。水库四周群山叠嶂，山地植被资源丰富，国家级野生动物种类较多。区内有一级景点5个，二级景点9个，三级景点5个。放眼望去，碧波荡漾，烟雾缥缈，山峦倒影，令人心旷神怡，水中有岛，岛上有景，构成一幅“青山倒影湖中印，天光云影共徘徊”画面。主要景观有江口小三峡、石花秋色、长虹飞渡、高峡平湖诸景。大小岛屿星罗棋布，形成“水府石林”奇观。其中，白鹭岛尤为壮观，常年栖息于岛上白鹭成千上万，待到白鹭飞回岛上时，银光闪闪，构成一幅美妙绝伦生态乐回图。沿库历史遗存给水府旅游区带来深厚文化积淀，人文景观有陶龛学校、宋希廉故居、古民居洛阳湾。省级文物保护单位宋窑遗址的挖掘填补南方无宋窑历史空白。国藩溪砚是享誉国内外旅游商品。“天下水府，人间瑶池”，是对水府庙国家湿地公园极佳赞誉。

二、人文景观（景点）

（一）璀璨娄星

娄底，因相传是天上28星宿中娄星和氐星交相辉映之处而得名。璀璨娄星被评为新潇湘八景之一，主要由娄星广场、文化广场、火车站广场组成。每当夜幕降临，华灯初上，霓虹闪烁，3座大型广场，灯景各异。中心城区6条彩色主干道如玉带般与3座星光闪烁广场相融合，夜色中娄底如一颗璀璨明星照耀湘中大地。

（二）振翩学校

位于娄星区万宝镇江溪村，始建于1906年，是医学界爱国人士李振翩母校。李振翩（1898—1984），字承德，万宝镇石埠村人，美籍华人，医学科学家。7岁就读于李氏族学，13岁时，从报上看到辛亥革命成功消息后在家乡第一个剪掉辫子。后考入湘雅医学专门学校（后改名为湘雅医科大学），毕业后获博士学位，主攻细菌学。1949年2月去美国后，与他人合作研发制成预防小儿麻痹症疫苗，被誉为“科学医星”。1973年7月、1975年6月、1978年6月，他携夫人汤汉志3次回国，先后受到毛泽东、周恩来、邓小平接待。其间，给美国总统尼克松、卡特、里根写信，会见副总统老布什，阐述改善和增进中美关系重要性，为中美建交做出贡献，有“中美友好使者”美誉。晚年撰写《中国的抗癌药剂》《中国的草药》，曾在美国产生轰动效应。1984年11月，李振翩在美国华盛顿逝世。前驻美大使章文晋说：“他不愧是一名伟大的科学家，全美华人的杰出代表，他不愧为中华民族的优秀儿女，他的高尚品德永远是我们学习的榜样，中国人民将永远怀念他。”1987年，其后人捐款成立李振翩奖学基金会，用于资助贫困学生。此后，振翩学校与美国彭伯顿小学结成友好学校，娄星区和弗尼吉亚州汉瑞克市结为友好城市。

（三）姜齐贤故居

位于花山街道观化居委会111号，系砖木结构。整个面积150平方米，是姜齐贤出生之地。现故居由姜齐贤侄子姜渭澄管理。

此外，还有澄清塔、天王寺、刘蓉住宅、贺国中故居等人文景观。

第二节　旅游开发

一、旅游景区开发

（一）洪家山森林公园景区

2003年，洪家山森林公园被评为省级森林公园，区政府和双江乡政府投入资金，实施景区建设。2007年，投资8000万元，修建青龙湖水库和双江水库宾馆。2008年，投资1000万元，修建12千米旅游公路及停车场等旅游配套设施。

（二）仙女寨生态旅游景区

2005年，仙女寨生态旅游区纳入《娄星区旅游发展总体规划》，并扩建天籁寺，重修大雄宝殿和南岳圣帝庙，总投资3000余万元。2006年9月，仙女寨获批为娄底市仙女寨生态旅游区。2007年下半年，市区两级共同编制《仙女寨生态旅游区控制性详规》。2008年10月24日，市政府批准实施。

二、旅游线路开发

区境内开发洪家山森林公园一日游。旅游线路是：双江乡人民政府—洪家山景区大门—观景台—瞭望塔—芙蓉寺—贺国中故居—清桥流石殿—双江水库—双江乡人民政府。全程25千米。

三、旅游基础设施建设

2002—2007年，区政府和民间组织共同投资建设仙女寨生态旅游区部分基础设施，修建从市武警支队至大新村和浒石村以及万宝群益学校至景区南部2条旅游公路。2008年，区政府和双江乡政府投资1000万元，修建洪家山森林公园12千米旅游公路及停车场等旅游配套设施。双江乡政府和民间组织共同投资500万元，对圣仙洞进行景观外围环境改造，修建观景亭和观音殿。

第三节　旅游管理服务

一、旅游管理

（一）景区景点管理

1989—1996年，旅游工作主要由娄底地区旅游局管理。1996年，成立娄底市旅游局，主要职能是配合地区旅游局开展工作。2002年，娄星区旅游局负责申报和日常检查职能，配合市旅游局加强景区管理。2003—2008年，娄星区旅游局成立景区管理股，负责景区日常管理服务，制定管理办法和具体制度，对景区景点防火防安全事故等进行不定期检查整改，促进旅游业发展。

（二）旅游市场管理

1990—1997年，娄底地区旅游局对星级饭店（旅游涉外饭店）管理注重日常工作检查指导和星级复核。1998年，娄底地区旅游局建立星级饭店管理档案，含饭店星级等级、评定时间、复核情况说明、经营状况、年度报表分析、员工教育培训情况等，从宏观和微观层面进行管理指导。1999年，旅游饭店管理等级由省、市旅游局评定和复核。娄星区旅游局负责旅行社设立初审和监管职能。

二、旅游服务

（一）旅游服务指南

1994年，娄底市旅游业起步，开发旅游资源，接待服务游客。1998—2008年，旅游接待服务主要由娄底市（娄底地区）旅游局承担职能。制定旅游服务指南，在各旅游酒店摆放。根据旅游景点开放情况，不定期举行新闻发布会，发布旅游消息，接待中外游客。

（二）旅游收入及游客接待

1989—1999年，旅游统计主要由娄底市（娄底地区）旅游局负责。2000年，娄星区接待游客81.20万人次，实现旅游收入4.76亿元。2008年，接待游客233万人次，实现旅游收入12.30亿元。至2008年，全区旅游星级饭店2家。其中，三星级1家、二星级1家，有旅行社1家。星级宾馆、旅行社基本实现标准化、规范化管理。

第三章 体 育

娄底市体育运动委员会（简称体委）成立于1978年，是域内体育活动的管理机构，一直沿袭至1998年。1999年7月，体育运动委员会更名为体育局。是年，撤地建市设区，设立娄星区体育局。

1989—1999年体育运动委员会主任：邹永清。1999—2008年局长：刘衡华。党组书记：龚有德。

第一节 群众体育

1998年，娄底市开展“1998全民健身宣传月暨第二届全民健身节”活动。1999年2月，举办娄底市机关干部男女羽毛球比赛，35名运动员参加比赛。1999年3月，与妇联联合举办“三八”国际妇女节健美操和趣味比赛，62名运动员参加比赛。5月，组织全市老年人门球比赛，10支队伍72名运动员参赛。6月，举办健美操三级体育指导员培训班，26名学员参加。8月，娄星区体育局举办全区老年人门球赛，11支队伍74名运动员参赛。11月，与团区委举办“大汉杯”全区3人斗牛篮球赛，为时7天，参赛队伍40支，比赛场次240余场。12月，举办“步步高量贩杯”象棋公开赛，66名运动员参加比赛。2000年3月，举办全区老年人扑克比赛，54名运动员参加。5月，举办娄星区首届“飞达杯”龙舟赛，10支队伍参赛。6月，举办万宝镇石埠第十八届龙舟赛，10支队伍参加。8月，举办区直机关和乡镇街道男子篮球赛，14支队伍210名运动员、教练员参加。10月，举办娄星区首届羽毛球运动会，28名运动员参加；举办老年运动会，进行门球和象棋比赛，126名运动员参加。

2002年6月，举办娄星区首届科级干部篮球赛，9支队伍135名运动员、教练员参加。11月，举办四季老年人门球赛，12支队伍81名运动员参赛。2003年5月下旬，举办娄星区第二届科级干部篮球赛，14支队伍210名运动员、教练员参赛；举办全区老年人春季和秋季门球赛，26支队伍152名运动员参赛。9月，举办全区老年人钓鱼比赛，12支队伍36名运动员参赛。10月，举办全区乡镇街道男子篮球赛，10支队伍150名运动员、教练员参赛；举办全区老年人钓鱼比赛，14支队伍44名运动员参赛。2004年5月，承办娄底市第二届老年人运动会乒乓球比赛，9支队伍66名运动员、教练员参加。6月，举办娄星区“天女杯”机关干部男子篮球运动会，6支队伍90名运动员参赛。8月，区老年体协组队参加娄底市第二届老年人运动会，获门球和钓鱼比赛第1名、团体总分第1名，代表娄底市参加全省老年运动会女子门球和钓鱼2个项目比赛，获门球比赛第1名，钓鱼比赛团体第1名。10月，举办娄星区第三届“世纪花城杯”处、科级干部篮球运动会，9支队伍135名运动员、教练员参赛。2005年5月，举办全区中老年人钓鱼比赛，13支队伍39名运动员参赛。10月，举办娄星区第三届乡镇街道办事处篮球赛，11支队伍165名运动员、教练员参加。

2006年3月，举办全区老年人钓鱼比赛，10支队伍30名运动员参赛。4月，举办全区老年人春季门球赛，9支队伍56名运动员参赛。5月，举办娄星区第四届处科级干部篮球赛，8支队伍120名运动员、教练员参加。10月，举办全区老年人秋季门球赛，12支队伍76名运动员参赛。12月，联合区教育局举办娄星区首届幼儿体操比赛，12支队伍62名运动员、教练员参加。2008年4月，举办娄星区第二届“水利杯”乒乓球比赛，68名运动员参加比赛。5月，举办全区中、老年钓鱼比赛，11支队伍33名运动员参赛。组队参加全市

“乐拼拼”趣味比赛7个项目选拔赛，获2个第1名、1个第2名、2个第3名。6月，举办区直机关第五届副科级以上干部篮球运动会，10支队伍148名运动员参赛。2008年6月，代表娄底市参加全省“乐拼拼”趣味比赛。其中，俯卧撑获全省第1名，背老婆跑获全省第8名；代表娄底市参加全省老年人围棋比赛获1个第2名，1个第5名，团体第4名。9月，举办2008年老年人门球比赛，14支队伍87名运动员参赛；组队参加全市老年系统钓鱼比赛获1个第1名，1个第2名，团体第1名。10月，组队参加全省大众运动会登山比赛获得1个第1名，1个第3名，1个第6名，团体第7名。11月，组队参加全市县处级干部篮球赛获第5名。

第二节　体育场馆

一、体育学校

（一）青少年业余体校

娄底市青少年业余体校（简称体校）成立于1987年。1999年7月，撤市设区，娄底市青少年业余体校改为娄星区青少年业余体校（简称体校）。为区体育局下属二级机构，办公地点在长青街615号文化馆院内。负责指导各项体育运动，促进体育事业发展。至2008年，有在职员工14人。其中，硕士研究生学历1人，本科学历8人，大专5人，中级教练员4人，初级教练员9人。1991年，被省体育局评为“湖南省田径重点班”。2004年，被娄底市体育局评为“娄底市体操基地”。1989—2008年历任校长：颜孟炎、陈新辉、黄灿、肖少华。

区业余体校教学主要以体教相结合形式开展，学生白天在学校上文化课，早晨和下午5点后由体校教练组织训练。生源由教练在寒暑假以集训形式在中小学学生中选拔体育特长生，择优录取分类安排到体校相应教学班。

（二）湖南娄底跆拳道运动中心

1996年，娄底地区体育运动委员会组建跆拳道运动项目。7月，组建湖南娄底跆拳道运动中心。8月，成立娄底地区跆拳道散打运动队，成为湖南省最早跆拳道运动训练队。1999年7月，撤地设市，娄底地区跆拳道队更名为娄底市跆拳道运动队。2001年5月，经市体育局批准改为娄底市跆拳道人才训练基地。2003年7月，娄底市跆拳道人才训练基地落户娄星区，归口娄星区体育局管理。2005年11月，经娄星区机构编制委员会批准设立为自收自支事业单位，命名为湖南娄底跆拳道运动中心，保留为市级训练基地，属于娄星区体育局下属二级机构。负责属地跆拳道、拳击项目推广普及；开展跆拳道、拳击项目专业和业余训练，运动员和教练员培训；体育高考、单独自主招生考前专业训练；为专业团队、高等院校输送后备人才。中心开设跆拳道、拳击项目。设置跆拳道竞技、跆拳道品势、拳击竞技、体能训练课程。实行主任、总教练负责制，设综合办公室、竞赛训练部（竞赛训练大队）。1996—2008年历任主任、总教练：胡新民。

二、场馆建设

1992年，建设娄底市碧波游泳池，位于长青街以北，金谷路以东，占地2716.78平方米。有训练馆1座，游泳池2个，办公用房2层。1999年，更名为娄星区碧波游泳池。

第三节　竞技体育

1989—2008年，娄星区（娄底市）竞技体育采取以选人培训与输送相结合的办法，开设体操、乒乓球、跆拳道、定向越野、健美操等项目。

1992年，娄底市体校选派代表队参加意大利世界中学生田径比赛，斩获2块银牌。1995年，队员李克取得湖南省青少年儿童竞赛400米第2名。1995年，队员肖福元获湖南省青少年儿童竞赛400米第1名。1994年，队员李纯获湖南省青少年田径运动会第2名。1996年，队员肖福元获湖南省第八届运动会女子田径400米第3名，队员戴艳取得女子田径800米第4名，肖福元取得女子田径4×400米接力第2名，戴艳取得湖南省第八届运动会女子全能中长组第1名。

2003年12月，娄星区体校队员参加在香港举办的亚洲跆拳道城市金杯赛获得1铜、1个第五名；2004年8月，跆拳道代表队参加在天津举办的中韩国际跆拳道比赛，获3金2银2铜；体操项目在全省体操比赛中，出现1名运动员独得47分好成绩。2004年，加强教练员队伍建设，从外地聘请资深教练，以传、帮、带形式，给教练员讲课，聘请1名教练担任体操项目教练。2006年，在全省第十届运动会上，娄星区体育局超额完成市委、市政府下达娄星区6枚金牌、总分200分任务。是年，确定定向越野、健美操等新项目。娄星区定向越野代表队在宁乡举办的全国定向越野锦标赛中取得单项第3名、第5名、第7名。参加在福建武夷山举办的全国青少年定向越野锦标赛中也取得优异成绩。

2007年9月，娄星区承办湖南省首届健美操比赛。首次举办有欧洲五国运动员参加的“2007年娄底国际定向越野挑战赛”。在湖南省青少年田径运动会上，田径项目取得3金3银2铜总分81分成绩；在湖南省青少年跆拳道比赛中，跆拳道项目取得5金2银2铜总分52分成绩；在湖南省体操锦标赛中，取得2金2银3铜总分64分成绩。定向越野代表队参加在桃江举办的全省定向越野比赛中取得单项第2名、第3名、第4名成绩。

第四节　体育彩票

2002年12月，体育彩票在娄底上市，娄星区设立体育彩票管理站，承担市辖区体育彩票市场推广、建设和管理工作。是年，销售终端10余台，彩票年总销量20余万元。2003年，实行销售发行责任制，采取干部包片、职工包点形式，干部职工每周深入责任点2次以上，帮助机主宣传发动、排忧解难。局机关每星期组织干部职工学习彩票知识，鼓励职工销售彩票。体彩销售额由2003年600万元上升到2005年的2000万元。2006年，销售发行额达到1860万元。2007年，突破2000万元。销售终端发展到90余台，彩票年总销量增至4000余万元，彩票公益金逐年倍增。2008年，根据《彩票管理条例》规定，省级设立体育彩票管理中心，市设立体育彩票管理分中心，娄星区不再设立体育彩票发行管理机构，彩票业务由娄底市体育彩票管理分中心负责。

第二十篇　医疗卫生　科技

1989—2008年，娄星区（娄底市）加强科技事业建设，为经济社会发展提供智力支持；发展医疗卫生事业，保障人民群众生命健康安全。

医疗卫生　1989年，娄底市有医疗卫生机构118家。其中，地属医院2家，市属医院1家，厂矿医院6家，乡镇（街道）卫生院12所，机关、厂矿、学校医务室（所）97个，村卫生室244个，开放病床1311张。有卫生技术人员1937人、乡村医生111人，卫生员95人、接生员200人。至2008年，娄星区有医疗卫生机构405家。其中，城市社区卫生服务中心5个、乡镇卫生院7所、妇幼保健医院1家、直属医院2家、民营医院5家、村卫生室138个、医务室108个、个体诊所119个，设有病床866张。各级医疗单位有工作人员668人，其中，卫生技术人员358人、乡村医生158人、乡镇接生员158人。

20年来，娄星区（娄底市）卫生局顺应改革开放潮流，推进医疗卫生事业改革发展，基本形成以市区为中心、以乡镇为枢纽、以村为基础三级医疗卫生保健网，群众看病做到小病不出村，大病不出乡镇，难病不出市区。

预防保健。1989—2008年，食品卫生、环境卫生、学校卫生、劳动卫生、放射卫生等五大卫生监督监测工作在城乡普遍开展。无甲类传染病病例，发生乙类传染病13种1303例，年报告发病率为366.36/10万。报告丙类传染病6种932例，丙类死亡病例1例，死亡病例为其他感染性腹泻；乙类传染病死亡5人，死亡率为1.25/10万，病死率为0.38%。甲乙类传染病年报告发病数在前5位依次是肺结核、乙肝、痢疾、梅毒、丙肝，占发病总数92.2%。1998年，控制输入性霍乱疫情流行，杜绝二代病例发生。碘缺乏病防治工作经地区检查验收达标，获地区目标管理一等奖。开展救灾防病工作和卫生防疫行动，实现大灾之年无大疫。农村新法接生率达99.89%，孕产妇死亡率为43/10万，婴儿死亡率为4.7‰，实现无新生儿破伤风和产妇产褥热发生。

医政医教。1989—2008年，开展医院分级管理工作，适当调整人员结构，加强“三基”训练，改善医院环境，添置医疗设备。大科乡、石井乡、小碧乡卫生院通过一级甲等医院评审。选送医疗技术骨干到外地进修学习、到高等医学院校参加学历函授教育。采取经常性与突击性相结合的方法，加强医疗机构整顿管理，严格把好审批、考核发证关。

药政管理。1994年9月，联合公安、工商等有关部门加强药品管理，开展打击制售假劣药品违法犯罪活动，将依法查处制售假劣药品等违法违纪案件作为反腐败斗争大事。整顿和规范药品生产经营秩序，依法加强药品销售管理，药品生产经营秩序好转，药品质量得到提高。1998年，开展药品质量大检查。1999年7月，区纪委牵头，卫生、工商、物价、公安等部门联合组成医药购销不正之风整治办公室，开展医药市场治理整顿。至2008年，未发生麻醉药品和精神药品失盗、滥用案件，未发生药物中毒和药品毒性反应事故。

农村卫生。1994年，农村初级卫生保健工作经省验收通过，评为合格县市。1997年，省地再次复查合格。1998年，10所乡镇卫生院达到“一无三配套”（无危房，人员、房屋、医疗设备用品配套）建设标准，190个村卫生室达到“六有”（有合格乡村医生、有检查诊疗用房、有常用药品、有必要医疗设施、有防保工作登记卡册和宣传阵地、有诊断处方专用登记本和收支账本）建设标准。

卫生行政执法。1994—2008年，区卫生局作为卫生行政执法主体，对食品卫生法、药品管理法、传染病防治法等有关卫生工作8部法律、28部行政法规、400多部部门规章进行学习宣传，开展卫生法律知识学习竞赛活动。区人大常委会多次牵头组织各有关部门对食品卫生、公共场所卫生、传染病防治、医政、药政进行执法检查。

爱国卫生。1989年、1990年，娄底市分别获全省地辖市组爱国卫生流动红旗竞赛“卫生红旗市”和“卫生达标市”称号。1992年，被评为全省改水先进单位。1995年，评为全省“灭鼠先进市”。1996年，被评为“甲级卫生城市”，乐坪东街被省人民政府命名为“省样板街”。

科技 1989—1998年，娄底市实施星火计划、火炬计划和巨龙计划。全市建立科研机构33个，其中，省属单位16个，地属单位10个，市属单位7个，科研人员260人。攻克核心关键科技项目198项，其中，国家级科技项目8个，省级科技项目90项，地区级科技项目62项，市级科技项目38项。至1998年，全市科技产品产值1.87亿元，创利税2万元。涟源钢铁集团有限公司“CIMS”应用示范工程项目被列入国家863计划，娄底百雄堂高科技农业公司研制的生物工程酿造酱油项目被列入国家、省星火计划，地区卫校发现“听灵”新穴位，对治疗耳聋效果好，此项目获省科技进步二等奖，地区人民医院“痉挛性脑瘫手术治疗研究”项目、“二黄汤抗鼻咽癌临床研究”项目被列入省社会发展科技攻关项目。

1999—2005年，娄星区推进科学技术产学研结合。全区100多家企业与国内外高校、科研院所合作，签订合同42项，成交技术合同金额达2.80亿元，攻克科技难关，提高产品科技含量，提高企业经济效益。组织申报各类科技项目220项，其中，国家级项目52项，省级项目40项，市级项目80项，区级项目48项。1999年，娄底火车站异地新建。市委、市政府组建科技团队与铁道部科研机构合作，攻克科技难关。娄底火车站规模居全省第一，全国第四，湘中明珠与全国乃至世界接轨。至2005年，全区高新技术产品产值达24亿元，创利税2.64亿元。

2006—2008年，贯彻落实省市《关于加强知识产权保护工作的通知》，制定《娄星区打击侵权假冒工作实施方案》，开展19次保护知识产权专项行动，查处假冒专利销售产品72种，并对其中20种冒充专利产品进行依法处罚，查处专利侵权案6件、专利侵权纠纷2件，商标侵权案28件等。组织申报科技计划项目120项，其中，国家级12项，省级56项，市级22项，区级30项。2008年，娄星区获全国科技进步先进县（市、区）称号。区科技局多次评为省、市先进单位。全区申报科技项目614项，其中，国家级项目72项，省级项目202项，市级项目194项，区级项目146项。全域有科技项目152项获奖，其中，3项获国家奖，84项获省奖，65项获市奖。全区科技支出882万元，高新技术产值达到35.81亿元。

第一章 医疗卫生

1989年，娄底市卫生局内设人秘股、计财股、办公室、医政股、药政股5个职能股室，下辖爱国卫生运动委员会办公室、红十字会办公室2个归口管理机构。

1996年，市人民政府重新配置市卫生局职能，机构和人员方案，内设人事教育股、计划财务股、医政医教股、药政股、卫生监督与预防保健股、办公室、纪检监察室、卫生系统工会，归口管理市爱国卫生运动委员会办公室、市红十字会办公室。1999年7月18日，娄底市卫生局易名为娄星区卫生局。部分医疗卫生机构和部分医疗卫生行政职能划归地级娄底市管理。2008年，区卫生局内设办公室、纪检监督室、人教股、计财股、医政股、基妇股、疾控股、法监股和卫生系统工会，归口管理区爱国卫生运动委员会和区红十字会。直属二级单位有区疾病预防控制中心、区卫生监督所、区新型农村合作医疗办公室。

1989—2008年历任党组书记、局长：廖子惠、李巧生、彭祝才、陈平均、邓映民。历任党组书记：廖子惠、颜拥军。

第一节　医疗卫生机构

一、医疗卫生单位

1989年，娄底市有医疗卫生机构118家。其中，地属医院2家，市属医院1家，厂矿医院6家，乡镇街道卫生院12所，机关、厂矿、学校医务室（所）97处，村卫生室244个，开放病床1311张。1991年，有医疗卫生机构119家、病床1486张、村卫生室195个。1995年，有乡镇卫生院10家，下设分诊所12处，开设医疗科室35个，村卫生室190个。1996年，有卫生防疫站、妇幼保健院、中医院、卫生服务部及石井、百亩、小碧、万宝、杉山、双江、西阳、茶园、涟滨、花山、大科、乐坪等12所乡镇卫生院。1998年，有乡镇卫生院10家，下设分诊所12处，开设医疗科室40个，村卫生室190个。

2008年，域内有市中心医院、市中医院、湖南省娄底监狱医院、涟钢医院、娄底铁路医院、市妇幼保健院、市骨伤医院、市康复医院、市卫校附属医院、市疾病预防控制中心、市卫生防疫站、市药品检验所、市中心血站、华达机械厂职工医院、娄底市工程公司职工医院等15家省市医疗卫生机构。娄星区有区妇幼保健院、区人民医院、区第二人民医院，城区有长青、花山、乐坪、黄泥塘、大科、大埠桥6家社区卫生服务中心；乡镇有茶园、万宝、百亩、石井、小碧、双江、杉山7所中心卫生院，下设分诊所10处，村卫生室158个。辖区社会民营医院有区红十字医院、娄底468医院、娄底博爱医院、娄底五官科医院、娄底丽人妇科医院、娄底老科协医院、娄底口腔医院、娄底恺德医院、娄底东方医院、娄底博雅医院、湘中整形美容医院、娄底阳光医院、娄底眼科医院等13家。

（一）娄底市第一人民医院

娄底市第一人民医院前身是涟源钢铁厂医院（简称涟钢医院），位于娄底市城北涟钢碧溪路，是一所集医疗、保健、教学、科研于一体的地市级综合医院，是卫生部“二级甲等医院”“爱婴医院”。占地面积3.70万平方米，建筑面积2.20万平方米，在职职工390人，其中高级职称91人，编制病床800张，设有门诊部、内科、外科、医技药剂部、后勤及党政医护管理系统等43个业务科室及管理班组。先后获“省文明卫生单位”“湖南省文明医院”称号；1993年被卫生部定为爱婴医院；2001年被评为市级园林式单位。多人次获市级以上劳动模范、模范党员、先进工作者等称号。

机构演变　涟钢医院是在涟源钢铁厂1958年所设卫生所基础上创办。1981—1986年，医院由卫生处管理，设党总支。1986年12月，卫生处与医院合并，实行“两块牌子、一套人马”，管理范围除医疗工作外，还包括计划生育、卫生防疫等。1987年1月，医院成立党委。住院部设内、外、妇、儿、妇产科、传染科等9个病室和班组，门诊设本部门诊和工地门诊；并在生产区设立10个保健站。此外设有药剂科、放射科、检验科、功能检查及理疗科等业务科室和党政、医护、财务、总务等办公室。2000年4月1日，涟钢集团撤销卫生处，将计划生育办和卫生防疫站划归公司公益事业部，医院逐步走向市场，确立“服务涟钢、面向全市”发展思路。2005年，启动医院移交给娄底市管理工作，成为市政府主办公立医院，仍称涟钢医院。2007年，设立体检中心。2010年2月1日，更名为娄底市第一人民医院，

医院建设　1994年，建成1幢6层住院大楼，设12个病区，建筑面积1.10万余平方米，配置电梯、集中供养、吸引系统、病人传呼系统、中央空调系统，总投资2011万元。至此，涟钢医院有住院楼、放射楼、制剂楼、医技楼、办公楼、门诊楼、药库、图书室、病案楼、锅炉房、洗衣房、CT房、消毒供应室、高压氧治疗室、污水处理房等20幢，房屋资产原值3500万元。2007年 7月

13日，开工建设门诊楼，建筑面积7413平方米，投资3400万元。2008年9月17日，新门诊大楼投入使用。

医疗状况 1989—1994年，医院开设病床240～276张。医院职工人数从300余人增加到600人，其中医务人员占80%。年门诊量由25万余人次增加到49.20万人次。1995 年，开设病床500张。1997 年，医院门诊病人48.90万人次，住院病人6231人次，手术1424人次。2001年，门诊量30余万人次，住院病人5316人次，业务收入4175万元。2008年，门诊量27.20万人次，住院病人7997人次，业务收入5838.77万元。

临床攻关 1994年12月，医院通过湖南省医院分级管理评审委员会检查验收和评审，被定为国家二级甲等医院。1996年发生"12・24"高压氧一级医疗责任事故，二级甲等医院资格被撤销。1997年7月，医院被定为武汉科技大学医学院教学医院。1999年11月22日，医院经整顿，恢复二级甲等医院资格。2000年1月，被定为湘雅医院附二院定点指导医院。4月，与省人民医院、省肝胆医院成立肝胆、微创外科联合治疗中心，腹腔镜胆囊切除术，达省内先进水平。

2002年，医院集中力量对10个课题进行临床研究和攻关。其中，神经内、外科共同开展的微创颅内血肿清除术，在第二届全国颅内血肿微创清除术研讨会上获得"推广医院"铜牌。2003年，妇产科应用腹腔镜技术开展卵巢囊肿块切除术、子宫肌瘤剥除术，手术52例，成功率100%。新开展妇科肿瘤全盆腔清扫术取得效果。10月，肾病内科血液透析中心投入运行。2004年，开展激光医学整形美容项目，填补娄底市在该专业领域空白。2005年，延伸腹腔镜应用领域，增加经腹腔镜肾囊肿开窗切除、胃穿孔修补、肝囊肿切除术。2006年，人工关节置换、复杂创伤及断肢再植、肺部肿瘤等业务居市内领先水平，成功抢救多名复合伤患者。

设备添置 2002年，添置不锈钢病床、全自动生化仪、6人高压氧舱、监护仪、空调等设备。2003年，为病房配备210台分体式空调，配备饮水机、传呼系统，改善病人住院条件。新添置全自动二氧化氯发生器，制定一次性医疗用品处理、病区及公共场所消毒方案。2004年，新添置等离子前列腺电切镜、微生分析仪，彩超机等。2005年，完成6层螺旋CT、彩超、小C臂等设备采购任务，采购金额1157.90万元。2006年，对住院楼进行大修改造，对手术室进行改造，具备进行各种净化手术条件。整个项目新建和改建面积1.22万平方米，其中，新建1100 平方米，总投资800万元。

应急救援 2003年1月，由于技改任务繁重及恶劣天气影响，相关企业发生"1・6"煤气中毒事件。医院紧急成立救护领导小组和后勤保障组，科室协调配合，实施现场救护。在实施现场救护基础上，经6个月的医院救治，80余名患者全部康复出院。是年，面对非典型性肺炎（简称非典）发生，医院制定救治预案和工作流程图，建立标准发热门诊和留观病房，购置专用救护车、呼吸机、防护服、抢救药品，消毒剂等防护设备、物资，以备抗"非典"之需。鉴别、排查发热病人700余例，留观隔离发热病人10余人，涟钢辖区没有一人感染"非典"。

2007年，在"5・23"爆炸事故中，出动医疗救护队赶赴现场抢救伤病员。2008年1月中下旬，应对史无前例冰雪灾害，院医疗救护队迅速反应，救治因灾受伤病人。冰灾期间救护车安全出车120多次，救治外伤骨折病人130余例，其中抢救病人11例。"5・12"汶川特大地震发生后，医院在第一时间内组建医疗救援队伍24小时待命，职工纷纷请战，要求深入灾区一线参与抗震救灾。救护车司机李晓祥受医院委派在汶川灾区一线工作，赢得省医疗救援队和灾区人民高度评价，被批准火线入党。全院职工和全体党员为灾区捐款和缴纳特殊党费5.30万元。在手足口病及含三聚氰胺奶粉事件中，成立组织机构，出台救治方案，医务人员放弃休息，加班加点工作。接诊疑似手足口病患儿300人次，住院21人次。按市卫生局要求派遣医护人员到市中心医院支援手足口病防治工作。对食用含三聚氰胺奶粉所致泌尿系结石婴幼儿做好排查、治疗、统计和报告工作，筛查患儿3000余例，检出结石患儿110余例，住院治疗27例。

（二）娄底市第二人民医院

娄底市第二人民医院前身为娄底铁路医院，是一所集医疗、教学、科研、预防保健为一体的二级综合医院，是省、市、区三级城镇职工医保、城镇居民医保、工伤医保和新型农村合作医疗定点医院，各保险公司及市交通事故伤定点医院，湘雅二医院联盟协作医院及“122”、“120”急救联动医院。位于娄星区涟滨东街铁西路（老火车站附近），占地面积1.47万平方米，建筑面积1.25万平方米。2008年，开放床位200张；拥有医务人员286人，其中具有高中级专业技术职称者150人。医疗业务年收入由1989年的37.10万元增加到2160万元。医院开设内、外、妇、儿、五官、口腔、康复、皮肤等15个临床科室和放射、检验、功能、药剂、设备等5个医技科室。

机构更迭 1965年7月，铁道部创办娄底铁路卫生所，归属株洲医院，下辖邵阳、洪山殿、娄底机务段、棋梓桥、湘乡、涟源6个保健站，职工32人，其中卫生技术人员28 人。开设内、外、妇产3个诊室及检验、药房2个辅助科室，设置观察床12张，备有显微镜、诊断床和简易手术器械，可开展内、外、妇产科一般常见病诊治和平产接生。至1977年9月恢复娄底地区建置时，先后增设门诊手术室、五官科。可开展一般外伤处理、截肢手术、男女性绝育、阑尾炎切除、疝气修补、剖宫产、宫外孕病灶清除等手术。1984年7月，娄底铁路卫生所扩建为娄底医院。设行政科室5个、临床科室9个、医技科室4个、卫生所1个、保健站5个，开设病床30张、观察床6张。至1989年年底，全院有职工158人。其中，卫生技术人员121人，具有高级技术职称2人，中级职称11人，开设病床100张，妇产科、手术（供应）室从外产科分离单设。全年完成门诊量22.25万人次，出院病人2122人次，创路外医疗收入37.10万元。1992年7月，增设急诊科、预防保健科、设备科；检验科、放射科成为单独科室；门诊部增设B超室、心电图室。院本部设医院办、医务科、人事劳动室、财务室、统计室、总务室；住院部设内儿科、外产科（包括手术室、供应室）；门诊部设内科、外科、皮肤科、五官科、口腔科、中医室、结核病防治室、肠道门诊、检验室、放射科、注射室、观察室；医技方面设药剂科。开展医疗新业务和新项目有46项，主要有小儿“O”型腿矫正术、输尿管下段膀胱吻合术、血管吻合术、椎间盘摘除术、五官科常规手术、高压氧治疗、牙齿矫形、细菌培养等。1994年年底，全院有职工183人。其中，卫生技术人员135人，具有高级技术职称2人；开设床位105张；拥有固定资产249.20万元；全年完成门诊量23.73万人次，出院病人2165人次，创路外收入135万元。1998年，医院职工增至204人。其中，卫生技术人员167人，高级技术职称5人，中级22人，开设床位160张。

2004年，长沙铁路总公司实施改革分流，将娄底铁路医院移交娄底市政府管理。根据铁道部和湖南省政府要求，经长沙铁路总公司与娄底人民政府协议，7月1日医院移交娄底市人民政府管理，更名为娄底市第二人民医院，由企业医院改制成市直属事业单位。隶属医院管理的邵阳卫生所与湘乡、棋梓桥、邵东3个保健站设施和人员及之前该院退休人员均留在铁路、机务段保健站，留归第二医院管理。移交后，医院其他机构设置基本保持不变。12月22日，医院举行更名挂牌仪式。是年，医院开展医疗新项目10项，成立体检中心。完成门诊接诊3.76万人次，出院人数2615人次，业务创收1747万元，购置设备价值110万元。2005年，深化人事、分配制度改革。按照“因事设岗、精简高效”原则，对医院科室和岗位进行重新定编、定岗设置。员工实行全员聘用制，党办、院办合并，增设内二科（呼吸、消化、肾内科）。

2006年，职工增加至240人。投资10万余元，抽调医护人员及救护司机9人成立“120”急救站。全年门诊接诊3.14万人次，出院人数3135人次，手术1152台次，完成业务收入1785万元。2007—

2008年，外一科成功实施经皮肾镜碎石术和前列腺电切术2项微创手术；外二科实施多椎体骨折SCS内固定术、腰椎滑脱RF内固定术、椎间盘摘除术；急诊科实施经食道调拨术，填补多项技术空白。引进副高以上专业技术人才4名。通过自学、函授、在职培训、外出进修等学习方式，13人取得本科文凭，8人晋升中级技术职称，6人晋升高级技术职称。与湘雅二医院签订医疗合作协议，在住院楼六楼建立湘雅二医院娄底市第二人民医院远程医疗会诊中心，集多名专家集体智慧指导会诊。成立业务部，加强与乡镇卫生院住院病人转诊联系。2008年4月，将机关楼3～4楼腾出用作病房。8月12日，与娄底经开区管委会签订涟滨社区卫生服务中心共建协议，成立涟滨社区卫生服务中心。

医疗用房建设及设备添置 1965年7月，娄底铁路卫生所及6个保健站有医疗用房面积489平方米。1979—1983年，先后修建中药房、放射科、住院手术室、供应室、机关办公室及3层楼住院部，面积扩大至1687平方米。1988年，投资74万元，修建1850平方米综合楼，作为机关办公室、供应室、药库、制剂室、病案室、统计室、总务室、食堂、澡堂、国库用房，并修建锅炉房。1991年11月，投资108万元，动工兴建新门诊大楼，建筑面积1530平方米。1993年5月竣工投入使用。1993年，医院添置彩色经颅多普勒脑电图等大中型医疗仪器84台（件）。

1996年，长沙铁路总公司将邵阳保健站扩建为邵阳卫生所，占地面积300平方米，建筑面积350平方米，配备医疗人员8人。1997年，广州铁路（集团）公司和长沙铁路总公司投资建设医院新住院大楼，12月动工建设，1999年12月竣工投入使用，建筑面积5899平方米，总投资800余万元。1998年，医院扩建818平方米门诊楼，长沙铁路总公司投资在娄底新火车站月塘小区新建娄底铁路医院第二门诊部，1999年年底竣工，占地面积1300平方米，建筑面积为520平方米。是年，医院占地面积增加到1.47万平方米，建筑面积1.20万平方米，固定资产3500万元。

2004年，购置设备价值110万元。投资15万元扩建346平方米单身宿舍。2006年，投资3.60万元，装备血库，解决危急病人用血问题。投资200余万元，购置大型医疗设备10余台（件）。投资23万元，更新医院信息化系统。投资17.20万元，购置和安装电子监控系统。2007年，购置HCG定量检测仪，更新2台血透机，4个住院科室更新病床呼叫系统。2008年，住院部安置空气源热水开水装置系统。购置迈瑞多参数监护仪和心电监护仪、西门子黑白B超、数字化十二道心电图、凯泰呼吸机等。至2008年，医院拥有螺旋CT、全身医用数字X线摄影系统、奥林巴斯三晶片电视腹腔镜、奥林巴斯胆道镜、奥林巴斯电子胃肠镜、金宝血透机、C臂机、弹道碎石机、全自动生化分析仪、欧美达全自动麻醉机、全自动监护仪、彩超、黑白B超、心电监护仪、经颅多普勒检查仪等100多台大型高档医疗设备，价值3443万元。

应急救援 2003年3月“非典”期间，医院抽调40余名医务人员，设立发热门诊和娄底、邵阳、邵东、湘乡4个检诊站（点），负责旅客检诊、体温复检、可疑病人留观及转诊、消毒等工作，实行24小时值班制。派遣9名医务人员驻乘邵阳—长沙—广州、邵阳—株洲等多趟列车，负责列车“非典”防治、消毒、灭菌工作。投入资金10.56万元，用于抗击“非典”。2008年5月，汶川地震发生后，医务人员踊跃报名加入抗震救灾队伍。灾情发生后第3天，医院派出救护车和2名司机参与湖南省抗震救灾卫生救援车队，奔赴汶川灾区。全院医务人员踊跃为灾区捐款3.07万元，缴纳特殊党费7420元。

医疗技术 1989—2008年，医院引进开发各类新技术、新项目80项，主要有外科部分肝叶切除术、食道癌根治术、股骨头置换术、脊柱矫形术、膀胱肿瘤根治术、肱动脉吻合术、断肢再植术、甲状腺癌根治术、低位直肠癌保肛术、电视腹腔镜下胆囊摘除术等。其间，普外科于1998年率先在娄底市运用腹腔镜微创技术实施手术，填补娄底市医疗空白，之后运用该项手术数百例均获成功。外二科运用微创手术治疗尿路结石技术，运用臭氧椎间盘消融术和射频热凝术等微创技术治疗椎间盘突出症，在专业技术方面取得突破。皮肤科诊疗技术在娄底市处于领先地位，对扁平疣、荨麻疹、湿疹等疾病治疗颇具特色，皮肤科主任张寿如“中西医结合自血疗法治疗慢性荨麻疹”获娄底市科研成果三等奖。

（三）娄底市骨伤医院

娄底市骨伤医院地处氐星路中心地段，始建于1960年，前身为大科乡卫生院。1992年，升级为娄底市骨伤医院。1994年，更名为娄底市红十字会骨伤医院。1999年，撤地设市时上划升格为市直属以骨伤专科为主二级综合性医院。2007年，向中医骨伤方面发展。逐步发展成为具有现代骨科前沿水平和先进装备，传统中医融骨伤、骨病、功能康复和急诊急救、综合内科为一体的专科特色品牌。

人员配备 1992年，医院有医务人员12人，仅1人毕业于邵阳卫校中专，其他均为“赤脚医生”招工及老中医子弟承师学徒招工组成。2008年，有在职职工187人。其中，在编职工84人；有专业技术人员149人，其中，正高职称1人，副高职称4人，中级职称35人，初级职称109人；本科学历28人，专科学历102人，中专及以下57人。

科室设置 1992年，医院设中医科、内儿科、普通外科、检验室、中西药房。随着业务发展，增设妇产科、X光科。麻醉手术室、放射科、药剂科、检验科、供应室、病理科功能得到完善。2008年，设有筋伤正骨科（一病区），髋骨、膝胫科（二病区），综合内科（三病区），肩肘、手足外科、断肢再植科（四病区），颅脑、脊柱、胸外科（五病区），康复理疗科（六病区），妇科（七病室），小儿骨科等功能科室。

设施设备 1992年，仅有1栋二层门诊楼，开放病床30张。1996年，建成住院楼1栋。至2008年，医院占地面积2668平方米，建筑面积9800 平方米。编制床位250张，实际开放190张。配备层流手术间、CT机、CR机、C臂机、彩超、心电图、全自动生化分析仪、MPC—1型发光免疫分析仪、骨伤治疗仪、全套康复器械等多套高档医疗设备。

业务发展 1992年，业务收入5万元，主要靠以药养医。至2008年，由最初石膏捆绑、手法复位治疗跌打损伤逐步过渡到运用高新技术、高新设备开展高难度手术阶段。运用中西结合方法治疗骨折成为特色，人工关节置换技术成为技术优势；交锁髓内钉内固定、外支架固定、断指断肢再植技术基本娴熟；针灸、康复理疗业务扩大；科研成果转化明显，知名度提高。

（四）娄底市中心医院

娄底市中心医院原名娄底地区人民医院。1999年撤地设市后，更名为娄底市中心医院，位于娄底市长青中街51号，占地面积10万余平方米，是一所集医疗、科研、教学、预防保健为一体的国家三级甲等综合性医院，也是南华大学附属医院、南华大学临床学院、中南大学湘雅医学院临床教学医院和城镇医保农村合作医疗定点医院。

至2008年，医院在职人员1800余人。其中，副高以上专技人员307人，博士10人，享受国务院政府特殊津贴专家1名，硕士研究生导师6人，硕士216人，中级专技人员近400人。医院设有29个病区、61个临床医技科室和临床医学研究、高血压防治、遗传肝病研究等多个实验研究中心，开放病床1700张，年门诊量95万人次，出院病人4.40万人次。拥有固定资产4.50亿元，拥有国内第2台最新型高能量美国CE3.0T磁共振、英国医科达直线加速器、最新型荷兰飞利浦1250mA大型C臂机等一批国际国内领先医疗设备。新门诊大楼、外科大楼、感染科大楼、22层新住院大楼等相继投入使用。

医院秉承“修身至善、厚学济生”院训，坚持“一切以病人为中心”服务宗旨，实施“科技兴院、人才强院”战略，突出医疗特色，打造重点专科，医疗技术和服务质量得到发展和提升。拥有骨科、心内科等省级临床重点专科3个，肿瘤等市级治疗中心和市级质量控制中心8个，形成以骨科为拳头特色品牌，心内科、泌尿外科、耳鼻咽喉科、妇产科、神经内科、神经外科、肿瘤科、肝胆外科、儿科、感染科等科室为骨干重点特色专科，各科形成各自技术优势和专业特色，许多项目达省内或国内先进水平。

骨科由当初1个专科发展成为关节外科、创伤外科、显微手足外科、脊柱外科及骨内康复理疗科等5个专科，涵盖骨科所有分支领域，能常规开展人工髋（膝）关节置换、巨大骨肿瘤切除、断肢（指）再植、臂丛神经修复等各类高难度手术，住院病人数居全省前列，被湖南省卫生厅评为“青年文明号”集体。心内科是全市心血管疾病诊治、科研、教学及预防保健中心。创建娄底市第1个心导管室，在全市率先开展人工心脏起搏器安装，完成第1例选择性冠脉造影和冠脉内支架置入，成立全市首家“高血压病”之家。泌尿外科致力于后腹腔镜微创手术开发和应用，开展手术覆盖泌尿外科所有开放性手术，包括经腹入路及腹膜外入路的各种腹腔镜手术。实施全省首例腹腔镜下肾囊肿切除术、全市首例后腹腔镜下根治性左肾切除术。

（五）娄底市中医医院

娄底市中医医院地处乐坪西街，为国家重点中医医院建设单位，国家中医药管理局中医药文化建设试点单位。是一所中西结合，集医疗、教学、科研、预防、保健为一体的二级中医综合医院，娄底市城镇职工、居民基本医疗保险、新型农村合作医疗保险、工伤保险、生育保险和商业保险定点医院。2008年，占地面积3万平方米，总资产近亿元，开设病区9个、开放病床450张，设急诊科、心血管内科、肾内科、血透中心、肿瘤科、普外科、骨伤科、烧伤整形科、妇产科、肛肠科、糖尿病科、针灸推拿康复科、口腔科、皮肤科等22个临床医技科室。其中，针灸推拿康复科为省级重点专科，烧伤整形科、糖尿病科、骨伤科为市级重点专科。配备超净化层流手术间、磁共振、CT机、DR机、C臂机、彩超、电子胃肠镜、血透机、微创腔镜系统、射频治疗仪、臭氧治疗仪、全套康复器械、心电工作站、全自动生化仪、经颅多普勒、Leep刀等多套高档医疗设备。现有在职职工310余人。其中，卫生专业技术人员240人，高级职称25人，中级职称98人。与国内多家著名医院建立协作关系。

娄底市中医医院前身是娄底市人民医院，改名筹建于1986年。1987年3月，经省计委、省卫生厅批准，娄底市人民医院改为娄底市中医医院。1987年，开放病床100张，门诊量2万余人次，年收入300余万元。1990年，在景屏街中部建设公费医疗门诊部，由市人民医院和娄底市公费医疗办领导。1992年年初，门诊大楼建成。1993年5月，市中医院门诊大楼开业，加挂娄底市人民医院牌子，设内科、外科、烧伤科、五官科、妇产科、骨科等10余个科室。1993年，通过地区卫生局搭桥牵线，与河南省洛阳市烧伤医院联营，开设烧伤科。在处理小碧乡瓦斯煤窑爆炸事故中，烧伤科完成抢救及严重烧伤患者术后康复治疗。1995年，选派优秀人才进修返院后开展新手术项目，外科实施肾切除、甲瘤、甲状腺切除、脊柱矫形等，五官科实施白内障手术、低视力康复等，妇产科实施子宫肌瘤、卵巢浮肿、子宫全切除等手术。是年，成功抢救和控制大科学校苯中毒事件患者，在中央电视台“焦点访谈”栏目中讲述抢救过程及经验。

1996年，医疗技术科研项目开发取得成就。其中，科研项目“穴位电子疗法治疗胆道蛔虫病”获娄底市科技进步三等奖；科研项目“动态规划决策在医院药品经营中的应用探讨”获娄底市科技进步鼓励奖。1997年8月19日，被湖南省劳动厅确定为“湖南省劳动能力鉴定定点医院”。9月，通过“爱婴医院”评审，湖南省卫生厅授予“爱婴医院”称号。2000年，烧伤整形科实行中西结合，发展重要特色疗法。在烧伤病人治疗过程中，运用中医药内服外用，辨证施治，使病情康复加快，机体免疫能力增强，各种病发症减少，促进创面愈合，抑制疤痕增生。针对烧伤病人深度创面愈合后继发疤痕增生难题，自行研制供患者内服、外洗、外敷中药，临床验证效果显著。是年，投资10万余元，为手术室购置心电监护仪1台，为妇产科购置激光治疗仪1台，功能科购置脑血流

图1台。7月，市公费医疗门诊部改为市中医医院景屏分院，为市中医医院下属医疗机构。

2007年，被列入中央预算内专项资金国家重点中医医院建设项目，明确以西医为后盾，以中医为特色发展战略，重点发展烧伤整形美容、骨伤、肛肠、针灸推拿康复等中西结合特色专科。制订专科人才培养计划，对专业技术人才送上级医院进修培训。住院楼建设项目被列入中央预算内专项资金国家重点中医医院建设项目2008年投资计划，投资额度1100万元。

（六）娄星区人民医院（娄星区妇幼保健院）

娄星区人民医院（娄星区妇幼保健院）坐落于娄底市娄星区乐坪西街24号，始建于1979年，前身为县级娄底市妇幼保健站。1988年，娄底市妇幼保健站更名为娄底市妇幼保健所。1998年，更名为娄底市妇幼保健院，设有妇产科、内儿科、检验科、B超、放射室和保健部等科室。2000年，更名为娄底市娄星区妇幼保健院。是年，经娄星区人民政府批准，在娄星区妇幼保健院基础上组建娄星区人民医院（娄星区妇幼保健院）。设保健部（基层保健、婚前保健、妇女保健、儿童保健、计划生育技术指导、妇幼卫生监测、资料信息）、妇产科、儿科、护理部（门诊注射室、手术室、供应室）、化验室、药械室、B超心电图室、X光室等业务科室。至2008年，医院占地面积4666平方米，建筑面积1.18万平方米，编制床位186张。设内科、外科、儿科、五官科、口腔科、妇产科、中医科、理疗科、放射科、生化科、检验科、B超、心电图、脑电图、药剂科、制剂、后勤及党政医护管理系统等科室，是湖南省儿童医院在娄底市首家临床指导医院。是娄星区唯一一家政府隶属非营利集保健、医疗教学为一体的二级综合性医疗保健机构，实行“两块牌子、一套人马”体制，承担娄星区人民群众基本医疗、妇幼保健等医疗卫生任务。

医院有职工228人。其中，区妇幼保健院48人，区人民医院180人；专业技术人员162人，其中执业医师48人，助理医师12人，执业护士82人，药剂人员20人；高级职称12人，中级职称56人，初级职称89人。建立健康档案10.49万份，年就诊量4万人次，年住院1万余人次，年收入3660万元。

医院建设 1986年，投资20万元，建成1幢5层楼的医院大楼，设2个病区，建筑面积7800平方米。2004年，投资1200万元，建成1幢5层楼住院部大楼，设4个病区，建筑面积1.18万平方米，配置电梯、病人传呼系统、空调、供氧系统、中心负压等设施。2005年，医院围绕“走精品特色之路，创综合发展名院”办院方针，实行与上级医院错位发展思路，确定医院整体发展方向和目标。2007年，借助上级医院对口支援，争取到湖南省儿童医院对口支援，医院各项事业得到发展。

医疗管理 1989—1995年，医院有在职职工36人。其中，医务人员26人。开设病床30张。1996—2000年，医院有在职职工80人，开设病床68张，年门诊量4000余人次，住院量2000余人次，年收入300万元。2001—2006年，医院坚持走人才兴院、特色兴院、质量兴院之路，定期选送人才到省内儿科、妇产科、心血管内科及小儿科知名医院进修学习深造，从周边县市及高等院校引进专业技术人才21人。妇产科成为拥有特色专科，设有70张病床，室内设空调、彩电、独立卫生间、热水器、饮水机等家用电器，拥有一批临床经验丰富医师，能开展新生儿室息复苏及并发症抢救，早产儿、低体重儿处理、新生儿颅内出血、新生儿高胆红素症检测、治疗和护理等特色治疗项目。2007年3月，成为湖南省儿童医院在娄底市首家临床指导医院，医院成立质控科，形成院、科、人三级重量控制体系。医院医疗质量考核小组每月针对科室进行考核，并将考核结果进行通报。2008年，推行便民服务，在候诊室设立饮水机和老年人、残疾人专用座位，配备便民医疗设备，为病患及家属提供便利服务。

医疗设备 1989—2008年，医院每年根据医疗状况需要，添置医疗设备。至2008年，拥有进口CT机、CE四维彩超、进口东艺550B超、500MAX光机、全自动生化分析仪、婴儿培养箱、胎心监护仪、产程监护系统、高压氧舱、黄疸测量仪等70多台（件）先进的仪器设备，医疗设备价值780万元，固定资金1870万元。

（七）社区卫生服务中心

2004年起，娄星区加强社区卫生服务管理工作，先后投资建设6所社区医疗服务中心，开展社区医疗服务。

长青社区卫生服务中心 2004年10月，经区人民政府批准设置。2005年5月，在扶青南路28号扶青居委会租赁业务用房200平方米，开展社区基本医疗、预防、保健、康复、健康教育、计划生育技术指导等卫生服务工作。2007年7月，整体搬迁至区人民医院一楼，业务用房300平方米，由区人民医院承办。2008年，被列入中央项目建设单位，投入资金170万元，经市、区两级政府决定，将区卫生局办公楼整体移交给长青社区，设立卫生服务中心。10月，长青社区卫生服务中心与区人民医院脱钩，成立独立法人机构。12月，有医务和管理人员12人，临时工6人。其中，中级职称2人，初级职称14人，设内科、全科、中医科、中西药房、康复理疗科、预防接种科、妇幼保健科、健康教育、财务室、B超室、化验室等科室。有病床20张。占地面积200平方米，建筑面积2100平方米。

花山社区卫生服务中心 花山社区卫生服务中心地处涟滨东街，前身是涟滨乡卫生院。1990年，征地300平方米建设卫生院。1991年，竣工投入使用，建筑面积1280.16平方米。3月，搬入新址办公，有干部职工46人。2004年，政府行政区域调整，涟滨乡卫生院实行人员分流，其人员分别划归黄泥塘街道办事处、花山街道办事处和市经济开发区。年底，原涟滨乡部分职工与原花山街道办事处卫生院合并成立花山社区卫生服务中心。2008年，区财政拨款20万元对原涟滨乡卫生院房屋进行维修改造，开展社区卫生服务工作。有医务和管理人员28人，其中，中级职称4人，初级职称13人，设有5个医技科室，开设病床30张。

乐坪社区卫生服务中心 地处市中心氐星路40号，前身是1984年7月成立的乐坪卫生院，主管部门是乐坪街道办事处。2002年11月，乐坪卫生院转型为乐坪街道社区卫生服务中心，建立乐坪社区首个预防接种门诊，配备防疫专干和妇幼专干。2008年4月，区财政投资40万元，进行社区卫生服务中心机构规范建设，租赁乐坪街道办事处企业办办公楼作为社区卫生服务中心办公场地，并通过市卫生局评审验收。有医务和管理人员19人，合同工8人。其中，高级职称1人，中级职称5人，初级职称12人。设有内科、全科、中医科、中西药房、康复理疗科、预防接种科、妇幼保健科、财务室、B超室、化验室，开设病床30张。

黄泥塘社区卫生服务中心 2004年4月设立。2008年7月，湘煤涟邵矿业集团华建公司改制，其职工医院人、财、物整体移交娄星区，由区卫生局接管。将原华建职工医院与原黄泥塘社区卫生服务中心合并，组成黄泥塘社区卫生服务中心，中央财政投资175万元，按湖南省卫生管理标准对始建于1960年原华建职工医院进行改建装修。中心地处娄星北路湘阳街，占地面积2200平方米，使用面积2600平方米。有医务和管理人员30人。其中，中级职称12人，初级职称18人，开设病床30张，设有临床医疗和公共卫生服务2类。

大科社区卫生服务中心 2004年7月，组建大科社区卫生服务中心，先后3次更换租赁办公场地。2008年9月，省、市、区支持资金，在湘中大道黄泥路建成占地面积1420平方米、使用面积3500平方米一流社区卫生服务中心，集预防、医疗、保健、康复、健康教育、计划生育技术指导于一体。设有全科诊室、中医诊室、中西药房、健康教育室、康复理疗室、免疫接种室、妇幼保健室、信息资料管理室、注射室、妇产室、住院部、儿童保健室、医保办公室、疾控室、医院感染科、行政后勤等16个科室。有医务和管理人员25人，其中，高级职称1人，中级职称8人，初级职称16人，开设病床30张。

大埠桥社区卫生服务中心 2008年，西阳卫生院转型为大埠桥社区卫生服务中心。有床位40张，执业医师19人。其中，初级职称16人，中级职称3人；护士3人，其中，初级1人，中级2人。开设内科、外科、医学影像科、医学检验科。

二、队伍

1989年，全市有中医药人员320名。其中，医师71人，医士52人。有西医722人，其中，医师534人，医士188人。1999年，有医技工作人员3452人，其中，中医师98人，西医师767人，护士540人；中药师82人，西药师103人，检验师108人，其他技师40人；中医士45人，西医士143人，护士323人，助士11人；中药剂士67人、西药剂士34人、检验士23人；其他技士26人，其他中医3人；护理员12人，中药剂员23人，西药剂员6人，检验员8人。其中，初级卫生人员113人，其他技术人员101人，管理人员410人，工勤人员357人。

2008年，娄底市医疗卫生队伍中有正高专业技术职称8人，副高以上专家395人，中修专业技术人员769人。享受国务院政府特殊津贴专家1名，博士9人，硕士研究生导师6人，硕士225人。娄星区卫生系统有专业技术人员697人。其中，具有高级职称14人，中级职称137人，初级职称316人；执业医师315人，执业护士168人，药师73人；公卫人员66人。民营医疗机构13家，从业人员508人。其中，高级职称44人，中级职称83人，初级职称131人；执业医师239人，执业护士239人。

2008年娄星区卫生系统行政、医疗卫生机构基本情况表

表20-1

机构名称	法人代表（负责人）	地址	设立时间	机构类别	所有制形式	人员结构						开放病床	主要科室
						合计	行政	事业	高级	中级	初级		
区卫生局	刘长辉	湘中大道黄泥路	1960.12	行政	全民	38	11	27	—	—	—	—	办公室、纪检监督室、人教股、计财股、医政股、基妇股、疾控股、法监股和卫生系统工会，以及两个归口管理机构区爱国卫生运动委员会和区十字会
区疾病控制中心	李述成	湘阳街10号	2004.12	行政执法	全民	48	—	—	3	9	14	—	疾病控制科、免疫规划科、卫生监测与消毒及病媒生物控制科、结核病防治科、健康教育与艾滋病、性病防治科、检验科、学校卫生与联业危害因素控制科、驾驶员检查科、办公室、财务科、后勤科
区卫生监督所	陈毅宏	娄底市扶青路	2004.12	行政执法	全民	41	—	—	1	6	17	—	办公室、财务室和公共卫生监督1、2、3、4股以及稽查股、综合信息股、职业卫生股、医疗职业卫生股1、2股
区农合办	王学军	湘中大道黄泥路	2008.7	行政执法	全民	15	—	—	—	1	11	—	信息综合股、基金财务股、稽查股、审核股
区人民医院妇幼保健院	易军波	乐坪西街24号	1988.5	非营利性	全民	228	—	—	2	56	99	186	内科、外科、儿科、五官科、口腔科、妇产科、中医科、理疗科与临床科室；医技科室有放射、生化、检验、B超、心电图、脑电图、药剂、制剂

续表20-1

机构名称	法人代表(负责人)	地址	设立时间	机构类别	所有制形式	人员结构						开放病床	主要科室
						合计	行政	事业	高级	中级	初级		
区二人民医院	曹清华	杉山镇加恒村	2006.5	非营利性	全民	32	—	—	2	15	15	50	内科、外科、儿科、五官科、中医科、妇产科等临床科室和放射、检验、心电、药剂
长青社区卫生服务中心	王新华	乐坪西街24号	2005.5	非营利性	全民	12	—	—	—	2	14	20	内科、全科、中医科、中西药房、康复理疗科、预防接种科、妇幼保健科、健康教育、财务室、B超室、化验室
花山社区卫生服务中心	邹新权	涟滨东街	2008.4	非营利性	全民	28	—	—	—	4	13	20	内科、外科、中医科、预防接种科、妇幼保健科、健康教育、财务室、B超室、化验室
乐坪社区卫生服务中心	欧阳杰	氐星路40号	2008.4	非营利性	全民	27	—	—	1	5	12	30	内科、全科、中医科、中西药房、康复理疗科、预防接种科、妇幼保健科、健康教育、财务室、B超室、化验室
黄泥塘社区卫生服务中心	翟兆成	娄星北路凤阳街	2008.7	非营利性	全民	30	—	—	—	12	18	30	内科、外科、全科、中医科、预防接种科、矽肺、妇幼保健科、健康教育、财务室、B超室、化验室
大科社区卫生服务中心	袁国风	湘中大道黄泥路	2008.9	非营利性	全民	25	—	—	1	8	16	30	全科诊室、中医诊室、中西药房、健康教育室、康复理疗室、免疫接种室、妇幼保健室、信息资料管理室、注射室、妇产室、住院部、儿童保健室、医保办公室、医控室、医院感染科、行政后勤
茶园卫生院	洪潜涌	茶园镇茶园村	1957.7	非营利性	全民	27	—	—	—	2	20	20	内科、外科、五官科、中医科、妇产科、预防接种、发热门诊、放射、检验、心电、脑电、生化、药剂
万宝卫生院	刘勇民	万宝镇万宝村	1958.6	非营利性	全民	27	—	—	—	2	24	20	内科、外科、五官科、中医科、妇产科、预防接种、发热门诊、放射、检验、心电、脑电、生化、药剂
百亩卫生院	邓卫雄	百亩乡腊树村	1953.6	非营利性	全民	15	—	—	—	—	11	20	内科、外科、五官科、中医科、妇产科、预防接种、发热门诊、放射、检验、心电、脑电、生化、药剂
石井卫生院	颜孟良	石井乡松江村	1957.10	非营利性	全民	29	—	—	—	2	21	20	内科、外科、五官科、中医科、妇产科、预防接种、发热门诊、放射、检验、心电、脑电、生化、药剂
小碧卫生院	黄立新	小碧乡小碧村	1956.1	非营利性	全民	23	—	—	1	5	8	15	内科、外科、五官科、中医科、妇产科、预防接种、发热门诊、放射、检验、心电、脑电、生化、药剂

续表20-1

机构名称	法人代表（负责人）	地址	设立时间	机构类别	所有制形式	人员结构						开放病床	主要科室
						合计	行政	事业	高级	中级	初级		
双江卫生院	石 益	双江乡双江村	1957.9	非营利性	全民	13	—	—	—	2	7	15	内科、外科、五官科、中医科、妇产科、预防接种、发热门诊、放射、检验、心电、脑电、生化、药剂
杉山卫生院	成克义	杉山镇杉山村	1953.2	非营利性	全民	23	—	—	—	4	19	18	内科、外科、五官科、中医科、妇产科、预防接种、发热门诊、放射、检验、心电、脑电、生化、药剂

2008年娄星区民营医疗机构基本情况一览表

表20-2

机构名称	法人代表（负责人）	地址	设立时间	经营性质	所有制形式	注册资金（万元）	开放病床（张）	医师人数							诊疗科目
								初级	中级	副高	正高	初级	中级	副高	
娄底市娄星区红十字医院	曾雄辉	娄底市长青中街43号	2002.9	非营利性	集体	100	50	10	6	5	—	15	2	—	内科、外科、中医科、口腔科、妇产科、检验科、放射科、麻醉科、医学影像科、中西药房
娄底468医院	宋朝星	娄底市新星南路	1986.10	非营利性	集体	60	30	4	6	2	—	10	2	—	内科、外科、中医科、口腔科、放射科、麻醉科、医学影像科、中西药房
娄底博爱医院	叶月英	娄底市育才路	2003.11	非营利性	集体	100	60	10	8	2	—	21	2	—	内科、外科、中医科、口腔科、妇产科、检验科、放射科、麻醉科、医学影像科、中西药房
娄底五官科医院	童晚良	娄星	2006.8	非营利性	集体	400	40	—	—	—	—	—	—	—	眼科、耳鼻喉科、口腔科、内科
娄底丽人妇科医院	杨涛	娄底市湘阳东街10号	2007	非营利性	集体	500	28	16	8	5	2	15	6	—	妇产科、内科、外科、中医科、医学业检验科、医学影像科
娄底老科协医院	季巧玲	娄星南路26号	1999	非营利性	集体	80	50	35	6	4	1	16	2	—	内科、外科、妇产科、儿科、中医科、手足外科、皮肤科、耳鼻喉科、口腔科、麻醉科、传染科、放射科、B型超声科、检验科
娄底口腔医院	王甫	娄底市氐星南路	2006.9	非营利性	股份制	400	16	2	6	1	—	3	1	1	口腔科

1989—2008年娄星区（娄底市）卫生系统医疗卫生技术人员一览表

表20-3 单位：人

年份	高级职称	中级职称	初级职称	执业医师	执业护士	药师	公卫人员
1989	1	5	30	35	15	5	1
1990	1	5	30	35	15	5	1
1991	1	14	65	65	21	7	1
1992	1	14	69	69	27	11	1
1993	1	20	72	72	32	19	1
1994	2	21	97	97	34	23	1
1995	2	25	105	105	36	29	1
1996	2	37	120	120	47	35	12
1997	2	46	127	127	53	41	16
1998	3	70	136	136	67	46	20
1999	3	72	146	149	86	53	20
2000	3	91	207	207	102	53	22
2001	5	102	219	219	114	58	36
2002	6	113	237	237	121	61	38
2003	9	120	269	269	138	66	46
2004	10	122	288	288	142	70	51
2005	12	125	297	297	151	70	55
2006	12	127	301	301	160	70	60
2007	13	129	308	308	163	73	61
2008	14	137	316	315	168	73	66

三、医疗技术

（一）中医医疗技术

2000年，娄星区人民医院设立中医科，有中医师2名。其中，副主任医师1名，主治医师1名，年门诊800人次；能开中药洗浴，敷贴技术，主要治疗发热，头痛，失眠，腹泻，风湿，月经不调，不孕不育等症状。中医科年门诊1200人次、住院1000余人次。

（二）西医医疗技术

1990年，娄底市人民医院可做保留幽门胃窦浆肌瓣式胃大部切除术、甲状腺癌根治术，新生儿重度窒息和硬肿症抢救等医疗诊治。1995年，部分医院胞心外科能进行体外循环、房间隔缺损修补、中下段食道癌根治术。普外科能对严重胰、十二指肠断裂、胆总管断裂多发性损伤病危患者施行胃大部分切除、胰头切除、胰体空肠吻合、胆总管空肠吻合术。规范结肠癌、胃癌根治术，开展腹腔镜下胆囊切除术、对重型破伤风、感染性休克，消化道大出血等危急重症诊治，积累成功经验。小儿外科在趾骨上横切口治疗小儿腹股沟疾患、改良Dubame钳吻合术治疗先天性巨结肠、肛管成形治疗先天性肛门狭窄、会阴体“H

形”肛门成形等手术上，取得良好疗效。肿瘤外科中低位直肠癌保肛Dixon术和肠癌插管化疗预防术后肝转移癌等诊疗技术，达到省内先进水平。

2000年，烧伤外科能救治大面积、特大面积烧伤患者。妇产科输卵管吻合术，直肠、阴道、膀胱瘘修补术居省内领先水平，并成功进行多例宫颈癌根治术。眼科开展白内障超声乳化、白内障现代囊外摘除并人工晶体植入，眼部整容、眼部激光，自动中心视野检查等新诊疗技术。心内科能救治大面积心肌梗死患者。呼吸内科采取经气管播管用支纤镜灌洗技术，救治因吸入大量泥浆窒息患者。儿科对抢救新生儿重症患者如肺硬症、颅内出血等，采用中西医结合，配合高硬度氧治疗，在控制病情及减少后遗症等方面取得疗效。肿瘤、消化、呼吸内科与介入放射科合作开展肺动脉选择化疗药物灌注加栓塞，治疗原发性肝癌、肺支气管动脉化疗药物灌注治疗支气管肿癌取得较好疗效。肾内科开展环磷酰胺或甲基强地松龙冲击疗法，治疗难治性肾病综合征。精神病方面开展智商测定，心理测验与诊治。

2008年，医疗水平形成以骨科为龙头，心内科，泌尿外科，柱外科，耳鼻咽喉科，妇产科，神经内科，神经外科，肝胆外科，儿科，感染科等科室为骨干一批重点特色专科，各科逐渐形成技术优势和专业特色，许多项目达省内或国内先进水平。成功开展心脏、肿瘤和神经内科介入、新式内镜微创保胆取石术、多层螺旋CT冠状动脉成像技术、准分子激光治疗近视和肿瘤放射治疗、医疗整形美容及泌尿外科微创手术等多个高新技术项目。引进世界顶尖品牌美国捷迈关节镜，对各种膝关节常见病、多发病和疑难疾病进行系统诊断和治疗，常规开展双侧人工髋、膝关节同期置换、巨大骨肿瘤切除、断肢（指）再植、臂丛神经修复等各类高难度手术。心内科开展心脏介入等多项高技术。肿瘤内科投资建成放疗中心，开展对恶性肿瘤和癌症晚期镇痛、放疗、热疗、多途径化疗。引进世界一流的日本尼德克全套准分子激光近视治疗仪，准分子激光治疗近视完成3000余例。泌尿外科95%以上手术实现微创，经皮肾镜、输尿管镜下气压弹道碎石术及经尿道前列腺等主子双极电切术成为科内常规手术，后腹腔镜下各种微创手术走在全省地州市前列。

四、医疗救援

1992年，成立娄底市医疗救护队。1996年，成立交通事故急救服务站。1998年，以娄底市卫生局、市武装部牵头成立医疗救护连1个，市人民医院成立医疗救护排2个。2002年，成立医疗应急分队3个。2003年，娄底市委、市政府和娄星区委、区政府投资200万元，改造住院病房，添置医疗设备，增设污水处理系统，将杉山镇卫生院改造成防治非典型肺炎医院。全区排查登记5539人，对86人“非典”疑似病例实行家庭隔离和个案调查，对37例可疑病人进行住院留观和检验排除，全区未出现非典型肺炎病例。7月，杉山镇卫生院负责人成克义被中华人民共和国卫生部、中华人民共和国人事部、国家医药管理局授予全国卫生系统抗击非典先进个人称号。在防治甲型HIN1流感中，全区组织和培训专职人员210人，处理甲型HIN1流感疫情和突发事件55起。储备防护服、N95口罩、过氟乙酸、84消毒液等防护和消毒药械价值8万元。

2007—2008年，全区报告手足口病病例976例。其中，重症病例10例，实验室诊断E71型19例，其他肠道病毒1例，死亡2例。各医疗卫生单位出动应急队员296人次，发放84消毒液38件。2007年，小碧乡卫生院被评为全省“中医兴院示范单位”。

2008年，全省中医“三名、三进”（办名院、创名科、树名医、进农村、进社区、进家庭）工程在娄星区启动。邀请中药专家30名，接受义诊咨询1260人，免收体检挂号费用6300元，发放宣传资料2500份，调查问卷200份。2008年6月，派出王学军、胡凯、刘韵、周艳、方虹5名医疗卫生救护员，参加湖南省卫生厅抗震救灾工作队，在四川省彭州地区参加抗震救灾。4位队员发展为中国共产党预备党员。9月，区卫生局应对“奶粉事件”，制定《关于做好食用含三聚氰氨奶粉的婴幼儿医疗救治应急预案》，成立医疗救治领导小组和医疗救治专家组，对全区范围内64家销售婴幼儿奶产品机构进行排查，对1年内食用过含三聚氰氨奶粉3～6个月婴儿有相应症状和体症实行免费筛查，对筛查确诊为泌尿系统结石患儿实行免费救治。至年底，全区有医疗救护应急分队12个，应急救护队员60人，有医疗救助车6台。

第二节　疾病防控

1989年，娄底市预防保健工作主要是由市卫生防疫站和妇幼保健院负责。1997年4月，在全市范围内设立AFP病例监测点10个。2004年12月，在卫生防疫站基础上组建成娄星区疾病防治控制中心，设有疾病控制科、免疫规划科、卫生监督与消毒及病媒生物控制科、结核病防治科、健康教育与艾滋病性病防治科、检验科、学校卫生与职业危害因素控制科、驾驶员体检科、办公室、财务科、后勤科11个科室。全区各医疗卫生单位建立疾病防治保健信息网络。2008年，设疾病控制科、免疫规划科、公共卫生科、结核病防治科，健康教育与艾滋病性病防治科、检验科、学校卫生与职业危害因素控制科、驾驶员体检科、办公室、财务科等10个科室。市中心医院、第一人民医院、市第二人民医院、市疾病预防控制中心、区疾病预防控制中心、市妇幼保健院、区妇幼保健等7家预防保健机构。7个乡镇卫生院和5个社区卫生服务中心均配备专业防疫医师。

1989—2008年历任主任：左常宁、伍定华、陈毅宏、李述成。

一、传染病报告和管理

1992年，娄底市发生法定传染病754例，死亡1例。发病居前5位传染病依次是肝炎、痢疾、麻诊、淋病、流行性出血热。1995年，法定传染病发病460例，死亡1例。发病率居前5位传染病依次是肝炎、痢疾、麻诊、伤寒、流行性出血热。1996年，报告法定乙类传染病12种，报告总病例766例，死亡病例2例。年报告发病率208.21/10万，死亡率0.54/10万，病死率为0.26%，发病数居前5位病种为：痢疾395例，病毒性肝炎193例，麻疹75例，流行性出血热48例，钩端螺旋体病18例，丙类传染病计3种，报告病例285例，死亡病例1例，年发病率77.47/10万，死亡率0.27/10万，病死率0.35%。1997年，法定传染病发病766例，病亡2例。年发病率为208.21/10万，发病率居前5位传染病依次是痢疾、病毒性肝炎、麻诊、流行性出血热、钩体病。1998年，传染病报告发病率为132.45/10万，无死亡病例，为全省发病率较低县市之一。

2002年，娄星区法定传染病发病303例，死亡3例，年发病率为77.88/10万，发病率居前5位传染病依次是肺结核、病毒性肝炎、麻诊、痢疾、腥红热。2004年，全区无甲类传染病报告，按规定报告12种法定传染病发生702例，因艾滋病死亡1例，报告发病率为173.1/10万，其中乙类传染病648例，发病率159.8/10万。

2006年，全年法定传染病发病1192例，无甲类传染病和死亡病例报告。发病率由多到少依次是肺结核520例，乙肝340例，麻诊116例，痢疾106例，淋病39例。2008年，疫情监测报告反映，无甲类传染病病例，发生乙类传染病13种，1303例，年报告发病率为366.36/10万。报告丙类传染病6种932例，丙类死亡病例1例，死亡病例为其他感染性腹泻。乙类传染病死亡5人，死亡率为1.25/10万，病死率为0.38%。甲乙类传染病：年报告发病数在前5位依次是肺结核、乙肝、痢疾、梅毒、丙肝，占发病总数92.2%。

二、重点传染病防控

域内传染病主要有结核病、性病与艾滋病、霍乱、手足口病、新发传染病，年龄分布以35～39岁组发病数为最高，职业分布农民发病人数最多，占整个发病数26.5%。

（一）结核病防治

1990年5月，娄底市卫生防疫站开设结核病防治门诊。发现涂阳病人37例，全部按方案规则服药。2006年，娄星区接诊初诊病人1297人次。其中，新发涂阳病人227人，复治涂阳38人，初治涂阳38人，涂阴77人，重症涂阴21人，肺外结核80人，全年初治涂阳患者治愈率为89%，复治涂阳治愈率为80%。全年下乡督导60余次，督导病人160人余次。2007年，发现结核病患631人。2008年，发现结核病患653人，及时得到防治，2年内均无1人死亡。

（二）艾滋病防治

1992年，域内出现第一例艾滋病病例，系援助坦桑尼亚务工人员，经归国口岸卫生检疫发现。此后，每年开展1次集中宣传活动，对艾滋病病例排查检测。

2004年，区疾病预防控制中心开始100%CUP（安全套）推广项目，开展艾滋病健康教育宣传，基线调查，创办艾滋病防治知识宣传栏95处，举办宣传内容380期。2006年，建立HIV初筛实验室，对相关人员进行定向检查。开展艾滋病防治基线调查，问卷调查360人，检测612人，对320家娱乐场所、29家宾馆、97家发廊、120家歌厅、8家酒吧进行实地调查，未发现新的艾滋病病毒感染者，免费推广安全套和采取行为健康教育干预，免费上门服务。对已发现HIV感染者进行追踪调查。

2008年，在各娱乐场所、宾馆推广100%CUP项目，防治艾滋病基本知识知晓率达到85%以上，安全套使用率达80%以上。全区发放安全套3.80万只，接受艾滋病咨询442人，检测442人，未发现HIV携带和艾滋病病人。10月，省卫生厅、省教育厅、省民政厅、共青团湖南省委艾滋病防治联合工作组对娄底城区、涟钢、市经济开发区有关部门和娱乐场所进行现场督导检查。

（三）霍乱防治

1996年，调整充实霍乱防治机动队。全年完成霍乱疫原内环境检测321份，外环境检测48份。1998年，娄底地区发生建区以来首次霍乱疫情，发生4起霍乱疫情。其中，2起输入性疫情，2起本地来源不明疫情。经病原学诊断，均为小川型霍乱弧菌。2起疫情均发生在湘黔铁路沿线，发生原因推测为铁路客运携带病菌播散，污染铁路旁边井水所致。

2006年，疾病防控中心编辑《霍乱防治技术培训资料》，协助乡镇组建机动队16个，组织机动队员168人对必备消毒药械进行储备。全年完成霍乱外环境检索120份，内检索6份，未发现霍乱阳性样本。2007年，处理上报娄底市第四中学学生、杉山中学学生食物中毒等2起疑似霍乱疫情。2006—2008年，实施霍乱内外检索1432份，处理霍乱疑似疫情11起。

（四）手足口病防治

2008年5月2日，手足口病被正式列入丙类传染病管理，并按要求进行网络报告。5月8日起，区疾控中心应急办每日编辑1份手足口病分析简报报送区委、区政府，市疾病控制中心和区卫生局。至12月31日，全区报告手足口病431例。其中，重症病例8例，无死亡病例。

（五）新发传染病防治

2006年8月29日，在小碧黑猪基地处理猪链球菌Ⅱ型感染疫情。对健康猪进行预防接种，对周围环境进行定期消毒，对所有工作人员进行预防性服药，经过处置后疫情得到控制。2007年，坚持“预防为主、属地负责、分级控制、快速反应、依法管理、科学防治”工作方法，防治传染性非典型肺炎和人感染高致病性禽流感，做到早发现、早报告、早隔离、早治疗“四早”防治，杜绝“非典”和人禽流感疫情发生与流行。

三、免疫规划及针对性疾病控制

1991年，世界卫生组织、联合国儿童基金和中国卫生部对娄底市普及儿童计划免疫第二个85%目标进行联合审评。通过审评认定，娄底市全程计划免疫达标。在全省抽检单位中名列第3名。1995年，“四苗”接种全程覆盖率为88.4%。1997年，控制输入性霍乱疫情流行，杜绝二代病例发生。1999—2003年，连续开展6次糖丸强化免疫活动。连续17年未发生小儿麻痹症，连续13年无白喉和新生儿破伤风病例发生。

2006年5月，麻诊症情呈地域性暴发流行趋势。区疾控中心制定疫情处理方案，抽调专业人员组成4支接种分队，重点对8月龄至8岁儿童进行麻疹应急免疫接种，历时15天。接种麻疹疫苗1.92万支3.84万人份，发放宣传资料4万份。2006—2008年，免费接诊结核病人4026人，实施霍乱内外检索1432份，处理霍乱疑似疫情11起。狂犬病疫情9起，流行性出血热疫情27起，不明原因发热疫情12起，自愿初筛艾滋病620人。全区未发生甲类传染病。

四、职业病防治

1989年，娄底市宣传贯彻《中华人民共和国尘肺病防治条例》《中华人民共和国放射性同位素与射线装置放射防护条例》《湖南省工业企业劳动卫生管理条例》《乡镇企业劳动卫生管理办法》（简称“三条例一办法”），增强广大职工法制观念，提高职业保护意识。开展预防性和经常性卫生监督监测、预防性体检和职业病普查。全年完成接尘工人4万余张健康卡填卡工作，建立粉尘作业工人数据库。1990年，开展职业病防治“三条例一办法”宣传，发放宣传小册子4807本，举办各类学习班24场，培训人员1.28万人次。组织全市范围内厂矿企业有关管理人员和接尘工人1.90万余人进行尘肺病防治条例考试。省卫生厅确定涟邵矿务局为全省试点单位，娄底市卫生防疫站组织专门力量配合省劳卫所、涟邵矿务局到牛马司煤矿进行尘肺病防治试点工作，协助建立防尘机构，配备专业人员，落实防尘经费，制定防护措施和各种规章制度。对4个单位新建、扩建工程进行预防性卫生审查，把住卫生配套设施“三同时”关口。对全市128个厂矿企业进行经常性监督监测，对粉尘危害严重又没有采取措施治理厂矿企业，发出《限期治理改进通知书》。对1437名新招职工进行就业前健康检查，建立个人健康档案。发现有职业禁忌症者，向有关部门提出改换工种建议。对在体检中发现慢性支气管炎或肺结核、心脏瓣膜病变、肝脏肿大、高血压、五官疾患、贫血及心电图异常改变等临床疾病患，提出诊疗建议。完成接尘工人建卡工作，建立粉尘作业工人数据库。在1989年基础上，重点进行填卡扫尾和考核验收工作，将4.87万张卡片资料进行编码输机。区卫生防疫站确定1名科室负责人和1名医师负责职业病和农药中毒报告工作，在全市开展1次职业病漏报调查工作。加强放射卫生和乡镇工业劳动卫生管理，改装市中心医院X光机，对乡镇卫生院X光机使用情况进行调查，并将调查情况上报省劳卫所。选择5个乡镇企业进行劳动卫生学调查。9名医务人员参加省尘肺病诊断学习班学习，7人参加职业中毒诊断学习班学习。1991年5月，开展尘肺病普查工作，普查单位64家。其中，市属企业20家，综合企业44家，5525人生产工人中接触粉尘作业人员3246人。对市属19家单位进行现场监测，监测点272个，合格点241个，合格率88.6%。其中，粉尘点35个，合格点12个，合格率34.3%。1992—1996年，全市设粉尘监测点1110个，通过测定，符合国家粉尘排放标准55个，合格率50%；设化学因素监测点52个，符合国家排放标准34个，合格率为65%，设物理因素监测点135个，符合国家排放标准34个，合格率60%。

1997—1999年，娄星区（娄底市）贯彻“三条例一办法”，开展劳动卫生监督监测工作，对粉尘危害严重，又长期没有采取措施治理厂矿企业，发出《限期治理改进通知书》，提出改进意见。监测私营企业、家庭式作坊70家，采样224个，合格率为56.4%。开展预防性体检和职业病普查，对发现其职业禁忌症的，向有关部门提出了改换工种建议，规范放射卫生和乡镇工业劳动卫生管理工作。2004年，举办《中华人民共和国职业病防治法》学习培训班，参加学习1983人次，对辖区内42家工矿企业、乡镇企业、个体私营企业职业卫生状况进行5次摸底调查，对15家企业下达限期整改意见书。设立“农民工维权与职业危害”投诉举报电话和举报信箱，收到投诉、举报案件10件，调查处理10件，处理率100%。

2008年，娄星区有职业病危害因素厂矿、企业168家。其中，煤炭行业22家（原煤生产5家、洗煤厂17家）、建材行业114家、冶金行业5家、化工行业9家、采矿行业1家、机械加工行业4家、有色金属行业1家、其他行业12家。8月26日至9月15日，对辖区168家存在职业病危害因素厂矿、企业单位进行职业病防治基本情况调查，对其中22家重点厂矿、企业单位提出限期整改意见书。9月16—27日，由区人大组织，区卫生防疫站对22家重点厂矿、企业单位进行专项整治。加强工业企业劳动卫生工作，加强职业病健康检查。全年体检4193人，其中，职业病健康体检278人，特种作业人员体检136人，食品、公共场所从业人员体检4059人。域内有50个厂矿职工医务室，有医务、保健人员700人，有尘、毒检测设备50台（套），价值200万元。

五、卫生监督

（一）传染性疾病监测

1992年，预防监测由娄底市卫生防疫站管理，主要实施霍乱、疟疾、AFP病例、艾滋病监测。全年完成霍乱疫原内环境检测321份，外环境检测48份。疟疾监测，全市7个疟疾血检站血检749人，疟原虫阳性数2人，阳性率0.21%，均为间疟，血检率0.20%，村庄覆盖率90%。伤寒、钩体监测，铁路医院上送7株，涟钢医院上交5株，通过地站送省站进行菌型鉴定。AFP病例监测，全市4所哨点医院有地区医院、市中医院报告3例AFP病例。经省站检测，全部排除脊灰病毒株。艾滋病监测，对煤炭一处援外人员、家属、医务人员抽血45人份，经省站检测，全部为艾滋病病毒抗体阴性。1993—2002年，每年开展1次传染性疾病监测。2003年，开展非典型肺炎监测，未发生“非典”病例。2004—2006年，每年开展1次传染性疾病监测，对重大传染性疾病实施重点监测，未发生传染性病例。

2007年，实施传染病防治霍乱监测。各乡镇均成立霍乱防治领导小组，区疾控中心成立机动队，定员30人，重点开展海水产品主动检索，内外环境检索。全区设外环境检索点10个，分别是交通沿线水体监测3个点，乡镇自来水厂水源水1个点，河水4个点，城市污水总排放口1个点，医院污水1个点。在区卫生监督所配合下，进行海水产品（螃蟹、虾米、鳙鱼头、鱼鳃）检测工作。至10月31日，全区完成霍乱外环境检索150份，内检索539份，检索率88.1%，未发现霍乱阳性样本。肠道门诊检查，市卫生局、市疾控中心、区卫生局、区疾病预防控制中心对全区各乡镇和城区医疗卫生单位进行霍乱等肠道传染病防治专项检查，重点检查肠道门诊建设、“逢泻必登、逢疑必检”等措施落实情况，对存在问题提出整改意见，进行相关业务技术指导。同时，对霍乱防治监测工作进行督查。处理上报疑似霍乱疫情2起，分别是娄底第四中学学生和杉山中学学生食物中毒事件处理。参加全市突发公共卫生事件应急演练，取得全市第2名。做好消毒药品、器械等相关物品储备，准备机动包5个。2008年，开展传染病监测。手足口病报告431例，其中重症病例8例。流行性腮腺炎监测，报告流行性腮腺炎325例。其中，学生及幼托儿童发病数为255例，占流行性腮腺炎发病总数78.5%，散居儿童发病数62例。

（二）环境卫生监测

1989—2004年，域内环境卫生监测工作常规性开展。2005年5月20日，娄星区创建省级卫生城市（简称创卫）。根据创建工作要求，开展小旅店、小超市、小餐饮店、小美容美发店、小歌舞厅“五小”行业环境卫生监测。9月，结合创建省级卫生城市，开展公共场所除“四害”和清理牛皮癣行动，全年体检和组织培训4500人次。

2006—2007年，“创卫”工作各项任务分解到科室，责任落实到人，并通过湖南都市、娄底生活频道、娄星频道等媒体对“创卫”工作进行跟踪报道。开展摸底清查和执法检查，全区有食品生产经营单位1773家，公共场所846家，从业人员6200个，属于“五小”行业1931家。其中，小餐饮店706家，小美容美发店446家，小歌舞厅42家，小旅店56家，小超市681家，办理卫生许可证有826家，未办理有1105家，办证但未年检219家。通过限期整改能够达到条件847家，取缔达不到卫生条件545家。

2008年，核发卫生许可证2460家，办证率达94%，发放从业人员健康证5622个，发放率90.4%，发现“五病”人员（呼吸道传染病、食源性疾病、狂犬病、意外伤害和慢性病急性发作）39名，全部调离岗位。限期整改126家，取缔达不到卫生条件33家。

（三）学校卫生监测

1989—1990年，每年完成7809名高考生体检，在市区中小学进行蛔虫感染率调查和驱蛔1.03万人，调查结果蛔虫感染率为53%，驱蛔后阴转率96%。以市三小为试点开展眼患病调查，调查在校学生1296名，查出患病者360人。1990年6月，实施《学校卫生工作条例》，开展学校卫生监督与管理工作，对9所学校食堂进行食品卫生监督检查，对其中2所学校食堂卫生工作发出整改意见书。同时，对2所学校3456名在校学生进行内科、视力、五官科等形体检查。1992—1994年，加强学校卫生监督检测，对学生生长发育情况进行统计分析，对城区中小学校进行健康体检，项目包括砂眼、蛔虫病、龋齿等学生常见疾病。1995年6月，根据《预防性健康检查管理办法》，对中小学生开展健康调查和健康检查。体检学校4所，体检人数7283人，进行内科、视力、五官科等形体检查。1996年，对中小学生开展健康调查和健康检查。体检学校8所，体检人数8450人。1997年，娄底市卫生防疫站从原职业病科安排3人组建学校卫生科，负责学校卫生监督和管理工作。1998—1999年，开展学生体检工作，参加体检学校38所，参加体检人数2.14万人。

2000年，娄星区开展学生体检工作，参加体检学校69所，参加体检人数4.97万人，体检内容为五官科、视力、血压、身高体重、肺活量。3—6月，开展学校、幼儿园食品、饮用水卫生安全整治工作。对学校、幼儿园食堂基础卫生设施与一般卫生状况、食品原料采购、索证与台账建立情况、食品从业人员健康证办理情况与卫生知识培训情况、食品卫生量化分级管理制度执行情况等进行监督检查。加强对各医疗卫生单位消毒监测，开展医院和诊所消毒监测工作和一次性医疗卫生用品回收处理工作，检查和开展消毒监测诊所271家，监测样品403份，合格355份，合格率88.1%，回收一次性医疗用品3吨。

2001—2003年，加强学校卫生教育和监测工作。每年组织开展1次学生体检，开展2次以上学校食品卫生状况检查和监测。2004年，加强诺如病毒感染性腹泻防控，对区直中小学、幼儿园、各乡镇中小学进行督查与开展健康宣教。督查检查学校、幼儿园68家，水厂1家，光荣院1家、敬老院1家。所检68家学校、幼儿园食堂、厕所、学生宿舍进行清扫消毒42家，占61.8%，建立健全晨检制度35所，建立传染病疫情登记报告制度24所。

2005年3—5月，对各中学、中心小学、幼儿园食品和饮用水卫生开展监督检查和专项整治。检查学校70所、食品生产经营单位105家。其中，持有有效卫生许可证19家。检查162名当班从业人员，取得有效健康证明56人；建立健全自身卫生管理组织和卫生制度18家；实行定点采购食品与食品原料并建立台账4家；82家餐饮经营单位防蝇防尘防鼠“三防”设施和消毒设施齐全24家。食品生产经营过程中不符合卫生要求78家，责令限期整改。

2006年，对大、中、小学校和托幼机构进行饮用水质监测检查。5月，组织全区性桶装饮用水专项整治，加强全区桶装饮用水市场卫生监督管理。对全区中小学生进行健康体检，检查3.93万人次，检查结果及时反馈给学校和家长，并对有关疾病提出指导性治疗建议。完成高考体检3023人次。学生报考专业受较大影响项目是乙肝表面抗原阳性和近视，分别达到40%和63%。

2008年，对全区13个直属中小学校和7个乡镇中学及3个街道中心学校进行健康检查，体检人数4.36万人。完成医院消毒检测样品360份，高考体检及教师体检3600人，尿检217人，食品检测10种，水质检测18个。

第三节　卫生保健

一、妇女保健

（一）孕产妇保健

1990—1998年，娄底市为全省妇幼卫生信息监测单位（即孕产妇死亡监测、5岁以下儿童死亡监测）。市妇幼保健院按照母婴保护法、妇女发展纲要、儿童发展纲要“一法两纲”及湖南省妇幼卫生信息监测工作要求，加强农村围产期保健措施、5项适宜技术培训及对高危孕妇筛查管理，提倡住院分娩、取缔家庭接生。1999年，孕产妇死亡率下降为54.47/10万，5岁以下儿童死亡率为19.6‰，住院分娩率为83.9%。2000—2007年，妇幼卫生被列入公共卫生工作主要内容，重点加强降低孕产妇及新生儿死亡、消除破伤风“二降一消”工作。2008年，全区产妇总数4628人，建卡4597人，产生访视人数达4399人，通过新法接生的人数达4609人，住院分娩率达99.6%，孕产妇死亡率下降为42.96/10万。

（二）妇女疾病防治

1989—2000年，妇女病查治被列入妇女发展纲要规划指标，在城区开展妇女病普查普治工作。2001—2006年，按照《中国妇女发展纲要（2001—2010）》《湖南省妇女发展规划（2001—2010）》和湖南省人民政府办公厅关于转发省卫生厅《湖南省农村妇女病普查普治工作方案》，开展妇女疾病防治工作。2007—2008年，成立娄星区妇女病普查普治工作领导小组，由副区长谢雪英任组长，普查普治工作办公室设区卫生局，印发妇女病普查普治宣传资料10万份，群众知晓率超过90%。2008年，娄星区政府办印发《娄星区农村妇女病普查普治工作实施方案》。建立农村妇女病普查普治工作制度，并与各乡镇、街道签订《妇女病普查普治工作目标责任状》。每年由区财政拨款9万元作为妇女病普查普治专项经费，并将妇科病治疗纳入新农合补偿范围。对农村已婚妇女每3年进行1次妇女病普查普治工作，妇女病普查普治对象为20～65岁妇女。是年，全区普查9.23万人。娄星区被列入湖南省妇幼卫生“降消”项目单位。全年住院分娩率达99.8%，新生儿破伤风和产妇褥热得到控制，孕产妇死亡率为25.6/10万，5岁以下儿童死亡率为10.15‰，婴儿死亡率为8.2‰。

二、儿童保健

（一）保健管理

1989—1990年，开展儿童保健系统管理，为儿童进行体格检查、生长发育和心理行为评估，进行心理行为发育、母乳喂养、辅食添加、伤害预防、常见疾病防治等健康指导，按照国家免疫规范进行预防接种。1991年3月，世界卫生组织、联合国儿童基金会和国家卫生部对娄底市计划免疫第二个80%目标进行联合评审，确认全程计划免疫接种率达99.5%，在全省抽检县市区中名列第3名。1991—1995年，每年为儿童进行体格检查、生长发育和心理行为评估，按照国家免疫规范进行预防接种。1996年1月1日起，统一使用出生医学证明。

1997—2000年，每年进行心理行为发育、母乳中喂养、伤害预防、常见疾病防治健康指导，进行预防接种。2001年，开展儿童早期智力开发与训练、脑瘫肢体综合康复训练、新生儿游泳等保健项目。2007年3月，区妇幼保健院成立儿科住院部，设置新生儿无陪病房，成为湖南省儿童医院临床医院。2007—2008年，救治极超体重儿86例。其中，双胞胎儿40例，三胞胎6例，最低体重儿为980克，免费发放出生医学证明。

（二）体格检查

1989—2006年，儿童保健工作职能由保健部承担。开展儿童系统管理，对7岁以下儿童进行健康体检，并对0～3岁儿童进行生长发育监测。每年儿童体检人数在3000人。2007年，区妇幼保健院成立儿童保健康复科，率先在全市范围内开展儿童保健、高危儿筛查、脑损伤早期诊断和康复治疗。2008年，对儿童进行健康体检和生长发育监测，儿童体检3450人。

（三）儿童疾病防治

1989—2006年，儿童疾病防治没有专门住院部，在市中心医院等重点医院设儿科，实施儿童疾病防治。2007年3月18日，区人民医院（娄星区妇幼保健院）成立儿科住院部，并设置新生儿无陪病房，成为湖南省儿童医院临床指导医院。儿科年住院病人700余例，年门急诊量达7万人次。开设儿童哮喘门诊，率先建立娄底市县级医院首家PICU，为危重症新生儿救治提供条件。开展小儿视频脑电图，为小儿神经系统疾病诊断提供依据；规范哮喘患儿长程管理，降低哮喘患儿发病率及住院率。新生儿科通过开展机械通气、高频振荡通气、NO吸入治疗、脐静脉置管、PICC置管、袋鼠式护理等技术，救治新生儿呼吸窘迫综合症、新生儿肺出血、动脉高压等危重症783人，降低新生儿的死亡率及转诊率。救治<1000克超低极低出生体重儿百余例，救治小于1500克极低出生体重儿342例。2008年7月1日，新生儿疾病筛查、新生儿听力筛查被纳入新农合报销范围。

第四节 爱国卫生

一、爱国卫生月活动

1990年4月4日，娄底市开展全市爱国卫生月（简称爱卫月）活动。城区近万名机关干部及学校师生上街参加卫生劳动，清除垃圾100余吨，清除卫生死角56处。是年，发动群众开展“爱国卫生月”活动，重点整顿市容、治理环境。全市出动4万余人次，清理卫生死角760余处，清除乱堆建筑材料4万余吨，清除杂草，平整场地8万余平方米，疏通排水沟2万余米，市区7条主要街道、20多条背街小巷卫生面貌好转。同时，组织公安、交警、城管、工商等执法部门整顿火车站、汽车站和主街道摊担。清除影响市容违章建筑82处，拆除违章棚点57处，取缔无证摊贩280余个，清除路障180处，纠正各种违章5200余次。1991年，开展“爱国卫生月”活动。组织1000余人游行队伍和8台宣传车，对“爱国卫生月”活动进行宣传。全市组织2万余人次参与清扫及疏通渠道、平整地面，清除垃圾。市政府投资268万元，铺设1.10万米下水道，平整机动车道1万平方米，硬化人行道3000平方米，新开道路6000平方米，维修下水道6000米，新建高台垃圾站2座，绿化覆盖率达27.8%。工业废水处理率达99.7%，城市地面水高锰酸盐指数均值为2.74毫克/升。城区环境及交通干线噪声、工业固定废物综合利用率、饮水水源、水质各项指标达到标准，大气污染浓度低。经省卫生检查团检查，娄底市城市卫生达标。1993年4月，全市参与整治环境卫生达8万余人，清除垃圾590余吨，填平道路5000平方米，修整绿化带2500米。突出整治车辆乱停、摊贩乱摆、墙上乱贴、脏物乱丢、棚点乱搭。市政府领导在城区5处繁华场所现场办公，解决问题。撤除违章建筑105处，对车辆、摊贩、棚点进行规划、定点、定位、归类处理。

1996年，分别在地、市广播电台，电视台开辟《环保之声》《兰天在呼唤》《卫生与健康》等专题节目。5月，组织4000名学生组成10个彩色方块队上街进行宣传。1997—1998年，成立娄底市公共卫生“三维护”活动领导小组。加强爱卫工作组织建设和爱卫工作宣传。各单位、乡镇、街道爱卫工作实行专人负责，各配套经费1万元。制定卫生管理、检查制度，设立固定宣传栏，设立文明卫生警示标牌，开展健康卫生宣传活动，群众卫生知识普及率达80%。在公共场所设立垃圾收集设备，公共厕所均为水冲式，配备保洁员。城区可绿化面积绿化率达90%以上，各单位设立自行车、机动车停车棚（库），院落无违规养家禽、家畜和种植蔬菜现象。1999年4月是第11个爱国卫生月，娄底市开展“99卫生防疫大行动”。因市改区工作的进行，经请示省卫会同意，第四次全国城市卫生检查免检，市爱卫委员部门采取多种形式进行宣传。市建委组织40辆彩车配合市容市貌整治进行3天宣传。爱卫办印发各类宣传资料3000余份，制作爱卫宣传栏1期，阅读观众达4000余人次。发动组织全民上街义务清扫卫生突击活动5次。巩固灭鼠先进市成果，开展灭蟑活动，投放灭蟑药12万支，灭蟑毒饵4000盒，控制“四害”密度。2000—2007年，娄星区每年组织开展1次“爱国卫生月”活动，结合卫生单位、社区创建开展爱国卫生活动，整治市容市貌和农村村容村貌，清除“四害”滋生场所。

2008年4月是第20个爱国卫生活动月，开展以“城乡联动整治共创清洁家园”为主题爱国卫生月活动。3月底，区委副书记、区长、爱卫会主任陈明华主持召开爱卫会全会。爱卫办发放《关于开展第二十个爱国卫生月活动的通知》200余份，健康宣传资料1000余份，出墙报橱窗50期次。4月12日，区爱卫办组织城区机关干部和中小学生进行上街清扫活动。铲除暴露垃圾200余吨，清除蚊蝇滋生地和背街小巷、铁路沿线、涟水孙水河两岸、城乡接合部卫生死角30余处，清理空坪隙地白色污染。修缮清理各类垃圾箱、果皮箱、护栏，修整路面和人行道，疏通下水道20余处，修剪绿化带、花坛。整治乱搭乱建、乱堆乱放、乱贴、乱画、车辆乱停放及不规范的牌匾、广告3000余处。在农村，整治村镇路边沟渠，取缔露天粪缸，治理垃圾乱堆、乱倒，加强人畜粪便无害化处理。开展卫生单位、卫生社区创建活动。4月，区爱卫办联合城乡建设办对区辖单位、社区公共场所、背街小巷进行卫生检查，评比出优秀、合格、不合格单位，并予以公示，对不合格单位开出了限期整改通知单，并督促落实。加强农村饮用水监测，区爱卫办与区疾控中心对茶园、万宝、双江、石井、百亩等乡镇水厂10个点抽取水样进行水质监测，结果均达标。配合市爱卫会开展以灭鼠为重点春季除"四害"活动，降低鼠密度。

二、改水改厕

1991年，娄底市完成农村改厕39个，新建校园厕所8座，设立城区公厕2座。建设农村自来水工程5处，解决6200人饮水问题；建手压机井210个，解决1200人饮水问题；改造大口井20处，解决4300人饮水问题，农村饮用清洁卫生水人数达79%。1993年，新增饮用卫生水1.54万人，新增自来水3处，解决5476人饮水问题。改建卫生厕所1.27万个，其中无害化三格式厕所8230个。1994年，农村初级卫生保健工作经省验收通过，被省评为合格市。1996年，市环卫基础设施基本配套，有公厕28座，其中水冲式厕所23座。1997年，农村饮用清洁卫生水人数达98%，其中饮用自来水人数达43%。农村现有无害化厕所13.20万户，卫生厕所普及率达80%。1998年，全市筹集资金60余万元，新建小型自来水工程6处，新增饮用人数2040人，打手压机井196口，解决1320人饮水问题，改建大口卫生井46口。新建改建卫生厕所277个，其中，水冲式厕所91个，无公害厕所52个。至年底，全市饮用清洁卫生水人数达17.42万人，占农村人口96.7%，其中饮用自来水人口10.37万人。修建卫生厕所3.59万座，其中无害化厕所7600座，享有1卫生厕所总人数14.36万人。1999年，开展创建卫生村镇活动。解决个别组"饮水难"问题，农村卫生厕所在上年基础上递增10%。

2000年，娄星区成立农村改水改厕领导小组，在万宝镇万宝村进行改厕试点，新建标准化三格式无害化厕所60余个。8月，省、市爱卫办对万宝村改厕进行达标验收。全区新增饮用卫生水人数900人，新增自来水3处，解决500人饮水问题。改建卫生厕所100个，其中无害化三格式厕所60个。2001年，制定《娄星区农村改水改厕"十五"规划》。农村改水改厕方面，农户一家一户或一家几户投资数千元挖深井，建水塔。百亩乡荷叶、赛辉村30%家庭购设备组成家庭式自来水站。万宝镇万宝村、百亩乡共荣村一村或几村村民小组共同投资上万元联合筹建小型自来水站进行统一供水。双江乡横石村投资万余元，从2千米外涟源市境内引山泉水，解决全村200余人人畜用水问题。西阳镇由镇政府牵头，多方筹资17万元，延伸城市供水管网达4千米。鼓励和引导农村改水工作，区爱卫办为8个改水村（点）提供改水资金3万余元。至年底，全区农村改水受益人口17.65万人，占总数的96.8%。建自来水厂站154个，手压机井5376台，用于改水投资31.50万元。农村改厕54890户，改造三格化粪池式6789座，其他类型46685座；当年改造三格化粪池式210座，其他类型厕所78座。新增公厕545座，改造公厕237座。2002年，10个乡镇实施12个改水改厕重点项目，投入资金6万元，直接受益村民1200余人。2003年，区爱卫办和红十字会牵头，争取国际红十字农村改水改厕国际援助项目，完成茶园、万宝2个村1000户农村改厕项目。2004年，政府投入改水资金5.50万元，群众集资70万元，新建小型水厂2个，新增受益人口2000余人。国家、集体、个人投资改厕38万余元，新增厕所600余座。2005年，推进社区环境卫生管理工作，对涟水河沿岸老居民户一些旱厕采取"一改"（改水冲式）、"二封"（封闭厕坑改作他用）、"三拆除"方式，解决环境污染问题。在中心城区新建10座高标准公厕，对34座对外社会公厕进行改造并全部投入使用。

年底，全区农村自来水普及率达90%，卫生厕所普及率达85%，其中无害化卫生厕所达45.2%。

2006年，按照国务院关于加强农村卫生工作指示精神，开展农村卫生户厕改造工作，以改厕带动农村爱国卫生工作开展。全年完成500座农村户厕改造任务，同时对城区少数旱厕和直排式户厕进行排查，做到排查1座改造1座。2007年，配合社会主义新农村建设，确定大科街道大新村作为2007年农无害化卫生厕所改造项目村，改建三格式无害化卫生厕所100户。2008年，加强农村安全饮水工程建设，开展农村饮用水水质卫生监测、评估。普及卫生厕所，加强粪便无害化处理。坚持群众自愿原则，分别采用三格式化粪池、三联沼气池等形式进行改厕。

三、健康教育

1990—2005年，每年开展1次健康教育和提高全民卫生防病知识教育活动，举办培训班23期，参加培训人员1314人次。每个村（居）建立1个卫生宣传网点，配备专兼职宣传员237人。2006年，制定《娄星区2006年健康教育工作计划》，巩固和完善全区健康教育网络。举办改水、改厕、健康教育讲座2次，参加单位120个，参加人员350人。2007年，社区卫生服务中心针对高血压、糖尿病、肿瘤、心血管疾病采取干预措施，以学校及社区居委会为依托，普及各种疾病防治知识。乡镇和街道均设置有健康教育宣传栏。2008年，举办各类健康教育讲座20次，听健康教育课达400余人次，举办义诊咨询12次，发放各种健康教育资料、处方20余种4万余份，出健康教育墙报10期。城市居民基本卫生防病知识知晓率为88%，城市居民基本卫生防病行为形成率为86.7%，农村居民基本卫生防病知识知晓率为78.9%，农村居民基本卫生防病行为形成率76.6%。

四、卫生创建

1990年，娄底市启动创建国家卫生城市（简称创卫）活动，成立市启动创建国家卫生城市工作领导小组，7月召开全市动员大会。是年，获全省“卫生达标市”。1992年7月，成立娄底市灭鼠杀虫服务部，开展灭鼠、灭蚊、灭蝇工作，消灭传染媒介和病源。1993年3月，灭鼠杀虫服务部更名为娄底市卫生服务部。每年组织开展常规灭鼠、杀虫2次。1995年，获省爱国卫生运动委员会授予“灭鼠先进市”称号。1996年，娄底市城区卫生在全省15个创卫县级市中排列第3名，被评为“甲级卫生城市”，乐坪东街被省人民政府授予“省样板街”称号。1998年，规定每月第1个星期六为集中上街清扫日活动，市爱卫办组织开展3次集中灭鼠灭蟑活动。是年，在全国城市环境综合治理检查评比中，娄底市获“优秀城市”。1998年，有90个单位建成省级文明卫生单位，10所乡镇卫生院均达到无危房，人员、房屋、医疗设备用品配套“一无三配套”建设标准，190个村卫生室达到有合格乡村医生、有检查诊疗用房、有常用药品、有必要医疗设备、有防保工作登记卡册和宣传阵地、有诊断处方专用登记本和收支账本“六有”建设标准。2005年，在开展创建省级卫生文明城市活动中，春秋两季组织开展灭鼠、灭蟑、灭蝇活动。2008年，120个单位建成省级“文明卫生单位”。

五、病媒生物预防控制

1989—1992年，每年开展春秋2次突击灭鼠活动，各单位将常年灭鼠工作列入工作日程。娄底市被评为创建灭鼠先进市。1993年，娄底市城区鼠密度基本达到国家标准。1994年，除“四害”更名为病媒生物预防控制。病媒生物预防控制工作是创建国家卫生城市一项重要工作，控制和消除鼠、蝇、蚊、蟑螂等病媒生物危害，防止疾病传播。1995—2008年，每年4月和9月统一时间、统一投放药物溴敌隆灭鼠，机关单位、街道社区、企事业单位采用1周4次饱和投饵法，粮站、饮食行业与食品加工销售单位采取2周8次饱和投饵法，灭鼠饵覆盖率和毒饵到位率达到98%。每年5—10月开展灭蚊、蝇、蟑螂活动，以辖区和部门系统为单位，集中15天时间，重点进行蚊、蝇、蟑螂的药物喷杀，对蚊、蝇、蟑螂滋生地进行铲除治理。

第五节　卫生管理

一、医疗机构管理

1989—1997年，娄底市医疗单位和医疗队伍逐年增加。1998年，辖区各级各类医疗卫生机构发展到36个，医院床位2017张，卫生工作人员3452人，其中卫生技术人员2584人。每千人口平均床位5.26张，平均卫技人员6.74人，高于全地区均值2.24张和3.12人水平。全市农村有乡镇卫生院10所，村卫生室190个，乡村医生230人，接生员197人。基本形成以市区为中心、以乡镇为枢纽、以村为基础的三级医疗卫生保健网，群众看病基本上做到小病不出村、大病不出乡镇、难病不出市区。

1999—2007年，娄星区建立和完善医疗质量、安全控制制度。各单位成立以院长为组长医疗质量控制小组，强化病案质量管理，开展病历书写比赛等技术操作比武、岗位练兵活动。加强“术前讨论、三查（操作前查、操作中查、操作后查）七对（查对床号、查对姓名、查对药名、查对剂量、查对时间、查对浓度、查对用法）”，危重病人集体会诊抢救等医疗规程，严格遵守无菌操作，预防医疗感染，做到诊疗操作规范化、质理控制制度化、质量控制制度化。协调处理6起医疗纠纷。2008年，指导建设示范村卫生室9家，示范医务室所4家，示范医院1家，扩建中医医院1家。协助查处非法行医40起，清理整顿30家，与市卫生局联合规范医疗机构406家，整顿医疗机构2家，调解医疗纠纷30件，办理医疗机构许可证投诉30件。组织医务人员业务培训360人次，换发医疗机构许可证50家。开展医院与管理年活动和“平安医院”创建活动，提高医疗质量，改善服务态度，强化医疗安全。

二、农村卫生事业管理

1991年，娄底市有乡镇卫生院10所，下设分诊所10处，开设医疗科室30个，病床119张，村卫生室199个。年内，西阳乡卫生院自筹资金50万元，新建门诊、办公楼1960平方米；涟滨乡卫生院自筹资金35万元，新建门诊住院部1400平方米。1994年，10所乡镇卫生院初级卫生保健工作经省验收确定为合格。1995年，有乡镇卫生院10所，下设分诊所12处，开设医疗科室35个，病床130张，村卫生室190个。杉山镇卫生院投资50万元，新建门诊综合楼1200平方米；石井乡卫生院投资50万元，新建门诊综合楼1500平方米；小碧卫生院十字诊所、万宝卫生院石埠诊所、百亩卫生院大河坝和楂林诊所投资50万元，进行危房改造。政府拨专款25万元，各乡镇配套17万元，投入各乡镇卫生院开展初级卫生保健工作。1998年，域内有乡镇卫生院10所，下设分诊所12处，开设医疗科室40个，病床135张，村卫生室190个。10所乡镇卫生院均达到“一无三配套”（无危房，人员、房屋、医疗设备用品配套）建设标准。190个村卫生室均达到“六有”（有合格乡村医生、有检查诊疗用房、有常用药品、有必要医疗设备、有防保工作登记卡册和宣传阵地、有诊断处方专用登记本和收支账本）建设标准。

2004年，娄星区有乡镇卫生院7所，下设分诊所10处，开设医疗诊室42个、病床140张、村卫生室158个。区人民医院自筹资金1000万元，新建高标准住院医技大楼6800平方米，年底投入使用。茶园卫生院投入资金60万元，新建门诊大楼1186平方米，9月竣工投入使用。2008年12月，全区有乡镇中心卫生院7所，卫生院占地面积3.48万平方米，建筑面积1.85万平方米，业务用房1.27万平方米。下设分诊所10处，开设医疗科室42个、病床140张，大中型医疗设备39台（座），价值187万元，固定资产985万元，建立健康档案10.50万份，年收入712万元。村卫生室158个，乡村医生158人、接生员158人，妇幼保健员158人。

三、血液管理

2000年，娄星区开始推行无偿献血制度。是年起，全区每年献血任务为400人次。红十字会执行《中华人民共和国红十字会法》《中华人民共和国献血法》，招募无偿献血志愿者320人，确保全区临床用血安全和供应，预防和控制经血液途径传播疾病。实现由计划献血向自愿无偿献血转移，由随机自愿献血向固定、预约自愿献血转移，由一次偶然自愿献血向多次、重复自愿献血转移。2007年，娄星区无偿献血领导小组成立，在区卫生局设无偿献血办公室。每年发出无偿献血任务完成情况和无偿献血知识宣传举办报4期。2008年7月3日，区红十字会和市中心血站在区人民政府大院开展“世界献血者日”无偿献血知识宣传、血液采集、无偿献血志愿者招募和文艺演出活动。区委、区政府主要领导带头无偿献血，当日参加无偿献血65人，招募无偿献血志愿者120人，发放宣传资料2000份。因地处中心城区，娄星区血液管理由娄底市中心血站管理。

第六节　食品药品监督

1989—1998年，娄底市防疫站负责监督管理食品卫生工作，主要职能包括流通、餐饮和生产（小作坊）监督管理。1999年7月，更名为娄星区防疫站。2005年1月，在娄星区防疫站基础上成立娄星区卫生监管所。2006年，因机构职能划分，娄星区卫生监管所流通监督管理工作划转入工商局，生产（小作坊）监督管理职能划转入质监局，娄星区卫生监管所只负责餐饮监督管理工作。2000年，机构改革，药品质量检查工作职责由娄底市药品监督管理局承担。

1989—2005年历任防疫站站长：伍定华、陈毅宏。2005—2008年，娄星区卫生监管所所长：陈毅宏。

一、食品安全监督

1990年，娄底市防疫站围绕食品卫生达标活动和迎接全国卫生大检查开展工作，对全市经营单位分行业进行5次检查整顿，召开各种食品卫生监督管理协调会11次。监督检查5531家次，取缔杉山个体冰厂1家，行政处罚308家次。其中，限期整改157家次，对4265名食品从业人员进行健康体验，13名患有5种传染病从业人员全部调离食品生产、经营岗位。复核办理卫生许可证2198个。监测9类249件食品样，合格205件；抽查餐馆食具样160个，合格131个；抽查食品批发部从外地购进的食品，索证率为97.5%。10月下旬，城区首次推行一次性卫生筷。全年未发生食物中毒事故，在全国爱卫检查中获全省地辖市第3名。1991年，开展卫生执法年活动。3月，采取广播、板报、发放文件和宣传资料、法规知识咨询，放映幻灯、电视录像、出动宣传车、举办展览等形式进行社会动员。在市广播电台开辟“空中门诊”“卫生与健康”2个专题节目，出各种板报109期，设立卫生法规咨询点6个，制作宣传版面16块，展览伪劣变质食品20余种，出动宣传车2台次，宣传58场次，发放各种卫生法规和卫生宣传资料3000份，电影公司放映卫生宣传幻灯145场次，接待咨询1万余人次。5月，市政府召开卫生执法年协调会。6月，市人大常委会对食品卫生法贯彻执行情况进行检查，副市长、市食品卫生领导小组组长李毓阶先后5次听取食品卫生监督汇报，召开食品卫生监督协调会4次。实行责任分工，市卫生局将城区按地理位置划分黄泥塘、火车站、花山、乐坪4个监督区域，由市防疫站协调，娄底地区、娄底市、涟钢、娄底火车站4个防疫站分别承担4个地段监督监测任务。农贸市场卫生监督由工商部门负责，街旁食品摊担监督管理由市容监察队聘任7名卫生检查员，以市容监察队监督为主，家禽、家畜肉类监督以畜牧畜检部门为主。由市政府牵头，组织卫生防疫、标准计量、工商、物价、城管、公安对副食加工行业和集贸市场进行突击食品卫生检查和整顿。全年开展3次突击检查，取缔13家无证非法经营副食品加工厂。1992年，开展食品卫生监督执法检查90次，检查食品生产经营单位4858家，处理违法案件365家次，取缔非法厂店2家，销毁变质食品1.1万千克（瓶、盒），货值2.87万元。1993年，食品卫生法颁布实施十周年，市政府召开食品卫生领导小组和食品卫生执法协调会，市委、市人大、市政府领导参加食品卫生执法检查，与工商计量标准、城管监察、爱卫、公安、防检等部门联合执法6次，各级防疫站联合执法3次。1995年，培训配备食品监督检查员90名，从业人员参加体检1400人。在从业人员体检中，发现68人患有传染病，65人调离岗位。检查食品生产加工销售厂家120个，查封销毁不合格产品270千克，行政处罚34家。1996年，加强预防性卫生监督，对于新开业食品卫生经营单位做到选址设计、建设施工、竣工验收三到现场，严把开业审批关。加强经常性卫生监督，对全市1026家食品生产单位巡回监督8683家次，对违法严重的297家次给予行政处罚，销毁过期变质食品3.06万千克，责令停业改进2家，监测各类食品482件，合格437件，合格率90.7%。

2000年，娄星区防疫站开展各种食品卫生监督检查8次，出动卫生监督员230人次，检查450家次，行政处罚47家，警告限期整改35家，停业整顿7家，查处销毁变质食品1130千克。2004年，区卫生监督所定期开展食品卫生专项监督检查。

2005—2008年，全区查处食品生产经营单位560家。其中，查获不符合食品卫生要求食品及原料300千克，处罚120家，取缔20家，对480家提出整改要求。出动卫生监督员1000人次，出动宣传车和执法车辆80台次，检查餐饮单位2000余家，对858家餐饮单位提出整改意见，与1600家餐饮经营单位签订食品安全责任书。对辖区内55所学校，80所托幼机构周边商店、餐饮服务行业每年开展2次以上重点监督检查。2008年9月，应对“奶粉事件”，制定《娄星区关于做好食用含三聚氰氨奶粉的婴幼儿医疗救治应急方案》，开展专项集中行动。对城区和7个乡镇食品超市、批发部进行全面检查，对96家食品批发、零售超市中69个规格品种婴幼儿奶粉均进行逐项清理登记。抓好学校卫生、重大节日会议预防性监督保障工作，加强学生高考、中考期间集中食宿场所卫生监督执法工作。未出现食物中毒、人员伤亡事件。

二、药品安全监督

（一）药品监督检查

1990年，贯彻执行药品管理法及其实施细则，加强药品管理。全年查处制售假劣药品违法案件34起。其中，千元以上案件4起，停业整顿或限期整顿5家，取缔非法经营药品店堂5家，查处伪劣中西药品207种次，价值9435元，罚款4000元。全市中药合格率96.6%，西药合格率99.6%，中成药合格率99.8%。1991年，组织全市范围内各级各类医疗、医药经营单位及个体药店在小碧乡卫生院召开药品管理工作现场会。1994年9月，根据国务院《关于进一步加强药品管理工作的紧急通知》精神，联合公安、工商等有关部门开展打击制售假冒伪劣药品违法犯罪活动，把依法查处制售假冒伪劣药品等违法违纪案件列入反腐败工作范畴。1995—1997年，取缔非法药品生产、经营企业55家，查处假冒伪劣药品827种（次），价值11.26万元。对25家有违法行为单位进行行政处罚，罚款5.86万元。娄底大市场非法经营药品的店家全部取缔。1998年，开展药品质量检查，中药饮片合格率为95.8%，西药和中成药合格率为99.5%。

1999年7月，由娄星区纪委牵头，卫生、工商、物价、公安等部门联合组成医药购销不正之风整治办公室，开展医药市场治理整顿。2000年，贯彻国务院、卫生部和省卫生厅“规范和整顿市场经济秩序电视电话会议”精神，每年开展1次全区性整治和规范行动，打击制售假冒伪劣食品、化妆品等与健康相关产品违法行为，清理非法性病诊疗机构和非法宣传广告。是年，查处各类案件163件。其中，查处大案要案5件，各类案件标值32万元；查获各类物品6.10吨，其中查获并销毁过期变质食品5.60吨；查获不符合卫生标准化妆品0.50吨，罚款1580元；捣毁制假销售黑窝点7处，停业整顿13家，吊销卫生许可证3家。对3起药品犯罪案件犯罪嫌疑人移送给司法机关处理。2001年，娄底市药监局出动执法人员80余人次、执法车25台次，开展7次集中整治行动，端掉非法经营药品窝点15个，没收中西成药7014种次，涉案药品价值近40万元。2002年9—12月，娄星区集中3个月时间对农村医药市场进行清理整顿，成立领导小组，由区医药整治办牵头，工商、物价、公安等部门配合，分2个组对农村非法医疗市场进行集中整治。清查医疗单位42家，没收销毁假冒伪劣药品器械价值2.90万元，罚款3200元，取缔非法医疗诊所药店15家，自行关闭8家。

2008年，开展打击非法行医活动。出动卫生执法人员1011人次，执法车辆118台次，对辖区内249家医疗机构执业情况进行监督检查，查出无证行医诊所18家，依法取缔7家，收缴药品13件。

（二）药品质量检查

1999年，娄星区先后用4个月时间，对全区医药市场进行集中整治。对区内532家医疗机构逐个检查，其中无证医疗机构108家。对非法医疗机构分别采取摘牌停业、没收医疗器械、处以罚款等惩治措施，共取缔非法医疗机构50家。2000—2008年，每年不定期组织开展医药市场集中整治行动，取缔无证医疗机构48家，取缔非法医疗机构12家，取缔非法批发中西成药4家、零售药店6家。

（三）特殊药品管理

1989—2000年，娄星区（娄底市）卫生局负责对医疗机构使用麻醉药品、医疗用毒性药品、精神药品等特殊药品进行监督管理。对药品使用单位特殊药品“购用卡”进行资质审查；对需使用麻醉药品和第一类精神药品病人发放“麻醉药品购用卡”和“精神药品购用卡”。2000年后，特殊药品管理上划娄底市卫生局管理。

第二章 科 技

1989年，娄底市科学技术委员会为政府工作部门。是年，市科学技术委员会设立娄底市科技情报研究所。1990年4月，设立娄底市地震办和市新材料研究所。1994年10月，更名为娄底市科学技术局，为政府组成局，内设办公室、财务股、业务股、地震办、纪检组。1996年，撤销新材料研究所。1999年，更名为娄星区科学技术局。二级机构有知识产权局、地震局、科技情报所、新材料研究所。群团组织有科学技术协会（隶属党群系统）。2002年10月，娄底市地震办更名为娄星区地震局。2004年2月，娄底市科技情报研究所更名为娄星区科技情报所。2005年，内设机构有办公室、财务股、业务股、地震办、知识产权办、纪检组。2006年6月，设立娄星区知识产权办。2007年9月，知识产权办更名为知识产权局，隶属区科技局。至2008年，内设机构不变。

1989年，娄底市有专业技术人员1.39万人，科技人员数占全市人口4.8%。其中，自然科学人员6638人，高级技术职称274人；社会科技人员7289人，高级技术职称165人。1992年，市委召开“科技兴娄”大会。各乡镇（街道）配备科技副乡镇长，成立农科教中心。1994年，市委、市政府出台引进人才相关文件，鼓励科技人员合理流动，壮大科技队伍。1995年，全市有各类科技人员2.16万人。其中，高级职称385人，获得国家级、省级“有突出贡献”称号的科技人员8人。1996年，乡镇企业转体变型，娄底市把工作重点转移到发展民营经济，着重培养民营企业科技人才。2003年，娄星区有民营科技企业12家，民办科技机构5个，民营科技企业从业人员达5000余人，其中高科技人员300余人。2005年，区委、区政府制订“科技兴农”计划，培养农业科技人才，发展种养大户，建立农业科技队伍。2008年，全区有专业技术人员4.476万人。其中，高级技术职称2560人，中级技术职称1.65万人，初级技术职称2.57万人。

1989—2008年历任科技局局长：魏子吾、王建华、刘鹤成。

第一节 科技规划

一、长期规划

1989年，娄底市政府制定《娄底市1989—2000年科技发展规划》，确定“七五”“八五”期间科技发展战略，开展科技攻关，推广和应用科技成果，加强科技新产品开发和科技队伍建设。规划目标是：到2000年科技进步创造产值比重由1988年的30%提升到65%，科技产业产值达到12亿元。部分产品科技标准达到国家水平，钢铁工业技术水平达到国家和世界先进水平。

2001年，娄星区制定《娄星区2001—2015年科技发展远景规划》。确定目标是：到2015年科技进步对经济增长贡献率达到70%，工业科技水平指数达到10，农业科技水平指数达到8，医疗卫生科技指数达到9。全区达到省级先进科技水平项目120项，达到国家级先进科技水平项目40项，专利申请产品200件，全区科技产业产值达40亿元。

二、中期规划

1986—1990年，制定娄底市科技发展“七五”规划。全市科技攻关项目50个，其中，农产品深加工项目、农业新品种项目20项，工业项目22项，医疗卫生项目6项，教育项目2项。1991—1995年，制定娄底市科技发展“八五”规划。其间，全市重点科技项目70项。其中，农业科技项目20项，乡镇企业科技项目10项，工业项目30项，医疗卫生项目10项。

1996—2000年，制定娄星区（娄底市）科技发展“九五”规划。以推广和研发农业科技为重点，研制和推广柑橘、杨梅、板栗等优质水果品种，建成科技“水果市”。加强科技人才培养，建设跨世纪高水平科技队伍。实施科技项目80项。至2000年，全区科技产业产值18亿元。

2001—2005年，制定娄星区科技发展“十五”规划。重点促进产业技术升级和提高科技持续创新力，促进经济结构战略性调整。组织和实施农业示范基地建设，发展种养殖业。至2005年，全区养殖生猪150万头，肉牛5万头，山羊20万只，家禽1000万羽，水产品总产量8000吨。建设科技兴农网络，覆盖全区各乡镇。调整和优化工业经济结构和产业结构，完成涟钢扩建和产业升级。全区环境科技以涟水河水域环境综合治理、水处理技术开发与研究为目标，淘汰和处置落后工业企业，建立优质生态环境。至2005年，全区科技产业产值达24亿元。

2006年，制定娄星区科技发展“十一五”规划。至2008年，娄星区科技进步对经济增长贡献率达60%，全区研究与开发科技经费达到全区生产总值（GDP）2%，科研支出900万元，科技水平指数达到20，科技项目220项，高新技术产业产值增加值达42亿元。

第二节 科普工作

一、科普宣传

1989年，成立娄底市创建全国科普城区工作领导小组，科技局会同宣传部、科协、广播电视局和娄底广播电视台等单位组织科普宣传。2001年起，每年5月第三周在全区举办“全国科技活动周”活动，开展主题宣传。全区建科普宣传橱窗17处，科普宣传栏31个，科普活动室8个。举办大型专题科普活动5次，发放科普资料3万余份。2002年，娄星区建立社区科普文明示范工程。组织“科技创造未来”科技周活动，48个单位参加，接待群众5万余人次，发放科普书籍8500本，资料8万份。2003年，区卫生局牵头举办“依靠科学，战胜非典”主题活动，发放资料10万余份。2004年，全区举行“科技下乡”专题活动，参加人数4万余人，发放科普资料2万余份、科普图片8000余份。娄底广播电视台设专题科技节目，每日定时播放。2005—2007年，科普宣传主题是“携手共建美丽娄星”，发放资料8万余份，书籍2万册。2008年，开展“科技振兴娄底”专题活动，45个单位参加，接待群众2万余人次。

二、科技培训

1989年，娄底市成立市农业广播学校，开设农村干部、财会、农业等函授班，学制3年，培养农村致富带头人。1992年，各乡镇成立农科教中心，全市培训农业人才1.20万人次。1998年，市农业广播学校开设农业函授大专班，举办培训班20期，培训人员6000余人。1999年，娄星区医学会组织乡村医生128人参加医疗技术培训。2000年，区农机学会培训农机驾驶员205人。2001—2008年，培养农业合作社和私营企业科技人才。举办培训班40期，培训专业人才18万人次。至2008年，全区举办工业、农业、教育、医疗卫生等各类培训班595期，培训专业人员28万人次。

三、科技下乡

1989—1999年，娄底市科技局开展农业产、供、销“一条龙”服务，完成农产品品种改良项目98个，建立科技示范户1260户。2002年，娄星区科技局开展送政策、送培训、送岗位、送项目、送服务“五送”活动。至2008年，全区累计组织科技下乡活动495次，提供科技信息1230条，为企业解决难题130个，送科普资料14万份，送科普光碟20余万盘，送科普挂图1万余张。

四、科技咨询

1989年，娄底市科技局签订科技咨询合同10份，解决科技难题20个。1990年，市林学会结合“水果市”建设，组织科技下乡咨询活动，组成专家对全区土壤检测，提供技术、果树苗，全市种植水果6667公顷。1991—1997年，市煤炭协会组成科技咨询队进矿区，接受科技咨询人数200余人次，解决疑难问题100余个。2000—2008年，娄星区农业协会为农业合作社、农业专业户提供农业项目和农业科技。20年间，免费提供各类科技咨询项目200余个，服务3.20万人次。

五、学术交流

1989年，娄底市建立工业学会、农业学会、水利学会、中医学会等20个专业学会（协会）。市科协牵头，围绕科学发展及行业经济发展开展学术交流。各学会（协会）创办学术刊物，编印专业技术资料，开展学术交流活动。1990年，组织600余名副科级以上干部听取中国工程院院士何继善科普学术报告和北大教授王林所作《国际国内经济形势分析》报告。1991—1995年，选派优秀人才到发达地区挂职锻炼，聘请发达地区优秀人才到娄底挂职，汲取和借鉴先进经验。

至2008年，组织学术交流会76次，交流学术论文800余篇，参加人数5万余人次。

第三节　科技成果

1989—2008年，娄星区（娄底市）组织申报科技发展计划项目614项，实施科技成果项目326项。其中，3项获国家级科技进步奖，84项获省级科技进步奖，65项获市级科技进步奖。2008年，全区实现高新技术产业总产值49亿元，增加利税5.88亿元，占全部工农业增加值25.4%，增长15%。

一、工业科技成果

1989年，《娄底市1989—2000年综合发展规划》获全国先进科研项目。万宝镇评为全省优秀乡镇企业单位，拥有固定资产1262万元，研发微型农用水泵获省科技进步二等奖。1991年，市特种耐火材料厂有4项技术获省、地、市科技成果奖。1992年，市毛巾厂2项针织产品获省科技成果奖。1993年，市塑料厂聚氯乙烯（PVC）浮雕发泡壁纸获省科技成果进步奖。1994年，涟钢螺纹钢获国家银质奖，列入国家免检产品。1995年，全市落实国家火炬计划5项，省星火计划3项。1997年，市彩色水泥厂15万吨高标号特种水泥生产线技术改造投入生产，产品畅销全省。1998年，市白水泥厂万宝牌白水泥获外贸出口权。

1999年，娄星区承担科研、火炬计划项目46项。其中，达到国际水平1项，国内先进水平2项。涟钢“CIMS”应用示范工程项目列入国家863计划，产品达到国际先进水平。2000年，涟钢超薄板带材连铸技术列入国家重点技术项目，生产能力新增到200万吨/年，年产值35亿元，利税7亿元。湖南红宇工业有限责任公司突破铬锰均系抗磨铸铁生产技术，被列入“九五”国家科技成果重点推广项目、国家重点新产品计划项目。

2001—2002年，娄星区申报并实施科技项目68项。其中，国家火炬计划2项。同人电子公司自主研发生产标准电源系列5大类17种产品，成为国内先进产品。2003—2004年，申报科技项目30项。其中，国家立项2项，省立项12项，市立项16项。涟钢CSP产品表面质量研究获省科技进步一等奖，被列入省重大科技专项计划，成为全省24个重大专项计划之一。申报科技项目21项，其中8项被列入国家、省计划。中国科协授予娄星区“全国科技示范城区”称号。2005年，永安煤矿机械制造公司“矿用斜井人车”应用于采矿斜井人员输送，填补湖南省无10座以上人车空白。

2006年，高新技术产值实现30.20亿元，同比增长70.9%，实现利润3.30亿元。组织申报省级科技计划项目15个，国家级科技计划项目3个。2007年，争取国家级科技计划项目2项，省级科技计划项目12项。“氢氧燃料系列设备产业化开发”项目获省“一把手”工程科技专项奖。2008年，获国家重大专利项目计划1项，火炬计划2项，省科技计划项目25项。其中，国家科技部立项2项。

二、农业科技成果

1989年，娄底市对全市耕地进行检测，制定土壤改良方案，对耕地实施改良。1990年，总结11位种养能手科学种养成功经验，编写出版发行《农村科普集锦》。1991年，引进强氯精种子消毒技术在农村推广，解决杂交水稻育秧病害难题。1992—1993年，市林业局建立林业科技推广站，在双江乡洪家山建立林业科研基地。推广杉、松、竹、大叶、女贞、楸树、苦楝、马桑、香椿、油菜林、楠木、桂花、紫薇、黄精、葡萄、石榴、杨梅等优质树木。畜牧协会推广家畜优良品种黑山羊、瘦肉型猪、安格斯牛，建立小碧乡等4个养殖基地。1994年，培植农业种养大户28个，建立22个种养示范基地。涟滨乡涟滨村颜树文建成禽类繁养场，研发七彩山鸡截翅技术，获国家知识产权局“实用新型专利”。1995年，地区气象局研发“山地玉米栽培、农业气候生态研究”获省科技进步奖。1996年，推广草食动物优良品种，牛出栏1.60万头、羊1.66万只、猪18万头。1997年，推广优质蔬菜品种8个，蔬菜上市3.83万吨。市蔬菜局研制的涟滨芹菜亩产达到万斤，产品畅销全国。1998年，全市22项农业科研和星火计划项目普遍推广应用。其中，娄底百雄堂高科技农业公司研制的生物工程酿造酱油项目列入国家、省星火计划。

1999年，娄星区推广优质水果品种，经济果林面积增加1330公顷，初步建成“水果市”。2000年，全区建立科技信息网和农村科技服务平台。天源农村科技合作社典型经验在“全国农村科技合作组织发展论坛”推荐。2003年，百雄堂高科技农业公司、九龙科技农业发展有限公司被省科技厅认定为高新技术农业企业。2004年，省畜牧水产局召开“湘村黑猪”成果转让开发专题发布会，“湘村黑猪”知识产权由娄底市天源科技农业发展有限公司独家享用。“湘村黑猪”课题获省高新科技一等奖和省农业科技特等奖。市农科所“10%抛秧灵研制应用”、市气象局“中药材农业气候生态及产业化研究”等项目获省科技进步三等奖。娄底百雄堂高科农业公司大豆系列产品深加工项目被列入国家星火计划。2008年，天源高科“湖南黑猪良种繁育与推广”“猪分子细胞工程育种技术创新优势性精品系培育”被科技部列为农转资金项目和863计划项目。

三、医疗卫生科技成果

1992年，娄底地区卫生局“人体过氧化脂质、抗氧化酸，锌及硒的增龄性变化与衰老医疗”研究获省科技成果四等奖。1993年，娄底地区人民医院“中国人丙型肝炎病毒病原学研究”获省科技成果二等奖。涟钢职工医院“微量元素锌、铁与钙的儿科临床意义及其应用”获地区科技成果二等奖。1994年，娄底地区人民医院“雷佛诺尔羊膜腔内中妊引产复方生化汤研究”获省科技成果三等奖。1996年，娄底地区人民医院“痉挛性脑瘫手术治疗研究”项目、“二黄汤抗鼻咽癌临床研究”项目，列入省社会发展科技攻关项目。娄底地区人民医院、冷水江制药厂联合承担国家“八五”期间重点攻关项目“丙型肝炎病康学研究”“肝复乐研制与新工艺研究”，研究成果经国家科委鉴定达到国际先进水平。1997年，娄底地区人民医院“球后麻醉新入路实验研究与临床观察”获省科技成果三等奖。1998年，娄底地区人民医院“丙型肝炎病毒猕猴实验感染研究”获省科技成果三等奖；“牵引扩张及导针法吻合小血管的实验及临床推广应用”获省科技成果四等奖。2000年，湖南众昊药业有限责任公司新药创制专项瞄准国外医药前沿，创新生物药接近国际先进水平。2002年，娄星区有市级生物医药高新企业9家。

1989—2008年娄星区（娄底市）获国家级科技成果奖一览表

表20-4

时间	授奖等级	项目名称	主要完成单位	主要完成人
1990	科技进步三等奖	孟统工程在水稻规范化栽培中的研究应用	娄底地区农科所	庄郁华
1994	科技进步二等奖	娄底丘陵红壤地葡萄品种选优及果实丰产技术研究	娄底地区科委	—
1997	科技成果二等奖	高次谐波抑制计量装置	娄底电业局	—

1989—2008年娄星区（娄底市）获省级科技成果奖一览表

表20-5

时间	授奖等级	项目名称	主要完成单位	主要完成人
1990	二等奖	娄底市1989—2000年综合发展规划	市政府	—
		微型水泵	万宝乡政府	—
	三等奖	优质塑料材料	市塑料厂	—
1991	二等奖	优质耐火材料	市特种耐火材料厂	—
		娄底地区多领域、多层次、多结构生态农业及规划	娄底地区科委	—
	四等奖	“900”猪用浓缩饲料研制	娄底地区畜牧畜医站	唐荣昌
		防治水稻僵苗复肥的研究与应用	娄底地区土肥站	龚询利
		柑橘品质形成与气象条件研究	娄底地区气象局	陈耆验
1992	三等奖	LD新型溶剂	市一化工厂	成曙光
	四等奖	山地玉米栽培农业气候生态研究	娄底地区气象局	陈耆验
		人体过氧化脂质、抗氧化酸，锌及硒的增龄性变化与衰老医疗	娄底地区卫生局	岳玉平
		单片硅钢磁性测量装置	娄底地区电子研究所	罗立生
		优钢钢材表面裂纹缺陷研究	涟钢科研所	—
1993	二等奖	中国人丙型肝炎病毒病原学研究	娄底地区人民医院	夏宁邵、杨永平
	三等奖	娄底市经济、科技、社会综合发展规划规范化试点研究	市政府、省社会科学研究院	周积智、石满星
		特种塑料	市塑料厂	—
		碱性电弧炉泡沫冶炼工艺研究	涟源钢铁总厂	彭朝晖、肖中立
		2TsiMnniZCrMoA中空钢系列产品	涟源钢铁总厂	肖上工、刘钢毅、陈和平等
	四等奖	箱产吨鱼养殖技术研究	娄底地区水产工作站	方宗丁、聂建华
1994	二等奖	娄底地区多领域多层次多结构生态农业综合研究及规划	娄底地区行署、农委、科委、农业局、环保局	庄郁华、易奇勋、周　平等
		涟邵煤田北段金竹山矿区测水组地质特性研究及煤层可采性评价	涟邵矿务局	卓　越、王钟秀
		螺纹钢	涟源钢铁总厂	—
		DH—HB型高温远红外涂料	娄底地区新材料研究所	周先和、罗乃奇
		娄底丘陵红壤地葡萄品种选优及果实丰产技术研究	娄底地区科委	—

续表20-5

时间	授奖等级	项目名称	主要完成单位	主要完成人
1994	三等奖	温州蜜柑参数施肥法研究	娄底地区农科所	刘运武、刘沐生
		雷佛诺尔羊膜腔内中妊引产复方生化汤研究	娄底地区人民医院	谢露芬、王月容
		新型弹簧钢33siMnB	涟源钢铁总厂	肖中立、马鸣图
		混合煤气加压机计算机模糊控制系统	涟源钢铁股份有限公司	谢长焱、张泰山
	四等奖	利用山地垂直气候差异缓解蔬菜供应淡季矛盾研究	娄底地区气象局、冷水江市蔬菜办、市科委	陈着验、罗华龙
		柑橘冻害与“干热风”危害防御及灾后恢复措施研究	娄底地区农业局	易既白、易贱平
		水稻潜根线虫病的危害及其防治技术研究	娄底地区农科所、涟源市农业局	刘哲雄、王义成
1995	三等奖	小麦优良新品种及配套栽培技术	娄底地区农业局	申建斌、石跃才
		塘冲矿井瓦斯预测研究	涟邵矿务局通讯处	铁　乔、蒋顺舟
	四等奖	种植业获奖科技成果应用跟踪分析	娄底地区农业局	程新玲、冯盛华
1996	三等奖	湖南省潜育性水稻土施肥效应和最佳配方施肥模式研究	娄底地区土肥站	龚次元、左志辉
		气象环境对生猪生长肥育与疾病的影响及对策研究	娄底地区气象局、畜牧研究所	陈耆验、谭良溪
		湘中农村资源深层综合开发利用（生态工程）研究	娄底地区气象局、林业局、冷水江市农委	刘登稼、陈者验
		娄底地区国民经济与社会发展系统评价方案研究	娄底地区行署	赵世荣、王地宁等
		湘中农村资源深层综合利用（生态工程）研究	娄底地区科委	—
	四等奖	JN型早强减水剂	涟邵矿务局凝剂厂	罗邦兆、唐明德
1997	二等奖	焦炉配煤集散控制及专家控制系统	涟源钢铁股份有限公司	沈德耀、李科生
		18.2%田草净可湿性粉剂	娄底地区农科所	王义成、曹建平
		湖南省名优茶综合技术开发	娄底地区农业局经作站	肖菊香、雷秉乾、胡跃龙、刘资芳、伍芬桂
	三等奖	Q/OHAC313-1995“船用不等边角角钢”企业标准	涟源钢铁集团有限公司	陈建材、夏聘儒
		球后麻醉新入路实验研究与临床观察	娄底地区人民医院	何　朗、何湘珍
		湖南省农作物品种资源研究利用	娄底地区科委	荣治粗、罗　峰
		甘薯新品种南薯88的推广	娄底地区农业局粮油站	唐国廉、张超凡
		湖南省第二条经济走廊开发研究	娄底地区行署	赵世荣、方向新

续表20-5

时 间	授奖等级	项目名称	主要完成单位	主要完成人
1997	四等奖	200级复合漆包铜圆线	涟群电线电缆有限公司	梁克光、陈惠民
		18.2%苄、乙、甲(田草净)可湿性粉剂企业标准TA-AR01-1994	娄底地区农科所	周卫群、胡昌弟
		涟钢计量检测体系确认文件《计量手册》	涟源钢铁集团有限公司	文瑞中、胡跃荣
		内、外业一体化测绘技术在城镇地籍测绘中的应用研究	涟邵矿务局勘测工程处	张力生、肖星华
		娄早籼5号	娄底地区农科所	王家卫、王伦祥
1998	二等奖	磨料水射流钢材除磷新工艺及其装备的研究	涟源钢铁集团有限公司	刘寿华、刘复麟
	三等奖	丙型肝炎病毒猕猴实验感染研究	娄底地区人民医院	夏宁邵、毕胜利等
		煤气湿度检测与流量计量自动补档技术的探索	涟源钢铁集团有限公司	文瑞中、谭显义
		新型农作物抗衰剂谷粒饱在水稻上的推广	娄底地区粮油站	何秋元、吴玉林
		档桥牌氯化钾肥引进与推广	娄底地区土肥站、涟源市土肥站	谢良伍、肖时运
		娄底市(县)经济新增长点研究	娄底市计委	肖志良、陈 静
	四等奖	新型滑动轴承研制	涟源钢铁集团公司	谷金根、肖 刚、何立高
		牵引扩张及导针法吻合小血管的实验及临床推广应用	娄底地区人民医院	邱水波、王愉思
1999	二等奖	焦炉集气管压力集散控制与智解耦控制系统	涟源钢铁集团公司	沈德翟、唐格平、阳春华
		国家863/CIMS涟钢集团公司应用示范工程	涟源钢铁集团公司	詹先礼、陈松乔、郑柏平
		38.5%二氯·苄可湿性粉剂的研究与应用	娄底市农科所	胡昌弟、周卫群
	四等奖	高支竹节纱产品开发	娄底纺织厂	于志勇、李 琨
2000	一等奖	长模短用——非标预应力电杆的制造	娄底电业局	—
	二等奖	AVC省地互联闭环控制QC成果	娄底电业局	—
		长模短用——非标预应力电杆的制造QC成果	娄底电业局	—
2000	三等奖	湖南省气象信息传输应用系统(MTAS)	市气象局	尹新怀、蔡荣辉
		90%乙·苄·甲乙(懒汉乐)漂浮剂	娄底化工总厂	肖国光、周介群
		岩口生态灌溉及其综合开发	市水电局机排站、冷水江市岩口生态场	苏国友、陈国和
		CB-200型微机电话远程抄表系统	娄底电业局	—
	四等奖	娄底地区持续农业科技示范区SARD模式研究	市持续农业领导小组、双峰县青树坪镇政府	凌志胜、谢永红、孙和明、胡桂积、李德益

续表20-5

时 间	授奖等级	项目名称	主要完成单位	主要完成人
2001	三等奖	涟钢集中供热研究与应用	涟源钢铁集团有限公司	夏学苏、郑柏平、张铁成
		毒鼠强快速化学检测方法研究	市卫生防疫站	龙铁军、周方求
2002	三等奖	大豆系列产品深加工及豆渣等副产物综合利用技术的研究	娄底百雄堂高科技农业有限公司	林亲录、熊卫华、秦 丹
2004	三等奖	10%抛秧灵可湿性粉剂的研制与应用	市农业科学研究所	王义成、金晨钟
		加热炉燃烧过程智能控制技术及其应用	中南大学、涟源钢铁集团有限公司	吴 敏、曹卫华、刘文信
2005	一等奖	CSP产品表面质量研究	湖南华菱涟钢有限公司	焦国华、温德智、刘光穆
	二等奖	煤气混合加压过程智能解耦控制系统	中南大学、涟源钢铁集团有限公司	吴 敏、刘建群、曹卫华
		棒材在线视觉点支计数系统	中南大学、涟源钢铁集团有限公司	罗三定、温德智、沙 莎
2006	三等奖	冷轧用低碳低硅钢带生产工艺	湖南华菱涟钢有限公司	温德智、谢集祥
		基于红外图像的温度场与料面分布在线检测技术及其应用	中南大学、湖南华菱涟钢有限公司	吴 敏、黄兆军、曹卫华
2008	三等奖	CSP工艺生产冷轧冲压用钢的研究	湖南华菱涟钢有限公司	焦国华、康永林、周春泉

1989—2008年娄星区（娄底市）获市级（地区）科技成果奖一览表

表20-6

时 间	等 级	项目名称	主要完成单位	主要完成人
1990	特等奖	娄底地区多领域多层次结构生态农业综合研究及规划	娄底地区行署	庄郁华
		GH红囊耐温精	地区新材料研究所、娄底新材料实验厂	罗乃奇、唐永胜、唐元胜、周先和、袁 跃
	二等奖	单片硅钢磁性测量装置	娄底地区电子研究所	罗立生
		防治水稻僵苗复合肥料的应用与研究	娄底地区土肥站	龚询利
		草甘顾应用技术研究	娄底地区农科院	王义成
	二等奖	双季杂交稻高产栽培技术研究与推广	娄底地区粮油站	李伟智
		市经济、科技、社会综合发展规划规范化试点研究规划	娄底市人民政府	周积智
1991	二等奖	杂交水稻一期父本繁殖制种及配套技术推广	娄底地区种子公司	邱永祥
		箱产吨鱼养殖技术研究	娄底地区水产工作站	方宗丁
		水稻测土配方施肥技术推广	娄底地区土肥站	康水清
		湖南省资源型乡镇工业产业结构及产业政策研究	娄底地区经济研究室	邓 鹏

续表20-6

时 间	等 级	项目名称	主要完成单位	主要完成人
1993	二等奖	微量元素锌、铁与钙的儿科临床意义及其应用	涟源钢铁股份有限公司职工医院	向万福、王昌份、廖达再、范瑶云、朱方莉等
		娄底地区国土综合开发规划	娄底地区国土规划办公室	羊文超、吴锡藩、林文怡、李尚达、周　平等
1994	二等奖	气象环境对生猪生长肥育与疾病的影响及对策研究	娄底地区气象局、娄底地区畜牧研究所	陈耆验、伍骏江、苏学余、伍智文、谭良溪等
		娄底地区火箭高炮人工降雨试验研究	娄底地区人工降雨办	刘建国、陈者验、胡国璋
1995	二等奖	代料装栽金针菇速生高效优质栽培法研究	娄底地区土肥站	康文靖、李慧智、刘四九、龚洵利、戴亨彻
		娄底地区网箱养鱼技术推广	娄底地区、双峰、新化、涟源、冷水江水产工作站	聂建华、方宗丁、伍冶中、游克助、赵济芳等
		娄早籼二号	娄底地区农科所	王家卫、王伦祥、刘修明、潘桃华、龙如高等
		娄底地区国民经济与社会发展系统评价方案研究	娄底地区行署	赵世荣、王地宁、许毓瑜、何国华、石峰等
		湖南省第二条经济走廊开发研究	湖南省社会科学院、娄底地区行署	赵世荣、李明生、姜恒舒、肖菊屏、方向新等
		娄底地区恩口、斗笠山、桥头河煤田地震成因研究	娄底地区地震办公室	杨建明、刘奇武、刘竞成、陈德贻、李延兴等
1996	一等奖	18.2%田草净可湿性粉剂	娄底地区农科所	王义成、曹建平、刘仕力、邹石泉、胡昌弟等
	二等奖	娄底地区畜间布鲁氏杆苗病普查防治技术推广	娄底地区畜牧水产总站	赵湘玲、唐荣昌、赵忠信、彭富民、刘永新等
		娄早籼5号	娄底地区农科所	王家卫、王伦祥、刘修明、潘桃华、谢晓明
		模式化稻田养鱼技术推广	娄底地区水产工作站、涟源、新化水产工作站	方宗丁、聂建华、陈建华、毛虹辣、戴晓军等
1997	一等奖	38.5%秧田清可湿性粉剂	娄底地区农业科学研究所	王义成、邹石泉、周卫群、金晨钟、罗志红
	二等奖	小学数学素质教育实验	娄底第一小学	刘育兴、赵哲云、罗婴平、姜敏敏、曾建淑等
		数学教学与思维能力训练实验	娄底第一小学	杨金莲、申检求、李兰桂、谢俊、曾楚群、李立龙
		“纲、本、源——主体发展”小学语文素质教育实验	地区教研室、娄底二小、娄底四小	陈坚红、罗况荡、李小刚、龙　薇、李建华等
		地区公路网规划	娄底地区交通局	梁高生、毛少洪、李海江
		娄底市（县）域经济新增长点研究	湖南省社会科学院经济研究所、市计划委员会	肖志良、李明生、王自立、刘坚固、陈静等

续表20-6

时 间	等 级	项目名称	主要完成单位	主要完成人
1998	一等奖	小城镇新论	娄底地区行署	李云才
		初中活动课程与学生素质发展实验研究	娄底一中、娄底地区教育科学研究所	朱连云、刘成军、吴国贤、罗保南、戴德祥等
	二等奖	优质杨梅引种试验及早实丰产技术推广	娄底市林业局	唐开山、李卫东、王培柏、邹枚章、谢志明等
1999	一等奖	可持续发展综合研究	娄底地区行政公署	李云才
	二等奖	高支竹节纱产品开发	娄底纺织厂	于志勇、李　琨、童辉光、张运球、匡文球、胡雪辉、肖春容
2000	一等奖	19.2%乙·甲（田草净－Ⅱ）、可湿性粉剂	娄底市农业科学研究所	王义成、金晨钟、邹石泉、王文健、胡昌弟、王朝晖
		区域性小学活动课教学研究	娄底市教育委员会	刘宏业、吴丁亚、王志海、刘福其、何信之、肖爱山、李世新、罗湘斌、吴国贤
		小城镇经济学研究	娄底市人民政府	李云才
		ZSQ-Q-1型自由行走智能数控切割机	娄底市星航科技发展有限责任公司	唐文胜、刘石明、战　威、宋志兵、张前柏、彭志明、肖见为、王宏昌
	二等奖	TD-286修补铁路道岔专用焊条	娄底焊接材料厂	王建军、陆继福、欧阳胜乾、周　峰
2001	一等奖	10%抛秧灵可湿性粉剂	娄底市农业科学研究所	王义成、金晨钟、周卫群、戴清香、邹石泉、胡昌弟
		食品污染的产生、危害及其防治研究	娄底市人民政府	李云才、王景林、彭新源
		娄底卫校图书馆网络化设计与研究	娄底市卫生学校	赵建农、郭启煌、朱艳平、刘志晖、欧阳吾峰、张晚卿、蒋淑桃、黄建国
2001	二等奖	大豆系列产品深加工及豆渣等副产物综合利用技术的研究	娄底市百雄堂农业高科技有限公司、湖南农业大学食品科技学院	林亲录、马美湖、胡亚平、王志奇、金阳海、熊卫华、秦　丹
		娄底市专业技术人才现状及开发研究	市老科学技术工作者协会、市委组织部、市人事局、市统计局、市科技局	许毓瑜、陈耆验、贺　云、曾福嘉、谢晓明、危伟杭、刘卫平
2002	二等奖	R3系列泊链用钢的研制与开发	涟源钢铁集团有限公司	郑柏平、张正祥、廖　志、刘光穆、成小军、焦国华、陈星炎、严迪平、伍康勉
		100GOM3/H制氧机组DH80空压机故障诊断	涟源钢铁集团有限公司	刘继清、曹江浪、何立高、喻俊坤、吴治斌、杨建辉、蒋力民、周卓林、尹少敏

续表20-6

时间	等级	项目名称	主要完成单位	主要完成人
2004	二等奖	杂交玉米推广	娄底市农业局	—
		6DF2000—FS100型红薯粉丝加工成套设备	娄底市农业机械化研究所	—
2005	二等奖	涟钢ERP系统(一、二期)实施与开发	湖南华菱涟钢有限公司	—
2006	一等奖	欠发达地区小城镇发展问题研究	娄底市小城镇发展研究所	李云才、乔润令、刘卫平、梁卫平、龚洵胜、陈标新、彭砥如、陈耆验、曾忠林
	二等奖	中学生自主探索与创新性理论发展研究	娄底市一中	李桂龙、蔡向荣、朱红专、吴国贤、肖君健、钟新胜、刘玉华、刘竹青、李锴铭、李朝鹏、周月朗、姜跃云
2007	一等奖	垃圾卫生填埋场地下水及雨污分流快速导排技术	市土木建筑学会、市城市投资开发公司	傅仲萼、彭砥如、晏文峰、邓雪华、赵文泉
		湖南黑猪持续选育与推广	娄底市天源高科农业发展有限公司、娄底市畜牧水产局	孙宗炎、李静如、王中平、李桥云、李超群、彭少仪、刘永根、邓俊德、左国来
	二等奖	液相流态化还原法制备纳米镍粉	娄底市维亚化工有限公司	金胜明、肖麦秋
2008	一等奖	一种耐候钢的冶炼工艺	涟源钢铁集团有限公司	吴光亮、焦国华、郑柏平、温德智、戴开发、梁新亮、罗　刚、孟征兵
		可控形态和粒径氧化亚高钴电池新材料	娄底红太阳电源新材料有限公司	周红阳
		高硼高速钢双金属辊环轧辊	娄底三泰轧辊有限公司	向　勇、李聚良
	二等奖	一种低硅低碳铝镇静钢的精	涟源钢铁集团有限公司	吴光亮、孟征兵
		娄底市科技发展战略研究	娄底市科技发展战略研究课题组、娄底市农业机械化研究所	陈远洪、封旺洲、郭志峰、熊奇辉、李范军、李力国

第四节　高新技术产业

1989年，娄底市政府作出《关于加强科技创新，发展高新技术产业的决定》，提出全市高新技术产业发展方向和目标。全市申报高新科技项目48个，其中，国家级高新科技项目10项，省级高新科技项目18项，地级高新科技项目20项。1998年全市高新技术产业产值8.40亿元，创利税9200万元。

1999年，娄星区科协举办“高新技术产业开发”专题讲座，邀请省、市专家授课。2000年，娄星区召开推进高新科技专题会议，企业法人参加并签订高新技术推广责任状。2001年，全区申报高新技术项目27项。其中，省级高新技术12项，市级高新技术15项。全区安排高新科技支出100万元。

2002年，省科技厅认定娄星区百雄堂高科技农业公司、九龙科技农业发展有限公司、星航科技发展有限公司、红宇工业有限公司、五江轻化公司5家高新技术企业。娄底市认定高新技术企业10家。高新技术产业主要集中在国有企业，集体企业中大中型工业企业和个体省市龙头企业。全区2个项目获国家高新技术引导资金，2个项目获省高新技术引导资金，10个项目获市高新技术引导资金。2003年，申报高新技术项目12项。其中，国家级高新技术项目2项，省级高新技术项目10项，全区高新技术产品产值25.20亿元。2004年，组织15家企业事业单位负责人参加市委、市政府举办的“娄底企业老总大学行”活动，与湖南大学签订战略合作协议，签订12项合同书，成交技术合同金额3.80亿元。

2005年，区农业龙头企业与湖南农大、湖南人文科技学院签订《农业合作协议》，成交技术合同金额1.25亿元，为农业注入高新技术。娄底市九耳农业开发有限公司被评为湖南省农业高新技术龙头企业。

2006年，娄底市经济技术开发区升级为国家级经济技术开发区，高新技术产业企业逐渐向经济技术开发区聚集。2007—2008年，贯彻落实《娄底市战略规划》和《娄底市产业规划》等文件精神，高新技术产业加快推进。全区争取国家级高新技术项目2项，省级高新科技项目18项，省重大科技专项涟钢“CSP工业生产冷轧用钢”研究，通过省验收鉴定，项目高科技水平达到国际先进水平。

至2008年，全区有规模以上高新技术和高新技术产品企业98家，私营企业成为高新技术主力军。申报高新技术项目98项，其中，国家级、省级65项，42项获奖。至2008年，全区高新技术支出600多万元，高新技术产业产值35.8亿元，占工农业增加值比重35%，在GDP中占比10.2%。

1989—2008年娄星区（娄底市）高新技术企业一览表

表20-7

时间	企业名称	国家	湖南省
1996	红宇工业有限公司	√	√
1998	星航科技发展有限公司	√	√
2001	兵器长城机械公司	√	√
2001	金三星煤机制造有限公司	—	√
2002	娄底市天源科技农业发展有限公司	—	√
2002	百雄堂高科技农业公司	—	√
2002	九龙科技农业发展有限公司	—	√
2003	永安煤矿机机械制造有限公司	—	√
2004	五江轻化公司	—	√
2006	娄底市裕德科技有限公司	—	√
2007	湖南三泰新材料股份有限公司	—	√
2008	娄底市新源农业科技公司	—	√

2001—2008年娄星区高新技术产业一览表

表20-8 单位：亿元

年份	企业单位数（个）	高新技术产品总产值	高新技术产品增加值	出口收入	高新技术产品利税额
2001	18	12.60	3.70	11.30	1.30
2002	20	14.20	4.20	12.70	1.50
2003	22	17.50	5.20	15.70	1.90
2004	22	28.50	8.50	25.60	3.10
2005	24	30.20	9	27.10	3.30
2006	80	32.20	9.60	28.90	3.50
2007	89	34.20	10.20	30.70	3.70
2008	98	35.81	10.70	32.70	3.90

第五节 防震减灾

1989年，娄底地震台增设DC-1500微机，对地震观测资料进行数据处理，准确提供上报观测资料。1990—1995年，在涟滨、杉山、小碧、石井、百亩、西阳、大科、万宝、茶园等乡镇设立地震宏观测报点，在涟钢、468队、418队、涟邵矿务局、煤炭一处等地设立地震微观测报点，负责收集、分析和测报地震资料。1996—2000年，对娄星区（娄底市）地质进行勘测，对地质条件变化较大、易滑坡地段民房进行搬迁，保护村民生命财产安全。小碧乡小碧村搬迁18户。

2001—2003年，娄星区对煤炭沉陷区进行治理。主要是煤矿开采造成地质破坏的杉山镇、小碧乡、茶园镇等乡镇。工作重点是山塘、水库、河流修复，田土复耕，住房维修，恢复村民正常生产和生活。2004—2005年，提高建筑物抗震等级，加强抗震设防管理，把抗震系数纳入建筑物规划设计、竣工验收范围。娄星区范围内高大建筑物均具有较强抗震能力。2006年，区政府制定《地震灾害应急预案》，开展抗震宣传教育。发放宣传资料5万多份，制作大型标语100余条，建立宣传专栏100余个。在学校开展地震安全教育和地震逃生演练，对达不到抗震标准校舍进行改造。2008年，娄底数字地震仪入网运行，地震工作进入新阶段。

1989—2008年娄星区（娄底市）地震一览表

表20-9

序号	发震时间		震中位置			震级		震感
	年月日	时分	北纬	东经	地点	ML	MS	
1	1990-03-24	04:12	27°48′	122°00′	娄底恩口	1.2	0.3	—
2	1990-06-04	11:08	27°46′	115°59′	娄底	1.0	0.1	—
3	1990-06-13	00:41	27°42′	111°59′	娄底	0.4	-0.6	有感
4	1990-06-13	08:38	27°42′	111°59′	娄底	0.3	-0.7	有感
5	1990-06-13	08:42	27°42′	111°59′	娄底	0.5	-0.5	—
6	1990-06-23	10:43	27°46′	111°59′	娄底	1.4	0.5	有感

续表20-9

序号	发震时间		震中位置			震级		震感
	年月日	时分	北纬	东经	地点	ML	MS	
7	1990-12-03	12:05	27°44′	111°59′	娄底	0.9	-0.1	—
8	1990-12-06	09:57	27°44′	111°59′	娄底	0.4	-0.6	—
9	1990-12-28	21:35	27°44′	111°59′	娄底	1.0	0.1	—
10	1991-12-16	11:38	27°40′	112°.07′	娄底	1.4	0.5	—
11	1992-07-25	06:46	27°44′	112°00′	娄底	0.7	-0.3	—
12	1992-07-25	06:48	27°44′	112°00′	娄底	0.5	-0.5	—
13	1992-12-09	05:19	27°50′	112°00′	娄底	1.9	1.1	—
14	1992-12-09	13:21	27°44′	111°59′	娄底	1.3	0.4	—
15	1992-12-20	17:35	27°50′	112°10′	娄底	1.2	0.3	—
16	1993-04-19	02:29	27°44′	112°00′	娄底	0.7	-0.3	—
17	1993-05-26	02:14	27°44′	112°00′	娄底	0.8	0.2	—
18	1993-08-14	19:47	27°44′	111°59′	娄底	1.0	0.1	—
19	1994-03-02	06:55	27°43′	112°00′	娄底	0.9	-0.1	—
20	1994-04-23	16:22	27°45′	112°00′	娄底	1.3	0.4	—
21	1994-04-25	12:40	27°44′	112°00′	娄底	1.4	0.5	—
22	2008-03-31	08:06	27°44′	112°00′	娄底	0.3	—	—
23	2008-05-05	03:30	27°42′	111°52′	娄底	0.7	—	—

1989—2008年娄星区（娄底市）地震科技研究成果一览表

表20-10

成果名称	时间	主要完成人	获奖时间与等级
地区地质灾害及其防治探讨	1990	刘奇武	省三等优秀论文奖
娄底地区恩口、斗笠山、桥头河煤田地震成因研究报告	1991	杨建明、刘奇武、刘竟成、陈德贻、李延兴、符之德、朱亚日	课题申报国家地震局获地区科学技术进步二等奖
娄底地区地震活动分析与1992年地震趋势评估	1992	刘竟成	湖南省地震科技四等奖（湘震发〔1993〕036号）
天青深井水位微动态与地震研究	1993	马俊山、余福新、陈德贻、刘竟成、曾次旦	1993年度地方地震科技进步四等奖
湖南资江浪石滩地裂陷带成析	1994	陈德贻、余福新、肖和平、刘丰常、刘奇武	1994年度地方地震科技进步奖（湘震发〔1994〕039号）
娄邵地区近期中强地震危险性研究	1994	肖和平、余福新、刘奇武、刘丰常、刘竟成	1994年度地方地震科技进步奖（湘震发〔1994〕039号）
湖南娄底煤山矿山诱发地震分析	1996	陈德贻、刘奇武、杨建明	省地方地震科技进步三等奖（湘震发〔1998〕027号）

第六节 科技管理

一、科技项目

（一）计划编制

1989—2008年，娄星区（娄底市）科委、计委、财政局联合编制实施重大科技项目计划，从项目申请、立项论证、组织实施、检查评估、验收鉴定、成果申报、科技推广、档案入卷进行全程管理，保证科技计划完成。全市承担科技项目126项，其中，国家级项目6项，省级项目29项，地级项目52项，市级项目39项，累计项目投入资金1.26亿元，新增产值4.65亿元，新增利税8300万元。

（二）星火计划

1990—2008年，娄星区（娄底市）推行科技与金融相结合、中央与地方相结合、政府与农民相结合“三结合”新模式，以项目带技术、带资金、带人才推进“三农”工作。全区实施星火计划35项，其中，国家级3项，省级16项，市级16项。星火计划中有28项农业科技被广泛推广和应用。全区建立科技示范乡镇4个，科技示范基地6个，科技示范园2个，科技示范户182个。百雄堂无公害高效农业科技园占地659.73公顷，投资1.64亿元。

（三）巨龙计划

1990年5月，省科委下达“企业科技进步巨龙计划”。娄底市实施巨龙计划，推动科技与金融相结合，引导企业开发新产品、新工艺，促进产品结构调整，增强企业市场竞争能力和发展后劲。20世纪90年代中后期，钢铁行业形势急转直下，涟钢出现严重亏损。涟钢以巨龙计划为动力，开拓、抢占钢材高端市场，与米塔尔牵手，打破几十年线棒材生产格局，上马宽厚板工程，发展成为世界上最大宽厚板生产基地，不少板材新产品填补国内空白，进入国际市场。2000年，巨龙计划停止。

（四）火炬计划

1989年，娄底市委、市政府成立高新技术产业发展领导小组，组织实施多项国家级、省级、市级火炬计划项目。至2008年，完成项目12项，其中，6项获重大科技成果奖。投资金额4.20亿元，创产值12.60亿元，创利税4.02亿元。

（五）科技项目

1989—2008年，娄星区（娄底市）科技局根据国家、省、市科技部门部署，结合实际，制订科技项目计划。全区组织实施科技发展计划项目482项，其中，3项获国家级科技奖，18项获省级科技奖，52项获市级科技奖。

二、科技经费

1989年，娄底市委、市政府重视科技工作，按市财政支出总额0.6%标准，安排新产品试制费、中间试验费和重大科学研究项目补助费20.60万元。1990—1998年，科技经费投入由24.50万元增加到52万元。资金主要投入“水果市”建设、示范水果基地建设、引进优良水果品种、奖励农业科技带头人。1999—2002年，撤市设区，财政对科技投入保持原有水平。2003—2008年，娄星区科技经费由2003年56万元增加到2008年的120万元。主要用于企业开发新产品、新工艺。提高企业市场竞争力和经济效益。

全区科技计划经费主要来源于国家、省、市渠道。娄星区设立科技项目服务平台，及时为企业发布项目信息，对项目筛选，对项目资金进行监管，对科技成果进行推广，争取上级政府对科技投入。“湘村黑猪”得到国家、省、市资金扶植，湘村高科农业股份有限公司成为湖南省农业产业化龙头企业。娄星区规模企业保障科技经费投入，用于科技人才引进和高新科技产品研发。全区规模企业科技经费投入占产品销售收入比重达0.9%。

第二十一篇　社会生活

第一章　婚姻　家庭

1989—1998年，娄星区（娄底市）婚姻登记工作由市婚姻登记管理处和乡镇、街道民政办负责登记。1999年，撤市设区，娄底市婚姻登记管理处更名为娄星区婚姻登记管理处。是年，婚姻登记全部转为区管理处负责登记，乡镇街道不再办理婚姻登记事务。婚姻登记管理处按照《中华人民共和国婚姻法》《婚姻登记条例》规定依法登记，执行婚前检查制度，规范收费行为，杜绝早婚早育现象。随着计划生育推行，人口增长过快现象得到控制，家庭结构逐步发生变化，平均每户家庭人口由1990年的5.18人降至2008年的3.09人。

第一节　婚　姻

1989—1993年，娄底市有婚姻登记机关13个，由乡镇、街道负责辖区婚姻登记工作。年均办理结婚登记2300余对，离婚登记150余对，累计办理港澳婚姻登记5对。1994年3月，市民政局设立市婚姻登记管理处。宣传《婚姻登记管理条例》，集中培训婚姻登记员12名。开展婚姻登记情况执法检查，对4名违法登记或不按法定程序登记当事人给予党纪政纪处理。

1996年11月1日起，婚姻登记管理执行婚前检查制度。由市妇幼保健所对准备结婚男女双方可能影响结婚和生育疾病进行体检。婚检后持证到民政局婚姻登记管理处登记结婚。1999年7月，娄底市婚姻登记管理处更名为娄星区婚姻登记管理处。9月1日起，婚姻登记统一由区婚姻登记管理处办理，各乡镇、街道民政办公室不再办理婚姻登记。2002年，规范婚姻登记管理，治理搭车收费问题。全年办理婚姻登记3200余对，离婚登记440对，合格率100%。

2003年2月10日，区民政局发布《关于同意婚姻登记处收取赞助费的通知》，婚姻登记处实行婚姻登记收费管理。收费标准为：农村结婚登记每对收取10元，城市结婚登记每对收取60元；离婚登记每对收取400元。9月24日，执行新的《婚姻登记条例》，婚姻登记收费标准维持不变。是年，办理结婚登记3500余对，离婚登记640对，合格率100%。2004年，办理结婚登记4090对，离婚登记880对。

2005年，办理结婚登记3650对，离婚登记1090对，离婚率增加。2006年，办理结婚登记4760对，离婚登记1300余对，离婚率持续攀高。2007年，办理结婚登记4400余对，离婚登记1320对。2008年，办理结婚登记4530对，离婚登记1387对。

第二节　家　庭

一、农村居民

1990年，娄底市农村家庭户5.03万户，平均每户家庭人口5.18人。1994年，全市农村家庭户5.15万户，平均每户家庭人口3.28人。1995年，全市农村家庭户5.19万户，平均每户家庭人口3.19人。1997年，全市农村家庭户5.11万户，平均每户家庭人口3.12人。

2001年，娄星区农村家庭户5.96万户，平均每户家庭人口2.71人。2005年，全区农村家庭户

3.69万户，平均每户家庭人口4.34人。2008年，全区农村家庭户4.33万户，平均每户家庭人口3.09人。

二、城镇居民

1991年，城市平均每户家庭人口3.60人，平均每户就业人口2.36人，就业率65.6%。1995年，城市平均每户家庭人口3.40人，平均每户就业人口2.08人，就业率 61%。2001年，平均每户家庭人口3.20人，平均每户就业人口1.90人。2008年，城市平均每户家庭人口3.19人，平均每户就业人口1.39人。

第二章　居民生活

1989—2008年，娄星区（娄底市）在发展经济中始终坚持“民生优先”原则，将提高城乡居民生活水平作为经济建设工作重点，通过发展产业、扩大就业渠道等多种方式增加城乡居民收入，提高居民可支配收入，增强居民获得感和幸福感。农村居民人均总收入由1989年的1012.32元增加到2008年的5840.51元，年均增长10.5%；人均生活消费支出由1989年的589.46元增加到2008年的4432.88元，年均增长10.6%；人均住房面积由1989年的20.28平方米增加到2008年的43.02平方米。城镇居民人均总收入由1989年的1402.59元增加到2008年的1.54万元，年均增长12.7%；人均生活消费支出由1989年的1163.71元增加到2008年的7736.26元，年均增长9.9%。

第一节　农村居民生活

一、收入

1989年，娄底市开展农村住户抽样调查，农村居民人均总收入1012.32元。其中，从集体得到收入58.60元，占5.8%；家庭经营收入902.30元，占89.1%；其他非生产性收入51.42元，占5.1%。人均纯收入616.25元。1990年，农村居民人均总收入959.33元。其中，从集体得到收入66.61元，占6.9%；家庭经营收入837.05元，占87.3%；其他非生产性收入55.67元，占5.8%。人均纯收入674元。1995年，农村居民人均总收入2751元。其中，劳动者报酬收入624元，占22.7%；家庭经营收入1943元，占70.6%；转移性收入123元，占4.5%；财产性收入61元，占2.2%。人均纯收入1760元。

2000年，娄星区农村居民人均总收入3765元。其中，工资性收入872元，占23.2%；家庭经营收入2567元，占59.7%；财产性收入21元，占0.5%；转移性收入305元，占8.1%。人均纯收入2755元。2005年，全区农村居民人均总收入4513.71元。其中，工资性收入1365.64元，占30.3%；家庭经营收入2695.48元，占59.7%；财产性收入98.67元，占2.2%；转移性收入353.95元，占7.8%。人均纯收入3548.77元。

2008年，全区农村居民人均总收入5840.51元。其中，工资性收入2187.55元，占37.5%；家庭经营收入3137.65元，占53.7%；财产性收入25.15元，占0.4%；转移性收入490.16元，占8.4%。人均纯收入4562.87元。

二、消费

1989年，农村住户抽样调查，娄底市农村住户人均生活消费支出589.46元。其中，生活消费品支出541.99元，占91.9%；非商品支出47.47元，占8.1%。生活消费品支出中，食品支出345.17元，占消费支出58.6%；衣着支出43.86元，占7.4%；住房支出60.07元，占10.2%；燃料支出13.41元，占2.3%；用品及其他支出79.49元，占13.4%。非商品支出中，文化服务支出25.49元，占4.3%；生活服务支出21.98元，占3.8%。1990年，全市农村住户人均生活消费支出603.61元。其中，生活消费品支出550.12元，占91.1%；非商品支出53.49元，占8.9%。生活消费品支出中，食品支出350.80元，占消费支出的58.1%；衣着支出48.40元，占8.0%；住房支出53.87元，占8.9%；燃料支出13.19元，占2.2%；用品及其他支出83.86元，占13.9%。非商品支出中，文化服务支出27.34元，占4.5%；生活服务支出26.15元，占4.4%。1995年，农村住户人均生活消费支出1757.55元。其中，食品支出913.61元，占52.0%；衣着支出120.69元，占6.9%；居住支出321.55元，占18.3%；家庭设备用品及服务支出90.75元，占5.2%；医疗保健支出51.05元，占2.9%；交通和通信支出21.32元，占1.2%；文娱用品及服务支出171.55元，占9.8%；其他商品和服务支出67.04元，占3.7%。

2000年，娄星区农村住户人均生活消费支出2189.03元。其中，食品支出1087.54元，占49.7%；衣着支出107.29元，占4.9%；居住支出399.43元，占18.2%；家庭设备用品及服务支出78.49元，占3.6%；医疗保健支出124.59元，占5.7%；交通和通信消费支出21.32元，占4.6%；文娱用品及服务支出240.83元，占11.0%；其他商品和服务支出49.11元，占2.3%。2005年，全区农村住户人均生活消费支出3407.47元。其中，食品支出1797.25元，占52.7%；衣着支出170.63元，占5.0%；居住消费支出205.87元，占6.0%；家庭设备用品及服务支出126.19元，占3.7%；医疗保健支出280.8元，占8.3%；交通和通信消费支出323.61元，占9.5%；文化教育、娱乐消费支出401.24元，占11.8%；其他商品和服务支出101.87元，占3%。

2008年，全区农村住户人均生活消费支出4432.88元。其中，食品支出2505.95元，占56.5%；衣着支出238.06元，占5.4%；居住消费支出306.05元，占6.9%；家庭设备用品及服务支出288.62元，占6.5%；医疗保健支出185.99元，占4.2%；交通和通信消费支出428.43元，占9.7%；文化教育、娱乐消费支出391.37元，占8.8%；其他商品和服务支出88.43元，占2%。农村居民人均生活消费支出年均增长10.6%。

三、耐用物品拥有和住房

1989年，农村住户抽样调查，娄底市每百户农村家庭拥有自行车74辆、缝纫机50架、时钟8只、手表190只、电风扇90台、洗衣机14台、大型家具598件、收音机12台、黑白电视机34台、收录机10台。户均拥有生活用房面积91.26平方米。1990年，每百户农村家庭拥有自行车86辆、缝纫机60架、钟10只、手表192只、电风扇86台、洗衣机8台、大型家具652件、收音机12台、黑白电视机42台、收录机10台。户均拥有生活用房面积96.48平方米。1995年，每百户农村家庭拥有自行车96辆、缝纫机75架、钟114只、手表89只、电风扇196台、洗衣机17台、摩托车2辆、大型家具880件、收音机19台、收录机18台、黑白电视机74台、彩色电视机9台、电冰箱6台、录像机1台、照相机1架、空调机1台。户均住房面积97.32平方米。

2000年，娄星区每百户农村家庭拥有自行车45辆、热水器2台、抽油烟机2台、影碟机13台、电风扇206台、洗衣机32台、摩托车22辆、大型家具497件、电话机23部、收录机8台、黑白电视机63台、彩色电视机36台、电冰箱12台、录像机1台、照相机2架、空调机1台、家用计算机4台、组合音响18套、寻呼机8部、移动电话1部。户均住房面积185.04平方米。

2005年，每百户农村家庭拥有大型家具106件、洗衣机40台、电风扇248台、电冰箱34台、空调机2台、抽油烟机2台、自行车32辆、摩托车34辆、生活用汽车40辆、电话机78部、移动电话70部、彩色电视机82台、黑白电视机26台、录放像机6台、摄像机1台、影碟机32台、组合音响8套、收录机2台、照相机4架、家用计算机3台。人均住房面积43.02平方米。

2008年，每百户农村家庭拥有汽车4台、洗衣机58台、微波炉4台、电冰箱51台、抽油烟机4台、热水器7台、自行车4辆、摩托车43辆、电话机101部、移动电话119部、空调机4台、彩色电视机101台、家用计算机4台。

1989—2008年娄星区（娄底市）农村居民人均纯收入和生活消费支出情况表

表21-1

年份	纯收入(元/人)	生活消费支出(元/人)	年份	纯收入(元/人)	生活消费支出(元/人)
1989	616.25	589.46	1990	674.00	603.61

续表21-1

年份	纯收入(元/人)	生活消费支出(元/人)	年份	纯收入(元/人)	生活消费支出(元/人)
1991	722.34	765.44	2000	2754.79	2189.03
1992	802.69	871.08	2001	2802.82	2183.16
1993	920.49	812.25	2002	2869.82	2199.25
1994	1318.20	1119.73	2003	2928.64	2284.12
1995	1760.34	1757.55	2004	3319.31	2741.46
1996	2117.14	1976.27	2005	3548.77	3407.47
1997	2480.94	2156.68	2006	3771.66	3460.64
1998	2605.80	2251.10	2007	4047.88	3178.64
1999	2716.78	2219.99	2008	4562.87	4432.88

第二节　城镇居民生活

一、收入构成

1989年，城镇住户抽样调查，娄底市城镇居民人均全部收入1402.59元，其中实际收入1214.19元，占86.6%。1990年，城镇居民全部实际现金收入1602.37元。其中，实际收入1391.11元，占86.8%。1995年，城市居民人均现金收入4962.16元。其中，实际收入4840.28元，占84.7%；储蓄收入877.42元，占15.3%。实际收入中，全民所有制职工工资2969.73元，占61.3%；集体所有制职工工资465.79元，占9.6%；从单位得到其他收入99.41元，占2%；个体经营者净收益85.42元，占1.8%；离退休再就业者收入36.84元，占0.8%；其他就业者收入3.69元，占0.1%；其他劳工收入216.01元，占4.5%；财产性收入84.38元，占1.7%；转移性收入879元，占18.2%。

2000年，娄星区城镇居民人均现金收入8044.62元。其中，实际收入6420.62元，占79.8%；储蓄借贷收入1623.99元，占20.2%。实际收入中，国有经济单位职工收入4018.09元，占62.6%；集体单位职工收入101.95元，占1.6%；其他所有制职工收入77.11元，占1.2%；个体经营者收入358.29元，占5.6%；财产性收入52.45元，占0.8%，转移性收入1335.04元，占20.8%，其他收入477.69元，占7.4%。人均可支配收入6363.26元。2005年，城镇居民人均现金收入1.21万元。其中，实际收入8584.65元，占70.9%；借贷收入3530.67元，占29.1%。实际收入中，工资性收入6054.47元，占50%；经营净收入603.94元，占5%；财产性收入152.46元，占1.3%；转移性收入1773.78元，占14.6%。人均可支配收入7998.22元。

2008年，城镇居民人均现金收入1.53万元。其中，实际收入1.32万元，占86.3%；借贷收入2104.59元，占13.7%。实际收入中，工资性收入9580.85元，占72.5%；经营净收入765.61元，占5.8%；财产性收入468.86元，占3.6%；转移性收入2431.67元，占18.1%。人均可支配收入1.24万元。城镇居民人均现金收入年均增长12.7%。

二、生活消费支出构成

1989年，娄底市城镇居民人均生活消费支出1163.71元。其中，购买商品支出1056.93元，占90.8%；非商品支出106.78元，占9.2%。购买商品支出中，食品593.17元，占56.1%；穿着156.22元，占14.8%；日用品175.39元，占16.6%；文娱用品87.22元，占8.2%；书报杂志8.52元，占0.8%；药及医疗用品10.31元，占1%；建筑材料3.38元，占0.3%，燃料16.17元，占1.5%；其他支出6.55元，占0.7%。非商品支出中，房租6.42元，占6%；水电费12.85元，占12%；交通费11.03元，占10.3%；邮电费2.84元，占2.7%；学杂费43.59元，占40.8%；医疗保健费2.80元，占2.6%；保育费4.24元，占4%；文娱费3.23元，占3%；其他支出19.78元，占18.6%。1990年，娄底市城镇居民人均生活消费支出1250.70元。其中，购买商品支出1113.32元，占89%；非商品支出137.38元，占11%。购买商品支出中，食品647.26元，占58.1%；穿着197.81元，占17.8%；日用品150.25元，占13.5%；文娱用品48.54元，占4.4%；书报杂志7.87元，占0.7%；药及医疗用品12.97元，占1.2%；建筑材料9.32元，占0.8%，燃料16.17元，占1.5%；其他支出23.13元，占2%。非商品支出中，房租6.27元，占4.6%；水电费14.66元，占10.7%；交通费13.82元，占10.1%；邮电费3元，占2.2%；学杂费63.28元，占46.1%；医疗保健费2.80元，占2%；保育费2.97元，占2.2%；文娱费4.12元，占3%；其他支出26.46元，占19.1%。1995年，城镇居民人均生活消费支出3952.54元。其中，食品1888.48元，占47.8%；衣着509.24元，占12.9%；家庭用品设备及服务445.54元，占11.3%；医疗保健122.28元，占3.1%；交通和通信199.44元，占5.0%；娱乐教育、文化服务336.48元，占8.5%；居住213.16元，占5.4%；杂项商品和服务237.94元，占6.0%。

2000年，娄星区城镇居民人均生活消费支出4956.60元。其中，食品1915.40元，占38.6%；衣着527.80元，占10.6%；家庭设备用品及服务396元，占8%；医疗保健319.80元，占6.5%；交通和通信317.40元，占6.4%；娱乐文教服务775.80元，占15.7%；居住440.50元，占8.9%；杂项商品和服务264.4元，占5.3%。2005年，城镇居民人均生活消费支出6906.55元。其中，食品2471.34元，占49.9%；衣着697.62元，占10.1%；家庭设备用品及服务512.77元，占7.4%；医疗保健813.93元，占11.8%；交通和通信697.82元，占10.1%；教育文化娱乐服务977.47元，占14.2%；居住470.31元，占6.8%；杂项商品和服务265.29元，占3.8%。2008年，城镇居民人均生活消费支出7736.26元。其中，食品3204.73元，占41.4%；衣着858.42元，占11.1%；家庭设备用品及服务522.42元，占6.8%；医疗保健650.04元，占8.4%；交通和通信763.25元，占9.9%；教育文化娱乐服务772.63元，占10%；居住754.64元，占9.7%；其他商品和服务210.13元，占2.7%。城镇居民人均消费性支出年均增长9.9%。

三、拥有耐用消费品

1989年，娄底市每百户城镇家庭拥有毛皮大衣32件、呢大衣150件、毛料服装322件、皮鞋494双、毛毯178条、大衣柜132个、沙发126个、写字台88张、组合家具12套、沙发床12个、自行车216辆、缝纫机78架、手表256只、电风扇310台、洗衣机94台、电冰箱62台、彩色电视机50台、黑白电视机58台、收录机60台、照相机10架、电炊具30个。1990年，每百户城镇家庭拥有毛皮大衣30件、呢大衣140件、毛料服装260件、皮鞋774双、毛毯190条、大衣柜140个、沙发120个、写字台138张、组合家具14套、沙发床12个、自行车230辆、缝纫机92架、手表338只、电风扇290台、洗衣机94台、电冰箱98台、彩色电视机60台、黑白电视机58台、收录机74台、照相机10架、电炊具22个。

1995年，娄底市每百户城镇家庭拥有毛皮大衣80件、呢大衣240件、毛毯220条、地毯4平方米、组合家具72套、沙发床54个、沙发140个、大衣柜126个、写字台112张、自行车188辆、摩托车10辆、家用三轮车6辆、缝纫机66架、洗衣机104台、电风扇326台、电冰箱92台、冰柜2台、彩色电视机88台、黑白电视机34台、录放像机8台、游戏机8台、组合音响2套、立体声收录机24台、普通收录机44台、照相机26架、其他中高档乐器4件、家用冷暖风机6台、空调器8台、电炊具14台、淋浴热水器60台、脱排油烟机36台。

2000年，娄星区每百户城镇家庭拥有毛皮大衣116件、呢大衣284件、毛毯220条、地毯104平方米、组合家具94套、沙发床52个、沙发164个、大衣柜136个、写字台136张、自行车138辆、摩托车14辆、家用三轮车2辆、缝纫机78架、洗衣机100台、电风扇344台、电冰箱98台、冰柜2台、彩色电视机114台、录放像机16台、家用电脑12台、组合音响26套、普通收录机41台、照相机40架、钢琴2架、其他中高档乐器8件、空调器24台、电炊具30台、淋浴热水器90台、脱排油烟机88台。2003年，每百户城镇家庭拥有成套家具94套、自行车78辆、摩托车26辆、家用汽车2辆、洗衣机102台、电风扇334台、电冰箱100台、冰柜4台、彩色电视机124台、影碟机34台、录放像机6台、录音机46台、家用电脑22台、组合音响34套、摄像机2架、照相机38架、其他中高档乐器4件、微波炉14台、空调器49台、取暖器88架、电炊具42台、淋浴热水器84台、消毒碗柜26台、排油烟机102台、饮水机28台、健身器材4套、普通电话100部、移动电话104部、传真机2部。

1989—2008年娄星区（娄底市）城镇居民人均纯收入和生活消费支出情况表

表21-2

年份	可支配收入(元/人)	消费性支出(元/人)	年份	可支配收入(元/人)	消费性支出(元/人)
1989	1402.59	1163.71	1999	5767.90	4636.80
1990	1602.37	1250.70	2000	6363.20	4956.60
1991	1840.26	1521.21	2001	6772.37	5334.25
1992	2334.99	1812.10	2002	6967.56	5117.88
1993	3473.16	2555.33	2003	7251.71	5570.03
1994	4375.04	3212.79	2004	7644.18	6150.79
1995	4962.16	3952.54	2005	7998.22	6906.55
1996	5379.73	4130.29	2006	9788.63	7266.31
1997	5644.33	4301.60	2007	10941.17	7852.64
1998	5740.90	4566.80	2008	12373.22	7736.26

第三章　民间习俗　地方俗语

第一节　民间习俗

一、饮居习俗

（一）农村住房

1949年前，农村自然村寨布局讲究后有禁伐靠山，村前有朝门。1949年后，村寨建朝门习俗少见，农民仍称村前主要出口为朝门，婚事、殡丧等大事须从朝门进出。农村住宅多为木料，就地取材，多为松木，也有全杉木料。

住宅多为明三暗六或明五暗十形制独立房屋。房屋高2丈（约6.90米）、宽1丈（约3.40米）、长2丈（约6.90米），人字形双坡小青瓦屋顶。正房前左右或加厢房，俗称厢间。住房前一般留1～1.70米宽走廊，俗称阶基。中间为堂屋，堂屋正中墙上设神龛，供奉祖先牌位。有些地方1栋房子住有多户，则厅堂为全体住户公用。堂屋后间称退堂屋。一般1幢房屋左右分居2户，或兄弟，或父子。前间称灶屋或茶间，兼厨房、接待和餐饮之地。柴火灶靠外墙一角，灶口忌与村前流水同向。灶前挖坑设灶塘。灶塘前可坐人烤火，灶至墙之间角落称柴角，专放柴薪。灶上吊炉架，供熏烤腊物之用。后间为卧室，称睏房，床靠墙壁，与房屋直向平行摆放。卧房门角落放置盂桶以供小解。有些住户二楼较高，又有木楼板，用作卧室，空间低矮的放罐盆等杂物。木楼梯一般置于卧房门角落处。部分农户在正房一侧或两侧修建偏舍，称偏厦，添作卧室，也可作灶房或堆放杂物。家境富裕者在厢房前或正房两侧置晒楼（阳台）。阶基前挖尿坑氹，垃圾入尿坑氹沤制为肥料。窗为四方形，以9根或7根方木为窗棂，高档者有万字格、喜字格或梅花格窗棂，冬日糊纸防风。锄头扁担等小型农具常倚于门角或阶基上，屋檐下吊挂高粱、玉米、烟叶等让其自然风干。部分富裕者建“四”字形庭院，以前后2幢正房和两侧厢房连接而成，中间留天井。

（二）服饰

清代，男人蓄辫，女人缠足。富户人家男穿长袍马褂，戴缎帽，穿布鞋或皮鞋，女着丝、麻、棉织大襟旗袍或花边短襟，有的戴头簪、耳环、手镯、戒指等首饰，穿尖嘴绣花鞋。贫困人家穿粗布短衫，大头便裤，脚穿布鞋、草鞋或油鞋。民国时期，男剪辫，女放足，衣着无变化。农民热天习惯用大罗布巾，既可扎衣裤，又可擦汗洗澡；冷天常系围身布，护衣又御寒。农家妇女喜穿短襟瓜子围身布。1919年五四运动后，陆续出现中山装、西装、罗裙，长袍、马褂和旗袍逐渐减少。

1949年后，人们服饰变化很大，城镇男性居民着中山装、解放装、西装、青年装、学生装和工作服等，女性着列宁装、春秋装、轻便装、连衣裙等。乡村男女劳作时仍以原来式样为主，外出做客或农闲休息时穿新式衣裤。1966年后，人们服饰以解放装为主，伴以少量中山装，男女均喜欢戴黄色军帽，脚穿解放鞋。1980年后，一度出现西装热，配领带、穿皮鞋。进入21世纪后，人们服饰出现多样化，各式西装、休闲装、牛仔服和休闲鞋、保健鞋同时登场，中山装、唐装也不鲜见。

（三）饮食

旧时人们生活困难，农忙时一日三餐，早餐汤水，中餐杂粮蔬菜，晚餐简单应付了事。农闲时一日两餐，早餐上午10时许，中餐晚餐合二为一。城镇没有农忙农闲之别，一日三餐。山里村民主食以玉米、高粱、小麦、红薯为主，拌以少量大米。涟水、孙水两岸和一些地势比较平坦地方，水田较多，人们主食以大米为主，以杂粮、蔬菜补充。农忙时多吃主粮，农闲时以杂粮为主。

这种状况在域内一些村寨延续到20世纪70年代末。1980年，改革开放，告别以杂粮为主食的时代。早餐大多数人吃面食，中晚餐为米饭。20世纪90年代起，改善饮食结构，杂粮与大米适当搭配，玉米、红薯等粗粮又上餐桌。菜肴荤素结合，主要肉类有猪肉、牛肉、羊肉和鸡、鸭、鹅、鱼等，物质生活得到改善。

二、礼仪习俗

（一）婚嫁

说媒　媒人第一次去女方家里说媒，将携带的雨伞倒立于大门外，如女方家同意说亲，女方家便将雨伞顺之于门外。媒人第二次去女方家，仍将雨伞倒立于大门外，如果女方家长将雨伞拿进厅堂顺立，则表示所说亲事获得女方家基本认可。媒人第三次去女方家还是将雨伞倒立于大门之外，如果女方家长将雨伞拿进客房或女方闺房，表示这门婚事女方家完全同意。但口头上还是不答应，以示“好女多求。”

定婚　又称合八字，媒人向男女双方家长介绍对方家庭、年龄、身体和家教、思想、能力等情况，经双方相互考察认可后，媒人将女方生庚送男方家，男方请算命先生合八字，合则联姻，否则，托媒人把女方生庚退还。

报期　俗称送日子。男方选定迎娶吉日，经女方同意，用红贴签封并书“预报佳期”，备财礼托媒人送女方家中，女方备嫁妆。

完娶　成婚前一天，男方向女方家送去猪肉、雄鸡、鱼等敬神筵席物品和彩礼。成婚日清晨，新郎由媒人、伴郎、伴娘、司礼陪同去女方家接亲。女方家设辞堂宴，行辞堂礼以后发亲。新娘上轿前拜别祖先长辈，父母当场教育女儿夫妻恩爱，敬老睦邻，勤俭持家。彩轿到达新郎家门口时，新郎家鸣喜炮迎接，然后新娘在伴娘陪同下步入厅堂，夫妻双双先拜天地，接着拜祖先，再拜父母和长辈，最后夫妻对拜，谓之“拜堂”。拜堂礼毕，夫妻由一对童男童女持烛引领入洞房，行赞床礼。

闹洞房　又名吵新娘。新郎新娘结婚当夜，众客人戏弄新娘的一种习俗。吃完喜酒后，众客人向新郎要求“看新娘”，新郎陪同大家进入洞房。在进入洞房时，众人往往要念四句祝词。闹洞房开始，由侍娘或宾客中推荐1人把放在床帐里的红枣灯点上，叫作“添丁”。添丁后，侍娘扶新娘同新郎站立房中，宾客环坐周围。假如洞房容纳不下宾客，就在正厅吵新娘。当新娘把喜糖和甜茶的茶瓯敬给主客时，这位主客故意不收，而让给隔坐者，隔坐者同样再让给隔坐。这样，新娘尽管在房内踱来踱去，大家都不理她。吵新娘就此开始，客人叫新娘唱歌、跳舞，或要新娘新郎拥抱，有的出些难题让新娘、新郎回答，有的恶作剧，将新娘和新郎床铺弄湿或放蚂蚁，当晚难以入睡。总之，闹洞房节目和方式多种多样，诙谐浪谑，无所禁忌。时至今日，此俗仍在沿袭，但闹洞房方式文明得多，富有时代特点。

回门　婚后三天新郎陪新娘“回门”，新娘家办回门酒。

中华人民共和国成立后，废除封建婚姻制度，实行新婚姻法，男女婚姻自主。婚礼采用新的仪式，并有旅游结婚、集体婚礼等。随着生活水平提高，嫁奁有单车、手表、缝纫机、洗衣机、收录机、电视机、电冰箱以及各种高档家具。迎亲大都用车辆，酒席一般几十席，多的百余席，婚嫁费用多达数万元。

（二）生育

接生　旧时产妇在家里生产。产妇有临产征兆时，将婴儿用品备好，请接生婆接生。产妇一旦有阵痛、见红或破水，家人便赶紧为其煮鸡蛋和瘦肉补身，接生婆准备好接生工具，家人准备好开水、桐油，并剪下孕妇一小绺头发。产妇难产，用龙衣（蛇皮）缠于孕妇脖子，采取刺激法助产；还有些人扶产妇在房内来回走动，以运动助产。20世纪70年代起，产妇一般在医院分娩，旧法接生习俗随之消亡。

报喜　孩子出生后，孩子父亲携一块猪肉，鸡笼装一只公鸡，带一挂鞭炮，几斤糖果去岳家报喜。岳家回赠活鸡若干只和大量产妇食品，另准备满月贺礼。人们常说：“报喜，报喜，虾公钓鲤。”20世纪90年代以来，报喜方式多样化，除传统方式以外，电话、短信息和微信被广泛用来报喜。

打三朝 又叫贺三朝。孩子出生第三天亲友前往庆贺，主家举行宴会招待，请婴儿外祖父家代表坐第一席位。

满月酒和百日酒 婴儿满月或满百日，孩子父母宴请客人，客人送贺礼。孩子外祖父、外祖母、舅父舅母、姨妈等亲戚除送贺礼外，还给孩子送银手圈等“见面礼”。

周岁礼与抓阄 孩子满1周岁，亲友前往庆贺，孩子父母设宴示谢。喝完酒，把孩子放在预先摆好糖果、玩具和文具等物品的盘箕内，观察孩子先去抓什么，以此预测孩子智力和志向，叫抓阄。

拜寄 小孩娇嫩或体弱多病，为保其长大成人，常将小儿寄拜给人或物做干儿、干女，以彼命之福泽或坚实保佑小儿安康。拜寄于人的，或选大福大贵的人，借助其福大命大庇护小儿；或选极贫之乞儿、乞婆，借助其贱命抗灾抵疾庇护小儿。拜寄给自然物，往往选坚强、长久之物，如水、石头，希望如水长流，如石坚硬。一般拜寄何物，便给小儿取乳名为此物名称。拜寄于人时，要送一定礼物，焚香秉烛行寄礼。拜寄山石、树木或动物时，要焚香烧纸，摆肉奠酒，燃放鞭炮。逢年过节，拜寄于人需要看望，拜寄于物需要拜祭。

（三）寿庆

人生满60岁称寿，做寿酒。富者张灯结彩，贺客盈门，送寿匾、寿幛、寿屏、寿联、寿桃、衣料及其他珍贵礼品；贫者亦以粗布衣料和寿桃等物赠送。晚辈要拜寿，厅堂铺设红地毯，点烛焚香，子女四跪四拜，亲友上前颂祝。

（四）丧葬

守时辰 又叫送终。老人临终时，家里亲人围守病榻，聆听老人遗言。老人气绝烧钱纸，放起身爆竹。

报丧 老人死后，孝子先磕头禀报伯父、叔父，恳请主持丧事，待确定出殡日期以后再去其他亲友家报丧，俗称发信。

请水 俗称取抹尸水。入殓以前，鸣锣去死者生前所饮用水井舀水供抹擦遗体之用。

装束 抹尸后，趁遗体尚未僵硬，为死者穿好寿衣、寿鞋，戴好寿帽。

移旂 又叫摊尸、摊门板。装束以后，将死者遗体移至门板上，等待入棺。

入棺 将遗体按头里脚外方向移至棺内，在头下、两肩和脚下扎好灰包，按男红女绿习俗盖好寿被与棺盖，棺材两边塞垫钱纸留缝隙。

封殓 择定具体时间后，由铺排师指导，孝子孝孙等孝眷穿孝服，拄孝杖瞻仰遗容。然后将棺盖与棺壁排栓用竹鉴连接固定，最后在棺盖与棺壁连接处涂上山漆。

停柩与祭奠 停柩时间一般3~5天、7~8天、10多天不等。停柩期间，扎孝堂，扎纸屋，孝堂内外贴挽联，挂祭帐。鼓乐师吹打，做道场，行超度，举行祭礼，祭奠方式道教、佛教、巫教、儒教并用和混用。一些家境富裕又讲排场的孝家请戏班唱堂戏。

唱夜歌 老人去世当晚即请歌师为死者唱赞歌，夜歌连唱几晚，围绕死者生前功德进行赞颂，同时赞扬孝家，鼓励和教育后人。

出柩与送葬 送亡者上山，由8人抬柩。孝家内亲外戚披麻戴孝，腰系草绳，脚穿草鞋，孝子孝孙走在灵柩前方躬腰退步行进，其中1人捧灵牌。女眷走在灵柩后面，齐声举哀。昔日柩前柩后各只有1支民间乐队奏乐。1980年后除民间乐器外，有西洋乐队若干支，送葬队伍长达里许。

路祭 灵柩所经之处，死者生前好友行路祭。一般在自家门口相送，以示祭奠。当灵柩经过死者直系后代或同胞兄弟姐妹住所时一般行奠。此外，过桥过渡过岔路时也行祭礼。

安葬 棺材入穴后，定好坟墓山向，然后在坟穴内分层筑土夯实。土要干净无杂物，有的还拌木炭和石灰。葬坟时间可长可短，但不少于1天。成坟时，全体孝眷上坟山看坟，跪拜。

拜新年 死者去世以后第1个春节期间，孝家不行任何喜庆，春联也用白纸书写。大年初一，孝家不外出拜年，而备三牲果品酒水，穿上孝服上坟山给新亡人拜年。

中华人民共和国成立后，废除封建迷信习俗，改用开追悼会、送花圈、戴黑纱等新式丧葬礼仪。1980年后，推行丧葬改革，提倡火葬。

三、时令节日

春节　大年初一为春节，俗称过年。大年初一到正月十五俗称新年。有正月初一上坟山为过世长辈拜年习惯。新年期间走亲访友称拜年，拜年顺序视血缘关系和亲疏程度由近及远，“初一崽，初二郎，初三初四拜寄娘（干娘）。”拜年可至正月十八日，有“拜年拜到十七八，掏干坛子掏干塔”说法。

元宵　由一年的第一个月圆之夜而得名，又称上元节、灯节。晚上通宵点灯，方便“老鼠嫁女”，有“除夕晚上的火，元宵晚上的灯”说法。晚上，舞龙舞狮须“送龙归海”“送狮上山”，到正月十八晚上结束龙狮表演。

花朝　每年农历二月十五为花朝日。少女于此日穿戴耳环，祈求花神庇佑，找个如意郎君。民间传说花朝日完婚者天上有花神相照，可使夫妇期颐，同偕到老。

三月三　每年农历三月初三日，家家户户“荠菜煮鸡蛋”，祛邪消灾。

清明　又称踏青节，人们去上坟山挂青祭祀，敬祖感恩。

立夏　立夏日，农村家家磨粉做丸子，传为“吃了立夏丸，石头踩成泥”。耕牛休息1天。

端阳　农历五月初五日为端阳节，又称蒲节，俗云“过端午”。各户门上插艾叶、菖蒲，采集山药洗澡，饮雄黄朱砂酒，除病驱邪。家家吃粽子、包子、大蒜、苋菜、盐蛋等过节。沿涟水、孙水两岸松江、恩口、娄底、高车、犁头嘴、磨子石、新边港、傅家湾等村寨，从四月下旬开始划龙船，直至五月初五日。

夏至　石井乡一带有过夏至节习俗，作为一年中重要节日之一。是日，家家备酒肉，敬奉夏至公公，叩求五谷丰登、六畜兴旺。

尝新　农村以农历六月逢天干辛日为尝新节。品尝新米，家家户户准备丰盛酒食，敬拜天地祖先。尝新时长辈先尝，然后全家再吃。

中元节　俗称七月半，也叫鬼节。农历七月十一日开始，止于七月十四日，为故去亲人敬奉酒饭4天，为已故新人送冥币冥具，在最后一天下午焚化。丧歌云：“亡者生日回来领酒饭，中元回来领包财。”

中秋节　又叫团圆节。是日，亲人团聚，女婿、女儿给岳父岳母送月饼等节日礼品。晚餐后家家户户到空旷地方赏月。

重阳节　主要活动为慰问老人，吃芋头，登高，赏菊花，喝桂花酒，吃重阳糕。

腊八节　农历腊月初八喝腊八粥，煮腊八豆。家家户户做腊八粥，祭祀祖先，或合家聚食，馈送亲友。

小年与扫尘　农历十二月二十四日过小年，又是扫尘节。以斋果糯饭敬送灶神（玉帝女婿灶王爷和玉帝女儿灶王奶奶）上天奏事，祈求灶神在玉帝跟前多说好话，保佑全家人畜平安。家家户户房内房外，屋前屋后打扫干净，准备迎接新年到来。

除夕　农历一年最后一天，全家团圆，家家结清往来账目。中午吃团圆饭，标志菜为鱼、团年萝卜与砧板肉。饭菜要有剩余，忌打破碗盏，损坏家什。水缸里装满大年初一、初二所需要用水。小孩子穿上新衣服，大人给他们送压岁钱，对送财神者以礼相待，以适量钱米相谢。晚上，炉火要烧得旺盛，以兆来年兴旺。是晚，通宵不睡，称为守岁。

四、民俗

划喜船　划喜船是流行于娄星区垭古、磨子石、高溪一带端阳习俗，是一种以划龙船形式还愿感恩的原始而古朴民俗活动，表达以垭古村为中心的孙水流域人们对自然敬仰和感恩，是梅山水运文化在这一地域的特殊表现形式。

相传，清乾隆年间，傅家湾先祖傅南岳在湘潭河口一座破龙王庙接回一尊龙王雕像放在傅家祠堂敬奉。十里八乡村民来傅家祠堂敬拜许愿，求子嗣、求村寨平安、求人寿年丰。求得子嗣信士为感恩，便在端阳节举行划龙舟活动，因为喜添人丁，谓之“划喜船”。划喜船时不再以比赛为主，而是以娱乐为主，让龙王爷高兴。其间，信士们扎喜船、唱车灯戏、耍武术、散斋粑，附近十里八乡村民参与。散斋粑就是信士带着包子、粽子、糖果、皮蛋、茶水等到龙王殿和岸边发给划船手和观众，让众人分享喜悦和成功。后来，人们把求财、治病、升学、平安等都叫“喜”，所有还愿活动都叫“划喜船”。此后，每逢农历五月初一日，当地人按照习俗在龙王殿举行仪式，准备鸡、鱼、肉三牲祭龙王爷，师公抱着龙王爷雕像，做划船驱魔动作，表演傩戏。久而久之，遂成民俗节日。

水府席　水府席（字音相同又名水浒席）习俗，因流行于水府庙周围地区而得名。

水府庙地处娄星区与湘乡市毗邻地段，系湘江支流涟水、孙水交会地，旧时十年九涝，农田被淹，人畜遭殃。人们以为是对水神欠恭所致，便以块状猪肉、合菜、护男汤、米粉丸子等菜肴祭祀水神。这些菜肴名称和寓意，符合人民求和谐、盼丰收、祈团圆愿望，又简便易行，人民将其扩充与完善，传承和发展，用作喜庆宴席，逐渐固定为该地区一种饮食习俗，称之为水府席。

水府席菜肴有10道，依次上桌，席前上瓜籽、炒骨，随后是合菜、旗帜（棋子）肉、木耳红枣瘦肉汤、黄花菜合猪肝、护男（糊蛋汤）汤、肚灿汤、米粉丸（药膳丸）、鲢鱼煮萝卜（豆角、茭白、蕌头）、时鲜蔬菜。前8道菜是下酒菜，后2道才是下饭菜。如是寿宴，席前加寿面，办丧事则加豆腐，婚宴可加全鸡或海参，称之为“加头”。

水府席萌芽于宋元时期，清代形成习俗，后被曾国藩引做军宴。湘军撤裁后，其将士回原籍将该宴席习俗带回家乡，扩大传播范围。百姓因地制宜，加以改进，普遍用作红白喜事宴席，在湘军将士较多的娄星区等地尤为盛行。水府席习俗事项由席前、席中和席后3部分组成。席前宰牲祭祀敬奉水神和祖先，准备菜肴原料、桌凳和餐具；席中尊席、安席和用膳；席后留宿主宾，送别众客。

第二节　地方俗语

一、事理类

（一）养生

1.呷饭、屙屎、睏，三条路为正。（讲出了人维持生命最基本的三件事。）

2.饭不言、睏不语。（吃饭、睡觉都不能讲话，防止噎呛和失眠。）

3.耽搁一夜眠，十夜都补不全。（老辈人认为，晚上是用来睡觉的，耽搁一夜没睡觉，睡十夜都补不起。告诉大家要按时睡觉。）

4.臭鱼烂虾，害命冤家。（旧时生活水平低，特别是农村，死鱼死鸡死猪大家都舍不得扔，结果害命。）

5.呷了五月菇，死了冇人哭。（农历五月是毒菇疯长季节，如果不分好丑，捡了就吃，就会丧命。）

6.呷烟又吃姜，犹如杀一枪。（烟、姜都是刺激性大的东西，对养生很不利，特别是在晚上。）

7.多衣多寒，冒得霸蛮。（寒冷因人而异，富贵的人衣服多、寒冷也多；贫穷的人衣服少，只好霸蛮坚持。）

8.千金难买老来瘦。（年纪大了，瘦比胖更好。民间认为，人过了生长年龄而突然发胖的话，预示着会有疾病。）

9.吃药不如忌口。（要想病早点好，忌口比吃药更好。民间认为，雄鸡、鲤鱼、虾米、牛肉、竹笋等都是发物，会引发疾病、加重病情，患病的人不能呷这些发物。）

10.要想蔬菜甜，呷起哒放盐。（盐放早了会苦，还会影响营养。）

11.好吃如小赌。（主食不吃吃副食，养成习惯，就如小小赌博一样，浪费钱财。）

12.爆竹、水粉、烟，三项空铜钱。（旧时对没有解决温饱的人们来说，这三项没有任何实用价值。）

13.六月呷新不用鸡。（农历六月，正是稻禾成熟、蔬菜出身的时节，在六月初逢辛或逢卯的日子，全家人都回来。采摘三穗稻禾，当年第一次煮的新米和蔬菜，还有猪肉，敬奉祖先后，全家团圆共享。因为都是新鲜的，比呷鸡还有味。是仅次于过年的节日。）

（二）礼仪

1.子不嫌母丑，狗不嫌家贫。（子女再优秀，都不能嫌弃、忤逆父母，狗从不嫌弃主人家贫穷。）

2.好看不过素打扮，好吃不过家常饭。（素打扮、家常饭朴素，经得住时间的检验。）

3.鸡蛋坨、鸭蛋坨，伢儿不跟妹儿做一坨。（这是儿歌，以前男女授受不亲，后用来说明男女有别。）

4.酒肉的朋友，盐米的夫妻。（生活中，一些人有了酒肉就是朋友，但当你遇到困难时不一定帮你。而夫妻天天在一起，平凡、平淡但长久，关键时刻能相互帮衬。）

5.宁愿打个半死，不愿打个耳巴子。（比喻面子重要。）

6.屋檐水，点点滴，代代儿孙跟你来。（在孝敬父母上，子孙是跟父母学的，如果你不孝敬父母，那代代儿孙学你样。）

7.爷做三朝崽做寿。（“三朝”为小孩刚出生三天时的一种仪式。说明小时父养子，老时子要敬养父。）

8.丑媳妇要见家娘面。（这是躲不了的，说明迟早会知道真相。）

9.崽女前世修，种子隔年留。（旧时困难，一些人常常把种子都给吃掉了。又因崽女多，负担都重，崽女不值钱。这是说，崽女和种子都重要，要善待。）

10.吃饭犹如做官。（在民间，吃饭是大事，要规规矩矩。吃饭是维持生命的必备内容，与人类自身繁衍有关，也是一种礼仪。）

11.种了春风有夏雨。（一个人做好事，自然会收到别人的好意。）

12.答应别人的事，是屎都得呷。（指人要信守承诺。）

13.三莫惹。（“三”指老人、妇人、小孩，不要和这三类人随意去开玩笑、计较。）

（三）生产劳动

1.爬地栽柑，戳棍栽桃。（指桔树从栽种到挂果时间长，要在人还是婴儿时栽植，才有收获。而桃树，是在人戳棍的时刻栽，也能吃到，挂果周期短。）

2.种田无粪，瞎子无棍。（过去种田靠粪做肥料，没有粪就如瞎子没棍。）

3.松树要丛，杉树要光。（松树要长大，要留枝，让它丛起来；杉树则要砍枝才能向上长。）

4.水利不修，有田也丢。（说明水利对农业的关键作用。）

5.会做巴巴三个不圝。（就是会做巴巴，前三个也都难以做圆。说明万事开头难。）

6.无灰莫种麦，种了冒得收。（种麦子一定要草木灰打底，不然没收成。）

7.谷老米放光，麦老是老糠。（稻谷越老，谷粒越饱满，放起光来；麦子越老淀粉含量会降低，碾出来糠多肉少。）

8.黄豆子开花锄满仓，绿豆子开花锄绝种。（黄豆开花时去锄掉旁边的草或松土会丰收；绿豆开花的时候去锄草松土会没有收成甚至绝种。）

9.山林松柏青，胜过拣黄金。

10.山上树光光，十年有九荒。（连山上的树木都光秃秃了，说明连年灾荒。）

11.把舵的不慌张，乘船的才稳当。（船的安全靠掌舵人，水急滩险，稍不留神就会船毁人亡。只要舵掌得好，就会安然无恙。说明领头人在关键时刻的重要性。）

12.宁可讨米叫化，不可水田种麦。（水田种麦会浸烂根，颗粒无收。）

13.三勤夹一懒，不勤也得勤；三懒夹一勤，不懒也会懒。（说明周围人群对个人思想观念、行为习惯的影响很大。）

14.三斤锄头两斤把，挖干红薯又点麦。（不让土地空闲着，收了红薯种麦子。这是生产劳动的先后秩序。）

15.四月插薯薯长薯，五月插薯粪长薯，六月插薯冒得薯。（插薯时间对收获影响很大。四月插下去，靠薯藤自身就能长苗，因为是生长季节；五月插下去，靠肥料生长；六月插下去，没有收成了。）

16.天晴的苋菜，落雨的黄瓜。（指苋菜和黄瓜各自的生长时间。）

17.有秧莫插丛，无秧莫插单。（插秧不管有秧苗没秧苗，都要按要求插，秧苗才能长得好。）

18.宽秧田，狭菜园。（秧田要宽，秧才好；菜园要狭，才耕得精。）

19.牛怕栏里水，马怕满天星（露水）。（牛栏有水、马露宿，牛马会患疾病。）

20.养崽不学技，担断别人的箢箕系。（学了技术是护身之本，没有技术，靠卖苦力的话，会担断别人的箢箕系，会很辛苦。）

（四）一般事理

1.谷几米几，隔层皮几。（说明人与人的血亲不同，感情也不同。）

2.讨米讨得久，总要碰席酒。（只要坚持，就有收获。）

3.朝中无罪臣，家中无病人。（旧时家庭幸福的标准。）

4.六月不是看禾时。（六月正是生长时候，看不到禾苗是否能丰收。不要过早估量人或事。）

5.做贼偷瓜起，痨病牵花起。（“牵花”是哮喘的土称，比喻任何事都是从细处开始的。）

6.横人怕理倒，弯树怕线弹。（线是指木匠师傅的墨线，弯树一经弹墨，就能取弯求直。再横蛮的人，道理一讲不服也得服。）

7.做事冒计划，盲人骑瞎马。（做事没有安排，就如同盲人骑着瞎马，没有方向。）

8.人怕出名猪怕壮。（猪壮就会被杀，人出名会有烦恼。）

9.有盐同咸，无盐同淡。（表示同甘共苦。）

10.要得清闲娘边女。（女子未出嫁时，柴米油盐有娘管，什么也不要操心；出嫁才知道当家的辛苦。）

11.碰得崽好有人吊孝，碰得爷好有人做媒。（旁人去吊孝是看在儿女的份上，来做媒是看在父母的面上。）

12.称又不上两，打又不上掌，尖又顿不进，齐又顿不稳。（指某人一无是处。）

（五）谴责

1.捉天收，遭雷打。（指某人罪恶深重，但又奈之不得，在过去只得叫天惩罚。）

2.天来大，海来深。（指某人讲大话。）

3.不修今世修来世。（指某人没有凭良心做事。）

4.赶山狗。（赶山狗本指打猎时能发现野物气息、行踪的狗，经过专门训练，不离主人。这里取贬义，指专门跟别人跑的人。）

5.分食不匀，雷公打人。（旧时吃饭如果分食不匀，就是对生存权的藐视，显失公正，主持分食的人会遭雷打，雷公最公正，什么事都逃不过他的眼睛。）

6.四不合六。（指穿戴、做事或状况不合配，不协调。）

7.死人子守棺木不住。（指责人连本分都守不住。）

8.逗狮子，舞狮子，逗生欲渡。（指两边讨好、阳奉阴违的人。）

9.起心都不易。（谴责不该怀害人的心。）

10.变不得牛就莫耽误阳春。（说明答应了的事就要兑现。）

11.鸭婆子不奔食，不怕你半夜冒天光。（说明凡事强迫不得。）

12.一遮（手）油麻子种得十二条田坑。（说明一个人很小气。）

13.嘴巴打得狗死，筷子夹得水起。（指某人讲大话。）

14.三句好话，当不得个马棒棒。（指好话不听就要来硬的，主要指教育小孩。）

15.摸得黄牛就是马，拣得封皮就是信。（指责没弄清楚就乱说话。）

二、气象类

1.春争日，夏争时，百事宜早不宜迟。（春夏是万物生发时节，农业生产要争时夺日，不要错过季节。）

2.霜降不打禾，一夜去一箩。（水稻如果在霜降前还没收割，一夜就会损失很多。）

3. 白露秋风夜，一夜凉一夜。（白露过后刮起风，天气冷下来，一夜比一夜凉。）

4. 小暑南风十八天，大暑南风到秋边。（小暑那天刮南风，就会凉快18天，大暑那天刮南风，就会一直凉快到立秋。）

5. 十月中，梳头洗面工。（农历十月中，正逢冬至，日短夜长。）

6. 重阳无雨靠十三，十三无雨一冬旱。（九月初九、十三没下雨，冬天就干旱。）

7. 过了重阳，烧火进柴房。（过了重阳天气变冷，要烧火烤火了。）

8. 正月初一打只霜，一担谷种扯只秧。（说的是如果正月初一打了霜，一担谷种只能扯一只秧，说明当年干旱不下雨。）

9. 冒到惊蛰打了雷，四十八天云不开。（惊蛰前打雷，会连续下雨48天。）

10. 立夏不下，犁耙高挂。（立夏日不下雨，犁不动田，干旱。）

11. 星星稀，晒死鸡；星星密，戴斗笠。（晚上如果星斗稀朗，第二天就晴；星斗稠密第二天就下雨。）

12. 月光生毛，大雨冲壕。（晚上月光周边有毛状云，预示翌日有大雨。）

13. 梭子云，定天晴。（天空出现梭形云，一定会天晴。）

14. 一日早霜十日寒。（冬天早上打一次霜，会连续十天寒冷。）

15. 冬久雨，旱三春。（冬天下雨时间太久，第二年春天必将干旱。）

16. 立夏晴，蓑衣斗笠跟起行。（立夏那天放晴，会连续下雨。）

17. 天上云像梨，地上雨淋泥。（天空出现梨状云，会下大雨。）

18. 夏至无雨见青天，要想有雨到秋边。（如果夏至日没下雨、天空晴朗，那要到立秋才会有雨。）

19. 立冬有雨一冬淋，立冬无雨一冬晴。（立冬日下雨，整个冬天有雨下；立冬日无雨，整个冬天都晴天。）

20. 田螺浮水面，不久风雨来。（如看见本来附在石缝、泥巴上的田螺浮到水面上来，则预示风雨要来了。）

三、歇后语

1. 年三十夜里的砧板——不得空。

2. 蛇拱竹筒——自寻死路。

3. 吃咸萝卜担淡心——操空心。

4. 阳雀子叫三天——还是句现话。

5. 烧起咯中间火，烤煞两边人——挑拨。

6. 绊到油里不巴油——滑背（八面玲珑之人）。

7. 有好长的被伸好长的脚——量力办事。

8. 连脚共裤，只多了个脑壳——铁哥们。

9. 甲不得乙事——不能混为一谈。

10. 穇子粑敬土地——粗货。

11. 外边摆架子，屋里呷栗子——表面功夫（栗子味涩，荒年用来充饥）。

12. 狗肉吃在狗肚子里——心知肚明。

13. 瞎婆子打鞋底——空费神思。

14. 沙洲上泼大粪——浪费。

15. 阎王老子嫁女——抬轿坐轿都是鬼。

16. 茅厮高上睏觉——离屎（死）不远。

17. 做个卖牛肉的影——脸难看。

18. 鸡蛋内寻（拣）骨头——挑刺。

19. 话讲多哩是点水——少废话。

20. 豆腐不是顶刀菜——根本不是对手。

21. 狗带帽子人一样做起——仗势欺人。

人　　物

一、人物传

夏卫国

夏卫国（1971—1997），汉族，初中文化，中共党员，湖南省安化县高明乡驿头铺人。

1990年12月，夏卫国应征入伍，在中国人民解放军32418部队服役，先后任副班长、班长。1992年秋，部队进行“成功二号”军事演习。演习进行到第60天时，夏卫国病倒。凌晨3点钟，接到上级命令，因演习需要，必须火速架设1条4千米长电话线路。他不顾病情，带领1名战士背起百多斤重电线出发。在行进中，遇到1条10多米宽河流。时间紧迫，他下河探路。深秋时节，河水冰凉，夏卫国在水中往返3次，把战友和电线背过河。接着，他们又马不停蹄放线，提前40分钟完成任务，夏卫国受到通报表彰。3年军旅生涯，夏卫国班立集体三等功1次，夺得1992年度全师考核个人第3名。

1995年8月，夏卫国退伍回家，安置到涟钢公安分处消防大队。他热爱消防工作，始终保持军人本色，在扑火救援中，总是冲在火线最前沿。1997年1月30日下午，涟钢炼铁厂3号高炉3号热风炉内发生煤气中毒事故。在抢险救援中，任消防大队三班班长的夏卫国第一个冒着生命危险冲进热风炉，抢救在炉内晕死过去职工。关键时刻将赖以维持生命的空气呼吸器摘下让给他人，拼命将中毒职工往外推，职工得救而他却中毒因公殉职。

2001年，夏卫国被湖南省人民政府追认为革命烈士。

陈　明

陈明（1918—1998），原名陈声耀，曾用名陈湘涛，娄星区西阳乡胜昔村人。

1937年，陈明在春元中学读毕业班，与同学陈其文等开展抗战救亡活动，受到学校当局阻挠，被开除学籍。12月，经八路军驻湘和驻武汉办事处介绍，进入山西临汾民族革命大学学习。1938年3月，转入延安陕北公学学习。5月，加入中国共产党。9月，回到湖南，以教学为掩护，开展抗日救亡活动，与潭湘宁中心县委书记袁学之单线联系。1939年2月，到湘鄂赣边区游击总指挥部任《复报》社编辑。

1943年7月，陈明因回家看望重病的兄长，被湘乡县谷水警察所逮捕关押。11月，关押在耒阳省属看守所。1944年3月，押送衡阳集中营囚禁。1944年6月，日寇攻占长沙，衡阳集中营撤离至东安县澄江中学，陈明与狱内共产党员策划越狱。8月，日寇占领衡阳，集中营向新宁、洪江方向转移。押解至距东安县城40余千米大庙口，因关口被日寇占领，乘押解人员不备陈明带领戴田、郑励新、赵慨萍、胡泽炳等乘机逃跑。到达武冈县后分散，陈明回到娄底老家。1946年5月，陈明到长沙大公书店工作。不久，遇见地下党员常杏云，与其丈夫周里接上组织关系。1948年7月，陈明被派回湘乡任湘乡县委工委委员。

1949年2月，陈明受县工委派遣与聂昭良起义部队联系，发展革命队伍。3月，县工委决定，部队改名为湘（乡）安（化）支队，聂昭良任司令员，陈明任政委。5月，省工委合编宁乡、湘乡、湘潭等地游击队为湖南人民解放总队第一支队，辖5个团，湘（乡）安（化）支队编为五团，聂昭良任团长，陈明任政委。7月下旬，五团奉命保护衡宝公路，阻敌向西南逃窜。8月11日，中国人民解放军47军138师解放湘乡县城，五团与南下主力部队会师。9月，湘中一支队整编为益阳军分区独立1、2团。陈明转业到益阳地委湘中日报社工作。

1951年，陈明任益阳地委党校教育长。1952年，任桃江县县长。1953年1月，任湖南人民广播电台台长兼总编辑兼任党支部书记。1957年12月，被错划为“右派”。1958年7月，被劳动教养。1962年7月，“摘帽”后安排在湖南大学图书馆任馆员。

1979年9月，落实政策，平反恢复名誉，调回湖南省广播事业局任顾问，任《湖南省志》编委、省五届政协委员、湖南省新闻工作者协会和省新闻学会顾问。出版代表作品有《陈明诗稿》《往事钩沉》等。1985年12月，以正厅级别离休。1998年2月3日在长沙逝世，终年80岁。

傅国钦

傅国钦（1908—2005），字定远，号求己山主，今娄星区西阳镇和家村人。自幼习古文，读诗书，毕业于涟壁书院。在私塾老师指导下，从5岁起临习各种碑帖。2002年1月2日至7日，由省书法家协会和书画研究院主办的《九五老人傅国钦书法艺术展》在长沙展出。10月10日至12日，省文联、省书法家协会和中国画研究院，在北京主办《九五老书法家傅国钦书法艺术展》，省文联副主席、省书协副主席何满宗主持开幕式，中国书协理事、省书协秘书长陈羲明主持研讨会。中国领导科学研究会会长，中央党校原副校长刘海藩，中国人民解放军海军原政委李耀文，新华社副社长李普，清华大学美术学院博士生导师、原中央工艺美院张仃，中国美协副主席、中国画研究院院长刘勃舒、中国书协党组副书记兼秘书长郭雅君，李可染艺术基金会理事长、中央美院教授邹佩珠为开幕式剪彩，在京的全国书画文艺界众多名家和首都观众出席开幕式并观看展览。新华社、中央电视台、《中国书法》杂志、湖南卫视等20多家媒体报道展览概况。傅国钦两次书法艺术展，在全国书画界引起很大反响。举行过多次书画义卖活动，所得款项援助给希望工程和辍学学生。书艺精湛，是湖南继齐白石之后，又一个修建个人艺术馆的艺术名家。生前出版有《傅书四体》《傅国钦书画作品集》《傅国钦书法》《傅国钦书法艺术》等书。作品分别刻入江西鄱阳湖碑林、山东墨子碑林，许多作品被美国、日本、新加坡和中国台湾等海内外藏家收藏。2005年8月15日逝世，享年98岁。

谭静宇

谭静宇（1978—2008），大学文化，中共党员，1996年12月，入人民解放军部队服役，2003年，参加公安工作，生前系娄底市城区治安巡逻大队五中队中队长。2008年3月19日凌晨零时许，谭静宇率五中队8名队员在娄底中心城区关家脑原煤机厂和长青居民点附近巡逻和蹲点守候值勤。此时，两名行迹十分可疑的年轻人从乐坪西街往煤机厂方向走过来。谭静宇立即安排队员跟踪盘查，对方立即分头逃跑，巡逻队员分兵追击。在星城建筑公司办公楼前，谭静宇与另一名队员追上嫌疑人，要求其出示身份证。正当谭静宇检查其身份证时，嫌疑人突然从腰间拔出一把尖刀，朝谭静宇右腿股动脉猛刺一刀，然后仓皇逃窜。谭静宇强忍疼痛，奋力追赶40米，终因流血过多而倒下，经医院紧急抢救无效而光荣牺牲，年仅30岁。省政府授予他革命烈士称号。

二、人物名录

1989—2008年娄星区（娄底市）全国人大代表名录

表22-1

姓 名	籍 贯	届 次	日 期	类 别	工作单位
张日平	湖南娄底市	九届	1998.3	全国人大代表	娄星区黄泥塘街道党委副书记、高溪村党委书记、高溪集团公司董事长
彭爱华（女）	湖南娄底市	十届	2003.3	全国人大代表	中共双峰县委副书记、县长

1989—2008年娄星区（娄底市）全国劳动模范和先进工作者名录

表22-2

姓 名	性别	出生时间	所在单位及职务	荣誉名称	获奖时间	授予单位
曾联明	男	1954	娄星区水利局水利抗旱服务队队长	全国劳动模范	2005.5	国务院

1989—2008年娄星区（娄底市）省部级劳动模范和先进工作者一览表

表22-3

姓 名	性别	出生时间	所在单位及职务	荣誉名称	获奖时间	授予单位
陈声海	男	1938	娄底市计委主任	湖南省先进工作者	1990.1	省政府
龙顺华	女	1938	娄底市环卫处清洁工	全国建设系统劳动模范	1990.8	建设部人事部
李建华	女	1954	娄底市第四小学校长	湖南省先进工作者	1995.5	省委省政府
曾晓云	女	1946	娄底市环卫处环卫工	湖南省劳动模范	1995.5	省委省政府
付凌琼	女	1955	娄底市茶园乡养殖专业户(农民)	湖南省劳动模范	1995.5	省委省政府
李仁贤	男	1953	娄底彩色水泥厂机修车间主任	湖南省劳动模范	1995.5	省委省政府
曾寿松	男	1947	娄底市物价局党组书记、局长	全国物价工作先进个人	1997.12	国家计划委员会
陈梦良	男	1964	娄底湘运客运分公司驾驶员	全国交通系统劳动模范	1998.4	交通部人事部
谭运能	男	1941	原娄底市计生委主任	全国计生系统先进工作者	1998.10	计生委人事部
樊光亮	男	1953	娄星区黄泥塘建筑公司经理	湖南省劳动模范	2000.5	省委省政府

续表22-3

姓 名	性别	出生时间	所在单位及职务	荣誉名称	获奖时间	授予单位
李满江	女	1963	娄星区毛巾厂质检员	湖南省劳动模范	2000.5	省委省政府
刘本祥	男	1954	娄星区万宝镇白水泥厂厂长	湖南省劳动模范	2000.11	省委省政府
雍 奇	男	1971	娄星区地税局三分局局长	全国税务系统先进工作者	2001.10	国家税务总局 人事部
曾润洪	男	1963	娄星区公路局党总支书记	全国交通系统先进工作者	2005.4	交通部 人事部
周军初	男	1964	娄星区公安分局长青派出所副所长	湖南省先进工作者	2005.5	省政府
刘至善	男	1958	娄星区乐坪街道党工委书记	湖南省优秀党务工作者	2006.7	省委省政府
成克义	男	1962	杉山镇卫生院院长	全国卫生系统先进工作者	2007.1	卫生部 人事部
肖培丰	男	1963	娄底第二中学教师	全国教育系统模范教师	2007.9	教育部 人事部

1989—2008年娄星区（娄底市）市（地区）级劳动模范名录

表22-4

姓 名	性别	民 族	出生时间	政治面貌	何时授予何种称号	所在单位及职务
李景涛	男	汉	1953	中共党员	1989年娄底行署授予特等劳动模范	娄底市毛巾厂厂长
吴正华	男	汉	1954	中共党员	1989年娄底行署授予劳动模范	娄底市糖果糕点厂厂长
梁芳娇	女	汉	1947	中共党员	1989年娄底行署授予劳动模范	娄底市大科乡长井小学教师
唐丽君	女	汉	1963	中共党员	1995年娄底行署授予劳动模范	娄底市毛巾厂挡车工
颜瑞文	男	汉	1953	中共党员	1995年娄底行署授予劳动模范	娄底市涟滨乡农民
梁永刚	男	汉	1952	中共党员	1995年娄底行署授予劳动模范	娄底市新世纪商业大厦总经理
颜仁华	男	汉	1950	中共党员	1995年娄底行署授予劳动模范	娄底市公路管理局养路工
严家丰	男	汉	1964	中共党员	2000年娄底市政府授予劳动模范	湖南高溪集团公司总经理
黄鹤林	男	汉	1951	中共党员	2000年娄底市政府授予劳动模范	娄星区再生资源公司经理
贺时雨	女	汉	1962	中共党员	2000年娄底市政府授予劳动模范	娄星区第三中学教师
陈志红	男	汉	1959	中共党员	2000年娄底市政府授予劳动模范	娄星区法院经济审判庭庭长
邵伯华	女	汉	1953	中共党员	2000年娄底市政府授予劳动模范	娄星区高溪小学校长

1989—2008年娄星区（娄底市）退（现）役军人立二等功及以上人员一览表

表22-5

序号	姓名	性别	家庭住址	所获荣誉	受表彰原因
1	谢超平	男	大科街道大科居委会机关组	二等功、中国人民解放军优秀人才一等奖	参加国际维和、反恐维稳、抢险救灾、首都阅兵业绩突出
2	彭清林	男	大科街道南垅居委会水泉组	二等功、军区部队卫生先进个人	抢洪抢险中表现突出
3	陈文辉	男	大科街道南垅居委会散户组	二等功	工作成绩突出
4	赵小奎	男	大科街道大科居委会机关组	二等功	抢险救灾中表现突出
5	王建民	男	大科街道小科居委会散户2组	二等功	工作成绩突出
6	彭奇文	男	大科街道小科居委会4组	二等功、中国人民解放军优秀转业技术人才奖	2008年在藏区维稳油料保障中做出贡献
7	彭军富	男	大科街道水洋村芦家组	二等功	工作成绩突出
8	胡先智	男	黄泥塘街道钢索桥403栋6号	二等功	工作成绩突出
9	刘远升	男	黄泥塘街道近家368栋21号	二等功	工作成绩突出
10	颜苏波	男	黄泥塘街道涟滨村上头屋19号	二等功	英勇救人
11	杜玉林	男	黄泥塘街道炼铁厂散户	二等功	抗洪抢险
12	颜加兴	男	黄泥塘街道高溪居委会新屋组	二等功	汶川地震救灾成绩突出
13	吴新春	男	黄泥塘街道一轧钢厂散户	战时二等功	因战受伤
14	喻启诏	男	石井镇石井村	二等功	全军新兵无线比武成绩突出
15	肖勇武	男	石井镇大跃村	二等功	集团军一专多能比武成绩突出
16	吴文武	男	石井镇双林村	战时二等功	参加对越自卫反击战
17	粟君	男	乐坪街道街心居委会3组	二等功	工作成绩突出
18	刘韬	男	乐坪街道街心居委会2组	二等功	射击竞赛成绩突出
19	颜绍平	男	乐坪街道街心居委会10组	二等功	工作成绩突出
20	周松华	男	乐坪街道街心居委会9组	二等功	工作成绩突出
21	唐铁生	男	乐坪街道街心居委会2组	二等功	工作成绩突出
22	柳慧	女	乐坪街道街心居委会8组	二等功	军事竞赛成绩突出
23	杨命交	男	乐坪街道街心居委会7组	二等功	工作成绩突出
24	吴庆增	男	乐坪街道街心居委会10组	二等功	工作成绩突出
25	曾长贵	男	乐坪街道街心居委会11组	二等功	工作成绩突出
26	刘正朝	男	乐坪街道街心居委会2组	二等功	工作成绩突出
27	袁中华	男	乐坪街道街心居委会10组	二等功	工作成绩突出
28	梁丁南	男	乐坪街道街心居委会10组	二等功	参加对越自卫反击战

续表22-5

序号	姓　名	性别	家庭住址	所获荣誉	受表彰原因
29	黄武利	男	乐坪街道贤童居委会11组	二等功	工作成绩突出
30	刘首兵	男	乐坪街道贤童居委会4组	二等功	工作成绩突出
31	朱寿喜	男	乐坪街道贤童居委会10组	二等功	工作成绩突出
32	刘颂军	男	乐坪街道贤童居委会14组	二等功	工作成绩突出
33	肖高才	男	乐坪街道贤童居委会5组	二等功	工作成绩突出
34	吴文兴	男	乐坪街道贤童居委会10组	二等功	军事竞赛成绩突出
35	李建兵	男	乐坪街道贤童居委会7组	二等功	工作成绩突出
36	杜小竹	男	乐坪街道贤童居委会9组	二等功	工作成绩突出
37	王建国	男	乐坪街道贤童居委会7组	二等功	工作成绩突出
38	陈锡良	男	乐坪街道贤童居委会6组	二等功	工作成绩突出
39	袁志新	男	乐坪街道贤童居委会11组	二等功	工作成绩突出
40	贺永祥	男	乐坪街道贤童居委会1组	二等功	工作成绩突出
41	彭定民	男	乐坪街道贤童居委会15组	二等功	工作成绩突出
42	肖济南	男	乐坪街道贤童居委会11组	二等功	工作成绩突出
43	周文化	男	乐坪街道贤童居委会16组	二等功	舍己救人
44	张执新	男	乐坪街道贤童居委会14组	战时二等功	参加对越自卫反击战
45	伍芬义	男	乐坪街道贤童居委会14组	二等功	工作成绩突出
46	肖　疆	男	乐坪街道贤童居委会11组	一等功	工作成绩突出
47	曾南勋	男	乐坪街道贤童居委会2组	一等功	工作成绩突出
48	梁友国	男	乐坪街道蜜蜂居委会4组	二等功	工作成绩突出
49	张礼光	男	乐坪街道蜜蜂居委会2组	二等功	工作成绩突出
50	曾广斌	男	乐坪街道蜜蜂居委会16组	二等功	工作成绩突出
51	黄怡潮	男	乐坪街道蜜蜂居委会16组	二等功	发现重大事故隐患
52	吴益文	男	乐坪街道蜜蜂居委会10组	二等功	工作成绩突出
53	边　晨	男	乐坪街道蜜蜂居委会11组	二等功	工作成绩突出
54	周新华	男	乐坪街道蜜蜂居委会9组	二等功	工作成绩突出
55	朱起兵	男	乐坪街道蜜蜂居委会10组	战时二等功	参加对越自卫反击战
56	吴显畅	男	乐坪街道清泉居委会12组	二等功	工作成绩突出
57	杨季秋	男	乐坪街道清泉居委会1组	二等功	工作成绩突出
58	刘德禹	男	乐坪街道廖家居委会13组	二等功	工作成绩突出
59	向新忠	男	乐坪街道清泉居委会11组	二等功	工作成绩突出
60	许又平	男	乐坪街道清泉居委会11组	二等功	工作成绩突出

续表22-5

序号	姓　名	性别	家庭住址	所获荣誉	受表彰原因
61	刘新民	男	乐坪街道清泉居委会9组	二等功	工作成绩突出
62	刘金陵	男	乐坪街道清泉居委会12组	战时二等功	参加对越自卫反击战
63	严中良	男	乐坪街道清泉居委会10组	二等功	工作成绩突出
64	陈国华	男	乐坪街道清泉居委会4组	二等功	工作成绩突出
65	刘端林	男	乐坪街道清泉居委会13组	八一勋章	边疆保卫战作战勇敢，出色完成任务
66	彭卫国	男	乐坪街道长春居委会1组	二等功	工作成绩突出
67	钟北平	男	乐坪街道长春居委会1组	二等功	工作成绩突出
68	刘瑞才	男	乐坪街道长春居委会6组	二等功	工作成绩突出
69	杨命交	男	乐坪街道街心居委会7组	一等功	工作成绩突出
70	姚增力	男	乐坪街道长春居委会1组	一等功	工作成绩突出
71	张秀勋	男	乐坪街道长春居委会15组	二等功 海南军区先进个人	工作成绩突出
72	曾湘西	男	乐坪街道廖家居委会13组	二等功	工作成绩突出
73	刘迪生	男	乐坪街道廖家居委会16组	二等功	工作成绩突出
74	肖青萌	男	乐坪街道新建居委会15组	二等功	工作成绩突出
75	李正新	男	乐坪街道新建居委会14组	二等功	工作成绩突出
76	戴继松	男	乐坪街道大塘居委会1组	二等功	军事竞赛
77	贺志彪	男	乐坪街道大塘居委会2组	二等功	工作成绩突出
78	邓家耀	男	乐坪街道大塘居委会10组	二等功	工作成绩突出
79	李林辉	男	乐坪街道金谷居委会12组	二等功	工作成绩突出
80	李建光	男	乐坪街道金谷居委会	二等功	工作成绩突出
81	李海涵	男	乐坪街道大塘居委会1组	二等功	法卡山战斗中带领民兵支前参战
82	刘　灿	男	万宝镇鱼岭村彭家组28号	二等功	抗震救灾成绩突出
83	刘志强	男	万宝镇茶园村	二等功	军事演习成绩突出
84	颜春茂	男	万宝镇万宝村机关组	二等功	工作成绩突出
85	胡良绥	男	长青街道关家居委会4组	二等功	工作成绩突出
86	张新坤	男	长青街道耕塘居委会20组	二等功	工作成绩突出
87	梁国胜	男	长青街道娄星居委会10组	二等功	参加对越自卫反击战
88	胡焕中	男	长青街道关家居委会4组	二等功	参加对越自卫反击战作战勇敢，沉着指挥，完成战斗任务
89	付松涛	男	长青街道耕塘居委会21组	二等功	工作成绩突出

续表22-5

序号	姓　名	性别	家庭住址	所获荣誉	受表彰原因
90	刘祥成	男	长青街道长青居委会4组	二等功	工作成绩突出
91	王成经	男	长青街道耕塘居委会1组	二等功	工作成绩突出
92	李琢章	男	长青街道小花居委会17组	战时二等功	参加对越自卫反击战勇敢战斗，不怕牺牲，出色完成任务
93	肖吉超	男	长青街道娄星居委会2组	战时二等功	在法卡山战斗中，指挥有方，不怕牺牲，出色完成任务
94	刘富华	男	长青街道耕塘居委会15组	战时二等功	在法卡山战斗中指挥果断，作战勇敢，出色完成任务
95	李济民	男	长青街道娄星居委会3组	战时二等功	参加对越自卫反击战，带领全班出色完成任务
96	曾菊辉	男	长青街道娄星居委会5组	战时二等功	参加对越自卫反击战
97	张玉全	男	长青街道小花居委会24组	一等功	工作成绩突出
98	周建民	男	长青街道小花居委会24组	一等功	工作成绩突出
99	左迪仁	男	长青街道长青居委会11组	一等功	工作成绩突出
100	南庆祥	男	长青街道甘子冲居委会甘子组	八一勋章	边疆保卫战作战勇敢，出色完成任务

三、前志补遗

龙　吟

龙吟（1598—1656），字非声，号散樵，又号瑞卿。明万历二十六年（1598）出生，祖籍湘乡县城南。后因其祖母刘氏病故，葬于湘乡县乐善四十都新庄（今娄星区万宝镇），龙吟遂与其妻郑氏迁居其地守墓，并定居于此。

龙吟生于湘中地区望族之家。12岁补弟子元，文名重三湘。随后两次乡试拟元，不遂。明熹宗天启七年（1627），乡试中副榜。明崇祯十六年（1643），充岁贡生。龙吟善于诗文词赋，同治《湘乡县志·文苑传》有记载，称其诗文词赋，流丽典雅，读者以为有西崖龙湖之遗风，品望超卓，学问淹贯，邑中知名之士推为“南楚冠冕”。湘乡境内人士萧毓奇、刘象贤、洪业嘉及从弟孔然、孔勋、孔蒸均与龙吟同校就读，因为是同学，各位均向龙吟请教。学业完成后获贡生之职，先后担任湘潭县训导，宁乡县教谕，在教育事业方面多有造就，士子谓其教有胡安定之行，士习焕然不变。清顺治十三年（1656）卒于家中，终年58岁。

龙吟著述颇多，有《瞻云馆稿》，其《感蜜房赋》《游天籁岩记》《均图谋野议》等文均载清同治《湘乡县志》。

成　毅

成毅（1790—1848），谱名达闱，官名毅，字可士，号南强，又号忍斋。清乾隆五十五年（1790）庚戌九月生，居住拜石山庄，湘乡县江龙滩（今娄底经济技术开发区大埠桥街道涟水村）人，清代优廪生。

道光五年（1825），参加乙酉科乡试，中本科举人。道光六年（1826），择优录为知县。道光十八年（1838），与曾国藩同榜进士，殿试第三甲，钦点知县改授教职，任岳州府（今岳阳）教授，例授文林郎，入邑志儒林。同治《湘乡县志·人物志·儒林》有载：“尝患师道不立，至则集诸生教以礼法，每课士谆诗以通经，适用相勖时外夷内侵，沿海震动，当事征兵筹饷，动色愕眙。”成毅经常与同学讲求时务，在海疆、团练、钱法等方面著有论议。曾经倡修郡中文圣庙、文昌阁及补葺岳阳书院，修缮完成后，捐备各种祭器。又开办城厢义学，并购买义田以资修补。始终皆亲为经理不少懈，生平博学能文，淡于名利，为表彰节义不遗余力。著有《求在我斋文存》8卷，《求在我斋诗存》5卷，《求在我斋·示子弟帖》1卷。

道光二十八年（1848）戊申八月初六日去世，终年58岁。

谢　琇

谢琇（1789—1858），谱名兴建，榜名琇，字城标，号玉堂。清乾隆五十四年（1789）十一月二十七日出生，湘乡人。

嘉庆二十四年（1819），谢琇在乡试中中举人，被择优录为知县，在武冈担任学正。道光四年（1824），本地绅士李东崖等禀请邑侯胡，拟移建连璧书院于云隐山，历时1年，连璧书院建成。学院建成后，因而扩学田、立经馆、增束脩，并仿岳麓书院、城南书院为例，先立师庙，所以培植文风，感孚士气者深且远矣。谢琇主斯席，担任山长。道光十二年（1832），谢琇担任保靖县训导，后又任江华县训导。他在官时训导有方，深受官府、绅士、学子敬佩。后回家定居，担任连璧书院主讲十余年，门下士多以科名显。

谢琇于清咸丰八年（1858）十二月十六日病故，终年69岁。

罗长祐

罗长祐（1848—1884），字孟威，清道光二十八年（1848）生，湘乡县（今娄底经开区大埠桥街道白鹭湾村）人。官至湘军统领二品顶戴按察使衔、陕西题奏道分巡阿克苏兵备道、骑都尉世职讷齐欣巴图鲁。

罗长祐师从刘蓉，年20仗剑游浙，继随左宗棠参与营务，由通判保升花翎知府。同治十一年（1872），甘肃南路肃清，左宗棠派长祐办理行营营务事宜。同治十二年（1873），因克复巴燕戎城平定叛军及河州之乱出力，保荐直隶州知州。寻官军克复肃州，关陇肃清，长祐在事出力。光绪元年（1875），随湘军刘锦棠部由西宁整旅移军新疆，征战阿古柏。赴疆后首战古牧地，继而迪化、巩宁、昌吉等城依次克复。此时刘锦棠遣罗长祐暨宁夏镇总兵谭拔萃、董福祥等会攻玛纳斯城叛贼，鏖战兼旬，城破。

光绪二年（1876）二月，左宗棠委赴老湘营办理营务，复经三品卿衔。前甘肃西宁道刘锦棠委长祐总理马步各军营务兼统老湘右军督军，攻拔古牧地坚巢，克复乌鲁木齐、迪化州等城出力事。闰八月，以道员仍留原省遇缺题奏并加按察使衔。时南路贼党负嵎抗拒，伊犁将军金顺督兵进攻，长祐率队会剿，毙何碌、黑竣等。九月，收复玛纳斯南城。光绪三年（1877）三月，长祐督军克复达坂城，擒胖色提以下大小头目，取得新疆之役第二阶段南下第一仗胜利。达坂城得手后，刘锦棠遣罗长祐、谭拔萃乘胜赴吐鲁番，吐鲁番守敌马人得乞降，艾克木汗先期逃遁，打开通向南疆门户。罗长祐随刘锦棠移师南疆，数月间连复喀喇沙尔、库尔勒、库车、拜城、阿克苏、乌什、叶尔羌、喀什噶尔诸城。光绪四年（1878）二月，诏赏给云骑尉世职并赏穿黄马褂。十月，安集延的阿里达什残部谋袭喀什噶尔，罗长祐又自请前驱，阵斩阿里达什。光绪五年（1879）正月，阿里达什余党阿布都拉哈玛勾结艾克木汗寇边，罗长祐率军由间道直捣贼巢。其后，罗长祐屯兵天山南路数年，兵民安辑，与刘锦棠讨论治理新疆之策。刘锦棠奉命驻师哈密后，罗长祐移扎阿克苏。是年二月，长祐寻因残寇犯边，官军追剿获胜。光绪七年（1881），率队由喀什噶尔移防阿克苏地方。光绪八年（1882），钦差督办新疆军务、通政使司通政使刘锦棠委统老湘恪靖寿字马步全军。光绪九年（1883），经刘锦棠奏准委任罗长祐为阿克苏兵备道员，仍统湘军。罗长祐在阿克苏道员任上禀请获准，在阿克苏老城（今温宿县城）南30里择地修建阿克苏新城（今阿克苏市）。其间，罗久经战阵，长期操劳，终至积劳成疾。光绪十年（1884）入春后，潮热自汗，惊悸咯血，但仍强起从公，并轻骑周历阿克苏道境，查察卡伦（检查行人的哨所），问劳抚慰，殆无虚日。是年二月初一日，仍带疾巡防，次日晨，汗出如注，救治无效而逝，时年36岁。四月，兵部右侍郎刘锦棠将长祐战绩宣付史馆立传。

罗长祐随左宗棠东征西讨，是刘锦棠左膀右臂，为平定新疆及建省做出贡献。清代湘军中，刘蓉历为幕僚人物，而罗泽南（今双峰人）弟子中以武传名者众，罗长祐文武兼备，实系湘军后期中最为杰出人物。

黄彭年

黄彭年（1822—1890），字子寿，清道光二年（1822）出生，祖籍湖南醴陵，生于贵州贵筑县（今贵州贵阳市），曾署理江苏巡抚，与曾国藩、刘蓉等人交好。其父黄辅辰病逝后，他将父葬在湘乡县四十都乐善里（今娄星区万宝镇），刘蓉为其父作墓志铭。并将全家迁居于此，距刘蓉之宅仅十余里，遂为娄底人。

清道光二十五年（1845），与伯父黄辅相一道中进士，选翰林院庶吉士，散馆授编修。时逢曾国藩担任该年中试同考官，有师生之谊。曾国藩对黄彭年非常赏识，曾言："两湖人才之盛，列举同科十进士，以彭年为巨擘。"咸丰十年（1860），入川任骆秉章幕，调川滇边境刘蓉军营佐理军事，颇得刘赏识。同治二年（1863），刘蓉调陕西任巡抚，黄彭年受聘主讲关中书院，3年后以父丧辞归。同治八年（1869），李鸿章续修《畿辅通志》，应聘任主纂，兼莲池书院讲席。创建学古堂，从事著述。光绪八年（1882），起用为湖北襄郧荆道。次年，迁湖北按察使。十一年（1885），调陕西按察使。十三年（1887），任江苏布政使。十四年（1888），护理江苏巡抚。十六年（1890），改任湖北布政使。对张之洞财用措施频多掣肘，不为张所容。为官时镇压少数民族起事，瓦解会党，反对增收漕折及杂税，又"惩贪墨，尚朴素"，设学治馆，刊印书籍，藏书市读，课教诸生，以陶冶士子为己任，颇具政绩，藉藉人口。光绪十六年（1890），黄彭年病故，终年68岁。

黄彭年学行为世所推崇，著述颇多。好为诗，尤工五古。有《陶楼诗文集》《三省边防考略》《金沙江考略》《历代关隘津梁考存》《铜运考略》等传世。其野趣亦甚浓，为官时沉溺园林之乐，在湖北构筑"乃园"于蛇山（今为武昌首义公园），犹留题额。在江苏则筑"可园"于沧浪亭前，并置藏书，自刻一像，题曰"嫏嬛之犬"，意在守藏勿失。

刘淑懿

刘淑懿（1841—1903），女，清道光二十一年（1841）出生，湘乡县槠山里（今娄星区万宝镇儒阶冲村）人。父亲刘蓉是湘军创始人之一，前志有传。刘淑懿自幼与曾国藩次子曾纪泽相识，咸丰九年（1859）两人结婚。时值局势动荡，曾纪泽时常随曾国藩在外征战，夫妻分居，刘淑懿在家照顾婆母和管理家务，秩然有法。曾纪泽虽官居要职，依然"清俭守约""俸余尝以润其亲旧，家人生产不屑为计"。刘淑懿"温恭淑慎""循家世儒风，治以俭约、躬操井臼，浣濯烹饪"。对下人"礼恤以分其劳"，且"事叔伯诸姑亦亲调羹汤以进"，周围的人"莫不誉之而仪其可法者"。曾"除礼部侍郎，报至，无以为赏"。同治三年（1864），曾国藩攻占太平天国首府天京（南京）后，刘淑懿去南京与丈夫团聚，依然"布衣蔬食，不改于初"，随身携带纺车，"夜治木棉，声达户外"。"月支钱入二千储之，常累累厌嗣。"

光绪四年（1878），曾纪泽首为清朝廷出使英、法、俄诸国，刘淑懿随夫出使欧洲，成为中国近代史上第一位登上国际舞台的外交官夫人。驻外期间，刘淑懿作为大使夫人，一方面操持家务，另一方面代表中国出席各种外交场合，风度优雅，落落大方，言行得体，赢得中外各界人士称赞。清末著名外国人士、美国基督教长老会传教士丁韪良在《花甲忆记》中称赞："她风度优雅，教养良好。"在外交事务上也能出谋划策，"间出议论，以佐惠敏所不逮"。中外人士皆传颂"惠敏内助得人也"。

刘淑懿作为外交官夫人，主动承担外交事务，随同丈夫向西方世界推介中国。在一次英国上流社会妇女举办的手工博览会中，时值夏天，刘淑懿机智地带中国特产龙井茶前往参会，是日天气热，与会者疲而渴，刘淑懿沏茶招待，展示中国茶艺，赢得比赛冠军。1884，英国伦敦举办卫生（食品）博览会，中国展区设餐馆、茶馆、土特产商店等。7月9日，中国展区开幕，刘淑懿和女儿陪丈夫曾纪泽出席开幕式，引起轰动，中国展区成为最吸引人的地方。威尔士亲王等王室成员闻讯前来参观，刘淑懿把中国菜介绍给英国女王，女王品尝中国菜后赞不绝口，随行记者争相报道，中国菜从此名扬天下。刘淑懿接受西方新事物，学习各种技艺，并把它们介绍给中国。中国妇女曾流行手织毛衣，这种技术最早是刘淑懿从西方学习带回中国的。

曾纪泽与刘淑懿婚后30年相敬如宾，家庭十分和睦，是传统中国家庭典范。《曾纪泽日记》有一半以上内容是记录与夫人生活内容的，在名人日记中简直绝无仅有。曾原配夫人贺氏结婚一年后因难产早逝，曾纪泽与刘淑懿礼待贺家亲属。

曾纪泽与刘淑懿婚初十余年，膝下无子，乃过继弟弟儿子曾广铨，视为己出。后刘淑懿育三男三女，存二子二女：曾广铨，任驻英使署参赞、驻朝鲜公使等职；曾广銮，正一品荫生，袭一等毅勇侯、云骑尉世职；长女适合肥三品衔候选道李经馥；次女适归安（今浙江湖州）翰林院待诏吴永。

光绪二十九年（1903）五月，刘淑懿在上海逝世，终年63岁，葬长沙。时上海租界浦滩及南京路不许婚丧仪仗游行，规定严格，连洋务大臣李鸿章之丧申请借道，也未被允许。然刘淑懿被特例允许殡仪周行，送丧队伍浩浩荡荡，僧道颂词，纸龙盘旋，轰动一时。军机大臣兼总理各国事务衙门大臣翁同龢为刘淑懿提写挽联："是绎礼堂经训所遗，允矣!人门称第一；与惠敏公海邦遍历，伟哉!忠孝勖诸孤。"兵部尚书、驻德国荷兰公使、中国红十字会创始人吕海寰为刘淑懿撰写墓志铭。

刘冠才

刘冠才（1893—1927），派名国瑞，字干才，号笃敬。清光绪十九年（1893）八月出生，湘乡县乐善乡（今娄底市万宝乡）匡家村贞太祥萧家庙人。

1926年，农民运动兴起。5月，刘冠才在湘乡县农运特派员曾策、娄底地下党支部书记李孝达和茶园山地下党员龚立堂发动下，在茶园山参加农民运动。在农运中他带领农民群众闹革命，到当地6家土豪劣绅家开仓平粜，清算地主剥削账。9月，湘乡县六十四区农民协会成立，刘担任农协执行委员兼乡农协六合团、归厚团大组长。1927年3月，与刘吉和、刘少卿等人由龚立堂介绍加入中国社会主义青年团。他们组织青年写标语，宣传打倒土豪，打倒帝国主义，宣传北伐，号召农民起来当家作主。

1927年5月"马日事变"后，国民党反动派镇压农民运动，当地恶霸视刘冠才为眼中钉欲除之。6月10日晚12时，当地驻军派100枪兵围住石桥边刘冠才屋场。刘冠才未来得及逃跑被捕，家产被抢光。6月11日，刘越狱逃跑至西阳村时，又被捕入狱。6月15日，刘冠才被敌人杀害于西阳大埠桥，时年34岁。

赵子臣

赵子臣（1887—1927），清光绪十三年十月二十六日（1887年12月10日）出生，娄星区杉山镇泉塘村赵家衖子人。

1926年10月，赵子臣参加农民运动，任湘乡县四十一区西平乡农民协会副会长。与会长李贵云、会计李岳南组织发动农民闹革命，与恶霸地主、土豪劣绅展开斗争。1927年农历三月初六日，他们召集农民到地主家开仓平粜，发给贫苦农民。收缴地主家钱物，用于发展农协组织和集体公益事业。建立梭标队等革命武装，运动开展得轰轰烈烈。

1927年5月，长沙"马日事变"后，反动派和土豪劣绅气焰嚣张。6家地主出钱贿赂娄底警察所镇压农民运动。6月6日晚，警察所枪兵和地主雇请打手包围赵子臣家，赵子臣被捕。当晚，警察对赵审讯、严刑拷打。赵子臣宁死不屈。父亲赵仙祺见儿子被抓，连夜组织农会会员营救。当行至草子坳时便听到枪声，警察已将赵子臣枪杀在娄底望湘门贞节牌下，时年40岁。

吕克斌

吕克斌（1890—1927），谱名国监，字原伶，号克彬。清光绪十六年（1890）二月十五日出生于湘乡县清溪乡百亩井村（今娄星区百亩乡百亩村）。吕克斌家境贫寒无田土，少时读书不多，后在百亩一带做零工，开歇伙铺为生。

1926年冬，农民运动兴起。湘乡县农运特派员、农协委员长曾策到清溪乡百亩井村宣传发动贫苦农民开展农民运动。吕克斌与黄桂先、萧秉炎、萧一阳、胡佳石等组织成立五十三区九乡农民协会，吕克斌当选为农会副会长。他们组织全乡农民建立农民自卫队，开展打土豪分田地斗争。1927年春，吕克斌带头揭发井坑上大地主柳某隐瞒粮食、破坏平粜、欺骗农会罪行，撤销柳某九乡农会民食主任职务，押送区农协法办。柳妻彭氏用金钱贿赂看守人员，暗地放走柳某，并拘捕吕克斌。激起九乡农会及全体会员公愤，向湘乡县农协告状。曾策收阅九乡农会申诉后，立即率2名农民自卫队员策马赶至九乡农会及清溪五十三区农协调查处理。当即饬令放回吕克斌，缉捕柳某。5月下旬，通过公法团公审，柳某并判处死刑，执行枪决。

1927年5月“马日事变”后，军阀许克祥派兵镇压农民运动，捕杀农会干部。柳某妻子彭氏四处活动，以金钱买通娄底清乡队捉拿九乡农会干部。吕克斌、萧一阳、萧秉炎闻讯逃离百亩。吕克斌躲到湘乡其父亲好友颜十一船上。几天后，被湘乡县警察局侦悉缉拿入狱。吕自知落难后难逃虎口，咬破手指，用鲜血在衣服上写给儿子遗书，鼓励儿子将革命进行到底。农历五月底，柳家又买通警察局将吕克斌杀害于湘乡县城，时年37岁。

贺铭章

贺铭章（1883—1927），派名香瑶，清光绪九年（1883）农历六月二十九日出生于娄底市西阳乡石口村一个农民家庭。常年以佃田维生，给谷水地主蒋某家佃田耕作。由于没有房子，一家老少8口挤住在蒋某鸡桥子亭2间茅草屋里。受尽剥削和压迫，终年劳动，常衣不蔽体，食不果腹，艰难撑起8口之家。

1926年，随着北伐战争胜利，工农运动迅猛兴起。7月，中共湘乡县委派农运特派员刘鹤鸣、傅定梅、彭叔陶、陈一诚等到娄底、谷水一带开展党组织建设和农运工作。8月，串联发动农民起来革命，培养农运骨干李孝达。后李孝达在西阳大埠桥紫阳山诸夏观召开群众大会，宣传农民运动。贺铭章听了宣传后，毅然参加农民运动。他走东家串西家，宣传发动穷苦人起来革命，参加农民协会。

1927年2月，湘乡县四十二区二十二乡成立农民协会。周梓生担任委员长，贺铭章任执行委员、纠察队长，组织农民开展农运活动。2个多月后，谷水地区成立6个区农民协会。贺铭章身材魁梧，性格刚强，不畏强暴。他带领队员手持梭镖，夜以继日地巡逻监视，土豪劣绅纷纷逃匿。农民协会成立后，在娄底、谷水等地处决了4个民愤极大土豪劣绅。“4·12”反革命政变后，各地农民协会纷纷组织纠察队，严密监视土豪劣绅活动，在各农协之间设立递步哨，互通信息。贺铭章带领队员坚守岗位，注视敌人动向。5月，长沙“马日事变”后，外逃土豪劣绅纷纷归巢，乘机反扑。湘乡县及各地又恢复反动政权，娄底、谷水成立镇公所和清乡队。他们勾结许克祥部营长罗某对农会、工会、妇联组织、农运骨干进行抓捕。各区农协会转入地下工作，秘密召集会议，准备在谷水发动武装起义。五月端阳节后，各地农协组织一面秘密组织起义，一面公开游行示威，虚张声势，并组织200多名农民在谷水游行示威，吓得镇公所人员四处躲藏。不久，许克祥部队派营长罗某带一支队伍由安化进驻娄底、谷水，镇压农民运动。6月18日晚，四十二区农协负责人蒋必山、贺铭章、周晓初、周东明、周明山、范文炳等未接到娄底地下党关于武装起义具体通知，自行召集农民自卫队在谷水河对岸土塘洲上毛厂子开会，研究对策，准备去谷水抢夺敌营枪支。由于计划不周，警惕性不高，警戒不严，被当地土豪劳三花子密探发觉，密告谷水罗部。罗即带兵包围土塘，对农民自卫队发起突然袭击。自卫队员措手不及，当即被害4人，贺铭章等3人逃脱。8人被捕押到谷水关押，翌晨全部杀害，制造了“土塘惨案”，农民革命遭受损失。

8月6日（农历七月十一日），乡村按旧俗接亡人回家过中元节，贺铭章在鸡桥子亭茅草房里与家里一起烧纸钱祭祀。晚11时，清乡队长萧某与地主蒋某勾结，派枪兵闯入贺家抓捕贺铭章，押至谷水镇关在彭家祠堂严刑拷打，贺铭章英勇不屈。8月11日，贺铭章等人被杀害于祠堂后检尸坪，卒年45岁。1983年，民政部批准贺铭章为革命烈士。

萧一阳

萧一阳（1896—1929），又名日阳。清光绪二十二年（1896）十一月十六日出生，娄星区百亩乡朝阳村东风自然村人。

1927年年初，农民运动蓬勃兴起。萧一阳加入乡农民协会，担任农协委员。他带头宣传农民运动，参加打土豪、搞平粜活动。正月初八日晚，他与柳鸿斋等农协领导在老石灰冲颜福林家召开秘密会议，决定惩办罪大恶极的土豪劣绅柳某。约定初九日晚，乘柳某去邬晓航家赴生日宴之时，以鸣锣为信号，召众围捕。是日晚，由聂运盛、李仁七等人鸣锣，100余名农协会员手持梭镖、短棍、鸟枪，围住邬家住宅抓捕，将柳某押送到清溪乡，后将其枪决。

5月"马日事变"后，柳妻用金钱贿通镇长，将萧一阳缉拿至神童镇关押3个月，后又转解到杨家滩集祥镇关押2个月。萧从监狱逃回，在老家甘溪躲了几天，逃到龙山转头冲亲戚家避难，靠织竹筛挣钱度日。7月，他回到甘溪，被嫡兄告密。萧一阳无处藏身，又逃往湘乡，躲在民船上。不料在湘乡又碰到柳某之弟，暗地叫人抓捕，萧被抓后关押在湘乡县监狱。8月11日，萧一阳在县城惨遭杀害，时年33岁。

谢远涵

谢远涵（1916—1949），又名照寰，字瑞阳，1916年出生，娄星区茶园镇路口村人。

学生时代，谢远涵学习刻苦，志向远大。在陶龛学校读书时，学业成绩优异，而且琴棋书画皆精。学业结束后，拒绝亲朋好友要他经商或当文书邀请，投身于教育事业。在父亲谢南棠支持下，倾尽全家所有创办明智小学，免费招收贫困农民子弟上学。他向学生们灌输进步思想，经常给学生讲解时事常识，激发学生爱国主义热情。同时，倡导新文化，反对"老八股"。在学校成立业余剧团，自编自演节目，得到学生和当地民众好评。明智小学鼎盛期，学生多达60余人。由于是免费授学，谢远涵家里生活经常陷入困境，经常借钱借粮度日。受尽别人奚落和责怪，但他无怨无悔，坚持办学之心不改。

抗日战争爆发后，茶园乡成立共产党地下党支部。谢远涵在地下党员刘伯崇介绍下加入中国共产党。1946年，茶园地下党支部为配合解放战争，多次召开秘密会议，发动群众，参加共产党地下武装。谢远涵冒着生命危险，到各个农民家庭做思想动员工作，先后有几十位农民参加共产党地下武装。湘中地下武装为培训军事骨干，派谢远涵去解放军部队学习军事知识。学成后被湘中地下武装任命为中原局3130江南地下第四军六师二团副团长。1949年7月，白崇禧部队溃逃到娄邵地区，湘中地下武装决定发动攻击。在一次激烈战斗中，谢远涵壮烈牺牲，年仅33岁。

1984年11月10日，省人民政府批准追认谢远涵为烈士。

邓得仁

邓得仁（1931—1951），又名德仁，1931年5月出生。娄底市万宝乡田心村小岭冲人。

邓得仁4岁丧父，家境贫寒。其伯父、叔父逼其母亲熊新谷改嫁。母不从，坚持要把儿子带养成人。从此母子相依为命，艰苦度日。他从小学习很用功，学业成绩优秀。曾分别被评为模范家庭和优秀少年。

1950年9月，邓得仁结婚成家。1951年3月，他报名参军，在中国人民志愿军47军141师423团当战士，参加抗美援朝战斗。在朝鲜数次战役中，机智勇敢，灵活巧妙。10月，在朝鲜夜月山战役中担任放哨任务时，不幸被美军杀害，时年20岁。

罗彦谋

罗彦谋（1892—1952），派名光咨，光绪十八年（1892）3月出生，湘乡县胜岩乡白鹭湾（今娄星区西阳乡白鹭村）人。

罗彦谋在广益中学毕业后，就读大学留日预科班，准备东渡深造。因家务操持乏人，为支持弟弟浚叔赴法留学，回到家乡，协助罗钠重先生主办乡村小学教育。

1918年5月，罗彦谋与罗君强自捐水田6亩，向各公私团体捐助稻谷40担，借用紫荆园房屋，创办半日制“求实通俗学校”，以“努力做人”四字为校训，招收农家失学青年57人，免收学费、书籍费，教师为义务兼职（当时陶龛学校教师兼职至多），教材采用《简易识字课本》《简易算术》《国民必读》等课本。实行耕读兼顾，设有篾工、理发、缝补等劳作课。

1920年，在罗钠重倡议下，罗彦谋创建女子职业学校。以“扫盲学技，移风易俗”为宗旨，开设缝纫、刺绣、纺织、打袜等职业班，实行全日制。学校提倡一夫一妻制，剪发放脚，破除迷信，废除跪拜礼节；严禁赌钱唱淫戏；学习写白话文，开设算术、天文地理课，并采用幻灯教学。罗彦谋身体力行，在他影响下，教学工作成绩显著，校风正派，对树立社会新尚，促进妇女解放，起到积极作用。1928年，陶龛学校组织校务委员会，推选罗彦谋为主任委员。1930年，聘为陶龛学校校长，任职一直到1949年9月。30多年教学生涯，罗彦谋呕心沥血，以校为家，为发扬“血性”教育精神，培养人才献出毕生精力。罗彦谋是国民党党员，曾担任过湘乡县参议员、县教育科长等职。抗战时期，协助罗钠重向学生灌输爱国主义思想，陶龛学校办得有特色，获“北有行知，南有陶龛”盛誉。

1949年10月，中华人民共和国成立后，罗彦谋被任命为白塘乡学区校长。1952年3月含冤去世。1988年，经省、地、县人民法院调查核实，宣布平反昭雪，恢复名誉。

曾文窗

曾文窗（1933—1953），1933年2月出生于贫苦农民家庭，娄星区茶园乡新辉村冲头湾人。因贫困仅读2年书，从小就跟随父兄务农。

中华人民共和国成立后，曾文窗参加民兵工作，斗地主，分田地。与兄曾福来同时参加湘乡县九区武装中队，任武工队员。1950年10月，曾文窗报名入伍，编入中国人民解放军47军141师423团3营机炮连当战士。1951年3月，参加抗美援朝，在朝鲜战场上加入中国共产党。1953年2月，在朝鲜中线老秃山防御战斗中，英勇作战，身负重伤，光荣牺牲，年仅20岁。

萧　莉

萧莉（1931—1959），又名萧爱笃，1931年9月出生，娄星区石井乡谭家村沙冲湾自然村人。

萧莉只读过4年私塾，跟随父亲上山开荒砍柴。后又随家人逃荒到华容县，以乞食或偶尔做点棕生意度日。萧莉从小炼就勤劳、忠诚、朴实、勇敢优良的品德。

中华人民共和国成立后，萧莉回家乡参加土改，在土改中当基干民兵。1951年，被选任为湘乡县第九区三圭乡六村村长。1952年9月，报名参军入伍，在中国人民解放军0147部队2支队司令部服役，曾担任副班长、一级文书、队列股少尉见习参谋等职。1954年，加入中国共产主义青年团，先后受营连嘉奖9次，立三等功1次。1958年，被评为先进工作者。1959年11月15日，在广东省海南岛海口病故，时年28岁。1960年，部队追认其为烈士。

谢长富

谢长富（1935—1965），派名序禄，生于1935年5月，涟滨乡恩口村（今娄底市经开区涟滨街道恩口社区）人。父亲谢俊林，土改时任乡农会主席。家庭出身贫苦，靠父兄佃耕和农闲担脚炭卖苦力维持全家8口人生活。谢俊林夫妇决心卖掉仅有几亩谷田送儿子上学读书。

谢长富6岁在本村彭家祠堂（现恩口小学）读

书。以优异成绩学完初小课程后，考入娄底镇涟壁学校高小部。毕业后，因家庭人口多，难以维持生活。谢长富放弃升学机会。因年幼体力差，便回家务农。农闲时，与长兄在邻近东来、洄水湾等地担脚、扮禾、做零工。

中华人民共和国成立后，谢长富参加土地改革运动。1952年，和谢宾来等人带头组织互助作业组，任副组长。带领各家各户恢复发展生产，对缺少劳力、耕牛、农具、种子农户组织互助调济。1953年，其所在组被评为先进互助组，受到县政府奖励。1954年，他又在互助组基础上建立初级农业生产合作社，命名为平园初级社，当选为副社长。是年，加入中国共产党。

1955年年初，谢长富带头报名参加中国人民解放军。入伍后，在公安部队任战士，曾担任班长、排长、少尉参谋、军事教员。1964年，调福州边防检查站工作。在担任战术教员期间，正值全军军事训练大比武，他按教范规程标准完成训练任务。由于从难从严训练，部队军事技术素质提高，被评为“郭兴福式的教练员”。

1965年5月22日，谢长富在福州马尾镇边防检查站组织新兵手榴弹实弹训练中，一新兵将拉开导火线的手榴弹失手落在身后。千钧一发之际，谢长富为掩护战友，从几米远指挥坑一个箭步向手榴弹扑过去，欲拾起即将爆炸的手榴弹再掷出去。就在拾弹瞬间，手榴弹爆炸，炸断颈部和手臂，全身中弹片72块，当场英勇牺牲，年仅30岁。中国人民解放军福建省武警总队政治部批准其为革命烈士，将其舍身救人英勇事迹通报部队，号召全体官兵学习，并在马尾镇修建谢长富烈士墓。

龚立堂

龚立堂（1899—1981），光绪二十五年（1899）农历十二月初六出生，娄星区茶园镇梽木村龚家自然村人。

1922年，“二七”京汉铁路工人大罢工期间，龚立堂加入中国共产党。抗日战争时期，回乡当保长。1942年，在共产党员刘端甫引领下，长期从事地下工作。1949年中华人民共和国成立后，任乐善乡（现茶园、万宝一带）第九区区领导。1952年，参加益阳地区干部集训。集训结束后，地委决定调这批集训干部去湘西剿匪，途中他因病返回家乡与组织失去联系。回乡后，一直以一个共产党员标准要求自己，多次向组织申请要求重新回到党的怀抱。1981年病故，享年82岁。后经组织调查，1984年恢复党籍。

附　　录

一、重要文件选录

中共娄底市委　娄底市人民政府 关于“三年消灭宜林荒山、八年全面绿化娄底”的决定

娄发〔1989〕35号

根据地委、行署提出的造林绿化战略目标，结合我市的实际情况，市委、市人民政府特作出“三年消灭宜林荒山、八年全面绿化娄底”的决定。

一、明确任务，按期达标

目前，我市共有宜林荒山33881亩，在坚持以封为主，封、管、造、节并举的营林方针下，茶园、小碧、杉山、涟滨、大科、百亩、石井、万宝八乡（镇）1990年消灭宜林荒山，1995年全面绿化；西阳、双江两乡，1991年消灭宜林荒山，1996年全面绿化；到2000年，全市森林覆盖率由现在的30.8%，提高到37.4%；蓄积量由现在的22.8万立方米，提高到63万立方米；林业年收入由现在的392万元，提高到1700万元；木材年采伐量由现在的1100立方米，提高到10000立方米以上；城市人均公共绿化地10平方米以上，实现农村、城市、公路、水库、铁路、河渠等全面绿化。

二、达标标准

1.消灭荒山标准，凡一亩以上的宜林荒山都要造上林。

2.绿化标准，郁闭度达到0.6以上。

三、深入宣传发动，动员全社会办林业

发展林业是振兴娄底经济一项重要战略任务，各级党委、政府要利用多种宣传形势，有针对性地进行思想发动，使各级领导和广大干部群众充分认识到林业的经济效益、社会效益和生态效益，充分认识到消灭宜林荒山，搞好全面绿化，是振兴娄底经济刻不容缓的事业，克服认为发展林业生产周期长、管理难、风险大、效益低的错误思想，增强全市人民植树造林、爱林、护林的责任感和紧迫感。每年的九月定为全市造林绿化宣传月，大力宣传林业的方针政策，宣传全社会办林业的重要性，从而使“三年消灭宜林荒山、八年全面绿化娄底” 成为全市人民的自觉行动。

四、放宽林业政策，广辟资金来源

在稳定现有林业政策、完善经营责任制和保持山权不变的同时，根据中央有关政策规定，结合我市实际在以下几个方面进一步放宽搞活。

1.鼓励开发荒山荒地。凡是国营、集体单位、联户或个体兴办林场、林木主伐前按规程的抚育间伐收入免税，多种经营（种、养、加）收入实行免税五年，其免征金额用于发展造林。

2.鼓励乡村、集体林场向四周辐射，扩大规

模经营，实行“以养促造”的办法。先编制经营方案，经市林业主管部门批准，可适度采伐或间伐部分林木，采伐指标优先安排，所卖林木的收入全部用于造林。

3.鼓励集体和个人承包连片荒山造林。个人承包的荒山造林按合同规定期内，允许继承、出租和转让。承包两年内不造林绿化的，由林业主管部门向承包者按每亩征收荒芜费10元（责任山、自留山荒芜费由乡村征收）或收归集体，统一造林。城镇所有单位对规划安排的绿化用地，在规定年限内没有绿化的，由同级绿化委员会征收荒芜费，每平方米每年收2元。农业、工商银行等金融部门要积极配合，所征收的荒芜费用于造林绿化事业。

4.实行义务工、积累工造林制度。按省全民义务植树实施细则规定，城乡每个公民每年每人完成义务工造林劳动日分别为3个、2个；农村每个劳动力每年应投林业积累工3～5个，由乡村统一组织，统一规划用于造林绿化，也可实行以资代工、以物抵工。

5.公路绿化执行“国造国有、集体造集体有、合造共有”的政策，落实三定一包（定路段、定人员、定株数，一包到底）的管护责任制，公路绿化所需经费由公路养路费中安排。

6.鼓励发展庭园林业。凡城乡居民利用房前屋后、空坪隙地栽植小林园、小竹园、小果园等收入归己。

7.鼓励科技人员到基层去工作，搞林业生产技术承包。搞生产技术承包一年以上的工资上浮一级，连续承包三年者固定，其他待遇从优。

8.动员和鼓励全社会办林业。提倡国营、集体和私营企事单位投资，与乡村联营办林场，造林种果均享受第一条所列的优惠政策，联营分成的收入可作单位干部、职工福利，不作经商对待。

9.市成立林业开发公司，积极引资造林，鼓励所有单位和个人（包括外商）投资开办林、果场和林产品加工业，其税收优惠办法按第一条办理。为提高投资者的积极性可实行“以木还资”即每投资100元，15年后用1立方米杉木或1.2立方米松、杂木作为本息偿还（签订合同），由林业部门担保，公证处公证，到期兑现；也可以实行“山权不变、林权共有、风险共担、利益共享”等办法。

10.建立林业基金制度。市内煤炭、企业单位应按《森林法》等有关规定提取绿化基金，每采煤炭一吨提0.5元，凡用木柴烧砖瓦也相应提取，所提取的绿化基金，应全部交林业主管部门，做到专款专用。对不交者，由财政、银行部门扣交林业主管部门，用于造林绿化的基地建设。

11.严格执行中央〔1987〕20号文件精神，森工企业超基数的部分利润和从林权所有者销售木材及其制品的价款中，按规定提取“预留森林更新费”，必须用于造林、培育后备资源。如不造林者，将其利用和预留更新费调给市林业主管部门用于发展林业。

12.市、乡两级财政每年要把造林绿化开支纳入财政预算，安排相应的资金用于发展林业生产。农业银行要优先为发展林果业组织安排好开发性贷款。

13.坚持除采伐宅旁和自留地的树木外，都应按省统一规定的标准由林业部门收缴“两金一费”（育林基金、更改基金、林管费）。任何部门或单位不得截留和抗缴，专款专用，发展林业。

14.乡村林场的林木收入，要逐年按协议还清土地、劳动等报酬，取信于民。除扣去林场开支外，大部分利润要用于扩大林业再生产，即使已实现绿化的乡村，只能参照乡镇企业的规定，上交部分不得超过30%，其余用于扩大林业再生产。

五、坚持科学营林，提高经济效益

坚持科学营林，首先要搞好山地利用规划，合理布局，乡（镇）村各级要按照新的奋斗目标，宜封则封，宜造则造，层层落实规划，并根据适地适树的原则，搞好林种搭配，把规划落实到村、组和山头地段；要以发展小型基地为主，普遍发展多功能的庭园林业，综合开发，集约经营，最大限度地发挥山地潜力，力求造林绿化事业扎扎实实；要建立科技与生产相结合的机制，以集体、乡村林场为龙头，专业户为骨干，搞好用材、经济林商品基地建设，广泛开展林木速生丰产活动，开展外引内联，发展横向联合，引进新技术、品种和资金，在发展短、平、快的基础上，发展名、稀、优、特“拳头”产品，搞好综合开发和加工，以提高经济效益；建立“城郊型林业”，生产出更多的商品，以满足城市发展的需要；要大力推广省煤灶、省柴灶，积极发展沼气，凡用薪柴、木材烧陶器、砖瓦、石灰的工厂、个体户，要逐步改为烧煤；推广石料、水泥预制件、金属支架代坑木和建筑材料；提倡配合饲料喂猪，多方节约木材保护资源，提高林地的经济效益。

六、强化森林资源管理，巩固造林绿化成果

保护造林绿化成果是一项长期艰巨的任务，各地要在继续贯彻《森林法》的基础上，制定管林、护林乡规民约，选好护林员，加强山林统一管理，明确权、责、利，已分到户的，要以乡或村为单位组织专人统一护林。当前要着重狠抓治理林业经济环境，整顿林业经济秩序，清理木材市场，打击毁林犯罪分子，对破坏山林大案，都要严肃查处；要认真搞好护林防火和防治森林病虫害的工作；要建立健全林木采伐审批制度，坚持限额采伐，凭证运输，像管“户口”一样管理森林资源；要层层建立森林资源档案，逐年掌握资源消长变化，为指导林业生产和执行领导干部林业责任状的奖罚提供依据。

七、切实加强领导，建立健全目标管理

各级党委、政府要按照“三年消灭宜林荒山、八年全面绿化娄底”的要求，结合本地实际制订出逐年实施方案，确定奋斗目标，层层签订责任状，各乡要与市签好责任状，乡与村也要签订相应的责任状。各级领导都要划分林业责任区，带头搞好示范点，各级都要把林业建设纳入议事日程。各乡、村都要有一名领导分管林业，各机关、部队、厂矿、学校等单位也要建立造林绿化责任制。对各乡党委、政府主要领导，林业站长办的植树绿化点，每年由市检查一次，开展一次评比。对任期内目标任务完成好的给予表彰奖励；对没有完成目标任务的给予通报批评；因失职造成资源破坏的，要给予处分。检查评比结果应作为干部政绩报组织部门存入档案。林业主管部门要切实加强自身建设，不断提高素质，当好参谋，搞好服务，党政领导要帮助解决一些具体困难，充实乡林业站力量，不能抽调搞其他工作，让其专心搞好林业建设。对1949年以来为城市、乡村造林绿化事业做出较大贡献的同志，由市委、市政府审查批准，给予表彰与奖励，发给荣誉证书。

中共娄底市委
娄底市人民政府
1989年5月1日

湖南省人民政府关于撤销娄底地区设立地级娄底市的通知

湘政函〔1999〕37号

娄底地区行政公署，各市、州、县人民政府，省直机关各单位:

根据《国务院关于同意湖南省撤销娄底地区设立地级娄底市的批复》（国函〔1999〕7号）精神，经研究，现通知如下:

一、撤销娄底地区和县级娄底市设立地级娄底市。市人民政府驻乐坪东街。

二、娄底市设立娄星区，以原县级娄底市的行政区域为娄星区的行政区域。区人民政府驻长青中街。

三、娄底市辖原娄底地区的双峰县、新化县和新设立的娄星区。原娄底地区冷水江市、涟源市由省直辖，娄底市代管。

湖南省人民政府
1999年3月18日

关于娄星区、市直部分机关、企事业单位调整上划交接工作实施方案

一、调整上划交接工作指导思想

娄星区、市直部分机关、企事业单位调整上划交接工作以国函〔1999〕7号、湘政函〔1999〕37号文件和有关政策法律为依据，在市委、市政府的统一领导下，精心组织，扎实工作，严明纪律，稳妥推进。在具体上划移交工作过程中，市、区相关职能部门要站在讲政治、讲大局、讲纪律、讲原则的高度，加强协调配合，做到严格按娄发〔1999〕10号、娄发〔1999〕11号文件规定的范围和内容办，严格按市委、市政府确定的时间和质量要求办，严格按调整上划交接工作的程序办，力争在明年元月底以前保质保量全面完成调整交接的各项工作任务，把一个崭新的娄底带入二十一世纪。

二、调整上划交接工作原则

（一）凡实施整体上划交接的单位，实行人、财、物、事、债权、债务及所有档案资料一并统一上划交接。

（二）严格核实上划交接人员名单。上划交接的人员以单位为建制，实行整体上划的可实行整体交接，只限于部分上划的，按照职能机构调整的内容范围，实行量化交接。具体包括：

1. 时间只限于1999年2月8日以前的在册人员。

2. 原娄底市调整科（局）级班子调入人员。

3. 1998年4月15日前经原娄底市委、市政府集体研究批准录用、招工、调入的人员；1999年2月8日前经原娄底市大编委集体研究，调入自收自支单位和列入冻结范围企业的人员。

4. 1998年12月底经原娄底市委、市政府集体研究，同意安置的大、中专毕业生和1999年9月底前报经撤地设市领导小组办公室同意安置的军队转业干部、志愿兵、城镇复员退伍兵。

5. 1999年8月31日前经撤地设市领导小组办公室批准同意调整岗位的骨干教师。

6. 报经撤地设市领导小组办公室审定同意分配的1999年度计划内统招统分的大、中专毕业生。

7. 在上收交接单位范围内的离退休人员。

（三）凡上收人员按照“人随事转，钱随人流”的原则，一律维持原编制性质和经费来源渠道，自收自支编制人员及企业在册人员不能改变性质，个别确因工作需要调整使用的，须报撤地设市领导小组同意。根据湘办电〔1998〕23号、娄办发〔1999〕23号文件精神要求，所有挂靠办理招工（录用）手续人员、临时雇请人员一律不准列入这次上划交接人员范围。

（四）市、区各有关单位人员编制方面的遗留问题，交接前须向撤地设市领导小组申报，由撤地设市领导小组批准，按政策原则妥善处理。但上划单位的人员编制原则上继续实行冻结，任何单位和个人不得弄虚作假，不得擅自扩大上划交接人员范围。

（五）上划移交后属地级娄底市的市直单位的编制、经费由市编制部门和财政部门重新审核，报市委、市政府审定。

（六）所有有上划调整任务单位的职能机构编制人员于2000年元月1日按新体制运行，财政收支于2000年元月1日按新的财政体制结算。

三、调整上划交接工作的要求

（一）市直、区直各单位双方顾全大局、实事求是，秉着有利于稳定、有利于团结、有利于事业发展的原则进行交接。

（二）整个上划交接工作由撤地设市领导小组办公室牵头，组织、人事、编制、劳动、纪检监察、财政、国资等职能部门要密切配合，统一做好上划交接工作的协调指导，确保上划交接任务

的顺利完成。

（三）上划交接人员必须经市、区编制部门会同被上划单位在核实编制和人员身份的基础上，由被上划交接单位出具交接人员花名册和移交人员身份依据，并提供有关机构编制文件和1999年2月8日前的财务会计报表等资料，在撤地设市办和接收方先行审查后，交组织、人事、编制、劳动、财政、国资部门核定方能正式办理交接协议书签字手续。

（四）自1999年12月31日前的财务收支和历年的债权债务，一律由新的娄底市财政、国资部门核实认定（干部职工住房债务按住房人员移交去向分摊）。上划移交单位必须将财产进行盘点造册，由接受方主管部门核实，撤地设市领导小组办公室进行监督。

（五）市、区交接双方交接前必须就交接的有关具体问题和事项自行协商，达成共识形成交接方案，报经撤地设市领导小组办公室下文批复后方可办理交接手续（要求进行交接的报告由接受方行文签字）。

（六）上划移交工作必须在2000年元月底以前完成，交接双方必须坚决执行市委、市政府决定，任何单位和个人不得寻找借口拒绝签字交接，否则，将按党纪、政纪严肃处理。

四、调整上划交接的范围

（一）娄星区公安系统实施方案。娄星区公安局调整为娄底市公安局娄星区公安分局，人、财、物实行整体上划。

1.人员交接：上调娄星区公安局专项编制在编人员，离退休人员。

2.财务交接：娄星区公安分局的财务管理由市公安局负责，税侦大队、巡警大队成建制（含交通、通信工具）并入市公安局各职能机构，其经费纳入市公安局的经费账户。交警大队、看守所（拘留所）经费由市公安局按市财政核拨基数划拨到单位。市公安局对娄星区公安分局的会计档案和经费情况进行造册登记，按财务管理有关规定进行接收管理。娄星区公安分局从2000年元月1日起所收缴的规费和罚没收入按市财政局、公安局的有关规定办理。娄星区公安局及交警大队、看守所的基建欠款和其他债务由市公安局先接收后清理。

3.资产交接。①娄星区公安局交警大队的固定资产统一由市公安局交警支队接收。②娄星区公安局看守所（拘留所）的固定资产统一由市公安局接收。③娄星区公安局的固定资产、交通、通信工具及有关办案器具一并由市公安局接收。

（二）娄星区国土系统实施方案。娄星区国土管理局及其下辖单位（含乡镇国土所和区国土局所属企业）人、财、物、事实施整体上收。

1.人员交接：接收娄星区国土系统行政、事业编制在编在岗人员，局属企业人员，乡镇国土所人员，离退休人员。

2.财务交接：娄星区国土系统的财务管理由市国土管理局负责。其经费纳入市国土局账户，由市国土局按市财政核拨基数划拨到娄星区国土分局。市国土局对娄星区国土分局的会计档案和经费情况进行造册登记，按财务有关规定进行接收管理。娄星区国土分局所收缴的规费和罚没收入由市国土局上缴到市财政，市、区、乡（镇）三级按比例分成，分成比例由市财政局与国土局商定。娄星区国土局债务，由市国土局先接收后清理。

3.娄星区国土系统的固定资产由市国土局接收。娄星区国土局现有存量土地主体部分由市国土局开发管理，并给区里留有一定发展空间，其开发收益比例由市、区两级分成，具体比例由市国土局会同市财政局提出合理方案，报市委、市政府审定后进行划分。

（三）娄星区环保局实施方案。娄星区环保局调整为娄底市环保局娄星区环保分局，为市环保局的延伸机构，人、财、物、事暂维持现状不搞上划交接。

（四）娄星区林业局下属单位实施方案。娄星区林业派出所、娄星区森林城建设管理办公室整体上划到市林业局管理。

1.人员交接：娄星区林业派出所、娄星区森林城建设办公室在编在岗人员上划到市林业局实施管理。

2.财务交接：从2000年元月1日起上述2个单位的经费收支（含规费，中央、省下达森林城建设费、市直单位义务植树绿化费）按市财政有关规定管理，其基数纳入市林业局。

3.资产交接：娄星区林业派出所、娄星区森林城建设管理办公室所有固定资产及档案资料上收到市林业局。

（五）娄星区地质矿产局实施方案。娄星区地质矿产局及二级机构人、财、物、事整体并入到市地质矿产局管理。

1.人员交接：娄星区地质矿产局及其二级单位行政、事业编制在编在岗人员、离退休人员上划到市地质矿产局。

2.财务交接：从2000年元月1日起娄星区地质矿产局经费收支（含规费）按市财政有关规定管理，其基数纳入市地矿局。

3.资产交接：娄星区地质矿产局现有固定资产及所有档案资料上收到市地质矿产局管理。

（六）娄星区物价局实施方案。娄星区物价局机关并入市物价局，娄星区物价检查所整体上收到市物价局。

1.人员交接：娄星区物价局机关及其二级单位行政、事业编制在编在岗人员、离退休人员上划到市物价局管理。

2.财务交接：从2000年元月1日起，娄星区物价局的经费收支（含规费、罚没款）按市财政局有关规定管理，其基数纳入市物价局。原收取的物价调节基金属娄星区部分仍按原基数返还给区里。

3.资产交接：娄星区物价局、区物价检查所现有固定资产、所有档案资料一并上收到市物价局实施管理。

（七）娄星区建委系统实施方案。娄星区建委机关根据职能调整实行分解量化上收。娄星区人防办、城管监察大队、园林管理处、自来水公司、环卫处、市政工程局等机关、企事业单位划归市建委实施管理　（不含施工站、招投标办）。娄星区移民拆迁安置办公室（含金谷物业公司，自收自支），调整划归由市建委管理。

1.人员交接：区建委机关按照职能调整实行分解量化上收在编在岗人员、离退休干部。城管监察大队、城建档案馆、规划局、规划设计院、建筑勘察设计室（并入市设计院）、燃气管理办、园林管理处、环卫处、区市政工程局、区房地产管理局、城市水资源管理办、质监站、区移民安置办公室（含金谷物业公司，自收自支）、区市政工程局、区房地产管理局二级机构在编在岗人员，以上所有单位的离退休人员上划到市建委管理。娄底市煤气公司、娄底市自来水公司、娄底市公共汽车公司、娄底市第一建筑公司、娄底市城市建设综合开发公司在册人员、离退休人员上划到市建委管理。

2.财务、资产交接：娄星区建委系统成建制上划单位的动产和不动产一次性移交，按照“人随事走，钱随人转”的原则进行交接，具体交接事宜另行文。

3.债务交接：娄星区建委系统城建负债由市建委先接收后清理。各单位办公设施建设所欠债务先接收后清理，由市建委商有关单位拟出还款方案。

4.企业财务资产交接：娄底市自来水公司等5家上划企业，由市建委按照有关法规办理上划交接事宜。城市综合开发公司存量土地开发收益主要用于企业自身发展，另有部分收益可按比例划分归属到市、区财政，其比例由市建委、市财政商娄星区另行确定。移民拆迁安置办存量土地开发收益主要用于市政建设，其市区划分比例另行确定。金谷物业公司资产按法律规定办理上划手续。

（八）娄星区教育系统实施方案。娄底市工贸职业中专学校、娄底市聋哑学校等2所学校人、财、物、事由市教委整体接收。

1.人员交接：娄底市工贸职业中专学校在编在岗人员，娄底市聋哑学校在编在岗人员上划到市教委管理。上述2所学校的离退休人员一并上划到市教委管理。

2.财务交接：从2000年元月1日起，上述2所学校的经费收支按市财政有关规定管理，其基数纳入市教委进行核算。

3.资产交接：上述2所学校的固定资产整体由市教委接收。

4.债务交接：上述2所学校的建基欠债先接收后清理，由所在学校偿还。

（九）娄星区民政系统实施方案。娄底市军供站、娄底市殡仪馆（含服务部）、娄底市军干所、娄底市福利院（含服务部）等单位的人、财、物、事上划到市民政局管理。

1.人员交接：娄底市军供站现有在编在岗人员，娄底市军干所现有在编在岗人员，娄底市福利院现有在编在岗人员，娄底市殡仪馆现有在编在岗人员、下属单位现有在岗人员（自收自支），上述单位离退休人员上划到市民政局管理。

2.财务交接：从2000年元月1日起，娄底市军供站、娄底市军干所、娄底市福利院、娄底市殡仪馆经费收支按市财政有关规定管理，其基数纳入市民政局，由市民政局核拨到单位（二级单位为自收自支）。

3.资产移交：娄底市军供站、娄底市军干所、娄底市福利院、娄底市殡仪馆的固定资产整体由民政局接收。

（十）娄星区商业网点办、生猪定点屠宰办、娄星区商业网点建设公司、娄底市民营经济开发市场实施方案。

娄星区财办管理的商业网点建设办公室、生猪定点屠宰办公室、商业网点建设公司、娄底市民营经济开发市场整体上划到市财办管理（民营经济开发市场、个体私营经济税收由区局征收）。

1.人员移交：娄星区商业网点办公室现有在编在岗人员，生猪定点屠宰办公室现有在编在岗人员，商业网点建设公司现有在岗人员，民营经济开发市场现有在岗人员及离退休人员上划到市财办管理。考虑到蔬菜管理职能上调，拟从娄星区蔬菜局上调8名业务骨干到市蔬菜局（娄星区菜科所待定）。

2.财务移交：从2000年元月1日起上述4个单位的经费收支（含规费）按市财政有关规定管理。

3.资产交接：上述4个单位的固定资产上收到市财办管理。民营经济开发市场资产管理和存量土地开发管理另行文。

（十一）娄底市中医院、骨伤医院实施方案。娄底市中医院、娄底市骨伤医院改变隶属关系，调整到市卫生局管理。

1.人员交接：娄底市中医院现有在编在岗人员，骨伤医院现有在编在岗人员（不含中医院景屏街公费医疗门诊部人员），上述2个医院离退休人员（中医院量化分解到景屏街公费医疗门诊部，离退休人员除外）上划到市卫生局管理。

2.财务交接：从2000年元月1日起，娄底市中医院、骨伤医院经费收支按市财政有关规定实施管理。

3.资产交接：中医院、骨伤医院的固定资产仍由两院实施管理，中医院景屏街公费医疗门诊部资产留区卫生局管理。

4.债务交接：中医院、骨伤医院所欠债务先接收后清理，债务关系不变。

（十二）娄星区政府办管理的几家单位实施方案。娄星区宗教事务办公室、娄底市火车站广场开发建设管理办公室（含广场服务部，自收自支）、娄底市出租车客运管理办公室的人、财、物、事整体上划到市政府办管理。

1.人员交接：宗教事务办行政编制2名，实有2人；火车站广场办在编在岗人员，出租车管理办在编在岗人员全部上划到市政府办管理。

2.财务交接：从2000年元月1日起，上述单位的经费收支（含规费、罚没款）按市财政的规定管理，其财政拨款部分纳入市政府办基数。

3.资产交接：上述单位的固定资产暂留本单位。

4.债务交接：火车站广场开发建设管理办所欠债务按原娄底市政府分摊比例偿还。

（十三）娄星区原娄底市广播电台、娄底市有线电视分台按原地委、行署娄办发〔1997〕36号文件要求实施交接。（摘自1999年12月9日娄底市委办、娄底政府办批转《关于做好娄星区、市直部分机关、企事业单位调整上划交接工作实施方案》的通知）

中共娄星区委
关于制定国民经济和社会发展第十一个五年规划的建议

娄星发〔2005〕13号

（2005年12月19日中共娄底市娄星区委五届四次全会通过）

娄底市娄星区国民经济和社会发展第十一个五年规划（2006—2010），是贯彻落实科学发展观、全面建设小康社会进程中的重要规划。区委五届四次全会认真学习贯彻党的十六届五中全会和省、市有关会议精神，深入分析面临的形势，全面总结"十五"经济社会发展经验，讨论研究了我区"十一五"经济社会发展若干重大问题，提出制定"十一五"规划的建议。

一、"十一五"时期经济社会发展面临的形势

1."十五"时期经济社会发展取得显著成就。"十五"以来，娄星区坚持以邓小平理论和"三个代表"重要思想为指导，全面贯彻落实科学发展观和构建社会主义和谐社会的重大战略思想，紧紧抓住发展第一要务，不断推进改革开放，经济社会发展取得了显著成绩。围绕大力推进"三化四区"进程，加快发展速度、提高发展水平、增强发展后劲，加强和改善宏观调控，战胜各种自然灾害，保持了经济持续较快发展，是经济社会发展较快的时期之一。经济综合实力显著增强，"十五"期间，地区生产总值年均增长11.9%，期末在2000年的基础上翻了一番。产业结构调整取得重大进展，第一、二、三产业结构由2000年的7：52.6：40.4调整为2005年的3.8：67：29.2。基础设施进一步改善，城区面貌发生了较大变化。改革开放步伐加快，大部分区属国有企业改制工作完成，对外开放水平进一步提高。社会事业全面进步，人民生活得到较大改善，社会政治大局保持稳定，民主政治建设和精神文明建设不断加强。这些都为"十一五"时期的经济社会发展奠定了良好的基础。

2.“十一五”是承前启后的重要时期，是全面建设小康社会的关键时期。"十一五"时期，我们既面临良好的发展机遇，也面临不少新的困难和挑战。未来五年，经济全球化和区域经济一体化进程持续推进，市场经济体制将日趋完善，"中部崛起"战略的有效实施，政策支持力度将进一步加大。娄底中心城区基础设施条件不断加强，发展优势更加突出，承接东部沿海产业梯度转移面临有利机遇，推进"三化四区"进程取得明显成效，发展基础更加扎实。这些都为经济社会持续发展创造了有利条件，拓展了发展空间。同时，也要清醒地认识到，在相当长时期内，我区加快发展、创新体制机制、协调社会利益等任务都相当艰巨。我们必须抓住机遇，沉着应对，趋利避害，坚持用发展的办法解决突出矛盾和问题，用改革的办法突破发展的瓶颈制约和体制障碍，努力促进社会和谐，加快全面建设小康社会的步伐。

二、"十一五"规划的指导思想和发展目标

1.指导思想。制定"十一五"规划，总的要求是以邓小平理论和"三个代表"重要思想为指导，以科学发展观统领经济社会发展全局，突出发展第一要务，坚持发展是硬道理，坚持以经济建设为中心，转变发展观念、创新发展模式、提高发展质量，保持经济较快发展，促进城乡协调发展，加强和谐社会建设，不断深化改革开放，切实把经济社会发展转入全面协调可持续发展的轨道。

2.发展目标。综合考虑未来五年发展的趋势和条件，"十一五"时期要实现国民经济和社会发展持续快速协调健康发展和社会全面进步，取得

全面建设小康社会的重要阶段性进展。主要目标是：在优化结构、提高效益和降低消耗的基础上，实现2010年生产总值突破177亿元；资源利用、耕地保护和生态环境得到新改善，单位生产总值能源消耗低于全省平均水平；市场经济体制比较完善，开放型经济达到新水平；突出发展先进制造业和物流业，逐步建成精品板材生产和加工基地、湖南省中部物流中心；普及和巩固九年义务教育，城镇就业岗位持续增加，社会保障体系比较健全；城乡居民收入水平和生活质量普遍提高，居住、交通、教育、文化、卫生和环境等方面的条件有较大改善；民主法制建设和精神文明建设取得新进展，社会治安和安全生产状况进一步好转，构建和谐社会迈出新步伐，成为湘中地区经济最活跃、环境最优美、生活最便捷、社会最和谐的现代化中心城区。

三、“十一五”期间的主要任务

1.加快推进新型工业化进程，实现工业经济跨越式发展。“十一五”期间，关键是加快推进新型工业化进程。一是拉长工业产业链条。围绕依托和服务涟钢这个区域工业“航母”，重点发展以薄板深加工为主的机械制造业和与涟钢配套协作的中下游产业，发展特色产业集群，拉长产业链条，培育骨干企业，形成全区工业制造业竞相发展的新格局。二是挖掘资源开发潜力。重点抓好恩口煤矿复采和双江钒矿的开采工作，并着力做好煤炭和钒资源的深度开发利用工作，最大限度地将资源优势转化为产业优势。三是大力发展循环工业。围绕工业“三废”和城市生活垃圾的处理，重点抓好废物的综合开发利用工作，大力发展以废物为主要原材料的新兴循环工业产业。

2.大力推进农业产业化，建设社会主义新农村。要按照“生产发展、生活宽裕、乡风文明、村容整洁、管理民主”的要求，扎实稳步推进新农村建设。一是推进现代农业建设。实施优质农产品产业工程，推进农业产业化经营。加强农田水利建设，提高农业机械化和标准化水平，健全农业技术推广、农产品市场、农产品质量安全和动植物病虫害防控体系。二是全面深化农村改革。稳定完善以家庭承包经营为基础、统分结合的双层经营体制，健全土地流转机制，发展适度规模经营。巩固农村税费改革成果，基本完成乡镇机构、农村义务教育和区乡财政管理体制等配套改革任务。着力化解乡村债务，积极推进农村金融体制、土地征用制度和流通体制改革。鼓励引导农民发展各类专业合作经济组织。三是大力发展农村公共事业。重点普及和巩固农村九年义务教育，认真落实“两免一补”政策。加快农村公共卫生和基本医疗服务体系建设，基本建立新型农村合作医疗制度，继续实施农村计生奖励扶助制度。加大农村基础设施建设投入，加快农村广播电视村村通进程，解决农村饮水安全问题。加强村庄规划，建设小康示范村。四是千方百计增加农民收入。充分挖掘农业内部增收潜力，努力开拓农产品市场，加强农村劳动力技能培训，深入开展建设扶贫工作，逐步建立对丧失劳动能力贫困人口的救助制度，有效增加农民收入。

3.发展现代物流业，提升服务业整体水平。要以发展现代物流业为突破口，全面提升服务业的整体水平。一是大力发展现代物流业。抓住娄邵铁路既有线改道、太澳高速公路连接线建设和产业基地开发建设的契机，坚持高起点规划、高水平建设，引进国际先进的物流企业和管理方法，引进或培育一批现代物流企业，把娄星建成辐射湘中地区的大型物流中心。二是改造提升传统服务业。加快现有市场结构调整和布局优化，合理规划商业网点，大力培育和发展连锁经营和电子商务，积极发展餐饮业和酒店业，运用现代经营方式和信息技术改造提升传统服务业。三是加快发展其他服务业。积极发展文化、旅游、社区服务等需求潜力大的产业，大力发展现代金融保险、信息、中介和法律服务等现代服务业。

4.加快产业基地建设步伐，努力提高城镇化水平。要全力抓好产业基地建设和小城镇建设，实现工业化与城镇化的良性互动。一是科学规划基地布局。在已批复产业基地规划控制范围的基础上，高起点、高水平编制好产业基地的控制性详规，科学合理确定基地区域的功能定位，为基地的滚动开发描绘好蓝图。二是加快基地基础设施建设。重点抓好湘中大道续建工程、基地道路骨架建设以及水、电、讯等基础设施建设，为优势企业快速有序入驻创造先期条件。三是加强优势项目储备。及时把握国家产业政策的发展方向，通过科学论证、精心筛选、重点包装，每年储备一批有发展前景、产业链条长的重点优势项目，争取国内外战略投资家的投资布点，并进入到国家规划的“笼子”和资金的“盘子”，为基地扩大招商引资成果、壮大区域经济总量提供强力支撑。四是加快发展小城镇。以万宝小城镇建设为突破口，大力推进建制镇的城镇化、工业化进程，加快石井、百亩的撤乡建镇步伐，形成以城镇聚产业、以产业兴城镇的发展格局。

5.**大力发展循环经济，着力建设资源节约型、环境友好型社会**。要坚持资源开发节约并重、节约优先和自然生态保护优先、开发有序的原则，大力发展循环经济。一是大力发展循环经济。大力推进节能节水节地节材，加强资源综合利用。完善再生资源回收利用体系，全面推行清洁生产。积极开发和推广节能技术，加快企业节能降耗的技术改造，强制淘汰消耗高、污染重、技术落后的工艺和产品。二是加大环境保护力度。坚持预防为主、防治结合，集中力量解决严重影响人民群众健康安全的突出问题，努力使人民群众饮上干净水、呼吸上新鲜空气、吃上放心食物。加大孙水河、涟水河的水污染防治力度，积极防治农村面源污染。大力发展环保产业，建立社会化多元化环保投融资机制，运用经济手段推进污染治理市场化进程。三是切实加强生态建设。以控制不合理的资源开发活动为重点，强化对水源、土地、森林等自然资源的生态保护。突出植树造林、植被保护、流域治理，推进天然林保护、退耕还林等生态工程建设。防止外来有害物种对我区生态系统的侵害。以创建全国绿化模范城市为载体，发展生态农业，建设生态城市。按照谁开发谁保护、谁受益谁补偿的原则，加快建立生态补偿机制。

6.**继续深化改革与扩大开放，增强经济社会发展活力**。要实现新阶段的发展目标，必须坚定不移推进改革开放。一是进一步深化体制改革。着力推进行政管理体制改革，减少和规范行政审批。深化投资体制改革，完善投资核准和备案制度。深化政府机构改革，加快建设法治政府，分类推进事业单位改革。继续深化企业改革，全面完成国有中小企业产权制度改革任务，着力推进集体企业改革。推进财政金融体制改革和市场体系建设，建立健全与事权相匹配的财税体制，加快公共财政体系建设，稳步发展多种所有制的中小金融企业，继续发展土地、技术和劳动力要素市场，规范发展各类中介组织，加快社会信用体系建设。二是加快发展民营经济。认真贯彻落实国务院《关于鼓励支持和引导个体私营企业等非公有制经济发展的若干意见》，组建中小企业信用担保公司，加快推进乡镇企业民营化进程。积极引导民营企业从家族型管理向规范的现代企业制度转型，重点扶持一批主业突出、管理科学、核心竞争力强的优势民营企业，力争形成1家以上上市公司。三是积极发展开放型经济。进一步加强对外资的产业和区域投向引导，大力引进战略投资者。进一步优化进出口结构，提高出口附加值和进口科技含量。实施“走出去”战略，鼓励扶持有竞争力的各类企业到境外投资，积极融入泛珠三角经济圈和长江经济带，加强中部互动和合作，实现互利共赢。

7.**实施科教兴区和人才强区战略，增强自主创新能力**。要转变增长方式，增强经济竞争力，增强自主创新能力，推进和谐社会进程，关键在于加快推进科教兴区、人才强区战略。一是全面推进科技进步。深化科技体制改革，建立自主创新体系，整合科技资源，促进企业与科研单位、高等院校之间的合作。加大科技投入，加快科技人才培养，加强科学普及，进一步提高科技对经济发展的贡献率。二是坚持教育优先发展。普及和巩固九年制义务教育，全面实施素质教育。大力发展职业教育和成人教育，加强职业技能培训。切实提高师资特别是农村师资水平。加大教育投入，建立有效的教育资助体系，发展现代远程教育，建设学习型社会。三是加快推进人才强区战略。坚持党管人才原则，加强人力资源能力建设，实施人才培养工程，加强党政人才、企业经营管理人才和专业技术人才三支队伍建设，抓紧培养专业化高技能人才和农村实用人才。继续深化干部人事制度改革，健全以品德、能力和业绩为重点的人才评价、选拔任用和激励保障机制。

8.坚持以人为本原则，推进社会主义和谐社会建设。要按照“民主法治、公平正义、诚信友爱、充满活力、安定有序、人与自然和谐相处”的要求，加快建设社会主义和谐社会进程。一是深入开展“平安娄星”创建活动。加强社会治安综合治理，深入开展“平安娄星”创建活动，依法严厉打击各种犯罪活动，维护社会大局稳定。正确处理新形势下的人民内部矛盾，畅通诉求渠道，完善社会利益协调和社会纠纷调处机制。建立健全社会预警体系和应急救援、社会动员机制，提高处置突发事件能力。建立党委领导、政府负责、社会协同、公众参与的社会管理格局。加强和谐社区、和谐村镇、和谐家庭建设。二是努力扩大就业和完善社会保障体系。努力扩大就业容量，规范劳动力市场秩序，鼓励自主创业和自谋职业。健全就业服务体系，加快建立政府扶助、社会参与的职业技能培训机制。继续完善城镇职工基本养老、基本医疗和失业、工伤、生育等保险制度和对困难群众的就业援助制度，认真解决进城务工人员的社会保障问题，积极探索建立农村最低生活保障制度。推进机关、事业单位养老保险制度改革。重视保障妇女儿童权益。积极发展企业补充保险、商业保险和社会福利事业。三是努力提高人民群众的生活质量和健康水平。完善个人收入分配制度，规范分配秩序，缩小分配差距。逐步提高最低生活保障和最低工资标准，认真解决低收入群众的住房、医疗和子女就学等问题。建立规范的公务员工资制度和工资管理体制，完善事业单位收入分配规则和监管机制。深化医疗卫生体制改革，完善公共卫生和医疗服务体系。认真抓好计划生育工作，稳定低生育水平，提高出生人口素质。大力开展全民健身运动。健全安全生产监管体制。强化对食品、药品、餐饮卫生市场监管。四是丰富人民群众精神文化生活。深化文化体制改革，加大对文化事业的投入，完善文化产业政策，加快文化产业建设，大力加强基层文化建设，活跃城乡群众文化生活。加强文物保护和文化市场管理，形成建设先进文化、扶持健康文化、抵制腐朽文化的社会环境。

四、团结和依靠全区人民为实现“十一五”规划而奋斗

1.加强和改善党的领导。坚持立党为公、执政为民，加强党的执政能力建设和先进性建设，加强各级领导班子建设和基层组织建设，不断提高领导经济社会发展的水平，进一步增强党的核心领导作用。各级党委要全面分析和正确判断经济社会发展面临的形势，确定经济社会发展的基本思路和工作重点，加强和改进对经济社会重大事务的综合协调，把握社会主义现代化建设的大局。全体共产党员要坚定理想信念，坚持党的根本宗旨，兢兢业业地工作，在全面建设小康社会进程中发挥先锋模范作用。各级领导干部要忠实执行党的群众路线，切实转变作风，坚持权为民所用，情为民所系，利为民所谋，克服形式主义和官僚主义，始终保持党同人民群众的血肉联系。坚持清正廉洁，自觉防腐倡廉、拒腐防变，永葆共产党人的政治本色。坚持标本兼治、综合治理、惩防并举、注重预防的方针，建立健全教育、制度、监督并重的惩治和预防腐败体系，坚决纠正损害群众利益的不正之风。坚持求真务实，大力发扬谦虚谨慎、艰苦奋斗的优良传统。

2.加强社会主义民主法制建设。坚持和完善人民代表大会制度、中国共产党领导的多党合作和政治协商制度，巩固和发展最广泛的爱国统一战线。大力推进政务公开、厂务公开、村务公开，发展基层民主，保证人民群众的选举权、知情权、参与权、监督权。充分发挥工会、共青团、妇联、科协等人民团体的桥梁和纽带作用。切实做好民族、宗教和侨务工作。加强法制建设，全面推进依法治区。积极推进司法体制和工作机制改革，规范司法行为，加强司法监督，促进司法公正，维护司法权威。

3.加强社会主义精神文明建设。全面落实用邓小平理论和“三个代表”重要思想武装全党、教育人民的战略任务，坚持正确的舆论导向，巩固全体人民共同团结奋斗的思想基础。加强理想信念教育和形势政策教育，大力弘扬以爱国主义为核心的民族精神和以改革创新为核心的时代精神，加强社会主义思想道德建设，在全社会倡导爱国守法、明礼诚信、团结友善、勤俭自强、敬业奉献的基本道德规范，为全面建设小康社会提供强大的思想保证和精神动力。加强国防动员工作，增强全民国防意识，深入开展“双拥”活动，巩固和发展军政军民团结。

全区共产党员和人民群众，要紧密团结在以胡锦涛同志为总书记的党中央周围，高举马克思列宁主义、毛泽东思想、邓小平理论和“三个代表”重要思想伟大旗帜，全面贯彻落实科学发展观，振奋精神，奋力拼搏，锐意进取，开拓前进，为实现“十一五”规划和全面建设小康社会的宏伟目标而努力奋斗！

中共娄星区委
2005年12月19日

中共娄星区委　娄星区人民政府
关于加快推进社会主义新农村建设的实施意见

娄星发〔2007〕1号

为认真贯彻落实党的十六届五中、六中全会和中央、省、市关于建设社会主义新农村的文件精神，扎实推进我区社会主义新农村建设，结合我区实际，特提出如下实施意见。

一、深刻认识建设社会主义新农村的重要性和艰巨性

1.建设社会主义新农村是全面建设小康社会的必然要求。党的十六大提出了全面建设小康社会的奋斗目标，实现这一宏伟目标，关键在农村，重点和难点也在农村。改革开放以来，我区农村经济社会发展取得了显著成效，但与实现全面小康的目标要求相比，我区农村各项事业的发展还存在很大差距。主要表现在：农业产业化进程不快，农村基础设施薄弱，经济发展后劲不足，农民收入增长远远落后于城市居民收入增长，农村文化、科技、教育、卫生、体育等事业的发展远远落后于城市。所有这些都严重制约着我区全面建设小康社会的进程。党的十六届五中全会提出建设社会主义新农村的重大战略部署，为我们全面推进小康社会建设和现代化建设指明了方向，提供了机遇，因此，各级各部门必须站在立党为公、执政为民的高度，团结一心，扎实工作，真正使社会主义新农村建设成为惠及广大农民的民心工程、德政工程。

2.建设社会主义新农村是一项长期而艰巨的重大历史任务。社会主义新农村建设涉及面广，是一项宏大复杂的系统工程，任务十分艰巨。既要加快发展生产力，又要调整完善生产关系；既要加快经济发展，又要促进社会进步；既要加快物质文明建设，又要加强政治文明、精神文明与和谐社会建设。目前农村经济社会发展落后的现状，决定了推进社会主义新农村建设是一项长期而艰巨的历史任务，不可能一蹴而就。因此，我们必须做好长期奋斗的思想准备。

二、全面把握社会主义新农村建设的指导思想、基本原则、目标任务

1.指导思想。以邓小平理论、“三个代表”重要思想和中共十六大及十六届五中、六中全会精神为指导，全面贯彻落实科学发展观，统筹城乡经济社会发展，把社会主义新农村建设作为解决“三农”问题的新的突破口，以培育农村产业、增加农民收入、加强基础设施、建设基层组织、扩大民主管理为主要内容，全面推进农村经济建设、政治建设、文化建设、社会建设和党的建设，努力构建富裕、平安、文明、和谐乡村。

2. 基本原则。一是政府引导、村民自主的原则。要充分整合各类资源，积极实施政策倾斜扶持，不断加大新农村建设示范引导和投入力度。要明确农民群众是新农村建设的主体，必须尊重农民群众的意愿，充分调动他们的主动性、积极性和创造性，引导他们自觉投资投劳，共同建设美好家园。二是科学规划、分步实施的原则。要结合村情实际，科学编制综合规划和专项规划，既要兼顾产业发展、村庄建设等方方面面，又要兼顾整体与局部、远期和近期，切实做到规划高水平、全覆盖。要根据发展的可行性制定阶段性目标，从农民反映最强烈、要求最迫切、受益最直接的事情做起，选准工作的突破口，持之以恒、一步一步抓落实，有序推进新农村建设。三是实事求是、量力而行的原则。要从实际出发，以求真务实的态度和真抓实干的工作作风推进社会主义新农村建设。在制定社会主义新农村的目标、任务和措施时，既要按照新农村的标准严格要求，又要切合实际，切实可行，不搞强行摊派，不增加农民负担，不搞形象工程和脱离实际的政绩工程。四是典型引路、分类推进的原则。结合工业化和城市化的推进，选择基础条件比较好的村开展试点。把硬件建设与软件建设结合起来，努力把试点村建设成为环境优美、社会文明、生活富裕、服务配套的社会主义新农村。在试点取得经验的基础上，积极稳妥地推进全区社会主义新农村建设。五是因地制宜、体现特色的原则。要按照经济社会发展的客观规律，因村制宜，分类指导，不强求一律，不搞“一刀切”，不搞形式主义。要注重利用和放大自身优势，突出农村地方特色，努力做到“人与自然的和谐”。

3. 目标任务。到2010年，全区农业形成五大主导产业，农业总产值达到7.07亿元，农民人均纯收入达到4530元；全区城镇化率达到90%，森林覆盖率达到36.5%；所有行政村实现村村通公路，80%以上行政村实现通水泥（沥青）路；享受新型合作医疗的农业人口达到90%；农村九年制义务教育取得新的进展；广播电视实现村村通；全区农业综合生产能力明显增强，农民居住环境明显改善，农村的文明程度和文化生活质量明显提高，农村经济社会和环境面貌有较大改观。

三、切实抓好社会主义新农村建设的工作重点

1. 加快农村产业发展，壮大农村经济实力。围绕“服务城市、富裕农民”的目标，全力推进农业产业结构战略性调整，培育和壮大果蔬、养殖、花卉苗木、休闲农业和农产品深加工“五大产业”。按照“围绕龙头建基地，依托市场建基地，发展名优建基地，突出特色建基地，连片开发建基地”的思路，重点抓好优质稻、无公害蔬菜、食用菌、名优水果、花卉苗木、中药材、良种生猪、休闲农业等产业基地建设。继续实施大户带动战略，深入开展“一村一户”竞赛活动，加快大户群建设，力争每个村每年新培植1～2个年产值过5万元的种、养、加、销开发大户。积极推进农业产业化经营。按照“扶优、扶强、扶大”的原则，加快发展和培育一批带动力强、具有市场竞争优势的农业产业化龙头企业，支持龙头企业发展农产品精深加工，引导龙头企业以多种形式与农户建立风险共担、利益共享的联结机制。鼓励和引导农民按照自愿互利的原则，兴办农民专业合作组织，增强农民进入市场的有序性，提高生产经营者抵御市场风险的能力。支持发展农产品运销大户、农民经纪人和中介组织，积极发展农村现代物流，搞活农产品流通。大力发展劳务经济，拓宽农民增收渠道。重点抓好新增农村劳动力培训工程、农村劳动力转移培训“阳光工程”、农村初高中“9+1”“12+1”培训工程和农村党员干部现代远程教育，提高农民素质，促进农村劳动力转移就业。加快发展农村第二、三产业，不断增加第二、三产业在农村经济和农民增收中

的比重。到2010年，全区农林牧渔副业结构调整为 42∶2∶45∶7∶4，全区年加工产值1亿元以上的农产品加工龙头企业达2～3家，省级龙头企业发展达到6家以上，发展各类农民专业合作组织50个以上，全区农村劳动力实现转移就业6.6万人以上。

2.不断完善基础设施，增强农村发展能力。坚持防汛抗旱并举、兴利除害结合，加强水利设施建设，突出抓好中小型水库的除险加固和配套体系建设。切实解决人畜饮水困难及安全问题，有条件的地方，可发展集中式供水；一时无条件的，要千方百计开辟洁净水源，确保饮水安全。

大力加强耕地质量建设，搞好新一轮沃土工程的实施，积极推广测土配方施肥，引导增施有机肥，保护和提升地力。加快农机事业发展，提高农业机械化水平。按照建设资源节约型、环境友好型社会的要求，加强生态环境和农村能源建设。继续实施好生态公益林管护、退耕还林、长防林等重点林业工程，切实搞好森林防火，实行森林资源资产化管理，建立森林资源有偿使用和合理补偿机制。以建设农村沼气生态家园富民工程为契机，大力普及农村沼气，发展以沼气为纽带的“猪（牛）—沼—果（菜）”等生态农业。到“十一五”期末，全区封山育林面积达到8.5万亩，新增农村户用沼气池2200口。进一步完善农村电网。加强乡村公路建设，实现村村通公路，有条件的乡村道路路面硬化。积极推进农业信息化建设，充分利用和整合涉农信息资源，强化面向农村的广播电视电信等信息服务。严格农村基础设施建设工程质量管理，建立农村公益设施管理维护的长效机制，确保投入长久发挥效益。

3.发展农村社会事业，促进农村全面进步。认真执行上级关于普及和巩固农村九年制义务教育，逐步实行对农村学生免收学杂费，对贫困家庭学生提供免费课本和寄宿生生活费补助等政策。积极推进农村学前3年教育，加快推进农村寄宿制学校建设，基本普及农村中小学现代远程教育，努力提高农村教育发展水平。办好农村文化、体育活动阵地，活跃和丰富农村文化、体育生活。加强农村公共卫生和基本医疗服务体系建设，全面推广新型农村合作医疗制度，逐步推行农村大病医疗救助制度；至2010年，90%的农民享受新型合作医疗服务。切实抓好农村计划生育工作，稳定低生育水平。进一步建立和完善农村社会救助制度；着重抓好农村特困户救助、救灾、“五保户”供养等社会保障体系建设。

4.加强农村民主政治建设，巩固党的执政基础。深入开展创建“五好”基层党组织、“双培、双建、双强”等活动，切实抓好村党支部第一支书的选派工作，增强农村基层党组织的创造力、凝聚力和战斗力，充分发挥党支部的领导核心作用和战斗堡垒作用。进一步健全村党组织领导下的充满活力的村民自治机制，完善村级财务公开、政务公开，全面推行“村账站（乡）代管”，规范“一事一议”筹资筹劳制度，切实维护农民的民主权利。加强农村普法教育，增强农民群众的法律意识，制定和完善村规民约。加强农村社会治安综合治理，依法打击各种犯罪活动，建设平安乡村。

5.深入开展文明创建活动，树立健康文明新风尚。认真实施公民道德建设工程，多渠道多形式广泛开展以爱国主义、集体主义、社会主义和社会公德、家庭美德为主要内容的思想道德教育和以“八荣八耻”为主要内容的社会主义荣辱观教育。大力倡导崇尚科学、反对封建迷信和邪教，遏制赌博等陋习；坚持勤俭节约、反对铺张浪费，培养文明健康的生活方式。创新活动载体，广泛开展创建“文明信用农户”“五好家庭”“星级农户”“文明村镇”等活动，深入开展“五送下乡”，实施“留守儿童关爱工程”，构建和谐文明新农村。

四、强化新农村建设的措施保障

1.加强组织领导。区里成立由区委书记任顾问，区长任组长，区委、人大、政府、政协分管或联系农业农村工作的领导任副组长，区直相关部门单位负责人为成员的社会主义新农村建设领导小组，全面负责全区新农村建设的指导、协调、督查。领导小组下设办公室，办公地点设区农办。

各乡镇和有关街道办事处也要成立相应机构，把主要精力用在新农村建设上，结合各自实际，制定新农村建设实施细则，并抽调精干力量指导示范村建设的各项工作，确保新农村示范村建设顺利、有序开展。各有关部门要通力协作，明确各自目标责任，建立“一把手”负总责制度，并指定一名分管领导具体负责，大力支持示范村建设。

2.广泛宣传发动。各级各部门要广泛深入地向农民群众宣传社会主义新农村建设的目的意义，大力激发农民群众投身新农村建设的主人翁意识。电视、广播、电台等新闻媒体要聚焦新农村建设，开辟专栏、讲座，大力营造新农村建设的浓厚氛围。要组织、引导农民发挥主动性和创造性，不等不靠，从修缮道路、住宅、发展沼气等清洁能源、搞好环境卫生和绿化美化、整治村容村貌入手，积极投身新农村建设。要动员引导有一技之长和一定经济实力的农村能人创业兴业，带头发展农村产业，带动农户增收，参与村庄建设。

3.科学编制规划。规划是建设的基础和前提。各建设村必须坚持规划先行，切实搞好编制规划。村庄规划要以自然村为单位，按照“改建为主，新建为辅；合理用地，保护耕地；因地制宜，科学编制；村民自治，群众参与；坚持标准，逐步到位”的原则进行编制，要突出农村区域特色，方便农民生产生活，形成不同的风格，防止搞成千村一面的线条式规划。规划内容应包括住宅规划，畜禽圈舍规划，水、电、路、绿化规划及公益事业建设规划和产业规划等。规划应由有资质的规划设计部门负责编制，必须经专家评审和村民代表大会讨论通过，并与城市和乡镇总体规划及土地利用、基本农田保护、交通、水利、环境保护等专业规划相衔接。要严格执行规划，查处违反规划的行为，维护规划的严肃性。

4.抓好典型示范。按照省、市社会主义新农村建设统一部署，全区重点抓好9个新农村建设示范村。示范村建设实行区级领导挂点、部门联合帮扶工作机制。每个示范村至少明确一名区级领导挂点，安排区直有关单位进行联合帮扶。各帮扶单位要切实履行职责，组成联合工作组进驻示范村，积极帮助示范村筹集资金、落实项目，指导示范村搞好建设。工作组由牵头单位选派一名副职领导担任组长，其余每个单位抽调一名能力强，素质好，有责任感的干部担任队员。

5.加大扶持力度。通过综合利用各级各部门惠及农业农村的有关政策，积极推进新农村建设。为充分发挥项目资金效益，区里建立涉农项目资金汇总调度机制，积极整合各项涉农项目资金，按照“渠道不改，用途不变，集中使用”的原则，统筹安排，分项建设，优先用于示范村。各项目实施单位应根据区里统一部署，认真组织好项目实施，并于每年年底前将项目实施情况报社会主义新农村建设领导小组办公室汇总。区财政每年安排一定资金用于新农村建设。

6.加强督查考核。把社会主义新农村示范村建设工作列入对各相关乡镇街道办事处、帮扶单位及涉农项目单位的年度目标管理考核内容，由组织人事部门和新农村建设领导小组办公室负责考核，新农村建设领导小组办公室定期对示范点的工作进行督查，对工作有力、成效显著的予以通报表扬，对工作不到位、行动迟缓或成效不明显的，责令限期整改，并予以通报批评。

中共娄底市娄星区委
娄底市娄星区人民政府
2007年2月8日

中共娄星区委　娄星区人民政府关于建设教育强区的决定

娄星发〔2008〕5号

为落实教育优先发展战略，实施科教兴区，根据省委、省政府建设教育强省和市委、市政府建设教育强市的要求，全面提升我区教育整体水平，充分发挥教育在推进娄星经济建设和社会进步、全面实现小康娄星目标中的基础性、先导性、全局性作用，区委、区政府决定实施建设教育强区战略。

一、指导思想和总体目标

（一）指导思想

以邓小平理论、“三个代表”重要思想和科学发展观为指导，以发展为主题，深化教育改革，优化教育资源配置，巩固提高九年义务教育，加快推进素质教育，提高教育质量和管理水平，落实以人为本的科学发展观和构建和谐社会的重大战略思想，进一步推进我区教育均衡和谐发展，全面提高广大劳动者科学文化素质，为娄星区经济建设和社会发展提供强有力的智力支持和人才保障。

（二）总体目标

通过努力，使我区教育地位、经费投入、依法治教、师资队伍、结构规模、管理体制、科研课改、普及程度、社区教育、设备设施等教育发展主要指标位居省市前列，实现“教育普及程度高、师资水平高、经费投入高、教育质量高、现代信息技术应用水平高、学校布局合理化、办学条件标准化”的教育强区目标。

二、主要内容

1.*基础教育*。实施义务教育均衡发展计划，巩固提高基础教育水平。农村学前三年教育入园率达到85%，城市幼儿三年入园率达到95%，义务教育完成率达到99%，特殊教育入学率达到95%，小学、初中毕业合格率分别达到100%，小学无辍学，初中辍学率控制在1%以内。加强普通高中教育，初中毕业生升入高中阶段教育的比率达到95%。

2.*学校建设*。根据国家义务教育基本办学标准和质量标准，切实推进城乡合格学校建设。依法将城区中小学校的建设和发展纳入城市总体规划，完善学校配套建设办法，学校基建经费纳入城市建设配套计划，由规划、建设、教育部门负责落实。新建或改扩建一批城区中小学校，2—5年内完成三中、二中创建省示范性高中，四中创建市示范性高中，大科中心校与八中合并，先锋学校、碧溪学校扩建任务，切实解决城区学校大班额问题，实现教育资源的优化配置。通过3—5年的努力，全区90%以上的中小学校达到省合格学校建设标准。

3.*素质教育*。全面贯彻党和国家的教育方针，坚持德育为先，切实加强学生良好品德、文明礼貌的教育；积极推进新课程实验，着力培养学生的创新精神和实践能力；坚持“健康第一”，落实国家学校体育卫生标准和学生体质健康标准。充分发挥学校、家庭、社会的作用，形成推进素质教育的强大合力，促进我区中小学素质教育整体推进。

4.*教育管理和投入*。实施科教兴区战略，保持教育的适度超前发展，切实做到政府依法行政，教育部门依法管理，学校依法办学。健全区委、政府教育工作领导管理机制，建立和完善区直部门和乡镇街道办事处及其主要领导教育工作目标责任制度和考核制度。健全并完善义务教育以区为主的管理体制，财政转移支付用于农村义务教育的经费比例不低于65%，同时多渠道筹措教育经费，保证教育经费的“两个比例”、“三个增长”，并设立高中信息教育发展专项经费，加强对预算外教育经费的管理，确保区本级的城市教育费附加每年全额用于教育。

5.教育信息化。制定切实可行的现代教育信息化发展规划和目标，信息技术在教育领域普及和应用覆盖面达到80%，实现现代远程教育和网络教育的学校达到50%，80%以上的学校建有多媒体教室。按省、市规定在小学、初中相应年级开齐开足信息技术课程，教师信息技术教育全员培训合格率达95%以上，能够将信息技术运用到教育教学活动中的教师不低于60%。建设区级教育资源管理中心，实现网上资源共享。计算机人机比达到小学18∶1，初中12∶1，高中10∶1。教育行政部门和各级学校有公开的网站，教育管理和学校管理实现信息化。

6.师资建设。教师队伍数量足够，结构合理，并按“自然补员”的要求，适时补充中小学新师资，师生比和学历符合省定标准，到2010年，小学专科学历以上的教师达到90%，初中本科以上学历的教师达到90%，高中教师学历合格率达96%以上。安排专项经费，实施骨干教师和学科带头人建设工程，建立完善教师继续教育体系，大力培养“双师型”教师，实行校长选聘制、教师聘任制，建立健全“能进能出，能上能下”的校长教师任用新机制。足额及时发放教师工资，健全学校绩效工资机制，适当拉开分配差距，形成多劳多得、优劳优酬的激励机制。教师福利待遇不低于当地国家公务员平均水平，树立全社会尊师重教风气。

7.教育行风建设。加强对行风建设工作的领导，建立健全行风建设规章制度和目标责任制。对收费工作坚持“一证、一卡、两公开、四统一”的制度，坚决杜绝违规违纪收费。加强教师的师德教育，坚决杜绝体罚或变相体罚学生的行为，努力营造我区教育优先发展的良好氛围。

8.成人教育。加强省级示范乡镇农校的创建力度，城乡从业人员普遍进行职业技术培训，并取得相应的岗位资格证书。开展经常性农民文化技术培训，开展新增劳动力转移就业培训和对农民的实用技术培训，农村实用技术的推广率达80%以上。

三、组织领导与保障措施

1.建立建设教育强区的领导体制。建设教育强区在区委、区人民政府的领导和组织下实施，各相关部门、各乡镇街道办事处要严格按照各自的职能职责，明确目标，措施到位，狠抓落实。成立区建设教育强区领导小组。领导小组由区委书记任顾问，区人民政府区长任组长，区委、区人大、区政府、区政协相关领导任副组长，区直相关单位主要负责人为成员。

2.按照“谁主管、谁负责”和“一把手”负总责，分管领导各负其责的原则，建立目标责任制，将建设教育强区的责任落实到人，形成一级抓一级，一级促一级，部门充分协作，齐抓共管的良好工作机制。建立健全区委、区政府定期议教制度和乡镇街道办事处党政领导干部教育工作目标管理责任制，及时研究解决教育改革和发展中的难点、热点问题，每年为教育办几件大事、实事。

3.财政部门要认真贯彻落实义务教育经费保障机制改革工作，确保义务教育经费投入依法做到“三个增长”，确保薄弱学校改造与合格学校配套建设项目资金落实到位，努力改善办学条件。认真实施“两免一补”，落实教育债务化解办法，切实化解“普九”负债。同时要拓宽教育经费筹措渠道，足额征收和拨付城市教育费附加，按规定落实城市建设维护税用于教育的比例；新征地方教育附加，城市基础设施配套费一定比例用于教育。要积极鼓励企业、社会团体和人士捐资办学。积极争取辖区企事业单位支持，建立相关部门、企事业单位帮扶学校机制，解决学校教学设备、图书、器材配备缺口，改善学校办学条件，确保教育“硬件”建设严要求、高质量达标。对照标准找出我区建设教育强区工作中的差距和问题，及时报区政府研究解决。

4.落实教育行政部门建设教育强区的工作职能，按照湖南省教育强县考核认定标准，制订切实可行的教育先进区创建计划，并认真组织实施。要规范学校管理，提升教育质量。坚持以人为本，建立健全学校管理的各项规章制度，形成完善的学校管理体系，将制度化管理与人性化竞争相结合，充分发挥教师和学生的主动性、积极性和创造性，不断提高学校教育教学质量和办学效益。创新机制，推进义务教育均衡发展。继续坚持并完善城乡学校对口扶助制度，建立后备干部流动机制、骨干教师定期支教制度、教研员分片包干制和城乡学校捆绑联动制度，实现人、财、物、信息等资源共建共享，最大限度地发挥区域内优质教育资源的辐射带动作用，推进义务教育均衡发展。积极稳妥推进新课程改革，在抓好小学、初中课程改革的基础上，进一步落实高中课改实验，积累经验，加强宣传，创新机制，优质发展高中教育。加强师资队伍建设。定期招聘部分师范院校毕业生到各学校任教，以解决师资年龄老化、学科教师不配套、骨干教师缺乏的问题。每年安排专项经费用于教师的培训，以实现师资建设先进区目标。

5.公安、工商、文化等部门要加大综合整治力度，切实搞好校园周边社会治安整治工作，为教育发展营造良好的社会环境。共青团、妇联、工会要结合学校工作特点，充分发挥职能作用，营造未成年人思想道德建设全社会齐抓共管的良好氛围。

6.进一步加强教育督导制度建设。坚持督政为主、督学为本，加大教育督导工作力度，完善和落实区人民政府对乡镇教育工作督导评估制度和乡镇党政主要领导教育实绩考核制度。区委督查室、区政府督查室要定期不定期对教育强区建设情况进行督促检查，确保各项工作落到实处。

中共娄星区委

娄星区人民政府

2008年7月7日

二、碑　刻

澄清桥碑记

澄清渡，我湘通道要津也。来而往者恒于斯，去而返者恒于斯。顾津虽甚要，而桥梁未建，涉者常病耳。都人士代为舟以济之，屡病春水涨汛，沸腾怕人，舟子亦不敢鼓棹而歌，一时望洋兴叹者，则不免临河而返矣。

古之人忧民病涉，徒杠舆梁，殆有明征。谋建斯桥，匪集裘腋、倾阮囊未易成也。兹水激砂浮，无石脚可倚，几致经营得所，其工更百倍于洙津渡、石狮江等处之桥，其冠冕又百倍于徒杠舆梁。诚以运济升平，家给人足，不妨踵事而增华也。于是我先大人偕诸兄弟奋袂而起，纠集成子汝顺、傅子子方等，一乃心力，鸠集审势，募建斯桥。始于庚申孟冬，成于癸亥季冬。告竣之日，巩则若数转之虹轮，光则似一条之练玉。人立于上，无异履月宫而跨银汉；鱼跃于下，无异于沧海而跳龙门。于焉想垂钓之叟，于焉思杖鸠之翁，于焉忆惊梦之客，而怀题柱之人，觉向之视为畏途者，今转而成江天之快步矣。今者聿观厥成，俾奕世之劳功歌颂者，感戴于无尽也。是为记。

乾隆八年癸亥岁季冬谷旦
化主梁重三立

五福公合同碑

立合同议字：刘以政、光、善兄弟，侄奉璋、敏思等。我祖自定公生我父奠庵、叔父藏庵，奠庵生我兄弟有六，二兄幼故，因叔父早逝，五弟以光承继所存，祭产无几。是以兄弟叔侄商议作五股派割祭产，册名五福。得受三十五都九区地名马蹄下王国香一契、王玉日一契、杜登庸一契，又得受奉章四十都六区地名潘家冲一契，并定祖坟山后山王邓人另千（签）尼批处。自定公安葬四十都六区地名梽木山兰园内，周围壕涧为界，原三兄以崇安葬自定公墓下座山左山，恐惊祖茔，以后永远封禁，五房子孙人等均不许续葬。倘有违议，怀私生端者，任由五房人等执出合约究论，凭理处罚责送，甘咎无辞。

祖母李氏安葬三十五都九区地名马蹄下山内，上齐骑仑，下齐山脚，右抵壕涧为界，左齐九日太祖母坟山丈尺为界。秦太祖妣安葬四十都六区地名柞树垇石埠子山内，上下左均齐奉章兄弟山土榷坑为界，兄以另书兑契一道，右以光捐义山地一块，抵奉章兄弟山上，周围榷坑为界。又四十都三区地名涧子塘，五人得受刘庭书松山一契，任公照契照批管理无异，所积钱谷议定永为祭扫之资。择立经管二人，公订数簿二本，每年六月初四日致祭自定公生辰，届期经管二人承办猪羊祭事，先期斋备。祭毕另期每房传一人，凭公算数，轮流交递。倘有钱谷本息不全，系上首垫赔，不与下首相干。并五房子孙人等不得藉公侵蚀，一经查出，公同处罚，不得生借其子孙。

学问优余，文武应县府试列前茅者奖赏三千文，应道试者给考费一千文，云程发轫者四十千文，如有上进者，传集公议。

其有桥梁、道路及一切善事有余资者，各自解囊捐资，毋得抽公费。

具立合同之后，永定章程。五房人等务宜同心协力，踊跃从公，庶祖宗之祭祀世世勿替，辈辈之获福，代代荣昌矣。

立此合同，五纸一样，五房子孙各执一纸，永远为据。

在场：瑞世、济巨、芳廷、群瞻、楚高、俊杰、赞纶、焕南、雍生、凤鸣、兰轩、玉岗、逢春、耀湘、仁矩、泰舒、蔚禄、作林、起凤、步高。

凭

成兰堂、彭履坤、朱正二，其余名字未表。

道光十五年五月十三日
以政、以光、以善兄弟同侄奉章等

上谕碑

同治五年十二月初八日，内阁奉上谕：

刘蓉奏《道员积劳病故，遗爱在民，胪列政绩，恳请表章》一折，吏治之兴，以尽民心、民事为断。已故陕西凤邠盐法道黄辅辰，历官中外二十余年，其在本籍创办团练、缮治城防、劝储仓谷诸事，均能通达政体，便利小民。及在陕西盐法道任内兴办屯田，复采辑书籍为《营田辑要》以利民食，正经界，定限制；缓钱粮、定租额。种种筹画卒能以所言见诸施行。期年之中查出叛绝各产三十余万亩，招民认垦，接济军食，陕民全活者甚众。并督办省防保甲，晓谕汉回编立十家牌，稽查奸宄，复整顿省城义学以课勤惰。该故员任劳任怨，矢慎矢勤。及病亟，犹复续拟《营田章程》详请立案。其忠君爱民之忱亟宜嘉奖，以劝将来。

已故凤邠盐法道黄辅辰，著准其入祀陕西名宦祠，并将该故员政绩宣付史馆，以为循良者劝。钦此。

三、艺　文

(一) 近代艺文

东台山宴游记后记

刘　蓉

东台山宴集之后三日，捷书至自武昌，胡润芝中丞、李迪庵方伯会师攻克鄂城，江汉底定。又数日，剧兴、冶，铲蕲、黄，追贼及于浔阳，军声大振。于是迪庵之兄北冈上舍，载酒延观察朱公、太守唐公，复为东台之游，湘士景从。鞭马先后，窥深壑，履崇岗，倚仗啸歌，极目于云烟寥廓之外。岁且残矣，白雾漫空，风簌簌起林莽间，微雨随至。欲往观风台石不可得，乃相与退休凤凰寺。酒肴既备，宾主尽欢。举杯劝酬，欣然竟日。庆鄂民之乍脱水火，而冀东南有戡定之期也。

然鄂城至是三复矣。贼薄城下，往往守不逾月，甚者未及旬而遽陷。及我师聚而进攻，则恒阅岁累时，竭智力，摧精锐，艰辛百战而后克之，复之艰而失之易，其故何欤？战守本当兼筹，而吏治之与将略，恒相表里。迩岁守土者以文法相承，而不知有御侮之策；治军者以扫除为亟，而不暇为善后之图。权苦于太分，而患生于无备。由是百战所争之土地，不旋踵而失之。循是辙而不改，鄂民其无来苏之望乎!

世之论者皆曰：鄂民好乱，故数沦于贼，非痛加剪刈，不可为治，夫好乱者抑岂其本情哉！彼见夫守土者，不为吾民策久远，无所恃以为安。又值流离颠沛之后，不加矜恤，而但绳以一切之法，是以情常涣而志易摇，或相煽诱，则无所顾恋而轻去其乡。推其本心，亦迫于救死而然耳。今使治鄂者，择形势险要之区，列重镇以固吾圉。而内治团练以佐之，为之吏者，又日夜抚摩吾民而与相亲附，则焉有不奉吾法而共为保卫身家之计者？人情必有所甚利，然后蹈大害而不顾，必有所不忍于心，然后相劝于义而不敢萌携贰之思。彼民之愚，其自计也审矣。势可以图全，诚足以相结，夫谁肯以父母妻子所倚赖之身，自纳于叛乱之诛而不之恤乎？

今贼方内乱，莫适其主，其势不可复合，则豕突狼窜而流寇之势成，流寇之势成，则郡邑之受祸益烈。故惟列镇、治团练二者，为地方无穷计也。列镇之要在选将，非智勇兼资者，难与图功；治团之要在择吏，非得练达恺弟，真有父母斯民之心者，不可以有成。不任法而任人，不专责官吏而兼委乡人士君子，非今日图治之要术乎？世之君子得吾说而存之，由前之论，可以销祸于未萌，由今之说，可知弭乱于既成者，抑不徒恃战功之伟也。修吏治以结人心，盖国家培植根本之长计，吾故著而录之，以谂当世，并奉以告中丞胡公，或不河汉予言也乎！

太守继观察宰吾湘三年矣，令行而不扰，法立而不苛，闾里安之。惜乎其将去而不得久于斯土也，并记之以诏来者。

是日从游者，刘象恒月槎，蔡中嵘荷亭，康景晖斗山，杨昌濬石泉，成传道衍吾，邵阳刘文煌星阁亦与焉，前游十二人者咸在，不复书。

均图谋野议

龙　吟

语云：琴瑟不调，必解而更张之，乃可鼓也。今日均图谋之说是也，先儒云：治道去其太甚者，而已去其甚，而为之加甚焉，固守成之一说，使旧章圮坏，人情骚动，势不能不更思以善之，则均图而善，所以均之说是也。顷者，上台怆心湖南数郡，久罹干戈，荒里绝户，派差重累，请旨均图轸恤，穷黎可谓至矣。尤虞豪右积猾把持钻营，尽谋筑室之议，归权于贤明父母，其虔诚而致断者又何决也。然愚以为断之诚是也，惜乎断之太骤耳。然则图不宜均乎？曰：安得不宜图，宜均而图之。远近不可不察，甲宜均而甲粮之多寡不可不辨。图甲宜均，而图中正图甲首丁粮之去留不可不慎。此非按籍所可稽也，非询访所得实也。在当事者虚心博采，不废耳目又不徇耳目，尽得其实，得其窾要，而后锁院独均，尽谢众论以致其断，斯民宜事理至协而无弊矣。

夫湘山邑也，除邑治二三十里外，重冈复岭，枕邵跨潭，肘衡腋宁，至有相距三百余里者。必欲上下参伍越境管辖，人不相习，户不相知，徒使之疲道路耳？则征收难。又当事征比除折色外，如兑漕草料，派运上下，或长或宝，参差难一，则拨运难。故曰远近宜察也。今所据以均者，止实征烟火赤历册耳，然而册上多寡之数非真数也。有合族之人而共作一户者，有一家之父子兄弟童仆而各为一户者，又有名是而实非者，又粮已卖散而原主之名尚未更者，执事能尽悉乎？即悉之，能尽除此弊乎？若止据册上之多寡而均之，曰：龙头鼠尾，多者充役，少者奇零。听其言非不公也。然而卸富堕贫、豪强脱籍、浮弱重累者，鲜克免矣，故曰多寡宜辨也。

先代正图甲首递年之法，犬牙相制，本支相维，至美也。历久变更，重遭兵火，其倒绝转徙、极贫弱孤单者，什不无二三。若其素封，则或有田连阡陌字蓄成行者矣，亦有家累千烟互相颉颃者矣，其余式微浸薄，而乡都之间，主臣素定，尚多畏服，一族之中，此衰彼盛，尚足自立。况乎粮差熟谙，则报荒派熟必有余土，纵或摊派有偏，而奇零附纳，不敢比例。故有粮一二石而足抵客户之十数石；有一二丁而足抵客户之十数丁者有之矣。且丁粮各自为赋，粮即唐之租，从田亩派者也；丁即唐之庸，从户口派者也。今随粮派丁，已失先代古意矣。若夫老户寡丁亦有不蠲之差，此自有说。今或千丁大户，水陆舟车商贩为业，即有仓粮寄佃他里，第有孤丁系于本图户下者，得此一征必尽蠲除，何也？册上无粮故也。其勿论抑本扶末，非先王重农之意，势必群丁脱籍，坐拥丰腴，而新充之里役，以粮石稍多代充苦役，有死徙荒芜而已，故曰正图甲首丁粮之去留，不可不慎也。

然则均图竟无善法乎？曰有。议论之不公，以其不参伍也；公矣而无成，以其不勇断也。请于均之半月，先置一总簿，将熟粮各甲正图甲首及花户开载明白，召各里新旧册书至而询之曰:尔里之正图甲首现供役者几何？现绝户者几何？现多烟而殷实、孤贫而无力、及粮多而丁少、丁多而粮少者几何？即登之册，又召各里十递户首而隔询之，看其辞相合否，人地之无讹者又登之册，又询之里内之朴诚素著、及旁里之稍有可信者，一一登对，而各里之情形，瞭如列眉矣。然后绝宾客，谢文刺，召粮书总书，将填注之册封锁查均。大里熟多，则析分为数里，即析至四五里，而户首正图不必外求也；小里熟少，则撮合数里为一里，纵荒绝之极合至四五里，而户首正图亦无弗给矣。大约即以图甲了图甲，或析图甲补图甲，融通其间断，不以畸零，客户浮民生手充补其缺，则不致移远补近。而征子自总负时粗衣淡饭，仅置田租千石零，内除六百石分三子，存四百零石，以三十年通融之法铢积寸累得谷一千石，量斛贮仓。每年以无利出借贫人，一次度岁，一次春耕，一次出荒，年年如数出，年年如数入，升合不行别支，此犹之探囊取物，免致临时计较，其策深为优利，然此实为极贫者而设。至其各有领头开名查勘，度济贫方有着落。又世间最苦无如冬月之寒，而惟贫嫠为尤甚。为此每年买絮衣一千领，为疲癃残疾老而无告者济寒。以上两事不过勉强学为君子，尽余所能至耳，所济固无几也。

录自《湖南文征》

封奉政大夫田君墓表

吴省钦

石门北乡仁字圩之原有封岿然，故永顺王郙司巡检累封奉政大夫田君之生圹，而其配姚宜人先以窆者也。君讳朝泰，字邻哉，一字菱斋。先世故汴人，姓方氏，建炎间秘书丞诚扈跸南迁。墓在今石门南津乡，十传至明聪赘于田，因袭田姓。又七传至赠奉政大夫锡祚，生朝豫，太学生；朝需，邑庠生；朝恒，岁贡生。而君于次为仲。幼多病，读书了大义，去为贾又不习，乃走京师。给事馆阁间叙选，得湖南湘乡县武障司巡检，改驻娄底市，以忧去。踰十年补安福之九溪（今裁），又八年调永顺之王郙，又十一年引疾归，是为乾隆三十二年，年六十有八矣。

王郙故施溶土司境，山十田一，苗民错居，君不纾不竞，群乐无事。去之日，扳留祖送者数十里不绝。其在娄底购竹木，创官署，丝毫不以累民。不好治生产，居忧时饘粥或不继。姚宜人绩紝以佐，其与人不立厓岸，而教子孙曰严。祭扫之役至老弗间，间举豆觞与里中诸高年倾真率之会，灯下向红笺作小字。今年春，以姚宜人藁厝十八年，爰卜地襄事，虚其左以待。七月吉日病革，遗命腊月吉日必治葬，毋久殡于家。尝论古之卜葬，七月五月三月不同其时，无不族葬，故窆穴不必豫计。惟衣衾棺椁时制岁制不以办于猝，后世兆域各判。凡七十以上当如赵岐司空图故事，预为之藏。以君之知礼善俗，其为政必有以审乎物之宜而给乎人之欲，乃俛首下位，弗竟其所用，而又无有如宋金华之书、万安丞归震川之碑、安亭揭主簿者，俾有闻于后，则表其墓，乌容已耶。

君以康熙三十七年生，寿八十有三；姚宜人，太学生鸣虞女，有妇行。子男三，尹衡，癸酉举人，荆州府同知。庾成早卒。琦绅，廪贡生，候选训导。女二适岁贡生金銮、太学生沈星聚。孙四，孙女五，曾孙二。

摘自《白华前稿》卷二十二

罗陶龛先生语录序

俞　樾

陶龛先生乃罗忠节公族昆弟也，与忠节同起诸生，募勇杀贼。及从曾文正公以师援江西。忠节统中营，先生统右营，同解南昌之围。后因其弟信东先生死于战，告归奉母，遂不复出。使先生终身从事行间，则其功绩当不在忠节下。乃忠节赫然为中兴名臣，卒成大节，而先生竟以角巾布衣老，使后人徒读其陶龛先生传，则几以先生为晋之五柳先生或唐之醉吟先生矣。

先生有令子申田观察，以名翰林宦游吴中，出先生遗书语录一卷见示，属为之序。余受而读之，叹曰：应仲远不云乎，儒者，区也，有通儒，有俗儒。如先生者，古之所谓通儒也。先生之言曰：孔子以容纳众学为圣。窃因先生之言而推之，杨墨之说，孔子时已有，而孔子不与辩也，至老子则且尊之为师；晏子为墨子之学者，则且与之为友。此外，若接舆，若荷蒉，若荷蓧丈人，若长沮桀溺，无不惓惓有汲引之意。孔子之道大，故无所不容也。孟子则不然，与杨墨辩，与告子辩，陈仲子一世高士，亦必与之辩，此孟子所以为孟子也。先生有见于此，故容纳众学以成其学。宋之陆象山，明之王文成，谈理学者无不痛斥之，几比之龙蛇洪水。先生则于陆氏王氏之学皆有取焉。岂独如此而已？其广喻一篇，引楞严经，引般若心经，引金刚经，虽佛氏之书亦取以证古学。使先生至今犹在，读泰西儒者之书，于其所谓哲学，亦必有取无疑焉。

呜呼！先生惟容纳众学，故无所不通；先生惟无所不通，故处则可以为儒出则可以为将。乃吾读其体道篇，则又有说焉：其第一则曰，天以大而覆人，地以大而载人，圣以大而化人，贤以大而容人。慨然曰，先生之通，先生之大也。其第二则曰，莫一于天道，而四时百物以呈；莫一于性体，而千变万化以出。又憬然曰，先生之通，先生之一也。夫道，一而已矣，而事物之变，则虽万而未已也。以道之一，贯事物之万，此孔子所谓吾道一以贯之也。今之学者，遍读夫万国之书，博考乎四民之业，而于吾儒所童而习之之四子书，则曰：姑舍是，姑舍是，呜呼！徒求之于万，而转失吾所谓一，是又不足以读先生之书矣。

光绪三十二年，夏四月，德清俞樾，序于吴中春在堂，时年八十有六。

俞樾：字荫甫，号曲园，浙江德清人，清道光三十年进士，官编修，曾任河南学政，以出题不谨罢官。后研究经学，旁及诸书，曾主讲苏州紫阳、上海求志等书院，主讲杭州诂经精舍至三十余年。著有春在堂全集等书。

《民众识字课本》方叙

方　昶

本党在这训政时期，为要启发民智，使能接受民权，从而安奠民生，故视民众教育与义务教育为同样底重要。但各县区地方每因经费不足，对于这民众教育一事，不免未能认真。就是中年失学的民众方面，也不免轻视自己，常见设有民众学校的处所，虽经怂劝仍是无人进去。因之进这类学校的反是一班学龄儿童，倘长是这样下去，试问民权怎样能接受施行，又怎能由科学方法来发展民生事业？民族又怎能生存？民族国家的地位岂不危险吗？

然而谈到民众教育，除经费外，最要的就是合宜的读物。因为中年失学的民众第一是要认字，次之就是要做国民的常识，并且要受学时间经济，所以编辑是项读物的就应顾及到这几点。鄙人近年视学各县，总是希望看到这类好书，不意近在春元学校接李鹤琴先生出示所著的《民众识字课本》，匆一翻阅，知道材料丰富，切合需要，并详附解释。是不独中年失学的人欣然愿读，就是已识字的亦可由此书得到多量底常识，教授的亦可免除参考他书的烦劳，我料是书一出定为教学者一致底踊跃欢迎咧！只虑叶韵方面或有偏于湘乡土音之处，这是我敢为他县民众再请求的。

中华民国二十年平江朗初方昶识于湘乡差次

还山篇奉寄曾涤生相国

刘　蓉

吾乡相国何雄恢，驰驱六合鞭群材。
三湘子弟飞熊虎，诸昆叱咤生风雷。
手挽铜驼出荆棘，指麾玉麈清尘埃。
十年心血旄头落，百战威声虎口来。
狼烟扫尽狐狸走，雄藩初对姑苏开。
只夸金印大如斗，焉知华发霜成堆。
勋名富贵定何有，太空云物浮崔嵬。
不见公侯著绩处，但余高冢埋苍苔。
健儿战骨绾秋草，霸国雄略沉荒台。
功成名遂身不退，劬劳鞅掌胡为哉。
南岳巍巍固天纵，岩栖要得幽人共。
武乡尽瘁事何成，邺侯还山身更重。
深山猿鹤自来宾，满腹甲兵欲安用。
息肩且放桔槔闲，投戈永谢蛮触哄。
天际云烟自古今，山中甲子何罅缝。
清籁消忧万壑迎，悬流洗垢千岩送。
留侯辟谷意非狂，淮阴就醢词何痛。
且餐芝术驻颓颜，共扶烟霞蹑飞鞚。
青霄已快翔双鸿，丹穴终看巢三凤。
题诗远寄多髯公，唤起黄州春一梦。

二十初度感怀

罗长裿

半生热血洒秋风，不信毛锥误乃公。
万秩图书供砚化，千金裘马醉新风。
雄心会纵摩天鹄，世事争如印雪鸿。
二十年来一弹指，那堪萍迹任西东。

故乡行

陈　明

生死当年见胆肝，访贫问旧子陵滩。
殷勤寄语关心者，广厦千间庇老寒。

无　题

李振翩

点水蜻蜓苦心肠，走马岂知百花香。
神农若非尝百草，何来四海唱平康。

娄底旅馆题壁

李燮和

八强压境四疆空，牛角江山宋末同。
诸夏陵夷人鬼愤，会须斩木扫蛮戎。
隔河夜半不平吟，莫是神童贺德英。
黄胄长年沦异族，愿从地下借雄兵。

呈外舅刘霞仙先生

曾纪泽

超超麟凤出苍冥，藉藉声华彻帝廷。
三峡新军喧鼓角，五年巍绩著丹青。
人间谤议南箕口，天上辉光北斗星。
春水白云归去好，心闲久已忘钟铭。
洞庭春涨走蛟龙，雨过蒲帆趁好风。
小艇近维杨柳岸，故园重见蕙兰丛。
半生宠辱身何预，七字诗歌暇益工。
我自狂吟漫无律，深惭李汉侍韩公。

（二）现代艺文

解密“娄底”

从“无名”到“有名”

《道德经》开篇说：“道可道也，非恒道也。名可名也，非恒名也。”这句玄妙的古文译成白话为：“‘道’如果可以用语言来表述，它就不是一般的常道。‘名’如果可以用言辞命名，它就不是普通的常名。”老子把“名”与“道”看得同样重要：名为道的形态、名为道变化中的玄妙，深邃与悠远。所以他接着说：“无名，万物之始也；有名，万物之母也。”

道家宗师老子给“名”以丰富深刻的含意，借其一层意思，我们先说说娄底从“无名”到“有名”的演变。

天地玄黄，宇宙洪荒，混沌未开时，天地万物都是以“无名”开始的。娄底那时，当然也属“无名”之列。

娄底至今没有发现旧石器、新石器时期古人类居住的遗址。历史越久远越是个谜，没发现并不等于没有。从市文物部门收藏的石斧、石刀与剑齿虎化石来看，这里有远古人类活动的痕迹。

姑且不论夏商周三朝，史料记载，娄底“古属荆州地域”，“春秋战国时期属楚国”。娄底现今发现不少春秋战国古墓葬，证明那时这里已有古人居住。

秦汉时期，《水经注》记载：“邑有蛮夷曰连道，连道治涟水以西。”娄底在涟水之滨，当然属涟道，“隶长沙郡”。此说开始细化，娄底地名有点眉目了。郦道元大家手笔：“连道治涟水以西”，一个“治”字，有意无意地说明，“涟水以西”的湘乡、谷水、娄底、杨家滩、涟源当年已纳入国家行政管理的范畴。可以想象，它的管理大而化之，是松散的。

越秦汉，入隋唐，娄底仍属连道，连道故城在何处？有的学者考证为湘乡龙城，有的考证在涟源与双峰的交界处的富田桥，说法不一，很难定论。

“千年等一回。”直到北宋熙宁六年（1073），娄底才有自己独立的传之久远的地名。当时清潭灰箕铺集市初具规模，始称“楼底市”。

娄底有名以来至今有千年历史。可以设想：娄底这地名不是由朝廷官府圈定的。它同国内许多地名一样来自民间本土。当地人根据先人的说法，认定这里就是娄底，久而久之，地名传开，约定俗成，得到公认，进入史册。不同的是娄底地名起得的确有点另类，有点不太一般，或许还有点不太经意。“楼底”地名沿袭177年之后，当地出了个贺神童，名噪一时，乡邑引以为荣，为纪念他，人们遂把“楼底”市改为“神童镇”。然而沿袭一百多年的“楼底市”的历史无法抹去，在以后的岁月里，元、明、清、民国，“楼底”市与“神童镇”轮番起用。至清乾隆五年（1740），“楼底”改名为“娄底”，此时的娄底管辖湘乡上里、丰乐、云下、延福、乐善五个都，比现在的娄星区要大得多，而神童镇只管辖娄底老街与周边九个村庄。

娄底这片土地随着华夏历史进程在同步前行。中华人民共和国成立后，唯物主义盛行，“神童镇”被撤销。区、镇两级行政单位均采用“娄底”二字。此后，娄底有幸沿袭到如今的娄底地级市。仿佛这块沃土命中注定会发展成为一座现代化都市，到今天才实至名归。

“娄底”起名的缘由

娄底地名来自民间，这种说法有几分道理。再加追问：把这块沃土取名为娄底的缘由是什么呢？历史上说法各异，有点复杂，又有点趣味，综合起来有以下几种：

1.地形说

娄底处于湘东北洞庭湖平原向湘西南山区过渡的丘陵地带。在湘中众多的丘陵平地中，娄底是平地面积最大，四面环山最明显的一块。古时“楼”“塿”通用，“培塿”即山丘意。娄底古人把平地称为“底”，如盆底、碗底。如此一来“楼（塿）底者，山丘之下平地也”意为“群山环抱的涟水两岸地平如底”，则为“楼底”。古时娄底先人为某地命名时，似乎特别喜欢用底字落脚，娄底周边有火车站东北面的山脚底、黄泥塘有岭背底、小碧桥北有沙坪底、民兵水库北有中坪底、双江乡有坪底、万宝乡有石底、杉山镇有上石底、百亩乡过去有水洞底等。地名以底字落脚在外地也不少见，因此，有考证者认为：以地形说为娄底命名较为符合客观实际，因为它来自古人对当地山形地貌的一种朴素的认识。

2.星相说

这种说法比较盛行，谓二十八宿中的娄星、氐星在娄底上空争相辉映，使得这片土地山川秀美，人杰地灵，故以双星命名，将“楼底”改为“娄氐”。星相说极有可能出于文人雅士之手，他们为避免“楼底”二字招致误解，出于对这片土地的热爱，以星谐音，借星扬名，给“娄底”二字套上神奇的光环，带有强烈浪漫主义色彩，这本无可厚非，值得提倡。但是，也有人考证：天上二十八宿中的奎星、娄星、胃星照耀的是徐州，而角星、亢星、氐星照耀的是济阳、东平。据此，他们断言：娄星、氐星并未照耀娄底上空，所谓“双星辉映、人杰地灵”成了无稽之谈。那些文人的实证精神着实令人钦佩，但古人的星相分位并不见得那么科学，那么准确。二十八宿，高挂银河、天轮地转、时刻变幻，任何一个地域都不是它们的拥有者，不享有专利权，为什么只容许徐州、济阳的文人有这种分法，而不容许娄底文人借此谐音，用来对家乡的祝福赞美呢？跳不出古人的思维定式，没在一个概念上讨论问题，当然会南辕北辙、相互抵牾。好在现代娄底人不太在乎学究们的考证，他们喜欢这个地方“双星辉映、人杰地灵”。所以，娄底市仍是娄底市，娄星区还是娄星区。带娄星、氐星意味的门牌、街道、广场随处可见。这些年娄底的巨大变化，好像在印证着“双星辉映、人杰地灵”这句话哩。

3.神话说

长期以来，娄底一带流传着一个名为《娄铁汉与底姑娘》的神话故事。故事里说娄铁汉与底姑娘本是天庭的两位神仙，既是神仙便不能有凡人的七情六欲，必须严守天条，六根清净。然而，娄铁汉年轻英俊血气方刚，底姑娘花容月貌柔情似水。青春的激情使他俩相互吸引，秋波频传，彼此爱慕，这么一来他们就触犯了天规。玉帝得知又气又恼，本想把他们贬到凡间受苦，又怕恰好成全他们，况且玉帝平常也很偏爱这两尊小神，于是把他俩列入二十八宿之中，各自分管一方，相隔十万八千里。玉帝不知十万八千里又岂能挡住爱情的吸引？娄铁汉、底姑娘暗地商量好，各自把娄星、氐星营造得熠熠生辉，使玉帝造成错觉，然后两人携手私奔。他们在凡间寻找过许多地方，最后看到这片土地山清水秀、鸟语花香，胜似神庭仙界，便在这儿落下脚来。从此，他俩在这儿男耕女织互帮互衬生儿育女繁衍生息。

天庭方一日，世上已千年，玉帝终于发现他俩的踪迹。他勃然大怒，在神谱上划掉了娄铁汉、底姑娘的名字，然后，变成一个白发老翁下来寻访。他遇上一个正在耕田的老农，便道："请问老人家，这里是什么地方？"

老农回答："这儿叫娄底。"

玉帝听闻后仿佛明白了什么，又忍不住问："怎么会叫娄底呢？"

老农回答："我们的祖先一个叫娄铁汉，一个叫底姑娘，是他们在这里繁衍生息，才有我们这些子孙后代。"

"那他们两人还在吗？我想见见他们。"玉帝问道。

农人惊奇地看了白发老翁一眼，说："老人家说笑话了，娄铁汉与底姑娘过世已千百年了，后人为了纪念他们，才把这地方叫娄底的。"

玉帝听了顿足惋惜，他知道：自己在神谱上除去他俩名字的瞬间，娄铁汉、底姑娘顿时失去了神性，成了肉体凡胎，生老病死，大限来临，谁也阻挡不了。想罢他颌首念道：

千年不如一秋分，不做神仙做凡人。

但得娄底美名在，金风玉露润子孙。

念完，白发老翁蓦然消失在老农面前。

这就是娄底命名缘由的神话传说，故事引申出娄底地名由来的神话原型。娄铁汉与底姑娘为了追求美好幸福的生活，不恋天庭，不惜神性，下到凡间过着自由自在的男耕女织的普通生活。爱情故事有点悲壮，有点凄美，同时又有一种充满人性光辉的自我牺牲精神。

4.民居说

话说回来，北宋熙宁六年（1073），娄底有名以前，这块土地并非完全无名。它的名字叫灰箕铺，由此娄底有"先有灰箕铺，后有楼底市"的说法。从灰箕铺的"铺"字来看，这里是有商行店铺的。灰箕铺旁边有清潭古渡码头，来往的帆船在这里停靠，船上的货物在这里装卸，来往的客商在这里驻足。为了满足商业运输发展的需要，灰箕铺各种商号店铺多了起来，形成了规模不小的集市。成了集市便要有叫得响的名号，灰箕铺这名字无论是说还是听都有点让人不舒服，该改一改名号了。据当年娄底清潭的一些老人回忆说：灰箕铺的民居一般是两层，楼上安家室，底下做生意。于是当地人上下兼顾干脆把已形成的集市改名为"楼底市"。"楼底市"叫得虽然随意，却把集市里人们的生存状态浓缩到里面了。古人不知道，当年这种符合民居实际，毫无一点装饰美化的命名，一下子叫了千年，叫出了一座崭新的现代化城市——娄底地级市。"楼上安家，底下经商"，后来搬迁到竹山坡的娄底老街依旧保持这种民居特色，直至今天在比比皆是的现代化建筑群里仍能处处见到它千年前的身影。

有研究者认为：以上四种说法以地形说与民居说较为符合客观实际；而神话说、星相说则带有一种罗曼蒂克式的理想主义色彩。这么一来，娄底起名的缘由，既有写实精神，又有浪漫色彩，虚实结合，亦幻亦真。实，实得让人信服，虚，虚得让人神往；既脚踏实地、实事求是，又肆意纵横，充满想象。可以说，娄底命名的缘由熔铸了古人朴素的情感与空灵的智慧。

"娄底"字理的现代解说

"一个时代有一个时代之文学"，如果说娄底命名的缘由是古代先人对这片土地的朴素体认与由衷赞美。那么，娄底地名的字理解说，则是现代人在娄底巨大变化面前，突破古人的思维定式，不断地探讨、拓宽、丰富地名含义的结果。

许多年以前，一位市委领导在娄星广场对记者说："娄底地名呀，不简单。你看'娄'字，上面一个'米'字，下面一个'女'字，'女'字意味着母体，中国有地母之说，意味着这个地方是孕育生命，人气很旺的地方。'米'字在上，民以食为天，象征着辛勤的耕耘、丰收的喜悦。"这位领导引用朱镕基同志谈中央财政的话说："'手里没把米，连鸡也唤不来。'你看娄底经济发展了，'米米'是越来越多呀！"说到这里，这位领导爽朗地笑了。接着他又说："'底'字呀，就是地势低处，于是就有了洼地效应，水往低处流嘛，四面八方的财富像潮水一样向洼地涌来，娄底聚财聚宝。‘米米’多了怎么办呢？‘底’字上面有广字旁，那是要让广大人民群众享受改革开放的成果！”这位领导说得风趣随意，他笑着问记者，“你看我说得有没有道理？”

记者连忙点头说：“有道理有道理！”

确实有道理，这是用字义分析法对娄底地名最实在、最有趣的现代阐述。人们把这一解释总结为“洼地效应说”。

几年前，市政府为新建的孙水公园征名。有位市政协委员建议以“底”的谐音命名为“砥园”。他认为：“底”是世界上任何物体的初始本源。你看，天有天底，地有地底，山有山底，海有海底，树有根底，人有脚底，车有车底，船有船底，床有床底，桌有桌底，锅有锅底，碗有碗底，道德有道德底线，法律有法律底线。没了“底”，一切都不复存在，“底”是一切事物萌生的基础，基础不牢地动山摇，可见“底”是多么重要。他从底字的谐音引申出砥砺、中流砥柱等，连贯出“身在娄底，心里有底，下有家底、扎实功底、底气十足、砥砺精神、做中流砥柱、奋斗到底”的贯口词来。这位委员在“底”字上做文章，做得很生动，很有新意，也很现代。可惜新建的孙水公园没有采用“砥园”二字，尽管没有采用，他的提议却引起了广泛的共鸣。人们把他的提议总结为“砥砺精神说”。

市内有位先生对中国古典哲学名著《易经》颇有研究，我常到他处闲聊。一天，突生一念，请他为“娄底”二字算上一卦。

他惊奇地望了我一眼，说：“来找我算卦的不少，为‘娄底’二字算卦的从来没有，这是为何？”

我笑着说：“你算就是，实话实说，少不了你的香火钱。”

他给我三枚锃亮的铜钱，叫我放在手心合掌祷念，然后把铜钱撒在桌上。他看了看铜钱的正反两面，然后在纸面上阴阳五行、相克相生，这般那般地推理了一番，忽然拍大腿叫道：“地天泰呀！难得的好卦，是八八六十四卦中的上乘之卦。”

我问缘由，他说：“你看，‘娄’字，下为女，上为米，主阴属坤。坤卦为阴卦的首卦，代表地道与太阴（月亮）的运行。是有根源的，亨通的，有像母马般贞顺的德行。‘象曰，地势坤，君子以厚德载物’，就是从坤卦中衍生出来的。”

我问“底”字呢？他说：“‘底’字有不可逾越的阳刚之气，主阳属乾，乾卦为阳卦之首，代表天道与太阳的运行，具有原始的、亨通的、祥瑞的、贞洁的德行，有刚、健、正、中的内涵。‘天行健，君子以自强不息’，就是从乾卦中衍生出来的。”

我有点奇怪：“娄在前，应为上，底在后，应为下，不是阴阳颠倒了吗？”

“这才叫地天泰呀！”先生说着在纸上画了地天泰的卦符，接着说，“娄在上为阴，底在下为阳，阴气下降、阳气上升、阴阳互补、上下畅达、生生有序、万物兴旺、天地和谐，超级好卦。找我算卦的不少，算出这般好卦，我是第一次。”

我笑了，一念之间，竟为娄底二字问出个地天泰的上乘之卦来。转念又想，《易经》为五经之首，问世已有两三千年历史。800年前，娄底出了个通晓五经四书的贺神童，难道就不会出一个或几个熟谙《易经》卦理的读书人？未必娄底命名不是他们择吉卦祥符推理出来的？想到这我有点汗颜，真低估了古人的智慧，领会不出娄底地名蕴含的奥妙。当然，这只是设想，是既不能否定，也无法肯定的设想。

这种运用《易经》卦理对“娄底”二字的演绎，似乎有点玄，但符合逻辑地推理一下，联系娄底社会实际，又觉得令人信服，不无道理。这么一来，“娄底”二字便有着中国古典哲学深刻的思辨色彩了。我为这位先生的卜卦总结为“哲理思辨说”。

综合上述，关于娄底地名的说法已有七种了。如果不论产生各种说法的先后次序，简单地排列一下，则是从美丽的神话传说，到神秘的星相学说，从较符合客观实际的地形说，到与民众生存状态有关的民居说，从文字表意的洼地效应说，到词组拆分的砥砺精神说，到字理推演的哲理思辨说，真是“百花齐放，百家争鸣”。现在我市的学术氛围是宽松自由的，七种说法只要能言之有理，能自圆其说便有它存在的价值。七种说法融合在“娄底”这一客观主体之中并不矛盾、并不冲突，它们如一个事物的多个侧面，互为包容、互为映衬、互为补充，使娄底地名的历史文化含量更为深厚、更为丰富、更为生动，也更为瑰丽。

娄底从“无名”到“有名”，再到享有“盛名”，贯穿于历史长河之中，各种说法，并行不悖，给人更多的个体体认的余地。随着历史的演进，社会的发展，人们思想认知水平的提高，关于“娄底”二字还会有更多的解说。

娄底三次大移民

(一)

中国的移民城市很多，近现代有名的有上海、石河子、深圳、珠海，等等，古代有漠北的宣威、武威、东北的宁古塔等。他们移民的原因各有不同，有的是为了淘金，有的是屯兵军垦，有的是避难或获罪充军，有的是为现代化建设。

娄底是众多的移民城市中的一员。从历史原点来看，娄底所有的居民都是移民。大移民娄底有三次。

第一次始于明代。娄底有句流传很久的话：“朱洪武血洗湖南，扯来江西填湖南。”朱元璋为什么要血洗湖南，这是后话，而湖南的江西移民确实很多。毛主席的祖辈便是从江西移民到湘潭韶山的。据学者统计，新化全县100户以上的有111姓，97姓是1073年建县以后陆续迁入的，其中有88姓来自江西吉安抚州等地。娄底的江西移民也极多，我看过许多族谱，刘、聂、周、胡、谢、颜、赵、彭等大姓都来自江西，几乎占娄底原籍居民一半以上。实际上明代的这次大移民持续了几百年。据当时移居娄底的聂、黄、谢、成姓族谱记载：其祖先迁来时，娄底地广人稀，移民插标占地而居。据康熙十八年（1679）人口调查，类底老街成丁不过千来人，总人口约2000多人。域内农村有户人口不过3万，以至到清代还有四省填湘的说法。

第二次移民发生在20世纪50年代末，其时，社会主义建设进入高潮，涟钢选址娄底，涟邵矿务局迁至娄底，湘黔铁路通车，娄底成为枢纽站，第次升格为县级市。天南地北的干部、工人、劳动者听从组织的安排，离别家乡，操着不同的口音，云集娄底。原本娄底镇户籍在册的城镇人口只有1800人左右，一下子急增至4.9万人，娄底非农业人口98%来自全国各地的移民。这支由移民组成的产业大军带来了大工业生产的秩序、纪律、法则；带来了五花八门、与企业特色相关的企业文化；带来了白手起家、艰苦创业、无私奉献的铁人精神。由此奠定了娄底工业基础，也给处于农耕文明状态的娄底小镇带来了现代文明的巨大冲击。

第三次大移民，始于1977年，改革开放，地直机关设置娄底，恢复娄底市建制，娄底撤地建市。娄底新城建设突飞猛进，政治清明，经济繁荣，文化昌盛，百业兴旺。娄底像一块吸铁石，像一处英雄有用武之地的大舞台，外地的干部、工人、工商业者、学生甚至农民，怀着建设娄底大展宏图的美好心愿大量涌入。此次为期三十多年的移民浪潮，至今方兴未艾。据近年人口普查统计，娄底中心城区有25万人，包括农村人口达42万人。早在1999年，娄底每平方公里人口密度为701人，是湖南省每平方公里人数的2.6倍，是全国每平方公里人数的6.5倍，是全国人口密集的地方之一。此次移民与上两次不同，他们大都来自邵阳、新化、涟源、双峰、冷水江以及娄底周边的县市。他们在这片土地上呕心沥血、运筹帷幄、百折不挠、奋力拼搏，成为娄底新城的开拓者、设计者、建设者与各项事业走向繁荣的推动者。他们的无私奉献，使娄底新城成为熠熠生辉的湘中明珠，历史将永远牢记娄底新城建设者们的丰功伟绩。

娄底是座实实在在的移民城市。每个市民都处于一种多元文化的生态环境之中。前段时间参加一个会议，听一位领导有点忧心地说：“现在有人问：你是哪里人？回答都不说是娄底人。来自新化的说是新化人，来自涟源的说是涟源人，来自双峰的说是双峰人，来自冷水江的说是冷水江人，只说现在在娄底工作。”这本不奇怪，也属正常，大凡移民城市的市民心态都会这样。如深圳，如珠海及许多城市的新移民，他们别离家乡不久，思念家乡情切，他们的根在他们祖先繁衍生息的地方，把工作之地与生长之处分开，这样说比较实在也不过分，不必过于认真。但娄底移民实在太多，也有人担心这么说是为了抱团搞地方山头主义，更有人担心娄底一盘散沙，这种担心有点杞人忧天。一段时间社会上有“娄底是我家，建设靠大家”的口号，有“我是娄底人，合力振精神，建设新娄底，人人有责任”的打油诗。这些口号、打油诗都很好，但让移民有归宿感很快认承自己是娄底人似乎急切了些，不信，请看历史。

（二）

明清两代，娄底的江西移民居多。他们一部分在老街经商，另一部分在周边农村插标占地勤耕苦作。他们的祖先叫许由，南昌人，传说他136岁生日那天，携全家42口人拔宅升天，成为神格很高的真君菩萨。清代中叶，早已迁居于娄底的江西移民，为了加强行业联系，增进同乡感情，以“熊正和”药号为主修建了万寿宫，实际上是江西会馆。会馆里供奉着他们的祖师爷真君菩萨。每年正月二十八日与八月初一是真君菩萨生日，江西移民会齐聚于万寿宫举行祭祀仪式、祈求真君保佑生意兴隆，五谷丰登，万事和顺。江西移民在娄底可谓最崇拜他们的祖先，最怀念他们的故土抱团得最紧，最为庞大、最有势力，农耕经商最为红火的一个群体。但随着时间的流转，移民抱团的心态逐渐淡化。到民国时期，修了谱的家族还知自家的根，没有修族谱的全忘了自己来自何处，都很自然地认为自己就是娄底人。除了江西会馆之外，娄底还有江苏会馆、四川会馆等，外来的移民对自己是娄底人的认承需要时间的融炼。

20世纪50年代，娄底的第二次大移民，移民者来自天南地北，操着不同的口音。他们带来大工业生产大运输枢纽的新秩序新观念与新气派。涟钢、涟邵矿务局、娄底火车中心站、省煤一处等中央省地属厂矿企业，相对独立，各成一体。他们身处娄底，却无法认承娄底。从他们各成特色的语言可看出，他们对娄底风情融人不深。涟钢人说涟钢长沙话，火车站人说车站普通话，涟邵矿务局、省煤一处人南腔北调，各自成风。偶尔他们会学一两句娄底方言逗笑取乐。这些大企业的第一代创业者，现今大都过去。第二代因为企业与地方有千丝万缕的关系，娄底大量的城乡青年进入企业工作，企业需要地方的土地、农副产品及各种资源的供给，企业职工与娄底城乡青年的联姻，加快了外地移民对自己是娄底人的认承。到这些企业的第三代、娄底新城崛起，涟钢、涟邵矿务局、娄底火车站等与新城融为一体，他们为娄底新城的繁荣而感到自豪，成为见证娄底发展的地地道道的娄底人。

第三次大移民，新城市民是主体。这一代人对娄底人的认承有优势。娄底新城是座宜居城市，道路宽阔、环境优美、交通发达，街市繁华，在这里居住工作生活幸福和美。他们家乡本属娄底地级市范围，有家事或思亲情切，坐车回去，一天便能打个来回。城市的发展，百业的兴旺，创造了各种各样的就业机会，使各色人等都有用武之地。他们携儿带女在这儿定居，或者在这儿恋爱结婚生子，他们都热爱娄底，都在娄底兢兢业业地工作。他们对自己是娄底人的认承，比前两次会快些，但不能强求。他们的第二代、第三代，父母在娄底、出生在娄底、受教育在娄底、工作生活在娄底，自自然然他们会理直气壮地说自己就是娄底人。

（三）

上述那位领导关于娄底干部市民只说自己在娄底工作，不说自己是娄底人的现象，我的理解是要求凡在娄底居住工作的人要不分彼此不分地域、不论出身、不论职务高低，团结一心，群策群力，共同建设年轻而充满活力的新娄底。

站在全国的角度，娄底人都是湖南人，站在

湖南的角度，娄底六县市区都应该是娄底人。三次大移民中，明清年间移居娄底的已成为娄底原籍居民了，二十世纪五六十年代移居娄底的移民，已成为参与娄底建设，见证娄底发展的娄底人了。改革开放以来，来娄底的移民，是新城市民的大多数。娄底这块美丽富饶的土地，敞开胸怀，欢迎拥抱新来的移民。无论什么时候来到这块土地上，工作、学习、生活的外地移民，不分彼此、不分亲疏、不分贵贱、不论贫富、不论远近，一碗水端平，提供同样的舞台、同样的机会、同样的条件。让外地移民来到娄底像回到了自己的家，让他们根据本性喜好和既定目标，艰苦创业，自在发展。娄底像母亲一样，对每一个人都像对自己亲生的儿女一样给予培养、给予提携、给予扶持、给予温暖。我们为生活在娄底这个大家庭里而感到幸福幸运。从历史原点来看，娄底中心城区的历史文化遗产是历代移民用勤劳、勇敢、智慧共同创造积累的财富。

娄底不是少数民族聚居地，六县市区都是近邻，都是汉族，民风民俗、文化差异不会太大。但是，改革开放、市场竞争带来的是文化软势力的竞争。于是，娄底人中，家在新化、冷水江的带来的是梅山文化；家在双峰的带来的是湘军文化；家在涟源的带来的是龙山药文化或围城文化；而娄星区与市经技开发区自以为是湖湘文化的组成部分。其实，小地方多种文化并存，仅停留在各地历史文化学者研究时划定的界限之中。除少数感兴趣的人之外，绝大多数市民并不太计较，泰然处之。娄底处于一种多元文化的生态环境之中，有极强的包容胸怀，无论何种文化主张，它都不排斥、不歧视，都提供研究张扬的条件。在各种文化的碰撞互补中，形成了娄底城市精神：坚韧、勤奋、尚德、自强。这一城市精神是建立在各种历史文化研究的基础之上，凝聚了各种历史文化的研究成果。它的每一个词组都能在历史文化中找到其原点化身。它是现代的又是古老的、它是宽松的又是有凝聚力的，它承传着历史的厚重，又开创着历史的进程。它像旗帜、像号角，凝聚娄底人心，激励娄底精神，引领娄底人像一家人一样走向壮美幸福的未来。

（以上2篇选自《古镇镜鉴》，俞景珞著。湖南人民出版社，2013年）

索　引

一、本志篇章节已列入目录，具备检索功能，不再作索引。
二、本索引将志书一级目按汉语拼音字母顺序排列，个别节下相同名称的一级目以节作索引。
三、图照、表格、大事记、附录未作索引。
四、索引名称后的阿拉伯数字表示内容所在的页码。

目标题索引

D

E

F

G

H

J

K

L

M

N

P

Q

R

S

T

W

X

Y

Z

人物索引

表格索引

编 后 记

编修《娄底市娄星区志（1989—2008）》始于2009年，由于诸多因素影响，编修工作迟滞不前。2020年，娄星区重新启动志书编纂工作，历时三载，终于付梓成书。

2020年4月，中共娄星区委、区政府调整区地方志编纂委员会，成立区委书记、区人大常委会主任、区政协主席任顾问，区长任主任，全体常委任副主任，主要部门负责人为成员的地方志编纂委员会。4月，区委办、区政府办发出编纂工作通知，就第二轮修志工作组织领导、工作路线、完成时限和责任落实作出安排，从体制机制等方面给予保障，将编史修志工作纳入绩效管理考核范围，提出“倒排工期，挂图作业，强势推进”要求，全面启动《娄底市娄星区志（1989—2008）》编纂工作。

2020年5月，区委党史研究室（区地方志编纂室）主任刘华组织史志专家对《娄底市娄星区志（1989—2008）》篇目设计开展调查研究。根据修志工作规律、前志编纂和外地修志经验，确定篇目大纲，确定承担修志任务区、市单位102家。成立《娄底市娄星区志（1989—2008）》编辑部，组建志书撰写团队，聘请8名省史志专家库成员负责志稿修改编审。在交通运输局等部门开展志稿撰写试点，而后推开。6月，各部门单位组成编纂班子，着手志稿撰写，编辑部责任编辑负责对修志各单位资料收集和撰写业务指导。10月13日，组织召开全区地方志工作编纂培训会议，102个单位（包括辖区内省管、市辖单位）编写人员参加会议，邀请湘西自治州党史研究室（地方志编纂室）副主任李雄野专题讲座。2020年12月底，各单位志书初稿和资料征集任务基本完成。编辑部按照“边撰写，边初审”方法，对修志任务较大单位在初稿形成后召开初评会，提出修改和补充意见。总纂团队采取“包干到人，确定工期，逐篇修改，逐篇过关”方法，在初稿基础上进行修改整理，不合格的打回补充。2021年2月底，各单位志稿基本达到总纂质量要求。总纂团队成员交叉审读，集思广益，补充和完善志稿。6月中旬，《娄底市娄星区志（1989—2008）》完成合稿送评。

2021年8月27日，娄星区召开《娄底市娄星区志（1989—2008）》评审会，省地方志编纂院党组成员、副院长邓建平，娄底市人民政府副市长李有才，区委副书记、代理区长刘志刚，娄底市委党史研究室（市地方志编纂室）主任陈劲松，区委常委、区委办主任肖亮，区委常委、区人大常委会副主任、副区长提名人选徐迪仁，区委党史联络组组长、区人大常委会原副主任石荣发，省地方志编纂院市县志工作部副主任杨帆，娄底市委党史研究室（市地方志编纂室）副主任江六阳，湘西自治州党史研究室（地方志编纂室）副主任李雄野及市区相关部门负责人参加会议，省地方志编纂院、娄底市委党史研究室（市地方志编纂室）、宁乡市、湘乡市、邵东市、新邵县、冷水江市、涟源市、双峰县、新化县党史研究室各级专家就《娄底市娄星区志（1989—2008）》送审稿进行评审，提出修改意见建议275条，指出志稿问题760余处。9月14日，区委党史研究室（区地方志编纂室）召开《娄底市娄星区志（1989—2008）》编修工作推进会，对评审需补充资料的12个乡镇街道和15个相关部门编修工作进行部署，各乡镇街道和各部门根据评审意见进行补充，统计部门对相关资料数据补充、审核和纠错。编辑部按照新时代志书要求，对全书进行校核，减少硬伤，提高志书质量。至9月底，形成《娄底市娄星区志（1989—2008）》复审稿，报市地方志编纂室进行审核，10月，报送省地方志编纂院终审验收。10月，省地方志编纂院批复，同意《娄底市娄星区志（1989—2008）》公开出版。区委党史研究室（区地方志编纂室）按照批复要求进行再次修改，印发《关于校核新编〈娄底市娄星区志（1989—2008）〉志稿的通知》，各单位对所涉及志稿内容再次进行成书前审核校对。区委党史研究室（区地方志编纂室）对各单位上报的签字盖章校对稿进行全面梳理和校核。11月，形成报区委、区政府送审稿，全书设序、图片专版、凡例、总述、大事记、政区人口、自然地理、中共娄星区地方组织、人民代表大会、人民政府、人民政协、民主党派群众团体、法治、军事、编制人事劳动民政、农业与农村经济、工业、商业贸易、经济综合管理、财政税务金融、交通邮政通信、城乡建设环境保护、教育、文化旅游体育、医疗卫生科技、社会生活、人物、附录、索引、编纂始末等篇目，计158.6万字。2022年1月，区委、区政府审定，同意《娄底市娄星区志（1989—2008）》公开出版。2022年10月，通过方志出版社规范性审查，2022年11月由湖南省地方志编纂院资助出版发行。

编　者

2022年11月